W0297945

CABINET D'AVOCATS

DALLOZ RÉFÉRENCE

CABINET D'AVOCATS

CRÉATION ET STRATÉGIE
ORGANISATION ET GESTION

QUATRIÈME ÉDITION

AOÛT 2023

Dominic JENSEN
Avocat au barreau de Paris

Lefebvre Dalloz

DALLOZ

DU MÊME AUTEUR

Une semaine pour sauver la France, Éditions du Rocher, 2007, (roman).

EN COLLABORATION

Collectif, « Des grands plaideurs aux spécialistes des affaires », dans *Avocats, le verbe et la robe,* Prat, 2009.

Le Code de la propriété intellectuelle n'autorisant aux termes de l'article L. 122-5, 2° et 3° a), d'une part, que les copies ou reproductions « strictement réservées à l'usage privé du copiste et non destinées à une utilisation collective » et d'autre part, que les analyses et courtes citations dans un but d'exemple et d'illustration, « toute représentation ou reproduction intégrale ou partielle faite sans le consentement de l'auteur ou ses ayants droit ou ayants cause est illicite » (art. L. 122-4).

Cette représentation ou reproduction, tout comme le fait de la stocker ou de la transmettre sur quelque support que ce soit, par quelque procédé que ce soit, constituerait donc une contrefaçon sanctionnée pénalement par les articles L. 335-2 et suivants du Code de la propriété intellectuelle.

MISE EN GARDE : malgré l'attention portée à la rédaction de cet ouvrage, l'auteur ou son éditeur ne peut assumer une quelconque responsabilité du fait des informations qui y sont ou n'y sont pas contenues. Il y a donc lieu de s'adresser à un juriste qualifié pour traiter de questions particulières.

© Éditions Dalloz, Paris, 2023

ISBN 978-2-247-18753-9

Tour Lefebvre Dalloz
CS 90358
10 place des Vosges
92072 Paris La Défense Cedex
SERVICE CLIENTÈLE
+33 (0)1 83 10 10 10
src-dalloz@lefebvre-dalloz.fr

www.editions-DALLOZ.fr

@Dalloz_Action

REMERCIEMENTS

Comme pour les éditions précédentes,
je remercie tous ceux qui ont nourri
mon expérience et mes réflexions.

À mes associés du cabinet Librato Avocats
pour leur soutien.
À Margot Dumas, Maxime Warneys
et Gabrielle-Marie de Pasquale pour leur aide.
Aux Éditions Dalloz pour leur fidélité
et à celles et ceux chez Dalloz qui ont travaillé
pour que mes pages de textes deviennent
un livre dont je suis fier.

Sommaire

Table des matières

LIVRE

0. INTRODUCTION

SECTION 0

ORIENTEUR

0.00 Sommaire du livre.

TITRE

01. Situation de l'avocat et des cabinets d'avocats en France

SECTION 0

ORIENTEUR

01.00 **Sommaire du titre.**

CHAPITRE

011. Cabinets d'avocats : chiffres et contexte

SECTION 0 ORIENTEUR

011.00 Sommaire du chapitre.

SECTION 1 AVOCATS : EFFECTIFS, MODES D'EXERCICE ET REVENUS

011.11 Effectif, âge, sexe et répartition géographique. Au 1er janvier 2020[1], il y avait en France 70 073 avocats en France. Le barreau de Paris représente 43 % de cet effectif et la moitié de la croissance nationale jusqu'en 2018. Depuis cette date, ce sont les barreaux en régions qui contribuent pour plus de moitié à la croissance nationale. Depuis 2005, le nombre des avocats croît à un rythme d'environ 3 % par an. Le rythme de croissance est cependant en baisse depuis un pic atteint en 2012. L'âge moyen des avocats s'établit à 43,8 ans, soit 41,6 ans pour les femmes et de 46,9 ans pour les hommes. L'âge moyen d'entrée dans la profession s'élève du fait de l'allongement des études et des double-formations plus fréquentes. Il est de 32,6 ans pour les hommes et 29,4 ans pour les femmes. 61,5 % des avocats exercent depuis moins de quinze ans. Deux avocats français sur trois sont implantés dans les barreaux des grandes capitales régionales.

Selon les chiffres du CNB pour 2020, 36 % des avocats exercent à titre individuel, 30 % sont associés, 29 % sont collaborateurs libéraux et 4 % sont des avocats salariés non associés. Malgré les difficultés économiques liées à l'exercice individuel, ce mode d'exercice ne diminue pas. La croissance du nombre des avocats individuels est de 36 % depuis 2016. Il faut cependant noter qu'avec une évolution de 48 % sur les dix dernières années, la croissance des avocats associés est supérieure de dix points à celle de l'effectif total. Au 31 décembre 2021, Il y avait 10 557 groupements d'exercice contre 7 553 structures d'exercice en 2014. Celles-ci sont réparties entre 2005 SCP (soit 19 % des structures d'exercice), 6 756 Sociétés d'exercice libéral (soit 64 %), 1267 associations et AARPI (12 %) et 528 autres formes de groupements (5 % du total). Le nombre des groupements d'avocats a augmenté de 74 % en dix ans. À l'exception des SCP dont le nombre décroît chaque année, toutes les autres formes de structures d'exercice sont en augmentation.

Les femmes représentent 57 % de l'ensemble des avocats. Cette proportion varie notablement d'un barreau à un autre. Deux tiers des entrées dans la profession sont des femmes. Ces chiffres sont à mettre en perspective avec les autres professions juridiques. À titre de comparaison, il y a 32 % de femmes chez les notaires et 33 % chez les huissiers. Les deux barreaux les plus féminins de France sont ceux de Carpentras et de Sens.

011.12 Modes d'exercice et revenus. Le chiffre d'affaires global de la profession d'avocat au 1er janvier 2021 était de 15 milliards d'euros[2]. Ce chiffre d'affaires global génère un revenu cumulé de

1. Les éléments chiffrés de ce paragraphe sont tirés de deux études : CNB, *Les Chiffres-clés de la profession au 1er janvier 2020*, Observatoire de la profession d'avocat ; Ministère de la Justice, *Les chiffres-clés de la Justice*, 2022.

2. Les chiffres clés de la profession ont été mis à jour par l'Observatoire du CNB sur la base des chiffres communiqués par la CNBF, l'UNCA, la CREPA et le Ministère de la Justice.

4,8 milliards d'euros. Les statistiques sur le chiffre d'affaires global de la profession font débat puisque des différences sont constatées selon les sources. L'analyse de l'ensemble des indicateurs économiques laisse penser qu'après une période de stagnation entre 2010 et 2015, le chiffre d'affaires de la profession est reparti à la hausse entre 2016 et 2019. Les statistiques de l'ANAAFA constatent une baisse des recettes nettes et brutes des avocats en 2019 et 2020[1].

Les revenus des avocats connaissent de grandes disparités tant en fonction de l'âge et du sexe qu'en fonction du mode d'exercice. L'Observatoire du Conseil national des barreaux constate que les écarts de revenus entre les hommes et les femmes s'accentuent à partir de quarante ans. En 2020, le revenu annuel moyen des avocats était de 77 468 euros alors que le revenu annuel médian était de 43 035 euros. Cette différence de 45 % entre le revenu moyen et le revenu médian montre que ce sont les avocats générant des revenus importants qui tirent la moyenne alors que plus de la moitié des avocats en France ont un revenu mensuel inférieur à 4 000 euros. Ces chiffres peuvent être comparés au revenu brut mensuel médian de 16 458 euros mensuels pour les notaires ou encore de 36 775 euros mensuels pour les greffiers des tribunaux de commerce. Les statistiques de l'ANAAFA indiquent que l'écart se creuse entre les revenus des avocats exerçant à titre individuel et les avocats associés. Les associés de structures d'exercice ont des recettes nettes moyennes 2,95 fois supérieures aux individuels. Cet écart était de 2,79 en 2019 et de 2,68 en 2007. Le bénéfice moyen d'un associé en 2020 demeure supérieur de plus du double à celui d'un avocat exerçant à titre individuel. Le coefficient multiplicateur est de 2,48 en 2020 contre 2,55 en 2019. Cet écart est relativement stable depuis huit ans.

Les recettes nettes moyennes des avocats exerçant individuellement étaient de 105 065 euros en 2020, contre 116 942 euros en 2019. Les recettes de ces avocats ont baissé de 13,26 % en euros constants entre 2016 et 2020 et de 9,35 % en euros courants. Pour les avocats associés de structures d'exercice, les recettes nettes moyennes sont de 310 563 euros en 2020 contre 326 287 euros en 2019. Ce montant est en baisse de 9,19 % entre 2016 et 2020. Pour les associés des structures d'exercice, il faut cependant relativiser cette baisse. En effet, les statistiques sont celles de l'ANAAFA qui compte peu d'adhérents soumis à l'impôt sur les sociétés. Sur les 1667 structures d'exercice adhérentes à l'ANAAFA, 63 % de celles-ci sont des SCP alors que les SCP ne représentent que 19 % des structures d'exercice à l'échelle nationale. Ces structures d'exercice ont souvent été constituées avant 1990 et comptent de nombreux associés en fin de carrière.

Si l'évolution des revenus de tous les avocats est globalement préoccupante, l'exercice individuel connaît une crise profonde puisque les revenus des avocats individuels, en euros constants, sont en régression depuis le milieu des années quatre-vingt-dix.

Le chiffre d'affaires de la profession d'avocat semble connaître une répartition stable entre les entreprises (54 %), les particuliers (41 %), l'administration et les collectivités (4 %)[2].

Les professions juridiques réglementées et la profession d'avocat en particulier ont fait l'objet de plusieurs missions d'envergure et de réformes au cours de ces dernières années. Le rapport pour la libération de la croissance française[3], dit rapport Attali, s'était penché sur les professions du droit pour y déceler les réservoirs de croissance. Le rapport sur les professions du droit, dit rapport Darrois[4], a constaté que le monopole de la représentation et de la plaidoirie ne suffit plus à assurer l'équilibre économique de la profession. Les disparités de revenus et l'évolution nécessaire du mode d'exercice de nombreux avocats constituent les principaux enjeux de la profession. Le rapport sur certains facteurs de renforcement de la compétitivité juridique de la place de Paris, dit rapport Prada[5], a poursuivi la réflexion sur les moyens de renforcer la compétitivité de l'offre juridique en France. Enfin, la loi du 6 août 2015[6], dite loi Macron, s'est également intéressée à la profession d'avocat[7]. Si les avocats restent majoritairement résistants aux changements des règles qui gouvernent la profession, il y a une prise de conscience généralisée quant aux impératifs économiques de l'exercice de la profession. 94 % des avocats considèrent qu'ils doivent aussi être des entrepreneurs[8].

1. ANAAFAGC, « Statistiques de la profession », *Maître Hors-série*, oct. 2021.

2. CNB, *Avenir et perspectives des professions réglementées*, Étude de marché conjointe du CNB et du barreau de Paris (2005), Chiffres repris par le rapport du groupe de travail sur les professions réglementées de l'UMP du 23 janv. 2009, actualisé par l'Observatoire du CNB en 2021.
3. J. Attali, *Rapport de la Commission pour la libération de la croissance française : 300 décisions pour changer la France*, La Documentation française 2008.
4. J.-M. Darrois, *Vers une grande profession du droit*, La Documentation française, 2009.
5. M. Prada (dir.), *Rapport sur certains facteurs de renforcement de la compétitivité juridique de la place de Paris*, mars 2011.
6. L. n° 2015-990, 6 août 2015 pour la croissance, l'activité et l'égalité des chances économiques, *JO* 7 août, p. 13537.
7. V. s[s] n°s 011.46 s.
8. CSA, « Quels avocats pour quels marchés demain ? 2014 – 10 ans d'état de la profession », Enquête CNB, nov. 2014.

SECTION 2
CABINET D'AVOCATS : CELLULE ÉCONOMIQUE D'UN TYPE PARTICULIER

011.21 Impératifs commerciaux du cabinet d'avocats. L'organisation d'un cabinet d'avocats, ses choix stratégiques ou ses performances ne peuvent être analysés avec les mêmes standards que les sociétés commerciales. Pourtant, les nécessités du marché et de la concurrence obligent les avocats à une gestion rigoureuse ainsi qu'à une stratégie de développement ou de marketing.

Peu formés à la gestion, les avocats doivent néanmoins assurer la rentabilité de leurs cabinets. Ils doivent gérer les aspects « commerciaux » de leur activité dans le respect de la déontologie et des principes essentiels de la profession. Longtemps considérée comme un frein au développement, la réglementation de l'exercice professionnel des avocats s'est assouplie et les avocats ont désormais les moyens de s'accomplir en tant qu'entrepreneurs. La première grande étape a été celle de l'accès aux sociétés à forme commerciale adaptées à l'exercice libéral avec la loi du 31 décembre 1990[1]. Les moyens de publicité se sont assouplis avec l'autorisation de la sollicitation personnalisée et la fin de l'interdiction de la publicité sur certains supports[2]. La loi du 6 août 2015[3], dite loi Macron, est venue assouplir le régime des incompatibilités, a ouvert le champ du pluri-exercice et de l'interprofessionnalité.

Les avocats doivent faire face à une gestion du temps particulièrement complexe et imprévisible en faisant passer les priorités des clients avant les leurs.

Enfin, la structure « horizontale » des cabinets d'avocats complique la prise de décisions. En effet, la pluralité exige la collégialité et souvent l'unanimité pour un grand nombre de décisions. Le consensus peut s'avérer difficile à trouver et l'absence d'une voix prépondérante peut avoir des effets paralysants[4].

SECTION 3
DIVERSITÉ DES CABINETS D'AVOCATS

011.31 Profession hétérogène et points communs. Il semble y avoir peu de points communs entre un cabinet de deux avocats dans une petite ville et un cabinet international de deux cents avocats, à Paris. Les différences entre les cabinets d'avocats dépassent largement la simple considération de taille. Elles concernent à la fois les aspects économiques, juridiques et la nature même des prestations fournies aux clients. Pourtant les deux entités portent le nom de « cabinet d'avocats » et leurs membres exercent leur métier sous un même titre avec les mêmes prérogatives.

L'étude des cabinets d'avocats montre que les points communs sont nombreux malgré ces différences apparentes. Quelle que soit leur taille, les cabinets d'avocats sont soumis aux mêmes règles et aux mêmes contraintes humaines. Le défi est constant dans la recherche de l'équilibre entre les aspirations individuelles et les ambitions collectives.

011.32 Différences économiques. Alors que certains avocats peinent à gagner leur vie, d'autres génèrent plusieurs millions d'euros d'honoraires par an. Les premiers travaillent souvent seuls avec leur ordinateur et éventuellement une secrétaire alors que d'autres font travailler des équipes entières de collaborateurs. Ces différences d'ordre économique ont un impact majeur sur le fonctionnement du cabinet. Alors que de grands cabinets pourront confier à des professionnels non-avocats toutes les taches organisationnelles (marketing, relations presse, informatique, gestion des ressources humaines...), les avocats des petits cabinets devront se répartir ces tâches entre eux.

011.33 Différences juridiques. Chaque statut revêt ses particularités, qu'il s'agisse de sociétés de moyens, sociétés civiles professionnelles, sociétés d'exercice libéral (à responsabilité limitée, à forme anonyme ou SAS) ou associations. Le choix d'une forme juridique a un impact sur la comptabilité (facturation ou encaissements), la fiscalité (impôt sur le revenu ou impôt sur les sociétés) ou encore sur le fonctionnement des organes de gestion (gérance, co-gérance, Présidence et comité de direction, conseil d'administration...). En plus de ces incidences matérielles, le choix d'une forme juridique peut aussi traduire la nature des rapports souhaités par les associés d'une même structure.

011.34 Différences de pratique professionnelle. Tous les avocats n'exercent pas dans les mêmes conditions, bien qu'ils portent le même titre et soient soumis à la même déontologie. Alors que certains n'ont porté leur robe que pour leur prestation de serment, d'autres passent plusieurs heures par jour dans les tribunaux. Il y a de nombreux avocats qui doivent s'occuper d'un divorce, un permis de construire, un contentieux commercial et une garde à vue dans la même journée alors que d'autres consacrent toute leur activité aux seules émissions obligataires sur les marchés boursiers.

1. L. n° 90-1258, 31 déc. 1990 relative à l'exercice sous forme de sociétés des professions libérales soumises à un statut législatif ou réglementaire ou dont le titre est protégé et aux sociétés de participations financières de professions libérales, *JO* 5 janv. 1991, p. 2016.
2. SUR les règles et principes d'une stratégie de marketing et de communication, v. s[s] n°s 381.11 s.
3. L. n° 2015-990, 6 août 2015.
4. SUR les organes de décision du cabinet, v. s[s] n°s 412.11 s.

011.35 Contraintes communes. Cette diversité des cabinets d'avocats va pourtant de pair avec de nombreuses considérations communes en matière de gestion, d'organisation et de stratégie. La pratique montre que malgré leurs différences, les cabinets d'avocats rencontrent un tronc commun de contraintes et de préoccupations. Qu'il s'agisse de rentabilité, de partage des bénéfices, de développement de clientèle comme en ce qui concerne la fidélisation et la motivation des collaborateurs, tous les cabinets sont soumis aux mêmes questions et les réponses sont souvent les mêmes.

SECTION 4
RÉFORMES SUCCESSIVES

011.41 Directive Bolkestein et rapport Attali. Lors des travaux qui ont abouti à la directive du 12 décembre 2006, dite Services[1] ou aussi Bolkestein, l'offre juridique française était décrite comme trop complexe et trop fermée à la concurrence.

La commission pour la libération de la croissance française présidée par Jacques Attali a relancé le sujet. Le rapport Attali[2] a consacré cinq propositions [214 à 217] aux professions juridiques, visant les avocats au Conseil, les avocats, les mandataires liquidateurs, les notaires et les avoués. La commission a noté l'urgence de réformer « les professions réglementées dans l'univers du droit », *qui* « sont restées à l'abri plus que toute autre activité économique, des transformations du monde qui nous entoure. » La commission Attali a dénoncé le poids particulier des traditions, et les « modes d'organisation économiques hérités du passé que plus rien ne justifie aujourd'hui et sans lien avec le contrôle légitime de la compétence des professionnels et la surveillance de leurs activités. » Motivé par un souci de performance et d'efficacité, le rapport a estimé qu'il fallait « décloisonner » certaines professions juridiques.

011.42 Rapport Darrois. Le président de la République a confié à l'avocat, Jean-Michel Darrois, la présidence d'une commission de réflexion « tendant à réformer la profession d'avocat avec, comme objectif, la création d'une grande profession du droit. » L'objectif fixé à la commission était de dégager « les lignes d'une réforme en profondeur de la profession d'avocat qui l'adaptera aux exigences de la société française, en lui permettant de participer à la compétition internationale et qui assurera aux justiciables une meilleure compréhension de notre système juridique... »[3] Le rapport[4] de la commission fut remis au président de la République le 8 avril 2009.

Les propositions du rapport Darrois ont tracé les contours d'une « grande profession d'avocat » dont les champs d'activité sont étendus par l'intégration de nouvelles missions ou fonctions et l'ouverture de nouveaux marchés, tout en laissant subsister les autres professions juridiques réglementées, sauf celles d'avoués et de conseil en propriété industrielle (CPI) dont la fusion avec la profession d'avocat était proposée. La commission n'a donc pas pris la direction proposée par la lettre de mission d'une « grande profession du droit » qui aurait unifié l'ensemble des professions juridiques réglementées dans la profession d'avocat.

Les notaires ont manifesté une opposition irréductible dès le début des travaux de la commission[5]. Cette opposition s'est cristallisée autour de deux thèmes : le principe même de chercher à unifier les professions juridiques et judiciaires et l'introduction de l'acte d'avocat, perçu comme un concurrent direct de l'acte authentique.

Il en a résulté un ensemble de propositions sans doute en-deçà des ambitions initiales. Ces propositions ont été articulées autour de six grands axes de réforme :

– (i) le champ d'activité professionnelle des avocats ;

– (ii) le périmètre du droit ;

– (iii) la formation professionnelle ;

– (iv) les structures d'exercice et l'interprofessionnalité ;

– (v) l'aide juridictionnelle ;

– (vi) la gouvernance de la profession.

Sur le champ d'activité professionnelle des avocats (i), le rapport Darrois :

– reprend le projet de suppression des avoués au 1er janvier 2011, annoncée le 10 juin 2008 par le garde des Sceaux[6] ;

– préconise la suppression du monopole territorial de la postulation des avocats à horizon du 31 décembre 2014 ;

1. Dir. 2006/123/CE, Parlement et Conseil, 12 déc. 2006 relative aux services dans le marché intérieur, *JOCE* 27 déc., p. 36-38.
2. J. Attali, *Rapport de la Commission pour la libération de la croissance française : 300 décisions pour changer la France*, La Documentation française, 2008.
3. Lettre de mission du président de la République, 30 juin 2008.
4. J.-M. Darrois, *Vers une grande profession du droit,* La Documentation française, 2009.
5. Th. Wickers, « Les vrais enjeux du rapprochement notaires-avocats », *Les Échos*, 3 avr. 2009.
6. Décr. n° 2009-1524, 9 déc. 2009 relatif à la procédure d'appel avec représentation obligatoire en matière civile, *JO* 11 déc., p. 21386.

- propose la fusion de la profession d'avocat avec celle des conseils en propriété industrielle[1] ;

- propose la possibilité pour les avocats d'exercer en entreprise sous leur titre professionnel (l'avocat en entreprise serait inscrit sur une liste spécifique, n'aurait pas le droit de plaider et pour l'avocat salarié exercerait exclusivement pour le compte de l'entreprise qui l'emploie) ;

- propose de limiter le nombre des incompatibilités d'exercice[2] et rappelle l'opportunité que constitue la possibilité pour l'avocat d'être fiduciaire[3], agent sportif, correspondant informatique et libertés ou même expert-comptable (pour les avocats qui en rempliraient les conditions) ;

- propose de créer l'acte sous signature d'avocat. Cet acte apporterait une sécurité juridique supplémentaire par l'intervention d'un professionnel du droit qualifié concepteur et rédacteur de l'acte.

Sur le périmètre du droit[4] (ii), le rapport :

- propose de mieux encadrer l'activité juridique accessoire, notamment en renforçant le contrôle des organismes chargés de délivrer les labels de qualification aux entreprises des professions non réglementées.

Sur la formation professionnelle (iii), le rapport :

- propose une formation commune des professionnels du droit, à l'issue de leur cursus universitaire, dans des « Écoles de professionnels du droit ». Ces écoles proposeraient un cursus commun de 12 mois entre l'Université et les stages en milieu professionnel organisés par les écoles d'application.

Sur les structures d'exercice et interprofessionnalité (iv), le rapport :

- propose d'améliorer le fonctionnement des SEL, de moderniser le fonctionnement des sociétés de personnes, de simplifier la transformation d'une structure d'exercice en un autre type de structure d'exercice ;

- propose d'encourager le regroupement des cabinets et le développement des cabinets à l'étranger par des mesures juridiques et fiscales incitatives ;

- encourage l'interprofessionnalité capitalistique par le développement des SPFPL.

Sur l'aide juridictionnelle (v), le rapport :

- propose de refondre le système notamment en affirmant le principe d'une juste rémunération de l'avocat, de la contractualisation de la relation entre l'avocat et le justiciable, en simplifiant le dispositif, en étendant l'aide juridictionnelle à l'assistance dans les négociations, les pourparlers et les transactions, en instaurant une consultation préalable à toute demande d'aide juridictionnelle en matière civile.

Sur la gouvernance de la profession (vi), le rapport :

- propose la création d'un « Haut conseil des professions du droit », chargé de traiter les litiges entre professions ;

- propose de faciliter les passerelles d'accès et de gérer le fonds d'aide pour l'accès au droit ;

- propose la création de conseils de barreaux de la cour d'appel, dont les présidents seraient membres du Collège ordinal du Conseil national des barreaux, tout en conservant les barreaux auprès des tribunaux de grande instance.

011.43 **Rapport Longuet.** Une mission visant à dynamiser l'activité des professions libérales en France a été confiée en 2009 par Hervé Novelli, secrétaire d'État chargé du Commerce, de l'Artisanat, des PME, du Tourisme, des Services et de la Consommation à Brigitte Longuet[5]. Au cours de ses travaux, Brigitte Longuet a auditionné des personnalités qui représentaient à la fois les professions juridiques ainsi que les autres professions libérales. Parmi les propositions contenues dans son rapport, les plus notables concernant les avocats sont celles qui portent sur l'interprofessionnalité avec l'idée du groupement momentané d'entreprises libérales[6]. Cette proposition est accompagnée d'un modèle de convention permettant à des membres de différentes professions libérales de se grouper de manière temporaire dans le respect de leurs règles et de leurs déontologies respectives[7]. Le rapport contient également des propositions concernant l'ouverture du capital des sociétés d'exercice libéral aux capitaux extérieurs, la rationalisation de certaines règles s'appliquant aux SCP, l'adaptation à l'activité libérale du statut de l'auto-entrepreneur[8] et de l'EIRL[9] ainsi que des propositions visant à renforcer le statut du collaborateur libéral : respect du statut, délai de prévenance, amélioration de la couverture sociale et extension au collaborateur libéral des mesures fiscales relatives aux cessions et donations d'entreprises aux salariés.

1. Sur la fusion des conseils en propriété industrielle avec la profession d'avocat, v. s[s] n° 012.48.
2. Décr. n° 91-1197, 27 nov. 1991 organisant la profession d'avocat, *JO* 28 nov., p. 15502.
3. Ord. n° 2009-112, 30 janv. 2009 portant diverses mesures relatives à la fiducie, *JO* 31 janv., p. 1854.
4. L. n° 71-1130, 31 déc. 1971 portant réforme de certaines professions judiciaires et juridiques, *JO* 5 janv., p. 131, titre II, mod.
5. B. Longuet, *33 propositions pour une nouvelle dynamique de l'activité libérale,* La Documentation française, 2010.
6. Sur l'interprofessionnalité, v. s[s] n°s 353.11 s.
7. *Ibid.*
8. X. Delpech, *Auto-entrepreneur : Micro-entrepreneur,* « Delmas express », Dalloz, 3e éd., 2014, n°s 1401 s.
9. J. de Faultrier, V. Legrand, *Entreprise individuelle,* « Encyclopédie Delmas », Dalloz, 13e éd., 2015, n° 12.21 – Sur les structures d'exercice, v. s[s] n°s 221.11 s.

Les propositions du rapport Longuet précisent et complètent les aspects du rapport Darrois qui concernaient le fonctionnement et la compétitivité des cabinets d'avocats. Elles s'inscrivent aussi dans la réflexion et les travaux préparatoires qui aboutissent à la loi du 28 mars 2011.

011.44 Loi de modernisation des professions judiciaires et juridiques réglementées du 28 mars 2011. Plusieurs des recommandations du rapport Darrois ont été reprises dans la loi. Les principales dispositions du texte concernant l'exercice de la profession d'avocat sont les suivantes :

– **Une nouvelle interprofessionnalité capitalistique.** La loi du 28 mars 2011[1] répond aux suggestions de la commission Darrois visant à rassembler les professions du droit mais également du chiffre dans le souci de rendre un service plus complet et plus lisible aux clients. Dans cette perspective, la loi crée la possibilité d'une interprofessionnalité capitalistique. Une même société de participations financières de professions libérales peut désormais détenir des participations dans une société d'exercice d'avocat, de notaire, d'huissier de justice et de commissaire-priseur. La loi est allée au-delà de ce qui était initialement prévu par le projet de loi en ouvrant cette interprofessionnalité aux experts-comptables, aux commissaires aux comptes et aux conseils en propriété industrielle[2]. En ce qui concerne les SPFPL, l'article 32 de la loi modifie l'article 5 de la du 31 décembre 1990 pour autoriser la détention minoritaire du capital d'une société d'exercice libéral (SEL) par une société de participations financières de professions libérales (SPFPL)[3], même dans l'hypothèse où elle n'est pas exclusivement composée d'associés exerçant dans cette SEL, étant précisé que la majorité des droits de vote de la SEL sera toujours détenue, directement ou indirectement, par des associés y exerçant[4]. En deuxième lieu, la loi modifie la procédure d'agrément des SPFPL[5] afin de faire porter l'agrément non plus sur la constitution de la société mais sur la prise de participations. Il est permis la constitution, entre personnes physiques ou morales exerçant plusieurs professions libérales juridiques ou judiciaires soumises à un statut législatif ou réglementaire, de sociétés de participations financières détenant des parts ou des actions dans des sociétés dont l'objet est l'exercice de deux ou plusieurs des professions d'avocat, d'huissier de justice, de commissaire-priseur judiciaire, de notaire, d'expert-comptable, de commissaire aux comptes ou de conseil en propriété industrielle ainsi que la participation à tout groupement de droit étranger ayant pour objet l'exercice de l'une ou plusieurs de ces professions. Afin de conserver un lien fort entre ces structures patrimoniales et les structures d'exercice, il est prévu que plus de la moitié du capital et des droits de vote doit être détenue par des professionnels en exercice au sein des structures faisant l'objet d'une prise de participation.

Si certains y voient une vraie avancée de l'interprofessionnalité[6], les questions restent nombreuses sur l'intérêt stratégique ou économique à détenir une participation minoritaire dans une société d'exercice d'une autre profession ou encore sur les obstacles déontologiques[7]. Le décret d'application du 23 mars 2012[8] précise les modalités de création, d'immatriculation et de contrôle de ces sociétés. Les SPFPL ne sont désormais plus soumises à une procédure d'agrément et font l'objet d'une simple déclaration auprès de l'autorité professionnelle de tutelle. Le texte concerne aussi les huissiers, les commissaires-priseurs et les notaires. Les articles 22 à 26 concernent spécifiquement les SPFPL d'avocats.

– **Création d'un acte contresigné par avocat**[9]. L'acte sous seing privé, lorsqu'il est contresigné par un avocat, acquiert une efficacité juridique et une force probante renforcées. Il est ainsi proposé de reconnaître une portée juridique au contreseing, par l'avocat, de l'acte sous seing privé qu'il a rédigé pour ses clients, pour manifester l'engagement, par le professionnel, de sa responsabilité et décourager les contestations ultérieures. Le texte réaffirme le devoir de conseil et d'information qui incombe à l'avocat[10]. Associé à la préparation de l'acte, attentif à sa rédaction et à la vérification de l'identité des parties, l'avocat pourra, par son contreseing, attester de l'origine de l'acte[11]. Les parties à l'acte contresigné par avocat sont dispensées de la formalité de la

1. L. n° 2011-331, 28 mars 2011 de modernisation des professions judiciaires et juridiques réglementées, *JO* 29 mars, p. 5447.
2. Sur l'interprofessionnalité, v. s[s] n°s 353.11 s.
3. SUR la société de participations financières de profession libérale (SPFPL) : H. Ader, S. Bortoluzzi, A. Damien, D. Piau, Th. Wickers, *Règles de la profession d'avocat*, « Dalloz action », 15e éd, 2016, n°s 824.11 s.
4. Sur les SPFPL, v. s[s] n°s 226.11 s.
5. L. n° 90-1259, 31 déc. 1990 portant réforme de certaines professions judiciaires et juridiques, *JO* 5 janv. 1991, p. 2016, art. 31-1 ; mod. par L. n° 2011-331, 28 mars 2011.
6. É. de Lamaze, « Un premier pas vers l'interprofessionnalité capitalistique des professions libérales », *JCP* 2011, n° 16.
7. Colloque du barreau de Paris, *Les structures capitalistiques communes entre le chiffre et le droit*, 28 sept. 2011.
8. Décr. n° 2012-403, 23 mars 2012 relatif aux sociétés civiles professionnelles et aux sociétés de participations financières des professions judiciaires et juridiques réglementées, *JO* 25 mars, p. 5417.
9. L. n° 71-1130, 31 déc. 1971, art. 66-3-1 à 66-3-3 ; mod. L. n° 2011-331, 28 mars 2011.
10. L. n° 71-1130, 31 déc. 1971, art. 66-3-1 ; mod. L. n° 2011-331, 28 mars 2011.
11. L. n° 71-1130, 31 déc. 1971, art. 66-3-2 ; mod. L. n° 2011-331, 28 mars 2011.

mention manuscrite lorsque celle-ci est normalement exigée par la loi, par exemple à l'occasion d'un engagement de caution[1].

– **Modification du régime des spécialisations de l'avocat.** Intégrée en 1990 à la profession d'avocat, la notion de spécialisation n'avait pas eu le succès escompté[2]. En 2010, sur environ 52 000 avocats inscrits, on ne comptait que 11 000 mentions de spécialisation. La loi remplace l'ancien examen théorique par une véritable vérification de la compétence professionnelle de l'avocat dans sa spécialité[3]. Ce contrôle prend la forme d'un entretien avec un jury comportant une mise en situation professionnelle de l'avocat. Le texte limite également à deux le nombre de nombre de certificats de spécialisation par avocat. Le décret d'application et ses arrêtés précisent la nouvelle liste des certificats de spécialisation et les modalités de la réforme[4].

– **Association des avocats français avec les autres avocats membres de l'Union européenne.** La loi donne la possibilité[5] pour un avocat n'exerçant pas en France, mais dans l'un des États membres de l'Union européenne, ou dans un État partie à l'accord sur l'Espace économique européen ou dans la Confédération suisse, qu'il soit Français ou étranger, exerçant sous le titre d'avocat ou le titre équivalent dans le pays dans lequel il exerce régulièrement, d'être associé à une structure d'exercice d'avocats de droit français[6]. Cette disposition a notamment pour but de faciliter l'implantation des cabinets français dans d'autres États de l'Union européenne et de favoriser leur développement international en leur permettant d'associer des avocats locaux.

– **Accès des avocats à la profession d'agent sportif**[7]. Estimant que la sécurité juridique des conventions passées entre les sportifs et leurs clubs[8] ne pouvait que bénéficier d'une intervention accrue des avocats, l'article 4 de la loi permet désormais aux avocats d'exercer le rôle de mandataires de sportifs dans le cadre de leurs fonctions.

– **Modernisation du régime des sociétés civiles professionnelles (SCP).**[9] Les sociétés civiles professionnelles (SCP) sont désormais autorisées à adopter une dénomination sociale de fantaisie ou l'usage, sans limitation temporelle, du nom d'un ou de plusieurs des associés. Les associés de SCP peuvent aussi fixer dans les statuts le mode d'évaluation des parts sociales et éviter ainsi l'application de l'article 1843-4 du code civil qui était la cause de nombreuses difficultés, notamment en cas de départ d'associés. Les SCP peuvent ainsi exclure la clientèle civile de la valorisation des parts sociales. Les statuts d'une société civile professionnelle peuvent désormais prévoir que les apports de clientèle ne soient pas valorisés et d'évaluer les parts sociales uniquement à leur valeur comptable. La responsabilité solidaire des associés de SCP est supprimée.

– **Aménagements dans le fonctionnement des SEL et des sociétés en participation.** Les SEL et les SEP pourront, sans limitation temporelle, utiliser le nom d'un ou de plusieurs des associés[10]. La responsabilité solidaire est également supprimée pour les associés de SEP.

011.45 **Rapport Prada.** Le rapport Prada[11] s'inscrit dans la prise de conscience générale des pouvoirs publics de la nécessité de renforcer la compétitivité des services juridiques fournis en France. Les trois propositions phares du rapport Prada portent sur l'attractivité de Paris en tant que place d'arbitrage internationale, le statut du juriste en entreprise et la création d'un statut d'avocat en entreprise et enfin la possibilité pour les cabinets français d'intégrer des associés en dehors des pays de l'Union européenne.

La deuxième de ces propositions est sans doute la plus importante concernant l'évolution de la pratique du métier d'avocat. Selon le rapport, les juristes français en entreprise sont handicapés par rapport à leurs homologues étrangers qui bénéficient pour la plupart du *legal privilege*. Ce privilège de confidentialité qui protège les communications entre le juriste d'entreprise et son employeur fait défaut aux juristes français. Prenant acte des échecs jusqu'à présent des tentatives de fusion des avocats et des juristes d'entreprise, le rapport préconise en conséquence la création d'un nouveau statut d'avocat en entreprise

1. L. n° 71-1130, 31 déc. 1971, art. 66-3-3 ; mod. L. n° 2011-331, 28 mars 2011.
2. Sur les mentions de spécialisation, v. s^{s} n°s 124.21 s.
3. L. n° 71-1130, 31 déc. 1971, art. 50 ; mod. L. n° 2011-331, 28 mars 2011.
4. Décr. n° 2011-1985, 28 déc. 2011 relatif au vice-bâtonnier, à l'arbitrage du bâtonnier et aux mentions de spécialisation des avocats, *JO* 29 déc., p. 22573 ; – Arr. 28 déc. 2011 fixant la liste des mentions de spécialisation en usage dans la profession d'avocat, *JO* 29 déc., p. 22577, NOR : JUSC1130802A ; – Arr. 28 déc. 2011 fixant les modalités de l'entretien de validation des compétences professionnelles en vue de l'obtention d'un certificat de spécialisation, *JO* 29 déc., p. 22577, NOR : JUSC1130804A.
5. L. n° 71-1130, 31 déc. 1971, art. 8 ; mod. par L. n° 2011-94, 25 janv. 2011 et L. n° 2011-331, 28 mars 2011.
6. POUR la société civile professionnelle d'avocats, vœu déjà exprimé par : CNB, AG 16 et 17 mai 2008.
7. Sur les nouvelles activités de l'avocat, v. s^{s} n°s 342.11 s.
8. Contrats mentionnés à : C. sport, art. L. 222-7.
9. L. n° 66-879, 29 nov. 1966 relatives aux sociétés civiles professionnelles, *JO* 30 nov., p. 10451, art. 8, 10 et 15 ; mod. par L. n° 2011-331, 28 mars 2011.
10. L. n° 66-879, 31 déc. 1990, art. 2, 22 et 23 ; mod. par L. n° 2011-331, 28 mars 2011.
11. M. Prada (dir.), *Rapport sur certains facteurs de renforcement de la compétitivité juridique de la place de Paris*, mars 2011.

qui serait inscrit sur une liste *ad hoc* et qui bénéficierait du privilège de confidentialité. Michel Prada considère qu'il est nécessaire d'accepter que le statut de l'avocat puisse s'adapter à la fonction exercée par ce dernier[1].

Dans l'attente d'un projet de loi, c'est un document de travail qui a été transmis par la Chancellerie aux représentants de la profession d'avocat le 20 février 2012. Le nouveau statut permettrait aux avocats d'exercer leur profession en qualité de salarié d'une entreprise tout en demeurant intellectuellement indépendants et en conservant leur titre et leur déontologie. Le contrôle des contrats de travail reviendrait aux ordres et les litiges nés de l'exécution des contrats seraient soumis au conseil des prud'hommes, l'avis du bâtonnier n'étant requis que s'agissant des obligations déontologiques de l'avocat. Les avocats en entreprise ne seraient pas des auxiliaires de justice et ne pourraient plaider dans les litiges dans lesquels la représentation est obligatoire et ne pourraient assister une partie dans le cadre d'une procédure participative. Ils ne seraient pas non plus soumis aux obligations prévues par la loi en matière de lutte contre le blanchiment d'argent.

Le privilège de confidentialité (*legal privilege*) qui a été un des sujets majeurs de la réflexion et des discussions préalables s'appliquerait « aux avis juridiques émis par les avocats salariés d'une entreprise ». Le document de travail précise que la confidentialité serait limitée aux avis et analyses juridiques rendues au profit de leur employeur. Le privilège est étendu aux documents rédigés par les collaborateurs formant l'équipe de l'avocat en entreprise. Cette dernière proposition permet, dans ces circonstances, aux juristes non avocats de bénéficier du dispositif.

Une passerelle serait créée pour les juristes d'entreprises qui auront eu pendant au moins cinq ans des responsabilités et un pouvoir de décision dans le fonctionnement de l'entreprise en France ou à l'étranger. Cette passerelle serait assortie d'un examen de déontologie[2].

Le président du CNB a exprimé sa déception face à ce document de travail estimant notamment que le secret professionnel n'était pas garanti. Celui-ci devrait s'étendre à tous les documents qui pourraient être établis par l'avocat et pas seulement ses avis ou analyses juridiques[3].

Si les juristes d'entreprise ont continué à faire valoir leurs revendications auprès des pouvoirs publics, le Rapport Prada n'a pas eu de conséquence législative directe. En revanche, la loi du 6 août 2015, dite loi Macron a relancé la question de l'avocat en entreprise et le débat de la confidentialité des échanges entre l'avocat en entreprise et son employeur mais, à l'arrivée, ni la loi Macron ni ses décrets d'application n'ont traité la question.

011.46 Loi Macron du 6 août 2015. La loi du 6 août 2015[4], dite loi Macron, reprend l'esprit et certaines des idées qui avaient gouverné les travaux de la commission présidée par Jacques Attali en 2008[5]. complétée par ses décrets d'application, la loi Macron a profondément modifié le contexte législatif et réglementaire dans lequel exercent les avocats. Le texte, porté par le ministère de l'économie et des finances, a insufflé une dimension entrepreneuriale sans doute au-delà de ce qui était attendu. Les avocats ont en effet été nombreux à s'emparer des nouvelles possibilités ouvertes par la loi et ses décrets. La loi Macron est d'abord intervenue sur les domaines suivants de l'activité de l'avocat :

- la postulation ;
- les honoraires ;
- les bureaux secondaires ;
- la détention des structures d'exercice et l'interprofessionnalité ;
- le périmètre du droit et du chiffre.

011.47 Postulation[6]. La territorialité de la postulation est étendue à la cour d'appel. Certaines procédures continuent de bénéficier de la postulation devant le tribunal de grande instance notamment les saisies immobilières, le partage et la licitation, les procédures admissibles au titre de l'aide juridictionnelle. L'exception de la multipostulation des tribunaux d'Île de France est maintenue : les avocats du barreau peuvent postuler devant les tribunaux de Paris, Bobigny et Créteil, puis en appel devant la cour d'appel de Paris. Le « tarif » de la postulation en première instance est supprimé. La postulation est désormais rémunérée par des honoraires dont la contestation relève de la compétence du bâtonnier (taxation d'honoraires). Les dispositions relatives à la suppression du tarif de postulation sont entrées en vigueur le 8 août 2015 et celles relatives à la postulation, le 8 août 2016.

011.48 Honoraires[7]. L'avocat est désormais obligé de conclure une convention écrite avec son client en toute matière, quelle que soit la nature de son intervention : la postulation, la consultation,

1. « Entretien avec Michel Prada », *actuel-avocat.fr*, 2 mai 2011.
2. Avocat en entreprise, « Le document de travail de la Chancellerie », *actuel-avocat.fr*, 5 mars 2012.
3. Avocat en entreprise, « Le projet n'emballe pas Christian Charrière-Bournazel », *actuel-avocat.fr/* 13 mars 2012.
4. L. n° 2015-990, 6 août 2015.
5. V. s[s] n° 011.41.
6. L. n° 71-1130, 31 déc. 1971, art. 5 ; mod. par L. n° 2015-990, 6 août 2015.
7. L. n° 71-1130, 31 déc. 1971, art. 10 ; mod. par L. n° 2015-990, 6 août 2015 – sur la facturation, v. aussi s[s] n° 442.11.

l'assistance, le conseil, la rédaction d'actes juridiques sous seing privé et la plaidoirie. La convention d'honoraires précise notamment, le montant ou le mode de détermination des honoraires couvrant les diligences prévisibles, ainsi que les divers frais et débours envisagés[1]. Par exception, une convention d'honoraire écrite n'est pas requise en cas d'urgence, de force majeure, lorsque l'avocat intervient au titre de l'aide juridictionnelle totale ou dans les procédures non juridictionnelles[2] (ex. audition libre, garde à vue, retenue douanière, etc.).

Le contrôle de cette obligation est soumis à la DGCCRF qui recherche et constate si l'avocat a respecté son obligation de faire signer une convention d'honoraires écrite à son client[3]. L'investigation porte sur l'existence matérielle de la convention d'honoraires. Les droits et émoluments de l'avocat en matière de saisie immobilière, de partage, de licitation et de sûretés judiciaires sont fixés sur la base d'un tarif, devant être fixé par arrêté, dont le mode de calcul est modifié par la loi Macron[4].

011.49 Bureaux secondaires. La loi du 6 août 2015, dite loi Macron conserve le régime de l'autorisation d'ouverture des bureaux secondaires[5]. Toutefois, elle y apporte deux modifications. La première tient au raccourcissement du délai d'instruction de la demande par le conseil de l'Ordre du barreau où l'avocat souhaite ouvrir son bureau secondaire[6] : de 3 mois, il est passe à 1 mois. La seconde impose à l'avocat de satisfaire à ses obligations en matière d'aide juridique non seulement « au sein du barreau dans le ressort duquel est établie sa résidence professionnelle », mais également « au sein du barreau dans le ressort duquel il dispose d'un bureau secondaire »[7].

011.50 Structures d'exercice et interprofessionnalité. En premier lieu, la loi du 6 août 2015, dite loi Macron permet à des professionnels du droit d'exercer en commun une même profession au sein de sociétés commerciales qui, telles les sociétés à responsabilité limitée (SARL), les sociétés anonymes (SA) ou les sociétés par actions simplifiées (SAS) ne confèrent pas la qualité de commerçant à leurs associés ou actionnaires (société en nom collectif, société en commandite par actions et commandite simple)[8]. Aussi, la SPFPL peut-elle désormais avoir pour objet la détention de parts ou d'actions de SEL ou de sociétés relevant du livre II du code de commerce (sociétés commerciales et GIE) lorsque ces sociétés ont pour objet l'exercice d'une même profession juridique ou judiciaire.

En deuxième lieu, la loi du 6 août 2015, dite loi Macron promeut l'interprofessionnalité d'exercice[9]. La loi Macron habilite le gouvernement à prendre par ordonnance, dans un délai de 8 mois à compter de sa promulgation, les mesures relevant du domaine de la loi pour « Faciliter la création de sociétés d'exercice interprofessionnel ayant pour objet l'exercice en commun de plusieurs des professions d'avocat, d'avocat au Conseil d'État et à la Cour de cassation, de commissaire-priseur judiciaire, d'huissier de justice, de notaire, d'administrateur judiciaire, de mandataire judiciaire, de conseil en propriété industrielle et d'expert-comptable ».

L'ordonnance du 31 mars 2016[10] consacre la nouvelle société pluri-professionnelle d'exercice (SPE). Sa forme sociale est libre et elle est réservée aux professionnels des métiers du droit et de l'expertise comptable.

En troisième lieu, la loi du 6 août 2015, dite loi Macron ouvre l'accès au capital social des sociétés d'exercice professionnel[11] conformément à la directive Services de 2006[12]. Ainsi, la majorité du capital et des droits de vote d'une société d'exercice professionnel peut être détenue, sous certaines conditions, par toute personne physique ou morale qui exerce la profession d'avocat ou l'une quelconque des professions juridiques ou judiciaires, qu'elles soient établies en France ou légalement établie dans un autre État membre de l'Union européenne ou partie à l'accord sur l'Espace économique européen ou dans la Confédération suisse[13].

Dans l'hypothèse de la détention du capital social et des droits de vote par des personnes exerçant une autre profession juridique ou judiciaire, la nouvelle rédaction de l'article 8 de la loi du 31 décembre 1971 pose en principe que toute société doit au moins comprendre, parmi ses associés, un avocat remplissant les conditions requises pour exercer ses fonctions « au moins un membre de la profession d'avocat exerçant au sein de la société doit être

1. L. n° 71-1130, 31 déc. 1971, art. 10, al. 3 *in fine*.
2. L. n° 91-647, 10 juill. 1991 relative à l'aide juridique, *JO* 13 juill., p. 9170.
3. L. n° 71-1130, 31 déc. 1971, art. 10-1.
4. C. com., art. L. 444-2.
5. L. n° 71-1130, 31 déc. 1971, art. 8-1.
6. SUR les cabinets secondaires : H. Ader, S. Bortoluzzi, A. Damien, D. Piau, Th. Wickers, *Règles de la profession d'avocat*, « Dalloz action », 15e éd., 2016, nos 814.11 s.
7. L. n° 71-1130, 31 déc. 1971, art. 8-1 ; mod. par L. n° 2015-990, 6 août 2015.
8. L. n° 71-1130, 31 déc. 1971, art. 7 ; mod. par L. n° 2015-990, 6 août 2015.
9. L. n° 2015-990, 6 août 2015, art. 65.
10. Ord. n° 2016-394, 31 mars 2016 relative aux sociétés constituées pour l'exercice en commun de plusieurs professions libérales soumises à un statut législatif ou réglementaire ou dont le titre est protégé, *JO* 1er avr., n° 51.
11. L. n° 71-1130, 31 déc. 1971, art. 7 ; mod. par L. n° 2015-990, 6 août 2015.
12. Dir. 2006/123/CE, Parlement et Conseil, 12 déc. 2006.
13. L. n° 71-1130, 31 déc. 1971, art. 8.

membre du conseil d'administration ou du conseil de surveillance de la société »[1]. De même, la SEL doit au moins comprendre, parmi ses associés, une personne exerçant la profession d'avocat (les mêmes règles s'appliquent pour la détention de la majorité du capital et des droits de vote de la SEL par une SPFPL). Une fois par an, un état de la composition du capital social de la SEL et de la SPFPL est adressé à l'Ordre dont elle relève.

L'objet social des SPFPL mono-professionnelles est modifié : elles peuvent exercer toute autre activité sous réserve d'être destinée exclusivement aux sociétés ou groupements dont elles détiennent des participations[2]. Les SPFPL interprofessionnelles ont pour objet, outre la détention de parts et d'actions de sociétés de professionnels du droit (avocat, notaire, huissier de justice, commissaire-priseur judiciaire), du chiffre (expert-comptable, commissaire aux comptes) et de conseil en propriété industrielle, la participation à tout groupement étranger ayant pour objet l'exercice de l'une ou plusieurs de ces professions, c'est-à-dire toute personne physique ou morale légalement établie dans un État membre de l'Union européenne ou partie à l'accord sur l'Espace économique européen ou dans la Confédération suisse, et exerçant l'une quelconque desdites professions[3]. Les dispositions relatives à la SEL et la SPFPL sont entrées en vigueur le 8 août 2015.

011.51 Périmètre d'activité du droit et du chiffre. Le projet de loi Macron a été le théâtre d'une nouvelle bataille entre les professions du droit et du chiffre. Rappelons qu'avant la loi Macron, l'article 22 de l'ordonnance du 19 septembre 1945 disposait que les experts-comptables pouvaient « également donner des consultations et effectuer des études théoriques et pratiques d'ordre juridique, administratif ou fiscal et apporter leur avis devant toute autorité ou organisme public qui les y autorise, mais sans pouvoir en faire l'objet principal de leur activité et seulement s'il s'agit d'entreprises dans lesquelles ils assurent des missions d'ordre comptable de caractère permanent ou habituel, ou dans la mesure où lesdites consultations, études ou avis sont directement liés aux travaux comptables dont ils sont chargés ».

L'article 20 *bis* du projet de loi Macron permettait aux experts-comptables de réaliser des prestations juridiques à titre principal, à l'égard de clients qui ne les auraient pas chargés d'une mission comptable. L'idée était de faire de l'expert-comptable un guichet unique pour les petites et moyennes entreprises, y compris en matière juridique. Le CNB est parvenu à faire modifier la rédaction de l'article 20 *bis*, devenu article 62 de la loi du 6 août 2015, dite loi Macron, rétablissant ainsi le périmètre du Droit. Les experts-comptables peuvent également, sans pouvoir en faire l'objet principal de leur activité :

1° Effectuer toutes études ou tous travaux d'ordre statistique, économique, administratif, ainsi que tous travaux et études à caractère administratif ou technique, dans le domaine social et fiscal, et apporter, dans ces matières, leur avis devant toute autorité ou organisme public ou privé qui les y autorise ;

2° Donner des consultations, effectuer toutes études ou tous travaux d'ordre juridique, fiscal ou social et apporter, dans ces matières, leur avis devant toute autorité ou organisme public ou privé qui les y autorise, mais seulement s'il s'agit d'entreprises dans lesquelles ils assurent des missions d'ordre comptable ou d'accompagnement déclaratif et administratif de caractère permanent ou habituel ou dans la mesure où lesdits consultations, études, travaux ou avis sont directement liés aux travaux comptables dont ils sont chargés.

011.52 Décrets d'application de la loi Macron : unicité d'exercice et incompatibilités. Les décrets d'application de la loi Macron[4] sont venus apporter les précisions nécessaires à la mise en œuvre des réformes prévues dans la loi. Surtout, ces décrets ont été porteurs de deux innovations qui reviennent sur des fondamentaux de la profession que sont l'unicité d'exercice et le régime des activités incompatibles avec l'exercice de la profession d'avocat[5].

Sur le premier point, les 5° et 6° de l'article 1er du décret n° 2016-878 suppriment le principe de l'unicité d'exercice dans les SEL en abrogeant l'article 20 et en modifiant l'article 22 du décret du 25 mars 1993[6], qui prévoit désormais que « les associés exerçant au sein de la société l'informent et s'informent mutuellement de leur activité ». À compter du 1er août 2016, l'exclusivité de l'exercice professionnel n'est plus obligatoire, sauf si les associés en décident autrement à la majorité prévue pour la modification des statuts de la société. Le changement ne s'applique toutefois pas aux associés de SEL d'avocats constituées avant le 1er août 2016 sauf à ce que les associés en décident autrement par

1. L. n° 71-1130, 31 déc. 1971, art. 8, al. 3 et 4.
2. L. n° 90-1258, 31 déc. 1990, art. 31-1.
3. L. n° 90-1258, 31 déc. 1990, art. 31-2.

4. Décr. n° 2016-878, 29 juin 2016 relatif à l'exercice de la profession d'avocat sous forme de société d'exercice libéral et aux sociétés de participations financières de profession libérale d'avocats, *JO* 30 juin, n° 56.
5. F. G'sell, « Décrets Macron : l'avocat n'est plus tenu à l'unicité d'exercice et peut exercer certaines activités commerciales », *JCP* 2016. 808.
6. Décr. n° 93-492, 25 mars 1993 pris pour l'application à la profession d'avocat de la loi n° 90-1258 du 31 décembre 1990 relative à l'exercice sous forme de sociétés des professions libérales soumises à un statut législatif ou réglementaire ou dont le titre est protégé, *JO* 27 mars, p. 4930.

une modification des statuts. Quant aux sociétés civiles professionnelles (SCP), leurs associés étaient toujours soumis à l'article 43 du décret du 20 juillet 1992[1] qui dispose que « tout associé ne peut être membre que d'une seule société civile professionnelle d'avocats et ne peut exercer ses fonctions ni à titre individuel, ni en qualité de membre d'une société d'exercice libéral ». Ce texte a soulevé de nombreuses questions notamment celle de savoir si un décret pouvait permettre le cumul des modes d'exercice sans modification législative préalable. Le Conseil d'État a tranché la question[2] dans le cadre d'un recours formé par l'Union de Jeunes Avocats. En décidant que ces dispositions « n'interdisent pas à un associé d'une structure d'exercice libéral d'exercer sous les autres formes énumérées à l'article 7 », le Conseil d'État a aussi, de fait, transposé cette possibilité aux associés des associations ou des sociétés civiles professionnelles.

Sur le second point, le décret n° 2016-882 introduit une exception importante à l'incompatibilité traditionnelle de la profession d'avocat avec les activités commerciales en rendant possible « la commercialisation, à titre accessoire, de biens ou de services connexes à l'exercice de la profession d'avocat si ces biens ou services sont destinés à des clients ou à d'autres membres de la profession »[3]. Celui qui souhaite user de cette possibilité doit en informer le conseil de l'Ordre par écrit[4]. Sans apporter de précisions sur l'appréciation du caractère accessoire ou encore connexe, la notice du décret précisait quelques exemples : l'édition juridique, la formation professionnelle, la mise à disposition de moyens matériels ou de locaux à des confrères. Pour ne pas vider le texte de son sens, la profession a vite compris que les critères d'accessoire et de connexe devaient faire l'objet d'une interprétation souple. Cette même souplesse devait s'appliquer aux destinataires de ces biens ou services[5].

SECTION 5
IMPACT DE LA TECHNOLOGIE

011.61 Disponibilité et traitement de l'information. La nature et la quantité de l'information immédiatement disponible ainsi que la puissance de calcul permettant de traiter cette information exercent une pression sur l'avocat en entraînant un déplacement permanent de sa valeur ajoutée. L'avocat ne jouit plus de privilège de détenir une information désormais accessible à tous. Il doit aussi être en mesure de traiter et d'interpréter toute l'information disponible pouvant avoir un impact sur sa prestation et sur la situation de son client. Dans son livre, *La grande transformation des avocats*[6], Thierry Wickers cite un rapport de la société de conseil McKinsey & Company[7] qui étudiait les avancées technologiques les plus susceptibles de transformer la vie, les affaires et l'économie globale. Parmi les 12 avancées citées, sept d'entre elles concernaient des technologies de l'information. Selon ce même rapport, les changements engendrés par ces innovations dans le domaine de l'emploi intellectuel (dont les métiers de conseil comme celui d'avocat) seront d'une plus grande ampleur que ne l'a été la révolution industrielle pour les travailleurs manuels.

Les universitaires qui se penchent sur l'impact de la technologie sur la profession d'avocat constatent que la formation des avocats est encore peu adaptée à l'utilisation de nouveaux outils technologiques. Ces outils et les nouvelles habitudes de travail des avocats soulèvent notamment des questions déontologiques auxquelles les avocats doivent être formés[8].

011.62 Standardisation[9]**.** Le thème de la standardisation des prestations n'est pas une préoccupation récente pour les avocats. Les cabinets d'avocats ont longtemps résisté et résistent encore à l'idée que la standardisation n'entraînerait pas une baisse sur la qualité. Or, plusieurs facteurs placent la réflexion sur la standardisation au cœur des enjeux des cabinets d'avocats. D'abord les travaux de Richard Susskind[10] insistent, depuis près de huit ans, sur la place de la « commoditization » dans l'évolution des prestations juridiques. Lucien Karpik avait aussi développé la théorie d'un déplacement des critères d'achat vers le prix plutôt que sur d'autres qualités pour certaines prestations intellectuelles[11]. Ces deux théoriciens soutiennent à juste titre que certaines prestations juridiques jusqu'alors vendues

1. Décr. n° 92-680, 20 juill. 1992 pris pour l'application à la profession d'avocat de la loi n° 66-879 du 29 novembre 1966 relative aux sociétés civiles professionnelles, *JO* 22 juill., p. 9799.
2. CE 5 juill. 2017, req. n° 403012, NP ; *JCP* 2017. Doctr. 1104, n° 7, obs. L. Jariel.
3. Décr. n° 91-1197, 27 nov. 1991, art. 111, al. 4.
4. Décr. n° 91-1197, 27 nov. 1991, art. 111, al. 5.
5. CNB, AG 5 et 6 oct. 2018 portant sur les activités commerciales et dérogatoires.
6. Th. Wickers, *La grande transformation des avocats*, « Essai », Dalloz, 2014.
7. McKinsey & Company, *Disruptive technologies : Advances that will transform life*, Business and the global economy, 2013.
8. D. O'Leary. *"Smart" Lawyering : Integrating Technology Competence into the Legal Practice Curriculum*, University of New Hampshire Law Review, vol. 19, n° 2, 2021.
9. V. aussi sur l'évolution du marché du droit s[s] n°s 013.11 s.
10. R. Susskind, *The End of Lawyers, rethinking the nature of legal services*, Oxford University Press 2008, revised edition 2010.
11. L. Karpik, *L'économie des singularités*, « Bibliothèque des sciences humaines », Gallimard, 2007.

comme du sur-mesure devront être standardisées si leurs « producteurs » veulent rester compétitifs. La technologie joue un rôle essentiel dans l'approche de la standardisation car elle permet de réaliser des gains de productivité de plus en plus importants tout en maintenant un niveau élevé de sécurité juridique. Pour l'heure, les cabinets d'avocats ont été moins prompts à maîtriser la standardisation qu'un nombre de « start-ups » du droit qui sont devenus des opérateurs de premier plan pour la vente de contrats et d'actes-type parmi lesquelles Rocket Lawyer, Captain Contrat ou Legal Start.

Les éditeurs juridiques enrichissent régulièrement leurs offres d'outils qui permettent une standardisation plus avancée. Thomson Reuters, premier éditeur juridique mondial, dans sa communication, dit avoir réalisé une étude selon laquelle 90 % des avocats reconnaissent que la standardisation réduit le nombre d'erreurs [1].

011.63 **Intelligence artificielle**[2]. L'autre phénomène technologique qui gagne du terrain dans le domaine juridique est celui de l'intelligence artificielle. Dans le contexte de la pratique du droit, l'intelligence artificielle se réfère à tous les outils qui peuvent « être éduqués » pour apprendre un contexte et un vocabulaire et ainsi devenir de plus en plus performants. Un outil de recherche pourra donner des résultats plus pertinents s'il sait ce qu'il doit rechercher. Cette contextualisation des données peut être appliquée aux outils de recherche. Elle peut aussi servir à la justice prédictive. Des cabinets s'impliquent directement dans le financement de ces technologies à l'instar de Dentons avec NextLaw Labs, sa plateforme d'innovation collaborative, associée à IBM afin de créer une plateforme technologique utilisant le IBM Cloud. Cette association a pour but de permettre aux start-ups de créer et déployer des applications juridiques plus rapidement. NextLaw Labs a également conclu un accord avec sa première entreprise de portefeuille, ROSS Intelligence Inc., une start-up développant une application de conseil juridique utilisant IBM Watson [3].

L'intelligence artificielle trouve de multiples applications dans le domaine du droit mais aussi dans le fonctionnement des cabinets [4]. En effet, outre les outils de recherche, les systèmes experts, l'analyse de litiges et la prédiction des dommages et intérêts, l'automatisation des contrats, l'intelligence artificielle peut être mise au service des cabinets d'avocats pour :

- exploiter les données clients pour développer et adapter l'offre ;
- identifier et prévenir certains risques ;
- optimiser les flux de travail et le suivi entre associés et collaborateurs.

Plus récente est l'apparition de ChatGPT qui a été en mesure de réussir plusieurs examens proposés aux étudiants de la Law School de l'Université du Minnesota [5]. Si l'avocat compte sur son expérience et son intuition pour résoudre les problèmes auxquels il est confronté, il est indéniable que l'intelligence artificielle peut venir suppléer à de nombreuses situations dans lesquelles la connaissance technique de l'être humain doit être complétée.

La grande question reste celle de la capacité des cabinets d'avocats à innover ou, *a contrario*, décider d'être en résistance par rapport à l'émergence de l'intelligence artificielle dans le domaine des services juridiques [6]. Face à une littérature anglo-saxonne abondante sur le sujet, nos institutions peuvent paraître peu concernées. Le rapport de la Commission prospective du CNB pour les États généraux de la prospective et de l'innovation : « L'avocat en 2050 de la science-fiction à l'action », malgré son titre, n'accorde que très peu de place à l'intelligence artificielle [7].

1. Thomson Reuters Institute, *Report on the State of the Midsize Legal Market*, 2022 [En ligne].
2. V. aussi sur l'évolution du marché du droit s[s] n°s 013.11 s.
3. Dentons, *Communiqué de presse*, 7 août 2015 [En ligne : www.dentons.com].
4. A. Hudek, N. Waisberg, *AI For Lawyers : How Artificial Intelligence is Adding Value, Amplifying Expertise, and Transforming Careers*, Wiley, févr. 2021.
5. CNN Business, *ChatGPT passes exams from law and business schools*, 26 janv. 2023 [En ligne].
6. C. Brooks, C. Gherhes, T. Vorley, *Artificial intelligence in the legal sector : pressures and challenges of transformation*, Centre for Regional Economic and Enterprise Development, Management School, The University of Sheffield, déc. 2019.
7. CNB, « L'avocat en 2050 de la science-fiction à l'action », États généraux de la prospective et de l'innovation, Réflexions et études sur l'avenir de la profession d'avocat, juill. 2022.

CHAPITRE

012. Cabinets d'avocats et offre juridique

SECTION 0 ORIENTEUR

012.00 **Sommaire du chapitre.**

SECTION 1 AVOCATS : UNE PROFESSION CONCURRENCÉE

012.11 **Industrie des services juridiques.** Le secteur des services juridiques est devenu un secteur économique à part entière. La terminologie d'industrie des services juridiques est revendiquée[1] pour refléter la réalité économique du secteur. Dans l'offre globale de services juridiques se trouvent non seulement les prestations des avocats et des autres professions juridiques réglementées mais aussi celles dispensées par les professionnels du chiffre, les professionnels libéraux non réglementés, les sociétés commerciales délivrant des services de nature juridique ou encore les conseils dispensés gratuitement. L'offre de droit inclut également le travail des juristes salariés en entreprise, celui des juristes d'associations, de syndicats ou de chambres de commerce. L'offre de droit, c'est aussi celle de Legifrance qui fournit à tous les Français un service public du droit en ligne[2]. C'est dans cette globalité qu'il faut appréhender le contexte dans lequel évoluent les avocats : une concurrence grandissante aux contours sans cesse changeants.

012.12 **Revenus des avocats et des autres professions libérales.** Il n'y a pas eu d'étude comparative des revenus des différentes professions libérales réglementées depuis l'étude réalisée par l'Inspection Générale des Finances (IGF)[3] en 2013. Pour l'étude précédente, il faut remonter à celle réalisée par l'Insee en 2007[4] pour comparer les revenus de nombreuses activités libérales.

REVENU MENSUEL D'ACTIVITÉ LIBÉRALE PAR DOMAINE EN 2013

Profession	Revenu net mensuel médian	Les 25 % les mieux rémunérés déclarent une rémunération mensuelle nette supérieure à
Greffiers des tribunaux de commerce	29 117	38 377
Mandataires judiciaires	25 723	34 037
Administrateur judiciaire	25 719	33 700
Notaires	13 284	19 772
Pharmacien biologiste	10 591	19 157

1. P. Durand-Barthez, P. Lignières, « Legal Industry : Comment valoriser l'activité juridique des cabinets français ? », *JCP* 2013, n° 5.

2. J.-M. Baïssus, « L'industrie des services juridiques ou comment améliorer la reconnaissance des professions du droit », *JCP* 2010, n° 47.
3. Inspection générale des Finances, *Rapport n° 2012 M057 03 : Les professions réglementées*, mars 2013.
4. « Découvrez le tableau de revenus des professions libérales », *La Tribune*, 17 févr. 2010.

Profession	Revenu net mensuel médian	Les 25 % les mieux rémunérés déclarent une rémunération mensuelle nette supérieure à
Pharmacien	7 671	11 911
Médecin spécialiste	7 186	11 858
Huissiers	6 272	10 125
Commissaire-Priseur	3 561	7 649
Avocat	3 271 (3 568 € en 2020)	5 407
Expert-comptable	3 036	6 262
Architecte	2 702	4 414

Source : Ministère de l'Économie et des Finances, Inspection Générale des Finances (IGF), 2013.

Nous savons que le revenu médian des avocats pour 2020 est de 3 568 euros, à comparer avec les 3 271 euros de 2013. Il a donc peu évolué depuis 2013. Nous pouvons penser que les autres professions réglementées ont elles aussi connu des évolutions du même ordre.

012.13 **Avocats et activité de conseil juridique.** Le marché du conseil juridique attire des professionnels de nombreux métiers. Dans la défense de leurs prérogatives et du périmètre du droit[1], les avocats se sont longtemps montrés désunis et parlant de plusieurs voix : instances nationales, barreau de Paris, syndicats ou associations professionnelles... les interlocuteurs des pouvoirs publics étaient trop nombreux pour défendre efficacement les intérêts d'une profession. Les avocats ont sans doute pâti de cette situation à la différence des notaires ou des experts-comptables dont la représentation est plus unifiée et efficace. La représentativité du Conseil national des barreaux[2] et son influence grandissante semblent remédier à cette situation.

La fusion des professions d'avocat et de conseil juridique prévue par la loi du 31 décembre 1990 et effective au 1er janvier 1992 n'a pas eu tous les effets escomptés. Ne saisissant pas l'occasion de la réforme pour changer le nom de la profession d'avocat en « avocat-conseil », l'avocat est resté perçu comme l'homme du judiciaire. La réforme a eu pour principal effet de renforcer les cabinets de conseils juridiques déjà structurés et de faciliter l'implantation massive des grands cabinets d'avocats américains et anglais qui jusque-là portaient le titre de conseil juridique.

Sur le plan du conseil, l'avocat continue à avoir des difficultés à se positionner comme le partenaire privilégié de l'entreprise, en particulier les petites entreprises. Handicapés par une image trop axée sur le judiciaire, les avocats peinent à s'imposer, vis-à-vis des PME, sur le terrain fiscal et social sur lequel les experts-comptables ont pris une place dominante.

Sur le plan judiciaire, l'avocat est également concurrencé par de nouvelles offres sur internet lorsque son ministère n'est pas obligatoire[3].

SECTION 2
ENJEUX DE LA PROFESSION : TRAVAUX DU CNB

012.21 **Enquête TNS Sofres commandée par le CNB en 2008.** En 2008, le Conseil national des barreaux (CNB) a commandé à TNS Sofres une enquête sur la perception que les avocats ont de leur situation professionnelle ainsi que de leur avenir tant personnel que collectif[4]. Si les avocats interrogés se disent très majoritairement satisfaits de leur situation présente, ils sont 36 % à se dire pessimistes pour leur avenir personnel et 49 % à exprimer leur inquiétude sur l'avenir de la profession. Ce pessimisme n'est pas le seul fait des inquiets puisque 29 % des avocats qui se déclarent satisfaits expriment des doutes quant à leur avenir.

La concurrence des autres professions est considérée comme la plus grande menace. Les experts-comptables sont les premiers concurrents cités, suivis des notaires. Les inquiétudes principales des avocats sont aussi les exigences accrues et la pression des clients, la concurrence entre avocats, la concentration de la profession ou encore la déjudiciarisation amorcée par le gouvernement.

Pour faire face à ces défis, les avocats doivent :

- se rapprocher de leurs clients ;
- travailler sur le développement commercial de leurs cabinets ;
- travailler davantage en équipe ;
- utiliser les nouvelles technologies ;
- améliorer l'organisation et la performance de leurs cabinets ;
- perfectionner la pratique des langues étrangères et s'ouvrir à l'international.

012.22 **Enquête TNS Sofres commandée par le CNB en 2011.** En 2011, le Conseil national des barreaux a commandé une enquête intitulée « Quels avocats pour quels marchés, aujourd'hui,

1. DÉFINIE PAR : L. n° 71-1130, 31 déc. 1971 portant réforme de certaines professions judiciaires et juridiques, *JO* 5 janv, p. 131, titre II ; mod. par L. n° 90-1259, 31 déc. 1990.
2. L. n° 71-1130, 31 déc. 1971, art. 21-1 ; créé par L. n° 90-1259, 31 déc. 1990.
3. EX. : www.demanderjustice.com.
4. Conclusion de l'étude dans CNB, *Avocats : faits et chiffres – Une profession qui avance*, oct. 2008, p. 103.

demain ? »[1]. Cette enquête précise et complète celle menée en 2008. Les avocats disent être satisfaits à 76 % de leur situation professionnelle. Cependant, ils sont 38 % à se déclarer non satisfaits concernant leurs honoraires et 48 % à ne pas être satisfaits sur le plan de la sécurité de l'emploi. La moitié des avocats interrogés se déclarent touchés par la crise économique.

Plus précise que l'enquête précédente sur la concurrence, l'expert-comptable serait le principal concurrent pour 56 % des avocats, avant les confrères eux-mêmes à 51 %. Internet suit avec 39 % des réponses et les huissiers et notaires avec 33 %. La concurrence est considérée comme la principale « menace » pesant sur la profession par 59 % des sondés et la pression sur les prix par 45 % d'entre eux.

La profession d'avocat devient « une simple prestation de services » selon 57 % des avocats, mais leur attachement à la profession demeure très fort puisqu'ils sont 82 % à déclarer vouloir rester avocats pour le reste de leur carrière professionnelle.

L'intérêt à se spécialiser est reconnu par 78 % des avocats. La volonté de travailler davantage avec d'autres professions pour offrir un service plus complet est manifestée par 48 %. La nécessité de davantage communiquer auprès du public est exprimée par 47 %.

L'enquête révèle l'intérêt que les avocats portent aux nouvelles pratiques de la profession puisque 66 % d'entre eux déclarent leur intention de faire des actes d'avocat et moins de neuf mois après la loi, ils disent être 15 % à en avoir réalisé. Les avocats interrogés expriment également leur souhait de pratiquer la procédure participative et aussi le mandat en transaction immobilière.

012.23 Enquête CSA commandée par le CNB en 2014. En 2014, le Conseil national des barreaux a commandé une nouvelle enquête, au titre presque identique à l'enquête de 2011, intitulée « Quels avocats pour quels marchés demain ? »[2]. Cette enquête avait été commandée dans le cadre de la préparation de la Convention nationale des avocats qui s'est tenue à Montpellier en octobre 2014.

Si les avocats restent majoritairement attachés à leur métier, ils sont de plus en plus réalistes concernant les enjeux auxquels ils doivent faire face. Ils sont ainsi 94 % à reconnaître que l'avocat doit être un entrepreneur. Ils sont 92 % à penser que la formation des avocats doit être améliorée en ce qui concerne le développement de la clientèle et la relation client. Les avocats répondent à 81 % qu'ils sont intérêt à se spécialiser davantage, notamment en se formant aux métiers de leurs clients.

Ce réalisme s'accompagne aussi d'un certain pragmatisme car les répondants à l'enquête sont 70 % à déclarer qu'ils sont ouverts à l'idée de travailler en entreprise comme juriste ou comme avocat en entreprise... tout en précisant qu'ils pensent qu'ils resteront avocats tout au long de leur carrière.

Concernant l'avenir, l'enquête identifie un profil d'avocat « avant-gardiste dynamique ». Ces avocats, de tous les âges, ont en commun un état d'esprit pro-actif, curieux et ouvert à l'innovation. Ils considèrent que l'avocat de demain doit faire face à cinq chantiers prioritaires : Internet, la concurrence externe, la représentativité nationale, l'interprofessionnalité et les nouveaux métiers[3].

012.24 Enquête Think sur les attentes des PME commandée par le CNB en 2015. L'Observatoire du Conseil national des barreaux, en partenariat avec l'Institut Think, a publié en décembre 2015 la première étude relative aux relations des PME avec la profession d'avocat. Menée auprès de 600 dirigeants de PME, cette étude confirme que l'avocat est le premier interlocuteur des PME pour les questions juridiques. Les principales problématiques qui lui sont confiées relèvent du social, de l'administratif et du commercial. Si le niveau de satisfaction exprimé par les PME se montre élevé, l'étude met en lumière des marges de progression : connaissance de l'entreprise et de son secteur économique, plus grande disponibilité, ou encore rapport qualité/prix et facturation. Cette enquête, un peu moins introspective que certains des travaux précédents, a permis de faire ressortir les domaines dans lesquels l'avocat doit encore améliorer son image pour être parfaitement compris par les chefs d'entreprises. Même si les chefs d'entreprises se montrent prudents et parfois défiants vis-à-vis des avocats en général, ils sont néanmoins très satisfaits du leur quand ils en ont un.

012.25 Enquête CREA – IHEJ de 2017 : les quatre défis de l'avocat français du XXIe siècle. Dans le cadre des États Généraux de la Justice, le Centre de recherche et d'étude des avocats (CREA) et l'Institut des hautes études sur la justice (IHEJ) ont réalisé un travail consistant à identifier les principaux défis auxquels la profession aurait à faire face au cours des prochaines années[4]. Quatre défis ont été retenus :

- gagner en crédibilité ;
- réussir la transition numérique ;

1. TNS Sofres, Enquête présentée au CNB, AG 16 déc. 2011.
2. CSA, Enquête présentée au CNB, sept. 2014.
3. Synthèse de l'enquête réalisée par le Village de la justice, « Quels avocats pour quels marchés demain ? – 10 ans d'état de la profession », 12 sept. 2014.
4. Rapport CREA IHEJ, *Les quatre défis de l'avocat français du XXIe siècle*, oct. 2017.

– transformer son modèle économique ;
– construire la communauté des juristes.

À travers ces quatre thématiques, nous retrouvons les thèmes récurrents d'un déficit d'image auprès de certains publics, du retard technologique, de l'absence de culture d'entreprise dans les cabinets d'avocats et enfin, de l'individualisme. Ceci laisse penser que les clés de l'avenir des avocats se trouvent avant tout chez l'avocat plutôt que dans une compétition avec les métiers concurrents.

SECTION 3
EXPERTS-COMPTABLES

012.31 Concurrence du droit et du chiffre. Forts de leurs 21 155 membres et de leurs 170 000 salariés[1] dont tous les chargés de mission ou responsables de clientèle qui, sans avoir le statut d'expert-comptable, sont en prise directe avec les clients, les experts-comptables dispensent quotidiennement des conseils juridiques à leurs clients. Les cabinets d'expertise-comptable se sont dotés de fiscalistes performants, de spécialistes du droit social ou encore de personnes chargées de tenir le secrétariat juridique des sociétés dont ils traitent la comptabilité. L'expert-comptable est ainsi en mesure de couvrir une grande partie des besoins récurrents des entreprises en matière de conseil. Ceci est particulièrement vrai pour les TPE et les PME. Aussi, les experts-comptables ont informatisé leur activité avant les avocats et les cabinets d'expertise-comptable sont souvent performants dans la gestion de leur temps et de leurs ressources humaines. Les experts-comptables réalisent un chiffre d'affaires de 19 milliards d'euros, soit près de 27 % de plus que la profession d'avocat.

Tandis que la loi du 31 décembre 1971 prévoyait que les conseils juridiques fournis par les experts-comptables se limitent aux domaines comptable et social, une interprétation souple de la théorie de l'accessoire[2] a entraîné les experts-comptables sur le terrain du droit des sociétés.

La rédaction des statuts de sociétés a fait l'objet de débats entre les experts-comptables et les avocats. Soutenant que la constitution d'une société ne peut pas être considérée comme l'accessoire de la prestation de l'expert-comptable, les avocats estimaient que l'expert-comptable ne peut se considérer chargé de la comptabilité d'une société qui n'existe pas encore. Les experts-comptables argumentaient de leur côté que l'ordonnance du 19 septembre 1945 devait s'interpréter comme les autorisant à créer une société dont la comptabilité va leur être confiée.[3].

La loi du 23 juillet 2010[4] a modifié plusieurs dispositions de l'ordonnance du 19 septembre 1945[5] qui réglemente la profession d'expert-comptable. L'article 2 de l'ordonnance de 1945 est désormais complété par une disposition qui prévoit que les experts-comptables assistent les personnes physiques dans la réalisation matérielle de leurs déclarations fiscales. Cette disposition a suscité une forte réaction du Conseil national des barreaux estimant que les experts-comptables ne pouvaient notamment être autorisés à conseiller les auto-entrepreneurs en dehors de toute intervention comptable. Les pouvoirs publics n'ont pas pris en compte ces objections. En effet, l'expert-comptable reste le premier interlocuteur du chef d'entreprise et il est, à ce titre, le relais des politiques économiques et fiscales décidées par les gouvernements.

Sous l'influence du rapport Darrois qui avait exprimé le souhait d'ouvrir de nouvelles voies de coopération entre les experts-comptables et les avocats[6] et d'un plus grand réalisme chez les représentants des avocats, les relations entre les professions se sont nettement améliorées. Le 26 mai 2010, le Conseil supérieur de l'Ordre des experts-comptables (CSOEC) et le Conseil national des barreaux ont publié un communiqué selon lequel ils « entendent explorer ensemble les voies d'une collaboration sereine et efficace »[7]. Le bâtonnier Jean Castelain et le président Joseph Zorgniotti se sont publiquement félicités d'avoir « fait la paix » entre les deux professions[8]. Les dispositions relatives à l'interprofessionnalité capitalistique contenues dans la loi du 28 mars 2011 participent à favoriser la création de nouveaux axes de coopération entre les professions. Le champ de l'interprofessionnalité entre les avocats et les experts-comptables continue à s'élargir puisque la loi Macron marque la transition de l'interprofessionnalité capitalistique à l'interprofessionnalité d'exercice[9].

1. Observatoire des métiers de l'expertise comptable (OMECA), Baromètre, novembre 2022.
2. Sur la concurrence des activités juridiques autorisées à titre accessoire, v. s^s n° 012.61.
3. Ord. n° 45-2138, 19 sept. 1945 portant institution de l'ordre des experts-comptables et réglementant le titre et la profession d'expert-comptable, *JO* 21 sept. p. 5938.
4. L. n° 2010-853, 23 juill. 2010 relative aux réseaux consulaires, au commerce, à l'artisanat et aux services, *JO* 24 juill., p. 13650.
5. Ord. n° 45-2138, 19 sept. 1945 portant institution de l'ordre des experts-comptables et réglementant le titre et la profession d'expert-comptable, *JO* 21 sept. p. 5938.
6. NOT. la coopération multiprofessionnelle structurelle évoquée par le rapport Darrois, p. 78.
7. L. Arbelet, « Partie d'échecs entre experts-comptables et avocats », *D. actu.* 25 févr. 2014 ; – Sur l'interprofessionnalité, v. s^s n°s 353.11 s.
8. « Experts-comptables et avocats ou la réconciliation élégiaque », *actuel-avocat.fr,* 29 sept. 2011.
9. V. s^s n° 011.46.

Les tensions réapparaissent dès qu'est abordée la question des activités juridiques exercées à titre accessoire par les experts-comptables[1]. L'article 62 de la loi du 6 août 2015 a suscité de vives réactions[2] de la part des avocats en venant préciser que les experts-comptables pouvaient « donner des consultations et effectuer tous travaux d'ordre juridique, fiscal ou social »[3] pour toutes les entreprises dont ils traitent la comptabilité. Les avocats considèrent encore les experts-comptables comme leurs concurrents les plus dangereux[4].

Depuis la loi Macron, le climat est apaisé. Les divergences semblent avoir laissé place à des tentatives de coopération dans un cadre interprofessionnel. Même si les structures pluriprofessionnelles d'exercice entre avocats et experts-comptables restent peu nombreuses, les liens capitalistiques entre experts-comptables et avocats se développent.

SECTION 4
AUTRES PROFESSIONS JURIDIQUES RÉGLEMENTÉES

012.41 **Concurrence des autres professions juridiques réglementées.** Plus homogènes, plus spécialisées, les autres professions juridiques réglementées ne connaissent pas les mêmes difficultés que les avocats. Ces autres métiers du droit sont toutefois confrontés, à des degrés divers, à différentes pressions tant nationales qu'européennes.

Face à ces professions, la polyvalence des avocats constitue à la fois une force et une faiblesse. Elle est une force car elle permet d'avoir une vision globale des questions et des difficultés auxquelles sont confrontés les clients. Elle est une faiblesse quand elle se traduit par un manque de spécialisation. Comme les notaires, les mandataires et administrateurs judiciaires et même les commissaires de justice veulent élargir le champ de leurs interventions, il y a un mouvement général des professions juridiques vers les prestations de conseil qui relèvent de leur domaine de compétence.

012.42 **Notaires.** Parmi les officiers publics et ministériels, la profession notariale est celle qui compte le plus de membres et d'offices. Au 1er janvier 2021, il y avait 16 747 notaires exerçant dans 6 727 offices[5]. Alors que le nombre de notaires en France a peu évolué au cours de ces cinquante dernières années, les institutions représentatives du notariat ont déclaré avoir entendu les messages envoyés par les instances européennes et par les rapports susvisés. En 2008, le Conseil supérieur du notariat (CSN) et la Chambre des notaires de Paris se sont engagés à augmenter les effectifs de la profession de 25 % en cinq ans[6]. Or l'effectif des notaires est passé de 8 856 en 2008 à 9 253 en 2011 pour atteindre 9 685 en 2014 et 9 802 en 2016 soit une augmentation de 15 % depuis 2005. Sur la même période, le nombre d'offices n'a augmenté que de 1,6 %[7].

Si les notaires ont pu craindre que les travaux de la commission Darrois remettent en cause leur monopole sur les actes portant transfert de droits réels ou de sûretés en matière immobilière, il ne s'est rien produit de tel. L'acte authentique reste du ressort des notaires, en leur qualité de rédacteurs impartiaux investis de la puissance publique. L'acte d'avocat prévu par la loi du 28 mars 2011 de modernisation des professions judiciaires et juridiques réglementées, précitée, ne porte pas atteinte au monopole de l'acte authentique.

En revanche, les notaires ont été bousculés par la loi Macron qui a modifié les conditions d'accès au notariat afin d'augmenter le nombre de notaires, de renouveler et de libéraliser la profession. La loi Macron et les textes réglementaires parus en 2016 ont élaboré une carte d'installation, valable deux ans, présentant des zones libres d'implantation (où les études étaient souhaitées pour renforcer la proximité ou l'offre de services) et des zones contrôlées. Les candidatures, déposées sur le site du ministère de la justice, font l'objet d'un tirage au sort lorsqu'elles dépassent le nombre de places offertes. Ces dispositions ont donné lieu à l'intégration de 700 notaires libéraux pour les seules années 2019 et 2020[8]. Depuis 2015, le nombre des offices notariaux a augmenté de 50 %.

Profession plus homogène que les avocats, le notariat, par son maillage territorial, assure un accès égalitaire au droit pour les besoins de la vie courante : contrats de mariage, testaments, donations, acquisitions ou cessions de biens immobiliers, hypothèques. Par leurs connaissances en matière d'urbanisme et de construction, les notaires travaillent aussi de manière étroite avec les collectivités locales. Ils assurent, au nom de l'État, des prestations de calcul et de perception de nombreuses taxes. À l'heure

1. CNB, « Le CNB reste mobilisé face au projet de loi Macron », 6 févr. 2015.
2. P.-O. Sur, « Prestations juridiques des experts-comptables : non au hold-up », *Bulletin du barreau de Paris*, mars 2015.
3. L. n° 2015-990, 6 août 2015 pour la croissance, l'activité et l'égalité des chances économiques, *JO* 7 août, p. 13537, art. 62-2.
4. TNS Sofres, Enquête présentée au CNB, AG 16 déc. 2011.
5. *Rapport annuel du notariat*, 2021.
6. Congrès des notaires de France, Nice, mai 2008.
7. Inspection générale des Finances, *Rapport n° 2012 M057 03 : Les professions réglementées*, mars 2013, Annexes.
8. Ministère de la justice, *Loi Macron : près de 700 nouveaux notaires libéraux en 2019-2020*, 17 janv. 2021.

où le gouvernement cherche à réduire le nombre de ses fonctionnaires, ils participent à la dématérialisation de certaines procédures telles que les interrogations de la conservation des hypothèques.

Traditionnellement plus complémentaires que concurrents, les zones de chevauchement des activités des avocats et des notaires sont devenues plus nombreuses. Depuis le début des années 2000, les notaires arguent de leur capacité à intervenir en amont des décisions importantes dans la vie personnelle et professionnelle de leurs clients. Ils se présentent comme les conseillers privilégiés des particuliers mettant en avant la notion de sécurité juridique que leur confère l'acte authentique.

Au sein des études de notaires importantes, des équipes de juristes se sont constituées pour être capables d'intervenir notamment sur les transactions immobilières complexes. Les notaires proposent également de préparer sous la forme authentique de nombreux actes que les avocats rédigent sous seing privé.

012.43 Avocats au Conseil d'État et à la Cour de cassation. Le nombre de leurs offices est fixé à 60 depuis 1817. Ils ont le monopole de la représentation devant le Conseil d'État et la Cour de cassation. Le rapport Attali proposait de remettre en cause le *numerus clausus* et d'ouvrir les conditions de l'examen d'accès à cette profession. Il faut noter que dans la plupart des pays, la représentation devant les juridictions suprêmes n'est pas réservée à un nombre limité d'intervenants. Concernant cette profession, le rapport Darrois préconisait d'en augmenter le nombre tout en restant dans la limite de 180 (limite déjà fixée en 1817 prévoyant 60 offices avec un maximum de trois avocats par office). Le même rapport envisage la création de structures interprofessionnelles regroupant des avocats à la cour avec des avocats au Conseil d'État et à la Cour de cassation. La profession n'a pas été visée par la loi du 6 août 2015, dite loi Macron.

Au 31 décembre 2021, il y avait 121 avocats au Conseil et à la Cour de cassation répartis dans 70 offices [1].

012.44 Avoués près les cours d'appel (profession supprimée le 1er janvier 2012). Mentionnés pour mémoire, les avoués avaient le monopole de la représentation devant les cours d'appel sauf en matière sociale, boursière et de concurrence. Ils étaient 433 répartis sur 231 offices. Cette profession est la première à avoir fait les frais des préconisations du rapport Attali. Le 9 juin 2008, la Chancellerie a annoncé la suppression de la profession et la fusion avec la profession d'avocat. Celle-ci a entraîné une modification des règles de représentation devant les cours d'appel [2]. La loi du 25 janvier 2011 [3] a fusionné les professions d'avoué et d'avocat. Elle a supprimé les offices d'avoué depuis le 1er janvier 2012. Les avoués ont eu la possibilité de procéder à la liquidation de leurs sociétés d'exercice ou de demander leur transformation en sociétés d'avocats depuis le 1er janvier 2012. Un régime transitoire permettait aux avoués de demander leur inscription au barreau depuis le 1er octobre 2011.

Les questions soulevées par la disparition d'une profession sont nombreuses et complexes. Les décrets d'application ont eu à traiter de la représentation devant les cours d'appel [4], des conditions d'inscription ou de renonciation d'inscription des avoués aux tableaux des barreaux [5] ainsi que les modalités de fonctionnement du fonds d'indemnisation destiné à compenser les avoués pour leur perte de leur droit exclusif de représentation [6]. Les modalités de cette disparition ont laissé bon nombre d'avoués dans l'incertitude tant patrimoniale que professionnelle. En effet, la valeur patrimoniale de leurs offices constituait pour beaucoup d'avoués leur principal actif. Aussi, certains jeunes avoués s'étaient lourdement endettés pour entrer dans la profession. Les modalités d'indemnisation d'abord prévues par les députés ont été considérées insuffisantes par le Sénat. Le décret du 1er avril 2011 prévoyait les modalités de l'indemnisation [7]. Les demandes d'indemnisation devaient être déposées avant le 31 décembre 2011 [8]. La commission d'indemnisation s'obligeait à répondre dans un délai de trois mois en formulant une offre d'indemnisation laquelle doit ensuite être acceptée par l'avoué dans un délai de six mois [9]. À défaut d'être

1. Ordre des avocats au Conseil d'État et à la Cour de cassation, 2022.

2. Décr. n° 2009-1524, 9 déc. 2009 relatif à la procédure d'appel avec représentation obligatoire en matière civile, *JO* 11 déc., p. 21386.
3. L. n° 2011-94, 25 janv. 2011 portant réforme de la représentation devant les cours d'appel, *JO* 26 janv., p. 1544.
4. Décr. n° 2011-451, 22 avr. 2011 pris pour l'application de la loi n° 2011-94 du 25 janvier 2011 portant réforme de la représentation devant les cours d'appel, *JO* 24 avr., p. 7328.
5. Décr. n° 2011-443, 21 avr. 2011 pris pour l'application de la loi n° 2011-94 du 25 janvier 2011 portant réforme de la représentation devant les cours d'appel et relatif aux conditions d'inscription des avoués près les cours d'appel aux tableaux des barreaux ainsi qu'aux modalités pour y renoncer, *JO* 23 avr., p. 7265.
6. Décr. n° 2011-419, 18 avr. 2011 relatif aux modalités de fonctionnement du fonds d'indemnisation de la profession d'avoué prévu par la loi n° 2011-94 du 25 janvier 2011 portant réforme de la représentation devant les cours d'appel, *JO* 20 avr., p. 6919.
7. Décr. n° 2011-361, 1er avr. 2011 relatif aux modalités de l'indemnisation prévue par la loi n° 2011-94 du 25 janvier 2011 portant réforme de la représentation devant la cour d'appel, *JO* 3 avr., p. 5920.
8. Décr. n° 2011-361, 1er avr. 2011, art. 5.
9. Décr. n° 2011-361, 1er avr. 2011, art. 6.

acceptée dans le délai de six mois, l'offre de la commission est réputée refusée et il appartient alors à l'avoué de saisir le juge de l'expropriation. La loi prévoyait la possibilité d'une demande d'acompte afin notamment que les avoués endettés pour l'acquisition de leur office puissent faire face aux demandes de remboursement anticipé de leurs prêts [1].

Afin de faciliter leur intégration dans la profession d'avocat, les anciens avoués ont eu la possibilité de se faire attribuer la mention de spécialisation « spécialiste en procédure d'appel » [2]. Depuis leur intégration dans la profession d'avocat, de nombreux anciens avoués se sont groupés en réseaux, comme Lexavoué. Ils continuent à consacrer une grande partie de leur activité à la postulation devant les Cours d'appel [3].

012.45 Greffiers des tribunaux de commerce. Les greffiers des tribunaux de commerce [4] sont des officiers publics et ministériels. Au 1er janvier 2020, ils étaient 243 greffiers répartis sur 153 offices. Parmi leurs nombreuses tâches, les greffiers assistent les juges à l'audience, tiennent les registres prévus par les textes, sont les dépositaires des minutes et des archives du tribunal, ont la garde des sommes déposées au greffe et délivrent les expéditions et les copies. Les greffiers ont connu un succès « commercial » considérable avec la possibilité de délivrer des copies par voie électronique [5]. Cette activité est celle d'Infogreffe. La loi du 6 août 2015, dite loi Macron, a révisé à la baisse la tarification des greffiers [6].

012.46 Administrateurs judiciaires et mandataires judiciaires. Ces deux professions interviennent aux différentes étapes des procédures collectives appliquées aux entreprises en difficulté. Les administrateurs, au nombre de 162 en France au 1er janvier 2021, sont mandatés par les tribunaux pour administrer les personnes morales en difficulté dans le but de leur éviter la liquidation judiciaire. Les 292 mandataires judiciaires présents sur le territoire national, sont aussi mandatés par les tribunaux et interviennent pour représenter les créanciers, les salariés et pour liquider les actifs des sociétés placées en liquidation judiciaire [7]. Les tarifs des administrateurs et mandataires ont été révisés à la baisse par la loi du 6 août 2015, dite loi Macron [8].

012.47 Commissaires de justice. Le commissaire de justice est issu du rapprochement entre les huissiers de justice et les commissaires-priseurs judiciaires. C'est la loi Macron qui a impulsé la création de cette nouvelle profession qui a vu le jour le 1er juillet 2022. La mue sera définitive en 2026. L'ensemble des missions des huissiers de justice et des commissaires-priseurs judiciaires sont désormais exercées dans le cadre de cette nouvelle profession. Le commissaire de justice est à la fois un officier public et ministériel, détenteur d'une parcelle de la puissance publique, et professionnel libéral du droit. Son activité recouvre deux types de missions : celles dont il a le monopole (exécution des décisions de justice et autres titres exécutoires, signification des actes judiciaires et extra-judiciaires), et celles qu'il exerce de façon concurrentielle avec d'autres professionnels (ventes aux enchères, recouvrement amiable).

Au 31 décembre 2022, il y avait 3 200 commissaires de justice sur l'ensemble du territoire [9].

012.48 Conseils en propriété industrielle (CPI). Créée en 1990 [10], cette profession a remplacé celle des conseils en brevets d'invention. Au 1er janvier 2022, les CPI étaient au nombre de 1 089 répartis en 461 cabinets [11]. Sous l'intitulé de CPI existent deux métiers : celui du conseil en brevets qui dispose en général d'une formation scientifique spécialisée et celui de conseil en marques, dessins et modèles et droits de propriété littéraire et artistique. Ces derniers ont une activité très proche des avocats qui exercent dans ce domaine alors que les premiers sont de véritables techniciens. Les deux types de CPI travaillent souvent côte à côte dans les mêmes cabinets afin de fournir un ensemble de prestations complémentaires à leurs clients. Le Conseil national des barreaux et la Chambre nationale des conseils en propriété industrielle ont chacun voté la fusion de leurs deux professions [12] mais la résolution votée par la CNCPI a fait l'objet d'un recours [13]. Une proposition de loi organisant cette fusion a été adoptée par le Sénat le 11 février 2009. Ce rappro-

1. L. nº 2011-94, 25 janv. 2011, art. 17.
2. Le quatrième alinéa du I de l'article 1er de la loi nº 71-1130 du 31 décembre 1971 modifiée permet aux « anciens avoués devenus avocats » de bénéficier de plein droit de la spécialisation en procédure d'appel.
3. M. Boccon-Gibod, « Procédure d'appel : le champ n'est pas encore déminé », *D. avocats*, nº 3, 2013.144.
4. C. com., art. L. 741-2, mod. par L. nº 2012-387, 22 mars 2012, art. 71 ; et art. R. 741-10 s.
5. C. com., art. R. 741-5.
6. Décr. nº 2016-230, 26 févr. 2016 relatif aux tarifs de certains professionnels du droit et au fonds interprofessionnel de l'accès au droit et à la justice, *JO* 28 févr., nº 35.
7. Ministère de la Justice, *Les chiffres-clés de la Justice*, 2022.
8. Décr. nº 2016-230, 26 févr. 2016.
9. *Annuaire officiel des commissaires de justice*, 2022.
10. L. nº 90-1052, 26 nov. 1990 relative à la propriété industrielle, *JO* 28 nov., p. 14624.
11. Les chiffres de la profession, Conseil National des Conseils en Propriété Industrielle, 2022.
12. VOTE DE : CNB, AG 12 sept. 2008, et Chambre nationale des conseils en propriété industrielle, 15 oct. 2008.
13. Paris, pôle 5 ch. 8, 8 déc. 2009, RG nº 08/23606 ; CONFIRMANT : TGI Paris, 24 sept. 2008, RG nº 08/08501 : « la résolution du 13 mai 2008 n'a pas été valablement adoptée à la majorité des deux tiers exigée par l'article 8.5 du règlement intérieur de la CNCPI ».

chement a suscité des réserves du côté de certains conseils en brevets qui considèrent leur activité comme étant très éloignée de celle des avocats. Le barreau de Paris s'est également montré prudent à propos d'une fusion trop rapide. Le rapport Darrois avait exprimé un avis favorable à ce rapprochement.

Le 24 juin 2010, l'Assemblée nationale a renoncé à imposer la fusion pourtant votée par le Sénat. Les articles relatifs à la fusion qui étaient dans le projet de loi de modernisation des professions juridiques et judiciaires et de certaines professions réglementées ont été supprimés en commission des lois. Des commentateurs ont pu voir dans cette décision le résultat d'une action de *lobbying* d'avocats qui ne souhaitaient pas voir arriver les CPI dans leur profession [1]. Le 8 décembre 2010, le Sénat a décidé à son tour de revenir sur son vote de février 2009, suspendant ainsi le rapprochement entre les deux professions.

Même si leur rapprochement a échoué, les professions d'avocat et de CPI restent proches. Depuis la loi Macron, plusieurs cabinets de CPI et cabinets d'avocats se sont rapprochés dans le cadre de société pluriprofessionnelles d'exercice.

SECTION 5
JURISTES D'ENTREPRISE

012.51 Juristes d'entreprise : un statut en discussion. Ne s'agissant pas d'une profession réglementée, il est difficile d'en connaître le nombre exact d'autant que le rôle de juriste au sein d'une entreprise est parfois assumé par un secrétaire général ou encore un directeur administratif ou financier. Le nombre de juristes d'entreprise désignés comme tels au sein de leur entreprise serait d'au moins 17 000 [2]. Cette profession est notamment représentée par l'Association française des juristes d'entreprise (Afje).

La loi du 31 décembre 1970 autorise les juristes d'entreprise, dans le cadre de leurs fonctions, à donner des consultations juridiques et à rédiger des actes sous seing privé pour l'entreprise ou le groupe qui les emploie. Depuis de nombreuses années, les juristes d'entreprise essaient d'obtenir des pouvoirs publics que leur soit reconnue la confidentialité de leurs correspondances, consultations ou avis donnés à leur employeur. Ce privilège de confidentialité est aussi connu sous le terme de *legal privilege*. Ceci reviendrait à reconnaître au juriste d'entreprise une prérogative proche du secret professionnel qui garantit la confidentialité des échanges entre l'avocat et son client. Ces demandes n'ont pas été acceptées par la Chancellerie et ont soulevé des réserves de la part des avocats.

Depuis les années quatre-vingt-dix, le métier de juriste d'entreprise a été considérablement revalorisé. À l'image du statut du directeur juridique dans les entreprises américaines, dit *général counsel*, le responsable juridique est de plus en plus souvent associé aux décisions stratégiques importantes de l'entreprise. Sa position a progressé dans l'organigramme des sociétés et il rend compte directement au président ou au directeur général. Les avocats sont en conséquence plus nombreux à quitter le barreau pour des carrières en entreprise. Le rapport Darrois proposait la création d'un statut d'avocat en entreprise qui permettrait à l'avocat employé par une entreprise d'être inscrit sur un tableau spécifique du barreau, avec les droits et obligations de l'avocat, sauf le droit de plaider et de développer une clientèle personnelle.

Le rapport Prada [3] qui reprend et précise ce que serait l'avocat en entreprise a été favorablement accueilli par les juristes d'entreprise en ce qu'il fait un pas vers l'unification des professions du droit [4]. La proposition d'un privilège de confidentialité pour l'avocat en entreprise qui serait différent du secret professionnel de l'avocat constituerait un progrès pour la confidentialité des avis juridiques échangés au sein de l'entreprise. Les juristes d'entreprise peuvent y voir une reconnaissance de la fonction juridique à l'intérieur de l'entreprise même si ces solutions sont encore loin du statut spécifique de juriste d'entreprise réclamé de longue date aux pouvoirs publics [5]. Sur la base des suggestions du rapport, la Chancellerie a transmis aux représentants de la profession d'avocat un document de travail en date du 20 février 2012 [6].

En 2014, les discussions autour du projet de loi Macron ont relancé le débat. Le texte prévoyait en effet la création « d'une profession d'avocat en entreprise en définissant les conditions dans lesquelles les personnes titulaires du certificat d'aptitude à la profession d'avocat, ou ayant exercé des fonctions juridiques au sein d'une entreprise pendant ou depuis au moins cinq ans, peuvent être salariées par une entreprise pour lui apporter un conseil juridique, couvert par le secret professionnel lié à la qualité d'avocat, de façon à concilier les caractéristiques inhérentes à la situation de salarié et les règles déontologiques propres à l'exercice de la profession d'avocat » [7]. Ces dispositions répondent à

1. « Assemblée : majorité et gouvernement renoncent à la fusion avocats – CPI », *Dépêche AFP*, 24 juin 2010.
2. « Baromètre des juristes d'entreprises 2017 », *Le monde du droit*, déc. 2017.
3. Sur ce rapport, v. s[s] n° 011.45.
4. « Entretien avec Jean-Charles Savouré, président de l'Association française des juristes d'entreprise (Afje) », *actuel-avocat.fr*, 9 juin 2011.
5. Discours de S. Lochmann à l'assemblée générale de l'Afje, 12 déc. 2005.
6. Sur ce sujet, v. s[s] n° 011.45.
7. Projet de loi pour la croissance, l'activité et l'égalité des chances économiques, 11 déc. 2014, art. 21.

la plupart des demandes exprimées depuis des années par les juristes d'entreprises. De très vifs débats ont eu lieu pendant et autour des débats parlementaires, les avocats étant très désunis sur la question. Finalement, la loi Macron n'a pas abordé le sujet qui a ressurgi dans les débats autour de la loi Sapin 2. Lors de l'examen du projet de loi relatif à la transparence, à la lutte contre la corruption et à la modernisation de la vie économique, dit Sapin 2, le Sénat a en effet rejeté un amendement tendant à accorder un *legal privilege* aux avis des juristes d'entreprise, un autre amendement tendant à ouvrir une inscription des juristes d'entreprise au barreau n'ayant pas été soutenu [1].

L'avocat en entreprise et la question du *legal privilege* sont revenus sur le devant de la scène en 2021. Connaissance prise de l'avant-projet de loi visant à créer à titre expérimental un « avocat salarié d'une entreprise », le barreau de Paris ayant exprimé une position favorable, le CNB a voté une motion s'y opposant le 22 janvier 2021 [2].

Aujourd'hui, la profession de juriste d'entreprise exerce une double menace sur la profession d'avocat : le recrutement d'avocats ayant prêté serment mais séduits par les avantages d'une carrière en entreprise et la tendance généralisée de l'internalisation des prestations juridiques, essentiellement dans les grands groupes.

SECTION 6
CONCURRENCE DES ACTIVITÉS JURIDIQUES AUTORISÉES À TITRE ACCESSOIRE

012.61 **Activité juridique à titre accessoire.** La pratique du droit ne se limite pas aux seules professions juridiques réglementées. De nombreux professionnels sont autorisés à donner des consultations juridiques dès lors que ces consultations portent sur leur activité principale et ils sont également autorisés à rédiger des actes sous seing privé à titre accessoire. Un vaste champ de la consultation juridique ou de la rédaction d'actes à titre accessoire a été ouvert par la loi du 31 décembre 1971 [3] modifiée par la loi du 31 décembre 1990. Sont concernés :

– les personnes appartenant à des professions non réglementées justifiant d'une qualification reconnue par l'État dès lors que les actes ou consultations relèvent de leur activité principale [4]. Parmi les professions relevant de ce régime en matière d'activités juridiques, se trouvent notamment : les administrateurs de biens, les agents immobiliers, les banquiers, les assureurs, les experts-comptables [5], les experts-géomètres, les syndics de copropriété... ;

– les organismes chargés de missions de service public [6] ;

– les associations et les fondations reconnues d'utilité publique et les groupements mutualistes [7] ;

– les syndicats et associations professionnels [8] qui sont autorisés à donner des consultations juridiques aux personnes dont ils défendent les droits ;

– les organisations et fédérations professionnelles et les sociétés coopératives [9].

SECTION 7
COMPAGNIES D'ASSURANCES ET ASSURANCE DE PROTECTION JURIDIQUE

012.71 **Assurance de protection juridique.** Les règles applicables au contrat d'assurance de protection juridique sont celles de la loi du 31 décembre 1989 [10] intégrées dans le code des assurances aux articles L. 127-1 à L. 127-8. Lorsqu'une police d'assurance inclut une clause qui prévoit le remboursement à l'assuré de l'ensemble des frais liés à sa représentation en justice, il se crée une relation triangulaire entre l'assuré-client, l'avocat et la compagnie d'assurances. Soucieux de conserver la spécificité de la relation entre l'avocat et son client, les avocats ont œuvré pour une réglementation plus encadrée de l'assurance protection juridique [11] qui rende effectif le libre choix de l'avocat par l'assuré et la libre détermination des honoraires [12]. Depuis la réforme de 2007, l'assureur ne peut pas proposer le nom d'un avocat à l'assuré sans demande écrite de sa part [13]. Aussi, les honoraires de l'avocat sont déterminés entre ce dernier et son client, sans pouvoir faire l'objet d'un accord avec l'assureur de protection juridique.

Malgré cette réforme, la généralisation des clauses d'assurance protection juridique crée une

1. CNB, Communiqué de presse, 6 juill. 2016.
2. CNB, AG 22 janv. 2021.
3. L. nº 71-1130, 31 déc. 1971, art. 60 à 65 [art. 62 abrogé] ; mod. L. nº 90-1258, 31 déc. 1990.
4. L. nº 71-1130, 31 déc. 1971, art. 60 ; mod. L. nº 90-1258, 31 déc. 1990.
5. Ord. nº 45-2138, 19 sept. 1945, art. 22 ; mod. par Ord. nº 2004-279, 25 mars 2004.
6. L. nº 71-1130, 31 déc. 1971, art. 61 ; mod. L. nº 90-1258, 31 déc. 1990.
7. L. nº 71-1130, 31 déc. 1971, art. 63 ; mod. L. nº 90-1258, 7 avr. 1997.
8. L. nº 71-1130, 31 déc. 1971, art. 64 ; mod. L. nº 90-1258, 31 déc. 1990.
9. L. nº 71-1130, 31 déc. 1971, art. 65 ; mod. L. nº 90-1258, 31 déc. 1990.
10. L. nº 89-1009, 31 déc. 1989 relative à la prévention et au règlement des difficultés liées au surendettement des particuliers et des familles, *JO* 2 janv. 1990, p. 18 ; mod. par L. nº 93-949, 26 juill. 1993.
11. CNB, *Rapport sur la protection juridique*, AG 27 juin 2003.
12. L. nº 2007-211, 19 févr. 2007 portant réforme de l'assurance protection juridique, *JO* 21 févr., p. 3051.
13. C. assur., art. L. 127-3, al. 4.

situation nouvelle pour les avocats. D'une part les compagnies d'assurances deviennent des prescripteurs de plus en plus importants. D'autre part, le volume d'affaires qui résultent de ces clauses crée une pression à la baisse sur les honoraires de représentation des avocats. En effet, le plus souvent, le contrat d'assurance va fixer un montant maximum des honoraires de l'avocat pris en charge par la compagnie en fonction de son intervention (rédaction d'actes, recours devant le TGI, cour d'appel...).

En 2021, les cotisations liées à la protection juridique s'élevaient à 1,669 milliards d'euros (dont 70 % de cotisations de particuliers) [1]. Plus de 50 % des ménages étaient couverts par une assurance de protection juridique [2].

Selon le Groupement des Sociétés de Protection Juridique, une solution amiable serait trouvée dans 70 % des litiges couverts par un contrat de protection juridique. Ce règlement amiable interviendrait le plus souvent avant l'intervention de l'avocat. Des *LegalTechs* ont constitué des partenariats avec des sociétés d'assurance de protection juridique dans une démarche globale de digitalisation de leurs services et gestion (base d'informations digitales, déclaration en ligne, gestion de l'espace assuré...) dans le but fluidifier le parcours client.

La protection juridique s'inscrit dans le développement du principe de subsidiarité de l'aide juridictionnelle instauré par la loi du 19 février 2007 susvisée qui prévoit que l'aide juridictionnelle n'est pas accordée lorsque les frais couverts sont pris en charge dans le cadre d'un contrat de protection juridique. L'assurance de protection juridique constituerait ainsi une alternative à l'aide juridictionnelle contribuant à ce que cette dernière soit, conformément à sa vocation, réservée aux plus dépourvus.

SECTION 8
CONCURRENCE DES ACTIVITÉS JURIDIQUES NON AUTORISÉES

012.81 Augmentation des activités juridiques prohibées. Aussi difficiles à circonscrire qu'à évaluer, les activités juridiques réalisées en dehors des cas prévus par la loi sont nombreuses. Avec la tertiarisation, les métiers de conseil ont connu un développement tant par leur diversité que par leur impact dans l'économie.

Les métiers de conseil et de consultant se sont généralisés dans tous les secteurs. Conseils en stratégie, en management, en gestion des ressources humaines, en restructuration, en investissement, en gestion de patrimoine... Ainsi, les conseils en ressources humaines participent à l'établissement et la mise en œuvre de plans sociaux. Les conseils en investissement analysent la situation fiscale de leurs clients. Les professionnels de la gestion des risques émettent des avis sur la réglementation du travail ou celle de l'environnement. Autant de domaines qui alimentent le débat autour du « Périmètre du droit ». Ce périmètre des activités juridiques protégées qui est défini par le titre II de la loi du 31 décembre 1971 modifiée par la loi du 31 décembre 1990 est une préoccupation constante des avocats. Au sein du Conseil national des barreaux, la Commission de l'exercice du droit mène un combat permanent contre les atteintes à la loi du 31 décembre 1971. Ce combat des avocats est rendu particulièrement difficile en raison de nombreux facteurs dont :

– la rareté des sanctions judiciaires ;

– la multiplication de professionnels qui arborent des qualifications juridiques sans pour autant se situer dans le périmètre d'une profession autorisée à dispenser des conseils juridiques ;

– les services et conseils sur Internet [3].

L'émergence de nouveaux opérateurs proposant des services de nature juridique [4], pose de nouvelles questions sur le plan déontologique. Ainsi, la cour d'appel de Paris a admis que la violation d'une obligation déontologique par un tiers non soumis à son application peut être constitutive d'une faute délictuelle à l'égard de ceux qui sont tenus au respect de cette obligation et dont le CNB est recevable à prétendre en subir un préjudice [5]. Si la profession peut sans doute se réjouir d'une telle décision, cette dernière semble fragile sur le plan du droit.

1. *L'assurance française, données clés 2021*, rapport juin 2022 [En ligne : www.franceassureurs.fr/].
2. SUR l'assurance de protection juridique : H. Ader, S. Bortoluzzi, A. Damien, D. Piau, Th. Wickers, *Règles de la profession d'avocat 2022/2023*, 17e éd., « Dalloz action », 2022, n° 761.21.
3. CNB, *Bilan des travaux de la commission périmètre du droit et propositions de réforme du titre II*, 19 déc. 2008.
4. Sur ce sujet, v. s^s n° 013.51.
5. Paris, Pôle 5, 2e ch., 18 déc. 2015, RG n° 15/03732 ; *D. avocats* 2016. 27, art. Th. Wickers ; APPEL formé contre le jugement : TGI Paris, 3e ch., 3e sect., 30 janv. 2015, RG n° 13/00332.

CHAPITRE

013. Évolution de la pratique et du marché du droit

SECTION 0
ORIENTEUR

013.00 **Sommaire du chapitre.**

SECTION 1
COURANTS DE PENSÉE CONCERNANT L'ÉVOLUTION DE LA PRATIQUE ET DU MARCHÉ DU DROIT

013.11 **Remise en cause de la logique professionnelle au profit de la logique économique.** Christophe Jamin, professeur des universités et directeur de l'École de droit de Sciences-Po, a résumé de la manière suivante, dans les paragraphes ci-après, les courants de pensée qui influent sur l'évolution de la pratique des avocats et du marché du droit[1]. Beaucoup d'avocats sont convaincus que leur profession ne peut disparaître tant elle dispose d'une histoire riche et ancienne. On vend toujours des livres mais la librairie est de moins en moins le lieu où on les achète[2]. De quelle manière ceci peut-il affecter les avocats et, plus largement, la plupart des professions juridiques réglementées ? Il faut commencer par s'interroger sur les raisons de ce changement. L'analyse dominante (souvent répertoriée sous le titre de « théorie de l'intérêt privé ») a tendu à remettre en cause la logique « professionnelle », autrement dit monopolistique, de l'exercice du droit (conseil, rédaction d'actes, assistance et représentation en justice...) au motif que la réglementation constitutive de ces professions a moins pour fonction de remédier aux défaillances du marché que d'assurer la protection de leurs membres en leur conférant une rente au détriment du public. Ce qui a incité les promoteurs de cette analyse à prôner le démantèlement des règles professionnelles au profit du marché supposé plus bénéfique à ce public. C'est de tous côtés (théories économiques dites de l'intérêt public mais aussi de l'intérêt privé) qu'un discours critique à l'égard de la réglementation des professions juridiques a vu le jour. C'est ainsi qu'ont été remises en cause au fil du temps, par exemple, les règles relatives à la fixation des prix, à la publicité et au démarchage, aux conditions d'entrée dans certaines professions, ou encore aux structures de propriété.

Si les auteurs et observateurs ont été nombreux à développer ces théories dans les années 2010-2015, il semble que les changements dans le marché du droit n'ont pas été de l'ampleur annoncée. Paradoxalement, les assouplissements et adaptations des règles professionnelles ont contribué à libérer les énergies des avocats les plus entreprenants tout en préservant un cadre déontologique stable qui reste à la fois l'apanage et la fondation de la profession. À titre d'exemple, l'enquête de l'Observatoire du Conseil national des barreaux, en partenariat avec l'Institut Think, de décembre 2015 relative aux relations des PME avec la profession d'avocat, préci-

1. C. Jamin, « Le dilemme des avocats (et des professions juridiques réglementées) : se réformer ou disparaître », *D. avocats* 2014. 391, dont le texte reprend une partie des arguments développés dans la préface du livre de Th. Wickers, *La grande transformation des avocats,* « Essai », Dalloz, 2014.

2. AUSSI : P.-Y. Gauthier, « Pour les manuels de droit : l'utilité outragée », *D.* 2015. 793.

tée, faisait clairement ressortir la confiance inspirée par la déontologie comme étant un élément clé de la relation avocat-client.

013.12 Rupture du pacte liant les avocats au public. Un deuxième phénomène a été analysé par le sociologue Lucien Karpik[1] et l'anthropologue et juriste Louis Assier-Andrieu[2] dans leurs ouvrages sur les avocats. Ceux-ci y ont démontré, d'un point de vue historique, que la profession d'avocat n'a pu exister et l'emporter sur le marché que parce qu'elle a toujours su pactiser avec le public dont elle a servi les intérêts. Autrement dit, l'État a accepté de réserver un domaine d'activité à une certaine catégorie de praticiens, ce qui ne relevait pas de l'évidence, que parce qu'il a pu constater que les membres de la société en retiraient un bénéfice certain. C'est ce qui explique, par exemple, que les barreaux furent classiquement attachés à l'assistance gratuite aux indigents. Il s'agissait là d'une logique d'échange avec l'État, ce que beaucoup d'avocats oublient aujourd'hui en soutenant qu'ils doivent être rémunérés et non simplement indemnisés au titre de l'aide juridictionnelle. Or, ce pacte aurait été au moins en partie rompu durant les dernières décennies, car la profession ne permettrait plus à la majeure partie du public d'accéder au droit – autrement dit, le bénéfice ne serait plus aussi net qu'auparavant. En effet, le développement du barreau d'affaires depuis le début des années 1990 a permis de servir les intérêts des plus grandes entreprises, alors que la mise en place d'un système d'aide juridictionnelle deux décennies plus tôt a donné un certain accès au droit à une partie de la fraction la plus pauvre de la population. En revanche, l'entre-deux n'a guère été servi, ce que prouvent une multitude d'études empiriques réalisées un peu partout dans le monde.

Subsiste aussi la logique professionnelle consistant à soutenir que les pouvoirs publics ne doivent pas contester le statut des avocats, car leur existence est consubstantielle à un régime démocratique indissociable de l'existence de libertés publiques dont ils sont les meilleurs défenseurs, ou encore que l'aide juridictionnelle n'a qu'un seul et unique objet : favoriser l'accès au droit qui constitue « un droit fondamental garanti par la Convention européenne des droits de l'homme », ce qui est censé mettre fin à tout débat. Cependant, ces postures défensives, bien que légitimes sur le fond, n'apportent pas une réponse suffisante aux arguments économiques.

L'avocat ainsi que les représentants de la profession doivent donc travailler à apporter des réponses qui vont permettre de renouer avec le public le plus large tout en préservant leurs prérogatives et leurs spécificités. Dans ce sens, Thierry Wickers propose une approche à la fois cohérente et pragmatique. Son argumentation est construite autour de deux grands axes : comprendre la transformation et la maîtriser. Son ouvrage a l'intelligence de ne pas porter un jugement sur ces facteurs qui transforment la profession mais de les considérer comme un état de fait auquel il convient de répondre. La réponse, selon l'auteur, se trouve dans une maîtrise qui passe par la gouvernance de la profession, la formation des avocats et une stratégie professionnelle articulée autour d'une grande profession du droit au service du public.

013.13 Bouleversements technologiques. À ces analyses se greffent l'apparition et le développement des nouvelles technologies. Richard Susskind[3] considère que l'utilisation massive des nouvelles technologies diminue considérablement le coût des services juridiques qui deviennent progressivement ce qu'on appelle des « commodités » (*commodities*) en permettant l'accès effectif au droit à un plus grand nombre. Le développement actuel de sites Internet qui offrent une multitude de services juridiques à des prix plus bas que ceux pratiqués par les cabinets d'avocats en constitue la démonstration.

Ici encore, ces théories sont à prendre avec mesure. Si Richard Susskind, en 2010, annonçait la fin des avocats (certes avec un point d'interrogation dans son titre), il faut constater 12 ans plus tard que les avocats sont encore là et que le volume global de leur marché n'a pas diminué. Plutôt qu'un affaiblissement des avocats en raison de la pénétration de technologies de plus en plus avancées, nous assistons à un déplacement de la valeur ajoutée.

Un rapport de 2021 réalisé par la société Thomson Reuters avec l'Université de Georgetown[4] conclut à la remarquable faculté d'adaptation des cabinets d'avocats à un environnement changeant. Cette étude, réalisée dans le contexte des changements induits par la pandémie du Covid, montre aussi que les appréhensions de la profession face à la technologie ont très fortement diminué.

013.14 Apparition de nouveaux acteurs. Même s'il faut relativiser la portée de certains propos, il est indéniable que ces trois phénomènes (la puissance

1. L. Karpik, *Les avocats : Entre l'État, le public et le marché XIIIe-XXe siècle*, « Bibliothèque des Sciences humaines », Gallimard, 1995.
2. L. Assier-Andrieu, *Les avocats : Identité, culture et devenir*, « Essai », Lextenso, 2011.
3. R. Susskind, *The End of Lawyers ? Rethinking the Nature of Legal Services*, Oxford UP, 2008.
4. Georgetown university law center on ethics and the legal profession, Thomson Reuters Institute James. W. Jones, et al., « Thomson Reuters 2021 Report on the State of the Legal Market », nov. 2021.

du discours économique, la rupture du pacte liant les avocats au public et la montée en puissance des nouvelles technologies) créent des espaces permettant à de nouveaux acteurs, issus de l'économie numérique, de s'intéresser à un domaine d'activité qui ne leur était pas alors accessible, précisément parce qu'il n'était pas constitué en marché.

013.15 Réponses au changement : exemple des ABS. Face aux courants de pensée et aux phénomènes décrits ci-dessus, il y a plusieurs réponses. Les Anglais ont choisi l'anticipation et même l'accélération en adoptant en 2007 le *Legal Services Act* dont les effets collatéraux se font sentir un peu partout dans le monde en suscitant nombre d'écrits, colloques et projets de réforme. C'est une logique de marché qui l'emporte : la régulation n'est plus dans la main des seuls praticiens mais dans celles d'une autorité indépendante où les usagers sont présents, les capitaux extérieurs sont admis au sein des structures professionnelles, des « *alternative business structures* » (ABS).

En créant les ABS, le législateur anglais voulait faire baisser le prix des prestations juridiques et les rendre accessibles au plus grand nombre. La méthode imaginée pour y arriver était de permettre à des intervenants externes (associations, compagnies d'assurances, départements juridiques d'entreprises...) de créer des entités composées d'avocats et régulées par la SRA. Par ce choix, le législateur britannique a voulu renforcer la concurrence entre les fournisseurs traditionnels de prestations juridiques que sont les cabinets d'avocats et des nouveaux acteurs. Ceci devait avoir pour effet d'offrir au justiciable un choix plus marge à un meilleur prix. Ces motivations sont exprimées dans le livre blanc « The Future of Legal Services » [1] qui a posé les bases du Legal Services Act de 2007.

Quelques années plus tard, les ABS n'ont pas eu pour effet d'ouvrir la porte à un déferlement de nouveaux entrants mais ont permis aux cabinets de solicitors de changer. Il en résulte que depuis 2017, plus de 75 % des ABS approuvées par le SRA sont des cabinets de solicitors préexistants qui cherchent à s'adapter à un monde devenu plus compétitif [2].

En effet, depuis que le Legal Services Act of 2007 a autorisé les non-avocats à détenir des participations dans les cabinets d'avocats à y jouer un rôle actif et à avoir le statut d'associé, les firmes traditionnelles s'interrogent sur la pertinence de ce statut en ce qui les concerne. Les firmes traditionnelles recherchent en effet quels sont les « business models » qui peuvent leur permettre d'asseoir au mieux leurs avantages tout en répondant à la concurrence des nouveaux acteurs, et en particulier les *LegalTechs*.

Sur le marché britannique, l'ABS semble être devenu le moyen pour les cabinets anglais de faire évoluer leur offre de services. Ce statut est devenu le moyen pour les avocats de se rapprocher et de s'associer avec des professionnels dont les compétences complémentaires correspondent aux attentes des clients. L'Alternative business structure n'est plus perçue comme véritablement alternatif mais davantage comme un des modèles économiques utilisables par les cabinets d'avocats.

Depuis 2012 date de la première adoption d'une ABS par la *Solicitors Regulation Authority*, de plus en plus de cabinets anglais choisissent de recourir au statut d'ABS pour déployer leur stratégie de croissance. C'est ainsi que les cabinets anglais sont amenés à adopter ce statut pour des raisons semblables à celles qui motiveraient un cabinet français à mettre en place la commercialisation à titre accessoire de biens et services connexes à la profession ou encore, selon la nature du projet envisagé, une société pluriprofessionnelle d'exercice. L'ABS est donc vu par les solicitors anglais comme un outil d'ouverture à des idées et des concepts qui permettent de rendre le cabinet plus compétitif.

Une autre approche rencontrée consiste à adopter le statut d'ABS pour pouvoir accorder la qualité d'associé à des professionnels non-avocats qui jouent un rôle important dans le fonctionnement ou le développement du cabinet. Il en est ainsi du *business development* ou de la gestion financière. Dans ce cas, les cabinets concernés sont partis d'un double constat qui est (i) les cabinets ont tendance à demander aux avocats de s'impliquer dans des tâches ou des rôles pour lesquels ils ne sont ni qualifiés ni performants et (ii) les non-avocats sont traditionnellement insuffisamment valorisés et impliqués dans la gouvernance des cabinets et ces derniers ont du mal à proposer des carrières intéressantes à des non-avocats. Il en a résulté le souhait d'intégrer ces talents avec le statut d'associé, ce qui nécessitait le passage en ABS.

Un autre facteur d'attractivité du modèle ABS pour les solicitors anglais est que le modèle permet à l'ABS de prendre des participations, d'acquérir ou de créer des sociétés autres que des cabinets d'avocats alors que le partnership ne permet que d'acquérir d'autres partnerships d'avocats. C'est également ici que se dessine un parallèle avec la possibilité pour les avocats de créer des activités accessoires et connexes dans les conditions prévues par le décret n° 2016-882 du 29 juin 2016 modifiant l'article 111 du décret du 27 novembre 1991.

Il en résulte qu'aujourd'hui, une majorité de créations de cabinets d'avocats se fait sous le statut

1. UK Gov., « *The Future of Legal Services* », https://www.gov.uk/government/publications/the-future-of-legal-services-putting-consumers-first., 17 oct. 2005.
2. J. Hyde, « New focus : five years on, did ABS really change anything ? », *Law Society Gazette*, 24 avr. 2017.

d'ABS. En mars 2022, il y avait 1 110 ABS agréées par la *Solicitors Regulation Authority*[1].

L'impact des ABS sur les firmes traditionnelles est évoqué dans une étude 2015 du Legal Services Board[2] selon laquelle les solicitors exerçant dans des firmes qui ont fait le choix de l'ABS « sont porteurs de plus de projets innovants que les solicitors des structures traditionnelles ». L'étude constate chez ces cabinets d'avocats « ABS » davantage d'investissement, une participation plus active du personnel salarié et de partenaires extérieurs dans des projets innovants. Toujours selon les termes de cette étude, les solicitors ABS sont plus susceptibles d'être à l'origine de nouvelles prestations juridiques présentant un bénéfice client. Ces mêmes avocats seraient aussi plus propices aux innovations stratégiques et organisationnelles dans leurs cabinets.

Sans plaider la cause des ABS dont il faut rappeler que l'équivalent serait interdit en France en raison de la présence de capitaux détenus par des personnes non autorisées par la loi du 31 décembre 1970, il est intéressant de noter qu'un dispositif, initialement perçu comme une menace, se révèle être un moyen d'adaptation et une source d'opportunités.

013.16 **Réaction aux phénomènes perturbateurs.** Richard Susskind énumère treize « phénomènes perturbateurs » technologiques que les avocats doivent s'approprier : l'assemblage automatique de documents, la connectivité permanente, les places de marché électroniques, l'*e-learning*, l'accompagnement juridique en ligne, les communautés juridiques fermées[3], les techniques de management de *workflow* et de projets, l'intégration d'outils de régulation, la résolution de conflits en ligne, les outils de recherche intelligents, le *big data*, la résolution de problèmes par l'intelligence artificielle. Comme le remarque Richard Susskind dans son dernier ouvrage[4], les réactions se font attendre. Si certains avocats embrassent ces changements, beaucoup d'autres ne le font pas. Il existe trois explications : la résistance naturelle au changement (particulièrement marquée au sein de la profession d'avocat), l'absence de volonté de se mettre en cause pour les cabinets qui se portent bien et l'absence de temps et d'organisation pour une profession qui privilégie ses clients avant de se préoccuper de son organisation interne.

Or, tous les avocats ne sont pas égaux face à cet environnement. La pratique d'une activité non spécialisée se verra mise en danger beaucoup plus vite. Ce danger sera accéléré pour tous les avocats qui s'adressent à un public large, peu équipé pour faire la différence entre tel ou tel avocat comme c'est déjà le cas avec le divorce ou le contentieux du permis de conduire. Des millions de clients sont concernés par ces prestations et pour la vaste majorité d'entre eux, le facteur de décision sera le prix. L'avocat se voit de plus en plus écarté des domaines où le ministère de l'Avocat n'est pas obligatoire. Le succès du site www.demanderjustice.com en est l'exemple. Il ne s'agit plus maintenant de déplorer l'existence d'un tel service mais plutôt de se demander pourquoi ce n'est pas un avocat qui en est à l'origine.

Aussi, les clients, dans le domaine du droit et ailleurs, exigent de plus en plus de transparence dans leurs relations avec leurs fournisseurs ou prestataires. Ils veulent savoir comment travaillent leurs prestataires et comprendre tout ce qui sous-tend les factures qu'ils reçoivent. Ils acceptent de plus en plus difficilement de payer la formation des collaborateurs de leurs avocats. Ils veulent profiter de l'expérience et des gains de productivité du cabinet auquel ils font appel. Alors que le client comprend et accepte le prix des conseils dans les situations complexes, il veut profiter des économies d'échelle dans tous les domaines dans lesquels son cabinet a acquis une maîtrise. Ces changements sont caractéristiques d'une modification profonde du rapport de forces entre l'avocat et le client qui oblige les cabinets à passer d'un « marché de vendeurs » dans lequel les avocats dictaient les conditions à un « marché d'acheteurs » dans lesquels les clients posent les règles.

SECTION 2
CHAÎNE DE PRODUCTION JURIDIQUE ET EXTERNALISATION

013.21 **Chaîne de production juridique.** La capacité des avocats à intégrer les technologies a un impact direct sur la rentabilité du travail. L'avocat, en appliquant le modèle du taux horaire, a développé un savoir-faire sans que ses clients ne profitent réellement de ses gains de productivité. En effet, combien d'avocats, lorsqu'ils maîtrisent la production de tel ou tel acte, ont pour premier réflexe d'en baisser le prix puisqu'ils ont réussi à le produire plus rapidement ? Beaucoup soutiendront que ce savoir-faire constitue justement une valeur ajoutée, résultat d'années de travail, dont il appartient au client de payer le prix. Si le client ne cherche pas à remettre en cause le prix élevé du travail à forte

1. N. Hilborne, « The SRA's first ABS – still going strong, 10 years on », 25 mars 2022 [En ligne : www.legalfutures.co.uk].
2. Legal Services Board (Enterprise Research Centre), « Innovation in Legal Services (2015) », 8 oct. 2015.
3. Il peut s'agir de réseaux de partage d'informations entre certaines catégories de clients comme les juristes d'entreprise.
4. R. Susskind, *Tomorrow's Lawyers : An Introduction to Your Future*, Oxford UP, 2014.

valeur ajoutée, il ne veut plus payer un prix élevé pour des documents dont le contenu est devenu très majoritairement standardisé, quand bien même cette standardisation serait le fruit d'une longue et précieuse expérience. La question essentielle devient alors celle de la place de l'avocat dans la « chaîne de production juridique » ou, en d'autres termes, la question de savoir quand l'avocat est indispensable. Une fois les réponses apportées à ces questions, l'avocat se demandera quelles sont les parties de la chaîne de production qu'il veut continuer à maîtriser. Les réponses varieront en fonction de l'activité de l'avocat, de ses domaines de compétences, de la typologie de sa clientèle ou de la nature des prestations qu'il a l'habitude de fournir.

L'avocat ne devra pourtant pas se désintéresser des tâches pour lesquelles il n'est pas indispensable. Au contraire. Que ce soit dans le cadre de son cabinet, en les externalisant ou en les sous-traitant, l'avocat aura tout intérêt à garder le contrôle d'une grande partie de cette chaîne de production juridique, à condition, toutefois, de pouvoir le faire de manière rentable[1].

013.22 **Externalisation et *Legal Process Outsourcing*.** L'externalisation des prestations juridiques ou *Legal Process Outsourcing* (LPO) est née au sein des directions juridiques d'entreprise et des cabinets d'avocats anglo-saxons. Dans les années 2000-2005, ces professionnels du droit ont commencé à externaliser le traitement de certaines prestations juridiques à des firmes spécialisées, installées sur le continent indien. Le développement des nouvelles technologies facilitant le travail à distance de façon sécurisée, la qualité des juristes indiens formés dans les meilleures facultés et la nécessité de réduire les coûts ont concouru au développement de ces solutions d'outsourcing. En 2010, l'Inde représentait près de 40 % du marché mondial avec plus de 100 cabinets indiens. La crise de 2008 a profité à ces juristes de Common Law dont les taux horaires défient la concurrence[2]. Les sociétés spécialisées misent sur des prestations à faible valeur ajoutée dont elles rationalisent le coût grâce à des économies de volumes : gestion des pièces et *discovery* en matière de contentieux et d'arbitrage, secrétariat juridique en droit des sociétés, *due diligence*, analyse des pièces en droit de la concurrence[3].

En 2021, le marché de L'externalisation des prestations juridiques ou LPO était estimé à 10,4 milliards de dollars. Selon l'institut américain, Market Research Community, ce montant pourrait être multiplié par dix au cours des dix prochaines années[4].

L'externalisation peut se faire en direction de sociétés spécialisées comme elle peut prendre la forme d'une délocalisation organisée par les cabinets eux-mêmes. Ainsi, des cabinets n'ont pas hésité à délocaliser des équipes en dehors des grandes villes comme le cabinet new-yorkais Smith Dornan Delh ou à créer leur propre filiale *off shore* comme le cabinet Clifford Chance.

Les Français s'intéressent aussi à ces services avec des prestataires situés dans d'autres zones géographiques[5]. Ils se tournent principalement vers l'Île Maurice, Israël ou la Hongrie. Les prestations portent sur la révision de documents, le support à la rédaction d'actes et de contrats, les besoins de « mise en conformité », les recherches d'antériorité ou encore la gestion de portefeuille de marques.

Le prestataire de services juridiques externalisés n'est pas forcément un sous-traitant non-avocat de l'avocat, il peut être un cabinet d'avocats lui-même. C'est le cas du cabinet franco-israelien, Abitbol & Associés qui propose à ses confrères français des prestations de *Legal Process Outsourcing*.

Une grande variété de prestations peuvent faire l'objet d'une externalisation non sans poser quelques questions déontologiques, notamment celle de la garantie du secret professionnel par le prestataire lorsque ce dernier n'est pas avocat. De même, la responsabilité professinonelle de l'avocat vis-à-vis de son cliet ne pourrait en aucun cas s'effacer derrière celle du prestataire.

Parmi les prestations figurant dans les offres de sociétés de LPO, sont notamment :

- la réalisation de documents de présentation ou de réponse aux appels d'offres ;
- la rédaction d'actes et de contrats standardisés ;
- les études de marché ;
- la revue de documents et de pièces dans des opérations d'audit ou dans des dossiers contentieux ;
- les services administratifs et la facturation.

SECTION 3
DÉRÉGULATION ET CAPITAUX EXTÉRIEURS

013.31 **Cas anglais du *Legal Services Act*.** Le dernier volet du *Legal Services Act* est entré en vigueur avec l'avènement des *Alternative Business Structures* (*ABS*) le 6 octobre 2011. Ce texte permet la création

1. D. Jensen, « Travaillerons-nous différemment ? », *D. avocats* 2014. 387.
2. J. Bouissou, « Offrez-vous un avocat indien », *Le Monde*, 2 avr. 2009.
3. A. Priftanji, Day One, *Les pratiques d'externalisation des prestations juridiques (LPO)*, mai 2013.
4. Market Research Community, *Legal Process Outsourcing Market Size, Share & Trends Analysis*, 2021.
5. F. Perrotin, « Externalisation des prestations juridiques, une solution d'avenir ? », *D. avocats*, 2014. 72.

de structures qui peuvent fournir des prestations juridiques, sans que la majorité du capital ne soit détenue par des juristes qualifiés. Cette loi est l'aboutissement d'une longue réflexion entamée par le gouvernement britannique dès 1997. En 2001, les autorités de la concurrence (*Office of Fair Trading*, OFT) publiaient un rapport sur l'application du droit de la concurrence aux règles gouvernant les professions juridiques. En 2004, Sir David Clementi publiait à son tour un Livre Blanc sur la réglementation des services juridiques. Il y préconisait la mise à plat complète des métiers du droit avec, entre autres, le développement de nouvelles formes de structures d'exercice : les *Legal Disciplinary Practices* et les *Alternative Business Structures*. Le gouvernement travailliste de l'époque suivit ses recommandations à la lettre et légiféra pour réformer l'administration du droit, avec pour but d'accroître la compétitivité et la flexibilité des professions juridiques et d'offrir davantage de choix aux consommateurs. Le *Legal Services Act* vit le jour le 30 octobre 2007.

Les *Alternative Business Structures (ABS)* sont des structures commerciales fondées sur le concept de guichet unique, permettant l'association entre des professionnels du droit et des non-juristes tels que des conseils financiers ou immobiliers ou des experts-comptables. Les professions juridiques peuvent être en minorité au sein du capital de ces structures. Leur vocation est d'offrir toute une panoplie de services professionnels, dont les prestations juridiques peuvent n'avoir qu'un caractère accessoire, le tout au sein d'une structure unique. De là vient le sobriquet *Tesco Law* (du nom de la première chaîne de supermarchés au Royaume-Uni), car il est théoriquement possible à tout acteur économique, dont le droit n'est pas le cœur de métier, de vendre des prestations juridiques. Outre un meilleur accès au droit pour les clients, entreprises et particuliers, les partisans de l'ABS mettent en avant l'amélioration de la qualité des services proposés en raison du jeu de la concurrence, le plus grand choix offert aux consommateurs ainsi que les opportunités de développement pour les cabinets, en leur permettant de lever des fonds auprès d'investisseurs extérieurs - voire de faire appel public à l'épargne[1]. Après un démarrage timide, les ABS semblent rencontrer un certain succès car en 2019, on en dénombrait près de 1 300[2]. Si une majorité de ces structures servent à des personnes proches d'un cabinet d'avocats (famille, amis, employés) pour pouvoir investir dans un cabinet sans avoir le titre d'avocat, il y a aussi British Telecom ou l'Automobile Association (AA) qui externalisent leurs prestations juridiques, ainsi que PricewaterhouseCoopers et des chaînes de grande distribution.

En France, le CNB a estimé que les *Alternative Business Structures* mettraient en danger les principes essentiels de la profession et la protection du public[3].

Or, avec dix années de recul, il semble que le statut d'ABS ait davantage servi comme un outil de développement aux cabinets d'avocats qu'il n'ait été le véhicule d'une invasion de capitaux étrangers dans la profession.

013.32 Ouverture du capital des cabinets aux capitaux extérieurs. En France, le débat sur l'ouverture du capital des cabinets d'avocats reste limité à la sphère de l'interprofessionnalité. Acquise depuis les décrets d'application de la loi du 28 mars 2011[4], l'interprofessionnalité capitalistique permet, sous certaines conditions, la détention de participations minoritaires *via* une société de participations financières de professions libérales (SPFPL) par des membres d'une profession juridique réglementée ou des experts-comptables dans une société exerçant une autre profession juridique réglementée ou la profession d'expert-comptable.

La loi Macron a assoupli ces critères permettant d'une part à un avocat de détenir une participation majoritaire dans un cabinet d'avocats dans lequel il n'exerce pas[5] et d'autre part en permettant une interprofessionnalité d'exercice ouverte aux professions juridiques réglementées ainsi qu'aux experts-comptables dans le cadre des sociétés pluri-professionnelles d'exercice[6]. Cette même loi Macron a ouvert le champ des personnes assimilées aux avocats pour la détention des structures pour y inclure toute personne légalement établie dans un État membre de l'Union européenne, dans un autre État partie à l'accord sur l'Espace économique européen ou dans la Confédération suisse qui exerce, dans l'un de ces États, une activité soumise à un statut législatif ou réglementaire ou subordonnée à la possession d'une qualification nationale ou internationale reconnue, et exerçant une profession juridique ou judiciaire.

La profession se montre globalement prudente craignant que l'entrée de capitaux extérieurs, autres

1. O. Morel, « Dérégulation du marché du droit : menace ou opportunité ? », *D. avocats* 2013. 104.
2. UK Legal Services Market Trends Report 2019 [En ligne : www.businesswire.com/].
3. CNB, Résolution, AG 15 juin 2012.
4. Décr. nº 2014-350, 19 mars 2014 relatif à la retraite anticipée au titre des « carrières longues », *JO* 20 mars, p. 5565.
5. L. nº 2015-990, 6 août 2015 pour la croissance, l'activité et l'égalité des chances économiques, *JO* 7 août, p. 13537, art. 65.
6. Ord. nº 2016-394, 31 mars 2016 relative aux sociétés constituées pour l'exercice en commun de plusieurs professions libérales soumises à un statut législatif ou réglementaire ou dont le titre est protégé, *JO* 1er avr., nº 51 – Sur l'interprofessionnalité, v. ss nos 353.11 s.

que ceux des professions réglementées, dans un cabinet d'avocats ne soumette celui-ci à des exigences contradictoires entre l'intérêt des actionnaires et les principes fondamentaux de la déontologie professionnelle[1]. Il ne semblerait pas que les restrictions en vigueur en France soient incompatibles avec les textes européens en vigueur. La situation mondiale est d'ailleurs majoritairement calquée sur le schéma français, à savoir l'absence d'ouverture aux tiers. Les règles de la profession d'avocat aux États-Unis, pays que l'on cite volontiers comme modèle de déréglementation, interdisent formellement l'ouverture du capital des structures à des non-avocats, dans le but de la garantie du public. Malgré tout, certains pays se sont lancés dans l'ouverture du capital des cabinets d'avocats. L'exemple caractéristique de libéralisation de la détention du capital qui vient immédiatement à l'esprit est celui de l'Australie avec, depuis 2007, la cotation en bourse de grands cabinets[2]. Cette situation existe également en Afrique du Sud[3] ainsi qu'au Royaume-Uni qui compte, en 2022, plusieurs cabinets cotés en bourse, à savoir : DWF Group, Knights Group Holdings, The Ince Group, Keystone Law Group, Gateley Holdings et Rosenblatt Group. Dans la plupart des cas, ces cabinets ont introduit en bourse une entité regroupant à la fois un ou plusieurs cabinets ainsi que leurs filiales ayant des activités essentiellement technologiques. Après des performances souvent très variables en bourse, ces cabinets ont vu une croissance soutenue de la valeur de leurs titres depuis 2021. Après avoir considéré qu'un cabinet d'avocats était un investissement risqué, le marché semble avoir réagi positivement à l'adaptation du marché des avocats à la pandémie[4].

Malgré les réserves très marquées de la profession à la présence de capitaux extérieurs, il ne fait pas de doute que la capacité des cabinets à innover et à étendre le champ de leurs activités passera par l'accès à des ressources financières nouvelles. Si l'entreprise libérale parvient à offrir des perspectives de retour sur investissement, un dialogue entre les investisseurs et les cabinets va se développer. Rien ne doit se faire au détriment de l'indépendance de l'avocat et de son cabinet. Pour autant, il devrait être possible d'encadrer les prises de participation et les financements en trouvant un compromis entre les prérogatives des avocats et l'intérêt des investisseurs[5].

SECTION 4

INNOVATION ET NOUVEAUX MODÈLES ÉCONOMIQUES DE CABINETS

013.41 Acteurs de l'innovation. L'essentiel de l'innovation se rapportant à la pratique du droit n'émane pas des avocats ou des juristes mais de prestataires ou d'ingénieurs qui veulent saisir les opportunités que peut présenter un marché en pleine mutation. Les avocats ne sont sans doute pas assez à la manœuvre dans un domaine qui est cependant le leur. Concernés au premier chef, ce serait à eux de réfléchir à ces transformations, ces nouveaux modèles économiques et les outils pour les accompagner. Ce constat pousse à s'interroger sur la manière dont les avocats peuvent continuer à avoir la maîtrise de leur pratique s'ils ne sont pas à l'origine des innovations qui bouleversent le secteur.

Concernant la pratique du droit sur Internet, force est de constater qu'aux États-Unis, où de multiples procès ont été menés, parfois avec succès, contre les sites fournissant des prestations sur Internet, la stratégie de la profession paraît avoir changé. Présent à la Convention nationale des avocats à Montpellier en octobre 2014, le président de l'American Bar Association (ABA)[6], a confirmé l'accord passé entre l'ABA et le site Rocket Lawyer. La profession d'avocat a choisi la voie de la collaboration, au risque de voir les avocats cantonnés au rôle de simples sous-traitants interchangeables et que des sites managés par des non avocats détournent à leur profit la plus grande partie de la valeur créée[7].

L'assouplissement des incompatibilités avec la nouvelle rédaction de l'article 111 du décret du 27 novembre 1991 résultant de la loi Macron a permis aux avocats de retrouver leur place dans les *LegalTechs*. Les activités de celles-ci peuvent être menées par l'avocat à côté de son cabinet dans des sociétés dont l'avocat peut être le dirigeant. L'impact de ce texte a vite été ressenti notamment au niveau des projets présentés au Prix de l'innovation organisé par l'incubateur du barreau de Paris[8]. Alors que l'incubateur recevait une majorité de projets portés par des non-avocats ou des anciens avocats, ce sont maintenant les avocats en exercice qui peuvent monter au créneau.

013.42 Innovation dans le domaine de l'acquisition du client. C'est sans doute le domaine de l'acquisition des clients qui suscite à la fois le plus de

1. Th. Wickers, *La grande transformation des avocats*, « Essai », Dalloz, 2014.
2. Tel : Slater & Gordon Ltd ou Integrated Legal Holdings Ltd.
3. C. Fleuriot, « Les règles de détention du capital des cabinets en suspens », *D. avocats*, 2014. 396.
4. J. Hyde, J. Slingo, « Listed legal firms bounce back after pandemic pressure », *The Law Society Gazette*, 19 avr. 2021.
5. Entretien sur le financement des cabinets d'avocats avec Dominic Jensen, *Journal du Village de la Justice*, n° 95, 2022.
6. C. William Hubbard, président de l'American Bar Association (ABA).
7. Th. Wickers, « L'urgence, c'est l'innovation », *D. avocats* 2014. 405.
8. www.incubateur-ibp.com – V. s[s] n° 013.44.

convoitises et qui pose le plus grand nombre de problèmes sur le plan déontologique. Deux facteurs convergent pour susciter des initiatives dans ce domaine : la sollicitation personnalisée [1] autorisée depuis 2014 et l'émergence des plateformes de mise en relation.

L'impulsion vient essentiellement des sites d'intermédiaires qui ne sont pas des avocats mais qui foisonnent d'idées pour permettre la mise en relation des avocats et de leurs clients. Dans une profession qui interdit l'apport d'affaires, ces sites ou services cherchent à éviter la notion d'apport d'affaires en se positionnant comme vendeurs d'une prestation technologique qui n'est pas une opération d'intermédiation entre l'avocat et le client rétribuée par une commission. Au-delà des plateformes « classiques » permettant à un particulier ou une entreprise d'être mis en relation avec un avocat, des systèmes de plus en plus sophistiqués voient le jour. C'est notamment le cas des services qui se proposent de répondre à des questions juridiques des internautes avec ses propres juristes salariés et ses bases de données. Ensuite, si la complexité de la réponse le justifie, le site propose alors la mise en relation avec un avocat référencé.

Si le principe des sites d'intermédiation a été admis [2], leurs pratiques font et feront l'objet de débats. Une question est cependant posée : l'avocat de demain travaillera-t-il avec ces « brokers de clientèle » ou contre eux ? La pratique semble avoir déjà pris le chemin de la première option [3].

Le CNB a publié en 2020 sa 2e édition du guide sur la participation des avocats aux plateformes en ligne détenues par des tiers [4]. Ce guide donne un certain nombre de recommandations pratiques aux avocats sur la participation à ces plateformes. Le guide explique aussi ce qu'est une plateforme en ligne et rappelle les textes qui régissent la participation des avocats à ces plateformes. Enfin, le guide consacre également une partie à la question de la notation des avocats sur ces plateformes. Le CNB avait soutenu que l'activité des avocats paraît particulièrement délicate à évaluer de manière objective et indépendante, d'où une action intentée contre le site « alexia.fr ». La jurisprudence se montre plus nuancée. La Cour de cassation, dans son arrêt rendu dans l'affaire CNB c. Sté Jurisystem, à propos du site « alexia.fr » [5], est venue préciser au visa de l'article 15 du décret n° 2015-790 du 12 juillet 2005 modifié, et de l'article L. 121-1 du Code de la consommation, dans sa rédaction alors applicable, que la pratique de la comparaison et de la notation en ligne d'avocats par un tiers à la profession ne peut être interdite sur le seul fondement des règles déontologiques.

013.43 Innovation dans la réalisation de la prestation juridique. Ces innovations ont pour objectif principal de faire baisser le prix de la prestation juridique. Ces procédés technologiques peuvent être utilisés par les avocats eux-mêmes mais aussi, selon le cas, par les entreprises et les particuliers. Les ingénieurs ou éditeurs de logiciels sont de plus en plus nombreux à proposer leurs formulaires intelligents et leurs systèmes visant à automatiser – ou du moins rationaliser – la fabrication des actes et documents qui relèvent de la prestation juridique. La question se pose alors de savoir qui seront les principaux utilisateurs de ces outils ? L'avocat va-t-il rester le maître d'œuvre ou deviendra-t-il le simple fournisseur de l'opérateur ou de la plateforme qui fournit la globalité du service ?

Ces innovations concernent essentiellement la conception et la fabrication d'actes. Plus récemment, les innovations portent aussi sur des outils de diagnostic ou d'analyse qui sont censés guider l'utilisateur en appréciant les chances de succès dans les litiges. Ces outils comportent des bases de données permettant d'organiser, de classer et d'analyser des milliers de pièces ainsi que la jurisprudence. Ces outils font souvent appel à l'intelligence artificielle [6].

013.44 Incubateur du barreau de Paris. Créé en 2013, l'Incubateur du barreau de Paris (IBP) est une initiative originale visant à récompenser les projets les plus innovants portés par les avocats et d'autres acteurs au service de la profession. La procédure consiste en un dépôt des candidatures exclusivement par Internet, qui sont examinées par un jury en vue de la remise de Prix de l'innovation (un prix avocat et un prix non avocat) cofinancés par des sponsors. Les lauréats se voient proposer un accompagnement par une équipe d'avocats, entrepreneurs, économistes et professeurs de droit ainsi que des partenariats de développement pour leurs projets.

L'objectif de l'incubateur est aussi d'accompagner la réforme des règles gouvernant la profession pour permettre aux avocats d'être plus compétitifs en créant de nouveaux services juridiques. L'Incubateur se veut aussi force de réflexion et de proposition.

1. L. n° 2014-344, 17 mars 2014 relative à la consommation, *JO* 18 mars, p. 5400, art. 15 – Décr. n° 2014-1251, 28 oct. 2014 relatif aux modes de communication des avocats, *JO* 29 oct., n° 27 – RIN, art. 10 – CNB, AG 10 et 11 oct. 2014, DNC n° 2014-001 portant modification des dispositions de l'article 10 du Règlement intérieur national (RIN) de la profession d'avocat.
2. CNB, Commission des Règles et usages, *Vade-mecum de la communication des avocats,* 2e éd., déc. 2020.
3. D. Jensen, avec la participation de Fr. Pelouze, « L'incubateur du barreau de Paris : promoteur de l'innovation dans le domaine juridique », *D. avocats* 2014. 390.
4. CNB, Guide pratique, *Participation des avocats aux plateformes en ligne détenues par des tiers,* 23 avr. 2020.
5. Civ. 1re, 11 mai 2017, n° 16-13.669, *CNB c. Jurisystem/.*
6. V. ss n° 011.63.

Pour sa première édition, l'Incubateur avait reçu plus de 30 dossiers avec une forte majorité de dossiers présentés par des non avocats. Si de nombreuses idées paraissent originales, il faut néanmoins observer que l'innovation dans le domaine juridique en France reste largement inspirée par ce qui existe déjà aux États-Unis. Depuis, le prix de l'innovation a évolué et les candidatures sont maintenant réservées aux seuls avocats et entreprises dont les animateurs sont des avocats.

En 2022, l'incubateur a fêté ses dix ans et en 2024 fêtra les dix ans de son concours de l'innovation. Lancé en 2014, le prix de l'innovation du barreau de Paris récompense, chaque année, les projets innovants dans le domaine des prestations de services juridiques.

Pour participer au prix de l'innovation, les projets/activités doivent viser au moins une des missions suivantes :

- faciliter l'accès au droit et à la justice ; améliorer et optimiser les ressources internes des cabinets ;
- promouvoir le droit français à l'étranger ;
- développer des technologies visant à renforcer la compétitivité des avocats ; participer à la modernisation et à la professionnalisation de l'enseignement juridique.

Les projets sont présentés :

- dans la catégorie « avocats » : par un avocat ou une structure d'avocats inscrite dans un barreau français, ou par une société exerçant une activité en lien avec le marché du droit dont le(s) fondateur(s), le(s) dirigeant(s) ou le(s) porteur(s) de projet exerce la profession d'avocat ;
- dans la catégorie « sociétés » : par une société exerçant une activité en lien avec le marché du droit dont un ou plusieurs de(s) fondateur(s), associé(s), dirigeant(s) et/ou porteur(s) de projet exercent la profession d'avocat et détiennent le contrôle dudit projet au sens de l'article L. 233-3 du code de commerce ;
- dans la catégorie « étudiants » : par un ou plusieurs étudiants post-bac.

Chaque lauréat se voit remettre une dotation allant jusqu'à 10 000 euros afin de soutenir le développement de son projet et bénéficie pendant l'année suivante d'un mentorat des membres actifs de l'IBP pour l'accompagner dans sa croissance.

013.45 Nouveaux modèles économiques de cabinets. Des solutions originales se trouvent dans une nouvelle organisation des cabinets d'avocats, permettant de proposer des prestations de manière différente ou permettant au cabinet de baisser ses coûts de structure. À ce titre, plusieurs nouveaux modèles économiques semblent émerger :

- les cabinets qui cherchent à se présenter de manière à faciliter le premier contact entre le public et l'avocat ;
- les cabinets « nomades » et « virtuels » ;
- la constitution d'équipes d'avocats « à la demande ».

013.46 Faciliter l'accès à l'avocat : l'exemple AGN Avocats. AGN Avocats est positionné sur le créneau intermédiaire d'une clientèle qui est appréhensive à l'idée de consulter un avocat, n'en connaissant ni les usages ni les coûts. Cette clientèle n'est ni celle des cabinets de droit des affaires ni celle des particuliers éligibles à l'aide juridictionnelle. L'innovation d'AGN a consisté à ouvrir la première « agence du droit » en France. Créée en 2012, dans le 15e arrondissement de Paris, cette agence se présente comme une boutique en rez-de-chaussée avec une devanture vitrée, un comptoir d'accueil et un affichage des tarifs. L'objectif affiché est de simplifier l'accès au droit et de rapprocher les clients des avocats[1]. AGN Avocats comptait dix « agences » en 2017[2]. En 2023, le site AGN Avocats revendique cinquante agences en France. Fonctionnant apparemment comme un système de franchise, AGN Avocats est un réseau au sens de l'article 16 du RIN.

013.47 Cabinet « nomade » et cabinet « virtuel ». Récompensé lors de la première édition du concours de l'Incubateur du barreau de Paris[3], le cabinet Bamboo & Bees a été fondé en 2009 par Mark Lipskier. Le cabinet est dédié aux entreprises technologiques innovantes et à l'entreprenariat social. Affichant la devise « we democratize business law », le cabinet revendique le statut de premier cabinet nomade du monde. Se voulant accessible en termes de prix, de langage et de localisation, le cabinet a choisi de s'installer au cœur des écosystèmes entrepreneuriaux. Ainsi, le cabinet a été en résidence à la Ruche puis à la Gaîté Lyrique (Créatis), des incubateurs parisiens d'entreprises innovantes. Sur le modèle des résidences d'artistes, le cabinet Bamboo & Bees vit auprès de ses clients pour les accompagner dans leur développement.

À l'heure du télétravail et de la visioconférence, les locaux sont-ils encore nécessaires ? Il y a incontestablement un décalage entre les exigences déontologiques liées au local professionnel de l'avocat et la réalité quotidienne de nombreux avocats. Les textes ne prévoient pas la possibilité pour un avocat de travailler sans locaux. Il doit, *a minima*, disposer d'une domiciliation professionnelle prévoyant des prestations concrètes[4].

1. V. Masson, « Les "nouveaux avocats" cherchent à bousculer le milieu du droit », *Le Figaro*, 18 juill. 2014.
2. F. Moréas, « Le réseau AGN avocats à la conquête de la France ? », *Village de la justice*, oct. 2017.
3. V. s[s] n° 013.44.
4. V. s[s] n°s 454.11 s.

013.48 Constitution d'équipes d'avocats à la demande. Partant du constat que les frais fixes du cabinet pesaient lourdement sur le prix de la prestation juridique, de nouvelles offres de droit se créent sur le modèle de l'intérim ou du détachement chez le client. Aux États-Unis, la société Axiom propose les services d'avocats et de juristes qui peuvent intervenir au sein des équipes juridiques des entreprises ou pour renforcer les équipes lors de missions ponctuelles ou d'opérations spécifiques. Axiom est positionné sur le droit des affaires et ses avocats et juristes sont issus des grands cabinets et des grandes directions juridiques.

Axiom n'est pas un cabinet d'avocats, ce qui, au regard de la déontologie française, serait impossible en France. En revanche, le modèle a inspiré des cabinets d'avocats qui proposent des services semblables à ceux d'Axiom. C'est le cas de LOD (Lawyers On Demand), créé par le cabinet anglais Berwin Leighton Paisner. Créé en 2007 sous la forme d'une filiale du cabinet dont elle dépend, LOD propose les services d'avocats sans les frais fixes de structure. Ces avocats sont rémunérés à la mission. Cette nouvelle approche de la fourniture des prestations d'avocats présente non seulement l'avantage du coût pour le client et pour le cabinet mais donne aussi à des avocats la possibilité de travailler dans un environnement plus souple, n'étant soumis à aucune contrainte en dehors des missions. Lancé de manière expérimentale en 2007 avec huit avocats, LOD compte maintenant 200 avocats. La structure a pris son indépendance en 2012 et n'a cessé de s'étendre. En 2022, LOD comptait 4 500 professionnels du droit (avocats ou non-avocats) répartis sur vingt pays. En 2021, les équipes de LOD ont travaillé avec plus de cinq cents directions juridiques.

013.49 Direction juridique externalisée. L'offre de direction juridique externalisée est désormais proposée par des cabinets d'avocats qui y voient l'occasion de tisser des liens étroits avec leurs clients tout en apportant un service plus souple et moins coûteux. En effet, la prestation de direction juridique externalisée évite à l'entreprise une embauche à plein temps dont elle n'a pas le besoin ou les moyens. Elle permet aussi d'avoir accès aux compétences d'un avocat en continu à des conditions moins coûteuses qu'une facturation au dossier ou au temps passé. La mission peut durer quelques semaines pour répondre à un besoin ponctuel, ou quelques jours par mois si elle s'inscrit dans une mission plus globale d'accompagnement.

Cette solution agile est destinée surtout aux PME ne présentant pas une activité suffisante ou ne disposant du budget suffisant pour justifier la création ou le remplacement d'un poste salarié de juriste ou de responsable juridique à temps plein.

Le cabinet proposant de telles solutions commence par un diagnostic pour identifier les besoins juridiques de l'entreprise et mettre en place un ordre de mission précis ainsi qu'un calendrier d'intervention.

Les cabinets proposant des services de direction juridique sont de profils variés. Citons, à titre d'exemple, le cabinet AVOXA et le réseau ADVOC, Havet Avocats, Trois Quatorze Avocats ou Lerins Avocats.

SECTION 5
LEGALTECHS

013.51 Champs d'intervention. L'exercice du Droit, en France, relève des dispositions de la loi du 31 décembre 1971, et plus particulièrement des dispositions de l'article 4 et des articles 54 à 66[1], ces derniers étant regroupés sous le titre II intitulé « réglementation de la consultation en matière juridique et de la rédaction d'actes sous seing privé ». Si les avocats ont le « monopole » de l'assistance ou de la représentation, de la postulation et de la plaidoirie devant les juridictions et organismes juridictionnels, il y a de nombreuses dérogations. Celles-ci comprennent les juridictions sociales et prud'homales, le Tribunal d'instance, le Juge de l'Exécution, le Tribunal de commerce, les Tribunaux paritaires de droits ruraux, sans oublier les autorités indépendantes et, enfin, la possibilité pour l'État et les collectivités territoriales, comme les établissements publics, d'être représentés par un fonctionnaire ou un agent de l'Administration. Le « monopole » des Avocats est donc loin de s'étendre à l'ensemble des activités juridictionnelles.

En ce qui concerne la consultation et la rédaction d'actes à titre principal, celles-ci sont confiées aux seuls professionnels du droit selon les termes de l'article 56 de la loi de 1971. Sont donc concernés, les avocats au Conseil d'État et à la Cour de cassation, les avocats inscrits à un barreau français, les notaires, les commissaires de justice, les administrateurs judiciaires et les mandataires liquidateurs qui disposent concurremment, dans le cadre des activités définies par leurs statuts respectifs, du droit de donner des consultations juridiques et de rédiger des actes sous seing privé pour autrui.

Il faut ajouter à ces professions juridiques, les métiers qui exercent une activité autorisant la consultation juridique à titre accessoire[2]. Ce groupe

1. L. n° 71-1130, 31 déc. 1971 portant réforme de certaines professions judiciaires et juridiques, *JO* 5 janv., p. 131 ; mod. par L. n° 89-1009, 31 déc. 1990 et L. n° 97-308, 7 avr. 1997.
2. L. n° 71-1130, 31 déc. 1971, art. 59.

comprend les architectes, experts-comptables, responsables habilités des services comptables des centres de gestion agréés, agents généraux d'assurance, courtiers d'assurance ou dirigeants d'une société de courtage, employés et cadres du secteur bancaire, agents immobiliers, administrateurs de biens, conseils en propriété industrielle, experts agricoles et fonciers, experts forestiers et géomètres experts.

Cet état des lieux montre la complexité de la situation avant même que ne soit abordée la question des acteurs de ladite Legaltech, lesquelles peuvent définies comme des entreprises qui utilisent des technologies permettant la création et la vente de services de nature juridique qui relèvent principalement de l'automatisation qu'il s'agisse de la création de documents, de la mise en œuvre et du suivi de procédures ou encore de la mise en relation avec des professionnels du droit. Par rapport à la loi de 1971, l'activité de la plupart de ces entreprises relève de l'article 66-1 de la loi qui rappelle que la diffusion en matière juridique de renseignements ou d'informations à caractère documentaire est libre.

Les textes laissent donc un champ d'intervention très large à ces acteurs.

013.52 **Limites de la déontologie.** L'article 10 du RIN est muet sur le sujet de ces entreprises qui bouleversent la manière d'aborder la prestation juridique. Les Ordres et le Conseil national des barreaux ont compris que la profession n'est plus dans une chasse aux « braconniers du droit ». Conscient de l'urgence qu'il y a à y voir plus clair, le barreau de Paris a élaboré son vade-mecum de la déontologie du numérique [1], publié une première fois en décembre 2013 et actualisé en juin 2015 et en décembre 2020. Le Conseil national des barreaux a publié son vade-mecum de la communication en mars 2016 et actualisé en octobre 2020 [2]. Si ces fascicules ne concernent que les avocats, elles sont le reflet des décisions déontologiques les plus récentes ainsi qu'une traduction de la position de la profession sur un certain nombre de points.

Les plateformes d'intermédiation sont déclarées légales dès lors qu'elles ne contreviennent pas à la règle interdisant le partage d'honoraires entre un avocat et un non avocat [3]. Par ailleurs, aucune règle ne s'oppose à la vente en ligne de formulaires ou de documents-types. Les éditeurs juridiques, qui ne sont pas des avocats, publient et commercialisent des formulaires depuis des décennies. Aider un justiciable à constituer un dossier de pièces pour une action devant le Tribunal d'instance ne relève pas de la consultation juridique. Ce sont tous ces espaces qui ont été investis de manière légale par ces nouveaux acteurs. Ceci ne signifie pas que ces start-ups ont toutes une activité conforme à la déontologie de la profession d'avocat. Il est cependant légitime de se poser la question de savoir si des entreprises commerciales intervenant sur le marché du droit, ont à être soumises aux règles propres à une profession réglementée ? L'arrêt Alexia, favorable au CNB, [4] illustre les difficultés devant lesquelles peuvent se trouver les juridictions face à cette question. Si la déontologie de l'avocat reste un atout aussi unique qu'essentiel aux yeux du public, celle-ci ne permet pas pour autant de contrecarrer des initiatives qui ne constituent pas un exercice illégal du droit. Les start-ups du droit ont appliqué une théorie marketing bien connue : celle de l'Océan Bleu [5] consistant à investir les espaces laissés libres par la concurrence.

013.53 **Captation de valeur.** Sous le titre « Quand les start-ups du droit défient les cabinets d'avocats », un article publié par Les Échos Business [6] commençait de la manière suivante : « Les hôteliers ont Airbnb, les taxis Uber, la SNCF a BlaBlaCar... C'est désormais au tour des avocats d'être confrontés à des concurrents d'un genre inédit : des start-up du droit qui, depuis quelques mois, prennent leur place sur le marché ». L'article cite Philippe Wagner, le cofondateur et directeur commercial de Captain Contrat qui définit sa structure comme le *« Airbnb du juridique »*. Selon son fondateur, Captain Contrat est une plate-forme qui propose de mettre en relation des entreprises avec des avocats pour les aider à rédiger les documents juridiques dont elles ont besoin. Plus précisément, la start-up génère une première version du contrat ou document juridique. L'acheteur peut alors décider s'il a besoin d'une assistance complémentaire pour adapter le contrat à son besoin précis. Si tel est le cas, Captain Contrat le met en relation avec un de ses avocats partenaires. LegalStart.fr est une autre start-up qui s'illustre sur le terrain de la création d'entreprise. Elle procède avec la même logique consistant à proposer un produit standardisé qu'un avocat pourra éventuellement venir enrichir dans un second temps.

Les modèles économiques de ces start-ups reposent sur la captation de valeur d'une grande partie de la prestation juridique par des acteurs que

1. Ordre des Avocats du barreau de Paris, *Vade-mecum de la communication numérique de l'avocat*, déc. 2020.
2. CNB, Commission des Règles et usages, *Vade-mecum de la communication des avocats*, juin 2020. [En ligne : http://cnb.avocat.fr/Un-vade-mecum-pour-la-communication-des-avocats_a2580.html].
3. RIN, art. 11.4.
4. Paris, Pôle 5, 2e ch. 18 déc. 2015, RG n° 15/03732 ; *D. avocats,* 2016. 27, art. Th. Wickers.
5. W. Chan Kim, R. Mauborgne, *The Blue Ocean Theory,* Harvard Business Review, 2005.
6. Vincent Bouquet, « Quand les start-ups du droit défient les cabinets d'avocats », *Les Échos Business*, 2 nov. 2015.

les avocats perçoivent comme étant des intervenants ou intermédiaires à faible valeur ajoutée. Uber fournit des services de transport sans employer de chauffeurs ou posséder de voitures. Airbnb devient le plus grand hôtelier du monde sans posséder la moindre chambre. Les avocats doivent trouver des réponses à cette situation pour éviter que leur sort ne soit dicté par ces nouveaux acteurs. De leur côté, les start-ups refusent de tenir un discours qui les opposerait aux avocats ou les mettrait en concurrence frontale avec ces derniers. Ils se défendent de vouloir leur voler des clients et disent au contraire vouloir rechercher les meilleures façons de travailler ensemble.

Depuis, les relations entre les avocats et les acteurs de la LegalTech s'apaisent. Ceci est sans doute lié à la loi Macron et l'assouplissement du régime des incompatibilités. Les avocats ne sont plus des spectateurs mais peuvent être des acteurs de ce marché.

013.54 Réponse des avocats. La première réponse de l'avocat doit être l'innovation. Les initiatives telles que l'Incubateur du barreau de Paris ou le Prix de l'innovation de la relation client du Village de la Justice en sont des manifestations. L'avocat doit certainement éviter de réfléchir en termes de « pour » ou de « contre » mais plutôt « comment » et « avec ». Les réponses que peuvent apporter les avocats sont de plusieurs types. La première est la réponse individuelle de l'avocat sur le terrain de la communication. En assurant une meilleure promotion de leurs services, en formulant des offres plus lisibles, de très nombreux cabinets pourraient capter une clientèle qui, actuellement, leur échappe. Le travail sur le référencement naturel, consistant à mettre en ligne des contenus utiles qui apportent des débuts de réponse concrets aux questions des clients potentiels, est une manière à la fois efficace est gratuite d'aller à la rencontre de son marché.

La seconde réponse consiste à travailler avec les nouveaux acteurs en restant le maître d'œuvre ou le chef d'orchestre de la relation avec le client. Pourquoi un cabinet ne recourrait-il pas aux services d'un Legalstart.fr ou d'un Captain Contrat si ces prestataires peuvent le faire gagner en efficacité dans la gestion de ses modèles. Avant de se détourner vers les start-ups, de nombreux clients seraient très sensibles au discours de leur avocat si celui-ci leur proposait de travailler différemment en s'appuyant sur certains des services proposés par ces entreprises. Il y a des prestations technologiques que les avocats pourraient utiliser sans se trahir et qui pourraient se traduire en économies pour leurs clients.

Enfin, la dernière réponse est juridique et institutionnelle. Cette voie semble désormais ouverte grâce aux possibilités offertes aux avocats par l'article 111 du décret du 27 novembre 1991 : « la commercialisation, à titre accessoire, de biens ou de services connexes à l'exercice de la profession d'avocat si ces biens ou services sont destinés à des clients ou à d'autres membres de la profession »[1]. Conscients des enjeux, les Ordres sauront étudier les dossiers qui leur sont présentés avec ouverture d'esprit.

013.55 Marché de l'accès au droit. Les *LegalTechs* ont d'abord cherché à apporter des solutions à un problème que les avocats avaient oublié de traiter, celui de l'accès au droit. En effet, traditionnellement, le client vient à l'avocat lorsqu'il a conscience d'un problème juridique auquel il sait qu'un avocat devrait pouvoir apporter une solution. Qu'en est-il de toutes ces personnes qui n'osent pas franchir le seuil du cabinet ou encore de tous ceux qui se disent qu'ils vont pouvoir résoudre leur problème eux-mêmes ? Ceux-là, qui étaient oubliés des avocats (sauf quand ils avaient droit à l'aide juridictionnelle ou qu'ils bénéficiaient d'une assurance de protection juridique) ont maintenant des prestataires (en ligne pour la plupart) qui apportent des réponses à leurs questions.

Ces nouveaux acteurs sont essentiellement de deux catégories : ceux dont la vocation première est de fournir un service de nature juridique telle que la saisine d'une juridiction ou la fourniture d'un document ou d'un acte et ceux qui se contentent de proposer une mise en relation. Certaines de ces start-ups se positionnent à cheval sur ces deux catégories en proposant une prestation ainsi qu'un avocat qui puisse prendre le relais en fonction de la demande du client. Le secteur de la prestation contentieuse dans les situations où le ministère d'avocat n'est pas obligatoire (Tribunal d'instance, conseil des prud'hommes...) est fortement investi par ces nouveaux acteurs.

Parmi les *LegalTechs* les plus notables, citons notamment :

- *Demanderjustice.com* : Saisine de juridictions par internet ;
- *Avostart* : Plateforme de mise en relation avec des avocats « de proximité » ;
- *Captain Contrat* : Documents et actes juridiques et service de mise en relation avec des avocats ;
- *Legalstart.fr* : Documents et actes juridiques et service de mise en relation avec des avocats ;
- *Rocketlawyer.com* : création de documents, conseils et mise en relation.

013.56 Marché de la technologie appliquée au droit et aux cabinets d'avocats. Les *LegalTechs* proposent aussi des services et des produits destinés aux professionnels du droit et à leurs cabinets ou socié-

1. Décr. n° 91-1197, 27 nov. 1991 organisant la profession d'avocat, *JO* 28 nov., p. 15502, art. 111, al. 4 ; crée par Décr. n° 2016-882.

tés. Les *LegalTechs* ont d'abord accompagné les professionnels du droit dans leur démarche de digitalisation. Plus généralement, elles cherchent à apporter plus de performance dans l'exercice du droit, en automatisant certaines tâches et augmentant la productivité. Ainsi, les outils mis au point peuvent :

- accélérer la lecture et l'analyse de décisions de justice ou de pièces dans un dossier ;
- intégrer des algorithmes prédictifs ;
- effectuer des recherches plus pertinentes ;
- permettre l'analyse de contrats et de données ;
- faciliter la gestion des dossiers en organisant le travail entre les intervenants.

Les *LegalTechs* développent aussi des offres et des produits visant à faciliter et améliorer le fonctionnement des cabinets ou des fonctions juridiques en entreprise, ce qui concerne notamment :

- la facturation et la comptabilité ;
- le stockage, la génération de documents et la signature électronique à valeur légale ;
- les formalités de création d'entreprise ;
- la veille juridique.

Ces acteurs s'appuient sur la globalité des progrès technologiques en ce que ceux-ci peuvent être utiles au secteur juridique. Le big data, le machine learning et plus généralement, l'intelligence artificielle sont les piliers sur lesquels sont construits la plupart de ces produits et services.

013.57 Évolution des acteurs de la LegalTech en France. Malgré un ralentissement en 2020 en raison du Covid, la Legaltech poursuit sa progression. Après un foisonnement de création d'entreprises entre 2015 et 2018, le marché fait le tri entre les projets viables et les autres. Le Baromètre Maddyness/Banque des Territoires/Lamy Liaisons Les *LegalTechs* françaises, tendances 2022 [1] qui s'est appuyé sur un questionnaire diffusé auprès de 377 *LegalTechs* révèle une tendance à la consolidation. Le nombre d'entreprises qui ont levé des fonds en 2021 est en baisse, en revanche, les acteurs qui survivent sont de plus en plus nombreux à être rentables.

Les opérations notables citées par cette étude sont les levées de fonds de Leeway en mars 2021 (4,2 millions d'euros pour son service de gestion de contrats pour les directions juridiques), de Data Legal Drive (2 millions d'euros pour son logiciel de mise en conformité au RGPD) ou encore de Legal Pilot (1,6 millions d'euros pour sa solution d'automatisation en octobre 2021), upLaw (1 million d'euros pour la gestion de l'actionnariat), Adequacy (1,2 million d'euros sur le segment du RGPD).

L'étude constate l'importance croissante des fonds levés chaque année par les startups du droit : 12,8 millions en 2017, 24,6 millions en 2018 et. 52,1 millions en 2019. Après une année 2020 en forte baisse, le montant des levées de fonds est reparti à la hausse établissant un record de 57,8 millions d'euros répartis sur 17 tours de table. L'année 2022 a vu une baisse de 44 % qui révèle à la fois la prudence des investisseurs et sans doute le début d'une phase de consolidation au cours de laquelle les entreprises les plus attractives feront l'objet de rachats par les grands acteurs de l'édition juridique.

1. *Baromètre des* LegalTechs *françaises, tendances 2022*, 6e éd., janv. 2023.

LIVRE

1. LE PROJET DU CABINET D'AVOCATS

SECTION 0

ORIENTEUR

1.00 **Sommaire du livre.**

TITRE

11. Les circonstances de la création du cabinet

SECTION 0

ORIENTEUR

11.00 Sommaire du titre.

CHAPITRE

111. Première installation

SECTION 0
ORIENTEUR

111.00 **Sommaire du chapitre.**

SECTION 1
PREMIÈRE INSTALLATION DE L'AVOCAT

111.11 **Régime de l'accès à la profession d'avocat et réforme du stage.** Le régime de formation des avocats[1] a été profondément modifié par la loi du 11 février 2004[2] et le décret d'application du 21 décembre 2004[3]. Ces textes ont à la fois aménagé la formation initiale des avocats dispensée dans les CRFPA, devenus écoles d'avocats (EDA) mais également la formation professionnelle continue obligatoire.

L'ancien stage obligatoire de deux ans a été supprimé. Il a été compensé par une formation initiale prolongée comportant trois périodes de six mois. À cette modification s'ajoute un encadrement plus strict de la formation professionnelle continue avec un minimum obligatoire de vingt heures par an.

La réforme provenait d'abord d'un double constat :

– l'enseignement dispensé dans les CRFPA était trop court et éloigné des réalités pratiques du métier d'avocat ;

– le perfectionnement et la mise à jour des connaissances des avocats nécessitaient une meilleure organisation.

La réforme était aussi motivée par le fait que sous le régime antérieur, l'avocat, titulaire du Capa, devait justifier d'un contrat de collaboration. Cette exigence a engendré une situation dans laquelle de nombreux jeunes avocats pouvaient se trouver empêchés de travailler pendant de longs mois alors qu'ils disposaient des qualifications requises.

111.12 **Fin de la collaboration obligatoire.** Si dans les périodes de croissance, les jeunes avocats trouvaient facilement leur première collaboration, quand la conjoncture se resserrait, nombre d'entre eux peinaient à accéder à la profession à laquelle ils étaient destinés. L'exigence de disposer d'un contrat de collaboration pour pouvoir prêter serment engendrait de plus en plus de difficultés.

Ainsi, le jeune avocat ayant obtenu le diplôme du Capa à l'issue des dix-huit mois passés au centre de formation peut maintenant, sous réserve de se conformer à l'ensemble des conditions requises[4], prêter serment et être inscrit au tableau[5]. Il dispose dès lors de tous les droits attachés à la qualité d'avocat, y compris celui de créer son propre cabinet.

1. SUR la formation initiale de l'avocat : H. Ader, S. Bortoluzzi, A. Damien, D. Piau, Th. Wickers, *Règles de la profession d'avocat 2022/2023,* 17e éd., « Dalloz action », 2022, nos 211.11 s.
2. L. no 2004-130, 11 févr. 2004 réformant le statut de certaines professions judiciaires ou juridiques, des experts judiciaires, des conseils en propriété industrielle et des experts en ventes aux enchères publiques, *JO* 12 févr., p. 2847.
3. Décr. no 2004-1386, 21 déc. 2004 relatif à la formation professionnelle des avocats, *JO* 23 déc., p. 21823.
4. L. no 71-1130, 31 déc. 1971 portant réforme de certaines professions judiciaires et juridiques, *JO* 5 janv., p. 131 ; mod. par L. no 2009-526, 12 mai 2009.
5. SUR l'inscription au tableau : H. Ader, S. Bortoluzzi, A. Damien, D. Piau, Th. Wickers, *Règles de la profession d'avocat 2022/2023,* 17e éd., « Dalloz action », 2022, nos 221.11 s. et 222.11 s.

111.13 Circonstances de la première installation. Même s'il n'y a aucune enquête comparable depuis, une enquête réalisée en 2010 auprès d'avocats du barreau de Paris qui se sont installés depuis moins de dix ans[1] révèle des tendances qui demeurent d'actualité :
- Le domaine d'activité des avocats qui s'installent ;
- Conseil ou contentieux :
38 % ont une activité contentieuse ;
22 % ont une activité de conseil,
38 % ont une activité équilibrée entre le conseil et le contentieux ;
- Généralistes ou spécialistes :
44 % sont des généralistes en droit des entreprises ;
18 % sont des généralistes en droit des personnes ;
38 % sont des spécialistes ;
- Les conditions d'installation des avocats ;
- Motivation :
71 % déclarent être installés par envie ;
29 % après une rupture ;
11 % après leur prestation de serment ;
- Mode d'exercice :
70 % en exercice individuel ;
22 % en structure d'exercice ;
8 % en structure de moyens ;
- Clientèle :
51 % s'installent avec une petite clientèle ;
32 % s'installent avec aucune clientèle ;
17 % s'installent avec une solide clientèle ;
- Préparation :
63 % n'ont pas établi de business plan ;
55 % n'ont pas défini de stratégie de développement.

Ces réponses traduisent le manque général de préparation de l'avocat qui s'installe. Une majorité des avocats interrogés se sont installés seuls, avec peu ou pas de clients et sans avoir travaillé sur les projections économiques de leur future activité. Cette enquête n'a pas été renouvelée depuis 2010.

Bien qu'informés des avantages qui existent à s'installer à plusieurs[2] ainsi qu'à exercer une activité spécialisée[3], les avocats restent plus nombreux à s'installer en exercice individuel avec une activité plutôt généraliste.

111.14 Points clés de la création *ex-nihilo*. L'avocat qui fait le choix de l'installation à son compte, seul ou avec des associés, alors qu'il dispose de peu d'expérience, portera une attention particulière :

- aux risques professionnels ;
- à la compréhension du marché sur lequel il se lance ;
- à la préparation de son entreprise-cabinet ;
- à ses premières décisions stratégiques.

111.15 Assistance des Ordres aux créateurs de cabinets. La profession prend conscience de l'importance d'apporter une assistance aux créateurs de cabinet et tout particulièrement lors d'une première création. À l'exception du barreau de Paris, les formations sur ces sujets restent peu nombreuses. L'EFB et les EDA ont intégré dans le cursus de la formation initiale, des heures d'enseignement sur les structures d'exercice et la réflexion autour de la préparation et du lancement d'un cabinet. Ces notions restent cependant abstraites pour des élèves-avocats qui n'ont encore aucune expérience du terrain.

111.16 Barreau Entrepreneurial de l'Ordre des avocats du barreau de Paris. En janvier 2012, le barreau de Paris a créé le Barreau Entrepreneurial et a lancé un programme de formation qui a pour vocation d'accompagner les créateurs et les dirigeants de cabinets dans les nombreux aspects entrepreneuriaux de leur activité.

Le Barreau Entrepreneurial s'est donné pour mission :

- d'accompagner tous les avocats parisiens porteurs d'un projet de création ou de développement de leur cabinet ;
- de fédérer et proposer toutes les compétences professionnelles nécessaires à ces projets : coachs, avocats, experts-comptables, consultants en stratégie et organisation des cabinets, etc.

Depuis sa création, le programme du Barreau Entrepreneurial s'est enrichi avec un ensemble de formations techniques et un programme de *coaching*. Les formations sont dispensées par des avocats ainsi que par des professionnels qui sont des partenaires extérieurs à la profession. Sont proposées des formations sur les thèmes suivants :

- choix de la structure juridique ;
- organisation du cabinet ;
- transmission du cabinet et association des collaborateurs ;
- gestion des données ;
- communication et marketing ;
- comptabilité, finances et business plan ;
- ressources humaines ;
- solutions numériques et réseaux sociaux.

À son démarrage, le Barreau Entrepreneurial était perçu comme une ressource venant en aide aux confrères en difficulté dans leur parcours aux projets professionnels. Rapidement, le Barreau Entrepreneurial a trouvé la place qui correspondait à sa vocation, à savoir un accompagnement et une aide dans la conception et la réalisation de projets pour tous les avocats à tous les stades de leur carrière. Dix

1. C. Féral-Schuhl, Y. Martinet, « Questionnaire sur l'installation des avocats », sept. 2010 [En ligne : www.feral-schuhl.com].
2. SUR la comparaison entre les revenus des avocats associés et des avocats individuels, v. s[5] n°s 011.12 s.
3. V. s[5] n°s 124.11 s.

ans après sa création, le Barreau Entrepreneurial a largement fait la preuve de son succès.

111.17 Réseau Structures National du CNB. Dans le même esprit que le Barreau Entrepreneurial, le CNB a créé le Réseau Structures National[1], réseau d'avocats offrant une compétence particulière en matière de structures d'exercice libérales, tant en termes de conseil que de contentieux. Celui-ci ne dispense pas de formations met permet de mettre les avocats porteurs de projets en relation avec des confrères reconnus pour leur savoir-faire en matière d'assistance aux avocats sur les problématiques liées aux structures d'exercice.

Les avocats du Réseau Structures National interviennent dans le cadre de leur activité professionnelle tout en s'engageant à faire preuve de modération quant à la fixation de leurs honoraires.

111.18 Commission Statut Professionnel de l'Avocat du CNB. Les commissions du CNB jouent aussi un rôle indirect pour accompagner les créateurs de cabinets. Anciennement dénommée commission du statut fiscal, social et financier de l'avocat (SFSF), la commission Statut Professionnel de l'Avocat a été instituée pour traiter les nombreux problèmes que pose le statut de l'avocat et en proposer l'évolution.

La commission, composée d'élus et d'experts, a deux missions principales au service de tous les avocats :

– une mission institutionnelle de réponse par des avis techniques aux interrogations des conseils de l'ordre et des bâtonniers portant sur les structures d'exercice des avocats (association, AARPI, sociétés d'avocats) ou sur les aspects sociaux et fiscaux du statut de l'avocat ;

– une mission scientifique de réflexion sur les réformes utiles pour l'exercice de la profession.

La commission est également en charge du Réseau Structures.

111.19 Création et management de cabinet et formation continue. De manière générale, les Ordres sont de plus en plus nombreux à proposer des formations relatives aux enjeux de la création et de la gestion des cabinets validées dans le cadre de la formation continue obligatoire des avocats[2]. Une culture de la prévention s'installe alors que les ordres sont de plus en plus sollicités par des cabinets en difficulté dont la création a été insuffisamment réfléchie par leurs fondateurs.

1. https://www.cnb.avocat.fr/fr/reseau-structures-national
2. SUR l'obligation de formation continue : H. Ader, S. Bortoluzzi, A. Damien, D. Piau, Th. Wickers, *Règles de la profession d'avocat 2022/2023,* 17e éd., « Dalloz action », 2022, nos 211.11 s.

SECTION 2
RISQUES PROFESSIONNELS

111.21 Fin du « Maître de Stage ». La réforme de 2004 susvisée entérine une réalité : la tradition de la formation au sein des cabinets a évolué. La conception pédagogue et paternaliste de la formation laisse place à une démarche plus personnelle de l'avocat. La réforme a transféré sur le centre de formation une responsabilité plus grande dans l'éducation des élèves avocats tout en retirant des devoirs à l'ancien patron qui supervisait pendant les deux années requises l'activité de l'avocat stagiaire. Désormais, l'avocat choisit sa formation continue et prend en main son orientation professionnelle.

Le barreau de Paris observe que la réforme de l'accès à la profession et la fin du stage obligatoire n'ont pas eu pour conséquence de précipiter les jeunes avocats dans la création de leurs cabinets. Les jeunes avocats demeurent lucides sur la nécessité d'acquérir de l'expérience dans le cadre de la collaboration. Ceci est moins vrai dans les autres barreaux dans lesquels les avocats sont encore trop nombreux à s'installer trop vite et sans projet réfléchi.

111.22 Manque de formation pratique. La formation initiale dispensée aux élèves avocats ou la formation professionnelle continue obligatoire telle qu'elle résulte de loi du 11 février 2004 ne peuvent remplacer la formation de l'avocat au contact des clients et des juridictions. La formation continue proposée tant par les centres de formation que par les éditeurs ou autres organismes agréés reste principalement une formation technique et théorique visant à permettre aux avocats d'approfondir ou de mettre à jour leurs connaissances dans les matières de leur choix[3].

Le jeune avocat n'est pas toujours le mieux placé pour jauger ses éventuelles lacunes. Les années de collaboration sous la responsabilité professionnelle d'un avocat expérimenté demeurent le socle de la formation des avocats.

111.23 Devoirs liés au statut d'avocat. Le statut de l'avocat est lourd de responsabilités et de devoirs. Dès sa prestation de serment, l'avocat doit prendre la pleine mesure de toutes les conséquences de ses actes et propos.

En prêtant serment, le jeune avocat devient tributaire d'une tradition de près de huit siècles qui lui impose au moins autant de devoirs que de droits. En France, le premier serment des avocats remonte

3. Décr. no 91-1197, 27 nov. 1991 organisant la profession d'avocat, *JO* 28 nov., p. 15502, art. 85 ; mod. par décr. no 2013-319, 15 avr. 2013.

au 23 octobre 1274[1]. Non seulement la responsabilité de l'avocat est-elle engagée par sa faute, même légère[2], mais c'est à lui qu'il incombe de rapporter qu'il a bien exécuté « son obligation particulière d'information et de conseil envers son client »[3].

L'assurance souscrite par les ordres pour couvrir les risques professionnels repose sur une conscience professionnelle et une vigilance partagées par tous les avocats.

111.24 **Risques déontologiques et techniques.** Sa déontologie impose à l'avocat une obligation de prudence[4]. L'avocat ne doit pas se charger d'une cause qu'il ne se sent pas en mesure de défendre, ou à laquelle il n'a pas la possibilité de consacrer le temps voulu, ou qui relève d'une spécialité qui lui est étrangère[5]. La prudence de l'avocat doit se manifester à deux niveaux : dans la décision de prendre un dossier et dans le contenu des conseils prodigués.

En matière contentieuse, manquer un délai, ne pas connaître le maniement d'actes interruptifs de prescription dans certaines procédures pénales, peut avoir des conséquences désastreuses pour les clients. L'oubli d'une partie dans la mise en œuvre d'une garantie solidaire, un mauvais choix de recours ou de juridiction sont autant d'erreurs qui peuvent causer des préjudices importants au client.

En matière de conseil, une mauvaise recommandation ou une mauvaise appréciation d'une situation peuvent avoir des conséquences aussi graves pouvant susciter la mise en jeu de la responsabilité professionnelle de l'avocat.

111.25 **Vérification par le jeune avocat de son propre niveau de compétence.** L'avocat souhaitant créer son cabinet devra apprécier s'il a les compétences nécessaires pour se lancer dans une installation qu'il soit seul ou au sein d'une structure d'exercice. Responsable de ses actes, il ne devra pas se reposer sur les connaissances de ses associés pour combler ses propres insuffisances. Au cours de sa formation tant théorique que pratique, l'avocat doit s'attacher à acquérir les réflexes nécessaires à l'exercice de la profession[6].

Le test suivant contribuera utilement à la prise de décision du jeune avocat qui envisage de s'installer[7] :

- Suis-je en mesure d'apprécier objectivement mes propres limites ?

- Est-ce que je considère avoir atteint un niveau de maîtrise suffisant dans les domaines dans lesquels je souhaite exercer ma profession ?

- Est-ce que je sais refuser un dossier qui est en dehors de mon champ de compétences ?

- Me suis-je récemment trouvé dans une situation où un confrère, un magistrat ou un client a mis en cause mes capacités professionnelles ?

Selon les réponses que l'avocat apportera à ces questions simples, il saura s'il est opportun de se lancer dans l'aventure de l'installation ou de l'association.

SECTION 3
FACTEURS DE MARCHÉ

111.31 **Facteurs géographiques.** Les facteurs de marché varient considérablement d'un barreau à un autre, ainsi qu'en fonction de la nature de l'activité de l'avocat et de son mode d'exercice. Une carrière au sein du barreau de Paris qui regroupe près de la moitié des avocats français ne peut être abordée comme celle au sein d'un barreau de quelques dizaines d'avocats.

Nonobstant les moyens de communication modernes, la proximité géographique de l'avocat reste primordiale pour ses clients. Il en est de même pour la proximité des juridictions qui sera un facteur important de l'organisation matérielle de l'avocat si celui-ci a une activité contentieuse. Si le jeune avocat a déjà une spécialité, il devra aussi tenir compte des conséquences géographiques de celle-ci : un spécialiste du droit de la presse risque d'être fort peu occupé dans une région où domine le contentieux rural.

111.32 **Modes d'exercice.** Les données recueillies par l'Observatoire du CNB ainsi que les chiffres publiés par la Chancellerie[8] permettent de dresser

1. Ordonnance de Philippe III Le Hardi, du 23 octobre 1274, qui constitue l'une des premières dispositions réglementaires relatives au barreau français
2. L. n° 71-1130, 31 déc. 1971, art. 17-1° et 4°.
3. Civ. 1re, 29 avr. 1997, n° 94-21.217, *Bull. civ.* I, n° 132 ; *JCP* 1997. II. 22948, note Martin ; *CCC* 1997, n° 111, note Leveneur ; *LPA* 15 août 1997, note M.-H. et Maleville ; *RCA* 1997. Comm. 231, et Chron. 19, par Groutel – SUR la charge de la preuve de l'obligation : Civ. 1re, 25 févr. 1997, n° 94-19.685, *Bull. civ.* I, n° 75 ; *GAJC,* 12e éd., n° 16 ; *D.* 1997. Somm. 319, obs. Penneau ; *JCP* 1997. I. 4025, n° 7, obs. Viney ; *Gaz. Pal.* 1997. 1. 274, rapp. Sargos, note Guigue ; *Defrénois* 1997. 751, obs. Aubert ; *LPA* 16 juill. 1997, note Dorsner-Dolivet ; *RCA* 1997. Chron. 8, par Lapoyade-Deschamps ; *CCC* 1997. Chron. 5, par Leveneur ; *RDSS* 1997. 288, note Dubouis ; *RGAT* 1997. 852, note Rémy ; *RTD civ.* 1997. 434, obs. Jourdain – Civ. 1re, 17 févr. 1998, n° 95-21.715, *Bull. civ.* I, n° 67 ; *R.*, p. 273 ; *JCP* 1998. I. 144, n° 20, obs. Viney ; *LPA* 6 mai 1999, note Halliez ; *RTD civ.* 1998. 681, obs. Jourdain – Civ. 1re, 27 mai 1998, n° 96-19.161, *Bull. civ.* I, n° 187 ; *D.* 1998. 530, note Laroche-Gisserot.
4. Code de déontologie des avocats de l'Union européenne ; RIN, art. 21.3.1.3.
5. RAPPR. : Nîmes, 23 mars 1981, *JCP* 1983. IV. 362.
6. J.-C. Woog, S. Woog, *Devenir avocat,* « Carré droit », 3e éd., Litec, 2008.
7. Questionnaire inspiré de « How to start your own firm », *Times-Law,* juin 2018.
8. CNB, Observatoire de la profession d'avocat, *Les Chiffres-clés de la profession au 1er janvier 2020.*

un tableau très précis des réalités économiques des avocats en fonction de leur barreau et de leur mode d'exercice. Les disparités de revenus sont très importantes dans la profession et le mode d'exercice influe au moins autant que les facteurs géographiques. Les recettes des associés de structures d'exercices sont en moyenne 2,5 fois supérieures à celles des avocats qui exercent à titre individuel[1].

111.33 Spécialisation. Le choix par l'avocat de sa ou ses spécialités[2] est un élément essentiel de la réflexion préalable à la création d'un cabinet[3]. Plus l'avocat se spécialise jeune, plus il a de chances de devenir un spécialiste reconnu dans sa matière. La concurrence accrue dans l'environnement dans lequel évoluent les avocats renforce l'importance de la spécialisation.

L'avocat doit être conscient des évolutions et des mutations économiques afin de faire des choix éclairés en matière de spécialisation[4].

Quand un secteur économique est en crise, la demande de services juridiques dans ce domaine s'en ressent inévitablement. L'avocat devra distinguer entre les facteurs conjoncturels et structurels qui affectent un secteur économique.

La spécialisation a aussi un impact sur la stratégie de communication et de marketing du cabinet[5].

111.34 Concurrence des autres avocats. La concurrence entre avocats doit d'abord s'analyser sur le plan local. Si au sein d'un petit barreau, il existe un spécialiste qui attire toute la clientèle dans son domaine d'activité, il sera difficile pour un nouvel arrivant d'occuper une place sur ce créneau. Si dans ce même barreau, subsistent des carences évidentes de l'offre juridique sur certains domaines, il sera opportun de s'y intéresser.

À Paris, la situation concurrentielle s'appréciera de manière différente compte tenu du nombre d'avocats. L'avocat doit s'interroger sur sa compétitivité et sa valeur ajoutée par rapport à ceux de ses confrères qui proposent des services comparables. Cette compétitivité repose sur quatre facteurs principaux :

- la formation : les diplômes en plus de la formation juridique de base, doctorat, formation scientifique, école de commerce, etc. ;
- les aptitudes personnelles : pratique d'une ou plusieurs langues étrangères, talents oratoires, aptitude à la négociation... ;
- la connaissance d'un secteur d'activité ou d'un milieu professionnel ou social ;
- le réseau personnel.

Ces facteurs doivent être évalués et l'avocat devra orienter son choix en fonction des facteurs où il dispose d'un avantage compétitif réel.

Un avocat qui pratique le Chinois aura tout intérêt à se positionner sur les contrats internationaux mettant en jeu des entreprises chinoises plutôt que de se lancer dans le droit social ou le droit pénal. Ces considérations peuvent paraître évidentes mais il est frappant de constater que bon nombre d'avocats ont des avantages compétitifs dont ils ne se servent pas ou dont ils n'ont pas même conscience.

Lorsqu'un projet de création de cabinet implique plusieurs avocats, l'appréciation de l'avantage compétitif doit se faire pour chaque avocat concerné par le projet de création du cabinet. Il doit aussi s'apprécier collectivement : c'est la somme des avantages compétitifs des associés qui fera la force du futur cabinet. La réunion d'avocats qui n'ont pas été en mesure de définir leurs propres avantages compétitifs ne suffira pas à créer une valeur ajoutée pour le cabinet.

Enfin, l'analyse concurrentielle doit porter sur la qualité des prestations que les avocats du cabinet peuvent fournir, et non sur leur prix.

111.35 Positionnement stratégique du cabinet. La prise en compte de l'ensemble des facteurs de marché s'inscrit dans la recherche d'un positionnement stratégique pour le cabinet[6]. Ce positionnement stratégique implique des réponses aux questions suivantes[7] :

- Pourquoi un client choisirait-il mon cabinet plutôt qu'un autre ?
- Quel est le marché de mon cabinet ?
- Quels sont les clients avec lesquels mon cabinet souhaite travailler ?
- Quels sont les services que propose mon cabinet ?
- En quoi l'offre de services de mon cabinet peut-elle se distinguer ?
- Comment mes clients potentiels vont-ils avoir connaissance des services que propose mon cabinet ?
- Quelles ont les personnes susceptibles de recommander mon cabinet ?

1. V. s[s] n° 011.12.
2. SUR la spécialisation de l'avocat : H. Ader, S. Bortoluzzi, A. Damien, D. Piau, Th. Wickers, *Règles de la profession d'avocat 2022/2023*, 17e éd., « Dalloz action », 2022, n° 214. 11 s.
3. Sur la spécialisation, v. s[s] n° 124.11.
4. Sur la spécialisation sectorielle, v. s[s] n°s 125.11 s., sur les méthodes de réflexion prospective, v. s[s] n°s 331.11 s. et sur les exemples de secteurs porteurs, v. s[s] n°s 333.11 s.
5. V. s[s] n° 124.11 s.
6. Sur le positionnement, v. s[s] n°s 122.11 s.
7. J.-E. Raasch, « Law firm Branding : Define your market ; focus your message », *Canadian Bar Association, Practice link*, 7 août 2014.

SECTION 4
PRÉPARATION DE « L'ENTREPRISE-CABINET »

111.41 Comptabilité. L'avocat qui crée son cabinet doit se placer dans une logique d'entreprise quelle que soit la taille de celle-ci. Au même titre qu'une entreprise, un cabinet doit être géré et se conformer à des principes de bonne gestion. Pour ceci, l'avocat doit d'abord suivre sa comptabilité.

Si l'avocat exerce individuellement sans constituer une société[1], il tiendra une comptabilité soumise au régime des bénéfices non commerciaux (BNC). En recourant aux services de l'ANAFAGC[2], pour la gestion comptable assistée et, le cas échéant, pour la paie (si le cabinet emploie des salariés), l'avocat peut se libérer d'un grand nombre de tâches (saisie des écritures comptables, bulletins de salaire, déclarations sociales et fiscales mensuelles, trimestrielles et annuelles, livre de paie, attestations obligatoires...).

Dans les SCP ou les AARPI regroupant plusieurs avocats et employant du personnel salarié, il est recommandé d'établir régulièrement avec l'expert-comptable des situations au cours de l'année afin de s'assurer que le cabinet fonctionne et évolue de manière conforme aux attentes et aux budgets.

Ceux qui choisissent d'exercer en Société d'exercice libéral (SEL) tiendront une comptabilité d'engagement et se familiariseront avec la traduction bilancielle de l'activité et des résultats du cabinet. Dans la comptabilité commerciale d'engagement (à la différence de la comptabilité d'encaissement), le chiffre d'affaires correspond aux factures émises et non aux sommes reçues. Dans tous les budgets et anticipations réalisées par le cabinet, les factures émises qui posent des difficultés de recouvrement doivent être traitées avec la plus grande prudence. Les avocats sont de plus nombreux à choisir la comptabilité d'engagement[3].

Il existe plusieurs guides d'installation pour les avocats et les professionnels libéraux, parmi lesquels : Le guide Jeunes Avocats de l'ANAFAGC 2022-2023, le guide S'installer en profession libérale de l'Union Nationale des Professions Libérales (UNAPL), édition 2022.

111.42 Élaboration du plan de financement (*Business plan*). L'élaboration du plan de financement du futur cabinet va consister à préparer différents documents qui vont aider le créateur de cabinet à évaluer les moyens nécessaires pour démarrer son activité, à déterminer le seuil de rentabilité du cabinet, à anticiper les échéances auxquelles le cabinet va faire face ainsi qu'à évaluer le chiffre d'affaires qui sera nécessaire pour payer les charges et rémunérer les associés.

Les documents qui composent le plan de financement sont :

– le tableau de financement : avant même le démarrage de son activité, le cabinet doit faire face à des dépenses liées à ses frais d'établissement et devra consacrer des ressources à des investissements (dépôt de garantie, aménagement du local professionnel...). Il aura aussi besoin d'évaluer son besoin en fonds de roulement nécessaire à ses dépenses courantes. Le tableau de financement établit la liste des besoins qui sont à mettre en face des ressources dont dispose l'avocat (financement personnel ou concours bancaires) ;

– le compte de résultat prévisionnel : le compte de résultat retranscrit l'activité de l'entreprise libérale. Il décrit l'ensemble des dépenses courantes et évalue le montant des recettes[4]. Le créateur de cabinet essayera d'établir son compte de résultat prévisionnel sur une période de trois ans ;

– le plan de trésorerie ou échéancier : il permet de connaître mois par mois les échéances du cabinet et donc d'apprécier les besoins de trésorerie. Il permet de déterminer quel est le montant de liquidités que doit conserver le cabinet avant d'envisager des décisions d'investissement ;

– l'évaluation du point mort[5] : ce calcul consiste à évaluer le chiffre d'affaires minimal à réaliser en fonction des frais mis en œuvre. Cette évaluation distingue entre les frais fixes incompressibles et les frais variables qui augmentent en fonction de l'augmentation du chiffre d'affaires. Le point mort doit aussi tenir compte d'une rémunération minimale déterminée par les associés du cabinet.

111.43 Évaluation des charges. À la différence des recettes, les charges peuvent être anticipées avec précision. Le compte d'exploitation prévisionnel doit se concentrer sur les charges et la maîtrise de celles-ci. Les cabinets d'avocats présentent l'avantage d'avoir des charges à la fois prévisibles et linéaires. Hormis les dettes fiscales et les régularisations de charges sociales, les dépenses d'un cabinet d'avocats varient très peu d'un mois sur l'autre.

Le compte d'exploitation prévisionnel sera établi sur trois ans avec une anticipation des dépenses et des recettes détaillées mois par mois.

1. Sur le passage de l'exercice BNC à l'exercice en société, v. s[s] n°s 231.11 s.
2. Association de gestion agréée créée en 1977, l'Anaafa est dédiée à la profession d'avocat. Elle est devenue ANAFAGC en 2019 et propose ses services d'expertise comptable et de paie aux avocats. L'ANAFAGC compte 18 000 clients/adhérents (chiffres 2022).
3. Sur les implications comptables du choix de la structure d'exercice, v. s[s] n°s 221.11 s.
4. Sur l'évaluation des dépenses et des recettes, v. s[s] n°s 111.43 et 111.44.
5. V. s[s] n° 321.51.

Les principaux postes de charges (hors rémunération des associés) sont multiples. Tous doivent être analysés dans le détail. Dans la préparation d'un business plan, il est prudent de surestimer les charges.

• *Locaux*[1] : budget d'installation (déménagement, travaux, agencements, dépôt de garantie, frais d'agence), loyer, charges (y compris impôts à la charge du locataire).

• *Informatique*[2] : dépenses initiales d'équipement, achat de licences de logiciels, installation, câblage, honoraires du prestataire, paiement de leasing, renouvellement de machines...

• *Équipement téléphonique et télécommunications :* location ou achat du standard, installation, prix des abonnements téléphone et Internet, communications, téléphonie mobile.

• *Bureautique :* copieurs, imprimantes, scanners en achat ou location, maintenance, consommables.

• *Documentation*[3] : achats initiaux, abonnements, renouvellement des usuels (codes, mémentos), mises à jour.

• *Fournitures de bureau.*

• *Électricité, chauffage* (si non compris dans les charges).

• *Collaborateurs* (rétrocessions d'honoraires, autres avantages)[4].

• Personnel salarié du cabinet[5] et les charges sociales y afférent.

• *Communication et site Internet*[6] : Identité visuelle du cabinet (logo, charte graphique), réalisation des supports de communication du cabinet du site Internet du cabinet, le cas échéant : mission de relations-presse pour le lancement du cabinet, animation des réseaux sociaux.

• *Autres* : selon les caractéristiques du cabinet et les priorités des associés, d'autres postes de dépenses peuvent être envisagés.

111.44 **Évaluation des recettes.** Les recettes doivent être estimées avec prudence. L'avocat prendre en compte le décalage entre la facturation et l'encaissement, surtout en début d'activité.

Dans la conduite des affaires de l'entreprise-cabinet, la variable d'ajustement est la diminution des charges et non l'augmentation des recettes. Un certain nombre de facteurs de marché viennent renforcer cette affirmation[7].

– Malgré l'inflation réapparue en 2022, il est difficile d'imposer des augmentations régulières des honoraires et/ou du taux horaire.

– Les clients sont eux-mêmes soumis à des pressions de plus en plus fortes sur leurs propres coûts.

– Les clients fonctionnent avec des budgets limités et tenus.

– Les clients veulent de moins en moins être soumis à la facturation horaire et exigent des forfaits.

– La concurrence est de plus en plus vive entre les avocats.

– Les grandes entreprises font de plus en plus intervenir leurs directions des achats dans la sélection des avocats et dans la négociation des honoraires, ce qui crée une pression supplémentaire sur les prix.

Au-delà de la première année de l'installation, le montant de l'ensemble des charges avant la rémunération des associés et le paiement des charges sociales y afférent ne doit pas dépasser 60 % des recettes.

111.45 **Expert-comptable.** Bien qu'il ne soit pas obligatoire pour les avocats exerçant en BNC, l'expert-comptable apporte un soutien précieux à l'activité du cabinet d'avocats. Sa présence garantit un suivi régulier de la comptabilité. Il peut aussi aider le cabinet dans ses choix fiscaux et sociaux. Dès lors qu'un cabinet compte plusieurs associés, il a tout intérêt à recourir aux services d'un expert-comptable.

Lorsqu'il choisira son expert-comptable, le cabinet d'avocats privilégiera un praticien disposant d'une expérience suffisante dans le domaine des professions libérales et des avocats en particulier. Ceci sera particulièrement important pour les avocats exerçant en AARPI car cette structure d'exercice n'existe que chez les avocats. Une expérience préalable de l'expert-comptable de clients en AARPI facilitera la relation.

Une fois l'expert-comptable choisi, le cabinet devra réfléchir à la manière d'organiser la répartition des tâches avec celui-ci. Cette organisation variera en fonction de la taille du cabinet d'avocats et de la disponibilité et des qualifications de son personnel administratif[8].

Certains cabinets d'avocats, dans un souci de limitation des honoraires de leur comptable, décident de saisir eux-mêmes leurs écritures et de ne faire intervenir le comptable qu'*a posteriori*. Un tel calcul n'est pas dans l'intérêt du cabinet. Le personnel du cabinet doit se concentrer sur les tâches productives pour les avocats du cabinet et les clients. Un tel choix n'est pertinent que si la taille du

1. V. s[s] n°s 454.00 s.
2. V. s[s] n°s 455.00 s.
3. V. s[s] n°s 434.11 s.
4. V. s[s] n°s 423.41 s.
5. V. s[s] n°s 452.11 s.
6. V. s[s] n°s 382.11 s. et 383.11 s.
7. ÉNUMÉRATION, toujours d'actualité, citée par : A. Bensoussan, *Le cabinet d'avocats : Création, gestion et développement*, Hermès, 1996 ; à l'exception du 6e point.
8. V. s[s] n° 452.11 s.

cabinet et le volume des écritures justifient une fonction comptable en interne.

111.46 **Prestataire informatique.** Le cabinet d'avocats a besoin d'une installation informatique opérationnelle dès le premier jour de son installation[1]. Le choix d'un bon prestataire informatique est difficile car peu d'avocats ont des compétences dans ce domaine.

Il est fortement recommandé de choisir un prestataire :

- dont le contrat de maintenance englobe le réseau entier (serveur, routeur, baie de brassage et onduleur), ainsi que la mise en place et la configuration de boîtes email ;
- capable d'intervenir à distance sur le réseau ;
- qui s'engage contractuellement sur ses délais d'intervention.

111.47 **Assureur.** Le cabinet d'avocats doit être assuré en multirisques et ses polices d'assurance doivent couvrir les locaux, le matériel du cabinet (y compris une estimation de la valeur des dossiers, de la documentation et du matériel). Le cabinet doit être assuré pour les risques liés à sa fréquentation par les employés et les clients.

De même, l'avocat souscrira une prévoyance et une mutuelle pour lui-même et ses employés (les collaborateurs avocats ayant en général la responsabilité de leur propre couverture complémentaire maladie) ainsi qu'un éventuel plan de retraite complémentaire par capitalisation, un contrat d'assurance-vie... En cas de pluralité d'associés, il est aussi recommandé de souscrire des contrats de type « assurance homme-clé » dont le cabinet est le bénéficiaire[2].

Afin de limiter le temps consacré à l'ensemble de ces questions, il est recommandé de recourir aux services d'un courtier qui pourra proposer des contrats à des conditions intéressantes et qui suivra l'ensemble des polices du cabinet. Lors des renouvellements, le cabinet pensera à l'actualisation de ses garanties et ne devra pas hésiter à renégocier les tarifs et garanties. La concurrence entre les compagnies d'assurances permet aux courtiers d'améliorer régulièrement leurs propositions.

L'assurance responsabilité civile professionnelle est gérée séparément. La cotisation à l'Ordre comporte la couverture minimale. Selon son activité, l'avocat et le cabinet choisiront de relever les plafonds. La souscription à une couverture supplémentaire se traite directement avec le courtier.

1. Sur le choix de l'équipement informatique et des logiciels, v. s[s] n°s 455.21 et 455.31 et sur la stratégie digitale du cabinet, v. s[s] n°s 385.11 s., sur le rôle du prestataire informatique en fonction de l'effectif du cabinet, v. s[s] n° 452.42.
2. Sur la couverture sociale et l'assurance des associés, v. s[s] n°s 413.91.

SECTION 5
PREMIÈRES DÉCISIONS STRATÉGIQUES

111.51 **Principes fondateurs du cabinet.** L'observation, en 2023, de plusieurs exemples de cabinets créés par des jeunes avocats du barreau de Paris dans les années 1990 permet de dégager les constatations suivantes.

Les cabinets qui, après trente ans d'existence, ont réussi à s'imposer sont ceux qui ont :

- une personnalité forte ;
- des principes de fonctionnement simples et solidement ancrés ;
- une vision claire sur la manière dont ils envisagent le métier ;
- une politique sélective de leurs clients et de leurs dossiers.

La période 1990-1995 est intéressante à analyser pour les créations de cabinets. Après la réforme de 1991, les cabinets anglais et américains sont arrivés en masse sur le marché parisien et ont absorbé une grande partie du talent disponible. Les jeunes avocats de l'époque, attirés par des perspectives de carrière et des rémunérations élevées au sein de ces cabinets, ont été peu nombreux à faire le choix de l'indépendance. Le contexte concurrentiel était aussi très difficile car ces cabinets internationaux ont capté une vaste partie du marché du droit des affaires. Les cabinets créés à cette époque qui ont réussi à se créer un nom et à assurer la prospérité de leurs associés sont donc particulièrement méritants.

A contrario, les cabinets qui n'ont pas réussi à émerger sont ceux qui n'avaient pas tracé une voie claire dès leurs débuts. Ils n'ont pas maîtrisé leur évolution et ne sont pas parvenus à prendre une position solide sur leur marché.

Les décisions stratégiques suivantes, prises dès la création de la structure, favorisent le succès d'un cabinet d'avocats sur le long terme :

- la mise en place d'une politique de recrutement et de formation des collaborateurs[3] ;
- une volonté de perfectionnement dans des matières ou secteurs précis[4] ;
- une politique de publication pour tous les avocats du cabinet : informations diffusées par le cabinet[5], articles de presse, articles de revues avec une stratégie de rediffusion des contenus produits par le cabinet *via* son site Internet et les réseaux sociaux[6] ;

3. Sur le recrutement des collaborateurs, v. s[s] n°s 422.11 s. sur la formation des collaborateurs, v. s[s] n°s 423.11 s. et 431.11 s.
4. Sur la spécialisation au sein du cabinet, v. s[s] n°s 124.11 s. ; sur la spécialisation sectorielle, v. s[s] n°s 125.11 s.
5. V. s[s] n°s 382.51 s.
6. V. s[s] n°s 384.11 s.

- une association avec des règles de fonctionnement stables[1] ;

- une conduite respectueuse entre les associés et envers les collaborateurs et les salariés du cabinet.

Ces décisions et principes peuvent être appliqués par le ou les créateurs d'un cabinet dès le premier jour. Leur respect inscrira le cabinet dans une évolution harmonieuse qui deviendra un avantage compétitif certain face à tous les concurrents moins disciplinés.

Ces fondamentaux restent vrais pour les créations de cabinets aujourd'hui. Il faut cependant ajouter un paramètre clé pour les créations de cabinets depuis les années 2010-2015 qui est celui du positionnement. Une présence forte visible sur une spécialité ou une activité de niche est devenue essentielle dans un marché de plus en plus compétitif et de plus en plus spécialisé.

111.52 **Moyens humains du cabinet.** Un cabinet d'avocats regroupe des hommes et des femmes qui doivent travailler de manière concertée pour permettre au cabinet d'atteindre ses objectifs. La volonté de réussite doit être partagée à tous les niveaux : associés, collaborateurs et personnel. L'avocat créateur de son cabinet doit les associer au succès de l'entreprise-cabinet en fonction de leurs prérogatives ou de leur statut.

Ceci implique, selon les personnes concernées :

- une politique de rémunération motivante ;

- des perspectives de progression sur le plan des responsabilités ;

- des possibilités d'association, à terme, pour les collaborateurs.

Même dans une petite structure, les avocats fondateurs veilleront à construire une pyramide des âges. La construction progressive de celle-ci se fera en recrutant des collaborateurs débutants, en les formant et en les conservant dans le cabinet[2].

Une politique d'embauche doit être prioritairement axée sur les débutants. Ceci permet un recrutement qui peut commencer dès le stage proposé à l'élève-avocat dans le cadre de l'EFB ou des EDA. Le cabinet pourra ainsi tester les qualités humaines et professionnelles de ses futurs collaborateurs, réduisant considérablement le risque de mauvais recrutements. Ceci implique une procédure de recrutement aussi rigoureuse pour les stagiaires que s'il s'agissait du recrutement d'un avocat confirmé.

111.53 **Moyens intellectuels du cabinet.** Pour employer un terme emprunté au langage de l'économie, le marché du droit est « efficient ». Ceci signifie que les dossiers de qualité échoient aux avocats qui savent les traiter. Le bouche à oreille est efficace. Le nombre relativement faible d'individus ou de cabinets spécialisés dans un secteur géographique donné fait qu'un cabinet qui fournit des prestations de qualité rencontrera sa clientèle. De nombreux cabinets qui se créent ont tendance à inverser la logique et à se préoccuper de leur marketing et de leur communication avant de s'établir sur le plan de la pratique professionnelle. Or, le meilleur outil de marketing et de promotion est l'excellence professionnelle. Pour l'atteindre, le cabinet dispose de deux leviers.

La maîtrise de la formation[3] et de l'information au sein du cabinet[4] :

- la formation et le perfectionnement des avocats sur des matières ciblées ;

- la mise en place d'une documentation performante, mettant l'accent sur les spécialités du cabinet[5] ;

- la mise en place de systèmes et de procédures de gestion des connaissances (*Knowledge management*) pour capitaliser sur la connaissance acquise par le cabinet.

Une politique de développement et de marketing ciblée consistant à :

- rechercher les clients et les dossiers qui correspondent aux activités prioritaires et dominantes du cabinet ;

- refuser les dossiers qui ne correspondent pas aux compétences du cabinet ;

- refuser les dossiers qui ne contribuent pas à améliorer les connaissances du cabinet dans les domaines où celui-ci souhaite se spécialiser.

En appliquant ces règles, le cabinet évitera une déperdition de ses ressources intellectuelles dans des dossiers qui ne constituent pas son cœur de métier. Le choix à court terme consistant à traiter des dossiers pour des raisons « alimentaires » doit être évité. La prospérité du cabinet viendra de sa discipline et d'un positionnement clairement établi par ses qualités professionnelles[6].

111.54 **Moyens matériels du cabinet.** La question des moyens matériels est au cœur des préoccupations des avocats qui créent leur cabinet. L'avocat qui crée son cabinet doit veiller à limiter ses frais généraux car :

- des charges trop élevées créent une pression inutile obligeant l'avocat à choisir ses dossiers en fonction des honoraires potentiels plutôt qu'en fonction de leur intérêt pour l'évolution du cabinet ;

- un avocat soumis à une pression financière gérera moins sereinement son cabinet.

1. Sur le partage des bénéfices entre associés, v. s[s] n°s 413.11 s.
2. Sur l'organisation des collaborateurs, v. s[s] n°s 423.11 s., sur l'association des collaborateurs, v. s[s] n°s 424.11 s.
3. Sur la formation continue, v. s[s] n°s 431.11 s.
4. Sur la gestion de la connaissance au sein du cabinet, v. s[s] n°s 433.11 s.
5. V. s[s] n°s 434.11 s.
6. Sur les critères clients/dossiers, v. s[s] n°s 321.12 s.

La priorité doit être donnée aux dépenses productives :

- les logiciels qui permettent de gagner en temps et en efficacité ;
- la documentation qui permet de réaliser une prestation précise et de qualité ;
- les collaborateurs qui accroissent la force de travail et la rentabilité du cabinet.

CHAPITRE

112. Démarche entrepreneuriale de l'avocat

SECTION 0 ORIENTEUR

112.00 **Sommaire du chapitre.**

SECTION 1 MOTIVATIONS DE L'AVOCAT CRÉATEUR DE CABINET

112.11 **Décision entrepreneuriale.** Le présent chapitre concerne prioritairement les avocats expérimentés qui envisagent de créer leur propre cabinet. Ces avocats sont déjà associés ou sont des collaborateurs en âge d'être associés dans le cabinet qu'ils envisagent de quitter. Parfois, ils ont assumé des responsabilités dans leurs cabinets sans avoir cependant vécu le risque entrepreneurial de la création.

La décision de créer un cabinet est une des plus importantes dans la carrière d'un avocat. L'avocat expérimenté qui décide de fonder son cabinet va, en plus de son métier d'avocat, exercer celui de dirigeant d'entreprise.

112.12 **Raisons « constructives » et raisons « réactives ».** Pourquoi un avocat quitte-t-il un cabinet pour créer le sien ? Parce qu'il est motivé par un projet précis ou parce qu'il ne sent plus à sa place là où il se trouve ? Souvent les raisons se mélangent et l'avocat doit les analyser. La création d'un cabinet exige une préparation rigoureuse et réfléchie car la pratique professionnelle de l'avocat expérimenté nécessite des moyens matériels et humains plus importants que pour l'avocat débutant. Si les raisons qui poussent l'avocat à quitter le cabinet où il se trouve sont majoritairement des raisons réactives ou négatives, il doit éviter toute décision impulsive et prendre le temps nécessaire pour préparer son projet qui pourra être de rejoindre un cabinet préexistant ou de se lancer dans l'aventure de la création.

112.13 **Projet à valeur ajoutée.** L'avocat qui crée son cabinet doit avoir la conviction que dans son nouveau cadre, il travaillera mieux et apportera un meilleur service à ses clients. Il doit penser à sa valeur ajoutée dans le nouveau cabinet et pouvoir expliquer sa décision comme étant un choix positif dans son intérêt personnel et celui de ses clients. Cette réflexion pousse l'avocat à travailler son positionnement, son discours et son organisation à la recherche d'une offre de services performante et concurrentielle.

112.14 **Recherche d'une plus grande liberté.** L'avocat a constitué une clientèle. Il a établi une réputation mais il souhaite s'affranchir d'une structure devenue trop contraignante. S'il est motivé par la recherche d'une plus grande liberté, l'avocat devra faire en sorte que ses choix lui permettent effectivement de l'atteindre :

- Veut-il une plus grande liberté par rapport à ses associés ?
- Veut-il être plus libre de choisir ses clients ?
- Veut-il être plus libre dans l'organisation de son travail ?
- Veut-il être plus libre dans l'organisation de sa vie personnelle ?

Des réponses précises à ces questions aideront l'avocat dans ses choix de structure d'exercice, d'associés et de clients. L'avocat expérimenté a ici l'avantage de pouvoir analyser ses choix avec un recul et une lucidité que le débutant n'a pas.

112.15 Statut d'associé. Les collaborateurs en attente d'une association dans un cabinet peuvent voir leur progression bloquée. Avec l'apparition et la généralisation de statuts alternatifs à l'association de plein droit dans les grands cabinets (*of counsel*, associé *non-equity*, *local partner*...), de nombreux collaborateurs qui pensaient atteindre l'association se voient offrir des titres et des statuts de substitution[1]. Ces situations sont fréquentes dans une conjoncture économique tendue. En effet, si un cabinet n'est pas en phase de croissance, l'économie de l'exercice en groupe de la profession fait que tous les collaborateurs qui y travaillent ne pourront pas en devenir associés. Lorsqu'un avocat envisage une création de cabinet parce que le statut d'associé ne lui est pas proposé, l'avocat concerné doit-il créer son cabinet ou doit-il chercher ailleurs le titre d'associé que son cabinet actuel n'a pas voulu lui donner ? La déception n'est pas forcément une motivation suffisante pour créer un nouveau cabinet.

- *Of counsel*[2]. Ce statut antérieurement réservé aux anciens associés qui sortaient de l'association tout en conservant une activité dans le cabinet est de plus en plus utilisé pour les jeunes avocats qui sont arrivés au niveau d'expérience requis pour être associés mais ne sont pas admis dans l'association.
- Associé *non-equity*. Il s'agit d'un statut permettant de se présenter comme associé (*partner*) sans être titulaire de droits sociaux. Ce statut est à rapprocher de celui d'associé en industrie[3].
- *Local partner*. Dans les cabinets internationaux, ce titre est parfois proposé à des avocats qui n'ont pas vocation à intégrer le *partnership* mondial. Ces associés ne sont pas intéressés aux profits globaux. Ils perçoivent généralement une rémunération fixe et un variable assis sur leur performance individuelle.

112.16 Divergences sur la gestion ou la stratégie du cabinet quitté. L'avocat qui est en désaccord avec la gestion du cabinet dans lequel il se trouve se demandera s'il a la capacité de gérer mieux ou différemment le cabinet qu'il envisagerait de créer. L'analyse approfondie de ces désaccords est essentielle car elle servira à poser les principes fondateurs du futur cabinet.

112.17 Conflit d'intérêts. Les conflits d'intérêts ont été à l'origine de nombreuses créations de cabinets au sein du barreau de Paris depuis le début des années 2000. L'expansion des grands cabinets a entraîné une multiplication de ces conflits. Aussi, dans de nombreux cabinets, la notion même de conflit d'intérêts a évolué vers une appréciation commerciale beaucoup plus large que la définition déontologique[4].

Pour rappel, le Règlement intérieur national qui reprend et développe l'article 7 du décret du 12 juillet 2005 dans ses articles 4.1 et 4.2 considère qu'il y a conflit d'intérêts, en matière de conseil, lorsque, au jour de sa saisine, l'avocat qui a l'obligation de donner une information complète, loyale et sans réserve à ses clients ne peut mener sa mission sans compromettre les intérêts d'une ou plusieurs parties soit par l'analyse de la situation présentée, soit par l'utilisation des moyens juridiques préconisés, soit par la concrétisation du résultat recherché. En matière de représentation et de défense, il y a conflit d'intérêts lorsque, au jour de la saisine, l'assistance de plusieurs parties conduirait l'avocat à présenter une défense différente, notamment dans son développement, son argumentation et sa finalité, de celle qu'il aurait choisie si lui avaient été confiés les intérêts d'une seule partie.

Pour les grands cabinets, la gestion des conflits d'intérêts est de plus en plus anticipative. Ils refusent souvent de traiter des dossiers qui ne présentent pas un conflit d'intérêts mais qui pourraient, dans un avenir hypothétique, constituer une gêne ou un frein à leur stratégie de développement. Cette approche du conflit d'intérêts n'a pas qu'une dimension déontologique. La question du conflit d'intérêts se trouve alors au cœur du développement commercial du cabinet[5].

LA SOCIÉTÉ A... est une cliente du cabinet Partners & Associés. A... envisage une prise de participations ou une acquisition et a identifié trois cibles potentielles mais n'a effectué aucune approche. Le cabinet Partners & Associés est sollicité par une société B... qui a un litige avec une des cibles potentielles de A... Le cabinet refuse de prendre le dossier de la société B...

Certaines grandes sociétés ou grands groupes exigent de leurs avocats un engagement d'exclusivité empêchant le cabinet d'accepter les dossiers d'un concurrent. Il faut ajouter à cela que l'activité contentieuse, propice aux conflits d'intérêts, est une activité moins stratégique que le conseil pour de nombreux cabinets internationaux implantés en France. Ces cabinets dont la vocation première est d'accompagner leurs clients multinationaux dans le monde ne veulent prendre aucun risque en développant une clientèle contentieuse, à faible récurrence,

1. Sur les alternatives à l'association, v. s^{s} n°s 424.41 s.
2. Counsel signifie conseil.
3. V. s^{s} n° 424.61.
4. Sur la prévention des conflits d'intérêts, v. s^{s} n°s 443.21 s.
5. D. Jensen, « Propos introductifs dans le dossier consacré aux conflits d'intérêts », *D. avocats* 2013. 272.

qui pourrait entrer en conflit avec leurs principaux clients. Ces situations privent des avocats de dossiers qu'ils souhaiteraient accepter. Ceux-ci peuvent alors choisir de créer leur cabinet pour retrouver la possibilité d'accepter les dossiers qui se présentent à eux. Il n'est pas rare que des avocats engagés dans un projet de création dans ces circonstances bénéficient de dossiers envoyés par leur ancien cabinet.

112.18 **Conflit de générations.** Les difficultés générationnelles entre avocats peuvent être à la fois d'ordre financier et d'ordre professionnel. Sur le plan financier, il arrive que des cabinets aient du mal à gérer la montée en puissance d'une nouvelle génération d'associés. Les plus jeunes considèrent que le partage des bénéfices ne reflète pas la réalité de leur contribution alors que les plus âgés estiment que la crédibilité et l'histoire du cabinet jouent un rôle essentiel dans les performances de leurs jeunes associés.

Les cabinets dont l'effectif est moins important sont les plus fragilisés lors de ce passage de témoin d'une génération à une autre. Les grands cabinets ont intégré ce principe et le gèrent naturellement par les règles de fonctionnement de leur association.

Dans certains cabinets, une partie de la rémunération des jeunes associés est affectée au rachat progressif des parts ou actions des associés plus âgés. De tels systèmes permettent de gérer le transfert progressif du pouvoir dans le cabinet à une nouvelle génération[1]. Ils sont adaptables à tous les types et toutes les tailles de cabinets.

Lorsqu'un collaborateur expérimenté ou un jeune associé est tenté de quitter un cabinet dans lequel il estime ne pas s'épanouir, il est essentiel qu'il suscite la discussion avec le ou les associés plus anciens afin d'explorer toutes ses options. Aussi, les associés en place auront tout intérêt à accepter une transmission progressive des droits sociaux et du pouvoir plutôt que de tenter une hypothétique cession à la veille de leur retraite[2].

SECTION 2
GESTION DU DÉPART DU CABINET QUITTÉ

112.21 **Conséquences juridiques du départ.** Des développements spécifiques dans cet ouvrage sont consacrés aux conflits d'associés[3] dans le contexte des départs de cabinets. La présente section se limitera à rappeler les points de vigilance pour l'avocat associé qui quitte un cabinet en vue de créer le sien.

Les difficultés juridiques concernent d'abord la cession des droits sociaux que l'associé retrayant détient dans la société quittée. Les règles relatives à la cession des droits cédés varient en fonction de la forme sociale de la structure d'exercice concernée.

Sur le plan purement juridique, cette question ne se pose pas pour les associations ou AARPI[4]. En effet, dans une association d'avocats, il n'existe pas de parts ou actions. Certes, un associé peut disposer de « droits » politiques ou financiers mais ces droits ne se matérialisent pas par des droits sociaux. L'associé a apporté sa clientèle en jouissance au moment de son entrée dans l'association. À la sortie, il ne peut revendiquer qu'un droit sur les biens indivis acquis par l'association quand il en a été l'associé. Lors de son retrait, l'associé repart avec les biens et la clientèle apportés en jouissance.

Il n'en est pas de même pour les associés qui quittent les SCP et les SEL, c'est-à-dire la vaste majorité des structures d'exercice.

Dans les SCP, l'associé dispose d'un droit de retrait d'ordre public dont la conséquence est l'obligation pour la société ou les associés restants de lui racheter ses titres. En cas de désaccord sur le prix, ce sont les règles de l'article 1843-4 qui s'appliquent, à savoir la nomination d'un expert dont la mission sera de mener une expertise conduisant à fixer un prix de cession. Dans les SCP, ce droit de retrait et l'application des règles de l'article 1843-4 du code civil peuvent constituer une « double peine » pour le cabinet quitté. Dans une SCP, alors que le départ d'un avocat avec sa clientèle est susceptible d'engendrer d'importantes difficultés économiques, l'associé partant peut néanmoins prétendre au rachat de ses parts dans les conditions prévues à l'article 1843-4 du code civil[5]. Si l'expert désigné adopte une analyse comptable « classique », il retiendra une valeur d'entreprise dans laquelle sera compris le chiffre d'affaires des clients de l'associé retrayant alors même que ceux-ci sont susceptibles de suivre le retrayant. La peine devient « triple », lorsque le retrayant laisse peser sur le cabinet quitté certaines charges qui étaient affectées à son activité[6].

Dans les SEL, la décision de retrait d'un associé n'emporte pas rachat de ses titres car la loi du 31 décembre 1990 prévoit une durée de dix ans pendant laquelle un associé peut être non-exerçant. En pratique, ce statut de non exerçant ne conviendra ni au retrayant ni à la société et les parties chercheront à s'accorder sur un prix de cession des titres. En cas de difficultés entre les parties, c'est également la

1. V. s[s] n°s 424.11 s.
2. Sur la transmission du cabinet, v. s[s] n°s 241.11 s.
3. Sur les conflits d'associés, v. s[s] n°s 414.11 s.
4. Sur le retrait d'un associé d'une association d'avocats, v. s[s] n° 222.42.
5. Sur les SCP et l'article 1843-4 du code civil, v. s[s] n°s 223.31 et 223.32.
6. Surface de bureaux, personnel salarié…

procédure de l'article 1843-4 qui aura vocation à s'appliquer.

Ces règles de droit commun ont engendré de très nombreux conflits et ont été une des raisons principales de la désaffection progressive des avocats pour les SCP. Le législateur a finalement apporté une première réponse à ces difficultés avec l'article 30 de la loi du 28 mars 2011[1] qui est venu compléter l'article 10 de la loi du 29 novembre 1966 par deux alinéas. Le premier prévoit que les statuts peuvent, à l'unanimité des associés, fixer les principes et les modalités applicables à la détermination de la valeur des parts sociales. Le second précise que sauf dispositions contraires du décret particulier à chaque profession, la valeur des parts sociales prend en considération une valeur représentative de la clientèle civile.

Toutefois, à l'unanimité des associés, les statuts peuvent exclure cette valeur représentative de la clientèle civile de la valorisation des parts sociales. Les associés de SEL peuvent aussi prévoir dans les statuts les modalités d'évaluation de leurs titres en dérogeant aux dispositions de l'article 1843-4. Les dispositions applicables aux SEL ont été alignées par la loi du 22 mars 2012[2], dite loi Warsmann, avec la même rédaction que celle de la loi du 28 mars 2011 relative aux SCP. L'article 29 de la loi du 22 mars 2012 modifie l'article 10 de la loi n° 90-1258 du 31 décembre 1990 en y ajoutant deux alinéas. Désormais, pour l'application des articles L. 223-14 et L. 228-24 du code de commerce et par exception à l'article 1843-4 du code civil, les statuts des SEL peuvent à l'unanimité des associés fixer les principes et les modalités applicables à la détermination de la valeur des parts sociales. Aussi, toujours à l'unanimité, les statuts peuvent exclure la valeur représentative de la clientèle de la valorisation des parts sociales.

Les sociétés qui ont fait ce choix statutaire dit de « dépatrimonialisation » auront donc désamorcé les différends autour de la valorisation. Pour toutes les autres dans lesquelles les associés souhaitent conserver une traduction de la valeur de clientèle dans les parts, les difficultés autour du prix de cession des titres de l'associé sortant restent entières.

Dans la pratique, les parties rechercheront un compromis tendant à compenser la valeur de la clientèle attachée aux droits sociaux avec la valeur de la clientèle emportée par le retrayant.

112.22 Information des clients lors du départ. Dès lors qu'une structure d'exercice dispose de la personnalité morale, la nature collective du cabinet fait que la clientèle reste, en théorie, attachée au cabinet et non à l'avocat. C'est sur ce fondement que l'avocat qui quitte une structure d'exercice sous forme de société peut prétendre au prix de ses parts lorsqu'il se retire. Cette approche est également celle qui prédomine dans d'autres professions libérales[3].

Or, le plus souvent, le client a une relation privilégiée avec un avocat et il s'estime bien moins attaché à la société qu'à son interlocuteur régulier. Le client étant libre de confier ses dossiers à l'avocat de son choix, il peut donc décider de suivre l'avocat dans un nouveau cabinet. Conformément aux principes essentiels de délicatesse, l'avocat créateur de son cabinet ne cherchera pas à influencer les clients de son ancien cabinet. La simple information de son départ par un avocat aux clients du cabinet ne constitue pas un acte de démarchage, de sollicitation ou de concurrence déloyale, en l'absence de circonstances démontrant une volonté de détourner la clientèle[4].

L'associé retrayant et le cabinet chercheront à s'entendre sur la communication d'un message neutre aux clients concernés les invitant à indiquer au cabinet s'ils souhaitent que leurs dossiers restent au cabinet ou suivent le retrayant.

112.23 Aspects comptables du départ. À l'origine de nombreux arbitrages des instances ordinales, les différends d'ordre financier et comptable sont fréquents dans les tractations qui entourent les départs d'associés. Ces difficultés sont de deux catégories :

– le calcul des revenus dus à l'avocat partant au moment de son départ et des sommes qui lui seront éventuellement dues après son départ ;

– la facturation des clients qui ont décidé de suivre l'avocat partant.

Jusqu'à la date de départ de l'avocat, « ses clients » sont les clients de la société. Après cette date, ceux qui décideront de le suivre deviendront ses clients à titre personnel ou ceux d'une nouvelle structure. L'avocat partant doit veiller à ce qu'aucune prestation effectuée pour ces clients alors qu'il exerçait encore au nom de la société ne soit facturée par lui ou son nouveau cabinet après son départ. Il faut « tirer un trait » à la date précise du départ.

1. L. n° 2011-331, 28 mars 2011 de modernisation des professions judiciaires et juridiques réglementées, *JO* 29 mars, p. 5447.
2. L. n° 2012-387, 22 mars 2012 relative à la simplification du droit et à l'allégement des démarches administratives, *JO* 23 mars, p. 5226.
3. Civ. 1re, 27 nov. 1984, n° 83-11.265, *Bull. civ.* I, n° 319 ; *Gaz. Pal.* 1985. II. 638, note Chabas – RAPPR. : Com. 11 juill. 2006, n° 04-16.759, *Bull. civ.* IV, n° 180 ; *JCP* 2007. I. 107, n° 3, obs. Caussain, Deboissy et Wicker ; *JCP E* 2006. 2595, note Serinet.
4. Civ. 1re, 7 déc. 2004, n° 02-21.245, NP.

112.24 Communication du départ. L'avocat pourrait être tenté d'attendre le dernier moment pour écourter les difficultés d'une période transitoire laborieuse. Or, en annonçant la décision à l'avance à ses associés, l'avocat partant permet une concertation préalable qui est utile à la fois pour le cabinet et pour les clients. Cette concertation portera d'abord sur la manière d'annoncer le départ et sur la mise au point d'un discours commun autour de l'événement. Le cabinet et l'avocat partant géreront à la fois la communication interne et externe de l'événement. Les dissonances sont en général préjudiciables aux deux parties. Pour les cabinets qui ont l'habitude de rédiger des communiqués de presse, il est souhaitable de rechercher un accord sur les termes précis de ce communiqué.

SECTION 3
PRISE DE LA MESURE DU CHOIX ENTREPRENEURIAL

112.31 Un choix de vie. En sa qualité de conseil, l'avocat comprend les enjeux de l'entreprise sans toutefois être en prise directe avec eux. En créant son cabinet, l'avocat devient entrepreneur.

La vie à la tête de son propre cabinet est différente de celle d'associé ou de collaborateur confirmé d'un cabinet établi. Dans son nouveau cabinet, l'avocat ne pourra plus se reposer sur l'organisation rodée dans laquelle il a développé ses habitudes de travail. Il va devoir créer les règles et procédures qui s'appliqueront à tous les aspects du fonctionnement du nouveau cabinet. Aussi va-t-il devoir consacrer un temps considérable à la gestion, et ce parfois au détriment de ses clients, de sa vie privée ou des deux.

112.32 Préalables à la décision entrepreneuriale de création du cabinet[1]. La liste suivante de recommandations sera utile à tous les avocats expérimentés qui ont décidé de se lancer ou se lancent dans l'aventure entrepreneuriale de la création de leur cabinet :

Recommandation 1 : Se préparer en se consacrant à des tâches de direction dans son cabinet actuel pour prendre la mesure de ses aptitudes aux fonctions de management.

Recommandation 2 : Attacher le plus grand soin à la rédaction d'un business plan détaillé[2].

Recommandation 3 : Ne pas se lancer dans une période conjoncturellement défavorable.

Recommandation 4 : Trouver, pour ses locaux professionnels, le juste équilibre entre une bonne adresse et un loyer raisonnable. La nouvelle adresse ne doit pas donner l'image que l'avocat « descend en gamme » et le nouveau loyer ne doit pas peser de manière excessive sur les charges du nouveau cabinet.

Recommandation 5 : Se lancer dans une période sereine sur le plan de ses finances personnelles.

Recommandation 6 : Faire savoir par tous les moyens que l'on crée un nouveau cabinet.

Recommandation 7 : Travailler et soigner le discours de présentation du nouveau cabinet.

112.33 Gestion humaine. Parmi les créateurs de cabinets, certains ont déjà une solide expérience de la gestion des hommes tandis que d'autres n'en ont aucune. Ces derniers doivent essayer rapidement de prendre la mesure de leurs aptitudes. Sur ce point, la complémentarité entre associés est aussi essentielle que pour la pratique du droit.

La gestion des collaborateurs comporte bien plus que la délégation de tâches dans les dossiers. Elle comprend le temps consacré au recrutement, les efforts faits en matière de formation, de motivation des collaborateurs[3]... autant de domaines dont l'avocat qui dirige son propre cabinet doit comprendre l'importance. Les avocats qui quittent de grands cabinets dans lesquels de nombreuses tâches sont confiées à des professionnels non juristes devront désormais compter sur leurs propres talents.

La gestion humaine est aussi celle du personnel non-avocat du cabinet[4] ainsi que celle des rapports entre associés dans le cadre de la stratégie du cabinet[5].

112.34 Gestion administrative et procédures internes. Le nouveau cabinet doit mettre en place son propre livre de procédures internes. Ce document, utile dès les premiers jours de la création du nouveau cabinet, évoluera et accompagnera le cabinet dans ses développements. Il pourra prendre la forme d'un classeur ou d'un dossier sur le réseau informatique du cabinet et sera tenu à jour de manière rigoureuse et systématique. Porté à la connaissance de tous, ce « livre » ou « classeur » des procédures internes du cabinet est une « bible » à laquelle pourront se référer tous les membres du cabinet (avocats et non avocats) pour toutes les questions relatives au fonctionnement de la structure.

Une méthode en quatre points permet d'établir un livre de procédures internes[6] :

– identification des dix « actions administratives » les plus fréquentes (« action administra-

1. Recommandations inspirées par : S. Burke, « How to start your own law firm », *Forbes*, 26 août 2021.
2. V. s^s n°s 111.42 s.
3. V. s^s n°s 423.00 s.
4. V. s^s n°s 452.11 s.
5. V. s^s n°s 411.11 s.
6. Préconisations adaptées de : D. Moore, « Top 10 things to include in your office manual », *Law society of Alberta*, CA, 2023.

tive », désigne toute action, démarche ou initiative prise pour faire fonctionner le cabinet ou interagir avec ses clients telle que : ouvrir un dossier, émettre une facture, envoyer un projet d'acte, établir une note de frais...) ;

– analyse détaillée de chaque étape de chacune des dix actions en corrigeant ou améliorant celle-ci. Pour chacune d'entre elles, le cabinet recherchera le meilleur compromis entre l'efficacité, la rapidité et la sécurité. Toutes les personnes concernées par ces procédures seront systématiquement consultées (secrétaire, comptable, collaborateurs...) ;

– rédaction de la première version du livre des procédures du cabinet et communication, pour relecture, aux avocats et au personnel du cabinet ;

– rédaction de la version définitive du document et distribution à tous les membres du cabinet (avocats et personnel non juriste).

Ce livre des procédures ou manuel des procédures internes pourra aussi rassembler les règles du cabinet en matière de conduite et de respect entre membres (avocats et employés) du cabinet et globalement toutes les règles permettant le bon fonctionnement du cabinet.

Les procédures internes sont à distinguer du règlement intérieur qui est un document extra-statutaire signé par les associés qui traite des relations entre ces derniers[1].

112.35 Aptitudes du créateur de cabinet en matière de marketing. Même si certains avocats résistent au vocabulaire commercial, le marketing et la communication sont au cœur du métier de l'avocat entrepreneur. L'avocat peut participer à des colloques, séminaires de formation ou encore salons professionnels ainsi qu'à toutes les rencontres fortuites ou organisées qui seront l'occasion de contacts avec des clients potentiels[2]. Il peut les solliciter directement dans le cadre des règles sur la sollicitation personnalisée[3]. Même si le cabinet choisit de confier certaines prestations de communication ou de marketing à un prestataire extérieur, c'est avant tout à l'avocat qu'il appartiendra de promouvoir son talent et celui du cabinet.

L'avocat entrepreneur ne doit pas compter entièrement sur les clients existants susceptibles de le suivre ou sur ses éventuels associés. Il doit aussi être capable de générer une nouvelle clientèle, d'aller à la rencontre des clients potentiels, d'attiser leur intérêt pour un nouveau cabinet[4].

Quand un avocat dispose d'une clientèle qui lui a été entièrement apportée par son cabinet et ses associés, il doit s'interroger sur son aptitude à générer un chiffre d'affaires propre avant d'envisager de créer son cabinet ou de participer avec d'autres à un projet de création.

112.36 Gestion financière. Sur ce point, v. s^s n°s 111.41 s. la préparation de « l'entreprise cabinet ».

SECTION 4
RENTABILISATION DE L'EXPÉRIENCE ACQUISE

112.41 Conserver le savoir-faire et la spécialisation. L'avocat expérimenté qui s'installe a accumulé une riche expérience. Il ou elle s'est spécialisé(e) a des degrés divers et a acquis un savoir-faire. La création d'un cabinet ne doit pas détourner l'avocat de ses domaines d'expertise et de prédilection. Cette recommandation est essentielle pour tous ceux qui créent leur cabinet étant arrivés à une certaine maturité professionnelle. La spécialisation est une force et l'avocat doit à tout prix éviter que la création de son propre cabinet ne fasse de lui un généraliste qui perdrait ses avantages compétitifs. L'avocat est connu par des clients qui l'ont vu travailler dans certains domaines. L'activité spécialisée et l'expérience acquise doivent être préservées pour éviter que l'avocat ne se disqualifie aux yeux de son marché.

La tentation de l'avocat de développer une clientèle rapidement, l'afflux de sollicitations de la part des connaissances et relations qui jusqu'alors étaient intimidées par un cabinet trop gros ou trop cher, l'absence d'expérience en tant que dirigeant d'un cabinet... sont autant de facteurs qui peuvent conduire l'avocat à accepter des dossiers qui vont le détourner de ses domaines d'expertise. L'avocat qui serait tenté de se dire qu'il doit accepter des dossiers pour des raisons « alimentaires » mais qu'il sera toujours temps de revoir sa position plus tard se trompe. Une clientèle peut se construire rapidement et les dossiers durent souvent longtemps. Une fois la porte ouverte à des dossiers moins désirables, il est long et difficile de la refermer.

1. Sur le règlement intérieur, v. s^s n° 411.61.
2. RIN, art. 10 ; CNB, AG 7 et 8 mai 2010, DCN n° 2010-002 portant réforme des dispositions de l'article 10 du Règlement intérieur national (RIN) de la profession d'avocat, *JO* 11 juin, n° 16 ; mod. par CNB, AG 10 oct. 2014, DCN n° 2014-001 ; mod. par CNB, AG 21 nov. 2015, DCN n° 2015-002 portant modification de l'art. 10.1 et ajout d'un art. 10.6.3 nouveau au Règlement intérieur national (RIN) de la profession d'avocat ; mod. par CNB, AG 3 avr. 2020, DCN n° 2019-005 portant modification de l'article 10 du Règlement intérieur national (RIN) de la profession d'avocat, *JO* 13 juin, n° 3 – Sur la mise en œuvre d'une stratégie de communication et de marketing, v. s^s n°s 381.11 s.
3. V. s^s n° 381.31.
4. Sur la conquête de nouveaux clients, v. s^s n°s 324.11 s.

C'est dans sa spécialité que l'avocat est le plus rentable[1]. Il connaît son domaine, travaille plus vite, donne plus facilement satisfaction à ses clients. Alors que refuser un dossier peut être vécu comme une renonciation difficile à des honoraires, accepter un dossier qui n'est pas dans le cœur de métier de l'avocat peut vite avoir un impact négatif sur la rentabilité du cabinet.

112.42 Partage de dossiers. Que doit faire l'avocat nouvellement établi lorsqu'il est sollicité pour un dossier qui réclame des moyens humains et logistiques dont il ne dispose pas ? Dans une pratique moderne du droit, quel que soit le domaine, il est de plus en plus fréquent pour des cabinets de partager le travail au sein du cabinet comme avec des confrères extérieurs. Ceci permet au client de bénéficier des forces de chacun des intervenants sans courir le risque d'être handicapé par les faiblesses de l'un d'entre eux. Lorsqu'un avocat prend l'initiative de s'adjoindre les compétences d'un ou plusieurs confrères d'autres cabinets, ce n'est jamais l'aveu d'une faiblesse mais, au contraire, la preuve d'une force : celle de mettre son client au cœur de ses priorités.

C'est dans cette logique que le cabinet peut décider de rejoindre un réseau[2] ou même décider de créer, en le formalisant ou pas, son propre réseau de cabinets amis. Le réseau permet à un jeune cabinet de proposer des compétences élargies tout en consolidant sa relation avec ses clients.

Lorsqu'un cabinet ne dispose pas d'un spécialiste dans un domaine donné, il fera intervenir un confrère tout en conservant la maîtrise de la relation avec le client. Cette solution est de loin préférable à une improvisation dans une matière dans laquelle le cabinet n'est pas spécialisé.

La création d'un cabinet est l'occasion de prendre de nouvelles habitudes de fonctionnement. Les avocats qui font volontiers intervenir leurs confrères d'autres cabinets dans leurs dossiers s'enrichissent de leur expérience mutuelle. Cette approche aussi professionnelle que confraternelle est récompensée par des « renvois d'ascenseurs » qui participent à créer la clientèle du nouveau cabinet. Le processus est vertueux à tous points de vue car le nouveau cabinet se positionne très clairement par rapport à son propre champ de compétences : est émis un message clair sur ce que le cabinet fait ou non. Il s'en dégage un message identitaire[3] qui est un des piliers du développement d'un cabinet d'avocats.

1. Sur les critères de sélection des clients et des dossiers, v. s^{s} n°s 321.12 s.
2. Sur les réseaux de cabinets, v. s^{s} n°s 351.11 s.
3. Sur la définition de l'identité du cabinet d'avocats, v. s^{s} n°s 381.41 s.

112.43 Tirer les enseignements du passé. L'avocat expérimenté a observé le fonctionnement des cabinets dans lesquels il a exercé. Dans la palette de ses expériences, il aura abordé des stratégies et des méthodes de travail qui ont fonctionné et d'autres qui n'auront pas donné satisfaction. Il aura vu des clientèles évoluer et d'autres s'éroder. Il aura travaillé dans des ambiances agréables et fait l'expérience de conditions qui ne l'étaient pas. La création de son cabinet est le moment pour l'avocat d'utiliser toutes les expériences vécues pour en tirer le plus grand nombre d'enseignements qui vont participer au succès de son propre cabinet.

Le rappel des points suivants pourra aider l'avocat créateur de cabinet à exploiter utilement les enseignements de son parcours professionnel :

- de nombreuses méthodes ou procédures qui fonctionnent bien dans les grands cabinets peuvent être adaptées avec succès aux plus petits ;
- les procédures efficaces sont celles qui organisent et accélèrent le fonctionnement du cabinet et pas celles qui ralentissent ;
- il ne sert à rien de réinventer ce qui a déjà fait ses preuves ;
- les avocats, associés et collaborateurs, sont plus heureux dans un cabinet où ils se sentent respectés ;
- la participation de tous, associés et collaborateurs, à l'organisation et à la gestion du cabinet est un gage de sa cohésion.

L'ensemble des expériences positives vécues, ajoutées à la propre vision de l'avocat créateur de cabinet, vont façonner le futur cabinet.

112.44 Rectification des erreurs du passé et des mauvaises habitudes. L'avocat doit aussi conduire une réflexion pour éviter de reproduire ses propres erreurs ou celles des cabinets où il a travaillé. Il doit profiter de la création de son nouveau cabinet pour se défaire d'éventuelles mauvaises habitudes prises avec le temps. Il faut accepter de se remettre en cause, ce qui est souvent un défi.

La méthodologie de cette réflexion sera la suivante :

- identifier l'ensemble des points négatifs des expériences passées : les dysfonctionnements des cabinets au sein desquels l'avocat a collaboré ou a été associé, les difficultés liées aux rapports humains... ;
- penser à l'ensemble des situations dans lesquelles l'avocat ou son cabinet ont été moins efficaces qu'ils ne l'auraient souhaité ;
- rechercher toutes les explications à ces expériences négatives et ces inefficacités ;
- trouver la réponse positive à chacune de ces explications et la mettre en œuvre.

SECTION 5
GESTION DES CLIENTS DANS LA TRANSITION

112.51 Liberté des clients. Les clients sont libres de choisir leur conseil. Dans son projet de création de cabinet, le collaborateur sera suivi par sa clientèle personnelle et probablement par certains clients du cabinet. L'avocat associé sera suivi par des clients qui sont ceux de la structure d'exercice dont il était l'associé.

Le cabinet quitté risque donc une perte de chiffre d'affaires, qui ne sera pas immédiatement compensée même si le départ d'un ou plusieurs avocats fait baisser les charges d'exploitation du cabinet. Cette situation de baisse de revenus va engendrer des tensions compréhensibles qu'il faudra gérer dans le respect des intérêts de chacun et conformément aux principes essentiels de la profession[1].

112.52 Liberté d'établissement et clauses de non-concurrence. Deux principes protègent l'avocat qui s'installe, celui de la liberté d'établissement et l'interdiction des clauses de non-concurrence dans les contrats des collaborateurs libéraux ou des avocats salariés[2].

L'article 14.2 du RIN affirme l'interdiction de toute clause limitant la liberté d'établissement ultérieure de l'avocat collaborateur. Ces dispositions ont été reprises concernant l'avocat salarié. Des difficultés s'étaient néanmoins posées lors de la réforme de 1991 car de nombreux contrats de collaborateurs salariés des conseils juridiques comportaient des clauses limitatives de cette liberté. La jurisprudence a tranché de manière diverse, parfois en interdisant ces clauses, parfois en les autorisant mais en les limitant dans le temps. Plusieurs arrêts ont affirmé tant la nullité de clauses limitant la liberté d'établissement que des clauses de non-concurrence[3]. Les arrêts de la cour d'appel de Nîmes du 10 août 1993 élargissent cette interdiction aux clauses dites de respect de la clientèle. Ces différentes décisions ainsi que plusieurs ordonnances de bâtonniers ont abouti à un arrêt de la cour d'appel de Versailles du 16 avril 1994[4] qui, en demeurant dans la lignée des arrêts précédents, donne une formulation de portée générale qui semble régler définitivement cette question. Cette décision affirme en effet que sont nulles les dispositions visant à interdire à l'avocat d'apporter son concours aux clients de son ancien employeur dès lors que les principes essentiels de la profession suffisent à prévenir les comportements déloyaux.

Les principes essentiels rappellent que si la liberté d'établissement doit être respectée, l'ancien collaborateur libéral ou salarié ne peut se rendre coupable d'actes de concurrence déloyale vis-à-vis de son ancien cabinet[5]. L'avocat s'interdira donc le démarchage des clients de son ancien cabinet. De même, les usages de la profession et le devoir de courtoisie de l'avocat feront qu'il informera son ancien cabinet avant de prêter son concours à un ancien client de celui-ci.

Ces règles et principes ainsi que la jurisprudence qui les accompagnent rappellent que la concurrence entre avocats a toujours existé de même que le client a toujours été libre dans le choix de son conseil. Cette liberté n'autorise pas l'avocat à recourir à des procédés illicites de captation pas plus qu'elle ne permette à l'ancien avocat ou cabinet de tenter de retenir un client qui souhaiterait partir.

Il faut toutefois rappeler que le droit commun de la concurrence déloyale peut s'appliquer à des situations impliquant des avocats[6]. C'est notamment le cas dans certains contentieux impliquant des départs d'associés avec leurs équipes lorsqu'ont pu être constatées des manœuvres ou des agissements déloyaux qui ont pour effet de désorganiser un concurrent, à savoir le cabinet quitté. Certaines décisions rendues dans des litiges portant sur la concurrence déloyale rappellent le besoin pour l'avocat de rester fidèle aux principes essentiels de la profession[7].

Enfin, la question de la liberté d'établissement se pose pour les associés de certains cabinets d'avocats internationaux lorsque les statuts (ou *Members' agreement*) de ces cabinets imposent des obligations de non-concurrence aux associés retrayants. Ces clauses restrictives peuvent aller jusqu'à interdire au retrayant de traiter avec tout client du cabinet pendant une durée d'un an à compter de son départ. La question est de savoir si ces clauses, généralement soumises au droit anglais avec une clause d'arbitrage à Londres, peuvent s'appliquer à un associé de la structure internationale mais exerçant en France.

1. Sur les conflits d'associés, v. s[s] n°s 414.11 s., sur les règles applicables aux différentes structures d'exercice, v. s[s] n°s 221.11 s.
2. L. n° 71-1130, 31 déc. 1971 portant réforme de certaines professions judiciaires et juridiques, *JO* 5 janv., p. 131 ; mod. par L. n° 2009-526, 12 mai 2009 ; – Décr. n° 91-1197, 27 nov. 1991 organisant la profession d'avocat, *JO* 28 nov., p. 15502, art. 129 à 153 ; – RIN, art. 14 ; CNB, AG 11 et 12 avr. 2014, DCN n° 2013-002 portant modification des dispositions de l'article 14 du Règlement intérieur national (RIN) de la profession d'avocat.
3. Angers, 2 oct. 1992, *D.* 1992. 522, note Serra – Rouen, 10 août 1992, *Gaz. Pal.* 8 avr. 1993, 15 – Nîmes, 10 août 1993, 2 arrêts, *D.* 1993. IR 209 ; *Gaz. Pal.* 30 nov. 1993, 16 ; *JCP* 1994. II. 22209, note Martin.
4. Versailles, 16 févr. 1994, *Gaz. Pal.* 12 mai 1994, 14, note Damien.
5. RIN, art. 14.3 ; CNB, AG 11 et 12 avr. 2014, DCN n° 2013-002.
6. Paris, 26 oct. 2010, RG n° 09/07022.
7. Bâtonnier de Paris, 5 mai 2011, n° 740/209401.

112.53 Règles de succession d'avocats dans un dossier. L'avocat créateur de son cabinet qui est suivi par des clients dont certains dossiers sont en cours doit respecter les règles en matière de succession d'avocats dans un même dossier. Les règles sur ce point ont évolué puisque l'ancien article 9-3 du RIH prévoyait que le nouvel avocat ne pouvait, sauf accord ou autorisation de son bâtonnier, accomplir de diligences pour son nouveau client tant que des honoraires restaient dus à l'ancien cabinet. Il était même prévu que l'avocat qui bravait cette interdiction s'exposait à être tenu responsable des sommes dues par le client. Par un arrêt du 16 décembre 2003[1], la Cour de cassation a affirmé que le bâtonnier ne pouvait disposer d'un pouvoir de nature à paralyser l'usage par une partie de voies de droit qui lui sont légalement ouvertes ni d'imposer à un membre de son barreau l'obligation civile résultant de la dette d'un tiers. En conséquence, l'article 19 du décret du 12 juillet 2005 et l'article 9.3 du RIN prévoient désormais que le nouvel avocat doit simplement s'efforcer d'obtenir de son client qu'il règle les sommes éventuellement dues au confrère précédemment saisi du dossier. Il doit aussi en informer le bâtonnier s'il reçoit du client un paiement alors que des sommes restent dues à son prédécesseur.

L'avocat qui crée son cabinet devra tout faire pour assurer une transition confraternelle. Malgré la rédaction du nouvel article 9.3 du RIN, un avocat qui s'installerait avec plusieurs clients de son ancien cabinet alors que ceux-ci n'ont pas réglé les honoraires dus à ce dernier agirait de manière manifestement non conforme aux usages de la profession.

112.54 Détournement de clientèle. L'avocat doit s'abstenir de toute démarche directe ou indirecte tendant à détourner vers lui la clientèle d'un confrère. Le créateur de cabinet doit donc agir avec une grande délicatesse vis-à-vis de ses confrères dont il quitte le cabinet mais aussi vis-à-vis des clients du cabinet qu'il quitte mais qui sont néanmoins susceptibles de le suivre dans son nouveau cabinet.

Toute conduite de l'avocat cherchant à « forcer la main du client » est non confraternelle et pourra donc être considérée comme une captation illicite de clientèle et un manquement au devoir de dignité et de probité de l'avocat.

112.55 Continuité sur le plan des honoraires. Lorsque l'avocat sera installé dans son nouveau cabinet, les clients qui l'auront suivi s'attendront à une continuité de la qualité des prestations fournies et à une cohérence sur le plan des honoraires par rapport aux habitudes passées.

La continuité sur le plan des honoraires peut poser des difficultés pour l'ancienne clientèle personnelle du collaborateur qui crée son cabinet. Le collaborateur bénéficiant d'une rétrocession d'honoraires, ne prend en charge que très partiellement ses coûts de production. Il peut donc se permettre de facturer toute ou partie de sa clientèle personnelle à des taux ou à des conditions inférieures à celles appliquées par le cabinet où il exerce. Si tel est le cas, l'avocat créateur (ancien collaborateur) doit faire preuve de la plus grande prudence dans ses changements de politique de facturation. Il ne serait pas prudent pour le créateur de cabinet d'infliger brutalement à tous ses clients les conséquences de l'augmentation soudaine de ses charges fixes.

112.56 Maintien des relations avec son ancien cabinet. Le créateur de cabinet ne doit pas perdre de vue que son ancien cabinet pourra être une source importante de clientèle. Les critères en fonction desquels différents cabinets acceptent les dossiers ne sont pas les mêmes. Qu'il s'agisse de questions d'enjeu ou de conflits d'intérêts, les dossiers que l'ancien cabinet n'a pas vocation à traiter peuvent constituer une source importante de revenus pour le nouveau cabinet.

L'ancien cabinet gagne à travailler avec un confrère dont il connaît la qualité et souvent l'avocat créateur est déjà connu par ces clients. Il est donc essentiel pour l'avocat qui s'installe de soigner la relation avec son ancien cabinet pendant la période de transition qui précède son départ. Avec de la bonne volonté, les tensions inhérentes au départ peuvent souvent être surmontées ; il en va de l'intérêt des deux parties.

1. Civ. 1re, 16 déc. 2003, n° 01-10.210, *Bull. civ.* I, n° 257 ; *D.* 2004. 394.

CHAPITRE

113. Rapprochement de cabinets existants

SECTION 0
ORIENTEUR

113.00 **Sommaire du chapitre.**

SECTION 1
CRITÈRES DU RAPPROCHEMENT

113.11 **Critères professionnels.** Le plus souvent un rapprochement est envisagé comme une option de croissance, ou en réaction ou en anticipation d'un événement tel que le départ d'un ou plusieurs associés. Un rapprochement de cabinets doit être générateur de valeur ajoutée pour les deux parties. Dans cette hypothèse, il existe deux sources principales de valeur ajoutée quand des cabinets d'avocats se rapprochent :

– La complémentarité. Celle-ci est réelle quand les compétences des deux parties qui se rapprochent peuvent être mises au service de clients communs. Il y a dans ce cas à la fois une volonté commune d'étendre la gamme des services proposés aux clients de chacune des parties et la possibilité de le faire.

UN CABINET spécialisé en droit des sociétés se rapproche d'un spécialiste de droit social et d'un fiscaliste. Chacun des avocats est susceptible de pouvoir apporter ses services aux clients de l'autre. Le rapprochement n'est pas l'addition de chiffres d'affaires existants mais bien la création de nouveaux revenus et d'une dynamique nouvelle.

– La consolidation d'une spécialité. Les avocats exercent dans le même domaine et le rapprochement permettra de favoriser la spécialisation et la création d'un véritable pôle d'excellence au sein de la spécialité.

DEUX fiscalistes envisagent de se rapprocher. Le premier est un spécialiste de la fiscalité personnelle et le second de la fiscalité des entreprises. La réunion de leurs compétences donnera naissance à un cabinet plus important sur un marché spécialisé. Cette visibilité accrue a toutes les chances d'être génératrice de nouveaux clients et de nouveaux revenus.

Tout rapprochement doit être guidé par l'une de ces deux considérations. Le projet d'une entreprise commune consistant simplement à additionner des effectifs est rarement suffisant.

113.12 **Critères humains.** Les critères humains recouvrent toutes les raisons d'ordre personnel, philosophique, culturel ou moral qui peuvent pousser des individualités à vouloir travailler ensemble. Il s'agit de leur « idéologie comportementale[1] » c'est-à-dire une manière de penser et d'approcher le métier d'avocat qui se reflète dans les actes et le comportement de tous les jours.

Pour envisager un rapprochement, les avocats concernés doivent avoir une vision et une culture communes du métier d'avocat et de son exercice en groupe.

Certains avocats sont innovants sur la manière d'envisager leur métier et se concentrent sur la recherche de nouvelles prestations ou de nouveaux moyens de délivrer celles-ci à leurs clients. De tels avocats auront du mal à travailler aux côtés de confrères qui ont une vision traditionnelle de l'exercice de la profession.

Des avocats qui attachent beaucoup d'importance à l'engagement associatif ou ordinal seront en décalage avec des associés qui considèrent que le

1. Terme emprunté à François Martineau, avocat associé au cabinet Lussan/Société d'avocats [www.lussan.com].

temps qui n'est pas consacré aux clients est du temps perdu.

Des avocats qui aiment se plonger dans leurs dossiers et développer leur propre argumentation sont difficilement compatibles avec des avocats qui privilégient la délégation et veulent bâtir un cabinet fondé sur l'effet de levier de nombreux collaborateurs.

Ces exemples montrent qu'il n'existe pas simplement de bonnes valeurs d'un côté et de moins bonnes d'un autre mais de multiples façons d'envisager et d'exercer le métier d'avocat. La décision de rapprocher deux cabinets est une décision comportant de lourdes implications. Il est essentiel pour les avocats concernés de mettre toutes les chances de leur côté. C'est la convergence de l'approche du métier qui permettra aux nouveaux associés de déterminer les clés de répartition qui leur conviennent, les aspects philosophiques et financiers étant intimement liés [1].

113.13 Raisons insuffisantes de se rapprocher. Lorsque des considérations purement matérielles poussent des cabinets à se rapprocher et dominent les autres considérations, le rapprochement sera une simple juxtaposition de compétences et de chiffres d'affaires dont les associés tireront plus de contraintes que de bénéfices.

Les considérations liées aux locaux prennent fréquemment une place trop importante dans la réflexion de cabinets qui se rapprochent. Le fait de partager des locaux n'est pas une raison suffisante pour s'associer.

Constitue une erreur répandue le rapprochement motivé par la seule recherche d'une « taille critique ». La taille n'est ni une garantie de prospérité ni même de survie. Il existe de nombreux cabinets de petite taille avec une organisation rigoureuse et une stratégie claire qui sont très rentables et fournissent des prestations de grande qualité. Un rapprochement ne doit pas s'envisager comme une solution à des difficultés mais comme un choix de croissance conforme aux objectifs et à la stratégie à long terme du cabinet.

113.14 Facteurs d'échec des rapprochements de cabinets. Dans toute opération de rapprochement de deux ou plusieurs entités, les facteurs d'échec sont nombreux. Les parties à un éventuel rapprochement veilleront à avancer avec prudence afin que tous les facteurs de risques soient appréhendés avant la réalisation définitive de l'opération. Il est toujours plus aisé d'interrompre des négociations en cours que de défaire une opération déjà bouclée. Parmi les facteurs d'échec les plus fréquents, se dégagent particulièrement :

- les différences de rentabilité entre les structures qui envisagent le rapprochement. Si deux cabinets souhaitent se rapprocher et que des différences substantielles de rentabilité existent, il sera souhaitable que la structure la moins rentable remédie aux causes de sa mauvaise rentabilité avant d'envisager le rapprochement ;
- les différences de méthode en matière de rémunération des associés ;
- la présence d'associés non productifs ;
- l'absence de projet partagé et de vision de l'avenir ;
- le manque d'implication de certains associés dans les discussions préalables au rapprochement ;
- les attentes irréalistes liées au rapprochement.

Les cabinets qui auront donc le plus de chances de réussir un rapprochement sont ceux qui auront fait l'effort préalable de définir un véritable projet d'entreprise tout en ayant réfléchi aux moyens de le mettre en œuvre. La préparation du cabinet à un éventuel rapprochement est un préalable essentiel. Elle consistera à identifier les faiblesses du cabinet et à les corriger. Cette préparation du cabinet pourra impliquer une réorganisation avec le départ des avocats les moins performants.

113.15 Différences de modes de rémunération des associés. Les différences entre les systèmes de rémunération des associés dans les cabinets qui envisagent un rapprochement sont une source systématique de difficultés. Le système de rémunération [2] est un marqueur fort de la culture d'un cabinet d'avocats. Il sera très difficile de rapprocher des cabinets dont l'un rémunère les associés essentiellement sur leurs performances individuelles avec un autre dans lequel la rémunération est conditionnée par la performance collective.

SECTION 2
MÉTHODOLOGIE DU RAPPROCHEMENT

113.21 Prise en compte des individualités. La gestion du rapprochement passe par l'écoute de toutes les individualités. Si le rapprochement concerne des cabinets avec un effectif réduit, il est recommandé que tous les associés participent à l'ensemble des discussions. Aucun désir et aucune revendication ne doivent être ignorés. Ceci ne signifie pas que tous les aspects du rapprochement vont donner satisfaction à tous les individus concernés mais chaque associé saura qu'il aura été écouté et

1. Sur les règles de partage des bénéfices entre associés, v. s^s n°s 413.11 s.

2. Sur les systèmes de rémunération des associés, v. s^s n° 413.11.

qu'un compromis sera recherché autour de ses demandes.

Dans les cabinets de taille plus importante, il faut assurer une information régulière de tous les associés pour éviter que certains se sentent exclus du processus.

Du fait de leur structure horizontale et des individualités qui les composent, les cabinets d'avocats supportent mal les contraintes imposées mais comprennent bien la recherche du compromis.

113.22 Étapes du rapprochement. L'expérience montre que les projets de rapprochements se focalisent rapidement sur la question du partage des bénéfices entre les associés au risque de compromettre les négociations. Or, ces questions délicates ne peuvent être tranchées sereinement que s'il y a une adhésion au projet d'entreprise que constitue le rapprochement. Les parties auront donc intérêt à travailler sur tous les aspects du projet avant d'en formaliser les aspects juridiques et d'en fixer les conditions financières.

L'AGENDA de la réflexion et des négociations pourra prendre la forme suivante :

– Définition du projet d'entreprise sur le plan de la pratique professionnelle : ce premier axe de travail et de réflexion doit aider les associés du futur cabinet à déterminer leurs priorités pour pouvoir ensuite mettre en place une structure qui puisse servir ces ambitions :

• Quels sont les domaines dans lesquels le nouveau cabinet souhaite se renforcer ?

• Quels sont les domaines dont il souhaite se désengager ?

• Quels seraient les axes de développement du nouveau cabinet ?

• Quels sont les doutes ou les hésitations des associés quant à leurs activités actuelles ?

– Précision du rôle de chaque associé :

• Définition du périmètre des activités de chacun ;

• Réflexion sur les méthodes d'attribution des dossiers et de partage du travail pour que les dossiers soient systématiquement affectés à l'avocat le plus compétent dans son domaine ;

• Quelle implication, quel rôle dans les structures et l'organisation du cabinet ?

– Recrutement :

• Quelle stratégie, quelles méthodes de recrutement pour le nouveau cabinet ?

• Les collaborateurs seront-ils une ressource partagée ou une ressource affectée à tel ou tel associé ?

• Des recrutements seront-ils à prévoir dès que le rapprochement sera en place ?

– Formation et partage de la connaissance :

• Mise en place d'un système de partage de la connaissance : partage de modèles, de méthodologie, réunions de « groupes de pratique » ;

• Mise en place d'un système harmonisé d'évaluation des collaborateurs et de suivi de leur progression ;

– Clients :

• Dès que le projet est « certain », information des clients avant communication publique du rapprochement avec explications des bénéfices pour la clientèle ;

• Mise en place d'une procédure de suivi de la satisfaction des clients ;

– Organisation administrative :

• Définitions des rôles et des postes administratifs dans le nouveau cabinet ;

• Affecter les rôles pour éviter les doublons ;

• Pour chaque tâche administrative (ouverture de dossiers, présentation des factures...), retenir une méthode utilisée par tout le cabinet ;

• Organigramme du personnel administratif ;

– Organisation de la production :

• Fixation d'objectifs de facturation ;

• Règles et méthode pour la saisie des temps ;

• Règles pour la révision des factures ;

– Élaboration du *business plan* ;

– Règles d'engagement des dépenses ;

– Choix de la structure juridique :

• Analyse des conséquences fiscales, sociales, comptables et organisationnelles ;

– Finalisation des règles de partage des bénéfices.

SECTION 3
SOLUTIONS JURIDIQUES

113.31 Incidences juridiques et fiscales du rapprochement. L'impact juridique et fiscal des rapprochements de cabinets fait partie des éléments devant être pris en compte par les associés. Les conséquences fiscales des opérations de transformation et de restructuration les plus fréquentes sont traitées au Titre 23 de cet ouvrage.

Le rapport Darrois qui prônait le regroupement des avocats au sein de structures d'exercice plus importantes a proposé un certain nombre de pistes pour faciliter tant le rapprochement de cabinets que les mouvements d'avocats d'une structure à une autre. Outre les considérations fiscales, la patrimonialisation de la clientèle doit aussi être prise en compte[1].

Les incidences juridiques et fiscales liées au rapprochement de plusieurs cabinets seront fonction :

– de leur structure juridique avant le rapprochement ;

– de l'éventuelle transformation de leur structure juridique en vue de la fusion et de ses conséquences fiscales éventuelles ;

1. CNB, Commission Statut fiscal social et financier (SFSF), *Les structures d'exercice dans le rapport Darrois,* AG 3 et 4 avr. 2009.

– en cas de fusion, de la qualité de cabinet absorbant ou de cabinet absorbé ;

– des éventuels frais d'acquisition ou de souscription à des parts sociales et leur traitement fiscal ;

– du traitement fiscal des plus-values et des apports selon la structure d'exercice.

Les associés de la nouvelle structure auront aussi à réfléchir à leur statut fiscal et social ainsi qu'au traitement de leurs rémunérations qui changeront en cas de passage d'une société soumise à l'impôt sur le revenu à une société d'exercice libéral soumise à l'IS[1].

113.32 **Choix de la structure d'exercice.** Dans le cadre d'un projet de rapprochement, le choix de la structure dépend de plusieurs critères, dont le premier va être celui de la préférence pour une société dotée de la personnalité morale ou pour une AARPI[2].

Cette décision fondamentale va notamment dépendre du degré d'intégration souhaité par les associés de la nouvelle structure.

La préférence de l'AARPI[3], dont la caractéristique est d'être dépourvue de la personnalité morale et donc de patrimoine social, sera notamment motivée par la volonté de faciliter les entrées et sorties d'associés. L'AARPI peut comprendre parmi ses associés aussi bien des personnes physiques que morales, ce qui est de nature à permettre le rapprochement de cabinets aux statuts juridiques différents. Lorsque deux associés personnes morales préexistantes se rapprochent en créant une AARPI, cette dernière demeure généralement fiscalement transparente. Le partage des résultats se fait au niveau de l'AARPI après imputation des frais supportés par cette dernière pour l'exploitation du cabinet. Cette configuration permet aux associés personnes morales de conserver leur propre système de rémunération et de partage entre associés qui s'applique, dans un deuxième temps, au niveau de l'associé personne morale.

La préférence pour la SEL impliquera la présence de tous les associés au sein d'une personne morale fonctionnant avec des règles unifiées. Ce choix est celui d'une intégration plus forte. Plus engageant, c'est aussi un choix plus propice au développement d'une culture d'entreprise forte.

113.33 **Rapprochement de cabinets individuels par apport du fonds libéral.** Le rapprochement d'avocats exerçant de manière individuelle et souhaitant s'associer « en capital » peut-être aisément réalisé par l'apport de leurs fonds respectifs au moment de la constitution d'une société commune, SELARL ou SELAS[4]. En contrepartie de ces apports en nature, chaque avocat reçoit des parts sociales de la SELARL nouvellement créée, ou des actions s'il s'agit d'une SELAS.

Les apporteurs devront convenir d'un mode de valorisation de leurs clientèles, basé sur des critères communs[5]. Cette même méthode pourra être reprise par les statuts pour les clauses statutaires de valorisation des droits sociaux dans le cadre d'une patrimonialisation contrôlée de leur structure d'exercice[6].

L'opération d'apport nécessitera l'intervention d'un commissaire aux apports dès lors que la valorisation d'un apport excède 30 000 euros[7]. Dans le cadre de la constitution d'une SELARL, les futurs associés peuvent décider, à l'unanimité, de ne pas recourir à un commissaire aux apports lorsque la valeur d'aucun apport en nature n'excède 30 000 euros et si la valeur totale de l'ensemble des apports en nature non soumis à évaluation d'un commissaire aux apports n'excède pas la moitié du capital social[8]. Néanmoins, à défaut de commissaire aux apports, ou si la valeur retenue par les associés est différente de celle proposée par le commissaire aux apports, les associés demeurent solidairement responsables pendant cinq ans, à l'égard des tiers, de la valeur attribuée aux apports en nature[9]. Le conjoint commun en biens doit être informé s'il s'agit d'un bien de la communauté ; il doit en être justifié dans l'acte[10].

113.34 **Rapprochement de sociétés d'avocats par voie de fusion.** Les sociétés d'avocats, quelle que soit leur forme juridique, peuvent réaliser un rapprochement au moyen d'une fusion[11]. Cette opération technique est encadrée pour les SEL par les dispositions du Livre II du code de commerce régissant les fusions[12], en l'absence de disposition dérogatoire dans la loi du 31 décembre 1990[13]. Les fusions impliquant les SCP sont envisagées expressément par le décret du 20 juillet 1992[14].

En pratique, une fusion est le plus souvent réalisée par absorption d'une société par une autre (fusion-absorption). Les développements suivants

1. Sur la transformation des structures d'exercice et le passage à l'impôt sur les sociétés, v. s[s] n°s 231.11 s.
2. Sur les critères de choix d'une structure d'exercice, v. s[s] n°s 221.11 s.
3. Sur l'AARPI, v. s[s] n°s 222.11 s.
4. Sur ces formes de sociétés, v. s[s] n°s 224.11 s.
5. Sur la valorisation des cabinets d'avocats, v. s[s] n°s 242.11 s.
6. Sur la valorisation des parts ou actions de SEL, v. s[s] n° 242.11.
7. C. com., art. L. 223-9, L. 225-8.
8. C. com., art. L. 223-9, al. 2 et D. 223-6-1.
9. C. com., art. L. 223-9, al. 3.
10. C. civ., art. 1832-2.
11. C. civ., art. 1844-4.
12. Code de commerce, art. L. 236-1 et suivants.
13. Rép. min. justice n° 73850 à M. E. Hamelin, *JOAN Q* 7 nov. 2006, p. 11631.
14. Decret n° 92-680 du 20 juillet 1992 relative aux sociétés civiles professionnelles, articles 57-1 et s.

sont donc destinés à décrire les points principaux de ce type d'opération entre SEL, étant précisé que compte tenu de sa complexité, de sa technicité en droit des sociétés et de ses conséquences fiscales, l'intervention de conseils expérimentés en la matière est indispensable.

L'opération sera réalisée par la transmission universelle du patrimoine de la société absorbée à la société absorbante suivie de sa dissolution sans liquidation. En contrepartie de l'actif net apporté, les associés de l'absorbée reçoivent des parts sociales, s'il s'agit d'une SELARL, ou des actions, dans le cas d'une SELAS ou d'une SELAFA, de la société absorbante, éventuellement assortie d'une soulte limitée à 10 % de la valeur nominale des titres attribuées.

L'opération de rapprochement par fusion suppose en premier lieu d'évaluer les sociétés dans leur ensemble[1]. Cette valorisation permet d'établir un rapport d'échange entre les titres de la société absorbée et ceux de l'absorbante. Ces étapes donnent généralement lieu à discussion et ajustements, en vue de la préparation d'un projet de traité de fusion qui contient les indications suivantes[2] :

- la forme, la dénomination et le siège social de toutes les sociétés participantes ;
- les motifs, buts et conditions de la fusion ;
- la désignation et l'évaluation de l'actif et du passif dont la transmission à la société absorbante est prévue ;
- les modalités de remise des parts ou actions et la date à partir de laquelle ces parts ou actions donnent droit aux bénéfices, ainsi que toute modalité particulière relative à ce droit, et la date à partir de laquelle les opérations de la société absorbée seront, du point de vue comptable, considérées comme accomplies par la société absorbante ;
- les dates auxquelles ont été arrêtés les comptes des sociétés utilisés pour établir les conditions de l'opération ;
- le rapport d'échange des droits sociaux et, le cas échéant, le montant de la soulte ;
- le montant prévu de la prime de fusion ;
- les droits accordés aux associés ayant des droits spéciaux et aux porteurs de titres autres que des actions ainsi que, le cas échéant, tous avantages particuliers.

Outre les dispositions prévues par la loi, le traité de fusion comportera de nombreuses autres clauses concernant les sociétés impliquées et les modalités et conditions de l'opération. Le traité, signé par les dirigeants des sociétés, fait l'objet d'une publicité par dépôt au greffe du Tribunal de commerce du siège social de chacune d'elles et d'un avis au *Bodacc* (avec transmission de la demande de parution par le greffier aux services du *Bodacc* par voie électronique dès réception), trente jours au moins avant la tenue de la première assemblée générale appelée à statuer sur le projet.

La nomination d'un commissaire à la fusion n'est pas nécessaire si la totalité des associés ou actionnaires en décident ainsi. Si un commissaire aux apports intervient, il doit établir deux rapports : sur les modalités de la fusion et sur la valeur des apports en nature et des éventuels avantages particuliers. Ces rapports sont mis à la disposition des associés de chaque société, au siège social, trente jours au moins avant la tenue de l'assemblée générale.

L'opération est *in fine* décidée par les assemblées générales des deux sociétés, sur rapports de leurs dirigeants. Elle donne lieu à publicité et inscription modificative au RCS, les dirigeants devant en sus établir et déposer une déclaration de conformité de l'opération avec les lois et règlements.

113.35 Rapprochement d'une SCP et d'une SELARL. Jusqu'au décret du 15 mai 2007[3], les SCP ne pouvaient fusionner que par absorption d'une autre SCP existante. L'article 20 du décret du 15 mai 2007 a introduit dans le décret du 20 juillet 1992[4], un nouveau chapitre intitulé « fusion et scission de sociétés civiles professionnelles »[5]. Il reste que ces situations sont très rares. Les avocats qui envisagent de telles opérations souhaitent généralement se libérer des contraintes des SCP et décident de transformer la SCP en SEL dans le cadre de l'opération de restructuration[6].

En effet, l'ensemble des règles et mécanismes permettant les rapprochements et les fusions de sociétés sont prévus par le droit des sociétés commerciales[7]. Lors du rapprochement d'une SCP et d'une SEL, les associés de la SCP procéderont à une transformation de leur structure d'exercice en SELARL avant la fusion des deux entités[8].

LE DÉROULEMENT des opérations sera alors le suivant :

- Transformation de la SCP en SELARL A… (cible) :
  - AGE de transformation et rapport du gérant ;
  - Adoption des statuts de la nouvelle SELARL A… ;
- Préparation de la fusion dans la SELARL A (cible) :
  - Rédaction du projet de traité de fusion ;

1. Sur la valorisation des cabinets d'avocats, v. s[s] n°s 242.11 s.
2. C. com., art. R. 236-1.
3. Décr. n° 2007-932, 15 mai 2007 portant diverses dispositions relatives à la profession d'avocat, *JO* 16 mai, p. 9230.
4. Décr. n° 92-680, 20 juill. 1992 pris pour l'application à la profession d'avocat de la loi n° 66-879 du 29 novembre 1966 relative aux sociétés civiles professionnelles, *JO* 22 juill., p. 9799.
5. Décr. n° 92-680, 20 juill. 1992, art. 57-1 à 57-5.
6. Sur la transformation de la SCP en SEL, v. s[s] n°s 231.31 s.
7. C. com., art. L. 236-1 s.
8. Sur les spécificités de la transformation d'une SCP en SEL, v. s[s] n°s 231.32 s.

- Désignation du commissaire à la fusion ;
- Signature du projet de traité de fusion par les gérants ;
- Publicité ;

– Préparation de la fusion dans la SELARL B… (société absorbante) :

- Rédaction du projet de fusion ;
- Désignation du commissaire à la fusion ;
- Signature du projet de traité de fusion par les gérants ;
- Publicité ;

– Réalisation de la fusion absorption :

- AGE de la SELARL A… (cible absorbée) : approbation de la fusion absorption et dissolution de la SELARL A… ;
- AGE de la SELARL B… (société absorbante) : approbation de la fusion absorption et des apports à la fusion ; augmentation de capital, constatation de la réalisation de l'opération, modification des statuts et nomination des nouveaux organes de gestion.

La fiscalité peut avoir un impact sur la chronologie de ces opérations. Sur les aspects fiscaux de la transformation de la SCP en SEL[1].

113.36 Choix du nom du cabinet en cas de rapprochement. Le choix du nom[2] est une question fréquemment débattue dans les rapprochements de cabinets. La question est sensible car aucune des parties au rapprochement ne souhaite que celui-ci se fasse au sacrifice de son identité.

Parmi les différentes manières de procéder, certaines solutions sont plus fréquemment retenues :

– la conservation des noms des deux premiers associés dans la dénomination des cabinets rapprochés en plaçant au début de la dénomination du nouveau cabinet le nom du cabinet qui avait le plus grand poids économique ;

– la conservation du premier nom du plus importants des deux cabinets suivi de « & associés ».

Mais aussi des approches plus consensuelles, telles que :

– le choix d'une dénomination sociale dite de fantaisie ;

– l'utilisation des initiales des principaux associés pour constituer la nouvelle dénomination sociale.

Lorsque la dénomination d'un des cabinets comporte un nom prestigieux et connu (le nom d'une grande figure du barreau, d'un ancien bâtonnier), l'ensemble des associés peut se regrouper autour de ce nom dont la légitimité est incontestable.

Le débat du nom doit être traité séparément des autres sujets. En effet, le nom ne doit pas devenir un objet de troc ou de compensation avec d'autres aspects du rapprochement.

Les rapprochements pouvaient aussi donner lieu à des débats sur l'ordre des noms des associés sur le papier en-tête. Les papiers en-tête des cabinets ont évolué et il est de moins en moins fréquent que les noms de tous les associés y figurent. Pour les cabinets qui ont encore cette pratique, le rapprochement est une bonne occasion de l'abandonner.

SECTION 4
COHÉSION DU NOUVEAU CABINET

113.41 Nouvelle répartition des bénéfices entre associés[3]. La cohésion du nouveau cabinet ne sera assurée qu'à la condition de la mise en place d'un système de répartition des bénéfices qui corresponde à sa philosophie et son projet économique.

La nature du projet d'entreprise ne doit pas être en décalage avec le système de répartition souhaité par les nouveaux associés. Avec un projet d'entreprise fort et une volonté réelle de travailler en commun, le système de répartition doit tendre vers un système régi par des critères objectifs (ancienneté, parts de capital, production et apports de clients) qui favorisent la complémentarité et découragent la concurrence. À l'inverse, si les nouveaux associés sont plus réservés sur le fait de lier leurs sorts au profit d'une cause commune, leurs revenus devront varier davantage en fonction des performances individuelles.

Des avocats qui disent avoir une volonté forte de travailler en commun mais qui un système de rémunération qui ne valorise pas le travail en commun et l'apport de dossiers aux autres associés font une erreur d'appréciation. En effet, le système de répartition ne les encouragera pas à partager leurs compétences ou leurs collaborateurs.

Des avocats qui voudraient un cabinet fort avec une répartition fixe (même si celle-ci est revue tous les trois ou quatre ans) mais qui ne supportent pas que certains avocats aient des spécialités qui soient moins rentables que d'autres n'arriveront pas à concilier leurs objectifs.

La cohésion du cabinet tiendra au respect de la relation entre les objectifs financiers, le mode de travail souhaité par les associés et le système de répartition qu'ils choisissent de mettre en place. De ce point de vue, toutes les graduations sont possibles en faisant varier les parties fixes et variables des rémunérations des associés.

113.42 Organes de décision du nouveau cabinet. Le second axe pour créer la cohésion du nouveau cabinet et assurer la réussite du rapprochement est

1. V. s[s] n° 231.33.
2. Sur la dénomination de la structure d'exercice, v. s[s] n°s 381.51 et 221.36.
3. Sur la répartition des bénéfices entre associés, v. s[s] n°s 413.11 s.

la mise en place de structures nouvelles en son sein. Les nouveaux associés doivent décider de prendre des responsabilités à l'échelle du cabinet[1].

Ainsi, la mise en place de comités dont la composition mélangera systématiquement des avocats qui ne travaillaient pas ensemble avant le rapprochement renforcera la cohésion du nouveau cabinet. Ces comités agiront comme le bras exécutif du cabinet dans les rôles qui leur seront confiés. Il s'agira non seulement de mettre en place un comité de direction mais aussi des sous-comités ou des missions chargées du recrutement, de la formation continue, des relations internationales... Par l'implication des nouveaux associés dans des tâches destinées à la collectivité des avocats du cabinet, l'*affectio societatis* de la nouvelle entité sera renforcé.

Les comités ou missions dont il est ici question n'ont pas besoin de compter plus de deux ou trois avocats. Quelle que soit la taille du cabinet, le but est de créer le plus grand nombre de passerelles entre les nouveaux associés.

113.43 **Mise en œuvre du projet commun.** C'est la mise en œuvre du projet commun qui donnera toute sa réalité au cabinet issu du rapprochement. De trop nombreux rapprochements mettent des années à gommer les étiquettes attachées aux anciens cabinets. Les avocats conservent leurs habitudes de travail et leurs anciennes affinités et ce sont deux cabinets qui continuent d'exister sous un même toit avec un même nom.

La meilleure façon de traiter ce risque est de travailler, dès la concrétisation du rapprochement, sur la mise en œuvre du projet commun qui aura été défini lors des discussions qui auront précédé l'opération. Cette mise en œuvre peut prendre la forme d'une feuille de route détaillant les actions à prendre et les personnes concernées par ces actions.

L'expérience montre que la communication et le développement sont les axes les plus fédérateurs pour la mise en œuvre du projet commun : nouveau site Internet, réalisation d'outils de présentation de la nouvelle entité, nouvelles initiatives en matière de communication du cabinet, initiatives conjointes de développement en direction de nouveaux clients.

113.44 **Participation à l'organisation courante du nouveau cabinet.** Une fois prises les décisions pratiques sur les prestataires ou les outils qui seront conservés ou mis en place par la nouvelle entité (expert-comptable, logiciel de gestion, bases documentaires...), l'organisation courante du cabinet devra être envisagée de manière « paritaire ». Qu'il s'agisse des tâches assumées par le personnel salarié, par les collaborateurs ou par les associés, l'objectif du cabinet sera de créer le maximum de passerelles de communication entre les membres des deux cabinets qui ont précédé le rapprochement. Ceci concerne notamment le partage des ressources du cabinet en matière de secrétariat mais aussi le partage des collaborateurs entre associés.

1. Sur le partage des responsabilités et les organes de décision du cabinet, v. s[s] n°s 411.21 et 412.11 s.

TITRE

12. Identité et objectifs du cabinet

SECTION 0

Orienteur

12.00 **Sommaire du titre.**

CHAPITRE

121. Valeurs et vision du cabinet d'avocats

SECTION 0

ORIENTEUR

121.00 **Sommaire du chapitre.**

SECTION 1

VALEURS D'ENTREPRISE ET CABINETS D'AVOCATS

121.11 **Définition et exemples de valeurs.** Les valeurs d'entreprise sont les principes fondamentaux qui régissent l'approche du travail, les conditions de collaboration et le bien-être des équipes. Ces valeurs donnent un cap en matière de collaboration, de prises de responsabilité et de décisions au sein de la structure.

Les valeurs d'entreprise peuvent jouer sur la satisfaction des personnes impliquées dans la vie de l'entreprise et sur leur fidélisation. Elles contribuent à donner un sens à leur travail, les aident à se sentir valorisées. Les valeurs d'entreprise participent aussi à définir les attentes et comportements.

Parmi les valeurs d'entreprise les plus souvent mises en avant, sont :

- l'esprit d'équipe ;
- la satisfaction client ;
- le respect ;
- l'intégrité ;
- la passion dans le travail ;
- l'innovation ;
- le succès ;
- la fiabilité ;
- la diversité ;
- la préservation de l'environnement[1].

Ces valeurs constituent un socle sur lequel va se construire la vision de l'entreprise ou du cabinet d'avocats[2].

121.12 **Utilité des valeurs.** Une entreprise qui se définit autour de valeurs clairement énoncées fédère davantage ses équipes internes mais aussi l'ensemble de ses clients et partenaires. Les valeurs apportent un outil de management qui sert aussi de support à la communication externe et interne de l'entreprise.

Selon Forbes, 63 % des clients et consommateurs veulent acheter des services ou produits en provenance d'entreprises dont ils partagent les valeurs[3]. S'agissant d'employés, c'est la totalité d'entre eux qui veulent travailler dans une entreprise qui partage leurs valeurs. L'enjeu est donc immense tant en matière de conquête de clients que de fidélisation des équipes.

Dans toute entreprise, comme dans un cabinet d'avocats, ces valeurs ne prendront tout leur sens que si elles sont portées par les membres de l'organisation et que chacun se sente redevable du respect de ces valeurs.

Ces valeurs devront être rappelées dans le discours interne et aussi externe du cabinet. Les exemples concrets dans lesquels des décisions ont été prises et des actions accomplies parce qu'elles étaient guidées par ces valeurs devront être portées à la connaissance de tous.

Ce sont les valeurs portées par les associés qui feront que le cabinet restera solidaire et uni s'il est confronté à des difficultés. Si les liens entre les

1. Liste compilée à partir des données du cabinet de conseil Wellcom, du cabinet Lucidity, de la plateforme Asana.
2. Sur la vision, v. s^s n° 121.31.
3. B. Gleeson, « Why Core Values Matter (And How To Get Your Team Excited About Them) », *Forbes*, 30 mars 2021.

associés ne sont qu'économiques, le cabinet ne sera jamais solide.

121.13 Valeurs d'entreprise adaptées aux cabinets d'avocats. Les valeurs d'entreprise sont parfaitement transposables au contexte des cabinets d'avocats.

Ces valeurs peuvent être regroupées en famille de valeurs et adaptées au contexte particulier du cabinet d'avocats :

- les valeurs professionnelles : la recherche de l'excellence, l'écoute du client, la qualité du service, la réactivité... ;
- les valeurs de conduite : l'honnêteté, l'éthique, le respect de la déontologie, le respect des individus... ;
- les valeurs de conquête : l'ambition, l'innovation, la performance... ;
- les valeurs de responsabilité sociétale : le respect de l'environnement, la non-discrimination... ;
- les valeurs de solidarité : l'aide aux démunis, l'engagement pour la liberté...

121.14 Importance de l'argent dans les valeurs du cabinet. À la différence d'une grande entreprise dans laquelle le salaire d'un cadre ne variera pas en fonction des profits de la société, il y a, dans un cabinet d'avocats, une corrélation directe entre la rémunération des associés et le profit réalisé.

L'attitude des associés d'un cabinet par rapport à la recherche de profit sera fondamentale dans la définition des valeurs du cabinet. La recherche du profit n'est pas inconciliable avec le soutien désintéressé de certaines causes ou avec l'engagement dans la profession. Les associés devront cependant s'entendre, à l'échelle du cabinet, sur leurs priorités.

L'argent est un point de cristallisation des désaccords dans la vie professionnelle. Il est aussi l'instrument des rivalités. Les liens d'associés entre avocats qui n'ont pas la même approche de la recherche du profit, de la facturation ou des dépenses connaissent d'inévitables tensions. Mais au-delà des questions d'honoraires ou de frais généraux, c'est sur une attitude globale face à la question de l'argent que les associés doivent s'entendre.

121.15 Valeurs morales et humaines du cabinet[1]**.** Les valeurs morales et humaines sont primordiales pour un cabinet d'avocats. Le choix des dossiers, les profils de clients, le respect des collaborateurs et du personnel du cabinet, la politesse... sont autant de domaines dans lesquels la communauté de pensée et de comportement entre associés est indispensable. Des différences de vues ou de comportements sur ces sujets compromettent le fonctionnement du cabinet.

Les difficultés dans ce domaine sont généralement inversement proportionnelles à la taille du cabinet. En effet, plus un cabinet est grand, plus l'effet négatif des différences entre les individus est dilué par la masse. Mais quelle que soit la taille du cabinet, les valeurs morales et humaines demeurent la clé d'une association réussie entre avocats.

SECTION 2
TRAVAIL SUR LES VALEURS

121.21 Démarche collective et dynamique interne. Les valeurs des associés du cabinet, leurs projets et leur vision ainsi que la répartition des rôles entre les associés forment la dynamique interne et la dynamique de gestion du cabinet. Avec la performance économique des associés et les facteurs externes de marché, la dynamique interne est un des facteurs essentiels de la réussite du cabinet d'avocats.

PRINCIPE DE LA DYNAMIQUE DU CABINET

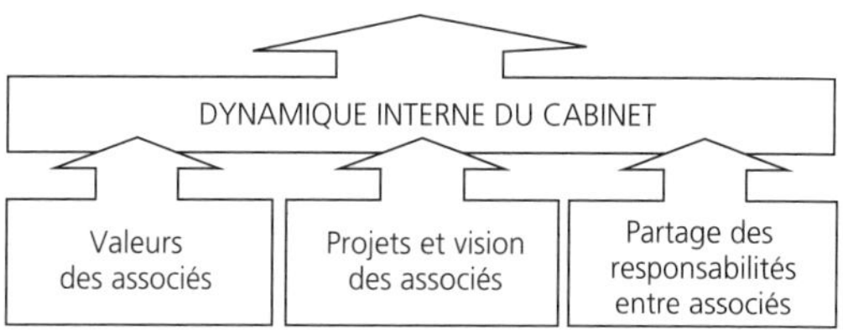

Dans une étude conduite en 2008 aux États-Unis sur quatre-vingts défaillances de cabinets d'avocats survenues entre 1998 et 2004, la question de dynamique interne du cabinet est en cause dans plus de la moitié des cas[2].

Les trois facteurs de la dynamique interne dépendent étroitement d'une communauté de pensée et d'intérêts des avocats du cabinet.

121.22 Compatibilité des valeurs et priorités des associés. Un cabinet d'avocats se définit et établit ses priorités sur la base de ses valeurs. Même si de nombreuses valeurs sont communes à tous les avocats, c'est la hiérarchie de celles-ci qui est l'indication de la personnalité du cabinet. La dynamique interne du cabinet sera conditionnée par la convergence des associés sur leurs valeurs mais aussi sur la hiérarchie de celles-ci.

Un associé dont la motivation principale est de construire un cabinet leader dans son domaine, un autre guidé par des considérations humanitaires dans le choix de ses dossiers et un associé dont la

1. Sur la responsabilité sociétale des cabinets d'avocats, v. s[s] n°s 123.11 s.

2. « The Anatomy of Law Firm Failures », Hildebrandt White Paper, nov. 2008 [En ligne : www.hildebrandt.com].

priorité est d'être à la pointe des innovations technologiques, auront des difficultés à diriger ensemble le même cabinet. Leurs priorités respectives quoique louables sont incompatibles.

Il convient aussi de faire la différence entre les valeurs sur lesquelles un cabinet communique et les valeurs qui cimentent les relations entre les membres du cabinet. Les cabinets, surtout les plus grands, ont tendance à vouloir embrasser trop de valeurs dans leur communication. Il devient alors difficile de savoir quelles sont celles qui caractérisent le mieux le cabinet.

LES VALEURS d'Ernst & Young sont décrites sur le site de ce cabinet de la manière suivante :

« Nos valeurs nous définissent :

– des hommes et des femmes qui font preuve d'intégrité, de respect mutuel et d'esprit d'équipe et d'inclusion ;

– des hommes et des femmes qui partagent l'énergie, l'enthousiasme et le courage de diriger ;

– des personnes qui nouent des relations basées sur la volonté de bien faire. »

Les associés d'un cabinet qui cherchent à travailler sur les valeurs devront parvenir à dégager des valeurs à la fois communes et sincères qui seront illustrées par des actes concrets. C'est à ce prix que le cabinet pourra ensuite être porté par ces valeurs et qu'il fédérera celles et ceux qui les partagent.

121.23 **Travail sur les valeurs : méthodologie.** Un cabinet d'avocats peut approcher un travail sur les valeurs en ne traitant que ce sujet ou il peut aborder la question des valeurs dans un cadre plus global que les agences de communication ou de marketing appellent la plateforme de marque. Ceci est un exercice plus large sur tous les aspects de l'identité du cabinet dans lequel les valeurs et la vision seront les piliers d'une réflexion aboutissant à la réalisation de tous les outils de communication du cabinet.

Les valeurs ne se décrètent pas, elles se vivent et elles se méritent. Lorsqu'un cabinet travaille sur ses valeurs pour la première fois, il commence par un travail d'introspection qui sera suivi par un travail plus volontariste sur les valeurs que le cabinet souhaite revendiquer.

Un travail sur les valeurs est généralement proposé et accompagné par une agence ou un consultant.

Prise d'informations et introspection : Au cours de cette première phase, le consultant va recueillir les informations lui permettant de connaître le cabinet et les avocats qui le composent. Généralement, le consultant s'entretiendra aussi avec des clients représentatifs et des acteurs du marché ou leaders d'opinion dans le secteur dans lequel intervient le cabinet. Toutes ces discussions permettront non seulement de comprendre comment le cabinet se perçoit mais également comment il est perçu dans son environnement. Les informations recueillies donneront des indications sur les valeurs qui animent les membres du cabinet et auxquelles ils attachent de l'importance.

Définition des valeurs : Sur la base des valeurs déjà ancrées dans la vie du cabinet, une deuxième phase de travail va consister à préciser ces valeurs. Il s'agit alors de dégager les valeurs que les avocats du cabinet souhaitent pouvoir revendiquer. S'il y a un décalage entre ces valeurs et la réalité du cabinet, ce sera l'occasion de mettre en place des actions correctives mais surtout de fixer quelques objectifs clairs et simples en cohérence avec ces valeurs.

Mise en œuvre : Le travail portera aussi bien sur l'interne que sur l'externe. Les valeurs retenues seront hiérarchisées et devront trouver leur place non seulement dans les messages mais aussi dans le comportement du cabinet.

121.24 **Engagement sociétal du cabinet d'avocats**[1]. L'engagement sociétal est devenu indissociable de la question des valeurs du cabinet. Il joue un rôle décisif dans le recrutement et la fidélisation des collaborateurs. Il fait aussi partie des attentes et parfois des obligations imposées par certains clients.

Pour les cabinets d'avocats, il trouve son illustration dans trois thématiques principales :

– l'engagement pour l'environnement :

• quantifier et diminuer les consommations ;

• modifier les habitudes en termes de déplacements ;

• mise en place de tri, de recyclage et autres programmes de récupération ou de retraitement des déchets ;

– l'engagement pour la diversité dans le recrutement et la promotion des collaborateurs et des salariés ;

– le *pro bono*[2] consistant à affecter une partie des ressources du cabinet à défendre des causes humanitaires, à représenter ou conseiller des clients n'ayant pas les moyens de payer les honoraires d'un cabinet d'avocats.

La traduction des valeurs du cabinet dans un engagement sociétal fort est devenue un enjeu majeur pour tous les cabinets, tant pour le recrutement que pour la communication.

SECTION 3
VISION ET MISSION DU CABINET D'AVOCATS

121.31 **Projection de l'avenir du cabinet.** Un cabinet doit chercher à visualiser la situation dans laquelle il souhaite se trouver à moyen ou à long

1. Sur l'engagement social et sociétal du cabinet d'avocats, v. s[s] n° 123.11.
2. Sur le *pro bono*, v. s[s] n° 123.31.

terme. Cette étape de la réflexion du cabinet doit être conduite de manière libre et collective. Les avocats concernés doivent pouvoir s'exprimer sans retenue. Les avocats qui participent à la réflexion doivent imaginer le cabinet dans lequel ils souhaitent évoluer dans un avenir de 5 à 10 ans, notamment :

- la taille du futur cabinet ;
- les activités dominantes ;
- les bureaux ;
- les profils des clients ;
- les performances économiques du futur cabinet ;
- l'atmosphère de travail.

Les cabinets d'avocats grandissent et évoluent au gré de circonstances qui ne sont pas maîtrisées avec des résultats parfois heureux et parfois moins. Lorsqu'un avocat prend la décision consciente de faire évoluer son cabinet d'une certaine manière, il le fera en définissant parallèlement la vision ainsi que la mission du cabinet, c'est-à-dire ce que le cabinet doit accomplir pour que la réalité et la vision puissent se rejoindre tout en restant fidèle aux valeurs du cabinet.

121.32 **Définir la vision du cabinet**[1]. Ce travail sur la vision est à rapprocher de celui sur le positionnement du cabinet[2]. Définir la vision du cabinet consiste à déclarer ce que les associés du cabinet souhaitent construire. L'exercice mérite une réflexion préalable. Pour qu'elle soit fructueuse, la réflexion ne doit pas, dans un premier temps, être bridée par des considérations pratiques. Chacun doit pouvoir laisser libre cours à ses aspirations. Dans un second temps, les idées formulées pourront être modulées ou canalisées pour devenir des objectifs réalistes et atteignables.

La réflexion sur la vision du cabinet appelle des réponses aux questions suivantes :

- Quels seraient les clients idéaux pour le cabinet ?
- Quels sont les objectifs financiers des associés ? Objectifs personnels et objectifs pour le cabinet.
- Pour quelles qualités ou raisons le cabinet doit-il être connu ?
- Quelles sont les prestations que le cabinet souhaite fournir à ses clients ?
- Quels seront les rôles de chacun dans la construction et la direction du futur cabinet ?
- Quand faudra-t-il de nouveaux moyens (personnel salarié, collaborateurs, moyens informatiques) pour le nouveau cabinet ?
- Quelle sera la culture du futur cabinet ?

1. « How to Create a Vision and Mission for Your Law Firm (And Why It's So Important) », *LexisNexis Legal insights*, 9 avr. 2020.
2. V. s^{s} n°s 122.11 s.

121.33 **Définir la mission du cabinet**[3]. Définir la mission du cabinet consiste à réfléchir à la raison d'être du cabinet et à la nature et l'organisation de son activité. Cette réflexion sera associée à celle sur les valeurs du cabinet[4]. Elle touche aux raisons fondamentales pour lesquelles les associés du cabinet font du droit, exercent la profession d'avocat et pourquoi ils se sont réunis pour le faire. La personnalité du cabinet doit correspondre aux aspirations exprimées. Le cabinet souhaite-t-il cultiver une atmosphère de travail intime ou familiale ? Le cabinet souhaite-t-il grandir, se spécialiser, se diversifier ?

La réflexion sur la mission du cabinet doit être centrée sur les besoins des clients actuels ou hypothétiques. Les avocats doivent y chercher des moyens de se différencier des autres cabinets.

Une fois définie, la mission du cabinet doit être une source d'inspiration et un rappel pour tous les membres du cabinet, avocats et personnel salarié. Elle se matérialisera par un document écrit synthétique qui résumera en un paragraphe ou quelques phrases la raison d'être du cabinet.

La définition de la mission du cabinet a trois objectifs principaux :

- sensibiliser les clients par un message auquel ils puissent s'identifier ;
- réunir et motiver les avocats et salariés du cabinet autour d'un objectif commun.

121.34 **Image et réputation du futur cabinet.** Comment le cabinet sera-t-il décrit par ses clients, par la presse, par les confrères ? Les avocats du cabinet doivent réfléchir à l'image qu'ils souhaitent projeter, à leurs objectifs pour le cabinet sur le plan de la réputation et du rayonnement.

Les avocats connaissent bien leur environnement professionnel et doivent se comparer aux cabinets qui les entourent. Si les avocats du cabinet recensent des modèles ou des exemples de cabinets qu'ils souhaitent suivre, ils doivent inclure cette dimension dans la réflexion sur la vision du cabinet.

121.35 **Synthèse de la réflexion sur la vision et la mission du cabinet.** En définissant sa « vision » pour l'avenir et sa « mission » pour y parvenir, le cabinet ne brosse pas une utopie. L'exercice consiste à rassembler les idées exprimées et définir la vision et la mission en fonction des moyens que le cabinet est disposé à mettre en œuvre pour atteindre ses objectifs. Si les avocats du cabinet sont disposés à travailler sans limites et à investir des sommes importantes, leur vision ne sera pas la même que des avocats qui souhaitent privilégier leur vie personnelle et éviter les risques financiers. Sur la base des

3. *Ibid.*
4. V. s^{s} n°s 121.21 s.

éléments recueillis auprès de chacun, le cabinet mènera une réflexion en profondeur mettant en perspective ses aspirations et les moyens nécessaires pour y parvenir. Le compromis qui sera trouvé sera la « vision » du cabinet.

SECTION 4
ADAPTATION DU CABINET À SES OBJECTIFS

121.41 Adaptation du cabinet à ses objectifs. Aucun cabinet ne peut prétendre couvrir tous les domaines du droit pour tous les types de clients. Le cabinet doit être en mesure de fournir les services pour lesquels il est sollicité. Il doit à tout moment pouvoir satisfaire à deux exigences fondamentales :

- consacrer à ses dossiers le temps nécessaire ;
- disposer des compétences requises.

Le Règlement intérieur national[1] rappelle dans ses principes essentiels que l'avocat doit faire preuve, à l'égard de ses clients, de compétence et de prudence. Il ne doit pas se charger d'une cause qu'il ne se sent pas en mesure de défendre utilement, ou à laquelle il n'a pas la possibilité de consacrer le temps voulu, ou encore qui relève d'une spécialité qui lui est étrangère[2]. Les mêmes principes essentiels s'appliquent au cabinet.

121.42 Adaptation du cabinet aux exigences de ses spécialités. Tous les domaines du droit n'ont pas les mêmes exigences tant sur le plan des ressources humaines que de la technicité. Il appartient au cabinet de se doter des moyens nécessaires pour les activités qu'il souhaite exercer.

UN CABINET qui déclare faire du droit de la presse doit disposer d'avocats expérimentés qui connaissent la procédure pénale de la diffamation.

UN CABINET qui souhaite réaliser des acquisitions de sociétés ne doit pas s'engager à assurer les audits juridiques préalables s'il n'a pas les ressources humaines nécessaires. Ces audits sont très consommateurs de temps et sans les collaborateurs nécessaires, il sera impossible de livrer une prestation de qualité dans les délais fixés par les clients.

UN CABINET qui prétend pouvoir aider des clients en droit de la concurrence et qui ne connaît pas le fonctionnement de l'Autorité de la concurrence ou des institutions de Bruxelles ne pourra pas fournir un service complet.

121.43 Adaptation du cabinet aux réalités économiques des clients. Pour qu'un cabinet d'avocats sache se positionner vis-à-vis de ses futurs clients, il doit comprendre le fonctionnement de ceux-ci. Un cabinet qui cherche à développer une spécialisation dans laquelle la plupart des clients potentiels font partie de grands groupes doit savoir qu'il va rencontrer des obstacles. En effet, les grandes entreprises ont des modes d'organisation et des modalités de référencement qui les empêchent de faire certains choix, notamment en ce qui concerne leurs avocats. Les cabinets doivent donc réfléchir à leur positionnement en intégrant ces considérations.

La pratique de la « panélisation » consiste, pour les grandes entreprises, en particulier les banques, à référencer les cabinets d'avocats qui sont susceptibles d'intervenir pour elles[3]. À défaut d'être sur le *panel* de l'entreprise, le cabinet ne pourra être retenu. Cette manière de travailler a pour effet d'encourager le référencement de structures connues dont le nom est une marque incontestable dans le marché. Le choix du cabinet d'avocats est dépersonnalisé. En conséquence, les cabinets moins connus, quelles que soient leurs qualités, sont perçus comme étant des choix plus risqués.

121.44 Adaptation du cabinet aux exigences humaines des clients. La capacité d'écoute de l'avocat est essentielle pour le client. Que le client soit un particulier, le gérant d'une entreprise familiale ou le directeur juridique d'une multinationale, il attend de son avocat d'être écouté, compris et considéré.

LE DROIT DE LA FAMILLE exige une empathie et une patience essentielles pour des clients qui traversent un moment difficile.

LE DIRIGEANT D'UNE PETITE ENTREPRISE veut un dialogue direct et franc avec un avocat qui soit en mesure de lui consacrer du temps à un prix qui corresponde à ses moyens.

LE DIRECTEUR JURIDIQUE D'UNE MULTINATIONALE veut un interlocuteur qui comprenne l'ensemble de ses enjeux, qui soit disponible à tout instant et capable de réagir dans l'heure à ses demandes.

Chacune de ces attentes correspond à un cabinet différent. L'avocat doit définir ses objectifs tant sur le plan de la nature de son activité que de la manière dont il souhaite exercer celle-ci. Il bâtira ensuite le cabinet qui convient à ces objectifs.

121.45 Adaptation du cabinet aux attentes technologiques des clients. Depuis plusieurs décennies, les data-rooms sont pratique courante pour les opérations de fusions-acquisitions. Certaines entreprises exigent des garanties quand à la sécurité des données partagées avec l'avocat qui est souvent un maillon faible sur ce point. Selon la nature des

1. RIN, art. 1.3.
2. Nîmes, 23 mars 1981, *JCP* 1983. IV. 362.
3. SUR le sujet : *A Corporate Counsel's Guide to Law Firm Panel Selection & Management* [En ligne : http://www.legal-monitor.com/corporate-counsel-guide-law-firm-panel-selection].

opérations sur lesquelles il intervient et des clients pour lesquels il agit, l'avocat doit être en mesure d'utiliser les mêmes outils que son client.

121.46 Position dominante des cabinets de grande taille. Les cabinets d'avocats dont la taille et les compétences leur permettent d'être des acteurs de l'économie mondialisée ont un quasi-monopole des opérations économiques importantes. Les cabinets de grande taille sont devenus des marques sur lesquelles s'appuient les présidents de société, directeurs juridiques, directeurs financiers et conseils d'administration. Les revenus de ces cabinets leur donnent la possibilité d'adopter une politique de rémunération généreuse pour leurs collaborateurs. Ils attirent ainsi les jeunes avocats les plus diplômés et talentueux.

En France, la position dominante des cabinets internationaux de grande taille a été facilitée par la fusion des avocats et des conseils juridiques[1] qui a profondément modifié la structure du marché du droit. La fusion a permis aux cabinets anglo-saxons qui étaient présents à Paris avec le statut de conseils juridiques de devenir avocats sans conditions particulières ou période de transition. Sécurisés par leur nouveau statut, ces cabinets ont non seulement recruté de jeunes avocats mais ils se sont également adjoint les services d'équipes entières d'avocats confirmés. Ces changements spectaculaires ont coïncidé avec l'accélération de la mondialisation économique. Les entreprises ayant des activités internationales ont souhaité être accompagnées de cabinets pouvant leur fournir un service global dans le monde entier. À de rares exceptions, seuls les cabinets anglo-saxons avaient les moyens d'être performants dans un marché juridique mondialisé.

Il n'y a que 67 cabinets en France dont l'effectif dépasse 50 avocats (associés et collaborateurs)[2]. La moitié de ces cabinets sont les bureaux parisiens de cabinets anglais ou américains. Quatre parmi les six premiers sont des cabinets issus des *Big Four* (EY Société d'Avocats, Deloitte Société d'Avocats, KPMG Avocats, PwC Société d'Avocats). Fidal est de très loin le premier cabinet d'avocats en France par la taille avec plus de 1 000 avocats répartis sur l'ensemble du territoire français dans 95 bureaux. À Paris, les 25 plus grands cabinets concentrent 14 % des effectifs du barreau de Paris[3].

Sur les cinquante premiers cabinets en termes d'effectif, seuls vingt-quatre sont des cabinets français. Les Anglais et les Américains se partagent le reste du classement. Même si certains de ces cabinets ont des activités dominantes (l'immobilier pour Lefèvre Pelletier, la fiscalité pour CMS Bureau Francis Lefebvre ou les nouvelles technologies pour Bird & Bird), seuls quatre d'entre eux se consacrent à une seule matière, à savoir le droit social pour Capstan, Fromont Briens et Barthélémy et le droit fiscal pour Arsène Taxand.

Les grands cabinets aspirent, pour la plupart, à fournir à leurs clients un service complet qui couvre tous les aspects du droit des affaires. Dans ce segment de marché, les grands cabinets internationaux sont omniprésents et il est très difficile pour un cabinet récent de s'y faire une place.

Seuls trente cabinets réalisent un chiffre d'affaires supérieur à 50 millions d'euros.

Rang 2022	Cabinet	Nombre d'avocats en 2021	Prog. nbr avocats 2020/2021 (%)	Nombre d'associés en 2021	Prog. nbr d'associé 2020/2021 (%)	CA 2021 (M€)
1	Fidal	1 088	– 19 %	525	2 %	294,9
2	EY Société d'Avocats	670	0 %	61	0 %	218,47
3	Deloitte Société d'Avocats	568	0 %	67	3 %	113
4	KPMG Avocats	466	11 %	81	31 %	104,4
5	PwC Société d'Avocats	434	– 14 %	62	2 %	141,38
6	CMS Francis Lefebvre	370	– 23 %	115	2 %	199,8
7	Gide	343	4 %	90	5 %	185,7
8	Racine	225	15 %	58	0 %	57,4
9	Capstan Avocats	223	8 %	61	3 %	68,46
10	Hogan Lovells	201	6 %	39	5 %	147,6
11	Clifford Chance	191	– 5 %	39	0 %	127
12	Cornet Vincent Ségurel	190	11 %	47	0 %	41
12	Bredin Prat	184	– 1 %	47	0 %	180

1. L. n° 90-1259, 31 déc. 1990 portant réforme de certaines professions judiciaires et juridiques, *JO* 5 janv., p. 219.
2. « Décideurs effectifs 2020 », *Décideurs 100*, juill.-août 2021.
3. *Avocats et collaborateurs*, chiffres 2009.

Rang 2022	Cabinet	Nombre d'avocats en 2021	Prog. nbr avocats 2020/2021 (%)	Nombre d'associés en 2021	Prog. nbr d'associé 2020/2021 (%)	CA 2021 (M€)
13	DS Avocats	179	7 %	56	2 %	39,6
14	Linklaters	167	5 %	36	29 %	110
15	DLA Piper	161	– 1 %	37	– 5 %	81,51
16	Fromont Briens	154	– 9 %	41	5 %	48
17	Allen & Overy	150	– 4 %	34	3 %	115
17	Baker McKenzie*	150	– 13 %	23	– 4 %	117,65
17	De Pardieu Brocas Maffei	150	0 %	33	0 %	84,4
20	*LPA*-CGR	139	1 %	41	8 %	49,75
21	Jones Day	137	– 2 %	41	5 %	60
22	De Gaulle Fleurance & Associés	135	16 %	42	0 %	42,4
23	Mazars (NE 2022)	130		22		15,2
24	August Debouzy	129	– 6 %	33	6 %	78
25	Herbert Smith Freehills	128	– 1 %	31	7 %	70,7
26	Arsene	127	7 %	24	14 %	55,94
26	Dentons	127	4 %	40	– 2 %	70,8
28	Latham & Watkins	122	9 %	31	3 %	76,8
29	Freshfields Bruckhaus Deringer	112	– 1 %	26	4 %	80
30	Bird & Bird	111,4	1 %	28,7	4 %	45
31	Delsol Avocats	109	9 %	30	11 %	34,5
32	Simmons & Simmons	101	0 %	29	26 %	47,5
33	Jeantet	100	4 %	26	8 %	49
34	Eversheds Sutherland	94,5	10 %	21	0 %	30,22
35	Mayer Brown	94	13 %	30	15 %	103
36	UGGC Avocats	93	– 1 %	33	6 %	33,1
37	McDermott Will & Emery	90,5	22 %	22,5	6 %	50,8
38	Cleary Gottlieb Steen & Hamilton	85	2 %	20	18 %	67
39	Darrois Villey Maillot Brochier	80	14 %	28	8 %	96,3
39	Norton Rose Fulbright	80	– 22 %	23	10 %	41,51
39	Seban & Associés	80	– 7 %	15	0 %	16
39	Taylor Wessing	80	10 %	22	5 %	23,1
43	Willkie Farr & Gallagher	79	– 12 %	23	21 %	55
44	Bignon Lebray	78	11 %	32	3 %	23,3
45	Flichy Grangé Avocats	77	– 3 %	26	0 %	24
45	Oratio Avocats	77	8 %	23	15 %	17,5
47	Altana	76	4 %	21	0 %	25,5
48	Lamartine Conseil	74	7 %	21	0 %	19,04
49	Lexavoué	73	3 %	34	0 %	16
50	Reed Smith	72	6 %	23	15 %	32,6

121.47 Création de cabinets « boutiques ». Le paysage du marché du droit des affaires est marqué par l'émergence de la création de cabinets d'avocats dits « boutiques ». Ce terme français, paradoxalement emprunté au jargon anglo-saxon, désigne des cabinets le plus souvent créés par des anciens associés de grandes structures sur des segments plus ou moins spécialisés. Ces cabinets seraient, selon leurs créateurs, mieux adaptés pour fournir des prestations de qualité et préserver une dimension humaine tout en évitant les nombreuses difficultés posées par les conflits d'intérêts dans les très grandes structures. Cette tendance marque aussi un certain rajeunissement des cabinets[1].

121.48 Exercice individuel, un mode d'exercice en crise. En 2020, 36,3 % des avocats exerçaient à titre individuel[2] L'exercice individuel reste le mode prépondérant d'exercice de la profession. Il est à comparer aux 29,4 % de collaborateurs et aux 30,6 % d'associés qui composent la profession. Le solde de 3,7 % correspond aux avocats salariés.

L'exercice individuel peut refléter des réalités très différentes. En effet, il y a de très grandes différences entre un pénaliste renommé qui travaille « en individuel » avec une dizaine de collaborateurs et le généraliste individuel qui travaille seul avec une secrétaire.

En 2020 les recettes brutes moyennes des avocats associés s'élevaient à 310 563 euros contre 105 065 euros pour les individuels[3]. En euros courants, sur la période 2016-2020, les recettes moyennes des individuels ont baissé de 9,37 % et de 9,19 % pour les associés. Ceci est à mettre en perspective avec les chiffres des vingt ans qui ont précédé. De 1996 à 2009, les recettes brutes moyennes des avocats associés ont crû de 43 % et de 2006 à 2009, elles ont crû de 4 %. Elles ont baissé de 3,16 % en euros courants entre 2009 et 2013. Leurs confrères exerçant en individuel ont connu une croissance de 4,1 % sur la période 1996-2006 et une baisse de 2 % sur la période 2006-2009. La baisse s'est accélérée entre 2009 et 2013 pour atteindre -5,74 % en euros courants. Les avocats exerçant à titre individuel voient leurs recettes évoluer moins vite que le coût de la vie.

1. M. Jasor, « Coup de jeune dans le paysage des cabinets d'avocats d'affaires parisiens », *Les Échos*, 3 janv. 2011.
2. CNB, Observatoire de la profession d'avocat, *Les Chiffres-clés de la profession au 1er janvier 2020*.
3. ANAAFAGC, « Statistiques de la profession », *Maître Hors-série*, oct. 2021.

CHAPITRE

122. Positionnement et discours

SECTION 0
ORIENTEUR

122.00 **Sommaire du chapitre.**

SECTION 1
NOTION DE POSITIONNEMENT

122.11 **Notion de positionnement stratégique.** Le cabinet doit être compris par son marché, à savoir les clients, les clients potentiels, les prescripteurs parmi lesquels les confrères potentiellement prescripteurs. Le positionnement du cabinet est la manière dont le cabinet se détermine par rapport à :

- son offre ;
- ses concurrents ;
- son projet et sa personnalité.

Rien ne ressemble plus à un cabinet d'avocats qu'un autre cabinet d'avocats. La réflexion sur le positionnement doit donc s'accompagner d'une recherche des facteurs de différenciation du cabinet. Les facteurs qui permettent à un cabinet d'avocats de se différencier sont des facteurs objectifs qui se distinguent des lieux communs par lesquels les avocats ont l'habitude de s'identifier tels que la disponibilité ou l'écoute du client[1]. Il faut ici éviter de confondre les qualités attendues de tout avocat et les informations objectives qui vont permettre à un cabinet de se situer dans son marché. La notion de positionnement prend de plus en plus d'importance dans un marché où les avocats sont poussés à la spécialisation[2].

Il doit y avoir une cohérence entre la manière dont le cabinet cherche à se déterminer et ce qu'il est en réalité tant sur le plan de ses activités que de sa culture.

LE CABINET BWG Associés est un cabinet fondé par Béatrice Weiss Gout entièrement consacré au droit de la famille. Le cabinet cultive une culture d'écoute et d'accompagnement de ses clients dans les moments souvent difficiles sur le plan personnel que sont les crises familiales. Le cabinet y ajoute la dimension patrimoniale, plus technique tout en s'adressant aux familles dans leur globalité, se définissant comme « Une firme au service des familles ». Tant les messages écrits que les messages visuels participent à transmettre un message qui positionne parfaitement le cabinet dans son marché et dans sa culture.

122.12 **Positionnement de l'offre du cabinet.** La première difficulté rencontrée par les cabinets est celle du choix. Un cabinet qui se présente comme ayant toutes les compétences va voir son positionnement dilué. Les clients iront plus volontiers vers un avocat qui affiche un nombre limité de compétences, dont celle dont ils ont besoin, que chez un avocat qui cherche à afficher une longue liste de compétences dans laquelle leur besoin précis se trouve noyé.

Le positionnement généraliste n'est pas pour autant à proscrire. Le positionnement dépend du marché dans lequel se trouve l'avocat et de sa « zone de chalandise ». Plus son barreau est important, plus l'avocat sera poussé vers un positionnement précis de son offre s'il souhaite être identifié.

Le positionnement de l'offre n'est pas exclusif. Un cabinet qui se présente comme intervenant particulièrement dans tel ou tel domaine ne s'interdit pas d'intervenir dans d'autres dossiers. Sa

1. Sur la définition de l'identité du cabinet, v. s^{s} n°s 381.41 s.

2. C'est une formation (de l'auteur) sur le positionnement du cabinet qui ouvre le cycle de formations proposé par le Barreau Entrepreneurial du barreau de Paris.

démarche lui permettra néanmoins de s'affirmer sur un domaine sur lequel il pourra construire tout ou partie de sa réputation.

Le cabinet entamera sa réflexion sur son positionnement en commençant par analyser ce que fait le cabinet et se demandera si cette activité correspond à ce pour quoi le cabinet souhaite être reconnu. Il n'est pas rare de constater qu'un cabinet consacre une partie importante de son temps à des activités qui ne sont pas celles pour lesquelles il croit vouloir être reconnu.

Si un avocat est passionné par le droit de la presse mais consacre 90 % de son temps aux voies d'exécution, comment doit-il se positionner ? S'il est prêt à faire les efforts nécessaires pour changer son activité en profondeur pour devenir un cabinet de droit de la presse, il pourra axer sa communication dans ce sens. S'il n'est pas prêt à remettre en question l'ensemble des activités qui font vivre le cabinet, il doit au contraire se positionner comme un cabinet performant en matière de voies d'exécution.

122.13 Différentes approches du positionnement par l'offre. L'offre de l'avocat se détermine par :

- sa compétence dans un domaine du droit ;
- sa connaissance d'un secteur d'activité ;
- sa capacité à déterminer une offre dont la formulation correspond au besoin d'une clientèle.

Le premier point relève des activités dominantes ou de la spécialisation de l'avocat[1]. Le second point relève de la spécialisation sectorielle[2]. La troisième approche résulte d'une réflexion consistant à se mettre à la place du client pour réfléchir à la manière dont ce dernier est susceptible de définir un besoin auquel pourrait répondre un cabinet d'avocats.

LE CABINET Product Law Firm se présente comme accompagnant ses clients à toutes les étapes de la vie de leurs produits. Une idée simple mais novatrice, au cœur de sa proposition de services depuis la création du cabinet. Transversale tout en restant spécialisée, cette expertise est au carrefour du droit, de la réglementation, de la science et de la technique.

122.14 Positionnement vis-à-vis de la concurrence. L'avocat est confronté à une concurrence multiple :

- de ses confrères ;
- des autres professions réglementées ;
- des prestations juridiques à titre accessoire ;
- de l'offre gratuite de droit ;
- de l'information disponible sur internet.

L'analyse de la concurrence permettra de préciser le positionnement, notamment en cherchant à cibler une clientèle précise en adaptant ses prestations par rapport à cette clientèle. Les facteurs géographiques seront aussi pris en compte. En effet, certaines matières se pratiquent dans un contexte de proximité alors que pour d'autres prestations, un client est disposé à parcourir 500 km pour aller voir son avocat.

122.15 Positionnement par le projet et la personnalité. Un cabinet peut choisir de se différencier par d'autres critères que son offre de droit. C'est notamment le cas des cabinets qui optent pour des modèles économiques innovants[3]. Parce qu'ils proposent une relation d'une nature différente avec le client, de tels cabinets peuvent séduire avec des arguments qui peuvent relever autant de l'état d'esprit que du coût ou de la manière de délivrer la prestation.

SECTION 2
MÉTHODE DE TRAVAIL SUR LE POSITIONNEMENT

122.21 Travail de questionnement en interne. Le travail sur le positionnement commence par une phase « introspective » de questionnement. Le cabinet doit s'interroger sur qui il est et ce qu'il fait pour déterminer de quelle manière il veut se présenter et éventuellement infléchir sur son sort.

Le cabinet peut réaliser ce travail lui-même ou avec l'aide d'un conseil extérieur. Un questionnaire sera diffusé aux associés du cabinet, articulé de la manière suivante :

L'IMAGE

- Selon vous, quelle est l'image du cabinet auprès de ses clients aujourd'hui ?
- Avez-vous la même perception en interne ? (Comment expliquez-vous les différences s'il y en a ?)

FORCES ET FAIBLESSES

- Pouvez-vous identifier les points forts du cabinet ?
- Pouvez-vous identifier les points faibles du cabinet ?

L'AVENIR

- Comment imaginez-vous le cabinet dans 5 ans ?

LES VALEURS/LES MESSAGES

- Quelles sont vos 3 valeurs fondamentales ?
- Si vous ne deviez choisir que 3 mots pour définir votre cabinet, lesquels seraient-ils ?
- Quel message souhaitez-vous transmettre à l'extérieur en priorité ? Les idées fortes.

1. Sur la spécialisation, v. s^s n°s 124.11 s.
2. Sur la spécialisation sectorielle, v. s^s n°s 125.11 s.
3. Sur les modèles économiques innovants, v. s^s n° 013.41.

VOUS ET LE CABINET

▪ Le cabinet est-il le reflet de qui vous êtes ? de ce que vous savez faire ? Où sont les décalages éventuels entre ce que vous pourriez apporter au cabinet et ce que vous apportez effectivement ?

▪ Qu'attendez-vous du cabinet ?... de votre carrière d'avocat ?

LES CONCURRENTS

▪ Quels sont vos principaux concurrents ? Avez-vous identifié des concurrents précis ? Si oui, lesquels ?

▪ En quoi pensez-vous être différents ?... meilleur ou moins bon ?

CLIENTS/DOSSIERS

▪ Vos dossiers phares ? Vos clients phares ?

▪ Comment le travail est-il partagé au sein du cabinet (...entre vous et les collaborateurs, avec le personnel salarié) ?

▪ D'où viennent vos dossiers ? Clients ?

COMPÉTENCES/DOMAINES D'INTERVENTION

▪ Quels sont les domaines du droit dans lesquels vous intervenez ?

▪ Y a-t-il des secteurs (économiques) que vous connaissez particulièrement ?

▪ Dans votre parcours personnel, quels points précis ne faut-il pas oublier ?

COMMUNICATION/MARKETING/DÉVELOPPEMENT

▪ À votre avis, quelles sont les cibles, les publics auxquels vous devez vous adresser en priorité ?

▪ Avez-vous des « outils » de communication avec lesquels vous êtes plus à l'aise que d'autres ?

▪ Avez-vous entrepris dernièrement des actions en matière de communication/développement ? Si oui, lesquels (contact presse, appartenance à des associations professionnelles, participation à des conférences, etc.) ?

▪ Avez-vous identifié des clients que vous aimeriez avoir et que vous n'avez pas encore ?

▪ Avez-vous identifié des opportunités de développement que vous aimeriez saisir ?

En abordant l'ensemble de ces questions, les avocats du cabinet vont effectuer un travail décisif pour l'avenir du cabinet. Outre son utilité en matière de positionnement, une telle démarche peut aussi servir à relancer une dynamique positive dans un cabinet.

122.22 Participation des clients au travail de questionnement. Les associés d'un cabinet manquent parfois de recul pour en analyser objectivement les différents aspects. C'est la raison pour laquelle il est recommandé d'inclure certains clients du cabinet dans ce travail sur le positionnement.

Dans ce cas, le questionnaire qui précède sera expurgé de toutes les questions qui ne sont pas pertinentes pour les clients et sera transmis à une sélection de clients représentatifs. Les clients sollicités pourront être :

– des clients représentant un chiffre d'affaires important pour le cabinet ;

– des clients historiques du cabinet ;

– des clients récents qui connaissent moins bien le cabinet ;

– des clients identifiés comme étant stratégiques pour l'avenir du cabinet.

L'implication des clients permet de faire ressortir les éventuelles différences de perception qui peuvent exister entre le regard porté à l'interne et le regard extérieur.

122.23 Analyse du marché et de la concurrence : « *benchmarking* ». L'étape suivante consiste à faire une analyse de l'environnement concurrentiel du cabinet. Pour ceci, le point de départ sera constitué par les réponses aux questions concernant les concurrents dans le questionnaire. L'expérience montre toutefois qu'interrogés sur leurs concurrents, les avocats ont davantage tendance à donner les noms de leurs concurrents rêvés (les cabinets auxquels ils aimeraient pouvoir se comparer) plutôt que leurs concurrents réels.

La méthode consistera à identifier plusieurs concurrents pour effectuer une comparaison détaillée par rapport à chacun d'entre eux. L'objectif est non seulement de mesurer les forces en présence dans un marché mais également de se servir de ses concurrents comme d'une source d'inspiration.

Pour les cabinets d'une certaine taille, il sera utile de se reporter aux données statistiques qui existent, notamment la Radiographie des cabinets d'avocats publiée chaque année par Juristes Associés[1] ou les classements publiés par Décideurs. Ces informations statistiques permettront au cabinet de savoir si ses performances sont conformes à celles des acteurs comparables, notamment en matière de chiffre d'affaires, de productivité et de rentabilité.

Le cabinet s'interrogera sur la question de savoir s'il se place sur un marché dans lequel il peut réussir, où il aura les moyens de ses ambitions. Il tiendra compte du secteur géographique pour s'assurer qu'il aura accès à une clientèle suffisante pour alimenter le cabinet dans le domaine concerné.

122.24 Synthèse et déclinaison opérationnelle. Dans un troisième temps, le cabinet effectuera la synthèse de tous les éléments recueillis pour en faire l'analyse. Cette analyse doit permettre au cabinet de déterminer le positionnement qui lui correspond le mieux et qui lui permettra de satisfaire ses ambitions.

1. « La radiographie 2015 des cabinets d'avocats d'affaires en France », *Juristes Associés*, n° 428-429, sept. 2015 [www.juristesassocies.com].

La déclinaison opérationnelle de ce travail consistera alors à faire le lien entre positionnement stratégique et communication et marketing. C'est grâce à sa réflexion sur son positionnement que le cabinet pourra déployer une stratégie efficace en matière de marketing et de communication[1] Nombreux sont les cabinets qui se lancent dans des efforts de marketing ou de communication sans avoir défini ce qu'ils souhaitent réellement vendre et l'image qu'ils souhaitent véhiculer en conséquence.

SECTION 3
DISCOURS DU CABINET

122.31 Nécessité d'un discours commun. Le travail sur le positionnement servira à construire le discours du cabinet que devront s'approprier tous les membres du cabinet, associés, collaborateurs ou personnel salarié. Tous les membres du cabinet doivent être porteurs d'un message clair et cohérent correspondant au positionnement du cabinet. Ces messages serviront aussi bien à l'intérieur du cabinet que pour communiquer en direction des clients ou pour recruter.

Il est fréquent que les associés d'un même cabinet décrivent celui-ci de manière très différente. Or, c'est ce même discours qui, à force d'être répété par tous les membres du cabinet, deviendra un instrument indispensable de la promotion de la structure.

Le discours doit être conçu pour encapsuler tout le travail que le cabinet a effectué sur son positionnement. Le discours commun doit donc :

- caractériser le cabinet ;
- différencier le cabinet ;
- présenter et expliquer le cabinet.

Chaque associé ou avocat doit se retrouver dans ce discours commun, y compris dans les cabinets où coexistent des associés aux activités très différentes.

Le terme de « discours » doit s'entendre comme l'ensemble des éléments de langage qui ont vocation à présenter et décrire le cabinet.

122.32 Formats du discours. Le discours du cabinet se décline dans plusieurs formats qui seront adaptés à différents supports et à différentes situations.

La méthode du discours 30-3-30, connue dans le monde du marketing, peut s'appliquer aux cabinets d'avocats. Le discours 30 secondes sert à répondre à la question « Que fait votre cabinet ? » ou « Que faites-vous dans votre cabinet ? ». Ce message doit être bref, clair et doit permettre de marquer la différence avec d'autres cabinets. Le format 3 minutes va permettre une description du cabinet et de ses activités. Il intègre le contenu du message 30 secondes et va chercher à développer les avantages concurrentiels du cabinet. Enfin, le format 30 minutes permet une description très détaillée de l'ensemble des solutions proposées par le cabinet et de sa méthode de travail mais il sera aussi l'occasion de raconter l'histoire du cabinet, son environnement, sa culture et ses valeurs.

Les formats de discours serviront dans les présentations orales comme sur les supports écrits ou sur le site Internet du cabinet. Sous ses différentes déclinaisons, le discours devra être reconnaissable dans ses caractéristiques les plus identifiantes. Les mêmes éléments de langage seront présents : ils composent le champ lexical du cabinet[2].

122.33 Accroche ou *baseline*. Nouvelle déclinaison du positionnement et de l'identité du cabinet, l'accroche consiste à associer quelques mots au nom du cabinet pour caractériser le cabinet. Cette pratique inspirée des grandes marques comme Nike avec « Just do it » a été adoptée par quelques cabinets. Ainsi le cabinet Capstan se présente avec la mention « 200 avocats experts en droit social, créateurs de solutions pour les entreprises ». August Debouzy a utilisé « Le droit et l'audace » pour accompagner son nom puis l'a abandonné lors de la refonte de son site. Si ces slogans ne se substituent pas au discours, ils participent néanmoins à construire l'identité et le positionnement du cabinet.

1. Sur la mise en œuvre d'une stratégie de communication et de marketing, v. s[s] n°s 381.11 s.

2. SUR la notion de champ lexical : L. Barbery-Coulon, « Cosmétiques : les mots qui font vendre », *M, le magazine du Monde*, 18 avr. 2014 [En ligne].

CHAPITRE

123. RSE et engagement sociétal du cabinet

SECTION 0
ORIENTEUR

123.00 **Sommaire du chapitre.**

SECTION 1
RSE : DÉFINITIONS ET NOTIONS

123.11 **Origine de la responsabilité sociale et sociétale.** Le concept de la responsabilité sociale des entreprises (RSE) est apparu dans les années 50 aux États unis sous le terme de *Corporate social responsibility* (CSR). C'est notamment avec l'auteur Howard Bowen qu'a été développée en 1953 la notion de responsabilité sociale du businessman se définissant comme « l'obligation pour les hommes d'affaires de réaliser les politiques, de prendre les décisions et de suivre les lignes de conduite répondant aux objectifs et aux valeurs qui sont considérés comme désirables dans notre société »[1].

Au cours des années 1970, dans un contexte de mondialisation, les préoccupations environnementales, sociales et économiques commencent à devenir des enjeux majeurs permettant alors aux entreprises de se distinguer de leurs concurrents.

À partir des années 90, des réglementations viennent encadrer la RSE. Aujourd'hui, la France fait partie du top 3 mondial de la performance RSE (score de 54,3/100), selon l'étude EcoVadis, « performances RSE des entreprises françaises et européennes, comparatif OCDE et BRICS » publiée par le ministère de l'Économie en 2021[2].

123.12 **Notions de responsabilité sociale et sociétale.** La Commission européenne définit la RSE comme étant « la responsabilité des entreprises vis-à-vis des effets qu'elles exercent sur la société ». Selon l'article 1833 du Code civil, « La société est gérée dans son intérêt social, en prenant en considération les enjeux sociaux et environnementaux de son activité. »

La RSE repose donc sur trois piliers : Social, environnemental et sociétal. Ces préoccupations sont également présentes dans les normes ISO et notamment la norme ISO 26000 qui distingue sept questions centrales : la gouvernance de l'organisation, les droits de l'homme, les relations et conditions de travail, l'environnement, la loyauté des pratiques, les questions relatives aux consommateurs, les communautés et le développement local.

La norme ISO 26000[3], l'une des normes les plus largement adoptées en matière de RSE, établit un lien explicite entre la RSE et le développement durable, en la définissant comme « la responsabilité d'une organisation vis-à-vis des impacts de ses activités sur la société et l'environnement, par le biais d'un comportement transparent et éthique qui contribue au développement durable ».

Dans le concept original de *Corporate social responsibility* (CSR) l'accent est aussi porté sur le caractère volontaire et non prescrit par la loi de pratiques commerciales qui sont mises en œuvre à des fins sociales ou environnementales.

123.13 **Textes applicables à la RSE en France.** En France, la RSE trouve son origine dans la loi NRE du

1. Howard Bowen, *Social Responsibilities of the Businessman*, University of Iowa Press, 2013.
2. Ecovadis, *Performances RSE des entreprises françaises et européennes – comparatif OCDE et BRICS*, 2021 [En ligne].
3. ISO 26000 Responsabilité sociétale [En ligne : https://www.iso.org/fr/iso-26000-social-responsibility.html].

15 mai 2001[1]. Celle-ci prévoit que les entreprises cotées en bourse doivent indiquer dans leur rapport annuel une série d'informations relatives aux conséquences sociales et environnementales de leurs activités. Depuis la loi NRE, de nombreux textes sont venus compléter et encadrer la RSE pour les entreprises françaises :

- la loi n° 2009-967 du 3 août 2009 de programmation relative à la mise en œuvre du Grenelle de l'environnement ;
- la loi n° 2010-788 du 12 juillet 2010 portant engagement national pour l'environnement ;
- la Directive du 22 octobre 2014 qui concerne la publication d'informations non financières et d'informations relatives à la diversité par certaines grandes entreprises et certains groupes ;
- la loi n° 2015-992 du 17 août 2015 relative à la transition énergétique pour la croissance verte ;
- la loi n° 2016-1691 du 9 décembre 2016 relative à la transparence, à la lutte contre la corruption et à la modernisation de la vie économique ;
- la loi n° 2017-399 du 27 mars 2017 relative au devoir de vigilance des sociétés mères et des entreprises donneuses d'ordre ;
- l'ordonnance du 19 juillet 2017 relative à la publication d'informations non financières par certaines grandes entreprises et certains groupes d'entreprises ;
- le décret du 9 août 2017 pris pour l'application de l'ordonnance du 19 juillet 2017 relative à la publication d'informations non financières par certaines grandes entreprises et certains groupes d'entreprises ;
- la loi PACTE du 22 mai 2019 qui met en place trois grandes mesures. La prise en compte des enjeux sociaux et environnementaux, l'assimilation de sa raison d'être dans ses statuts et la création du statut « d'entreprise à mission ».

123.14 Intérêt de la mise en place d'une stratégie de RSE. Les intérêts de la mise en place d'une stratégie de RSE sont évidents. Celle-ci va en effet permettre à l'entreprise :

- d'améliorer son image et stimuler sa compétitivité ;
- de renforcer des liens d'équipe autour d'un projet qui a du sens et d'améliorer la productivité ;
- d'encourager l'innovation ;
- de rendre l'embauche plus attractive ;
- de réduire les coûts ;
- de respecter les lois en vigueur et anticiper leurs évolutions.

1. L. n° 2001-420, 15 mai 2001 relative aux nouvelles régulations économiques, *JO* 16 mai, p. 7776.

SECTION 2
RESPONSABILITÉ SOCIÉTALE DES CABINETS D'AVOCATS

123.21 Lien entre RSE et profession d'avocat. Les principes et valeurs humanistes de l'avocat sont intrinsèquement liées à celles de la RSE. Dans le contexte du cabinet d'avocats, la RSE est une application concrète des termes du serment « Je jure comme Avocat (ou Avocate) d'exercer mes fonctions avec dignité, conscience, indépendance, probité et humanité ». C'est un moyen de mise en pratique de la déontologie de l'avocat[2].

Appliquée aux cabinets d'avocats, la RSE concerne principalement quatre domaines :

- les enjeux environnementaux ;
- la pratique du *pro bono* ;
- la relation client ;
- le fonctionnement interne du cabinet.

123.22 La reconnaissance de la responsabilité sociale des cabinets d'avocats par les instances de la profession. L'Ordre des avocats de Paris a lancé en 2011 un projet baptisé « un Ordre partenaire, durable et responsable » qui a donné lieu à la publication du premier bilan de responsabilité sociétale de l'Ordre des avocats et de la Carpa de Paris[3]. La diffusion du concept de responsabilité sociale des cabinets d'avocats se fait également par des opérations réalisées *via* le fonds « barreau de Paris Solidarités » lancé en 2003 par l'Ordre. Ce fonds finance et organise, en partenariat avec l'association « Droit d'urgence », des opérations de solidarités telles que « les trophées *pro bono* », « le bus de la solidarité » ou « l'avocat dans la cité ».

L'Ordre de Paris a aussi élaboré une Charte des bonnes pratiques de la collaboration qui favorise la promotion de l'égalité, de la diversité et du bien-être dans la gestion des collaborateurs[4].

En 2017, le CNB a publié un guide sur la responsabilité sociétale pour les cabinets d'avocats[5] qui souhaitent mettre en place une politique de RSE. Celui-ci était accompagné d'un outil d'autodiagnostic destiné à leur permettre de s'auto-évaluer. Les objectifs d'une telle politique sont :

- évaluer et améliorer les pratiques en faveur de la diversité et de l'environnement ;

2. S. Brugère, « La RSE et les cabinets d'avocates et d'avocats : questions pratiques », *Gazette du palais*, 6 sept. 2022, n° 1027.
3. Ordre des avocats de Paris, *Rapport développement durable 2012, Un ordre partenaire, responsable et durable*, 2012 [En ligne].
4. Ordre des avocats de Paris, *Charte des bonnes pratiques de la collaboration,* 28 nov. 2012.
5. CNB, *Responsabilité sociétale des cabinets d'avocats (RSCA)*, 2017.

- mettre en place une politique sociale proactive privilégiant le facteur humain ;
- engendrer une prise de conscience et développer une culture commune de l'égalité (égalité professionnelle, égalité des chances, égalité homme/femme...) ;
- intégrer les personnes en situation de handicap ;
- garantir la parité au niveau des organes représentatifs ;
- faciliter l'articulation vie privée/vie professionnelle.

D'une manière générale, les valeurs devant être promues par et au sein du cabinet sont :
- diversité et luttes contre les discriminations ;
- égalité de traitement et des chances ;
- parité ;
- respect de l'environnement ;
- bien-être au travail.

123.23 Enjeux humains et RSE dans les cabinets d'avocats. Le cabinet d'avocats constitue un environnement professionnel dans lequel les relations humaines sont souvent intenses et peuvent être mises à mal par une charge de travail importante. Comme dans d'autres environnements professionnels, les avocats sont aussi confrontés aux enjeux de la diversité.

Dans une étude du baromètre des droits portant sur le thème « Discriminations et harcèlement », sur les 500 avocats interrogés[1] :
- 29 % disent avoir été témoins ou victimes de comportements discriminatoires au sein de leur profession. Notamment 42 % en raison du genre et 41 % en raison de l'apparence physique ;
- 40 % d'entre eux estiment que le racisme est en évolution.

Une majorité des avocats portent un regard plus pessimiste que l'ensemble des Français sur l'évolution des discriminations liées à la religion, à l'âge, à la vulnérabilité économique ou encore à la résidence. Seule l'orientation sexuelle semble moins impacter les avocats.

Cependant 50 % des répondants affirment avoir été directement victimes ou témoins de difficultés rencontrées par des avocates enceintes au moment de leur grossesse ou à leur retour de congé maternité, contre 21 % des Français de manière générale.

Selon une autre étude réalisée par le premier Observatoire du handicap dans la profession d'avocat[2], si une majorité (54 %) des cent cinquante premiers cabinets d'avocats en France montre une familiarité avec les concepts de RSE, leurs politiques sont focalisées sur l'écoresponsabilité, l'égalité des genres, voire la diversité dans les profils recrutés, mais n'intègrent pas le handicap.

70 % des cabinets ayant répondu estiment qu'une politique de RSCA pourrait améliorer le processus de sélection et favoriser l'intégration des confrères en situation de handicap.

123.24 Intérêts d'une politique RSE pour le cabinet d'avocats. La responsabilité sociale des cabinets d'avocats se développe en raison de plusieurs facteurs[3] :
- les clients sont une source de développement de la responsabilité sociale des avocats. En effet, les entreprises continuent à développer des politiques de RSE[4] et elles exigent de tous leurs partenaires qu'ils en fassent autant. Autrement dit, pour figurer parmi les cabinets référencés par certaines entreprises, il faut être en mesure de démontrer que l'on a mis en place une politique RSE ;
- la pression du monde anglo-saxon joue également un rôle important dans le développement de la responsabilité sociale des cabinets d'avocats en France ;
- le développement de la responsabilité sociale des cabinets d'avocats favorise le développement d'un bon esprit au sein du cabinet, c'est en ce sens un moyen de fidéliser et de souder les équipes autour d'objectifs communs. L'attractivité des cabinets adoptant une démarche de responsabilité sociale des cabinets d'avocats est ainsi renforcée. En ce sens, une enquête remontant à 2013 révélait déjà que 60 % des élèves de l'EFB prennent en compte ce critère dans le choix de leur premier cabinet et 90 % déclarent qu'il s'agit d'un enjeu important pour la profession[5]. Ces chiffres ont sans doute largement progressé depuis ;
- la responsabilité sociale des cabinets d'avocats est un moyen d'améliorer l'image de marque d'un cabinet et de la profession en général. La responsabilité sociale des cabinets d'avocats peut être, en ce sens, un outil de différenciation sur le marché.

Les politiques conduites de façon sincère, qui placent la responsabilité sociale des cabinets d'avocats au cœur même de la gestion du cabinet, ne doivent plus être là pour répondre au strict minimum requis par les clients, la profession, les collaborateurs ou l'air du temps mais pour permettre de

1. C. Enkaoua, « Discriminations et harcèlement chez les avocats : des chiffres inquiétants », *D. actu.* 16 sept. 2021.
2. S. Baller, « Mettre un H à Avocat, c'est possible ? », *D.* 2019. 1984.
3. P. Lignières, « Quels sont les moteurs de l'engagement professionnel ? La responsabilité sociale des cabinets d'avocats – enjeux et défis », *D. avocats* 2015. 38.
4. Sur la RSE comme source d'opportunités pour les cabinets d'avocats, v. s[s] n°s 333.51 s.
5. Sondage réalisé en 2013 auprès des élèves de l'EFB dans le cadre du rapport sur la RSCA réalisé en 2014 par la clinique de l'école de Droit de Sciences Po en collaboration avec l'Ordre des avocats.

saisir les nouvelles opportunités de marchés, de changer la façon de travailler. La diversité n'est plus ressentie comme une contrainte ou un mal nécessaire mais comme une richesse et une source d'innovation [1].

Sur le plan du marketing [2], la RSE du cabinet peut se traduire par la défense d'une ou plusieurs causes. Elle rejoint alors la notion de *pro bono* [3] qui va jouer un rôle en matière de cohésion interne et qui va aussi aider les clients potentiels à comprendre les valeurs du cabinet et à nouer des liens.

La RSE peut aussi se traduire dans le fonctionnement du cabinet par la promotion de la démocratie, la transparence, la diversité, le multiculturalisme et la protection de l'environnement.

La RSE permet non seulement de différencier un cabinet d'avocat, mais également d'attirer des recrues et des clients moins susceptibles de quitter le cabinet dont ils partagent les valeurs.

123.25 **Mise en œuvre d'une politique RSE pour le cabinet d'avocats.** Les chantiers d'une politique de RSE sont nombreux et peuvent être répartis dans les catégories suivantes. La politique RSE peut être mise en place de manière progressive. Toutes les initiatives devront faire l'objet de discussions préalables puis d'une information systématique au moment de leur mise en œuvre. Chaque amélioration sera ainsi comprise et positivement perçue en interne et les avocats du cabinet en seront ensuite les ambassadeurs vis-à-vis de l'extérieur.

Ceci va consister à prendre les initiatives suivantes :

- mettre en place des critères objectifs et pertinents de recrutement veillant à lutter contre toute forme de discrimination ;
- mettre en place des critères objectifs et pertinents de rémunération et s'assurer que la rémunération est équivalente au travail ;
- organiser des réflexions annuelles sur la parité et la diversité ;
- ouvrir l'emploi aux personnes en situation de handicap, améliorer leurs conditions d'accueil et mieux les intégrer, former les associés et les dirigeants des cabinets à cette intégration ;
- traiter la question de parité dès le recrutement, lors de l'intégration d'un(e) associé(e), lors d'une évolution au sein de la structure ou lors de la désignation d'un avocat au sein d'une instance décisionnelle de la structure ;
- réduire la consommation d'énergie ;
- optimiser les ressources en biens consommables (échanges dématérialisés, réemploi, recyclage et lutte contre le gaspillage) ;
- prévenir les risques psycho-sociaux par l'écoute et par une adaptation des exigences à un équilibre entre vie professionnelle et personnelle ;
- promouvoir de la parentalité ;
- défendre de causes choisies par le cabinet (v. *pro bono*).

Dans toute sa démarche, le cabinet veillera à faire preuve d'authenticité. La sincérité de la démarche sera perceptible alors qu'*a contrario*, ni les membres du cabinet ni les clients ne seront dupes d'une démarche qui ne serait pas authentique. La responsabilité sociale doit toujours viser à faire la différence d'abord, puis les avantages marketing viendront par la suite.

123.26 **Expertise RSE apportée aux clients.** Les avocats ont aussi vocation à devenir des partenaires du développement de la responsabilité sociale chez leurs clients, les aidant à mettre en œuvre les outils et le reporting RSE, à satisfaire aux exigences de compliance, et à gérer les différents risques juridiques et, notamment le contentieux qui peuvent émaner de leurs engagements en la matière.

SECTION 3
ACTIVITÉS *PRO BONO*

123.31 ***Pro bono* : notion et définition.** *Pro bono*, dont la traduction française de l'expression latine est « pour le bien public », fait référence à des services professionnels fournis gratuitement ou à un coût très faible [4]. Dans le domaine juridique, l'activité *pro bono* consiste à conseiller gratuitement des populations défavorisées et de démocratiser l'accès à la justice. La notion a été importée en France par les grands cabinets américains à la fin du XXe siècle.

Dans certains cabinets américains, l'activité *pro bono* est considérée comme inhérente à la fonction d'avocat et participe, par l'initiative privée, à améliorer l'accès au droit. Cette activité est organisée et encadrée par le cabinet. Les dossiers *pro bono* ont alors une place à part entière dans la carrière des collaborateurs, et le temps consacré au *pro bono* est pris en compte dans les objectifs et la progression du collaborateur.

Il faut distinguer le *pro bono* de la commission d'office, qui est un mode de mise en relation de l'avocat à son client, souvent rémunéré ou de l'aide juridictionnelle, qui est une aide de l'État.

1. P. Lignières, « Quels sont les moteurs de l'engagement professionnel ? La responsabilité sociale des cabinets d'avocats – enjeux et défis », *D. avocats* 2015. 38.
2. N. Fishman, « Law Firm Corporate Social Responsibility Strategy », *good2Bsocial*, 3 janv. 2022 [En ligne].
3. V. s^s^ n° 123.31.
4. L. Diener, « Avocats des droits de l'homme : la pratique du *pro bono* en France », *Cahiers de la Justice* 2016/1, p. 139.

Le *pro bono* est également différent de l'action humanitaire de l'avocat, c'est-à-dire la participation bénévole aux missions d'associations ou les actions philanthropes, qui ne sont pas des actions juridiques.

Emmanuel Daoud, fondateur du cabinet Vigo, explique l'activité *pro bono* de son cabinet : « L'activité *pro bono* de Vigo repose sur le volontariat. Il n'y a pas d'exigence d'heures à y consacrer, ni aucun objectif chiffré. En revanche, si des collaborateurs décident de passer du temps sur un dossier *pro bono*, le nombre d'heures passées sur ce dossier sera considéré au même titre que des heures facturées. L'avocat concerné ne sera donc pas pénalisé (financièrement) dans l'appréciation globale de son implication professionnelle et de la qualité de son travail pour Vigo. Notre activité *pro bono* est entièrement consacrée aux droits de l'homme et au droit pénal international, que ce soit sur des dossiers individuels ou pour des associations, ONG telles que par exemple la FIDH, le Mouvement du Nid (association qui lutte contre la prostitution), ECPAT (ONG qui lutte contre le tourisme sexuel), pour les plus connues »[1].

123.32 ***Pro bono* et responsabilité sociale des cabinets d'avocats.** L'activité *pro bono* qui se définit par le fait de délivrer des conseils juridiques et mettre en place des formations au profit d'associations est une pratique à la portée de tous les cabinets d'avocats. Elle est devenue un des indicateurs extra-financiers de mesure de qualité qui viennent compléter les indicateurs financiers classiques.

L'activité *pro bono* contribue également à modifier les comportements au sein du cabinet. Le simple fait de mesurer ces activités contribue à les encourager.

L'Ordre des avocats du barreau de Paris participe à la prise de conscience autour des activités *pro bono* et à leur promotion en organisant depuis 2012 les « Trophées *pro bono* » Cet événement distingue les avocats et les cabinets pour leurs actions bénévoles auprès d'un grand nombre d'associations.

123.33 **Exemples d'activité *pro bono* des cabinets d'avocats.** Si une grande partie des activités *pro bono* réalisées par des avocats l'est par des grands cabinets d'affaires, les cabinets plus petits commencent à s'y impliquer davantage. Il existe aussi des collectifs d'avocats qui se forment pour représenter ou défendre une cause de manière bénévole.

Distingués par les Trophées *pro bono* 2021, se trouvaient des cabinets mais aussi de nombreux avocats individuels engagés pour des causes telles que le barreau des Arts, un collectif de 53 avocats et 82 élèves avocats dont l'objectif est de lutter contre l'accès trop limité au droit pour les jeunes artistes (artistes visuels, musiciens, réalisateurs, comédiens, etc.), notamment en propriété intellectuelle.

Ont été également distingués en 2021 :

– une avocate pour son engagement auprès d'Habitat et Humanisme, une association qui existe depuis 35 ans pour loger et accompagner des personnes défavorisées. L'association a pour mission de permettre aux personnes à faibles ressources, précarisées en raison de leur situation sociale, de leur âge, de leur handicap ou de leur santé, d'accéder à un logement décent, adapté à leurs situations et leurs ressources ;

– une équipe d'avocats qui a travaillé au service de l'Association pour la Défense des droits des détenus (A3D) dont la mission est de répondre aux besoins des jeunes âgés de 17 à 21 ans confiés à l'Aide sociale à l'enfance (ASE) ou sortis des dispositifs de l'ASE d'Île-de-France, qui cumulent souvent plusieurs facteurs de fragilité, notamment des situations d'isolement, de maltraitances familiales, institutionnelles ou extérieures, et une grande précarité sociale et économique.

123.34 **Mise en œuvre d'une activité *pro bono*.** La mise en œuvre d'une activité *pro bono* au sein du cabinet commence généralement par le choix d'une cause. Les projets *pro bono* peuvent être proposés par les avocats en fonction de leurs centres d'intérêts et des demandes qu'ils reçoivent individuellement, avant d'être soumis à la collectivité des associés.

Il est recommandé de rationaliser ce choix en fonction des compétences du cabinet afin d'accroître l'efficacité de l'action menée.

Si un cabinet n'a pas encore de projet spécifique, il est recommandé de se rapprocher d'associations afin de sonder et comprendre leurs besoins. Le cabinet peut aussi se rapprocher du fonds de dotation Paris Barreau Solidarité de l'ordre des avocats du barreau de Paris.

Une fois la ou les cause(s) retenues, le cabinet déterminera la méthode de sélection des dossiers et l'organisation des interventions des avocats. Selon la taille du cabinet, une équipe *pro bono* pourra être désignée afin de gérer la coordination des actions.

Une page du site internet du cabinet pourra être consacrée à ces activités.

En général, les heures consacrées par les collaborateurs au *pro bono* sont comptabilisées par le cabinet et prises en compte dans les objectifs et bonus annuels. Les règles doivent être clairement énoncées et portées à la connaissance de tous les collaborateurs.

123.35 **Fiscalité des activités *pro bono*.** Les activités bénévoles des avocats se situent dans la tradition de la profession et relèvent de l'exercice normal de la

1. E. Daoud, « Un engagement individuel qui est devenu un signe de distinction fort du cabinet », *D. avocats* 2014. 180.

profession[1]. À ce titre, elles ne doivent pas être considérées, sur le plan fiscal, comme des renonciations à recettes taxables.

On pourrait s'interroger sur la possibilité de prendre en compte, dans la base de la réduction d'impôt, la valeur de la prestation juridique offerte. La mise en œuvre, pour les activités *pro bono*, est délicate. En effet, l'article 200 du CGI[2] (réductions des impôts des particuliers) semble limiter la prise en compte de l'engagement des bénévoles aux frais acquittés par eux. L'avocat bénévole pourra donc difficilement faire valoir la valeur de son expertise. Pour ce qui concerne le mécénat d'entreprise[3], la délimitation des frais engagés entraîne des interrogations : peut-on imaginer, qu'une partie des coûts du personnel du cabinet, affecté à l'activité *pro bono*, soit intégrée à l'assiette de la réduction d'impôt ? La doctrine administrative accepte la prise en compte de la mise à disposition de personnel au titre d'un don en nature. Néanmoins, le salarié doit exercer réellement et effectivement une activité au sein de l'organisme[4]. Cette précision semble interdire la prise en compte du prix de revient du salarié ou du collaborateur du cabinet dans le cadre d'une simple consultation juridique. Ce dernier point mériterait certainement d'être débattu avec les pouvoirs publics. Pour encourager les activités *pro bono*, il serait cohérent d'ouvrir plus largement le champ des dépenses prises en compte pour la réduction d'impôt. Le coût budgétaire sera relativisé par le fait que ces dépenses ne seront plus, en application de l'article 238 *bis* du CGI, déductibles du résultat fiscal.

Sur la déductibilité des dépenses engagées lors d'activités *pro bono*, un arrêt ancien du Conseil d'État[5] énonce que les dépenses exposées par un notaire à l'occasion des travaux, réunions, manifestations et congrès auxquels il a participé en tant que membre ou animateur de groupements ou d'associations d'intérêt général ne peuvent, à l'exception de celles qu'il a engagées lors des congrès de notaires, être regardées comme nécessitées par l'exercice de la profession et ne peuvent donc venir en déduction des bénéfices imposables de l'intéressé. L'administration a adopté la même position pour considérer que les frais de déplacement supportés par les médecins qui prêtent leur concours à des associations sportives ne peuvent être déduits de leurs recettes taxables dès lors qu'ils sont afférents à une activité non rémunérée, distincte de l'activité professionnelle[6]. Faute de considérer comme dans certains pays (États-Unis) l'activité *pro bono* comme une obligation déontologique, les dépenses liées à cette activité n'apparaissent pas comme nécessaires et ne pourront pas être déduites.

Enfin, il faut souligner que les dons ne doivent pas donner lieu à des contreparties. Il conviendra donc d'être particulièrement prudent sur la publicité faite autour de l'activité *pro bono* (pour éviter une assimilation avec la notion de parrainage)[7].

1. G. Le Faou, « La taxation des recettes fantômes : mythe ou réalité ? », *D. actu.* 4 mars 2014.
2. Réduction d'impôt pour les particuliers.
3. CGI, art. 238 *bis* ; mod. par L. n° 2014-1545, 20 déc. 2014 – *BOI*-BIC-RICI-20-30-20.
4. *BOI*-BIC-RICI-20-30-10-20, § 40.
5. CE 14 juin 1963, req. n° 50930, NP.
6. Rép. Voilquin, *JO Sénat* 13 août 1987, n° 5156, p. 1280 ; bien que non insérée dans le *Bofip*, on peut considérer que cette réponse reste d'actualité.
7. G. Le Faou, « L'influence des activités *pros bono* des avocats sur leur impôt sur le revenu », *D. avocats* 2014. 182.

CHAPITRE

124. Spécialisation des avocats

SECTION 0 ORIENTEUR

124.00 Sommaire du chapitre.

SECTION 1 ARGUMENTS ÉCONOMIQUES DE LA SPÉCIALISATION

124.11 Évolution constante vers la spécialisation des services. Tous les domaines des services professionnels et les services aux entreprises en particulier suivent une tendance à la spécialisation[1]. Dans le domaine du droit, celle-ci est la conséquence d'un ensemble de facteurs dont principalement l'inflation législative, la mondialisation des échanges et la concurrence que se livrent les intervenants.

Le lien entre la spécialisation et l'amélioration des performances économiques est à l'origine des « accords de spécialisation » en droit européen[2]. Ces accords encouragent la coopération des entreprises en matière de spécialisation, estimant que celle-ci contribue à améliorer la production ou la distribution des produits, à faciliter le progrès technique et économique, à rationaliser la fabrication et l'utilisation des produits au bénéfice notamment des consommateurs. Les accords de spécialisation concernent aussi bien le domaine de la production industrielle que celui des services.

124.12 Évolution des avocats vers la spécialisation. Au début des années 2000, une étude spécifique au marché du droit et aux cabinets d'avocats aux États-Unis[3] concluait à la spécialisation inéluctable du métier d'avocat dès lors que :

– les revenus des avocats spécialisés progressent et encouragent une tendance profonde de la spécialisation du métier ;

– le nombre et la taille des structures d'exercice augmentent entraînant une organisation du travail à plusieurs, propice à une plus grande spécialisation.

Depuis le début des années quatre-vingt-dix, comme l'a constaté le rapport Darrois, le droit, plus complexe, s'est étendu à de nouvelles matières (consommation, concurrence, bourse, environnement) ou a pénétré plus profondément certains domaines, notamment celui du travail. Les juristes sont amenés à intervenir plus souvent pour aider les individus et les entreprises à prendre des décisions conformes aux textes. Bien qu'il n'y ait pas de statistiques officielles à ce sujet, la proportion de l'activité de conseil dans les revenus des avocats pourrait se situer entre 60 et 75 % selon les estimations. Or, cette activité de conseil, nécessaire à toutes les étapes de la vie économique des entrepri-

1. SUR la spécialisation de l'avocat : H. Ader, S. Bortoluzzi, A. Damien, D. Piau, Th. Wickers, *Règles de la profession d'avocat 2022/2023*, 17e éd., « Dalloz action », 2022, n° 214. 11 s.

2. Règl. (CE) n° 2658/2000, Commission, 29 nov. 2000 concernant l'application de l'article 81, paragraphe 3, du traité à des catégories d'accords de spécialisation, *JOCE L* 304, 5 déc. ; règlement se situant dans le cadre du règlement n° 2821/71 habilitant la commission, dans le respect de l'article 81 paragraphe 3, du traité CE, à exempter certains types d'accords. Ce règlement vise à remplacer le règlement n° 417/85 du 19 déc. 1984 arrivé à expiration le 31 déc. 2000.

3. Garicano & Hubbard, « Specialization, Firms and Markets : the division of labour between and within law firms », Department of Economics, University of Connecticut, janv. 2003 [En ligne : http://ideas.repec.org].

ses, des collectivités et des particuliers, requiert une connaissance toujours plus aiguë des textes et de la jurisprudence et de l'activité des clients.

Dans leur vaste majorité les avocats sont lucides face à cette nécessité de se spécialiser. Ce constat ressort nettement des résultats de l'étude « Etat de la profession 2021 » diligentée par l'Observatoire du CNB.

L'analyse reste la même en 2023. Chercher à s'adresser à un public trop large n'est pas efficace. Plus l'avocat s'adresse à une cible précise, plus il attirera de clients. La spécialisation n'est pas seulement bénéfique pour le client, elle est aussi bénéfique au fonctionnement et au développement du cabinet[1].

En dehors des cabinets spécialisés, les petites structures ne peuvent pas recruter à armes égales avec les grandes. Si elles ne peuvent rivaliser sur le plan financier, elles doivent pouvoir rivaliser sur le plan intellectuel. Le marché du droit, au même titre que toutes les prestations de conseils et de services, connaît une évolution vers une plus grande spécialisation.

124.13 Huit grandes raisons de se spécialiser. La spécialisation favorise la qualité du travail du cabinet. Elle limite la dispersion et permet de travailler de manière plus efficace. Les cabinets d'avocats sont de plus en plus nombreux à vouloir se distinguer par un savoir-faire reconnu dans des domaines précis, car la spécialisation présente de nombreux atouts[2] :

- le cabinet est plus sélectif dans le choix des clients et des dossiers, ce qui améliore la qualité des prestations ;
- la concurrence est mieux connue donc plus maîtrisable ;
- il existe moins de pression à la baisse sur les honoraires ;
- les actions de communication et de marketing sont plus ciblées donc connaissent un meilleur retour sur investissement ;
- la réputation se construit de manière plus efficace et rapide concernant un cabinet dont les domaines de compétence sont clairement établis ;
- la presse sollicite les spécialistes quand elle a besoin de commentaires ou d'avis sur une question d'actualité ;
- la spécialisation favorise l'activité de publication ;
- les autres cabinets d'avocats sont des prescripteurs de dossiers pour les cabinets spécialisés.

Le client bénéficie également de la spécialisation de l'avocat[3] :

- des conseils plus précis et plus rapides ;
- de meilleures prescriptions vers des compétences complémentaires de la spécialité ;
- de meilleurs résultats dans les procès.

124.14 Démographie des avocats et spécialisation. Confrontés à cette nécessaire spécialisation, les avocats français doivent faire face à des difficultés qui leur sont spécifiques. Peu nombreux par comparaison avec leurs confrères dans les autres grands pays de l'Union européenne, les avocats français sont-ils freinés dans leur spécialisation par la démographie de la profession ?

Souffrant d'une répartition très inégale sur le territoire, de nombreux avocats restent contraints à une pratique très généraliste de leur métier pour répondre aux demandes des clients sur leur secteur géographique. Il n'en demeure pas moins que beaucoup de ces avocats auraient intérêt à organiser une meilleure répartition du travail entre eux par activités dominantes. Ceci conduirait à des gains de productivité, et donc à une meilleure rentabilité et une plus grande efficacité.

NOMBRE D'AVOCATS INSCRITS/
100 000 HABITANTS

Pays de l'Union européenne et UK	Nombre d'avocats/ habitants
France	104
Allemagne	199
Italie	398
Grande Bretagne	256
Espagne	303

Source : Chiffres 2020 – Systèmes judiciaires européens
Rapport d'évaluation de la CEPEJ
Cycle d'évaluation 2022 (données 2020)

SECTION 2
MENTIONS DE SPÉCIALISATION DU CONSEIL NATIONAL DES BARREAUX (CNB)

124.21 Régime antérieur des mentions de spécialisation du CNB. Motivées par un souci d'information du public, les mentions de spécialisation étaient initialement prévues par le décret du 27 novembre 1991[4]. Leur liste a été dressée par l'arrêté du 8 juin 1993 fixant la liste des spécialisations en usage dans la profession d'avocat. L'arrêté du 8 décembre 1993

1. « Law firm specialization : why it matters », *The National Law Review*, août 2022.
2. Énumération adaptée de Griselda, « Essential guide to law firm marketing », *Legal Expert Connections Inc.* 2007 [www.hg.org/niche-legal-marketing.html].
3. « Law firm specialization : why it matters », *The National Law Review*, août 2022.
4. Décr. n° 91-1197, 27 nov. 1991 organisant la profession d'avocat, *JO* 28 nov., p. 15502, art. 86 à 92-1.

a fixé les modalités de l'examen de contrôle des connaissances en vue de l'obtention d'un certificat de spécialisation.

124.22 Baisse du nombre des avocats titulaires de mentions de spécialisation (régime antérieur). L'instauration des mentions de spécialisation n'a pas eu le succès espéré. Après avoir atteint son point culminant en 1999, le nombre total de mentions de spécialisation diminue chaque année. Même si cette régression est lente, elle est constante et traduit le fait que de moins en moins d'avocats effectuent les démarches nécessaires à l'obtention de ces mentions.

124.23 Évolution 1998-2011 du nombre de mentions de spécialisations (régime antérieur).

Spécialisation	1998	2004	98/04	2007	98/07	2011
Nombre total des mentions – dont	13 404	12 894	– 4 %	12 554	– 6 %	11 216
• droit social	1 843	2 003	9 %	2 090	13 %	1 884
• droit fiscal	2 166	1 925	– 11 %	1 815	– 16 %	1 603
• droit des sociétés	1 997	1 814	– 9 %	1 686	– 16 %	1 491
• droit des personnes	1 567	1 509	– 4 %	1 504	– 4 %	
• droit commercial	1 525	1 475	– 3 %	1 441	– 6 %	
• droit immobilier	1 244	1 198	– 4 %	1 132	– 9 %	
• droit économique	729	667	– 9 %	637	– 13 %	
• droit pénal	642	639	0 %	619	– 4 %	605
• droit des mesures d'exécution	598	535	– 11 %	485	– 19 %	
• droit public	348	390	12 %	408	17 %	471
• droit de la propriété intellectuelle	226	244	8 %	263	16 %	
• droit international	211	199	– 6 %	182	– 14 %	
• droit rural	158	150	– 5 %	141	– 11 %	
• droit communautaire	91	81	– 11 %	82	– 10 %	
• droit environnemental	59	65	10 %	69	17 %	

Source : CNB, *Avocats faits et chiffres,* oct. 2008 et Ministère de la Justice, 2011.

124.24 Explications de la baisse du nombre des mentions. Sont avancées plusieurs explications à cette baisse des mentions de spécialisation dans le contexte d'une profession qui se spécialise davantage chaque année :

– les intitulés des spécialisations retenus par l'arrêté du 8 juin 1993 n'étaient pas assez précis et, pour certains d'entre eux, ne correspondaient pas à des réalités économiques claires (droit commercial, droit des mesures d'exécution, droit international...) ;

– les conditions d'obtention des mentions de spécialisation étaient inadaptées aux réalités des praticiens ;

– la possibilité pour un même avocat de cumuler trois mentions différentes enlevait du poids à celles-ci ;

– les spécialités sont souvent exercées dans des cabinets reconnus qui n'estiment pas avoir besoin des mentions de spécialisation délivrées par la profession pour asseoir leur crédibilité.

Fort de ces constatations, le CNB, désireux d'améliorer l'information du public et le contrôle des avocats concernant les spécialisations, a souhaité revoir le système en vigueur. L'objectif de la réforme était d'inverser une tendance qui a vu le nombre de mentions de spécialisations passer de 13 235 en 2001 à 11 216 en 2011 alors que dans le même temps les effectifs du barreau français augmentaient de 41 %. Rapporté au nombre d'avocats, le nombre de mentions de spécialisation a donc baissé de 15 % en dix ans.

124.25 Réforme des mentions de spécialisation. Le CNB a décidé de refondre le régime des spécialisations pour une meilleure visibilité auprès du public et une plus grande attractivité pour les avocats[1]. La réforme, mise en œuvre dans le cadre de la loi du 28 mars 2011[2], a souhaité améliorer l'accès des avocats aux certificats de spécialisation par un contrôle des connaissances portant sur la pratique

1. S. Roumier, *Rapport présenté au nom de la commission Formation sur la refonte du régime des spécialisations,* CNB, AG 12 et 13 mars 2010.
2. L. n° 2011-331, 28 mars 2011 de modernisation des professions judiciaires et juridiques réglementées, *JO* 29 mars, p. 5447.

professionnelle de l'avocat. Elle a aussi souhaité favoriser l'affichage par les avocats de compétences acquises au sein d'une liste renouvelée de mentions de spécialisations sous condition du maintien d'un niveau élevé d'exigence et d'une formation continue renforcée. Les textes réglementaires qui précisent les conditions du nouveau dispositif ont été publiés au *Journal officiel* le 29 décembre 2011[1] pour une entrée en vigueur au 1er janvier 2012.

Le nombre des spécialisations passe de 15 à 26. Les « mentions » de spécialisation deviennent des « certificats » de spécialisation avec des intitulés plus précis et plus proche de la réalité juridique et économique des clients.

124.26 Liste des spécialisations de la réforme de 2011. Dans un souci de lisibilité par le public et pour que ces spécialités soient le reflet de la pratique professionnelle, l'arrêté du 28 décembre 2011 a fixé la liste suivante des certificats de spécialisation délivrés par le CNB[2] :

- droit de la famille, des personnes et de leur patrimoine ;
- droit des étrangers et de la nationalité ;
- droit du crédit et de la consommation ;
- droit de la santé ;
- droit pénal ;
- droit des garanties, des sûretés et des mesures d'exécution ;
- droit de la propriété intellectuelle ;
- droit des nouvelles technologies, de l'informatique et de la communication ;
- droit des assurances ;
- droit bancaire et boursier ;
- droit commercial, des affaires et de la concurrence ;
- droit des sociétés ;
- droit des associations et des fondations ;
- droit fiscal et droit douanier ;
- droit immobilier ;
- droit des transports ;
- droit du travail ;
- droit de la Sécurité sociale et de la protection sociale ;
- droit public ;
- droit de l'arbitrage ;
- droit international et de l'Union européenne ;
- droit de l'environnement ;
- droit rural ;
- droit du sport ;
- droit de la fiducie ;
- droit du dommage corporel.

Cette liste de 26 spécialisations constitue clairement une amélioration par rapport à la liste antérieure en ce que les intitulés correspondent à des réalités non seulement juridiques mais aussi économiques qui ont une signification pour les clients. Ainsi des spécialisations telles que « droit économique » ont disparu de la liste.

Le découpage reste cependant très déséquilibré. Une spécialisation telle que « Droit commercial, des affaires et de la concurrence » comprend des matières aussi diverses que le droit de la distribution, les pratiques commerciales illicites et les baux commerciaux et concerne des milliers d'avocats. En revanche, le droit de la fiducie compte tout au plus quelques dizaines de praticiens.

Deux arrêtés du 1er octobre et du 20 octobre 2021[3] sont venus ajouter deux nouvelles spécialisations portant leur nombre à vingt-huit : « droit des enfants » et « droit de la protection des données personnelles ». Cette dernière mention vise à donner de la visibilité aux avocats qui pratiquent la fonction de DPO, délégué à la protection des données personnelles[4]. Le même arrêté simplifie l'intitulé de mention « droit des nouvelles technologies, de l'informatique et de la communication » qui est remplacé par « droit du numérique et des communications ».

124.27 Nombre de spécialisations et régime transitoire. Un avocat ne peut acquérir plus de deux certificats de spécialisation. Les avocats déjà titulaires d'une ou plusieurs mentions de spécialisation à la date d'entrée en vigueur de la réforme ont été dispensés de la procédure de droit commun et ont bénéficié d'une procédure simplifiée. Il leur a suffi de :

- justifier de leur(s) mention(s) de spécialisation antérieure(s) ;
- déclarer sur l'honneur qu'ils ont poursuivi leur pratique professionnelle dans la spécialité concernée ;
- présenter une attestation du bâtonnier confirmant qu'ils sont à jour de leurs obligations de formation continue.

La période transitoire avait d'abord été fixée à un an. Les avocats concernés devaient donc déposer

1. Décr. n° 2011-1985, 28 déc. 2011 relatif au vice-bâtonnier, à l'arbitrage du bâtonnier et aux mentions de spécialisation des avocats, *JO* 29 déc., p. 22573 – Arr. 28 déc. 2011 fixant la liste des mentions de spécialisation en usage dans la profession d'avocat, *JO* 29 déc., p. 22577, NOR : JUSC1130802A.
2. Arr. 28 déc. 2011 fixant la liste des mentions de spécialisation en usage dans la profession d'avocat, *JO* 29 déc., p. 22577, NOR : JUSC1130802A.
3. Arr. 20 oct. 2021 modifiant l'arrêté du 28 décembre 2011 fixant la liste des mentions de spécialisation en usage dans la profession d'avocat, *JO* 24 oct., n° 20, NOR : JUSC2130878A.
4. M. Lartigue, « Certificats de spécialisation : la liste des mentions s'allonge mais le nombre d'avocats "spécialisés en" stagne », *D. actu.* 13 déc. 2021.

leurs dossiers avant le 31 décembre 2012. Le Conseil national des barreaux avait mis en place une table de concordance pour permettre le passage des anciennes aux nouvelles spécialisations. Le CNB a décidé de proroger la période transitoire pour une année supplémentaire pour permettre au plus grand nombre de bénéficier de ce régime. C'est, au total, 6 290 dossiers qui ont été reçus par le CNB dans le cadre du régime transitoire. Le traitement de ces dossiers a été achevé le 30 juin 2014. 5 909 dossiers ont été admis, et 8 880 certificats ont été délivrés. Le CNB a procédé ensuite à l'inscription de ces 5 909 avocats sur la liste nationale des avocats spécialistes et informé leur ordre du ou des certificats obtenus pour mise à jour du tableau.

Un régime particulier a été aménagé pour les avoués devenus avocats[1]. Ils bénéficient automatiquement de la mention « spécialiste en procédure d'appel ». Cette spécialisation qui n'est pas reprise dans la nouvelle liste leur est exclusivement réservée.

Malgré l'information diffusée sur les conditions et les délais du régime transitoire, le CNB a reçu de nombreuses demandes hors-délai de renouvellement de certificats de spécialisation, qui ont dû être rejetées. Le nombre de mentions de spécialisation au niveau national a ainsi connu une forte baisse. Selon le ministère de la Justice, « entre 2015 et 2016, le nombre de mentions a connu une baisse de 14 % au plan national (1 393 mentions de moins). Cette diminution s'explique par le fait qu'en 2015 certaines "anciennes" mentions de spécialisation étaient encore recensées dans les bases de données des barreaux. Cette baisse est imputable pour une très grande part à celle enregistrée devant le barreau de Paris qui recense 1 096 mentions de moins qu'en 2015 (– 45 %) »[2].

124.28 Stagnation des mentions de spécialisation. La réforme des spécialisations de 2011 n'a pas permis de relancer une dynamique.

Entre 2012 et 2020, seulement 1 357 dossiers de candidature ont été déposés au CNB. Le taux de réussite est de 77 %. Ci-après un récapitulatif par année du nombre de candidatures :

	2012	2013	2014	2015	2016	2017	2018	2019
Nombre de candidatures	183	172	144	138	171	254	151	164

124.29 Répartition des mentions de spécialisation délivrées au 1er janvier 2020.

	Mention de spécialisation	Nombre de délivrance du certificat
1	Droit de la fiducie	2
2	Droit du sport	7
3	Droit des transports	8
4	Droit de l'arbitrage	13
5	Droit de la santé	17
6	Droit des étrangers et de la nationalité	21
7	Droit des assurances	29
8	Droit des associations et des fondations	52
9	Droit bancaire et boursier	63
10	Droit de l'environnement	74
11	Droit rural	99
12	Droit du crédit et de la consommation	124
13	Droit international et de l'Union européenne	126
14	Droit des nouvelles technologies, de l'informatique et de la communication	139
15	Droit des garanties, des sûretés et des mesures d'exécution	228
16	Droit du dommage corporel	276
17	Droit de la propriété intellectuelle	296
18	Procédure d'appel	330
19	Droit pénal	439
20	Droit public	477
21	Droit commercial, des affaires et de la concurrence	779
22	Droit de la sécurité sociale et de la protection sociale	865
23	Droit immobilier	878
24	Droit de la famille, des personnes et de leur patrimoine	917
25	Droit des sociétés	979
26	Droit fiscal et droit douanier	1 122
27	Droit du travail	1 827
Total		**10 187**

Source : Rapport sur la spécialisation des avocats – CNB avr. 2020.

1. Sur la réforme mettant fin à la profession d'avoué, v. s[s] n° 012.44.
2. Ministère de la justice, *Statistiques de la profession d'avocat*, 2016, p. 32.

Sur le 10 187 mentions délivrées à plus de 7 000 avocats (compte tenu du nombre de titulaires de double mentions de spécialisation), certaines ne sont plus à jour car leurs titulaires ne se sont pas acquittés des obligations de formation pour les entretenir. Au 1er janvier 2020, il y aurait 5 596 avocats titulaires de mentions de spécialisations valides, soit environ 8 % de la population totale des avocats.

124.30 Mentions de spécialisation : nouvelles propositions de réforme. D'abord en 2017[1] puis en 2020[2], le CNB a voulu réformer certaines des dispositions des textes de 2011, notamment en assouplissant et en clarifiant les conditions d'acquisition des quatre années de pratique professionnelle continue requises par les textes de 2011. Ces propositions n'ont pas été suivies d'effet et ce sont les textes du décret du 28 décembre 2011 qui restent en vigueur.

La seule modification aux articles 86 à 92-6 du décret du 27 novembre 1991 qui sont les dispositions relatives aux mentions de spécialisation est un nouvel article 92-4[3] qui prévoit désormais que la décision refusant un certificat de spécialisation peut être déférée par l'intéressé à la cour d'appel de Paris, dans le délai d'un mois suivant sa notification, par lettre recommandée avec demande d'avis de réception adressée au greffe de la cour d'appel ou remis contre récépissé au directeur de greffe. Le recours est instruit et jugé selon les règles applicables en matière contentieuse à la procédure sans représentation obligatoire.

124.31 Conditions de pratique professionnelle. Le régime des certificats de spécialisation prévu par la loi du 28 mars 2011 a souhaité mieux prendre en compte l'expérience acquise par l'avocat dans le cadre de son exercice professionnel. L'examen théorique est donc remplacé par un entretien de validation des compétences professionnelles[4]. Le candidat doit justifier d'une pratique professionnelle d'au moins quatre ans[5] dans la spécialité dont il demande le certificat. L'esprit de la réforme est de valider les acquis de l'expérience de l'avocat dans sa vie professionnelle plutôt que de le renvoyer à des révisions de connaissances théoriques. L'entretien se déroule au Centre régional de formation professionnelle et sa durée est fixée à une heure.

Les dossiers de candidature sont transmis par voie électronique au président du Conseil national des barreaux. Outre les pièces d'état civil et les documents attestant de sa qualité d'avocat, le requérant doit fournir une note de synthèse faisant état de sa pratique professionnelle continue d'au moins quatre ans dans le domaine concerné par le certificat demandé. L'entretien consiste à vérifier le contenu du dossier et à valider les compétences de l'avocat par une mise en situation dans le domaine concerné. Si l'avocat est admis, le CNB délivre le certificat de spécialisation et inscrit le professionnel sur une lise nationale publiée chaque année et en informe les bâtonniers. En cas de refus de délivrance du certificat de spécialisation demandé, l'avocat dispose d'un recours dans un délai d'un mois de la notification devant la cour d'appel de Paris. Il est proposé de prendre en compte l'expérience acquise au cours de quatre années dans la matière de la spécialité revendiquée, sans autre condition relative au mode d'exercice. À titre complémentaire, le jury pourra tenir compte de la justification d'un minimum d'heures de formation continue dans la spécialisation revendiquée.

Le CNB centralise le traitement des demandes et l'organisation des examens : les candidatures sont adressées au Conseil national des barreaux qui transmet le dossier par voie électronique à un rapporteur.

Lors de l'examen, le candidat effectue une présentation orale de son dossier devant un jury qui contrôlera l'existence d'une pratique professionnelle réelle et sérieuse. Le jury est composé, sur critères de compétences relatifs aux différentes spécialités, de quatre membres désignés par le Conseil national des barreaux sur une liste établie annuellement. Il comprend : deux avocats, dont le rapporteur, et le président du jury, un universitaire, et un magistrat. En cas de partage des voix, celle du président sera prépondérante.

Le candidat a la possibilité de demander à passer l'épreuve hors de son école de rattachement. Sur le site du CNB, plusieurs pages sont consacrées aux conditions et aux démarches relatives aux certificats de spécialisation.

124.32 Recommandations pour la note de synthèse. Depuis le 1er janvier 2012, le dossier de candidature de l'avocat souhaitant acquérir une première, ou une nouvelle mention de spécialisation, est composé d'une note de synthèse sur ses activités professionnelles en lien avec le domaine de spécialisation revendiqué, note destinée aux membres du jury. Cinq points doivent être respectés pour présenter la note de synthèse[6] :

1) Dans un souci de confidentialité, le nom des parties ne doit pas apparaître, ni dans la note de

1. CNB, AG 8 et 9 sept. 2017.
2. CNB, Commission de la formation professionnelle, *Rapport sur la proposition de réforme sur la spécialisation des avocats*, AG 3 et 4 avr. 2020.
3. Décr. n° 91-1197, 27 nov. 1991, art. 92-4 ; mod. par Décr. n° 2022-1258, 26 sept. 2022, art. 3.
4. Décr. n° 2011-1985, 28 déc. 2011 – Arr. 28 déc. 2011 fixant les modalités de l'entretien de validation des compétences professionnelles en vue de l'obtention d'un certificat de spécialisation, *JO* 29 déc., p. 22577.
5. Décr. n° 91-1197, 27 nov. 1991, art. 88 ; mod. par Décr. n° 2011-1985, 28 déc. 2011, art. 10.
6. E. Fournier, « Recommandations pour la préparation de la note de synthèse », *D. avocats*, n° 10, 2013.

synthèse, ni dans les pièces du dossier de l'avocat candidat. Il convient donc de cacher le nom des parties dans tous les documents communiqués, et de ne pas les citer dans la note de synthèse.

2) Une petite introduction est nécessaire pour expliquer le parcours de l'avocat candidat, le choix de la spécialisation, le nombre total de dossiers traités par le cabinet et le nombre de dossiers traités au regard de la spécialisation revendiquée, et ce sur les quatre dernières années.

3) La note de synthèse doit être organisée et ne pas être un simple catalogue. La présentation par type de contentieux, notamment si la spécialisation demandée est large, est envisageable, mais il est également possible de faire une présentation chronologique, sur les quatre dernières années.

4) Chaque présentation de cas dans la note de synthèse doit renvoyer aux documents communiqués dans le dossier justifiant de la pratique professionnelle. Ainsi, les dossiers cités en référence dans la note de synthèse doivent impérativement être communiqués dans le cadre du dossier justifiant de la pratique professionnelle ; les deux éléments sont en effet liés, et il n'y a aucun intérêt à faire référence, dans la note de synthèse, à des documents que le jury ne pourra pas consulter.

5) Enfin, la présentation de chaque cas doit être complète et inclut naturellement les faits, le choix de la procédure et du raisonnement juridique, outre le jugement rendu et ses suites éventuelles. Ainsi, présenter une assignation en indiquant qu'elle s'est soldée par un protocole d'accord implique, bien entendu, de communiquer également la copie de ce protocole. De même, il n'est pas judicieux de présenter des dossiers dans lesquels une décision n'a pas encore été rendue. Il vaut mieux, dans ce cas, mentionner en introduction le nombre de dossiers en cours, sans les citer ultérieurement.

La note de synthèse demandée est un résumé ordonné des dossiers qui sont communiqués, soit par des jeux de conclusions en demande et en défense, ainsi que par le jugement comportant les éléments contradictoires de la procédure ; soit par des consultations écrites ou des rédactions d'actes. Le jury prend en compte le nombre de dossiers traités et la diversité des dossiers traités. La commission formation du CNB, à l'initiative de cette réforme, avait envisagé que la présentation d'un nombre de dossiers traités compris entre 15 et 20, en conseil ou en contentieux, au regard de la spécialisation revendiquée, pouvait être considérée comme un nombre significatif. Il ne s'agit donc pas de faire un listing exhaustif et chronologique de tous les dossiers du cabinet, mais de démontrer que son activité au regard de la spécialisation revendiquée est suffisamment importante, et ce depuis au moins quatre ans.

Il s'agit, pour le candidat, de présenter des dossiers couvrant, le plus largement possible, le champ de la matière de la spécialisation demandée, et abordant des points variés ; sauf, dans le cas d'une demande portant sur une spécialisation de niche avec qualification spécifique.

Le candidat doit communiquer des dossiers dans lesquels il a pu rencontrer des problèmes juridiques intéressants, lesquels permettront au jury de poser des questions en lien avec la spécialisation revendiquée, et de vérifier concrètement la valeur du candidat. Les dossiers sans difficulté doivent être écartés ou cités de manière extrêmement limitée car l'obtention du titre de spécialiste se justifie sur la capacité à régler des situations juridiques pointues, la spécialité n'apportant aucune plus-value à la résolution des cas simples. Cette note de synthèse, appuyée sur le dossier, va être le reflet de la pratique professionnelle du candidat avocat spécialiste et doit donc être préparée avec soin pour mettre en valeur sa compétence aiguisée dans le domaine de la spécialisation demandée.

124.33 Notion de qualification spécifique. L'arrêté du 28 décembre 2011 prévoit que le candidat à l'obtention d'une mention de spécialisation peut solliciter, s'il le souhaite, le bénéfice d'une qualification spécifique. Cette qualification spécifique précise un champ juridique d'intervention privilégié au sein de la mention de spécialisation. Elle doit répondre aux trois critères ci-après :

– rattachement au champ juridique de la spécialisation ;

– nécessité pour l'information du public ;

– caractère juridique du contenu et de la formulation de la mention.

La question de la demande d'une qualification spécifique suscite de nombreuses interrogations de la part des candidats à la fois en ce qui concerne la détermination de cette qualification spécifique et sur le bien-fondé de l'obtention d'une telle qualification. L'arrêté prévoyait qu'une liste de ces qualifications spécifiques soit arrêtée par le CNB. Ceci n'a pas été fait et ne le sera vraisemblablement pas dans la mesure où il semble impossible d'établir une liste de toutes les qualifications spécifiques qui pourraient exister à l'intérieur d'une spécialisation. En 2015, le CNB a édité un guide pratique spécifiquement consacré aux qualifications spécifiques[1].

Quant à la signification d'une telle qualification spécifique, elle est sujette à discussion : est-ce qu'un candidat qui demanderait la mention de spécialisation « droit commercial, des affaires et de la concurrence » avec la qualification spécifique « baux commerciaux » disposerait d'une mention de spécialisation restreinte

1. CNB, *Guide pratique des spécialisations consacré aux qualifications spécifiques*, 4 nov. 2015 [En ligne].

ou, au contraire, augmentée ? La réponse n'est pas tranchée.

124.34 Obligation de formation continue renforcée pour les certificats de spécialisation. L'obligation annuelle de formation continue pour l'avocat spécialiste est portée à dix heures par an ou vingt heures sur deux ans par spécialité (au lieu de cinq heures par an sous le régime antérieur). En cas de double certificat, l'obligation de formation continue revient à 40 heures sur deux ans dans les domaines concernés par les certificats. Cette obligation consistant à consacrer au moins la moitié de son temps de formation obligatoire à sa ou ses spécialisations de formation laisse à l'avocat la liberté indispensable de se former dans d'autres domaines.

À défaut de se conformer à ses obligations de formation continue dans les domaines de ses certificats de spécialisation, l'avocat perd le droit de se prévaloir de ses certificats[1].

SECTION 3
PRATIQUE D'UNE ACTIVITÉ SPÉCIALISÉE

124.41 Influence de la spécialisation de l'avocat sur le fonctionnement du cabinet. L'activité de l'avocat spécialisé doit chercher à s'intégrer dans le fonctionnement du cabinet. Les conditions suivantes sont requises :

- l'activité de l'avocat spécialisé doit chercher à servir les clients des autres associés du cabinet ;
- l'activité de l'avocat spécialisé doit chercher à se fondre dans l'organisation globale du cabinet ;
- les associés du cabinet doivent être disposés à promouvoir cette activité spécialisée ;
- l'activité spécialisée doit avoir un intérêt stratégique dans le développement du cabinet.

Si ces conditions sont réunies, l'avocat spécialisé pourra développer son activité dans le cadre de son cabinet et ce dernier en tirera tous les fruits escomptés.

124.42 Approches pouvant conduire au rapprochement d'avocats spécialisés. Différentes approches peuvent conduire au regroupement d'avocats spécialisés.

EXEMPLE D'APPROCHE D'UN SERVICE GLOBAL AUX ENTREPRISES

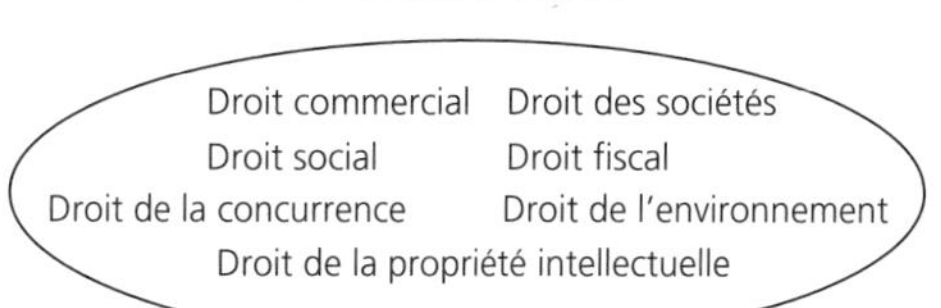

EXEMPLE D'APPROCHE D'UN SERVICE AUX PARTICULIERS

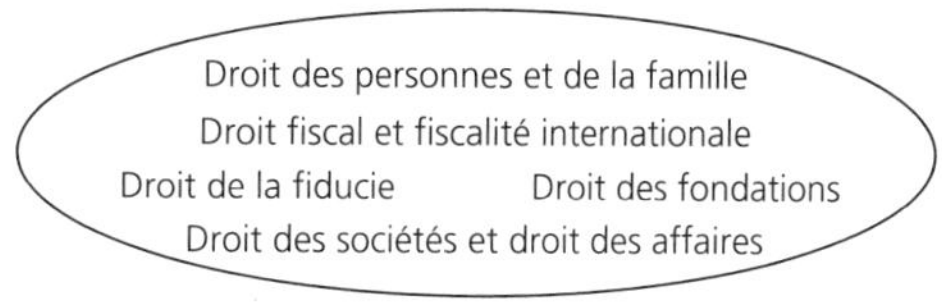

EXEMPLE D'APPROCHE THÉMATIQUE AUTOUR DU DOMAINE DE L'IMMOBILIER

EXEMPLE D'APPROCHE THÉMATIQUE AUTOUR DE LA PROPRIÉTÉ INTELLECTUELLE

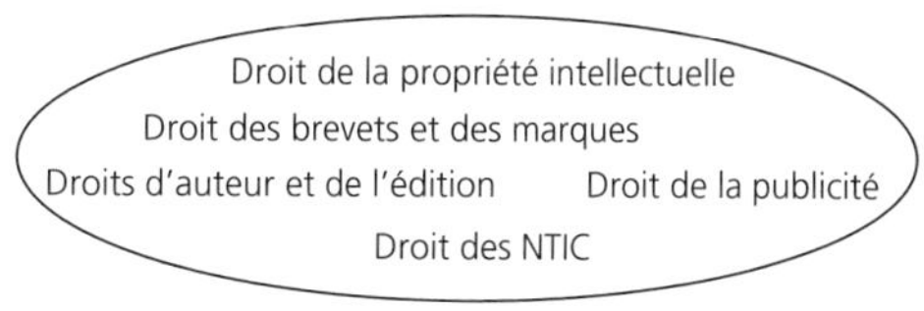

124.43 Besoin du marché et spécialisation de l'avocat. La spécialisation de l'avocat doit à la fois correspondre à un besoin du marché et être lisible pour le public.

Si l'intérêt intellectuel et le goût personnel sont primordiaux dans le choix d'une spécialisation, cette dernière doit aussi assurer un revenu à celui qui l'exerce. L'avocat devra veiller à faire la différence entre les matières juridiques telles qu'elles sont enseignées à l'université et la traduction de celles-ci dans la vie économique[2].

Un domaine d'une grande richesse intellectuelle tel que le droit international privé ne correspond pas forcément à un besoin suffisant pour permettre à l'avocat de constituer une clientèle.

Dans sa réflexion sur sa spécialisation, l'avocat devra penser à l'avenir à moyen et à long terme de sa spécialité[3] sans oublier de considérer les axes possibles de spécialisation sectorielle[4].

La manière dont l'avocat présente sa spécialité doit être lisible pour le public. En effet, la lisibilité pour le public des spécialisations de l'avocat était une des difficultés rencontrées par la liste des mentions de spécialisation arrêtées par le Conseil national des barreaux[5] avant la réforme de 2011.

1. Décr. n° 2011-1985, 28 déc. 2011, art. 7.

2. Sur la spécialisation des collaborateurs, v. s[s] n° 423.16.
3. Sur la réflexion prospective du cabinet, v. s[s] n°s 331.11 s.
4. Sur la spécialisation sectorielle, v. s[s] n°s 125.11 s.
5. V. s[s] n°s 124.22 s.

Qu'est-ce qu'un avocat spécialisé en droit économique ? La notion de droit économique correspond à une réalité éditoriale et universitaire pour les juristes mais pas à une notion claire pour les clients. L'intitulé de droit économique a donc été abandonné et remplacé par plusieurs intitulés concrets : droit de la concurrence, droit du crédit et droit de la consommation.

124.44 **Activité spécialisée et maintien des connaissances générales.** La pratique d'une activité spécialisée procure à l'avocat le privilège d'exercer son métier dans le domaine de son choix. Il n'est pas contraint de se disperser et il peut concentrer ses efforts sur son ou ses domaine(s) de prédilection. Il se perfectionne et devient un expert dans sa sphère d'activité. Les avocats spécialisés développent également des rapports enrichissants avec leurs clients qui sont souvent, eux aussi, des experts dans la spécialité concernée. L'avocat spécialisé jouit souvent d'une plus grande considération de la part de ses clients.

L'exercice spécialisé est très identifiant pour l'avocat et son cabinet. Plus la spécialité est précise, plus elle distinguera l'avocat et son cabinet de ses confrères et concurrents. Les clients concernés par des domaines précis sont facilement informés des avocats qui exercent dans les spécialités qui les intéressent. Les avocats spécialisés rencontrent sans difficulté leur clientèle.

Les avocats spécialisés ne se coupent pas pour autant de la diversité et des fondamentaux du droit. Une activité spécialisée ne dispense pas l'avocat de rester en veille sur des domaines beaucoup plus larges, indispensables à l'exercice de sa spécialité. En effet, si les clients recherchent des spécialistes dans le souci d'une plus grande efficacité, l'avocat doit sauvegarder la nécessaire transversalité de sa réflexion [1].

124.45 **Spécialisation et publicité.** La réforme du régime de l'examen d'obtention des mentions de spécialisation [2] s'est accompagnée d'efforts pour assurer la visibilité des mentions de spécialisation. Le Conseil national des barreaux a adopté plusieurs mesures qui doivent permettre aux avocats titulaires d'une mention de spécialisation, qui souhaitent en faire état dans le cadre de leur publicité personnelle, de se différencier des avocats qui font référence à des compétences autoproclamées.

L'article 10.2 du RIN [3] prévoit que seul l'avocat titulaire d'un ou de plusieurs certificats de spécialisation, ainsi que de sa ou ses qualifications spécifiques, régulièrement obtenus et non invalidés peut utiliser pour sa communication, quel qu'en soit le support, les mots « spécialiste », « spécialisé », « spécialité » ou « spécialisation » et le signe distinctif instauré par le CNB pour symboliser la qualité d'avocat spécialiste.

Ces dispositions n'empêchent pas l'avocat de faire état de ses activités dominantes sans être titulaire d'une mention de spécialisation.

1. S. Roumier, *Rapport présenté au nom de la commission Formation sur la refonte du régime des spécialisations*, CNB, AG 12 et 13 mars 2010.
2. V. s^{s} n° 124.25.
3. RIN, art. 10.2 ; CNB, AG 3 avr. 2020, DCN n° 2019-005.

CHAPITRE

125. Spécialisation sectorielle ou niche

SECTION 0
ORIENTEUR

125.00 **Sommaire du chapitre.**

SECTION 1
SPÉCIALISATION SUR UN SECTEUR ÉCONOMIQUE PLUTÔT QUE SUR UN DOMAINE DU DROIT

125.11 **Influence de l'économique sur le juridique.** Traditionnellement, le droit se divise en matières ou en domaines dont la liste correspond à la manière dont ces matières ou domaines sont enseignés à l'université. Cette organisation du droit reste indispensable mais peut se montrer décalée par rapport au quotidien de l'avocat aux côtés de ses clients, acteurs de l'économie. Ainsi, la liste des mentions de spécialisation proposées par le CNB[1] avant la réforme de 2011 était parfois considérée abstraite ou théorique et manquait de lisibilité pour les personnes privées comme pour les directeurs juridiques ou chefs d'entreprise[2].

Certains secteurs économiques ont, depuis longtemps, engendré des spécialisations juridiques telles que le droit des transports ou de la construction. Cette tendance a connu une accélération brutale depuis les années 2000 à tel point que la spécialisation par secteurs économiques est devenue une classification parallèle à l'organisation traditionnelle des matières juridiques.

Le droit et le raisonnement juridique doivent sans cesse s'adapter à des réalités nouvelles. Au fil de ces évolutions, les juristes et leurs clients se sont mis à parler de droit de l'informatique, de droit de l'audiovisuel ou encore de droit du sport. Plus que de nouvelles matières à part entière, ces « droits » sont des assemblages qui rassemblent de manière cohérente, autour d'une réalité économique, des pans de droit provenant des matières classiques. Ces spécialités sectorielles sont souvent des droits mixtes qui empruntent au droit privé et au droit public. Ils se divisent en branches qui correspondent aux différentes activités dans un secteur donné. Ces droits subissent une mutation constante car ils tiennent compte en permanence de l'évolution technique, économique mais aussi culturelle et sociologique de leur environnement.

125.12 **Spécialisation sectorielle : une attente des clients.** De nombreux avocats sont devenus les experts d'un secteur parce qu'ils y ont accompagné des clients pendant des années. Or, la situation concurrentielle du marché du droit a renforcé les exigences et les attentes des clients. Ces derniers sont de moins en moins disposés à financer par leurs honoraires l'apprentissage de leurs avocats. Ils

1. Les mentions de spécialisation mises en place par le décr. n° 91-1197, 27 nov. 1991, art. 86 et 92, organisant la profession d'avocat et la liste des mentions de spécialisation définie par arrêté, 8 juin 1993 proposent 15 spécialités : droit des personnes, *Dr. pénal*, droit immobilier, droit rural, droit de l'environnement, droit public, droit de la propriété intellectuelle, droit commercial, droit des sociétés, droit fiscal, droit social, droit économique, droit des mesures d'exécution, droit communautaire et droit des relations internationales.
2. V. s[s] n° 124.24.

veulent être compris rapidement et attendent donc de l'avocat qu'il soit non seulement un expert de la technique juridique, mais qu'il puisse aussi prendre en compte le contexte et l'environnement économique de leurs dossiers.

Les clients veulent plus qu'une analyse ou des conseils théoriques de la part de leurs avocats, ils exigent une position concrète et stratégique reposant sur une expérience de situations vécues. De la sorte, pour répondre à cette attente, l'avocat doit connaître le secteur économique dans lequel évolue son client.

125.13 **Nouvelle communauté professionnelle pour l'avocat.** Les avocats qui ont choisi la voie de la spécialisation sectorielle constatent l'évolution de leur statut de conseil vers un statut de partenaire de leurs clients [1].

L'avocat participe à des événements professionnels organisés dans le secteur d'activité de ses clients. Ses articles dans la presse sectorielle sont lus par les personnes qui exercent la même activité. L'avocat n'appartient alors plus à la seule communauté des avocats, il prend une place légitime dans un univers professionnel de non-juristes [2].

SECTION 2
SPÉCIALISATION « DE NICHE »

125.21 **Notion de « niche ».** La spécialisation dite « de niche » consiste à mettre en place une offre ciblée destinée à répondre à un ensemble de besoins identifié chez une ou plusieurs catégories de clients. Il s'agit donc d'un niveau poussé de spécialisation qui peut recouvrir des réalités très diverses.

125.22 **Notion de « niche » attachée à la typologie du client.** Cette approche de la spécialisation est axée sur l'identification des besoins d'une catégorie de clients dont les besoins sont communs même si ces clients n'interviennent pas dans les mêmes secteurs.

Par exemple, les dirigeants fortunés d'entreprises familiales auront des besoins en fiscalité, en matière de transmission d'entreprises, en droit des successions. Cette ensemble de besoins peut guider un cabinet dans la mise en place d'une offre faisant intervenir, côte à côte, des spécialistes dans chacun de ces domaines.

1. « La spécialisation sectorielle des avocats », *Le Monde du droit*, n° 30, 15 juin 2009 – Sur l'exploitation des avantages de la spécialisation sectorielle, v. s^{s} n°s 125.51 s.
2. Riviera, « Developing a niche practice », *American Bar Association, General Practice Solo Magazine*, févr. 2007.

La niche peut-être encore plus précise et ciblée. C'est le cas d'avocats qui se sont spécialisés dans la défense des lanceurs d'alerte.

125.23 **Notion de « niche » attachée à une ou plusieurs prestations.** L'approche de la niche peut aussi se concevoir par la spécialisation sur une ou plusieurs prestations. C'est le cas des avocats spécialisés en « management packages ». Ils connaissent l'ensemble précis des points et problématiques à aborder, les documents à rédiger, les points à négocier lorsqu'un dirigeant doit convenir d'un « management package » avec un investisseur ou un acquéreur de son entreprise.

La spécialisation autour d'une prestation peut concerner des choses aussi diverses que la récupération des points de permis de conduire ou la contestation de testaments.

SECTION 3
CHOIX D'UNE SPÉCIALISATION SECTORIELLE OU D'UNE NICHE

125.31 **Choix d'une spécialisation sectorielle à partir d'opportunités et d'une réflexion construite.** Il n'est pas rare qu'un cabinet ait déjà une ou plusieurs spécialisations sectorielles sans que celles-ci n'aient encore fait l'objet d'une véritable prise de conscience de sa part. Une démarche réfléchie commencera donc par un inventaire précis des connaissances existantes au sein du cabinet.

Lorsqu'un avocat a été ingénieur ou banquier ou qu'il a une solide connaissance du milieu agricole, il est précieux d'exploiter cette pratique et ces connaissances sectorielles.

Le second axe de la réflexion va consister à étudier la liste des clients du cabinet et décider quels sont ceux qui présenteraient des opportunités intéressantes de spécialisation. Ce raisonnement ne doit pas être qu'économique. La curiosité ou l'intérêt personnel d'un avocat pour un secteur donné ou le plaisir éprouvé à travailler avec un certain type de client sont des facteurs à considérer avec la même importance. Le choix d'une spécialisation sectorielle est une décision sur le long terme.

125.32 **Arborescence de la spécialisation sectorielle.** Pour chaque spécialité sectorielle, le cabinet en étudiera l'arborescence et décidera à quel niveau de cette arborescence il souhaite se positionner.

ILLUSTRATION I : L'arborescence du secteur des médias.

NIVEAU 1 : Droit des médias.

NIVEAU 2 : Droit de l'audiovisuel, Droit de la Presse, Droit des télécommunications et nouvelles technologies, etc.

NIVEAU 3 (extrait), pour la seule branche Droit de l'audiovisuel : Le secteur public de l'audiovisuel, le secteur privé de l'audiovisuel, l'œuvre audiovisuelle, le contrôle des concentrations dans l'audiovisuel, les droits de retransmission, l'encadrement de la publicité à la télévision, etc.

ILLUSTRATION II : L'arborescence du secteur de l'hôtellerie – restauration.

NIVEAU 1 : Droit de l'hôtellerie-restauration.

NIVEAU 2 : Droit du travail dans le secteur de l'hôtellerie-restauration, réglementation hygiène et sécurité, immobilier – baux commerciaux.

NIVEAU 3 (extrait), pour la seule branche Droit du travail : travail des saisonniers, travail de nuit, régularisation des étrangers, spécificités de la convention collective…

L'avocat peut choisir de concentrer son domaine d'expertise à n'importe quel niveau de l'arborescence. Il doit associer les autres avocats du cabinet à sa réflexion pour que les clients concernés puissent bénéficier de toutes les compétences du cabinet.

L'associé qui conseille un groupe hôtelier sur des questions de droit commercial va sensibiliser son associé sur les intérêts d'une spécialisation sectorielle du cabinet dans le domaine de l'hôtellerie. L'associé spécialiste du droit social décidera d'approfondir ses connaissances sur la convention collective du personnel de l'hôtellerie.

125.33 Considérations concurrentielles de la spécialisation sectorielle ou de niche. Le spécialiste d'un domaine du droit peut renforcer sa position concurrentielle par une spécialisation sectorielle dans sa sphère de compétence.

La logique sectorielle est ainsi de plus en plus poussée chez les spécialistes du droit social qui arrivent en tête des mentions de spécialisation délivrées par le CNB avec 18% du total[1]. Face au nombre considérable des praticiens dans ce domaine, beaucoup de spécialistes du droit du travail ont choisi de se concentrer sur des secteurs faisant l'objet de conventions collectives complexes ou de problématiques particulières (presse, métallurgie, hôtellerie, bâtiment...).

Dans l'approche sectorielle, il peut être intéressant de pousser assez loin la logique de la spécialisation à condition toutefois d'avoir accès à une clientèle suffisante.

Ainsi, un avocat spécialisé dans le domaine du droit du sport pourra choisir de concentrer son activité sur les contrats de sponsoring, s'il est convaincu de l'existence d'une activité suffisante dans ce domaine.

La spécialisation sectorielle peut aussi consister à « packager » une prestation globale adaptée à un type de client. Toujours en droit du sport, c'est le cas des avocats qui décident de cumuler leur fonction avec celle d'agent sportif comme il y est autorisé depuis la loi du 28 mars 2011[2].

Le secteur des nouvelles technologies présente un réservoir important de niches. Des avocats se sont ainsi positionnés sur les cryptomonnaies ou les NFT. Ces positionnements impliquent une grande réactivité et une grande agilité. L'avocat doit être capable d'apprendre vite mais aussi d'avoir des stratégies de repli quand le marché se contracte.

Dans l'analyse concurrentielle de son marché, il conviendra de tenir compte à la fois des clients potentiels, de l'évolution de la matière et du nombre d'avocats déjà positionnés.

SECTION 4

CONSÉQUENCES DE LA SPÉCIALISATION SECTORIELLE SUR L'ORGANISATION

125.41 Organisation des groupes de travail. Les cabinets ayant opté pour une spécialisation sectorielle choisissent en général de mettre en place des groupes de travail par secteurs économiques qui viennent compléter l'organisation par pratiques juridiques. Les exemples suivants concernent des grands cabinets mais la logique de la spécialisation sectorielle et des groupes de travail peut s'appliquer à tous les types et tailles de cabinets.

LE CABINET Bird & Bird, cabinet anglais implanté en France, fut parmi les précurseurs dans la présentation de son offre à la fois par « expertises » et par « secteurs ». Il présente ainsi un savoir-faire sectoriel dans les domaines suivants :

- Commerce de détail et consommation.
- Sports, médias et divertissement.
- Aéronautique, défense et sécurité.
- Automobile.
- Aviation.
- Énergie.
- Hôtellerie et loisirs.
- Sciences de la vie et santé.
- Services financiers.
- Technologie et communications.

Dans la plupart des cabinets présentant une offre sectorielle, des groupes sectoriels ou « practice groups » sont organisés. Ainsi, un groupe sectoriel consacré aux industries et activités de l'énergie pourra comprendre un avocat de fusions et acquisitions, un spécialiste de l'environnement, un fiscaliste, un spécialiste de droit public et un autre en droit de la propriété intellectuelle. Les avocats de ce groupe se réuniront de manière régulière et forme-

1. Ministère de la justice, *Statistiques 2018 sur la profession d'avocat* [En ligne : www.justice.gouv.fr/statistiques-2018-profession-davocat]

2. Sur l'activité d'agent sportif aussi, v. s[s] n°s 342.11 s.

ront des collaborateurs qui participeront également au travail du groupe.

Le cabinet Freshfields présente son offre par « Services » et par « Industries ». Les *Industry groups* rassemblent des avocats de différents départements et de différents pays. Grâce à cette organisation, le cabinet peut monter des équipes spéciales qui ont pour rôles d'anticiper les besoins et de répondre aux attentes des clients de ces secteurs. Chez Freshfields, la division sectorielle comprend notamment :

- Automobile.
- Chimie.
- Produits de grande consommation.
- Énergie et ressources naturelles.
- Institutions et établissements financiers.
- Transport et infrastructures.
- Industries manufacturières.
- Loisirs.
- Santé.
- Personnes privées.
- Immobilier.
- Technologie, médias et télécommunications.

Le groupe de travail dédié à un secteur a non seulement pour vocation d'accomplir les missions qui lui sont demandées par ses clients, mais également d'accompagner ses clients dans leur propre évolution et dans leurs réflexions par rapport à l'avenir. Au fur et à mesure que s'intensifie la collaboration, les avocats pourront aider leurs clients à devancer des changements de réglementation et à réfléchir de manière anticipative. Ils pourront aussi assister leurs clients dans d'éventuelles actions de *lobbying*[1].

Ceci implique, pour les membres d'un même groupe sectoriel, des réunions régulières et une réflexion en commun en dehors du quotidien des dossiers.

Bien que transversale dans les grands cabinets, la spécialisation sectorielle n'est pas à exclure pour les cabinets de taille plus réduite et même pour les avocats exerçant de manière individuelle[2].

125.42 Nécessité d'une veille sectorielle permanente. Les avocats engagés sur la voie de la spécialisation sectorielle doivent être en état de veille permanente sur leur secteur. Les cabinets ayant des spécialisations sectorielles fortes développent une culture qui va bien au-delà du domaine purement juridique. Ces cabinets pratiquent une veille économique et parfois technologique pour se maintenir au même niveau de connaissance que leurs clients. La mise en place de systèmes performants de gestion de la connaissance joue un rôle clé[3] dans ce sens.

Des domaines aussi divers que l'aéronautique ou la musique demandent un véritable partage de culture avec le client. Dans les domaines où la technologie est très présente, l'avocat – sans pour autant devenir ingénieur ou informaticien – devra impérativement avoir une compréhension claire des aspects techniques qui sont la problématique du dossier. Comment imaginer qu'un avocat assiste efficacement son client en ce qui concerne un retard de livraison d'un avion s'il ne comprend pas les difficultés techniques qui sont à l'origine de ce retard ?

La veille impliquera donc que le cabinet s'abonne à des sources d'informations autres que les sources purement juridiques. Les avocats devront se forger une culture sur tous les aspects du secteur, y compris sur les entreprises qui y interviennent. Ils assisteront également aux principaux événements ou salons et renforceront leurs liens avec les confrères présents sur le créneau.

125.43 Marketing et communication adaptés à la spécialisation sectorielle. Lorsqu'il cherche à s'établir de manière durable dans un secteur, il sera opportun pour le cabinet de participer et même de devenir partenaire (par la location d'un stand ou la participation à des conférences) des événements de ce secteur. Ces initiatives créées ont une visibilité qui pourra ensuite être exploitée sur le plan médiatique. Quand des journalistes souhaitent un avis d'avocat, ils iront en effet chercher un expert d'un secteur économique (presse, sport, aéronautique, etc.) et pas un expert des contrats de licence ou de la responsabilité délictuelle. Les chargés des relations presse des cabinets d'avocats encouragent ceux-ci à s'avancer sur cette voie pour faciliter les prises de contact avec la presse. Lorsque le cabinet publiera, il aura intérêt à privilégier les revues sectorielles et donc très spécialisées, correspondant aux secteurs d'activité de ses clients. Vis-à-vis de ses clients existants ou prospects, cette démarche est bien plus forte que de faire paraître un article dans une revue juridique ou généraliste. C'est non seulement le client ou le prospect qui se sent ainsi directement concerné par le discours du cabinet mais également tout un milieu professionnel.

Le cabinet d'avocats intégrera ses spécialités sectorielles dans toutes ses actions de communication ainsi que dans ses documents de présentation. Le cabinet veillera à l'utilisation d'un vocabulaire adapté au secteur visé et intégrera des visuels illustrant le domaine économique concerné. Sur un site internet, le cabinet pourra prévoir une liste de liens vers des sites relatifs au secteur d'activité visé et mettra en ligne des actualités tant juridiques, qu'économiques et techniques liées à ce secteur.

Dès lors qu'un cabinet ou un avocat se positionne sur une activité de niche, sa priorité sera d'être perçu

1. V. s[s] n°s 341.11 s.
2. V. s[s] n° 125.51.
3. V. s[s] n°s 433.11 s.

comme un expert dans le domaine choisi. Il concentrera ses efforts sur un marketing ciblé dont les trois principaux axes seront :

- la participation aux activités des associations ou organisations professionnelles actives et représentatives dans ce domaine ;
- la publication d'articles dans tous les supports de presse juridique ou technique concernés par les aspects juridiques de la niche ;
- la participation aux séminaires, conférences ou formations organisées dans ce domaine.

SECTION 5
EXPLOITATION DES AVANTAGES DE LA SPÉCIALISATION SECTORIELLE OU D'UNE NICHE

125.51 Bénéfices de la spécialisation sectorielle ou de la niche pour tous les types de cabinets. Bien que les précurseurs de l'approche sectorielle soient principalement les grands cabinets d'audit et d'expertise comptable qui ont transmis cette culture aux cabinets d'avocats, les cabinets qui choisissent une démarche sectorielle peuvent être de taille très variable. Il n'y a dans le marché actuel aucune tendance dominante quant aux profils des cabinets travaillant sur une approche sectorielle. Des avocats quittent des grandes structures pour exercer une activité sectorielle ou de niche, comme certains avocats de petits cabinets décident de rejoindre des structures plus importantes pour les mêmes raisons. Cette approche est donc ouverte à tous les avocats et tous les cabinets.

Quelle que soit la taille du cabinet, la spécialisation sectorielle ou la niche va :

- favoriser une activité transversale et de ce fait renforcer la cohésion du cabinet. La volonté à l'échelle du cabinet de travailler sur une spécialisation sectorielle crée de nouveaux axes de collaboration entre les avocats du cabinet ;
- augmenter la qualité du service fourni par le cabinet parce que l'avocat spécialisé sectoriellement se servira mieux de l'ensemble des compétences disponibles au sein de son cabinet.

125.52 Définition du cabinet de niche. Il n'y a pas de définition exacte du cabinet de niche ; cette expression peut être employée simplement pour décrire un cabinet spécialisé. Dans le présent chapitre, les termes « niche » ou « cabinet de niche » seront utilisés pour décrire l'activité des cabinets ou des avocats qui ont choisi de concentrer leur pratique sur :

- une question juridique ou une prestation juridique précise ;
- un domaine du droit ciblé au-delà des spécialisations usuelles ;
- une catégorie précise d'acteurs économiques ;
- un ensemble de prestations destiné à un profil de clients précis.

125.53 Renforcement de la relation entre l'avocat et son client par la spécialisation sectorielle. La spécialisation sectorielle ou la spécialité de niche participe naturellement à intensifier la relation entre l'avocat et son client. Ils emploient le même langage et avancent ensemble dans les dossiers sans perdre de temps en explications inutiles.

Le rapport qualité/prix de la prestation est amélioré. Le client sait qu'en s'adressant à un vrai spécialiste de son secteur, de son profil ou de son besoin, la durée d'apprentissage est déjà passée. Il en résulte logiquement une facturation qui reflète la valeur ajoutée de l'avocat. La confiance est renforcée entre l'avocat et le client sur ce plan.

Le renforcement du pouvoir des directions juridiques dans les entreprises, à l'instar de ce qui se passe aux États-Unis, entraîne la participation beaucoup plus étroite de l'avocat à la vie de l'entreprise. En rupture avec l'image traditionnelle de l'avocat théoricien du droit, le praticien sectoriellement spécialisé devient l'*alter ego* du directeur juridique dans une relation claire, efficace et complémentaire.

125.54 Construction de la réputation de l'avocat dans un secteur délimité. Les intervenants relevant d'un même secteur économique se connaissent. Quand un avocat connaît le mode d'expression d'un secteur, il y pénètre facilement et peut rapidement y acquérir une crédibilité.

Les clients d'un même secteur parlent entre eux et retrouvent leurs avocats dans les instances professionnelles ou organisations diverses qu'ils fréquentent. Ces mêmes avocats sont amenés à participer à des commissions ou des travaux parlementaires portant sur les grands enjeux de ces secteurs. Tous ces phénomènes participent à la création d'une intimité professionnelle très forte entre l'avocat et ses clients, juristes d'entreprise ou directeurs des ressources humaines (DRH). Ces relations très proches peuvent même déboucher sur des actions de *lobbying* institutionnel quand c'est l'avocat qui fait le lien entre les problématiques opérationnelles de ses clients et le pouvoir législatif[1].

125.55 Spécialisation sectorielle, activité de niche et sollicitation personnalisée[2]. L'efficacité des actions de sollicitation personnalisée dépend en grande partie de leur degré de ciblage. Un avocat qui

1. Sur le *lobbying*, v. s^s n°s 341.11 s.
2. Sur la sollicitation personnalisée, v. s^s n° 381.11.

pratique le droit du travail et qui a développé une expérience des clients dans le domaine des sociétés de gardiennage et de sécurité pourra mettre en place des actions de sollicitation personnalisée en direction des dirigeants de sociétés dans ce secteur. Son expérience sectorielle constituera un argument de poids.

125.56 Choix ou opportunité d'une activité de niche. À la différence des secteurs porteurs dont l'intérêt provient d'évolutions économiques, sociales ou juridiques durables et profondes, l'activité de niche, telle qu'abordée ici, relève de choix plus opportunistes (la rencontre avec un client exerçant une activité ou ayant un besoin spécifique) ou de prédispositions personnelles (origines nationales, connaissance d'un milieu, contacts privilégiés) ou professionnelles (un intérêt particulier pour une activité précise, une formation dans un domaine donné...).

Lorsqu'il envisage de développer une activité de niche, l'avocat doit faire l'analyse concurrentielle suivante :

- Quels sont les autres avocats présents sur la même niche ?
- Quels sont les avantages concurrentiels dont il dispose sur ladite niche ?

Il examinera également sa clientèle potentielle et les caractéristiques de celle-ci. La taille et le nombre des entreprises ou personnes concernées ainsi que l'analyse des conflits d'intérêts possibles sont des facteurs clés.

Lorsqu'une activité est dominée par un petit nombre d'entreprises qui se livrent une concurrence très forte, un client peut souhaiter que son avocat ne représente pas l'un de ses concurrents. Une telle situation peut condamner une activité de niche pour un avocat qui ne pourrait alors représenter qu'un seul client.

SECTION 6
EXEMPLES D'APPROCHE D'UNE ACTIVITÉ DE NICHE

125.61 Multitude des activités de niche. Le droit des chevaux de course, le droit de l'adoption internationale, le droit des accidents de motocyclistes, le droit viticole, des installations classées, des agents littéraires, des appellations contrôlées... il n'y a aucune limite au degré de spécialisation dès lors qu'elle représente un marché pour l'avocat qui choisit de s'y intéresser.

125.62 Exemple d'activité portant sur une catégorie d'acteurs économiques : le droit des établissements de santé. Le secteur de la santé est, dans son ensemble, peu sensible aux aléas de la conjoncture. Il recouvre de nombreuses activités pour les avocats. Le vieillissement de la population et les progrès de la médecine en font un secteur forcément porteur.

Les synergies entre les établissements de santé publics et les établissements de santé privés font partie de la stratégie des pouvoirs publics et le secteur des établissements de santé privée a connu plusieurs vagues de concentrations ; Les phénomènes les plus récents portent sur l'arrivée des capitaux privés dans les centres dentaires ou d'ophtalmologie. Sur le plan juridique, ces restructurations et opérations font appel à des connaissances de droit des sociétés, de réglementation professionnelle, de droit du travail ou encore de droit immobilier.

Une activité de niche au service du secteur de la santé pourrait notamment regrouper les activités suivantes :

- responsabilité des professionnels de santé ;
- responsabilité des établissements de soins ;
- contentieux des médecins entre eux et avec les établissements de soins ;
- conseil et contentieux relatifs aux structures d'exercice ;
- fusions acquisitions (dans le domaine de la santé) ;
- assistance et conseils à la restructuration et au fonctionnement des établissements de soins ;
- relations avec les institutions et autorités de tutelle ;
- droit contractuel impliquant les établissements de santé, les laboratoires pharmaceutiques, les fabricants de dispositifs médicaux et tous autres prestataires dans le domaine de la santé.

125.63 Exemple d'activité portant sur un ensemble de prestations destinées à un profil de clients : le bureau de famille (*family office*). Le concept de *family office* vient des États-Unis, où les personnes privées disposant de grandes fortunes s'entourent d'équipes de professionnels compétents qui se consacrent à la préservation et à la croissance de leur patrimoine. Ces équipes, appelées *family offices*, les assistent sur les aspects fiscaux et juridiques et les soulagent de nombreux aspects de la gestion administrative de leur vie quotidienne.

La famille Rockefeller fut la première à mettre en place un *family office*. La fortune des Rockefeller avait été placée dans un Trust géré pour ses bénéficiaires. Le nombre de ces derniers a augmenté avec le temps et c'est une véritable organisation structurée qui s'est mise en place afin de gérer cette fortune pour le bénéfice des membres de la famille.

Alors qu'une grande famille très fortunée peut avoir besoin de son propre *family office* à plein-temps, d'autres familles ont souhaité mutualiser ces services, ce qui a suscité l'apparition de *multi-family offices*. Ce rôle est parfois exercé par des gestionnaires de fortune ou des banques privées mais il peut aussi l'être par des cabinets d'avocats. Le professionnel du droit dispose des atouts et des compétences pour proposer de tels services, et peut s'entourer et coordonner les interventions d'autres professionnels qui interviennent à ses côtés. Les avocats qui créent des *family offices* ou qui y participent peuvent avoir des compétences diverses : droit fiscal, droit des successions, droit immobilier, droit international privé...

Lorsque l'avocat est dans le rôle de *family office*, il intervient notamment dans les domaines suivants :

- l'organisation et l'assistance dans le fonctionnement d'un conseil de famille ;
- la formation des générations futures pour assurer un passage en douceur ;
- la gestion de l'immobilier familial, des collections d'œuvres d'art ou de mobilier ;
- l'optimisation de la situation fiscale du patrimoine familial ;
- le conseil lié à la stratégie d'investissement de la famille ;
- la mise en place de fondations ou d'actions caritatives, qui sont autant de missions qui nécessitent l'intervention de spécialistes et un suivi rigoureux.

L'avocat peut être le créateur et le principal animateur d'un *family office* comme il peut aussi être le conseil d'un *family office* préexistant. Dans le premier cas, l'avocat sera à la fois conseil, confident et parfois même psychologue rompu aux particularités des subtilités des rapports familiaux et des tensions qui peuvent les caractériser. Dans le second cas, l'avocat restera davantage dans son rôle d'expert technique intervenant aux côtés des dirigeants/opérateurs du *family office*.

Un des rôles essentiels de l'avocat positionné sur le créneau du *family office* est l'optimisation de la transmission d'un patrimoine familial. En effet, si une personne ou une famille fortunée décide de mettre en place une organisation de type *family office*, c'est souvent dans un objectif prioritaire de transmission.

À l'échelle mondiale, l'activité de *family office* est en pleine expansion car elle accompagne l'augmentation du nombre des grandes fortunes. Outre les compétences fiscales et juridiques nécessaires, les avocats souhaitant s'intéresser à cette niche doivent avoir une aptitude à se fondre dans la culture et les préoccupations de ses clients. En France, cette activité présente un potentiel de développement d'autant plus intéressant que les grandes entreprises familiales sont omniprésentes dans le tissu économique français.

LIVRE

2. LA VIE JURIDIQUE DU CABINET D'AVOCATS

SECTION 0

ORIENTEUR

2.00 **Sommaire du livre.**

TITRE

21. L'exercice individuel et les structures de moyens

SECTION 0

Orienteur

21.00 Sommaire du titre.

21.01 Textes.

L. n° 2022-172, 14 févr. 2022 en faveur de l'activité professionnelle indépendante, *JO* 15 févr., n° 2.

Décr. n° 2022-709, 26 avril 2022 relatif à la mise en extinction du régime de l'entrepreneur individuel à responsabilité limitée, *JO* 28 avr., n° 12.

Décr. n° 2022-725, 28 avril 2022 relatif à la définition du patrimoine professionnel de l'entrepreneur individuel et aux mentions sur les documents et correspondances à usage professionnel, *JO* 2 avr.

Décr. n° 2022-799, 12 mai 2022 relatif aux conditions de renonciation à la protection du patrimoine personnel de l'entrepreneur individuel et du transfert universel du patrimoine professionnel, *JO* 13 mai, n° 5.

Arr. 12 mai 2022 relatif à certaines formalités concernant l'entrepreneur individuel et ses patrimoines, NOR : ECOI2213035A.

CHAPITRE

211. Exercice individuel

SECTION 0
ORIENTEUR

211.00 Sommaire du chapitre.

SECTION 1
EXERCICE INDIVIDUEL

211.11 Prépondérance et faiblesse de l'exercice individuel. L'avocat exerçant à titre individuel représente environ 36 % des avocats exerçant en France. Cette proportion a très peu varié depuis plus de 15 ans. Ce mode d'exercice reste donc dominant. La prépondérance de l'exercice individuel est préoccupante tant les différences sont importantes entre les recettes des avocats exerçant à plusieurs et celles des avocats exerçant à titre individuel [1]. Si l'installation d'un avocat à son compte se conçoit comme une étape de sa carrière, la poursuite sur le long terme d'un exercice en solitaire constitue une fragilité majeure. La persistance de cette tendance donnerait tout lieu de craindre une profession à deux vitesses, composée d'un côté des avocats étants parvenu à créer en groupe les moyens d'un exercice professionnel pérenne, et de l'autre des avocats isolés dans une pratique artisanale en perte de vitesse car insuffisamment rentable, sauf dans le cas des avocats suffisamment spécialisés.

211.12 Diversité des statuts pour l'exercice individuel. Le choix du mode individuel ne peut s'effectuer sans réflexion quant au statut fiscal et même juridique de l'avocat. En effet, les efforts permanents des pouvoirs publics pour encourager l'entrepreneuriat ont pour effet de mettre à tout entrepreneur individuel - avocat compris - de disposer aujourd'hui d'un choix quant aux options juridiques et fiscales : il peut opter soit pour le régime de droit commun de l'entrepreneur individuel maintenant régi par la loi du 14 février 2022 [2] (cette loi et le décret du 26 avril 2022 ont eu pour effet de supprimer le régime de l'entrepreneur individuel à responsabilité limitée ou l'EIRL [3]), soit encore pour une société unipersonnelle [4]. En revanche, l'avocat ne peut bénéficier du régime de l'auto-entreprenariat qui, s'agissant des activités libérales, est limité aux professions non réglementées.

1. V. s[s] n° 011.12.

SECTION 2
ENTREPRENEUR INDIVIDUEL

211.21 Statut juridique. La loi du 14 février 2022 en faveur de l'activité professionnelle indépendante a créé un statut unique d'entrepreneur individuel. L'article L. 526-22 du code de commerce définit désormais l'entrepreneur individuel comme étant une « personne physique qui exerce en son nom propre une ou plusieurs activités professionnelles indépendantes ».

Le texte consacre une séparation des patrimoines professionnel et personnel de plein droit. À la différence de l'EIRL, supprimée, aucune démarche préalable n'est nécessaire pour acter de cette sépara-

2. L. n° 2022-172, 14 févr. 2022 en faveur de l'activité professionnelle indépendante, *JO* 15 févr., n° 2.
3. Décr. n° 2022-709, 26 avr. 2022 relatif à la mise en extinction du régime de l'entrepreneur individuel à responsabilité limitée, *JO* 28 avr., n° 12.
4. Sur la société unipersonnelle, v. s[s] n° 211.41 sur le passage de l'exercice individuel BNC à l'exercice en société unipersonnelle, v. s[s] n° 231.21.

tion des patrimoines. La loi du 14 février 2022 est entrée en vigueur le 15 mai 2022. Les créances nées postérieurement à cette entrée en vigueur sont soumises aux nouvelles dispositions organisant la séparation des patrimoines privé et professionnel de l'entrepreneur individuel.

L'avocat, entrepreneur individuel, doit se conformer aux obligations d'immatriculation incombant à tout travailleur indépendant par déclaration effectuée avec le formulaire Cerfa P0-PL au Centre de Formalités des Entreprises (CFE), à savoir l'Urssaf du lieu de son principal établissement, dans le mois suivant son début de l'activité, après avoir sollicité son inscription au tableau. Toute modification de situation fait l'objet d'une déclaration modificative (formulaire Cerfa P2-PL) dans le mois suivant l'événement. La cessation d'activité temporaire ou définitive est déclarée avec le formulaire Cerfa P2-PL. Le CFE informe les organismes fiscaux et sociaux, ainsi que l'Insee, de l'immatriculation et de toute modification.

Le CNB s'est interrogé sur la question de savoir comment ce statut d'entrepreneur individuel devait être mentionné sur les outils et supports de présentation de l'avocat (papier en-tête, site internet...)[1]. Le décret précise en effet les mentions que doit apposer l'entrepreneur individuel pour l'exercice de son activité professionnelle dans les documents et correspondances à usage professionnel[2]. L'entrepreneur doit ainsi utiliser une dénomination incorporant son nom ou nom d'usage précédé ou suivi immédiatement des mots : « entrepreneur individuel » ou des initiales : « EI ». « La dénomination figure sur les documents et correspondances à usage professionnel de l'intéressé. Chaque compte bancaire dédié à son activité professionnelle ouvert par l'entrepreneur individuel contient la dénomination dans son intitulé. »[3]. Les lettres EI ont donc vocation à trouver leur place à côté de la qualité d'avocat au barreau ou à la Cour.

211.22 Protection du patrimoine personnel. Depuis près de 20 ans, le législateur a cherché à favoriser l'entreprenariat individuel. Ainsi, les lois du 1er août 2003[4], du 4 août 2008[5] et du 6 août 2015[6] ont instauré puis renforcé un régime de protection du patrimoine personnel de l'entrepreneur individuel, régi par les articles L. 526-1 à L. 526-5, R. 526-1 et R. 526-2 du code de commerce.

La loi du 6 août 2015, a rendu insaisissable l'immeuble où est fixée la résidence principale de l'entrepreneur individuel par les créanciers dont les droits naissent à l'occasion de son activité professionnelle[7]. Lorsque la résidence principale est utilisée en partie pour un usage professionnel, la partie réservée à l'usage personnel est de droit insaisissable sans qu'il soit nécessaire d'établir un acte descriptif de division.

La nouvelle rédaction de l'article L. 526-22 prévoit que l'entrepreneur individuel n'est tenu de remplir son engagement à l'égard de ses créanciers dont les droits sont nés à l'occasion de son exercice professionnel que sur son seul patrimoine professionnel, sauf sûretés conventionnelles ou renonciation dans les conditions prévues à l'article L. 526-25.

Le même article ajoute que seul le patrimoine personnel de l'entrepreneur individuel constitue le gage général des créanciers dont les droits ne sont pas nés à l'occasion de son exercice professionnel. Toutefois, si le patrimoine personnel est insuffisant, le droit de gage général des créanciers peut s'exercer sur le patrimoine professionnel, dans la limite du montant du bénéfice réalisé lors du dernier exercice clos. En outre, les sûretés réelles consenties par l'entrepreneur individuel avant le commencement de son activité ou de ses activités professionnelles indépendantes conservent leur effet, quelle que soit leur assiette. Il résulte de cette disposition que le patrimoine professionnel peut être sollicité si le patrimoine privé de l'entrepreneur individuel s'avère insuffisant mais que cette fongibilité des patrimoines ne fonctionne pas dans l'autre sens.

Ce statut de l'entrepreneur individuel prévu par la loi du 14 février 2022 semble apporter une protection bienvenue en ce qui concerne les dettes sociales en affirmant que les dettes dont l'entrepreneur individuel est redevable envers les organismes de recouvrement des cotisations et contributions sociales sont nées à l'occasion de son exercice professionnel.

La charge de la preuve repose sur l'entrepreneur individuel pour toute contestation de mesures d'exécution forcée ou de mesures conservatoires qu'il élève concernant l'inclusion ou non de certains éléments d'actif dans le périmètre du droit de gage général du créancier.

Un point de vigilance concerne la cessation d'activité, en effet, dans le cas où un entrepreneur individuel cesse toute activité professionnelle indépendante, le patrimoine professionnel et le patri-

1. CNB, *Rapport d'information sur la réforme de l'entrepreneur individuel*, AG 10 juin 2022.
2. C. com., art. R. 526-27.
3. T. Favario, « Entrepreneur individuel : la révolution est en marche », *Éditions Législatives*, actualité, 10 mai 2022.
4. L. n° 2003-721, 1er août 2003 pour l'initiative économique, *JO* 5 août, p. 13449.
5. L. n° 2008-776, 4 août 2008 de modernisation de l'économie, *JO* 5 août, p. 12471.
6. L. n° 2015-990, 6 août 2015 pour la croissance, l'activité et l'égalité des chances économiques, *JO* 7 août, p. 13537.
7. C. civ., art. 526-1, al. 1 ; mod. par L. n° 2015-990, 6 août 2015, art. 206.

moine personnel sont réunis. Il en est de même en cas de décès de l'entrepreneur individuel.

211.23 Option à l'impôt sur les sociétés. La loi n° 2021-900 du 30 décembre 2021 de finances pour 2022 prévoyait la possibilité pour l'entrepreneur individuel d'opter pour l'impôt sur les sociétés dès l'entrée en vigueur de la loi du 14 février 2022.

Cette option pour l'impôt sur les sociétés est irrévocable.

Pour l'option à l'IS, l'entrepreneur individuel est assimilé à une EURL soumise à l'IS sans pour autant en avoir le régime juridique. Pour l'entrepreneur individuel, l'exercice à l'impôt sur les sociétés présentera la plupart des avantages d'un exercice à l'impôt sur les sociétés [1] mais en cas de liquidation, les réserves seront immédiatement soumises à charges sociales et à l'impôt sur le revenu du fait de la réunion automatique des patrimoines privés et professionnels lors de la cessation d'activité.

211.24 Tenue de comptabilité. Suivant les prescriptions du code général des impôts, l'avocat doit tenir une comptabilité dont les modalités diffèrent selon son régime d'imposition [2]. Outre la détermination du bénéfice imposable, la comptabilité a pour objet de retracer les versements de fonds et remises d'effets ou valeurs à l'avocat, ainsi que les opérations portant sur ces versements ou remises [3]. Les versements de fonds ou remises d'effets et valeurs donnent lieu à la délivrance ou à l'envoi d'un accusé de réception, sauf lorsque l'avocat agit en qualité de fiduciaire.

En sus des éventuels contrôles réalisés par l'administration fiscale, l'avocat doit répondre aux demandes de son conseil de l'Ordre pour la vérification de sa tenue de comptabilité, qui fait partie de la mission de l'ordre [4]. Le refus de l'avocat de se soumettre à une telle demande constitue d'ailleurs une faute déontologique [5]. L'objectif poursuivi par les ordres en ce domaine n'est pas de sanctionner les avocats, mais de s'assurer qu'ils respectent leurs obligations comptables et de prévenir les difficultés financières.

Compte tenu du secret professionnel, l'identité des clients peut ne pas être mentionnée sur le livre-journal, mais sur un document annexe auquel l'administration fiscale aura accès en cas de contrôle fiscal [6]. Les professions libérales ne peuvent, en effet, lui opposer le secret professionnel à ses demandes d'éclaircissements, de justification ou de communication de documents concernant les indications de leur livre-journal ou de leur comptabilité [7].

211.25 Régime des bénéfices non commerciaux (BNC). Sous réserve de l'option pour leur assujettissement à l'impôt sur les sociétés dans le cadre de la loi du 14 février 2022, les bénéfices professionnels de l'avocat exerçant à titre individuel sont imposés dans la catégorie des bénéfices non commerciaux (BNC) [8].

Deux régimes principaux existent :
- le régime du micro-BNC ;
- le régime de la déclaration contrôlée.

211.26 Micro BNC. Ce régime est ouvert aux avocats dont les recettes annuelles brutes en N-1 n'excèdent pas 77 700 euros hors taxe [9]. Les plus-values ou des moins-values provenant de la cession des biens affectés à l'exploitation sont prises en compte de manière distincte pour l'assiette de l'impôt sur le revenu.

Le bénéfice d'exploitation imposable est déterminé après application d'un abattement forfaitaire de 34 %, avec un minimum de 305 euros.

Les obligations comptables sont alors simplifiées : l'avocat doit tenir un livre-journal présentant le détail des recettes professionnelles. L'Administration fiscale tolère notamment que les honoraires payés par chèque soient comptabilisés suivant les bordereaux de remise en banque, à condition qu'ils soient conservés à titre de pièces justificatives [10].

L'entreprise doit déclarer ses recettes brutes (hors TVA, sans déduire aucun abattement) et les éventuelles plus ou moins-values qu'elle a réalisés à l'aide des formulaires suivants :
- N° 2042 ;
- N° 2042 C pro dans la rubrique « régime spécial BNC ».

La déclaration doit être réalisée chaque année lors de la déclaration de l'impôt sur le revenu. Cette déclaration peut être faite tous les mois ou tous les 3 mois si l'entreprise a opté pour le versement libératoire de l'impôt sur le revenu. Les déclarations doivent être faites à par voie dématérialisée le 2e jour ouvré suivant le 1er mai de l'année qui suit.

211.27 Régime de la déclaration contrôlée. L'avocat est soumis au régime de la déclaration contrôlée [11], obligatoirement au-delà des seuils vus

1. Sur les avantages d'un exercice soumis à l'IS, v. s^s^ n° 221.41.
2. V. *infra*.
3. Décr. n° 91-1197, 27 nov. 1991 organisant la profession d'avocat, *JO* 28 nov., p. 15502, art. 233, art. 231.
4. L. n° 71-1130, 31 déc. 1971 portant réforme de certaines professions judiciaires et juridiques, *JO* 5 janv., p. 131, art. 17-9°.
5. H. Ader, S. Bortoluzzi, A. Damien, D. Piau, Th. Wickers, *Règles de la profession d'avocat 2022/2023*, 17e éd., « Dalloz action », 2022, n°s 913.84 s. et 314.151.
6. Instr. 23 mars 2000, *BOI* 13 L-145 – *BOI*-CF-IOR-60-10.
7. CGI, art. 100, al. 2.
8. CGI, art. 92.
9. CGI, art. 102 *ter* – *BOI*-BNC-DECLA-20-10.
10. Instr. 23 mars 2000, *BOI* 13 L-3-00 ; *BOI*-BNC-DECLA-20-30-20120912.
11. CGI, art. 96 à 100 *bis*.

ci-dessus ou sur option. Le bénéfice déclaré est le bénéfice réel, correspondant aux recettes encaissées après déduction des dépenses professionnelles et des amortissements.

La comptabilité doit être tenue avec un livre-journal et un registre des immobilisations et amortissements[1].

Par exception, l'avocat soumis au régime de la déclaration simplifiée de liquidation des taxes sur le chiffre d'affaires de l'article 302 *septies* A du Code général des impôts, soit dont le chiffre d'affaires n'excède pas 247 000 euros[2], peut procéder, au cours de l'année, à l'enregistrement de ses recettes et dépenses professionnelles sur le livre-journal en retenant la date de l'opération figurant sur le relevé qui lui est adressé par son établissement bancaire, sous réserve d'enregistrer toutes ses recettes et dépenses de l'année au plus tard le dernier jour de celle-ci.

Avant la loi de finances pour 2021, l'absence d'adhésion à une association de gestion agréée entraînait une majoration de 25 % du bénéfice imposable. Depuis la loi d finances pour 2021, cette majoration est progressivement réduite pour les non-adhérents à un organisme de gestion agréé.

Les majorations du montant des revenus imposés dans les catégories des bénéfices non commerciaux (BNC) (avant d'être soumis au barème de l'impôt sur le revenu) pour les non adhérents à un organisme de gestion agréé sont les suivantes :

- 20 % pour l'imposition des revenus 2020 ;
- 15 % pour l'imposition des revenus 2021 ;
- 10 % pour l'imposition des revenus 2022.

La majoration est supprimée à compter de l'imposition des revenus 2023.

211.28 **TVA.** Toutes les prestations (postulation, plaidoirie, consultation, conseil, rédaction d'actes juridiques, etc.) des avocats sont obligatoirement assujetties à la TVA au taux normal de 20 %[3]. Les missions effectuées au titre de l'aide juridictionnelle sont également soumises la TVA au taux normal, à la suite de la condamnation de la France par la CJUE[4] et l'abrogation de l'article 279, f, du code général des impôts par la loi de finances rectificative pour 2011[5].

Toutefois, jusqu'à 47 600 euros de recettes au cours de l'année précédente, l'avocat n'est pas soumis à TVA[6]. Ce régime dit de « franchise en base de TVA » implique que l'avocat ne facture pas de TVA à ses clients, mais ne peut pas non déduire la TVA acquittée lors de ses acquisitions de biens ou de services. Si le seuil de 47 600 euros, ajusté *prorata temporis* est franchi, l'avocat devient automatiquement redevable de la TVA à compter du 1er janvier de l'année suivante. Le bénéfice de la franchise est remis en cause, en cours d'année, lorsque le montant des recettes excède 56 800 euros. Dans ce cas de figure, l'avocat devient redevable de la TVA à compter du 1er jour du mois au cours duquel cette limite est dépassée. L'avocat a toujours la faculté d'opter pour la TVA même si le seuil de 47 600 euros n'est pas franchi.

Les avocats doivent se conformer aux obligations prévues aux articles 286, 287, 1692, 1693 et 1694 *bis* du code général des impôts[7].

211.29 **Contribution économique territoriale.** La contribution économique territoriale (CET), qui remplace la taxe professionnelle depuis le 1er janvier 2010[8], comprend la cotisation sur la valeur ajoutée des entreprises (CVAE) et la cotisation foncière des entreprises (CFE). Les avocats sont exonérés de CFE pour une période de deux ans à compter de l'année qui suit le début de leur exercice[9].

211.30 **Régime social.** L'avocat exerçant à titre individuel relève du régime social des travailleurs non-salariés (TNS)[10]. À ce titre, il est obligatoirement affilié :

- à l'Urssaf pour les allocations familiales et les assurances maladie-maternité ;
- à la CNBF pour la retraite.

L'intégralité de ses revenus non-salariés est soumise aux cotisations, après réintégration des cotisations acquittées dans le cadre des contrats d'assurance dit « Madelin »[11] qui sont déduits du bénéfice imposable et des allégements fiscaux éventuels.

Les modalités de calcul des cotisations sociales sont complexes. En effet, il y a un décalage entre les provisions de cotisations et leur ajustement en fonction des revenus réel :

- en N, les cotisations sont d'abord calculées à titre provisionnel sur la base du revenu réel en N–2 (ou de manière forfaitaire en début d'activité) ;

1. CGI, art. 99.
2. Seuil de 2022.
3. CGI, art. 256 A.
4. CJUE, 17 juin 2010, *Commission européenne c/ République française*, aff. C-492/08, *JOUE* 14 août, p. 6 ; *D.* 2010. 1632 ; *D.* 2011. 265, obs. N. Fricero ; *Gaz. Pal.* 31 août 2010, p. 14, note Clavier ; *Gaz. Pal.* 11 déc. 2011, p. 45, note Toulemont et Zapf ; *JCP* 2010. 1068, obs. Tanaskovic ; *JCP* 2010. 1191, nº 1.
5. L. nº 2010-1658, 29 déc. 2010 de finances rectificative pour 2010, art. 70-VII, *JO* 30 déc., p. 23127.
6. CGI, art. 293 B III.
7. Instr. 26 mars 1991, *BOI* 3 A-7-91 relative à l'application de la TVA aux avocats, avoués, avocats au Conseil d'État et à la Cour de cassation, à compter du 1er avr. 1991, *BOI*-TVA-DECLA-20-20-10-10-20150506, *JCP E* 1991. IV. 10302 ; *Gaz. Pal.* 16 avr. 1991. 11.
8. CGI, art. 1464 K ; *BOI* 6 E-4-09, nº 39, 7 avr. 2009 ; *BOI*-IF-CFE-20151202 – L. nº 2009-1673, 30 déc. 2009 de finances pour 2010, *JO* 31 déc., p. 22856, art. 2.
9. CGI, art. 1460, 8° ; *BOI* 6 E-1-08, nº 38, 8 ; *BOI*-IF-CFE-10-30-20-10-20120912.
10. CSS, art. L. 131-6.
11. CGI, art. 154 *bis*.

– leur montant est ajusté en cours d'année N lorsque les revenus déclarés pour N-1 sont connus des organismes sociaux ;

– les cotisations définitives au titre de l'année N sont établies en N+1 lorsque le revenu est connu et il est procédé à une régularisation [1].

Les variations importantes de revenus sont accentuées par ce système de provision/régularisation :

– une année exceptionnelle va impacter de façon significative les cotisations provisionnelles et la régularisation : si l'activité est alors en baisse, la régularisation va causer des difficultés de trésorerie pour l'avocat ;

– au contraire si les résultats sont moindres, la baisse de cotisation au moment où le cabinet est revenu à un niveau d'activité normale va améliorer de manière fictive ses résultats.

Cet effet « yoyo » est difficile à maîtriser, même s'il est possible de faire ajuster les cotisations provisionnelles en fonction des revenus estimés [2].

SECTION 3
SOCIÉTÉ UNIPERSONNELLE

211.41 Choix de la société unipersonnelle. L'avocat exerçant à titre individuel peut décider lors de son installation, ou à tout autre moment, de constituer une société d'exercice libéral (SEL) dont il sera le seul associé [3]. Même si une société libérale par actions simplifiée (SELAS) peut être constituée avec un seul associé, les avocats exerçant à titre individuel désireux d'opter pour un exercice en société font très majoritairement le choix de la société d'exercice libéral à responsabilité limitée (SELARL).

Depuis la loi du 6 août 2015 [4] et le décret du 29 juin 2016 [5], l'avocat peut également faire le choix de l'Eurl sans nécessairement recourir à la SELARLU. Cette possibilité de recourir aux sociétés de droit commun est remise en cause par l'Ordonnance du 8 février 2023 [6] qui sera applicable à compter 1er septembre 2024 et qui modifie l'exercice en société des professions libérales réglementées.

211.42 Raisons de choisir l'exercice en société. Le choix d'exercer en société, pour un avocat exerçant à titre individuel, résulte de plusieurs facteurs qui sont à la fois opérationnels et fiscaux.

Sur le plan fiscal, l'exercice individuel (en BNC) :

– empêche la constitution de réserves : les sommes que l'avocat souhaiterait mettre de côté pour préserver sa trésorerie ou en vue d'investissements sont taxables à l'IR et soumises aux charges sociales ;

– entraîne l'imposition sur la totalité du résultat même quand celui-ci ne peut pas être appréhendé ;

– ne permet pas de gérer les variations importantes de revenus, ce qui entraîne d'importantes variations et régularisations des charges sociales et de l'impôt.

Sur le plan comptable, la comptabilité d'encaissement :

– prive de tout contrôle dans la détermination du résultat ;

– ne procure pas la rigueur et les facultés de pilotage d'une comptabilité d'engagement.

Sur le plan opérationnel :

– pose des difficultés de transmission (car le fonds libéral ne peut être cédé qu'en bloc) ;

– ne permet pas d'associer des collaborateurs ;

– prive l'avocat des outils offerts par le droit des sociétés (ex. : détention indirecte *via* une holding) ;

– la personnalité morale et la responsabilité limitée protègent l'avocat des dettes financières de la structure.

Les quelques coûts induits par la création d'une société (frais et honoraires de constitution, comptabilité...) sont rapidement et largement compensés par les avantages procurés. Il n'y a pas de seuil ou de niveau de chiffre d'affaires minimum souhaitable pour envisager cette opération.

211.43 Conséquences immédiates de la création de la société unipersonnelle par l'avocat individuel. Les principales conséquences du passage en société sont les suivantes :

– l'avocat n'exerce plus en son nom personnel mais au nom de la société. C'est la société qui exerce le métier d'avocat ;

– la responsabilité financière de l'avocat est limitée sauf pour ses fautes professionnelles ;

– l'avocat optera pour l'impôt sur les sociétés.

Par assimilation au statut des EURL, la SELARL unipersonnelle ou SELARLU est soumise à l'impôt sur le revenu. Sauf raisons particulières de rester à l'IR, la SELARLU optera pour l'impôt sur les sociétés dès sa création ;

– en cas d'option pour l'impôt sur les sociétés, l'avocat ne tient plus une comptabilité d'encaissement mais une comptabilité d'engagement.

1. CSS, art. L. 131-6-2 – Pour une description complète de la gestion des cotisations : C. Chautard, « Cotisations des indépendants, 2015 une année riche en nouveautés », *Maître* n° 232, Anaafa.
2. CSS, art. L. 131-6-2, al. 4.
3. Sur les caractéristiques et le fonctionnement des SEL v. ss nos 224.11 s.
4. L. n° 2015-990, 6 août 2015.
5. Décr. n° 2016-882, 29 juin 2016 relatif à l'exercice de la profession d'avocat sous forme d'entité dotée de la personnalité morale autre qu'une société civile professionnelle ou qu'une société d'exercice libéral ou de groupement d'exercice régi par le droit d'un autre État membre de l'Union européenne, *JO* 30 juin, n° 60.
6. Ord. n° 2023-77, 8 févr. 2023 relative à l'exercice en société des professions libérales réglementées, *JO* 9 févr., n° 3.

211.44 Conséquences fiscales et sociales de la création d'une société unipersonnelle pour l'avocat individuel. Sur le plan social, rien ne change. L'avocat individuel et le gérant majoritaire d'une SELARLU ont le même statut. Les cotisations sociales sont payées sur les mêmes bases, à savoir le revenu taxable de l'avocat.

Sur le plan fiscal, l'administration a récemment fait évoluer sa doctrine[1]. Jusqu'alors, les revenus des gérants de SELARL étaient assimilés à des traitements et salaires. Depuis cette instruction (à partir des revenus perçus en 2023), les avocats associés de SELARL doivent déclarer leurs revenus dans la catégorie BNC.

L'instruction précise toutefois que les revenus des gérants majoritaires d'une SELARL (ou membre d'un collège de gérants majoritaires) versés au titre de leur activité d'avocat restent imposés dans la catégorie des traitements et salaires dans la mesure où ces revenus sont indissociables de ceux perçus pour leur fonction de gérant.

Sous réserve des précisions qui seront apportées par l'administration et de l'application de cette règle par les juridictions, il est raisonnable de penser que dans un cabinet individuel constitué en société unipersonnelle, il n'est pas possible de dissocier l'activité d'avocat et l'activité de gérant de la structure, au sens du texte.

Par ailleurs, le gérant majoritaire est soumis aux dispositions de l'article 62 du Code Général des Impôts ce qui lui permet, comme les individuels soumis au régime des BNC, de déduire ses contrats « Madelin » de protection sociale complémentaire (retraite complémentaire, prévoyance, mutuelle).

211.45 Passage de l'entreprise individuelle à la Société unipersonnelle. Pour une étude plus détaillée de cette opération, v. s[s] n°s 231.21 s.

Nous rappellerons sommairement les points suivants :

– Le passage à la forme sociétaire unipersonnelle implique, au plan juridique, l'apport, la cession ou le prêt du fonds libéral[2] à une société en formation :

• l'apport concourt à la formation du capital social, au même titre que les apports en numéraire, et, en contrepartie, l'apporteur reçoit des parts sociales. Cette opération suppose, outre la constitution et l'immatriculation de la SELARLU, la rédaction d'un contrat d'apport, lequel doit mentionner les éléments corporels et incorporels composant le fonds libéral et préciser la valeur retenue, qui doit également figurer dans les statuts. Un rapport d'évaluation doit être établi par un commissaire aux apports désigné par l'associé unique, sauf si aucun des apports en nature n'excède une valeur de 30 000 euros et que la valeur totale des apports en nature ne dépasse pas la moitié du capital social[3]. Lorsqu'il n'y a pas de commissaires aux apports ou lorsqu'une valeur différente de celle proposée par le commissaire aux apports est retenue, l'associé reste solidairement responsable à l'égard des tiers de la valeur attribuée aux apports pendant cinq ans. Le transfert de propriété est réalisé à l'immatriculation de la société[4] ;

• le prêt du fonds libéral se traduit par la conclusion d'une convention de commodat entre l'avocat et sa future société ;

• sur l'opération de cession[5].

– D'un point de vue fiscal, l'opération est assimilée à une cession d'entreprise, ce qui entraîne, en théorie, l'imposition immédiate des bénéfices non encore taxés[6], des bénéfices en sursis d'imposition et des plus-values professionnelles constatées à raison des éléments d'actif immobilisés. Des mécanismes d'atténuation prévus par le CGI limitent les conséquences fiscales de l'opération :

• concernant la taxation de la plus-value professionnelle, l'apporteur peut opter en particulier pour le régime de l'article 151 *octies* du CGI qui prévoit :

* le report d'imposition des plus-values sur les immobilisations non-amortissables ;

* le transfert de l'imposition des plus-values sur les immobilisations amortissables à la société avec un étalement sur une période maximale de 5 ans pour les biens mobiliers.

L'option doit être explicitement indiquée dans l'acte d'apport et les statuts.

• sur les régimes d'exonération[7] ;

• concernant les créances acquises non encore imposées à la date de l'apport, celles-ci pourront bénéficier d'un paiement étalé de l'impôt[8] ou d'un transfert de l'impôt à la société pour les créances de moins de trois mois[9] ;

• concernant les droits d'enregistrement, l'apport du fonds libéral au profit d'une société soumise à l'impôt sur les sociétés est exonéré de tout droit d'enregistrement si elle est réalisée lors de la constitution de la société et à condition que l'apporteur s'engage à conserver les titres reçus en contrepartie de son apport pendant au moins trois ans[10].

1. DGFP, actualité, 5 janv. 2023, *RSA – BNC – Imposition des rémunérations perçues par les associés des sociétés d'exercice libéral au titre de l'exercice d'une activité libérale au sein de ces sociétés dans la catégorie des bénéfices non commerciaux à compter de l'imposition des revenus de l'année 2023 – Tolérance doctrinale – Publication urgente.*
2. Sur cette notion, v. s[s] n° 241.22.
3. C. com., art. L. 223-9, al. 2 et 3.
4. C. com., art. L. 223-9, al. 4.
5. V. s[s] n°s 241.11 s.
6. CGI, art. 202.
7. V. s[s] n°s 244.11 s.
8. CGI, art. 1663 *bis* ; *BOI*-BNC-CESS-30-10-20120912.
9. CGI, art. 202 *quater* ; *BOI*-BNC-CESS-30-10-20120912.
10. CGI, art. 809.

CHAPITRE

212. Structures de moyens

SECTION 0
ORIENTEUR

212.00 **Sommaire du chapitre.**

SECTION 1
STRUCTURES DE MOYENS : DÉFINITION ET PRINCIPES

212.11 **Mise en commun de moyens matériels.** Les structures de moyens résultent des conventions ou des sociétés qui permettent aux avocats de partager le coût de certains de leurs moyens d'exploitation. À la différence de la structure d'exercice, la structure de moyens ne peut exercer la profession d'avocat. Ce sont toujours ses membres qui l'exercent. Elle ne peut donc, par voie de conséquence, faire l'objet de poursuites disciplinaires. Toutefois, si la création ou le fonctionnement d'une structure de moyen entraîne une infraction aux règles déontologiques, les avocats membres peuvent être sanctionnés.

Le Règlement intérieur national (RIN) ne comporte pas de dispositions spécifiques relatives aux structures de moyens. Le règlement intérieur du barreau de Paris[1], rappelle que les structures de moyens ont exclusivement pour objet ou finalité de faciliter ou de développer l'activité professionnelle de leurs membres ; leur activité doit se rattacher à l'activité économique de leurs membres et ne peut avoir qu'un caractère auxiliaire par rapport à cette activité. La structure de moyens ne peut exercer elle-même la profession d'avocat. La participation à une structure de moyens doit se faire dans le respect des principes essentiels, les avocats membres d'une structure de moyens étant en outre soumis entre eux aux mêmes règles que les avocats membres d'une structure d'exercice en matière de conflit d'intérêts.

Pour remplir son objectif, la structure de moyens permet donc aux avocats de mettre en commun des moyens matériels (locaux, bureautique, informatique, documentation...) ou humains (secrétariat, accueil...). Chaque membre de la structure de moyens contribue au coût de ces charges dans les proportions convenues.

Les membres d'une structure de moyens ne partagent pas les bénéfices de leur activité. Les Ordres veillent à ce que les avocats regroupés en structure de moyens ne donnent puissent faire croire aux tiers qu'elles sont des structures d'exercice.

Les différentes structures de moyens sont :

- la société civile de moyens[2] ;
- la convention de cabinets groupés ;
- la convention de correspondance organique nationale ;
- la convention de correspondance organique internationale ;
- le groupement d'intérêt économique ;
- le groupement européen d'intérêt économique ;
- la convention ou les statuts d'association ayant pour objet la mise en place d'un réseau national ou international, dans le respect de l'article 16.4 du Règlement intérieur national ;
- la location et la sous-location.

Les conventions de réseau et les conventions de correspondance organiques sont traitées dans le chapitre consacré aux réseaux d'avocats[3].

1. RIBP, art. P45.

2. C. com., art. 36 de la loi n° 66-879, 29 nov. 1966.
3. V. s[s] n°s 351.11 s.

Les structures de moyens présentent l'avantage de permettre de réduire les charges de l'exercice professionnel. Elles constituent éventuellement un bon test avant une association en exercice.

212.12 Secret professionnel et conflit d'intérêts. Le partage de locaux et de moyens tels que salle d'attente, accueil, standard, système informatique, etc. ont des implications concernant le secret professionnel et la gestion des conflits d'intérêts. L'article 2.3 du RIN rappelle que lorsque l'avocat participe à une structure de mise en commun de moyens, le secret s'étend à tous les avocats avec lesquels il met en commun les moyens d'exercice de la profession.

S'agissant des conflits d'intérêts, l'article 4.1, alinéa 4, du RIN prévoit que les règles de conflit d'intérêts s'appliquent aux avocats qui exercent leur profession en mettant en commun des moyens. L'article P. 45 du règlement du barreau de Paris impose quant à lui les mêmes règles en matière de conflits d'intérêts pour les avocats membres de structures de moyens et de structures d'exercice.

212.13 Structures de moyens et communication. L'article P 45 précité vise expressément la « présentation » de la structure de moyens et rappelle que tout membre d'une structure de moyens doit éviter toute présentation de cette structure de nature à faire croire aux tiers qu'il peut s'agir d'une structure d'exercice et se conformer aux dispositions relatives à la publicité en la matière.

L'article 10.2 du RIN[1], relative à la communication et à la publicité de l'avocat, rappelle qu'est prohibée toute mention susceptible de créer dans l'esprit du public l'apparence d'une structure d'exercice inexistante. Cette disposition trouve souvent à s'appliquer dans les situations dans lesquelles, volontairement ou pas, des associés d'une structure de moyens ou les signataires d'une convention de réseau ont pu faire croire à l'existence d'une structure d'exercice.

SECTION 2
SOCIÉTÉ CIVILE DE MOYENS

212.21 Caractéristiques et régime juridique de la société civile de moyens. La société civile de moyens (SCM) est régie par l'article 36 de la loi du 29 novembre 1966[2] qui dispose que les personnes physiques ou morales exerçant des professions libérales et notamment les officiers publics et ministériels, peuvent constituer entre elles des sociétés civiles ayant pour objet exclusif de faciliter à chacun de leurs membres l'exercice de son activité. À cet effet, les associés mettent en commun les moyens utiles à l'exercice de leurs professions, sans que la société puisse elle-même exercer celle-ci.

La SCM n'exerce pas la profession mais sert à la mise en commun de moyens nécessaires à un tel exercice, avec répartition de leur charge entre les associés. Généralement, la mise en commun porte sur les locaux dont la SCM peut être locataire ou propriétaire, ainsi que les services complémentaires tels que le standard téléphonique, service d'accueil, matériel de bureautique, système informatique, documentation, etc. La SCM peut avoir son propre personnel salarié dont l'activité sera dédiée à ses membres.

Outre l'article 36 de la loi du 29 novembre 1966 précité, la société civile de moyens est également régie par les articles 1845 à 1870-1 du code civil relatifs aux sociétés civiles. Il en résulte que :

– les associés effectuent des apports en numéraire ou en nature à la société qui concourent à la formation de son capital[3] ;

– les associés sont indéfiniment et conjointement responsables des dettes sociales vis-à-vis des tiers[4] ;

– le mode de désignation du ou des gérants, qui peuvent être des personnes physiques et morales[5], ainsi que leurs pouvoirs, sont déterminés par les dispositions statutaires[6] ;

– les décisions collectives sont prises, à l'unanimité des associés sauf dispositions statutaires différentes, soit en assemblée, soit par consultation, ou résultent d'un acte[7] ;

– l'associé qui se retire de la SCM a droit au remboursement de ses parts[8].

Outre les dispositions légales, les conditions de retrait d'un associé d'une SCM doivent être précisées par les statuts pour ne pas que le départ d'un associé puisse bouleverser l'équilibre économique des associés sans que ceux-ci aient le temps de réagir. L'article P. 46.3 du RIBP prévoit, comme pour les structures d'exercice, un préavis de six mois minimum pour tout retrait volontaire sauf disposition conventionnelle contraire.

La dénomination sociale est libre et peut-être de fantaisie, sous certaines limites. Comme rappelé ci-dessus, l'article 10.2 du RIN prohibe toute mention susceptible de créer dans l'esprit du public l'apparence d'une structure d'exercice inexistante. Ainsi,

1. RIN, art. 10.2 ; CNB, AG 3 avr. 2020, DCN n° 2019-005.
2. L. n° 66-879, 29 nov. 1966 relatives aux sociétés civiles professionnelles, *JO* 30 nov., p. 10451.
3. C. civ., art. 1843-2.
4. C. civ., art. 1857.
5. C. civ., art. 1847.
6. C. civ., art. 1846.
7. C. civ., art. 1852, 1853 et 1854.
8. C. civ., art. 1869.

une SCM dont le nom comprendrait le terme « Avocats » pourrait se voir reprocher l'apparence d'une structure d'exercice. Pour ces raisons, les SCM adoptent le plus souvent l'adresse des locaux partagés par les membres de la société.

212.22 Fonctionnement de la SCM. Il n'y a pas de corrélation automatique entre le nombre de parts détenues par les associés et le niveau de leur participation aux dépenses de la SCM. La quote-part de chaque associé dans les dépenses de fonctionnement ainsi que les modalités des appels de fonds et/ou des refacturations seront précisés dans les statuts ou par acte séparé. À ce titre, il est recommandé de compléter les statuts par un règlement intérieur déterminant l'attribution des locaux, les dépenses communes et les règles de répartition des charges entre associés. Les clés de répartition peuvent être différentes selon la nature des charges, à titre d'exemple :

- au prorata de la surface privative occupée pour le loyer, les charges locatives et tous les frais accessoires aux locaux (assurance, ménage, etc.) ;
- en fonction de la consommation réelle établie par compteur pour les photocopies, les frais de poste, etc. ;
- au prorata du chiffre d'affaires de chaque membre pour la rémunération du personnel administratif du cabinet (comptable, informatique, etc.).

Une répartition claire et acceptée de tous est indispensable pour prévenir les risques de conflit entre associés. En sus, la révision régulière des règles de répartition est recommandée afin de tenir compte de l'évolution des cabinets membres.

D'un point de vue fiscal, la SCM n'est pas soumise à l'IS et il n'y a pas d'imposition au niveau de la société. Le résultat sera réparti proportionnellement entre les associés et imposé entre leurs mains. En pratique, la SCM sera gérée de manière à ne dégager aucun résultat puisque son rôle n'est pas de réaliser des bénéfices. Les associés de la SCM déduiront de leur bénéfice toutes les sommes versées à la SCM au titre des dépenses engagées pour l'exercice de la profession. La SCM devra, chaque année, déposer une déclaration 2036 qui lui est propre.

212.23 SCM interprofessionnelle. Compte tenu de la rédaction de l'article 36 de la loi du 29 novembre 1966, la SCM peut regrouper non seulement des membres d'une même profession, mais aussi des personnes exerçant des professions libérales différentes. La licéité de la constitution de sociétés de moyens interprofessionnelles créées entre personnes physiques et morales semble admise dès lors que la constitution de cette société ne dissimule pas une société d'exercice et que les règles déontologiques de la profession d'avocat, notamment celles relatives au secret professionnel, sont respectées.

Le barreau de Paris admet la constitution de sociétés civiles de moyens avec d'autres professions libérales et met à disposition des avocats un modèle de convention de SCM pluridisciplinaire[1]. Les avocats associés de la SCM interprofessionnelle doivent impérativement continuer à respecter les principes déontologiques de la profession, notamment l'indépendance, le secret professionnel et l'absence de conflit d'intérêts[2], et s'assurer que le fonctionnement de la SCM n'y porte pas atteinte[3] ; à défaut, le conseil de l'Ordre refusera d'autoriser la création de la SCM. En pratique, pour se conformer à ses obligations déontologiques, l'avocat doit disposer au minimum de bureaux, salles d'archivage et installations informatiques et téléphoniques bien distincts.

212.24 SCM comme outil d'externalisation. Dans certaines configurations spécifiques, il arrive que des structures d'exercice mettent en place leur propre SCM pour porter une partie des moyens d'exploitation du cabinet.

Ceci peut notamment être le cas lorsque des cabinets internationaux veulent protéger la responsabilité financière de leurs associés basés en France. Une SCM est créée dans laquelle l'entité étrangère est l'associé principal. Cette SCM porte alors le bail des locaux et certains des contrats dont les contrats de travail des salariés. La SCM n'exerçant pas la profession, elle ne peut pas porter les contrats des collaborateurs ou des stagiaires du cabinet.

SECTION 3
CONVENTION DE CABINETS GROUPÉS

212.31 Convention de cabinets groupés. La convention de cabinets groupés résulte d'une pratique ancienne, qui s'est développée antérieurement à la création de la SCM par la loi du 29 novembre 1966[4]. Elle répondait au besoin des avocats de se regrouper dans des locaux communs où chacun exerce individuellement la profession. La mise en commun de moyens est donc très limitée. Selon le règlement intérieur du barreau de Paris (RIBP, art. P. 48.4)[5], la convention de cabinet groupé porte sur le partage de la jouissance des locaux professionnels et l'aménagement des droits et obligations réciproques sur les biens et services communs accessoires à l'usage desdits locaux.

1. Ordre des avocats du barreau de Paris, *Vade-mecum Exercice en groupe*, nov. 2020.
2. Colmar, 19 mars 1990, *Gaz. Pal.* 1990. II. jur. 715, note Damien.
3. J.-M. Braunschweig, J. Demaison, *Profession d'avocat : le guide*, 3e éd., Wolters Kluwer, 2014, n° 964, p. 578.
4. L. n° 66-879, 29 nov. 1966, art. 36.
5. RIBP, art. P. 48.4.

Concernant le bail, seul le ou les signataires demeurent titulaires des droits et obligations en découlant. La jurisprudence de la cour d'appel de Paris sécurise la convention de cabinet groupé puisqu'elle refuse de l'assimiler à une sous-location déguisée du local de nature à justifier la résiliation du bail[1].

La constitution d'un cabinet groupé, concernant le domicile professionnel, est généralement soumise à une autorisation préalable du conseil de l'Ordre. Il convient de se référer aux règlements intérieurs des barreaux afin de connaître les conditions requises pour cette convention et son fonctionnement. Le règlement intérieur du barreau de Paris (RIBP, art. P. 48.4) définit assez précisément son régime. La convention doit préciser :

- les parties communes et privatives, déterminer les dépenses communes et la partie contributive de chacun ainsi que les conditions de leur révision ;
- la ou des personnes chargées de la gestion des biens et services communs, ainsi que les règles d'organisation ;
- la tenue d'une comptabilité des dépenses communes ;
- l'ouverture d'un compte commun au nom de l'ensemble des parties à la convention pour le règlement des dépenses communes. Ce compte, qui doit toujours être provisionné, est alimenté par versement des avocats pour leur part contributive aux dépenses communes ;
- le responsable des comptes reçoit le mandat d'accomplir les obligations fiscales propres au cabinet groupé, notamment au regard de la TVA, sans que ce rôle ne puisse lui causer une augmentation de sa charge fiscale ou financière ;
- le non-respect de ses engagements par l'un des signataires, notamment le non-paiement de sa part contributive, peut faire l'objet d'une sanction disciplinaire.

Le cabinet groupé ne peut en aucune manière être assimilé à une structure d'exercice et ne peut donc être présenté comme tel par ses membres, par exemple par l'utilisation d'un papier en-tête commun.

SECTION 4
GROUPEMENT D'INTÉRÊT ÉCONOMIQUE

212.41 **Régime juridique.** Régi par les articles L. 251-1 à L. 251-23 et R. 251-1 à R. 251-3 du code de commerce, le GIE est un groupement doté de la personnalité morale[2] et immatriculé au registre du commerce et des sociétés, qui a pour but de « mettre en œuvre entre personnes physiques ou morales tous les moyens propres à faciliter ou à développer l'activité économique de ses membres et améliorer ou accroître les résultats de cette activité ». Son activité doit donc se rattacher à l'activité économique de ses membres et n'avoir qu'un caractère auxiliaire par rapport à celle-ci[3] : il ne peut donc se substituer à ses membres dans leurs activités, ni permettre la création d'une activité totalement nouvelle, sinon il est requalifié une société de fait[4]. En conséquence, un GIE ne peut pas exercer la profession d'avocat et des avocats ne peuvent pas devenir membres d'un GIE de façon à lui permettre d'exécuter directement des prestations juridiques[5].

L'article P. 48.5 du RIBP apporte quelques précisions sur la participation d'avocats ou de cabinets d'avocats à un GIE ou GEIE (groupement européen d'intérêt économique). En premier lieu, un avocat ne peut participer à un GIE que si celui-ci est composé de personnes physiques ou morales exerçant une profession libérale et juridique soumise à un statut législatif et réglementaire. L'avocat membre d'un GEIE se trouvant dans un des États de l'Union européenne autre que la France reste soumis à la déontologie de son barreau tant pour les actes de sa profession que pour son activité au sein du GEIE. Aussi, l'avocat qui veut participer à un GIE ou un GEIE doit justifier qu'il a informé de cette participation la compagnie d'assurance garantissant sa responsabilité civile professionnelle et qu'il est couvert dans ce cadre. Il doit remettre au bâtonnier un exemplaire de ce contrat d'assurance qui est soumis au conseil de l'Ordre en même temps que le contrat de constitution du GIE ou du GEIE. Enfin, le contrat constitutif du GIE ou du GEIE auquel participe un avocat du barreau (de Paris) doit comporter une clause d'arbitrage ou de médiation pour résoudre toutes difficultés résultant de la mise en commun de moyens au sein du GIE.

Le RIBP ne s'imposant pas aux autres barreaux, la question se pose de la légalité d'un GIE composé de membres avocats et de membres qui n'appartiendraient pas à une profession juridique réglementée. L'article L. 251-2 semble laisser cette possibilité ouverte. En effet, Aux termes de l'article L. 251-2 du Code de commerce, « les personnes exerçant une profession libérale soumise à un statut législatif ou réglementaire ou dont le titre est protégé peuvent constituer un groupement d'intérêt économique ou y participer ».

1. Paris, 13 févr. 1987, *Gaz. Pal.* 1987. 2. Somm. 415, note Brault et Kerdaniel ; *D.* 1989. 99, note Brunois – Paris, 6e ch. B, 16 déc. 1994, *Gaz. Pal.* 13 mai 1995, p. 32.
2. C. com., art. L. 251-4.
3. C. com., art. L. 251-1.
4. Paris, 6 oct. 1987, *JurisData* 1987-600090 ; *Bull. Joly soc.* 1988, p. 86, § 21 – Paris, 30 mai 1988, RG no 06/7463, *RDJA* 2008, no 1285.
5. CNB, Commission Statut professionnel de l'avocat, avis technique no 2015.004, 2 déc. 2015.

212.42 **Intérêt.** Bien que le GIE soit rare chez les avocats, il présente des caractéristiques intéressantes. En effet, le but du GIE tel qu'il résulte de l'article L. 251-1 du code de commerce est bien de développer l'activité économique de ses membres et d'en améliorer le résultat.

À la différence de la SCM qui se contente de répartir des charges entre des avocats qui travaillent individuellement, le GIE vise aussi à rechercher des synergies et des complémentarités entre ses membres sans pour autant que ceux-ci soient associés. Régi en grande partie par le contrat de groupement[1], il constitue un instrument de coopération souple qui peut trouver des applications très variées. Dans le contexte industriel ou commercial, le GIE est utilisé par des entreprises pour joindre leurs forces en vue de conquérir des marchés à l'export ou d'associer des capacités de recherche et de développement. Il s'agit donc d'un instrument propice au développement de projets. Concernant les avocats, il peut également être utilisé comme outil de réseau pluridisciplinaire, sous réserve de respecter les articles 16 et 18 du RIN relatifs aux réseaux pluridisciplinaires et à la collaboration interprofessionnelle[2].

1. C. com., art. L. 251-8.
2. V. s[s] n°s 351.11 s. et 353.11 s.

TITRE

22. Les structures d'exercice

SECTION 0
ORIENTEUR

22.00 **Sommaire du titre.**

22.03 **Bibliographie indicative.**

Ouvrages. B. Brignon, *Les sociétés d'exercice libéral*, LexisNexis, 2020.

Guides. *Vade-mecum Exercice en groupe*, Ordre des avocats du barreau de Paris, 2020.*Guide de l'exercice en association d'avocats*, Conseil National des Barreaux, Christophe Thévenet, Delphine Gallin, 2017.

Articles.

> Sur les associations et AARPI. D. Jensen, M. Lalanne, E. Biezunski, M. Warneys, *Associés d'AARPI : se protéger grâce aux personnes morales* Dalloz Actualité, nov. 2021, J.-J. Caussain, « La nouvelle donne des associations d'avocats », *JCP* 2007. I. 177 – Thevenet, « Les mérites de l'association d'avocats… et de ses petites contrariétés », *D. avocats* 2013. 198.

> Sur les SCP. Chemouli, « Les désillusions de la SCP », *Gaz. Pal.* 19-20 oct. 2008 – Hovasse, « Réforme des sociétés civiles professionnelles », *Dr. sociétés* n° 6, juin 2011, comm. 108 – Monsèrié-Bon, « Cession des droits sociaux d'une SCP ou d'une SEL – Saisir les nouvelles opportunités », *Dr. sociétés* n° 2, févr. 2013, étude 3.

> Sur les SEL. J. Schweblin, *La sortie d'un associé de sa structure d'exercice*, Dalloz Avocats, nov. 2019. Bourgeois-Bertrel et Bertrel, « Les sociétés utilisées par les professionnels du droit après la loi "Macron" », *Dr. et patr.* sept. 2015, 18. – Brignon, « Quelques grains de poivre dans les SEL d'avocats », *Dr. sociétés* n° 11, nov. 2015, étude 19 ; *JCP E* 2015. 1561 – J. Demaison, « Le statut juridique, fiscal et social de l'associé exerçant au sein d'une SEL d'avocats », Rev. Lamy Droit des affaires, janv. 2012, n° 3843 – Fabre et Chautard, « Les martingales du statut fiscal et social de l'avocat », *D. avocats* 2015. 311 – Nonorgue, « Le desserrement des entraves à la constitution de groupes au sein des professions juridiques (SEL-SPFPL) », *Dr. sociétés* 2012. Étude 10 ; « La constitution des SEL et SPFPL de professions juridiques et judiciaires – Du desserrement à la libération des entraves », *JCP E* 2015. 1521 – Parleani, « L'exercice en société des professions libérales – essentiellement juridiques – dans la loi Macron », *Rev. sociétés* 2015. 638 – Roussille, « Modifications de certains éléments du régime des SEL », *Dr. sociétés* n° 6, juin 2011, Comm. 11 – Torck, « Le contrôle des SEL et des SPFL », *JCP* 2015. 26 oct. 2015, suppl. n° 44, p. 24.

> Sur les SPFPL. D. Jensen, *À quoi sert une holding ?*, Dalloz Avocats, avr. 2019 Bertrel, « Holding et montages de rapprochement interprofessionnel pour les avocats et les notaires », *Dr. et patr.* oct. 2009, n° 185, p. 42 ; « Ingénierie juridique : les *holdings* de sociétés d'avocats ou de notaires », *Dr. et patr.* n° 103, avr. 2002, p. 22 ; « Les *holdings* de sociétés d'avocats et de notaires après la publication des décrets Murcef », *Dr. et patr.* n° 130, oct. 2004, p. 26 ; « Une SPFPL d'avocats ou de notaires peut-elle être *holding* animatrice ? », *Dr. et patr.* n° 229, oct. 2013, p. 20 – Hovasse, « Les sociétés de participations financières de professions libérales monoprofessionnelles après le décret du 23 mars 2012 », *Bull. Joly* 2012. 894 – Nonorgue, « Le desserrement des entraves à la constitution de groupes au sein des professions juridiques (SEL-SPFPL) », *Dr. sociétés* 2012. Étude 10 ; « La constitution des SEL et SPFPL de professions juridiques et judiciaires – Du desserrement à la libération des entraves », *JCP E* n° 45, 5 nov. 2015, 1521 – Parleani, « Les SPFPL de 2011 : fausses holdings, et vraies têtes de réseaux pour les professions libérales », *Rev. sociétés* 2012. 407 ; « L'exercice en société des professions libérales – essentiellement juridiques – dans la loi Macron », *Rev. sociétés* 2015. 638.

CHAPITRE

221. Critères de choix et notions communes à toutes les structures d'exercice

SECTION 0
ORIENTEUR

221.00 Sommaire du chapitre.

SECTION 1
STRUCTURES D'EXERCICE : RÉPARTITION ET ÉVOLUTION

221.11 Répartition des structures d'exercice. Lorsqu'un avocat crée son cabinet, il doit faire un choix parmi plusieurs structures d'exercice. Au gré des années et de la modernisation de la profession, le législateur a augmenté l'éventail des structures proposées aux avocats[1].

221.12 Évolution des modes d'exercice. Au 1er janvier 2021, les 70 894 avocats se répartissent comme suit :

Avocats au 1er janvier 2021 selon le mode d'exercice (unité : effectif)

	Nombre	En %
Total	70 894	100,0
Individuel	25 805	36,4
Associé	22 190	31,3
Collaborateur	20 488	28,9
Salarié	2 410	3,4

Champ : France métropolitaine et DOM.
Source : ministère de la justice/Direction des affaires civiles et du sceau. – 2021

Les tendances qui se dégagent sont les suivantes :

L'exercice individuel reste le mode d'exercice prépondérant de la profession d'avocat mais les avocats individuels sont de plus en plus nombreux à faire le choix de l'exercice en société unipersonnelle, notamment pour profiter des avantages de l'exercice à l'impôt sur les sociétés[2].

Le nombre d'associations et d'AARPI progresse. Cette croissance se poursuit de manière constante depuis la création de l'AARPI en 2007. Les associés y voient une manière souple de se rapprocher en évitant les contraintes et les risques liés à la patrimonialité et aux droits sociaux. Il faut aussi noter la tendance des associés personnes physiques d'une AARPI à adopter l'exercice en personne morale unipersonnelle associée de l'AARPI[3].

La SCP poursuit sa lente décrue. Il ne se crée plus de SCP. Il faut noter que cette forme de structure d'exercice n'est plus proposée dans le Vade-mecum Exercice en groupe du barreau de Paris[4]. Malgré la dépatrimonialisation rendue possible par la loi du 28 mars 2011, cette forme sociale manque d'attractivité en comparaison de la SEL du fait de son régime du droit de retrait, de la comptabilité d'encaissement et de l'imposition à l'IR (même si une SCP

1. La répartition en fonction des types de structures figure au tableau du n° 221.12.
2. Sur le passage de l'exercice individuel en société unipersonnelle, v. ss n° 231.21.
3. Sur l'association en AARPI en qualité de personne morale, v. ss n° 231.26.
4. Ordre des avocats du barreau de Paris, *Vade-mecum Exercice en groupe*, 2020.

peut opter pour l'IS). Plus généralement, la SCP ne permet pas d'accéder aux outils d'organisation et de structuration proposés par le droit des sociétés et constitue un frein au développement.

Nombre, type et taille moyenne des structures d'exercice de 2005 à 2020				
Année	Effectif total avocats	Nombre de structures d'exercice	Nombre d'associés	Moy. Associés / Structure
2005	44 054	4 637, dont : • 674 associations • 2 297 SCP • 1 666 SEL	10 592, dont : • 1 988 en association • 5 778 en SCP • 2 826 en SEL	2,28
2009	50 314	5 761, dont : • 633 associations • 2 189 SCP • 2 707 SEL	14 087 • ND • ND • ND	2,44
2011	54 000	5 993, dont : • 619 associations • 155 AARPI • 2 201 SCP • 2 911 SEL	16 162 • ND • ND • ND • ND	2,69
2012	56 176	6 837, dont : • 526 associations • 335 AARPI • 2 327 SCP • 3 506 SEL	16 517 • ND • ND • ND • ND	2,45
2014	60 223	7 553, dont : • 978 associations et AARPI • 2 327 SCP • 4 131 SEL	17 709 • ND • ND • ND	• 2,34 (avec les SELARLU) • 3,1 (hors SELURL) estimation
2020	70 073	10 557, dont : • 1267 Ass. AARPI • 2 005 SCP • 6 756 SEL	21 442	2,03 (avec SELARLU)

Source : CNB, ministère de la Justice, Insee.

En comparaison, la société d'exercice libéral ou SEL est probablement la structure d'exercice la plus adaptée à l'exercice actuel du métier d'avocat. Une majorité de créateurs de cabinets choisissent ce mode d'exercice. Cette tendance est le corollaire d'une prise de conscience progressive de l'ensemble des avocats que leurs cabinets doivent être gérés comme des entreprises tout en respectant les spécificités liées à la pratique du métier d'avocat[1]. Il est à noter que les SELARL et SELAS représentent la quasi-totalité des sociétés d'exercice libéral. Les quelques SELAFA qui existaient au début des années 2000 ont disparu, ce mode d'exercice étant inadapté et trop lourd pour l'exercice de la profession d'avocat.

Les autres modes d'exercice que sont les sociétés en participation, les *partnerships* ou les autres formes étrangères restent marginaux.

221.13 Tableau des principales caractéristiques des structures d'exercice les plus courantes. Le tableau ci-après donne un aperçu comparatif[2] des différentes structures d'exercice en ce qui concerne :

- les droits sociaux ;
- la responsabilité des membres ;
- la qualité des associés ;
- les parts en industrie ;
- le régime fiscal et social de la structure et des revenus distribués aux associés.

Les caractéristiques des principales structures d'exercice (SCP, SELARL, association et AARPI) sont résumées dans le tableau ci-dessous. Dans un souci de synthèse, seules sont reprises dans le tableau ci-dessous les principales caractéristiques de la SELARL, qui est de très loin la forme de SEL la plus utilisée par les avocats. La SELAFA, la SELCA et la SEP n'y figurent pas. En 2014, seuls 48 SELAFA étaient dénombrées[3]. Les contraintes de la société anonyme (capitalisation, commissariat aux comptes, gouvernance, règles de convocation et de tenue des assemblées générales, etc.) sont peu adaptées à structures professionnelles qui restent pour la plupart limitées à quelques associés. De même, seulement 3 SELCA et 10 SEP étaient répertoriées en 2014.

1. V. s[s] n°s 311.11 s.

2. J.-M. Braunschweig, J. Demaison (dir.), *Tableaux comparatifs des différentes structures d'exercice, Le guide – L'avocat – Le cabinet,* Wolters Kluwer, en partenariat avec le CNB, 2014, p. 511 s.

3. CNBF, *rapport d'activité 2015.*

PRINCIPALES CARACTÉRISTIQUES DES STRUCTURES D'EXERCICE LES PLUS COURANTES

Forme	SCP	SELARL	Association et AARPI
Principaux textes	• L. nº 66-879, 29 nov. 1966 • Décr. nº 92-680, 20 juill. 1992	• L. nº 90-1258, 31 déc. 1990 • Décr. nº 93-492, 25 mars 1993	• L. nº 71-1130, 31 déc. 1971 • Décr. nº 91-1197, 27 nov. 1991, art. 124 s.
Personnalité morale	Oui	Oui	Non
Dénomination sociale	Libre (noms de fantaisie autorisés pour toutes les structures)		
Nombre d'associés min.	2	1 (SELARLU)	2
Capital social	Oui. Pas de minimum	Oui. Pas de minimum (SELARL)	Non
Qualité des associés	Personnes physiques exerçant dans la structure	• Plus de la ½ du capital détenu par des personnes physiques ou morales exerçant dans la structure. • Dérogations : article 86 de l'ordonnance du 8 février 2023	Personnes physiques ou morales exerçant leur profession dans la structure
Droits sociaux représentatifs du capital	Oui (parts sociales)	Oui (parts sociales)	Non
Parts d'industrie	Oui	Oui	Oui
Organes de direction	Tous les associés sont gérants (sauf stipulation contraire)	Un ou plusieurs gérants.	Tous les associés sont gérants sauf stipulation contraire
Commissaire aux comptes	Non sauf si 2 seuils sur 3 : – Total bilan > 4 M€ – CA HT > 8 M€ – Effectif > 50	Non sauf si 2 seuils sur 3 : – Total bilan > 4 M€ – CA HT > 8 M€ – Effectif > 50	Non
Cessions/Nouveaux associés	Agrément ¾ des voix	Agrément ¾ des voix	• Droits personnels incessibles • Unanimité pour modifier le contrat d'association
Responsabilité des associés	Chaque associé répond de ses actes professionnels sur l'ensemble de son patrimoine. La société est solidairement responsable avec lui. Les associés sont conjointement et indéfiniment responsables des dettes sociales vis-à-vis des tiers.	Chaque associé répond de ses actes professionnels sur l'ensemble de son patrimoine. La société est solidairement responsable avec lui.	• Chaque associé répond de ses actes professionnels sur l'ensemble de son patrimoine • Chaque associé tenu des actes accomplis par chacun d'eux au nom de l'association à proportion de ses droits • AARPI : la responsabilité professionnelle d'un associé n'engage pas les autres. Clause opposable aux tiers
Régime fiscal de la structure	• BNC au nom de chaque associé • (option IS irrévocable)	IS. Rémunération et CS des associés déductible. AG décide de l'affectation du résultat	Les bénéfices sont soumis au régime fiscal de chaque associé qu'ils soient ou non distribués
Régime fiscal et social des bénéfices attribués aux personnes physiques	• BNC (si société de personnes) • Dividendes si IS	Dividendes : imposition dans les RM BNC si SELARLU soumise au régime des sociétés de personnes	• BNC (si société de personnes) • Bénéfices des associés personnes morales taxées à l'IS
Régime fiscal de la rémunération des associés personnes physiques au titre de leur activité d'avocat	• Société de personnes : BNC • IS : régime des TS	• Si minoritaires : BNC • Si gérants majoritaires : BNC sauf si indissociable de l'activité de gérant[a].	• Société de personnes : BNC • IS : régime des TS
Régime social de la rémunération des associés personnes physiques au titre de leur activité d'avocat	Travailleurs indépendants (TNS) (même si la société a opté pour l'IS)	Travailleurs indépendants (TNS)	Travailleurs indépendants (TNS) (même si la société a opté pour l'IS)

a. CGI, art. 62.

SECTION 2
RÉFORMES SUCCESSIVES

221.21 Structures d'exercice : grandes étapes et réformes. Les structures d'exercice ont été construites par grandes étapes :

- 1954 : création de l'association, première forme de groupement autorisé aux avocats ;

- 1966 : adoption de la société civile professionnelle, première société des professions libérales ;

- 1990 : création des sociétés d'exercice libéral, transposées des sociétés commerciales ;

- 2016 : utilisation des sociétés dites « de droit commun » par les professionnels libéraux, création des sociétés pluriprofessionnelles d'exercice ;

- 2023 : Ordonnance réformant l'exercice en société des professions libérales réglementées.

Outre ces grandes étapes, les réformes se sont succédé dans le but de dynamiser le secteur libéral :

- la loi dite Murcef du 11 décembre 2001 [1] a créé la société de participations financières de profession libérale (SPFPL), société holding des professions libérales, destinée à faciliter leur développement et dont le régime de la SPFPL a été progressivement amélioré ;

- la loi du 11 février 2004 [2] a autorisé les SPFPL à entreprendre des activités accessoires et à investir dans des groupements étrangers ;

- la loi du 4 août 2008 [3] a permis aux SPFPL de détenir la majorité des droits de vote des SEL filiales si elle est elle-même contrôlée par des associés exerçant leur activité au sein de la filiale ;

- la loi de finances pour 2006 [4], le décret du 15 mai 2007 [5] et l'instruction fiscale du 2 mai 2007 [6], puis la loi finances pour 2009 [7] et l'instruction fiscale du 7 avril 2009 [8], ont modifié de manière substantielle le régime juridique et fiscal des associations d'avocats par la création de l'AARPI (association d'avocats à responsabilité professionnelle individuelle) permettant de limiter la responsabilité professionnelle de chaque membre à ses seuls actes professionnels et l'ouverture de l'association aux personnes morales ;

- la loi de modernisation des professions judiciaires ou juridiques du 28 mars 2011 [9] a retouché le régime juridique des SCP et SEL. La solidarité des associés de SCP a été supprimée au profit d'une responsabilité conjointe. La loi du 28 mars 2011 a permis aux associés de SCP de contrôler la valorisation des parts sociales en adoptant une clause dite de « dépatrimonialisation ». Ceci a été étendu au SEL par la loi du 22 mars 2012 [10]. La même loi du 28 mars 2011 a instauré la SPFPL pluri-professionnelle, instrument juridique de l'interprofessionnalité capitalistique entre professions du droit et du chiffre, rendue effective par le décret du 19 mars 2014 ;

- la loi du 6 août 2015, dite « Loi Macron » [11] représente une réforme significative : fin de l'unicité d'exercice [12], création de la société pluri-professionnelle d'exercice [13], exercice de la profession dans les sociétés dites « de droit commun ». La loi du 6 août 2015 a été complétée par l'ordonnance du 31 mars 2016 [14] relative aux sociétés pluri-professionnelles d'exercice [15] et par trois décrets du 29 juin 2016 : n° 2016-878 modifiant le décret du 25 mars 1993 relatif aux SEL et SPFPL [16], n° 2016-879 modifiant le décret du 19 mars 2014 relatif aux SPFPL pluri-professionnelles [17], n° 2016-882 relatif à l'exercice de la profession d'avocat sous forme de société civile ou société commerciales [18].

1. L. n° 2001-1168, 11 déc. 2001 portant mesures urgentes de réforme à caractère économique et financier, *JO* 12 déc., p. 19703.
2. L. n° 2004-130, 11 févr. 2004 réformant le statut de certaines professions judiciaires ou juridiques, des experts judiciaires, des conseils en propriété industrielle et des experts en ventes aux enchères publiques, *JO* 12 févr., p. 2847.
3. L. n° 2008-776, 4 août 2008 de modernisation de l'économie, *JO* 5 août, p. 12471.
4. L. n° 2006-1771, 30 déc. 2006 de finances rectificative pour 2006, art. 64, II, *JO* 31 déc., p. 20228.
5. Décr. n° 2007-932, 15 mai 2007 portant diverses dispositions relatives à la profession d'avocat, *JO* 16 mai, p. 9230.
6. CGI, art. 238 *bis* LA – Instr. 2 mai 2007, *BOI* n° 5 G-4-07 ; Bofip *BOI*-BNC-SECT-70-50-10.
7. L. n° 2008-1425, 27 déc. 2008 de finances pour 2009, art. 31, *JO* 28 déc., p. 20224 – CGI, art. 151 *octies* C et 749 B.
8. Instr. 7 avr. 2009, *BOI* n° 5 G-2-09 ; Bofip *BOI*-BNC-SECT-70-50-20.
9. L. n° 2011-331, 28 mars 2011 de modernisation des professions judiciaires et juridiques réglementées, *JO* 29 mars, p. 5447.
10. L. n° 2012-387, 22 mars 2012 relative à la simplification du droit et à l'allégement des démarches administratives, *JO* 23 mars, p. 5226.
11. L. n° 2015-990, 6 août 2015 pour la croissance, l'activité et l'égalité des chances économiques, *JO* 7 août, p. 13537.
12. V. s[s] n° 221.32.
13. V. s[s] n°s 225.11 s.
14. Ord. n° 2016-394, 31 mars 2016 relative aux sociétés constituées pour l'exercice en commun de plusieurs professions libérales soumises à un statut législatif ou réglementaire ou dont le titre est protégé, *JO* 1er avr., n° 51.
15. V. s[s] n° 225.11.
16. Décr. n° 2016-878, 29 juin 2016 relatif à l'exercice de la profession d'avocat sous forme de société d'exercice libéral et aux sociétés de participations financières de profession libérale d'avocats, *JO* 30 juin, n° 56.
17. Décr. n° 2016-879, 29 juin 2016 modifiant le décret n° 2014-354 du 19 mars 2014 pris pour l'application de l'article 31-2 de la loi n° 90-1258 du 31 décembre 1990 relative à l'exercice sous forme de sociétés des professions libérales soumises à un statut législatif ou réglementaire ou dont le titre est protégé, *JO* 30 juin, n° 57.
18. Décr. n° 2016-882, 29 juin 2016 relatif à l'exercice de la profession d'avocat sous forme d'entité dotée de la personnalité morale autre qu'une société civile professionnelle ou qu'une société d'exercice libéral ou de groupement d'exercice régi par le droit d'un autre État membre de l'Union européenne, *JO* 30 juin, n° 60.

Les SEL ont aussi bénéficié, par effet de ricochet, des améliorations apportées aux sociétés commerciales : apport en industrie dans les SELARL depuis la loi du 15 mai 2001[1], capital social minimum de 1 euro pour les SELARL (loi du 1er août 2003 pour l'initiative économique[2]) et les SELAS (loi de modernisation de l'économie du 4 août 2008[3]), location des parts sociales ou actions de SEL, quelle que soit la forme juridique choisie (la loi du 2 août 2005 en faveur des petites et moyennes entreprises[4]).

221.22 **Ordonnance du 8 février 2023.** L'ordonnance du 8 février 2023[5] sera effective le 1er septembre 2024. Elle apporte certaines clarifications attendues sur le régime des sociétés d'exercice libéral[6] dont les règles étaient devenues très compliquées à appréhender du fait de l'empilement des réformes et de la multitude des modifications apportées pendant près de 30 ans à la loi du 31 décembre 1990[7].

Les apports de l'ordonnance seront évoqués dans les développements consacrés aux SCP, aux sociétés d'exercice libéral et aux SPFPL. Les grandes lignes peuvent se résumer comme suit :

- abrogation de la loi n° 90-1258 du 31 décembre 1990 ;
- clarification des règles de détention capitalistique dans les SEL : les règles de fond ne changent pas mais la rédaction est devenue plus lisible[8] ;
- définition de certains termes : Profession libérale, personne européenne, professionnel exerçant[9]. Ces termes souffraient d'une absence de définition dans les textes précédents ;
- modification de l'objet social de la SPFPL[10] ;
- possibilité pour une SPFPL d'être détenue par une personne morale ;
- clarification sur la qualité des dirigeants de SEL : Désormais, un dirigeant est forcément un associé personne physique exerçant ;
- fin des sociétés de droit commun[11]. Introduite par la loi Macron, la possibilité ouverte aux avocats d'exercer en société de droit commun avait généré plus de confusion qu'elle n'avait apporté d'avantages ;
- obligation étendue de communication ordinale[12] ;
- assouplissement de la majorité nécessaire pour l'agrément dans une SELARL[13] ;
- création de la société en participation des professions libérales (Titre II de l'ordonnance) qui est une forme d'exercice proche de l'AARPI désormais ouverte aux autres professions libérales qui n'avaient pas d'équivalent ;
- aménagements dans les situations de décès d'associé et d'associé unique en SCP.

SECTION 3
NOTIONS COMMUNES À TOUTES LES STRUCTURES D'EXERCICE

221.31 **Exercice professionnel.** L'article 7 de la de la loi du 31 décembre 1971 reconnaît expressément aux avocats la possibilité d'exercer leur profession au sein de structures d'exercice. S'agissant des structures dotées de la personnalité morale, les associés exercent les fonctions d'avocat au nom de la société[14] et la société accomplit les actes professionnels par l'intermédiaire d'un de ses membres ayant la qualité d'avocat[15].

Pour les associations, non dotées de la personnalité morale, l'énoncé ne peut être aussi limpide. Pourtant, les actes professionnels des membres sont bien effectués pour l'association. En particulier, selon l'article 8 de la loi de 1971, l'association postule par le ministère d'un avocat.

Pour autant, les membres doivent être en mesure d'exercer leur profession de manière indépendante. Le pouvoir des gérants de SCP ne peut ainsi avoir pour effet de créer une subordination des associés à la société pour l'accomplissement de leurs actes professionnels[16].

221.32 **Fin du principe de l'unicité ou exclusivité d'exercice.** Jusqu'à la loi du 6 août 2015 et le décret n° 2016-878 du 29 juin 2016, l'exercice de la pro-

1. L. n° 2001-420, 15 mai 2001 relative aux nouvelles régulations économiques, *JO* 16 mai, p. 7776.
2. L. n° 2003-721, 1er août 2003 pour l'initiative économique, *JO* 5 août, p. 13449.
3. L. n° 2008-776, 4 août 2008.
4. L. n° 2005-882, 2 août 2005 en faveur des petites et moyennes entreprises, *JO* 3 août, p. 12639.
5. Ord. n° 2023-77, 8 févr. 2023 relative à l'exercice en société des professions libérales réglementées, *JO* 9 févr., n° 3.
6. P. Touzet, « Sociétés d'exercice libéral, première analyse de la réforme », *D. actu* 5 janv. 2023.
7. L. n° 90-1258, 31 déc. 1990 relative à l'exercice sous forme de sociétés des professions libérales soumises à un statut législatif ou réglementaire ou dont le titre est protégé et aux sociétés de participations financières de professions libérales, *JO* 5 janv. 1991, p. 216.
8. Ord. n° 2023-77, 8 févr. 2023, art. 46, 47 et 69.
9. Ord. n° 2023-77, 8 févr. 2023, art. 1, 2, 3 et 4.
10. Ord. n° 2023-77, 8 févr. 2023, art. 110.
11. Ord. n° 2023-77, 8 févr. 2023, art. 132.
12. Ord. n° 2023-77, 8 févr. 2023, art. 43 et 113.
13. Ord. n° 2023-77, 8 févr. 2023, art. 75.
14. POUR les SEL : Décr. n° 93-492, 25 mars 1993, art. 21 – POUR les SCP : Décr. n° 92-680, 20 juill. 1992 pris pour l'application à la profession d'avocat de la loi n° 66-879 du 29 novembre 1966 relative aux sociétés civiles professionnelles, *JO* 22 juill., p. 9799, art. 44.
15. POUR la SEL : L. n° 90-1258, 31 déc. 1990.
16. L. n° 66-879, 29 nov. 1966 relatives aux sociétés civiles professionnelles, *JO* 30 nov., p. 10451.

fession était marqué par la règle dite de l'unicité d'exercice, issue d'une longue tradition d'exercice individuel, selon laquelle un avocat était tenu d'exercer sous un seul mode en individuel, en collaboration libérale ou salariée ou comme associé d'une seule structure d'exercice - et ne pouvait les cumuler.

Cette interdiction de cumul ne concernait toutefois que l'exercice professionnel et non la détention de droits sociaux dans plusieurs sociétés d'avocats (hors SCP) comme avocat associé non exerçant. De même, un avocat pouvait détenir des mandats sociaux, y compris comme dirigeant, dans une société d'avocats (hors SCP) [1]. L'ordonnance du 8 février 2023 est venue préciser ce point. L'associé de SEL peut être titulaire de plusieurs mandats à condition d'être exerçant dans les structures concernées [2].

Ce principe de l'unicité d'exercice a été abrogé par la loi du 6 août 2015. Selon l'article 7 de la loi du 31 décembre 1971, telle que modifiée par la Loi Macron, l'avocat peut exercer « soit à titre individuel, soit au sein d'une association dont la responsabilité des membres peut être, dans des conditions définies par décret, limitée aux membres de l'association ayant accompli l'acte professionnel en cause, soit au sein d'entités dotées de la personnalité morale, à l'exception des formes juridiques qui confèrent à leurs associés la qualité de commerçant, soit en qualité de salarié ou de collaborateur libéral d'un avocat ou d'une association ou société d'avocats ».

Le pluriel « d'entités » permet à l'avocat d'exercer au sein de plusieurs structures d'exercice dotées de la personnalité morale.

S'agissant des SEL, le décret n° 2016-878 du 29 juin 2016 pris pour l'application de la loi du 6 août 2015 aux SEL et SPFPL abroge l'article 20 et modifie l'article 22 du décret du 25 mars 1993 [3] : les associés en exercice dans une SEL ne sont donc plus tenus d'exercer exclusivement en son sein et d'y consacrer toute leur activité professionnelle [4]. Il leur est ainsi laissé le choix de prévoir ou non l'exclusivité de leur exercice professionnel. Ces modifications sont entrées en vigueur le 1er août 2016. Toutefois, les dispositions des articles 20 et 22 susvisés demeuraient applicables, dans leur rédaction antérieure au décret, aux associés des SEL constituées avant le 1er août 2016, les associés pouvant néanmoins choisir, à la majorité prévue pour la modification des statuts de la société, d'appliquer les dispositions nouvelles [5].

Rédigées pour les associés de SEL, les dispositions mettant fin à l'unicité d'exercice ont été élargies aux SCP par le décret du 5 mai 2017, venu compléter l'article 43 du décret du 20 juillet 1992 par l'alinéa suivant : « Toutefois, les statuts de la société peuvent prévoir la possibilité pour un associé d'exercer sa profession également selon une autre des modalités prévues à l'article 7 de la loi du 31 décembre 1971 susvisée, notamment au sein d'une société pluriprofessionnelle d'exercice prévue au titre IV *bis* de la loi du 31 décembre 1990 susvisée ». Le Conseil d'État, dans un arrêt du 5 juillet 2017 [6], a confirmé l'application de ces textes à toutes les formes de structures d'exercice.

La fin de l'unicité d'exercice constitue manifestement une évolution majeure pour la structuration des activités de l'avocat.

221.33 **Régime des incompatibilités.** Les sociétés d'avocats peuvent développer d'autres activités, à condition qu'elles soient compatibles avec l'exercice de la profession [7]. En particulier, les activités commerciales sont traditionnellement prohibées, cette interdiction étant expressément énoncée par l'article 111 du décret du 27 novembre 1991 [8]. Toutefois, le décret n° 2016-882 du 29 juin 2016 [9], pris pour l'application de l'article 63 de la loi du 6 août 2015, a assoupli le régime des incompatibilités en modifiant l'article 111 de façon à faciliter l'exploitation de certaines activités de nature commerciale. Désormais, la commercialisation, à titre accessoire, de biens ou de services connexes

1. V. ss n° 224.15.
2. Ord. n° 2023-77, 8 févr. 2023, art. 58 et 61.
3. Décr. n° 93-492, 25 mars 1993.
4. Décr. n° 2016-878, 29 juin 2016, art. 1er, 5° – B. Brignon, « Publication des décrets d'application des articles 63 et 67 de la loi Macron du 6 août 2015. Des nouveautés spectaculaires pour certaines des professions libérales ! », *JCP E* 2016, act. 639 – F. G'Sell, « Décrets Macron : l'avocat n'est plus tenu à l'unicité d'exercice et peut exercer certaines activités commerciales », *JCP* 2016. 808 – L. Dupuis, « Décrets nos 2016-879 et 2016-882 du 29 juin 2016 quel impact pour l'exercice en sociétés ? », *D. avocats* 2016. 243 – D. Piau, « Décrets 63 et 67, Macron, I want your bizness, Part I : les structures d'exercice », *Gaz. Pal.* 12 juill. 2016, p. 11.
5. Décr. n° 2016-878, 29 juin 2016 relatif à l'exercice de la profession d'avocat sous forme de société d'exercice libéral et aux sociétés de participations financières de profession libérale d'avocats, *JO* 30 juin, n° 56, art. 3.
6. CE 5 juill. 2017, req. n° 403012, NP ; *JCP* 2017. Doctr. 1104, obs. L. Jariel.
7. SUR le régime des incompatibilités : H. Ader, S. Bortoluzzi, A. Damien, D. Piau, Th. Wickers, *Règles de la profession d'avocat 2022/2023*, 17e éd., « Dalloz action », 2022, nos 432.11 s.
8. Décr. n° 91-1197, 27 nov. 1991 organisant la profession d'avocat, *JO* 28 nov., p. 15502.
9. Décr. n° 2016-882, 29 juin 2016 – B. Brignon, « Publication des décrets d'application des articles 63 et 67 de la loi Macron du 6 août 2015 – Des nouveautés spectaculaires pour certaines des professions libérales ! », *JCP E* 2016. 639 – F. G'Sell, « Décrets Macron : l'avocat n'est plus tenu à l'unicité d'exercice et peut exercer certaines activités commerciales », *JCP* 2016. 808 – L. Dupuis, « Décrets nos 2016-878, 2016-882 du 29 juin 2016 quel impact pour l'exercice en société ? », *D. avocats* 2016. 243 – D. Piau, « Décrets 63 et 67, Macron, I want your bizness, Part II : les incompatibilités », *Gaz. Pal.* 19 juill. 2016, p. 8.

à l'exercice de la profession d'avocat est compatible, à condition que ces biens ou services soient destinés à des clients ou à d'autres membres de la profession[1].

L'avocat ou la société d'avocat qui entend exercer de telles activités doit en informer, par écrit, le conseil de l'Ordre dans un délai de trente jours suivant le début de l'activité concernée. Le conseil de l'Ordre peut alors demander tous renseignements ou documents utiles pour lui permettre d'apprécier si l'activité est compatible avec les règles de déontologie de la profession.

221.34 **Inscription au tableau.** Les SEL et SCP sont constituées sous condition suspensive de leur inscription au barreau dans le ressort duquel est fixé leur siège et au tableau duquel est inscrit au moins l'un de leurs associés[2]. La demande d'inscription doit être adressée au bâtonnier de l'Ordre des avocats du siège de la société en la forme et avec les documents prévus par les dispositions réglementaires applicables[3]. L'inscription ne peut être refusée par le conseil de l'Ordre que si les statuts déposés et les documents requis ne sont pas conformes aux dispositions législatives et réglementaires. Le Conseil statue sur la demande d'inscription dans les conditions et délais prévus aux articles 101 et suivants du décret du 27 novembre 1991, l'appel d'une décision de rejet pouvant être interjeté devant la cour d'appel selon les modalités prévues à l'article 16 du décret du 27 novembre 1991.

Concernant les associations, l'article 93 du décret du 27 novembre 1991 ne prévoit pas expressément l'inscription des associations au tableau de l'ordre. Toutefois, l'article 17.3 du RIN semble le sous-entendre lorsqu'est précisé que l'association inter-barreaux est inscrite au tableau de l'ordre de son siège social et à l'annexe du tableau de chacun des barreaux hors ressort de son siège. La Commission Statut professionnel de l'avocat du CNB estime qu'aucun obstacle juridique n'existe pour l'inscription et la recommande de façon à garantir une bonne administration du tableau et une bonne information du justiciable consultant l'annuaire des ordres[4]. À Paris, les associations ou AARPI sont systématiquement inscrites au tableau.

221.35 **Structures inter-barreaux.** Toute structure d'exercice peut être inter-barreaux, qu'elle soit ou non dotée de la personnalité morale. La structure inter-barreaux ne peut être inscrite au tableau d'un ordre autre que son siège social, en annexe, que si l'un de ses associés y est inscrit et qu'elle peut donc y postuler par son intermédiaire[5]. Elle se différencie en cela du bureau secondaire[6]. D'un point de vue administratif, il s'agit d'un établissement secondaire qui doit donc faire l'objet d'une déclaration au centre de formalités des entreprises compétent.

Les articles 3 à 6 du décret du 20 juillet 1992[7] relatif aux SCP et du décret du 25 mars 1993[8] relatifs aux SEL prévoient une procédure identique pour la constitution de sociétés inter-barreaux :

- la société inter-barreaux est constituée sous la condition suspensive de son inscription au barreau de son siège de la société et au barreau auprès duquel est inscrit l'un au moins de ses associés ;
- dans un premier temps, chaque associé appartenant à un barreau autre que celui du siège doit informer son bâtonnier par LRAR de la constitution de la société et lui communiquer le projet des statuts de la société ;
- le conseil de l'Ordre dispose d'un délai d'un mois pour une SCP et de quarante-cinq jours pour une SEL pour faire connaître au bâtonnier son avis sur la conformité des statuts avec les dispositions législatives et réglementaires, silence valant avis favorable ;
- dans un second temps, les associés présentent collectivement leur demande d'inscription de la société au tableau de l'ordre du siège de la société avec les pièces justifiant de la communication du projet des statuts aux autres barreaux ;
- le conseil de l'Ordre du barreau du siège statue sur la demande d'inscription suivant les articles 102 et 103 du décret du 27 novembre 1991, le délai accordé au conseil de l'Ordre pour statuer étant porté à trois mois au lieu de deux.

Concernant les associations, l'article 125 du décret du 27 novembre 1991 prévoit que la convention d'association doit être notifiée à tous les barreaux concernés. La Commission Statut professionnel de l'avocat du Conseil national des barreaux estime que le contrôle effectif de la convention est effectué par le barreau dans le ressort duquel l'AARPI a son siège social, même si les conseils de l'ordre des autres barreaux sont en droit de vérifier les conditions matérielles de l'exercice professionnel sur leur ressort, notamment le domicile professionnel. Elle recommande de faire suivre l'extrait de

1. Décr. n° 91-1197, 27 nov. 1991, art. 111 ; mod. par Décr. n° 2016-882, 29 juin 2016 – Sur les activités commerciales accessoires et connexes de l'avocat, v. s[s] n° 361.11.
2. POUR les SCP : Décr. n° 92-680, 20 juill. 1992, art. 3 – POUR les SEL : Décr. n° 93-492, 25 mars 1993, art. 3.
3. Décr. n° 92-680, 20 juill. 1992, art. 4 s. – POUR les SEL : Décr. n° 93-492, 25 mars 1993, art. 4 s.
4. CNB, Commission Statut professionnel de l'avocat, avis technique n° 2014/003, 11 avr. 2014 ; avis technique n° 2014/004, 13 juin 2014.
5. CNB, Comm. RU, n° 2007-045, 17 sept. 2007, cité in *Code de l'avocat*, Dalloz, 2016, p. 66.
6. RIN, art. 15.2.1.
7. Décr. n° 92-680, 20 juill. 1992.
8. Décr. n° 93-492, 25 mars 1993.

procès-verbal du conseil de l'Ordre du barreau du siège confirmant la validation de l'AARPI à chacun des autres barreaux avec la demande d'inscription au tableau[1].

221.36 Dénomination sociale. Jusqu'à la loi de modernisation des professions judiciaires et juridiques du 28 mars 2011, une différence importante existait entre la SCP et la SEL concernant leur désignation. La SCP était classiquement désignée par une raison sociale, constituée par des noms, qualifications et titres professionnels de tous les associés ou de plusieurs d'entre eux suivis des mots « et autres », tandis que la SEL pouvait adopter une dénomination dite « de fantaisie ».

Dans les deux cas, le nom d'un ou de plusieurs anciens associés pouvait être conservé dans la raison ou la dénomination sociale, à condition qu'ils soient précédés du mot « anciennement » et sous réserve d'obtenir leur accord ou celui de leurs héritiers[2]. Cette faculté n'était toutefois que temporaire : lorsque le dernier associé ayant exercé la profession au sein de la société avec l'ancien associé cessait son activité, la société ne pouvait plus continuer à mentionner le nom de ce dernier.

La loi du 28 mars 2011[3] a assoupli ces règles afin de favoriser la pérennité des cabinets d'avocats[4].

D'une part, elle a supprimé l'obligation de désigner les SCP par une raison sociale : elles peuvent désormais adopter une dénomination de fantaisie. De la même manière que pour les SEL, la dénomination sociale d'une SCP peut donc être librement choisie, à condition de ne pas porter atteinte à des droits de propriété intellectuelle préexistants, conformément au droit commun, et de respecter les principes essentiels.

Aussi, la loi du 28 mars 2011 permet d'inclure le nom d'un ou de plusieurs associés dans la dénomination des SEL et SCP[5] afin de leur permettre de conserver le nom d'anciens associés ayant contribué à leur renommée.

La jurisprudence dite « *Bordas* »[6] de la Cour de cassation relative à l'utilisation d'un nom patronymique dans la dénomination sociale d'une société paraît ainsi pouvoir être appliquée. Suivant cette jurisprudence, si le patronyme d'un associé est inséré dans les statuts d'une société, il devient un signe distinctif qui se détache de la personne physique pour devenir propriété incorporelle de la société. Le détachement du nom patronymique peut toutefois être écarté par accord des parties. En tout état de cause, il est recommandé de vérifier le consentement de l'associé pour le détachement de son nom et de prévoir les droits de chacun au regard du ou des noms incorporés dans la dénomination sociale afin de prévenir toute difficulté entre les associés et la société, par exemple si un associé souhaite se retirer dans la société et poursuivre son activité, notamment à titre individuel[7].

Les structures non dotées de la personnalité morale, associations et SEP, sont également désignées par une dénomination[8]. En l'absence de personnalité morale, la jurisprudence Bordas relative au détachement du nom patronymique des associés ne paraît toutefois pas transposable.

La dénomination doit impérativement respecter les principes essentiels. L'article 10.6 du RIN précise que l'utilisation de dénominations évoquant de façon générique le titre d'avocat ou un titre pouvant prêter à confusion, un domaine du droit, une spécialisation ou une activité relevant de celle de l'avocat, est interdite.

La dénomination ne doit pas laisser croire aux tiers que l'associé survivant exerce dans une structure comprenant plusieurs avocats associés et/ou collaborateurs si, en réalité, il exerce seul dans cette structure[9].

La dénomination de la structure d'exercice doit être précédée ou suivie d'une mention rappelant la forme sociale adoptée par la société et la profession exercée[10], ainsi que, pour les sociétés de capitaux, de l'énonciation de son capital social.

Elle doit être indiquée dans la correspondance et les actes professionnels[11].

1. CNB, Commission Statut professionnel de l'avocat, avis technique n° 2013-009, 6 janv. 2014.
2. Civ. 1re, 1er juill. 1997, n° 95-18.928, *Bull. civ.* I, n° 227 ; *D.* 1997. 178 ; *Dr. sociétés* 1997, n° 153, note Bonneau ; *JCP E* 1997. II. 1017, note Daigre ; *JCP* 1998. II. 1001, note Loiseau ; *Rev. sociétés* 1997. 810, note Parléani ; *Gaz. Pal.* 1997. Pan. 274 ; *Bull. Joly* 1997. 988.
3. L. n° 2011-331, 28 mars 2011, art. 30-1°.
4. *Rapport à l'Assemblée Nationale sur le projet de loi de modernisation des professions judiciaires et juridiques réglementées*, n° 2621, p. 20.
5. POUR les SCP : L. n° 66-879, 29 nov. 1966, art. 8 – POUR les SEL : L. n° 90-1258, 31 déc. 1990, art. 2.
6. Com. 12 mars 1985, n° 84-17.163, *Bull. civ.* IV, n° 95.
7. B. Saintourens, « Dénomination sociale : les précautions à prendre pour utiliser le nom d'un associé », *D. avocats* 2013. 18.
8. POUR les associations : Décr. n° 91-1197, 27 nov. 1991, art. 124 – POUR les SEP : L. n° 90-1258, 31 déc. 1990, art. 22.
9. CNB, Commission Statut professionnel de l'avocat, avis technique n° 2014-005, 21 nov. 2014.
10. Pour les SCP : Ord. n° 2023-77, 8 févr. 2023, art. 8 – POUR les SEL : Ord. n° 2023-77, 8 févr. 2023, art. 41 ; L. n° 90-1258, 31 déc. 1990, art. 2 – POUR les SEP : Ord. n° 2023-77, 8 févr. 2023, art. 22 – POUR les associations : Décr. n° 91-1197, 27 nov. 1991, art. 124.
11. POUR les SCP : Décr. n° 92-680, 20 juill. 1992, art. 42 – POUR les SEL : Décr. n° 93-492, 25 mars 1993, art. 19 – POUR les SEP : Décr. n° 93-492, 25 mars 1993, art. 45 – POUR les associations : Décr. n° 91-1197, 27 nov. 1991, art. 124-1.

SECTION 4
CRITÈRES DE CHOIX : ASPECTS FISCAUX ET SOCIAUX

221.41 Structures d'exercice : implications fiscales, sociales et comptables. Ces critères de choix répondent à des préoccupations aussi simples que légitimes :

- Quelle structure est la plus avantageuse sur le plan fiscal ?
- Quelle structure permet de payer le moins de charges sociales ?
- Quelle structure impose le moins de contraintes de gestion ?

L'analyse des différences entre les structures d'exercice montre qu'il est difficile d'apporter une réponse tranchée à ces questions.

Pour cette analyse, il convient de bien distinguer les structures de personnes, qui au plan fiscal sont « transparentes » (SCP, SELALU n'ayant pas opté pour l'IS, association ou AARPI), des structures soumises à l'impôt sur les sociétés (SEL dont SEL unipersonnelles ayant opté pour l'IS), étant précisé que les structures « transparentes » peuvent opter pour l'impôt sur les sociétés[1]. Les SEL soumises de plein droit à l'IS (SELARL, SELAS), et constituées depuis moins de cinq ans peuvent opter, dans les conditions prévues à l'article 239 *bis* AB du CGI, pour le régime des sociétés de personnes pour une durée maximum de cinq exercices. Cette dérogation temporaire est destinée, pour les sociétés en phase de création et donc plutôt déficitaires, à permettre aux associés personnes physiques de déduire de leurs revenus personnels les pertes subies. Compte tenu du caractère rarement déficitaire d'un cabinet d'avocats, cette option est mentionnée pour mémoire mais n'est pas utilisée, dans les faits.

Ces deux grands régimes entraînent des différences notables tant au point de vue fiscal, que social et comptable.

221.42 Régime fiscal des sociétés de personnes et de leurs associés. Au plan fiscal, les sociétés transparentes ne sont pas soumises pour leurs bénéfices à l'impôt sur les sociétés : chaque associé est personnellement soumis à l'impôt sur le revenu pour sa part de bénéfices sociaux correspondant à ses droits dans la société[2]. Les bénéfices sont obligatoirement placés sous le régime de la déclaration contrôlée et ne peuvent bénéficier du régime du micro-BNC[3]. Ils sont déterminés au niveau de la structure mais répartis entre les associés selon les règles statutaires ou conventionnelles prévues entre eux. Les cotisations sociales des associés qui sont payées par la société sont réintégrées au niveau de la société et déduites au niveau de chaque associé. Chaque associé est alors imposé pour l'intégralité de sa quote-part de revenus au titre du régime des bénéfices non commerciaux (BNC). La déclaration n° 2035, effectuée par la structure, fait apparaître cette répartition des résultats. L'avocat reporte sa quote-part de revenus sur sa déclaration personnelle n° 2042, à laquelle sera jointe la déclaration 2035 personnelle de l'associé. Les associés sont imposés de la même manière sur leur résultat que les bénéfices aient été distribués ou mis en réserve.

La conséquence d'une imposition à l'impôt sur le revenu pour un avocat exerçant en individuel-BNC ou comme associé d'une association d'avocat ou AARPI ou d'une SCP, est qu'il sera imposable, à l'impôt sur le revenu, sur l'intégralité de son bénéfice, à savoir la différence entre ses encaissements et ses dépenses pour l'avocat individuel ou sa quote-part de bénéfices résultant des encaissements et des dépenses de la structure dont il est associé.

221.43 Régime fiscal des associés de SEL. Pour une étude détaillée du régime fiscal et social des associés de SEL, v. s[s] n° 224.51.

Le choix de l'exercice en SEL est souvent motivé par son régime fiscal. La rémunération de l'activité d'avocat est une charge déductible de la société et l'avocat associé peut en déterminer le montant. Il résulte de l'assujettissement du cabinet à l'impôt sur les sociétés, le choix pour les avocats de ventiler leurs revenus entre rémunération de leur activité d'avocat, dividendes résultant de leur détention du capital social et éventuellement rémunération de leur mandat social.

L'avocat a le contrôle de l'assiette de son impôt et de ses charges sociales. La société pourra également décider de constituer des réserves sans que ces sommes est à subir la fiscalité personnelle et les charges des associés. Les réserves subissent alors l'impôt sur les sociétés au taux de 15 % jusqu'à 42 500 euros et de 25 % au-delà.

SECTION 5
CRITÈRES DE CHOIX : ASPECTS COMPTABLES

221.51 Comptabilité d'encaissement ou comptabilité d'engagement. Une différence fondamentale entre les modes d'exercice se situe sur le plan comptable. Les sociétés de personnes qui n'ont pas opté pour l'impôt sur les sociétés fonctionnent avec une comptabilité dite d'encaissement (aussi appelée comptabilité de caisse) alors que les sociétés de

1. CGI, art. 239.
2. CGI, art. 8 et 8 *ter*.
3. V. s[s] n°s 223.41 s.

capitaux telles que les SEL fonctionnent avec une comptabilité dite d'engagement.

De même qu'elles peuvent opter pour l'IS, les sociétés de personnes peuvent opter pour le régime des créances acquises et des dépenses engagées (comptabilité dite d'engagement) en vertu de l'article 93 A du CGI. Les associés qui souhaitent modifier leur mode de fonctionnement pour passer à une comptabilité et une fiscalité des sociétés de type commercial choisissent en général de transformer leur SCP en SEL[1].

Outre les différences sur le plan fiscal évoquées ci-dessus, les deux régimes comptables ne sont pas soumis aux mêmes obligations. Les sociétés de personnes (non soumises à l'IS) tiendront un livre journal, une liste des immobilisations et des amortissements mais n'ont pas l'obligation d'établir un bilan. La SEL soumise à l'IS, doit remplir toutes les obligations des sociétés commerciales, à savoir la tenue d'un livre journal, d'un grand-livre, d'un livre inventaire ainsi que les comptes annuels bilan et compte de résultat et leurs annexes.

Si ces obligations comptables peuvent paraître une contrainte, les avocats qui ont opté pour l'exercice en SEL reconnaissent que la comptabilité commerciale est un gage de discipline et de transparence. Elle influe de manière favorable sur :

- la qualité de la facturation et le recouvrement : toute facture émise entre dans le chiffre d'affaires et affecte le résultat. Toute facture non payée (ou payée en retard) doit faire l'objet d'un traitement comptable adapté ;

- la gestion des risques du cabinet : Les risques sont provisionnés, qu'il s'agisse du risque client sur certaines factures ou des risques de gestion tels qu'un litige prud'homal avec un salarié ou un différend sur un calcul de cotisations sociales ;

- la lisibilité des dettes : elles sont toutes sont enregistrées indépendamment de leur paiement.

L'avocat a une meilleure lecture de son activité. La comptabilité d'engagement incite à une gestion prévisionnelle qui favorise une meilleure gestion de la relation financière avec les clients. Avec l'aide de leurs experts-comptables, les avocats associés de SEL mettent en place des outils de gestion qui améliorent l'organisation. Enfin, la pratique de la comptabilité d'engagement permet aux avocats d'être mieux sensibilisés aux préoccupations comptables de leurs propres clients.

Si la pratique de la comptabilité d'engagement n'est pas une garantie de bonne gestion, l'expérience montre qu'elle est propice à une gestion plus rigoureuse.

1. Sur la transformation de SCP en SEL, v. s[s] n°s 231.32 s.

SECTION 6
CRITÈRES DE CHOIX : ASPECTS JURIDIQUES

221.61 Débat sur la patrimonialité de la structure. La question de la patrimonialité des cabinets d'avocats, et plus largement des activités libérales, est ancienne et évolue sous l'influence des pratiques et la pression des mutations économiques. Traditionnellement, la clientèle d'un avocat ou médecin, était considérée comme hors commerce : elle ne pouvait être cédée. La pratique de la cession du droit de présentation de la clientèle, développée afin de contourner l'interdiction de cession de la clientèle et acceptée par les tribunaux, a conduit néanmoins à admettre l'existence d'une valeur de clientèle pour le cabinet, élément du patrimoine du professionnel libéral. Avec la création des SCP, première forme de société autorisée aux professionnels libéraux, cette valeur a été intégrée à la valeur des parts sociales. La Cour de cassation a expressément reconnu que, compte tenu du droit de l'associé au partage des bénéfices, les parts sociales de SCP ont une valeur économique, indépendamment de la personne du cessionnaire[2], cette valeur incluant celle du droit de présentation de la clientèle[3].

Le droit de présentation de la clientèle est consacré par la loi du 14 février 2022[4] qui a modifié le statut de l'entrepreneur individuel, en opérant une séparation automatique entre son patrimoine personnel et son patrimoine professionnel. Il s'ensuit qu'à partir du 15 mai 2022, de façon automatique et sans qu'aucune démarche ne soit nécessaire, les biens « utiles à l'activité » sont affectés au patrimoine professionnel de l'entrepreneur individuel[5].

Le patrimoine professionnel de l'entrepreneur individuel se compose des éléments qui, par nature, par destination ou en fonction de leur objet, servent à son (ses) activité(s). « Parmi ces éléments, figurent expressément "le fonds de commerce, le fonds artisanal, tous les biens corporels ou incorporels qui les constituent et les droits y afférents et le droit de présentation de la clientèle d'un professionnel libéral (...)" »[6]. Ainsi, la reconnaissance d'une

2. Civ. 1re, 3 mars 1993, n° 91-16.157, *Bull. civ.* I, n° 97 ; *RTD civ.* 1994. 639, obs. F. Zenati ; *RTD com.* 1993. 541, obs. E. Alfandari et M. Jeantin ; *Joly sociétés*, 1993, n° 5, p. 596, note J.-J. Daigre.
3. Civ. 1re, 18 juin 1996, n° 94-16.159, *Bull. civ.* I, n° 264 ; *D.* 1996. 173 ; *Rev. sociétés* 1997. 104, note D. Randoux ; *RTD com.* 1996. 682, obs. C. Champaud et D. Danet ; *JCP E* 1997. 910, note J.-J. Daigre.
4. L. n° 2022-172, 14 févr. 2022 en faveur de l'activité professionnelle indépendante, *JO* 15 févr., n° 2.
5. C. com. art. L. 526-22, al. 1er.
6. Décr. n° 2022-725, 28 avr. 2022 relatif à la définition du patrimoine professionnel de l'entrepreneur individuel et aux mentions sur les documents et correspondances à usage professionnel, *JO* 2 avr. – C. com., art. R. 526-26.-I.

valeur économique des parts sociales et actions de société d'avocats, désignée par la « patrimonialité » des SCP et SEL ne fait aucun doute.

Pour autant, la patrimonialité dans les SCP ou les SEL n'est pas sans poser des difficultés. Le droit de retrait de l'associé de SCP, lui permettant de prétendre à l'ensemble des droits patrimoniaux qu'il détient dans la société, en ce compris sa quote-part de la valeur du droit de présentation de la clientèle a cristallisé les difficultés. À cela s'ajoute l'application d'ordre public de l'article 1843-4 du code civil en cas de désaccord sur le prix de rachat. La valeur des parts était alors déterminée souverainement par un expert, sans recours possible. Or, les modalités traditionnelles de valorisation comptable proposées par les experts désignés n'étaient pas forcément adaptées à la situation d'un cabinet déjà fragilisé par un départ. Les SEL étaient moins exposées aux litiges découlant de l'article 1843-4 car l'associé qui se retire d'une SEL ne dispose pas des mêmes droits que l'associé d'une SCP en ce qui concerne le rachat de ses droits sociaux.

La profession a appelé de ses vœux à une réforme, ce que la loi du 28 mars 2011 [1] a réalisé pour les SCP et la loi du 22 mars 2012 [2] pour les SEL. Désormais, les règles déterminant la valeur des parts sociales ou actions de SCP et SEL peuvent être fixées dans les statuts à l'unanimité des associés. À défaut de précision, cette valeur doit inclut la valeur représentative de la clientèle, mais les associés peuvent l'exclure [3]. Selon les travaux préparatoires de la loi du 28 mars 2011, il s'agit de donner aux associés la possibilité de garantir une meilleure prévisibilité concernant les incidences patrimoniales d'un départ soudain d'associé, lié notamment à une mésentente ou à une opportunité professionnelle, de manière à consolider leur structure.

Grâce à l'ordonnance du 31 juillet 2014 [4], qui a réformé l'article 1843-4 du code civil de manière à mettre un terme à la jurisprudence de la Cour de cassation [5], les associés peuvent aujourd'hui maîtriser la valorisation de leurs droits sociaux, quelle que soit la forme de leur société. Désormais, lorsque la loi renvoie à l'article 1843-4 du code civil pour fixer les conditions de prix d'une cession de droits sociaux, ou leur rachat par la société, l'expert désigné doit appliquer, lorsqu'elles existent, les règles et modalités de détermination de la valeur prévues par les statuts de la société ou toute convention liant les parties [6]. Par ailleurs, dans tous les cas où les statuts prévoient la cession de droits sociaux d'un associé ou leur rachat par la société, sans que leur valeur soit ni déterminée ni déterminable, celle-ci est déterminée, en cas de contestation, par un expert, désigné dans les mêmes conditions, qui est tenu également d'appliquer, lorsqu'elles existent, les règles et modalités de détermination de la valeur prévues par toute convention liant les parties [7].

Ainsi, la patrimonialité des sociétés d'avocats peut être aujourd'hui contrôlée, ce qui est de nature à faciliter les entrées et sorties d'associés, ainsi que la transmission du cabinet, même si le choix d'une méthode de valorisation demeure difficile [8].

Pour l'association ou AARPI ou la société en participation, la situation est tout à fait différente puisque, en raison de l'absence de personnalité morale, ces structures sont dépourvues de patrimonialité même si l'entrée et la sortie des associés peuvent avoir des conséquences financières [9]. Le choix de l'association permet de régler le plus simplement les éventuelles difficultés liées au départ d'un associé.

Dans la pratique, les cabinets sont nombreux à préférer une approche dépatrimonialisée lors de leur création. La position des fondateurs peut changer au cours de la vie du cabinet lorsque ceux-ci aimeraient voir leurs efforts valorisés par les associés qui les rejoignent plus tard.

221.62 Financement du développement du cabinet. Selon leur forme sociale, les structures d'exercice offrent des possibilités différentes pour le financement de leur activité.

Dans les SEL, le bénéfice net, après impôt sur les sociétés, doit être affecté selon les règles applicables aux sociétés commerciales :

– 5 % du bénéfice est obligatoirement affecté en réserve légale jusqu'à ce qu'elle atteigne au moins 10 % du capital social ;

– le solde est affecté librement soit à des postes de réserves statutaires ou libres ou en report à nouveau, par exemple en vue de la réalisation d'investissements futurs, soit distribués aux associés à titre de dividendes.

1. L. n° 66-879, 29 nov. 1966, art. 10 ; mod. par L. n° 2011-331, 28 mars 2011.
2. L. n° 2012-387, 22 mars 2012.
3. V. s^s n°s 223.31 pour les SCP et 224.44 pour les SEL.
4. Ord. n° 2014-863, 31 juill. 2014 relative au droit des sociétés, *JO* 2 août 2014, p. 12820.
5. H. Le Nabasque, « Dispositions relatives à la valorisation des droits sociaux en cas de cession : réforme de l'article 1843-4 du code civil », *Rev. sociétés* 2014. 647 – R. Mortier, « Article 1843-4 du Code civil : bris total de jurisprudence », *Dr. sociétés* n° 10, oct. 2014, comm. 140 ; « Le nouvel article 1843-4 du Code civil issu de l'ordonnance n° 2014-863 du 31 juillet 2014 », *Dr. sociétés* n° 10, oct. 2014, étude 19 – B. Dondero, « La réforme de l'article 1843-4 du Code civil – Ord. n° 2014-863, 31 juill. 2014 », *JCP E* n° 43, 23 oct. 2014, 1531 – A. Couret, J. Moury, « Le nouvel article 1843-4 du code civil : tombeau ou cénotaphe ? », *D.* 2015. 1328.
6. C. civ., art. 1843-4, I.
7. C. civ., art. 1843-4, II.
8. V. s^s n°s 242.11 s.
9. V. s^s n° 222.42.

En outre, pour les SEL soumises à l'impôt sur les sociétés, les bénéfices nets non distribués ne sont pas imposés au niveau des associés, ni assujettis à cotisations sociales, mais soumis à l'impôt sur les sociétés au taux réduit de 15 % jusqu'à 42 500 euros de bénéfice et au taux normal de 25 % au-delà, ce qui favorise incontestablement la constitution de réserves et ainsi le réinvestissement dans l'entreprise en vue de son développement.

Au contraire, la constitution de réserves n'est pas obligatoire pour les SCP mais surtout les associés des SCP à l'IR sont peu enclins à laisser des sommes en réserve dans la société puisque celles-ci supportent l'IR et les charges sociales à concurrence de la quote-part de chaque associé.

Les associés de SEL ont également la possibilité de détenir et d'acquérir leurs parts ou actions *via* une SPFPL[1].

221.63 Transmission du cabinet. Certaines formes de structures d'exercice favorisent-elles la transmission du cabinet ?. La personnalité morale et l'existence de droits sociaux favorisent incontestablement les possibilités de transmission d'un cabinet d'avocats. Les règles applicables aux SEL étant calquées sur celles des sociétés commerciales, les mécanismes de cession et de rapprochement facilitent la transmission interne par transmission de parts sociales ou d'actions à d'autres associés et les solutions de transmission externes par le rapprochement avec d'autres structures. Par ailleurs, la faculté pour les associés partant à la retraite, de conserver une partie du capital social et des droits de vote de la SEL pendant une durée de dix ans facilite la cession progressive des droits sociaux[2].

221.64 Implications du choix de la structure d'exercice sur la stratégie de développement du cabinet. Il doit y avoir une cohérence entre le choix de la structure d'exercice et le projet des associés du cabinet[3]. Le projet du cabinet se définit à la fois par les objectifs des associés et la vision qu'ils ont de leur cabinet dans l'avenir.

LES ASSOCIÉS qui souhaitent « *travailler de manière indépendante avec le minimum de tracas administratifs* », et qui ne font pas opérer de synergies entre eux choisiront une AARPI ou une structure de moyens.

Les associés qui veulent « *que notre cabinet passe de dix avocats à cinquante avocats sur les dix ans qui viennent* » : choisiront une forme sociale qui favorise l'entrée au capital de nouveaux associés, l'investissement et l'endettement. Ils privilégieront un fonctionnement collectif et un attachement fort à la structure. Ils choisiront sans doute une SEL et opteront probablement pour une clause de dépatrimonialisation dans les statuts.

Les associés qui envisagent de « *rapidement nous implanter à Lille, Marseille et Lyon* », voulant disposer rapidement d'une présence dans trois villes, chercheront sans doute à se rapprocher d'avocats ou de structures qui appartiennent déjà à ces trois barreaux. Une AARPI permet d'associer à la fois des personnes physiques et des personnes morales. L'AARPI peut aussi exister dans une configuration interbarreaux.

Les associés qui déclarent être « *quatre associés qui créons un cabinet multispécialiste, nous voulons mettre toutes nos compétences individuelles au service de clients communs* », formulent un projet avec un *affectio societatis* fort. Ils veulent travailler sur une clientèle commune. Ils choisiront une SELARL avec une répartition égalitaire des parts sociales et les associés seront tous cogérants majoritaires.

Si le choix de la structure d'exercice n'apporte pas toutes les réponses aux choix stratégiques d'un cabinet, ce choix permet aux associés d'avoir un outil adapté à la réalisation de leurs objectifs. Il permet aussi, au moment de la création, de poser les fondations du projet des associés.

1. Sur les SPFPL, v. s[s] n° 226.11.
2. V. s[s] n° 224.13.
3. Sur la vision du cabinet, v. s[s] n°s 121.31 s.

CHAPITRE

222. Association et AARPI

SECTION 0

ORIENTEUR

222.00 **Sommaire du chapitre.**

222.05 **Exemple.**
* Pour un exemple de convention d'AARPI v. s[s] n° 511.1.

SECTION 1

RÉGIME JURIDIQUE

222.11 **Association réformée : l'AARPI.** Le régime de l'association d'avocats[1] créée en 1954[2], c'est la première forme de groupement d'exercice autorisée aux avocats. L'association est aussi régie par les articles 1832 à 1844-17 et suivants du Code civil applicables à toutes les formes de sociétés ainsi que par les articles 1871 à 1873 du Code civil relatifs aux sociétés en participation. L'association d'avocats est une forme spécifique à cette profession. Jusqu'à la création par l'ordonnance du 8 février 2023 de la société en participation des professions libérales, dont le régime est proche de celui de l'association d'avocats, les autres professionnels libéraux n'avaient pas de structure d'exercice comparable à l'association ou à l'AARPI.

L'association d'avocats a été significativement modifiée par la réforme du 15 mai 2007[3]. La réforme a eu pour effet de permettre aux avocats d'introduire une clause de limitation de responsabilité professionnelle dans les statuts de l'association. Le décret du 15 mai 2007 permet aux associés de décider, à l'unanimité, de limiter leur responsabilité professionnelle individuelle de manière à ce que la mise en cause de la responsabilité professionnelle de l'un des associés n'engage pas celle des autres, à condition de respecter les formalités prévues aux articles 124-1 à 126 du décret du 27 novembre 1991.

Cette clause doit être adoptée à l'unanimité. Ainsi, s'ils restent soumis à une responsabilité conjointe à proportion de leurs droits dans l'association pour l'ensemble des dettes[4], les avocats membres de l'association peuvent opter, s'agissant des actes professionnels, pour une responsabilité individuelle[5]. Lorsqu'elle est adoptée, la clause limite la responsabilité professionnelle à l'auteur de la faute engageant sa responsabilité. Chacun des membres de l'association répond sur l'ensemble de son patrimoine des actes professionnels qu'il accomplit à l'égard de ses clients.

Concernant les dettes nées de l'exploitation commune, les membres sont soumis à une responsabilité conjointe, à proportion de leurs droits dans l'association. Cette responsabilité conjointe n'est pas sans poser de difficultés[6].

1. Ch. Thévenet, D. Gallin, *Guide de l'exercice en association d'avocats*, CNB, oct. 2017 – Pour un exemple de convention d'AARPI, v. s[s] n° 511.1.
2. Décr. n° 54-406, 10 avr. 1954 portant règlement d'administration publique sur l'exercice de la profession d'avocat et la discipline du barreau, *JO* 11 avr. 1954, p. 3497.
3. Décr. n° 2007-932, 15 mai 2007 portant diverses dispositions relatives à la profession d'avocat, *JO* 16 mai, p. 9230.
4. Décr. n° 91-1197, 27 nov. 1991, art. 124, al. 2 ; mod. par décr. n° 2007-932, 15 mai 2007.
5. Décr. n° 91-1197, 27 nov. 1991, art. 124, al. 3 ; mod. par décr. n° 2007-932, 15 mai 2007.
6. V. s[s] n° 222.35.

Cette association, désignée comme « association d'avocats à responsabilité professionnelle individuelle » (AARPI), donne au paysage juridique français un outil similaire au *limited liability partnership (LLP)* de droit anglais, mode d'exercice de la plupart des cabinets en Angleterre.

222.12 Structure non dotée de la personnalité morale. L'association est une structure originale en ce qu'elle n'est pas dotée de la personnalité morale. Elle présente tous les éléments constitutifs d'une société, tels qu'énoncés à l'article 1832 du code civil (apports, recherche d'un profit commun, *affectio societatis*, contribution aux pertes), sans être immatriculée ni dotée de la personnalité morale. Elle répond ainsi aux critères de la société en participation qui était d'ailleurs, antérieurement à la loi du 24 juillet 1966 sur les sociétés commerciales, dénommée « association en participation ». Ainsi, outre les dispositions des articles 124 à 128-1 du décret du 27 novembre 1991, qui lui sont expressément consacrées, elle est, comme mentionnée ci-dessus, régie par les dispositions générales du code civil applicables à tous types de société[1] et, suivant l'article 1873 du même code, par celles relatives à la société en participation[2]. Aussi, à moins qu'une organisation différente n'ait été prévue, les rapports entre associés sont régis par les dispositions applicables aux sociétés civiles[3]. Enfin, il convient de se reporter au règlement intérieur du barreau, lequel peut comporter des dispositions supplétives.

Société de personnes, l'association est marquée par la souplesse de son fonctionnement relevant pour une grande part de la liberté contractuelle des associés.

Sans personnalité morale, elle ne dispose pas d'un patrimoine propre. Les biens de chaque associé demeurent sa propriété, suivant l'article 1872 du Code civil, et l'associé les met à disposition de l'association qui en a la jouissance.

L'absence de patrimoine social lui donne un avantage considérable concernant les entrées et sorties d'associés puisque la clientèle de chaque associé est simplement apportée en jouissance et non en pleine propriété[4]. Néanmoins, cette situation créée des difficultés pratiques pour la conclusion de contrats avec des tiers, tels que collaborateurs, salariés, établissement prêteur, etc.[5]. Enfin, la facilité de retrait des associés fait qu'elle est perçue comme une structure engageant peu ses membres et donc d'un *affectio societatis* moindre que dans une société dotée de la personnalité morale.

Nonobstant son absence de personnalité morale, l'association constitue une structure d'exercice à part entière. Selon l'article 8 de la loi du 31 décembre 1971, elle est ainsi admise à la postulation par le ministère de l'un de ses membres.

222.13 Membres. L'association peut être constituée de personnes physiques et de personnes morales qui exercent la profession d'avocat[6]. L'association doit être constituée par au moins deux associés.

Les avocats associés en AARPI sont de plus en plus nombreux à choisir l'association sous la forme de personnes morales. À cette fin, l'avocat, personne physique, constitue une société unipersonnelle, généralement une SELARU, qui sera associée dans l'AARPI[7].

222.14 Dénomination. La dénomination de l'association est adoptée librement par les associés, sous réserve de tout droit de propriété intellectuelle antérieur, du respect des principes essentiels et de l'article 10 du RIN[8].

L'article 124-1 du décret du 21 novembre 1991 tel que modifié par le décret du 15 mai 2007 dispose que l'appartenance à l'association avec la dénomination de celle-ci doit être indiquée dans les actes professionnels et les correspondances de chaque associé.

222.15 Contrat d'association. L'association fait l'objet d'un contrat écrit qui constitue ses statuts. La plus grande attention doit être portée à la rédaction de ses clauses, que ce soit concernant les droits et obligations pécuniaires et extra-pécuniaires des associés, leurs entrées et sorties, la gouvernance, les modalités des décisions collectives, etc. Le contrat doit en outre, dans l'intérêt des associés, préciser leurs droits respectifs dans l'association puisque la responsabilité conjointe de chaque associé (hors responsabilité professionnelle) est déterminée à proportion de ses droits dans l'association.

Suivant l'article 1871 du code civil, les associés ne peuvent déroger aux dispositions impératives des articles 1832 (contribution aux pertes), 1836 (consentement de l'associé à l'augmentation de ses engagements), 1844, alinéa 1er (droit des associés de participer aux décisions collectives) et 1844-1, alinéa 2e (interdiction des pactes léonins).

La modification du contrat d'association est décidée à l'unanimité des associés, sauf clause contraire[9].

Les droits dans l'association de chacun des avocats associés lui sont personnels et ne peuvent être cédés[10].

1. C. civ., art. 1832 à 1844-17.
2. C. civ., art. 1871 à 1872-2.
3. C. civ., art. 1871-1.
4. V. s^s^ n° 222.16.
5. V. s^s^ n° 222.34.
6. Décr. n° 91-1197, 27 nov. 1991, art. 124, al. 1er ; mod. par décr. 15 mai 2007.
7. Sur les associés personnes morales, v. s^s^ n° 231.25.
8. V. s^s^ n° 221.36.
9. C. civ., art. 1836, al. 1.
10. Décr. n° 91-1197, 27 nov. 1991, art. 124, al. 7.

La convention d'association modifiée devra être communiquée à l'Ordre dans les quinze jours suivants la modification et les formalités d'enregistrement et de publicité légale devront éventuellement être effectuées si la modification comporte des stipulations devant être portées à connaissance des tiers (par exemple, l'adoption du régime AARPI par une association de droit commun).

222.16 **Apports.** Les apports peuvent être en numéraire, en nature ou en industrie. L'association étant dépourvue de la personnalité morale, ses associés ne peuvent lui apporter des biens en toute propriété. Les apports en nature sont donc réalisés par la mise à disposition des biens à l'association. À l'égard des tiers, chaque associé reste propriétaire des biens qu'il met à la disposition de la société[1]. Il s'agit d'un apport en jouissance pendant la durée de l'association. À la différence des apports en nature au bénéfice d'une société, il ne sera procédé à aucune valorisation de l'apport et il n'y aura pas lieu à intervention d'un commissaire aux apports.

Les apports en jouissance comme les apports en industrie ne sont pas considérés comme des mutations sur le plan fiscal. Le traitement fiscal des apports dépendant de leur traitement juridique, il convient de rédiger avec attention le contrat d'association qui ne doit laisser aucune place à l'ambiguïté.

222.17 **Indivision entre les associés.** En raison de son absence de personnalité morale, une indivision se juxtapose à l'association. En effet, d'une part, les associés peuvent convenir que les biens apportés, ou partie d'entre eux entreront en indivision[2]. D'autre part, et surtout, les biens acquis par emploi de la trésorerie commune seront présumés indivis[3]. Enfin, le contrat d'association peut prévoir que la clientèle développée dans le cadre de l'association est indivise.

L'association étant nécessairement ostensible en raison des formalités de publicité révélant son existence aux tiers, l'indivision est soumise au régime des articles 1873-1 à 1873-18 du code civil, chaque associé étant alors réputé gérant de l'indivision, sauf disposition contraire[4].

Sauf disposition contraire, aucun associé ne peut demander le partage de l'indivision tant que l'association n'est pas dissoute et, ce, quelle que soit sa durée. Il est indispensable de prévoir les droits de l'associé sortant de l'association également au regard de l'indivision.

1. C. civ., art. 1872, al. 1.
2. C. civ., art. 1872, al. 3.
3. C. civ., art. 1872, al. 2.
4. C. civ., art. 1872-1, al. 4.

222.18 **Contrôle de l'Ordre.** Le contrat d'association doit être remis dans la quinzaine de sa conclusion ou de sa modification au bâtonnier en vue du contrôle de l'Ordre qui peut mettre en demeure les associés de mettre de modifier la convention afin qu'elle soit en conformité avec règles applicables à la profession[5].

222.19 **Information des tiers.** Lors de la constitution de l'association et de sa modification, l'information des tiers est assurée par l'insertion dans un journal d'annonces légal d'un avis précisant sa dénomination, la liste des associés, le nom du barreau auquel ils appartiennent et, s'il y a lieu, la mention indiquant que l'association s'est placée sous le régime de la responsabilité professionnelle de chacun de ses associés. Cet avis doit être publié dans le département du lieu d'inscription au tableau de l'ordre de chacun des associés[6]. Les tiers peuvent demander, à chaque lieu d'établissement de l'association, communication de la liste des associés, de la proportion de leurs droits dans l'association et, le cas échéant, des clauses du contrat d'association relatives à la responsabilité professionnelle individuelle de ses membres[7]. Cette publicité assure à l'association un caractère ostensible.

Les associations sont également tenues de se déclarer auprès du Centre de Formalités des Entreprises compétent (Urssaf du siège social) pour obtenir un numéro SIRET et informer l'administration fiscale de leur existence. En outre, si l'association emploie des salariés dès sa constitution, une déclaration complémentaire devra être adressée à ce titre à l'Urssaf.

222.20 **AARPI interbarreaux.** L'AARPI est souvent présente dans une configuration interbarreaux. Ceci peut s'expliquer par le fait que lorsque des cabinets géographiquement distants, l'AARPI permet de créer une structure d'exercice commune entre des cabinets qui peuvent conserver leurs caractéristiques propres. L'AARPI permet de traiter plus facilement les disparités de charges de fonctionnement qui peuvent exister entre certaines villes ou régions. En effet, les associés pourront décider de tenir des comptes d'exploitation individualisés tout en étant membres de la même structure d'exercice.

La convention constitutive d'une association inter-barreaux doit être notifiée à tous les barreaux d'inscription des membres de la structure, seul le conseil de l'Ordre du barreau dans le ressort duquel

5. SUR le contrôle du contrat d'association : H. Ader, S. Bortoluzzi, A. Damien, D. Piau, Th. Wickers, *Règles de la profession d'avocat*, 15e éd., « Dalloz action », 2016, n° 822.24.
6. Décr. n° 91-1197, 27 nov. 1991, art. 126.
7. Décr. n° 91-1197, 27 nov. 1991, art. 127, al. 2.

l'association a son siège social exerçant toutefois un contrôle effectif sur la convention d'association[1].

Quel que soit le siège d'une association inter-barreaux, un avocat inscrit à un barreau français peut traiter une clientèle dans toute la France, (...) s'agissant du contentieux, ce dernier n'étant restreint que pas la seule règle relative à la postulation. L'adresse du confrère inscrit dans le ressort d'un barreau tiers doit nécessairement apparaître dans le contrat d'association, sans quoi il ne s'agirait pas d'une structure inter-barreaux[2].

SECTION 2
ASPECTS OPÉRATIONNELS ET GOUVERNANCE

222.31 **Caractéristiques opérationnelles**[3]. En France, la plus connue des associations est sans doute le cabinet Gide Loyrette Nouel, qui a choisi d'adopter la possibilité qui lui était offerte par la réforme du 15 mai 2007. Si l'AARPI est notamment appréciée par les grands cabinets, la raison principale tient sans doute au fait que ces grandes structures doivent fréquemment gérer des départs et des arrivées d'associés. Or, par l'absence de personnalité morale et de patrimonialité, la forme associative permet une gestion simplifiée des mouvements d'associés. L'AARPI intéresse également les jeunes cabinets qui souhaitent se regrouper et afficher une identité commune vis-à-vis de leurs clients, tout en conservant de la flexibilité quant aux entrées et sorties d'associés. En outre, la liberté contractuelle laissée aux associés pour déterminer les conditions de leur association est un facteur très attractif. L'AARPI peut en effet s'adapter à des cabinets de nature très différente, les associés étant libres de déterminer le degré de mutualisation des charges et des recettes, sous réserve de la prohibition des clauses léonines. Ainsi, ils peuvent choisir de travailler en toute indépendance en contrôlant tous les aspects de leur exploitation individuelle. Leurs charges demeurent celles qui sont rattachées à leur activité et leur rémunération reflète précisément leur contribution aux revenus de l'association. Les associés peuvent au contraire décider de mutualiser toutes leurs charges et de choisir un système de rémunération qui est décorrélé des performances individuelles de chacun.

Ceci explique qu'à côté des grands cabinets très intégrés, l'AARPI est également utilisée pour des associations dans lesquelles les parties veulent préserver une indépendance forte. Certaines AARPI ressemblent davantage à des réseaux de cabinets opérant sous un même nom qu'à de véritables structures d'exercice.

L'AARPI peut aussi être utilisé comme « outil de fiançailles » entre plusieurs avocats ou structures préexistantes. Les cabinets décident alors de se rapprocher en préservant une forte autonomie financière tout en testant leurs capacités à travailler ensemble. En cas de réussite du rapprochement, les associés pourront décider d'un passage en société d'exercice libéral[4].

222.32 **Postulation.** Même dépourvue de la personnalité morale l'association postule par le ministère d'un avocat[5]. Ainsi, la constitution d'avocat pour un client n'est pas faite au nom de l'association mais au nom d'un des associés agissant en son nom, lequel est au demeurant seul titulaire de la clé RPVA désormais indispensable. La mention dans l'assignation d'une association d'avocats comme postulant sans indication du nom d'un avocat personne physique constitue un vice de forme[6]. Le nom de l'association doit néanmoins être mentionné sur les actes de procédure.

En pratique et à titre indicatif, il sera par exemple porté sur les actes de procédure la mention suivante :

« ... Ayant pour avocat :
Maître XXX
Avocat au barreau de YYY, associé de l'AARPI ZZZ
Demeurant [adresse, n° de vestiaire, adresse mail, etc.] »

222.33 **Facturation.** Même si l'AARPI peut être choisie par des associés souhaitant préserver une forte indépendance, et malgré son absence de personnalité morale, l'AARPI n'en est pas moins une structure d'exercice. En conséquence, toutes les factures émises par les associés de l'AARPI, qu'il s'agisse de personnes physiques ou morales, sont émises au nom de l'AARPI.

222.34 **Conclusion de contrats.** Étant dépourvue de personnalité morale, l'association ne peut pas contracter. Cependant, le contrat d'association peut inclure une clause donnant mandat au dirigeant, ou un autre associé, de conclure tout contrat

1. CNB, Commission SPA, avis technique n° 2013-009, 6 janv. 2014.
2. CNB, Commission SPA, avis technique n° 2013-008, 13 déc. 2013.
3. SUR l'association et l'AARPI : H. Ader, S. Bortoluzzi, A. Damien, D. Piau, Th. Wickers, *Règles de la profession d'avocat*, 15e éd., « Dalloz action », 2016, nos 822.11 s.
4. Sur le passage de l'AARPI à la SEL, v. ss n° 231.41.
5. L. n° 71-1130, 31 déc. 1971, art. 8.
6. Civ. 2e, 1er févr. 2006, n° 05-17.742, *Bull. civ.* II, n° 35 – Civ. 2e, 11 mai 2006, n° 05/20.010 – Civ. 2e, 30 avr. 2009, n° 08-16.236, *Bull. civ.* II, n° 110 ; *Procédures* n° 6, juin 2009, comm. 181, note Roger Perrot ; *JCP* 2009. IV. 1904 ; *Gaz. Pal.* 16 juill. 2009, p. 17.

et effectuer tous actes au nom de la collectivité des associés. En ce cas, les associés sont engagés vis-à-vis du tiers contractant, conformément aux règles du mandat.

L'association ne pouvant contracter, les contrats de travail doivent être conclus par les associés. En principe, seuls ceux signataires du contrat ont la qualité de co-employeurs. Les associés peuvent cependant, comme indiqué ci-dessus, donner mandat au dirigeant ou à l'un d'entre eux d'effectuer les actes relatifs à la gestion des ressources humaines de l'association, tels que conclusion des contrats de travail, mise en œuvre de licenciements, etc. Il a ainsi été jugé, s'agissant d'une société en participation, mais la solution est pleinement transposable, que si les statuts font ressortir l'existence d'un mandat commun donné par tous les associés au Président du Comité de direction, ce dernier, agissant en qualité de représentant des associés et donc de l'employeur, avait le pouvoir de mettre un salarié à la retraite[1].

Les associations peuvent néanmoins être identifiées comme employeur par l'Urssaf, ce qui facilite grandement la gestion des déclarations et cotisations sociales.

Le contrat de bail est souvent l'engagement le plus important des associés. Certains bailleurs exigeront la signature de tous les associés. Cette situation conduit fréquemment à des difficultés dans la gestion du bail afférant aux locaux professionnels car, si celui-ci fait couramment mention du nom de l'association, ce sont les associés qui sont juridiquement les preneurs à bail et sont personnellement tenus à ce titre de sa parfaite exécution, et plus spécialement du paiement des loyers et des charges. À défaut d'être expressément dégagé de toute obligation quant à l'exécution du bail par le bailleur lorsqu'il quitte l'association, l'associé retrayant pourra ainsi se voir recherché, non seulement à raison de loyers impayés au moment de son départ, mais également à raison de l'inexécution des dispositions du bail après son départ de l'association. Le retrayant ou les ayants-droit de l'associé décédé ne sont déchargés de ces obligations que si un avenant est établi, ce qui implique l'accord du bailleur.

Les contrats de collaboration sont signés au nom de l'AARPI qui constitue la structure d'exercice du collaborateur. C'est au nom et pour le compte de l'association que sont conclus les contrats de collaboration des avocats collaborateurs libéraux, même si, comme pour les contrats de travail, tous les associés sont conjointement tenus de l'exécution du contrat. Les contrats de collaboration conclus au nom d'une association doivent être déposés à l'Ordre et sont soumis à son contrôle[2].

Les comptes bancaires de l'association ou AARPI ouverts dans les livres d'une banque pour les besoins de son activité sont juridiquement des comptes joints ouverts au nom des associés, même si, en pratique, la dénomination de l'association apparaît sur les instruments de paiement (chéquiers, cartes de paiement ou de crédit...). Le plus souvent la banque exige que la convention d'ouverture de compte soit signée par tous les associés et précise les noms et qualités des personnes ayant pouvoir d'effectuer les opérations selon les règles applicables au compte joint. La mise en place de concours financiers est généralement subordonnée à l'intervention des associés qui s'obligent en qualité de codébiteurs. En cas de découvert, les associés sont le plus souvent engagés solidairement à sa couverture[3].

Les relations contractuelles entre l'AARPI et les tiers sont compliquées par le fait que rares sont ceux qui connaissent ou comprennent ce mode d'exercice. Les relations avec les banques seront facilitées si les associés choisissent d'ouvrir le compte de l'AARPI auprès d'une banque qui a déjà une expérience de ces structures.

222.35 Difficultés liées à la responsabilité conjointe. Les associés sont tenus des dettes contractées pour le compte de l'association qui sont juridiquement celles de l'indivision formée par les associés. Cette obligation aux dettes communes est indéfinie et conjointe à proportion des droits de chacun dans l'association[4], c'est-à-dire dans les proportions précisées dans la convention d'association. Il est courant de fixer cette proportion en fonction des tantièmes de résultat alloués à chaque associé.

Dans la pratique, il est fréquent que la convention d'association fixe des principes pour la répartition du résultat sans pour autant faire état d'une clé de répartition entre les associés.

Le créancier d'une association d'avocats ou AARPI sera tenté de poursuivre chaque associé pour la totalité de sa créance, comme si la responsabilité des associés était solidaire, laissant aux associés la tâche de se débrouiller entre eux.

222.36 Décisions collectives. L'organisation des décisions collectives relève de la liberté contractuelle. Les associés peuvent ainsi, à l'instar des sociétés commerciales, prévoir des règles différentes pour les décisions relevant de la gestion ordinaire de

1. Soc. 30 avr. 2014, n° 13-11.043, NP.

2. D. Gallin, Ch. Thévenet, *Guide de l'exercice en association d'avocats*, CNB, oct. 2017.
3. D. Gallin, Ch. Thévenet, *Guide de l'exercice en association d'avocats*, CNB, oct. 2017.
4. Décr. n° 91-1197, 27 nov. 1991, art. 124, al. 2.

l'association, telle que l'approbation des comptes, et des règles spécifiques pour la modification des clauses du contrat d'association. Ces règles de majorité peuvent varier (majorité simple, qualifiée, par tête ou en proportion de leurs droits dans l'association, etc.) et être ou non associées à des exigences de *quorum*. Il existe néanmoins quelques limites à la liberté contractuelle :

- les engagements d'un associé ne peuvent être augmentés sans son consentement[1] ;
- la limitation de la responsabilité des associés prévue par le cinquième alinéa de l'article 124 du décret du 27 novembre 1991 doit être impérativement décidée à l'unanimité ;
- chaque associé a le droit de participer aux décisions collectives[2].

À défaut de clause, les décisions doivent prises à l'unanimité des associés.

Il est recommandé aux associés d'une association ou d'une AARPI de calquer le fonctionnement des décisions collectives sur le formalisme qui existe en droit des sociétés. Dans ce cas, la convention d'AARPI fera référence aux décisions ordinaires et extraordinaires avec les règles de majorité qui en résultent.

222.37 **Gouvernance.** Entre associés, toutes les organisations sont possibles et permettent aux associés d'adapter précisément le mode de gouvernance au groupement selon sa taille, son implantation géographique ou encore selon leur vision du management : un dirigeant unique ayant tous pouvoirs, un organe collectif de gestion comme un conseil d'administration ou un comité de direction, voire un organe de contrôle comme un conseil ou comité de surveillance.

Il importe en revanche que les clauses du contrat d'association ou son règlement intérieur définissent précisément les pouvoirs des dirigeants, leur articulation avec les pouvoirs de l'assemblée générale, la durée de leurs fonctions, les causes et modalités de révocation, et éventuellement leur rémunération.

Vis-à-vis des tiers, chaque membre est conjointement tenu vis-à-vis des tiers des obligations nées des actes accomplis par tout autre associé[3]. Les clauses de limitation de pouvoirs sont donc inopposables aux tiers.

222.38 **Répartition des bénéfices et des pertes.** La convention d'association ou un règlement intérieur décidera de la répartition ou du mode de détermination des bénéfices et des pertes entre les associés.

1. C. civ., art. 1836, al. 2.
2. C. civ., art. 1844, al. 1.
3. C. civ., art. 1872, al. 2.

SECTION 3
ADMISSION, RETRAIT ET EXCLUSION D'ASSOCIÉS

222.41 **Admissions d'associés.** L'éventualité de l'entrée d'un nouvel associé dans l'association doit être évoquée dans la convention d'association. Ce sont les associés fondateurs qui décideront les modalités d'entrée dans l'association. Il conviendra donc de prévoir une procédure d'admission avec des conditions de majorité permettant l'intégration du nouvel associé. Il est aussi parfaitement légitime de subordonner l'agrément d'un nouvel associé à des conditions objectives telles que la notoriété, le savoir-faire ou les compétences humaines et techniques. Ces conditions ou critères relèvent de la liberté contractuelle des rédacteurs et signataires de la convention. À défaut de stipulations particulières, l'agrément du nouvel associé ne pourra être donné qu'à l'unanimité des associés.

Puisque l'entrée d'un nouvel associé entraîne nécessairement la modification de la convention d'association, il est alors indispensable d'établir un avenant ou de procéder à la mise à jour de la convention. Suivant l'article 126-1 du décret du 27 novembre 1991, l'admission d'un nouvel associé donne lieu aux formalités de communication à l'Ordre et de publicité prévues aux articles 125, alinéas 3 et 4, et 126 dudit décret.

L'entrée d'un nouvel associé sera réalisée par son adhésion formelle et écrite au contrat d'association. Les associés ont un devoir d'information à l'égard du nouvel associé relativement à toutes les circonstances pouvant affecter pour l'avenir le fonctionnement ou la pérennité de l'association. Sont notamment visés le caractère précaire éventuel du bail, l'existence d'une situation financière obérée ou d'un contentieux prud'homal ou autre, ainsi que toutes informations qui auraient pu le dissuader de signer la convention s'il les avait connues. Tout manquement par les associés existants à leur devoir d'information du nouvel associé est susceptible d'être constitutif d'un dol. Une obligation de même nature pèse sur le nouvel associé qui est tenu à un devoir de loyauté et ne peut fournir de fausses informations ou cacher certains éléments susceptibles d'influer sur le principe ou les modalités financières de son association (existence d'une procédure disciplinaire, communication de résultats antérieurs inexacts, clientèle fictive, etc.)[4].

Les droits dans l'association de chacun des associés lui étant personnels et ne pouvant être cédés, l'intégration d'un nouvel avocat dans une associa-

4. D. Gallin, Ch. Thévenet, *Guide de l'exercice en association d'avocats*, CNB, oct. 2017.

tion d'avocats ne peut être assimilée à une cession de droits sociaux ni à une cession de clientèle[1].

222.42 **Retrait d'un associé.** Le contrat d'association doit impérativement prévoir les modalités de retrait d'un associé.

Dans une association ou AARPI, le retrait d'un associé ne présente pas les mêmes difficultés que dans les structures d'exercice capitalistiques pour lesquelles la valorisation des droits sociaux et la propriété de la clientèle sont très souvent sources de litige.

Il convient de faire application au retrait volontaire d'un associé de la règle posée par l'article 1869 du Code civil qui dispose que « sans préjudice des droits des tiers, un associé peut se retirer totalement ou partiellement de la société, dans les conditions prévues par les statuts ou, à défaut, après autorisation donnée par une décision unanime des autres associés. Ce retrait peut également être autorisé pour justes motifs par une décision de justice ».

Tout avocat est libre de s'installer, de choisir la structure d'exercice au sein de laquelle il veut exercer, mais aussi de se retirer de cette dernière.

L'exercice du droit de retrait n'ouvre à l'associé retrayant aucun droit à indemnisation. Il reprend la clientèle qu'il a apportée en jouissance le temps de l'association. Pendant la durée de l'association, la clientèle mise en indivision évolue. Il est donc impossible, au moment du retrait de l'associé, de chercher à reconstituer avec précision une clientèle apportée en indivision. Il semble donc souhaitable de considérer que c'est l'ensemble de la clientèle de l'associé au moment de son retrait qui est concernée. Cette interprétation de l'apport en jouissance est plus cohérente avec le fait que ce seront les clients qui souhaitent continuer à travailler avec l'associé sortant qui le suivront dans sa nouvelle structure.

L'associé retrayant sera aussi fondé à récupérer les biens mobiliers apportés en jouissance. Généralement, la convention d'association ou un règlement intérieur prévoiront que l'associé retrayant renonce à ses droits sur les biens indivis acquis par l'association alors qu'il était associé.

Par ailleurs, le retrayant devra respecter les règles et principes essentiels notamment le respect du préavis figurant dans la convention. Si ce préavis n'est pas prévu dans la convention, c'est un délai de six mois reconnu par les usages ainsi que par le RIBP qui aura vocation à s'appliquer.

Le retrait d'un associé implique une modification du contrat d'association et les formalités qui en résultent.

1. TGI Paris, 23 nov. 1993, *JCP* 1995. II. 22453, note Daigre.

222.43 **Exclusion d'un associé.** La faculté d'exclure un associé doit être expressément prévue par le contrat d'association. Si la décision est prise par la collectivité des membres, l'associé concerné ne peut être exclu du vote conformément à l'article 1844 du code civil[2]. Par ailleurs, l'exclusion d'un associé implique au minimum que l'associé concerné soit entendu et qu'il puisse présenter sa défense en réponse aux motifs invoqués pour justifier son exclusion.

La convention déterminera les conditions de majorité auxquelles la décision d'exclusion doit être adoptée, étant observé que l'adoption sans nuance de la règle de l'unanimité conduit en pratique à vider la disposition de tout intérêt dans la mesure où l'associé dont l'exclusion est envisagée est appelé à se prononcer sur celle-ci. Dans le silence de la convention, l'unanimité étant alors requise, l'exclusion d'un associé devient impossible et seule la dissolution de l'association peut être envisagée[3].

La procédure d'exclusion doit donc être très précisément décrite par la convention qui devra notamment désigner l'organe compétent pour décider de l'exclusion, les garanties dont doit bénéficier l'associé concerné et les conditions de majorité.

Si la convention d'association énonce les motifs qui peuvent conduire à l'exclusion d'un associé, la décision doit être motivée par référence aux causes d'exclusion possibles. Enfin, sauf urgence dûment justifiée, l'exclusion d'un associé ne doit pas être brutale et l'associé exclu doit bénéficier d'un délai de préavis suffisant pour organiser la poursuite de son exercice professionnel. Une exclusion brutale pourra être sanctionnée par l'allocation de dommages et intérêts.

Le retrait d'un associé implique une modification du contrat d'association et les formalités qui en résultent.

222.44 **Transmission et soft landing.** Le contrat d'association peut prévoir des conditions d'indemnisation pour l'associé qui se retire, ce qui peut être légitime pour un associé qui met un terme à sa carrière et qui laisse sa clientèle à ses associés.

Le terme de *soft landing* ou d'atterrissage en douceur est souvent utilisé pour décrire ces conditions de sortie aménagées. Celles-ci sont la contrepartie de l'absence de patrimonialité dans l'association qui prive un associé partant à la retraite de la

2. Com. 9 févr. 1999, n° 96-17.661, *Bull. civ.* IV, n° 44 ; *D.* 2000. 231, obs. J.-C. Hallouin ; *Rev. sociétés* 1999. 81, note P. Le Cannu ; *RTD com.* 1999. 902, obs. Y. Reinhard – Com. 23 oct. 2007, n° 06-16.537, *Bull. civ.* IV, n° 225 ; *D.* 2008. 47, note Y. Paclot ; *D.* 2007. 2726, obs. A. Lienhard ; *D.* 2008. 1563, chron. J. Paillusseau ; *D.* 2009. 323, obs. J.-C. Hallouin et E. Lamazerolles ; *Rev. sociétés* 2007. 814, note P. Le Cannu ; *RTD com.* 2007. 791, obs. P. Le Cannu et B. Dondero ; *RTD com.* 2008. 566, obs. C. Champaud et D. Danet.
3. D. Gallin, Ch. Thévenet, *Guide de l'exercice en association d'avocats*, CNB, oct. 2017.

possibilité de céder des droits sociaux. Le terme anglais vient du fait que les LLP anglo-saxonnes n'ont pas de droits sociaux.

Le système d'indemnisation consiste à continuer à rémunérer l'associé sur des bases plus que proportionnelles à sa contribution effective aux résultats pendant une période prédéterminée. Cette option est coûteuse car il s'agit d'un complément de rémunération avec le même impact fiscal et social.

SECTION 4
RÉGIME FISCAL ET SOCIAL

222.51 **Personnalité fiscale de l'association.** Au regard du droit fiscal, l'association est réputée posséder un patrimoine fiscal distinct de celui des associés et se voit reconnaître une personnalité fiscale. Suivant l'article 238 *bis* M du CGI, les associations d'avocats sont tenue d'inscrire les biens dont les associés ont convenu de mettre la propriété en commun à l'actif de leur bilan fiscal. En corollaire, les charges afférentes à ces biens (frais d'acquisition, intérêts d'emprunts, amortissements, etc.) sont déductibles du bénéfice social et les plus-values de cession sont imposées selon le régime des plus-values professionnelles.

Nonobstant ce patrimoine fiscal propre à l'association, chacun de ses associés reste toujours détenteur, au plan fiscal, d'un patrimoine professionnel indépendant de son patrimoine privé. En raison de sa personnalité fiscale, l'association doit effectuer une déclaration fiscale indépendante de celles souscrites par ses associés (déclaration n° 2035 en BNC)[1].

222.52 **Régime fiscal.** L'association d'avocats est imposée selon les règles applicables aux sociétés en participation suivant l'article 238 *bis* LA du code général des impôts[2], c'est-à-dire selon le régime des sociétés de personnes. Les modalités d'application de ces règles ont été précisées par une instruction du 2 mai 2007[3]. Les associés d'une association d'avocats sont donc personnellement imposés pour leur part de bénéfices correspondant à leurs droits dans les résultats de l'association. Le régime d'imposition est le régime de l'associé : bénéfices non commerciaux ou impôt sur les sociétés. Néanmoins, la part des bénéfices correspondant aux droits des associés qui ne sont pas indéfiniment responsables (c'est-à-dire dont la responsabilité est limitée entre eux au montant de leur apport) ou dont les noms et adresses n'ont pas été communiqués à l'administration, est imposée à l'impôt sur les sociétés (auquel cas l'impôt est dû par l'association ou par son dirigeant connu). Cette dernière situation ne trouve pas à s'appliquer car la composition des associations d'avocats est en principe connue de l'administration fiscale.

L'association peut opter pour l'assujettissement à l'IS dans les conditions prévues par l'article 239 du CGI.

Suivant l'article 238 *bis* K du CGI, lorsqu'une structure assujettie à l'impôt sur les sociétés (IS) a inscrit à son actif les droits qu'elle détient dans une société de personnes relevant de l'impôt sur le revenu, la part de résultat de la structure soumise à l'IS est déterminée selon les règles de l'IS. Une double détermination de résultat au sein de la société de personnes doit alors être réalisée.

Chacun des membres de l'association est donc personnellement imposé pour sa part des bénéfices correspondant à ses droits dans les résultats de l'association selon le régime des BNC (comptabilité sur la base des sommes encaissées et des dépenses payées, sauf option pour les créances acquises et les dépenses engagées) ou selon le régime de l'IS (créances acquises et dépenses engagées) s'agissant d'associés personnes morales passibles de cet impôt.

Dans les associations qui ne comptent que des associés assujettis à l'IS, l'association elle-même choisit le plus souvent de rester assujettie à l'IR[4].

222.53 **Cas des associations avec associés à l'IR et associés à l'IS.** Une association comprenant dans ses associés des sociétés passible de l'IS et des personnes physiques à l'IR doit en principe procéder à une double détermination de ses résultats.

D'une part, elle calcule la quote-part des associés à l'IS selon les règles de l'impôt sur les sociétés et de la comptabilité d'engagement. D'autre part, elle calcule la quote-part revenant aux autres associés assujettis à l'IR selon les règles de la comptabilité d'encaissement qui s'applique au régime des BNC sauf option pour la comptabilité d'engagement.

L'association doit alors tenir simultanément deux comptabilités, l'une selon la règle des recettes/dépenses et l'autre selon les règles de la comptabilité d'engagement. Dans la pratique, les associations ou AARPI dans cette situation privilégient un type de comptabilité pour la conduite des affaires courantes et opèrent une régularisation en fin d'exercice pour les associés concernés.

Ce mécanisme de double détermination du résultat a été confirmé par une réponse ministérielle « Tourret » du 26 novembre 2013[5].

1. D. Gallin, Ch. Thévenet, *Guide de l'exercice en association d'avocats*, CNB, oct. 2017.
2. CGI, art. 238 *bis* LA, créé par L. n° 2006-1771, 30 déc. 2006, art. 64.
3. Instr. n° 62, 2 mai 2007, *BOI* 5G-4-07, Bofip *BOI*-BNC-SECT-70-50-10.
4. Sur les associés personnes morales, v. s[s] n° 231.25.
5. Rép min. Q n° 33475 Tourret, *JOAN* 26 nov. 2013, p. 12368.

222.54 Option pour l'impôt sur les sociétés. L'association peut opter pour l'assujettissement à l'IS dans les conditions prévues par l'article 239 du CGI.

Fiscalement assimilée à une société en participation sur le plan fiscal, l'association est par vocation fiscalement transparente. L'option pour l'IS crée donc une situation quelque peu hybride. Dans la pratique, les associés d'une association qui souhaitent profiter de l'impôt sur les sociétés choisiront le plus souvent de créer leur propre personne morale à l'IS qui deviendra membre de l'association à leur place ou décideront collectivement de remplacer l'association ou l'AARPI par une société d'exercice libérale commune.

222.55 Régime social. L'associé personne physique d'une association ou AARPI est soumis au régime des travailleurs non salariés quels que soient ses droits dans l'AARPI ou son éventuel statut de dirigeant.

L'avocat associé *via* une personne morale unipersonnelle aura le régime social lié à sa structure d'exercice. Il sera donc aussi soumis au régime des travailleurs non salariés (sauf dans le cas d'une SELASU dont il serait le président et dans laquelle il déciderait d'être rémunéré au titre de son mandat social).

SECTION 5
SOCIÉTÉ EN PARTICIPATION (SEP) ET SOCIÉTÉ EN PARTICIPATION DES PROFESSIONS LIBÉRALES

222.61 Société en participation (SEP). Mentionnée pour mémoire, la société en participation, malgré sa souplesse, est très peu utilisée par les avocats. Seule une trentaine de cabinets d'avocats a choisi cette structure d'exercice. La responsabilité illimitée ainsi que l'absence de personnalité morale expliquent sans doute cette désaffection.

À la différence de la société en participation de droit commun, la SEP d'avocats, comme l'association, n'est pas une société occulte. Sa constitution doit faire l'objet d'une publication légale mentionnant sa dénomination, la liste des associés et leur barreau ainsi que d'une déclaration auprès du bâtonnier[1].

La responsabilité solidaire des associés de la SEP a été supprimée par l'article 31 de la loi du 28 mars 2011[2] et les associés sont autorisés à choisir librement le nom de la SEP, aux termes de l'article 22 de la même loi[3]. Ces améliorations apportées à la SEP ne risquent pas d'en faire une structure d'exercice beaucoup plus utilisée. L'AARPI qui présente de nombreuses caractéristiques communes avec la SEP a l'avantage d'être une structure pensée pour l'exercice de la profession d'avocat. Il n'y a pas d'arguments qui justifieraient le recours à la SEP plutôt qu'à l'AARPI.

222.62 Société en participation des professions libérales (SEPPL). Les autres professions libérales ne disposant pas d'un outil d'exercice équivalent à l'association d'avocats ou à l'AARPI, ont manifesté leur souhait d'avoir accès à un équivalent.

L'Ordonnance du 8 février 2023[4] les a entendues et prévoit désormais la possibilité pour les membres des professions libérales réglementées de constituer des sociétés en participation de professions libérales.

Il faudra attendre les décrets d'application (qui ne sont pas publiés à la date de la présente édition) pour savoir si la nouvelle société en participation de professions libérales présente des intérêts que n'aurait pas déjà l'association d'avocats ou l'AARPI.

1. Décr. n° 93-492, 25 mars 1993 pris pour l'application à la profession d'avocat de la loi n° 90-1258 du 31 décembre 1990 relative à l'exercice sous forme de sociétés des professions libérales soumises à un statut législatif ou réglementaire ou dont le titre est protégé, *JO* 27 mars, p. 4930, art. 44 à 48.
2. L. n° 90-1258, 31 déc. 1990.
3. L. n° 71-1130, 31 déc. 1971 portant réforme de certaines professions judiciaires et juridiques, *JO* 5 janv., p. 131, art. 21-1, al. 2 ; mod. par L. n° 2011-331, 28 mars 2011.
4. Ord. n° 2023-77, 8 févr. 2023 relative à l'exercice en société des professions libérales réglementées, *JO* 9 févr., n° 3, art. 34 et 35.

CHAPITRE

223. Société civile professionnelle (SCP)

SECTION 0

ORIENTEUR

223.00 **Sommaire du chapitre.**

SECTION 1

RÉGIME JURIDIQUE

223.11 **Une structure d'exercice obsolète malgré les réformes.** La SCP d'avocats est régie par les articles 5 à 33 de l'ordonnance du 8 février 2023[1] et le décret du 20 juillet 1992[2]. Jusqu'en 2008, elle était la structure d'exercice la plus répandue. Depuis cette date, elle est dépassée par les sociétés d'exercice libéral.

La SCP n'est plus une structure d'exercice recommandée par les Ordres. Le Vade-mecum de l'exercice en groupe du barreau de Paris dans son édition de 2021 ne propose plus de formules de statuts de SCP[3].

Cette désaffection progressive est liée à un ensemble de défauts que n'ont pas les autres structures d'exercice :

– régime du droit de retrait d'ordre public très défavorable à la structure d'exercice et aux associés restants ;

– absence de limitation de responsabilité face au risque financier ;

– exercice à l'impôt sur le revenu (même si la SCP peut opter pour l'impôt sur les sociétés).

Pourtant, de nombreuses réformes ont cherché à gommer ou à limiter les problèmes que posait la SCP. La loi du 28 mars 2011, reprenant une partie des propositions du rapport de la Commission Darrois[4], a amélioré le régime de la SCP et corrigé une partie importante des défauts.

La loi du 28 mars 2011 a modifié la loi du 29 novembre 1966[5] relative aux sociétés civiles professionnelles sur les points suivants :

– les SCP ont été autorisées à utiliser un nom de fantaisie au lieu d'une raison sociale[6] ;

– introduction de la dépatrimonialisation : le mode d'évaluation des parts sociales peut être fixé statutairement par les associés afin d'éviter les difficultés posées par l'application de l'article 1843-4 du code civil. L'article 10 de la loi du 29 novembre 1966 est donc complété par deux alinéas[7]. Le premier prévoit que les statuts peuvent, à l'unanimité des associés, fixer les principes et les modalités applicables à la détermination de la valeur des parts sociales. Le second précise que sauf dispositions contraires du décret particulier à chaque profession[8], la valeur des parts sociales prend en considération une valeur représentative de la clientèle civile. Toutefois, à l'unanimité des associés, les statuts peuvent exclure cette valeur représentative de

1. Ord. n° 2023-77, 8 févr. 2023, art. 36.
2. Décr. n° 92-680, 20 juill. 1992 pris pour l'application à la profession d'avocat de la loi n° 66-879 du 29 novembre 1966 relative aux sociétés civiles professionnelles, *JO* 22 juill., p. 9799.
3. Ordre des avocats du barreau de Paris, *Vade-mecum Exercice en groupe,* nov. 2020.
4. Commission Darrois, *Rapport sur les professions du droit,* CNB, mars 2009.
5. L. n° 66-879, 29 nov. 1966 relatives aux sociétés civiles professionnelles, *JO* 30 nov., p. 10451, art. 8 ; mod. par L. n° 2011-331, 28 mars 2011.
6. L. n° 66-879, 29 nov. 1966, art. 8 ; mod. par L. n° 2011-331, 28 mars 2011 – V. s[s] n° 223.13.
7. L. n° 66-879, 29 nov. 1966, art. 10 ; mod. par L. n° 2011-331, 28 mars 2011.
8. Aucune disposition réglementaire contraire n'a été adoptée.

la clientèle civile de la valorisation des parts sociales[1] ;

- la responsabilité des associés est désormais conjointe et non plus solidaire[2].

La loi du 29 novembre 1966 ayant été abrogée, ces dispositions ont toutes été reprises par l'ordonnance du 8 février 2023 : à l'article 12 pour la dénomination sociale, l'article 14 pour la dépatrimonialisation et article 14, alinéa 4 pour la responsabilité conjointe.

223.12 Associés. Au même titre que les associés de SEL, les associés de SCP peuvent aussi exercer dans d'autres structures. Le décret du 5 mai 2017, est venu compléter l'article 43 du décret du 20 juillet 1992 par l'alinéa suivant : « Toutefois, les statuts de la société peuvent prévoir la possibilité pour un associé d'exercer sa profession également selon une autre des modalités prévues à l'article 7 de la loi du 31 décembre 1971 susvisée, notamment au sein d'une société pluri-professionnelle d'exercice prévue au titre IV *bis* de la loi du 31 décembre 1990 susvisée ».

En cas de décès, les ayants droit de l'associé décédé n'acquièrent pas la qualité d'associé.

Toutefois, ils ont la faculté, dans le délai fixé par le décret (non encore publié), de céder les parts sociales de l'associé décédé, dans les conditions prévues à l'article 23 de l'ordonnance qui prévoit un agrément aux trois quarts des voix. Si la société ne fait pas connaître sa décision dans un délai de deux mois, le consentement est réputé donné. À défaut de consentement, la société ou les associés s'obligent à racheter ou faire racheter les parts de l'associé décédé.

En outre, si un ou plusieurs ayants-droits remplissent les conditions exigées par l'article 7 (avocats ou membres d'une profession juridique ou judiciaire), ils peuvent demander le consentement de la société dans les conditions ci-dessus. Si le consentement est donné, les parts sociales de l'associé décédé peuvent faire l'objet d'une attribution préférentielle au profit de l'ayant droit agréé, à charge de soulte s'il y a lieu. En cas de refus, le délai ci-dessus est prolongé du temps écoulé entre la demande de consentement et le refus de celui-ci. Si aucune cession ni aucun consentement n'est intervenu à l'expiration du délai, la société ou les associés remboursent la valeur des parts sociales aux ayants droit.

Jusqu'à l'ordonnance du 8 février 2023, il ne pouvait y avoir de SCP avec un associé unique. Désormais, la réunion de toutes les parts sociales en une seule main n'entraîne pas la dissolution de plein droit de la société. Tout intéressé peut demander cette dissolution si la situation n'a pas été régularisée dans le délai de deux ans. Le tribunal peut accorder à la société un délai maximal de trois ans pour régulariser la situation. Il ne peut prononcer la dissolution si, au jour où il statue sur le fond, cette régularisation a eu lieu.

223.13 Dénomination sociale. La SCP était désignée comme toute société de personne par une raison sociale, constituée par les noms, qualifications et titres professionnels de tous les associés ou de ceux de l'un ou plusieurs d'entre eux suivis des mots « et autres »[3]. Depuis la loi du 28 mars 2011[4], la SCP est désignée, non plus par une raison sociale, mais par une dénomination sociale[5], qui doit être immédiatement précédée ou suivie de la mention de sa forme sociale ou des initiales « SCP » et de la profession exercée[6]. Ces dispositions sont reprises par l'article 12 de l'ordonnance du 8 février 2023.

223.14 Statuts. Indépendamment des dispositions prévues par les articles 8, 10, 11, 14, 15, 19 et 20 de la loi du 29 novembre 1966 précitée (Ces articles vont être modifiés pour tenir compte de la nouvelle numérotation prévue par l'ordonnance) concernant la dénomination sociale, la répartition des parts, les gérants, la répartition des bénéfices, les dettes sociales, les cessions de parts, ou des dispositions prévues par décret, les statuts de la SCP doivent indiquer :

- les noms, prénoms et domiciles des associés ;
- l'adresse du siège social ;
- la durée pour laquelle la société est constituée ;
- la nature et l'évaluation distincte de chacun des apports effectués par les associés ;
- le montant du capital social, le nombre, le montant nominal et la répartition des parts sociales représentatives de ce capital ;
- le cas échéant, le nombre des parts d'intérêt attribuées à chaque apporteur en industrie ;
- l'affirmation de la libération totale ou partielle, suivant le cas, des rapports concourant à la formation du capital social.

Les statuts peuvent également inclure les dispositions suivantes si les associés souhaitent adopter des règles spécifiques :

- les principes et modalités applicables à la détermination de la valeur des parts sociales ;

1. V. s^s n° 223.31.
2. L. n° 66-879, 29 nov. 1966, art. 15 ; mod. par L. n° 2011-331, 28 mars 2011 – V. s^s n° 223.24.
3. L. n° 66-879, 29 nov. 1966, art. 8, al. 1er.
4. L. n° 2011-331, 28 mars 2011 de modernisation des professions judiciaires et juridiques réglementées, *JO* 29 mars, p. 5447, art. 30-1°.
5. V. s^s n° 221.36.
6. L. n° 66-879, 29 nov. 1966, art. 8.

– les modalités de répartition des bénéfices non proportionnelle aux apports en capital ;

– la répartition, dans les rapports entre associés, de la responsabilité aux dettes sociales ;

– le choix d'une majorité supérieure au trois-quarts des voix pour l'agrément de tiers ;

– l'agrément des cessions de parts sociales entre associés.

223.15 **Dissolution.** La société est dissoute par arrivée du terme, sauf prorogation, dissolution anticipée décidée par les trois quarts au moins des associés disposant ensemble des trois quarts des voix, décès de tous les associés, radiation de tous les associés ou de la société, retrait simultané de tous les associés[1].

Avant l'ordonnance du 8 février 2023, la réunion de toutes les parts sociales entre les mains d'un seul associé était aussi une cause de dissolution. Désormais, l'article 27 de l'ordonnance prévoit que, sauf dispositions contraires du décret particulier à chaque profession ou, à défaut, des statuts, la société civile professionnelle possédant plusieurs associés n'est pas dissoute par le décès, l'incapacité ou le retrait de la société d'un associé pour toute autre cause. Elle n'est pas non plus dissoute lorsqu'un des associés est frappé de l'interdiction définitive d'exercer sa profession.

SECTION 2
ASPECTS OPÉRATIONNELS ET GOUVERNANCE

223.21 **Gérance.** L'article 15 de l'ordonnance du 8 février 2023 prévoit que tous les associés sont gérants, sauf stipulation contraire des statuts qui peuvent désigner un ou plusieurs gérants parmi les associés ou en prévoir la désignation par un acte ultérieur.

Les conditions de nomination et de révocation des gérants, leurs pouvoirs et la durée de leur mandat sont déterminés par les statuts. Les pouvoirs des gérants ne peuvent, en aucun cas, avoir pour effet de créer une subordination des associés à la société pour l'accomplissement de leurs actes professionnels.

223.22 **Assemblées.** Les associés tiennent au moins une assemblée annuelle. Sur première convocation, le *quorum* est des trois quarts au moins des associés présents ou représentés. Sur seconde convocation, l'assemblée délibère valablement si au moins deux associés sont présents ou représentés[2]. Le pouvoir de représentation ne peut être confié qu'à un autre associé. Chaque associé dispose d'autant de voix qu'il possède de parts sociales ou de parts d'intérêts représentatives d'apport en industrie. Toutefois, s'il possède plus de la moitié des parts, il ne peut avoir un nombre de voix supérieur à la moitié du nombre total des voix[3]. Les décisions sont prises à la majorité des voix sauf en cas d'agrément de cessions de parts sociales et de modification des statuts, qui requiert une majorité d'au moins les trois quarts des voix, ainsi que d'augmentation des engagements des associés ne peut être décidée qu'à l'unanimité. Les statuts peuvent prévoir une majorité plus forte ou même l'unanimité des associés pour l'ensemble des décisions ou certaines d'entre elles[4].

La décision de transformer la SCP en une société d'une autre forme nécessite une majorité des deux tiers des associés[5].

223.23 **Comptes annuels.** Les gérants établissent chaque année les comptes annuels de la société et un rapport sur ses résultats qui doivent être soumis dans les trois mois suivant la clôture de l'exercice à l'approbation de l'assemblée des associés. Les associés disposent d'un droit de communication et d'information sur la comptabilité de la société prévus par les dispositions réglementaires[6]. Les SCP, contrairement aux SEL, ne sont pas tenues de déposer leurs comptes annuels au Greffe du Tribunal de commerce.

223.24 **Responsabilité des associés.** L'article 15 de la loi du 29 novembre 1966 posait le principe de la responsabilité indéfinie et solidaire des associés aux dettes sociales, par dérogation au régime de la responsabilité conjointe retenue par l'article 1857 du code civil pour les sociétés civiles. En conséquence, tout créancier pouvait poursuivre l'associé de son choix pour les dettes de la SCP, sans que l'associé poursuivi ne puisse lui opposer le bénéfice de la division ou la mise en cause d'un autre associé. Ce régime entraînait un risque significatif pour les associés, même si l'associé actionné était en droit de se retourner contre ses autres associés et faire valoir les règles définies entre eux concernant la répartition des dettes sociales. La loi du 28 mars 2011[7], suivant les préconisations du Rapport Darrois, a supprimé le caractère solidaire de la responsabilité des associés des SCP.

1. Décr. n° 92-680, 20 juill. 1992, art. 70 à 78.
2. Décr. n° 92-680, 20 juill. 1992, art. 19.
3. Décr. n° 92-680, 20 juill. 1992, art. 19.
4. Ord. n° 2023-77, 8 févr. 2023, art. 23.
5. Ord. n° 2023-77, 8 févr. 2023, art. 30.
6. Décr. n° 92-680, 20 juill. 1992, art. 22 et 23.
7. L. n° 2011-331,28 mars 2011, art. 30-3° – L. n° 71-1130, 31 déc. 1971, art. 15, al. 1er ; mod. par L. n° 2011-331, 28 mars 2011 – Monsériè-Bon, « La responsabilité des associés de SCP est morte, vive la responsabilité conjointe ! », *RTD*. com. 2011. 373.

L'article 19 de l'ordonnance du 8 février 2023 confirme le principe de cette responsabilité conjointe et non solidaire. Le texte prévoit que :

– les associés répondent indéfiniment des dettes sociales à l'égard des tiers. Cette disposition ne fait pas obstacle à ce que deux époux soient associés dans une même société civile professionnelle ;

– les créanciers de la société ne peuvent poursuivre le paiement des dettes sociales contre un associé qu'après avoir vainement mis en demeure la société et à la condition de la mettre en cause ;

– les statuts peuvent stipuler que, dans les rapports entre associés chacun de ceux-ci est tenu des dettes sociales dans la proportion qu'ils déterminent.

En outre, chaque associé répond, sur l'ensemble de son patrimoine, des actes professionnels qu'il accomplit, la SCP étant solidairement responsable avec lui[1]. Il en résulte que l'action en responsabilité peut indifféremment être dirigée contre la société ou l'associé concerné, ou encore contre les deux[2]. La société doit donc justifier de l'assurance de responsabilité professionnelle[3].

223.25 Modalités des cessions de parts sociales. Sauf disposition contraire des statuts, les parts sociales sont librement cessibles entre associés. Les cessions de parts sociales à un tiers sont soumises à l'agrément des associés, selon la procédure et les modalités prévues aux articles 22, 23 et 24 de l'ordonnance.

Les parts sociales peuvent être transmises ou cédées à des tiers avec le consentement des associés représentant au moins les trois quarts des voix. Toutefois, les statuts peuvent imposer l'exigence d'une majorité plus forte ou de l'unanimité des associés.

La transmission ou le projet de cession est notifié à la société et à chacun des associés. Si la société n'a pas fait connaître sa décision dans le délai de deux mois, à compter de la dernière des notifications prévues au présent alinéa, le consentement est implicitement donné.

Si la société a refusé de donner son consentement, les associés sont tenus, dans le délai de six mois à compter de ce refus, d'acquérir ou de faire acquérir les parts sociales, à un prix représentant leur valeur déterminée par les statuts ou, lorsque les statuts ne prévoient pas les modalités de détermination du prix, à un prix fixé dans les conditions prévues par l'article 1843-4 du code civil.

223.26 Valorisation des parts sociales. Depuis la loi du 28 mars 2011, les statuts peuvent, à l'unanimité des associés, fixer les principes et les modalités applicables à la détermination de la valeur des parts sociales. L'article 10 de la loi du 29 novembre 1966 a été complété par deux alinéas. Le texte pose le principe que la valeur des parts sociales prend en considération une valeur représentative de la clientèle civile mais qu'à l'unanimité des associés, les statuts peuvent exclure cette valeur représentative de la clientèle civile de la valorisation des parts sociales.

À défaut d'accord entre les parties, ce sont les règles de l'article 1843-4 du code civil qui s'appliquent.

SECTION 3
RETRAIT ET EXCLUSION

223.31 Retrait d'un associé (ancien régime). La procédure de retrait d'un associé de SCP était régie par les articles 18 et 21 de la loi du 29 novembre 1966 et l'article 28 du décret du 20 juillet 1992.

L'exercice du droit de retrait des associés de SCP a donné lieu à une abondante jurisprudence. Ce droit de retrait, tel que régi par la loi de 1966, constituait incontestablement l'un des points faibles de la SCP puisqu'il aboutissait, au final, à permettre à un associé de se retirer à tout moment, en exigeant le remboursement de ses parts sociales, à une valeur fixée, sauf accord des parties, par un tiers expert, dans l'incertitude quant au risque de déperdition de la clientèle et alors que les ressources en trésorerie de la SCP pouvaient être limitées[4]. Il en résultait, pour la SCP comme pour l'associé retrayant, une grande imprévisibilité sur les incidences patrimoniales d'un départ, qu'il soit dû à une mésentente ou une simple opportunité professionnelle, et un facteur de risque quant à la pérennité de la société.

La première difficulté résultait d'une part de l'application de l'article 1843-4 du code civil à défaut d'accord des parties sur la valeur des droits sociaux. Suivant cet article, cette valeur doit être déterminée par un expert désigné par les parties ou, à défaut d'accord entre elles, par ordonnance du Président du tribunal statuant en la forme des référés et sans recours possible, les statuts ne pouvant déroger à ces dispositions d'ordre public. L'expert déterminait de manière souveraine la valeur des parts sociales, sans être tenu d'appliquer les clauses statutaires ou extrastatutaires prévues par les

1. Ord. n° 2023-77, 8 févr. 2023, art. 20.
2. Civ. 1re, 30 sept. 2010, n° 09-67.298, *Bull. civ.* I, n° 181 ; *D.* 2010. Actu. 2289, obs. Lienhard ; *Rev. sociétés* 2011. 101, note Daigre ; *Bull. Joly* 2010. 987, note Dondero – Civ. 1re, 8 mars 2012, n° 11-14.811, *Bull. civ.* I, n° 50 ; *D.* 2012. 735 ; *Rev. sociétés* 2012. 304, obs. Prevost.
3. Décr. n° 92-680, 20 juill. 1992, art. 49 et 50.
4. H. Chemouli, « Les désillusions de la SCP », *Gaz. Pal.* 19, 20 oct. 2008.

parties quant à la méthode de valorisation et sans que les associés ne puissent contester la valeur fixée, sauf erreur grossière.

La loi du 28 mars 2011[1] est venue corriger cette faiblesse en permettant aux associés de SCP de fixer par une règle statutaire adoptée à l'unanimité, les principes et les modalités applicables à la détermination de la valeur des parts sociales. Cette valeur doit en principe prendre en considération la valeur représentative de la clientèle sauf option des associés, également à l'unanimité, de l'exclure. Outre la prévention des litiges entre associés, l'objectif de la loi était également de favoriser l'entrée de jeunes professionnels dans les cabinets.

L'ordonnance n° 2004-863 du 31 juillet 2014 relative au droit des sociétés, prise en application de l'article 3 de la loi du 2 janvier 2014[2], a fini par réformer de manière significative l'article 1843-4[3] de façon à mettre un terme à l'application extensive qu'en faisait la Cour de cassation, laquelle était dénoncée par l'ensemble des praticiens. Suivant cette réforme, dans les cas où la loi renvoie à l'article 1843-4 du code civil pour fixer les conditions de prix d'une cession de droits sociaux, ou leur rachat par la société, l'expert désigné est tenu d'appliquer, lorsqu'elles existent, les règles et modalités de détermination de la valeur prévues par les statuts de la société ou toute convention liant les parties.

Nonobstant la réforme de l'article 1843-4, les associés de la SCP seront avisés de suivre les prescriptions spécifiques aux SCP et de se prononcer sur la valeur représentative de la clientèle.

La règle de l'unanimité est néanmoins un frein considérable à l'adoption de règles de valorisation permettant de faciliter les entrées et sorties d'associés.

La seconde difficulté résultait du fait que le droit de retrait de l'associé de SCP enclenchait un processus d'ordre public obligeant la société ou les associés à acquérir ou faire acquérir les parts dans un délai très court. Cette lourde contrainte pèse alors sur la SCP déjà fragilisée par le retrait d'un associé souvent suivi par la totalité de ses clients. Cette situation est parfois aggravée par le fait que certains des moyens de production du retrayant continuent à être supportés par la SCP tels que la partie des locaux occupés par le retrayant ou le temps des salariés qui lui était consacré.

La procédure de retrait déterminée par les articles 18 et 21 de la loi du 29 novembre 1966 et l'article 28 du décret du 20 juillet 1992 prévoyait que l'associé exerçant son droit de retrait devait, lorsqu'il notifie sa demande à la SCP par lettre recommandée AR, préciser s'il entend exercer son droit de retrait par cession à un tiers ou un autre associé ou par remboursement de ses parts par la société en vue de leur annulation et non se contenter d'indiquer simplement qu'il se retire de la société[4]. À compter de cette notification, la société dispose d'un délai de six mois pour notifier à l'associé le projet de cession ou de rachat de ses parts, ce délai pouvant être plus long si les statuts le prévoient, sans pouvoir excéder dix mois[5]. À l'expiration de ce délai, le retrayant peut seulement agir en exécution forcée[6]. Toutefois, le retrayant auquel aucune proposition sérieuse n'a été faite est en droit de se réinstaller avant le remboursement de ses droits sociaux[7].

En l'absence de solution ou pendant une instance en exécution forcée, le retrayant demeure associé, il conserve la faculté d'exercer ses droits patrimoniaux attachés à cette qualité[8], notamment sa quote-part dans les bénéfices distribués[9]. En effet, la perte de la qualité d'associé est liée au remboursement de la valeur intégrale de ses droits sociaux[10]. Il est utile de prévoir dans les statuts que l'associé retrayant est

1. L. n° 2011-331, 28 mars 2011, art. 30 – L. n° 71-1130, 31 déc. 1971, art. 10, al. 3 et 4.
2. L. n° 2014-1, 2 janv. 2014 habilitant le Gouvernement à simplifier et sécuriser la vie des entreprises, *JO* 3 janv., p. 50.
3. H. Le Nabasque, « Dispositions relatives à la valorisation des droits sociaux en cas de cession : réforme de l'article 1843-4 du code civil », *Rev. sociétés* 2014. 647 – R. Mortier, « Article 1843-4 du Code civil : bris total de jurisprudence », *Dr. sociétés* n° 10, oct. 2014, comm. 140 ; « Le nouvel article 1843-4 du Code civil issu de l'ordonnance n° 2014-863 du 31 juillet 2014 », *Dr. sociétés* n° 10, oct. 2014, étude 19 – B. Dondero, « La réforme de l'article 1843-4 du Code civil – Ord. n° 2014-863, 31 juill. 2014 », *JCP E* n° 43, 23 oct. 2014, 1531 – A. Couret, J. Moury, « Le nouvel article 1843-4 du code civil : tombeau ou cénotaphe ? », *D.* 2015. 1328.
4. Civ. 1re, 7 févr. 2006, n° 03-10.850, *Bull. civ.* I, n° 62 ; *D.* 2006. 721, obs. Lienhard ; *Gaz. Pal.* 2006. Somm. 1420 ; *Bull. Joly* 2006. 822, note Barbieri ; *Dr. sociétés.* 2006, n° 7, com. F.-X. Lucas ; *Rev. sociétés* 2007. 842, note R. Mortier.
5. Décr. n° 92-680, 20 juill. 1992, art. 28 ; al. ajouté par décr. n° 2007-932, 15 mai 2007, art. 19.
6. Civ. 1re, 7 févr. 2006, n° 03-10.850, *Bull. civ.* I, n° 62. Voir *supra*.
7. Civ. 1re, 12 juin 2012, n° 11-18.472, *Bull. civ.* I, n° 132 ; *Rev. sociétés* 2012. 631, note Barbièri.
8. Civ. 1re, 1er juill. 2010, n° 09-15.358, NP ; *Bull. Joly* 2010. 828, obs. Lecourt – Civ. 1re, 16 avr. 2015, n° 13-24.931, 13-27.788, *Bull. civ.* I, n° 94 ; *D. avocats* 2015. 172, obs. Dargent ; *JCP* 2015. 673, obs. Pillet ; *Dr. sociétés* 2015, n° 6, com. 107, H. Hovasse.
9. Civ. 1re, 10 sept. 2014, n° 13-13.957, NP ; *D. avocats* 2014. 333, obs. Dargent.
10. Com. 17 juin 2007, n° 07-14.965, *Bull. civ.* IV, n° 126 ; *D.* 2008. 1818, obs. A. Lienhard ; *D.* 2009. 1772, chron. M. Laroche ; *RTD com.* 2008. 588, obs. M.-H. Monsérié-Bon ; *Dr. sociétés* 2008, n° 8, comm. 176, note Mortier ; *Rev. sociétés* 2008. 826, note J.-J. Barbieri ; *Bull. Joly* 2008. 965, obs. F.-X. Lucas.

tenu à une obligation contributive aux frais fixes de la SCP ; elle doit alors rester proportionnée aux intérêts légitimes de la société[1].

Au jour de son retrait, outre la valeur de ses parts, l'associé retrayant peut prétendre à l'ensemble des droits patrimoniaux qu'il détient dans la société[2].

Le bâtonnier, ou son délégué, est compétent pour procéder à la désignation de l'expert, par dérogation aux dispositions de l'article 1843-4 du code civil, depuis la réforme opérée par la loi du 12 mai 2009[3] et la modification de l'alinéa 3 de l'article 21 de la loi du 31 décembre 1971. Toutefois, la demande de désignation d'un expert évaluateur des parts sociales étant la conséquence d'un désaccord sur la valeur des parts sociales reste recevable en appel : la cour d'appel, saisie par l'effet dévolutif de l'appel, est donc tenue de désigner l'expert sans pouvoir se dessaisir au profit du bâtonnier[4].

223.32 Retrait d'un associé : régime de l'ordonnance du 8 février 2023. La procédure de retrait d'un associé de SCP est désormais régie par l'article 25 de l'ordonnance qui prévoit que lorsqu'un associé le demande, la société est tenue, soit de faire acquérir ses parts par d'autres associés ou des tiers, soit de les acquérir elle-même, dans les conditions déterminées par le décret particulier à chaque profession. Dans le second cas, la société est tenue de réduire son capital du montant de la valeur nominale de ces parts. Au moment de la rédaction du présent ouvrage, l'article 28 du décret du 20 juillet 1992 est encore applicable.

223.33 Exclusion d'un associé. L'associé démissionnaire, radié, frappé d'interdiction légale ou placé sous le régime des tutelles doit, sous réserve des règles de protection des incapables, se retirer de la société[5]. L'associé interdit de ses fonctions, ou omis du tableau, conserve tant qu'il n'est pas exclu sa qualité d'associé avec tous les droits et obligations qui en découlent, à l'exclusion de sa vocation au bénéfice professionnel[6].

En cas de condamnation définitive à une peine égale ou supérieure à trois mois d'interdiction temporaire, il peut également être contraint au retrait par décision prise à l'unanimité des autres associés, à l'exclusion de ceux ayant fait l'objet d'une sanction pour les mêmes faits ou des faits connexes[7].

SECTION 4
RÉGIME FISCAL ET SOCIAL

223.41 Régime fiscal de la SCP et de ses associés. Aux termes de l'article 8 *ter* du code général des impôts (CGI), les associés des sociétés civiles professionnelles, constituées pour l'exercice en commun de la profession de leurs membres et fonctionnant conformément aux dispositions de la loi n° 66-879 du 29 novembre 1966 relative aux sociétés civiles professionnelles, sont personnellement soumis à l'impôt sur le revenu pour la part des bénéfices sociaux qui leur est attribuée.

Il n'a donc aucune imposition au niveau de la société. Le bénéfice imposable est déterminé selon les règles applicables aux bénéfices non commerciaux (recettes encaissées et dépenses acquittées). Les bénéfices sont imposés chez l'associé, à l'impôt sur le revenu dans la catégorie des bénéfices non commerciaux, sur la quote-part des bénéfices qui lui revient. Lorsque la société n'est pas soumise à l'IS, la rémunération du gérant, s'il en perçoit une, n'est pas déductible du bénéfice imposable. Elle est imposée à l'IR avec sa part de bénéfices lui revenant dans la catégorie des bénéfices non commerciaux (BNC).

Dans le cas où la SCP réalise des opérations commerciales accessoires : si ces opérations sont une extension de l'activité d'avocat, elles sont également imposées comme des bénéfices non commerciaux[8]. Ceci ne concerne que les opérations accessoires réalisées par la SCP. Dans la pratique, si les associés d'une SCP ont une activité de commercialisation à titre accessoire de biens ou services connexes à la profession[9] compatible avec l'exercice de la profession, ils logeront cette activité dans une société séparée à forme commerciale.

223.42 Régime fiscal de la SCP ; option à l'IS. L'article 206 du CGI autorise les sociétés civiles professionnelles à opter pour leur assujettissement à l'impôt sur les sociétés. L'article 19 de la loi n° 99-1173 du 30 décembre 1999 de finances rectificative pour 1999, en modifiant l'article 239 du CGI, a assoupli les conditions d'exercice de l'option des

1. Civ. 1re, 16 avr. 2015, n° 13-24.931, 13-27.788, *Bull. civ.* I, n° 94 ; *D. avocats* 2015. 172, obs. Dargent ; *JCP* 2015. 673, obs. Pillet ; *Dr. sociétés* 2015, n° 6, com. 107, H. Hovasse.
2. Civ. 1re, 18 juin 1996, n° 94-16.159, *Bull. civ.* I, n° 264 ; *D.* 1996. 173 ; *D.* 1996. 180 ; *Rev. sociétés* 1997. 104, note Randoux ; *JCP E* 1997. II. 910, note Daigre ; *Dr. sociétés* 1996, n° 164, note Bonneau ; *Gaz. Pal.* 1997. Pan. 59 ; *Defrénois* 1997. 104.
3. L. n° 2009-526, 12 mai 2009 de simplification et de clarification du droit et d'allégement des procédures, *JO* 13 mai, p. 7920.
4. Civ. 1re, 16 avr. 2015, n° 13-24.931, 13-27.788, *Bull. civ.* I, n° 94 ; *D. avocats* 2015. 172, obs. Dargent ; *JCP* 2015. 673, obs. Pillet ; *Dr. sociétés* 2015, n° 6, com. 107, H. Hovasse.
5. Décr. n° 92-680, 20 juill. 1992, art. 29 et 30.
6. Décr. n° 92-680, 20 juill. 1992, art. 53.
7. Décr. n° 92-680, 20 juill. 1992, art. 30 et 52.
8. Rep. min. Le Douarec, n° 29714, *JOAN Q* 8 déc. 1980, p. 5110.
9. Décr. n° 91-1197, 27 nov. 1991, art. 111.

SCP pour leur assujettissement à l'impôt sur les sociétés. Pour l'imposition des résultats des exercices ouverts à compter du 1er janvier 2000, les SCP peuvent librement choisir le point de départ du premier exercice soumis à l'impôt sur les sociétés. L'option doit être exercée, comme pour la généralité des sociétés, avant la fin du troisième mois de l'exercice au titre duquel la SCP souhaite être assujettie pour la première fois à l'impôt sur les sociétés. L'option peut être exercée avant le début de l'exercice à partir duquel elle procurera ses effets.

La notification d'exercice de l'option doit comporter la désignation de la société et l'adresse du siège social, les nom, prénoms et adresse de chacun des associés, la répartition du capital ou des droits entre les intéressés. Elle doit être signée dans les conditions prévues par les statuts ou, à défaut, par tous les associés.

Conformément aux dispositions de l'article 239 du CGI, l'option exercée est révocable jusqu'au cinquième exercice suivant celui au titre duquel l'option a été exercée[1].

L'option des SCP pour leur assujettissement à l'impôt sur les sociétés est considérée comme une cessation d'activité donnant lieu à l'imposition immédiate des bénéfices non encore imposés. Conformément aux dispositions de l'article 202 du CGI, la société doit produire auprès du service des impôts des entreprises, dans un délai de 60 jours à compter de la date à laquelle l'option a été exercée, une déclaration de son résultat pour la période allant du 1er janvier au jour qui précède le premier jour du premier exercice soumis à l'impôt sur les sociétés[2]. Pour l'établissement de l'imposition immédiate, chacun des associés doit déclarer à l'impôt sur le revenu dans le même délai, la quote-part de ce résultat correspondant à ses droits[3].

223.43 **Régime social des associés de SCP.** L'associé de SCP est soumis au régime social des travailleurs non salariés. Il cotise sur la part des bénéfices de la société qui lui revient, augmentée éventuellement de la rémunération qui lui est versée pour ses fonctions de gérant.

Si la société est soumise à l'IS, la part des dividendes perçus par l'associé est assujettie à cotisations sociales pour la fraction supérieure à 10 % du capital social en proportion de la part qu'il détient, des primes d'émission et des sommes versées en compte courant.

1. *BOI*-IS-CHAMP-20-20-30.

2. Déterminé selon les règles définies au I-C-1-a § 120 et suivants du *BOI*-BNC-CESS-10-20.
3. *BOI*-BNC-CESS-10-20 au I-C-2 § 260 à 280.

CHAPITRE

224. Sociétés d'exercice libéral

SECTION 0
ORIENTEUR

224.00 Sommaire du chapitre.

224.05 Exemples.

* Pour un exemple de statuts de SELARL v. s[s] n° 511.2.

* Pour un exemple de statuts de SELAS v. s[s] n° 511.3.

SECTION 1
SOCIÉTÉS D'EXERCICE LIBÉRAL (SEL) – RÉGIME JURIDIQUE ET CARACTÉRISTIQUES COMMUNES

224.11 Sociétés d'exercice libéral : structure d'exercice adaptée aux professions libérales. Concomitante à la fusion entre les avocats et les conseils juridiques, la loi du 31 décembre 1990[1] a eu pour but de créer des sociétés de type commercial dont le fonctionnement était compatible avec l'exercice d'une profession libérale : les sociétés d'exercice libéral ou SEL. Ces sociétés peuvent prendre les différentes formes de leurs équivalentes commerciales : société anonyme, société à responsabilité limitée, société par actions simplifiée, société en commandite par actions, EURL. Les abréviations suivantes leur sont attribuées :

Société commerciale	Société d'exercice libéral
SA	SELAFA
SARL	SELARL
SAS	SELAS
SCA	SELCA
EURL	SELARLU ou SELURL
SAS unipersonnelle	SELASU

Sociétés de capitaux, elles sont été conçues comme un instrument de développement avec notamment l'ouverture, certes limitée, de leur capital à d'autres personnes que des associés personnes physiques, contrairement aux SCP, en particulier des avocats exerçant dans une autre structure ou ayant cessé leur activité professionnelle. Afin de préserver l'indépendance des associés en exercice dans la société, la loi de 1990 leur conservait la majorité du capital et des droits de vote et les fonctions de dirigeants.

Les SEL ont d'abord connu un essor modéré car elles étaient porteuses de changements profonds que la profession a mis plusieurs années à s'approprier : comptabilité d'engagement et tenue d'un bilan, gestion du compte client et des provisions, ventilation entre la rémunération et les dividendes. Ces nouveautés initialement perçues comme des contraintes sont devenues les atouts des SEL.

Au moment de leur apparition, les SEL étaient également assorties d'un certain nombre de limites qui n'affectaient pas les SCP. Ces difficultés ont été gommées par la suite. Parmi les améliorations notables du régime des SEL, la loi du 15 mai 2001 relative aux nouvelles régulations économiques, dite loi NRE, a ouvert aux SARL, et donc aux SELARL, la possibilité des apports en industrie. La loi du 1er août 2003 pour l'initiative économique, dite loi Dutreil, a, quant à elle, supprimé l'exigence d'un

1. L. n° 90-1258, 31 déc. 1990 relative à l'exercice sous forme de sociétés des professions libérales soumises à un statut législatif ou réglementaire ou dont le titre est protégé et aux sociétés de participations financières de professions libérales, *JO* 5 janv. 1991, p. 216.

capital minimum pour les SELARL qui était jusqu'alors de 7 500 euros. La loi du 4 août 2008 de modernisation de l'économie a réduit le capital social de la SELAS à un euro. Ces deux dispositions ont eu pour effet d'aligner le régime des SEL sur celui des SCP en ce qui concerne ces deux points.

Le succès des SEL au sein de la profession d'avocat est essentiellement dû à une prise de conscience progressive des avantages liés au fonctionnement des sociétés de type commercial. La culture d'entreprise, encore naissante chez les avocats, a été favorisée par la fusion des avocats et des conseils juridiques. Ces derniers ont souvent été les premiers à profiter des dispositions de la loi du 31 décembre 1990. Dans de nombreux barreaux, les SEL ont longtemps été majoritairement les structures d'exercice des « anciens conseils juridiques » alors que les « avocats de souche » préféraient la SCP. Ces différences se sont estompées faisant des SEL les structures d'exercices les plus nombreuses depuis 2009. En 2021, les SEL représentaient 68 % des structures d'exercice.

Tant les travaux diligentés par le CNB [1] que le rapport Darrois [2] ont insisté sur des réformes encore nécessaires pour améliorer l'adaptation des SEL à l'exercice de la profession d'avocat. La tendance générale a été de rapprocher le plus possible le régime des SEL et celui des sociétés commerciales tout en maintenant les différences rendues nécessaires par la réglementation professionnelle et les règles déontologiques applicables aux avocats.

La loi du 6 août 2015 pour la croissance, l'activité et l'égalité des chances économiques [3] a modifié significativement le régime des SEL des professions du droit. La volonté du législateur a notamment été d'ouvrir le capital des SEL à toute personne physique ou morale exerçant une profession juridique ou judiciaire, qu'elle soit établie en France ou en Europe, d'élargir la détention du capital aux associés non exerçants ou encore de permettre l'interprofessionnalité d'exercice.

Il a toutefois résulté de ces réformes et aménagements du régime des SEL une situation d'empilement voire de superposition des textes rendant difficiles la lecture et l'interprétation des règles. Une clarification nécessaire était souhaitée par l'ensemble des professionnels libéraux. C'est chose faite avec l'ordonnance du 8 février 2023 [4] qui a abrogé la loi du 31 décembre 1990. Sans apporter de bouleversements, l'ordonnance apporte quelques changements au régime des SEL mais surtout une lecture simplifiée et bienvenue. L'article 132 de l'ordonnance met aussi fin à l'utilisation par les professionnels libéraux des sociétés de droit commun, possibilité qui avait été créée par la loi Macron.

224.12 Principales caractéristiques communes des SEL. Les SEL sont régies par les Livres I et III de l'ordonnance du 8 février 2023.

Les SEL, quelle que soit la forme sociale choisie par les associés ou actionnaires, présentent les principales caractéristiques communes suivantes :

Les SEL ne peuvent exercer la profession qui constitue leur objet social que par l'intermédiaire d'un de leurs membres ayant qualité pour exercer cette profession. Au moins un professionnel exerçant au sein de la société en est associé, directement ou par l'intermédiaire d'une société de participations financières de professions libérales. Les dispositions du présent livre ne font pas obstacle à l'exercice des professions libérales réglementées en société selon les modalités prévues par les textes particuliers à chacune d'elles [5].

La dénomination sociale de la société est, immédiatement précédée ou suivie, selon le cas, soit de la mention : « société d'exercice libéral à responsabilité limitée » ou des initiales : « SELARL », soit de la mention : « société d'exercice libéral à forme anonyme » ou des initiales : « SELAFA », soit de la mention : « société d'exercice libéral par actions simplifiée » ou des initiales : « SELAS », soit de la mention : « société d'exercice libéral en commandite par actions » ou des initiales : « SELCA », et par l'indication de la profession exercée et du montant de son capital social. Le nom d'un ou plusieurs associés exerçant leur profession au sein de la société peut être inclus dans sa dénomination sociale. La société peut faire suivre ou précéder sa dénomination sociale du nom et du sigle de l'association, du groupement ou du réseau professionnel, national ou international dont elle est membre [6].

Le nombre et le statut des associés suivent les règles applicables aux sociétés commerciales (à l'exception de la SELAFA qui compte deux actionnaires minimum).

La responsabilité des associés ou actionnaires est limitée au montant de leurs apports (sauf pour les sociétés en commandite qui sont à ce jour très rarement utilisées chez les avocats).

Chaque associé répond sur l'ensemble de son patrimoine des actes professionnels qu'il accomplit. La société est solidairement responsable avec lui [7].

1. CNB, *Rapport d'étape pour une amélioration des structures d'exercice de la profession en matières juridique, fiscale et sociale*, AG 19 sept. 2003 – J.-M. Darrois, *Les structures d'exercice*, Rapport CNB, AG, 3 et 4 avr. 2009.
2. Commission Darrois, *Rapport sur les professions du droit*, CNB, mars 2009.
3. L. n° 2015-990, 6 août 2015 pour la croissance, l'activité et l'égalité des chances économiques, *JO* 7 août, p. 13537.
4. Ord. n° 2023-77, 8 févr. 2023 relative à l'exercice en société des professions libérales réglementées, *JO* 9 févr., n° 3.
5. Ord. n° 2023-77, 8 févr. 2023, art. 40.
6. Ord. n° 2023-77, 8 févr. 2023, art. 41.
7. Ord. n° 2023-77, 8 févr. 2023, art. 43.

Le capital social et les droits de vote doivent être détenus conformément aux dispositions des articles 47 et 81 de l'ordonnance du 8 février 2023[1].

La société ne peut exercer la profession constituant son objet social qu'après son agrément par l'autorité compétente ou son inscription sur la liste ou au tableau de l'ordre professionnel. L'immatriculation de la société ne peut intervenir qu'après l'agrément de celle-ci par l'autorité compétente ou son inscription sur la liste ou au tableau de l'ordre professionnel[2].

Les gérants de SELARL et les dirigeants de SAS doivent être des associés exerçants[3], sous réserve de la dérogation prévue aux articles 81 et 83 lorsqu'une majorité du capital n'est pas détenue par des associés exerçants.

Seuls les professionnels exerçant au sein de la société prennent part aux délibérations prévues par ces textes lorsque les conventions en cause portent sur les conditions dans lesquelles ils y exercent leur profession[4].

En cas de cession ou transmission des droits sociaux à un avocat souhaitant exercer au sein de la société, la vente est passée sous la condition suspensive de son inscription sur la liste des sociétés d'avocats[5].

La SEL est tenue de déposer ses comptes annuels et son rapport de gestion au greffe du Tribunal de commerce dans les mêmes conditions que les sociétés commerciales[6]. Les SEL d'avocats répondant à la définition des micro-entreprises de l'article R. 123-200 du code de commerce peuvent ne pas rendre leurs comptes annuels publics en joignant lors de leur dépôt une déclaration de confidentialité[7].

Les causes de dissolution de la SEL sont celles du droit commun.

1. V. s[s] n° 224.13.
2. Ord. n° 2023-77, 8 févr. 2023, art. 42.
3. Ord. n° 2023-77, 8 févr. 2023, art. 58 et 61.
4. Ord. n° 2023-77, 8 févr. 2023, art. 56 ;
5. Décr. n° 93-492, 25 mars 1993 pris pour l'application à la profession d'avocat de la loi n° 90-1258 du 31 décembre 1990 relative à l'exercice sous forme de sociétés des professions libérales soumises à un statut législatif ou réglementaire ou dont le titre est protégé, *JO* 27 mars, p. 4930, art. 11 s.
6. L. n° 90-1258, 31 déc. 1990, art. 1er. – C. com., art. L. 232-22 et L. 232-23 – CCRCS, avis n° 2000-063, 29 mars 2001 – CCRCS, avis n° 2015-009, 23 avr. 2015 – CNB, Commission Statut professionnel de l'avocat, avis technique n° 2015-006, 15 déc. 2015.
7. C. com., art. L. 232-25 – Ord. n° 2014-86, 30 janv. 2014 allégeant les obligations comptables des micro-entreprises et petites entreprises, *JO* 1er févr., p. 1915, art. 5 – Décr. n° 2014-1189, 15 oct. 2014 relatif à l'allégement des obligations de publicité des comptes annuels des micro-entreprises, *JO* 17 oct., p. 17234.

224.13 Capital social et droits de vote. L'ordonnance du 8 février 2023 est venue simplifier la rédaction des règles en matière de détention du capital des SEL.

Ainsi, l'article 46 de l'ordonnance énonce désormais que plus de la moitié du capital social et des droits de vote est détenue, soit directement, soit par l'intermédiaire d'une société de participations financières de professions libérales, par des professionnels exerçant au sein de la société.

L'article 47 complète ce principe en précisant que le complément du capital social et des droits de vote peut être détenu par :

1) Des personnes physiques qui sont des professionnels exerçants ou des personnes morales exerçant la profession constituant l'objet social de la société.

2) Pendant un délai de dix ans, des associés personnes physiques qui, ayant cessé toute activité professionnelle, ont exercé cette profession au sein de la société, sous réserve de l'article 54.

3) Les ayants droit des personnes physiques mentionnées ci-dessus pendant un délai de cinq ans suivant leur décès.

4) Une société de participations financières de professions libérales régie par le livre V de l'ordonnance.

5) Des personnes exerçant une profession libérale réglementée de la même famille que celle mentionnée dans l'objet social.

6) Des personnes européennes dont l'activité constitue l'objet social de la société. S'il s'agit d'une personne morale contrôlée, partiellement ou totalement, par une autre personne morale, elle respecte les exigences en matière de détention du capital et des droits de vote prévues par la présente ordonnance.

L'article 81 de l'ordonnance prévoit une exception spécifique pour les professions juridiques et judiciaires. Ainsi, par dérogation à l'article 46, plus de la moitié du capital social et des droits de vote de la société peut également être détenue par :

1) Tout professionnel exerçant l'une quelconque des professions juridiques ou judiciaires ou par toute personne morale, établis en France ou une personne européenne au sens de l'article 4, exerçant l'une quelconque des professions juridiques ou judiciaires.

2) Par des sociétés de participations financières de professions libérales, à condition que la majorité du capital et des droits de vote de celles-ci soit détenue par des personnes exerçant l'une des professions de la famille des professions juridiques et judiciaires, établies en France, ou par une personne européenne au sens de l'article 4 de l'ordonnance.

Cette société comprend au moins, parmi ses associés, directement ou par l'intermédiaire d'une société de participations financières de professions libérales, une personne exerçant la profession constituant l'objet social de la société.

Il ne peut pas être dérogé à ces règles de détention : il a été jugé qu'une société de commissariat aux comptes française ou allemande, qui ne peut être assimilée à une profession juridique ou judiciaire, ne peut pas détenir une participation, même minoritaire, au capital d'une SEL d'avocats[1].

Les mêmes principes s'appliquent pour la détention de la majorité du capital et des droits de vote de la SEL par une SPFPL[2].

La détention du capital des SPFPL est prévue par les 114 et 115 de l'ordonnance du 8 février 2023 :

– Plus de la moitié du capital et des droits de vote est détenue par des personnes, y compris des personnes européennes, qui exercent l'une des professions exercées par la ou les sociétés faisant l'objet d'une prise de participation.

– Le complément du capital et des droits de vote peut être détenu par :

1) Pendant un délai de dix ans, des personnes physiques qui ont exercé au sein de la ou d'une des sociétés faisant l'objet d'une prise de participation la profession constituant son objet social et ont cessé d'exercer cette profession, sauf s'ils ont fait l'objet d'une radiation ou d'une destitution pour motif disciplinaire.

2) Pendant un délai de cinq ans à compter du décès des personnes physiques mentionnées à l'article 114 et au 1° du présent article, leurs ayants droit.

3) Des personnes exerçant une profession libérale réglementée de la même famille que celle exercée par l'une des sociétés faisant l'objet d'une prise de participation.

Les droits particuliers attachés aux actions de préférence ne peuvent faire obstacle aux règles relatives à la détention du capital et des droits de vote au sein de la SEL, ni aux dispositions relatives à la gouvernance. De même, les actions à dividende prioritaire sans droit de vote ne peuvent être détenues par des professionnels exerçant au sein de la société[3].

224.14 **SEL à capital variable.** Aucune disposition spécifique aux SEL n'écarte l'application de l'article L. 231-1 du Code de commerce consacrant la possibilité pour les sociétés commerciales, à l'exception des SA et donc des SELAFA, de recourir à un capital variable. Le capital variable est peu répandu dans les SEL. Pour autant, les avocats qui exercent au sein d'une structure capitalistique (SELARL ou SELAS) dont le capital social est susceptible de connaître des évolutions fréquentes peuvent avoir intérêt à recourir au capital variable.

Pour cela, les associés choisiront d'insérer dans les statuts une clause de variabilité du capital, précisant le capital initial, un capital plancher et un capital plafond. À l'intérieur de cette fourchette, le capital pourra varier sur décision des organes de direction du cabinet sans qu'il ne soit nécessaire de tenir des assemblées générales.

Le capital variable permet d'éviter de devoir procéder à la modification des statuts en cas d'augmentation ou de réduction du capital social (et donc éviter de payer des frais normalement dus en cas de modification du capital social). Les sociétés à capital variable bénéficient ainsi de formalités administratives réduites liées aux modifications du capital social, évitant ainsi les procédures statutaires parfois complexes.

L'indication « à capital variable » doit figurer sur tous les actes et documents émis par la société.

224.15 **Dirigeants.** L'ordonnance du 8 février 2023 pose le principe du dirigeant exerçant.

Les gérants des SELARL sont des associés exerçant leur activité au sein de la société[4].

Pour les SELAFA et suivant leurs modalités d'organisation : Les membres du directoire, le président du conseil de surveillance ainsi que deux tiers au moins des membres du conseil de surveillance sont des associés exerçant leur activité au sein de la société. Les directeurs généraux, le président du conseil d'administration ainsi que les deux tiers au moins des membres du conseil d'administration sont des associés exerçant leur activité au sein de la société[5].

Le président et les dirigeants des SELAS sont des associés exerçant leur activité au sein de la société[6].

L'article 83 de l'ordonnance crée une exception significative : Le dirigeant n'est nécessairement exerçant lorsque la moitié du capital social est détenu par :

1) Par tout professionnel exerçant l'une quelconque des professions juridiques ou judiciaires ou par toute personne morale, établis en France ou une personne européenne au sens de l'article 4, exerçant l'une quelconque des professions juridiques ou judiciaires.

1. Civ. 1re, 15 janv. 2015, n° 13-13.565, *Bull. civ.* I, n° 6 ; *D.* 2015. 206, et les obs. ; *Rev. sociétés* 2015. 306, note J.-J. Daigre ; *JCP* n° 12, 23 mars 2015, note H. Hovasse ; *JCP E* 2015. 1084, comm. B. Brignon.
2. L. n° 90-1258, 31 déc. 1990, art. 6, II.
3. Ord. n° 2023-77, 8 févr. 2023, art. 50.
4. Ord. n° 2023-77, 8 févr. 2023, art. 58.
5. Ord. n° 2023-77, 8 févr. 2023, art. 59.
6. Ord. n° 2023-77, 8 févr. 2023, art. 60.

2) Par des sociétés de participations financières de professions libérales, à condition que la majorité du capital et des droits de vote de celles-ci soit détenue par des personnes exerçant l'une des professions de la famille des professions juridiques et judiciaires, établies en France, ou par une personne européenne au sens de l'article 4. Cette société comprend au moins, parmi ses associés, directement ou par l'intermédiaire d'une société de participations financières de professions libérales, une personne exerçant la profession constituant l'objet social de la société.

224.16 **Valorisation des parts sociales ou actions.** L'ordonnance du 8 février 2023 reprend la règle qui avait été établie pour les SEL par la loi du 22 mars 2012[1], à savoir le même dispositif de valorisation statutaire des droits sociaux que celui introduit pour les SCP par la loi du 28 mars 2011.

C'est l'article 52 de l'ordonnance qui prévoit donc que les statuts peuvent, à l'unanimité des associés, fixer les principes et les modalités applicables à la détermination de la valeur des parts sociales ou des actions en cas de cession soumise à un agrément.

Sauf dispositions contraires du décret particulier à chaque profession, la valeur des parts sociales ou des actions prend en considération une valeur représentative de la clientèle civile. Toutefois, à l'unanimité des associés, les statuts peuvent exclure cette valeur représentative de la clientèle civile de la valorisation des parts sociales ou des actions.

Les associés de SEL ont donc la faculté de « dépatrimonialiser » la société. Il faut rappeler le corollaire de cette faculté qui est que, lorsque la loi renvoie à l'article 1843-4 du code civil pour fixer les conditions de prix d'une cession de droits sociaux, ou leur rachat par la société, l'expert désigné doit appliquer, lorsqu'elles existent, les règles et modalités de détermination de la valeur prévues par les statuts de la société ou toute convention liant les parties[2]. Par ailleurs, dans tous les cas où les statuts prévoient la cession de droits sociaux d'un associé ou leur rachat par la société, sans que leur valeur soit ni déterminée ni déterminable, celle-ci est déterminée, en cas de contestation, par un expert, désigné dans les mêmes conditions, qui est tenu également d'appliquer, lorsqu'elles existent, les règles et modalités de détermination de la valeur prévues par toute convention liant les parties[3].

1. L. n° 2012-387, 22 mars 2012 relative à la simplification du droit et à l'allégement des démarches administratives, *JO* 23 mars, p. 5226, art. 29, II. – L. n° 90-1258, 31 déc. 1990, art. 10, al. 1er et 2.
2. C. civ., art. 1843-4, I.
3. C. civ., art. 1843-4, II.

Ainsi, les associés de SEL peuvent totalement maîtriser la valorisation des droits sociaux.

Depuis la loi du 12 mai 2009[4], modifiant l'alinéa 3 de l'article 21 de la loi du 31 décembre 1971, à défaut d'accord des parties pour la désignation de l'expert, le bâtonnier ou son délégué est compétent, par dérogation aux dispositions de l'article 1843-4 du code civil, pour procéder à la désignation de l'expert.

224.17 **Comptes courants des associés de SEL.** L'ordonnance du 8 février 2023 n'a pas supprimé la limitation des comptes-courants de SEL. Dans l'attente des futurs décrets d'application, (non publiés à la date de rédaction de cet ouvrage) pour savoir si les règles décrites ci-dessous sont maintenues.

Les SEL ont donc un régime contraignant en ce qui concerne les comptes courants d'associés[5]. Les avocats associés en exercice peuvent faire des avances mais celles-ci sont limitées à trois fois leur participation au capital. Les autres associés sont limités à un montant équivalent à leur participation au capital. Ces sommes ne peuvent ensuite être retirées qu'après notification par lettre recommandée et un préavis qui ne peut être inférieur à six mois pour l'avocat associé en exercice et à un an pour les autres associés. Le régime applicable aux SEL sur ce point contraste fortement avec le régime très libéral appliqué aux comptes courants d'associés en SCP.

Les cabinets d'avocats étant généralement faiblement capitalisés, ces limites reviennent à priver les associés d'utiliser le compte-courant cependant très utile en cas de rémunération votée et non perçue à cause d'aléas de trésorerie.

Cette obligation n'est assortie d'aucune sanction.

224.18 **Responsabilité des associés.** La responsabilité des associés de SEL est limitée au montant de leurs apports (sauf dans les sociétés en commandite dont l'utilisation est rarissime par les avocats). Les associés ne peuvent donc être poursuivis sur leur propre patrimoine par les créanciers sociaux. Cette protection apportée par la limitation de responsabilité dans les sociétés à forme commerciale est une des motivations principales de l'abandon de la SCP au profit des SEL mais aussi de l'interposition d'une SEL unipersonnelle pour les associés d'AARPI.

Cette limitation ne s'applique pas en matière de responsabilité professionnelle. L'ordonnance du 8 février 2023 dans son article 43 reprend la règle existante en matière de SEL, à savoir que chaque associé répond sur l'ensemble de son patrimoine des actes professionnels qu'il accomplit. La société est solidairement responsable avec lui.

4. L. n° 2009-526, 12 mai 2009.
5. Décr. n° 92-704, 23 juill. 1992 ; mod. par décr. n° 2007-932, 15 mai 2007.

224.19 Décisions collectives. Les règles applicables à l'exercice de la profession d'avocat au sein d'une SEL prévoient certaines spécificités en matière de décisions collectives. Certaines décisions sont prises dans des conditions de majorité différentes de celles consacrées par le Code de commerce par le Code de commerce pour les sociétés de droit commun[1].

D'autres décisions sont quant à elles réservées aux seuls associés exerçant au sein de la Société. Les associés non-exerçants sont ainsi privés de leur droit de vote. Ces décisions concernent :

- les conventions conclues entre la Société et un dirigeant ou un Associé dès lors que ces conventions portent sur les conditions lesquelles l'Associé exerce sa profession[2] ;
- l'exclusion d'un associé ayant fait l'objet d'une condamnation disciplinaire passée en force de chose jugée à une peine égale ou supérieure à trois d'interdiction d'exercice de sa profession ou d'une condamnation pénale définitive à une peine d'emprisonnement égale ou supérieure à trois mois. Cette décision doit être prise à l'unanimité des « autres associés exerçant au sein de la société »[3] ;
- l'agrément d'un nouvel associé[4].

Si des non-exerçants sont associés d'une SEL d'avocats, il est alors recommandé de consacrer dans les statuts des dispositions relatives aux assemblées ne réunissant que des associés exerçants. Ces assemblées réservées aux associés exerçants sont alors désignées dans les statuts sous le nom d'assemblées spéciales.

SECTION 2
SPÉCIFICITÉS DE LA SELARL

224.21 Les caractéristiques communes avec les sociétés à responsabilité limitée. La plupart des caractéristiques propres aux SELARL sont les mêmes que celles de leurs équivalentes commerciales :

- pas de capital minimum ;
- gestion par un ou plusieurs gérants uniquement : à la différence de la SELAS, il n'est pas possible de prévoir dans les statuts d'une SELARL l'existence d'organe de contrôle distinct du ou des gérants Le gérant est obligatoirement une personne physique nommée par les associés ;
- le gérant est révocable par décision des associés représentant plus de la moitié des parts sociales. Si la révocation est décidée sans juste motif, elle peut donner lieu à dommages-intérêts. La révocation peut également être demandée en justice par tout associé pour cause légitime[5] ;
- un associé au minimum et cent au maximum ;
- le capital social est réparti en parts sociales de mêmes catégories ;
- assemblées : décisions ordinaires à la majorité des voix et décisions extraordinaires aux deux tiers des voix (avec conditions de *quorum*) ;

La SELARL[6] bénéficie d'un régime juridique très encadré par les articles L. 223-1 et suivants du code de commerce. Elle est particulièrement adaptée aux petits et moyens cabinets souhaitant un mode de gouvernance traditionnel, en co-gérance, sans besoin financier particulier nécessitant l'émission de valeur mobilière.

- agrément obligatoire pour les cessions à des tiers et facultatif pour les cessions entre associés.[7]

224.22 Spécificités propres aux sociétés d'exercice libéral à responsabilité limitée d'avocats (SELARL). La loi du 31 décembre 1990 relative à l'exercice sous forme de sociétés d'exercice libéral prévoit certaines spécificités que l'on ne retrouve pas dans les sociétés à responsabilité limitée de droit commun :

- le gérant doit être un associé exerçant sa profession au sein de la société[8] ;
- les conventions réglementées, c'est-à-dire les conventions intervenues directement ou par personne interposées entre la société et l'un de ses gérants ou associés font l'objet d'un rapport présenté à l'assemblée. Par exception à l'article L. 223-19 du Code de commerce, seuls les associés exerçants statuent sur ce rapport lorsque les conventions en cause portent sur les conditions dans lesquelles ils y exercent leur profession[9] ;
- l'agrément d'un nouvel associé est, par exception à l'article L. 223-14 du Code de commerce, est voté à la majorité des trois quarts des associés exerçants. Il est intéressant de noter que cette exception n'est pas reprise dans l'Ordonnance du 8 février 2023 réformant l'exercice au sein d'une structure d'exercice libéral. Sous réserve des décrets d'application à venir, l'agrément d'un nouvel associé relèverait alors des conditions prévues à l'article L. 223-14, lequel ne fait pas la distinction entre associé exerçant et non exerçant.

1. Sur les spécificités des SELARL et SELAS, v. s^{s} n°s 224.21 s. et 224.31 s.
2. L. n° 90-1258, 31 déc. 1990, art. 12.
3. Decr. n° 93-492, 25 mars 1993, art. 28.
4. L. n° 90-1258, 31 déc. 1990, art. 10.
5. C.com., art. L. 223-25.
6. Pour un exemple de statuts de SELARL : v. s^{s} n° 511.2.
7. C.com., art. L. 223-14 – Ord. n° 2023-77, 8 févr. 2023. art. 58.
8. L. n° 90-1258, 31 déc. 1990.
9. L. n° 90-1258, 31 déc. 1990, art. 12 – Ord. n° 2023-77, 8 févr. 2023. art. 56.

SECTION 3
SPÉCIFICITÉS DE LA SELAS

224.31 Les caractéristiques communes avec les sociétés par actions simplifiées. De la même manière que pour les SELARL, la plupart des caractéristiques propres aux SELAS sont les mêmes que celles de leurs équivalentes commerciales :

- possibilité de capital à 1 euro depuis le 1er janvier 2009[1] ;
- dirigée par un président et un directeur général si les statuts le prévoient. Les associés sont libres d'adopter toute forme de gouvernance ;
- la révocation du président et du directeur général est *ad nutum,* c'est-à-dire à tout moment et sans qu'il soit nécessaire de justifier d'un juste motif comme pour les SELARL, sauf disposition statutaire contraire[2] ;
- les statuts peuvent prévoir plusieurs catégories d'actions auxquelles des droits et obligations différentes peuvent être attachés ;
- un associé minimum (SELASU) ;
- règles de majorité fixées par les statuts.

La SELAS est une forme juridique qui offre l'avantage de la souplesse et laisse une grande part à la liberté contractuelle des associés, concernant :

- l'organisation de la gouvernance[3], la seule obligation étant de désigner un Président, personne physique ou morale, ayant tous pouvoirs pour représenter la société[4] ;
- la répartition des pouvoirs entre l'organe dirigeant et la collectivité des associés, sous la seule réserve des attributions dévolues aux assemblées générales extraordinaires et ordinaires des sociétés anonymes en matière d'augmentation, d'amortissement ou de réduction de capital, de fusion, de scission, de dissolution, de transformation en une société d'une autre forme, de nomination de commissaires aux comptes, de comptes annuels et de bénéfices qui sont, dans les conditions prévues par les statuts, exercées collectivement par les associés[5] ;
- les règles de majorité pour les décisions collectives des associés[6] ;
- l'adoption de clauses permettant l'exclusion d'un associé[7], sous réserve du respect des règles de majorité prévue par la loi du 31 décembre 1990[8] ;
- sous les mêmes conditions de majorité, l'adoption de clauses permettant la suspension des droits extra-pécuniaires, voire l'exclusion, d'un associé personne morale en cas de changement de son contrôle au sens de l'article L. 233-3 du code de commerce[9].

Le choix de la SELAS est également adapté si les associés souhaitent adopter des clauses « sur mesure » en ces domaines et/ou recourir à l'émission de droits sociaux disposant de droits particuliers telles que des actions de préférence.

224.32 Spécificités propres aux sociétés d'exercice libéral par actions simplifiées d'avocats (SELAS). De même que pour les SELARL, la loi du 31 décembre 1990 relative à l'exercice sous forme de sociétés d'exercice libéral prévoit certaines spécificités que l'on ne retrouve pas dans les sociétés par actions simplifiées de droit commun :

- le président doit être un associé exerçant au sein de la société ;
- l'attribution d'un droit de vote double ;
- agrément obligatoire pour un nouvel associé ;
- convention réglementée.

SECTION 4
RETRAIT ET EXCLUSION DES ASSOCIÉS DE SEL

224.41 Délai de prévenance. Le RIN ne prévoit pas de durée obligatoire pour le préavis de l'associé qui notifie son retrait. La profession a depuis longtemps appliqué un préavis d'usage qui est d'une durée de six mois. Celui-ci est concrétisé par l'article P. 46.3 du RIBP qui prévoit que sans préjudice de l'application des règles légales ou réglementaires éventuellement applicables à la structure, tout retrait d'une structure à l'initiative d'un membre ne peut intervenir qu'avec un préavis donné au moins six mois à l'avance, sauf accord écrit des membres de la structure ou de la collectivité des membres statuant à la majorité prévue dans les statuts ou de l'application d'une clause de la convention sur un délai plus bref. Pendant la durée du préavis et sauf accord écrit unanime différent des membres de la structure, le retrayant reste tenu de toutes ses obligations – notamment financières – à l'égard de la structure, ces obligations étant limitées aux engagements courants[10].

Sauf clause contraire ou accord des associés pris à la majorité, un préavis de 6 mois est donc à respecter en cas de retrait d'un associé.

224.42 Modalités de retrait. L'ordonnance du 8 février 2023 n'apporte rien sur ce point et se contente de prévoir qu'à défaut de dispositions

1. L. n° 2008-776, 4 août 2008.
2. C. com., art. L. 227-5.
3. C. com., art. L. 227-5.
4. C. com., art. L. 227-6.
5. C. com., art. L. 227-9.
6. C. com., art. L. 227-9.
7. C. com., art. L. 227-16.
8. L. n° 90-1258, 31 déc., art. 10, al. 4 et 6.
9. C. com., art. L. 227-17.
10. RIBP, art. P. 46.3.

prévoyant les modalités de retrait dans les lois et règlements particuliers à chaque profession, les statuts de la société peuvent prévoir les modalités de retrait des associés de la société[1].

L'arrêt de la Cour de cassation du 12 décembre 2018[2]a suscité de nombreux commentaires concernant la notion de droit de retrait appliqué aux associés de SEL en jugeant que : « À défaut de dispositions spéciales de la loi l'autorisant, un associé d'une société d'exercice libéral à responsabilité limitée d'avocats ne peut se retirer unilatéralement de la société, ni obtenir qu'une décision de justice autorise son retrait, peu important le contenu des statuts »[3]. Il faut comprendre que cet arrêt porte sur le retrait capitalistique de la structure et non sur le retrait professionnel. Dans une SEL, des associés exerçants et non-exerçants peuvent détenir le capital social. La décision de la Cour ne prive pas un avocat de la liberté de quitter la structure d'exercice dont il est l'associé. Il reste que ce retrait de nature professionnelle ne règle pas le sort des parts sociales ou actions que détient cet associé.

224.43 **Rachat forcé des titres.** Les dispositions réglementaires prévoient les modalités de rachat des titres détenus par un associé exerçant[4] en cas :

- de démission du barreau ;
- de radiation ;
- d'exclusion pour sanction disciplinaire ;
- de décès.

L'associé démissionnaire du barreau ou radié soit du tableau soit de la liste du stage, ou dont le certificat de stage a été définitivement refusé, dispose d'un délai de six mois à compter du jour soit de l'acceptation de sa démission, soit de celui où sa radiation est devenue définitive, pour céder ses actions ou parts sociales à un tiers en vue de l'exercice de la profession au sein de la société, à la société ou à d'autres associés[5].

Ce délai de six mois s'applique également à l'associé exclu[6].

L'associé ayant cessé toute activité professionnelle doit revendre ses parts dans un délai maximum de dix ans.

En cas de décès, les ayants droit d'un associé décédé disposent de cinq ans pour céder les parts ou actions qu'ils détiennent.

Si ces délais ne sont pas respectés, la société peut, nonobstant leur opposition, décider de réduire son capital du montant de la valeur nominale de leurs parts ou actions et de les racheter à un prix fixé dans les conditions définies par les statuts ou à défaut dans les conditions prévues à l'article 1843-4 du code civil[7].

224.44 **Valorisation des titres en cas de rachat forcé.** Les règles en matière de valorisation[8] sont celles de l'article 52 de l'ordonnance du 8 février 2023 qui sont la reprise de la loi du 22 mars 2012 pour les SEL modifiant l'article 10 de la loi du 31 décembre 1990. Selon celles-ci, sauf dispositions contraires du décret particulier à chaque profession, la valeur des parts sociales ou des actions prend en considération une valeur représentative de la clientèle civile. Toutefois, à l'unanimité des associés, les statuts peuvent exclure cette valeur représentative de la clientèle civile de la valorisation des parts sociales ou des actions.

En cas de désaccord sur la valorisation des titres sociaux, l'expert désigné en application de l'article 1843-4 est tenu d'appliquer la méthode de valorisation convenue entre les parties (quel que soit le support au sein duquel la méthode a été consacrée – Statuts ou documents extra-statutaires).

La Cour de cassation s'est prononcée sur la question de savoir si les dispositions statutaires d'une société d'exercice libéral par actions simplifiée peuvent décider valablement que les actions de l'associé sortant seront valorisées à leur valeur nominale, et non à leur valeur réelle, même en cas de sortie non volontaire dudit associé[9]. En première instance, le délégué du bâtonnier de Paris avait considéré cette stipulation inapplicable en dehors des cas de départ volontaire. La cour d'appel a infirmé et considère, sur le fondement de la force obligatoire du contrat, que la fixation à la valeur nominale est parfaitement valide : « si il n'est pas contesté que la valeur réelle des titres de la SELAS est beaucoup plus élevée que leur valeur nominale, force est de constater que les associés partants, juristes particulièrement expérimentés, ont accepté en pleine connaissance de cause la valorisation des parts à ce montant comme un des éléments déterminants de leur entrée dans la société... ». La Cour de cassation a considéré à son tour que la cour d'appel a « exactement énoncé que rien n'interdisait à la SELAS d'adopter des dispositions statutaires prévoyant la détermination de la valeur des parts à leur valeur nominale et non réelle ». La fixation à la valeur nominale est donc valide et la clause qui le prévoit n'est pas léonine.

Cette jurisprudence semble conforter les clauses dites de « good leaver/bad leaver » visant à réduire

1. Ord. n° 2023-77, 8 févr. 2023, art. 57.
2. Civ. 1re, 12 déc. 2018, n° 17-12.467.
3. B. Brignon, « L'introuvable droit de retrait dans les SEL », *Rev. soc.* 2019, p. 322.
4. Décr. n° 93-492, 25 mars 1993.
5. Décr. n° 93-492, 25 mars 1993, art. 14.
6. Décr. n° 93-492, 25 mars 1993, art. 15.
7. Ord. n° 2023-77, 8 févr. 2023, art. 51.
8. Sur la valorisation, v. ss n° 242.11.
9. Civ. 1re, 22 sept. 2021, FS-B, n° 20-15.817.

statutairement ou contractuellement la valeur des droits sociaux d'un associé qui se retire dans certaines conditions. De telles clauses permettent en effet de distinguer le départ d'un associé qui laisse sa clientèle dans la société (départ à la retraite ou cessation de l'activité d'avocat dans le cadre d'un changement professionnel) et le départ d'un associé qui quitte le cabinet avec sa clientèle pour devenir un concurrent. Dans la première hypothèse, l'associé peut bénéficier d'une valorisation favorable alors que dans la seconde, une valorisation dégradée lui sera imposée.

224.45 **Exclusion d'un associé.** L'exclusion d'un associé peut reposer sur des bases légales. Ainsi, tout associé exerçant au sein de la société qui a fait l'objet d'une condamnation disciplinaire passée en force de chose jugée à une peine égale ou supérieure à trois mois d'interdiction d'exercice de sa profession ou d'une condamnation pénale définitive à une peine d'emprisonnement égale ou supérieure à trois mois peut être contraint, à l'unanimité des autres associés exerçant au sein de la société, de se retirer de celle-ci [1].

L'exclusion d'un associé peut aussi reposer sur des bases contractuelles ou statutaires donnant lieu à un vote des associés. Sauf exception légale ou réglementaire [2], l'associé concerné par l'exclusion a le droit de participer à l'assemblée et de voter [3].

Le caractère absolu du droit de vote de l'associé a été rappelé par l'arrêt de la Cour de cassation Château d'Yquem [4] qui a annulé l'exclusion d'un associé majoritaire, par application d'une clause d'exclusion réservant le droit de vote aux autres associés. Un arrêt postérieur, rendu à propos d'une société civile de moyens de médecins [5] a toutefois semblé méconnaître cette jurisprudence en validant la clause des statuts qui prévoyait que la décision d'exclusion était adoptée « à l'unanimité des voix moins les voix de l'associé mis en cause », ce qui revenait à faire participer à la décision l'associé menacé d'exclusion tout en faisant fi de ses droits de vote. Pour autant, voir dans cet arrêt un revirement de jurisprudence serait certainement en forcer la portée, d'autant que, dans un arrêt ultérieur, la même chambre a réputé non écrite la clause d'exclusion des statuts d'une SELARL d'imagerie médicale selon laquelle « l'exclusion est décidée par les associés à la majorité prévue pour les décisions extraordinaires, calculée en excluant l'intéressé » [6].

Il faut retenir de ce qui précède que la validité de la clause d'exclusion semble avant tout conditionnée par le respect du droit de vote de l'associé exclu. Ceci a été récemment confirmé par la Cour de cassation qui a jugé que la clause des statuts d'une SELARL selon laquelle l'exclusion est « décidée par les associés à la majorité prévue pour les décisions extraordinaires, calculée en excluant l'intéressé » prive l'associé de son droit de vote [7].

224.46 **Validité de la procédure d'exclusion.** L'associé exclu doit pouvoir s'exprimer sur les griefs qui lui sont reprochés. L'associé exclu doit donc être préalablement notifié par écrit des motifs de son exclusion et convoqué en temps utile pour faire valoir ses moyens de défense. Le non-respect des droits de l'associé faisant l'objet d'une mesure d'exclusion peut être sanctionnée par l'indemnisation de l'associé exclu.

Des précautions sont à prendre lors de la rédaction de la clause d'exclusion dont les motifs doivent être définis avec précision, tels que :

- mésentente affectant sérieusement la poursuite de l'activité sociale ;
- exercice d'une activité concurrente en dehors de la société sans autorisation ;
- performance individuelle insuffisante ;
- manquement à une obligation statutaire (clause d'inaliénabilité, agrément) ;
- prononcé d'une condamnation civile et/ou pénale à l'encontre d'un associé ;
- cessation totale de son activité au sein de la société.

Il faut aussi déterminer l'organe compétent et le déroulement de la procédure. Pour les SELAS, le pouvoir d'exclure peut être conféré à un organe

1. Décr. n° 93-492, 25 mars 1993, art. 15.
2. Décr. n° 93-492, 25 mars 1993, art. 28.
3. C. civ., art. 1844.
4. Com. 9 févr. 1999, n° 96-17.661, *Sté en commandite par actions du Château d'Yquem c/ Melle de Chizelle et a.* ; *Dr. sociétés* 1999, comm. 67, note Th. Bonneau ; *JCP E* 1999. 724, note Y. Guyon ; *Rev. sociétés* 1999. 81, note P. Le Cannu ; *D. affaires* 1999. 517 ; *RTD com.* 1999. 902, obs. B. Petit et Y. Reinhard – Com. 23 oct. 2007, n° 06-16.537, d'Hem c/ Lacquay : *JurisData* 2007-041010 ; *Bull. civ.* IV, n° 225 ; *Dr. sociétés* 2007, comm. 219, note H. Hovasse ; *JCP E* 2007. 2433, note A. Viandier et *JCP E* 2008. I. 1280, n° 8, obs. J.-J. Caussain, Fl. Deboissy et G. Wicker ; *JCP G* 2007. II. 10197, note D. Bureau ; *D.* 2007. 2726, obs. A. Lienhard ; *D.* 2008. 47, note Y. Paclot ; Dr. Affaires, janv. 2008, n° 1369, p. 8 s. ; *Rev. sociétés* 2007. 814, note P. Le Cannu ; *Bull. Joly* Sociétés 2008, p. 101, obs. D. Schmidt ; *Defrénois* 2008. 38804, p. 1481, note B. Thullier, cassant Douai, 16 mars 2006 : *JurisData* 2006-316125 ; *JCP E* 2006. 2843 ; *Dr. sociétés* 2007, comm. 219, note H. Hovasse.
5. Com. 24 oct. 2018, n° 17-26.402 ; *Dr. sociétés* 2019, comm. 21, note R. Mortier ; *JCP E* 2019. 1282, n° 16, note M. Buchberger ; *JCP* 2019. 101, note G. Gaède et Y. Paclot ; – *ADDE* sur cet arrêt : C. Coupet, « Du droit de vote de l'associé exclu et de quelques autres modifications législatives souhaitables », *Dr. sociétés* 2019, repère 3 ; A. Couret, « Le droit de vote et l'article 1844 du Code civil : réflexions sur un arrêt récent », *BRDA* 2018, n° 23, p. 22.
6. Com. 21 avr. 2022, n° 20-20.619 ; *Dr. sociétés* 2022, comm. 78, note N. Jullian ; *JCP* 2022. 1023, note B. Dondero ; *RD rur.* 2022, comm. 117, note Ch. Lebel.
7. Com. 21 avr. 2022, n°s 20-20.619 et 21-20.355.

autre que l'assemblée générale. Pour les SELARL, l'assemblée est seule compétente. Les statuts devront aussi prévoir :

- les modalités d'information de l'associé concerné par la mesure d'exclusion (délai, notification des motifs) et des autres associés ;
- les conditions dans lesquelles il pourra présenter sa défense ;
- le mode de consultation des autres associés et conditions d'exercice du droit de vote.

Enfin, les statuts devront prévoir les conditions du rachat des actions et pourront prévoir la suspension des droits de vote attachés à ces actions jusqu'au rachat.

Même en prenant toutes ces précautions, il faut rappeler que la loi ne prévoit pas expressément la possibilité d'exclure un associé d'une SELARL. Certains auteurs et praticiens considèrent que la liberté statutaire offerte aux SELAS n'est pas applicable au SELARL. En matière d'exclusion, cela aurait pour conséquence de ne pas pouvoir prévoir dans les statuts de SELARL des causes d'exclusion autres que celles prévues par la loi ou les règlements[1]. Une telle analyse semble restrictive. Les décisions précitées de la Cour de cassation ont souvent invalidé des procédures ou des conditions d'exclusion sans invalider le principe même de l'exclusion d'un associé.

SECTION 5
RÉGIME FISCAL ET SOCIAL

224.51 Régime fiscal des associés de SEL. Les structures soumises à l'impôt sur les sociétés voient leurs résultats imposés au taux réduit de 15 % pour la part de bénéfice inférieur à 42 500 euros et au taux normal de 25 % au-delà. Le résultat (bénéfice ou perte) est déterminé de manière tout à fait différente que pour les sociétés de personne, selon la comptabilité d'engagement et non de caisse. La rémunération allouée aux associés est alors traitée comme une charge qui vient en déduction des produits réalisés par la structure pour la détermination de son résultat. Le bénéfice net (après impôt sur les sociétés) non distribué n'est pas imposé au niveau des associés au titre de l'impôt sur le revenu, ni soumis à cotisations sociales.

Concernant leur imposition personnelle, les associés relèvent, selon leur situation, soit du régime de l'article 62 du CGI, soit du régime des BNC.

Depuis, le 15 décembre 2022, l'administration fiscale a pris position sur le régime d'imposition des rémunérations perçues par les associés de sociétés d'exercice libéral[2], alignant sa position avec des arrêts du Conseil d'État de 2013 et de 2017.

L'administration fiscale rappelle que le Conseil d'État pose le principe de l'imposition des rémunérations perçues par les associés d'une société d'exercice libérale (SEL) au titre de l'exercice de leur activité libérale dans cette société dans la catégorie des bénéfices non commerciaux (BNC), conformément au 1 de l'article 92 du code général des impôts (CGI), sauf à démontrer que cette activité est exercée dans des conditions traduisant l'existence, à l'égard de la société, d'un lien de subordination caractérisant une activité salariée. Lorsqu'il est établi qu'un lien de subordination existe entre l'associé et la SEL au titre de l'exercice cette activité, ces rémunérations sont, par exception, imposées dans la catégorie des traitements et salaires.

Pour les gérants majoritaires de sociétés d'exercice libéral à responsabilité limitée (SELARL) et les associés gérants de sociétés d'exercice libéral en commandite par actions (SELCA), ces règles s'appliquent lorsque ces mêmes rémunérations, tirées de l'exercice de leur activité libérale, peuvent être distinguées de celles qu'ils perçoivent au titre de leurs fonctions de gérance. À défaut, les rémunérations tirées de l'exercice de leur activité libérale dans la SEL sont, comme celles perçues au titre de leurs fonctions de gérance, imposées dans les conditions prévues à l'article 62 du CGI.

La position de l'administration fiscale laisse cependant planer une ambiguïté quant au caractère indissociable ou non de sommes perçues au titre des fonctions de gestion et celles au titre de l'activité d'avocat par le gérant majoritaire de SELARL. La rédaction laisse entendre que le gérant majoritaire pourrait donc acter dans le PV entérinant sa rémunération que la rémunération au titre de l'activité d'avocat et celle perçue en qualité de gérant sont indissociables. L'associé gérant conserverait ainsi le statut de l'article 62 pour la globalité de sa rémunération. À la date d'édition du présent ouvrage, il n'est pas encore possible d'affirmer si cette interprétation peut être retenue.

Il résulte de cette instruction que la réponse ministérielle Cousin[3] aux termes de laquelle les rémunérations des associés non dirigeants d'une SELARL qui exercent leur activité dans la société et qui n'ont pas de ce fait de clientèle personnelle relèvent

1. L. n° 90-1258, 31 déc. 1990, art. 21.

2. RSA – GER ; BNC – DECLA, 15 déc. 2022 ; Régime d'imposition des rémunérations perçues par les associés des sociétés d'exercice libéral au titre de l'exercice d'une activité libérale au sein de ces sociétés – Jurisprudences (CE 16 oct. 2013, req. n° 339822 et CE 8 déc. 2017, req. n° 409429) – Publication urgente.
3. Rep. min. Cousin, n° 39397, *JOAN Q* 16 sept. 1996, p. 4930 ; reprise au VIII-B-2 § 510 du *BOI*-RSA-GER-10-30-2012-09-12,

normalement du régime des traitements et salaires, est rapportée et n'est plus applicable à compter de l'imposition des revenus de l'année 2023.

De même, les dispositions du *BOI*[1] indiquant que l'imposition des rémunérations perçues par les associés d'une SEL au titre de l'exercice d'une activité libérale dans cette société dans la catégorie des traitements et salaires ou selon les dispositions de l'article 62 du CGI, et non dans la catégorie des bénéfices non commerciaux, dès lors que ces sociétés sont assujetties à l'impôt sur les sociétés en raison de leur forme, ne sont plus applicables à compter de l'imposition des revenus de l'année 2023.

Aussi, jusqu'à l'imposition des revenus de l'année 2022, les associés de SEL peuvent se prévaloir de l'une ou l'autre des doctrines précitées pour justifier de leur imposition dans la catégorie des traitements et salaires.

Cette position de l'administration fiscale a pour effet de priver les associés de SEL de l'abattement de 10 % appliqué aux revenus dans la catégorie des traitements et salaires. Compte tenu du plafonnement de l'abattement, ceci a pour effet de réintégrer jusqu'à 12 829 euros dans l'assiette de l'impôt sur le revenu des associés de SEL qui jusqu'alors déclaraient leurs revenus dans la catégorie des traitements et salaires.

L'obligation de déclarer dans la catégorie BNC n'oblige pas l'associé de SEL à remplir une déclaration 2035. Il devra simplement reporter le montant perçu sur la ligne BNC de sa déclaration 2042.

Pour rappel, les avocats relevant de l'article 62 sont les gérants majoritaires et en collège de gérance majoritaire des SELARL, ainsi que les gérants de SCP, SELARLU, SEP, association et les gérants-associés de SELCA ayant opté pour l'impôt sur les sociétés.

224.52 Régime fiscal des dividendes perçus par les associés de SEL. Depuis la loi Pacte[2], les dividendes sont, sauf option pour le barème progressif (avec 40 % d'abattement), imposés à la « flat tax » dont le taux est de 30 % comprenant 17,2 % de prélèvements sociaux et de 12,8 % d'IR.

Avant la loi de financement de la Sécurité sociale de 2009[3], les dividendes versés par les SEL n'étaient pas assujettis aux charges sociales qui pèsent sur les revenus des avocats, ce qui constituait un avantage de la SEL et un outil d'optimisation fiscale et sociale intéressant. Depuis la LFSS 2009, la part des dividendes perçus par le travailleur indépendant (non agricole), son conjoint, son partenaire de Pacs ou ses enfants mineurs non émancipés, supérieure à 10 % du capital social et des primes d'émission et sommes versées en compte courant qu'ils détiennent est, depuis, soumise à cotisations sociales[4]. Le champ d'application du texte susvisé a été précisé par une circulaire du 18 août 2010[5] qui a confirmé que ce régime d'assujettissement des dividendes ne concernait que les sociétés d'exercice libéral dans toutes leurs formes et que le dispositif n'était pas applicable aux sociétés de droit commun. Cette apparente discrimination à l'encontre des SEL sur l'assiette des cotisations sociales a été jugée conforme à la Constitution, une QPC[6] ayant été présentée à ce propos. La LFSS 2013 a depuis aligné le régime social des dividendes perçus par tous les travailleurs non salariés non agricoles sur le régime des SEL[7].

Pour le calcul des charges sociales dues sur les dividendes, les 17,2 % de prélèvements sociaux contenus dans la flat tax sont substitués par les cotisations sociales professionnelles L. 131-6 2° du code de la sécurité sociale. Les cotisations sociales professionnelles sont déductibles de l'IS et, sauf la CSG non déductible, diminuent l'assiette imposable à l'IR.

224.53 Régime social des associés des SEL. D'une structure d'exercice à l'autre, le régime social de l'avocat associé reste principalement le régime des travailleurs non salariés (TNS) Les exceptions à ce principe sont les avocats salariés soumis au régime général et ainsi que certains dirigeants de SEL : Les gérants minoritaires de SELARL et les Présidents et directeurs généraux de SELAS et de SELAFA sont obligatoirement affiliés pour leurs fonctions de dirigeants au régime général de la sécurité sociale. Pour ces dirigeants, Il existe une possibilité de double affiliation : TNS pour les rémunérations perçues au titre de leur activité professionnelle et régime général pour leurs rémunérations au titre de leur fonction de dirigeant.

La plupart des associés minoritaires de SELARL optent pour un système dans lequel les associés sont aussi gérants et forment ainsi un collège de gérants qui détient plus de 50 % des parts de la société. Ils

1. I-C-3 § 110 du *BOI*-BNC-DECLA-10-10-2022-05-11.
2. L. n° 2019-486, 22 mai 2019 relative à la croissance et la transformation des entreprises, *JO* 23 mai, n° 2.
3. L. n° 2008-1330, 17 déc. 2008 de financement de la Sécurité sociale de 2009, *JO* 18 déc., p. 19291, art. 22.
4. CSS, art. 131-6, al. 3.
5. Circ. DSS/5D/201/315, 18 août 2010 relative à l'imposition aux cotisations et contributions sociales sur les revenus d'activité d'une fraction des revenus perçus, sous forme de revenus distribués ou d'intérêts de comptes courants d'associés, par les travailleurs non salariés non agricoles des sociétés d'exercice libéral ; date d'application : immédiate.
6. C. const., 6 août 2010, n° 2010-24 QPC, *Association nationale des sociétés d'exercice libéral et autres* [Cotisations sociales des sociétés d'exercice libéral], *JO* 7 août, p. 14617 ; *Rec.* p. 209.
7. L. n° 2012-1404, 17 déc. 2012 de financement de la sécurité sociale pour 2013, *JO* 18 déc., p. 19821.

sont alors cogérants majoritaires et assujettis au régime social des TNS.

Lorsque la structure est transparente fiscalement (IR), l'avocat est dans une situation semblable à celle d'un avocat exerçant à titre individuel : il relève du régime des travailleurs non salariés (TNS) et l'intégralité de sa quote-part de revenus est soumise à cotisations sociales. Le régime présente l'avantage de la simplicité, mais cause des difficultés en cas de revenus irréguliers[1].

Lorsque la structure est soumise à l'IS, l'avocat associé relève toujours pour ses revenus professionnels du régime TNS. Toutefois, ses revenus sont constitués des seules rémunérations allouées, à l'exclusion des bénéfices non distribués. Ainsi, l'assujettissement à l'IS, permet de « lisser » la rémunération des avocats indépendamment des fluctuations d'activité et d'éviter les effets de yoyo causés par le système de calcul des cotisations sociales[2].

L'assujettissement au régime TNS s'applique aux associés de SCP et d'associations ou d'AARPI même si celles-ci ont opté pour l'impôt sur les sociétés.

224.54 Imposition des résultats de la SEL. Comme pour les sociétés commerciales de capitaux, la SEL est imposée à l'impôt sur les sociétés sur ses bénéfices et les associés sont ensuite imposés à l'impôt sur le revenu, à l'exception de la SEL unipersonnelle (SELARLU) qui peut néanmoins opter pour l'IS[3]. Sauf dans le cas d'une SELARLU qui n'a pas opté pour l'IS, toutes les SEL sont soumises aux obligations comptables des sociétés commerciales soumises à l'IS. Elles doivent en conséquence tenir un livre journal, un grand-livre, un livre d'inventaire et des comptes annuels (bilan, compte de résultat et annexes), La comptabilité est une comptabilité d'engagement qui a pour conséquences que :

- toutes les factures émises sont des recettes et comptabilisées en chiffre d'affaires ;

- les dépenses engagées (non encore payées) sont comptabilisées comme des charges ;

- les factures dont le recouvrement serait incertain doivent faire l'objet de provisions.

Le bénéfice est déterminé par la différence entre les recettes et les charges afférentes à l'exploitation de la société y compris les rémunérations versées aux associés. Le régime simplifié s'applique aux SEL dont le chiffre d'affaires est inférieur à 254 000 euros sauf si celles-ci optent pour le régime du bénéfice réel normal. Le bénéfice de la SEL est soumis à l'impôt sur les sociétés au taux en vigueur.

1. V. s^s n° 211.42.
2. V. s^s n° 211.42.
3. CGI, art. 239.

CHAPITRE

225. Société pluriprofessionnelle d'exercice

SECTION 0
ORIENTEUR

225.00 Sommaire du chapitre.

SECTION 1
CADRE LÉGAL DE L'INTERPROFESSIONNALITÉ D'EXERCICE

225.11 Cadre légal. L'article 65 de la loi du 6 août 2015[1] avait donné habilitation au gouvernement pour légiférer par voie d'ordonnance afin de faciliter la création de sociétés ayant pour objet l'exercice en commun de plusieurs des professions d'avocat, d'avocat au Conseil d'État et à la Cour de cassation, de commissaire-priseur judiciaire, d'huissier de justice, de notaire, d'administrateur judiciaire, de mandataire judiciaire, de conseil en propriété industrielle et d'expert-comptable. Le Législateur avait posé certaines conditions pour la création de ces sociétés interprofessionnelles relatives à la détention du capital et des droits de vote, la gouvernance, l'exercice professionnel, les principes déontologiques de chaque profession, les incompatibilités et les risques de conflits d'intérêts et la préservation des missions des officiers publics et ministériels.

Dans la liste des professions concernées telle qu'elle figure à l'article 96 de l'ordonnance du 8 février 2023[2], le commissaire de justice a remplacé les huissiers et les commissaires priseurs judiciaires. Figurent aussi les commissaires aux comptes et les géomètres experts.

Suivant l'habilitation donnée, l'ordonnance du 31 mars 2016[3] a instauré la société pluri-professionnelle d'exercice en insérant dans la loi du 31 décembre 1990[4], à la suite du Titre IV relatif aux sociétés de participations financières de professions libérales, un nouveau Titre IV *bis* consacré aux « sociétés constituées pour l'exercice en commun de certaines professions libérales », dont les conditions d'application doivent encore être fixées par décret en Conseil d'État, concernant en particulier :

– les règles de fonctionnement spécifiques à la société pluri-professionnelle d'exercice ;

– les modalités selon lesquelles les personnes physiques associées et les salariés exercent leur profession au sein de la société ;

– les règles concernant la tenue des comptabilités et la présentation des documents comptables ;

– les effets de l'interdiction ou de l'incapacité, temporaire ou définitive, d'exercer la profession dont la société ou une personne physique ou morale associée serait frappée ;

– les cas où une personne physique ou morale associée peut être exclue de la société, en précisant les garanties morales, procédurales et patrimoniales qui lui sont accordées dans ces cas ;

– la détermination de l'autorité administrative ou de l'autorité professionnelle compétente pour exer-

1. L. n° 2015-990, 6 août 2015 pour la croissance, l'activité et l'égalité des chances économiques, *JO* 7 août, p. 13537.

2. Ord. n° 2023-77, 8 févr. 2023 relative à l'exercice en société des professions libérales réglementées, *JO* 9 févr., n° 3.

3. Ord. n° 2016-394, 31 mars 2016 relative aux sociétés constituées pour l'exercice en commun de plusieurs professions libérales soumises à un statut législatif ou réglementaire ou dont le titre est protégé, *JO* 1er avr., n° 51.

4. L. n° 90-1258, 31 déc. 1990 relative à l'exercice sous forme de sociétés des professions libérales soumises à un statut législatif ou réglementaire ou dont le titre est protégé et aux sociétés de participations financières de professions libérales, *JO* 5 janv. 1991, p. 216.

cer le contrôle sur la société, les modalités de ce contrôle et notamment les conditions dans lesquelles le secret professionnel est opposable.

L'ordonnance a été complétée par le décret du 5 mai 2017[1]. Très attendu par les professionnels concernés, le décret a déçu par son manque de contenu et le peu d'éclairage donné les modalités concrètes de coexistence de plusieurs professions réglementées au sein d'une même société d'exercice.

Un arrêt du Conseil d'État du 17 juin 2019[2] est venu apporter des réponses à de nombreuses questions même si l'arrêt ne règle pas explicitement, ni directement, toutes les difficultés signalées.

Les SPE sont maintenant régies par les articles 96 à 109 de l'ordonnance du 8 février 2023[3].

Il reste néanmoins à valider une condition absolue de l'interprofessionnalité : un marché réel et tangible pour des offres de services interprofessionnelles[4].

SECTION 2
CARACTÉRISTIQUES DE LA SPE

225.21 **Forme sociale.** La société pluri-professionnelle d'exercice (SPE) peut revêtir toute forme sociale, à l'exception de celles qui confèrent à leurs associés la qualité de commerçant. Elle est régie par les règles particulières à la forme sociale choisie et par les dispositions de l'ordonnance du 8 février 2023[5].

225.22 **Dénomination sociale.** La dénomination sociale de la SPE inclut, outre les mentions obligatoires liées à la forme de la société, la mention : « société pluri-professionnelle d'exercice » ou les initiales : « SPE ». Elle est immédiatement précédée ou suivie de l'indication des professions exercées et du montant de son capital social.

Le nom d'un ou plusieurs associés exerçant leur profession au sein de la société peut être inclus dans la dénomination sociale[6].

225.23 **Exercice en commun.** La société pluri-professionnelle d'exercice a pour objet l'exercice en commun de plusieurs des professions d'avocat, d'avocat au Conseil d'État et à la Cour de cassation, de commissaire de justice, de notaire, d'administrateur judiciaire, de mandataire judiciaire, de conseil en propriété industrielle, de commissaire aux comptes, d'expert-comptable et de géomètre-expert.

Elle ne peut exercer les professions constituant son objet social que par l'intermédiaire d'un de ses membres ayant qualité pour exercer l'une de ces professions au sein de la société.

La société peut exercer, à titre accessoire, toute activité commerciale dont la loi ou le décret n'interdit pas l'exercice à l'une au moins des professions qui constituent son objet social.

Pour l'exercice des professions constituant son objet social, la société peut mettre en commun des moyens matériels, notamment immobiliers.

Comme pour toute société d'exercice, chaque associé répond sur l'ensemble de son patrimoine des actes professionnels qu'il accomplit et la SPE est solidairement responsable avec lui. Elle doit donc souscrire une assurance couvrant les risques relatifs à sa responsabilité civile professionnelle[7].

Société d'exercice, la SPE ne peut exercer qu'après son agrément par l'autorité ou les autorités compétentes ou son inscription sur la liste ou les listes ou au tableau de l'ordre ou des ordres professionnels, déterminés selon les activités comprises dans son objet social. En ce qui concerne les offices publics ou ministériels, la société doit être agréée ou titularisée dans l'office selon les conditions réglementaires propres à chacun d'eux[8].

Le professionnel exerçant, réalisant au sein de la société une des professions qui en constituent l'objet social, est tenu aux obligations de loyauté, de confidentialité ou de secret professionnel ainsi qu'aux autres obligations déontologiques propres à l'exercice de sa profession.[9].

225.24 **Détention du capital social et des droits de vote.** La totalité du capital social et des droits de vote est détenue par les personnes suivantes[10] :

1° Tout professionnel exerçant réalisant, au sein de la société ou en dehors, l'une des professions mentionnées à l'article 96 et exercées en commun au sein de la société ;

2° Toute personne morale dont la totalité du capital social et des droits de vote est détenue directement ou indirectement par une ou des personnes mentionnées au 1° ;

3° La personne européenne au sens de l'article 4 de l'Ordonnance, sous réserve qu'elle respecte les exigences prévues au 1° du présent article pour les personnes physiques ou au 2° du présent article pour les personnes morales.

1. Décr. n° 2017-794, 5 mai 2017 relatif à la constitution, au fonctionnement et au contrôle des sociétés pluri-professionnelles d'exercice de professions libérales juridiques, judiciaires et d'expertise comptable prévues au titre IV *bis* de la loi n° 90-1258 du 31 décembre 1990, *JO* 7 mai, n° 30.
2. CE 17 juin 2019, req. n° 400192, *Lebon*.
3. Ord. n° 2023-77, 8 févr. 2023.
4. Sur l'interprofessionnalité, v. s[s] n° 353.11.
5. Ord. n° 2023-77, 8 févr. 2023, art. 96.
6. Ord. n° 2023-77, 8 févr. 2023, art. 97.
7. Ord. n° 2023-77, 8 févr. 2023, art. 99.
8. Ord. n° 2023-77, 8 févr. 2023, art. 98
9. Ord. n° 2023-77, 8 févr. 2023, art. 107.
10. Ord. n° 2023-77, 8 févr. 2023, art. 101

La société pluri-professionnelle d'exercice comprend, parmi ses associés, au moins un membre de chacune des professions qu'elle exerce.

La répartition du capital social est contrôlée par les ordres puisque, une fois par an. En effet, la SPE adresse à l'ordre professionnel dont elle relève un état de la composition de son capital social et des droits de vote afférents, ainsi qu'une version à jour de ses statuts.

Sont également adressées par les associés de la société, dans les conditions prévues au premier alinéa, les conventions contenant des clauses portant sur l'organisation et les pouvoirs des organes de direction, d'administration ou de surveillance ayant fait l'objet d'une modification au cours de l'exercice écoulé[1].

225.25 Principes déontologiques et secret professionnel. Un défi majeur pour les SPE est de faire cohabiter des professions dont les règles déontologiques ne sont pas les mêmes.

L'article 107 de l'ordonnance pose la règle : Le professionnel exerçant, réalisant au sein de la société une des professions qui en constituent l'objet social, est tenu aux obligations de loyauté, de confidentialité ou de secret professionnel ainsi qu'aux autres obligations déontologiques propres à l'exercice de sa profession.

Toutefois, les obligations de confidentialité ou de secret professionnel ne font pas obstacle à ce qu'il communique aux autres professionnels exerçants, réalisant leur activité au sein de la société, toute information nécessaire à l'accomplissement des actes professionnels et à l'organisation du travail au sein de la société, dans l'intérêt du client et à condition que ce dernier ait été préalablement informé de cette faculté de communication et y ait donné son accord. Cet accord mentionne, le cas échéant, la ou les professions constituant l'objet social de la société auxquelles le client s'adresse et entend limiter la communication des informations le concernant.

Le texte pose un double principe : celui du respect par chaque professionnel de sa propre déontologie et celui du secret professionnel partagé entre les professionnels exerçants au sein de la SPE dès lors que le consentement du client a été recueilli.

Le dispositif du secret partagé avait été validé par le Conseil d'État dans son arrêt du 17 juin 2019[2]. Les professionnels ne sont ainsi autorisés à partager des informations à caractère secret que dans la stricte mesure nécessaire à l'accomplissement de leurs missions respectives au service de leur client.

Il revient donc aux associés d'organiser un fonctionnement garant du respect des déontologies applicables : les statuts de la SPE doivent comporter des stipulations propres à garantir le respect de l'indépendance des professionnels et des dispositions réglementaires encadrant l'exercice de chacune des professions qui constituent l'objet social, notamment celles relatives à la déontologie.

225.26 Conflits d'intérêts. Chaque professionnel qui exerce au sein de la société informe celle-ci et les autres professionnels exerçants réalisant leur activité au sein de la société, dès qu'il en a connaissance, de l'existence de tout conflit d'intérêts susceptible de naître, d'une part, entre sa qualité de professionnel et toute autre activité professionnelle qu'il exerce ou tout intérêt qu'il détient en dehors de la société, d'autre part, entre l'exercice de son activité professionnelle et l'exercice par les autres professionnels de leur activité[3].

Il résulte des termes de l'article 107 précité que chaque professionnel au sein d'une SPE est tenu de respecter les dispositions de sa propre profession relatives à la gestion et la prévention des conflits.

225.27 Devoir d'information. Compte tenu du pluri-exercice, la SPE informe le client qui envisage de contracter avec elle de la nature de l'ensemble des prestations qui peuvent lui être fournies par les différentes professions qu'elle exerce et de la possibilité dont il dispose de s'adresser à l'une ou plusieurs de ces professions pour les prestations qu'elles offrent. Le client désigne les professionnels exerçants réalisant leur activité au sein de la société auxquels il entend confier ses intérêts.

Lorsque la société exerce la profession d'administrateur judiciaire ou de mandataire judiciaire, la juridiction désigne en son sein le professionnel auquel est confié le mandat de justice[4].

SECTION 3

MISE EN ŒUVRE D'UNE SPE

225.31 Clarifications apportées par l'arrêt du Conseil d'État du 17 juin 2019. L'ordonnance du 31 mars 2016 et le décret du 5 mai 2017 instituant les SPE ont laissé les praticiens sans réponses face au défi majeur pour les SPE de faire cohabiter des professions dont les règles déontologiques ne sont pas les mêmes.

La décision du Conseil d'État du 17 juin 2019[5] était donc particulièrement bienvenue.

1. Ord. n° 2023-77, 8 févr. 2023, art. 100.
2. CE 17 juin 2019, req. n° 400192, *Lebon*.
3. Ord. n° 2023-77, 8 févr. 2023, art. 108.
4. Ord. n° 2023-77, 8 févr. 2023, art. 106.
5. CE 17 juin 2019, req. n° 400192, *Lebon*.

Les professionnels et leurs ordres se posaient de nombreuses questions parmi lesquelles[1] :

- Souscription aux assurances obligatoires de chacune des professions exercées par la SPE ou, comme le laissait entendre le texte de l'ordonnance, souscription à une assurance unique couvrant l'ensemble des activités professionnelles de la structure ?
- Convention collective applicable aux salariés de la société ?
- Règles comptables devant être appliquées par la société ? Règles pour le maniement de fonds ?
- Organisation des locaux de la société pluriprofessionnelle d'exercice : séparation physique entre les activités ?
- Partage ou séparation ? du système informatique et de gestion des dossiers ?
- Quelles règles pour la publicité et le démarchage ?

Parmi toutes ces interrogations, une question fondamentale était de savoir si la norme ayant vocation à s'appliquer était celle de l'activité la plus réglementée ou au contraire de la plus libéralisée.

À ces interrogations opérationnelles s'ajoutaient plusieurs interrogations fondamentales :

- Comment s'articule le contrôle des Ordres ? est-ce que des missions de contrôle inter-Ordres devaient être mises en place ?
- La déontologie de chaque profession était-elle suffisante pour répondre aux questions ou fallait-il une déontologie commune ?
- Si le client donne son accord au partage du secret professionnel, comment fonctionne une profession sans clients comme celle de mandataire judiciaire ?
- Comment apprécier le conflit d'intérêts pour les professions qui interviennent pour des parties ayant des intérêts divergents (le notaire unique dans une vente immobilière) ?

Le Conseil d'État s'est voulu constructif en apportant des réponses très pratiques et en posant des affirmations fortes concernant le régime des professions réglementées concernées par la SPE :

- pour l'assurance, chaque profession restera soumise à l'assurance ou au mécanisme de garantie propre à sa profession ;
- en matière de contrôle des Ordres, chaque professionnel conserve sa spécificité ;
- le Conseil d'État valide le principe consistant à prendre en considération les risques de conflits d'intérêts propres à chaque profession et considère que ceci n'impose pas de prévoir des règles déontologiques spécifiques à l'exercice de différentes professions par la même société ni de créer une autorité interprofessionnelle ;
- le Conseil d'État confirme la notion de « secret professionnel partagé » soumis à l'accord du client. Les obligations de confidentialité ou de secret professionnel ne font pas obstacle à ce qu'un professionnel communique à d'autres professionnels toute information nécessaire à l'accomplissement des actes et à l'organisation du travail au sein de la société dans l'intérêt du client et à condition que ce dernier, préalablement informé de cette faculté de communication, y ait donné son accord.

Le Guide pratique de la société pluriprofessionnelle d'exercice SPE de juillet 2020 répond à de très nombreuses questions. C'est au jour de la présente édition, le travail le plus complet sur le sujet.

225.32 **SPE et activités commerciales accessoires.** La SPE peut exercer, à titre accessoire, toute activité commerciale dont la loi ou le décret n'interdit pas l'exercice à l'une au moins des professions qui constituent son objet social[2].

Il faut entendre la notion d'activités commerciales comme toutes les activités autorisées aux professions pouvant créer une SPE et qui sont par nature commerciales. Les activités issues du mandat, qui sont autorisées à certains professionnels et qui sont de nature civile, ne sont pas comprises dans cette définition. Il en est ainsi notamment pour les avocats exerçant l'activité de fiducie et de mandataire en transaction immobilière, pour les notaires de la négociation immobilière rattachée à un acte et de la gestion immobilière, pour les huissiers de la gestion locative. Les activités commerciales qui deviennent civiles par accessoire car réalisées pour les besoins de la profession civile et de façon très occasionnelle, ne sont pas non plus considérées comme des activités commerciales (activité de syndic pour les notaires et les huissiers de justice).

À titre accessoire, la SPE peut exercer des activités commerciales. Toutefois, dès lors qu'il s'agit d'une activité interdite à au moins l'une des professions constituant son objet social, son exercice est exclu. Il est alors nécessaire d'identifier les activités commerciales accessoires autorisées pour chaque profession susceptible d'intégrer une SPE[3].

225.33 **SPE et pluralité d'exercice**[4]. Même si le nombre de SPE réunissant des avocats à d'autres professionnels reste très faible, celles-ci sont majoritaires par rapport au nombre total de SPE. En effet, ce serait environ cinquante SPE sur un total de quatre-vingts qui comporteraient des associés avocats.

1. G. Hannotin, « Validation par le Conseil d'État de la société pluri-professionnelle d'exercice : des précisions pratiques qui conduisent à des interrogations théoriques », *D. actu.* 31 juill. 2019.
2. Ord. n° 2023-77, 8 févr. 2023, art. 96.
3. CNB, *Guide pratique de société pluriprofessionnelle d'exercice (SPE)*, juill. 2020.
4. Sur la pluralité d'exercice, v. s[s] n° 362.11.

Sans disposer de statistiques précises, il semble que la plupart des avocats participant à une SPE ne renoncent pas à leur association dans leur structure d'exercice préexistante. Le projet de SPE est le plus souvent conduit dans le cadre d'un double exercice rendu possible depuis les décrets du 29 juin 2016[1] pour les SEL et du 5 mai 2017[2] pour les SCP et les associations.

1. SUR les SEL : Décr. n° 2016-878, 29 juin 2016 relatif à l'exercice de la profession d'avocat sous forme de société d'exercice libéral et aux sociétés de participations financières de profession libérale d'avocats, *JO* 30 juin, n° 56.
2. SUR les SCP : Décr. n° 2017-795, 5 mai 2017 pris pour l'application de l'article 27 de la loi n° 66-879 du 29 novembre 1966 et fixant la majorité requise pour la transformation d'une société civile professionnelle en une société pluri professionnelle d'exercice ou pour la participation d'une société civile professionnelle à la constitution d'une telle société, *JO* 7 mai, n° 31 – SUR les Associations : Décr. n° 2017-801, 5 mai 2017 relatif à l'exercice de la profession d'avocat par une société pluri-professionnelle d'exercice, *JO* 7 mai, n° 37.

CHAPITRE

226. Sociétés de participations financières de professions libérales (SPFPL)

SECTION 0 ORIENTEUR

226.00 **Sommaire du chapitre.**

SECTION 1 RÉGIME JURIDIQUE ET CARACTÉRISTIQUES PRINCIPALES

226.11 **Sociétés de participations financières de professions libérales (SPFPL).** Ces sociétés ont été instituées par la loi du 11 décembre 2001[1], dite loi Murcef. Le décret d'application du 23 août 2004[2] a ajouté un titre III au décret du 25 mars 1993[3] et en prévoit les modalités d'applications à la profession d'avocat. L'objectif déclaré de ces sociétés était de permettre de renforcer la structure capitalistique et financière des cabinets d'avocats afin de leur permettre de faire face à la concurrence, notamment étrangère. Ces *holdings* spécialement conçues pour les professions libérales ont pour objet de prendre des participations dans les sociétés d'exercice libéral. Depuis leur création, les SPFPL se sont généralisées chez les professionnels libéraux et particulièrement chez les avocats. Dans la pratique, elles sont utilisées dans les situations suivantes :

- acquisition de participations dans une SEL ;
- détention de titres de SEL dans une vocation de gestion patrimoniale ;
- interprofessionnalité capitalistique.

La SPFPL[4] constitue un outil intéressant pour la croissance externe et la constitution de réseaux par prise de participations.

Même si elles sont intégrées à ce chapitre compte tenu de leur objet, les SPFPL ne sont pas des structures d'exercice. Elles n'exercent pas la profession d'avocat.

Seules sont abordées ici les SPFPL dites monoprofessionnelles, c'est-à-dire les SPFPL ayant pour objet la prise de participation dans des SEL exerçant toute la même profession (Les SPFPL dites pluriprofessionnelles, créées par la loi du 28 mars 2011 de modernisation des professions judiciaires et juridiques sont abordées dans le chapitre 143 consacré à l'interprofessionnalité).

226.12 **Principales caractéristiques des SPFPL.** La SPFPL est régie par l'article 31-1 de la loi du 31 décembre 1990 et les articles 48-1 et suivants du décret n° 93-492 du 25 mars 1993, tels que modifiés par le décret du 29 juin 2016[5] pris pour l'application

1. L. n° 90-1258, 31 déc. 1990, art. 31-1 ; issu de L. n° 2001-1168, 11 déc. 2001.
2. Décr. n° 2004-852, 23 août 2004 pris pour l'application à la profession d'avocat du titre IV de la loi n° 90-1258 du 31 décembre 1990 relative à l'exercice sous forme de sociétés des professions libérales soumises à un statut législatif ou réglementaire ou dont le titre est protégé, *JO* 25 août, p. 15229.
3. Décr. n° 93-492, 25 mars 1993 pris pour l'application à la profession d'avocat de la loi n° 90-1258 du 31 décembre 1990 relative à l'exercice sous forme de sociétés des professions libérales soumises à un statut législatif ou réglementaire ou dont le titre est protégé, *JO* 27 mars, p. 4930 ; issu de décr. n° 2004-852, 23 août 2004.
4. SUR les SPFPL : H. Ader, S. Bortoluzzi, A. Damien, D. Piau, Th. Wickers, *Règles de la profession d'avocat*, 15e éd., « Dalloz action », 2016, n° 824. 11 s.
5. Décr. n° 2016-879, 29 juin 2016 modifiant le décret n° 2014-354 du 19 mars 2014 pris pour l'application de l'article 31-2 de la loi n° 90-1258 du 31 décembre 1990 relative à l'exercice sous forme de sociétés des professions libérales soumises à un statut législatif ou réglementaire ou dont le titre est protégé, *JO* 30 juin, n° 57.

des dispositions de la loi du 6 août 2015 relatives aux SEL et SPFPL. La SPFPL étant une société de capitaux qui est constituée sous la forme d'une SARL, SA, SAS ou SCA, les règles propres à sa forme sociale ont également vocation à s'appliquer.

Ses principales caractéristiques sont les suivantes :

- la SPFPL mono-professionnelle a vocation à prendre des participations dans les SEL ayant pour objet l'exercice d'une même profession. Depuis la loi du 6 août 2015, elle peut également détenir, outre le capital de SEL, les parts et actions de sociétés relevant du Livre II du code de commerce (sociétés commerciales) exerçant cette profession. La prise de participation dans une SCP n'est pas admise. De même, les prises de participations en cascade dans d'autres SPFPL ne paraissent pas possibles ;

- outre la détention de telles participations, la SPFPL peut, depuis la loi du 11 février 2004, avoir des activités accessoires en relation directe avec son objet. La loi du 6 août 2015 a étendu cet objet à toute activité destinée exclusivement aux sociétés ou groupements dont la SPFPL détient des participations (par exemple : location de locaux, prestations comptables ou administratives, etc.). Toutefois, la SPFPL n'étant pas une société d'exercice, elle ne peut fournir à ses filiales des prestations d'avocat ;

- les règles de détention du capital et des droits de vote de la SPFPL sont alignées sur celles des SEL [1] ;

- la direction et le fonctionnement de la SPFPL s'exercent conformément à la forme de groupement choisie. Si elle est constituée sous forme de SA, elle doit avoir au moins deux associés comme la SA de droit commun (à la différence de la SELAFA qui doit en comprendre trois). Les fonctions de dirigeants sont réservées aux personnes exerçant la même profession que celles des sociétés détenues, sauf cas de dérogation [2] ;

- la dénomination sociale de la SPFPL doit, outre les mentions obligatoires liées à la forme de la société, être précédée ou suivie de la mention « Société de participations financières de profession libérale » suivie de l'indication de la profession exercée par les sociétés détenues [3] ;

- la constitution de la société fait l'objet d'une déclaration adressée par LRAR au bâtonnier du barreau établi auprès du tribunal de grande instance dans le ressort duquel est établi son siège, avec les statuts et la liste des associés avec indication de leur profession ou de leur qualité suivie, pour chacun, de la part de capital détenu dans la société [4]. La SPFPL est inscrite par le conseil de l'Ordre sur une liste spéciale du tableau [5] ;

- l'immatriculation de la société au registre du commerce et des sociétés est régie par les articles R. 123-31 et suivants du code de commerce, la société étant dispensée de procéder aux formalités de publicité prévues aux articles R. 210-16 et suivants du code de commerce (insertion d'un avis dans un journal d'annonces légales et publicité au *Bulletin officiel des annonces civiles et commerciales*) [6] ;

- au moins une fois tous les quatre ans, la SPFPL fait l'objet d'un contrôle du conseil de l'Ordre du barreau de son siège social, portant sur la composition de son capital et l'étendue de ses activités, dans les conditions définies par le règlement intérieur de ce barreau [7]. Tout changement par rapport à la situation déclarée dans la demande d'inscription de la SPFPL doit être porté à la connaissance du bâtonnier du barreau du siège de la société dans les trente jours [8]. En outre, depuis la loi du 6 août 2015, les SPFPL doivent adresser aux ordres dont elles relèvent, une fois par an, un état de la composition de leur capital social [9].

226.13 Détention du capital social et des droits de vote. Plus de la moitié du capital social et des droits de vote de la SPFPL doit être détenue par des personnes physiques ou personnes morales exerçant la même profession que celle exercée par les sociétés détenues. Le complément peut être détenu par :

- des personnes physiques ou morales exerçant la profession constituant l'objet social de ces sociétés ;

- pendant un délai de 10 ans, des personnes qui ont cessé leur activité mais qui avaient exercé au sein de ces sociétés ;

- les ayants droit des personnes mentionnées ci-dessus pendant une période de cinq ans suivant leur décès ;

- pour les SPFPL des professions judiciaires et juridiques, des personnes exerçant l'une quelconque de ces professions.

La loi du 6 août 2015 a prévu la même dérogation à ces règles de détention que pour les SEL [10] : le capital et les droits de vote d'une SPFPL détenant des SEL exerçant une profession judiciaire ou juridique peuvent être détenus par toute personne physique ou morale qui exerce l'une quelconque des professions juridiques ou judiciaires, qu'elles soient éta-

1. V. s[s] n° 226.13.
2. V. s[s] n° 226.14.
3. L. n° 90-1258, 31 déc. 1990, art. 31-1, IV.
4. Décr. n° 93-492, 25 mars 1993, art. 48-3 ; mod. par décr. n° 2012-403, 23 mars 2012.
5. Décr. n° 93-492, 25 mars 1993, art. 48-4 ; mod. par décr. n° 2012-403, 23 mars 2012.
6. Décr. n° 93-492, 25 mars 1993, art. 48-5 ; mod. par décr. n° 2016-878, 29 juin 2016, art. 2, 3°.
7. Décr. n° 93-492, 25 mars 1993, art. 48-9-1 ; mod. par décr. n° 2012-403, 23 mars 2012, art. 24.
8. Décr. n° 93-492, 25 mars 1993, art. 48-8 ; mod. par décr. n° 2012-403, 23 mars 2012.
9. L. n° 90-1258, 31 déc. 1990, art. 31-1, IV, al. 4.
10. V. s[s] n° 224.13.

blies en France ou dans un autre État membre de l'Union européenne ou partie à l'accord sur l'Espace économique européen ou dans la Confédération suisse. S'il s'agit d'une personne morale, elle doit répondre, directement ou indirectement par l'intermédiaire d'une autre personne morale, aux exigences de détention du capital et des droits de vote posées par la loi du 31 décembre 1990.

226.14 **Direction et gestion.** Les gérants, le président, les dirigeants, le président du conseil d'administration, les membres du directoire, le président du conseil de surveillance et les directeurs généraux, ainsi que les deux tiers au moins des membres du conseil d'administration ou du conseil de surveillance de la SAS doivent obligatoirement être choisis parmi les personnes exerçant la même profession que celle des sociétés détenues [1]. Toutefois, depuis la loi du 6 août 2015, ces règles peuvent être écartées si la SPFPL est détenue en majorité et droits de vote par toute personne physique ou morale qui exerce l'une quelconque des professions juridiques ou judiciaires, qu'elles soient établies en France ou dans un autre État membre de l'Union européenne ou partie à l'accord sur l'Espace économique européen ou dans la Confédération suisse. En ce cas, les organes de contrôle de la SPFPL doivent simplement comprendre au moins une personne exerçant la même profession que celle exercée par les sociétés faisant l'objet de la détention des parts ou actions [2].

SECTION 2
OBJET SOCIAL ET UTILISATION DE LA SPFPL

226.21 **Objet social restreint.** pour une SPFPL d'investir dans des sociétés commerciales développant une activité de commercialisation de biens et services de façon connexe et accessoire à l'exercice de la profession au sens de l'article 111 du décret du 27 novembre 1991 (par exemple une legaltech), ainsi que dans d'autres cabinets d'avocats ou développant une activité ressortant d'une autre profession réglementée du droit ou du chiffre dans l'espace économique européen (EEE – Loi du 31 décembre 1990, articles 31-1 et 31-2).

Les SPFPL peuvent aussi facturer aux sociétés détenues diverses prestations en relation directe avec leur objet et destinées exclusivement aux sociétés ou aux groupements dont elles détiennent des participations. Il est alors vivement recommandé de conclure une convention de prestations de services qui définisse les modalités d'intervention de la SPFPL.

Les revenus générés pourront s'imputer sur les frais financiers issus des emprunts contractés par la SPFPL pour l'acquisition des titres de participation, ce qui permettra une meilleure déductibilité des frais financiers supportés par la SPFPL et une économie d'impôt.

Il subsiste des interrogations sur les limites précises de l'objet social des SPFPL et plus généralement sur la vocation de celles-ci. Il faut retenir que la SPFPL n'est pas une société holding de droit commun et qu'elle n'a pas vocation à être un véhicule d'investissement recevant des fonds d'une provenance autre que le revenu des participations détenues. En revanche, il n'y a pas de restrictions légales sur la nature des placements réalisés par la SPFPL avec sa trésorerie.

226.22 **Outil de gestion patrimoniale.** La SPFPL est un outil de gestion financière et patrimoniale qui présente de nombreux intérêts.

La SPFPL permet de constituer une réserve de trésorerie à des conditions fiscales intéressantes grâce à une taxation retardée. En effet, les sommes qui sont distribuées à la SPFPL ne sont pas imposées immédiatement, mais seulement lorsque celles-ci sont distribuées à l'actionnaire de la SPFPL. Par ailleurs, les sommes qui remontent dans la SPFPL sont très faiblement imposées car elles bénéficieront du régime fiscal mère-fille dès lors que la participation détenue est supérieure à 5 % du capital [3].

La SPFPL joue donc un triple rôle pour les professionnels libéraux : elle retarde la fiscalité, elle permet une épargne optimisée puisque les sommes investies par la SPFPL n'ont supporté ni impôt sur le revenu ni cotisations sociales professionnelles, et elle constitue un « matelas » de trésorerie qui peut être utile pour maintenir sa rémunération en cas de baisse d'activité.

226.23 **Véhicule d'acquisition et de prise de participations.** La SPFPL est un véhicule d'acquisition et de prise de participations efficace car elle permet d'acquérir du capital d'une SEL à des conditions beaucoup plus avantageuses que si l'acquéreur utilisait des fonds qui ont supporté l'impôt sur le revenu et les charges sociales de l'acquéreur.

Dans ce scénario, la SPFPL est créée avec un capital faible par l'associé acquéreur. La SPFPL s'endette auprès d'une banque pour réaliser l'acquisition. Les intérêts d'emprunt peuvent être déduits au niveau de la SPFPL et l'emprunt est remboursé grâce à la remontée des dividendes versés par la société d'exercice libéral et qui correspondent à la participation acquise. C'est le mécanisme de LBO (*Leveraged Buy-Out*) [4].

1. L. n° 90-1258, 31 déc. 1990, art. 31-1, II.
2. L. n° 90-1258, 31 déc. 1990, art. 31-1, III.
3. Sur la fiscalité des SPFPL, v. s[s] n° 226.31.
4. V. s[s] n° 241.61.

Comme mentionné ci-dessus, en ce qui concerne la fiscalité de l'opération, la SPFPL peut bénéficier du régime mère/fille si elle détient au moins 5 % du capital de la société d'exercice. Les dividendes versés pour le remboursement de l'emprunt sont ainsi très faiblement imposés. Il résulte de ce schéma une capacité de remboursement optimisée pour l'acquéreur.

SECTION 3
FISCALITÉ DE LA SPFPL

226.31 **Fiscalité des SPFPL.** Les SPFPL sont en principe soumises à l'impôt sur les sociétés (sauf cas de la SARL unipersonnelle, mais qui peut opter pour l'impôt sur les sociétés). Le principal intérêt de la création d'une SPFPL réside dans l'avantage fiscal qui en résulte pour l'acquisition du capital d'une SEL. Pour assumer la charge financière liée au remboursement de l'emprunt, la SPFPL peut en effet utiliser soit le chiffre d'affaires résultant des prestations qu'elle réalise au profit des sociétés détenues, soit les dividendes distribués par ces sociétés, en tirant partie de deux dispositifs fiscaux réservés aux holdings.

La SPFPL peut bénéficier du régime fiscal favorable des sociétés mères prévu par les articles 145 et 216 du CGI. Suivant ce régime, les dividendes des filiales détenues à au moins 5 %, déjà taxés au titre de l'impôt sur les sociétés, sont quasiment exonérés d'IS. Par ailleurs, les intérêts de l'emprunt servant à l'acquisition sont déductibles de son résultat imposable.

Par ailleurs, la SPFPL qui détient au moins 95 % d'une société peut bénéficier du régime de l'intégration fiscale : les résultats fiscaux des sociétés du groupe intégré sont consolidés en vue de l'établissement de l'IS. Les bénéfices et déficits se compensent. Le déficit fiscal de la SPFPL, lié aux frais financiers et à l'amortissement des frais d'acquisition, peut être imputé sur le bénéfice de la cible et réduire la charge d'impôt. Il n'y a donc pas de déperdition fiscale. L'utilisation de la SPFPL permet ainsi un effet de levier intéressant, semblable aux opérations dites de LBO (*Leveraged Buy-Out*).

226.32 **Fiscalité des revenus versés par SPFPL.** Les revenus des Associés d'une SPFPL prennent essentiellement la forme d'un dividende.

Les dirigeants de la SPFPL peuvent également être rémunérés au titre de leur mandat social. Le régime fiscal et social du dirigeant est alors le même que celui applicable au SAS ou SARL suivant la forme sociale de la SPFPL.

Quant aux dividendes versés par la SPFPL, ceux-ci sont imposés à la flat-tax au taux de 30 % (12,8 d'impôt et 17,2 % de prélèvements sociaux).

Toutefois, une décision de la cour d'appel d'Aix-en-Provence du 11 juin 2021 semble remettre en cause l'imposition des dividendes aux prélèvements sociaux (17,2 %) en considérant que ces dividendes constituent un revenu professionnel et sont donc assujettis aux cotisations sociales professionnelles (environ 30 à 40 %).

Cette décision se fonde sur l'article L. 131-6 du code de la sécurité sociale lequel précise que les revenus de capitaux mobiliers (dividendes) versés à un travailleur indépendant sont assujettis aux cotisations sociales professionnelles lorsque le montant des dividendes versés est supérieur à 10 % du capital social.

La portée de cette décision est toutefois à relativiser :

1) Cet arrêt n'a fait l'objet d'aucun pourvoi et n'a été suivi par aucune autre cour d'appel jusqu'à aujourd'hui.

2) Il s'agit d'un arrêt d'espèce, non publié. Il a été considéré que les dividendes entraient dans l'assiette des cotisations professionnelles, fussent-ils versés *via* une SPFPL interposée entre la SELARL et le professionnel libéral concerné. L'arrêt n'avait cependant pas été commenté car d'une rédaction peu claire et dans un dossier où l'administration avait d'évidence entendu sanctionner certains errements du professionnel concerné.

3) Par ailleurs, le litige opposait un chirurgien-dentiste qui était le seul exerçant au sein de la Société. La cour a ainsi déduit que l'ensemble des bénéfices qui remontaient dans la SPFPL devaient donc nécessairement être qualifiés de revenus d'activité. La décision aurait probablement été différente dans un cabinet composé de plusieurs associés exerçants.

4) C'est certainement le point le plus critiquable, la cour d'appel a estimé que des cotisations sociales étaient dues alors même que les dividendes versés à la SPFPL n'avaient pas été versés à l'associé de la SPFPL. Ces sommes n'ont donc jamais été appréhendées par l'associé. Or tant que le bénéfice n'est pas distribué aux associés, il appartient à la société et ne devrait donc pas être qualifié comme un revenu d'activité.

Par ailleurs, si cette situation peut apparaître plus coûteuse en termes de trésorerie, elle se révèle en réalité neutre ou quasi neutre, et même plus intéressante pour les professionnels disposant de hauts revenus dépassant le plafond de la CNBF. En effet, si le montant des cotisations sociales ainsi payées est plus important, il s'agit de cotisations déductibles au niveau de la SEL qui règle les cotisations dues par son gérant et associé unique. Tel n'est pas le cas des prélèvements sociaux, non déductibles, de 17,2 % payés au titre de la flat-tax.

Ces sommes diminuent donc le résultat et par conséquent, le montant de l'IS à régler par la SEL.

226.33 Fiscalité en cas de cession de titres détenus par une SPFPL. En cas de cession de titres détenus par la SPFPL, une plus-value est susceptible d'être générée donnant lieu à une imposition suivant le régime des titres de participation.[1]

Les plus-values réalisées sur des titres détenus depuis au moins deux ans sont imposées au taux de 0 % mais donnent lieu à la taxation d'une quote-part de frais et charges de 12 % de la plus-value, réintégrée dans le résultat ordinaire de l'exercice (imposée à 25 %, voire 15 %).

Les plus-values réalisées sur des titres détenus depuis moins de deux ans sont réintégrées dans le résultat ordinaire de l'exercice. Ces plus-values sont donc imposées au taux de 25 %.

Il faut noter qu'une cession de titres détenus depuis moins de deux ans par une SPFPL peut avoir des conséquences fiscales très lourdes car une telle cession mettrait fin à l'application du régime mère-fille si à l'issue de la cession la SPFPL ne détient plus au moins 5 % du capital de la SEL.

L'économie d'impôt réalisée grâce à l'application du régime mère-fille est alors remise en cause. Dans ce cas la SPFPL est tenue de verser au trésor public une somme égale au montant de l'impôt dont elle a été exonérée indûment, majoré d'un intérêt de retard. Ce versement est exigible dans les trois mois suivant la cession.[2]

1. CGI art. 219, I, a, *quinquies*.

2. CGI art. 145.

TITRE

23. La transformation et la restructuration des structures d'exercice

SECTION 0

ORIENTEUR

23.00 Sommaire du titre.

CHAPITRE

231. Principales opérations de restructuration

SECTION 0
ORIENTEUR

231.00 **Sommaire du chapitre.**

SECTION 1
PROBLÉMATIQUES COMMUNES AUX OPÉRATIONS DE TRANSFORMATION ET DE RESTRUCTURATION

231.11 **Circonstances de la transformation et de la restructuration des structures d'exercice.** Même si la structure d'exercice idéale reste à inventer, en l'état actuel des textes, un ensemble de critères objectifs peut pousser les avocats à orienter leur choix vers deux types de structures : la SEL et l'AARPI. Cependant, l'histoire d'un cabinet n'est pas linéaire et de nombreux facteurs peuvent pousser les associés à vouloir envisager la transformation ou la restructuration de leur structure d'exercice.

Les motivations les plus fréquentes sont les suivantes :

– La volonté d'exercer dans une structure soumise à l'impôt sur les sociétés afin de bénéficier de :

• la possibilité de constituer des réserves ;

• la possibilité de distribuer des dividendes ;

• la possibilité de détenir ses titres sociaux *via* une SPFPL.

– La volonté de se protéger du risque financier en bénéficiant de la protection apporte par les structures à responsabilité limitée.

– La volonté de valoriser la structure.

Qu'il s'agisse du passage d'un exercice individuel à un exercice en société[1] ou de la transformation d'une société d'exercice en une autre, le législateur a prévu un certain nombre de dispositifs qui viennent atténuer les conséquences fiscales de ces transformations. En effet, sur le plan fiscal, la transformation d'un mode ou d'une structure d'exercice est le plus souvent considérée comme une cessation d'activité avec toutes les conséquences qu'elle peut entraîner sur le plan des plus-values et de l'imposition immédiate des bénéfices non encore taxés ou en sursis d'imposition.

231.12 **Principales conséquences fiscales des restructurations et transformations.** La règlementation fiscale doit faire partie de la réflexion des avocats souhaitant réorganiser leur activité.

Le changement de forme sociale peut entrainer un changement de régime fiscal appréhendé comme une cessation d'activité. La cessation d'activité a pour conséquence :

– L'imposition immédiate des créances acquises avec la possibilité de bénéficier d'un aménagement en application de l'article 202 *quater* du CGI. Cet article permet l'imposition des factures émises dans les trois mois précédant le passage à l'impôt sur les sociétés par la nouvelle structure à l'impôt sur les sociétés. Les factures de plus de trois mois sont quant à elle imposées immédiatement à l'impôt sur le revenu de l'associé. Un travail de recouvrement préalable au passage en société est alors vivement recommandé.

– L'imposition immédiate des plus-values latentes incluses dans l'actif social. Il s'agit ici principalement du traitement du fonds libéral de l'avocat lorsque celui-ci a été apporté à la société. L'article 202 *ter* du CGI permet toutefois de reporter

1. V. s[s] n° 231.21 s.

l'impôt exigible au jour du changement de régime fiscal à condition :

• que l'opération n'entraine pas la création d'une personne morale nouvelle ;

• que les immobilisations soient reprises au bilan de la structure de la société transformée ;

• que l'imposition de ces plus-values reste possible entre les mains des associés.

– L'imposition est reportée jusqu'à la date de la réalisation d'un des évènements suivants :

• cession à titre onéreux des parts sociales reçues en rémunération de l'apport ;

• rachat des parts par la société ;

• changement d'activité.

L'application d'un droit spécial de mutation. Tel est le cas en cas de transformation d'une SCP en SEL imposée à l'IS ou de l'option pour l'IS d'une SCP.

Le passage à l'IS étant constitutif d'une mutation pour l'administration fiscale, un droit d'enregistrement est normalement exigible sur certains apports réalisés à la constitution de la SCP. Ce droit d'enregistrement est un droit proportionnel calculé sur la valeur vénale du bien au jour du passage à l'IS qui s'élève à 3 % dans la limite de 200 000 euros et à 5 % au-delà de 200 000 euros. L'opération pourra toutefois bénéficier d'un dispositif favorable en étant simplement taxée au droit fixe conformément aux dispositions des articles des articles 809 et 810 III du CGI à condition que l'apporteur s'engage à conserver les titres pendant trois ans à compter du jour du passage à l'IS.

La restructuration peut être à l'origine de la fin d'un report d'imposition des plus-values latentes.

De nombreux avocats décident d'apporteur leur clientèle à leur cabinet. Cet apport est appréhendé comme une mutation à titre onéreux et donc générateur d'une plus-value taxable. Il est toutefois possible d'opter pour l'article 151 *octies* du CGI qui permet de bénéficier d'un report d'imposition sur cette plus-value. L'article 151-0 *octies* précise que ce report est maintenu à l'occasion d'évènements censés y mettre fin si ces évènements bénéficient eux-mêmes d'un report ou d'un sursis d'imposition. C'est par exemple le cas d'un apport de clientèle à une SCP suivie d'une transformation de la SCP en SEL. Ces deux opérations bénéficiant d'un report d'imposition, elles n'entrainent pas l'imposition de la plus-value au titre de la clientèle apportée par l'avocat à la société.

Lorsque la restructuration du cabinet implique des cessions de titres sociaux, il est potentiellement mis fin à un ou plusieurs report d'imposition.

Cette situation peut être difficile à appréhender pour l'avocat qui à exercer sous différentes formes car les plus-values mises en report peuvent avoir des natures différentes et donc suivre des régimes d'imposition et des mécanismes d'exonération ou d'abattement spécifiques.

SECTION 2
DE L'EXERCICE INDIVIDUEL BNC À LA SOCIÉTÉ UNIPERSONNELLE

231.21 **Objectifs du passage en société.** Les avocats exerçant à titre individuel sont depuis plusieurs années de plus nombreux à choisir l'exercice en société unipersonnelle. Le statut d'entrepreneur individuel de la loi du 14 février 2022 [1] bien qu'améliorant la protection de l'entrepreneur et lui donnant la possibilité d'opter pour l'impôt sur les sociétés ne présente pas la sécurité et la clarté qui résulte de la création d'une société unipersonnelle. L'avocat en exercice individuel qui décide du passage en société soumise à l'impôt sur les sociétés (SELARL ou SELAS) est donc motivé par :

– la protection de son patrimoine personnel ;

– la limitation du risque financier en cas de situation grave (recours aux procédures collectives) ;

– une amélioration de la gestion par la comptabilité d'engagement : Dans une comptabilité de caisse, la détermination du résultat imposable se fait en retenant les honoraires effectivement encaissés et les dépenses payées au cours de l'année d'imposition, tandis que dans une comptabilité d'engagement, la détermination se fait en retenant les factures émises et non encore réglées et les dettes certaines constituées des factures et charges (y compris les charges sociales) non réglées. Ceci présente l'avantage d'une meilleure visibilité sur l'évolution de l'activité, la possibilité d'un suivi comptable plus rigoureux et une meilleure anticipation de la situation de la trésorerie du cabinet ;

– la possibilité de constituer des réserves avec des sommes qui n'auront à supporter que l'impôt sur les sociétés plutôt que de devoir laisser sur le compte du cabinet des sommes qui doivent supporter l'IR et les charges sociales de l'avocat ;

– un lissage de la fiscalité et des charges sociales : l'exercice individuel en BNC entraîne, en cas de variations de revenu, des régularisations brutales en matière d'impôt sur le revenu et de charges sociales. Le passage en société permet à l'avocat d'avoir plus de maîtrise sur son revenu. Le revenu devient une charge déductible de la société. Le revenu imposable ne varie plus à la merci des encaissements mais correspond à une somme décidée par l'avocat ;

1. L. n° 2022-172, 14 févr. 2022 en faveur de l'activité professionnelle indépendante, *JO* 15 févr., n° 2.

– la possibilité de panacher son revenu entre rémunération d'activité et dividendes : Même si l'optimisation n'est pas spectaculaire, les dividendes qui bénéficient de la « Flat tax » ou PFU vont présenter un avantage qui s'accentue lorsque l'avocat est soumis à une tranche très élevée d'impôt sur le revenu ;

– la possibilité d'envisager une transmission progressive du cabinet au lieu d'une transmission en bloc du fonds libéral. En effet, l'avocat exerçant en société pourra céder des titres (parts sociales ou action) à un nouvel associé. L'acquéreur de parts sociales ou d'actions peut alors procéder à l'acquisition en constituant une société holding (SPFPL) [1].

231.22 Implications du passage en société. Le passage en société unipersonnelle constitue une cessation de l'activité de l'avocat entrainant :

– l'imposition du résultat de l'exercice non encore taxé selon les créances acquises et dettes engagées ;

– l'imposition des plus-values latentes sur les immobilisations existantes ;

– l'imposition de droits d'enregistrement exigibles sur certaines opérations notamment d'apport du fonds à une société.

Néanmoins, ces contraintes fiscales et sociales font l'objet d'aménagements prévus par le CGI. Si la cessation d'activité rend l'IRPP exigible sur les factures non encore encaissées, l'article 202 *quater* du CGI permet le report de toutes les factures de moins de 3 mois.

L'opération conduit également à la taxation des plus-values sur la valeur du fonds libéral mais celles-ci pourront bénéficier du sursis d'imposition prévu par l'article 151 *octies* du CGI.

En cas d'apport du fonds libéral, les droits d'enregistrement sont également gratuits si l'apporteur s'engage à conserver les titres pendant 3 ans, en vertu des articles 809 et 810-III du CGI.

Les comptes de l'avocat exerçant en individuel doivent être arrêtés dans les 60 jours de la date de cessation d'exercice sous le régime BNC et une déclaration 2035 doit être déposée auprès du SIE.

L'associé personne physique conserve son statut de TNS. Ses charges sociales sont déterminées sur le montant de ses rémunérations annuelles et sur la fraction des dividendes reçus par la société unipersonnelle qui excède 10 % du capital social (flat tax).

231.23 Traitement du fonds libéral. Si l'avocat apporte à la société son fonds libéral, le montant du capital social dépendra de la valeur de ce fonds libéral. Il devra alors être évalué par un commissaire aux apports. L'intervention du commissaire aux apports est obligatoire pour tous les apports en nature excédant une valeur de 30 000 euros [2].

L'avocat peut également céder son fonds libéral à la nouvelle société. Il s'agit néanmoins d'une opération coûteuse car celle-ci donnera lieu à une imposition de la plus-value constatée sur la valeur du fonds. La cession du fonds libéral a une société dont le cessionnaire est le seul associé peut faire débat. Elle fait notamment courir un risque fiscal si elle consiste à remplacer du revenu d'activité par du revenu de cession, plus avantageux sur le plan social et fiscal. Il est donc préférable d'envisager une telle cession lorsqu'elle précède un projet d'association. L'opération se justifie alors par le fait que le ou les nouveaux associés vont bénéficier de la clientèle cédée à la société d'exercice.

Enfin, l'avocat peut choisir de prêter son fonds libéral à la société, par le biais d'un contrat de commodat. Ce contrat fait l'objet d'un droit d'enregistrement de 125 euros et le prêteur reste propriétaire du fonds libéral et doit poursuivre un exercice fiscal BNC. Cela permet de faire exploiter son fonds libéral par la société sans le valoriser. La convention de commodat laisse à l'avocat la liberté d'y mettre fin à tout moment. Celui-ci pourra alors décider d'apporter ou de céder son fonds libéral si les circonstances s'y prêtent.

231.24 Mise en œuvre du passage en société. Les démarches sont celles d'une constitution de structure d'exercice, à savoir :

– rédaction des projets de statuts et des actes connexes (assemblée générale constitutive, bail ou convention portant sur les locaux...) ;

– ouverture d'un compte en banque au nom de la SEL et dépôt du capital (sauf si apport en nature) ;

– signature des statuts et des actes connexes ;

– envoi du dossier à l'Ordre des avocats ;

– inscription de la SEL au tableau de l'ordre ;

– après réception du procès-verbal des délibérations du conseil de l'Ordre, Formalités au greffe du TC.

Il est rappelé que l'avocat qui commence un exercice en société unipersonnelle ne change pas de régime social. Le numéro Urssaf de l'avocat reste le même.

231.25 Associés personnes morales d'une AARPI. L'avocat associé personne physique d'une AARPI est dans la même situation qu'un associé individuel BNC tant sur le plan juridique que fiscal ou social. Cependant, à la différence de l'individuel BNC, l'associé d'AARPI est potentiellement exposé à un risque financier plus important car il partage avec ses associés de manière indéfinie et conjointe tout le risque financier de la structure.

1. V. s[s] n° 241.61.

2. C. com., art. L. 223-9 et R. 223-6-1.

Les associés d'AARPI sont donc de plus en plus nombreux à opter pour la création de sociétés unipersonnelles leur permettant d'être associés personnes morales de l'AARPI, créant ainsi une protection grâce à la personnalité morale de la société unipersonnelle. Il faut rappeler que la limitation de responsabilité que procure la personne morale unipersonnelle ne porte que sur les dettes financières liées à l'exploitation de l'AARPI et ne concerne pas la responsabilité civile professionnelle de l'avocat[1].

La seconde motivation de la création d'une société unipersonnelle pour l'associé d'AARPI tient au fait que cette configuration va également permettre à l'associé de piloter sa propre rémunération en arbitrant lui-même entre rémunération et dividendes au niveau de la SEL dont il est l'associé unique.

231.26 Mise en place de sociétés unipersonnelles pour les associés d'une AARPI. Le siège des SEL unipersonnelles devra nécessairement être situé au lieu d'exercice de ce dernier, à savoir à l'adresse du siège social de l'AARPI. Il conviendra ainsi, pour justifier du siège social de la SELARLU, de conclure entre l'AARPI et chaque SELARLU, une convention de mise à disposition de locaux à titre gracieux. L'autorisation du bailleur ou l'information de ce dernier, si elles sont requises par le contrat de bail dont est titulaire l'AARPI, devront être obtenues ou effectuées selon le cas au préalable.

Les associés, personnes physiques, d'une AARPI sont propriétaires d'un fonds libéral qu'ils ont constitué au jour de leur prestation de serment. Ce fonds libéral, au moment de l'association de l'associé au sein de l'AARPI, a été apporté en jouissance à cette dernière qui exploite la clientèle attachée au fonds libéral de chaque associé, cette exploitation étant ainsi réputée être faite en commun entre les associés de l'AARPI. L'associé apporteur a donc conservé la propriété de son fonds libéral existant avant son association au sein de l'AARPI et l'a mis à disposition de l'AARPI pour la durée de son association, sans mise en indivision.

La constitution d'une SELARLU a pour conséquence que ce n'est plus l'associé personne physique qui sera réputé apporter en jouissance à l'AARPI son fonds libéral mais la SELARLU dont il est associé qui le mettra à disposition de l'AARPI. Dès lors, il convient d'organiser juridiquement l'accès de la SELARLU au droit d'exploiter cette clientèle. Ceci est indispensable puisqu'à défaut d'encadrement juridique de ce transfert de fonds, l'Administration fiscale pourra considérer l'opération comme une mutation déguisée. Ceci peut s'organiser par la mise en place d'une convention de commodat au terme de laquelle l'avocat prête son fonds libéral à sa société unipersonnelle qui, elle-même, l'apporte en jouissance à l'AARPI.

Un des intérêts principaux de cette opération est le passage à l'IS pour l'associé. Par conséquent, les associés opteront pour l'impôt sur les sociétés pour bénéficier de la possibilité d'arbitrer entre rémunération et dividendes.

L'article 238 *bis* K du Code général des impôts dispose que « Lorsque des droits dans une société ou un groupement mentionnés aux articles 8,8 *quinquies*, 239 *quater*, 239 *quater* B, 239 *quater* C ou 239 *quater* D sont inscrits à l'actif d'une personne morale passible de l'impôt sur les sociétés dans les conditions de droit commun ou d'une entreprise industrielle, commerciale, artisanale ou agricole imposable à l'impôt sur le revenu de plein droit selon un régime de bénéfice réel, la part de bénéfice correspondant à ces droits est déterminée selon les règles applicables au bénéfice réalisé par la personne ou l'entreprise qui détient ces droits ».

Ainsi, en application de cet article, l'AARPI devra déterminer le droit à résultat des associés personnes morales à l'IS en fonction des règles de la comptabilité d'engagement. Les associés personnes morales à l'IS peuvent coexister au sein de la même AARPI avec des associés personnes physiques qui sont soumises à l'impôt sur le revenu. Pour ces dernières, le résultat sera donc déterminé en application des règles de la comptabilité d'encaissement. L'AARPI tient alors une « double comptabilité ».

SECTION 3
TRANSFORMATION DE LA SCP EN SEL

231.31 Objectifs de la transformation de la SCP en SEL. Les objectifs sont généralement les mêmes que pour tout passage en SEL, à savoir la protection par rapport aux dettes et les avantages de la gestion à l'IS. Dans le cas de la SCP, il faut ajouter la protection face au droit de retrait de l'associé de SCP. En effet, ce droit de retrait d'ordre public permet à l'associé retrayant d'exiger le rachat de ses titres par les associés ou par la société. Ceci place la SCP dans une situation de grande vulnérabilité face aux retraits d'associés. Ce droit de retrait de l'associé de SCP a été la cause de très nombreux contentieux et la raison pour laquelle les avocats ne choisissent plus cette forme sociale. En revanche, il subsiste aujourd'hui de nombreuses SCP qui s'interrogent sur l'opportunité d'une transformation en SEL. Contrairement à de nombreuses idées reçues, cette transformation peut se faire sans conséquences fiscales négatives si elle est bien préparée et bien

1. D. Jensen, « Avocats : avantages du passage de l'exercice individuel BNC en société unipersonnelle à l'IS », *Village de la Justice*, avr. 2018 [En ligne].

gérée. L'ordonnance du 8 février 2023 n'a pas remis en cause le droit de retrait des associés de SCP[1].

Enfin, la SCP est moins attractive pour les nouveaux associés qui ne peuvent mettre en place une SPFPL pour procéder à l'acquisition de parts, ce mécanisme étant réservé aux sociétés d'exercice libéral.

231.32 Transformation d'une SCP en SEL : aspects juridiques. La transformation d'une SCP en SEL n'entraîne pas la création d'un être moral nouveau en application de l'article 1844-3 du code civil dès lors que cette transformation est « régulière ».

La transformation d'une SCP en SELARL ne nécessite aucune modification du capital puisqu'il n'y a pas de capital minimum requis, exception faite de la transformation en SELAFA qui exige un capital minimum de 37 000 euros. La même simplicité prévaudra en cas de transformation en SELARL en ce qui concerne d'éventuelles parts d'industrie puisque la SELARL peut accepter des associés en industrie[2]. L'intervention d'un commissaire à la transformation n'est pas non plus obligatoire en cas de transformation de SCP en SELARL puisque celle-ci n'est requise qu'en cas de transformation en une société par actions et non en une société dont le capital est représenté par des parts sociales. En revanche, la transformation en SEL requiert de respecter les conditions posées pour les sociétés commerciales concernant les comptes courants d'associés, qui ne peuvent être débiteurs contrairement aux comptes courants des associés de SCP.

Après information préalable du bâtonnier accompagné du projet de statuts de la nouvelle société[3], les associés pourront procéder à la transformation, aux conditions de majorité requises. En particulier, la transformation en SELAS exige l'unanimité des associés[4]. Le procès-verbal de la décision de transformation devra être enregistré et déposé au greffe avec une inscription modificative au registre du commerce.

231.33 Transformation d'une SCP en SEL : aspects fiscaux. Dans une vaste majorité des cas la transformation d'une SCP en SEL s'accompagne d'un changement de régime fiscal puisque la société passe d'un régime de société de personnes à l'assujettissement à l'impôt sur les sociétés[5]. Or, si la transformation de société sans modification de régime fiscal est considérée comme une opération intercalaire avec des conséquences fiscales réduites, le passage à l'IS est susceptible d'avoir un impact significatif puisque, en principe, les conséquences de la cessation d'activité sont applicables. Cependant, les plus-values latentes, bénéfices non encore taxés (en ce compris les créances acquises et non encore recouvrées) et bénéfices en sursis d'imposition ne seront pas immédiatement taxés si deux conditions sont respectées :

– aucune modification n'est apportée aux écritures comptables : la valeur comptable des éléments d'actifs n'est pas augmentée et les postes correspondant à des provisions et bénéfices en sursis d'imposition sont repris sans changement ;

– l'imposition des bénéfices et plus-values doit demeurer possible sous le nouveau régime d'imposition[6].

• **Droits de mutation.** Si les associés prennent l'engagement de conserver leurs titres de la nouvelle société pendant une durée de trois ans, seul un droit de mutation de 375 euros ou de 500 euros pour une société ayant un capital d'au moins 225 000 euros sera dû[7]. En l'absence de cet engagement de conservation, ce serait le droit de mutation de droit commun sur la clientèle apportée (3 % pour une fraction taxable comprise entre 23 000 euros et 200 000 euros ; 5 % au-delà) qui serait immédiatement exigible[8].

• **Plus-values.** Les plus-values sur les parts de la SCP transformée seront reportées à la date de la cession, du rachat par la société ou de l'annulation de ces parts en application de l'article 151 *nonies* III du CGI. Si ces parts, qui correspondent à l'apport fait par l'avocat au moment de la création de la SCP, avaient déjà fait l'objet d'un report d'imposition en application de l'article 151 *octies* du CGI, ce report est maintenu.

• **Créances acquises.** Le passage d'une comptabilité d'encaissement à une comptabilité d'engagement avec les incidences fiscales qui en résultent fait de la question des créances acquises un élément essentiel de la transformation. La transformation entraîne pour les associés de la SCP l'obligation de liquider l'impôt sur le revenu sur les honoraires facturés qui n'ont pas encore été encaissés. Pour éviter des conséquences fiscales que la situation personnelle des associés ne pourrait supporter, deux dispositions du CGI viennent aménager la situation. D'une part, l'article 1663 *bis* du CGI permet le

1. Ord. n° 2023-77, 8 févr. 2023 relative à l'exercice en société des professions libérales réglementées, *JO* 9 févr., n° 3, art. 22.
2. L. n° 2008-776, 4 août 2008.
3. Décr. n° 93-492, 25 mars 1993 pris pour l'application à la profession d'avocat de la loi n° 90-1258 du 31 décembre 1990 relative à l'exercice sous forme de sociétés des professions libérales soumises à un statut législatif ou réglementaire ou dont le titre est protégé, *JO* 27 mars, p. 4930, art. 4.
4. C. com., art. L. 227-3.
5. *BOI*-CESS-20-10-2013-0104.
6. CGI, art. 202 *ter*.
7. CGI, art. 810.
8. CGI, art. 809, II.

fractionnement de l'impôt dû sur les créances acquises moins les dépenses engagées non encore payées[1]. L'impôt est étalé sur deux à quatre années supplémentaires, soit un étalement sur trois à cinq ans si on compte l'année de l'opération. L'associé opte individuellement pour le bénéfice de ce régime et doit le faire dans les 60 jours qui suivent la transformation. D'autre part, l'article 202 *quater* du CGI[2] permet de transférer l'imposition des créances acquises de moins de trois mois à la société qui les recouvre. Ceci permet aux associés qui transforment leur SCP en SEL de n'être imposés individuellement que sur les créances de plus de trois mois. Les autres sont transférées à la SEL qui en assurera le recouvrement et les intégrera dans son résultat.

Il résulte de ces aménagements que le « couperet fiscal » que craignent les avocats envisageant de transformer leur SCP en SEL est largement atténué. Il faut néanmoins préparer une telle transformation avec soin[3]. Les SCP qui auraient laissé se développer un compte client d'un montant élevé doivent prendre toutes les dispositions pour diminuer celui-ci à l'approche de la transformation. Les factures irrécouvrables doivent être traitées et les efforts de recouvrement doivent être intensifiés.

231.34 Mise en œuvre de la transformation de la SCP en SEL. Les associés se poseront la question du choix de la forme sociale de la société transformée[4].

Un travail de « nettoyage » du compte client devra être engagé. L'objectif de ce travail consiste à :

- intensifier le recouvrement des créances anciennes susceptibles d'être payées ;

- procéder à un examen approfondi des créances résiduelles à plus de trois mois pour déterminer si celles-ci sont encore recouvrables. Pour les créances qui seront considérées recouvrables, l'étalement de l'impôt susvisé pourra être demandé ce qui donne généralement au cabinet un temps largement suffisant pour recouvrer ces sommes avant d'avoir à payer l'impôt correspondant.

Les associés veilleront également à ce que la transformation n'emporte pas la modification des écritures comptables et qu'aucune modification substantielle ne soit apportée au pacte social. Il faut préciser que l'administration fiscale ne considère pas que la transformation elle-même soit considérée comme une modification substantielle[5].

Le passage à l'IS nécessite d'établir un arrêté des comptes dans les 60 jours suivants la date de la cession d'exercice sous le régime des BNC et de déposer une déclaration fiscale n° 2035.

Sous réserve du régime de faveur prévu à l'article 202 *quater* du CGI, le résultat devra prendre en compte non seulement les factures encaissées et les charges réglées depuis le début de l'exercice en cours mais également des créances acquises et les dettes certaines, le résultat se trouvant de fait arrêté en la forme d'une comptabilité d'engagement.

Il faut préciser que par l'effet cumulé de la reprise des créances de moins de trois mois et le passage à la comptabilité d'engagement, le premier exercice après la transformation peut donner lieu à un résultat plus élevé qu'un exercice normal. Selon la saisonnalité des encaissements, les associés de la SCP pourront choisir de ne pas faire coïncider la transformation avec la clôture de l'exercice social.

SECTION 4
PASSAGE DE L'AARPI À LA SEL

231.41 Objectifs du passage de l'AARPI à la SEL. Le passage de l'exercice en AARPI à un exercice en SEL est une opération qui devient plus fréquente avec l'arrivée à maturité de cabinets qui avaient choisi la forme de l'AARPI au moment de leur création.

L'AARPI présente de nombreux attraits[6] qui tiennent à sa souplesse contractuelle et à l'absence de droits sociaux. C'est un mode d'exercice dépatrimonialisé. Or, ce sont justement ces avantages qui peuvent parfois être considérés comme des défauts quelques années plus tard. En effet, le ou les fondateurs d'une AARPI peuvent ressentir le besoin de voir leur contribution valorisée. Ils ont contribué au succès d'une structure qui accueille ensuite de nouveaux associés et ces fondateurs ne peuvent transmettre ni céder de droits sociaux.

C'est aussi la situation des fondateurs d'AARPI qui commencent à envisager la fin de leurs carrières et qui veulent modifier leur mode d'exercice pour ces mêmes raisons.

Enfin, les associés d'AARPI qui veulent un pacte social plus fort qui renforce le lien entre les associés tout en apportant les avantages de la gestion et du fonctionnement à l'impôt sur les sociétés pourront aussi être tentés par cette démarche.

231.42 Caractéristiques juridiques et implications du passage de l'AARPI à la SEL. Le passage de l'exercice en AARPI à la SEL n'est pas une transformation. L'AARPI n'a pas la personnalité morale. C'est un contrat auquel il faut mettre fin pour créer une entité nouvelle, à savoir une SEL à laquelle les

1. *BOI*-BNC-CESS-30.
2. *BOI*-BNC-CESS-20.
3. Ch. Thevenet, « Comment gérer le passage à l'impôt sur les sociétés », *D. avocats* 2013. 382.
4. Sur les critères de choix, v. ss nos 221.11 s.
5. *BOI*-ENR-AVS-20-30-10, n° 60, 12-09-2012.
6. Sur les caractéristiques de l'AARPI, v. ss nos 222.11 s.

associés de l'AARPI vont apporter leurs actifs qui étaient exploités au sein de l'AARPI. L'opération implique donc la dissolution de l'AARPI.

Différentes méthodes et approches sont possibles pour cette opération dont les ramifications juridiques et fiscales sont assez complexes. Ainsi, la dissolution peut ou non être suivie d'une liquidation de l'AARPI. Les AARPI de taille importante qui ont pu procéder à cette opération ont généralement pratiqué une dissolution sans liquidation.

231.43 **Mise en œuvre du passage de l'AARPI à la SEL.** La clé de cette opération se trouve dans la transition de l'activité du cabinet de l'AARPI dissoute à la SEL nouvellement créée. Ceci va se matérialiser par un traité d'apport aux termes duquel les associés vont apporter l'ensemble des éléments d'actifs et de passif affectés à l'exercice de leur profession à la nouvelle société.

Compte tenu du caractère dépatrimonialisé de l'AARPI, il sera considéré que les apporteurs de ces actifs et passifs en sont les propriétaires et débiteurs indivis et que les droits de chaque associé sont égalitaires dans l'indivision.

Le rapport du commissaire aux apports précisera que les immobilisations incorporelles, à savoir la clientèle, n'ont pas de valeur patrimoniale. Il précisera également que la valeur des éléments d'actif et de passif constitutifs de l'actif net est déterminée par référence à leur inscription dans les écritures et livres comptables de l'AARPI.

Sur le plan fiscal, en matière d'impôts directs, les parties se placeront sous le bénéfice du régime de neutralité fiscale prévu par la Réponse ministérielle Barrot[1] et que le traité d'apport précisera que l'opération relève du régime de neutralité fiscale prévu par les articles 210 B et 210 A du CGI.

En ce qui concerne les droits d'enregistrement, les dispositions des articles 809 I *bis* et 810 - III du CGI s'appliqueront selon lesquelles les droits d'enregistrement ne s'appliqueront pas en l'échange de la conservation des titres pendant trois ans ainsi que les articles 817 du CGI et 301-E de l'annexe II audit code.

Il faut préciser que les praticiens de cette opération considèrent que la neutralité fiscale résulte du maintien du caractère dépatrimonialisé de la structure d'exercice. Si la motivation des associés est de voir valorisée leur contribution d'origine au succès de l'AARPI, l'évolution vers une approche patrimonialisée de la nouvelle structure d'exercice devra se faire de manière progressive et étalée dans le temps.

1. AN du 25 mai 1987, p. 3025, n° 2282 réitéré au *BOI*-IS-CESS 20-20-2012-09.

TITRE

24. La transmission et la cession du cabinet d'avocats

SECTION 0
ORIENTEUR

24.00 **Sommaire du titre.**

CHAPITRE

241. Nature et techniques de la transmission

SECTION 0

Orienteur

241.00 **Sommaire du chapitre.**

SECTION 1

Risques et objectifs de la cession

241.11 **Enjeux de la transmission.** En raison de la démographie de la profession et d'un marché plus concurrentiel, la transmission des cabinets d'avocats revêt une importance particulière. Un jeune avocat ou cabinet en phase de croissance peut avoir intérêt à reprendre un cabinet bien exploité. Le repreneur bénéficie alors d'un positionnement, de la clientèle existante, des ressources humaines et des moyens matériels permettant de générer du chiffre d'affaires. Le cédant a bien entendu un intérêt financier à la cession, outre la satisfaction de voir son cabinet perdurer.

Depuis le début des années 2000, la transmission d'entreprise est considérée comme un enjeu économique global qui concerne l'ensemble des TPE et PME. Le pouvoir politique en a fait une priorité, voulant dynamiser la transmission et la reprise afin d'éviter les fermetures d'entreprises et les conséquences qu'elles peuvent avoir en termes de destruction d'emplois et de désertification territoriale. Le constat est notamment que :

- la gestion d'une entreprise par un dirigeant vieillissant sans projet de transmission entraîne un ralentissement des investissements et du chiffre d'affaires ;
- une mauvaise anticipation et préparation du projet de transmission entraîne un taux élevé d'échec ;
- il existe un décalage significatif entre les intentions de céder et les cessions effectives, ce phénomène s'accentuant avec l'augmentation des départs à la retraite des dirigeants d'entreprise au cours de la dernière décennie ;
- le ralentissement économique est plus marqué dans les territoires où les reprises échouent ; au contraire on observe une corrélation positive entre le dynamisme du taux de cession dans les territoires, le dynamisme du tissu économique et la jeunesse des dirigeants ;
- la mauvaise situation des transmissions résulte de freins bien identifiés à la reprise d'entreprise :
  - une information imparfaite : les cédants n'ont pas de visibilité sur les repreneurs disponibles et réciproquement ;
  - les prix souffrent généralement d'une survalorisation affective qui freine les transactions ;
- la transmission d'entreprise pâtit d'une image biaisée et défavorable :
  - la transmission est largement perçue comme l'ultime étape avant la retraite, elle est alors repoussée autant que possible, alors que plus de la moitié des cessions réussies se font avant 55 ans ;
  - les entrepreneurs potentiels privilégient la création – qui a fait l'objet d'une bonne valorisation par les pouvoirs publics – sur la reprise ;
- la transmission d'entreprise constitue une alternative moins risquée que la création, le taux de survie des entreprises récemment cédées étant supé-

rieur aux autres entreprises (60 % à 5 ans, contre 50 % pour les autres).

Cette analyse met en lumière, de façon intéressante, les freins et enjeux liés à la transmission aussi bien dans le secteur commercial que libéral. En particulier, il apparaît que, comme pour l'ensemble des TPE, la survalorisation fréquente des cabinets par les cédants est un frein à la reprise. De manière plus spécifique au secteur libéral, l'enjeu de la reprise sera le maintien d'une partie significative du chiffre d'affaires et donc le report de la clientèle.

241.12 Importance des facteurs de risque lors de la cession du cabinet. Le caractère profondément *intuitu personae* des relations entre l'avocat et son client constitue le risque principal de toute cession de cabinet d'avocats ou de droits sociaux dans une structure d'exercice. Plus le cabinet est petit, plus le caractère personnel de l'activité est renforcé et plus le risque est grand. Par ailleurs, ce risque est encore aggravé par la volatilité croissante des clientèles dans le domaine des prestations de service. La taille du cabinet n'est pas le seul facteur de risque, il faut y ajouter la dépendance excessive à l'égard de certains clients, la concurrence, les spécialités pratiquées, la localisation géographique, l'existence ou l'absence de possibilités de développement avec les clients existants...

La cession « en bloc » d'un cabinet individuel à un avocat tiers présente de très nombreux aléas pour le cessionnaire.

Une analyse détaillée de la nature et de la composition de la clientèle sera essentielle. Dans le cas d'un cabinet d'avocats, c'est la récurrence et la systématisation de tâches à faible valeur ajoutée qui augmentent la valeur de cession d'un cabinet alors qu'une clientèle aux besoins ponctuels et à forte valeur ajoutée nécessitant l'implication personnelle du cédant diminuent la valeur de cession.

241.13 Limites de la cession en cas de départ à la retraite. Les avocats qui prennent leur retraite souhaiteraient souvent voir dans la reprise de leurs cabinets un moyen de compléter leurs revenus après la cessation de leur activité. En raison des dispositifs fiscaux liés au départ à la retraite, ils ont aussi tendance à attendre pour céder dans l'espoir de bénéficier d'une exonération fiscale sur la plus-value[1].

Plutôt que de trop attendre une cession hypothétique, l'avocat doit privilégier la cession progressive des droits sociaux à ses associés et collaborateurs afin que la transmission des clients puisse se faire en sa présence et sous son contrôle. Même si les clients demeurent toujours libres du choix de leur conseil, une transmission progressive au sein du même cabinet au bénéfice d'avocats déjà connus par le client présente de plus grandes chances de succès qu'une cession qui interviendrait concomitamment au départ du cédant. L'anticipation est donc un facteur essentiel de la valorisation des droits sociaux.

La tentation d'attendre pour bénéficier d'une fiscalité favorable est souvent le fait d'avocats en exercice individuel qui cherchent à céder leur fonds libéral. Les exonérations portant sur les cessions d'activités à l'impôt sur le revenu sont généralement plus intéressantes que celles portant sur la cession de parts sociales. Cependant, en envisageant un passage en société, l'avocat individuel augmentera ses chances de réussir la transmission de son cabinet. En effet, plutôt que de devoir céder en bloc son fonds libéral, il pourra envisager des cessions progressives de droits sociaux. Le passage en société permettra aussi aux acquéreurs potentiels d'acquérir leurs parts de manière optimisée par la mise en place d'une SPFPL[2].

241.14 Cession de parts ou d'actions comme moyen de pérennisation du cabinet. Les cabinets qui ont intégré la pérennisation dans leur réflexion stratégique peuvent mettre en place des systèmes qui permettent la cession progressive de droits sociaux par les associés plus âgés aux plus jeunes. Un avocat dont le collaborateur aurait vocation à lui succéder pourrait convenir avec celui-ci de lui céder progressivement des parts ou actions de la société d'exercice. Le collaborateur et futur associé y gagne une meilleure visibilité et des perspectives intéressantes pour sa carrière. L'avocat cédant peut ainsi « patrimonialiser » son outil de travail, ce qui pourrait s'avérer difficile s'il attendait le dernier moment pour le faire. De tels accords nécessitent à la fois une confiance et un respect mutuels des parties et supposent que le ou les cédant(s) soient disposés à transférer un peu de leur pouvoir alors qu'ils sont toujours en exercice.

SECTION 2
CESSION DU FONDS LIBÉRAL

241.21 Reconnaissance de la licéité de la cession de la clientèle civile. Pendant une longue période, la clientèle civile est demeurée hors commerce, la jurisprudence[3] étant fermement opposée à toute possibilité pour le praticien libéral d'en disposer moyennant une contrepartie financière. La spécificité de l'activité libérale, fondée sur le lien de confiance existant entre le client (ou patient) et le praticien justifiait, pour les tenants d'une concep-

1. Sur la fiscalité de la cession, v. s[s] n° 244.11.

2. Sur le mécanisme de LBO, v. s[s] n° 241.61.

3. T. civ. Seine, 3e ch., 25 févr. 1846, *DP* 1846. 3. 62 ; *S.* 1846. 2. 142 ; *Gaz. tribunaux* 28 févr. 1846 – Civ. 16 mars 1943, *JCP* 1943. II. 2289, note Voirin – Civ. 1re, 23 janv. 1968, *D.* 1969. 177.

tion « classique » de la profession libérale, cette position rigoriste. Les cessions de clientèle étaient donc systématiquement annulées par les juridictions sur le fondement de l'article 1128 du code civil selon lequel seules les choses dans le commerce peuvent faire l'objet de convention.

Afin de contourner cette interdiction, la pratique a imaginé des conventions de cession du droit de présentation de clientèle civile, dont la validité était admise par la jurisprudence, au contraire de celle des conventions de cession de clientèle. Ces conventions reposaient sur des obligations de faire (actes positifs de présentation de la clientèle) et de ne pas faire (obligation de non-réinstallation) à la charge du cessionnaire, qui relevaient de la simple obligation de moyens. Au final, le cédant, pourvu qu'il ait respecté ses engagements, n'était pas tenu au succès de l'opération et ne pouvait se voir reprocher le fait que certains clients n'avaient pas reporté leur confiance sur son successeur.

Une partie de la doctrine était donc devenue favorable à la reconnaissance du fonds libéral [1] et, après un débat nourri, y compris par les tribunaux [2], la Cour de cassation a opéré un revirement de jurisprudence dans un arrêt de principe du 7 novembre 2000 [3], en reconnaissant explicitement l'existence du fonds libéral et la validité des conventions organisant sa cession. Cet arrêt a permis « d'ouvrir les yeux sur ce que d'aucuns refusaient de voir, l'existence du fonds libéral derrière le voile du droit de présentation », comme souligné par le professeur Jean-Jacques Daigre [4]. La Cour de cassation n'a pas, pour autant, dénié au fonds libéral sa spécificité puisqu'elle a pris la précaution de poser, comme condition de validité de la convention de cession, le respect de la liberté de choix du client quant à son praticien. Cette décision constitue un changement profond en ce qu'elle reconnaît la patrimonialité de la clientèle d'un professionnel libéral.

Au plan fiscal, la réalité du fonds libéral a été reconnue avec pragmatisme dès 1948 [5]. Les dispositions fiscales, reprises à l'actuel article 720 du CGI, étendent en effet les conséquences des cessions de fonds de commerce ou de clientèles aux conventions dites de successeur, c'est-à-dire toute convention ayant pour effet de permettre à une personne d'exercer une profession, une fonction ou un emploi occupé par un précédent titulaire.

241.22 Composition du « fonds libéral ». Dans deux arrêts en 2001 et 2002 [6], la Cour de cassation a apporté des précisions concernant les éléments composant le fonds libéral : la clientèle civile, de même que les matériels et les locaux forment ensemble le fonds d'exercice libéral.

Par la suite, la Cour de cassation n'est pas revenue sur la notion et la composition du fonds libéral, les décisions postérieures étant surtout relatives à la cession de clientèle [7]. Ainsi, s'il est désormais est bien établi que la cession de clientèle est licite, à condition que soit sauvegardée la liberté de choix du patient, certains auteurs se demandent s'il faut analyser les décisions depuis 2004 comme un recul de la jurisprudence initiée par la Cour de cassation sur la reconnaissance du fonds libéral [8].

Par ailleurs, la formulation adoptée par la Cour de cassation dans ses arrêts de 2001 et 2002 est assez restrictive : ne pourraient être inclus dans les éléments du fonds les droits de propriété intellectuelle tels que le nom, le logo, le site internet, etc.

Ainsi, en l'absence de construction prétorienne complète concernant la composition du fonds libéral et son régime, lequel nécessiterait une intervention législative comme en matière de fonds de commerce [9] et de fonds artisanal [10], il est recommandé de prendre toute précaution dans la rédaction de l'acte de cession quant à son objet et à l'identification des éléments cédés.

À l'instar du fonds de commerce, il peut être considéré que le fonds libéral est un ensemble d'éléments affectés à l'attraction, à la conservation et au développement de la clientèle [11]. Il comprend donc :

– des éléments incorporels : clientèle, droit au bail, marques, logos, logiciels ;

1. F. Vialla, *L'introduction du fonds libéral en droit positif français,* « Bibliothèque de droit de l'entreprise », Litec, 1999.
2. TGI Meaux, 24 juin 1999, *JCP E* 1999. 1589, note F. Vialla.
3. Civ. 1re, 7 nov. 2000, n° 98-17.731, *Bull. civ.* I, n° 283 ; *D.* 2001. 2400, et les obs., note Y. Auguet ; *D.* 2001. 2295, chron. Y. Serra ; *D.* 2001. 3081, obs. J. Penneau ; *D.* 2002. 930, obs. O. Tournafond ; *RDSS* 2001. 317, note G. Mémeteau ; *RTD civ.* 2001. 130, obs. J. Mestre et B. Fages ; *RTD civ.* 2001. 167, obs. T. Revet ; *JCP G* 2001. II. 10 452, note F. Vialla ; *JCP E* 2001. 419, note G. Loiseau – J.-J. Daigre, « Une révolution pour les professions libérales : la consécration du fonds libéral », *JCP N*, n° 29, 20 juill. 2001, p. 1235.
4. J.-J. Daigre, « Une révolution pour les professions libérales : la consécration du fonds libéral », *JCP N*, n° 29, 20 juill. 2001, p. 1235.
5. Décr. n° 48-1986, 9 déc. 1948 portant réforme fiscale, *JO* 1er janv. 1949, p. 60, art. 196.
6. Civ. 1e, 2 mai 2001, n° 99-11.336, *Bull. civ.* I, n° 110 ; *JCP* 2001. II. 10062, note Barret ; *D.* 2002. 759, note W. Dross – Civ. 1e, 19 févr. 2002, n° 99-21.085, NP ; *RJPF* mai 2002, p. 25, obs. Vauvillé.
7. Civ. 1e, 20 janv. 2004, n° 00-15.313, NP – Civ. 1e, 30 juin 2004, n° 99-20.286, *Bull. civ.* I, n° 195 ; *D.* 2005. 409 ; *D.* 2005. 403, obs. J. Penneau.
8. G. Chabot, fasc. 3360 « Fonds libéral – Cession », *JCP E,* 6 juill. 2021, §26.
9. C. com., art. L. 141-1 s.
10. L. n° 96-603, 5 juill. 1996 relative au développement et à la promotion du commerce et de l'artisanat, *JO* 6 juill., p. 10199, art. 22.
11. F. Vialla, *L'introduction du fonds libéral en droit positif français,* « Bibliothèque de droit de l'entreprise », Litec, 1999.

– des biens corporels : mobilier, matériels, documentation ;

– le bénéfice de contrats en cours : contrats de travail, contrats de collaboration, crédits-baux de matériel, contrats fournisseurs, etc.

S'agissant du droit au bail, il convient de remarquer que la situation est différente selon s'il s'agit d'un bail professionnel [1], d'un bail mixte soumis aux baux d'habitation [2], ou d'un bail commercial [3]. Dans les deux premiers cas, le titulaire d'un bail professionnel ne peut pas transférer librement le bail, sauf si le contrat de location le prévoit. Au contraire, toute clause tendant à interdire au locataire de céder son bail commercial à l'acquéreur de son entreprise est réputée non écrite [4]. Il importe de se référer aux clauses du bail concernant les modalités d'information du bailleur, d'agrément du repreneur et de formalisation de la cession, et de respecter les dispositions relatives au droit de préemption urbain [5]. Par ailleurs, le droit au renouvellement dont bénéficie le titulaire d'un bail commercial, à l'inverse du bail professionnel ou du bail mixte, peut être un élément décisif pour la reprise du bail. En l'absence de droit au renouvellement, le preneur peut préférer opter pour une renégociation immédiate du bail ou le choix d'un déménagement.

Suivant l'article L. 1224-1 du code du travail, les contrats de travail des collaborateurs salariés sont transférés au successeur, aux mêmes conditions de salaire, d'ancienneté et d'avantages acquis.

En revanche, le transfert des contrats de collaboration suppose l'accord des parties (collaborateur et repreneur).

241.23 Formalisme. Si les règles édictées pour la cession du fonds de commerce [6] ne sont pas applicables, un certain formalisme doit être respecté :

– la cession d'un fonds libéral dépendant d'une communauté de biens entre époux requiert l'accord du conjoint [7] ;

– la cession du droit au bail doit être signifiée au bailleur suivant l'article 1690 du code civil, sauf renonciation expresse par le bailleur ;

– l'acte doit être enregistré dans le délai d'un mois [8] ;

– les règlements intérieurs des barreaux prévoient généralement l'information de l'ordre [9].

Le cédant, qui cesse son activité professionnelle, doit faire une déclaration de cessation d'activité après du SIE dans les 60 jours [10].

SECTION 3
CESSION DE TITRES SOCIAUX

241.31 Notion de titres sociaux. La cession du cabinet d'avocats peut être réalisée par la cession du fonds libéral, ou par la cession des titres sociaux (parts sociales ou actions) composant le capital social de la société exploitant ce fonds. Les parts sociales ou actions représentent une fraction du capital social de la société d'avocats. Elles confèrent à leur titulaire le droit au partage des bénéfices (droits pécuniaires) et le droit de participer à la vie de la société (droits extra-pécuniaires). Les actions ou parts sociales ont une valeur économique prenant en compte la valeur réelle du patrimoine social et/ou la perspective de bénéfices futurs, ces deux notions étant en réalité interdépendantes. La valeur des droits sociaux des SCP et SEL inclut la quote-part de la valeur représentative de la clientèle, étant précisé que les associés peuvent adopter dans leurs relations des clauses de valorisation voire exclure la quote-part représentative de la clientèle [11]. Elle prend en compte les droits politiques particuliers dont bénéficie le titulaire des droits sociaux.

L'acquisition du cabinet peut être réalisée par rachat de l'intégralité ou de la majorité du capital de la société. La différence entre la reprise du fonds libéral et l'acquisition de la société qui l'exploite est fondamentale : dans le premier cas, le repreneur acquiert uniquement les actifs qui constituent le fonds libéral, sans les passifs de la société, dans le second cas, il reprend l'intégralité des actifs et passifs de la société. En plus du fonds, il reprend donc tout ce qui se trouve au bilan (immobilisations, garanties, disponibilités en banque, compte client, capitaux propres, dettes...).

241.32 Garantie d'actif et de passif. En matière de cession de droits sociaux, la protection offerte par les garanties légales de vices cachés et de non éviction est quasi inexistante. La pratique est donc de prévoir des clauses contractuelles destinées à prémunir l'acquéreur contre l'apparition, postérieurement à la cession, d'un événement dont la cause lui est antérieure et qui se traduirait par un accrois-

1. L. n° 86-1290, 23 déc. 1986 tendant à favoriser l'investissement locatif, l'accession à la propriété de logements sociaux et le développement de l'offre foncière, *JO* 24 déc., p. 15531, art. 57 A.
2. L. n° 89-462, 6 juill. 1989, tendant à améliorer les rapports locatifs et portant modification de la loi n° 86-1290 du 23 décembre 1986, *JO* 8 juill., p. 8541.
3. C. com., art. L. 145-1 s.
4. C. com., art. L. 145-16, al. 1.
5. C. urb., art. L. 214-1.
6. C. com., art. L. 141-1 s.
7. C. civ., art. 1424.
8. Pour les droits d'enregistrement, v. s[s] n° 243.32.
9. Concernant le barreau de Paris : RIBP, art. 73.9.
10. CGI, art. 202.
11. V. s[s] n° 221.61.

sement d'un passif ou d'une diminution de l'actif de la société :

- la garantie de passif met à la charge du cédant toute augmentation du passif social (par exemple : un redressement fiscal ou un contentieux prud'homal) dont la cause ou l'origine est antérieure à une date déterminée (généralement la date de l'établissement du bilan de référence en fonction duquel les parties ont fixé le prix de cession) et qui viendrait à se révéler après cette date ;
- la garantie d'actif met à la charge du cédant toute diminution de l'actif social (par exemple la diminution du montant des immobilisations ou des créances clients) constatée après une date déterminée (généralement la date du bilan de référence) mais dont la cause est antérieure ;
- la garantie d'actif net met à la charge du cédant toute diminution de l'actif net : dans ce cas les variations des postes d'actif et de passif constatées se compensent entre elles.

En pratique, les parties se basent sur un bilan de référence, qui fait l'objet d'un audit de la part de l'acquéreur pour établir le prix de cession. La garantie va porter sur les éléments de ce bilan et, éventuellement, sur la période intercalaire, c'est-à-dire celle se situant entre la date du bilan de référence et la date de la cession. Certains éléments du passif et/ou de l'actif peuvent être exclus de la garantie. En sus, il est d'usage que le cédant effectue certaines déclarations sur la situation juridique, fiscale, sociale, comptable et financière de la société et/ou sa gestion : caractéristiques principales de la société, sincérité des comptes, postes d'actif et de passif, engagements hors bilan, emprunts bancaires, absence de litiges de nature prud'homale, fiscale ou sociale ou litiges prévisibles, etc. Ces déclarations sont généralement suivies d'une clause selon laquelle tout préjudice résultant de déclarations incomplètes ou inexactes donnera lieu à indemnisation.

La garantie est généralement plafonnée et soumise à un seuil de déclenchement et/ou une franchise. La durée de la garantie doit être précisée : elle correspond généralement aux délais de prescriptions en matière fiscale et/ou contractuelle. Enfin, elle peut faire l'objet d'une « garantie de la garantie » par séquestre d'une partie du prix de vente, garanties bancaires, garanties personnelles, etc.

Les clauses de garantie doivent être soigneusement rédigées de façon à ce que l'étendue de l'engagement du cédant et les modalités de mise en œuvre de sa garantie soient non équivoques. Elles donnent lieu à un contentieux abondant. L'intervention d'un avocat compétent en la matière est indispensable.

241.33 **Agrément.** La cession de parts sociales ou actions de SCP et de SEL à un tiers non associé est obligatoirement soumise à l'agrément des associés, les statuts pouvant imposer l'agrément également dans le cas d'une cession à un associé. Pour la SCP, l'accord des associés représentant au moins les trois quarts des parts sociales est requis, les statuts pouvant imposer une majorité plus forte ou l'unanimité[1]. L'agrément est soumis à une procédure très précise :

- le projet de cession de parts sociales est notifié à la société et à chacun des associés par RAR ;
- la société dispose d'un délai de deux mois pour faire connaître sa position par RAR, le consentement à la cession résultant de la notification de son acceptation ou du défaut de réponse ;
- si la société refuse d'agréer le cessionnaire, elle doit proposer au cédant le rachat de ses parts[2].

Par application de l'article 10 de la loi du 31 décembre 1990, les cessions de parts ou actions de SEL à un tiers requièrent, par dérogation aux dispositions de droit commun pour les SARL, SA, société en commandite et SAS, l'agrément des associés exerçant au sein de la société, aux conditions de majorité suivantes :

- pour les SELARL : les trois quarts des porteurs de parts exerçant la profession au sein de la société ;
- dans les SELAFA, les deux tiers des actionnaires, ou les deux tiers des membres du conseil d'administration ou du conseil de surveillance, exerçant au sein de la société ;
- dans les SELCA, les deux tiers des associés commandités ;
- dans les SELAS, les deux tiers des associés exerçant dans la société[3].

Ces règles de majorité ont été maintenues par l'ordonnance du 8 février 2023[4]. Toutefois, suivant la loi du 6 août 2015, ces dispositions dérogatoires sont écartées lorsque plus de la moitié du capital et des droits de vote de la SEL est détenue par des personnes physiques ou morales exerçant la profession d'avocat ou l'une quelconque des professions juridiques et judiciaires, en France ou en Europe[5]. Ainsi, à l'exception de la SELARL, pour lesquelles le consentement de la majorité des associés représentant au moins la moitié des parts sociales est au minimum exigé[6], la liberté statutaire prévaut.

1. L. n° 66-879, 29 nov. 1966 relatives aux sociétés civiles professionnelles, *JO* 30 nov., p. 10451, art. 19, al. 1er et Ord. n° 2023-77, 8 févr. 2023 relative à l'exercice en société des professions libérales réglementées, *JO* 9 févr., n° 3, art. 23.
2. L. n° 66-879, 29 nov. 1966, art. 19, al. 3 – Décr. n° 92-680, 20 juill. 1992 pris pour l'application à la profession d'avocat de la loi n° 66-879 du 29 novembre 1966 relative aux sociétés civiles professionnelles, *JO* 22 juill., p. 9799, art. 25.
3. L. n° 90-1258, 31 déc. 1990, art. 10, al. 3 à 5.
4. Ord. n° 2023-77, 8 févr. 2023, art. 75, 76 et 77.
5. L. n° 90-1258, 31 déc. 1990, art. 10, al. 6 mod.
6. C. com., L. 223-14.

241.34 Formalisme juridique et fiscal. Le contrat de cession de parts sociales ou d'actions de SCP ou de SEL au bénéfice d'un tiers à la société qui va exercer la profession au sein de la société est impérativement conclu sous la condition suspensive de l'inscription au tableau du cessionnaire parmi les associés de la société. Le cessionnaire adresse au bâtonnier, une demande afin de figurer au nombre des associés de la société, sur la liste prévue à cet effet au tableau de l'ordre. La demande doit être accompagnée, sous peine d'irrecevabilité, d'une copie certifiée conforme de l'acte de cession de parts sociales ou d'une attestation du transfert sur les registres de titres de la société, s'il s'agit d'une société par actions, ainsi que de toutes pièces justificatives, notamment celles qui sont exigées des personnes demandant leur admission au tableau, et, lorsque le cessionnaire appartient à un barreau autre que celui de la société, de l'avis du conseil de l'Ordre du barreau dont il relève[1].

En outre, les dispositions de droit commun doivent être respectées :

- en cas d'acquisition au moyen de biens de la communauté, l'époux acquéreur doit en informer son conjoint et justifier de cette information dans l'acte de cession[2] ;
- en cas de cession de droits sociaux dépendant d'une communauté de biens entre époux, l'accord du conjoint est requis[3] ;
- l'acte doit être enregistré dans le délai d'un mois[4] ;
- la cession de parts sociales de SELARL est rendue opposable aux tiers par dépôt des statuts avec la nouvelle répartition du capital en annexe du Registre du commerce et des sociétés ;
- la cession de parts sociales de SCP est rendue opposable aux tiers par dépôt de l'acte de cession en annexe du Registre du commerce et des sociétés.

SECTION 4
CONTENU DU CONTRAT DE CESSION

241.41 Contrat de cession. Importance des clauses de transmission de la clientèle. La cession du cabinet, que ce soit par cession du fonds libéral ou des parts ou actions de la société d'exploitation, suppose un contrat écrit qui doit être rédigé avec une grande attention pour l'ensemble de ces clauses et particulièrement celles visant à assurer le maintien de la clientèle. L'opération comporte en effet une part d'aléa importante quant à son succès compte tenu de la nature du rapport existant entre l'avocat et son client qui reste, comme le rappelle la Cour de cassation, libre du choix de son conseil. Il s'agit alors de réduire le plus possible cet aléa en mettant à la charge des parties un ensemble d'obligations dont la bonne exécution favorise le report de la confiance sur le successeur et la poursuite de l'exploitation du cabinet dans de bonnes conditions. Cela étant, ces obligations n'auront d'effet que si la cession a été minutieusement préparée par le cédant et le repreneur avec un examen exhaustif et précis de la typologie de la clientèle, des dossiers, des points forts et points faibles du cabinet, examen qui doit être mené pour la valorisation du cabinet, comme vu ci-dessus, mais également afin de vérifier l'adéquation du profil du repreneur (domaines d'activité, niveau technique, pratique professionnelle, spécialisations, approche des dossiers, gestion de la relation client, etc.) avec le profil du cabinet, ainsi que la pertinence du projet de reprise au regard de sa stratégie de développement.

S'agissant d'avocats, professionnels du droit, les juges du fond considèrent que les conventions de cession doivent leur tenir lieu de loi, dès lors qu'il appartient aux signataires, particulièrement éclairées sur le contenu et les difficultés potentielles susceptibles d'advenir, d'en tenir compte lors des négociations[5].

241.42 Présentation de la clientèle. La transmission suppose une présentation de la clientèle qui doit favoriser au mieux le report de la confiance sur le cessionnaire et la reprise du cabinet dans les meilleures conditions possibles. L'acte de cession doit préciser les modalités d'exécution de l'obligation de présentation, par exemple :

- envoi de lettres personnalisées à l'ensemble des clients, prescripteurs et prospects destinés à leur présenter le successeur et à les inviter à poursuivre les relations avec lui ;
- réception commune des clients par le cédant et son successeur ;
- rendez-vous de présentation avec les clients identifiés comme importants ;
- démarches en vue de l'agrément du successeur par certains clients institutionnels (banques, compagnies d'assurances, grandes entreprises).

En tout état de cause, la simple remise de la liste des clients et des dossiers ne suffit pas. La présentation de la clientèle suppose en effet une démarche active et rigoureuse de la part du cédant. Même si elle ne peut constituer qu'une simple obligation de moyen et non de résultat, elle doit être exécutée de bonne foi. Elle est en effet une obligation essentielle

1. POUR les SCP : Décr. n° 92-680, 20 juill. 1992, art. 24, al. 1 – POUR les SEL : Décr. n° 93-492, 25 mars 1993, art. 11.
2. C. civ., art. 1832-2.
3. C. civ., art. 1424.
4. Pour les droits d'enregistrement, v. s[s] n° 244.12.
5. Paris, 10 févr. 2009, RG n° 07/11298.

pour la réussite de l'opération. Son exécution nourrit d'ailleurs un important contentieux ordinal. Outre les conséquences civiles découlant de l'inexécution d'un engagement contractuel essentiel, la violation des engagements du cédant à cet égard est d'ailleurs susceptible de constituer une faute déontologique, en raison des manquements aux obligations de probité, d'honneur et de délicatesse.

Il est recommandé de prévoir dans l'acte de cession un délai dans lequel ces initiatives et démarches de présentation doivent être effectuées par le cédant. Il est également recommandé que ce délai soit court. Le contrat de cession peut également prévoir les éléments de langage devant être utilisés par le cédant pour présenter le cessionnaire. Il est notamment préférable que le cessionnaire soit présenté comme un « successeur » du cédant et non simplement comme une personne qui a « racheté la clientèle ».

241.43 Clauses de non-concurrence, de non-sollicitation ou de non-rétablissement. Suivent les dispositions du droit commun de la vente, le cédant est tenu à une obligation de délivrance[1] du fonds libéral cédé, ainsi qu'aux garanties légales de non éviction[2] et de vices cachés[3]. La jouissance paisible du fonds acquis suppose que le cédant s'abstienne de conserver sa clientèle. Compte tenu de la spécificité de la relation entre l'avocat et son client, la mise en œuvre de ces garanties s'avère délicate et il est d'usage courant de les renforcer par des clauses spécifiques adaptées aux particularités de chaque cabinet, en fonction de son activité, de son implantation géographique et rayonnement local, régional ou national, du degré *d'intuitu personae* avec les clients ou prescripteurs, de la force d'attraction du nom cédé, etc. Ces clauses ont, *a fortiori,* vocation à être retenues pour les cessions de titres sociaux.

Ces clauses peuvent être schématiquement regroupées en trois catégories : clauses de non-démarchage (plus précisément de non-sollicitation), clauses de non-concurrence et clauses de non-rétablissement. Les termes doivent être choisis avec attention afin de bien mesurer la portée des engagements du cédant. À titre d'exemple, en présence d'une clause interdisant au cédant de « démarcher » directement ou indirectement les clients, à l'exception des clients identifiés dans une liste en annexe de l'acte, alors que le démarchage était encore totalement prohibé pour les avocats, la cour d'appel de Paris a considéré que la clause s'entendait comme une clause de non-concurrence interdisant au cédant de travailler avec l'un quelconque des clients non visé dans la liste[4]. Les obligations de non-sollicitation, non-réinstallation et non-concurrence, qui doivent être adaptées à chaque cas, sont utilement combinées.

La difficulté est de parvenir à concilier les obligations mises à la charge du cédant avec deux principes fondamentaux : d'une part, la liberté de choix du client et, d'autre part, la liberté d'exercice du professionnel libéral, qui procède de la liberté du travail et d'entreprendre. La liberté de choix du client doit impérativement être respectée. Ainsi, la clause qui obligeait un notaire cédant à reverser au cessionnaire, pendant une période de dix années, un pourcentage des rémunérations reçues d'anciens clients a été invalidée par la Cour de cassation au motif que, soumettant le cédant à une pression sévère de nature, sinon à refuser de prêter son ministère, du moins à tenter de convaincre le client de choisir un autre notaire, la clause ne respectait pas la liberté de choix de cette clientèle[5].

L'obligation de non-sollicitation est de ce point de vue la plus aisée à admettre. Il n'est en effet pas contestable que le cédant doit s'abstenir de tout acte de sollicitation vis-à-vis de la clientèle cédée au titre de son obligation de non-éviction. Il est alors utile d'établir une liste précise des clients, prospects et prescripteurs concernés, afin d'éviter toute ambiguïté. Les actes interdits pourront inclure tous actes de sollicitation personnalisée et de publicité personnelle, telles que définies par l'article 10 du RIN, mais également, par exemple, la réponse aux appels d'offres.

La clause de non-réinstallation, aux termes de laquelle le cédant va s'interdire d'exercer dans un périmètre géographique déterminé pendant une certaine période, est admise. Elle doit être interprétée strictement compte tenu de la liberté de choix du client et de la liberté d'exercice du professionnel libéral. Ainsi, dans un arrêt de 2015 concernant une infirmière libérale sur laquelle pesait une obligation de non-réinstallation et qui s'était rétablie dans une commune limitrophe à celle interdite et rendait visite à de nombreux clients situés sur cette dernière, la Cour de cassation, après avoir indiqué que *« les clauses de non-réinstallation conclues entre professionnels de santé, susceptibles de porter atteinte tant à la liberté d'exercice de la profession qu'à la liberté de choix des patients, sont d'interprétation stricte et ne peuvent être étendues au-delà de leurs prévisions »* a censuré la cour d'appel pour ne pas avoir caractérisé d'élément de nature à démontrer l'existence d'un détournement de patientèle. Certes, l'espèce concernait un professionnel de santé, mais la solution paraît

1. C. civ., art. 1604 s.
2. C. civ., art. 1626 s.
3. C. civ., art. 1641 s.
4. Paris, 9 févr. 2010, RG n° 08/02812.
5. Civ. 1re, 14 nov. 2014, n° 11-16.439, *Bull. civ.* I, n° 240 ; *D.* 2012. 2747 ; *RTD civ.* 2013. 113, obs. B. Fages.

transposable aux avocats. Cette clause peut être intéressante pour une activité de généraliste dans une zone peu concurrentielle et pour laquelle la proximité peut être un véritable facteur de report de la clientèle. Pour nombre d'activités, elle reste insuffisante.

Concernant les clauses de non-concurrence, la Cour de cassation a été amenée à se prononcer en 2011 sur les conditions de leur validité dans le cadre de la cession d'un fonds libéral d'avocat. Aux termes d'une clause insérée à l'acte de cession, le cédant s'interdisait toute forme d'exercice de la profession d'avocat qui viendrait en concurrence du cessionnaire, sans limitation de temps, ni de lieu. La Cour a, au visa de l'article 1134 du code civil et du principe de la liberté d'exercice de la profession d'avocat, posé comme principe que seules sont licites les clauses de non-concurrence limitées dans le temps et l'espace, proportionnées à leur finalité[1]. Appliquée en l'espèce aux avocats, cette décision est conforme à la jurisprudence de la Cour de cassation relative aux clauses de non-concurrence entre professionnels.

241.44 ***Earn out.*** Face aux incertitudes liées à une transmission de cabinet, la pratique a étendu aux cessions de cabinets libéraux la pratique, devenue classique en matière de cession d'entreprise, de la clause d'« earn out ». L'*earn out* est un complément de prix calculé après la réalisation de l'opération de cession en fonction des performances futures du cabinet cédé. La clause d'*earn-out* est ainsi celle par laquelle le cessionnaire s'engage à verser au cédant un complément de prix déterminé en fonction de l'activité de la société post cession, telle l'évolution du chiffre d'affaires ou d'autres critères objectifs (par exemple le renouvellement d'un marché sur appel d'offres), sur une période d'un à trois ans. Cette pratique permet de prendre en compte de manière réaliste l'aléa lié au report de la clientèle. Par ailleurs, la stipulation d'un *earn out* motive le cédant pour assurer un meilleur accompagnement. Si le cédant souhaite obtenir un prix important, alors que l'acquéreur craint des difficultés dans la transmission, la solution réside souvent dans un *earn out* qui entraîne un partage des risques entre le cédant et l'acquéreur. La proportion de l'*earn out* prévu par rapport au prix total peut varier de manière plus ou moins importante selon le degré du partage de risque entre cédant et repreneur quant au succès de l'opération. Une prise de risque importante pour le cédant justifiera une surcote du prix final, en cas d'atteinte des critères de réussite fixés entre les parties ; au contraire, une prise de risque faible justifiera un prix moindre. L'*earn out* n'est pas une modalité de paiement : le complément de prix est imposé en plus-value professionnelle, comme le prix principal.

1. Civ. 1re, 6 oct. 2011, n° 10-24.158, NP ; *RTD com.* 2012. 81, obs. B. Saintourens.

SECTION 5
ACCOMPAGNEMENT DE LA CESSION

241.51 Accompagnement du cessionnaire par le cédant. Le cédant et le repreneur peuvent convenir d'une période d'accompagnement afin de faciliter la reprise des dossiers. Cet accompagnement a pour objectif de donner au repreneur le maximum d'informations concernant :

- les clients, relations d'affaires, prescripteurs ;
- les dossiers : nature de l'affaire, degré d'avancement, difficultés, issue et durée probables, etc. ;
- le cabinet : relations avec les salariés et collaborateurs, les relations d'affaires, fournisseurs, partenaires, etc.

Il s'agit pour le cédant de donner tous les éléments permettant au successeur de poursuivre dans les meilleures conditions possibles l'exploitation du cabinet.

La période d'accompagnement n'est, juridiquement, pas obligatoire. Il est cependant vivement conseillé au repreneur de s'accorder avec le cédant afin de mettre en place cette phase. Il peut y avoir des exceptions dans le cas où le cédant vend pour raison de santé auquel cas il faudra organiser concomitamment à la signature de l'acte la transmission d'une information la plus complète possible et aussi organiser la transmission d'informations par les salariés et collaborateurs. Il peut aussi arriver que les négociations aient été difficiles ou même houleuses entre le cédant et le cessionnaire. Dans ce cas, l'accompagnement sera réduit à son strict minimum pour permettre au cabinet de tourner la page au plus vite.

241.52 Durée de l'accompagnement du cessionnaire par le cédant. La durée de cette période d'accompagnement est très variable d'un projet de transmission à l'autre. Certains privilégient une durée courte d'un à trois mois, de façon à s'appuyer sur la dynamique instaurée par l'opération. Ce choix favorise un transfert rapide et évite que le cédant peine à « quitter » le cabinet. Au contraire, d'autres préfèrent un accompagnement plus long.

Le cessionnaire devant faire face au risque de déperdition de la clientèle sera souvent tenté de demander une période d'accompagnement longue. L'expérience montre que les périodes d'accompagnement sont souvent difficiles entre un cessionnaire qui veut imposer sa vision et ses méthodes et un cédant accroché aux siennes. Il est donc recommandé de privilégier une période d'accompagnement courte mais efficace.

241.53 Contractualisation de l'accompagnement du cessionnaire par le cédant. Même si un vrai climat de confiance règne entre le cédant et le cessionnaire, et même si la période d'accompagnement a été prévue et inscrite au sein de l'acte de cession, il convient de contractualiser les conditions précises de cette phase d'accompagnement. En effet, si quelques tensions surviennent ou si le cédant ne remplit pas correctement son rôle, le recours aux clauses du contrat pourra rappeler le cadre et éviter que la situation ne se détériore.

Le contrat pourra notamment préciser :

- la durée de l'accompagnement ;
- un cadre horaire : il est recommandé de fixer les conditions précises de la présence du cédant dans les locaux ainsi que la période pendant laquelle il peut être sollicité sans nécessairement faire acte de présence ;
- les conditions d'exercice (gratuit ou rémunéré) : même si le cessionnaire veut éviter des dépenses supplémentaires, il pourra être préférable de rémunérer le cédant pour son accompagnement, même à des conditions limitées. En effet, la contrepartie financière encouragera le cédant à jouer son rôle. Il s'agira d'un travail en contrepartie d'une rémunération plutôt qu'une situation dans laquelle le cédant à l'impression de rendre service au cessionnaire ;
- les missions précises à accomplir : il sera utile pour le cessionnaire d'exprimer clairement ce qu'il attend de la période d'accompagnement. S'agit-il d'une simple introduction auprès des clients ? Le cédant devra-t-il jouer un rôle dans la transmission d'informations spécifiques dans les dossiers ? Le cédant devra-t-il relire certaines écritures ou projets de collaborateurs pendant la période d'accompagnement ? Toutes ces questions et bien d'autres doivent être posées pour éviter tout décalage entre les parties sur ce qui est attendu pendant cette période essentielle ;
- les moyens mis à disposition du cédant : secrétariat, frais de représentation, temps des collaborateurs, bureau dédié ;
- statut du cédant : le statut du cédant pourra être dicté par des considérations fiscales[1]. En effet, certaines exonérations nécessitent que le cédant cède l'intégralité de ses droits et ne joue plus un rôle de décisionnaire dans la gouvernance du cabinet. Ainsi la cession pourra entraîner la perte de la qualité d'associé du cédant. Dès lors que le cédant n'est plus associé, il peut bénéficier du statut de collaborateur s'il continue à exercer une activité d'avocat. Si le statut de collaborateur peut poser des problèmes d'image vis-à-vis de la clientèle, le cédant pourra, dans le cadre d'un contrat de collaboration, adopter un titre de type « counsel », tel que ceux pratiqués dans les cabinets d'affaires. Lorsque la cession porte sur le capital détenu par le cédant, celui-ci pourra éventuellement détenir une part d'industrie pendant la période d'accompagnement lui permettant de maintenir le titre d'associé.

1. Sur la fiscalité de la cession, v. s[s] n° 244.11.

SECTION 6
LBO (*LEVERAGED BUY-OUT*)

241.61 Définition du LBO (*Leveraged Buy-Out*). Un LBO (*Leveraged Buy-Out*) est une opération juridique et financière impliquant le rachat d'une société (appelée société cible) par une autre société créée à l'occasion (généralement appelée Newco). La Newco s'endette pour un montant égal à la valorisation de la cible. Cette dette est ensuite remboursée par les distributions de dividendes de la cible vers la Newco.

Appliqué aux cabinets d'avocats, le LBO est mis en place par la création d'une SPFPL, jouant le rôle de Newco, et la société cible sera une société d'exercice libéral, SELARL ou SELAS. Le mécanisme de LBO ne fonctionne pas pour les acquisitions de fonds libéraux ou de parts de SCP.

241.62 Régime juridique et fiscal du LBO (*Leveraged Buy-Out*). Le LBO repose sur une combinaison de dispositions fiscales, à savoir les articles suivants du CGI :

- l'article 145 du CGI qui traite du régime dit « mère-fille » qui limite l'imposition des dividendes distribués par la société d'exercice à la SPFPL, dès lors que la SPFPL détient au moins 5 % du capital de la société d'exercice ;
- l'article 223 A du CGI relatif au régime de l'intégration fiscale lorsque la SPFPL détient plus de 95 % de la société d'exercice.

Article 223 B du CGI dit Amendement Charasse relatif à la déductibilité des intérêts d'emprunt.

241.63 LBO (*Leveraged Buy-Out*) avec holding commune. Cette configuration est utilisée dans les opérations aussi appelées OBO (ownership buy-out) consistant à céder l'intégralité des titres sociaux de la SEL - cible à la Newco/SPFPL lorsqu'un groupe d'associés reprend un cabinet tout en valorisant leur capital. Cette opération peut ensuite donner lieu à une transmission universelle de patrimoine (TUP), la SPFPL devenant alors la société d'exercice.

L'opération consiste à ce que chacun des Associés cède les titres qu'il détient dans la société d'exercice - cible à une société créée pour l'occasion (Newco/SPFPL). L'endettement est alors collectif et correspond à la valeur de la totalité des titres sociaux de la société d'exercice.

L'opération est financée par un emprunt qui est remboursé par les remontées de dividendes de la société d'exercice vers la holding. Le régime fiscal mère-fille consacré à l'article 145 du CGI permet alors de limiter les coûts fiscaux relatifs à ces distributions qui ne supporteront que l'impôt sur les sociétés au niveau de la société d'exercice ainsi que la quote-part de frais et charges prévue à l'article 145 du CGI. Ce mécanisme de remboursement implique que soit mise en place une politique de distribution de dividendes permettant de couvrir le remboursement de la dette contractée par la Newco. Pour ce faire, les associés devront ainsi s'engager à verser chaque année un montant de dividendes au moins équivalent au montant des échéances de remboursement.

Dans ce type de LBO, tous les associés qui ont cédé leur participation dans la SEL-cible à la Newco bénéficient du versement d'une partie du prix de cession (au prorata de leurs parts cédées). La Newco détient alors l'intégralité du capital de la SEL-cible et les associés sont tous associés au niveau de la Newco.

Comme indiqué, ce tpe de LBO avec mise en place d'une holding commune à tous les associés peut être suivi d'une transmission universelle de patrimoine (TUP) entre la SEL-cible et la Newco qui deviendra alors la nouvelle société d'exercice des associés. Cette transmission universelle de patrimoine bénéficie des dispositifs fiscaux suivants :

– Régime de faveur des fusions prévu à l'art. 210 A du CGI.

– Exonération d'IS des plus-values afférentes à l'ensemble des éléments d'actifs apportés ainsi que des provisions qui conservent leur objet.

– La société bénéficiaire doit s'engager dans l'acte de transmission à respecter certaines obligations concernant :

• les inscriptions au bilan ;

• la réintégration de bénéfices en sursis d'imposition chez l'apporteuse et de plus-values ultérieures afférentes aux éléments non amortissables.

– Absence de droits d'enregistrement.

L'enregistrement de l'acte de TUP n'est plus obligatoire depuis le 1er janvier 2020.

241.64 **LBO avec Holdings individuelles.** Cette configuration est la plus courante lorsqu'un nouvel associé acquiert du capital auprès d'un autre associé du cabinet. C'est la manière la plus efficace sur le plan financier et fiscal pour permettre à un collaborateur d'accéder au capital de la structure d'exercice.

L'associé cédant va céder ses titres à une société holding personnelle (SPFPL) constituée à cet effet par l'acquéreur.

L'endettement est individuel et correspond à la valeur des parts acquises auprès du cédant.

L'opération est financée par un emprunt qui est remboursé par les remontées de dividendes de la société d'exercice vers la holding. Le régime fiscal mère-fille consacré à l'article 145 du CGI permet alors de limiter les coûts fiscaux relatifs à ces distributions qui ne supporteront que l'impôt sur les sociétés au niveau de la société d'exercice ainsi que la quote-part de frais et charges prévue à l'article 145 du CGI. Comme expliqué ci-dessus, il faut que la SPFPL possède au moins 5 % de la société d'exercice.

Dans ce type de LBO, la mise en place d'une politique de distribution de dividendes est également nécessaire. Celle-ci devra permettre à chacun des Associés de rembourser la dette contractée par sa Holding.

241.65 **Intérêt du LBO (*Leveraged Buy-Out*).** C'est une technique de reprise éprouvée qui permet un financement « presque indolore » par le biais du régime mère-fille.

L'acquéreur paie le prix de son acquisition avec le produit des titres achetés. Cette opération est à comparer avec la situation d'un acquéreur de fonds libéral ou de parts de SCP qui devrait rembourser la banque avec le fruit de son travail, c'est-à-dire un argent qui supporte à la fois l'impôt sur le revenu et les charges sociales professionnelles.

En effet, les dividendes versés par la société d'exercice ne sont pas imposables au niveau de la SPFPL à l'exception d'une quote-part dite de frais et charges de 5 % (régime mère-fille)[1].

Pour que l'opération fonctionne, il faut qu'elle soit attractive pour le candidat acquéreur et qu'elle soit aussi finançable par la banque.

Généralement, ces opérations sont financées sur une durée de sept ans et la valorisation des parts cédées permettra un remboursement aux moyens des dividendes générés par la participation acquise sur la durée de l'emprunt. En d'autres termes, l'acquéreur réalise un investissement qui se finance sur sept ans, ce qui revient à une rentabilité de près de 15 % par an.

La banque étudiera de près la capacité de la structure d'exercice à générer des dividendes en quantité suffisante pour que l'opération soit menée à bien dans le délai du financement.

En cas de détention par la SPFPL de plus de 95 % de la société d'exercice[2], il sera possible de recourir à l'intégration fiscale qui permet de neutraliser les opérations internes au groupe et notamment de la

1. CGI, art. 145.
2. CGI, art. 223 A.

quote-part de frais et charges afférentes aux distributions intra-groupe.

Il faudra toutefois faire attention à la déductibilité des intérêts de l'emprunt ayant servi à l'acquisition des titres de la SEL car la déduction est plafonnée par application de l'amendement « Charasse »[1] qui prévoit une réintégration des charges financières pendant huit exercices.

SECTION 7
AUTRES TECHNIQUES DE TRANSMISSION

241.71 Location-gérance appliquée au cabinet d'avocats. La location-gérance appliquée au cabinet d'avocats est une transposition au fonds libéral d'une pratique très répandue en matière de fonds de commerce.

Il n'y a en effet aucune règlementation spécifique à la location-gérance du fonds libéral. Les textes applicables à la location-gérance de fonds de commerce[2] ne font aucune mention du fonds libéral.

Depuis le 7 novembre 2000, la Cour de cassation considère que la cession d'une clientèle libérale n'est pas illicite, dès lors que la liberté de choix du client est expressément sauvegardée[3]. Dès lors, cette reconnaissance d'un véritable fonds d'exercice libéral a permis d'envisager la mise en œuvre de contrats ayant pour objet ledit fonds, à l'image de ce qui est pratiqué en matière de fonds de commerce[4]. Le barreau de Paris met en ligne une convention-type de location-gérance entre avocats.

S'appliquent donc à la location-gérance du cabinet d'avocats, les textes suivants :

- article L. 131-6 du Code de la Sécurité sociale : Les revenus tirés de la location d'un fonds libéral ne sont pas soumis à charges sociales ;
- article L. 1224-1 du Code du travail : Les contrats de travail des salariés attachés au fonds loué doivent être transmis au locataire. À l'issue de la location-gérance, les contrats de travail se poursuivent avec le locataire du fonds et non avec le loueur.

La location-gérance est également compatible avec les exonérations fiscales des articles 151 *septies* A et 238 *quindecies* du CGI en cas de cession du fonds loué au locataire.

241.72 Mise en place de la location-gérance. La mise en place d'un contrat de location gérance s'effectue entre l'avocat et une société d'exercice constituée par apport en numéraire et qui exploitera la clientèle attachée au fonds libéral loué. La location-gérance utilisée à des fins de transmission permet aux repreneurs pressentis d'exploiter la clientèle louée en contrepartie de loyers/ redevances versées à l'avocat souhaitant transmettre.

Généralement, la société créée par le locataire-gérant est constituée avec un capital minimum et les liquidités nécessaires correspondant à son besoin en fonds de roulement.

L'opération s'accompagne souvent d'un transfert du bail des locaux professionnels dans lesquels est exploitée la clientèle. Ceci demande l'accord du bailleur.

Le loueur du fonds peut, selon le cas, être associé dans la société d'exercice exploitant la clientèle louée ou se fait omettre du Tableau. Il reçoit des redevances versées par la société en contrepartie du fonds loué. Le montant des redevances est libre. Elles sont généralement calculées sur les recettes encaissées. Un pourcentage de l'ordre de 10 % des encaissements est usuel.

Les redevances versées dans le cadre d'un contrat de location-gérance sont assujetties à la TVA.

241.73 Intérêts de la location-gérance. La location-gérance appliquée au cabinet d'avocats est un test pour un futur partenariat ou une association en limitant le risque en cas de mésentente puisque le loueur reste propriétaire de son fonds.

C'est aussi un moyen de baisser les barrières à l'entrée pour un nouvel associé. L'association peut en effet se faire dans la nouvelle SEL faiblement capitalisée. Ceci évite, dans un premier temps, à un nouvel associé de devoir s'endetter pour racheter une clientèle.

241.74 Risques de la location-gérance. La location-gérance peut présenter un risque fiscal si elle est détournée de sa finalité première. C'est le cas lorsque le loueur est associé de la société locataire et que les redevances sont sa seule source de rémunération. L'administration fiscale ou sociale pourrait remettre en cause la redevance pour la requalifier en revenu d'activité et donc en rémunération assujettie aux charges et cotisations sociales professionnelles.

Pour les mêmes raisons, le loueur veillera à ce que le montant de la redevance soit en ligne avec les pratiques du marché et du secteur d'activité.

Il peut aussi exister un risque de requalification en cession de fonds entraînant des conséquences fiscales en matière de plus-value et de droits d'enregistrement. Il est dès lors indispensable que le contrat de location-gérance prévoie le retour du fonds à son loueur ou que le contrat de location-gérance se dénoue par une cession au locataire-gérant. Dans ce sens, il faudra éviter d'assortir le contrat de location-gérance d'une promesse de

1. CGI, art. 223 B.
2. C. com., art. L. 144-1 s.
3. Civ. 1re, 7 nov. 2000, no 98-17.731, *Bull.* 2000. I, no 283.
4. Ordre des avocats au barreau de Paris, Vade-mecum exercice en groupe, mars 2021, p. 32 [En ligne : https://www.avocatparis.org/carriere/je-m-associe/vade-mecum-exercice-en-groupe]

vente prévoyant que le montant de la redevance soit imputé sur le prix de vente.

Il est à noter qu'aucune indemnité ne peut être due au locataire par le loueur, même si le locateur a fait prospérer le fonds. L'accroissement de clientèle profite au locataire et ne confère aucun droit patrimonial au loueur[1].

241.75 **Fiscalité de la location-gérance.** Sur le plan fiscal, la location-gérance n'entraîne pas les conséquences d'une cessation d'activité du loueur. La location-gérance n'a donc pas pour conséquence la taxation des plus-values latentes ou de plus values placées en report d'imposition.

Les redevances perçues par le loueur sont assujetties à la TVA et taxées, pour le loueur, dans la catégorie des BNC.

Les revenus tirés de la location d'un fonds libéral ne sont pas soumis à charges sociales professionnelles[2] mais restent soumis aux prélèvements sociaux.

La convention de location-gérance n'a pas à faire l'objet d'un enregistrement.

Enfin et en cas de cession du fonds au locataire, les régimes de faveur des articles 151 *septies* A (exonération d'IR en cas de départ à la retraite du cédant) et 238 *quindecies* du CGI (exonération d'IR et de prélèvements sociaux sur la plus-value professionnelle sous certaines conditions) sont applicables.

241.76 **Convention de commodat.** La convention de commodat est un prêt à usage défini par l'article 1875 du Code civil : « Le prêt à usage est un contrat par lequel l'une des parties livre une chose à l'autre pour s'en servir, à la charge par le preneur de la rendre après s'en être servi. »

Il est régi par les articles 1875 à 1879 du Code civil.

Il s'agit d'un prêt gratuit par lequel l'emprunteur ne peut se servir de la chose qu'à l'usage déterminé par sa nature ou par la convention[3].

L'utilisation du commodat dans un schéma de transmission consiste généralement pour un avocat à créer une société avec un ou plusieurs de ses collaborateurs. Cette société bénéficiera du prêt à usage du fonds libéral de l'avocat concerné.

Une première étape permet l'exploitation du fonds libéral prêté tout en préservant les droits du prêteur sur son fonds. Si la période prévue pour le commodat a permis de confirmer le projet de transmission, le prêteur cède alors son fonds à la société. Cette cession peut s'accompagner d'une cession de titres aux autres associés.

Dans son esprit, cette technique est proche de celle de location-gérance à la différence qu'elle ne donne lieu à aucun paiement de loyer ou de redevances.

Comme la location-gérance, la conclusion d'une convention de commodat n'entraîne pas les conséquences d'une cessation d'activité.

La convention de commodat est plus fréquemment utilisée pour traiter la question du fonds libéral lors du passage d'un exercice individuel à un exercice en société unipersonnelle[4].

1. CE 23 avr. 2008, req. n° 285133, *M. Perrot*.
2. CSS, art. L. 131-6.
3. C. civ., art. 1880.
4. V. s[s] n° 231.21.

CHAPITRE

242. Valorisation du cabinet

SECTION 0
ORIENTEUR

242.00 **Sommaire du chapitre.**

SECTION 1
FACTEURS DE MARCHÉ ET FACTEURS OPÉRATIONNELS

242.11 **Diversité des cabinets d'avocats.** Les cabinets d'avocats étant extrêmement diversifiés selon leur activité, leur taille ou leurs implantations, etc., il est difficile de dégager une méthode unique et incontestable de valorisation. Tout comme les sociétés commerciales classiques présentent des profils d'activité divers qui conduisent à l'application de méthodes de valorisation différentes, la variété des profils des activités d'avocat impose de prendre en compte plusieurs approches, selon les circonstances de l'évaluation et la spécificité du cabinet d'avocat, tout en respectant les méthodes admises par l'administration fiscale.

242.12 **Circonstances de la valorisation.** La valorisation sera largement fonction des circonstances dans lesquelles elle est réalisée. On ne retiendra pas les mêmes critères (ou ceux-ci seront appréciés différemment) selon l'opération : acquisition de la totalité du capital, d'une majorité conférant le contrôle de la société ou d'une participation minoritaire, cession à un cabinet en phase de croissance externe, transmission à un collaborateur, apport de la clientèle dans le cadre d'un projet d'association, retrait d'une société pour mésentente, liquidation d'une communauté de biens dans le cadre d'une procédure de divorce, fixation de la valeur représentative de la clientèle entre associés de SCP et SEL, etc.

242.13 **Valeur de marché.** Pas plus qu'il n'existe de méthode universelle, il n'existe pas non plus d'outil systématique de suivi du « marché » des transmissions de cabinets d'avocats autorisant l'application d'une méthode de valorisation par analogie, sur la base de références permettant de déterminer une fourchette de prix selon un critère simple. Il existe en réalité autant de références que de type de cabinets et d'activités développées par les avocats, même si des tendances statistiques peuvent se dégager[1].

De surcroît, dans bien des cas, il n'existe pas de notion de « marché » qui suppose le jeu de l'offre et de la demande, notamment lorsque le rachat des parts est imposé par la mise en jeu du droit de retrait dans une société civile professionnelle ou encore lorsqu'il s'agit de valoriser le cabinet dans le cadre d'une liquidation de communauté entre ex-époux.

Il sera enfin rappelé quelles que soient les idées, parfois très arrêtées, que peut se faire un cédant de la valeur de son cabinet, celui-ci n'a de valeur que pour autant qu'il y ait un acquéreur. Le cédant aura donc tout intérêt à considérer l'attractivité de son offre en se mettant à la place d'un potentiel acquéreur.

SECTION 2
INCIDENCES FISCALES DE LA VALORISATION

242.21 **Position de l'administration fiscale.** L'administration fiscale ne dispose pas d'une

1. Interfimo, *Etude sur les prix de cession des cabinets d'avocats*, jan. 2023 [En ligne : https://www.interfimo.fr/etudes/prix-avocat]

méthode particulière d'évaluation des cabinets d'avocats pour justifier un redressement, au titre par exemple de la taxation des plus-values, si elle estime que la valeur retenue dans l'opération contrôlée est inférieure à la valeur vénale réelle du fonds libéral ou des parts cédés.

Néanmoins, il est intéressant de se reporter au *Guide de l'évaluation des entreprises et des titres des sociétés*[1] publié par la Direction générale des Impôts (DGI) en novembre 2006, qui constitue une révision du manuel édité par l'administration fiscale en 1982 afin de l'adapter à la modernisation des méthodes d'évaluation et à l'évolution de la vie économique et financière des entreprises.

Dans cette nouvelle version, l'accent est mis, dans le cadre d'un processus d'évaluation d'entreprise, sur la nécessité d'examiner la chaîne de création de valeur de la société considérée (quelle qualité du management, quels produits ou prestations de service... ?) et de la situer dans un contexte de marché concurrentiel (quelles conditions de marché, quelles technologies, quels concurrents ?). Pour la DGI, la démarche exige une collecte des principales informations financières de l'entreprise et une prise en compte de ses perspectives d'avenir. Après avoir examiné le mode de fonctionnement de l'entreprise, l'administration fiscale préconise une combinaison des méthodes de valorisation, afin de dégager une valeur moyenne de l'entreprise.

Les professionnels de la transmission d'entreprises réclament une mise à jour et une modernisation de ce guide[2]. La DGI n'a pas encore répondu à cette attente.

242.22 Position du Conseil d'État. Compte tenu de l'impossibilité de dégager une méthode unique de valorisation pour les cabinets d'avocats, le Conseil d'État a rendu le 20 décembre 2013[3] une décision pour le moins surprenante. En l'espèce, il s'agissait de deux avocats qui, ayant créé une société de fait pour exercer leur activité, l'ont transformée en SCP comprenant sept autres associés. L'administration a procédé, sans surprise compte tenu des circonstances de l'opération, à un redressement sur la plus-value des apports réalisés par les deux associés de la société de fait et fixé la valeur du droit de présentation de la clientèle à 100 % de la moyenne du chiffre d'affaires de la société de fait au cours des trois années précédant la transformation. Cette évaluation, maintenue par le tribunal administratif, a été ramenée à 75 % du chiffre d'affaires par la Cour administrative d'appel de Paris, approuvée par le Conseil d'État qui a justifié ce pourcentage au regard des « *pratiques et usages de la profession lors de rachat de clientèle d'avocat* » et la circonstance que les avocats continuaient d'exercer leur activité dans la SCP, ce qui induisait un maintien du chiffre d'affaires. Le renvoi à de tels usages s'avère contestable compte tenu de la réalité des valorisations de cabinets et des transactions[4].

242.23 Application pratique des critères d'évaluation : le scoring. L'administration fiscale admet plusieurs méthodes d'évaluation pour les entreprises, dont beaucoup ne sont pas adaptées à la situation des cabinets d'avocats, sauf cas particulier. La difficulté est en effet que les évaluations basées sur des critères exclusivement quantitatifs dérivés de ratios financiers ne rendent pas toujours compte de la réalité de la situation de chaque cabinet. Cette situation est largement inhérente à la particularité du lien existant entre l'avocat et son client, marqué par l'*intuitu personae*, qui échappe à toute logique comptable ou financière. Elle n'est en réalité pas spécifique aux seuls cabinets d'avocats, ni même aux professionnels libéraux : nombre d'activités artisanales et commerciales reposent sur un savoir-faire, créateur de valeur, mais qui n'est pas forcément transmissible et reste difficile à évaluer. De même, le risque associé à la volatilité de la clientèle est présent pour toutes les opérations de cession, quel que soit le secteur : estimer l'impact de la volatilité d'une clientèle sur la valeur de l'entreprise est donc inhérent à toutes les valorisations.

Outre l'*intuitu personae*, tous éléments susceptibles d'avoir un impact sur le maintien du chiffre d'affaires doivent être pris en compte. Ainsi, certains cabinets présentant un chiffre d'affaires flatteur peuvent être dans une situation de grande fragilité s'ils se trouvent dépendre économiquement du renouvellement d'un marché passé sur appel d'offres ou, cas plus classique, du bon vouloir d'une compagnie d'assurances ou d'une banque. Le client dit « institutionnel » peut ainsi être une source de dépendance économique venant minorer la valeur d'un cabinet, surtout s'il représente une part importante du chiffre d'affaires.

Une évaluation basée sur des critères exclusivement quantitatifs dérivés de ratios financiers ne peut donc prétendre rendre compte de la valeur

1. DGI, *Guide de l'évaluation des entreprises et des titres des sociétés*, nov. 2006.
2. Th. Saint Bonnet, « Supplique pour une modernisation du guide de l'évaluation des entreprises et des titres de sociétés », *RF Comptable*, n° 482, mai 2020.
3. CE, s^{s}-sect. réunies, 20 déc. 2013, *Hyest*, 10e et 9e req. n° 349787, *Lebon ; D. avocats* 2014. 65, obs. G. Le Faou ; *RTD com.* 2014. 439, obs. O. Fouquet.
4. G. Le Faou, « Transfert de clientèle d'un associé d'association d'avocat vers une SCP : valeur de clientèle et plus-values », *D. avocats* 2014. 65 – Ch. Thevenet, G. Algazi, « Nous sommes riches ! Ou la surprenante évaluation d'une clientèle d'avocats "selon les usages de la profession" », *Maître*, n° 226, avr. 2014.

réelle d'un cabinet, l'évaluateur devant aussi examiner dans le détail les forces et les faiblesses du cabinet considéré, ce qui suppose qu'il dispose d'une parfaite connaissance de la profession. Cette démarche implique une part d'appréciation qualitative dans l'évaluation qui peut être sujette à discussion, et qui impose à l'évaluateur de particulièrement motiver les appréciations portées en suivant la méthode dite du « scoring », consistant à affecter des coefficients minorant ou majorant la valeur des éléments concourant à la marche du cabinet, indépendamment des valeurs comptables ou financières observées.

La pondération de ces critères, quantitatifs comme qualitatifs, tout comme la confrontation de différentes méthodes appliquées à une même activité, sont en fait au cœur de la mission de tout évaluateur. Chacune des méthodes présentées ci-dessous reflète d'ailleurs la prise en compte de ces différents critères d'appréciation, à des titres divers. Elles peuvent être regroupées en deux grandes familles :

- les approches analogiques ou comparatives consistant à évaluer une entreprise par référence à des entreprises comparables qui ont fait l'objet d'une transaction dont les caractéristiques sont connues ;
- les approches intrinsèques ou économiques consistant à déterminer la valeur de l'entreprise à partir des éléments de rentabilité et de risques propres à celles-ci.

SECTION 3
MÉTHODES COMPTABLES DE VALORISATION

242.31 Méthode de la valeur mathématique (ou méthode patrimoniale). Cette méthode consiste à sommer l'ensemble des valeurs vénales des différents éléments de l'actif (dont les créances acquises, c'est-à-dire les comptes clients et les travaux en cours), puis de lui soustraire la somme des éléments du passif réel (incluant ainsi les dettes certaines) et des provisions. Malgré le risque que soient insuffisamment pris en compte les critères d'appréciation qualitatifs de l'activité d'un cabinet d'avocat, c'est une des méthodes les plus couramment suivies dans les opérations d'achat et de vente de cabinet libéraux dans le cadre d'une cession de structure d'exercice – et non simplement de clientèle.

En premier lieu, il s'agit de déterminer l'actif net comptable c'est-à-dire la différence entre la valeur comptable des biens détenus par le cabinet (l'actif comptable) et la valeur comptables de ses dettes et provisions (passif comptable). On obtient ainsi ce que l'on appelle aussi la situation nette, c'est-à-dire la valeur comptable qui revient aux associés porteurs de parts de capital.

Si des corrections sont apportées aux évaluations de l'actif et du passif, il s'agit alors de l'actif net corrigé. Ce sera le cas par exemple de la prise en compte de créances clients jugées irrécouvrables à raison de l'ancienneté des factures impayées.

La méthode patrimoniale consiste donc à prendre à une date donnée, une « photo » de la totalité des actifs et des passifs du cabinet, en considérant que la valeur de celui-ci découlerait du solde bancaire théorique subsistant après la réalisation des actifs (et donc le recouvrement du compte client) et le paiement de tous les passifs attachés au cabinet. Cette « photo » ne tient toutefois pas nécessairement compte d'éléments récents non-récurrents, qui peuvent fausser l'image prise à un instant T et qu'il faudrait « neutraliser », ni de la reproduction de l'environnement d'exploitation pour l'avenir, nécessaire pour garantir la pérennité de cette valeur.

242.32 Méthode de la valeur de rentabilité. Cette approche consiste à considérer que la rentabilité d'un cabinet acheté doit permettre de payer le coût de son achat sur une certaine période (environ cinq ans suivant les durées de financement usuelles). La valeur de rentabilité correspond aux résultats du cabinet, supposés constants sur cette durée et qui doivent permettre d'assurer le remboursement du prix d'achat (en principal et intérêts), en tenant compte d'une rémunération technique de l'acquéreur.

La valeur de l'entreprise est déterminée à partir de la capitalisation de son résultat net, dans l'hypothèse où ce flux est réputé constant dans le temps. Le taux de capitalisation est calculé à partir d'un taux de base sans risque (par exemple : OAT 10 ans), majoré d'une prime représentant le risque du capital investi.

242.33 Méthode des flux futurs actualisés. La méthode des flux futurs actualisés, tenant compte de la trésorerie mais neutralisant le besoin en fonds de roulement (BFR), ainsi que la *méthode de la valeur d'usage*, consistant à déterminer l'investissement à réaliser pour disposer d'un outil de travail équivalent au cabinet proposé à la vente, pourtant conceptuellement proches de la méthode de la valeur de rentabilité, sont peu utilisées en pratique s'agissant de cabinets d'avocats, si ce n'est à des fins de contrôle de cohérence des valeurs obtenues par ailleurs.

242.34 Méthode des multiples de l'EBE (Excédent Brut d'Exploitation) ou du RE (Résultat d'Exploitation). La méthode des multiples de l'Excédent brut d'exploitation (EBE) ou du Résultat d'exploitation (RE) consiste à appliquer un multiple au RE ou à l'EBE de l'entreprise à valoriser et à diminuer le résultat obtenu de l'endettement financier net de la société. Cette méthode peut être intéressante s'agissant d'un cabinet spécialisé, dit de niche, marqué par l'uniformité de son activité qui permet une approche globale. Elle n'est par contre pas adaptée aux cabinets développant une activité de généraliste ou présentant des secteurs d'activité différents avec des logiques économiques et une rentabilité propre à chaque secteur. Il est à noter toutefois que pour des cabinets ayant plusieurs activités présentant des profils différents, une application de cette méthode à certaines parties de l'activité – d'autres activités étant soumises à une autre méthode – est envisageable (méthode similaire à la méthode dite de « la somme des parties », employée dans certaines valorisations d'activités commerciales).

242.35 Méthode de la marge brute d'autofinancement (MBA). Cette méthode est plus particulièrement adaptée aux sociétés industrielles ou aux cabinets libéraux qui nécessitent d'importants investissements en matériels (radiologues), et qui constatent des amortissements élevés. La valeur de l'entreprise est calculée en affectant la MBA d'un coefficient multiplicateur, qui peut varier de 4 à 10, suivant la nature des investissements. Plus les investissements seront importants, plus le coefficient sera faible. Cette méthode n'est *a priori* pas adaptée à un cabinet d'avocat, lequel suppose peu d'investissements, surtout s'il est exploité sous le régime des BNC.

242.36 Méthode dite « du praticien ». Cette méthode est couramment employée et correspond aux usages de la profession d'avocat. Elle consiste à appliquer un multiple au chiffre d'affaires ou au résultat net. Cette méthode ne peut toutefois être envisagée que pour l'appréciation de la valeur d'une *clientèle* et non d'une *société* elle-même, dont les autres actifs et passifs doivent être pris en compte.

Elle doit être utilisée pour valoriser les clientèles d'avocats en procédant en deux étapes :

– la détermination de la valeur « brute » de la clientèle à partir du chiffre d'affaires et/ou du résultat net ;

– puis la détermination d'une valeur « nette » par l'application de certains correctifs (stabilité du chiffre d'affaires, *intuitu personae* des clients avec le praticien, degré de délégation dans la réalisation des prestations, organisation du cabinet...).

La détermination de la valeur de la clientèle ne peut se réduire à un calcul mathématique basé sur les seules données comptables car la valeur de la clientèle repose avant tout sur l'espoir qu'elle restera attachée au cabinet malgré le départ du cédant ou de l'associé fondateur. Autrement dit, la valeur de marché de la clientèle peut, en première analyse seulement, se résumer à l'achat d'un chiffre d'affaires, c'est-à-dire finalement d'une part de marché. Dans le cas d'une société d'avocat, la notion d'achat d'une rentabilité, d'un revenu professionnel, peut être retenue, ce qui conduit à valoriser une clientèle par son rendement, en se référant en conséquence au résultat net plutôt qu'au chiffre d'affaires.

Les chiffres ainsi obtenus doivent être considérés comme des données brutes qu'il convient d'affiner par plusieurs paramètres modérateurs : la concentration de la clientèle, l'âge des dirigeants des entreprises clientes, la taille du cabinet, le degré d'implication du cédant, l'*intuitu personae*, la personnalité du cédant, l'âge des collaborateurs, les risques attachés aux clients (pérennité, risques professionnels...), le taux de croissance (ou de décroissance) passé/futur du chiffre d'affaires, la marge brute et la rentabilité hors train de vie, le marché local, la technicité particulière (c'est-à-dire la capacité technique du repreneur à succéder au cédant), l'existence d'agréments ou de clients gagnés sur appels d'offres, la durée de la période de transition, la qualité des prescripteurs, les délais d'encaissement des honoraires, etc.

L'usage et l'empirisme tendent à survaloriser l'actif que représente la clientèle et à tenir les équipements et le droit au bail pour des valeurs négligeables. Pourtant l'archaïsme de l'équipement informatique, l'absence d'une documentation à jour et sur support numérique, l'absence de logiciel de gestion, sont des critères conduisant à dévaluer la valeur d'un cabinet du fait des investissements nécessaires à brève échéance. Le cabinet doit être équipé et agencé de manière à permettre au successeur de poursuivre l'activité. La valeur des investissements urgents et indispensables doit donc être retranchée de la valeur de la clientèle.

De même, si la valeur du bail est réputée incluse dans les coefficients, l'arrivée prochaine à son terme d'un bail professionnel peut engendrer des hausses de loyer, des coûts de déménagement ou de remise en état. Il est également courant que les locaux soient la propriété des associés. Le loyer peut alors être « hors marché » car fixé par référence au montant de l'emprunt souscrit par la SCI à l'achat des locaux ou, dans un second temps, minoré dans un souci d'optimisation fiscale.

Les passifs attachés à l'exploitation sous la forme de contrat doivent être pris en compte (crédits baux, leasing en cours, contrat d'entretien, de maintenance informatique, internet, etc.), ainsi que les passifs sociaux (congés payés, litiges, départ en retraite proche de certains salariés, etc.).

Enfin l'existence de provisions facturées et recouvrées sans que le travail ait été fait ou l'existence d'un compte client partiellement irrécouvrable seront des éléments venant minorer l'évaluation.

Au-delà d'un simple calcul mathématique réalisé par application de différentes méthodes comptables et financières, l'appréciation de la valeur d'une clientèle comprise comme un élément du fond libéral, inclus ou non dans une société, nécessite donc de prendre en compte de nombreux éléments d'appréciations qualitatifs et non seulement quantitatifs.

Au final, on peut dire que la seule vraie valeur est celle que le « marché » est prêt à payer pour le fonds : l'acquéreur achète un fonds libéral parce qu'il constitue une promesse de gains futurs.

L'objectif de l'évaluation est donc de déterminer les quantums et les aléas des gains futurs, c'est-à-dire pour une large part, l'appréciation des conditions de la transmissibilité de la clientèle car du maintien du chiffre d'affaires dépend le maintien du ratio de bénéfice.

242.37 **Secteurs d'activité du cabinet.** La détermination d'une valeur juste de cession nécessite d'examiner le ou les secteurs d'activité du cabinet. La profession d'avocat est aujourd'hui marquée par un morcellement des pratiques professionnelles, avec une tendance de fond : le recul de l'activité judiciaire, qui est de moins en moins rentable et ne représente plus aujourd'hui qu'environ 30 % du chiffre d'affaires de la profession.

Il en est de même en matière d'évaluation : l'activité judiciaire, spécialement à destination des particuliers, est moins cotée car la clientèle est moins récurrente et moins sensible à l'argument de la proximité du fait de l'émergence de nombreux site Internet permettant le recrutement de clients sur des critères de prix plus que de compétence.

L'importance du critère de la nature de l'activité peut être schématisée par l'opposition classiquement retenue entre le cabinet de « secrétariat juridique » et le « cabinet pénaliste ». La caractéristique marquante de l'activité pénale est que les clients ne choisissent pas une structure, mais une personnalité. Le cédant est « homme clé », il fait lui-même l'essentiel de la prestation, notamment plaider, cette partie de la prestation étant essentielle au pénal. Il est donc très difficile de faire adopter un successeur par les clients de ce cabinet. L'espoir de gains futurs est donc quasi nul et la valeur de cette clientèle est des plus faibles car elle est de fait incessible. Au contraire, pour un cabinet 100 % « secrétariat juridique », les prestations sont délivrées essentiellement par des assistants juridiques salariés et les clients ont des relations suivies avec leur « gestionnaire de dossier ». La transmission va entraîner le transfert des contrats de travail et donc du savoir-faire et des contacts clients. L'espoir de gain serait donc maximum et la valeur également importante, de l'ordre de 80 % à 100 % du chiffre d'affaires HT pour certaines clientèles d'anciens conseils juridiques. Cette conception classique de la valeur d'un cabinet « secrétariat juridique » doit néanmoins être aujourd'hui remise en cause en raison des bouleversements résultant de la concurrence d'autres professionnels et des mutations technologiques. Seul le cabinet « secrétariat juridique » bien positionné sur ce segment et doté d'outils performants assurant sa rentabilité et la fidélité de la clientèle pourra désormais prétendre à une valorisation avantageuse.

Ces deux situations sont caricaturales mais rendent compte de la difficulté de l'exercice et des limites d'une valeur déterminée sur la seule base d'un pourcentage du chiffre d'affaires ou du résultat. Entre ces extrêmes, il y a une infinité de situations, qui nécessitent une appréciation fine pour déterminer la transmissibilité de la clientèle.

Dans tous les cas, il s'agira toujours d'apprécier les possibilités de transmission, c'est dire rechercher si les critères d'une succession entre deux avocats au service d'une même clientèle sont réunis ou non, et dans quelle mesure.

242.38 **Rapport Interfimo.** Le Rapport Interfimo est une étude sur les prix de cession des cabinets d'avocats à partir d'opérations sur lesquelles est intervenue Interfimo, filiale du LCL spécialisée dans le financement des professions libérales.

Pour son édition 2022[1], Interfimo s'est basé sur un échantillon d'une centaine de cabinets français, avec un CA médian de 550 K€. L'échantillon est caractérisé notamment par une grande hétérogénéité en termes de taille et de volume d'activité. 17 % sont des cabinets de plus de 2 millions d'euros.

L'étude porte sur une centaine de transactions de cabinets d'avocats étudiée entre 2019 et 2022. 53 % concernent des fonds libéraux et 47 % des participations dans des sociétés d'exercice dont le fonds libéral a été revalorisé par Interfimo, d'après le prix des droits sociaux.

Si l'on observe le prix de cession en pourcentage du chiffre d'affaires, l'étude Interfimo constate que le prix de cession moyen est en nette hausse depuis 2017 à 54 % du CA et les écarts de valorisation se resserrent légèrement (en 2017, 60 % des transactions étaient dans une fourchette de 36 % à 69 %).

Cette tendance s'explique en partie par la typologie des opérations et l'importance des ventes à soi-même, dont les prix de cession sont supérieurs à la moyenne en % de CA. Mais l'augmentation est générale avec une moyenne des prix de cession des transactions hors ventes à soi-même également en hausse, passant de 51 % à 58 %. Cette croissance va de pair avec une professionnalisation croissante des

1. Interfimo, *Prix de cession des cabinets d'avocats*, Édition 2022.

opérations de transactions (plus d'audit et plus de conseils). Les analyses étant plus fines, le marché se rapproche du juste prix.

Au niveau national, le marché est caractérisé par un niveau de dispersion élevé. 40 % des cabinets sont cédés à un prix soit inférieur à 45 % du CA soit supérieur à 75 % du CA, c'est-à-dire à plus de 15 points de la moyenne. Près de 10 % des cabinets sont cédés à plus de 90 % de CA.

Ce sont les associations des collaborateurs qui se vendent le plus cher. La contribution de l'acquéreur au développement de la clientèle n'entraîne pas une décote mais à l'inverse, c'est le collaborateur qui paie un droit d'entrée pour devenir associé d'une structure déjà établie. Les ventes à soi-même sont également cédées à un prix légèrement supérieur à la moyenne. Cela s'explique notamment par l'absence de déperdition de clientèle sur une profession où l'*intuitu personae* est très fort. Les croissances externes sont les opérations les moins valorisées à 48 % de CA. Il s'agit principalement de petites structures, n'ayant sans doute pas trouvé de repreneur en interne, et qui sont donc cédées à un confrère à un prix attractif. L'acquéreur bénéficie alors d'une décote liée au risque de perte de la clientèle.

La taille du cabinet a peu d'impact sur le prix de vente en % de CA La dispersion est faible sauf pour les cabinets de plus de 2 M€, qui sont cédés en moyenne à 69 % du CA, ce qui est supérieur à la moyenne. Les cabinets plus importants et structurés ont souvent une part importante d'activité de conseil, mieux valorisée. Ils sont également, pour la plupart, mieux équipés en informatique afin de répondre aux attentes de sécurisation et de dématérialisation des clients, augmentant ainsi leurs immobilisations corporelles et donc la valorisation.

En coefficient d'EBE, le prix de cession moyen s'établit à 1,4 × EBE et 60 % des transactions s'inscrivent dans une fourchette comprise entre 0,9 et 1,7.

242.39 Diversité des méthodes et synthèse des méthodes. Ainsi, il est difficile de conclure à la validité d'une seule et unique méthode de valorisation d'un cabinet d'avocat. Le meilleur résultat sera le plus souvent obtenu par la combinaison de plusieurs méthodes différentes.

L'évolution de la notion de patrimonialité, la versatilité de plus en plus importante de la clientèle rendent le modèle « traditionnel » de l'évaluation, basé sur un pourcentage du chiffre d'affaires ou du résultat net annuel, bien insuffisant pour appréhender la valeur de cet actif. Il faut considérer que le calcul mathématique donne une valeur « brute » qu'il convient d'affiner par une série de critères d'analyse, permettant de coter la clientèle de façon précise.

242.40 Appréciation du risque par le banquier. Enfin, et bien que cette méthode ne relève pas de la doctrine fiscale et ne soit pas à proprement parler une méthode en soi, l'appréciation du risque par le banquier s'impose par son réalisme et son pragmatisme : il s'agit de la méthode des banquiers dite de « l'opportunité d'emprunt ».

À partir des spécificités de chaque activité libérale et de la situation du professionnel concerné, il faut en effet revenir à une appréciation de bon sens : un banquier n'acceptera de financer l'achat d'un cabinet ou l'achat de parts sociales que s'il a pu vérifier que le professionnel pourra se verser une rémunération en corrélation avec sa formation et son niveau d'expérience tout en remboursant l'emprunt contracté.

Plus prosaïquement, quelle que soit la valeur déterminée par les parties, celle-ci devra donc être validée par l'acceptation du banquier, concrétisée par l'octroi du financement. De ce fait, le prix des parts à racheter sera parfois conditionné par le financement que pourra obtenir l'acquéreur, quelle que soit l'évaluation faite en amont.

242.41 Éléments de prix indirects. La valeur d'un cabinet d'avocat, ou le prix de cession, peuvent être complétés par des éléments de prix indirects. Les garanties de passif, ou plus encore d'actif, qui pourraient être incluses dans l'accord de cession[1], sont des éléments susceptibles d'avoir un impact économique sur l'ensemble de l'opération de transmission et donc, à ce titre, sont des éléments de valeur indirects.

1. V. s[s] n° 241.32.

CHAPITRE

243. Cession interne

SECTION 0

ORIENTEUR

243.00 **Sommaire du chapitre.**

SECTION 1

CONTEXTE ET RECOMMANDATIONS

243.11 **Typologie des cessions.** L'étude Interfimo précitée[1] est intéressante non seulement sur la question des prix de cession mais aussi sur la typologie des transactions sous réserve que l'échantillon des transactions étudiées soit suffisamment large pour être représentatif. Ainsi :

- 44 % des opérations sont des ventes à soi-même. Elles sont parfois accompagnées de départ d'associés ou de restructuration du capital. Les 2/3 de ces passages en société sont des cessions de fonds, significatif d'un marché qui exerce de plus en plus en société.

- les associations de collaborateur, de tiers ou les ventes entre associés représentent 40 % des opérations ;

- les installations d'acquéreur, c'est-à-dire les avocats reprenant seul une clientèle existante, ne représentent que 9 % des opérations, caractérisant la nécessité d'un accompagnement du cédant, souvent liée à l'*intuitu personae* ;

- les croissances externes ne représentent plus que 7 % des opérations, contre 13 % dans l'étude Interfimo de 2017 notre dernière étude. Les cibles sont le plus souvent de petits cabinets de moins de 500000 euros de chiffre d'affaires (CA) ;

- 29 % des cédants sont en phase de départ en retraite : 17 % départs en retraite immédiats, 13 % départs progressifs. Ce chiffre est en forte baisse par rapport à 2017. Cela s'explique par la modification de la typologie des opérations et l'augmentation du nombre de passages en société ;

- 15 % des transactions concernent des acquéreurs en phase de première installation, soit en reprenant un cabinet existant, soit en s'associant.

Il ressort de ces statistiques qu'en dehors des cessions à soi-même, la majeure partie des opérations concernent des cessions internes à savoir des cessions entre associés ou des cessions à l'occasion de l'association de collaborateurs.

243.12 **Anticipation et progressivité de la cession.** La généralisation de l'exercice en société, même pour les avocats exerçant seuls, permet d'envisager la cession progressive du capital à un collaborateur devenu associé.

Cette progressivité et l'anticipation des cessions augmentent très fortement la probabilité de réussir une transmission du cabinet.

L'enjeu essentiel pour le cédant est de comprendre qu'il vaut mieux réussir à transmettre le cabinet à des conditions de prix réalistes et sans optimisation fiscale que d'échouer à la transmettre à un prix ou à des conditions fiscales hypothétiques.

L'opération de transmission peut alors s'étaler sur plusieurs années dans le cadre d'un protocole entre les parties précisant notamment :

- le calendrier des cessions à intervenir ;
- la formule de valorisation retenue ;
- l'évolution de la gouvernance du cabinet ;
- la protection du cédant lorsque celui-ci devient minoritaire ;

1. Interfimo, *Prix de cession des cabinets d'avocats*, Édition 2022.

– la répartition du travail ;

– ...

Le protocole ainsi conclu entre les parties posera le cadre et les règles des cessions à intervenir.

SECTION 2
ENJEUX DE LA PATRIMONIALITÉ

243.21 Impact de la forme de la structure d'exercice. La forme de la structure d'exercice choisie par le cabinet aura un impact majeur sur les modalités financières, juridiques et fiscales du projet d'association. En présence d'une association ou AARPI, dépourvue de personnalité morale et donc de patrimoine[1], les entrées et sorties d'associés sont facilitées : nul besoin pour le collaborateur d'acquérir des parts ou actions, l'association sera réalisée par adhésion au contrat d'association, suivant les critères, la procédure et les règles de majorité prévues[2]. S'il dispose d'une clientèle personnelle, le nouvel associé en apportera la jouissance à l'association, sans impact fiscal[3].

Dans une société d'exercice libéral ou dans une SCP, l'association suppose pour le collaborateur de détenir des parts ou actions de la société d'avocats, ce qui suppose soit de les acquérir auprès des associés, ce qui sera le cas notamment dans le cas d'un projet de d'association-transmission soit d'obtenir des parts nouvellement émises en contrepartie d'un apport en numéraire ou en nature. La question de la valorisation de la clientèle est alors au cœur de l'opération[4]. La difficulté est en effet de parvenir à concilier tous les intérêts en présence : celui du collaborateur, qui pourra considérer qu'il n'a pas à payer une clientèle qu'il a contribué à maintenir et développer, celui des associés qui, au contraire, estiment normal que le jeune associé paie pour accéder aux bénéfices, aux réserves et à une quote-part de la valeur du cabinet qu'ils ont créé, et enfin celui de la société, dont la pérennité et la croissance sont au final nécessaires aux uns et aux autres.

Les collaborateurs sont aujourd'hui réticents à s'endetter à titre personnel pour acheter ou souscrire des parts ou actions de la société, en estimant que la contrepartie de cet effort financier est une clientèle devenue volatile alors que c'est l'équipe du cabinet qui en constitue la vraie valeur, équipe dont ils font déjà partie. Ils estiment ainsi avoir déjà « payé » leur association par leur travail et leur loyauté vis-à-vis du cabinet où ils exercent. La logique patrimoniale des sociétés est alors un frein redoutable à la nomination de nouveaux associés, a fortiori quand il est proposé à ces derniers l'achat de quelques parts ou actions de capital ne représentant qu'une fraction symbolique du capital social mais couramment valorisées par référence aux bénéfices, ou au chiffre d'affaires... et que ces collaborateurs devenus jeunes associés peuvent supposer qu'il leur faudra, plus tard, acheter dans les mêmes conditions financières la part majoritaire des fondateurs. Le recours à l'apport en industrie, en préalable éventuel à l'association en capital, peut alors constituer un outil intéressant pour intégrer progressivement un collaborateur en allégeant la charge financière, ou bien à titre de phase de test[5]. Autre solution, l'apport de la clientèle personnelle du collaborateur permet de l'associer en capital, sans effort financier de sa part. Comme en matière de transmission, le projet d'association peut être concrétisé par la combinaison de plusieurs de ces outils issus de la technique sociétaire (achat de droits sociaux, augmentation de capital en contrepartie d'un apport en numéraire et/ou en nature par apport de la clientèle, apport en industrie).

243.22 Débat de la patrimonialité du cabinet d'avocats. Depuis 2011 pour les SCP et 2012 pour les SEL, les associés peuvent prévoir dans leurs statuts que la valeur de la clientèle civile ne sera pas prise en compte pour la détermination de la valeur des parts sociales.

Cette possibilité de « dépatrimonialiser » le cabinet d'avocats est réaffirmée par l'Ordonnance du 8 février 2023[6]. Lorsque le cabinet choisit de dépatrimonialiser, la valeur des droits sociaux est alors généralement établie sur la base des fonds propres de la société.

Les cabinets anglo-saxons ont, depuis plus d'un siècle, adopté la forme sociale du partnership ou LLP (limited liability partnership) qui est dépatrimonialisée, par nature. Cette approche se justifie par le fait que la valeur du cabinet d'avocats tient à la capacité contributive des individus qui le composent.

En France, où les cabinets d'avocats sont très majoritairement des structures de petite taille, les avocats veulent voir une valeur d'entreprise dans leur outil de travail.

Au-delà du débat théorique, la valeur du cabinet tiendra à l'existence d'une offre et surtout d'une demande.

Ainsi, le collaborateur à qui il est proposé d'acquérir un cabinet ou des parts ou actions ou l'associé à

1. V. s^{s} n° 222.12.
2. V. s^{s} n°s 222.41 s.
3. V. s^{s} n° 222.51.
4. Sur la valorisation du fonds libéral, v. s^{s} n°s 242.11 s.
5. P. Touzet, « Pourquoi et comment associer ses collaborateurs dans une structure patrimoniale ? », *D. avocats* 2014. 52.
6. Ord. n° 2023-77, 8 févr. 2023 relative à l'exercice en société des professions libérales réglementées, *JO* 9 févr., n° 3, art. 14 pour les SCP et art. 52 pour les SEL.

qui il est proposé d'augmenter sa participation vont se poser les questions suivantes :

- Est-ce que l'opération proposée va offrir un retour sur investissement satisfaisant : en d'autres termes, est-ce que la participation acquise va générer un revenu supplémentaire suffisant pour en rembourser le prix d'acquisition dans un délai raisonnable ?

- Est-ce que l'opération proposée est accompagnée d'une transmission de clients ?

- Est-ce que l'opération proposée va faire gagner du temps au bénéficiaire par rapport à ce que serait son plan de carrière sans cette opération ?

SECTION 3
CESSION À UN ASSOCIÉ

243.31 Circonstances de la cession à un associé. Cette situation est celle de la cession par un associé à un autre associé. Il s'agit le plus souvent d'une cession en préparation d'un départ à la retraite ou d'une situation de rééquilibrage du capital social à la suite d'une évolution du poids économique respectif des associés concernés. L'intérêt financier pour le cédant n'appelle pas d'observations particulières. C'est ce dernier qui est le plus souvent à l'origine d'une proposition faite aux autres associés.

En revanche, la question de la contrepartie de l'opération va se poser avec davantage d'acuité pour le cessionnaire :

- Le cessionnaire va-t-il pouvoir compter sur des distributions de dividendes ?

- Les parts acquises vont-elles lui donner la majorité ou une minorité de blocage ?

- La cession s'accompagne-t-elle d'un transfert de clients et de chiffre d'affaires ?

243.32 Prix de cession, aspects juridiques et aspects fiscaux – Renvois.

- Sur le prix de cession et la valorisation, v. s[s] n°s 242.11.

- Sur les aspects juridiques de la cession, sur la nature et les techniques de transmission :

• Sur la cession du fonds libéral, v. s[s] n° 241.21.

• Sur la cession de titres, v. s[s] n° 241.31.

• Sur le contenu du contrat de cession, v. s[s] n° 241.41.

• Sur le LBO, v. s[s] n° 241.61.

• Sur les autres techniques de la cession, v. s[s] n° 241.71.

• Sur les aspects fiscaux de la transmission, v. s[s] n° 244.11.

SECTION 4
TRANSMISSION À UN COLLABORATEUR

243.41 Aspects opérationnels de l'association d'un collaborateur.

Sur tous les aspects opérationnels de l'association d'un collaborateur :

- Sur les enjeux et contexte de l'association des collaborateurs, v. s[s] n° 424.11.

- Sur les critères d'association liés aux performances et à la personne du collaborateur, v. s[s] n° 424.21.

- Sur les critères d'association du collaborateur liés à la situation du cabinet, v. s[s] n° 424.41.

- Sur les statuts alternatifs à l'association, v. s[s] n° 424.41.

- Sur l'association en industrie, v. s[s] n° 424.51.

243.42 Avantages et risques économiques de la transmission à un collaborateur. Pour le collaborateur, les avantages d'une transmission, qu'il s'agisse de la transmission du fonds libéral ou d'une cession de parts à son profit, sont les suivants :

- un moyen de valoriser de nombreuses années de travail ;

- un positionnement vis-à-vis de la clientèle qu'il connaît déjà ;

- une progression immédiate de ses revenus (en principe) ;

- une forte réduction des risques par rapport à ceux liés à une installation/une association avec un tiers.

Les avantages sont également importants pour le cédant et pour le cabinet lui-même :

- fort *intuitu personae* ;

- le cessionnaire a généralement été formé par le cédant ;

- la connaissance du cabinet et des clients ;

- la compatibilité avec l'esprit du cabinet ;

- l'absence de perte de temps dans la recherche d'un cessionnaire.

Certains risques viennent toutefois contrebalancer ces avantages. Le cédant devra faire preuve de transparence et de pédagogie car un désaccord sur la valeur et le sentiment de devoir payer pour ce qu'il a contribué peuvent engendrer beaucoup de méfiance de la part du collaborateur.

243.43 Aspects juridiques de la transmission à un collaborateur. Les aspects juridiques de la transmission à un collaborateur n'appellent pas de remarques particulières par rapport à la cession à un associé préexistant et sont également traités dans les développements suivants :

- Sur le prix de cession et la valorisation, v. s[s] n° 242.11.

- Sur les aspects juridiques de la cession, sur la nature et les techniques de transmission :

• Sur la cession du fonds libéral, v. s[s] n° 242.21.

• Sur la cession de titres, v. s[s] n° 242.31.

• Sur le contenu du contrat de cession, v. s[s] n° 241.41.

• Sur le LBO, v. s[s] n° 241.61.

• Sur les autres techniques de la cession, v. s[s] n° 241.71.

• Sur les aspects fiscaux de la transmission, v. s[s] n° 244.11.

Il faut noter que la technique du LBO, avec la mise en place par le collaborateur et futur associé d'une SPFPL qui s'endettera pour procéder à l'acquisition, est le schéma le plus efficace qui est aussi devenu le plus courant.

Cette technique d'acquisition est la moins contraignante pour l'acquéreur car l'acquisition va s'autofinancer par les dividendes servis par les parts sociales acquises. Il faudra toutefois, pour que le système fonctionne, que la société d'exercice mette en œuvre une politique de distribution de dividendes permettant à l'acquéreur de couvrir son emprunt.

243.44 Cession de parts et transmission de clients. La transmission d'une partie du capital social d'une SEL à un collaborateur n'entraîne pas juridiquement la transmission de clients ou de dossiers. C'est là un des enjeux majeurs de la transmission à un collaborateur quand celle-ci s'effectue de manière progressive et étalée dans le temps.

En effet, lorsque les règles de rémunération au sein du cabinet sont liées à la performance individuelle et notamment au chiffre d'affaires géré, il sera difficile pour le cédant de renoncer à du chiffre d'affaires. Le cédant doit accepter que la cession d'une partie du capital implique une renonciation au moins partielle à certains de ses droits antérieurs.

Une grande attention devra être portée à la rédaction d'un nouveau règlement intérieur de la société qui fixe les règles entre associés et tout particulièrement la question de la rémunération.

243.45 Apport de la clientèle personnelle du collaborateur. L'association du collaborateur peut être réalisée au moyen d'un apport de sa clientèle personnelle à la société d'avocats[1]. En contrepartie de cet apport en nature, l'apporteur reçoit des parts sociales (ou actions s'il s'agit d'une société par actions). Cette opération requiert la rédaction d'un contrat d'apport, lequel doit identifier précisément la nature et le contenu de l'apport, ainsi que la valeur retenue. Dans le cas des SEL, elle nécessite, pour les apports dont la valeur à 30 000 euros, l'intervention d'un commissaire aux apports, désigné à l'unanimité des associés ou, à défaut, par ordonnance du président du Tribunal de commerce, qui doit établir un rapport d'évaluation[2].

D'un point de vue fiscal, l'opération est assimilée à une cession d'entreprise, ce qui entraîne, en théorie, l'imposition immédiate des bénéfices non encore taxés[3], des bénéfices en sursis d'imposition et des plus-values professionnelles constatées à raison des éléments d'actif immobilisés. Toutefois, l'apporteur peut bénéficier du régime d'exonération de l'article 151 *septies* du CGI : la plus-value est totalement exonérée d'impôt et de cotisations sociales si ses recettes annuelles sont inférieures à 90 000 euros, à condition que l'activité ait été exercée pendant au moins cinq ans, et partiellement si elles sont comprises entre 90 000 euros et 126 000 euros[4]. L'apporteur peut aussi opter pour le régime de report d'imposition de l'article 151 *octies* du CGI, admis pour les avocats[5], qui prévoit le report d'imposition des plus-values sur les immobilisations non-amortissables et le transfert de l'imposition des plus-values sur les immobilisations amortissables à la société avec un étalement sur une période maximale de 5 ans pour les biens mobiliers. L'option doit être explicitement indiquée dans l'acte d'apport et les statuts. Ces options fiscales ne sont pas cumulatives entre elles.

L'apport de la clientèle au profit d'une société soumise à l'impôt sur les sociétés est soumis au droit fixe de 375 euros (ou de 500 euros si le capital de la société est d'au moins 225 000 euros), à condition que l'apporteur s'engage à conserver les titres reçus en contrepartie de son apport pendant au moins trois ans. À défaut, les droits sont de 3 % sur la valeur comprise entre 23 000 euros et 200 000 euros et de 5 % au-delà[6]. L'apport à une société relevant du régime des sociétés de personnes est soumis au droit fixe.

1. Sur l'opportunité du critère de l'apport de clientèle pour l'association d'un collaborateur, v. s[s] n° 424.26.

2. C. com., art. L. 223-33 et L. 225-147.
3. CGI, art. 202.
4. Sur le régime fiscal de l'imposition des plus-values, v. s[s] n°s 244.21 s.
5. CE 2 juin 2010, *Pageard (Mme)*, req. n° 306292, *Lebon T* – S. Nonorgue, « L'influence du mode d'exercice sur l'applicabilité de l'article 151 *octies* du CGI », *Dr. fisc.* 2010, n° 38, comm. 491.
6. CGI, art. 809.

CHAPITRE

244. Fiscalité de la cession

SECTION 0
ORIENTEUR

244.00 **Sommaire du chapitre.**

SECTION 1
FISCALITÉ DE L'ACQUÉREUR

244.11 **Droits d'enregistrement sur la cession du fonds libéral ou la cession de clientèle.** La cession du fonds libéral ou de la clientèle est soumise à un droit d'enregistrement à la charge du cessionnaire[1] :

- pour la fraction de la valeur taxable n'excédant pas 23 000 euros : 0 ;
- pour la fraction de la valeur taxable comprise entre 23 000 euros et 200 000 euros : 3 % ;
- pour la fraction de la valeur taxable excédant 200 000 euros : 5 %.

Si le fonds est situé en zone franche urbaine, les droits d'enregistrement sont réduits[2] :

- pour la fraction de la valeur taxable n'excédant pas 23 000 euros : 0 ;
- pour la fraction de la valeur taxable comprise entre 23 000 euros et 107 000 euros : 1 % ;
- pour la fraction de la valeur taxable comprise entre 107 000 euros et 200 000 euros : 3 % ;
- pour la fraction de la valeur taxable excédant 200 000 euros : 5 %.

L'acquéreur doit alors prendre, lors de la mutation, l'engagement de maintenir l'exploitation du bien acquis pendant une période minimale de cinq ans à compter de cette date.

La cession d'un fonds à un salarié en CDI depuis au moins deux ans, à temps plein, ou un membre de la famille du cédant (conjoint, partenaire pacsé, ascendants ou descendants en ligne directe, frères et sœurs) bénéficie d'un abattement 300 000 euros sur la valeur du fonds ou de la clientèle. Le fonds doit être détenu depuis au moins deux ans par le cédant. Les acquéreurs doivent poursuivre à titre d'activité professionnelle unique et de manière effective et continue, pendant les cinq années qui suivent la vente, l'exploitation du fonds ou de la clientèle cédée et l'un d'eux au moins doit assurer, pendant la même période, la direction effective de l'entreprise[3]. Cet avantage fiscal ne peut s'appliquer qu'une seule fois entre un même cédant et un même acquéreur.

244.12 **Droits d'enregistrement sur les cessions de droits sociaux.** Les cessions de parts sociales de SCP et SELARL sont soumises à un droit d'enregistrement de 3 %, après application sur la valeur de chaque part sociale d'un abattement égal au rapport entre la somme de 23 000 euros et le nombre total de parts sociales de la société. Le montant des droits d'enregistrement sur les cessions d'actions est déterminé au taux de 0,1 %. Les droits d'enregistrement sont calculés sur le prix exprimé, auquel il convient d'ajouter les charges augmentatives du prix de cession, ou bien sur une estimation des parties si la valeur réelle est supérieure au prix augmenté des charges[4]. Les cessions de droit sociaux à un salarié ou un membre de la famille du cédant peuvent, dans les conditions mentionnées ci-dessus, bénéficier d'un abattement de 300 000 euros sur la fraction de la valeur des titres représentative du fonds ou de la clientèle[5].

1. CGI, art. 719, 1595, 1584 ou 1595 *bis*.
2. CGI, art. 722 *bis*.
3. CGI, art. 732 *ter*.
4. CGI, art. 726.
5. CGI, art. 732 *ter*.

244.13 TVA sur les biens mobiliers d'investissement. La TVA sur les biens mobiliers d'investissement (exp. : matériel de bureau et d'informatique) est en principe soumis à la TVA dès lors que ces biens ont ouvert droit à déduction totale ou partielle de TVA lors de leur achat[1]. Cependant, si la cession est réalisée entre redevables de la TVA dans le cadre d'une transmission à titre onéreux ou à titre gratuit d'une universalité totale ou partielle de biens (ce qui est le cas dans l'hypothèse d'une cession du fonds libéral), l'opération est dispensée de TVA[2]. Le bénéficiaire est alors réputé continuer en la personne du cédant.

244.14 Non-déductibilité des intérêts d'emprunt pour l'acquisition de parts ou d'actions. La détention de parts ou d'actions dans le capital d'une société soumise à l'IS est une opération considérée par l'administration fiscale comme relevant du patrimoine privé. Il en résulte que les intérêts d'emprunt pour l'acquisition de parts sociales ou d'actions ne sont pas déductibles. L'avocat associé confronté à cette situation trouvera la solution par le recours à une SPFPL[3], étant précisé que les taux d'emprunt bas relativisent cet inconvénient. Outre la déductibilité des intérêts d'emprunts, le recours à une SPFPL présente des avantages financiers et fiscaux pour une acquisition[4].

SECTION 2
FISCALITÉ DU CÉDANT

244.21 Imposition des plus-values. Cession de fonds et de clientèle. Si le cédant est une société soumise à l'impôt sur les sociétés, la plus-value professionnelle entre dans le résultat de la société taxé à l'IS : elle est donc taxée à 15 % dans la limite d'un résultat fiscal de 42 500 euros et au taux de 25 % au-delà.

Si le cédant est une personne physique ou une société relevant de l'impôt sur le revenu, une distinction doit être opérée entre[5] :

– la plus-value court terme (PVCT) qui entre dans le résultat courant de l'entreprise et fait donc l'objet d'une imposition dans la catégorie BNC selon le barème de l'impôt sur le revenu ;

– la plus-value long terme (PVLT) qui est taxée au taux de 12,8 %[6] auquel il convient d'ajouter les différentes contributions sociales, soit un taux global de 30 %.

Les éléments non amortissables (clientèle) sont traités en PVLT à partir de deux années de détention.

Les éléments amortissables (matériels) constituent une PVCT au-dessous de deux années de détention. Au-delà, il s'agit d'une PVCT à hauteur des amortissements déduits et d'une PVLT pour la partie excédant l'amortissement pratiqué.

L'imposition sur les PVCT et PVLT réalisées par les personnes physiques ou sociétés à l'IR peut-être totalement ou partiellement exonérée au titre de trois dispositifs :

– Exonération des plus-values CT et LT réalisées par les petites entreprises[7] : à condition que l'activité ait été exercée pendant au moins cinq ans, la plus-value est exonérée pour la totalité de son montant lorsque les recettes annuelles sont inférieures ou égales à 90 000 euros et partiellement lorsque les recettes sont supérieures à 90 000 euros et inférieures à 126 000 euros.

– Exonération des plus-values CT et LT pour départ à la retraite[8] : la plus-value est exonérée si les conditions suivantes sont respectées :

• l'activité doit avoir été exercée par le cédant pendant au moins cinq ans ;

• la cession porte sur l'entreprise individuelle ;

• le cédant cesse toute fonction dans l'entreprise individuelle cédée et fait valoir ses droits à la retraite dans les deux années suivant ou précédant la cession. Le délai est porté à trois ans pour les personnes ayant fait valoir leurs droits à la retraite entre le 1er janvier 2019 et le 31 décembre 2021 ;

• le cédant ne doit pas détenir, directement ou indirectement, plus de 50 % des droits de vote ou des droits dans les bénéfices sociaux de l'entreprise cessionnaire ;

• l'entreprise individuelle cédée répond à la définition communautaire de la PME.

La plus-value imposable au nom de l'associé dans le cas de la cession d'activité réalisée par une société de personnes est exonérée dans les mêmes conditions, à condition qu'il soit procédé à la dissolution de la société de manière concomitante à la cession et que l'associé fasse valoir ses droits à la retraite dans les deux années suivant ou précédant la cession[9].

– Exonération des plus-values CT et LT pour transmission d'une entreprise ou d'une branche complète d'activité[10] : à condition que l'activité ait été exercée pendant au moins cinq ans, la plus-value est exonérée pour la totalité de son montant lorsque

1. CGI, art. 261, 3, 1°.
2. CGI, art. 257 *bis*.
3. Sur les SPFPL v. s^s n°s 226.31 et set sur le LBO, v. s^s n° 241.61.
4. V. s^s n° 241.61.
5. CGI, art. 39 *duodecies*.
6. CGI, art. 39 *quindecies*.
7. CGI, art. 151 *septies* – *BOI*-BIC-PVMV-40-10-10-20130204.
8. CGI, art. 151 *septies* A – *BOI*-BIC-PVMV-40-20-20-10-20131118.
9. CGI 151 *septies* A, I *ter*.
10. CGI, art. 238 *quindecies* – *BOI*-BIC-PVMV-40-20-50-20140325.

la valeur des éléments transmis n'excède pas 500 000 euros et partiellement qu'elle est supérieure à 500 000 euros et inférieure à 1 000 000 euros. Ce dispositif, destiné à faciliter la transmission des PME, suppose une absence de lien entre le cédant et le cessionnaire : le cédant ne doit pas contrôler l'entreprise cessionnaire, que ce soit en capital, droits de vote ou par l'exercice de fonctions de dirigeant.

L'exonération des articles 151 *septies*, 151 *septies* A et 238 *quindecies* porte sur l'impôt (12,8 % pour les PVLT). Les PVLT sont également exonérés de contributions sociales (17,2 %) dans le cadre de l'application des articles 151 *septies* et 238 *quindecies*.

Les exonérations des articles 151 *septies* et 238 *quindecies* ne sont pas cumulables. En revanche, le dispositif de l'article 151 *septies* A peut être combiné avec celui de l'article 151 *septies* ou de l'article 238 *quindecies*, ce qui peut être intéressant si l'entreprise n'a droit qu'à une exonération partielle sur le fondement de l'article 151 *septies* ou de l'article 238 *quindecies*. L'administration fiscale recommande lorsque ces régimes peuvent se cumuler, de les appliquer du plus spécifique vers le plus général : d'abord le régime prévu à l'article 151 *septies* B (abattement pour durée de détention des immeubles), puis celui de l'article 151 *septies* A (exonération en cas de départ à la retraite) et enfin l'exonération prévue à l'article 151 *septies* ou celle de l'article 238 *quindecies*[1].

244.22 Imposition des plus-values de cession des droits sociaux de sociétés de personnes. Les droits sociaux d'un associé d'une société de personne (non soumise à l'impôt sur les sociétés) sont considérés comme des éléments d'actif affectés à l'exercice de la profession : en conséquence, les plus-values réalisées lors de la cession de ces droits relèvent du régime des plus-values professionnelles des articles 39 *duodecies* à 39 *quindecies* du CGI, de manière semblable à un avocat individuel cédant son fonds libéral[2]. La plus-value est soumise au régime des plus-values court terme (PVCT) si les titres sont détenus depuis moins de 2 ans : la plus-value est alors intégrée dans le bénéfice imposable. Elle est traitée comme une plus-value long terme (PVLT) si les titres sont détenus depuis plus de 2 ans : elle est alors taxée au taux de 12,8 %[3] auquel il convient d'ajouter les différentes contributions sociales, soit un taux global de 30 %.

L'imposition sur les PVCT et PVLT peut-être totalement ou partiellement exonérée au titre des dispositifs des articles 151 *septies* (exonération des plus-values CT et LT réalisées par les petites entreprises) et 151 *septies* A du CGI (exonération des plus-values CT et LT pour départ à la retraite), mentionnés ci-dessus. Le bénéfice de l'exonération de l'article 151 *septies* A (exonération pour départ à la retraite) peut également trouver à s'appliquer à la plus-value en report d'imposition constatée lors de l'apport de l'activité individuelle à la société sous le bénéfice de l'article 151 *octies*, I, a[4].

244.23 Imposition des plus-values de cession des droits sociaux de sociétés à l'impôt sur les sociétés. Les plus-values réalisées en cas de cession de droits sociaux d'une société soumise à l'impôt sur les sociétés sont traitées, selon l'article 150-0 A du CGI[5], comme des plus-values et moins-values des particuliers dans le cadre de la gestion de leur portefeuille de titres. Elles sont donc imposées à l'impôt sur le revenu dans les conditions de droit commun au barème progressif après application d'un abattement général pour durée de détention :

- applicable aux cessions de titres cédés, acquis ou souscrits avant le 1er janvier 2018 ;
- de 50 % du montant de la plus-value lorsque les titres sont détenus depuis au moins 2 ans et moins de 8 ans à la date de cession ;
- de 65 % du montant de la plus-value lorsque les titres sont détenus depuis au plus de 8 ans à la date de cession[6].

En outre, elles sont soumises à la contribution sur les hauts revenus et assujettis aux contributions sociales sur l'intégralité de la plus-value (taux global de 17,2, %), sans abattement. L'abattement pour l'IR peut être renforcé dans certains cas à hauteur de :

- 50 % du montant de la plus-value lorsque les titres sont détenus depuis au moins un an et moins de quatre ans à la date de la cession ;
- 65 % du montant de la plus-value lorsque les titres sont détenus depuis au moins quatre ans et moins de huit ans à la date de la cession ;
- 85 % de leur montant du montant de la plus-value lorsque les titres sont détenus depuis au moins huit ans à la date de la cession[7].

L'abattement est renforcé dans les cas suivants :

- gains nets retirés de la cession des droits sociaux d'une société répondant à la définition communautaire de la PME ayant moins de dix ans[8] ;
- gains nets retirés de la cession des droits sociaux lorsque cette cession est réalisée à l'intérieur d'un groupe familial[9].

1. *BOI*-BIC-PVMV-40-20-20-50-20140616.
2. CGI, art. 93 et 151 *nonies*.
3. CGI, art. 39 *quindecies*.
4. CGI, 151 *septies* A, I *bis*.
5. *BOI*-RPPM-PVBMI-10-10-10-20160304.
6. CGI, 150-0 D, 1 *ter*.
7. CGI, 150-0 D, 1 *quater*. *BOI*-RPPM-PVBMI-20-30-20160707.
8. *BOI*-RPPM-PVBMI-20-30-10-20160304.
9. *BOI*-RPPM-PVBMI-20-30-20-20160304.

À noter que l'abattement pour durée de détention et l'abattement renforcé ne s'applique pas en cas de déduction de l'abattement fixe évoqué ci-dessous de 500 000 euros, applicable en cas de départ à la retraite.

Pour l'abattement fixe en cas de départ à la retraite, plusieurs conditions tenant à la personne du cédant[1] et aux titres cédés[2] doivent être respectées :

L'abattement s'applique aux cessions et rachats réalisés du 1er janvier 2018 au 31 décembre 2024[3] :

- la cession doit porter sur l'intégralité des droits sociaux du cédant dans la société ou sur plus de 50 % des droits de vote ou, en cas de la seule détention de l'usufruit, sur plus de 50 % des droits dans les bénéfices sociaux de cette société ;

- le cédant doit avoir exercé au sein de la société de manière continue pendant les cinq années précédant la cession des fonctions de dirigeants, cette condition n'étant toutefois pas exigée lorsque l'exercice d'une profession libérale revêt la forme d'une société anonyme ou d'une société à responsabilité limitée, que les parts ou actions de ces sociétés constituent des biens professionnels pour le cédant au regard de l'ISF et que le cédant y a exercé sa profession principale de manière continue pendant les cinq années précédant la cession ;

- le cédant doit avoir détenu, directement ou par personne interposée ou par l'intermédiaire de son conjoint ou de ses ascendants ou descendants ou de ses frères et sœurs, de manière continue pendant les cinq années précédant la cession, au moins 25 % des droits de vote ou des droits dans les bénéfices sociaux de la société ;

- il doit cesser toute fonction dans la société dont les titres ou droits sont cédés et faire valoir ses droits à la retraite dans les deux années suivant ou précédant la cession : il convient de se référer avec attention à l'instruction fiscale pour apprécier la computation de ce délai de deux années, entendu des vingt-quatre mois consécutifs suivant ou précédant la date de la cession (délai apprécié de date à date) notamment en cas de cession progressive des droits sociaux et de départ à la retraite non concomitant à la date de cession[4]. Par dérogation, ce délai est de trois ans lorsque le cédant a fait valoir ses droits à la retraite entre le 1er janvier 2019 et le 31 décembre 2021 et que ce départ en retraite précède la cession[5] ;

- le cédant ne doit pas détenir, directement ou indirectement, de droits de vote ou de droits dans les bénéfices sociaux de l'entreprise cessionnaire.

1. *BOI*-RPPM-PVBMI-20-30-30-40-20160304.
2. *BOI*-RPPM-PVBMI-20-30-30-30-20160304.
3. CGI, art. 150-0 D, 1 *quater* A.
4. *BOI*-RPPM-PVBMI-20-30-30-40-20160304, § 290 s.
5. L. nº 2021-1900, 30 déc. 2021 de finances pour 2022, *JO* 31 déc., nº 1, art. 19, III.

SECTION 3
SYNTHÈSE DE LA FISCALITÉ DE LA CESSION

244.31 Fiscalité de la cession : tableaux de synthèse.

Exonérations	Départ à la retraite	Exonération en fonction du CA	Exonération en fonction du prix de cessions
	151 *septies* A	151 *septies*	238 *quindecies*
Qualité du cédant	Exploitant individuel Associé exerçant son activité dans une société à l'IR Cession d'activité par une entreprise unipersonnelle à IR Cession de clientèle par un associé ou membre concomitamment à celle de l'intégralité de ses droits ou parts dans SCM si ces droits ou parts constituent un élément de son actif professionnel	Exploitant individuel société relevant de l'IR Associé exerçant son activité dans une société à l'IR	Exploitant individuel société relevant de l'IR Associé exerçant son activité dans une société à l'IR Soumise à l'IS : PME
Taille entreprise	PME	NA	Sociétés IS seulement PME
Nature activité	Activité libérale éligible y compris location gérance si cession au profit du locataire et absence de lien entre le cédant et le cessionnaire Loueur part à la retraite dans les 24 mois suivant ou précédant la cession du fonds ou des parts détenus dans la société locataire	Activité libérale éligible à l'exclusion de la location gérance	Activité libérale éligible y compris location gérance si absence de lien entre le cédant et le cessionnaire
Durée d'exercice activité	5 ans Si location-gérance, l'activité doit avoir été exercée depuis 5 ans au moment de la location	5 ans Si cession de parts : cumul de la durée d'exploitation en entreprise individuelle ou en sté de personnes si apport du fond libéral (art. 151 *octies*)	5 ans Si location-gérance, l'activité doit avoir été exercée depuis 5 ans au moment de la location
Opérations visées	Cession à titre onéreux et rachats avec annulations des droits ou parts portant sur l'intégralité des droits du cédant (sont exclus les retraits d'actifs et donations) (les cessions échelonnées sont possibles sans excéder 24 mois entre la première et la dernière cession) Cession d'entreprise individuelle	Toutes opérations aboutissant à la sortie de l'actif de l'élément considéré (vente, apports, échange, partage, donation, retrait dans le patrimoine privé, cessation d'activité, etc.)	Mutations à titre gratuit et cessions à titre onéreux : – D'une entreprise individuelle – D'une branche complète et autonome d'activité – Intégralité des droites ou parts de société de personnes
Conditions particulières	– **Cesser toute fonction dans l'entité cédée** (possibilité d'exercer une activité de consultant ou d'avoir une activité professionnelle dans une autre entreprise) Cumul activité retraite possible – **Départ à la retraite** (date d'entrée en jouissance des droits : pour les professions libérales, il s'agit du premier jour du trimestre civil qui suit la demande de l'intéressé) – Faire valoir ses droits à la retraite soit dans les 24 mois suivant la cession ou précédant celle-ci – Le départ à la retraite et la cessation des fonctions peuvent intervenir l'un avant l'autre s'il ne s'écoule pas 24 mois entre les deux évènements (le délai de 24 mois est porté à 36 mois si les droits à la retraite sont acquis entre le 1er janvier 2019 et le 31 décembre 2021)	Montants moyen des recettes HT des deux derniers exercices ne doit pas excéder 90 000 € pour une exonération totale ou 120 000 € pour une exonération partielle	Prix de cession n'excède pas : – 500 000 € pour une exonération totale – ou 1 million € pour une exonération partielle En cas de cession de l'intégralité des parts, prise en compte de la valeur des parts transmises au cours des 5 années précédentes

Exonérations	Départ à la retraite	Exonération en fonction du CA	Exonération en fonction du prix de cessions
Contrôle de dépendance	Absence de contrôle direct ou indirect du cessionnaire pendant 3 ans	NA	Absence de contrôle direct ou indirect du cessionnaire pendant 3 ans, soit : – Ne pas détenir plus de 50 % des droits de vote ou droits dans les bénéfices sociaux (aucun droit de vote dans l'entreprise cessionnaire en cas de cession de l'intégralité des droits ou parts d'un associé) – Ne pas exercer en droit ou en fait la direction effective de la société
Plus-values exclues	Biens immobiliers ou droits ou parts de sociétés constitués des mêmes biens Exception : cession portant sur l'intégralité des parts de sociétés de personnes dont l'actif est principalement constitué d'immeubles affectés à l'exploitation	Plus-values non afférentes à des éléments d'actifs professionnels	Biens immobiliers ou droits ou parts de sociétés constitués des mêmes biens Exception : cession portant sur l'intégralité des parts de sociétés de personnes dont l'actif est principalement constitués d'immeubles affectés à l'exploitation
Portée exonération	– Exonération d'IR des PV à CT et LT – Pas d'exonération des prélèvements sociaux – Exonération sous certaines conditions des PV placées en report (art. 151 *octies* et *octies* A)	Exonération d'IR – totale lorsque les recettes annuelles sont inférieures ou égales à 90 000 € – partielle lorsque les recettes annuelles sont comprise entre 90 000 € et 126 000 € (126 000 – montant des recettes/36 000) – Imposition des plus-values placées en report d'imposition (art. 151 *octies*) – Exonération des prélèvements sociaux de 17,2 % – Les PVCT sont soumises aux cotisations sociales Possibilité de cumul avec l'art. 151 *septies* A	Exonération d'impôt des PV à CT et LT – Imposition des plus-values placées en report d'imposition (art. 151 *octies*) – Exonération des prélèvements sociaux de 17,2 % – Les PVCT sont soumises aux cotisations sociales Possibilité de cumul avec l'art. 151 *septies* A Option sur papier libre exercée lors du dépôt de la déclaration de cessation d'activité ou de cession

TITRE

25. Le traitement des difficultés financières

SECTION 0

ORIENTEUR

25.00 **Sommaire du titre.**

CHAPITRE

251. Procédures collectives appliquées aux cabinets d'avocats

SECTION 0 ORIENTEUR

251.00 **Sommaire du chapitre.**

251.03 **Bibliographie indicative.**

Rapports. CNB, Les avocats et la loi de sauvegarde des entreprises : bilan de deux ans d'application, Rapport de la Commission Textes, 21 nov. 2008.

Ouvrage. P.-M. Le Corre, *Droit et pratique des procédures collectives*, 8e éd., « Dalloz action », 2014 – A. Lienhard, *Procédures collectives*, 5e éd., « Encyclopédie Delmas », Dalloz, 2013 – J.-M. Braunschweig, J. Demaison, *Profession d'avocat : le guide*, 3e éd., Wolters Kluwer, 2014, nos 1118 s. – H. Ader, A. Damien et autres, *Règles de la profession d'avocat*, 15e éd., « Dalloz action », 2016, nos 851.11 s.

Dossier « Cabinets en difficultés : comment vous aider ? », Maître, le mensuel de l'avocat, Anaafa, mai-juin 2014.

Articles. « L'avocat en difficulté (application de la loi de sauvegarde à l'avocat exerçant en nom) », *Bull. Joly* 2006. 691 – M.-Cl. Habauzit-Detilleux et P. Michaud, « La procédure de conciliation applicable à l'avocat en difficulté dans la loi de sauvegarde du 26 juillet 2005 », *Gaz. Pal.* 27-28 janv. 2006, p. 2 – R. Martin et P. Neveu, « L'application à la profession d'avocat de la loi du 26 juillet 2005 sur la sauvegarde des entreprises », *JCP* 2006. I. 125 – A. Lecourt, « L'avocat, acteur et victime de la procédure collective », *Dr. et patr.* oct. 2011. 59 – F. Pérochon, « Le privilège des notables indélicats : un nouveau privilège ? », *D.* 2005. 1146 – Ph. Reigné, « L'application aux professions libérales des procédures de prévention et de traitement des difficultés des entreprises », colloque du Crajefe, Nice, 27 mars 2004, *LPA* 10 juin 2004, n° 16, p. 10 – S. Rétif, « Honneur, loyauté, probité… responsabilité limitée ou l'exercice d'une profession libérale en EIRL », *Bull. Joly Entreprises en difficulté* 2011, p. 53.

SECTION 1 PROCÉDURES COLLECTIVES APPLIQUÉES AUX CABINETS D'AVOCATS

251.11 **Application des procédures collectives aux avocats.** Les procédures collectives sont ouvertes aux membres des professions libérales depuis la loi dite de sauvegarde des entreprises du 26 juillet 2005 [1] entrée en vigueur le 1er janvier 2006 et complétée par le décret d'application du 28 décembre 2005 [2]. Les articles L. 611-5, L. 620-2, L. 631-2 et L. 640-2 du code de commerce, relatifs respectivement aux procédures de conciliation, de sauvegarde de redressement judiciaire et de liquidation judiciaire, visent « les personnes physiques exerçant une activité professionnelle indépendante, y compris une profession libérale soumise à un statut législatif ou réglementaire ou dont le titre est protégé ». Ainsi, l'ensemble des procédures prévues par la loi issu de la loi de sauvegarde des entreprises sont applicables aux professions libérales qu'il s'agisse du mandat *ad hoc*, de la conciliation, de la sauvegarde, du redressement judiciaire, de la liquidation judiciaire ou encore de la procédure de rétablissement professionnel introduite par l'ordonnance du 12 mars 2014 et modifiée par la loi PACTE du 22 mai 2019 [3].

Avant la loi du 26 juillet 2005, seules les sociétés exerçant une profession libérale pouvaient prétendre à la protection des procédures collectives. Cette évolution constitue indéniablement un progrès pour les avocats individuels qui peuvent désormais bénéficier des dispositifs de prévention et de traitement des difficultés financières.

1. L. n° 2005-845, 26 juill. 2005 de sauvegarde des entreprises, *JO* 27 juill., p. 12187 ; rectif. *JO* 22 oct., p. 16750.
2. Décr. n° 2005-1677, 28 déc. 2005 pris en application de la loi n° 2005-845 du 26 juillet 2005 de sauvegarde des entreprises, *JO* 29 déc., p. 20324.
3. C. com., art. L. 645-1 à L. 645-12.

Néanmoins, le législateur a pris en compte les spécificités des professions libérales régulées par des ordres ou soumises à une autorité. S'agissant des avocats :

- l'Ordre des avocats participe activement à la procédure[1] : le conseil de l'Ordre est représenté (par le bâtonnier ou une personne désignée par celui-ci) dans toutes les procédures frappant les avocats[2] ;

- la sanction de faillite personnelle n'est pas applicable à l'avocat. Celle-ci est remplacée par d'éventuelles sanctions disciplinaires prononcées par l'Ordre[3].

251.12 Réformes successives du droit des procédures collectives. Compte tenu des imperfections de la loi de sauvegarde de 2005[4], un travail d'amélioration a été engagé dès 2007. L'ordonnance du 18 décembre 2008 portant réforme du droit des entreprises en difficulté[5], complété par le décret d'application du 12 février 2009[6], a assoupli les conditions d'ouverture de la procédure de sauvegarde afin de favoriser ce mode de résolution des difficultés, clarifié le recours à la procédure de conciliation et amélioré le déroulement de la liquidation judiciaire. Concernant les professionnels libéraux, l'ordonnance du 18 décembre 2008 a supprimé les dispositions - critiquées[7] - de la loi de sauvegarde de 2005 excluant expressément les éléments incorporels des actifs susceptibles d'être réalisés en cas de liquidation judiciaire. Les éléments incorporels, en ce compris la clientèle, peuvent désormais être intégrés dans la cession d'entreprise[8], ce qui permet de ne pas faire perdurer un traitement dérogatoire du droit commun, susceptible de préjudicier au débiteur, alors même que la licéité de la cession de la clientèle est admise par la Cour de cassation[9].

La loi du 22 octobre 2010 dite de régulation[10] a ensuite créé une procédure de sauvegarde financière accélérée[11]. Il s'agit d'une procédure rapide concernant uniquement les créanciers financiers.

Enfin, l'ordonnance du 12 mars 2014[12], corrigée par l'ordonnance du 26 septembre 2014[13] et complétée par le décret d'application du 30 juin 2014[14], a modifié le droit des procédures collectives notamment concernant les procédures de prévention, la procédure de liquidation judiciaire, ainsi que les règles de déclaration et de vérification des créances. Elle a créé, sur le modèle de la procédure de sauvegarde financière accélérée, une procédure de sauvegarde accélérée ouverte aux entreprises :

- dont les comptes sont certifiés par un commissaire aux comptes ou établis par un expert-comptable, employant au moins vingt salariés ou dépassant 3 000 000 euros de chiffre d'affaires ou 1 500 000 euros de total de bilan ;

- ou qui établissent des comptes consolidés conformément à l'article L. 233-16 du code de commerce.

Dernièrement modifiée par l'ordonnance du 15 septembre 2021[15], la procédure de sauvegarde accélérée ne peut bénéficier qu'aux débiteurs engagés dans une procédure de conciliation et justifiant avoir élaboré un projet de plan tendant à assurer la pérennité de l'entreprise s'il est susceptible de recueillir, de la part des créanciers, un soutien suffisamment large pour rendre vraisemblable son adoption[16].

Autre innovation, l'ordonnance du 12 mars 2014 a institué une procédure de rétablissement personnel sans liquidation[17] qui peut bénéficier à tout

1. V. s^s n° 251.14.
2. C. com., art. R. 662-11.
3. Les conseils de discipline institués par la loi n° 2004-130 du 11 févr. 2004 à l'exception du barreau de Paris pour lequel le conseil de l'Ordre demeure l'autorité de sanction.
4. X. de Roux, *Rapport d'information de la Commission des lois sur la mise en application de la loi n° 2005-845 du 26 juillet 2005 de sauvegarde des entreprises*, n° 3651, 31 janv. 2007.
5. Ord. n° 2008-1345, 18 déc. 2008 portant réforme du droit des entreprises en difficulté, *JO* 19 déc., p. 19462.
6. Décr. n° 2009-160 pris pour l'application de l'ordonnance n° 2008-1345 du 18 décembre 2008 portant réforme du droit des entreprises en difficulté et modifiant les procédures de saisie immobilière et de distribution du prix d'un immeuble, 12 févr. 2009, *JO* 13 févr., p. 2596.
7. Rep. min. justice n° 2060 : *JOAN Q* 4 déc. 2007, p. 7705 – L. Lambert-Garrel, « Brèves réflexions sur l'ouverture ministérielle en faveur de la cession des actifs incorporels des professions libérales en redressement judiciaire », *JCP E*, n° 17-18, 24 avr. 2008, 1547 – T. Montéran, « Pour améliorer le droit des entreprises en difficulté, osons la réforme », *Gaz. Pal.*, 23-24 janv. 2008, p. 13.
8. C. com., art. L. 642-1, mod. Par Ord. n° 2008-1345, 18 déc. 2008, art. 110.
9. V. s^s n° 241.21.
10. L. n° 2010-1249, 22 oct. 2010 de régulation bancaire et financière, *JO* 23 oct., p. 18984.
11. C. com., art. L. 628-1 s. – L. n° 2010-1249, 22 oct. 2010, art. 57.
12. Ord. n° 2014-326, 12 mars 2014 portant réforme de la prévention des difficultés des entreprises et des procédures collectives, *JO* 14 mars, p. 5249.
13. Ord. n° 2014-1088, 26 sept. 2014 complétant l'ordonnance n° 2014-326 du 12 mars 2014 portant réforme de la prévention des difficultés des entreprises et des procédures collectives, *JO* 27 sept., p. 15725.
14. Décr. n° 2014-736, 30 juin 2014 pris pour l'application de l'ordonnance n° 2014-326 du 12 mars 2014 portant réforme de la prévention des difficultés des entreprises et des procédures collectives, *JO* 1er juill., p. 10834.
15. Ord. n° 2021-1192, 15 sept. 2021 portant réforme du droit des sûretés et entrée en vigueur le 1er janvier 2022, *JO* 16 sept., n° 19.
16. C. com., art. L. 628-1 et D. 628-3.
17. C. com., art. L. 645-1 s. – C. com., art. R. 645-1 s. – F. Reille, « Une nouvelle procédure qui n'en est pas une : le rétablissement professionnel », *Rev. proc. coll.*, n° 2, mars 2014, dossier 22.

débiteur personne physique exerçant une activité professionnelle indépendante s'il ne fait l'objet d'aucune procédure collective en cours, n'a employé aucun salarié au cours des six derniers mois et dont l'actif déclaré a une valeur inférieure à 5 000 euros[1]. La procédure[2] ne peut être ouverte à l'égard d'un entrepreneur en EIRL, ni en cas d'instance prud'homale l'impliquant[3]. De même, le « récidiviste » qui a fait l'objet, depuis moins de cinq ans, d'une procédure de liquidation judiciaire clôturée pour insuffisance d'actif ou d'une décision de clôture d'une procédure de rétablissement professionnel ne peut en bénéficier[4]. Il s'agit de faire face avec pragmatisme et rapidité (quatre mois maximum) aux situations irrémédiablement compromises de petits entrepreneurs, notamment les professionnels libéraux, qui sont de bonne foi. La clôture de la procédure de rétablissement personne entraîne en effet l'effacement total des dettes du débiteur nées antérieurement à l'ouverture de la procédure, à l'exception des créances salariales, des créances alimentaires et des créances visées au 1° et 2° du I et au II de l'article L. 643-11 du code de commerce (créances liées aux biens acquis au titre d'une succession ouverte pendant la procédure de liquidation judiciaire, créances trouvant son origine dans une infraction dont le débiteur est coupable ou portant sur des droits attachés à la personne du créancier, créances des coobligés et personnes ayant consenti une sûreté personnelle ou ayant affecté ou cédé un bien en garantie lorsqu'ils ont payé à la place du débiteur)[5]. Le débiteur doit solliciter le rétablissement professionnel lors de la demande d'ouverture d'une procédure de liquidation judiciaire. S'il n'est pas de bonne foi ou s'il apparaît des d'éléments susceptibles de donner lieu aux sanctions prévues par le titre V du code de commerce (responsabilité pour insuffisance d'actifs, sanctions professionnelles ou sanctions pénales) ou à l'application des dispositions des articles L. 632-1 à L. 632-3 (nullités de la période suspecte), la procédure peut basculer en liquidation judiciaire[6]. De même, si postérieurement, il apparaît que le débiteur a obtenu le bénéfice de la procédure de rétablissement personnel par une description incomplète de son actif ou de son passif, le tribunal, s'il est saisi aux fins d'ouverture d'une procédure de liquidation judiciaire, peut revenir sur l'effacement des dettes[7].

1. C. com., art. L. 645-1 – C. com., art. R. 645-1.
2. Cette procédure a dernièrement été modifiée par la loi n° 2022-172 du 14 février 2022 qui modifie les articles L. 645-1 et L. 645-11 du Code de Commerce.
3. C. com., art. L. 645-1, al. 2 et 3.
4. C. com., art. L. 645-2.
5. C. com., art. L. 645-11.
6. C. com., art. L. 645-9.
7. C. com., art. L. 645-12.

251.13 **Compétence juridictionnelle.** La compétence juridictionnelle pour un avocat est celle du Tribunal Judiciaire que le débiteur soit une personne physique ou une personne morale[8]. La règle de compétence est la même pour les SEL bien que ces sociétés soient commerciales en leur forme. Pour les avocats, la compétence territoriale est, par application de l'article R. 600-1 du code de commerce, celle de la juridiction dont dépend leur barreau. Les tribunaux judiciaires compétents pour connaître des procédures de traitement des difficultés des entreprises sont mentionnés aux annexes 6-2 et 6-4 du livre IV du code de commerce.

Toutefois, suivant la jurisprudence de la Cour de cassation[9], les règles de compétence territoriale de droit commun ne dérogent pas à l'application des dispositions de l'article 47 du code de procédure civile, lequel prévoit que lorsqu'un auxiliaire de justice est partie à un litige qui relève de la compétence d'une juridiction dans le ressort de laquelle celui-ci exerce ses fonctions, le demandeur, le défendeur ou toute partie en cause peut saisir une juridiction située dans le ressort limitrophe. Ainsi, l'avocat (ou le créancier qui l'assigne en redressement ou liquidation judiciaire) peut décliner la compétence du tribunal judiciaire dont il relève. La délocalisation peut être demandée à tout moment, même tardivement lors d'une demande de prorogation par le liquidateur du délai au terme duquel la clôture de la liquidation judiciaire doit être examinée[10]. Elle peut également être sollicitée pour la première fois en appel[11]. La délocalisation vaut également pour la juridiction du juge-commissaire[12]. Afin d'éviter toute difficulté qui pourrait résulter de la délocalisation du seul juge-commissaire, le décret du 30 juin 2014 est venu préciser que les dispositions de l'article 47 ne sont pas applicables aux litiges qui relèvent de sa seule compétence[13] (notamment le contentieux en matière d'admission de créances). Le recours possible à

8. C. com., art. L. 611-5, al. 1er et L. 621-2, al. 1er.
9. Com. 28 oct. 2008, n° 07-20.801, *Bull. civ.* IV, n° 177 ; *D.* 2008. 2791, obs. A. Lienhard ; *RTD civ.* 2009. 360, obs. P. Théry.
10. Com. 2 oct. 2012, n° 11-23.731, NP ; *D.* 2012. 2446, obs. A. Lienhard.
11. Com. 31 janv. 2012, n° 10-25.693, *Bull. civ.* IV, n° 15 ; *D.* 2012. 433, obs. A. Lienhard ; *D.* 2012. 1218, chron. J. Lecaroz, H. Guillou et F. Arbellot ; *Rev. sociétés* 2012. 191, obs. P. Roussel Galle.
12. Com. 12 oct. 2010, n° 09-16.743, NP ; *D.* 2010. 2510, obs. A. Lienhard ; *D.* 2011. 265, obs. N. Fricero ; *RTD com.* 2011. 180, obs. J.-L. Vallens – Com. 30 nov. 2010, n° 09-17.481, NP – Com. 31 janv. 2012, n° 10-25.693, *Bull. civ.* IV, n° 15 ; *D.* 2012. 433, obs. A. Lienhard ; *D.* 2012. 1218, chron. J. Lecaroz, H. Guillou et F. Arbellot ; *Rev. sociétés* 2012. 191, obs. P. Roussel Galle – Com. 10 mai 2012, n° 11-12.955, NP.
13. C. com., art. R. 662-3-1 ; créé par Décr. n° 2014-736, 30 juin 2014.

l'article 47 à tout instant de la procédure est critiqué et fait craindre son utilisation par les avocats à seules fins dilatoires [1].

251.14 Intervention de l'Ordre des avocats dans les procédures collectives. Lorsque les avocats sont concernés, ce sont les règles du code de commerce inhérentes à toutes les procédures collectives qui sont appliquées au déroulement de la procédure. Cependant, des dispositions spécifiques prévoient l'intervention de l'Ordre, soit en tant que contrôleur, soit en vertu de prérogatives qui lui sont expressément conférées par les dispositions du code de commerce. En particulier :

- l'Ordre est informé de la décision du tribunal qui ouvre une procédure de conciliation [2] et il est entendu lorsque le tribunal statue sur l'homologation de l'accord [3] ;
- l'Ordre doit être entendu avant l'ouverture d'une procédure de sauvegarde, de redressement ou de liquidation judiciaire [4] ;
- l'Ordre est nommé d'office en qualité de contrôleur dans les procédures de sauvegarde, de redressement ou de liquidation judiciaire [5]. Dans le cadre de cette mission, il assiste le mandataire judiciaire et le juge-commissaire dans sa mission de surveillance de l'administration de l'entreprise et peut prendre connaissance de tous les documents qui sont transmis à l'administrateur et au mandataire judiciaire [6]. En tant que contrôleur, l'Ordre dispose de larges attributions, par exemple la possibilité de demander au tribunal de prononcer la liquidation à tout moment au cours de la période d'observation si le redressement est manifestement impossible [7]. L'Ordre déclare au Greffe le nom de la personne chargée de le représenter dans sa fonction de contrôleur ; à défaut, il s'agit du bâtonnier [8] ;
- l'Ordre est consulté par l'administrateur judiciaire pour l'élaboration du bilan économique et social de l'entreprise dans le cadre d'une procédure de sauvegarde ou de redressement judiciaire [9], ainsi que sur le projet de plan [10] ;
- lorsqu'une procédure de liquidation judiciaire est ouverte, le tribunal désigne le représentant de l'Ordre pour accomplir les actes de la profession [11]. Le représentant peut lui-même déléguer cette mission à un autre membre de la profession en activité ou retraité ;
- en cas de cession, l'Ordre reçoit notification des offres de cession éventuelles [12] ;
- en cas de liquidation, l'Ordre peut recourir au ministère public pour obtenir la désignation comme liquidateur d'une autre personne que le mandataire judiciaire [13] ;
- l'Ordre doit faire connaître au greffe et aux organes de la procédure la personne habilitée à le représenter. À défaut, il est représenté par le bâtonnier [14].

L'intervention de l'Ordre au cours de la procédure est justifiée par l'intérêt général du barreau et, plus largement de la profession. L'Ordre est également animé par le souci d'être présent aux côtés des avocats rencontrant des difficultés. À Paris, en raison du nombre de procédures en cours, et pour la nécessité de leur suivi, il a été créé un corps de contrôleurs, tous AMCO, choisis en raison de la sensibilisation à la nécessité impérieuse du respect du secret professionnel et de leur pratique professionnelle. Selon Madame Nadine Grand, ancienne Présidente de la 3e chambre, 3e section du TJ de Paris, le tribunal apprécie la présence de l'ordre au cours de la procédure car elle permet souvent une interface efficace avec l'avocat [15].

251.15 Protection du secret professionnel dans les procédures collectives. Le rôle dévolu à l'Ordre des avocats dans les procédures collectives vise également à protéger le secret professionnel. Celui-ci doit être garanti à toutes les étapes de la procédure.

L'inventaire physique des biens du cabinet se fera ainsi en présence d'un représentant de l'Ordre et ne peut en aucun cas porter atteinte au secret professionnel [16]. Cette précaution ne s'applique pas lorsque l'avocat soumis à une procédure de sauvegarde effectue lui-même l'inventaire de son patrimoine avec validation d'un expert-comptable ou un commissaire aux comptes [17], cette faculté n'étant pas permise en cas de redressement ou de liquidation.

De même, le juge-commissaire ne peut pas ordonner que le liquidateur ou l'administrateur soit le destinataire d'un courrier adressé à l'avocat comme il pourrait le faire dans le cas d'un débiteur

1. B. Beignier, « L'article 47 du Code de procédure civile : une option ou un privilège », *D.* 2012. 825 – P. Roussel Galle, « Quand le privilège de juridiction devient un superprivilège », *Rev. proc. coll.* mars-avr. 2013, Étude 7.
2. C. com., art. L. 611-6, al. 3, R. 611-25.
3. C. com., art. L. 611-9.
4. C. com., art. L. 621-1, L. 631-7, L. 641-1, I.
5. C. com., art. L. 621-10, al. 4, L. 631-9, al. 1, L. 641-1, II, al. 6.
6. C. com., art. L. 621-11.
7. C. com., art. L. 631-15, II.
8. C. com., art. R. 621-24, al. 4.
9. C. com., art. L. 623-3, al. 5, L. 631-18.
10. C. com., art. L. 626-8, al. 2.
11. C. com., art. R. 641-36.
12. C. com., art. L. 642-2, IV, al. 2.
13. C. com., art. L. 641-1-III, al. 2.
14. C. com., art. R. 662-11.
15. « Le tribunal, le mandataire et le BIP », interview de Nadine Grand par Valentine Coudert, *Cabinets en difficultés : comment vous aider ?, Maître*, mai-juin 2014, p. 22-23.
16. C. com., art. L. 622-6.
17. C. com., art. L. 622-6-1.

qui ne serait pas soumis au secret professionnel[1]. De même, la destination des archives de l'avocat est déterminée par le liquidateur en accord avec le représentant de l'Ordre[2].

251.16 Sanctions disciplinaires. La sanction de la faillite personne, qui emporte interdiction de diriger, gérer, administrer ou contrôler, directement ou indirectement, toute entreprise et personne morale et s'applique aux dirigeants qui se sont rendus coupables de fraude, d'irrégularités comptables ou qui ont aggravé le passif par la poursuite abusive d'une exploitation qu'ils savaient déficitaire, est expressément écartée pour les personnes physiques ou dirigeants de personnes morales exerçant une activité professionnelle indépendante et, à ce titre, soumises à des règles disciplinaires[3]. Il s'agit « d'éviter d'empiéter sur les compétences de contrôle déontologique et disciplinaire des ordres et des autorités professionnelles, dont la sanction des comportements professionnels fautifs constitue une des missions principales »[4]. Ainsi, pour les avocats, les sanctions prononcées par les conseils de discipline des ordres ou, à Paris, par le conseil de l'Ordre, se substituent à la faillite personnelle. Les éventuelles fautes à l'origine des difficultés financières du cabinet peuvent entraîner des poursuites disciplinaires. La violation des obligations pécuniaires, fiscales et sociales justifie notamment des sanctions disciplinaires pour manquement à la probité[5]. Plus généralement, toute contravention aux lois et règlements expose l'avocat à des sanctions disciplinaires[6].

Henri Alterman, AMCO, ancien directeur du service des procédures collectives de Paris, relèvait que les faits le plus souvent susceptibles d'être sanctionnés sont[7] :

– le maintien d'une entreprise déficitaire en cessation de paiements avec augmentation significative du passif ;

– un passif global hors de proportion avec le chiffre d'affaires et/ou le résultat annuel ;

– l'absence ou l'insuffisance de compatibilité ;

– un important endettement de TVA avec prise en compte de la durée de non-règlement et de la proportion par rapport au chiffre d'affaires ;

– la rétention de précompte salarié.

L'attitude de l'avocat confronté à des difficultés financières est déterminante[8] et l'Ordre prend en compte sa bonne foi, ainsi que ses difficultés personnelles[9].

La différence de traitement entre l'avocat et le commerçant quant à la sanction de faillite personnelle fait l'objet d'opinions différentes, certains auteurs l'estimant critiquable[10], d'autres justifiée[11]. En tout état de cause, les avocats ne sont pas protégés des actions en responsabilité pour insuffisance d'actif[12], ni des sanctions pénales éventuelles en cas de banqueroute[13], laquelle peut entraîner l'application de peines complémentaires comprenant l'interdiction d'exercer l'activité professionnelle dans l'exercice de laquelle l'infraction a été commise[14].

251.17 Exercice en société. La loi de sauvegarde ne permet pas d'appliquer les procédures collectives de manière individuelle à l'avocat exerçant en société. Dans ce dernier cas, c'est la société et non l'avocat qui fera l'objet de la procédure. Ce principe a été affirmé par la Cour de cassation par trois arrêts du 9 février 2010 rappelant que l'avocat qui a cessé d'exercer à titre individuel pour devenir associé d'une société civile professionnelle ou d'une société d'exercice libéral n'agit plus en son nom propre mais exerce ses fonctions au nom de la société[15]. La Cour a confirmé sa position pour un professionnel libéral exerçant dans une SELARL unipersonnelle[16]. Cette solution ne remet pas en cause la notion

1. C. com., art. L. 641-15, al. 4.
2. C. com., art. L. 642-23, al. 2.
3. C. com., art. L. 653-1, I, al. 4.
4. X. de Roux, *Rapport à l'Assemblée Nationale sur le projet de loi de sauvegarde des entreprises*, n° 2095, 11 févr. 2005, p. 438.
5. H. Ader, S. Bortoluzzi, A. Damien, D. Piau, Th. Wickers, *Règles de la profession d'avocat*, 15e éd., « Dalloz action », 2016, n° 324.81.
6. Décr. n° 91-1197, 27 nov. 1991 organisant la profession d'avocat, *JO* 28 nov., p. 15502, art. 183.
7. H. Alterman, « Un barreau, un exemple, Paris », *Cabinets en difficultés : comment vous aider ?, Maître*, mai-juin 2014, p. 20 s.
8. Y. Avril, *Responsabilité des avocats*, 3e éd., « Dalloz référence », 2014, nos 51.43.
9. H. Alterman, « Un barreau, un exemple, Paris », *Cabinets en difficultés : comment vous aider ?, Maître*, le mensuel de l'avocat, Anaafa, mai-juin 2014, p. 20 s.
10. F. Pérochon, « Le privilège des notables indélicats : un nouveau privilège ? », *D.* 2005. 1146.
11. S. Rétif, « L'application des procédures collectives aux avocats », *Profession d'avocat : le guide*, 3e éd., Wolters Kluwer, 2014, n° 1129.
12. C. com., art. L. 651-1 s.
13. C. com., art. L. 654-1 s.
14. C. com., art. L. 654-5.
15. Com. 9 févr. 2010, n° 08-15.191, *Bull. civ.* IV, n° 35 ; *D.* 2010. 434, obs. Lienhard ; *D.* 2010. 1110, chron. Bélaval, Orsini et Salomon – RAPPR. : Com. 12 nov. 2008, n° 07-16.998, *Bull. civ.* IV, n° 191 : rejet – Com. 9 févr. 2010, n° 08-17.670, *Bull. civ.* IV, n° 38 : cassation sans renvoi – Com. 9 févr. 2010, n° 08-17.144, *Bull. civ.* IV, n° 36 : cassation partielle sans renvoi.
16. Com. 16 sept. 2014, n° 13-17.147, *Bull. civ.* IV, n° 123 ; *D.* 2014. 1869 ; *JCP E* 2014. 1550, comm. Cerati-Gauthier ; *Rev. proc. coll.* 2015, n° 2, obs. Lebel – *Act. proc. coll.* 2014, n° 17, obs. Retif – *Dr. sociétés* 2014, n° 12, note Legros.

d'indépendance de l'avocat au sens de l'article 1.1 du RIN. En effet, celle-ci est une indépendance intellectuelle et technique qui n'est pas incompatible avec le rattachement économique à une structure d'exercice.

En revanche, en l'absence de personnalité morale, les procédures collectives ne sont pas ouvertes aux sociétés en participation d'avocats (SEP) et associations d'avocats.

251.18 Exercice en cas de liquidation judiciaire. En cas de liquidation judiciaire, le débiteur personne physique est interdit d'exercer une activité commerciale, artisanale et toute activité professionnelle indépendante jusqu'à la clôture de la liquidation en application de l'article L. 641-9, III du Code de commerce. Cette règle, accompagnée du dessaisissement du débiteur[1], a pour finalité de permettre les opérations de liquidation sans risque de création d'un nouveau passif. Outre les tiers, elle protège le débiteur. En effet, l'interdiction d'ouvrir une seconde procédure collective à l'égard d'un débiteur tant que la précédente n'a pas été clôturée (*faillite sur faillite ne vaut*), qui est imposée par l'article L. 640-2, al. 2, priverait ce débiteur de la protection que lui accorde la procédure collective s'il rencontrait des difficultés financières dans sa nouvelle activité[2]. Pour cette raison, l'avocat exerçant en EIRL est autorisé à poursuivre son activité d'avocat à titre individuel si cette activité engage un patrimoine autre que celui visé par la procédure de liquidation judiciaire, conformément à l'article L. 641-9, III *in fine*. L'interdiction portant sur l'exercice indépendant de la profession, de nombreux auteurs déduisent de la jurisprudence de la Cour de cassation du 9 février 2010, selon laquelle l'avocat associé ne peut être considéré comme un professionnel libéral indépendant puisqu'il exerce au nom et pour le compte de la société, que l'avocat individuel en liquidation peut poursuivre son activité professionnelle en qualité d'associé d'une société dotée de la personnalité morale[3]. La solution serait applicable même dans le cadre d'une société unipersonnelle. L'avocat peut, en tous les cas, poursuivre une activité professionnelle comme collaborateur salarié[4].

Dans un arrêt du 5 avril 2011[5], la Chambre commerciale de la Cour de cassation a considéré que le placement en liquidation judiciaire qui n'entraîne que la privation temporaire de l'exercice de la profession conformément aux dispositions de l'article L. 641-9-III du code de commerce n'est pas une cause d'omission du tableau au sens des articles 104 et 105 du 27 novembre 1991. Ce faisant, la Cour fait une interprétation restrictive des articles 104 et 105 qui énumère des cas précis d'omission du tableau (exclusion, incompatibilité d'exercice, absence d'assurance, absence effective d'exercice...) au nombre desquels la liquidation judiciaire ne figure pas. Cette jurisprudence a mis un terme définitif à la pratique de certains barreaux de prononcer l'omission de l'avocat en liquidation judiciaire.

SECTION 2
ANALYSE DES DIFFICULTÉS FINANCIÈRES

251.21 Statistiques des difficultés financières des cabinets d'avocats. Depuis le 1er janvier 2006, date de l'entrée en vigueur de la loi du 26 juillet 2005, les avocats ont pris conscience de l'utilité des procédures collectives pour les cabinets en difficulté. Avant cette date, l'avocat individuel était exclu de leur bénéfice. Alors que les personnes morales d'avocats pouvaient s'y soumettre, les cas demeuraient rares.

Un rapport réalisé à la demande du CNB a tiré un premier constat après une analyse d'une période de 20 mois après l'entrée en vigueur de la loi[6] :

– Paris : sur 312 procédures ouvertes à Paris, il y avait à la date du rapport 49 procédures en attente de jugement, 97 procédures de redressement judiciaire et 105 liquidations. Sur les 49 procédures en attente, 43 concernaient des individuels et 6 concernaient des structures. Pour les 97 redressements judiciaires, sur 64 dossiers qui concernaient des avocats individuels il y en a eu 19 qui ont fait l'objet d'un plan de continuation. Sur 8 dossiers concernant des structures d'exercice, 6 ont fait l'objet d'un plan de continuation. Dans 18 dossiers, le redressement judiciaire a été converti en liquidation. Sur les 105 procédures de liquidation, 71 procédures concernaient des avocats individuels et 25 de celles-ci

1. C. com., art. L. 641-9, I.
2. X. de Roux, *Rapport à l'Assemblée Nationale sur le projet de loi de sauvegarde des entreprises*, n° 2095, 11 févr. 2005, p. 438 – Rep. min. n° 2059, *JOAN Q* 15 janv. 2008, p. 381.
3. H. Ader, S. Bortoluzzi, A. Damien, D. Piau, Th. Wickers, *Règles de la profession d'avocat*, 15e éd., « Dalloz action », 2016, n° 852.62 – A. Lienhard, *D.* actualités, 11 juin 2012 – A. Cerati-Gauthier, *JCP E* n° 20, 19 mai 2011, 1383 – S. Rétif, « L'application des procédures collectives aux avocats », *Profession d'avocat : le guide*, 3e éd., Wolters Kluwer, 2014, n° 1135, pp. 702-703.
4. M.-L. Habauzit-Detilleux, *Les avocats et la loi de sauvegarde des entreprises : Bilan après deux ans d'application*, Rapport CNB, AG 21 nov. 2008.
5. Com. 5 avr. 2011, n° 10-30.232, *Bull. civ.* IV, n° 56 ; *D.* 2011. 1071, obs. Lienhard ; *Rev. sociétés* 2011. 386, obs. Roussel Galle.
6. M.-L. Habauzit-Detilleux, *Les avocats et la loi de sauvegarde des entreprises : Bilan après deux ans d'application*, Rapport CNB, AG 21 nov. 2008.

avaient été clôturées pour insuffisance d'actif. 7 dossiers de liquidation concernaient des structures d'exercice et deux de ces dossiers avaient été clôturées pour insuffisance d'actif. À la date du rapport, 78 dossiers étaient encore en cours de liquidation ;

- province : sur 87 dossiers ouverts, 55 concernaient des procédures de redressement judiciaire dont 2 avaient été converties en liquidation à la date du rapport. 20 dossiers étaient des procédures de liquidation. 4 dossiers avaient fait l'objet de désistements et 2 dossiers de conciliations. Le solde des dossiers était en attente de jugement.

Depuis novembre 2008, date du rapport Habauzit-Detilleux, il n'y a pas eu d'autre rapport global sur les avocats et les procédures collectives.

Un cabinet sur 100 ferait l'objet d'une procédure collective, selon un article d'actuel-avocat.fr de février 2010[1]. L'article relève le fait qu'il n'y a pas de statistiques nationales sur le sujet et peu de communication de la part des barreaux. Il constate également que les avocats individuels sont les plus touchés. Les cabinets dans lesquels les avocats se séparent sont aussi une catégorie fragile où surviennent des difficultés. Le constat est positif sur la réussite des plans de continuation puisqu'à Lille, les plans de redressement mis en place ont connu 100 % de réussite. L'article conclut que les solutions se trouvent dans un renforcement de la formation continue des avocats en ce qui concerne la gestion des cabinets et la mise en place de procédures efficaces de prévention dans tous les Ordres.

Un état de la situation à Paris, effectué en 2014 par le directeur du service des procédures collectives, Henri Alterman[2], indique environ 800 procédures de redressement ou de redressement judiciaire et 3 procédures de sauvegarde ouvertes depuis l'entrée en vigueur de la loi de sauvegarde le 1er janvier 2006. Les 800 procédures étaient partagées à proportion égale entre redressements et liquidations. Pour la moitié des redressements ouverts, la liquidation a finalement été prononcée. Les redressements ayant débouché sur un plan de redressement ont été pour moitié résolus pour défaut de paiement et convertis en liquidation. Ainsi, il apparaît que le taux de survie est faible, de l'ordre du huitième des entreprises en cessation de paiements. Au contraire, les trois procédures de sauvegarde ont abouti.

251.22 Origine des difficultés financières des cabinets d'avocats. L'absence d'études récentes oblige à se reporter à d'anciennes données comme celles du rapport de 2008. Il en ressort que les difficultés économiques des cabinets d'avocats sont essentiellement attribuées aux causes suivantes :

- une dépendance économique excessive à un nombre limité de clients ;
- les accidents de la vie (divorce, rupture, maladie d'un proche) ;
- la mauvaise gestion ;
- les conflits entre associés ;
- la concurrence entre avocats ou avec d'autres professions.

Bien souvent, les difficultés proviennent d'une combinaison de ces facteurs. Ces causes restent pertinentes aujourd'hui.

La commission de discipline du conseil de l'Ordre du barreau de Paris constate aussi que la majorité des difficultés rencontrées concernent des questions de gestion qui sont révélées par des facteurs tels que des désaccords entre associés, des accidents de la vie ou la perte de clients. Or, si l'avocat ne peut se protéger contre les questions personnelles ou les aléas économiques, il peut améliorer la qualité de sa gestion. Sur le plan de la gestion, les difficultés les plus fréquemment constatées sont :

- une mauvaise anticipation de la trésorerie ;
- une rigueur comptable insuffisante ;
- l'absence de réserves financières ;
- une mauvaise gestion de la TVA ;
- une mauvaise anticipation des charges sociales.

Les difficultés des cabinets paraissent surmontables en comparaison à de nombreuses activités commerciales ou manufacturières : l'avocat n'a pas à gérer de stocks ou d'investissements lourds et le besoin de fonds de roulement d'un cabinet d'avocats reste raisonnable. En réalité, beaucoup de difficultés constatées dans les cabinets résultent d'une détérioration progressive de situations qui auraient pu être réglées si elles avaient été traitées dans des délais raisonnables.

Une étude américaine de la société de consultants Hildebrandt portant sur les défaillances de cabinets d'avocats sur une période de vingt ans[3] attribue les difficultés des cabinets d'avocats à trois catégories de facteurs :

- les mauvaises performances financières et comptables : endettement trop important, difficultés de productivité ou mauvaise discipline de facturation ;
- les difficultés de dynamique interne : absence de vision stratégique, carences du management, départ d'associés, manque de solidarité ;

1. « Près de 1 % des cabinets d'avocats déposent le bilan – Gestion et comptabilité du cabinet », *actuel-avocat.fr*, 8 févr. 2010 [En ligne].
2. H. Alterman, « Un barreau, un exemple, Paris », *Cabinets en difficultés : comment vous aider ?, Maître*, mai-juin 2014, p. 20.
3. *Hidebrandt international,* « Anatomy of Law Firm Failures – A Look at US Law Firm Dissolutions from 1998-2004 », *Hidebrandt White paper,* 19 nov. 2008 [En ligne].

– les difficultés externes : mauvaise compréhension du marché, mauvaise appréciation de la concurrence.

L'étude conclut que les cabinets d'avocats sont des entités fragiles qui peuvent facilement se trouver entraînées dans des spirales négatives. Pour se renforcer, un cabinet doit à la fois être bien dirigé et savoir se remettre en question et se renouveler. L'étude conclut que la plupart des faillites auraient pu être évitées avec une meilleure anticipation des difficultés.

251.23 Maladie, prévoyance et couverture sociale[1]. La couverture sociale souscrite par les Ordres et celle à laquelle cotisent les avocats à titre personnel jouent un rôle essentiel lorsque les difficultés du cabinet résultent des difficultés de santé d'un associé. L'avocat en situation de maladie ou d'incapacité temporaire doit avertir son Ordre et rester à jour de ses cotisations.

Les services d'assistance sociale du barreau de Paris constatent que les avocats connaissent mal leur protection sociale et n'ont pas toujours conscience de l'intérêt qu'il y a à ajouter une prévoyance complémentaire aux garanties obligatoires[2].

251.24 Statut chirographaire des rétrocessions des collaborateurs. Dans une procédure collective, les salaires dus aux employés de l'entreprise en difficultés ont le statut de créances « super privilégiées » et font l'objet d'une prise en charge immédiate par le Régime de garantie des salaires (AGS). Les rétrocessions d'honoraires des collaborateurs libéraux n'ont pas ce statut et sont reléguées au rang de simples créances chirographaires. Dans l'hypothèse d'une liquidation judiciaire, les créanciers chirographaires sont rarement payés, l'actif servant à apurer les créances privilégiées notamment fiscales et sociales. De même les créances chirographaires sont souvent sacrifiées dans les plans de continuation.

Soucieux de protéger les collaborateurs pouvant se trouver exposés à cette situation, le barreau de Paris propose depuis le 1er janvier 2012 une assurance perte de collaboration destinée à protéger les collaborateurs libéraux en cas de rupture de leur contrat[3]. Cette assurance est ouverte aux collaborateurs ayant exercé depuis au moins six mois dans le même cabinet et indemnise les collaborateurs pendant une durée de 3 à 5 mois, selon l'option choisie à hauteur de la rétrocession HT par mois anciennement perçue par les collaborateurs, dans la limite de 4 500 euros HT par mois, après une période de franchise de 30 jours. Cette assurance[4] peut être souscrite par le collaborateur ou le cabinet lui-même.

SECTION 3
PRÉVENTION ET TRAITEMENT PAR LES ORDRES DES DIFFICULTÉS FINANCIÈRES

251.31 Mise en place d'une prévention ordinale des difficultés financières des cabinets. La prévention des difficultés est le souci du CNB et de tous les barreaux. Comme pour les sociétés commerciales pour lesquelles les tribunaux de commerce ont mis en place des services de prévention des difficultés des entreprises, les Ordres cherchent à agir dans le sens de la prévention. La clé principale demeure un renforcement des structures de prévention et un meilleur recoupement des informations en amont. Il faut en effet que les ordres puissent disposer des informations essentielles (les retards de paiement des cotisations à l'Ordre, des charges sociales et des dettes fiscales) et avoir les moyens de recouper celles-ci. Les retards de paiement constatés doivent alors déclencher une procédure d'alerte qui entraîne une convocation à laquelle l'avocat concerné doit obligatoirement se rendre.

De telles procédures ne peuvent fonctionner efficacement que si elles sont associées à une véritable culture de la prévention. Les cabinets en difficulté comprendront qu'en se rapprochant suffisamment tôt de leur Ordre, ils augmentent de façon considérable leurs chances d'éviter une procédure collective.

À Paris, face aux difficultés rencontrées par la Commission sociale pour jouer de manière efficace un rôle préventif, l'Ordre a mis en place en 2006 le Bureau de prévention économique et financière (BPEF). Le BPEF travaille en concertation étroite avec les autres services de l'Ordre concernés par les difficultés financières des avocats : Commission sociale, Commission fiscale et Service des procédures collectives. Il est identifié comme « une gare de triage en matière de prévention »[5], avec pour mission d'informer et conseiller les avocats qui le consultent ou qui sont convoqués en raison de signaux d'alerte reçus par les différents services de l'ordre (ATD et saisies – attributions reçues à la Carpa, cotisations impayées signalées au service social, demande de visas pour assignation en paie-

1. Sur la protection sociale des associés, v. ss nos 413.91 s.
2. Aries, « Des avocats touchés par la crise, statut fiscal et social de l'avocat », *actuel-avocat.fr*, 7 juin 2010 [En ligne].
3. V. ss no 421.16.
4. Contrat signé entre l'Ordre des avocats du barreau de Paris et le courtier d'assurances AON Hewitt, avec prise d'effet au 1er janvier 2012 et Notice d'information « Perte de collaboration, Ordre des avocats à la cour de Paris ».
5. J.-R. Campana, « Le tribunal, le mandataire et le BIP – III », *Maître*, mai-juin 2014, p. 25.

ment suivant l'article 74.1 du RIBP) et de traiter les réclamations pécuniaires contre les avocats. Le BPEF a constaté un manque de démarche volontaire des avocats pour le solliciter. Pour l'année 2013, 545 convocations ont été émises et 354 dossiers ouverts.

D'autres barreaux ont également mis en place des structures de prévention des difficultés des cabinets. Ces structures ont non seulement pour but de repérer les situations difficiles mais aussi d'aider les cabinets à rééquilibrer leur exploitation et renouer avec les bénéfices.

251.32 Éducation à la prévention des difficultés financières. Deux règles de bon sens s'imposent aux cabinets d'avocats qui rencontrent des difficultés financières :

- les avocats et leurs cabinets doivent impérativement effectuer toutes leurs déclarations sociales et fiscales (même si leur situation de trésorerie les empêche de régler l'intégralité des montants dus). Le fait pour le cabinet ou l'avocat de se conformer à ses obligations déclaratives lui permet de ne jamais rompre le dialogue avec l'administration ou l'organisme créancier ;
- ils doivent informer l'Ordre dès que les premières difficultés se manifestent.

251.33 Prévention par le président du tribunal de grande instance. L'article L. 611-2-1 du Code de commerce a étendu au président du tribunal judiciaire la procédure d'alerte prévue par l'article L. 611-2 du code de commerce pour les entreprises commerciales et artisanales[1]. Toutefois, s'agissant des avocats, les mesures de prévention que peut prendre le Président sont limitées à l'information de l'Ordre sur les difficultés portées à sa connaissance relativement à la situation économique, sociales, financière et patrimoniale. Ainsi, la prévention et le traitement des difficultés doivent passer par une étroite collaboration entre les TJ et les Ordres.

251.34 Amélioration de la trésorerie des cabinets. La trésorerie est le signal d'alarme des difficultés d'un cabinet, comme de toute entreprise. Les Ordres cherchent à créer une prise de conscience de ces difficultés et toujours sensibiliser davantage les avocats à la prévention.

Les Ordres pourraient aussi jouer un rôle en favorisant le recours aux différentes possibilités ouvertes à la mobilisation des créances d'avocats. Des conventions cadre pourraient être négociées avec des établissements financiers pour l'affacturage des factures d'avocats. En négociant les commissions de manière collective, les Ordres pourraient rendre le système plus accessible. De même, les avocats peuvent mobiliser leurs créances sur les entreprises dans le cadre de la loi Dailly[2].

La mobilisation de créances présente cependant certaines difficultés ou limites pour les cabinets d'avocats :

- l'affacturage porte en général sur des volumes importants ;
- le recouvrement par une société d'affacturage dépersonnalise la relation entre l'avocat et son client ;
- les créances sur les particuliers ne peuvent pas être mobilisées dans le cadre de la loi Dailly ;
- les factures portant sur des prestations immatérielles peuvent soulever davantage de contestations que celles qui portent sur la vente et la livraison d'un bien matériel clairement défini.

251.35 Amélioration de la stratégie, de la gestion, de la rentabilité et de la compétitivité des cabinets. Les Ordres ont un rôle majeur à jouer dans la formation des avocats sur le plan de la culture d'entreprise. Outre la gestion purement comptable, la gestion prévisionnelle par l'établissement de budgets est primordiale, y compris pour les petits cabinets. Des formations portant sur la gestion des cabinets sont de plus en plus fréquemment dispensées par les EDA et l'EFB. Les initiatives des ordres visant à sensibiliser les avocats en activité aux questions relatives à la gestion de leurs cabinets contribuent à la politique de prévention. C'est le cas à Paris du « Barreau Entrepreneurial[3] » et du programme intitulé « École du Barreau Entrepreneurial » dispensé dans le cadre de la formation continue à l'EFB de Paris.

Plus les avocats conduiront les affaires de leur cabinet avec une vision stratégique, plus ils seront en mesure d'identifier les secteurs du marché et le type de clients qui leur correspond. Plus ils seront rigoureux dans leur gestion administrative et humaine, plus leur activité sera rentable. Plus ils se formeront dans les domaines où ils peuvent avoir un avantage compétitif, moins ils subiront la concurrence.

1. C. com., art. L. 611-2-1 ; créé par ord. n° 2014-326, 12 mars 2014.
2. L. n° 81-1, 2 janv. 1981 facilitant le crédit aux entreprises, *JO* 3 janv., p. 150, mod.
3. Commission ordinale professionnelle du Barreau Entrepreneurial.

LIVRE

3. LA STRATÉGIE DU CABINET D'AVOCATS

SECTION 0

ORIENTEUR

3.00 **Sommaire du livre.**

TITRE

31. La démarche stratégique du cabinet

SECTION 0

ORIENTEUR

31.00 **Sommaire du titre.**

CHAPITRE

311. Préalables à la mise en œuvre d'une stratégie de développement et de croissance

SECTION 0 ORIENTEUR

311.00 **Sommaire du chapitre.**

SECTION 1 CARACTÉRISTIQUES PARTICULIÈRES

311.11 **Différences entre le cabinet d'avocats et l'entreprise commerciale.** Le fonctionnement et la gestion d'un cabinet d'avocats ne peuvent s'analyser comme dans une entreprise commerciale. Des contraintes inhérentes à la pratique du métier d'avocat et à la structure des cabinets rendent les décisions et stratégies plus difficiles à mettre en œuvre.

TABLEAU COMPARATIF ENTREPRISE COMMERCIALE/ CABINET D'AVOCATS

	Entreprise commerciale	Cabinet d'avocats
Organes de gestion	Efficacité verticale	Dispersion horizontale
Productivité / Économies d'échelle	Effet démultiplié des économies et des investissements	Effets limités en raison de la prépondérance du rapport temps/homme
Politique commerciale	Liberté	Déontologie

Le tableau précédent illustre les contraintes que connaissent les cabinets d'avocats par rapport aux sociétés commerciales.

311.12 **Organes de gestion.** Les organes de gestion d'une entreprise commerciale sont organisés de manière à ce que les décisions du Président ou de la direction générale puissent être répercutées de manière rapide et efficace dans les différents services de l'entreprise. Le pouvoir centralisé du dirigeant ainsi que la structure verticale du processus de décision permettent ce fonctionnement.

Dans le cabinet d'avocats, même si des différences hiérarchiques peuvent exister entre les associés, la structure de décision tend à être collégiale. Les décisions importantes vont devoir recueillir l'unanimité de la part des associés ou être acceptées par le collège d'associés chargé de la direction du cabinet. Cette structure horizontale en « râteau » complique et ralentit la prise de décisions.

311.13 **Productivité et économies d'échelle.** Dans de nombreuses activités commerciales ou industrielles, les actions sur la productivité ont un impact fort par le mécanisme des économies d'échelle. L'entreprise n'est pas contrainte d'augmenter ses charges à proportion de l'augmentation de son résultat. L'investissement ou les économies ont un impact plus que proportionnel sur les bénéfices.

Dans le cabinet d'avocats, c'est principalement du temps qui est vendu. Une augmentation de la production entraîne le plus souvent un accroissement corrélatif des coûts, qui limite les effets des économies d'échelle.

311.14 **Politique commerciale.** L'entreprise commerciale est libre de prospecter et de promouvoir ses produits et services comme elle l'entend. Ses actions commerciales répétées lui permettent de mesurer l'efficacité de sa force de vente et d'y consacrer les budgets nécessaires.

Le cabinet d'avocats agit dans le cadre des règles déontologiques. Même si la sollicitation personnalisée est autorisée, l'avocat ne peut démarcher physiquement ou téléphoniquement un client potentiel[1].

1. RIN, art. 10 ; CNB AG 7 et 8 mai 2010, DCN n° 2010-002 ; CNB, AG 10 et 11 oct. 2014, DCN n° 2014-001 ; mod. par : CNB, AG 20 et 21 nov. 2015, DCN n° 2015-002 ; Mod. par CNB, AG 3 avr. 2020, DCN n° 2019-005.

La publicité reste encadrée par les principes essentiels de la profession. La portée concrète des initiatives de communication et de marketing est souvent difficile à évaluer pour les cabinets d'avocats.

311.15 Interdépendance des fonctions dans le cabinet d'avocats. La taille des cabinets d'avocats, la collégialité de leur gouvernance ainsi que l'implication des avocats à tous les niveaux de leur fonctionnement font que le cabinet d'avocats ne peut s'analyser en une juxtaposition de fonctions séparées sur lesquelles il est possible d'agir indépendamment.

Les fonctions du cabinet sont interdépendantes. Toute action sur un des aspects du fonctionnement du cabinet entraîne des effets immédiats sur les autres.

INTERDÉPENDANCE DES FONCTIONS

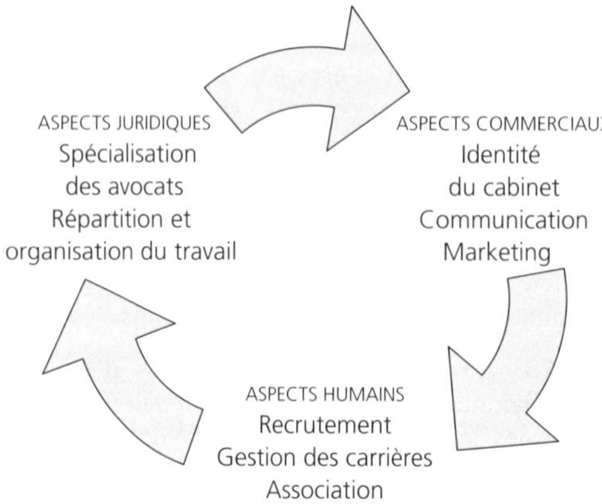

Illustration : Un cabinet d'avocats souhaitant augmenter son chiffre d'affaires décide d'entreprendre des actions de marketing ou de communication. Ces actions ne sont pas suivies de résultats. Les causes de cette absence de résultats peuvent être de plusieurs origines :

- le cabinet communique sans avoir défini son message ;
- le message du cabinet ne correspond pas à la réalité de ce dernier ;
- le cabinet n'a pas mis en place les procédures pour traiter de manière efficace ses nouveaux dossiers ;
- le cabinet n'a ni les effectifs ni les compétences pour traiter les dossiers qu'il chercherait à avoir ;
- le cabinet ne s'est préoccupé que de rechercher de nouveaux clients plutôt que de chercher aussi à développer le chiffre d'affaires chez les clients existants ;
- le cabinet ne parvient pas à rentabiliser certaines activités.

Ces explications illustrent l'interdépendance des fonctions à l'intérieur du cabinet d'avocats.

Les caractéristiques fondamentales du fonctionnement des cabinets d'avocats sont les mêmes pour tous les cabinets quelle qu'en soit la taille[1].

SECTION 2
TRAVAIL PRÉALABLE SUR LES VALEURS, LA VISION, LA MISSION ET LE POSITIONNEMENT

311.21 Travail préalable sur les valeurs. Sur les valeurs du cabinet, v. ss nos 121.21 s. Le cabinet d'avocats se construit sur un socle de valeurs dont la définition est indispensable avant d'envisager la mise en place d'une stratégie de développement.

311.22 Travail préalable sur la vision et la mission. Sur la vision et la mission du cabinet, v. ss nos 121.31 s. Une fois les valeurs du cabinet définies et hiérarchisées, le cabinet travaillera sur sa vision, c'est-à-dire la manière dont le cabinet se projette à moyen et à long terme. Cette réflexion se fera en parallèle avec celle sur la mission du cabinet, à savoir sa raison d'être. C'est la mission qui va permettre d'atteindre la vision tout en restant fidèle à ses valeurs.

311.23 Travail préalable sur le positionnement. Sur le positionnement du cabinet, v. ss nos 122.11 s. Enfin, le troisième volet du travail préalable à la mise en place d'une stratégie de développement est le travail sur le positionnement du cabinet. Cette réflexion est centrée sur l'offre du cabinet. Elle tient compte de l'environnement économique et de la concurrence mais aussi de la personnalité du cabinet.

SECTION 3
NOTION DE DÉVELOPPEMENT

311.31 Leviers du développement du cabinet. La notion de développement ne se résume pas à la seule croissance du cabinet. Un cabinet de 50 avocats n'est pas meilleur qu'un cabinet qui en compte quatre. Un cabinet qui réalise dix millions d'euros de chiffre d'affaires n'est pas forcément plus performant que celui qui en réalise un million. Les buts recherchés dans le développement d'un cabinet d'avocats ne sont pas uniquement la croissance de l'effectif ou du chiffre d'affaires.

1. SUR les mécanismes de la performance des cabinets d'avocats : Clark, « A Short Guide to the Core Systems », LLC, performance consultants to the international legal profession [En ligne].

Le développement du cabinet d'avocats doit chercher à répondre à quatre critères :

- l'amélioration de la rentabilité ;
- l'amélioration de la qualité des prestations fournies ;
- l'amélioration du confort et des conditions de travail au sein du cabinet ;
- le développement du chiffre d'affaires.

Trois familles de leviers permettront d'obtenir un développement qui corresponde à ces critères ci-dessus :

- actions sur la rentabilité ;
- actions sur les procédures et l'organisation du cabinet ;
- actions sur l'augmentation du chiffre d'affaires.

À défaut d'agir sur l'ensemble de ces leviers, le cabinet fragiliserait son développement et se trouverait confronté à une ou plusieurs des difficultés suivantes :

- une charge de travail excessive ;
- une charge de travail mal répartie ;
- une augmentation de la charge de travail sans augmentation de la rentabilité ;
- des rivalités entre associés ;
- l'association hâtive et mal préparée de collaborateurs ou d'associés extérieurs ;
- une spécialisation contrainte qui ne correspond pas aux aspirations des avocats du cabinet.

311.32 Intérêt collectif des avocats. La mise en œuvre d'une stratégie de développement et de croissance est une décision engageante pour le cabinet d'avocats. Ce doit être le résultat d'une réflexion et d'une volonté partagées par l'ensemble des forces du cabinet. Pour une croissance profitable et une amélioration des performances du cabinet, la volonté de tous est indispensable.

Les associés qui souhaitent le changement doivent savoir expliquer à leurs associés que l'intérêt du cabinet se confond avec l'intérêt de tous. En effet, le changement suscite fréquemment des réactions défensives[1] dont les causes sont multiples :

- un associé dont l'activité est moins rentable peut craindre d'être mis en difficulté ;
- un associé dont l'activité est très rentable ne veut pas voir sa position affaiblie ;
- des avocats craignent de ne pas être à la hauteur des attentes créées par les changements envisagés...

La volonté de changement engendre également des réactions de scepticisme qui devront être surmontées par la démonstration de la tangibilité des bénéfices attendus.

1. *Overcoming lawyers'resistance to change*, Thomson Reuters – Legal Réflexions sur la résistance au changement : Bregman, « How to counter resistance to change », *Harvard Business Review,* 28 avr. 2009.

311.33 Définition d'objectifs précis et chiffrés. Afin d'être efficace dans sa démarche, le cabinet s'astreindra à la fixation d'objectifs précis et chiffrés qui lui serviront à piloter sa progression.

« Je veux augmenter mon chiffre d'affaires et ma rentabilité » est une déclaration bien moins puissante que « Cette année, notre objectif est de réduire nos coûts de 10 % et générer 10 % de chiffre d'affaires supplémentaire ».

Les consultants en management et en stratégie ont pour habitude de considérer que tout objectif doit répondre aux critères dits Smart[2]. Ceci signifie qu'un objectif chiffré doit être :

- spécifique ;
- mesurable ;
- adapté ;
- réaliste ;
- temporel (défini dans le temps).

Ces critères peuvent parfaitement s'appliquer aux objectifs d'un cabinet d'avocats.

Dans la détermination de ses objectifs, le cabinet cherchera non seulement à se perfectionner, mais aussi à devancer les autres cabinets ayant un profil ou des caractéristiques comparables. Cette dimension comparative donne des points de repère qui permettent au cabinet de se situer par rapport aux efforts engagés.

311.34 Discipline du changement. Une grande discipline est nécessaire pour ancrer de nouvelles procédures, de nouveaux réflexes ou encore de nouvelles contraintes dans le fonctionnement du cabinet.

CONSTAT 1 : Le cabinet constate l'érosion de son chiffre d'affaires parce qu'aucun associé ne consacre de temps à rechercher de nouveaux clients.

Action proposée : Dorénavant, chaque associé doit prendre l'initiative d'un contact par semaine avec un avocat d'un autre cabinet susceptible d'être un prescripteur.

Discipline : Tous les lundis matin, l'avocat réfléchit aux confrères avec qui il pourrait prendre contact et dont les activités sont complémentaires des siennes. Chaque semaine, il s'astreint à inviter un confrère à déjeuner pour évoquer des pistes de développement.

CONSTAT 2 : Le cabinet constate qu'il accepte de trop nombreux dossiers qui ne sont pas rentables.

Action proposée : Dorénavant, des critères sont établis en fonction desquels le cabinet accepte ou refuse des dossiers.

Discipline : Lorsqu'il est sollicité pour un nouveau dossier de la part d'un client existant ou d'un nouveau client, l'avocat s'oblige à tenir compte de ces critères et de les expliquer

2. L'acronyme Smart pour la fixation d'objectifs est apparu pour la première fois dans deux articles de *Management Review,* vol. 70, n° 11 : Doran « There's a Smart way to write management's goals and objectives », et Miller et Cunningham « How to avoid costly job mismatches ». Le terme s'est ensuite généralisé chez les consultants et spécialistes du planning stratégique.

au client. En cas de doute sur un dossier (si l'avocat pense qu'il est dans l'intérêt stratégique du cabinet de l'accepter même s'il ne correspond pas aux critères), il s'oblige à en parler avec ses associés.

Pour aider le cabinet dans sa volonté et sa discipline de changement, les avocats peuvent décider d'instaurer un « comité de changement » ou un « comité de pilotage » qui sera composé de deux ou trois avocats du cabinet. Ce comité aura pour fonction de vérifier que les actions décidées par le cabinet sont bien suivies d'effet. Il pourra se réunir une ou deux fois par mois. Cette procédure s'adapte à tous les cabinets, y compris ceux qui ne comptent que quelques avocats.

SECTION 4
RÈGLES DE FONCTIONNEMENT

311.41 Saisie des temps : préalable indispensable à la mise en œuvre d'une stratégie de développement. Il ne peut y avoir de stratégie efficace sans instruments pour en mesurer les effets. Il ne peut non plus y avoir de stratégie efficace sans visibilité précise sur la production du cabinet. Or, le seul instrument de mesure valable dont dispose l'avocat est le temps qu'il consacre à son activité. Le chiffre d'affaires ne peut pas constituer un instrument de mesure de la production du cabinet sans l'indication du temps passé à le réaliser. Ceci est vrai même lorsqu'un cabinet travaille essentiellement au forfait. Le temps passé est indispensable pour déterminer si un forfait a été correctement fixé.

Il résulte de ce constat que tous les temps travaillés par les avocats du cabinet (associés et collaborateurs) doivent être saisis et attribués à un client ou une activité.

Certains cabinets font également saisir le temps du personnel non-avocat. La nécessité de saisir le temps « non-avocat » dépend de la nature de l'activité du cabinet. Si le temps du personnel non-avocat est très majoritairement consacré à des tâches de support des avocats et des tâches administratives ou d'organisation, ce temps peut ne pas être saisi. Il est alors considéré comme une des charges fixes du cabinet et n'est pas attribué à des dossiers ou des clients précis. Ce temps est considéré comme une des composantes du taux horaire de l'avocat. Si l'activité du cabinet fait que du personnel non avocat est affecté à des fonctions de production facturables, il en sera différemment. Tel est le cas pour les cabinets qui consacrent une part importante de leur activité au secrétariat juridique et qui confient la préparation des assemblées à des personnes qui n'ont pas le statut d'avocat.

311.42 Saisie des temps : temps non facturable. Comme le temps facturé aux clients, le temps non facturable ou « temps cabinet » est une indication essentielle de l'activité des avocats et de l'organisation du cabinet. Sa saisie est donc indispensable au même titre que le temps facturé. Le temps non facturable mesure le temps que les avocats consacrent à toutes les tâches qui n'ont pas vocation à être facturées aux clients. Ce temps n'est pas à confondre avec le temps facturable non facturé.

Pour une saisie à la fois claire et exploitable du temps non facturable, il est recommandé de fixer un nombre limité de catégories de temps non facturable avec des intitulés clairement définis au sein du cabinet, tels que :

– Administratif et facturation : temps consacré aux tâches administratives diverses (relations avec les fournisseurs, paiement des factures...), à la facturation des clients et aux relances.

– Recrutement : temps consacré aux entretiens avec des candidats collaborateurs, associés latéraux ou à recruter du personnel salarié.

– Développement, prospection et communication : temps passé avec des clients potentiels, réponse aux appels d'offres ou à des situations de mise en concurrence, temps consacré aux actions de communication du cabinet.

– Documentation et gestion des connaissances (*knowledge management*) : temps consacré à l'organisation des ressources documentaires du cabinet, aux modèles d'actes ou aux documents susceptibles de servir à l'ensemble du cabinet.

– Formation : temps passé en formation (dans le cadre de la formation continue obligatoire ou pas), temps passé à organiser des formations à usage interne ou à destination de clients...

Pour chacune de ces catégories, le cabinet établira ses propres règles.

EXEMPLES DE RÈGLES : LE TEMPS PASSÉ dans une formation à laquelle l'avocat s'est inscrit avec l'accord du cabinet sera compté comme du temps passé non facturable au titre de la formation alors que la lecture de revues juridiques par le collaborateur dans sa routine de mise à jour n'a pas vocation à être saisi comme du temps de formation.

Le temps passé à déjeuner avec un nouveau contact susceptible d'être un client est considéré comme du temps non facturable de développement et prospection mais un week-end passé chez des amis avec d'autres invités qui pourraient éventuellement devenir des clients ne l'est pas.

L'examen du temps non facturable saisi par chacun permettra de mesurer l'implication de chacun dans la vie et le développement du cabinet. Ce sera aussi une mesure de l'efficacité de la gestion en place. Le seuil de 20 % de temps non facturable, pour un associé, peut être considéré comme un bon équilibre. À moins de 20 % de temps non facturable, l'avocat ne s'investit pas assez dans la vie du cabinet. À plus de 20 % d'heures non facturables, un avocat pourra se trouver en dessous du niveau de performance qui est attendu de lui. Dans ce dernier cas, les causes peuvent venir de l'avocat comme elles peuvent venir d'un excès de lourdeur administrative ou de complexité des procédures en vigueur dans le cabinet.

311.43 Saisie des temps : travail facturé au forfait. Il pourrait être tentant pour un avocat de se dispenser de saisir son temps lorsqu'il travaille au forfait. Quand un avocat ou un cabinet travaille au forfait, il doit saisir son temps comme dans les dossiers pour lesquels il facture au temps passé. En effet, dans sa démarche stratégique, un cabinet doit pouvoir déterminer s'il travaille dans des conditions de rentabilité suffisantes. Il est donc essentiel pour lui de savoir quelles sont les conditions dans lesquelles il doit accepter de travailler au forfait. Attirés par le volume de travail, il n'est pas rare que des cabinets acceptent des conditions dont les conséquences ont été mal appréciées. Or, volume et chiffre d'affaires ne signifient pas pour autant travail rentable.

Le cabinet utilisera la saisie des temps pour fixer les forfaits qui lui seront demandés par ses clients. Ce sont l'expérience et la maîtrise du temps passé qui permettent aux cabinets de maintenir leur rentabilité lorsqu'ils travaillent au forfait[1].

311.44 Saisie des temps : temps facturable non facturé. Pour un cabinet d'avocats, le ratio de gestion le plus significatif est le rapport entre les heures travaillées et les heures effectivement facturées. Pour déterminer les causes de la déperdition éventuelle entre les heures travaillées et les heures facturées, le cabinet devra disposer de données fiables et régulières.

Le temps passé des avocats doit être saisi en évitant toute tentation de modifier leur saisie par rapport à la réalité. En effet, le cabinet ne peut avoir aucune lecture de sa propre production si les avocats retraitent eux-mêmes leur temps en fonction de ce qu'ils considèrent plus acceptable ou plus adapté à leurs attentes, à celles du cabinet ou à celles des clients. Pour limiter les risques « d'autocensure » par les avocats au moment de la saisie de leur temps, le cabinet devra faire un effort de pédagogie auprès des collaborateurs pour leur faire comprendre que les feuilles de temps sont un outil de gestion avant d'être un outil de contrôle. S'il doit y avoir une correction, celle-ci doit se faire au moment de l'émission de la facture mais pas en amont au moment de la retranscription des heures travaillées. Le cabinet veillera à ce que tous les avocats, associés et collaborateurs, complètent leurs feuilles de temps le jour même. Plus l'avocat laisse de temps entre le moment où le travail est effectué et le moment où le temps est saisi, plus il y aura d'imprécision et plus le phénomène « d'autocensure » sera amplifié.

L'autre règle impérative pour suivre et analyser la différence entre le temps facturable et le temps travaillé est la conservation de la trace des heures facturables non facturées. Lorsque l'avocat réduit le montant d'une facture, il intervient parfois en apportant une correction directement au stylo sur le projet de facture qui a été établi. Il appartient alors à la personne en charge d'émettre les factures de faire correspondre le nouveau montant avec les justificatifs joints à la facture. Ceci se fait en général par une réduction des heures travaillées dans le logiciel de gestion. Si les corrections sont apportées dans le logiciel de gestion sans conserver les données réelles, le cabinet perd la trace des heures réellement travaillées puisqu'une partie de ces heures a simplement disparu des données du cabinet. Afin de remédier à cette difficulté, le cabinet utilisera son logiciel de gestion ou le fera paramétrer pour que les corrections puissent s'effectuer de manière à garder en mémoire toutes les heures de production éventuellement supprimées lors de corrections apportées aux factures.

311.45 Circulation de l'information. Un cabinet d'avocats ne peut envisager un développement efficace si l'information ne circule pas librement dans le cabinet. Tout cloisonnement de l'information doit être combattu. Les informations concernées sont :

- l'information juridique utile pour tous les avocats du cabinet ;
- les retours d'expérience des avocats qui doivent être partagés ;
- les réactions positives ou négatives de la part des clients ;
- les informations de toute nature concernant les clients du cabinet ;
- les projets ou souhaits d'orientation ou de développement des avocats du cabinet.

Le partage de la connaissance est un élément clé du développement des cabinets d'avocats. Son importance continuera de croître avec le développement des technologies qui y sont associées[2].

SECTION 5
DÉMARCHE STRATÉGIQUE, THÉORIE ÉCONOMIQUE ET SOCIOLOGIE

311.51 Démarche stratégique et théorie économique. La réflexion sur le développement d'un cabinet d'avocats et son positionnement stratégique

1. Sur les forfaits et les modes de facturation, v. s[s] n°s 442.31 s.

2. Sur la gestion de la connaissance dans le cabinet, v. s[s] n°s 433.11 s.

s'inscrit dans un contexte économique global que l'avocat ne peut ignorer. Des économistes de renom, qui s'intéressent à l'économie du droit, se sont penchés sur la manière dont les forces du marché ou les comportements des consommateurs de droit influencent à la fois l'évolution du droit, sa pratique et la nature des services rendus par les avocats.

À ce titre, le rapport *ÉconomiX*[1], réalisé sous la direction du professeur Favereau en 2008, apportait un éclairage sur la réflexion stratégique du cabinet d'avocats. Membre de l'équipe qui a travaillé sur le rapport *Economix*, Christian Bessy de l'Université de Paris X et de l'ENS Cachan a poursuivi ses travaux autour de l'organisation des activités de l'avocat[2] et le rapport entre le droit et la régulation des activités économiques[3].

Les économistes qui s'intéressent à l'économie du droit, surtout sous l'angle micro-économique, alimenteront de plus en plus la réflexion des avocats quant à la stratégie et au positionnement de leurs cabinets. À ce titre, les travaux de Bruno Deffains, Professeur à l'Université de Panthéon-Assas et directeur du Master Droit et Économie, redevenu avocat en 2022, constituent une référence[4]. Ses travaux portent aussi sur les relations qui existent entre l'organisation du cabinet d'avocats, ses modes de financement et la facturation de ses prestations[5].

311.52 Démarche stratégique et sociologie. Au même titre que l'économie, la sociologie joue aussi son rôle dans la démarche stratégique d'un cabinet d'avocats. Des sociologues se sont aussi penchés sur l'avocat et les activités juridiques.

À la croisée des chemins entre sociologie et économie, l'*Économie des singularités*[6] de Lucien Karpik, professeur de sociologie à l'École normale supérieure des Mines de Paris, s'est intéressé au marché des services judiciaires et au comportement des individus à la recherche d'un avocat. L'ouvrage estime que des « produits singuliers », tels que l'activité de l'avocat, n'obéissent pas aux règles classiques du marché. La relation entre le client et l'avocat y est analysée à travers des notions de confiance personnelle et de confiance impersonnelle qui permettent de décomposer les mécanismes qui sous-tendent la relation. L'auteur étudie aussi l'impact des grands cabinets sur le maintien de la relation personnelle entre l'avocat et son client.

Plus proche de la sociologie et de l'histoire que de l'économie, l'essai *Les avocats, identité, culture et devenir*[7] de Louis Lassier-Andrieu, directeur de recherche au CNRS et professeur à l'école de droit de Sciences-Po, prend sa source dans les discussions de la Commission prospective du CNB. L'essai inscrit l'avocat dans une évolution sociale et professionnelle et ouvre la porte à une réflexion sur certains aspects de l'avenir de l'exercice de la profession. Sans s'inscrire dans une logique stratégique, ces ouvrages, aussi, peuvent nourrir la réflexion de ceux qui réfléchissent à la stratégie de leurs cabinets.

1. O. Favereau (dir.), *Les avocats entre ordre professionnel et ordre marchand – Concurrence par la qualité et socio-économie d'une réglementation professionnelle,* Contrat de recherche CNB, Université de Paris X – CNRS ; http://economix.fr/fr/publications/membres/detail.php ?id=95.
2. C. Bessy, « L'organisation de l'activité des avocats : entre monopole et marché », Forum, *LGDJ*, 2015.
3. C. Bessy, T. Delpeuch, Droit et régulation des activités économiques, *LGDJ*, juin 2020.
4. B. Deffains, L. Roussey, « Trust and legal institutions, an Empirical Approach », *Journal of Institutional Economics* (2012) – G. Dari-Mattiacci, B. Deffains, « The dynamics of legal systems », *Journal of Economic Behavior and organisation*, vol. 79, pp. 95-107 (2011) – B. Deffains. *Agir et juger. Comment les économistes pensent le droit*, Panthéon Assas 2010.
5. B. Deffains, « Regard d'un économiste : le lien entre l'organisation du cabinet d'avocats et la facturation », *D. avocats* 2013. 81.
6. L. Karpik, *L'Économie des singularités*, « Bibliothèque des sciences humaines », Gallimard, 2007.
7. L. Assier-Andrieu, « Les Avocats, Identité, culture et devenir », *Gazette du Palais*, Lextenso, 2011.

CHAPITRE

312. Pilotage de l'évolution du cabinet

SECTION 0
ORIENTEUR

312.00 **Sommaire du chapitre.**

SECTION 1
DÉFINITION DU PROJET DE DÉVELOPPEMENT

312.11 **Orientation du projet de développement du cabinet.** Une fois défini le positionnement du cabinet[1], celui-ci pourra se lancer dans son projet de développement. La démarche stratégique du cabinet doit d'abord être orientée en fonction des clients du cabinet. La situation présente du cabinet va servir de point de départ à toute nouvelle orientation. Plusieurs questions vont servir à entamer la réflexion[2] :

- Qui sont les principaux clients du cabinet et quels sont les principaux changements ou évolutions qui affectent leurs domaines d'activité ? Comment ces changements vont-ils influer sur la situation du cabinet ? Comment ces changements peuvent-ils être transformés en opportunités ? Si ces changements constituent des menaces ou des dangers pour le cabinet, comment peut-on en limiter les effets ?

- Le cabinet est-il trop dépendant d'un ou plusieurs clients ? Le cabinet tire-t-il plus de 10 % de ses recettes d'un seul client ou plus de 35 % de ses recettes de ses dix principaux clients ? Si tel est le cas, que peut faire le cabinet pour réduire cette dépendance ?

- Est-ce que certains clients du cabinet sont particulièrement vulnérables à la conjoncture économique ou exposés à des risques liés à des changements législatifs ou réglementaires ? Quelles en seraient les conséquences pour le cabinet ? Que peut faire le cabinet pour limiter ces conséquences ?

- Les clients sont-ils satisfaits des services fournis par le cabinet ? Que peut faire le cabinet pour corriger les éventuelles difficultés ?

- Quels sont les domaines d'activité dans lesquels le cabinet souhaite intervenir à l'avenir ? Quels seraient les nouveaux domaines d'activité dont les clients du cabinet auraient besoin ?

- Quels sont les clients ou types de clients que le cabinet souhaite représenter/conseiller ?

- Le cabinet doit-il se spécialiser davantage pour répondre à certaines demandes ? Est-ce que cette spécialisation nécessiterait de recruter de nouveaux collaborateurs/associés ?

- Qui sont les principaux concurrents du cabinet ? Quels sont les avocats qui sont aussi consultés par des clients du cabinet ou par des clients ayant le même profil que les clients du cabinet ?

- Quelle est l'image du cabinet auprès de ses clients ? Quelle est sa réputation ? Quelle est son image et sa réputation auprès des confrères ? Cette image et cette réputation correspond-elle aux aspirations du cabinet ?

À partir des réponses à cette première série de questions, le cabinet peut poser les bases de sa démarche stratégique. Après avoir analysé son activité par le prisme de ses clients, le cabinet procédera à son auto-évaluation avant de faire la synthèse de l'ensemble de ces éléments.

312.12 **Auto-évaluation par le cabinet de ses forces et faiblesses.** Pour s'engager dans une réflexion constructive, le cabinet commencera par une auto-évaluation de la part de ses associés. L'exercice est difficile car il doit être effectué avec honnêteté et intransigeance. Les associés devront apprécier les

1. V. s[s] n° 122.11.
2. *What's the plan ? Strategic planning trends in law firms*, Altman Weil Law Firms in Transition Surveys 2016-2019 [En ligne : https://altmanweil.com/whats-the-plan-strategic-planning-trends-in-law-firms/]

performances actuelles du cabinet ainsi que la situation du cabinet face à ses concurrents présents et futurs, et plus généralement la situation du cabinet dans son environnement économique[1].

L'analyse portera sur :

- les forces et les capacités dont dispose le cabinet, sur lesquelles il peut s'appuyer pour évoluer ;

- les faiblesses qui peuvent faire obstacle à ce que le cabinet puisse atteindre ses ambitions ;

- les événements extérieurs ou les changements anticipés qui permettront au cabinet d'élargir sa clientèle ;

- les événements extérieurs ou les changements anticipés qui risquent d'empêcher le cabinet d'atteindre ses objectifs.

Ces données vont aussi servir de base à la démarche stratégique du cabinet.

312.13 Méthode d'analyse dite Swot[2]. Pour son auto-évaluation, le cabinet peut s'appuyer sur la méthode d'analyse dite Swot :

- *Strengths* (forces) ;
- *Weaknesses* (faiblesses) ;
- *Opportunities* (opportunités) ;
- *Threats* (menaces, dangers).

312.14 Identification des forces du cabinet. L'identification des forces du cabinet se fera en répondant aux questions suivantes :

- Pourquoi les clients confient-ils leurs dossiers au cabinet et pourquoi reviennent-ils ?

- Pourquoi ceux qui connaissent le cabinet le recommanderaient-ils ?

- Quelles sont les capacités pour lesquelles le cabinet est reconnu ?

- En quoi le cabinet surpasse-t-il les autres ?

- À quoi le cabinet peut-il attribuer ses derniers succès ?

- Pourquoi les collaborateurs ont-ils choisi le cabinet ?

- De quoi le cabinet est-il fier ?

- Quelles réactions suscite l'évocation du nom du cabinet ?

312.15 Identification des faiblesses du cabinet. L'identification des faiblesses du cabinet se fera en répondant aux questions suivantes :

- Quelles sont les capacités qui manquent au cabinet et les domaines dans lesquels il n'est pas performant ?

- Qu'est-ce que les autres cabinets réalisent avec davantage d'efficience ?

- À quoi le cabinet peut-il attribuer ses récents échecs ?

- Pourquoi les clients vont-ils chez les concurrents du cabinet ?

- Pourquoi certains clients ont-ils quitté le cabinet ?

- Pourquoi des collaborateurs que le cabinet a souhaité recruter sont-ils allés travailler ailleurs ?

- Pourquoi un associé a-t-il quitté le cabinet ?

312.16 Identification des opportunités de développement du cabinet. L'identification des opportunités de développement du cabinet se fera par la réponse aux questions suivantes :

- Quels sont les changements législatifs ou réglementaires actuels ou à venir que nous pouvons exploiter pour développer notre activité ?

- Avons-nous des concurrents qui connaissent actuellement des difficultés ?

- Quels sont les nouveaux profils de clients ou les nouveaux marchés auprès desquels nous pourrions intervenir ?

- Quels sont les changements dans l'environnement économique actuel que nous pourrions exploiter à notre avantage ?

- Quelles sont les opportunités de développement de clientèle dans nos domaines actuels de compétence ?

312.17 Identification des menaces pouvant peser sur le développement futur du cabinet. L'identification des risques pouvant peser sur le développement du cabinet sera menée en répondant aux questions suivantes :

- Quelles sont les nouvelles tendances, méthodes ou technologies qui mettent le cabinet en difficulté ?

- Quelles sont les initiatives prises par les concurrents du cabinet qui sont susceptibles de porter préjudice à celui-ci ?

- La situation économique du cabinet est-elle un facteur de fragilité ?

- Les besoins des clients du cabinet changent-ils ?

- Y a-t-il des développements actuels dans les marchés du cabinet qui peuvent fragiliser le cabinet ?

- Que pourrait-il arriver de pire au cabinet ?

Plus les réponses à ces questions seront nombreuses et précises, plus l'analyse *Swot* sera riche. Pour mener une réflexion sur la base de la méthode dite *Swot*, il est recommandé de préparer un questionnaire écrit et de le soumettre au plus grand nombre d'avocats du cabinet. Les réponses pourront être anonymes.

1. En stratégie d'entreprise, une telle analyse de l'environnement concurrentiel de l'entreprise a été définie par l'économiste Porter.
2. Méthode d'analyse stratégique, communément utilisée par les entreprises, mise au point par Humphrey, professeur à l'Université de Stanford aux États-Unis dans les années 60.

SECTION 2
MISE EN PLACE DU PROJET DE DÉVELOPPEMENT

312.21 Définition d'un cadre de travail. La réflexion sur l'avenir du cabinet justifie que des séances de travail prévues à l'avance lui soient consacrées. Ces séances doivent être compatibles avec les contraintes des emplois du temps des avocats qui y assistent. Elles doivent revêtir un caractère exceptionnel et ne doivent pas servir pour évoquer la gestion courante des dossiers. Il est conseillé de tenir ces réunions en dehors des horaires habituels ou pendant les plages horaires les moins chargées. Il sera opportun de prévoir d'avance un calendrier de plusieurs réunions. La définition de ce cadre sera le premier signal fort de l'importance de la réflexion dans laquelle le cabinet a choisi de s'engager.

D'entrée de jeu, il sera nécessaire pour l'associé ou les associés qui sont à l'origine de cette dynamique de faire comprendre à tous les avocats et membres du cabinet que le but de la réflexion n'est pas de mettre en cause ou de fragiliser telle ou telle personne. Chacun doit se sentir en sécurité, libre de contribuer sans crainte de la réflexion collective.

Des règles seront fixées pour les réunions de travail :

- l'obligation de présence pour les personnes concernées ;

- la confidentialité des débats et l'accord des participants sur la manière dont les résultats du travail sont communiqués aux autres membres du cabinet ;

- la fixation d'un ordre du jour précis pour chacune des réunions de travail.

312.22 Objectifs du développement recherché par le cabinet. Le processus de réflexion et de planification dans lequel le cabinet décide de s'engager doit avoir des objectifs clairs. Ceux-ci doivent être énoncés afin que les enjeux soient compris par tous les participants. Les objectifs sont :

- la définition de la vision du cabinet : sa taille, son organisation, ses spécialités, ses éléments de différenciation avec la concurrence... ;

- la définition des principes qui vont guider les avocats dans l'atteinte de leurs objectifs ;

- la définition des stratégies-clé qui seront mises en œuvre[1] ;

- la compréhension par l'ensemble du cabinet des objectifs poursuivis et des moyens mis en œuvre pour les atteindre ;

- la définition de l'éventuelle politique d'investissement choisie par le cabinet dans la mise en œuvre de ses projets.

312.23 Constitution de l'équipe de travail. Quelle que soit la composition ou la structure du cabinet, tous les intérêts en présence doivent être intégrés dans le processus de planification. Ceci signifie qu'une part substantielle et représentative des avocats du cabinet doit être présente à toutes les réunions de travail. L'ensemble des avocats du cabinet doit se sentir impliqué. Ceux qui n'assistent pas aux réunions ne doivent pas s'en sentir exclus et doivent être informés par des compte-rendus réguliers. Si certains avocats jouent ou ont joué un rôle moteur dans le développement du cabinet, il est indispensable que ces avocats soient tous impliqués en priorité dans le processus.

312.24 Acceptation du changement. Depuis quarante ans[2], la profession d'avocat a connu un rythme soutenu de changements, accélérés par l'effet cumulé de modifications de la règlementation professionnelle, de la globalisation et des avancées technologiques.

Certains cabinets d'avocats se sont développés ou ont consolidé leurs positions, d'autres ont eu de grandes difficultés à évoluer dans cet environnement changeant. Manque de spécialisation, relève des générations mal organisée, absence d'anticipation des mutations économiques, sous-estimation de la concurrence... les causes des difficultés de ces cabinets sont multiples.

La différence entre les cabinets qui s'adaptent avec succès à leur environnement et ceux qui n'y parviennent pas repose sur deux facteurs :

- la capacité à reconnaître et accepter le changement ;

- la volonté d'engager un travail pour faire évoluer cabinet.

Tout changement de l'environnement économique, même quand la conjoncture évolue de façon négative, constitue une opportunité pour le cabinet d'avocats[3]. Pour un cabinet d'avocats comme pour tout type d'entreprise, le *statu quo* n'est pas une option acceptable sur le long terme.

312.25 Exploitation des données chiffrées du cabinet. Pour une analyse précise de sa situation, le cabinet devra utiliser les indicateurs chiffrés dont il dispose. En fonction des outils de gestion utilisés par le cabinet, il sera possible d'obtenir des informations plus ou moins riches. L'étude de ces données

1. Sur les leviers de la performance du cabinet : la rentabilité, v. ss nos 321.11 s. ; l'organisation et les procédures, v. ss nos 322.11 s. ; le développement du chiffre d'affaires, v. ss nos 323.11 s.

2. L. no 71-1130, 31 déc. 1971 portant réforme de certaines professions judiciaires et juridiques, *JO* 5 janv., p. 131.

3. J. Carr, *Opportunity in Crisis : Innovative Ways Law Firms Are Stepping Up Client Relationships*, attorney at work ; sept. 2022.[En ligne : https://www.attorneyatwork.com/law-firm-client-development-opportunity-in-crisis-law-firm-innovation/]

chiffrées va permettre au cabinet d'orienter les axes d'amélioration de sa performance. Dès 1996, Alain Bensoussan proposait d'analyser le fonctionnement du cabinet d'avocats par l'étude des ratios de gestion[1]. Les trois principaux indicateurs de performance sont[2] :

- le rapport production/facturation ;
- le rapport heures facturables/heures non facturables ;
- le rapport sommes facturées/sommes encaissées.

312.26 Rapport production/facturation. Ce ratio permet de mesurer l'efficacité du travail effectué par les avocats du cabinet. Plus la production (le nombre d'heures travaillées) et proche du nombre d'heures facturées (au taux horaire théorique), plus le cabinet est rentable. C'est ce ratio qui permet d'identifier le taux de « déchet » (heures travaillées non facturées) du cabinet et d'essayer d'en comprendre les causes.

312.27 Rapport heures facturables/heures non facturables. Les heures non facturables sont celles consacrées au cabinet qui ne peuvent pas être attribuées à un dossier ou un client précis. Ces heures concernent notamment les tâches administratives, la représentation du cabinet, la formation des collaborateurs, etc. L'analyse de ce ratio permet de définir un juste équilibre entre le temps devant être consacré aux dossiers et celui qui doit être consacré au cabinet. En effet, alors qu'il n'est pas souhaitable qu'un avocat accumule trop d'heures non facturables à son compteur, il ne doit pas non plus en compter trop peu. Ce dernier cas signifierait une participation insuffisante à la gestion et à l'organisation du cabinet. Ce ratio permet également de comparer l'efficacité des avocats du cabinet tant dans les tâches administratives que dans les activités relationnelles du cabinet.

312.28 Rapport sommes facturées/sommes encaissées. Ce ratio permet de mesurer la qualité de la facturation et l'efficacité du recouvrement. Les factures excessives ou qui correspondent à des prestations insuffisamment définies soulèvent des contestations de la part des clients ou, plus fréquemment, entraînent des retards importants. En effet, les clients rechignent à payer des factures qui ne sont pas clairement comprises.

Ce ratio est aussi un indicateur de la capacité du cabinet à recouvrer ses factures : un recouvrement efficace est le gage de la bonne trésorerie du cabinet.

1. A. Bensoussan, *Ratios, indicateurs et formules de gestion dans Le cabinet d'avocats*, Hermes, 1996.
2. 6 Key Financial Reports For Law Firms Profitability, *lawkpis.com*, avr. 2021.[En ligne : https://www.lawkpis.com/6-key-financial-reports-for-law-firms-profitability].

312.29 Aide extérieure pour le projet de développement. Accaparés par leurs dossiers, il est difficile pour de nombreux avocats de consacrer du temps à l'avenir de leur cabinet. Il est fréquent que des réunions donnent lieu à de grandes déclarations d'intention qui, ensuite, ne sont pas suivies d'effet. Certains cabinets trouveront donc utile d'avoir recours à un tiers extérieur qui jouera un rôle de guide mais également de catalyseur du processus de planification et de la mise en œuvre des stratégies décidées par le cabinet.

Le consultant veillera à la bonne conduite et à l'aboutissement de la réflexion du cabinet. Il accompagnera les initiatives qui seront décidées par ce dernier tout en apportant les idées qui sont le fruit de son expérience.

312.30 Rôle du logiciel de gestion et des solutions informatiques du cabinet[3]. Les outils de gestion du cabinet vont jouer un rôle essentiel dans la conduite d'un projet de développement. En effet, c'est l'outil de gestion du cabinet qui va permettre d'établir les ratios mentionnés ci-dessus et de suivre les progrès du cabinet. Dès lors que le cabinet enregistre ses données de temps passé et de facturation par avocat et par dossier, il va pouvoir utiliser son outil de gestion pour en extraire, de manière régulière, des indicateurs utiles pour le cabinet. Il est fréquent de constater que les cabinets équipés d'un logiciel de gestion ne se servent souvent que d'une petite partie des fonctionnalités de celui-ci. Or, le logiciel de gestion ne sert pas seulement à établir des factures, il doit être utilisé comme un véritable instrument de pilotage du cabinet.

Plusieurs recommandations peuvent être faites :

- Établir la liste des ratios essentiels[4] ainsi que la liste de toutes les données qui pourraient constituer des indicateurs importants pour la gestion (délais d'encaissements par client ou par avocat, comparaison des performances par avocat...).
- Vérifier que la ou les personnes en charge de la manipulation du logiciel de gestion peuvent en extraire ces données sous une forme facilement exploitable.
- À défaut, demander à la société ayant conçu le logiciel ou à votre interlocuteur commercial d'effectuer les paramétrages nécessaires pour que cette information soit disponible.
- S'assurer que la codification du temps saisi permet de retrouver les indicateurs de gestion souhaités par le cabinet.
- Insérer dans la codification du temps saisi un code « type d'activité » ou « domaine d'activité » pour faciliter l'analyse de l'efficacité du cabinet par matière, prestation ou domaine d'activité.

3. Sur les logiciels du cabinet aussi, v. ss nos 455.31 s.
4. V. ss nos 312.26 à 312.28.

CHAPITRE

313. Accompagnement des risques et des changements

SECTION 0
ORIENTEUR

313.00 **Sommaire du chapitre.**

SECTION 1
RISQUES DU CABINET D'AVOCATS

313.11 **Types de risques du cabinet d'avocats.** Un cabinet d'avocats doit être en mesure d'évaluer l'ensemble des risques auxquels il est exposé. Le tableau suivant dresse un inventaire de l'ensemble des risques associés à l'activité d'un cabinet d'avocats.

TYPES DE RISQUES
DU CABINET D'AVOCATS

Catégories de risques	Risques
Risques liés aux activités des avocats du cabinet	• Crédibilité et réputation du cabinet par rapport à ses concurrents • Risque professionnel des avocats dans leurs activités • Vulnérabilité aux cycles économiques • Évolution législative et réglementaire • Vitesse de changement dans les domaines d'activité du cabinet • Dépendance du cabinet par rapport à ses activités actuelles • Profitabilité des dossiers en cours • Recouvrement des honoraires des dossiers en cours
Risques liés aux clients	• Crédibilité du cabinet par rapport à ses clients • Vitesse d'évolution et de consolidation des marchés dans lesquels opèrent les clients du cabinet • Solvabilité et solidité financière des clients • Fidélité des clients du cabinet • Nombre des clients du cabinet • Dépendance des clients par rapport à des individualités du cabinet • Rapport de force dans les relations client • Qualité de la gestion des relations client du cabinet
Risques géographiques	• Tendances économiques • Stabilité politique • Marché de l'emploi et marché immobilier • Qualité des infrastructures (transports, communications) • Réglementation fiscale et sociale
Risques opérationnels liés à l'organisation du cabinet	• État des équipements et de la technologie du cabinet • Qualité des procédures du cabinet • Gestion des ressources humaines du cabinet et de sa production • Gestion financière du cabinet • Qualité des correspondants et sous-traitants du cabinet
Risques liés aux associés du cabinet	• Distribution des profits du cabinet • Départs d'associés • Dépendance du cabinet vis-à-vis de certains associés • Cohésion des associés • Capacités et qualités décisionnaires des associés • Adéquation entre les performances du cabinet et la rémunération des associés

Source : Tableau adapté à partir de la « Checklist of strategic risks », Stephen Mayson, *Law Firm Strategy, competitive advantage and valuation,* Oxford University Press, 2007, chap. 4, The foundations of strategy et. *Risk Management in Law Firms : Mitigate Risk and Enhance Firm Success,* Globe Law and Business, oct. 2022.

313.12 **Équilibre des activités du cabinet.** Le cabinet d'avocats doit faire face à des impératifs qui semblent contradictoires. Il doit se spécialiser pour être compétitif et, en même temps, il doit diversifier son risque. En réalité, ces impératifs sont conciliables car un cabinet spécialisé dans une ou plusieurs matières peut équilibrer ses différentes activités au sein de ces matières.

UN CABINET spécialisé en propriété intellectuelle a une activité qui présente les caractéristiques suivantes :

EXEMPLE DE DIVERSIFICATION DES RISQUES AU SEIN D'UNE ACTIVITÉ SPÉCIALISÉE

Prestations	Conseil, Contentieux
Domaines	Brevets – Dessins et modèles – Marques, Droits d'auteur
Secteurs	Technologie – Médias – Mode
Profil des clients	Opérateurs – Artistes – Investisseurs
Origine géographique des clients	France – Allemagne – Japon

Ce cabinet est un exemple d'une bonne diversification au sein d'une activité spécialisée.

UN CABINET spécialisé dans le conseil aux fonds d'investissement a les activités suivantes (tableau ci-contre).

Bien que les clients de ce cabinet interviennent dans des secteurs très différents, ce sont tous des investisseurs. L'activité du cabinet pour ce type de client est toujours de la même nature. Le cabinet est donc exposé à un double risque : un risque client en cas de ralentissement de l'activité d'investissement ainsi qu'un risque technique puisque tous ses collaborateurs sont formés à la même activité.

EXEMPLE DE DIVERSIFICATION DES RISQUES AU SEIN D'UNE ACTIVITÉ CONSACRÉE À UN PROFIL DE CLIENTS

Prestations	Conseil
Domaines	Droit des sociétés – Fusions et acquisitions – Pactes d'actionnaires
Secteurs	Tech. – Activités industrielles – Transports – Loisirs – Médias
Profil des clients	Investisseurs
Origine géographique des clients	France – Union européenne – États-Unis

Que peut faire ce cabinet pour limiter ces risques ? Il peut chercher à conseiller davantage de sociétés et de dirigeants lors de prises de participations par des investisseurs. Il peut développer des compétences en matière de restructuration pour être prêt en cas de retournement de conjoncture.

313.13 Activités cycliques, contra-cycliques et non cycliques. Dans la gestion et l'anticipation des risques liés à leur activité, les cabinets d'avocats doivent rechercher un équilibre entre des activités qui subissent la conjoncture de manière différente.

ACTIVITÉS ET RISQUES CONJONCTURELS

	Activités cycliques	Activités contra-cycliques	Activités non cycliques
Définition et caractéristiques	Obéissent à des cycles de l'économie. Elles sont très profitables dans les bons cycles et ralentissent parfois jusqu'à s'arrêter quand la conjoncture change	Connaissent des cycles opposés au reste de l'économie. Se développent de manière très rapide quand les autres activités souffrent	Subissent peu les aléas de l'économie. Elles sont liées au fonctionnement de la société ou sont liées à des mutations profondes à long terme
Exemples	Immobilier, activités d'investissement	Restructurations, procédures collectives, certains types de contentieux	Droit des personnes et de la famille, *Dr. pénal*, certains contentieux, certains aspects de la propriété intellectuelle

313.14 Diversification des clients. Comme dans tous les métiers, la dépendance excessive par rapport à un nombre limité de clients est un des plus grands dangers pouvant peser sur un cabinet d'avocats.

Le seuil de 20 % du chiffre d'affaires est la limite communément retenue pour qualifier le risque excessif émanant d'un seul client. Plus la taille et le chiffre d'affaires du cabinet sont importants, plus ce seuil doit baisser.

SECTION 2
CHANGEMENTS DE L'ENVIRONNEMENT

313.21 Types de changements de l'environnement du cabinet. Les changements d'environnement auxquels se trouve confronté un cabinet d'avocat sont de quatre types[1] :

– les changements profonds dans la pratique du métier d'avocat ;

– les changements conjoncturels résultant de crises courtes ;

– les changements conjoncturels et structurels résultant de crises longues ;

– les changements propres à l'organisation et au fonctionnement du cabinet.

L'avocat doit saisir la nature et la portée de ces changements pour être en mesure de prendre les décisions adaptées pour son cabinet.

1. S. Mayson, *Law Firm Strategy : competitive advantage and valuation*, Oxford UP, 2007.

313.22 Changement de l'environnement technologique : exemple d'un changement en profondeur de l'environnement des cabinets. Les avocats ont vu l'exercice de leur métier bouleversé par l'arrivée des nouveaux moyens technologiques. La télécopie au milieu des années 80, le téléphone portable au début des années quatre-vingt-dix et surtout Internet à la fin des années quatre-vingt-dix ont profondément modifié la pratique du métier. Les avocats, qui ont également connu la dématérialisation des procédures avec le RPVA, ont été particulièrement concernés pour les raisons suivantes :

- ils se déplacent beaucoup ;
- ils travaillent en même temps sur plusieurs dossiers pour plusieurs clients ;
- ils échangent en permanence des documents et des informations entre eux et avec leurs clients ;
- ils doivent effectuer des recherches.

La technologie a créé des attentes nouvelles auxquelles les avocats ont dû répondre :

- l'avocat doit être joignable en permanence pour ses clients, ses confrères et son cabinet ;
- il doit pouvoir lire, valider, réagir à n'importe quel document écrit à tout instant ;
- il doit avoir accès à toutes les ressources de documentation ou d'information nécessaires à son activité, en permanence ;
- le cabinet d'avocats doit être présent sur Internet.

La technologie a engendré de nouvelles formes de concurrence :

- contrats et actes en ligne ;
- consultations en ligne ;
- outils de recherche et d'aide à la décision pouvant se substituer à l'homme pour certaines tâches à plus faible valeur ajoutée.

Lorsqu'interviennent des changements de cette portée, les cabinets d'avocats doivent s'efforcer de :

- s'adapter au moins aussi vite que leurs clients ;
- réfléchir à toutes les façons dont le nouvel environnement ou les nouvelles habitudes peuvent servir la pratique du métier d'avocat ;
- affecter à ces changements les ressources et le temps nécessaires.

Les cabinets qui ont tardé à s'adapter ou qui se sont montrés réfractaires à ces changements ont été dépassés par ceux qui en avaient compris les enjeux.

313.23 Crise économique de 2001 et éclatement de la bulle Internet : exemple de changement conjoncturel résultant d'une crise courte. Lorsqu'a éclaté la « bulle Internet » en 2001, de nombreux cabinets d'avocats ont souffert, particulièrement aux États-Unis mais également en Europe. Les avocats ont été touchés car ils avaient été énormément sollicités par les dizaines de milliers de fondateurs de jeunes pousses *(start-up)* ainsi que les investisseurs privés (*business angels*), les fonds d'amorçage et d'investissement qui se jetaient dans la « Nouvelle économie ». La brutalité de la crise, qui a entraîné l'effondrement des valeurs boursières et le gel des investissements, a fait disparaître une clientèle importante et laissé des impayés considérables. En effet, de nombreux cabinets acceptaient de travailler dans l'attente des levées de fonds qui devaient servir à payer leurs honoraires.

Les principaux enseignements et conséquences d'une crise de ce type, très concentrée sur un secteur d'activité, sont les suivants :

- ils rappellent aux avocats les dangers d'une trop grande dépendance par rapport à un type de client ou une activité ;
- ils nécessitent une réaction rapide de la part du cabinet dans la réduction des dépenses ;
- ils obligent le cabinet à effectuer une évaluation rapide et précise de la solvabilité de ses clients touchés.

Parallèlement, cette crise a permis aux avocats de mesurer l'ampleur du phénomène Internet. Les cabinets qui ont su faire le tri entre les bons et les mauvais dossiers tout en continuant à s'intéresser au secteur ont pu se positionner lors de la deuxième et de la troisième vague Internet, à savoir l'émergence du commerce électronique puis le Web 2.0 et des réseaux sociaux, puis la Blockchain, le Web 3.0. et les cryptomonnaies.

313.24 Crise de 2008 et ses mutations : exemple de changement durable de l'environnement économique. La crise de 2008 a été une crise profonde avec des effets durables. Bien que déclenchée par la dette immobilière américaine, elle trouve ses causes dans un ensemble de phénomènes qui remontent à la politique économique mise en place par les États-Unis après les attentats de septembre 2001. Elle a touché le monde entier et a affecté autant l'investissement que le marché de l'emploi. Elle a affecté de manière très sévère les économies européennes qui avaient des marges de manœuvre réduites du fait de leur endettement. Cette crise est partie des États-Unis, s'est propagée dans le système bancaire de certains pays très exposés (Islande, Irlande) pour devenir une crise générale de la dette de la zone euro.

Le cabinet de consultants Hildebrandt Baker Robbins, spécialisé dans les professions juridiques, avait identifié quatre grands changements qui, selon lui, affecteraient durablement les cabinets d'avocats [1] :

- une réelle pression sur les honoraires des cabinets tant pour les grands cabinets dont l'activité est liée aux marchés financiers que pour tous les cabinets d'avocats ;

1. Prescott, « The evolving economy and four resulting trends for the legal profession », *Prac. Innovations,* mars 2009, at 1, 7.

– une remise en cause de la facturation horaire car elle ne correspond plus aux attentes et aux impératifs des entreprises. Elle a vocation à être de plus en plus souvent remplacée par une facturation liée au dossier ou au « projet » avec des devis et différents paramètres d'ajustement[1] ;

– l'abandon de certaines activités moins rentables par les cabinets ;

– la rémunération des associés et des collaborateurs sera de plus en plus liée aux performances et à l'investissement personnel de chacun.

Ces prévisions se sont avérées plutôt justes.

Lorsqu'un marché se durcit, l'équilibre entre l'offre et la demande se modifie. Face à une telle situation, les cabinets doivent, plus que jamais, être à l'écoute de leurs clients. Il leur faut se préparer à remettre en cause habitudes et méthodes de fonctionnement[2].

313.25 Influence conjointe d'une crise durable et des changements de l'environnement technologique. La crise durable pousse les clients à rechercher des prix plus bas. Ce phénomène se généralise chez tous les types de clients, même les grandes entreprises qui ont pendant longtemps payé des honoraires élevés sans faire du prix un objet de discussion[3]. La situation pousse aussi les cabinets à explorer de nouvelles méthodes de travail pour contrôler leurs coûts. De nouvelles tendances apparaissent qui sont encore limitées aux cabinets internationaux mais qui peuvent avoir vocation à se généraliser.

Il en est ainsi de la sous-traitance par des sociétés spécialisées dans les prestations destinées aux cabinets d'avocats ou aux directions juridiques. Ces sociétés appelées *legal process outsourcing companies* (LPO) connaissent une importante expansion aux États-Unis et sont également nombreuses dans des pays à faibles coûts salariaux comme l'Inde. Elles fournissent des travaux de recherche, de correction ou de contrôle de documents et d'audit à des coûts bien plus faibles que si ces prestations étaient fournies par des avocats en interne. De telles sociétés proposent aussi des services d'externalisation aux cabinets français[4]. Ce sont parfois les cabinets eux-mêmes qui créent leurs centres de traitement pour baisser le coût de certaines prestations. C'est le cas du cabinet Baker & McKenzie qui, en 2014, a créé ses propres services de *facilities* à Manille et à Belfast avec respectivement 700 et 150 employés dans chaque centre[5].

Une autre tendance observée aux États-Unis consiste à ouvrir des bureaux secondaires dans des villes où le coût de la vie et les rémunérations sont bien moins importants que dans les grands centres. Les moyens technologiques permettent de faire accomplir le travail dans ces nouveaux lieux de production sans impact négatif sur la qualité du service rendu au client.

Enfin, les moyens technologiques permettent une meilleure maîtrise de l'information et des contenus juridiques. Des prestations ou des actes peuvent ainsi être partiellement ou totalement automatisés ce qui permet leur traitement par un personnel moins qualifié ou ce qui permet aux clients d'exécuter certaines tâches antérieurement confiées à leur avocat.

313.26 Crise brutale d'un type nouveau : La crise du Covid de 2020. Dès mai 2020, une étude du cabinet McKinsey faisait le constat que les cabinets d'avocats résistaient mieux à la crise que la moyenne des autres acteurs économiques[6]. Ceci est confirmé par une étude réalisée par l'Université de Harvard en mars 2022[7].

Non seulement les cabinets d'avocats ont-ils résisté mais 2020 fut une année record pour de très nombreux cabinets américains et 2021 fut encore meilleure. Le constat est le même pour la plupart des cabinets d'avocats d'affaires dans le monde.

Ceci s'explique par la concordance de plusieurs phénomènes :

– le travail de conseil s'est rapidement et facilement adapté aux contraintes et aux nouvelles habitudes de travail induites par le Covid[8] ;

– la crise du Covid a engendré une demande de conseils et de prestations juridiques exceptionnelle. De l'assistance aux PME pour les accompagner dans leur adaptation à des circonstances exceptionnelles jusqu'au conseil aux États dans la mise en place de leurs aides, petits ou grands cabinets ont été sollicités ;

– d'une manière générale, toutes les périodes d'incertitude entraînent une sollicitation plus importante des professionnels du droit.

Il n'y a pas eu que des gagnants. L'arrêt des juridictions a pu avoir des conséquences pour les praticiens du contentieux et tous n'ont pas retrouvé leur niveau d'activité d'avant la crise. L'étude de Harvard, mentionnée ci-dessus, rappelle aussi le prix que beaucoup ont payé en devant jongler entre leur travail et la garde des enfants dans des logements inadaptés à la présence simultanée de tous les membres du foyer et de leurs activités professionnelles.

Nous pouvons néanmoins tirer de cette crise l'enseignement principal suivant : l'avocat d'aujourd'hui a de très grandes capacités d'adapta-

1. Sur les nouvelles tendances de la facturation, v. s[s] n°s 442.51 s.
2. Sur l'évolution du modèle économique des cabinets d'avocats, v. s[s] n°s 013.41 s.
3. Hildebrandt Institute, *2012 Client Advisory*.
4. La société Kalexius basée à l'Île Maurice.
5. Effectif à la fin 2015.
6. McKinsey & Company, *COVID-19, Implications for law firms*, mai 2020.
7. E. McArdle, « Practicing Law in the Wake of a Pandemic », *Harvard Law Bulletin*, 15 juill. 2022.
8. Sur le télétravail, v. s[s] n°s 451.21 s.

tion. Si les avocats ont été tant sollicités, c'est aussi qu'ils ont su être très réactifs à cette crise d'un genre nouveau. Ils sont allés au devant de leurs clients pour leur proposer un accompagnement et notamment pour les aider à naviguer dans l'environnement complexe des aides proposées par les États.

SECTION 3
ADAPTATION DES ACTIVITÉS ET DE L'ORGANISATION

313.31 Réponses à court et à long terme aux changements de conjoncture. Lors d'un changement de conjoncture ou d'environnement, le cabinet doit apporter des réponses rapides. Il adaptera son organisation et ses activités, en fonction des compétences de chacun, pour répondre aux attentes immédiates de ses clients.

Le cabinet d'avocats suivra l'évolution de ses clients. Traditionnellement, les cycles économiques voient se succéder les phases suivantes :

- La conjoncture économique est favorable : Phase d'investissement et d'achat. Le client investit et se renforce sur son marché.
- La conjoncture est moins favorable : Attente et gestion d'actifs. Le client est en position d'observation et d'attente. Il gère ses actifs.
- Le contexte économique devient plus difficile : Revente. Le client doit réaliser une partie de ses actifs et accepter des conditions commerciales moins bonnes pour maintenir son activité et sa trésorerie.

À chaque étape, les avocats du cabinet utilisent leurs connaissances techniques et leur connaissance de l'activité de leurs clients pour assister ceux-ci. C'est la réaction du cabinet à court terme.

À plus long terme, le cabinet se demandera comment l'activité de ses clients est susceptible d'évoluer. L'avocat et ses clients échangeront leurs analyses pour évoluer ensemble. L'activité du client évolue-t-elle de manière structurelle ? Est-elle touchée par des phénomènes liés à la mondialisation ? Les marchés du client se déplacent-ils ? Les rapports de force changent-ils avec les partenaires ou sous-traitants ? Les réponses à ces questions permettront au cabinet de suivre ses clients dans leurs nouveaux besoins.

313.32 Renforcement des liens avec les clients par la formation. Les difficultés conjoncturelles peuvent être très propices aux initiatives de marketing et de communication. Les cabinets peuvent mettre en œuvre des actions d'information et de formation, notamment pour expliquer aux clients les incidences ou les opportunités engendrées par les changements de conjoncture. Webinars, formations en ligne ou en présentiel, conférences sont des formats adaptés à ce type d'actions[1]. Ces initiatives permettent aussi aux avocats du cabinet de se former à une nouvelle réglementation ou à un nouveau contexte.

313.33 Analyse du marché et nouvelles opportunités. Le droit suit l'évolution de l'économie. Le cabinet doit comprendre l'évolution des marchés de ses clients et s'y adapter. Il doit être une force de proposition pour eux et ne pas se limiter à ce que ce soit le client qui l'informe des changements et de leurs conséquences.

Le cabinet cherchera non seulement à s'adapter aux attentes de ses clients mais il profitera de sa connaissance de l'évolution d'un marché ou d'un domaine pour le faire savoir à d'autres opérateurs d'un secteur.

313.34 Attrait des domaines transversaux. Les domaines transversaux offrent aux avocats de nombreuses possibilités d'adaptation et de repositionnement au sein de leurs cabinets. Il s'agit des domaines du droit qui touchent à un ensemble de matières juridiques différentes.

Le droit de l'environnement est un domaine transversal regroupant de nombreuses matières : urbanisme, immobilier, fiscalité, droit européen...

Lorsque l'activité de droit immobilier ralentit au sein d'un cabinet, les spécialistes de cette matière peuvent apporter leurs compétences à l'activité du cabinet en droit de l'environnement.

Bien que plus adapté aux grands cabinets, ce type de réflexion peut s'étendre à toutes les structures d'exercice.

313.35 Détachement des collaborateurs chez les clients du cabinet[2]. Une habitude des cabinets d'avocats d'affaires tend à se généraliser : le détachement de collaborateurs chez le client. Cette pratique, plus courante aux États-Unis et en Angleterre qu'en France, renforce les liens entre le cabinet d'avocats et ses clients importants. Les détachements répondent aussi répondre à des besoins ponctuels comme un congé maternité d'une juriste d'entreprise. Or, ce mode de fonctionnement est très adapté aux situations de crise économique. En effet lorsqu'un avocat est sous-utilisé par son cabinet, son détachement chez le client procure un triple avantage :

- le client dispose des services d'un avocat à plein-temps à un tarif forfaitisé (donc plus avantageux que le taux horaire) ;
- le cabinet facture un collaborateur qui était momentanément sous-utilisé et en neutralise le coût ;
- des liens forts sont maintenus entre le cabinet et son client dans une période de ralentissement et donc de baisse d'activité.

1. Sur la formation des clients par les avocats, v. s[s] n°s 432.11 s. et 382.25 s.
2. « L'avocat en détachement n'est pas un prestataire comme les autres », *Décideurs Magazine*, oct. 2014 [En ligne].

Le détachement de collaborateurs chez les clients n'est pas encadré par le Règlement intérieur national (RIN). L'avocat détaché reste le collaborateur de son cabinet et demeure soumis à l'ensemble de ses obligations déontologiques d'avocat. Cependant, des ambiguïtés subsistent notamment quant à la question du lien de subordination. Si le collaborateur détaché en entreprise remplace un juriste d'entreprise absent, qu'est ce qui le différencie d'un salarié de l'entreprise ? Le statut de l'avocat en entreprise pourrait venir clarifier certains aspects du détachement des avocats en entreprise ou, au contraire, les compliquer.

SECTION 4
DÉPARTS D'ASSOCIÉS

313.41 Aspects juridiques et économiques des départs d'associés. Les départs d'associés sont des événements aussi fréquents que compliqués dans la vie des cabinets. Les implications juridiques et financières varient notamment en fonction de la nature de la structure d'exercice[1]. Les départs d'associés sont aussi traités dans le chapitre consacré aux conflits d'associés.

313.42 Équilibre économique du cabinet après un départ d'associé(s). Le cabinet qui perd un ou plusieurs associés doit en mesurer l'impact économique avec précision. Il doit rapidement établir des projections financières réalistes sur les implications de ce départ.

Les principes suivants sont à appliquer :

– exclure des prévisions financières du cabinet tous les clients susceptibles de suivre l'associé partant. Même si les clients appartiennent juridiquement au cabinet, ils demeurent libres du choix de leur avocat ;

– évaluer les conséquences financières de l'éventuel rachat des parts ou actions de l'associé partant ;

– réduire au minimum les prévisions de facturation du cabinet sur ces clients pendant la période transitoire entre le moment de l'annonce du départ et sa date effective ;

– envisager une réduction immédiate des coûts de fonctionnement du cabinet à proportion des recettes perdues. (Exemple : sous-location pour occuper l'espace libéré) ;

– obtenir de l'associé partant qu'il prenne ses dispositions pour accueillir dans son nouveau cabinet les collaborateurs et le personnel qui dépendent de lui et que le cabinet ne souhaite pas garder ;

– ne pas engager d'investissements avant d'avoir mesuré et subi toutes les conséquences économiques du départ ;

– ne pas chercher à remplacer l'associé partant sans avoir longuement réfléchi et étudié la nouvelle organisation du cabinet.

313.43 Stratégie de la relation client en cas de départ d'associé(s). Le départ d'un associé[2] implique souvent la perte de la totalité ou d'une partie des clients avec lesquels travaille l'associé retrayant. Pour anticiper ce risque, le cabinet peut essayer de poser le principe du « jeu collectif » pour ses principaux clients. Dès lors que l'enjeu économique le justifie, le cabinet peut proposer une pluralité d'interlocuteurs pour un client important. Ceci sera d'autant plus pertinent si les besoins du client portent sur plusieurs domaines du droit. En effet, un cabinet doit éviter la mainmise d'un seul associé sur un client dès lors que les besoins de ce client ne relèvent pas tous des compétences de l'avocat en question. Si une telle situation s'installe, le cabinet pourra chercher, de manière progressive, à atténuer la personnalisation excessive de la relation. Pour anticiper les difficultés liées au départ d'un avocat, des habitudes peuvent être installées au début de la relation avec le client. Ainsi, le simple fait de décider que toutes les réunions avec de nouveaux clients (d'une certaine importance) se feront en présence d'au moins deux avocats constitue le début de la mise en œuvre d'une telle politique. De même, les contacts directs entre les clients et les collaborateurs ou le personnel salarié du cabinet doivent être encouragés. Ils enrichissent et fortifient la relation entre le client et le cabinet dans sa globalité. Les associés qui seraient réticents à percevoir le bénéfice d'une telle politique constateront que celle-ci les protège. En effet, les associés doivent pouvoir se projeter dans la situation de l'avocat qui reste dans un cabinet après le départ d'un ou plusieurs associés. Les coûts de fonctionnement ne diminuent pas proportionnellement au chiffre d'affaires perdu.

Cependant, même lorsque la séparation se déroule de la manière la plus confraternelle, les intérêts du cabinet et de l'associé partant sont inévitablement divergents. Une distinction va s'opérer entre les clients avec lesquels l'associé partant a un lien très fort (familial, amical, historique...) et les clients dont l'associé partant est l'interlocuteur privilégié mais qui n'ont pas pour autant une vocation naturelle à le suivre vers sa nouvelle destination. Le cabinet a peu de chances de garder

1. Sur les départs des associés d'une AARPI v. s^s n°s 222.42 s. Sur les départs des associés d'une SEL v. s^s n°s 224.41 s. Sur les départs des associés d'une SCP v. s^s n°s 223.31 s.

2. J. Schweblin, « La sortie d'un avocat associé de sa structure d'exercice – Petit guide pratique », *Dalloz Avocats*, nov. 2019.

les premiers mais il peut légitimement prétendre à garder les seconds.

Rappelons qu'en cas de départ d'un associé, l'information diffusée par le cabinet aux clients doit être neutre et respecter le principe du libre choix de l'avocat par son client.

313.44 Communication et image du cabinet après un départ d'associé(s). Le cabinet qui perd à la fois un ou plusieurs associés et de nombreux clients doit veiller à préserver son équilibre économique et à éviter que ces départs lui nuisent sur le plan de l'image.

Un départ d'un ou plusieurs associés est souvent vécu comme une catastrophe par le cabinet. Or, les mouvements d'avocats d'un cabinet à un autre sont inhérents à l'indépendance qui caractérise la profession d'avocat. Le cabinet doit donc s'y adapter rapidement en profitant des nouvelles opportunités engendrées par ces changements.

Le cabinet aura intérêt à rester maître de sa communication et ne pas laisser la rumeur prendre le dessus. Il pourra aussi décider d'intensifier sa communication autour de son activité pour ne pas se monter affaibli. Il communiquera également sur les recrutements des avocats qui remplacent les partants. Afin d'éviter les dissonances entre le cabinet et les associés partants, ceux-ci pourront envisager un discours commun à propos de la séparation qui apaisera les parties concernées et les tiers.

TITRE

32. Les leviers du développement du cabinet

SECTION 0

ORIENTEUR

32.00 **Sommaire du titre.**

CHAPITRE

321. Rentabilité

SECTION 0

ORIENTEUR

321.00 **Sommaire du chapitre.**

SECTION 1

CRITÈRES CLIENTS/DOSSIERS

321.11 ACTIONS SUR LA RENTABILITÉ DU CABINET

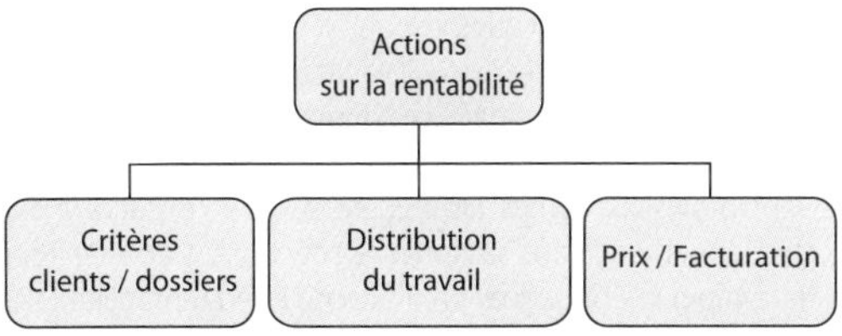

321.12 **Méthodologie de l'action sur les critères de sélection des clients et dossiers du cabinet.** Le schéma ci-dessous explique la manière dont un cabinet peut travailler pour orienter ses choix en matière de clients et de dossiers.

CRITÈRES DU CABINET POUR LE CHOIX DES CLIENTS ET DES DOSSIERS

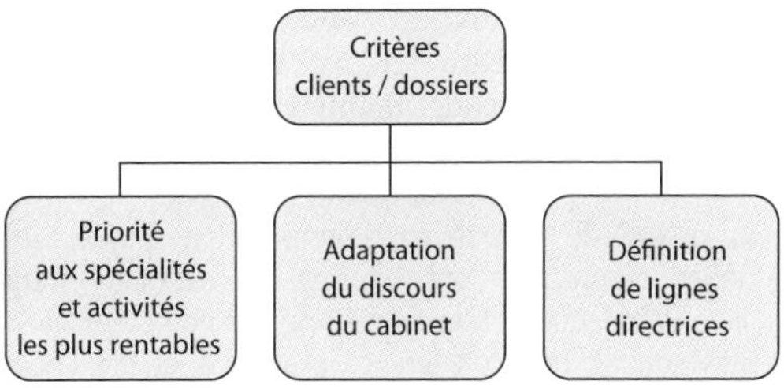

321.13 **Critères de sélection des activités du cabinet (exemple).** Ces critères constituent le premier levier des actions sur la rentabilité.

CAS CONCRET : Le cabinet de Maître Durand

• Constat

Client Altech Dossier Altech c/Cie d'assurances

Heures travaillées entre <date> et <date>

Heures associé 16 heures tx horaire 250 euros

Heures collaborateurs 47 heures tx horaire 110 euros

Facturation théorique

16 × 250	= 4 000 euros
47 × 110	= 5 170 euros
	= 9 170 euros
Facturation réelle sur la période	5 500 euros
Perte (travail non facturé)	3 670 euros

Il y a donc dans le dossier Altech c/Cie d'assurances une déperdition de 40 % de la production du cabinet qui n'est pas facturée au client.

• Questions

Pourquoi le cabinet Durand a-t-il dû enlever 3 670 euros de la facture envoyée à son client Altech ?

En recherchant la réponse à cette question, le cabinet se posera également les suivantes :

– La difficulté vient-elle du client ? Y a-t-il une telle déperdition sur les autres dossiers Altech ?

– La difficulté vient-elle du collaborateur qui a travaillé sur le dossier ?

– La difficulté est-elle accidentelle car des événements exceptionnels se sont produits dans ce dossier ?

– La difficulté tient-elle à la nature du dossier ?

• Réponses

Après un examen des autres données chiffrées du cabinet, il a été constaté que :

Le client Altech est un des bons clients du cabinet et que les différences entre la production et la facturation sont en général faibles.

Le collaborateur qui a travaillé sur le dossier n'est pas le plus efficace du cabinet mais son travail donne généralement satisfaction.

• Mais

Le cabinet a traité quatre autres contentieux contre des compagnies d'assurances depuis deux ans et des difficultés similaires ont été rencontrées à chaque fois. Le taux moyen de « déchet » (heures travaillées non facturées) sur ces contentieux était de 35 %.

Le cabinet ne dispose d'aucun avocat qui connaisse bien le droit des assurances et le contentieux des assurances. Le faible volume de dossiers dans cette activité ne justifie pas qu'un avocat du cabinet se spécialise dans le domaine.

• Solutions

Le cabinet Durand a donc pris la décision suivante à la suite de l'analyse de ce dossier :

Le cabinet ne traitera plus directement de dossiers de contentieux en matière d'assurances. Ces dossiers seront confiés à un confrère ami du cabinet et spécialisé dans ce domaine. Ainsi, le cabinet se dégage d'une activité non rentable pour elle et peut réaffecter son temps à des activités plus profitables. Ceci ne représente pas un sacrifice car l'activité de contentieux des assurances était rare pour le cabinet. De plus, en sous-traitant ces dossiers auprès d'un confrère spécialisé, le client sera plus satisfait et il est probable que le confrère enverra des dossiers au cabinet Durand quand l'occasion se présentera. C'est à travers des analyses de ce type que le cabinet pourra progressivement orienter son activité et en améliorer la rentabilité.

321.14 Recherche de la rentabilité et de la qualité. Les activités rentables du cabinet doivent aussi être celles dans lesquelles le cabinet réalise un travail de qualité. La notion de qualité recouvre à la fois la compétence technique, la réactivité, la capacité à fournir des réponses précises aux attentes des clients. Le cabinet doit donc commencer par faire le tri entre les domaines dans lesquels il travaille bien et les autres pour ensuite agir en deux temps.

– 1re étape. Le cabinet va corriger les dysfonctionnements en évitant de travailler dans les domaines où il n'est pas performant.

– 2e étape. Il va se renforcer dans les domaines dans lesquels il veut s'illustrer. Le renforcement de ses compétences et de ses capacités dans ces domaines aura pour effet de le rendre plus rentable.

Dans sa recherche de rentabilité, le cabinet ne doit pas se contraindre à des activités qu'il ne souhaite pas exercer. L'amélioration de la rentabilité doit s'obtenir en concentrant l'activité du cabinet dans les domaines où il est performant.

Toutes les activités n'ont pas la même rentabilité. Les fusions acquisitions sont plus rentables que le droit social mais les deux activités peuvent être nécessaires au sein d'un même cabinet. La structure doit considérer sa rentabilité d'ensemble et non celle d'activités prises individuellement.

321.15 Recherche de la rentabilité et de la qualité (exemple).

CAS CONCRET : Cabinet Moulin & Associés

• Constat

Le cabinet Moulin et Associés a des soucis de rentabilité dans son activité de droit social. Cette activité est moins rentable que les autres mais Me Philippe, le jeune associé qui y consacre la moitié de son temps y tient beaucoup.

• Questions

Les compétences de Me Philippe sont-elles en cause ?

Y a-t-il une difficulté de qualité de clientèle ?

Le cabinet doit-il remettre en question la pratique du droit social ?

• Réponses

Les qualités professionnelles de Me Philippe ne sont pas en cause. Il connaît bien sa matière et obtient de bons résultats dans ses dossiers.

Après un examen des dossiers en droit social sur les six derniers mois, il apparaît que Me Philippe a passé en moyenne six heures par semaine à attendre au Conseil des prud'hommes et la quasi-totalité de ce temps n'a pu être facturé. Il apparaît aussi que trois dossiers ont eu un impact très négatif sur la rentabilité de son activité. Il s'agissait de dossiers concernant des employés dans le secteur du bâtiment.

Me Philippe veut continuer à développer son activité et ses compétences en droit social mais comprend qu'il pourrait faire quelques ajustements.

• Solutions

Un jeune collaborateur qui s'intéresse au droit social vient d'arriver au cabinet. Il assurera désormais les audiences les plus « faciles », permettant à Me Philippe de récupérer le temps perdu à attendre au conseil de prud'hommes et le transformer en heures facturables.

Me Philippe s'intéresse plus particulièrement à certains secteurs du droit social dans lesquels il commence à se constituer une clientèle intéressante. Il va intensifier ses efforts pour mieux se faire connaître dans ces domaines. Il va s'efforcer de ne plus prendre de dossiers dans les domaines qui l'intéressent moins. Le temps ainsi libéré va être consacré à son perfectionnement dans sa nouvelle spécialité. Cette décision lui fera rapidement gagner en efficacité et en rentabilité.

• Conclusion

Ce cas concret montre que le cabinet d'avocats peut agir sur sa rentabilité tout en privilégiant les aspirations ou les goûts personnels des avocats. Il n'y a pas d'incompatibilité entre la recherche du profit et l'épanouissement personnel.

321.16 Rentabilité et situation concurrentielle. Comment un cabinet peut-il gérer une situation concurrentielle qui pousse le prix de ses prestations à la baisse ? La situation concurrentielle dans un domaine d'activité ou relative à certaines prestations peut évoluer de manière rapide pour des raisons conjoncturelles ou structurelles.

DANS LE CAS du divorce par consentement mutuel, des réformes progressives ont simplifié la procédure. Cette matière dans laquelle interviennent de très nombreux généralistes connaît une concurrence exacerbée et fait l'objet d'offres proposées sur Internet à des prix de plus en plus bas. Il est peu probable que cette tendance s'inverse.

Lorsqu'une activité connaît une telle évolution concurrentielle, l'avocat a trois choix : (1) se retirer de cette activité, (2) rechercher des moyens d'en maintenir la rentabilité sans compromettre la qualité, (3) repositionner sa prestation. S'il se maintient dans l'activité sans adapter ses méthodes de travail, l'activité sera de moins en moins rentable et mettra en péril son cabinet.

En l'espèce, si l'avocat choisit la deuxième option, il cherchera d'abord à faire basculer sur le client la plus grande partie du travail lié à la préparation et la mise en état de son dossier. Pour ceci, il pourra mettre en place une procédure automatisée par laquelle le client lui fournira l'ensemble des pièces demandées et répondra par écrit à des questions pré formatées. C'est le cas des cabinets d'avocats qui proposent des divorces par consentement mutuel à des tarifs très bas.

Dans un second temps, l'avocat posera des règles strictes pour les réunions et les appels téléphoniques de manière à ce que le service proposé puisse se faire dans les limites du tarif convenu avec le client. Une méthodologie et des règles précises permettent au client de comprendre ce qu'il peut attendre d'une prestation forfaitisée à quelques centaines d'euros. Ces méthodes donneront aussi au client la possibilité de demander une assistance complémentaire ou un accompagnement personnalisé pour lequel il paiera le prix en connaissance de cause. C'est l'occasion pour l'avocat de montrer au client où se situe sa valeur ajoutée dans un divorce par consentement mutuel : ce n'est pas la conduite de la procédure et la préparation du dossier mais l'écoute, les conseils patrimoniaux, l'attention particulière portée aux enfants...

Si l'avocat choisit la troisième option, il cherchera à fournir à cette clientèle de particuliers, en instance de divorce, des prestations qui ne sont pas comprises dans les forfaits à bas coût proposés par les concurrents. Il choisira, par exemple, de mettre en avant sa capacité de conseil sur les conséquences patrimoniales du divorce.

321.17 Adaptation du discours du cabinet aux critères de sélection des clients et des dossiers. Les décisions ou les orientations choisies par le cabinet en ce qui concerne ses choix en matière de clients et de dossiers doivent se traduire par un discours cohérent et concerté à l'extérieur comme à l'intérieur du cabinet[1].

321.18 Adaptation du discours du cabinet aux critères de sélection des clients et des dossiers (cas concret).

CAS CONCRET : cabinet Moulin & Associés (2) :

Les associés de Moulin & Associés partagent l'opinion que Me Philippe a tout intérêt à se présenter comme un spécialiste du droit social dans le secteur de l'hôtellerie et de la restauration.

- Question

Que peut faire le cabinet pour mieux faire connaître les activités de Maître Philippe ?

- Solutions

Les associés décident de parler des spécialités de Me Philippe à leurs propres clients ainsi qu'aux personnes de leur connaissance susceptibles de véhiculer l'information.

Les associés expliquent les nouvelles orientations des activités de Me Philippe à tous les collaborateurs du cabinet en leur suggérant d'y faire référence à chaque fois qu'ils ont l'occasion de parler du cabinet.

Me Philippe a pris contact avec le journal L'Hôtellerie Restauration pour proposer un article sur les complexités du statut des employés saisonniers.

Me Moulin vient de se rappeler que son beau-frère est le notaire habituel d'une chaîne hôtelière. Il va aussitôt parler de son associé, Me Philippe, à son beau-frère.

Le site du cabinet sera modifié pour faire état de l'activité de Me Philippe et le profil LinkedIn de ce dernier sera mis à jour.

- Conséquences positives

Les décisions prises concernant l'activité de Me Philippe donnent des idées aux autres associés du cabinet. En effet, Moulin & Associés pâtissait d'une image un peu floue de généraliste alors qu'il s'avère que chacun des quatre associés a des connaissances pointues dans certains domaines. Les associés ont désormais décidé de mettre en avant l'image d'un cabinet capable de développer un savoir-faire de niche.

Très rapidement, ce discours confiant et affirmé est arrivé aux oreilles d'entreprises qui sont devenues clientes du cabinet. Auparavant, aucun de ces clients ne savait qu'il existait un tel savoir-faire au sein du cabinet Moulin & Associés.

À l'image floue de généraliste s'est substituée celle d'un cabinet multi-spécialiste sans que le cabinet ne se coupe de sa clientèle habituelle.

321.19 Définition des lignes directrices (*guidelines*) pour l'acceptation des dossiers par le cabinet. Les critères arrêtés par le cabinet pour la sélection des clients et des dossiers pourront faire l'objet d'un document écrit porté à la connaissance de tous les avocats. Ces critères sont propres au cabinet et tiennent compte des facteurs suivants :

– les compétences des avocats ;

– les centres d'intérêts des avocats ;

– les souhaits de développement dans telle ou telle matière ou activité ;

– la structure de coûts du cabinet ;

– la volonté de corriger des dysfonctionnements qui affectent négativement la rentabilité du cabinet ;

– les éventuels critères humains, idéologiques ou personnels du cabinet.

Ainsi, le cabinet pourra procéder à l'analyse suivante pour aboutir à sa propre « grille » de critères :

– Domaines d'activité. Le cabinet choisit de refuser des dossiers qui ne correspondent pas à ses domaines de compétence ou à ses orientations stratégiques.

1. Sur le discours du cabinet d'avocats, v. s^s^ n°s 122.31 s.

– Enjeu. Ce critère est plus délicat car il n'est pas toujours aisé d'expliquer à un client ou client potentiel, que son dossier est trop « petit ». Toutefois, il est indispensable pour un cabinet de comprendre que sa structure de coûts l'empêche de traiter certains dossiers. Il faudra alors orienter le client vers un confrère dont le cabinet lui permet de traiter des dossiers aux enjeux inférieurs. L'appréciation du critère d'enjeu repose sur une simple comparaison entre le taux horaire du ou des avocats du cabinet qui traiteront le dossier multiplié par une estimation du nombre d'heures nécessaires, d'une part et l'enjeu du dossier, d'autre part. Si cette évaluation convient au client, le cabinet peut prendre le dossier ; dans le cas contraire, il ne le doit pas.

– Critères liés à la stratégie globale du cabinet. Les avocats du cabinet peuvent décider d'accepter des dossiers en dehors des critères de domaines d'activité et d'enjeu s'il s'agit d'un domaine que le cabinet a décidé de développer et sur lequel il est prêt à investir.

– Critères liés aux exceptions : détermination des situations dans lesquelles le cabinet accepterait des exceptions à sa grille de critères.

– Critères liés à la personnalité des clients et au rapport de force. Alors que certains avocats gèrent avec talent les relations avec les clients difficiles, d'autres peuvent avoir des difficultés à maintenir la distance et l'autorité nécessaires pour une relation professionnelle sereine. Les avocats concernés apprendront à repérer les personnalités avec lesquelles ils sont moins compatibles.

321.20 Anticipation de conflits d'intérêts. Dès lors que le cabinet a décidé de déployer une stratégie à long terme sur son positionnement, il doit réfléchir aux conséquences des conflits d'intérêts à long terme également. Ceci signifie qu'il peut être préférable pour un cabinet de refuser certains dossiers qui seraient susceptibles de le limiter dans ses choix plus tard[1].

UN CABINET souhaite développer son activité en droit de la presse et aspire à conseiller des sociétés de presse. Ce même cabinet est sollicité par un journaliste pour un litige qui l'oppose à un grand quotidien. Le cabinet choisit de ne pas prendre le dossier du journaliste car c'est un contentieux qui pourrait durer plusieurs années et empêcher le cabinet de devenir le conseil du quotidien.

321.21 Critères de facturation. Les critères de facturation doivent également être intégrés dans les lignes directrices des choix du cabinet. Le cabinet définira notamment ses critères pour les dossiers dans lesquels il accepte de travailler au résultat.

321.22 Exemple d'une grille de critères de choix de clients et de dossiers établie par le cabinet.

Critères du cabinet		Commentaires
Domaines d'activité	Immobilier et construction, droit social, droit de la famille	À éviter : fiscal, droit public et contentieux bancaire
Enjeu	Supérieur à 3 000 €	
Stratégie	Rechercher des dossiers en Propriété Intellectuelle (même s'ils sont d'un enjeu inférieur à 3 000 €)	Un des associés du cabinet souhaite développer cette activité et se forme actuellement
Pro bono et AJ	Travailleurs sans papiers	Pour des raisons de convictions personnelles, les avocats du cabinet souhaitent traiter, même à perte, certains types de dossiers
Clients et conflits d'intérêts	Pas d'associations de riverains	Le cabinet souhaite développer une clientèle de promoteurs et veut anticiper les conflits d'intérêts potentiels.
Facturation	Application du taux horaire sur l'activité de conseil (si possible). Contentieux : honoraire de résultat limité à 10 % du résultat obtenu.	

SECTION 2

DISTRIBUTION DU TRAVAIL

321.31 Organisation de la distribution du travail au sein du cabinet. Chaque dossier doit être traité par l'avocat qui dispose du juste niveau de compétences[2]. Ceci signifie que chaque prestation doit être confiée à l'avocat qui dispose du juste niveau de compétence et d'expérience pour l'accomplir. L'objectif du cabinet sera d'éviter les situations dans lesquelles des tâches trop complexes sont confiées à des avocats qui n'ont pas la possibilité de les traiter efficacement ainsi que les situations dans lesquelles des avocats expérimentés sont amenés à travailler en dessous de leur niveau de compétence. Une mauvaise distribution du travail a rapidement des incidences considérables sur la qualité du travail, la facturation et la rentabilité.

1. Sur la notion élargie du conflit d'intérêts, v. s[s] n°s 443.31 s.

2. Sur l'organisation de l'activité des collaborateurs, v. s[s] n°s 423.21 s.

ACTIONS SUR LA DISTRIBUTION
DU TRAVAIL AU SEIN DU CABINET

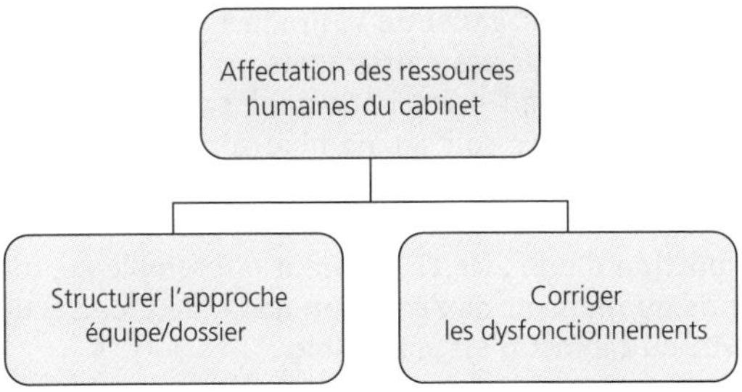

321.32 **Structuration de l'approche équipe/dossier.** Lorsqu'un dossier arrive au cabinet, celui-ci doit faire l'objet d'une évaluation systématique. L'évaluation porte sur les critères suivants :

- estimation du temps/homme nécessaire (i) ;
- évaluation des compétences requises (ii) ;
- honoraires potentiels du cabinet (iii) ;
- risque/gain potentiel pour le client (iv).

L'ensemble de ces critères doit être analysé en gardant à l'esprit que l'objectif prioritaire du cabinet reste la satisfaction du client.

Les deux premiers critères (i) et (ii) ci-dessus vont permettre de déterminer :

- le temps d'associé nécessaire ;
- le temps de collaborateur confirmé ;
- le temps de collaborateur débutant ;
- l'identité des personnes retenues pour le dossier en fonction de leurs compétences.

Les deux critères suivants (iii) et (iv) vont permettre de vérifier :

- si la production anticipée du cabinet est en ligne avec la facturation potentielle ;
- si la facturation anticipée sera conforme aux attentes/habitudes du client.

Cette évaluation en amont permet au cabinet d'avoir un meilleur contrôle de son activité et de sa rentabilité. Le cabinet pourra aussi expliquer à ses clients comment il a choisi de s'organiser dans chaque dossier justifiant ainsi le temps de collaborateur et le temps d'associé nécessaires.

À première vue, ces recommandations peuvent paraître inadaptées à la situation d'un avocat travaillant seul avec un collaborateur. Il sera quand même utile de faire cet exercice d'auto-évaluation en amont car :

- il aidera l'avocat à donner au client une estimation plus précise des honoraires ;
- il donnera à l'avocat une idée plus précise de ses besoins en termes de collaborateurs et l'aidera à anticiper ses besoins de recrutement.

321.33 **Correction des dysfonctionnements dans l'affectation des dossiers.** Dans de nombreux cabinets, il n'y a pas de politique organisée en ce qui concerne l'affectation du temps d'associés ou de collaborateurs à tel ou tel dossier. Les associés distribuent le travail en fonction de la disponibilité des uns ou des autres et en fonction de leurs habitudes de travail. Certains délèguent beaucoup, d'autres moins.

Il arrive que les questions d'affectation des ressources humaines aux dossiers deviennent une source de crispation entre les associés. Ceci peut être le cas lorsqu'un associé a l'habitude de monopoliser plus de temps de collaborateurs que ne le justifie son volume d'affaires. À l'aide des données chiffrées de l'activité du cabinet, les dysfonctionnements devront être corrigés.

321.34 **Heures trop nombreuses de collaborateurs mal encadrés.** Cette situation est fréquente avec les collaborateurs peu expérimentés. L'associé les accompagne insuffisamment sur un dossier dont ils saisissent mal les enjeux ou dans lequel leur travail est mal orienté. Au moment de faire le point sur la facturation, l'associé constate que le collaborateur a passé un nombre excessif d'heures sur le dossier. Les conséquences seront :

- une différence importante entre la production (heures travaillées) et la facturation dans le dossier concerné ;
- un découragement du collaborateur laissé à lui-même ;
- une insatisfaction du client.

321.35 **Insuffisance d'heures d'associé.** Il s'agit du cas où l'associé a trop délégué alors que le client et/ou le dossier permettaient la facturation d'un nombre plus important d'heures d'associé. En intervenant insuffisamment dans le dossier, l'associé perd l'occasion de facturer des heures à son tarif plein alors que son temps est peut-être moins bien employé ailleurs.

321.36 **Appréciation du temps/homme.** En monopolisant trop de collaborateurs pour un dossier dont les honoraires ne couvriront jamais le temps/homme, l'avocat en charge du dossier commet une erreur d'appréciation. En cas de facturation au taux horaire, en affectant trop peu de ressources à un dossier dont les retombées peuvent être considérables, il commettrait aussi une erreur.

321.37 **Coordination entre associés sur l'utilisation des ressources du cabinet.** Il se peut que les collaborateurs ne soient pas disponibles quand leur concours est nécessaire parce que les associés ne communiquent pas assez entre eux. Ils font travailler les collaborateurs en les réquisitionnant sans considération pour l'activité globale du cabinet.

Selon les cabinets, les collaborateurs peuvent être partagés entre les associés ou affectés spécifiquement à l'un d'entre eux. L'affectation d'un collaborateur à un associé simplifie le besoin de coordination en revanche il ne permet pas de traiter la question de la répartition du travail à l'échelle du cabinet. Aussi, il sera enrichissant pour la formation du collaborateur qu'il soit exposé à plusieurs associés. Le choix d'une affectation prioritaire du collaborateur à un associé tout en encadrant les situations dans lesquelles le collaborateur travaillera pour les autres associés est souvent un bon compromis.

Toutes les difficultés liées à la répartition de la charge de travail doivent être traitées dès qu'elles sont identifiées. Elles sont en général simples à régler et leurs retombées positives sont immédiates.

SECTION 3
ACTION SUR LES PRIX ET FACTURATION

321.41 Actions sur les prix et la facturation[1]. Le cabinet doit s'efforcer à réduire au maximum les décalages entre la production (les heures travaillées) et la facturation (les heures facturées). Il doit aussi veiller à la transparence de sa facturation afin que le client comprenne toujours à quoi correspondent les honoraires facturés. Plusieurs méthodes permettent au cabinet d'améliorer sa facturation et en conséquence sa rentabilité.

ACTIONS SUR LES PRIX ET LA FACTURATION

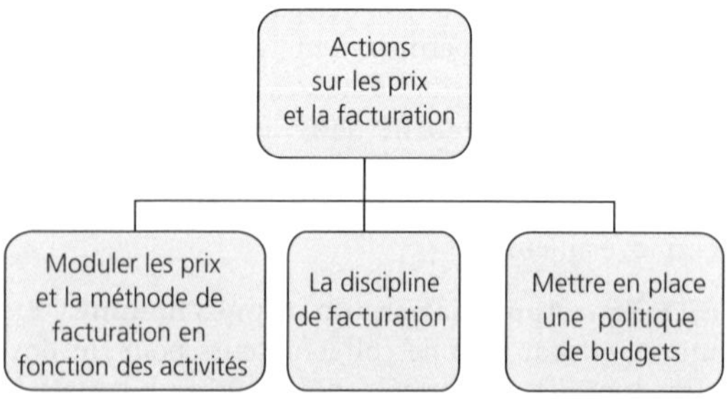

321.42 Modulation des prix et méthode de facturation en fonction des activités. En déterminant une palette de taux horaires qui lui paraissent adaptés en fonction de la nature des activités et des personnes concernées, le cabinet aura une vision plus claire de la rentabilité de ses activités.

Il est fréquent que les cabinets décrètent un taux horaire pour les associés et un autre pour les collaborateurs et appliquent ce taux sur tous leurs dossiers sans différenciation. Ceci entraîne des corrections et des ajustements sur les factures quand la durée de travail appliquée au taux horaire donne une somme différente de ce que le cabinet souhaite facturer au client. Quand ces ajustements deviennent trop fréquents, le cabinet ne peut plus avoir une lecture claire des décalages entre sa production et sa facturation. De plus ces ajustements ou corrections se font souvent au dernier moment par des changements apportés soit au nombre d'heures, soit au taux horaire, soit aux deux. Les corrections ne se font pas en fonction de critères précis mais en fonction d'une idée de montant qui semble approprié au moment de l'émission de la facture. L'activité du cabinet n'est plus lisible.

Il peut procéder de la manière suivante :

GRILLE DE TAUX HORAIRES DIFFÉRENCIÉS

	Activité /ou profil de client		
	type 1	type 2	type 3
Associé	Taux 1A	Taux 2A	Taux 3A
Collaborateur Senior	Taux 1B	Taux 2B	Taux 3B
Collaborateur Junior	Taux 1C	Taux 2C	Taux 3C

Selon l'activité et le profil du client, il peut faire varier ces taux.

LORSQUE le cabinet intervient dans une acquisition ou prise de participation pour le compte d'un fonds d'investissement, il est en activité type 1.

Lorsque le cabinet intervient dans un contentieux commercial pour le compte d'une PME, il est en activité de type 2.

Lorsque le cabinet intervient pour les associations dont il est le conseil ou pour des particuliers, il applique le taux type 3.

Cette modulation permet au cabinet de visualiser immédiatement, à partir des instruments dont il dispose, la répartition de son chiffre d'affaires en fonction de ses trois barèmes de facturation. L'information sera d'autant plus fiable que ces barèmes sont adaptés et ne font donc pas l'objet d'ajustements permanents.

321.43 Rentabilité et honoraire de résultat. Le cabinet doit avoir une politique cohérente en matière d'honoraire de résultat. Le cabinet doit déterminer le type de dossiers dans lesquels il pratique l'honoraire de résultat et le niveau (fourchette) de cet honoraire. L'honoraire complémentaire de résultat ne doit pas être utilisé par les clients comme un prétexte pour négocier à la baisse la part fixe des honoraires. Dans sa réflexion, le cabinet doit tenir compte de ses impératifs de trésorerie en comprenant que tout travail qui risque de ne pas être rémunéré correspond à un déficit de trésorerie potentiel. Une des approches possibles est de considérer qu'à tout moment, le pourcentage de l'activité

1. Sur la facturation, v. ss nos 442.11 s.

du cabinet rémunérée au résultat ne doit pas dépasser un seuil déterminé par les associés[1].

Le taux de l'honoraire de résultat fait l'objet d'une négociation au cas par cas avec le client et peut varier en fonction de l'enjeu. Il faut rappeler que la conception française de l'honoraire de résultat reste celle d'un honoraire complémentaire de résultat et non un honoraire qui viendrait se substituer à la facturation du temps de l'avocat.

321.44 Discipline de facturation. Plus un cabinet attend pour facturer son travail, plus les heures s'accumuleront et plus il s'expose à des difficultés de recouvrement. La facturation tardive peut aussi s'avérer imprécise car elle est souvent le résultat de temps mal renseignées.

La facturation doit donc être faite à intervalles réguliers de manière à ce que les factures soient prévisibles pour le client. Même quand un dossier est peu actif, il vaut mieux émettre une facture d'un petit montant que de reporter ce dernier sur le mois suivant. Une facturation régulière (mensuelle) astreint le cabinet à un suivi plus régulier de l'évolution de chaque dossier et a un impact positif sur sa trésorerie.

321.45 Transparence de la facturation. Le détail des heures passées et des sommes dues doit être accompagné d'explications claires quant à la nature des prestations et à l'identité des avocats concernés[2]. Dans les enquêtes de satisfaction réalisées auprès des clients des cabinets d'avocats, la transparence de la facturation est un grief fréquemment cité[3].

Une facturation soignée et détaillée oblige les avocats à renseigner soigneusement leurs temps au fur et à mesure de leur travail... plutôt que de reconstituer des heures passées après coup. Une facturation transparente et soignée favorise le recouvrement et la rentabilité du travail.

321.46 Rentabilité et budgets. Alors que toutes les entreprises commerciales établissent des devis et des budgets, ces pratiques peinent à se généraliser chez les avocats. Cependant, les clients sont de plus en plus demandeurs de budgets à leurs avocats, afin de disposer d'une meilleure prévisibilité des honoraires[4]. Pour satisfaire les demandes des clients dans ce sens et pour mieux maîtriser leur propre organisation, les cabinets d'avocats ont tout intérêt à intégrer une politique budgétaire dans leurs habitudes.

Dans une entreprise, les coûts de production font l'objet de budgets qui permettent au chef d'entreprise de conduire son activité en veillant à sa profitabilité. De même, les prestations ou produits proposés par une entreprise font l'objet de devis et de prix négociés en fonction de paramètres connus et précis. Avant d'accepter d'effectuer une prestation, un imprimeur déterminera son prix en fonction de ses coûts de production que sont le papier, l'amortissement de ses machines et le temps/homme. L'avocat, en acceptant un dossier, fait rarement le même exercice. Il se lance dans son travail en espérant que les honoraires facturés couvriront les coûts de son cabinet et lui permettront de dégager une marge.

À partir d'une estimation du nombre d'heures requises au taux horaire de référence, le cabinet calculera le montant théorique des honoraires facturables et pourra voir si ceux-ci sont raisonnables eu égard aux enjeux du dossier et aux possibilités du client.

Si la réponse est négative, le cabinet doit aussitôt s'interroger sur le niveau de « déchet » (la différence entre les heures travaillées et les heures facturées) qu'il est prêt à accepter pour pouvoir prendre ce dossier sans que celui-ci n'affecte de manière négative la rentabilité du cabinet. Pour effectuer cette analyse, il doit examiner les éléments suivants :

- le taux de « déchet » moyen du cabinet ;
- la facturation moyenne sur des dossiers de type comparable.

En conclusion, si le dossier est en dehors des normes du cabinet touchant ces deux critères, le cabinet ne peut pas l'accepter sans que sa rentabilité ne soit négativement affectée.

La discipline budgétaire implique la démarche suivante :

- une estimation systématique du temps passé et des honoraires théoriques pour chaque nouveau dossier ;
- une estimation des honoraires raisonnablement facturables dans le dossier ;
- la comparaison de ces deux données à la lumière des chiffres et des normes du cabinet ;
- la surveillance de la progression des dossiers de manière à réagir rapidement dès qu'un dossier dépasse son budget.

SECTION 4

SEUIL DE RENTABILITÉ ET CALCUL DU POINT MORT

321.51 Seuil de rentabilité. Le seuil de rentabilité, également appelé chiffre d'affaires critique ou encore point mort, se définit comme le chiffre d'affaires à réaliser à partir duquel le cabinet, ayant assuré la couverture de ses charges, commence à dégager un bénéfice.

1. Sur l'honoraire de résultat, v. s[s] n°s 442.38 s.
2. Sur la transparence de la facturation, v. s[s] n°s 442.71 s.
3. Signe Distinctif et Village de la Justice, *Panorama des attentes des directions juridiques vis-à-vis des cabinets d'avocats*, Legiteam, 2008 – *Enquête sur la facturation des cabinets d'avocats en France*, Juristes Associés 2011.
4. Sur les tendances de la facturation, v. s[s] n°s 442.51 s.

Le calcul du seuil de rentabilité passe par une première étape : la distinction entre les charges fixes et les charges variables du cabinet.

Les charges fixes correspondent aux charges de fonctionnement incompressibles, c'est-à-dire toutes les charges dont le montant restera insensible à l'évolution du chiffre d'affaires : loyer, charges de copropriété, frais de personnel, rétrocession des collaborateurs, dotation aux amortissements, charges sociales personnelles, cotisation et prime d'assurance, lors de crédit-bail et *leasing* de matériel, etc.

Les charges variables sont constituées de charges directement liées à la réalisation du chiffre d'affaires, tels que les frais de mission, de réception, les timbres, le téléphone, les consommables et la papeterie, les frais et débours avancés pour le compte des clients, etc.

Dans un cabinet d'avocats, la plupart des charges sont dans la catégorie des charges fixes.

C'est le compte de résultat qui permet de suivre les charges du cabinet. En phase d'installation, ces chiffres résulteront du budget prévisionnel d'installation.

321.52 **Calcul du point mort.** Ce calcul s'effectue en trois étapes [1] :

- Calculer la marge sur coût variable (MCV) : CA - Charges variables

- Calculer le ratio de marge sur coût variable : MCV × 100 / CA

- Calculer le seuil de rentabilité : Charges fixes / Ratio de MCV = point mort

Exemple chiffré :

POUR UN CABINET réalisant un CA de 150 000 euros avec 32 000 euros de charges variables et 72 000 euros de charges fixes :

– Calculer la marge sur coût variable (MCV) :

150 000 euros CA – 32 000 euros Charges variables

– Calculer le ratio de marge sur coût variable :

118 000 euros MCV × 100/150 000 euros CA = 78,66 %

– Calculer le seuil de rentabilité ou point mort :

72 000 euros Charges fixes / 78, 66 % Ratio de MCV = 91 553 euros

Il est à noter que la rémunération de l'avocat n'est pas incluse dans les frais fixes du cabinet dans les cabinets individuels et les structures d'exercice soumises à l'impôt sur le revenu. Il faut donc ajouter aux charges fixes une partie du résultat correspondant aux prélèvements mensuels des associés.

1. Calcul proposé par : Ch. Thévenet, « Le seuil de rentabilité du cabinet : combien faut-il payer pour enfin se payer ? », *D. avocats* 2014. 305.

CHAPITRE

322. Organisation et procédures internes

SECTION 0
ORIENTEUR

322.00 **Sommaire du chapitre.**

SECTION 1
ACTION SUR LES PROCÉDURES INTERNES

322.11 **Procédures internes du cabinet.** Dans tout cabinet d'avocats, il existe des procédures spécifiques pour les actions régulièrement effectuées par les avocats et les salariés[1]. Ces procédures concernent tant l'ouverture, la tenue, le classement ou l'archivage des dossiers que l'organisation comptable et administrative du cabinet. Elles concernent aussi l'organisation du travail des avocats et la communication avec les clients[2]. Elles veillent à permettre aux avocats de travailler efficacement pour leurs clients tout en assurant le bon fonctionnement du cabinet.

Le cabinet doit accepter de s'interroger de manière régulière sur la qualité de ses procédures afin d'y apporter les corrections nécessaires. Il est d'autant plus nécessaire de procéder à cet exercice quand le cabinet connaît des changements. L'amélioration des procédures passe par une concertation entre les avocats avec la participation du personnel salarié concerné par les procédures en question. Il est indispensable que ces personnes soient impliquées aux différentes étapes de la réflexion. C'est à cette condition que les améliorations emporteront l'adhésion immédiate.

Le schéma ci-dessous définit les quatre grandes familles d'actions sur les procédures qui régissent l'organisation du cabinet. L'amélioration du fonctionnement du cabinet passe par des actions ciblées sur ces catégories de procédures.

ACTIONS SUR LES PROCÉDURES INTERNES DU CABINET

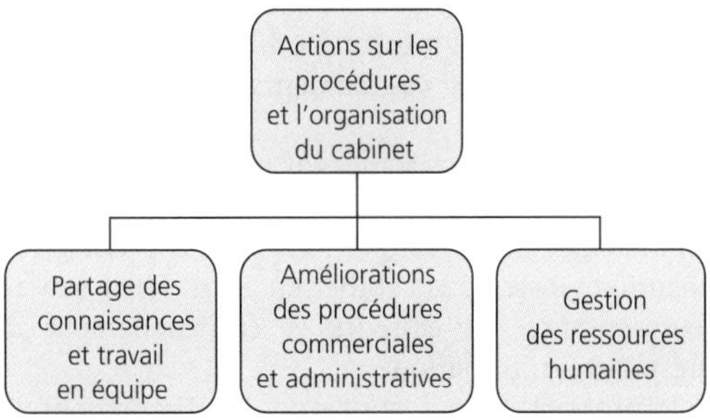

SECTION 2
PARTAGE DES CONNAISSANCES ET TRAVAIL EN ÉQUIPE

322.21 **Partage de connaissances et travail en équipe.** Le partage des connaissances et le travail en équipe sont des leviers très importants de la productivité d'un cabinet d'avocats. Les actions dans ce domaine vont participer à l'homogénéité de la qualité des prestations du cabinet et permettre de forger une « doctrine du cabinet » sur un certain nombre de sujets régulièrement traités par le cabinet. Les avocats doivent pouvoir bénéficier de la connaissance collective du cabinet. Ils éviteront ainsi de perdre leur temps

1. M. Watson Wasserman, C. Thomas, Law Office Policies, Procedures, and Operations Manual, 7e edition, American Bar Association Book Publishing
2. Louisiana State Bar Association, « Maintaining the Attorney-Client relationship and Law Office Procédure », *Practice Aid Guide*, 2017, sect. 4 [En ligne].

à refaire des tâches qui ont déjà été accomplies par d'autres avocats du cabinet dans d'autres dossiers.

ACTIONS SUR LE PARTAGE DES CONNAISSANCES

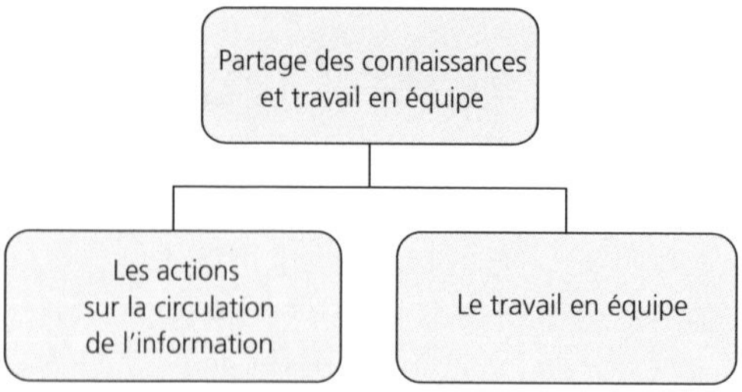

322.22 Circulation de l'information provenant de l'extérieur du cabinet. L'information qui provient de l'extérieur du cabinet comprend les ressources documentaires classiques, l'information économique et sectorielle concernant les domaines d'activité de ses clients et l'information portant spécifiquement sur les clients du cabinet. Les ressources documentaires du cabinet sont gérées avec ou sans documentaliste[1].

L'objectif prioritaire est que tous les avocats du cabinet puissent avoir accès à l'information dont ils ont besoin au moment opportun. Pour ceci, le cabinet :

- passera en revue la liste de ses abonnements au moins une fois par an ;
- mettra en place des procédures permettant aux avocats d'exprimer leurs besoins en matière d'information et de documentation et fera en sorte que ces demandes soient centralisées et traitées rapidement ;
- fixera des règles pour la circulation et le classement des sources d'information ;
- s'équipera des équipements informatiques et logiciels adaptés[2].

Le cabinet devra désigner un associé référent pour toutes les questions touchant à la documentation du cabinet. Cet associé sera l'interlocuteur privilégié du documentaliste, si le cabinet en a un, ainsi que des représentants des éditeurs et éventuellement du prestataire informatique.

L'information qui concerne spécifiquement les clients du cabinet peut aussi être traitée dans le cadre des procédures de partage des connaissances[3]. Il s'agit pour le cabinet de regrouper les informations qui concernent les clients du cabinet et de les rendre accessibles à ceux qui sont susceptibles d'en avoir besoin[4]. Ces informations concernent tant les activités et le fonctionnement des clients que l'identité et le rôle des interlocuteurs du cabinet. L'intérêt de partager cette information est multiple :

- le client se sent plus considéré car il est mieux connu par les avocats qui interviennent sur ses dossiers ;
- le cabinet gagne du temps en évitant de répéter des explications ;
- le cabinet limite le risque de maladresses et d'erreurs politiques (surtout quand il existe plusieurs interlocuteurs chez le client).

322.23 Circulation et le partage de l'information provenant du cabinet lui-même. La circulation et le partage de l'information concernent aussi les données générées par le cabinet lui-même. Au fil de leur travail, les avocats accumulent des connaissances et développent un savoir-faire qui leur appartient mais qui concerne aussi le cabinet. Le partage de cette connaissance est primordial pour le cabinet. Sont ici concernés, les exemples d'actes, les documents-type du cabinet mais aussi la méthodologie employée par le cabinet selon la nature des dossiers. Non seulement le cabinet doit harmoniser ses actes et ses procédures, mais il doit s'assurer que tous les avocats du cabinet auront à tout instant accès au meilleur de ce que le cabinet est capable de produire. La gestion du partage de la connaissance est aussi appelée *knowledge management*[5].

Les objectifs du partage de connaissances sont les mêmes pour tous les cabinets :

- les avocats du cabinet ne doivent pas perdre du temps à faire ce qui a déjà été fait ;
- chaque avocat du cabinet doit avoir accès à la connaissance accumulée par le cabinet ;
- la connaissance du cabinet doit être sans cesse maintenue à jour.

SECTION 3
AMÉLIORATION DES PROCÉDURES COMMERCIALES

322.31 Procédures commerciales et administratives.

ACTIONS SUR LES PROCÉDURES COMMERCIALES ET ADMINISTRATIVES

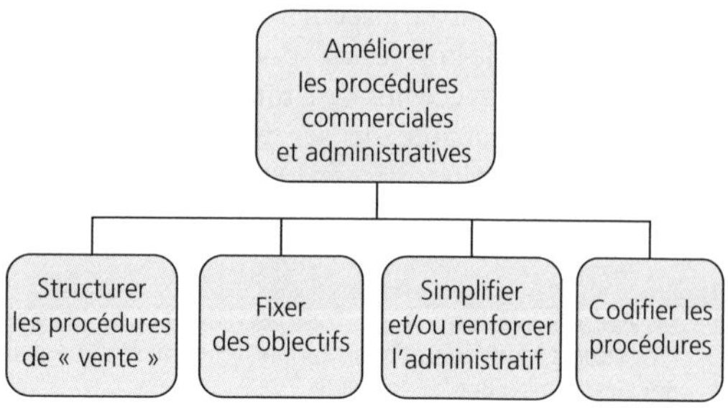

1. Sur la documentation du cabinet, v. ss nos 434.11 s.
2. Sur l'informatique du cabinet, v. ss nos 455.11 s.
3. Sur la gestion de la connaissance dans le cabinet, v. ss nos 433.11 s.
4. E. Barthe, « *Le Knowledge Management en cabinet d'avocats : une synthèse* », *Précisément.org*, mars 2015 [En ligne].
5. Sur la gestion de la connaissance, v. ss nos 433.11 s.

322.32 Structuration des procédures de vente. Alors que les grands cabinets disposent de personnes dédiées aux fonctions de développement et de marketing, la plupart des avocats doivent parvenir à concilier leurs impératifs de tous les jours avec des initiatives qui vont contribuer à maintenir et augmenter leur clientèle [1].

Dans le respect des règles applicables aux avocats en matière de communication et de publicité ainsi que dans le cadre de la sollicitation personnalisée [2], le cabinet pourra instaurer des procédures « commerciales » ou de « vente » qui vont bénéficier à l'ensemble du cabinet. Il en sera de même pour l'actualisation du site internet et des profils des associés sur les réseaux sociaux. Ces procédures couvrent aussi bien les initiatives individuelles prises par les avocats pour vendre leurs propres compétences que celles destinées à vendre les compétences de leurs confrères au sein du cabinet ou vente croisée (*cross-selling*) [3].

Tous les associés du cabinet doivent être impliqués dans la détermination des procédures commerciales du cabinet et celles-ci devront être suivies par tous. Ces procédures portent notamment sur :

– l'entretien de la relation avec les clients existants ;

– la politique de publication du cabinet ;

– la participation aux conférences ;

– les initiatives de vente croisée (*Cross-selling*) ;

– les prises de contacts avec les prospects et les prescripteurs ;

– les relations avec les cabinets étrangers.

La structuration des procédures de vente doit impérativement être accompagnée de règles et d'objectifs précis.

CAS CONCRET : le cabinet Dautel.

• Question

Conscient des progrès qu'il doit faire dans le domaine de la promotion et de la vente de ses activités, le cabinet Dautel qui compte cinq associés et dix collaborateurs souhaite mettre en place des procédures commerciales structurées. Il ne dispose pas d'un budget marketing. Quelles initiatives peut-il prendre ?

• Réponses

Lorsqu'un nouveau client est accueilli au cabinet pour la première fois, l'associé qui le reçoit lui présente systématiquement un autre de ses associés compétent dans un domaine susceptible d'intéresser le client en question. Cette présentation se fait de manière informelle, comme si elle n'avait pas été prévue. Elle donne lieu à une discussion décontractée de quelques minutes.

Tous les quinze jours, chaque associé invite un de ses principaux clients à déjeuner. Même lorsqu'il n'y a pas d'affaires en cours, ceci est l'occasion de parler des projets ou des soucis du client et de montrer que le cabinet est à son écoute.

Lors d'une réunion d'associés en début d'année, chaque associé sélectionne deux publications ou sites en se fixant pour objectif de publier dans l'année un article dans chacune de ces publications. Une seconde réunion autour du même thème est prévue en milieu d'année pour faire le point sur l'avancement des travaux de chacun.

Tous les deux mois, le cabinet tient une réunion « commerciale » pour faire le point sur les différents contacts ou personnes rencontrées par les avocats du cabinet. Ces réunions sont prévues plusieurs semaines à l'avance et sont fixées le soir pour permettre à tous les associés d'être présents. Pour enrichir ces réunions, le cabinet a mis en place un fichier commun de contacts et des procédures pour tenir ce fichier à jour. Les coordonnées de toutes les personnes rencontrées par les avocats du cabinet sont intégrées dans ce fichier avec des commentaires. Lors de la réunion commerciale, des décisions concrètes sont prises sur les modalités de reprise de contact avec les personnes rencontrées.

• Conséquences

Au bout de quelques mois, le cabinet Dautel a constaté l'impact positif de ses nouvelles procédures :

– arrivée de nouveaux dossiers au cabinet ;

– développement de chiffre d'affaires chez les clients existants ;

– amélioration de l'ambiance de travail ;

– apparition de nouveaux réflexes de communication et de solidarité entre les associés.

322.33 Fixation des objectifs commerciaux du cabinet. Afin que les efforts entrepris par le cabinet concernant les procédures commerciales portent leurs fruits, ceux-ci doivent être assortis d'objectifs chiffrés [4].

Le cabinet peut commencer par fixer des objectifs simples à court terme avant de poser les objectifs plus ambitieux à long terme.

CAS CONCRET : le cabinet Dautel (suite).

Ainsi, le cabinet Dautel a choisi de fixer de fixer une première série d'objectifs très simples à court terme :

– 6 réunions « commerciales » ;

– 2 articles publiés par associé ;

– 2 conférences par associé avec un minimum de 6 prises de contact utiles par conférence ;

– 20 déjeuners par an et par associé avec les 10 principaux clients de chaque associé (soit 2 déjeuners par an par client).

1. Sur la communication et le marketing, v. s[s] n°s 381.11 s.
2. RIN, art. 10 ; CNB AG 7 et 8 mai 2010, DCN n° 2010-002 ; CNB, AG 10 et 11 oct. 2014, DCN n° 2014-001 ; mod. par CNB, AG 20 et 21 nov. 2015, DCN n° 2015-002 ; mod. par CNB, AG 3 avr. 2020, DCN n° 2019-005.
3. Sur les actions visant à développer le chiffre d'affaires, v. s[s] n°s 323.12 s.
4. Sur les objectifs dits Smart, v. s[s] n° 311.33.

Ces objectifs simples et quantifiés peuvent être suivis et validés au fil de leur accomplissement.

Ensuite, le cabinet Dautel a fait une estimation des fruits que devaient rapporter ses efforts et a fixé des objectifs (volontairement un peu inférieurs à ses espoirs) annuels en conséquence. Ces objectifs ont été acceptés par les associés :

– un développement de 15 % sur le chiffre d'affaires des 20 premiers clients du cabinet ;

– cinq nouveaux clients par associé.

322.34 Risque de dispersion des informations commerciales du cabinet. Le logiciel de gestion du cabinet s'avère souvent défaillant pour tenir une liste fiable de clients. L'explication se trouve dans l'absence de consignes claires pour l'ouverture des dossiers. Comment traiter un établissement secondaire ou une filiale d'une société ou d'un groupe qui est déjà client ? Est-ce qu'une question posée par un dirigeant justifie la création d'un nouveau client ? Le directeur juridique et le responsable RH d'une même société sont-ils un seul et même client ? Fréquemment, lorsqu'un cabinet essaye d'extraire une liste de clients à partir de son logiciel de gestion, les résultats nécessitent un tel travail de retraitement qu'il n'est jamais fait. Une liste correctement tenue de clients et de contacts utiles est la pièce maîtresse dans l'arsenal du cabinet en matière de communication et de marketing. Or, il n'est pas rare que le seul moment de l'année où l'avocat s'interroge sur l'existence d'une telle liste, c'est au moment des vœux. Il en résulte que le « fichier carte de vœux » devient la liste de référence pour l'avocat. Or, non seulement cette liste n'est pas tenue à jour en cours d'année mais les associés peuvent avoir tendance à conserver leurs listes personnelles et la collectivité n'en profite pas[1].

La réticence à partager cette information « commerciale » peut souvent s'expliquer par le système de rémunération en vigueur dans le cabinet[2]. Si la production personnelle et l'apport de clients influent fortement sur la rémunération, le réflexe de garder pour soi se comprend. C'est cependant une erreur. La mise en commun de toutes les informations relatives aux clients, aux prospects et aux contacts participera à augmenter les opportunités de travailler à plusieurs et de *cross-selling*. Le partage suscite une meilleure connaissance des affaires du cabinet dans sa globalité. Ce qui peut apparaître à première vue comme une dépossession au profit de la collectivité sans retour immédiat est en réalité un investissement pour la prospérité du cabinet qui finit par profiter à chaque individu.

1. D. Jensen, « L'information administrative et commerciale du cabinet : attention à la dispersion », *D. avocats* 2014. 402.
2. V. s[s] n°s 413.11 s.

SECTION 4
AMÉLIORATION DES PROCÉDURES ADMINISTRATIVES

322.41 Simplification et/ou renforcement des procédures administratives. Les procédures administratives du cabinet doivent répondre aux critères suivants :

- elles doivent être efficaces, simples et rapides ;
- elles ne doivent pas dépendre d'habitudes individuelles ;
- elles doivent être comprises et acceptées par tous.

Les procédures administratives d'un cabinet d'avocats concernent essentiellement :

- l'ouverture des dossiers ;
- l'organisation des dossiers ;
- l'archivage des dossiers ;
- les relevés de temps ;
- la facturation et le recouvrement ;
- la refacturation des frais aux clients ;
- l'engagement des dépenses du cabinet.

Ces procédures concernent à la fois les avocats et le personnel salarié du cabinet d'avocats. Les réponses aux questions énumérées ci-après permettent d'évaluer et d'améliorer les procédures administratives du cabinet.

322.42 Procédures d'ouverture des dossiers. Ces procédures concernent à la fois les avocats et le personnel salarié du cabinet d'avocats. Les réponses aux questions énumérées ci-après permettent d'évaluer et d'améliorer les procédures administratives du cabinet :

- Les procédures du cabinet sont-elles connues par toutes les personnes susceptibles de devoir ouvrir un dossier ?
- Quelles sont les informations devant être renseignées dans la base de données ou dans le logiciel du cabinet ?
- Ces données sont-elles toutes utiles ? Y en a-t-il trop ou pas assez ?
- Existe-t-il des « codes activités » qui correspondent à une nomenclature claire ?
- Quelles sont les règles du cabinet pour distinguer un nouveau dossier d'un nouveau client (cas des filiales ou des groupes de sociétés) ?
- Tous les renseignements sont-ils centralisés ou faut-il renseigner les mêmes données à différents endroits (en informatique, sur papier, dans le système des relevés de temps, dans le système de facturation) ?

Le cabinet veillera à mettre en place un système permettant d'identifier clairement les clients. Une même personne physique qui possède trois entreprises est-elle un client unique pour le cabinet ou est-ce que chaque entité est un client séparé ? Un système de dossiers et de sous-dossiers dans le logiciel de gestion du cabinet peut permettre de clarifier ces situations.

322.43 **Organisation et classement des dossiers :** les réponses aux questions ci-après permettent d'évaluer et d'améliorer les procédures administratives du cabinet en ce qui concerne l'organisation et le classement des dossiers :

- Les dossiers du cabinet peuvent-ils changer de mains et être immédiatement compréhensibles pour celui qui prend la suite ?
- Y a-t-il des règles claires pour décider ce qui doit être imprimé et classé et ce qui reste en informatique ?
- Les règles de classement et d'organisation des dossiers sont-elles établies et respectées sur le réseau informatique du cabinet ?
- Y a-t-il un contrôle de la tenue des dossiers ?

322.44 **Archivage des dossiers.** Les réponses aux questions ci-après permettent d'évaluer et d'améliorer les procédures administratives du cabinet en ce qui concerne l'archivage des dossiers :

- Combien de temps après la fermeture d'un dossier celui-ci est-il archivé ?
- En cas de besoin, est-il facile pour un avocat du cabinet de retrouver un ancien dossier ?
- Quels sont les éléments qui sont renvoyés aux clients et ceux qui sont conservés au cabinet ?
- Qui se charge de renvoyer les pièces ou documents au client ?
- Quelle est la procédure pour retirer des dossiers du système informatique du cabinet ?
- Les anciens dossiers encombrent-ils le système de gestion du cabinet au point de le rendre illisible ?

322.45 **Saisie du temps**[1]**.** Les réponses aux questions ci-après permettent d'évaluer et d'améliorer les procédures administratives du cabinet en ce qui concerne la saisie du temps :

- Les consignes pour remplir les feuilles de temps sont-elles claires et connues de tous ?
- Y a-t-il une nomenclature claire des activités ? La codification proposée par le logiciel de gestion du cabinet correspond-elle aux besoins du cabinet et au vocabulaire utilisé par les membres du cabinet ?
- Les avocats saisissent-ils leur temps tous les jours ?
- Qui veille à ce que tous les temps soient saisis (y compris le temps des associés) ?

322.46 **Procédures de facturation et recouvrement.** Les réponses aux questions ci-après permettent d'évaluer et d'améliorer les procédures administratives du cabinet en ce qui concerne la facturation[2] et le recouvrement[3].

- Quelles sont les règles en matière de fréquence et de rythme de facturation ?
- Qui intervient pour que ces règles soient respectées ?
- Qui opère les ajustements éventuels entre les temps saisis et les factures émises et selon quels critères ?
- Le cabinet dispose-t-il de règles précises et appliquées à tous concernant les explications ou les relevés qui accompagnent les factures ?
- Le recouvrement des factures est-il opéré de façon organisée et systématique ?
- Le cabinet dispose-t-il d'un système de relances automatiques pour les factures non payées à plus de × jours ?
- À partir de quand le cabinet effectue-t-il des relances par téléphone ?
- Est-ce que la répartition des rôles des membres du cabinet est claire pour le recouvrement des factures ?

322.47 **Refacturation des frais aux clients.** Les réponses aux questions ci-après permettent d'évaluer et d'améliorer les procédures administratives du cabinet en ce qui concerne la refacturation des frais[4].

- La refacturation des frais aux clients est-elle systématique ?
- Quels postes de frais ont été pris en compte (déplacements, commande de documents, coursiers, recherches sur des banques de données payantes...) ?
- Le cabinet pourrait-il facturer des frais administratifs internes pour l'ouverture ou la tenue des dossiers ?
- Le cabinet dispose-t-il des instruments (compteurs) pour pouvoir affecter les frais de manière précise ?
- Les procédures de refacturation sont-elles suffisamment simples et rapides pour être respectées de tous ?
- La refacturation des frais est-elle intégrée dans le logiciel de gestion et de facturation du cabinet ?

322.48 **Engagement des dépenses du cabinet.** Les réponses aux questions ci-après permettent d'évaluer et d'améliorer les procédures administratives du cabinet en ce qui concerne l'engagement de dépenses par les avocats du cabinet :

- Qui dispose du pouvoir d'engager des dépenses pour le cabinet et à quelle hauteur ?

1. Sur la saisie du temps, v. s^s n°s 311.41 s.
2. SUR la facturation : H. Ader, S. Bortoluzzi, A. Damien, D. Piau, Th. Wickers, *Règles de la profession d'avocat 2022/2023*, 17e éd., « Dalloz action », 2022, n°s 721.11 s. et n°s 731.11 s.
3. Sur la facturation au sein du cabinet, v. s^s n°s 442.11 s.
4. Sur la refacturation des frais au client, v. s^s n°s 442.81 s.

– Les règles sont-elles connues de tous ?

– Est-ce que ces règles sont respectées lorsque des associés effectuent des dépenses dont ils demandent ensuite le remboursement ?

322.49 Codification des procédures administratives et commerciales du cabinet. Les procédures ne sont utiles que si elles sont connues et appliquées. Le cabinet doit donc codifier ses procédures et les porter à la connaissance de toutes les personnes concernées au sein du cabinet.

Les recommandations suivantes peuvent être appliquées :

– au fur et à mesure de leur mise au point, les procédures du cabinet doivent faire l'objet de notes d'information diffusées à tous ;

– le cabinet doit disposer d'un classeur (ou d'une bible) en version papier et sur son réseau informatique ;

– tous les membres du cabinet doivent être invités à poser des questions sur les points des procédures qui ne seraient pas clairs ;

– les associés doivent se référer systématiquement aux procédures pour donner l'exemple.

SECTION 5
ORGANISATION DES RESSOURCES HUMAINES

322.51 Procédures liées aux ressources humaines du cabinet. Il s'agit ici de l'organisation des forces productives du cabinet[1].

PROCÉDURES INTERNES DE GESTION DES RESSOURCES HUMAINES

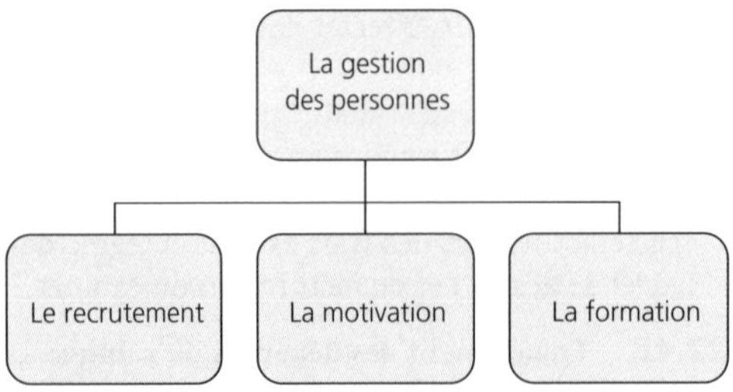

322.52 Procédures de recrutement. Les recrutements sont parmi les décisions les plus difficiles et les plus engageantes d'un cabinet d'avocats. La capacité d'un cabinet d'avocats à réussir ses recrutements est le principal gage de son évolution[2]. Pour que le cabinet fasse des choix éclairés, il faut qu'il puisse comparer les candidats de manière objective. Il doit en conséquence appliquer les mêmes procédures de recrutement pour tous les candidats.

Un recrutement doit être une décision consensuelle qui emporte l'adhésion du cabinet. Même si un collaborateur est destiné à travailler en priorité ou en exclusivité avec un associé, plusieurs avocats du cabinet doivent être impliqués dans le processus de recrutement. Il est aussi recommandé de ne pas limiter le processus de recrutement aux seuls associés mais d'y inclure les collaborateurs les plus expérimentés. Leur participation au recrutement les responsabilise en ce qui concerne la bonne intégration dans le cabinet de la future recrue.

Décisions trop rapides ? Besoins mal évalués ? Espoirs infondés sur le développement potentiel d'un candidat ? Les raisons d'un recrutement non concluant peuvent être très nombreuses. Or, les cabinets ont tendance à répéter les mêmes erreurs. Le cabinet doit analyser les raisons qui l'ont poussé à recruter un candidat inadéquat pour en tirer tous les enseignements utiles.

Chaque cabinet a sa personnalité et ses caractéristiques propres. Il est donc logique que certains profils de collaborateurs correspondent mieux à tel ou tel cabinet. En tirant les enseignements des recrutements réussis, le cabinet pourra déterminer quels sont les points communs des collaborateurs concernés et rechercher ces mêmes traits chez les nouveaux candidats. Les critères peuvent concerner aussi bien la formation, certains traits de caractère ou encore des centres d'intérêt en dehors du droit…

322.53 Motivation des collaborateurs. La motivation des collaborateurs est un facteur essentiel de la performance d'un cabinet d'avocats[3][4]. Un collaborateur donnera tout son potentiel à son cabinet aux conditions suivantes :

– s'il est correctement rémunéré ;

– s'il n'existe pas au sein du cabinet de disparités de rémunération entre les collaborateurs qui ne peuvent se justifier par des critères objectifs ;

– s'il est respecté ;

– si son travail est corrigé avec soin ;

– si ses erreurs lui sont expliquées ;

– s'il a des perspectives de progression au sein du cabinet ;

– s'il se voit confier de plus grandes responsabilités au fur et à mesure que son expérience le justifie.

1. Sur l'organisation du travail des collaborateurs, v. ss n° 423.21.
2. Sur le recrutement des collaborateurs, v. ss nos 422.11 s.
3. A. Larson, The Magic of Metrics : 4 Steps that Motivate Associates to Give You Their Best, Above the law, Juin, 2018 [En ligne : https://abovethelaw.com/small-firm-center/2018/06/the-magic-of-metrics-4-steps-that-motivate-associates-to-give-you-their-best/].
4. Sur la motivation et la rémunération des collaborateurs, v. ss nos 423.41 s. et 423.61 s.

En conséquence, le cabinet veillera à :

- mettre en place une grille de rémunération de ses collaborateurs gouvernée par des critères objectifs (ancienneté, diplômes...) et qui s'applique à tous de la même façon ;
- avoir une politique d'augmentation des rétrocessions d'honoraires et/ou de primes avec les mêmes critères pour tous (nombre d'heures facturables, facturation...) ;
- faire en sorte que tous les associés accordent un véritable temps de formation à leurs collaborateurs ;
- donner aux collaborateurs une vision claire sur leurs perspectives d'évolution au sein du cabinet et sur les possibilités et conditions d'une éventuelle association.

322.54 **Fixation d'objectifs de production.** Les objectifs de production sont souvent associés à une politique de motivation des producteurs du cabinet. Ils s'appliquent aux collaborateurs mais peuvent aussi concerner les associés en ce qu'ils influent sur les clés de répartition des bénéfices du cabinet. Les objectifs de production sont généralement établis sous la forme d'un nombre d'heures à facturer ou d'un chiffre d'affaires à atteindre.

Pour être efficaces, les objectifs de production et de facturation doivent s'inscrire dans une politique de motivation cohérente et juste[1]. Il est recommandé de ne pas limiter un objectif de production à un simple nombre d'heures à facturer. L'objectif d'heures pourra être décomposé en heures facturables et non facturables qui sont un indicateur de la contribution de l'avocat à d'autres aspects de la vie et de l'activité du cabinet[2].

322.55 **Formation au contact des dossiers et des clients**[3]. Les associés du cabinet doivent considérer la contribution des collaborateurs dans les dossiers non seulement comme une assistance mais aussi comme un investissement pour le cabinet. Le collaborateur est en demande de savoir et d'expérience. Il souhaite que son travail soit relu et corrigé. Le cabinet doit porter l'effort sur les explications en amont de la délégation du travail aux collaborateurs.

Il est plus rentable pour le cabinet qu'un associé consacre une heure à donner des indications et des explications précises pour un travail à effectuer que de passer le double du temps à corriger les erreurs d'un collaborateur mal orienté.

Les collaborateurs veulent aussi pouvoir mesurer leur progression. Pour cela, ils ont besoin que les associés leur donnent des points de repère. À l'instar de ce qui se pratique dans les grandes structures, tous les cabinets d'avocats doivent avoir une procédure d'évaluation qui permette de faire un bilan annuel formalisé pour chaque collaborateur. Cette procédure d'évaluation doit être l'occasion d'un échange constructif pour orienter la carrière du collaborateur[4].

Certains cabinets privilégient une formation généraliste de leurs collaborateurs et les font travailler avec tous les associés. D'autres cabinets privilégient une formation spécialisée et les associés ont leurs collaborateurs attitrés. Quelle que soit l'approche retenue par le cabinet, les collaborateurs développeront des goûts personnels et des aptitudes particulières qui vont orienter leurs carrières. Les associés doivent être à l'écoute de ces évolutions et les accompagner en cherchant à faire progresser le collaborateur dans ses domaines de prédilection tout en veillant à ce que ceux-ci soient compatibles avec les besoins et les axes de développement du cabinet.

322.56 **Formation continue à l'extérieur du cabinet**[5]. Le cabinet doit recueillir les souhaits de ses collaborateurs en matière de formation continue. Il doit les aider à identifier et à choisir les formations les plus adaptées (qu'il s'agisse de formations dispensées par les CRFPA ou EDA, de formations proposées par les éditeurs, organismes de formation ou celles dispensées par d'autres cabinets d'avocats...). Les associés doivent encourager leurs collaborateurs à se former même si cela risque d'impliquer de brèves absences du cabinet. Ainsi, le collaborateur se formera dans la perspective d'apporter des compétences renforcées au cabinet.

1. Sur la motivation des collaborateurs, v. s^s n°s 423.41 s.
2. Sur les heures non facturables, v. s^s n°s 311.42 et 413.52.
3. Sur la formation des collaborateurs, v. s^s n°s 423.11 s. et sur la formation continue, v. s^s n°s 431.11 s.
4. Sur l'évaluation du collaborateur, v. s^s n°s 423.31 s.
5. Sur la formation continue, v. s^s n°s 431.11 s.

CHAPITRE

323. Développement du chiffre d'affaires chez les clients existants

SECTION 0
ORIENTEUR

323.00 **Sommaire du chapitre.**

SECTION 1
PRINCIPES DU DÉVELOPPEMENT DU CHIFFRE D'AFFAIRES AVEC LES CLIENTS EXISTANTS

323.11 **Actions visant à développer le chiffre d'affaires.** Elles portent aussi bien sur le développement auprès des clients existants que sur la conquête de nouveaux clients :

ACTION DE DÉVELOPPEMENT DU CHIFFRE D'AFFAIRES

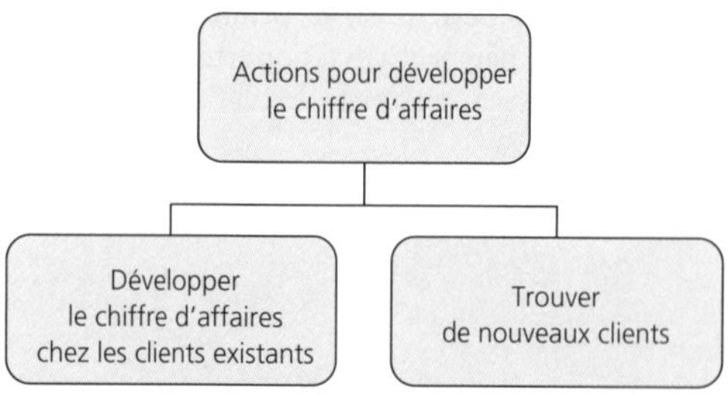

323.12 **Source prioritaire de développement du chiffre d'affaires** Avant de passer par l'arrivée de nouveaux clients, le développement du chiffre d'affaires du cabinet dépend de ses clients existants[1]. Ces derniers connaissent déjà les qualités du cabinet et sont la première source de croissance du chiffre d'affaires.

Le développement du chiffre d'affaires auprès des clients existants se fera par la fidélisation du client et l'augmentation du volume de ses affaires dans les domaines dans lesquels le cabinet intervient déjà. Le développement se fera également lorsque le cabinet parviendra à vendre au client des compétences autres que celles pour lequel le client a initialement sollicité le cabinet.

Les leviers du développement du chiffre d'affaires chez les clients existants sont donc les suivants :

ACTIONS DE DÉVELOPPEMENT DU CHIFFRE D'AFFAIRES CHEZ LES CLIENTS EXISTANTS

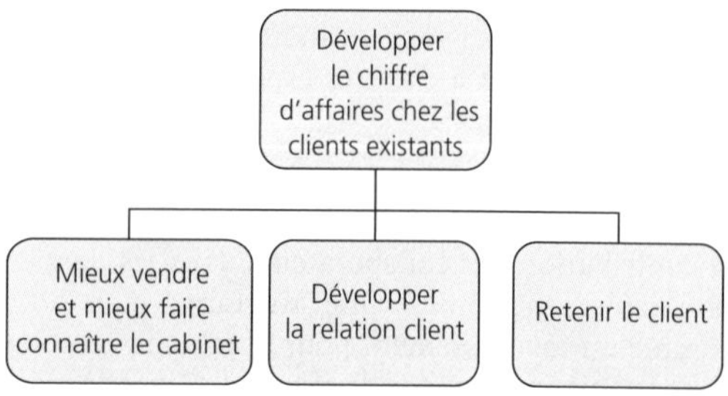

323.13 **Connaissance par le client de l'ensemble des activités du cabinet.** Ainsi qu'évoqué ci-dessus dans le cadre de l'amélioration des procédures commerciales du cabinet, le cabinet d'avocats doit faire en sorte que ses clients aient recours à l'ensemble des prestations proposées par le cabinet, dès lors que celles-ci correspondent à ses besoins. Or, bien souvent, un client a des rapports privilégiés avec un associé du cabinet et il est sous-informé quand aux compétences des autres avocats de la même structure.

323.14 **Information des clients sur les activités et l'actualité du cabinet.** L'avocat doit parler à son client de son cabinet et l'informer régulièrement de

1. À CE SUJET : « What can law firms do to win business ? », *Altman Weil*, févr. 2023 [En ligne : www.altmanweil.com].

ses activités. Ainsi, les clients doivent être destinataires des éventuels communiqués du cabinet sur l'arrivée de nouveaux avocats ou sur l'intervention dans tel ou tel dossier ou opération. Les articles de presse qui relatent les accomplissements du cabinet ou contiennent des entretiens ou des propos d'avocats du cabinet doivent aussi être communiqués aux clients. Il en va de même quand le cabinet renouvelle ses outils de présentation.

Outre la communication de ces informations par le biais des profils LinkedIn du cabinet et des profils des associés, des envois ciblés aux clients sont recommandés.

Les lettres d'information (*Newsletters*) [1] ou les envois ponctuels d'informations sont des instruments utiles pour entretenir une communication régulière avec l'ensemble du fichier client du cabinet.

Plus généralement l'échange d'informations avec les clients élève la qualité de la relation entre le cabinet d'avocats et ses clients. L'objectif est de passer d'une relation entre donneur d'ordre et exécutant à une relation fondée sur la recherche collaborative de solutions.

323.15 Présentation des confrères du cabinet. L'avocat doit présenter les confrères de son cabinet à ses clients à chaque fois qu'il en a l'occasion. Ces présentations peuvent être informelles ou à l'occasion de conférences, de formations ou d'autres événements organisés par le cabinet [2].

323.16 Développement de la relation client [3]. Pour que l'avocat soit à la fois efficace et pertinent dans sa démarche, il devra aussi travailler à mieux connaître ses clients, au-delà du seul domaine des activités dont il est chargé. Il pourra ainsi mieux adapter son discours et ses initiatives. Sur ce point, les initiatives pouvant être prises par le cabinet sont nombreuses. Le but du cabinet est :

- de fidéliser le client ;
- d'encourager le client à utiliser davantage les services du cabinet ;
- d'augmenter la part du cabinet dans la consommation de services juridiques du client (dans le cas où le cabinet a recours aux services de plusieurs cabinets).

Pour atteindre ces objectifs, le cabinet doit mettre en place une stratégie et une discipline de la conduite de la relation client. Les initiatives prises par le cabinet doivent renforcer les liens déjà établis dans le cadre régulier des dossiers. Le cabinet pourra notamment mettre en place :

- un programme d'actions spécifiques de fidélisation destinées à ses principaux clients [4] ;
- une veille sectorielle sur les secteurs d'activité de ses principaux clients ;
- des rencontres entre ses clients et des experts (professeurs de droit, consultants...) dans leurs domaines d'activité ;
- des réunions avec les clients en dehors des dossiers en cours pour évoquer d'autres possibilités de coopération ;
- des formations destinées aux clients [5].

Chaque client doit sentir qu'il occupe une place privilégiée dans les attentions de son avocat.

Dans cette démarche, l'avocat devra améliorer sa connaissance du client. Les questions suivantes constituent un test du niveau de connaissance que l'avocat a de son client :

- L'avocat est-il capable d'établir l'organigramme du client et connait-il l'identité des décisionnaires ?
- L'avocat est-il en mesure de faire une analyse stratégique des activités du client et de partager cette information avec les autres avocats du cabinet ?
- Qui sont les autres avocats ou conseils du client et dans quels domaines ?

323.17 Mesurer la satisfaction du client. La meilleure manière de retenir le client est non seulement de lui fournir un service de qualité mais aussi de s'assurer qu'il est satisfait des prestations de son avocat. Ce suivi de la satisfaction du client est rarement fait par les cabinets et il en résulte un déficit de communication entre le client et le cabinet. En effet, à moins qu'ils ne soient sollicités pour s'exprimer, de nombreux clients ne font pas clairement état de leurs griefs ou de leur satisfaction. Lorsqu'ils décident de changer d'avocat, leur décision n'est pas comprise. L'avocat n'a pas eu la possibilité de rectifier ou de corriger ses éventuelles maladresses puisque le client n'avait pas été invité à expliquer son motif d'insatisfaction alors qu'il en était encore temps.

En interrogeant le client sur sa satisfaction [6] et par la mise en place de procédures pour corriger les dysfonctionnements, les cabinets d'avocats peuvent s'assurer de la satisfaction de leurs clients.

323.18 Suivi des clients en dehors des dossiers. Pour tous les clients qui présentent un potentiel de récurrence, le cabinet doit chercher à maintenir le lien avec le client même lorsque son travail est terminé. Le maintien du contact en dehors des dossiers peut se faire par :

- le maintien du client sur la liste de diffusion d'informations en provenance du cabinet ;

1. V. s[s] n° 382.51.
2. Sur les moyens de publicité et de communication, v. s[s] n°s 382.11 s.
3. Sur la satisfaction des clients, v. s[s] n°s 441.21 s.
4. V. s[s] n°s 441.51 s.
5. V. s[s] n°s 432.11 s.
6. V. s[s] n°s 441.31 s.

– l'envoi occasionnel d'informations ciblées en fonction du profil du client ;

– l'envoi d'informations concernant le développement du cabinet ;

– l'envoi de parutions dans la presse concernant les interventions des avocats du cabinet dans les médias ;

– l'envoi des vœux en fin d'année ;

– un appel téléphonique à tout moment pour prendre des nouvelles.

SECTION 2
MISE EN PLACE D'UNE STRATÉGIE DE *CROSS-SELLING*

323.21 Vente croisée (*Cross-selling*) : obstacles. La pratique de la vente croisée consiste pour un avocat à promouvoir ou à « vendre » les compétences et les prestations des autres avocats au sein du cabinet. Le *cross-selling* repose sur l'idée de la réciprocité et de la solidarité du cabinet entier au service de ses clients.

La meilleure incitation à la vente croisée commence par la levée des obstacles liés au fonctionnement du cabinet. Au premier rang de ces obstacles se trouve le système de répartition des bénéfices entre associés. Même lorsque les compétences des associés d'un cabinet sont manifestement complémentaires, la vente croisée fonctionnera mal si elle n'est pas associée à une incitation financière. Il faut qu'un avocat du cabinet ait une incitation financière suffisante à traiter le dossier d'un client qu'il n'a pas lui-même apporté au cabinet. De même, il faut que l'apporteur du dossier ait un intérêt financier suffisant pour accepter de lâcher une partie des dossiers provenant d'un client dont il est à l'origine[1] Ainsi, un système dans lequel les associés seraient entièrement rémunérés sur la facturation de leurs heures et de celles de leurs collaborateurs sera un frein au développement du chiffre d'affaires du cabinet.

323.22 Initiation aux principes du *cross-selling*. Un travail pour sensibiliser les avocats du cabinet aux principes du *cross-selling* portera sur les points suivants :

Faire fonctionner ensemble la communication interne et la communication externe.

Communication interne :

– Question 1 : Savons-nous ce que font les autres avocats du cabinet ?

– Question 2 : Comprenons-nous tous ce que font les autres avocats du cabinet ?

Communication externe :

– Niveau 1 : Faire savoir à l'extérieur ce que nous faisons,

– Niveau 2 : Faire connaître ce que nous faisons à ceux qui en ont besoin.

En effet, les avocats du cabinet doivent d'abord faire l'effort de comprendre ce que font leurs confrères au sein du même cabinet. L'expérience montre que souvent les avocats d'un même cabinet n'ont qu'une vision assez floue de ce que font les avocats autour d'eux. Il s'agira ensuite de se tourner vers l'externe pour savoir si toutes les compétences du cabinet sont bien identifiées par les clients du cabinet.

323.23 Acquérir les réflexes du *cross-selling*. Ce travail va consister à changer le regard de l'avocat sur le client. L'avocat doit essayer de ne plus voir le client à travers le seul prisme du dossier qui lui est confié mais devra essayer de saisir l'ensemble des enjeux auxquels est confronté le client. Ainsi, son effort consistera à comprendre le fonctionnement de l'entreprise et ses décisions de gestion :

– Comment fonctionne le dirigeant ?

– Comprendre le besoin de l'entreprise à travers l'analyse de toute sa chaîne de production.

– Comprendre l'ensemble des risques de l'entreprise pour pouvoir analyser le besoin juridique à toutes les étapes : ces risques peuvent concerner la structure juridique, la gouvernance, la concurrence, la commercialisation des produits (responsabilité), la propriété intellectuelle de l'entreprise, les relations bancaires, les ressources humaines.

323.24 *Cross-selling* : l'approche du client. Le client est déjà dans une relation de confiance avec son avocat. Le *cross-selling* fonctionne quand le client comprend que le cabinet peut l'assister face à un besoin ressenti. Le *cross-selling* ne fonctionnera pas si le client sent que l'avocat cherche à générer du travail qui ne correspond pas à un besoin réel. En conséquence, l'avocat s'abstiendra de certains comportements de nature à contrarier le client ou à fragiliser la relation de confiance.

EXEMPLE DE BONNES ET DE MAUVAISES PRATIQUES EN MATIÈRE DE *CROSS-SELLING* :

Bon	Mauvais
Quels sont vos principaux projets/souhaits sur les 3 prochaines années ?	Il faut que j'examine tous vos contrats
Quelles sont vos principales inquiétudes maintenant/à terme ?	Voici tous les risques auxquels vous êtes exposé si vous ne faites pas...
Parlez-moi de votre activité	Je vais vous expliquer...
Il faut être dans l'écoute, la curiosité, le partage, la compassion	**Il ne faut pas être dans la vente, la critique, l'intimidation**

1. Sur le partage des bénéfices entre associés, v. s[s] n°s 413.11 s.

CHAPITRE

324. Conquête de nouveaux clients

SECTION 0

ORIENTEUR

324.00 Sommaire du chapitre.

SECTION 1

TECHNIQUES D'ACQUISITION DE NOUVEAUX CLIENTS

324.11 Sources de nouveaux clients[1]**.** Les nouveaux clients d'un cabinet d'avocats se répartissent en plusieurs catégories :

- les nouveaux clients envoyés par d'autres cabinets ;

- les nouveaux clients envoyés par d'autres clients ;

ACTIONS DE CONQUÊTE DE NOUVEAUX CLIENTS

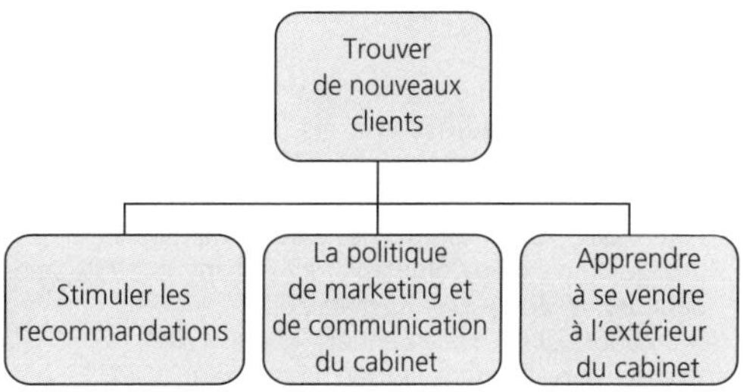

1. Sur les aspects déontologiques de la communication et de la publicité, v. s[s] n°s 381.11 s.

- les nouveaux clients qui entendent parler du cabinet ;

- les nouveaux clients qui viennent par l'initiative d'un ou plusieurs avocats du cabinet.

Le cabinet attirera donc de nouveaux clients en agissant sur les leviers du schéma précédent.

324.12 Encourager les recommandations. Cette manière d'acquérir de nouveaux clients est souvent sous-exploitée par les cabinets, les avocats ayant tendance à voir leurs confrères comme des concurrents plus que des prescripteurs.

Pour être recommandé par ses confrères :

- Le cabinet doit lui-même recommander des confrères compétents dans les domaines dans lesquels il ne l'est pas suffisamment.

Un avocat se valorise aux yeux de son client s'il lui recommande un confrère compétent dans un domaine donné plutôt que d'essayer de traiter lui-même un dossier pour lequel il ne dispose pas de toutes les armes.

- Le cabinet doit se faire connaître auprès d'autres cabinets dont les activités sont complémentaires.

Non seulement ces relations peuvent aboutir à un apport de chiffre d'affaires, mais elles peuvent également créer des opportunités de rapprochement.

Dans le même sens, les créateurs de cabinets ont intérêt à rester en bons termes avec les cabinets qu'ils quittent car ceux-ci peuvent constituer une importante source de clientèle. Il est en effet plus facile d'envoyer des dossiers à une personne avec qui on a travaillé pendant plusieurs années qu'à une personne que l'on connaît mal.

Enfin, il peut être très utile pour certains cabinets d'être en contact avec de plus grosses structures susceptibles de refuser des dossiers pour des raisons de conflit d'intérêts.

Les recommandations peuvent être stimulées par l'appartenance à un réseau[1].

Pour être recommandé par ses clients :

- l'avocat doit s'assurer que les clients sont satisfaits ;
- l'avocat doit éviter les situations dans lesquelles les relations se distendent ou dans lesquelles les dossiers ouverts n'arrivent pas à un résultat ou un constat précis ;
- l'avocat peut (sans insistance) inviter ses clients à parler de lui.

324.13 Marketing et communication du cabinet[2]. Le marketing et la communication, pour être efficaces, doivent s'inscrire dans une politique et d'une stratégie globales du cabinet.

324.14 Capacités de communication individuelles de l'avocat. Quel que soit le dynamisme d'un cabinet ou l'ampleur de ses actions de marketing ou de communication, ce sont les avocats qui ont le dernier mot pour convaincre les nouveaux clients. Les capacités relationnelles et de communication de l'avocat jouent ici un rôle primordial[3].

Les capacités de communication d'un avocat sont étroitement liées à ses capacités d'écoute. Les recommandations ci-après pourront être mises en œuvre :

- en présence d'un client potentiel, l'avocat doit laisser tant que possible la parole à celui-ci ;
- l'avocat doit écouter attentivement le client au lieu de penser à ce qu'il pourrait dire ;
- l'avocat doit faire en sorte que le client potentiel se sente valorisé et intéressant.

324.15 Mise en valeur du professionnalisme et de la discrétion de l'avocat. Lors d'une première rencontre, les recommandations suivantes mettent en valeur le professionnalisme et la discrétion de l'avocat :

- l'avocat doit parler des aspects juridiques et techniques du dossier plus que de lui-même (une amorce d'analyse donne envie au client potentiel d'en savoir plus) ;
- l'avocat doit parler davantage de son cabinet que de lui-même ;
- l'avocat ne doit pas se déclarer meilleur que les autres (c'est au client potentiel de le penser) ;
- l'avocat ne doit jamais parler de ses autres dossiers ou clients en les rendant identifiables.

324.16 Maîtriser la discussion lors du premier contact avec le client. Lors de son premier contact avec un client potentiel à l'extérieur du cabinet, l'avocat doit maîtriser la teneur des échanges en appliquant les principes suivants :

- la discussion doit être courte. Elle ne doit pas prendre la tournure d'une consultation informelle en réponse aux questions du client potentiel ;
- l'avocat doit donner envie au client potentiel de poursuivre la discussion plus tard (et peut-être à son cabinet, au téléphone ou en visioconférence) ;
- l'avocat doit conduire l'échange de manière à donner envie au client potentiel de tendre sa carte de visite avant que l'avocat ne le fasse lui-même.

SECTION 2
SOLLICITATION PERSONNALISÉE DE NOUVEAUX CLIENTS

324.21 Genèse de la sollicitation personnalisée : arrêt Fiducial. À l'origine de l'autorisation de la sollicitation personnalisée[4], se trouve un recours introduit par la société Fiduciaire d'expertise comptable (Fiducial) à l'encontre du code de déontologie des professionnels de l'expertise comptable[5]. Si, à l'origine, comme dans la profession d'avocat, toute publicité personnelle était interdite aux membres de la profession d'expert-comptable, cette situation a évolué et, depuis 1997 puis 2004, la publicité et la promotion des activités de l'expert-comptable étaient possibles mais avec une interdiction d'effectuer « toutes démarches non sollicitées en vue de proposer leurs services à des tiers ». Le texte était comparable à la déontologie des avocats.

La société Fiducial a entendu soulever l'application de la directive 2006/123 du Parlement européen et du conseil du 12 décembre 2006 relative aux services dans le marché intérieur[6] pour obtenir l'annulation du décret n° 2007/1387 du 27 septembre 2007 portant code de déontologie des professionnels de l'expertise comptable[7] en ce qu'il interdisait le démarchage. La directive sur les services vise à éliminer les obstacles à la liberté d'établissement des prestataires dans les États membres et à la libre circulation des services et à mettre fin aux « interdictions totales des communications commerciales

1. Sur les réseaux, v. s^s n°s 351.11 s. et sur les réseaux de cabinets étrangers, v. s^s n°s 372.11 s.
2. Sur la mise en œuvre d'une stratégie marketing et la communication du cabinet, v. s^s n°s 381.11 s.
3. À CE SUJET : www.legalmarketingblog.com
4. SUR la sollicitation personnalisée : H. Ader, S. Bortoluzzi, A. Damien, D. Piau, Th. Wickers, *Règles de la profession d'avocat*, 15ᵉ éd., « Dalloz action », 2016, n°s 465.11 s.
5. Ord. n° 45-2138, 19 sept. 1945 portant institution de l'ordre des experts-comptables et réglementant le titre et la profession d'expert-comptable, *JO* 21 sept. p. 5938 ; mod. par l'ord. n° 2004-279, 25 mars 2004.
6. Dir. 2006/123/CE, Parlement et Conseil, 12 déc. 2006 relative aux services dans le marché intérieur, *JOCE* 27 déc., p. 36-38.
7. Décr. n° 2007-1387, 27 sept. 2007 portant code de déontologie des professionnels de l'expertise comptable, *JO* 28 sept., p. 15847.

par les professions réglementées ». La directive concernant le contenu et les modalités des communications commerciales incite les professionnels à élaborer, dans le respect du droit communautaire, des codes de conduite[1].

L'article 4.12 de cette directive prévoit qu'il y a lieu d'entendre par « communications commerciales » toutes formes de communications destinées à promouvoir, directement ou indirectement, les biens, les services ou l'image d'une entreprise, d'une organisation ou d'une personne ayant une activité commerciale, industrielle, artisanale ou exerçant une profession réglementée. L'article 24 concernant « les communications commerciales des professions réglementées » prévoit que les États membres doivent supprimer « toutes les interdictions totales visant les communications commerciales des professions réglementées. Les États membres veillent à ce que les communications commerciales faites par les professions réglementées respectent les règles professionnelles, conformes au droit communautaire qui visent notamment l'indépendance, la dignité et l'intégrité de la profession ainsi que le secret professionnel, en fonction de la spécificité de chaque profession. Les règles professionnelles en matière de communication commerciale doivent être non-discriminatoires, justifiées par une raison impérieuse d'intérêt général et proportionnées ».

Saisi par Fiducial, le Conseil d'État a interrogé la Cour de justice de l'Union européenne aux fins de savoir si la directive a entendu proscrire pour les professions réglementées « toutes interdictions générales, quelle que soit la forme de pratiques commerciales concernées, ou a-t-elle laissé aux États membres la possibilité de maintenir des interdictions générales pour certaines pratiques commerciales telles que le démarchage ? ».

De son côté, la société Fiducial estimait que le démarchage se définissait « comme une offre personnalisée de biens ou de services faite à une personne morale ou physique déterminée qui ne l'a pas sollicitée », le gouvernement français souscrivant à cette définition et soulignait que ce démarchage contient un élément de mouvement qui réside dans le fait de prendre contact avec un tiers qui ne l'a pas sollicité et un élément de contenu qui consiste en la délivrance d'un message à caractère commercial. Dès lors, la cour devait en conclure que le démarchage constituait « une forme de communication d'informations destinée à rechercher de nouveaux clients ». La conclusion s'imposait. L'interdiction de démarchage prévue par le code des experts-comptables était conçue de manière large en ce qu'elle prohibait toute activité de démarchage quelle qu'en soit sa forme, son contenu ou les moyens employés. Cette interdiction comprenait la prohibition de tout moyen de communication permettant la mise en œuvre de cette forme de communication commerciale. Une telle interdiction devrait être considérée comme une interdiction totale des communications commerciales prohibée par l'article 24 § 1er de la directive 2006/123. La Cour de justice a estimé que cette conclusion était conforme à l'objectif de la directive.

Toutes les professions réglementées, entrant dans le champ de la directive et soumises à une interdiction de démarchage, dont la profession d'avocat, sont donc touchées par cet arrêt[2].

324.22 Sollicitation personnalisée : loi Hamon et nouvel article 10 du RIN. Anticipant l'évolution législative entraînée par l'arrêt Fiducial, le CNB a travaillé sur la réécriture de l'article 10 du RIN ayant vocation à être repris par la loi et son décret d'application. Le législateur a, de son côté, intégré une disposition sur la suppression de l'interdiction du démarchage pour les avocats dans la loi du 17 mars 2014 sur la consommation dite « Loi Hamon »[3] :

« L'article 3 *bis* de la loi n° 71-1130 du 31 décembre 1971 portant réforme de certaines professions judiciaires et juridiques est complété par deux alinéas ainsi rédigés :

– « Dans les conditions fixées par décret en Conseil d'État, l'avocat est autorisé à recourir à la publicité ainsi qu'à la sollicitation personnalisée.

– Toute prestation réalisée à la suite d'une sollicitation personnalisée fait l'objet d'une convention d'honoraires. »

La grande nouveauté du texte réside dans le fait que le démarchage qui était prohibé est remplacé par la notion de « sollicitation personnalisée » qui est autorisée. Cette sollicitation personnalisée est définie à l'article 10.1[4] comme étant « un mode de publicité personnelle qui s'entend de toute forme de communication directe ou indirecte, dépassant la simple information, destinée à promouvoir les services d'un avocat à l'attention d'une personne physique ou morale déterminée ».

L'article 10.3 précise les conditions dans lesquelles peut s'exercer la sollicitation personnalisée :

« La publicité et la sollicitation personnalisée sont permises à l'avocat s'ils procurent une information sincère sur la nature des prestations de services proposées et si leur mise en œuvre respecte les principes essentiels de la profession.

1. Dir. 2006/123/CE, Parlement et Conseil, 12 déc. 2006.

2. M. Bénichou, « *"Sol y sombras" du démarchage en Europe* », *D. avocats* 2014. 214.
3. L. n° 2014-344, 17 mars 2014 relative à la consommation, *JO* 18 mars, p. 5400, art. 15.
4. RIN, art. 10.1 ; mod. par CNB, AG 20 et 21 nov. 2015, DCN n° 2015-002 ; mod. par CNB, AG 3 avr. 2020, DCN n° 2019-005.

La sollicitation personnalisée prend la forme d'un message exclusif de toute démarche physique ou téléphonique. Sont exclus les messages textuels envoyés sur un terminal téléphonique mobile.

Il est interdit aux avocats d'utiliser les services de tiers pour contourner ces interdictions.

La sollicitation personnalisée précise les modalités de détermination du coût de la prestation, laquelle fera l'objet d'une convention d'honoraires.

Toute publicité doit être communiquée sans délai au conseil de l'Ordre ».

En définissant ainsi le cadre de la sollicitation personnalisée, le texte préserve la possibilité de contrôles sur les pratiques employées. En effet, l'obligation de la trace écrite, qu'il s'agisse d'un courrier électronique ou classique, permet d'envisager des contrôles qui pourront être faits à la demande de personnes démarchées dans des conditions non conformes aux textes. Le texte prohibe en effet tout démarchage physique qui consisterait notamment à se rendre personnellement soit au domicile ou à la résidence d'une personne, soit sur les lieux de travail ou de repos, de traitement ou dans un lieu public. L'article 10 du RIN n'autorise pas le démarchage tel qu'il était défini par le décret du 25 août 1972 mais donne à l'avocat de nouvelles possibilités de promotion de ses services dans le cadre d'une nouvelle notion, la sollicitation personnalisée.

L'article 10 du RIN n'interdit plus la publicité personnelle de l'avocat par voie de tracts, d'affiches, de films cinématographiques, émissions radiophoniques ou télévisées[1]. À juste titre, le CNB avait considéré que ces interdictions n'avaient plus à figurer dans le RIN, considérant la teneur de l'arrêt rendu le 5 avril 2011 par la Cour européenne des Droits de l'Homme (CEDH)[2]. Cependant, le décret d'application du 28 octobre 2014[3] ne semblait pas avoir tiré les mêmes conclusions puisqu'il se contente d'affirmer que « la publicité s'opère dans les conditions prévues par le décret du 25 août 1972 susvisé ». Les interdictions figurant dans le décret de 1972 demeuraient en vigueur alors qu'elles ne figurent plus dans le RIN. Cette ambiguïté a été levée par le Conseil d'État dans l'arrêt du 9 novembre 2015[4]. Désormais, il n'y a plus de supports de publicité qui soient interdits à l'avocat même si la publicité de l'avocat reste soumise aux règles du RIN et aux principes essentiels de la profession.

324.23 Adoption de la sollicitation personnalisée par la profession. Lors de l'arrivée de la sollicitation personnalisée, cité par *Le Figaro*[5], Laurent Martinet, alors vice-bâtonnier de l'Ordre des avocats de Paris, estimait que l'assouplissement des règles en matière de communication et de démarchage est « une chance parce qu'elle permet de faire connaître une profession auprès du grand public. Elle rétablit aussi une forme d'équilibre entre les grands cabinets qui se sont organisés à travers des outils marketing très pointus et ceux qui n'avaient pas les moyens d'en faire autant jusqu'à présent ».

Ce propos était sans doute juste, du moins dans sa deuxième partie. Jusqu'alors, l'activité organisée et structurée en matière de communication et de marketing restait le plus souvent l'apanage des grands cabinets. L'autorisation de la sollicitation personnalisée avait pour vocation de faire bouger les lignes. L'élaboration de fichiers, l'envoi de courriers électroniques ou papier ne représentent pas des actions au coût élevé.

Cependant, Les avocats n'ont pas été nombreux à se saisir du procédé. Une présence active sur les réseaux sociaux, la diffusion ciblée d'informations et un référencement efficace semblent mieux convenir aux avocats qu'un démarchage plus frontal, même autorisé.

324.24 Sollicitation personnalisée, e-mail marketing et réseaux sociaux. Jusqu'à présent, l'e-mail a été utilisé par les avocats, à des fins de communication, dans sa forme la plus simple : une newsletter envoyée par e-mail, une information sur une formation organisée par le cabinet... Le message est envoyé mais rares sont les cabinets qui mesurent les taux d'ouverture des messages et encore plus rares sont ceux qui disposent d'outils permettant de savoir si le destinataire a cliqué sur telle ou telle partie du texte qui lui a été envoyé.

Les avocats tardent à se saisir des outils de webmarketing qui pourraient cependant être utilisés de manière conforme au RIN. Des envois mieux ciblés en fonction des comportements ou des besoins., une gestion plus professionnelle des fichiers de clients et de prospects sont autant de pistes pour générer des contacts ayant des chances d'aboutir à des dossiers.

1. RIN, ancien art. 10.2 ; mod. par CNB, AG 7 et 8 mai 2010, DCN n° 2010-002 ; mod. par CNB, AG 10 oct. 2014, DCN n° 2014-001.
2. CJUE, 5 avr. 2011, *Société fiduciaire nationale d'expertise comptable c/ Min. du Budget, des Comptes publics et de la fonction publique*, aff. C-119/09, *JOUE* 21 mai 2011, p. 4 ; *AJDA* 2011. 1007, chron. M. Aubert, E. Broussy et F. Donnat ; *D.* 2011. 1072, obs. X. Delpech ; *D.* 2013. 136, obs. T. Wickers ; *RFDA* 2011. 1225, chron. L. Clément-Wilz, F. Martucci et C. Mayeur-Carpentier ; *RTD eur.* 2011. 592, obs. A.-L. Sibony et A. Defossez ; *Rev. UE* 2013. 45, chron. E. Sabatakakis.
3. Décr. n° 2014-1251, 28 oct. 2014 relatif aux modes de communication des avocats, *JO* 29 oct., n° 27.
4. CE 9 nov. 2015, req. n° 386296, NP ; *AJDA* 2016. 467 ; *D. avocats* 2015. 378, obs. L. Dargent.
5. P. Gonzales, « Les avocats vont pouvoir faire de la publicité », *Le Figaro*, 30 mars 2014.

La sollicitation personnalisée permettrait à un cabinet de mettre en place un suivi de tout son fichier avec des questions adressées aux contacts sur leurs besoins précis. Les réponses pourraient donner lieu à des messages assortis d'offres ou de propositions de rendez-vous. Ceux qui seront identifiés comme étant intéressés par telle ou telle matière pourront être régulièrement relancés avec des informations ou des offres ciblées en fonction de leurs besoins.

Les réseaux sociaux jouent un rôle devenu essentiel dans la « boîte à outils » des avocats[1]. En effet, la communication des avocats doit s'envisager comme une stratégie construite sur l'ensemble des canaux utilisés par les avocats et par leurs clients. Le profil LinkedIn de l'avocat et de son cabinet sont des relais indispensables de la politique de communication et de marketing d'un cabinet.

Les services commerciaux de LinkedIn proposent de nombreuses formules permettant d'avoir accès à des bases qualifiées. Les professionnels de la gestion de campagnes e-mails proposent à la fois des outils et des stratégies que les avocats pourront adapter à leurs besoins. Des termes tels que la « segmentation » et le « ciblage comportemental » ou encore la « gestion de campagnes multicanaux » entreront progressivement dans le vocabulaire des avocats.

SECTION 3
MISE EN ŒUVRE D'UNE STRATÉGIE DE DÉVELOPPEMENT DE NOUVEAUX CLIENTS (*BUSINESS DEVELOPMENT*)

324.31 Mise en œuvre d'une stratégie de développement de nouveaux clients (*Business Development*)[2]. Un cabinet souhaitant mettre en œuvre une stratégie de développement de nouveaux clients va devoir travailler parallèlement sur trois axes :

- les procédures internes du cabinet ;
- les outils du développement ;
- l'accompagnement des individus.

Ce travail pourra se faire dans le cadre d'un plan d'action avec des objectifs concrets et un suivi des résultats.

324.32 Travail sur les procédures internes du cabinet. L'objectif est de créer un environnement qui facilite la circulation de l'information, l'esprit d'initiative, la coordination, la responsabilité individuelle et collective concernant les questions de développement.

La communication interne devra encourager les initiatives et l'implication de chacun.

Le travail sur les procédures internes impliquera :

- un examen préalable de l'existant suivi d'une analyse des faiblesses et des améliorations à apporter ;
- la mise en place d'un comité de développement ou la désignation d'un associé en charge de coordonner les efforts en matière de développement et définition de ses attributions ;
- la fixation d'un calendrier et des modalités des réunions consacrées au développement ;
- la mise à jour et la centralisation des fichiers clients et contacts dont dispose le cabinet et les avocats du cabinet ;
- la fixation des premières initiatives prioritaires et d'un calendrier pour les informations à diffuser, la participation aux congrès, évènements, visites de contacts internationaux (cabinets à l'étranger) et toutes autres actions susceptibles de favoriser le développement.

Ce travail sera réparti entre les associés afin que chacun se sente redevable vis-à-vis de la collectivité.

324.33 Stratégie de contenu[3]. La stratégie de contenu va consister à organiser tous les contenus créés par le cabinet (newsletters, actualités du cabinet, opérations ou contentieux sur lesquels le cabinet est intervenu, articles rédigés par les avocats du cabinet, etc.) pour les associer aux initiatives en matière de développement de la clientèle. Ces contenus seront utilisés pour des actions ciblées auprès de prospects.

Ceci comprendra :

- envois d'emails et la diffusion ciblée de contenu auprès de prospects ;
- mise en ligne sur le site Internet du cabinet ou sur un blog de tous les contenus susceptibles de mettre en valeur le cabinet et ses compétences ;
- mise en place d'un programme pour la production de brèves, de commentaires ou d'articles susceptibles d'être utilisés pour créer de la visibilité sur des axes prioritaires de développement ;
- actions ciblées *via* les réseaux sociaux par les profils LinkedIn des associés.

324.34 Travail sur le discours et les outils de présentation[4]. Tout travail de développement nécessite de pouvoir s'appuyer sur un discours clair et identifiant associé à des messages clés. Un travail sera mené pour travailler sur la formulation précise du discours du cabinet. Des messages seront définis avec des mots précis qui aideront les avocats à mieux vendre le cabinet. Ce discours permettra de présenter le cabinet, d'expliquer ses avantages compétitifs et son offre.

1. Sur les réseaux sociaux, v. s[s] n°s 384.11 s.
2. Sur le marketing et la communication, v. s[s] n° 382.11.
3. Sur la stratégie de contenu dans le cadre de la stratégie digitale du cabinet, v. s[s] n° 385.11.
4. Sur le discours du cabinet, v. s[s] n°s 122.31 s.

Le cabinet fera l'inventaire de tous ses outils de présentation, ses propositions et conventions d'honoraires, ses réponses aux appels d'offres. Il s'interrogera sur les modifications à y apporter et, le cas échéant, procédera à la réalisation de nouveaux supports de présentation qui seront déterminés en fonction des besoins prioritaires.

324.35 **Priorités, ciblage et feuille de route.** Les associés se réuniront pour échanger sur :

- les cibles prioritaires ;
- l'identification des attentes et les besoins des cibles ;
- la capacité du cabinet à répondre aux besoins des cibles.

Un tableau sera préparé avec toutes les cibles identifiées, les points de contact et les actions envisagées. Ce tableau sera tenu à jour et servira de feuille de route pour les actions de développement du cabinet.

324.36 **Accompagnement individuel des associés.** Les avocats ne sont pas formés pour faire la promotion de leurs services. Ils sont très nombreux à faire part de leurs difficultés à « vendre ». Les associés pourront donc envisager d'être accompagnés personnellement pour améliorer leur technique de développement et de vente. Cet accompagnement se fait en général sous la forme d'un programme de *coaching* avec un consultant externe. L'accompagnement personnel sera adapté aux forces et faiblesses de chacun.

L'objectif sera de faire en sorte que chaque associé ait un plan de développement personnel avec des objectifs précis et concrets.

La réussite d'un tel travail reposera sur la capacité de l'accompagnant à comprendre le métier d'avocat, ses contraintes et spécificités. L'avocat comprendra qu'il peut développer sa clientèle sans pour autant devenir un « vendeur » mais en modifiant certains comportements ou habitudes.

324.37 **Suivi de la stratégie de développement.** C'est sur la durée qu'un tel programme porte ses fruits. L'objectif du plan d'action sera focalisé sur l'obtention de résultats concrets. Une procédure de suivi sera mise en place pour analyser toutes les initiatives et les retombées de celles-ci. Des ajustements seront faits pour optimiser le retour sur l'investissement que constituent les efforts du cabinet.

TITRE

33. L'approche prospective

SECTION 0

ORIENTEUR

33.00 **Sommaire du titre.**

CHAPITRE

331. Méthodes de réflexion prospective

SECTION 0
ORIENTEUR

331.00 **Sommaire du chapitre.**

SECTION 1
PRISE EN COMPTE DES DONNÉES ÉCONOMIQUES

331.11 **Analyse des données et statistiques économiques.** La réflexion prospective du cabinet doit intégrer son environnement économique. Environ 70 % du chiffre d'affaires des avocats est réalisé avec les entreprises. L'environnement économique est conditionné par des considérations locales, nationales et internationales, tant structurelles que conjoncturelles.

Les données statistiques de l'Insee prennent en compte toutes ces considérations et constituent des outils précieux pour aider le cabinet d'avocats à conduire sa réflexion prospective. Ces données peuvent en effet servir à apprécier le potentiel des marchés de l'avocat, en comprendre les évolutions et donc à orienter le cabinet dans le choix de ses spécialités et de son activité future.

Les données qui pourront être analysées par l'avocat pour l'aider ou le confronter dans ses orientations seront notamment :

- le chiffre d'affaires des entreprises par secteur ;
- l'investissement et les dépenses en matière de recherche et de développement ;
- la taille et le nombre des entreprises dans les différents secteurs économiques ;
- la répartition géographique des entreprises.

Outre les statistiques de l'Insee, le Pôle interministériel de prospective et d'anticipation des mutations économiques (Pipame) réalise des rapports dont l'objectif est d'apporter un éclairage sur l'évolution des principaux acteurs et secteurs économiques en mutation, en s'attachant à faire ressortir les menaces et les opportunités pour les entreprises, l'emploi et les territoires.

Aussi, la Direction générale des entreprises (DGE) du Ministère de l'économie produit et met à la disposition des professionnels un important catalogue d'études évaluatives et prospectives, en écho avec les grands enjeux économiques et politiques actuels.

Conçus comme de véritables outils d'aide à la décision en faveur du développement et de la compétitivité des entreprises, les travaux d'études menés par la DGE sont tournés vers les professionnels des secteurs public et privé. Ils sont très accessibles dans leur présentation et peuvent aisément être consultés par les avocats.

331.12 **Analyse historique de l'évolution des activités des entreprises.** Un regard sur l'évolution du chiffre d'affaires des entreprises françaises par secteur d'activité permet d'apprécier les grandes tendances de l'évolution de l'économie française[1].

L'étude de l'Insee « Les entreprises en France » propose chaque année un regard complet sur le système productif français. La consultation de cette étude est l'occasion, année après année, de constater la concentration de l'appareil productif français. En 2020, les 300 premières entreprises françaises représentaient 29 % de l'emploi et 31 % de la valeur ajoutée au niveau national.

1. Insee, *Les entreprises en France*, « Insee Références », 2022.

331.13 Dépenses de recherche et de développement. Les investissements en matière de recherche et de développement sont un des principaux moteurs de la croissance future. Ils sont également caractéristiques des secteurs les plus concurrentiels et dynamiques de l'économie.

Les statistiques en matière de recherche et de développement présentent l'intérêt particulier d'être des indicateurs utiles sur le moyen terme. En effet, les investissements effectués aujourd'hui porteront, pour beaucoup d'entre eux, leurs fruits dans plusieurs années. Les avocats qui se fonderaient sur de telles données pour établir une stratégie peuvent ainsi bâtir des plans sur la durée.

Chaque année, le ministère de l'enseignement supérieur et de la recherche publie les statistiques de dépenses de recherche et de développement expérimental en France[1].

Selon les derniers chiffres connus à la date d'édition de cet ouvrage, il est intéressant de noter que les dépenses de recherche et de développement dans l'industrie manufacturière restent 2,5 fois plus élevées que dans le domaine des services. Parmi les branches d'activité les plus innovantes, l'automobile est en tête suivie de la construction aéronautique et spatiale puis l'industrie chimique et les composants et équipements électroniques.

331.14 Taille et nombre d'entreprises par secteur d'activité. Depuis décembre 2008, l'entreprise est définie à partir de critères économiques[2], auparavant, elle était définie sur un plan purement juridique. Quatre catégories sont distinguées, qui dessinent un partage relativement équilibré de l'emploi et de la valeur ajoutée : les microentreprises, les petites et moyennes entreprises (PME), les entreprises de taille intermédiaire (ETI) et les grandes entreprises.

Dans ses tableaux de l'économie française[3], l'Insee publie la répartition des entreprises françaises par taille et par secteur d'activité.

PRINCIPALES CARACTÉRISTIQUES DES ENTREPRISES PAR CATÉGORIE EN 2020

	Catégories d'entreprises				
	Grandes entreprises (GE)	Entreprises de taille intermédiaire (ETI)	Petites et moyennes entreprises (PME) hors microentreprises	Microentreprises (MIC)	Total
Secteurs marchands non agricoles et non financiers					
Nombre d'entreprises	257	5 722	147 767	3 701 363	3 855 109
Effectif salarié en EQTP1 (en milliers)	3 399	3 258	3 883	2 445	12 985
Nombre d'unités légales situées en France	22 745	53 263	265 060	3 748 122	4 089 190
Valeur ajoutée hors taxes (en milliards d'euros)	358	302	271	231	1 162
Secteurs principalement marchands non agricoles et non financiers, hors régime fiscal de la micro-entreprise et micro-entrepreneurs					
Nombre d'entreprises	246	5 396	138 739	2 146 609	2 290 990
Effectif salarié en EQTP1 (en milliers)	3 270	3 037	3 609	2 267	12 183
Nombre d'unités légales en France	20 552	49 972	251 114	2 189 635	2 511 273
Valeur ajoutée hors taxes (en milliards d'euros)	350	286	252	176	1 064

Source : Insee, 2020 (données individuelles).

331.15 Recherche de données sectorielles. Lorsqu'un cabinet d'avocats s'intéresse à un secteur de l'économie parce qu'il y est actif ou qu'il envisage de l'être, il pourra consulter les principales sources de données et d'études sectorielles, parmi lesquelles :

– les études sectorielles du quotidien *Les Échos*. Ces études peuvent être achetées sur le site www.lesechos-etudes.fr. Les résumés et les sommaires détaillés sont en consultation libre ;

1. SIES, *Dépenses de recherche et développement expérimental en France : résultats détaillés pour 2020 et premières estimations pour 2021*, déc. 2022.

2. Décr. n° 2008-1354, 18 déc. 2008 relatif aux critères permettant de déterminer la catégorie d'appartenance d'une entreprise pour les besoins de l'analyse statistique et économique, *JO* 20 déc., p. 19544.

3. Insee, *Tableaux de l'économie française*, 2020.

– les études *Insee Première*, des études synthétiques mises en ligne dès leur publication sur le site www.insee.fr dans la rubrique « Publications nationales » ;

– la notation sectorielle publiée par la Coface qui indique l'état de santé des principaux secteurs de l'économie. Treize secteurs sont évalués dans six grandes régions chaque trimestre. Disponible sur www.coface.fr.

331.16 Statistiques des créations d'entreprises. De nombreuses sources statistiques sont disponibles concernant la création d'entreprises. Ainsi, pour suivre les nouvelles entreprises au cours du temps et disposer d'informations sur leurs créateurs, les montages de projets ou les difficultés rencontrées, l'Insee a créé un Système d'information sur les nouvelles entreprises (Sine)[1]. Ce dispositif vise à étudier de façon permanente et régulière la naissance et la vie des jeunes entreprises.

331.17 Données socio-économiques. La réflexion prospective d'un cabinet d'avocats passe aussi par l'analyse des mutations sociales et des comportements des consommateurs de biens et de services. À ce titre, les rapports du Centre de recherche et d'observation des conditions de vie (Credoc), disponibles sur www.credoc.fr constituent une source d'information utile dans le domaine du commerce, de la distribution et de la consommation[2].

SECTION 2
STATISTIQUES ET ÉTUDES DU MINISTÈRE DE LA JUSTICE

331.21 Chiffres clés de la justice. Le ministère édite chaque année les « chiffres clés de la justice »[3] qui reprennent avec un décalage d'une année de nombreux indicateurs. Ces statistiques sont complétées par les « Références Statistiques Justice[4] » qui reprennent de manière thématique l'activité de toutes les juridictions.

Cette publication, qui a remplacé à partir de 2014 les annuaires statistiques de la Justice, établit comme eux une description statistique complète de l'activité judiciaire.

Les premières parties de l'ouvrage Références Statistiques Justice abordent de manière thématique l'ensemble des domaines traités par les juridictions. Une quatrième partie met en face de cette activité judiciaire les moyens de la Justice (juridictions, moyens budgétaires et personnels), complétée de quelques données sur l'aide juridictionnelle et les effectifs des professions juridiques et judiciaires.

Chaque fiche de Références Statistiques Justice est présentée sous la forme d'une double page. Un commentaire synthétique accompagne une page de tableaux et graphiques, donnant en général les résultats sur cinq années. Ce commentaire vise à fournir une grille de lecture qui présente les chiffres de cadrage sur le sujet, en mettant en perspective les évolutions et en signalant les éventuelles ruptures de série dues à l'évolution de la législation ou des systèmes d'information. En particulier, les rubriques « Définitions » et « Pour en savoir plus » permettent au lecteur de disposer de plus d'informations sur le sujet abordé.

À côté du format imprimable de l'ouvrage, l'ensemble des tableaux et graphiques sont mis à disposition sous un format exportable dans un tableur. Ces tableaux mis en ligne ont le plus souvent une plus grande profondeur historique que la figure de la fiche.

Leur lecture permet d'identifier les domaines de contentieux qui sont en expansion et ceux en repli. Elle permet également de mesurer le marché que représentent certains types de contentieux en rapportant le nombre d'affaires au nombre d'avocats.

331.22 Activité de la Direction des affaires juridiques du ministère de l'Économie et des Finances. Sur un autre plan, l'activité de la Direction des affaires juridiques (DAJ) du ministère de l'Économie, des Finances telle que restituée dans son rapport d'activité annuel peut également apporter des indicateurs[5] sur les tendances en matière de besoins de droit.

La DAJ est à l'origine de nombreuses études qui pourront être utiles aux avocats en fonction de leurs secteurs d'activité. Parmi les études récentes à la date de parution de cet ouvrage : Étude sur la sous-traitance dans les marchés publics, Vade-mecum des aides de l'État.

1. En ligne sur le site de l'Insee, rubrique « Système d'Information sur les Nouvelles Entreprises ».
2. En ligne sur le site du Credoc, rubrique « Publications ».
3. Ministère de la Justice, *Les chiffres-clés de la Justice*, 2022.
4. Ministère de la Justice, *Les chiffres-clés de la Justice*, 2022.
5. Direction des affaires juridiques (DAJ) *Rapport d'activité 2021*.

SECTION 3
ACTIVITÉS DES JURIDICTIONS

331.31 Affaires civiles des tribunaux judiciaires (hors commerce).

Activité civile des tribunaux judiciaires (hors commerce) – unité : affaire

	2017r	2018r	2019r	2020r	2021
Toutes affaires nouvelles (au fond, requêtes et référés)	**1 715 724**	**1 600 816**	**1 694 667**	**1 369 983**	nd
Toutes affaires nouvelles (au fond, requêtes et référés) (hors rupture d'union)	**1 613 858**	**1 502 835**	**1 601 241**	**1 291 222**	**1 421 504**
Taux d'évolution (en %)	5,7	– 6,9	6,5	– 19,4	10,1
affaires au fond	1 396 287	1 299 755	1 391 519	1 124 660	nd
affaires au fond (hors rupture d'union)	1 294 421	1 201 774	1 298 093	1 045 899	1 149 109
référés	177 062	170 382	175 713	137 548	149 164
requêtes	142 375	130 679	127 435	107 775	123 231
Toutes affaires terminées (au fond, requêtes et référés)	**1 768 719**	**1 598 137**	**1 692 534**	**1 319 200**	nd
Toutes affaires terminées (au fond, requêtes et référés) (hors rupture d'union)	**1 646 230**	**1 505 276**	**1 596 587**	**1 235 854**	**1 484 590**
Taux d'évolution (en %)	4,9	– 8,6	6,1	– 22,6	20,1
affaires au fond	1 453 651	1 305 625	1 400 078	1 094 347	nd
affaires au fond (hors rupture d'union)	1 331 162	1 212 764	1 304 131	1 011 001	1 221 045
référés	177 208	166 589	170 621	123 473	146 719
requêtes	137 860	125 923	121 835	101 380	116 826
Durée moyenne (au fond et référés) (en mois)	**8,7**	**8,3**	**8,7**	**10,1**	**9,9**
Durée moyenne (au fond et référés) (hors ruptures d'union) (en mois)	**8,0**	**7,4**	**7,8**	**9,0**	**8,8**
dont délai moyen des référés	*2,9*	*2,9*	*2,9*	*4,0*	*3,7*
Stock au 31 décembre (au fond et référés)	**1 073 745**	**1 063 662**	**1 247 309**	**1 298 725**	**1 147 680**
Évolution du stock	+ 30 606	– 10 083	+ 183 647	+ 51 416	– 151 045
Age du stock au 31/12 (au fond et référés, hors protection des majeurs et incapacité des mineurs) (en mois)	**18,2**	**19,4**	**21,4**	**24,0**	**26,4**
Dont autres procédures – affaires nouvelles					
Rectification et interprétation de jugement	22 031	20 926	21 495	16 530	20 564
Mise en cause d'un tiers pour condamnation ou en déclaration de jugement commun	13 936	13 907	14 379	11 414	12 555
Inscription après radiation ou caducité	9 876	9 219	10 021	9 513	8 941
Désignation d'huissier	6 277	6 507	5 894	4 882	5 557

Champ : France métropolitaine et DOM
Source : ministère de la justice/SG/SEM/SDSE : exploitation statistique du Répertoire général civil – 2021

331.32 Activité des tribunaux de commerce. L'activité des tribunaux de commerce poursuit une baisse importante et régulière du nombre d'affaires nouvelles et d'affaires traitées.

Activité des tribunaux de commerce (unité : affaire)

	2017	2018	2019	2020	2021
Affaires contentieuses					
Affaires nouvelles	64 651	62 424	61 806	51 466	58 722
Taux d'évolution (en %)	– 11,3	– 3,4	– 1,0	– 16,7	14,1
Affaires terminées	62 254	57 866	56 750	43 661	53 798
Taux d'évolution (en %)	– 10,9	– 7,0	– 1,9	– 23,1	+ 23,2
Délai de jugement (en mois)	**8,6**	**8,6**	**9,0**	**9,6**	**10,0**
Ordonnances de référés	**19 294**	**18 244**	**16 948**	**13 183**	**14 549**

Activité des tribunaux de commerce (unité : affaire)	2017	2018	2019	2020	2021
Taux d'évolution (en %)	– 9,3	– 5,4	– 7,1	– 22,2	+ 10,4
Délai des ordonnances de référé (en mois)	**1,8**	**1,9**	**1,9**	**3,0**	**2,5**
Ordonnances du président	**157 962**	**152 798**	**148 636**	**121 112**	**131 835**
Taux d'évolution (en %)	+ 8,7	– 3,3	– 2,7	– 18,5	+ 8,9
Ordonnances du juge commissaire	**384 170**	**346 402**	**339 202**	**289 588**	**240 556**
Taux d'évolution (en %)	– 3,9	– 9,8	– 2,1	– 14,6	– 16,9
Demandes d'ouvertures de mandats *ad hoc et* de conciliations					
Demandes de mandat *ad hoc*	1 755	1 918	2 009	1 286	1 451
Demandes d'une procédure de conciliation	1 597	1 667	1 612	1 796	2 008
Demandes d'ouvertures d'une procédure collective					
Toutes demandes	**54 569**	**54 983**	**51 668**	**29 376**	**27 367**
Demandes d'ouverture de sauvegarde	1 209	1 116	1 029	763	691
Demandes d'ouverture de liquidation judiciaire	31 655	32 407	30 222	19 908	18 883
Demandes d'ouverture de redressement judiciaire	21 504	21 295	20 214	8 593	7 677
Demandes d'ouverture de rétablissement professionnel	138	120	128	83	78
Demandes d'ouverture non précisées	63	45	75	29	38
Décisions du tribunal en matière de procédures collectives					
Toutes décisions	**54 474**	**53 730**	**48 640**	**30 614**	**26 996**
Ouverture de la procédure de conciliation	1 228	1 237	964	1 014	1 089
Ouverture d'un mandat *ad hoc*	1 407	1 532	1 569	982	1 069
Ouverture d'une procédure collective	43 378	42 979	40 724	25 310	22 134
Taux d'évolution (en %)	+ 2,0	– 0,9	– 5,2	– 37,8	– 12,5
Sauvegarde	864	762	690	608	498
Délai (en mois)	**0,9**	**0,5**	**0,5**	**0,4**	**0,4**
Liquidation judiciaire immédiate (1)	29 470	29 362	27 212	18 356	16 694
Délai (en mois)	**1,2**	**1,4**	**0,9**	**1,0**	**0,9**
Redressement judiciaire	12 943	12 773	12 702	6 265	4 851
Délai (en mois)	**1,8**	**2,1**	**1,5**	**2,2**	**1,6**
Rétablissement professionnel	101	82	120	81	91
Délai (en mois)	**0,7**	**0,9**	**0,6**	**0,6**	**0,8**
Autres décisions (radiation, rejet, désistement…)	8 461	7 982	5 383	3 308	2 704
Issues des jugements d'ouverture (solution)					
Plan	**4 255**	**3 633**	**3 192**	**2 465**	**2 590**
Plan de sauvegarde	606	506	413	323	425
Plan de redressement	3 649	3 127	2 779	2 142	2 165
Délai depuis la saisine (en mois)	**17,3**	**17,2**	**17,5**	**17,7**	**21,0**
Délai depuis le jugement d'ouverture (en mois)	**15,6**	**15,8**	**14,7**	**16,4**	**19,5**
Liquidation judiciaire	**40 949**	**40 117**	**38 343**	**25 619**	**21 493**
Liquidation judiciaire immédiate (1)	29 470	29 362	27 212	18 356	16 694
Délai depuis la saisine (en mois)	**1,2**	**1,4**	**0,9**	**1,0**	**0,9**
Liquidation judiciaire après conversion de la procédure de sauvegarde ou de redressement	11 479	10 755	11 131	7 263	4 799
Délai depuis la saisine (en mois)	**6,2**	**5,9**	**5,5**	**7,0**	**6,7**
Délai depuis le jugement d'ouverture (en mois)	**4,5**	**4,3**	**4,3**	**5,4**	**5,1**

(1) y compris les liquidations judiciaires après résolution de plan.

Champ : France métropolitaine et DOM

Source : ministère de la justice/SG/SEM/SDSE : Exploitation statistique du répertoire général civil – 2021

Il faut sans doute rechercher des explications dans l'évolution des comportements, dans l'analyse précontentieuse des dossiers et de la volonté plus fréquente de trouver une issue négociée. Le développement des procédures de règlement des litiges en dehors des juridictions est aussi un facteur[1]. Il est logique que le phénomène affecte plus fortement les tribunaux de commerce que les tribunaux judiciaires, les commerçants étant plus exposés aux litiges que les particuliers.

331.33 Activité des conseils de prud'hommes. C'est d'abord l'arrivée de la rupture conventionnelle et son appropriation par les entreprises qui commence à infléchir les chiffres de la juridiction prud'homale puis les barèmes Macron qui accélère la baisse du nombre de saisines du Conseil de Prud'hommes. Le stock d'affaires au fond de 133 272 au 31 décembre 2021 est à comparer avec celui de 2014 qui était de 188 189.

Activité des conseils de prud'hommes (unité : affaire)

	2017	2018	2019	2020	2021
Toutes affaires nouvelles	**126 693**	**119 669**	**118 573**	**102 696**	**103 141**
Taux d'évolution (en %)	- 2,2	- 5,5	- 0,9	- 13,4	+ 0,4
Affaires au fond	106 537	99 017	98 905	86 971	88 376
Taux d'évolution (en %)	- 2,7	- 7,1	- 0,1	- 12,1	+ 1,6
Référés[a]	20 156	20 652	19 668	15 725	14 765
Taux d'évolution (en %)	- 0,1	2,5	- 4,8	- 20,0	- 6,1
Toutes affaires terminées	**161 643**	**129 464**	**122 131**	**88 389**	**119 265**
Taux d'évolution (en %)	+ 3,1	- 19,9	- 5,7	- 27,6	+ 34,9
Affaires au fond	141 487	108 812	102 463	72 664	104 500
Taux d'évolution (en %)	+ 3,8	- 23,1	- 5,8	- 29,1	+ 43,8
Référés[a]	20 156	20 652	19 668	15 725	14 765
Taux d'évolution (en %)	- 0,1	+ 2,5	- 4,8	- 20,0	- 6,1
Délai moyen (en mois)					
Toutes affaires	**15,5**	**14,6**	**14,2**	**15,6**	**16,3**
Affaires au fond	17,4	16,9	16,5	18,3	18,2
Référés	2,1	2,2	2,3	3,1	2,5
Stock d'affaires au fond au 31/12	**147 104**	**137 874**	**134 217**	**149 394**	**133 272**
Évolution du stock	- 9 787	- 9 230	- 3 657	15 177	- 16 122
Âge moyen du stock au 31/12 (en mois)	15,0	15,2	14,9	16,3	16,7
Actes de greffe	**122 838**	**121 231**	**119 800**	**95 552**	**110 565**
Dépôts de règlements intérieurs et accords d'entreprise effectués	70 133	72 925	75 418	66 698	71 970
Déclarations d'appel enregistrées	42 085	35 833	31 732	20 731	27 529
Autres	10 620	12 473	12 650	8 123	11 066

a. Le volume de nouveaux référés est approximé par celui des référés terminés.

Champ : France métropolitaine et DOM

Source : Ministère de la justice/SG/SEM/SDSE : Exploitation statistique du répertoire général civil – 2021

331.34 Taux d'appel par juridiction. Les taux d'appel contre les décisions du tribunal judiciaire sont voisins de taux d'appel contre les jugements des tribunaux du commerce. La qualité des décisions rendues par les juges consulaires n'est donc pas davantage mise en cause que celle de leurs homologues professionnels du Tribunal Judiciaire. Ces taux représentent une indication de qualité des décisions rendues, mais expriment aussi le fait que de nombreuses affaires portées devant ces juridictions souffrent de peu de contestation et auraient pu faire l'objet d'un règlement amiable.

Le taux d'appel contre les décisions rendues par les conseils de prud'hommes reste autour de 60 % depuis 25 ans.

1. Sur la médiation et les modes amiables de résolution des différends (Mard), v. ss nos 343.11 s.

Taux d'appel des jugements prononcés sur les affaires au fond (unité : %)					
Juridiction de première instance	2016	2017	2018	2019	2020
Tribunal judiciaire (hors incapacité des mineurs et protection de majeurs)	13,6	14,0	14,3	15,1	16,1
Conseil de prud'hommes	65,4	60,2	59,7	60,1	63,0
Tribunal de commerce	14,8	14,9	14,2	14,3	14,2

Champ : France métropolitaine et DOM

Source : ministère de la justice/SG/SEM/SDSE : Exploitation statistique du répertoire général civil – 2021

331.35 Familles de contentieux civils des tribunaux judiciaires. Ces statistiques donnent une vision précise du volume de nouveaux contentieux par type d'affaire.

PRINCIPALES FAMILLES DE CONTENTIEUX CIVILS DES TRIBUNAUX JUDICIAIRES

	2019		2020		2021	
Statut de l'affaire	nouvelles	terminées	nouvelles	terminées	nouvelles	terminées
Toutes affaires (fond + référés + requêtes)	**1 694 667**	**1 692 534**	**1 369 983**	**1 319 200**	**nd**	**nd**
Toutes affaires (fond + référés + requêtes) (hors rupture d'union)	**1 601 241**	**1 596 587**	**1 291 222**	**1 235 854**	**1 421 504**	**1 484 590**
Affaires au fond	**1 391 519**	**1 400 078**	**1 124 660**	**1 094 347**	**nd**	**nd**
Affaires au fond (hors rupture d'union)	**1 298 093**	**1 304 131**	**1 045 899**	**1 011 001**	**1 149 109**	**1 221 045**
Contentieux familial	**390 701**	**386 859**	**334 055**	**319 131**	**nd**	**nd**
Contentieux familial (hors rupture d'union)	**297 275**	**290 912**	**255 294**	**235 785**	**278 261**	**293 238**
dont juge aux affaires familiales	***380 413***	***355 228***	***324 589***	***292 966***	***311 454***	***355 977***
dont juge aux affaires familiales (hors rupture d'union)	***286 987***	***259 281***	***245 828***	***209 620***	***nd***	***nd***
Rupture d'union	93 426	95 947	78 761	83 346	nd	nd
dont divorces et conversions prononcés	so	66 116	so	57 453	so	nd
Après-divorces	43 972	44 485	36 244	32 669	35 638	41 741
Autres affaires relevant de la compétence du JAF	191 843	181 922	166 873	144 663	183 751	192 900
Incapacité des mineurs	61 460	64 505	52 177	58 453	58 872	58 597
Contentieux de l'exécution	**63 028**	**62 924**	**36 551**	**38 124**	**38 155**	**39 634**
dont saisies mobilières	*5 148*	*5 592*	*2 390*	*2 602*	*2 115*	*2 610*
Redressements et liquidations judiciaires civils	**6 469**	**6 833**	**4 063**	**4 745**	**4 512**	**4 870**
Autres contentieux civils	**931 321**	**943 462**	**749 991**	**732 347**	**828 181**	**883 303**
Protection de majeurs	236 374	235 148	221 054	213 759	254 138	254 127
dont ouvertures de régimes	*112 370*	*116 031*	*99 578*	*96 279*	*117 261*	*118 037*
fonctionnement et clôture	*78 209*	*77 452*	*75 288*	*74 257*	*81 899*	*80 810*
demande d'habilitation familiale	*33 744*	*29 821*	*35 909*	*33 163*	*42 977*	*43 699*
Contentieux des personnes (hors mineurs et majeurs)	137 822	135 397	116 457	113 132	128 147	124 401
Baux d'habitation et professionnels	108 431	117 577	88 679	75 558	96 284	102 807
Expulsion sans droit ni titre	878	912	1 022	731	1 538	1 318
Crédit à la consommation – incidents de paiement	49 912	58 042	39 624	36 715	43 126	48 469
Surendettement des particuliers	32 633	34 881	26 253	24 120	26 129	30 977
Rétablissement personnel	8 089	9 524	5 235	5 292	5 633	6 844
Juge des libertés et de la détention	129 781	126 737	108 937	106 486	119 494	116 684
Commission d'indemnisation des victimes de terrorisme	20 756	18 379	18 182	16 122	21 474	19 377
Expropriation	3 878	3 752	2 392	2 550	2 636	2 947
Pôle social	so	so	71 053	95 725	69 619	110 022
Autres	202 767	203 113	51 103	42 157	59 963	65 330
Requête	**127 435**	**121 835**	**107 775**	**101 380**	**123 231**	**116 826**
Référés	**175 713**	**170 621**	**137 548**	**123 473**	**149 164**	**146 719**

Statistiques : France métropolitaine et DOM – Ministère de la justice. 2021

331.36 Aide juridictionnelle et aide à l'intervention de l'avocat. Ces statistiques donnent une vision précise du volume de nouveaux contentieux par type d'affaire.

Versements des Carpa au titre de l'aide juridictionnelle et de l'aide à l'intervention de l'avocat (unité : missions et euros)

	2017	2018	2019	2020	2021
Nombre de missions rétribuées	**1 076 520**	**1 107 274**	**1 176 490**	**927 939**	**1 181 601**
Taux d'évolution (en %)	+ 4,5	+ 2,9	+ 6,3	– 21,1	+ 27,3
dont AJ garantie	*so*	*so*	*so*	*so*	*57 076*
Aide juridictionnelle	823 736	833 038	865 319	695 791	859 771
Aide à l'intervention de l'avocat	252 784	274 236	311 171	232 148	321 830
Dépenses totales (en euros)	**402 745 929**	**432 214 814**	**461 433 491**	**374 627 767**	**505 410 602**
Aide juridictionnelle	337 523 932	359 332 935	379 102 596	313 588 174	421 823 354
Aide à l'intervention de l'avocat	65 221 997	72 881 879	82 330 895	61 039 593	83 587 248
Dépenses moyennes par mission (en euros)	**374,1**	**390,3**	**392,2**	**403,7**	**427,7**
Aide juridictionnelle	409,7	431,4	438,1	450,7	490,6
Aide à l'intervention de l'avocat	258,0	265,8	264,6	262,9	259,7

so : sans objet
Champ : France métropolitaine et DOM.
Seules les missions réalisées par les avocats au titre de l'aide juridictionnelle sont dans le champ de cette fiche. Les missions réalisées par d'autres auxiliaires (notaire, huissier, etc.) sont hors du champ des Carpa et donc exclues.
Source : données de l'Union des Carpa – 2021

SECTION 4
ACTION PROSPECTIVE DU CONSEIL NATIONAL DES BARREAUX

331.41 Commission prospective du Conseil national des barreaux. La commission Prospective a pour mission d'observer et d'évaluer les mutations de la société auxquelles les avocats doivent adapter leur exercice et le fonctionnement de leur cabinet. Elle anticipe ainsi les évolutions techniques, économiques et sociétales, de manière à influer sur l'avenir à court, moyen et long terme.

En 2021, la commision prospective a présenté un rapport sur les États généraux de la perspective et de l'innovation. Selon ce rapport, les tendances qui se dégagent pour les prochaines décennies sont :

– une transformation de la norme avec la fin du règne de la loi et l'avènement de nouvelles réglementations reposant sur le contrat, le soft law, les codes de conduite, dans lesquels les acteurs sur le marché (les entreprises) ne sont plus simplement des sujets de droit, mais des acteurs de la norme, participant non seulement à sa conception mais contribuant également à son application ;

– une justice transformée qui montre plusieurs tendances : d'une part, un recours choisi au juge et le développement corrélatif d'une justice négociée mais également une justice dotée de moyens numériques, d'autre part, la nécessité de repenser l'audience comme un rendez-vous judiciaire qui parachève tout le travail mené en amont entre les acteurs du procès ;

– un droit qui protège le droit des générations futures ce qui modifie la conception de la norme et du droit et confère à l'avocat un rôle de vigie ;

– un droit centré sur les comportements : grâce aux neurosciences, la mise en œuvre du droit se fera avec une meilleure connaissance du fonctionnement humain pour guider sa mise en œuvre (ex. incapacité, responsabilité civile et pénale), mais également pour éviter les risques de « biais » du magistrat lorsqu'il rend sa décision ;

– un droit quantifiable et améliorable qui étudie la jurisprudence comme un phénomène qu'il est possible de modéliser pour prédire et simuler les différentes décisions qu'un juge pourrait rendre dans un cas déterminé.

Selon la commission, Il résulte de ces réflexions et échanges différentes pistes de réflexions qui sont envisagés pour préparer l'avenir de la profession :

– développer de nouvelles compétences dans les dix prochaines années, grâce à la construction d'un référentiel de compétences au bénéfice des avocats ;

– intégrer dans la formation initiale des sessions sur les systèmes d'informations et sur les métiers associés ;

– poursuivre les réflexions déjà en cours sur la création d'un fonds d'investissement de la profession destinée à financer l'innovation par la profession ;

– repenser l'honoraire des avocats ;

– réfléchir à l'utilisation des robots dans notre exercice ;

– cyber-sécuriser les cabinets d'avocats ;

- organiser et valoriser les données de la profession et des cabinets au bénéfice des avocats et envisager l'acquisition mutualisée des outils par les instances représentatives de la profession ;
- concevoir une stratégie pour attirer et conserver les talents ;
- lancer une réflexion sur les carrières circulaires et la mobilité professionnelle ;
- promouvoir l'avocat avec sa déontologie comme tiers de confiance.

CHAPITRE

332. Stratégie juridique de l'entreprise

SECTION 0 ORIENTEUR

332.00 **Sommaire du chapitre.**

SECTION 1 NOTION DE STRATÉGIE JURIDIQUE DES ENTREPRISES

332.11 **Notion de stratégie juridique des entreprises.** À l'image de la stratégie juridique des États [1], la notion de stratégie juridique des entreprises repose sur l'idée que l'entreprise peut créer un avantage concurrentiel à partir de l'environnement juridique dans lequel elle se trouve [2]. Cette théorie a été développée dans les années 2000 aux États-Unis puis dans les années 2010 en France.

Dans son environnement juridique, l'entreprise combine les facteurs institutionnels dans leurs aspects contraignants et structurants avec des facteurs substantiels que sont les ressources juridiques et l'ingénierie juridique. Elle peut tirer de cet ensemble de facteurs des stratégies qui vont lui permettre d'établir des avantages concurrentiels.

En France, les réflexions et travaux autour de cette notion de stratégie juridique de l'entreprise sont principalement portés par Christophe Collard et Christophe Roquilly, tous deux professeurs à l'EDHEC Business School et aussi par Hugues Bouthinon-Dumas, professeur à l'ESSEC Business School [3].

332.12 **Stratégie juridique des entreprises et *Law and Management*.** L'approche universitaire de la stratégie juridique des entreprises a commencé aux États-Unis. Bien que les chercheurs aient depuis longtemps reconnu l'influence que pouvaient exercer les entreprises dans l'élaboration du droit à travers le *lobbying*, l'analyse de la gestion juridique des entreprises est beaucoup moins développée. C'est dans ce contexte que plusieurs professeurs de droit ont exprimé l'intérêt que des cours de droit des affaires pouvaient avoir pour les dirigeants d'entreprises [4]. Ceci à conduit Constance Bagley, de l'Université de Yale, à affirmer que les dirigeants pouvaient utiliser le droit pour créer de la valeur [5]. Depuis, ces idées ont gagné du terrain et sont parfois décrites sous le vocable « sagacité juridique » *(legal astuteness)* [6].

332.13 **Aborder le droit par le prisme de l'entreprise.** Au-delà de sa dimension intellectuelle, la stratégie juridique de l'entreprise apporte une nouvelle lecture des questions juridiques. Traditionnellement, la question juridique est approchée sous l'angle du juriste qui adapte ensuite sa pensée à la situation de l'entreprise. Il en résulte parfois un décalage entre la vision du juriste et celle du chef d'entreprise pour qui le droit s'intègre mal à sa manière de penser.

1. A. Garapon, P. Servan-Schreiber, *Deals de justice*, Puf, 2020.
2. C. Collard, C. Roquilly, *La performance juridique : pour une vision stratégique du droit dans l'entreprise*, Préface d'Alexandre Menais, LGDJ, 2010.
3. H. Bouthinon-Dumas (dir.), *Stratégies juridiques des acteurs économiques*, Larcier, 2012.
4. G. Siedel, « Six forces and the legal environment of business », *American Business Law Journal*, 2000, p. 717.
5. C. Bagley, « Legal problems showing a way to do business », *Financial Times*, 27 nov. 2000.
6. C. Bagley, « how to use the law to create value », *Harvard Business School Press*, 2005, 47-50.

Il s'agit donc ici d'aborder l'analyse en énumérant l'ensemble des problèmes qui comptent pour l'entreprise[1] :

- la protection de l'environnement,
- la santé,
- la sécurité,
- la technologie,
- la régulation,
- la dérégulation,
- les droits de l'Homme,
- la politique commerciale internationale,
- la politique législative et réglementaire,
- le droit de la concurrence,
- les pressions militantes,
- le traitement médiatique de la vie des affaires,
- les relations avec les actionnaires,
- la responsabilité sociale,
- l'éthique.

Chacune de ces questions a une traduction juridique, mais elle implique une approche transversale du droit par rapport au découpage traditionnel des matières juridiques telles qu'elles sont abordées par le juriste. Le dirigeant d'entreprise intègre trois éléments dans toute décision de gestion : la dimension économique, la dimension juridique et la dimension éthique. L'étude de la stratégie juridique des entreprises propose, dans un premier temps, de rassembler ces composantes. Dans un second temps, l'objectif du dirigeant sera de parvenir à transformer un paramètre ou une contrainte juridique en une opportunité pour l'entreprise. Ainsi, une contrainte liée à la responsabilité du fait des produits défectueux peut devenir une opportunité pour développer de nouveaux produits[2].

SECTION 2
STRATÉGIE JURIDIQUE DES ENTREPRISES : SOURCE D'OPPORTUNITÉS POUR LES AVOCATS

332.21 Changer le regard du dirigeant sur l'avocat. Par une approche fondée sur la stratégie juridique de l'entreprise, l'avocat peut aider son client à changer son regard sur le droit et sur les professionnels du droit autour de lui. En effet, il s'agit de mettre en avant le bénéfice que constitue le cadre juridique dès lors que l'entreprise parvient à s'en servir pour en tirer un avantage concurrentiel.

L'illustration la plus simple est l'approche proactive de la pratique du contrat en vue d'en tirer un avantage[3]. Le contrat constituant la loi des parties, celui-ci va devenir une arme à la fois défensive et offensive pour l'entreprise. Avec un travail méthodique et systématique sur toutes les situations rencontrées par l'entreprise, les contrats de l'entreprise vont s'enrichir, s'affiner pour devenir une véritable arme commerciale à son profit.

L'avocat peut jouer un rôle à la fois pédagogique et proactif car ce sera à lui de réussir l'éducation juridique de son client afin que la dimension juridique devienne un instrument stratégique pour ce dernier.

332.22 Changer le regard de l'avocat sur l'entreprise. Si l'avocat souhaite s'impliquer dans la stratégie juridique de l'entreprise et de son dirigeant, il devra essayer de ne plus voir le client à travers le seul prisme du dossier qui lui est confié mais devra essayer de saisir l'ensemble des enjeux auxquels est confronté le client. Ainsi, son effort consistera à comprendre le fonctionnement de l'entreprise et ses décisions de gestion :

- Comprendre le processus de prise de décisions du dirigeant.
- Comprendre le besoin de l'entreprise à travers l'analyse de toute la chaîne de valeur, de l'innovation à la production jusqu'à la vente et la relation avec le client au-delà de la vente :
  • identification de son marché ;
  • création de l'offre de biens et de services ;
  • production de biens et de services ;
  • commercialisation et livraison ;
  • services aux clients.
- Comprendre l'ensemble des risques de l'entreprise pour pouvoir analyser le besoin juridique à toutes les étapes : ces risques peuvent concerner la structure juridique, la gouvernance, la concurrence, la commercialisation des produits (responsabilité), la propriété intellectuelle de l'entreprise, les relations bancaires, les ressources humaines.

332.23 Exemples de stratégies juridiques. Dans l'ouvrage collectif *Stratégies juridiques des acteurs économiques*[4], plusieurs exemples sont pris pour illustrer cette approche stratégique du droit :

En droit du travail :
- les stratégies de rupture du contrat de travail ;
- la gestion de l'incompétence professionnelle dans le cadre de l'évaluation du salarié.

En droit de la propriété intellectuelle :
- l'utilisation stratégique du patrimoine immatériel de l'entreprise ;
- la stratégie des entreprises fondées sur la propriété intellectuelle.

En droit des sociétés :
- les stratégies de pérennisation du contrôle familial d'une entreprise ;
- la performance des filiales à 100 % en SAS ;

1. D. Baron, *Business and its environment*, Pearson, 2008.
2. G. Siedel et H. Haapio, *Proactive law for managers : a hidden source of competitive advantage*, Gower, 2011.
3. *Idem*.
4. H. Bouthinon-Dumas (dir.), *Stratégies juridiques des acteurs économiques*, Larcier, 2012.

- les stratégies d'acquisition des pépites des sociétés en difficulté.

En droit des contrats :

- les contrats comme outil de performance juridico-managerial ;
- les stratégies fondées sur les clauses inutiles.

En droit judiciaire et médias :

- influence des actions judiciaires sur les cours de bourse ;
- utilisation des médias pour faire pression sur le juge ;
- la stratégie juridique de protection des secrets d'affaires dans le cadre d'une procédure contentieuse.

En droit fiscal :

- la planification fiscale.

Si certains de ces exemples peuvent paraître cyniques, ils illustrent néanmoins la dimension tactique de la prestation juridique. Bien entendu, cette dimension tactique et stratégique a toujours été inhérente au travail de l'avocat. Néanmoins, le fait d'avoir érigé cette notion de stratégie juridique de l'entreprise en sujet de réflexion universitaire permet de l'aborder avec un regard plus analytique qui constitue sans doute un argument pour les avocats vis-à-vis de leurs clients.

CHAPITRE

333. Approche des secteurs porteurs

SECTION 0 ORIENTEUR

333.00 **Sommaire du chapitre.**

SECTION 1 DÉFINITION ET APPROCHE DES SECTEURS PORTEURS

333.11 **Définition et approche des secteurs porteurs.** Dans ses choix présents et dans sa réflexion prospective, le cabinet d'avocats cherchera à orienter son développement vers des domaines susceptibles de connaître une évolution porteuse d'opportunités. Le droit est intrinsèquement lié à l'activité économique mais aussi à l'évolution sociale et comportementale. La recherche des secteurs porteurs pour l'avenir des cabinets consiste en une observation des mutations de l'économie et de la société mais aussi en une analyse de l'évolution de la pratique du droit.

Certains changements de l'économie ou de la société peuvent ouvrir des champs de développement à long terme comme il arrive aussi que des politiques gouvernementales créent une activité très importante pour les avocats mais concentrée sur des périodes très courtes.

333.12 **Marchés émergents du droit.** Les travaux réalisés par l'American Bar Association (ABA) sur le sujet des marchés en croissance pour les avocats en 2021 identifient les domaines suivants comme étant les plus porteurs pour les avocats[1] :

– Les champs d'activité créés par les avancées technologiques, à savoir :

• la protection des données personnelles et la cybersécurité ;

• la responsabilité liée à la « smart » technologie (objets connectés, assistants digitaux...) ;

• la responsabilité liée à l'intelligence artificielle ;

• les drones ;

• les questions de propriété intellectuelle liées aux NFT ;

– Le droit des seniors ;

– Le droit de l'environnement ;

– Le droit de la santé ;

– Le droit de l'énergie.

Sans que cette liste puisse être considérée comme exhaustive, il est intéressant de noter que s'y trouvent :

– des besoins de droit à court terme en réponse à des évolutions récentes ;

– des besoins de droit à long terme en réponse à des évolutions ou mutations profondes du tissu économique et de la société.

La réflexion du cabinet devra intégrer cette dimension temporelle en associant les opportunités à court et à long terme dans une réflexion stratégique cohérente.

333.13 **Secteurs porteurs présentant des opportunités de croissance à long terme.** La réflexion sur les opportunités à long terme répondra notamment aux questions suivantes :

1. *ABA resources and industry reports*, Legal trends 2021.

- Quels sont les domaines dans lesquels le cabinet dispose déjà d'atouts qui peuvent s'inscrire dans une réflexion stratégique à long terme ?
- Quels sont les domaines du droit dont l'évolution affecte la pratique d'autres matières au sein du cabinet ?
- Quelles sont les réponses que notre cabinet peut apporter aux bouleversements technologiques et sociologiques de notre société ?
- Comment le droit va-t-il accompagner ces changements ?
- Comment mieux accompagner la maîtrise et la gestion des risques de nos clients face à ces changements ?

Les réponses à ces questions vont aider le cabinet à identifier des secteurs susceptibles de constituer des opportunités de développement qui soient en ligne avec ses souhaits et ses capacités.

Il ne suffit pas qu'un secteur soit identifié comme étant porteur pour justifier qu'un cabinet cherche à s'y développer. Certains secteurs porteurs correspondront mieux que d'autres au profil et aux capacités du cabinet.

SECTION 2
SECTEURS PORTEURS : APPROCHE TRANSVERSALE

333.21 **Exemple du droit de l'environnement.** Le droit de l'environnement s'est créé à la fin des années soixante sur trois axes : les questions relatives aux forêts et à l'eau, les premiers textes sur la pollution atmosphérique et ceux relatifs aux installations classées[1]. Le droit de l'environnement s'est développé en agglomérant différents domaines avec un regard civil, pénal et administratif. La notion de développement durable est apparue à la fin des années quatre-vingt avec l'objectif de concilier les préoccupations environnementales avec la croissance économique dans une économie mondialisée[2]. Autour de ce nouveau droit s'agrègent de très nombreux domaines juridiques avec des objectifs nouveaux et des obligations nouvelles.

La notion même de développement durable est ancrée dans l'avenir. Elle associe la notion de préservation de la planète et de ses ressources à la recherche de solutions nouvelles dans le domaine des énergies renouvelables. La directive 2001/77/CE relative aux sources d'énergie renouvelables pour la production d'électricité[3] résumait déjà ainsi les enjeux du développement durable et des énergies renouvelables : « La Communauté reconnaît la nécessité de promouvoir en priorité les sources d'énergie renouvelables, car leur exploitation contribue à la protection de l'environnement et au développement durable. En outre, cela peut aussi générer des emplois sur place, avoir une incidence positive sur la cohésion sociale, contribuer à la sécurité des approvisionnements et accélérer la réalisation des objectifs de Kyoto. Il est, par conséquent, nécessaire de veiller à ce que ce potentiel soit mieux exploité dans le cadre du marché intérieur de l'électricité ». Les instances européennes évoquaient l'impact des questions environnementales sur la cohésion sociale.

Le droit de l'environnement est le meilleur exemple d'un droit transversal en ce qu'il touche potentiellement tous les domaines de l'activité humaine.

Au-delà d'une approche devenue classique du droit de l'environnement, certains cabinets internationaux se sont saisis de ces enjeux en créant des pratiques dédiées au changement climatique[4].

333.22 **Un droit transversal.** Qu'il s'agisse du droit public, du droit privé, du droit des transports, du droit de l'agriculture, de la construction, de la fiscalité, rares sont les domaines du droit qui échappent aujourd'hui à la notion de protection de l'environnement et développement durable. Dans les entreprises, les spécialistes des questions environnementales travaillent aux côtés des juristes internes et des avocats sur tous les aspects de leur activité : consommation d'énergie, choix logistiques, décisions immobilières, production industrielle... Les notaires se sont aussi impliqués dans le développement durable, tout particulièrement dans ses liens étroits avec le droit de l'urbanisme[5].

Le droit de l'environnement a pris sa place dans le droit des affaires et dans les opérations de fusions et acquisitions, et ce même dans les secteurs qui ne paraissent pas sensibles aux questions environnementales. Dans les audits préalables à une acquisition ou une cession, les avocats travaillent sur les aspects réglementaires en parallèle avec des ingénieurs qui analysent les aspects scientifiques. Les garanties de passif environnementales sont de plus

1. L. n° 61-842, 2 août 1961 relative à la lutte contre les pollutions atmosphériques et les odeurs, *JO* 3 août, p. 7195 ; mod. par L. n° 2006-686, 13 juin 2006 – L. n° 64-1245, 16 déc. 1964 relative au régime et à la répartition des eaux et à la lutte contre leur pollution, *JO* 18 déc., p. 11258 ; mod. par L. n° 92-3, 3 janv. 1992.
2. C. Lepage, « Droit de l'environnement et développement durable : la ruée vers l'or vert », *Le Monde du droit* n° 11, 15 juin 2008 [En ligne].
3. Dir. 2001/77/CE, Parlement et Conseil, 27 sept. 2001 relative à la promotion de l'électricité produite à partir de sources d'énergie renouvelables sur le marché intérieur de l'électricité *JOUE* 27 oct., p. 33.
4. Notamment Baker & McKenzie et White & Case.
5. *Développement durable : un défi pour le droit*, 104e Congrès des notaires de France (Nice, 4-7 mai 2008), Paris, LexisNexis, 2008.

en plus souvent intégrées dans les documents de cession[1].

La dimension transversale de ce droit en fait un axe de développement privilégié pour les cabinets d'avocats. En effet, les questions environnementales et de développement durable concernent tous les praticiens du droit généralistes ou spécialistes. Fiscalité écologique, responsabilité civile et pénale, enjeux économiques et commerciaux, urbanisme, construction... les avocats sont sollicités pour répondre à une demande croissante des entreprises et même des particuliers sur les questions d'environnement et de développement durable. Il semble maintenant acquis que ces notions viennent s'intégrer au développement économique et à notre modèle de société. Ils constituent dès lors un réservoir de croissance pour les cabinets d'avocats.

333.23 Une sensibilité accrue des entreprises. En l'espace de vingt ans, s'est opéré un bouleversement des mentalités des entreprises face aux questions relatives à l'environnement. Non seulement les entreprises souhaitent se conformer aux obligations légales, mais de surcroît elles désirent souvent aller au-delà des normes qui leur sont imposées. De leur propre initiative, les entreprises recherchent le dialogue avec les Directions régionales de l'industrie, de la recherche et de l'environnement (Drire) et, dans leurs décisions d'équipement, deviennent parfois précurseurs par rapport à la législation existante.

Le potentiel de développement de cette activité de conseil pour les avocats français est d'autant plus intéressant que les entreprises françaises ont un certain retard par rapport aux entreprises anglo-saxonnes. Alors que l'État Américain est réticent à prendre des engagements forts sur le plan international, les entreprises américaines ont une conscience environnementale forte du fait de l'ampleur des risques encourus en cas d'attitude négligente ou irresponsable. En Europe, le cadre réglementaire est contraignant, mais les entreprises vont encore progresser sur le plan de la responsabilité sociale à l'égard des questions d'environnement et de développement durable.

333.24 Un enjeu politique des collectivités. En France, les collectivités locales jouent un rôle moteur dans la conscience environnementale. Celle-ci est devenue un enjeu majeur de la politique locale. Dans le domaine du logement social, notamment, les appels d'offres étaient rarement assortis de conditions précises quant au respect de l'environnement. Aujourd'hui, les personnes publiques rédigent des cahiers des charges de plus en plus stricts. Pour les entreprises privées qui répondent à ces marchés, la compétition se situe non seulement sur le terrain du prix mais aussi sur le terrain technique du respect de critères environnementaux. Les collectivités peuvent ainsi imposer des normes qui ne sont pas obligatoires. Les révisions des documents d'urbanisme et des plans d'occupation des sols (POS) sont autant d'occasions pour une collectivité d'imposer de nouvelles normes et répondre aux préoccupations environnementales des citoyens révélées par les enquêtes publiques.

333.25 Activité dans le domaine des énergies renouvelables et le secteur de l'énergie. La conscience des enjeux du développement durable a non seulement contribué à créer un secteur économique qui est celui des énergies renouvelables mais contribue maintenant à une forte activité dans le domaine des énergies traditionnelles. Les grands acteurs économiques des énergies fossiles intègrent les énergies renouvelables dans leurs stratégies mais ils cherchent également à diversifier leurs approvisionnements, à intensifier leur prospection et plus globalement à ouvrir leur réflexion sur l'avenir énergétique de la planète.

Le rapport capitalmind de 2021[2] qui suit les transactions de M&A dans le monde note que près de la moitié des opérations effectuées dans le secteur de l'énergie sont intervenues dans le domaine des énergies renouvelables.

333.26 Évolutions de la pratique du droit de l'environnement. En s'étendant, le droit de l'environnement génère des sous-spécialisations (eau, déchets, produits chimiques...) qui ne peuvent s'exercer les unes sans les autres. Différents cabinets pourront chercher à mettre en réseau ces savoirs. Une grande entreprise qui intervient sur plusieurs marchés nationaux peut vouloir être accompagnée par un réseau international d'avocats. Une PME qui souhaite se développer dans des territoires pourrait rechercher un réseau décentralisé ou « inter barreaux » d'avocats, connaisseurs des règles et contraintes locales, offrant une expertise de pointe en droit de l'environnement alliée à la capacité d'y associer des expertises complémentaires.

L'avocat spécialisé en droit de l'environnement n'est plus qu'un juriste de droit public. C'est un juriste qui maîtrise la technique contractuelle du droit privé. C'est un juriste qui connaît le droit européen de l'environnement et qui a une connaissance fine des circuits administratifs de décision. Le droit de l'environnement est au carrefour de l'incertitude scientifique et de l'incertitude juridique et offre de ce fait un réservoir considérable d'opportunités.

1. « Environmental Representations and Warranties Sample Clauses », *Law Insider*, 2022 [En ligne].

2. M. Hallinger, « M&A activity in the energy sector », *Capitalmind*, 2021 [En ligne].

SECTION 3
GLOBALISATION, MUTATIONS ET DISRUPTIONS

333.31 Changements irréversibles et création de droit. Les comportements sont bouleversés par les technologies de l'information. Le monde entier est connecté par un ensemble d'outils avec des implications fondamentales sur la circulation de l'information, la vie professionnelle et la vie privée. Ces bouleversements sont autant économiques que sociaux et doivent être accompagnés par le droit. Un nouveau droit et une nouvelle jurisprudence s'échafaudent autour des technologies de l'information. Les pouvoirs publics, les juristes, les magistrats recherchent les solutions les plus adaptées à l'ensemble des questions posées.

Dès 2010, Christiane Féral-Schuhl, dans son ouvrage *Cyberdroit*[1] posait les questions suivantes :

- Comment la collecte et le transfert de données à caractère personnel peuvent-ils être au service de chacun sans porter atteinte aux libertés individuelles ?
- Sur la cybersurveillance, où placer la frontière entre pouvoir de contrôle de l'employeur, devoir de loyauté de l'employé et protection de ses libertés fondamentales ?
- Comment encourager le commerce en ligne tout en protégeant le cyberconsommateur ?
- Comment protéger le droit d'auteur ?
- Comment accorder le régime de responsabilité des acteurs du Web ?
- Quelles sont les mesures à prendre contre l'inflation des actes de cybercriminalité, en modernisent les méthodes d'investigation des autorités d'enquête et renforcent la coopération entre autorités judiciaires ?

C'est donc un nouveau droit protéiforme qui se dessine. Il est au confluent du juridique, de l'économique et du technologique puisqu'il se situe sur des terrains aussi différents que le commerce, le respect de la vie privée, la responsabilité civile ou pénale ou encore la contrefaçon.

Ce sont ensuite la blockchain, les cryptomonnaies et les NFT qui ont participé à créer de nouveaux pans du droit et de la règlementation financière et boursière.

Si la technologie est motrice dans de nombreux changements de la société, elle n'est pas la seule force à transformer la société. Elle agit, au même titre que le réchauffement climatique ou le vieillissement des populations occidentales pour créer de nouveaux espaces économiques et juridiques dont les avocats doivent se saisir.

333.32 Approche juridique et sectorielle liée aux technologies[2]. Dans une réflexion stratégique visant à identifier des opportunités pour un cabinet d'avocats, il sera pertinent de réfléchir de manière sectorielle en intégrant dans la réflexion les secteurs d'activité des clients existants du cabinet.

333.33 Questions juridiques soulevées par Internet. L'avocat Gérard Haas dont le cabinet se définit comme spécialisé en droit du numérique et de la propriété intellectuelle présente les compétences du cabinet de la manière suivante :

- droit de la protection des données et l'IT ;
- droit des marques et la propriété intellectuelle ;
- droit du e-commerce et des plateformes ;
- droit numérique des affaires.

Cette présentation illustre les liens étroits entre la technologie et la propriété intellectuelle dans l'activité des avocats.

333.34 Commerce en ligne. Le commerce en ligne poursuit sa progression. En 2020, le e-commerce en France représentait un chiffre d'affaires de 103,4 milliards d'euros réalisé par 200 650 sites marchands actifs[3]. En 2007, le chiffre d'affaires du e-commerce en France était 15,6 milliards d'euros réalisés par 35 000 sites marchands.

En 2020, le chiffre d'affaires du e-commerce en Europe était de 636 milliards et le chiffre d'affaires mondial de 2 300 milliards d'euros.

Sur le plan juridique, le corps de textes pouvant s'appliquer au commerce sur Internet se développe et offre de nouveaux champs d'activité aux avocats, notamment en ce qui concerne la fraude, les cyberattaques, et les litiges de consommation[4].

SECTION 4
CONTENTIEUX ET ARBITRAGE SPÉCIALISÉS

333.41 Évolution vers une spécialisation des contentieux. Alors que le nombre des affaires soumises aux tribunaux a tendance à baisser[5], le contentieux des affaires connaît néanmoins des évolutions qui en renforcent l'attractivité. Les cabinets peuvent élargir leur offre de services autour du contentieux. En effet, les tendances suivantes marquent l'évolu-

1. C. Féral-Schuhl, *Cyberdroit, Le droit à l'épreuve d'Internet*, 6e éd., Dalloz, 2010, nos 11.09 s., 12.11 s., 13.11 s., 15.11 s.

2. Sur la spécialisation sectorielle, v. ss nos 125.11 s.
3. FEVAD, *Rapport annuel sur l'état du marché*, 2021.
4. Ord. no 2016-301, 14 mars 2016 relative à la partie législative du code de la consommation, notamment : articles L. 221-1 à L. 221-15
5. V. ss nos 331.31 s.

tion du contentieux au cours des prochaines années :

- la pratique du contentieux des affaires se spécialise ;
- la communication entre les magistrats et les avocats change ;
- les clients demandent davantage de conseils précontentieux.

Dans leur ensemble, ces évolutions du contentieux viennent renforcer la qualité des débats et des décisions rendues. Il en résulte aussi une jurisprudence plus cohérente et plus fiable pour les justiciables. Les clients souhaitent arriver de mieux en mieux préparés pour des contentieux dont l'issue leur semble moins arbitraire. Les entreprises ne raisonnent plus simplement en termes de contentieux mais en termes de stratégie judiciaire[1].

À l'image de toutes les branches du droit et de l'activité des praticiens, le contentieux se spécialise. Dans le domaine commercial comme dans le domaine financier, les avocats développent des spécialités telles que le contentieux de la concurrence ou le contentieux boursier. À l'origine de cette évolution se trouvent les grands cabinets. Alors que ces derniers abordaient l'activité contentieuse comme un support de leur activité dominante de conseil, ils ont progressivement perçu l'intérêt de développer des pratiques de contentieux spécialisé. Dans le droit des affaires, nombre d'avocats plaidants sont des spécialistes de leur matière plutôt que du contentieux.

Parallèlement à la spécialisation des avocats, les grandes juridictions se sont aussi engagées dans une démarche de spécialisation. À Paris, après les chambres spécialisées en arbitrage et en propriété intellectuelle, ce sont des chambres spécialisées en matière boursière et en droit de la concurrence qui ont été créées. Les magistrats y acquièrent une grande compétence dans ces matières et contribuent à la stabilité et la cohérence de la jurisprudence. Des formations spéciales ont été mises en place un système de formation pour les magistrats de ces chambres.

La tendance à la spécialisation des juridictions est maintenant ancrée dans la volonté des pouvoirs publics. Elle s'étend progressivement à l'ensemble des domaines du droit comme l'a proposé le rapport de la commission présidée par Serge Guinchard sur la répartition des contentieux[2].

333.42 Procès mieux organisés et nouvelle communication entre les avocats et les magistrats. Comme la spécialisation des juridictions, l'amélioration de la conduite du procès et des règles de communication entre avocats et magistrats est caractéristique d'une volonté d'amélioration de la qualité du procès judiciaire.

Dans cette évolution, les adaptations consécutives aux deux rapports Magendie constituent des étapes importantes[3]. Ces rapports ont marqué la volonté d'encadrer le procès à la fois sur le plan du temps mais aussi sur le plan des règles de procédure. Les magistrats comme les avocats aspiraient à un meilleur déroulement des procédures. En limitant les possibilités de renvois dilatoires, en proposant l'interdiction de nouveaux moyens en appel, les deux rapports Magendie ont largement contribué à cette amélioration. Des propositions ont été faites pour structurer les conclusions de manière à ce que les écritures soient calquées sur un même modèle afin que celles-ci soient plus claires pour les juges mais aussi pour les parties.

Des progrès ont aussi été faits dans la souplesse des juridictions pour aménager des audiences spéciales pour les affaires pour lesquelles un traitement spécial est justifié. L'informatisation des procédures a fait son apparition dans les tribunaux, dégageant du temps pour les magistrats.

À l'image de la procédure devant le tribunal du commerce dans laquelle un dialogue s'installe entre le juge consulaire et les parties, les magistrats des tribunaux de grande instance et des cours d'appel modifient leurs méthodes. Ils posent des questions précises aux avocats afin d'éclairer des points spécifiques des dossiers. L'exercice de la plaidoirie change également pour devenir une synthèse visant à donner une vision globale du dossier ainsi que des réponses aux questions du juge.

Tous ces changements contribuent non seulement à améliorer la qualité du procès mais permettent également à l'avocat d'optimiser son travail avec ses clients.

333.43 Augmentation de la demande de conseils précontentieux. Avec la réforme de la procédure civile entrée en vigueur au 1er janvier 2020[4], il est désormais obligatoire de recourir à la médiation ou la conciliation avant de saisir un juge dans un certain nombre d'hypothèses. Ce texte poursuit, en matière de recours obligatoire aux modes de résolution amiable des différends avant la saisine du juge,

1. SUR les stratégies judiciaires des entreprises : L. Nurit-Pontier, S. Rousseau (dir.), *Risques d'entreprise : quelle stratégie juridique ?*, « Droit des affaires », LGDJ, 2012 – C. Champaud, D. Danet, *Stratégies judiciaires des entreprises*, « États de droits – regards sur la justice », Dalloz, 2006.
2. Ministère de la Justice, *L'ambition raisonnée d'une justice apaisée*, Commission sur la répartition des contentieux, 30 juin 2008.
3. J.-C. Magendie, *Célérité et qualité de la justice, la gestion du temps dans le procès*, La documentation française, 2004 – J.-C. Magendie, « Célérité et qualité de la justice devant la cour d'appel », La documentation française, 2008.
4. Décr. nº 2019-1333, 11 déc. 2019 réformant la procédure civile, *JO* 12 déc., nº 3.

l'œuvre initiée par la loi du 18 novembre 2016 [1] dite « Justice du XXIe siècle » et développée par la loi du 23 mars 2019 de programmation 2018-2022 [2] et de réforme de la justice.

Progressivement, c'est toute la culture française du contentieux qui change. Les clients souhaitent être conseillés en amont sur leurs options. L'avocat doit être en mesure de guider ses clients entre le contentieux judiciaire, l'arbitrage institutionnel ou *ad hoc*, ou encore la médiation ou la conciliation.

L'instauration de la procédure participative [3] s'inscrivait aussi dans cette tendance d'un rôle accru de l'avocat dans la recherche de solutions pour son client.

L'activité des spécialistes du contentieux se développe aussi dans les conseils liés à la préparation des procédures. L'avocat conseille le client dans la récupération, la gestion ou la conservation des éléments de preuve [4]. Un partenariat s'installe entre l'avocat et le client dès la préparation des dossiers. L'avocat aide le client à évaluer les chances de succès de la procédure. Il aide le client à déterminer ses priorités. L'avocat intégrera les critères de coût, de confidentialité, de durée de la procédure pour orienter le client vers le mode le plus adapté pour le règlement de son litige.

Dans ce contexte, la séparation traditionnelle du conseil et du contentieux s'estompe pour se fondre dans un accompagnement global du client par l'avocat.

333.44 Modes amiables de résolution des différends (Mard). Étant l'interlocuteur naturel des particuliers comme des entreprises en cas de litige, l'avocat trouve sa place dans les dispositifs alternatifs de règlement des différends [5].

333.45 Influence de la Chambre de commerce internationale (CCI). La Cour d'arbitrage de la Chambre de commerce internationale (CCI) est installée à Paris depuis 1921. Depuis sa création, elle a traité plus de 20 000 affaires. Institut d'arbitrage référence au niveau mondial, elle a enregistré un total de 946 nouveaux cas d'arbitrage en 2020 [6] – le plus grand nombre de cas enregistrés depuis 2016, année où un ensemble complexe de petits litiges avait entraîné une nette augmentation des statistiques.

Les arbitrages CCI jouissent d'une excellente réputation dans le monde entier et rivalisent avec les arbitrages institutionnels des pays de Common Law, et notamment ceux de la London Court of International Arbitration.

Au succès des arbitrages CCI s'ajoute le fait que la France conserve aux yeux des nombreux pays une image de neutralité. Ainsi, Paris peut être le lieu choisi pour arbitrer un litige entre une société américaine et une société chinoise.

La présence à Paris de la CCI et de sa cour d'arbitrage, une des principales institutions mondiales de règlement des litiges internationaux, n'est cependant pas un avantage acquis. Malgré ses liens étroits avec la France, l'institution serait libre de choisir une autre implantation. Si Paris est devenu un des lieux de l'arbitrage international, c'est également parce qu'un nombre croissant d'avocats spécialisés dans l'arbitrage y exerce leur métier. Paris concentre en effet de nombreux spécialistes des procédures arbitrales, que ceux-ci soient français ou non. Parmi ceux-ci, certains appartiennent aux grands cabinets mais nombre d'entre eux appartiennent à des petites structures. Ces avocats peuvent eux-mêmes avoir une expérience d'arbitre, comme c'est le cas pour de nombreux anciens bâtonniers.

Le rapport Prada de 2011 s'était préoccupé de la compétitivité de Paris sur le plan de l'arbitrage international. Revenant sur le risque du déménagement en Suisse de la CCI et la manière dont les autorités françaises avaient rapidement trouvé des solutions (en trouvant une solution immobilière adaptée après avoir amélioré certains dispositifs de la loi française) pour que la CCI reste à Paris, le rapport Prada avait proposé encore d'autres axes de réflexion :

– clarifier le recours des personnes publiques françaises à l'arbitrage international ;

– la nécessité d'un effort des pouvoirs publics et des professionnels concernés pour faire connaître les atouts de Paris en tant que place d'arbitrage internationale ;

– l'organisation d'une profession française d'arbitre international.

1. L. n° 2016-1547, 18 nov. 2016 de modernisation de la justice du XXIe siècle, *JO* 19 nov., n° 1.
2. L. n° 2019-222, 23 mars 2019 de programmation 2018-2022 et de réforme pour la justice, *JO* 24 mars, n° 2.
3. Décr. n° 2012-66, 20 janv. 2012 relatif à la résolution amiable des différends, *JO* 22 janv., p. 1280 ; pris pour l'application de l'ordonnance n° 2011-1540 du 16 novembre 2011 portant transposition de la directive 2008/52/CE du Parlement européen et du Conseil du 21 mai 2008 sur certains aspects de la médiation en matière civile et commerciale ainsi que pour l'application de l'article 37 de la loi n° 2010-1609 du 22 décembre 2010 relative à l'exécution des décisions de justice, aux conditions d'exercice de certaines professions réglementées et aux experts judiciaires.
4. Stasi [bâtonnier], « Évolutions et tendances du contentieux de droit des affaires », *Le Monde du droit*, n° 32 [En ligne].
5. N. Fricero (dir.), *Le guide des modes amiables de résolution des différends (Mard)*, 2e éd., « Guides Dalloz », 2015 – v. ss nos 343.11 s.
6. « La CCI internationale annonce un nombre record d'affaires en arbitrage et ADR en 2020 », *CCI news*, 1er févr. 2021 [En ligne].

333.46 Droit de l'arbitrage et jurisprudence fiable. Depuis longtemps, les juridictions françaises et particulièrement la cour d'appel de Paris soutiennent l'arbitrage international. Il en résulte que seul un petit nombre de sentences arbitrales sont annulées par les juridictions françaises, ce qui n'est pas nécessairement le cas dans d'autres pays.

Bien que déjà forte d'un droit de l'arbitrage fiable et reconnu, la France a choisi de poursuivre ses efforts de compétitivité avec le souci de rendre encore plus lisible la bienveillance de l'environnement juridique français à l'égard de l'arbitrage. Le décret 2011-48 du 13 janvier 2011 portant réforme du droit de l'arbitrage est entré en vigueur le 1er mai 2011. Les nouvelles règles s'appliquent aux procédures engagées en vertu de conventions postérieures au 1er mai 2011, une partie du nouveau régime pouvant s'appliquer aux procédures dont la constitution du tribunal arbitral ou le prononcé de la sentence sont postérieurs au 1er mai 2011.

Les intérêts principaux de la réforme résident dans :

- l'entérinement d'un certain nombre de principes jurisprudentiels dégagés depuis trente ans : affirmation de la possibilité pour le tribunal arbitral de statuer sur sa propre compétence, unification du régime de la clause compromissoire (conclue préalablement au litige) et de la clause d'arbitrage (conclue lorsque le litige est né), autonomie de la convention d'arbitrage par rapport au contrat ;
- un meilleur encadrement de la procédure pour prévenir les entraves et les manœuvres dilatoires : intégration dans le droit français du principe de bonne foi et de « l'estoppel » de la Common Law (une exception procédurale destinée à sanctionner, au nom de la bonne foi, les contradictions dans les comportements d'une partie) ;
- un renforcement du rôle du tribunal arbitral : le tribunal arbitral peut désormais enjoindre à une partie de produire des éléments de preuve en assortissant son injonction d'une astreinte ;
- la consécration du rôle de « juge d'appui » : le Président du Tribunal de grande instance du siège de la procédure d'arbitrage est le « juge d'appui » de la procédure. Il peut ainsi être saisi en début d'instance en cas de difficultés de constitution du tribunal arbitral ou sollicité en cours d'instance pour permettre des extensions des délais de procédure ;
- les dispositions du décret du 13 janvier 2011 ont été incorporées au code de procédure civile aux articles 1442 à 1503.

333.47 Développement des arbitrages spécialisés. Les juridictions arbitrales spécialisées connaissent un essor considérable en France. Celles-ci présentent le double avantage de la confidentialité et de la compétence technique. Ces organismes sont le plus souvent rattachés à des organisations professionnelles ou des institutions qui existent depuis longtemps et qui ont perçu l'utilité de proposer des arbitrages dans des cadres très spécifiques [1].

Ainsi, la Chambre arbitrale du sport a été mise en place par le Comité national olympique et sportif français (Cnosf). Tous les contrats types proposés par la Société des auteurs et compositeurs dramatiques (SACD) comportent une clause qui propose de soumettre les litiges à l'Association de médiation et d'arbitrage des professionnels de l'audiovisuel (Amapa). Elle est gérée par L'Association de service des professionnels de l'audiovisuel (Aspa) avec la participation du Centre national de la cinématographie (CNC), de la Société des auteurs compositeurs dramatiques (SACD), de la Société civile des auteurs multimédia (Scam), et de la Procirep. Les Conseils en propriété industrielle ont fréquemment recours à la Cour d'arbitrage de l'Association des conseils en propriété industrielle (Acpi).

333.48 Opportunités pour les avocats dans le contentieux et l'arbitrage. À la différence des activités qui subissent fortement les variations de la conjoncture économique, l'activité contentieuse dans le domaine des affaires reste stable même si elle est en légère décroissance. La nature des contentieux se déplace mais leur nombre varie peu, à l'exception des contentieux de recouvrement.

Depuis le début des années 2000, des avocats, spécialistes du contentieux, issus de cabinets internationaux ou de grands cabinets d'affaires français ont été nombreux à créer des cabinets dédiés au contentieux des affaires [2]. Ces avocats ont notamment compris que la gestion par ces grands cabinets de la question des conflits d'intérêts leur ouvrait des opportunités de développement. Plus libres dans le choix de leurs clients, forts de leur technicité, les cabinets créés par ces avocats connaissent beaucoup de succès.

Enfin, qu'il s'agisse d'arbitrage international ou de l'arbitrage spécialisé, le développement constant de ce mode de règlement des litiges motivés par la confidentialité, mérite que les avocats s'y intéressent. L'arbitrage ne se résume pas aux dossiers internationaux aux enjeux énormes. À une époque dominée par l'information, les individus et les sociétés tiennent à préserver leur image. La représentation des parties devant les instances arbitrales est donc un axe de développement de l'activité contentieuse des avocats.

1. NOT. : J.-M. Bruguière (dir.), *Les modes alternatifs de règlement des litiges de propriété intellectuelle*, Dalloz, « Thèmes et commentaires », 2012.
2. EXEMPLES : Le cabinet Laude, Esquier et le cabinet Viguié, Schmidt et associés.

333.49 **Financement de procès.** Pratiqué déjà dans l'arbitrage[1], le financement[2] privé[3] du contentieux par un tiers (*third party litigation funder* ou *funding*) commence à faire l'objet d'un débat[4] : est-il licite, doit-il être régulé, et par qui, par les États membres ou par l'Union européenne. Les incidences de cette activité, qui semble émerger en France[5], sur l'évolution de la pratique de certains contentieux sont encore difficiles à apprécier. Certains se posent des questions sur la rentabilité et le modèle économique de cette activité, qui serait née à la fin du siècle dernier en Australie.

Elle consiste dans l'intervention d'un agent économique qui contribue au paiement total ou partiel des frais d'un procès moyennant rémunération. Cet agent économique appréhende le contentieux comme une classe d'actif à part entière. Cette approche rationalisée conduit à valoriser les contentieux au regard d'un certain nombre de critères prédéfinis permettant notamment d'apprécier le risque adossé au litige. Cette approche novatrice, conjuguée à l'avènement de solutions de financement offre aux entreprises l'opportunité de se couvrir contre le risque afférent aux contentieux et de monétiser leurs contentieux dans les meilleures conditions.

Le financeur met en place le financement des honoraires d'avocat, d'expert et des frais en échange d'un pourcentage sur la totalité des sommes recouvrées. Il n'existe pas de pourcentage standard ; il est propre à chaque contentieux et reflète notamment la prise de risque, le montant de la demande, l'investissement réalisé et sa durée. L'intervenant financeur peut aussi proposer aussi une solution de couverture du risque adossé au contentieux consistant à prendre en charge l'entier coût du contentieux, de sorte qu'en cas de perte du procès, le « client » n'a aucune dette à payer.

Le financement de procès peut s'appliquer aux actions groupées ou encore proposer des solutions qui intègrent la négociation, la médiation et la conciliation.

Si ces méthodes se généralisent, elles ouvriront de nouvelles possibilités de contentieux pour les avocats. Il reste que des questions doivent être tranchées. Ces méthodes de financement reviennent-elles à constituer un pacte de *quota litis* ? Sont-elles compatibles avec la culture française d'un contentieux qui reste globalement accessible et dont les pratiques en matière d'indemnisation restent très sages, notamment en comparaison des pratiques américaines ?

1. P. Pinsolle, « Le financement de l'arbitrage par les tiers », *Rev. arb.* 2011. 385.
2. M. De Fontmichel, « Les sociétés de financement de procès dans le paysage juridique français », *Rev. sociétés* 2012. 279.
3. S. Menetrey, « Le financement privé de procès par un tiers », *Gaz. Pal.* 7-8 déc. 2012 Doctr. 23.
4. C. Kessedjian (dir.), Le *financement de contentieux par un tiers,* Third Party Litigation Funding, « colloque » [2 avr. 2012], Éditions Panthéon-Assas, déc. 2012.
5. A. Portman, « Le third party funding prend-il en France ? », *LJA Mag,* 52, févr. 2018.

SECTION 5

ÉCONOMIE SOCIALE ET SOLIDAIRE ET RESPONSABILITÉ SOCIALE OU SOCIÉTALE DE L'ENTREPRISE (RSE)

333.51 **Histoire de l'économie sociale et solidaire.** À la fin du XIXe siècle, sous l'influence de plusieurs courants humanistes, l'économie sociale est apparue en réponses aux disparités sociales qui ont accompagné la révolution industrielle. De nouvelles structures économiques ont été définies par la loi : les associations, les mutuelles et les coopératives. Leur principe fondateur était de remettre l'homme au cœur de l'organisation économique, en privilégiant le service rendu plutôt que la distribution des profits. L'économie sociale se montre ainsi au grand public dès l'Exposition universelle de 1900 au sein d'un pavillon qui regroupe les coopératives, les mutuelles, le mouvement associatif mais aussi des patrons sociaux et des mouvements syndicaux ouvriers[6].

Puis ces différentes familles ont évolué, mais ce n'est qu'en 1981 que l'économie sociale est officiellement reconnue par décret, comme ensemble des coopératives, mutuelles et associations. La notion de « solidarité » est apparue plus récemment à la fois face aux incertitudes de la société contemporaine, notamment liées à la mondialisation et aux délocalisations qu'elle a engendrées, et au sentiment grandissant d'exclusion et d'inégalités. En mars 2000, un secrétariat d'État à l'économie solidaire a été créé. Ses attributions ont été reprises essentiellement par le ministère des Affaires Sociales, du Travail et de la Solidarité. La législation évolue également : la loi sur l'épargne salariale en 2001 et l'article 44 3-3-1 du Code du travail viennent ainsi préciser la notion d'entreprise solidaire.

333.52 **Économie sociale et solidaire : valeurs et engagement.** Au-delà de la diversité en matière de statut juridique, d'activité et d'emploi, les tenants de l'économie sociale et solidaire se reconnaissent dans des références historiques communes et des valeurs partagées. Parmi ces valeurs, on peut notamment citer la liberté d'adhésion, la gestion démocratique, le bénévolat des administrateurs et le but non lucratif.

6. Insee, *Rapport d'étude sur l'économie sociale et solidaire,* 2006.

Basée au départ sur la tentative d'intégrer les problèmes sociaux ou des considérations morales dans l'économie politique, l'économie sociale et solidaire renvoie aujourd'hui à une manière différente d'entreprendre : elle vise à promouvoir des formes d'entreprises qui privilégient le service rendu plutôt que la rémunération du capital et la recherche du profit maximal et ambitionnent « de remettre l'homme au cœur de l'organisation économique ».

Selon le Ministère de l'économie et des finances, l'économie solidaire et sociale représente en 2020, 10 % du PIB et près de 14 % des emplois privés en France. Ce secteur compte environ 200 000 entreprises et structures et 2,38 millions de salariés [1]. À ces chiffres, il faut ajouter le fait qu'il y aurait en France entre 14 et 18 millions de bénévoles.

Les acteurs de l'économie sociale et solidaire (ou familles) sont les suivants :

– les fondations de personnes, d'entreprises ou « abritées » par une autre fondation ;

– les associations, régies par la loi 1901 ;

– les mutuelles, à but non lucratif, elles sont actrices de la santé et des assurances ;

– les coopératives, constituées de membres associés qui détiennent au moins une part dans la structure, leur gouvernance est fondée sur le principe démocratique « une personne, une voix » ;

– les entreprises commerciales d'utilité sociale : à statut commercial, elles respectent les principes fondateurs de l'ESS. Leur finalité est sociale, et prioritaire par rapport à leurs objectifs économiques.

333.53 Exemples d'activités concernées. L'économie sociale et solidaire apparaît porteuse de nombreuses innovations. Elle s'est particulièrement développée dans quelques grands champs d'activité émergents :

– la gestion durable des déchets, avec des actions développées autour de quatre fonctions principales : la collecte des déchets potentiellement recyclables, la valorisation des déchets, la revente et l'éducation à l'environnement ;

– le développement culturel local, inscrit dans une approche visant l'accès à la culture pour tous (autour notamment des réseaux d'éducation populaire), la reconnaissance de toutes les cultures, et une volonté de développement des territoires ;

– l'animation et le développement de l'espace rural, notamment par le biais de l'agriculture biologique et durable ;

– les services de proximité, avec le développement de services fondés sur la reconstitution de liens sociaux (mobilité, aide aux personnes âgées, handicapés, petite enfance...) ;

– le commerce équitable, dont le développement se traduit par une augmentation du nombre d'entreprises revendiquant la mise en place de principes et de règles, notamment à l'égard de leurs fournisseurs ou sous-traitants dans les pays émergents ;

– la finance solidaire, avec l'existence de nombreux outils financiers solidaires ayant notamment pour but de mobiliser de l'épargne de proximité, en mettant l'accent sur l'ancrage territorial et la transparence de l'utilisation des fonds, et d'apporter un soutien financier à des projets dont les caractéristiques économiques et sociales ne répondent pas aux critères classiques de rentabilité ainsi que de mettre en place des produits d'épargne éthiques relevant du niveau national ou international ;

– les échanges non monétaires, avec par exemple les systèmes d'échanges locaux.

L'économie sociale et solidaire est également présente dans des secteurs comme les technologies de l'information (autour de pratiques alternatives en matière de réalisation et utilisation de logiciels libres, d'organisation, de formation en ligne, de recyclage et réemploi de matériels...). Prenant en compte les questions de produire et consommer autrement, l'économie sociale et solidaire est un des champs d'application privilégié du développement durable.

333.54 Opportunités pour les avocats. L'économie sociale et solidaire est un secteur économique à part entière avec des règles qui lui sont propres. Ainsi, la loi relative à l'économie sociale et solidaire (ESS) du 31 juillet 2014 [2] promeut le développement de ce secteur qui regroupe les entreprises organisées sous forme de coopératives, mutuelles, associations ou fondations, dont le fonctionnement interne et les activités sont fondés sur un principe de solidarité et d'utilité sociale. Cette loi vient notamment préciser les modalités des fusions entre les associations et entre les fondations, encourageant ainsi la mutualisation des actions et des moyens, dans un contexte de rationalisation des financements publics.

Un des phénomènes marquants dans l'évolution de l'économie sociale et solidaire est l'essor de la finance participative ou *crowdfunding*. Ce mode de finance se généralise (pour les créations de sociétés, la production artistique et même les financements immobiliers) et les avocats sont amenés à conseiller les initiateurs de tels projets. Ce phénomène est par ailleurs étroitement lié à la technologie puisque la plupart des opérations de finance participative se font par le biais de plateformes internet dédiées [3].

Les avocats sont également concernés lorsqu'il s'agit d'agir en défense ou contre ceux qui veulent

1. Ministère de l'économie et des finances, *L'économie sociale et solidaire*, chiffres 2020.

2. L. n° 2014-856, 31 juill. 2014 relative à l'économie sociale et solidaire, *JO* 1er août, p. 12666.

3. Par ex. : www.apce.com, explications sur la finance participative ou *crowdfunding*.

profiter illégitimement de l'image positive attachée à la solidarité ou l'écologie. Ces agissements sont connus sous le nom de *green washing*, ou en français l'éco blanchiment, consistant pour une entreprise à orienter ses actions marketing et sa communication vers un positionnement écologique. Ceci peut être le cas de sociétés qui par leurs activités polluent excessivement la nature et l'environnement et cherchent à redorer leur image de marque en dépensant dans la communication pour « blanchir » leur image[1].

333.55 Responsabilité sociale (ou sociétale) des entreprises[2]. Selon l'Institut national pour le développement durable et la responsabilité sociale des entreprises, La RSE ou responsabilité sociale des entreprises est une démarche volontaire de conduite des affaires des entreprises, qui reflète la contribution des entreprises au développement durable lequel est défini comme le développement qui répond aux besoins présents sans compromettre la capacité des générations futures à répondre à leurs propres besoins. À noter qu'en 2010, le Ministère français de l'Écologie, de l'Énergie et du Développement Durable emploie le terme de responsabilité « sociétale », jugé plus large et plus pertinent que « responsabilité sociale ». La RSE résulte de demandes de la société civile (associations écologiques et humanitaires) d'une meilleure prise en compte des impacts environnementaux et sociaux des activités des entreprises, qui est née, notamment, des problèmes d'environnement planétaire rencontrés depuis les années 1970. Le concept de RSE n'apparaît qu'à partir des années 1960 dans la littérature consacrée aux entreprises[3].

333.56 Implications juridiques de la responsabilité sociale (ou sociétale) des entreprises. La RSE demeure avant tout un concept de *soft law* qui ne peut *a priori* engager directement la responsabilité juridique de l'entreprise puisqu'elle repose sur une approche volontaire. Cependant que la force contraignante de la RSE est de plus en plus grande. Certains aspects de la RSE relèvent maintenant de la loi et d'autres sont devenues un enjeu commercial et d'image pour de très nombreuses entreprises.

En France, la loi Grenelle I et surtout la loi Grenelle II[4] renforcent fortement les devoirs des entreprises et les exigences de publication en matière de RSE et de responsabilité environnementale ou sociétale, avec une volonté de transparence et de vérifiabilité. Des sanctions sont prévues pour les entreprises ne répondant pas aux exigences de la loi. Le Parlement européen a, de son côté, adopté en séance plénière, le 15 avril 2014, la directive sur la publication d'informations extra-financières et d'informations relatives à la diversité par certaines grandes sociétés et certains groupes[5].

Notons en matière d'égalité entre les hommes et les femmes, la loi du 27 janvier 2011 relative à la représentation équilibrée des femmes et des hommes au sein des conseils d'administration et de surveillance et à l'égalité professionnelle, dite « Loi Copé-Zimmermann » ; la loi n° 2014-873 du 4 août 2014 pour l'égalité réelle entre les femmes et les hommes ; la loi 2018-771 du 5 septembre 2018 pour la liberté de choisir son avenir professionnel, ou encore plus récemment la loi PACTE. Dernièrement, la loi n° 2021-1774 du 24 décembre 2021 visant à accélérer l'égalité économique et professionnelle est venue renforcer les obligations des entreprises.

333.57 Opportunités pour les avocats liées à la responsabilité sociale (ou sociétale) des entreprises. Les avocats sont directement concernés par toutes les implications de la RSE pour leurs clients. Or, pour de nombreux chefs d'entreprises, ces notions sont difficiles à concilier avec les contraintes de l'exploitation de leurs entreprises. L'avocat doit d'abord suivre toutes les évolutions législatives autour du concept de la RSE pour pouvoir en mesurer les implications pour ses clients. L'association française des juristes d'entreprises considérait dès 2012 que la RSE constituait un nouveau défi majeur pour les entreprises. L'évolution au cours des dix années qui ont suivi n'a pas démenti cette analyse.

La RSE va aussi entraîner un grand nombre de réactions en chaîne. En effet, si une grande entreprise est directement concernée par des obligations légales en matière de RSE, ceci peut avoir des conséquences directes sur les exigences que ladite entreprise va faire peser sur ses sous-traitants, même si ces dernières sont des entreprises trop petites pour être directement visées par les textes en la matière. L'avocat va donc pouvoir jouer un rôle de sensibilisation pour être en première ligne lorsqu'il s'agira pour l'entreprise de s'adapter à un nouveau cadre ou de nouvelles manières de fonctionner[6].

1. L'avocate Carine Jacoby intervient notamment dans les dossiers de ce type [En ligne : www.jacoby-avocats.com].
2. Sur la responsabilité sociétale des cabinets d'avocats, v. s[s] n°s 123.21 s.
3. H. Bowen, *Social Responsabilities of the Businessman,* 1953 – G. Goyder, *The Responsible Corporation,* 1961.
4. L. n° 2010-788, 12 juill. 2010 portant engagement national pour l'environnement, *JO* 13 juill., p. 12905.
5. Communiqué de presse de l'UE [En ligne : http://europa.eu/rapid/press-release_STATEMENT-14-124_fr.htm].
6. Sur la responsabilité sociétale des cabinets d'avocats, v. s[s] n°s 123.21 s.

CHAPITRE

334. Offre de services en ligne

SECTION 0
ORIENTEUR

334.00 Sommaire du chapitre.

SECTION 1
CONSULTATION ET PRESTATION EN LIGNE

334.11 Contexte et opportunités. Grâce à une offre de services en ligne, l'avocat va avoir non seulement un accès illimité à une clientèle potentielle mais il aura la possibilité d'analyser et de comprendre ceux qui se mettent en contact avec lui de manière à sans cesse affiner sa présentation et sa proposition.

Le présent chapitre traite de l'offre de services juridiques en ligne, c'est-à-dire les situations dans lesquelles le client et l'avocat interagissent par l'intermédiaire d'un site ou d'une plateforme.

Le Règlement intérieur national consacre son Titre cinquième - article 19 aux prestations juridiques en ligne[1].

L'avocat qui propose ses services en ligne est d'abord appelé à jouer un rôle de filtre de l'information avant même que ne s'enclenche son rôle de conseil. L'avocat va pouvoir par un certain nombre de questions qualifier le besoin de son client afin de lui proposer sa prestation à un prix adapté. Si des précisions complémentaires sont nécessaires, celles-ci seront demandées en amont pour que le travail de l'avocat ne s'enclenche que lorsqu'il dispose de tous les éléments nécessaires[2].

Les communautés en ligne se construisent autour de centres d'intérêt ou de problématiques. L'avocat peut jouer un rôle central en créant une communauté d'internautes autour de la prestation qu'il souhaite vendre. Les communautés en ligne partageront leurs connaissances et leurs expériences qui viendront nourrir le travail de l'avocat. Ainsi un avocat dans le domaine du permis de conduire saura localiser tous les lieux de discussion et d'échange autour des problèmes liés au permis de conduire. Il pourra alors s'adresser à ces communautés en priorité.

334.12 Règles applicables à l'activité en ligne. Le RIN consacre son article 19 aux prestations juridiques en ligne. Cet article pose le principe du respect de la déontologie dans toute délivrance ou prestation en ligne (19.1). Les parties, tant l'avocat que le client, doivent être identifiées à tout moment de la relation (19.2). L'avocat doit ainsi s'assurer de l'identité et des caractéristiques de la personne à laquelle il répond, afin de respecter le secret professionnel, d'éviter le conflit d'intérêts, d'assurer le respect des règles relatives à la prévention du blanchiment et de fournir des informations adaptées à la situation de l'intéressé. L'avocat qui fournit des prestations juridiques en ligne doit toujours être en mesure d'entrer personnellement et directement en relation avec l'internaute (19.3).

L'Ordre des avocats du barreau de Paris a voulu répondre à la demande très forte des avocats sur ces questions en réalisant, en décembre 2013, le Vademecum de la déontologie du numérique. Ce document

1. Décr. n° 2005-790, 12 juill. 2005 relatif aux règles de déontologie de la profession d'avocat, art. 20 ; art. 19 supprimé et entièrement remplacé par CNB, AG 9 déc. 2016, DCN n° 2016-002, portant modification des articles 6 et 19 du Règlement intérieur national (RIN) de la profession d'avocat, *JO* 13 avr. ; mod. par CNB, AG 15 mai 2020, DCN n° 2019-002, portant modification du Règlement intérieur national de la profession d'avocat, *JO* 30 août.

2. Sur les réseaux sociaux aussi, v. s[s] n°s 384.11 s.

est construit sous la forme de questions et de réponses aux questions les plus fréquentes des avocats sur l'utilisation d'internet. Ce Vade-mecum a été réédité en décembre 2020 sous le titre Vade-mecum déontologie - la communication numérique de l'avocat[1].

Dans cette dernière édition, il est davantage question de la communication en ligne que de l'offre de prestations dématérialisées.

Outre le très succinct article 19 du RIN, l'offre et la délivrance de prestations juridiques en ligne sont très peu encadrées.

Si l'avocat participe à un site de tiers (plateforme), c'est d'abord une obligation de vérification qui pèse sur l'avocat et qui porte sur le contrôle permanent du contenu du site et sur son mode de fonctionnement, ainsi que sur la publicité qui en est faite par l'entreprise gestionnaire. La prestation de l'avocat doit être effectuée dans le respect du secret professionnel et de la règle du conflit d'intérêts[2].

Lorsqu'il donne une consultation en ligne, l'avocat doit s'assurer de l'identité de la personne à laquelle il répond, Ceci est indispensable pour respecter les principes d'indépendance et de secrets professionnels ainsi que pour éviter des conflits d'intérêts et plus généralement pour respecter les principes essentiels de dignité, de confiance, de compétence et de prudence[3]. Et, inversement, l'avocat qui répond doit toujours être identifiable et son nom communiqué à l'internaute avant la fourniture de toute prestation juridique permettant ainsi au public de vérifier notamment son identité et sa qualité, auprès de son ordre.

En conséquence, afin de notamment respecter le secret professionnel et d'éviter le conflit d'intérêts, l'avocat devra donc :

- s'assurer de l'identité et des caractéristiques de la personne à laquelle il répond ;

- fournir des informations adaptées à la situation de l'interrogateur ;

- être toujours en mesure d'entrer personnellement et directement en relation avec l'internaute, notamment pour poser les questions complémentaires nécessaires conduisant à la fourniture d'un service adapté aux besoins de l'internaute.

D'une façon plus générale, le fait pour un avocat de proposer ses diligences en ligne par l'intermédiaire d'un site internet implique qu'il s'interroge sur la conformité d'une telle pratique eu égard à l'encadrement de la publicité et du démarchage, à son devoir de conseil et de prudence et au respect du principe de dignité et à l'absence de conflit d'intérêts.

1. Barreau de Paris, *Vade-mecum de la communication numérique de l'avocat*, déc. 2020.
2. Barreau de Paris, *Vade-mecum de la communication numérique de l'avocat*, déc. 2020.
3. RIN, art. 1.3.

334.13 Plateformes de mise en relation et de consultations. L'article 19 du RIN précité semble avoir été rédigé pour traiter essentiellement des plateformes permettant de mettre en relation des clients et des avocats et permettant à ces derniers de délivrer une consultation ou une prestation juridique en ligne.

Le CNB a également consacré un guide au sujet de la participation des avocats aux plateformes en ligne détenues par des tiers[4]. Ce guide rappelle les principales règles professionnelles et déontologiques qui s'appliquent à la participation des avocats à des sites commerciaux de référencement et de mise en relation avec des usagers du droit. À cet effet, le guide définit une série de 16 recommandations précisant les conditions d'une participation à ces plateformes conforme à ces règles :

Principes intéressant la relation de l'avocat avec l'éditeur de la plateforme :

- L'avocat doit s'abstenir de prêter son concours à une plateforme en ligne portant atteinte à la réglementation de l'exercice du droit précisée par les dispositions de l'article 4 et des articles 54 et suivants de la loi n° 71-1130 du 31 décembre 1971 portant réforme de certaines professions judiciaires et juridiques.

- L'avocat doit s'abstenir de prêter son concours à une plateforme en ligne portant atteinte au règlement général de la protection des données (RGPD) et à la loi n° 78-17 du 6 janvier 1978 relative à l'informatique, aux fichiers et aux libertés.

- Le titre d'avocat constituant un titre protégé par la loi, l'avocat s'interdit de participer à une plateforme en ligne dont l'exploitant, tiers à la profession, utiliserait la dénomination « avocat » ou une dénomination approchante contraire à l'article 74 de la loi n° 71-1130 du 31 décembre 1971, que ce soit à titre de marque, ou en association au nom de domaine du site.

- Il est rappelé que l'article 10-5 du RIN interdit à l'avocat l'utilisation de noms de domaine évoquant de façon générique le titre d'avocat ou un titre pouvant prêter à confusion, un domaine du droit ou une activité relevant de celle de l'avocat.

- La participation des avocats aux plateformes en ligne nécessite la conclusion d'une convention préalable entre l'exploitant du site et l'avocat (à distinguer de la convention d'honoraires à conclure avec le client), précisant les conditions de cette participation et dont un exemplaire est communiqué au bâtonnier préalablement à la prise d'effet de cette inscription.

- L'avocat doit s'assurer que la convention proposée par l'exploitant du site ne porte pas atteinte au

4. CNB, *Guide pratique participation des avocats aux plateformes en ligne détenues par des tiers*, 2e édition, avr. 2020.

principe de libre choix de l'avocat et à la liberté de fixation des honoraires.

Principes intéressant la relation de l'avocat avec le client usager de la plateforme :

- L'avocat doit s'assurer que le site internet, auquel il se propose de participer délivre aux utilisateurs une information loyale, claire et transparente sur les modalités de référencement, de classement et de déréférencement en application de l'article L. 111-7 du Code de la consommation.

- L'avocat doit préalablement communiquer au client son nom, ses coordonnées, ses conditions d'intervention reprises dans la convention d'honoraires écrite obligatoire.

- L'avocat doit vérifier le contenu des informations mises en ligne le concernant, lesquelles doivent obligatoirement faire état de son barreau de rattachement, et ne pas induire en erreur le public sur ses compétences et notamment l'existence d'une mention de spécialisation.

- Si l'exploitant de la plateforme met à disposition de l'avocat une page personnelle, l'avocat doit s'abstenir de toute mention comparative, trompeuse, dénigrante et plus généralement de toute présentation qui ne serait pas conforme aux prescriptions de l'article 10 du RIN.

- L'avocat ne doit tolérer aucune immixtion de l'exploitant de la plateforme en ligne dans sa relation avec son client conformément au principe d'indépendance.

- L'avocat doit toujours être en mesure d'entrer directement et personnellement en relation avec son client, notamment pour obtenir les précisions utiles à la fourniture d'une prestation adaptée à ses besoins et s'assurer de son identité conformément à son devoir de prudence et de vigilance.

- L'avocat s'assure d'être en mesure de traiter son dossier dans le respect du secret professionnel et de la règle du conflit d'intérêts.

Principes intéressant la détermination et le règlement des honoraires de l'avocat :

- L'avocat doit être en mesure de proposer et de conclure une convention d'honoraires écrite librement consentie par le client dans les conditions prévues à l'article 10 de la loi n° 71-1130 du 31 décembre 1971 et dans les conditions prévues par l'article 11-2 du RIN.

- L'avocat ne doit pas être empêché de négocier directement ses honoraires avec son client par l'effet de la convention passée avec l'exploitant du site ou des conditions générales du service.

- L'avocat doit s'assurer de percevoir un honoraire respectant les critères définis par l'article 10 de la loi n° 71-1130 du 31 décembre 1971. En conformité avec les principes essentiels de la profession, il s'interdit toute pratique tarifaire anormalement basse.

- L'avocat doit s'abstenir de tout partage d'honoraires prohibé. Il peut verser une participation financière fixe ou proportionnelle au service utilisé sans toutefois que celle-ci représente une partie des honoraires perçus [1].

- Pour le règlement de ses honoraires, l'avocat ne peut donner à l'exploitant de la plateforme un mandat de facturation. L'avocat peut en revanche percevoir le règlement de ses honoraires par l'intermédiaire de l'un des établissements financiers assurant la sécurité des paiements en ligne [2].

Soucieux de ne pas être débordé par les initiatives privées, le CNB a ouvert une plateforme de consultations juridiques ouverte à tous les avocats inscrits, www.avocat.fr. Ce service proposé aux avocats par le CNB est, par définition, conforme aux règles déontologiques de la profession et est sécurisé et gratuit à l'exception des frais bancaires pour le paiement en ligne. Les avocats peuvent s'y inscrire et créer leur profil en se connectant sur https://consultation.avocat.fr. La plateforme permet à chaque avocat de :

- créer sa fiche avec photo ;
- mentionner ses domaines de compétence ou certificats de spécialisation ;
- publier le montant de ses honoraires ;
- créer un blog.

Avec la plateforme de consultations juridiques, les avocats peuvent recevoir des demandes de rendez-vous, de consultations juridiques écrites ou téléphoniques. Le système est sécurisé afin de garantir que tous les inscrits sont bien des avocats grâce à e-dentitas, le service d'authentification du CNB et la connexion se font grâce à la clé Avocat ou par le compte cloud e-dentitas (*via* n° CNBF et mot de passe).

334.14 **Rémunération de la prestation en ligne.** C'est l'article 19.4 du RIN qui traite du paiement des prestations de l'avocat dans le cadre d'une activité en ligne.

L'article 19.4.1 prévoit que l'avocat qui crée, exploite ou participe majoritairement, seul ou avec des confrères, à la création et à l'exploitation d'un site Internet ou d'une plateforme en ligne de prestations juridiques peut librement percevoir toute rémunération des clients ; il peut, le cas échéant, percevoir celle-ci par l'intermédiaire de l'un des établissements financiers assurant la sécurité des paiements en ligne, pour autant que l'identification du client reste aussi possible à cette occasion.

En revanche, si l'avocat participe à un site ou une plateforme d'un tiers non-avocat, le RIN a prévu des dispositions qui veillent à respecter le principe de

1. RIN, art. 19.4.2.
2. RIN, art. 19.4.2.

l'article 11.3 du RIN à savoir l'interdiction du partage d'honoraires avec un non-avocat ou de rémunération de l'apport d'affaires.

Ainsi, lorsqu'un avocat est inscrit sur un site Internet ou une plateforme en ligne de référencement ou de mise en relation, il peut être amené à participer de façon forfaitaire aux frais de fonctionnement de ce site ou de cette plateforme, à l'exclusion de toute rémunération établie en fonction des honoraires que l'avocat perçoit des clients avec lesquels le site ou la plateforme l'a mis en relation[1].

L'avocat référencé ou mis en relation avec un client ne peut donner mandat à l'exploitant du site ou de la plateforme de référencement ou de mise en relation de percevoir pour son compte les honoraires qui lui reviennent, sauf à recourir à une entreprise agréée dans les conditions prévues au code monétaire et financier.

334.15 Sites d'avocats proposant une prestation globale. Ces sites sont des sites qui proposent une prestation standardisée qui peut être fournie à distance. L'exemple le plus répandu est celui du divorce par consentement mutuel. Le seul déplacement des parties requis est pour la signature de la convention de divorce.

Le site de l'avocat Romain Omer[2] se présente comme étant entièrement dédié au divorce amiable. Le cabinet propose une vidéo expliquant toutes les étapes de la procédure qui se déroulent toutes à distance (sauf la signature de la convention).

334.16 Opportunités liées à la prestation ou la consultation en ligne. Il y a deux grands champs d'opportunités liés aux prestations et aux consultations en ligne :

- l'accès au droit. De très nombreux justiciables sont intimidés par le recours à l'avocat. Le fait pour un avocat d'entamer une relation avec le client par un échange en ligne permet de lever l'obstacle de l'appréhension. Une réponse payante à une question permet au client d'être tout de suite fixé sur un prix, même si celui-ci ne sera qu'une partie de la prestation dont il est susceptible d'avoir besoin. Si le concept de devis gratuit semble toléré par les Ordres, il faut rappeler que la consultation gratuite ne l'est pas[3] ;
- les prestations standardisées. Ces prestations peuvent s'effectuer à distance car ce sont des procédures standardisées qui peuvent être formatées à partir de renseignements simples fournis en ligne par le client. Si de telles prestations sont encore relativement peu nombreuses, les progrès des questionnaires interactifs et de l'intelligence artificielle feront que de plus en plus de prestations pourront être assurées de cette manière. Il appartiendra donc aux avocats de faire preuve d'innovation et d'imagination pour identifier les prestations qui peuvent être réalisées en ligne tout en maintenant leur qualité et en respectant la déontologie.

SECTION 2
RECRUTEMENT DE CLIENTS EN LIGNE

334.21 Référencement du site Internet. Dès lors que le site Internet est utilisé par l'avocat comme une source d'apport de clientèle, il se pose la question de son référencement. L'article 10.5 du RIN[4] rappelle que « l'utilisation de noms de domaine évoquant de façon générique le titre d'avocat ou un titre pouvant prêter à confusion, un domaine du droit ou une activité relevant de celles de l'avocat, est interdite. »

Pour son référencement, l'avocat ne peut pas utiliser n'importe quel mot-clé. L'utilisation de mots-clés de nature à induire en erreur est prohibée. Tel serait, par exemple le cas, si les mots-clés concernés rattachent l'avocat à un département dans le ressort duquel il n'est pas inscrit ou ne possède pas de bureau secondaire[5], ou renvoient à une spécialisation dont il n'est pas titulaire[6].

Sont ainsi prohibés l'utilisation de mots-clés tels qu'« ordre des avocats de... », « membre du conseil de l'Ordre de... », « meilleur avocat en... », « avocat spécialisé en... », le nom d'un confrère renommé, ou d'un cabinet concurrent[7]. Dans la pratique, ceci est difficile à contrôler car les mots-clés servant au référencement ne sont pas nécessairement visibles pour les utilisateurs.

334.22 Classification des sites d'intermédiation et plateformes. Présentés comme un moyen de faciliter le développement de leur clientèle, ces services de référencement ou d'intermédiation ne sont pas toujours sans risque pour l'indépendance de l'avocat. En effet, ce modèle économique de la plateforme, s'il était systématisé, généralisé, comme il l'a été par exemple pour le secteur de l'hôtellerie pourrait faire perdre à l'avocat son indépendance, son lien direct avec la clientèle au profit de la plateforme[8].

1. RIN, art. 19.4.2.
2. https://www.avocat-omer.fr.
3. Barreau de Paris, *Vade-mecum de la communication numérique de l'avocat*, déc. 2020.
4. RIN, art. 10, 10.5.
5. RIN, art. 10.5.
6. RIN, art. 10.4 et 10.5.
7. Barreau de Paris, *Vade-mecum de la communication numérique de l'avocat*, déc. 2020.
8. CNB, *Guide pratique participation des avocats aux plateformes en ligne détenues par des tiers*, 2e éd., avr. 2020.

Il faut distinguer différents types de plateformes et sites d'intermédiation :

– les annuaires d'avocats en ligne ;

– les plateformes en ligne de référencement d'avocats ;

– les plateformes en ligne d'intermédiation et de courtage juridique ;

– les plateformes en ligne de services juridiques ;

– l'avocat peut intervenir sur un site tiers dit « d'intermédiation », sous certaines conditions.

Ces catégories de sites et de plateformes font l'objet d'une présentation dans le guide du CNB, précité.

334.23 Annuaires d'avocats en ligne. Ces sites fonctionnent comme des annuaires, sur lesquels l'avocat communique ses coordonnées, ses certificats de spécialisation, ses domaines de compétence, etc. L'internaute contacte l'avocat de son choix suivant les modalités prévues (téléphone, email). Une fois le contact établi, l'avocat est supposé avoir une relation autonome et directe avec son client.

Généralement, les avocats apparaissent volontairement sur la plateforme sans avoir à verser une quelconque rémunération. Il se peut cependant que les avocats soient répertoriés sur un annuaire en ligne à leur insu, ce qui pose une difficulté pour la protection de leurs données à caractère personnel.

334.24 Plateformes en ligne de référencement d'avocats. Ces sites sélectionnent dans un premier temps des avocats en raison de leur implantation géographique, leurs domaines d'activités et spécialités. Ils définissent leur ordre d'apparition sur le site ou la manière dont ils y figurent. Ils peuvent recommander, en fonction des demandes exprimées par le « client » un ou plusieurs avocats.

À la différence d'un annuaire en ligne, le choix de l'avocat n'est pas libre mais orienté par la plateforme. La notion de référencement n'est pas sans ambiguïté dans la mesure où elle suppose un choix préalable, un tri, voire une recommandation entre plusieurs acteurs concurrents.

Se pose ici la pertinence des critères retenus par la plateforme qui peuvent être fonction de la spécialité, des honoraires pratiqués ou encore de la réactivité. Ces critères peuvent s'avérer peu adaptés pour déterminer la qualité d'un avocat et peuvent, au contraire, créer une compétition vers un « moins-disant » qui n'est pas dans l'intérêt du client.

Ces sites sont parfois dotés d'outils permettant d'évaluer, de noter ou de donner un avis sur les avocats, ce qui n'est pas sans poser de problèmes.

334.25 Plateformes en ligne d'intermédiation et de courtage juridique. Ces sites proposent aux Internautes de les mettre en rapport avec des confrères susceptibles de répondre à leurs questions. Le choix par un tiers du « bon avocat » pose un certain nombre de questions au regard des règles déontologiques.

En effet, ces sites réclament le plus souvent au client des informations précises sur leur identité, la nature du litige, voire sur le montant des honoraires qu'ils accepteraient de verser au professionnel. Les avocats sont également appelés à répondre à des devis sous des modalités proches d'un appel d'offres.

Le principal risque réside ici dans le fait que l'éditeur de la plateforme en ligne s'immisce dans la relation entre le client et l'avocat, et porte aussi atteinte au secret professionnel notamment si l'éditeur de la plateforme se propose d'assurer un suivi de la qualité du service rendu ou d'intervenir dans le règlement des éventuels litiges avec le professionnel.

334.26 Plateformes en ligne de services juridiques. Parmi les sites proposant des services juridiques en ligne, ceux qui nous intéressent ici sont ceux qui proposent à la fois des services de nature juridique et la mise en relation avec un avocat.

Ces sites sont de plus en plus diversifiés et performants grâce aux apports de l'intelligence artificielle. Ce sont ceux qui proposent notamment :

– la fourniture d'informations juridiques, prenant parfois la forme d'un service de « questions-réponses juridiques » assimilable, en cas de personnalisation de la réponse, à un service de conseil juridique, ces services pouvant être proposés par des éditeurs juridiques cherchant à optimiser leur fonds documentaire avec l'assistance des nouvelles technologies et de l'intelligence artificielle ;

– l'aide à la rédaction automatisée d'actes juridiques (contrats, statuts de sociétés) ;

– l'assistance au traitement d'une procédure judiciaire en ligne : le divorce par consentement mutuel est particulièrement concerné ainsi que le contentieux des infractions routières ;

– les offres en ligne de médiation, de conciliation et d'arbitrage qui pourront faire l'objet d'une certification en application de la loi n° 2019-222 du 23 mars 2019 de programmation 2018-2022 et de réforme pour la justice [1].

Parmi ces sites, nombreux sont ceux qui proposent la mise en relation avec un avocat dès lors que l'utilisateur a des demandes spécifiques auxquelles il ne peut être répondu de manière automatique.

Cette catégorie de sites pose moins de difficultés sur le plan déontologique car les demandes des clients sont plus précises, dans des domaines bien déterminés et tant les clients que les avocats sont clairement identifiés.

334.27 Partage d'honoraires. L'article 11.3 du RIN [2] rappelle qu'il est interdit à l'avocat de partager un honoraire quelle qu'en soit la forme avec des personnes physiques ou morales qui ne sont pas des

1. D. 25 oct. 2019, cf. partie II.
2. RIN, art. 11.3.

avocats. De même, le versement des honoraires à l'avocat par l'intermédiaire du site d'intermédiation est prohibé par les dispositions de l'article P. 11.6.0.1 du RIBP, le site d'intermédiation ne pouvant être le tiers payeur au sens de ce texte. L'avocat peut être amené à participer de façon forfaitaire aux frais de fonctionnement de ce site à l'exclusion de toute rémunération qui serait établie en fonction des honoraires qu'il percevrait des clients avec lesquels le site l'a mis en relation.

Malgré la clarté de la règle affirmée par la RIN et le RIBP, il subsiste une zone grise. À partir de quel montant est-ce qu'une participation aux frais techniques d'un site ou le paiement d'une adhésion devient-elle en réalité un partage d'honoraires ?

334.28 Intérêt pour l'avocat des plateformes d'intermédiation. L'avocat aura toujours intérêt à avoir le contact le plus direct avec sa clientèle potentielle. Il faut toutefois distinguer selon que la prestation proposée s'adresse à un public large et nombreux ou pas.

Pour des prestations comme le divorce, le permis de conduire ou le dommage corporel, le recrutement de clients par le site du cabinet peut représenter des investissements importants en matière de référencement et de publicité. Les avocats qui n'ont pas ces moyens pourront compléter leur clientèle grâce à un site d'intermédiation.

Pour les avocats proposant des prestations à un public moins large ou à une clientèle d'entreprises, ceux-ci auront davantage intérêt à se promouvoir par la diffusion de contenu non promotionnel mais pertinent dans leur domaine d'expertise[1].

À ce jour, le recours aux seuls sites d'intermédiation n'est pas un modèle économique viable pour un cabinet d'avocats.

1. Sur la stratégie de contenu, v. s[s] n°s 385.21 s.

TITRE

34. Diversification du rôle de l'avocat

SECTION 0
ORIENTEUR

34.00 **Sommaire du titre.**

CHAPITRE

341. Représentation d'intérêts (*lobbying*)

SECTION 0
ORIENTEUR

341.00 Sommaire du chapitre.

SECTION 1
AVOCAT REPRÉSENTANT D'INTÉRÊTS (*LOBBYISTE*)

341.11 Définition et contexte. Il faut comprendre le *lobbying* comme étant toute initiative privée qui a pour but de changer une décision publique ou d'infléchir sur une décision future. La démarche du *lobbying* intègre à la fois l'intérêt défendu par le lobbyiste ainsi qu'une dimension pédagogique et explicative. Les personnes ou organisations qui détiennent le pouvoir de décision ne sont pas des experts dans tous les domaines. Ils ont besoin d'informations pour trancher. Un des rôles du lobbyiste est de leur en donner.

Pour beaucoup, le terme de *lobbying* évoque les pressions, les luttes d'influence, les tractations derrière des portes fermées[1]. La réalité peut être fort différente. Que ce soit au niveau national, et davantage encore au niveau européen, le *lobbying* peut consister à faire valoir des arguments de manière rigoureuse et organisée. Sur le plan européen, le *lobbying* est incontournable. En effet, la commission européenne dispose de peu de temps et de ressources humaines limitées pour traiter l'ensemble des dossiers qui lui sont soumis. La commission a donc besoin d'informations claires et de dossiers très préparés. Aux côtés des institutions et des entreprises françaises, les avocats ont un rôle clé à jouer.

341.12 Une activité encadrée. L'Assemblée nationale et le Sénat ont établi des règles précises pour les représentants d'intérêts que sont les lobbyistes[2]. Ainsi, les représentants d'intérêts sont tenus de :

- déclarer leur identité, l'organisme pour lequel ils travaillent et les intérêts ou entités qu'ils représentent dans leurs relations avec les députés et leurs collaborateurs, les collaborateurs du Président, les groupes parlementaires et leurs collaborateurs, ainsi que les agents fonctionnaires ou contractuels des services de l'Assemblée nationale ;
- s'abstenir de toute incitation à l'égard de ces personnes à enfreindre les règles déontologiques qui leur sont applicables ;
- s'abstenir de toute démarche auprès de ces personnes en vue d'obtenir des informations ou des décisions par des moyens frauduleux ;
- s'abstenir d'obtenir ou d'essayer d'obtenir des informations ou décisions en communiquant délibérément à ces personnes des informations erronées ou en recourant à des manœuvres destinées à les tromper ;
- s'abstenir d'utiliser, à des fins commerciales ou publicitaires, les informations obtenues auprès des députés ou de leurs collaborateurs, des collaborateurs du Président, des groupes parlementaires ou de leurs collaborateurs, ou des agents fonctionnaires ou contractuels des services de l'Assemblée nationale ;
- s'attacher à respecter l'ensemble des règles prévues au présent code dans leurs rapports avec l'entourage direct des députés, de leurs collaborateurs, des collaborateurs du Président ou des groupes

1. M. Hirsch, *Pour en finir : avec les conflits d'intérêt*, Stock, « Essais – Documents », 2010 – Ph. le Tourneau, *L'éthique des affaires et du management au XXI*e *siècle*, « Hors collection », Dalloz-Dunod, 2000.

2. Assemblée nationale, *Code de conduite applicable aux représentants d'intérêts*, 20 janv. 2021.

parlementaires ou des agents fonctionnaires ou contractuels des services de l'Assemblée nationale.

Bien entendu, il ne peut y avoir de contrepartie financière dans les échanges entre les représentants d'intérêt et les parlementaires. L'Assemblée nationale tient une liste nominative des représentants d'intérêts avec mention des parties représentées qui peuvent être des organisations professionnelles, des associations, des organismes publics ou des entreprises privées.

Au niveau européen, les représentants d'intérêts enregistrés sur le registre de transparence tenu par le Parlement européen sont passés de 5 431 en 2012 à 12 425 en 2022 [1]. Le Parlement européen, le Conseil de l'Union européenne et la Commission européenne disposent en effet d'un registre de transparence [2] grâce auquel les citoyens ont accès aux informations sur les activités de représentation d'intérêt menées auprès des institutions de l'Union, ainsi que des données statistiques sur toutes les entités enregistrées. Tous les représentants d'intérêts sont invités à s'inscrire, à titre volontaire, s'ils mènent des activités visant à influencer l'élaboration des politiques, leur mise en œuvre et la prise de décisions au sein des institutions de l'Union. Chaque institution a toutefois mis en place des dispositions spécifiques pour renforcer ce cadre, par exemple en soumettant l'exercice de certaines activités de représentation à une inscription préalable.

Seuls les représentants d'intérêts enregistrés peuvent être invités en tant qu'intervenants aux auditions publiques des commissions ou apporter un soutien et participer aux activités des intergroupes et groupements non officiels de députés européens.

Le registre de transparence est géré conjointement par le Parlement européen, le Conseil de l'Union européenne et la Commission européenne.

L'article 25 de la loi du 9 décembre 2016 définit les règles des rapports entre représentants d'intérêts et pouvoirs publics en prévoyant la création d'un répertoire numérique. Les cabinets d'avocats ou avocats qui entrent dans le champ de la représentation d'intérêts, à savoir ceux qui y passent plus de la moitié de leur temps, doivent s'inscrire sur ce registre. Lorsque ces avocats sont associés d'une structure d'exercice ayant la personnalité morale, c'est cette dernière qui est tenue de s'inscrire.

341.13 ***Lobbying* : une activité encouragée par la profession.** En 2008, la commission des règles et usages du CNB avait présenté un rapport sur l'avocat français et le *lobbying* [3]. Ce rapport a montré que les règles de déontologie de l'avocat français sont compatibles avec l'exercice d'une activité de conseil en *lobbying* ou de représentation d'intérêts. Dans le débat récurrent sur l'élargissement du rôle de l'avocat, le *lobbying* a été à nouveau évoqué dans un rapport présenté au CNB le 4 juillet 2009 [4]. Ce rapport constate que les « besoins de droit n'ont jamais été aussi importants » et que l'avocat doit répondre aux attentes parce que « d'autres hélas, sous d'autres formes et avec d'autres armes, s'en chargeront au détriment des avocats... ». Parmi les domaines dans lesquels les avocats pourraient renforcer leur présence, figure l'activité de *lobbying*.

L'avocat peut en effet agir auprès du pouvoir législatif pour que soient pris en compte les intérêts et arguments de ses clients. Dans ce rôle, l'avocat est une force de proposition et de construction. Sur le plan déontologique, le RIN ne soulève aucun obstacle à ce rôle pour l'avocat.

Le barreau de Paris a adapté son Règlement intérieur pour permettre aux avocats de se conformer aux demandes des institutions françaises ou internationales sans se trouver en contradiction avec les obligations liées au secret professionnel. Ainsi, l'article P. 38 du RIBP prévoit que « L'avocat peut, auprès de toute autorité privée ou publique, française, communautaire ou étrangère, représenter les intérêts de ses clients, personnes physiques ou morales. Dans ce cas, l'avocat doit révéler à l'autorité en cause sa qualité et l'identité de ses clients. L'avocat s'enregistrant sur un registre français, européen ou étranger de représentants d'intérêts doit en informer le bâtonnier ». Parallèlement, le barreau de Paris a intégré dans son Règlement un article P. 2.2.0.1 [5] qui prévoit que « Par dérogation aux dispositions de l'article 2.2 du RIN, l'avocat peut, dans le cadre de ses activités de représentation d'intérêts (*lobbying*) auprès des Parlements nationaux ou européens ou auprès d'administrations publiques nationales, européennes ou internationales, faire mention, dans les registres de ces institutions ou administrations, après avoir recueilli l'accord exprès de ses clients, de l'identité de ceux-ci et du montant des honoraires perçus au titre de sa mission » [6].

En 2018, la présidente du Conseil national des barreaux (CNB), Christiane Féral-Schuhl : structurer, avait affirmé vouloir donner des moyens et de la

1. Parlement européen, Rapport annuel sur le fonctionnement du registre de la transparence 2022 [En ligne : www.europarl.europa.eu/at-your-service/fr/transparency/lobby-groups]
2. Accord interinstitutionnel, Parlement européen, Conseil de l'Union européenne, Commission européenne, 20 mai 2021 sur un registre de transparence obligatoire.
3. D. Vailly, B. Van de Moortel, *Rapport sur l'avocat français et le* lobbying *présenté à l'assemblée générale du CNB*, AG 12 et 13 sept. 2008.
4. P. Berger, *Rapport sur les nouvelles fonctions à venir de l'avocat présenté au CNB*, AG 4 juill. 2009.
5. RIPB, art. P. 2.2.1.
6. Conseil de l'Ordre du barreau de Paris, 5 juill. 2011.

visibilité à la stratégie d'influence de l'institution représentative des avocats. Il fallait, selon elle, « orienter les efforts de communication sur l'influence et le lobbying auprès des pouvoirs publics et des médias ». Une direction des affaires publiques a été instaurée au sein du Conseil national des barreaux pour doper la stratégie d'influence de la profession *via* la professionnalisation de ses activités de lobbying.

341.14 Rôle de l'avocat lobbyiste. Le lobbyiste travaille au carrefour du politique, du social, de l'économique et du juridique. L'avocat, dans cette fonction, va donc se livrer à un travail d'équipe avec son client et de nombreux autres intervenants. Selon les dossiers, ce sont des scientifiques, des spécialistes en communication, les juristes internes du client ou d'autres qui travailleront ensemble à résoudre les problématiques de *lobbying* du client. Face à ces différents spécialistes, l'avocat va apporter la caution et la sécurité juridiques du dossier.

Dans leur présentation des difficultés, les spécialistes de la communication ont souvent envie de simplifier dans un souci de clarté. Face à cette préoccupation légitime, il appartiendra à l'avocat de veiller à ce que la simplification ne trahisse pas le message. Dans la démarche de *lobbying* du client, l'avocat verrouillera l'argumentaire juridique.

Dans ce rôle, l'avocat ne doit pas surestimer le poids de l'argument juridique. En effet, les avocats peuvent avoir tendance à penser que les débats liés aux actions de *lobbying* sont centrés sur les aspects juridiques. Les aspects juridiques sont importants au même titre que les aspects financiers, économiques, sociaux ou environnementaux. L'avocat doit donc savoir composer avec tous ces paramètres.

L'avocat va intégrer la composante juridique à tous les niveaux du travail collectif de *lobbying*, qu'il s'agisse de la rédaction d'un simple communiqué de presse ou de la présentation d'un dossier à la Commission européenne. À la différence d'une démarche devant une juridiction, il est fréquent que l'avocat œuvre à des argumentaires qui ne seront pas soutenus par lui mais par le client lui-même.

Bien qu'il ne s'agisse que d'un domaine parmi d'autres[1], celui des fusions et acquisitions reste un domaine de prédilection de l'avocat lobbyiste. En effet, de nombreux rapprochements de sociétés soulèvent des questions concurrentielles qui sont du ressort tant des instances européennes que des instances nationales en la matière. Il est capital que les avocats de ces dossiers acquièrent le réflexe lobbyiste en approchant ces instances avec une approche explicative en amont et n'attendent pas la notification pour se mobiliser.

L'avocat lobbyiste travaillera aussi bien pour la défense d'intérêts français auprès d'instances internationales ou étrangères que pour représenter les intérêts de clients français ou étrangers auprès des pouvoirs publics et des institutions françaises. Dans ce dernier cas, l'avocat devra tout particulièrement maîtriser les règles relatives aux investissements étrangers en France dans les secteurs dits « stratégiques »[2].

341.15 Déontologie de l'avocat lobbyiste et incompatibilités. Ces règles sont aussi celles qui concernent la prohibition du trafic d'influence. L'exercice d'une activité d'avocat lobbyiste[3] est incompatible avec un mandat politique électif national ou européen, ou tout emploi salarié au sein d'un cabinet ministériel, des assemblées parlementaires ou dans les fonctions publiques. Si un avocat ou une autre personne exerce un de ces emplois ou mandats, et est employé dans le cadre d'un contrat de travail ou une collaboration libérale par un cabinet d'avocat lobbyiste, ce dernier ne peut exercer toute activité de *lobbying* soit auprès de cette personne, soit auprès de l'organisme auprès duquel cette personne exerce cet emploi ou mandat.

Naturellement, il devra y avoir une collaboration avec les déontologues officiels des organismes concernés pour que ceux-ci s'assurent du respect des règles dans le cadre de leur mission de surveillance des conflits d'intérêts des élus. La question du conflit d'intérêts est donc importante.

On retrouve ainsi, avec le *lobbying*, les règles fondamentales de la déontologie de la profession d'avocat :

- l'indépendance ;
- le secret professionnel ;
- et la prévention des conflits d'intérêts.

Pour certains, il aurait été plus simple – comme pour la fiducie – d'en faire une activité « externe » sur la base d'un mandat spécifique avec soumission aux valeurs de la profession et aux principes essentiels mais avec un caractère dérogatoire par rapport à la déontologie dans son ensemble et le secret professionnel en particulier[4].

341.16 Domaines d'intervention de l'avocat lobbyiste. Plusieurs domaines d'intervention illustrent la multitude de domaines dans lesquels le *lobbying* peut s'avérer utile.

1. V. de Beaufort, A. Masson (dir.), *Lobbying et procès orchestrés*, « Droit, management & stratégie », Larcier, 2011.
2. P. Dupeyrat, « Du bon usage du lobbying pour les investisseurs étrangers », *Lettre des juristes d'affaires*, 6 juin 2011.
3. SUR l'avocat représentant d'intérêts : H. Ader, S. Bortoluzzi, A. Damien, D. Piau, Th. Wickers, *Règles de la profession d'avocat 2022/2023*, 17e éd., « Dalloz action », 2022, nos 647.11 s.
4. M. Bénichou, « Le lobbying et l'avocat », *D. avocats*, no 5, mai 2014.

PARMI LESQUELS :

– Industrie agroalimentaire : protection des labels AOC et indications géographiques ; ingrédients et composition des aliments et leur appellation…

– Énergie : négociations tarifaires, ouvertures de nouveaux marchés.

– Industrie chimique et pharmaceutique : homologation de substances chimiques et alimentaires, accompagnement des demandes d'Autorisations de mise sur le marché (AMM)…

– Propriété Intellectuelle : défense de marques…

– Questions financières et fiscales : négociation d'aides pour des investissements industriels et agréments fiscaux, validation des aides d'État par les autorités européennes de la concurrence.

341.17 ***Lobbying* : une activité accessible à tous les avocats**[1]**.** Si les grands cabinets recrutent d'anciens ministres ou des hauts fonctionnaires qui connaissent les rouages et les circuits des instances européennes, ceux-ci ne leur sont pas pour autant réservés. Alors que les institutions européennes peuvent intimider ceux qui les connaissent mal, il s'avère que la Commission européenne est largement accessible et qu'il n'existe pas d'obstacles pour y rentrer et y trouver les bons interlocuteurs. L'image d'un *lobbying* à l'ancienne reposant entièrement sur le carnet d'adresses est révolue. L'avocat lobbyiste ne pratique pas le trafic d'influence. Ce qui importe dans le *lobbying* est la démarche et non pas la personne qui l'entreprend. Tout avocat est légitime lorsqu'il s'agit de travailler à améliorer le contexte réglementaire ou législatif dans lequel évolue un de ses clients.

341.18 **Consultants en *lobbying*.** L'avocat n'est pas le concurrent des cabinets spécialisés en *lobbying*. Il a tout intérêt à travailler en bonne intelligence avec les cabinets de consultants, qui connaissent les techniques de présentation et de constitution des dossiers. Ils ne cherchent pas à concurrencer l'avocat sur le terrain de la connaissance juridique. Lorsque l'avocat identifie une opportunité de *lobbying* ou lorsqu'il craint qu'une nouvelle réglementation puisse venir troubler la bonne marche des affaires de son client, il peut même être à l'initiative du contact avec un cabinet de *lobbying*. Il justifie ainsi son rôle de principal interlocuteur de son client tout en permettant à ce dernier de s'entourer efficacement de toutes les compétences nécessaires.

341.19 **Retard des avocats français en matière de *lobbying*.** Du fait du déficit d'image du *lobbying* en France et de la différence de perception qu'en ont les avocats des pays anglo-saxons, les avocats français sont en retard dans ce domaine. D'une manière générale, la culture et la pratique françaises du *lobbying* sont moins mûres que celles des pays anglo-saxons[2].

Il y a une culture française consistant à attendre une intervention de l'État pour défendre des intérêts privés. Quand l'avocat lobbyiste français entre en action, il est souvent trop tard pour peser sur des décisions déjà prises.

Enfin, les autres lobbyistes européens constatent que les Français cherchent souvent à viser trop haut dans la hiérarchie des décisionnaires. En ne voulant parler qu'aux seuls responsables, les avocats français négligent les fonctionnaires opérationnels ou les comités techniques alors que ces derniers sont très importants dans le processus décisionnel.

341.20 **Association des avocats lobbyistes (AAL).** Conscients de l'importance des enjeux du *lobbying* et du rôle que peuvent y jouer les avocats, des cabinets se sont groupés pour promouvoir et expliquer cette activité. En juin 2011, les cabinets d'avocats Jeantet Associés, August Debouzy, Granrut Avocats[3] et Vogel & Vogel ainsi que Régis Cusinberche et Chloé Zylberbogen ont créé la première association des avocats lobbyistes en France, l'Association des Avocats Lobbyistes (AAL). Son but est de :

- promouvoir le rôle naturel des avocats dans la représentation d'intérêts ;

- promouvoir l'émergence d'un cadre déontologique adapté et propre à l'exercice de cette activité par les avocats, dans le respect des règles françaises ou communautaires de transparence et de loyauté, promues notamment par la Commission européenne ;

- participer, avec et aux côtés des représentants des entreprises de services spécialisées dans le lobbying, à l'élaboration des règles déontologiques, voire du cadre réglementaire, propres à l'activité de lobbying en France à l'échelon communautaire ;

- réaliser, dans le cadre des objectifs ci-dessus, des actions de communication et de formation sur le thème du lobbying.

L'Association est ouverte :

- aux avocats inscrits au tableau de leur Ordre ;
- aux structures professionnelles d'avocats ;
- aux personnes physiques visées à l'article 98-3° du décret du 27 novembre 1991 (la période de huit ans indiquée à cet article étant alors abaissée à cinq ans), en qualité de membres associés.

1. SUR l'activité de représentation d'intérêts ou lobbying : H. Ader, S. Bortoluzzi, A. Damien, D. Piau, Th. Wickers, *Règles de la profession d'avocat 2022/2023*, 17e éd., « Dalloz action », 2022, nos 647.11 s. – D. Heintz, « Le lobbying et l'avocat », *Gaz. Pal.* 19-20 nov. 2008, p. 8.

2. CNB, *Rapport d'information sur le lobbying*, AG 16 janv. 2008.
3. Maintenant Hérald Avocats.

Les moyens d'action de l'Association incluent notamment des publications et autres actions de publicité, écrite ou audiovisuelle, l'organisation de formations, concours, prix, colloques ou expositions, la réalisation d'enquêtes d'opinion, au sein de la profession d'avocats ou en dehors, des actions de lobbying auprès des institutions nationales et transnationales, en particulier européennes, ou des instances ordinales françaises ou étrangères.

SECTION 2
LOBBYING : MÉTHODE

341.31 Action en amont de l'avocat lobbyiste. L'éducation aux enjeux et aux méthodes de *lobbying* est nécessaire tant pour les avocats que pour les clients. L'avocat doit comprendre qu'il peut aller au-devant des situations. Il peut agir à la source des décisions et des débats.

Les intérêts d'un client ne se défendent pas que lors d'un contentieux, d'une notification ou d'un projet spécifique. Les gouvernements n'ont de cesse de commander des rapports et de diligenter des enquêtes en amont de nouveaux projets de lois et de réformes. L'avocat doit être aux côtés de ses clients pour les aider à faire valoir leurs arguments et ne pas se laisser surprendre par les aléas des changements de règles.

L'avocat lobbyiste doit bien cerner le contexte à la fois politique et économique dans lequel se prennent beaucoup de décisions. Il peut en effet exister d'importants décalages entre la perception politique et la perception économique d'un dossier en matière de concurrence.

Les autorités politiques verront d'un très bon œil le rapprochement de deux sociétés européennes qui souhaitent renforcer leur compétitivité face aux États-Unis ou la Chine. Or, ce même rapprochement peut risquer la censure des autorités de la concurrence. L'avocat doit être en mesure d'expliquer ces nuances à ses clients. Il doit aussi pouvoir anticiper les difficultés et, le cas échéant, engager les opérations nécessaires de *lobbying*.

341.32 Méthodologie d'un *lobbying* efficace. L'efficacité d'une action de *lobbying* va dépendre du moment où elle est engagée et de l'organisation de la démarche. Toute action de *lobbying* doit être conduite non seulement dans le respect de la déontologie de l'avocat mais également, s'agissant du *lobbying* européen, en conformité avec les règles élaborées par la Commission européenne pour les représentants d'intérêts[1]. En annexe de son registre de transparence, le Parlement européen a rédigé un code de conduite destiné à guider les intervenants qui participent à une action de *lobbying*[2].

D'une manière générale, toute action de *lobbying* doit associer trois composantes :

- la communication ;
- la stratégie ;
- les aspects juridiques.

Bien que l'avocat ait tendance à privilégier l'aspect juridique, il devra rechercher l'équilibre entre les trois composantes et aura tout intérêt à s'associer les compétences de tiers dans les domaines dans lesquels il se sent moins efficace.

Le mode opératoire de l'action de *lobbying* peut se découper en cinq phases[3].

LES CINQ PHASES DE L'ACTION DE *LOBBYING*

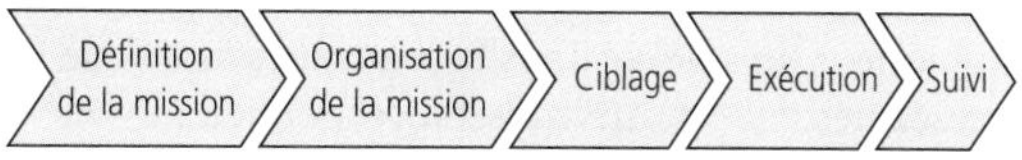

341.33 Analyse de la situation et de ses enjeux de l'action de *lobbying*. L'avocat étudiera la situation en analysant les points suivants :

- origine de la difficulté à laquelle son client est confronté : autorités nationales ou européennes, concurrents, opinion publique, médias... ;
- principaux intérêts en jeu : intérêts politiques, position concurrentielle... ;
- arguments en présence : arguments défendus par chacune des parties, intérêts spécifiques des forces en présence, alliés du client, adversaires du client... ;
- identité, qualité et environnement des décisionnaires.

Cette première phase va conduire à un audit préliminaire de la situation. Les conclusions de cet audit permettront aux intervenants (l'avocat, le cabinet de *lobbying*, les responsables de la communication du client...) de mettre en place des outils et des procédures de surveillance qui vont permettre de prévoir l'évolution de la situation plutôt que de subir.

341.34 Détermination de la stratégie de l'action de *lobbying*. L'avocat, son client et les autres intervenants détermineront les grands axes de la stratégie retenue.

- le choix du positionnement : les niveaux d'approche (technique, juridique, juridictionnel, politique,

1. Commission européenne, *Initiative européenne en matière de transparence*, 27 mai 2008.
2. Accord Interinstitutionnel du 20 mai 2021 entre le Parlement européen, le Conseil de l'Europe et la Commission européenne sur un registre obligatoire de transparence, code de conduite en Annexe 2, *JO L* 207, 11 juin 2021, p. 1-17.
3. Méthodologie proposée par P. Portier dans le cadre de la formation « Les nouveaux métiers de l'avocat, l'avocat lobbyiste » Campus, barreau de Paris, juill. 2012.

national, international) ; les grands axes de l'argumentation ; le niveau d'exposition dans l'opération de *lobbying* (suiveur ou meneur) ;

- réflexion sur l'opportunité d'une alliance ;
- l'identification des cibles décisionnelles ;
- la détermination de la concordance des calendriers en analysant les leviers qui agissent sur celui-ci : calendrier politique, calendrier de la procédure ou calendrier d'événements externes.

341.35 Choix tactiques de l'action de *lobbying*. Les choix tactiques serviront à la mise en œuvre de la stratégie ci-dessus :

- examen détaillé des cibles influentes à chaque niveau : identifier les groupes cible et les personnes qui jouent un rôle clé dans la procédure ainsi que les personnes qui ont un intérêt direct en jeu ;
- choix des outils : argumentaires, programmes de contacts, rédaction d'amendements, de questions écrites ou orales, approches indirectes... ;
- détailler le calendrier et répartition des rôles.

341.36 Choix techniques de l'action de *lobbying*. À chaque étape de l'action de *lobbying*, l'avocat et les autres intervenants choisiront les techniques devant être privilégiées :

- la technique de la formulation consistant à miser sur des argumentaires techniques et juridiques solides ;
- la technique de l'appui médiatique consistant à rechercher la médiatisation du dossier ;
- l'utilisation des réseaux relationnels et professionnels ;
- la technique de l'amendement consistant à modifier un projet existant plutôt que de s'y opposer frontalement.

CHAPITRE

342. Avocat mandataire sportif, mandataire en transactions immobilières, fiduciaire et délégué à la protection des données

SECTION 0 ORIENTEUR

342.00 **Sommaire du chapitre.**

SECTION 1 AVOCAT MANDATAIRE SPORTIF

342.11 **Rapport de la commission Darrois.** Le rapport Darrois avait pris clairement position en faveur de la révision de certaines des incompatibilités professionnelles imposées aux avocats. Il a donc réexaminé le régime des incompatibilités en estimant que l'interdiction faite aux avocats d'exercer les professions d'agent sportif ou d'agent artistique en raison de leur caractère commercial devait être reconsidérée[1]. Dans ce sens, le rapport déclare que « si certaines règles applicables à ces fonctions, notamment en ce qui concerne les rémunérations, pourraient ne pas être compatibles avec les règles déontologiques, l'opportunité d'écarter les avocats au profit d'autres professionnels dont l'éthique et le professionnalisme sont parfois sujets à critiques est pour le moins discutable » et conclut que « le souhait d'une majorité d'avocats de rendre compatible leur profession avec celle d'agent sportif et agent artistique est raisonnable ».

Suivant les recommandations du rapport Darrois, la loi du 28 mars 2011, dans son article 4 autorise les avocats, dans le cadre de la réglementation qui leur est propre, à représenter, en qualité de mandataire, l'une des parties intéressées à la conclusion de l'un des contrats mentionnés au premier alinéa de l'article L. 222-7 du code du sport. Le même article prévoit que « Dans le mandat donné à un avocat pour la conclusion de l'un des contrats mentionnés au premier alinéa de l'article L. 222-7 du code du sport, il est précisé que le montant de ses honoraires ne peut excéder 10 % du montant de ce contrat. Lorsque, pour la conclusion d'un tel contrat, plusieurs avocats interviennent ou un avocat intervient avec le concours d'un agent sportif, le montant total de leur rémunération ne peut excéder 10 % du montant de ce contrat. L'avocat agissant en qualité de mandataire de l'une des parties intéressées à la conclusion d'un tel contrat ne peut être rémunéré que par son client. »[2]

Les contrats visés par le premier alinéa de l'article 222-7 du code du sport sont ceux qui consistent « à mettre en rapport, contre rémunération, les parties intéressées à la conclusion d'un contrat soit relatif à l'exercice rémunéré d'une activité sportive ou d'entraînement, soit qui prévoit la conclusion d'un contrat de travail ayant pour objet l'exercice rémunéré d'une activité sportive ou d'entraînement... ».

1. CNB, *Rapport de la commission Darrois sur les professions du droit*, AG 8 avr. 2009, p. 47.

2. L. n° 71-1130, 31 déc. 1971 portant réforme de certaines professions judiciaires et juridiques, *JO* 5 janv., p. 131, art. 10 ; mod. par L. n° 2011-331, 28 mars 2011.

Il faut noter que le législateur entérinait une pratique existante car le Règlement intérieur du barreau de Paris dans son article P. 6.3.0.3 autorisait cette activité depuis le 17 mars 2009.

342.12 **Avocat mandataire sportif : ambiguïtés et limites**[1]. De nombreux commentateurs de la loi du 28 mars 2011 ont rapidement conclu que l'avocat pouvait désormais être « agent sportif ». L'article 4 de la loi autorise les avocats à conclure les contrats visés par l'article 222-7 du code du sport « dans le cadre de la réglementation qui leur est propre ». L'avocat mandataire de sportif n'a pas de licence d'agent sportif pas plus qu'il ne relève de la discipline des fédérations.

Une réponse ministérielle de février 2011 est venue d'emblée réduire la portée du texte[2]. Le garde des Sceaux affirmait en effet que « s'il entre dans les attributions d'un avocat de représenter, dans le cadre d'un mandat, les intérêts d'un sportif ou d'un club, l'activité consistant à mettre en rapport les parties intéressées à la conclusion d'un contrat relatif à l'exercice d'une activité sportive, qui caractérise l'agent sportif, constitue en revanche une activité de courtage, par nature commerciale et, de ce fait, interdite aux avocats ».

Il en résulte que l'avocat peut recevoir un mandat de son client en application de l'article 6.3[3] du RIN mais que l'activité d'intermédiation pure resterait la prérogative des agents sportifs et serait incompatible avec l'activité d'avocat.

342.13 **Activité d'intermédiation.** Les avocats ont voulu voir dans l'article 4 de la loi du 28 mars 2011 un véritable élargissement de leur champ d'intervention et la consécration législative d'un statut d'intermédiaire rémunéré comme tel. En effet, l'article 4 de la loi du 28 mars 2011 concernant la rémunération de l'avocat limite celle-ci à 10 % du montant du contrat visé par l'article 222-7, à savoir le contrat d'intermédiation. Il n'y a pas de doute qu'en visant ce plafond de 10 %, le législateur se réfère à une opération de courtage et qu'il a souhaité appliquer à l'avocat le même plafond d'honoraires que celui imposé aux agents sportifs. Ce faisant, le législateur a clairement exprimé le fait que ces opérations étaient désormais ouvertes aux avocats.

Il y a toutefois une limite de taille. Ce même article 4 prévoit que l'avocat agissant en qualité de mandataire de l'une des parties intéressées à la conclusion d'un tel contrat ne peut être rémunéré que par son client. Ainsi, un avocat qui aurait un joueur de football comme client et négocierait l'arrivée d ce dernier dans un club, ne pourrait percevoir aucune rémunération de la part du club. C'est la position prise par la cour d'appel de Paris sur un recours du parquet à l'encontre d'une délibération du conseil de l'Ordre de Paris aménageant la rédaction de l'article 6.3.0.3 du RIBP prévoyant la possibilité que le joueur donne mandat au club sportif de verser en son nom et pour son compte à l'avocat les honoraires correspondant à sa mission.[4] La Cour de cassation est saisie de ce dossier et elle devait confirmer la position de la cour d'appel de Paris, le texte du RIBP devrait être modifié en conséquence.

342.14 **Opportunités limitées.** L'impulsion donnée par le Rapport Darrois, l'interprétation et l'application de l'article 4 de la loi du 28 mars 2011 illustrent la difficulté qu'il y a à assouplir le régime des incompatibilités de l'avocat.

La qualification d'acte de commerce de l'opération de courtage ou d'intermédiation entraîne son interdiction pour l'avocat. La théorie de l'accessoire qui permet à une activité accessoire de nature commerciale de ne pas dénaturer le caractère civil de l'activité de l'avocat[5] peut aussi s'inviter dans la réflexion.

Malgré l'interprétation restrictive de sa portée, ce texte a eu le mérite de créer une prise de conscience de la part des avocats quant au rôle que pouvait jouer l'avocat dans le milieu du sport. Il reste que le milieu du sport est à la fois petit et fermé. Les fédérations comme les agents sportifs et même le Comité national olympique et sportif français (CNOSF) n'ont pas ouvert les bras aux avocats dans un rôle élargi[6], alors même que ceux-ci pourraient utilement participer à la moralisation de pratiques souvent mal encadrées, surtout lorsque les enjeux économiques sont importants.

SECTION 2
AVOCAT MANDATAIRE EN TRANSACTIONS IMMOBILIÈRES

342.21 **Définition et textes.** La possibilité pour les avocats d'intervenir en qualité de mandataire en

1. SUR l'avocat mandataire sportif : H. Ader, S. Bortoluzzi, A. Damien, D. Piau, Th. Wickers, *Règles de la profession d'avocat 2022/2023,* 17e éd., « Dalloz action », 2022, nos 645.11 s.
2. Rép. min. no 94691, *JOAN* 1er févr. 2011, p. 1025.
3. RIN, art. 6.3 ; mod. par CNB, AG 7 mai 2021, DCN no 2020-005 portant modification des articles 6.3.6 et 6.4 du Règlement intérieur national (RIN) de la profession d'avocat, *JO* 30 sept.
4. Paris, aud. sol. 14 oct. 2021, noRG20/11621.
5. CE 23 févr. 2000 req. No 187054, 188312, *Lebon*.
6. « Avocat-agent sportif : une clarification bienvenue », *actuel-avocat.fr/*, 7 juin 2012.

transactions immobilières[1] n'est pas nouvelle puisque celle-ci est prévue par la loi du 2 janvier 1970[2], dite loi Hoguet, qui réglemente le statut et les règles applicables aux agents immobiliers. Les avocats ont en effet la possibilité d'intervenir comme mandataire en transactions immobilières pour recueillir un mandat de vente, d'achat, de location ou de recherche de location d'un bien immobilier. Dans ce contexte, il est considéré que la déontologie de l'avocat, son assurance professionnelle et les règles de représentation des fonds avec la CARPA constituent des garanties tout à fait satisfaisantes pour le mandant.

Alors que les avocats étaient peu nombreux à user de cette faculté sans doute en raison de l'interdiction générale de toute activité de nature commerciale et de l'absence de toute formation, le barreau de Paris a pris position en faveur de l'intégration explicite de cette activité dans son Règlement intérieur. Ainsi, le 29 avril 2009[3], le conseil de l'Ordre a introduit un nouvel article P. 6.2.0.4 renuméroté P. 6.3.1 relatif à l'avocat mandataire en transactions immobilières et une annexe XV relative à la négociation de biens à vendre ou à louer.

Selon les termes de l'article P. 6.3.1., l'avocat doit déposer à la Carpa, selon les règles applicables au fonctionnement des comptes Carpa, les fonds, effets ou valeurs reçus par lui, dans le cadre de sa mission de « mandataire en transactions immobilières » soumis au contrôle de l'Ordre. Dans son activité de mandataire en transactions immobilières, l'avocat reste tenu de respecter les principes essentiels de sa profession et les règles du conflit d'intérêts ; il ne pourra intervenir que pour l'une des parties et ne percevra des honoraires que de celle-ci.

L'article P. 6.3.1. renvoie à l'annexe XVII du RIBP qui détaille les règles applicables à l'activité de mandataire de transactions immobilières en six articles :

Art. 1er. Le mandat en transaction de biens immobiliers à vendre ou à louer constitue une des activités accessoires de l'avocat. Elle s'exerce conformément à la réglementation en vigueur et notamment aux dispositions du Règlement intérieur du barreau de Paris.

Art. 2. Le mandat écrit obligatoire doit indiquer le mode de calcul des honoraires. Aucune rémunération autre que celle due au titre de la rédaction des actes (projets, avant-contrat, contrat) ne pourrait être perçue dans l'hypothèse où l'opération ne serait pas effectivement conclue. Une copie du mandat devra être remise au mandant. En vertu de son devoir de conseil, l'avocat ne doit accepter de mandat que limité à une durée raisonnable tenant compte notamment des pratiques habituelles et usages locaux en matière de négociation et des particularités du bien à négocier.

Art. 3. Dans l'exercice de ses activités de négociation, l'avocat doit faire preuve d'indépendance, de loyauté, d'impartialité et d'objectivité. Il doit s'abstenir de tout démarchage, directement ou par personne interposée, pour recueillir un mandat. L'activité de négociation s'exerce, comme les autres activités de l'avocat, au sein et dans les locaux de son cabinet. Cette règle ne fait pas obstacle aux déplacements nécessaires en vue de la visite des biens à vendre ou à louer.

Art. 4. 1) Les avocats ont la faculté de se regrouper pour mettre en commun divers moyens dans le but d'assurer à la clientèle le meilleur service en matière de négociation. Ils peuvent notamment centraliser dans un fichier commun, destiné à leur information et à celle de leurs clients, les offres de vente ou de location pour lesquels ils ont reçu mandat de rechercher un acquéreur ou un locataire. 2) Ces groupements doivent être constitués de telle sorte que tout avocat s'engageant à respecter les conventions qui les régissent y soit automatiquement admis. Toute création de groupement devra être portée à la connaissance du ou des ordres des avocats concernés. Les statuts ou règlements devront y être déposés. Le groupement, qu'il ait ou non la personnalité morale, ne peut être en relation directe avec la clientèle. Il ne doit avoir, en aucun cas, une activité propre de négociation. Aucun mandat ne peut être établi au nom du groupement.

Art. 5. Seuls les organismes professionnels, statutaires ou non, sur le plan national ou local, peuvent faire, par tout moyen à leur convenance, une publicité informative générale sur la profession d'avocat, les services qu'ils peuvent offrir et les moyens dont ils disposent pour répondre aux besoins de la clientèle. La publicité sur les biens à vendre ou à louer peut être faite, dans le respect du Règlement intérieur du barreau de Paris, soit pour un seul bien par un ou plusieurs avocats, soit pour plusieurs biens par un même avocat, soit pour plusieurs biens par plusieurs avocats, sur la même annonce à la condition que chaque offre puisse être attribuée à l'avocat détenteur du mandat. L'affichage raisonnable des biens immobiliers pour lesquels l'avocat a un mandat est autorisé à l'extérieur et à l'intérieur de son cabinet. L'affichage dans une vitrine formant devanture de boutique est interdit.

1. SUR l'avocat mandataire en transactions immobilières : H. Ader, S. Bortoluzzi, A. Damien, D. Piau, Th. Wickers, *Règles de la profession d'avocat 2022/2023,* 17e éd., « Dalloz action », 2022, nos 646.11 s.
2. L. no 70-9, 2 janv. 1970 réglementant les conditions d'exercice des activités relatives à certaines opérations portant sur les immeubles et les fonds de commerce, *JO* 4 janv., p. 142 ; mod. par L. no 2012-387, 22 mars 2012.
3. *Bull. barreau de Paris,* 24 avr. 2009, no 14.

Art. 6. L'Ordre des avocats contrôlera les conditions d'exercice de l'activité de négociation et le respect des règles déontologiques applicables en la matière.

Dans le RIN, c'est l'article 6.2 [1] consacré aux mandats qui fixe le cadre général et l'article 6.3 [2] qui vise la qualité de mandataire de transactions immobilières.

Le CNB a également édité un guide de l'activité de l'avocat mandataire de transactions [3].

342.22 Spécificités applicables aux avocats. En matière de mandat portant sur des transactions immobilières, les deux principales spécificités du régime applicable aux avocats sont le caractère accessoire de l'activité et les conditions de rémunération qui en découlent [4].

Dès lors que cette activité doit rester accessoire, l'avocat ne peut envisager de devenir un agent immobilier. Il conserve dans cette activité les mêmes principes de fonctionnement que pour son activité principale. Il est le conseil d'une partie et ne peut, à la différence de l'agent immobilier intervenir à la fois pour le mandant et son cocontractant. Par dérogation au principe du mandat *ad litem*, l'avocat mandataire en transactions immobilières devra justifier d'un mandat écrit de la part de son client. Il devra obligatoirement et nécessairement assister le client dans la négociation et la rédaction des actes. Enfin, il devra déposer à la Carpa tous les fonds qui pourront lui être remis dans le cadre de cette activité.

Pour la commission Règles et usages du CNB, cette activité de mandataire en transactions immobilières est une prérogative civile et non une « opération de courtage ». L'*avocat offre une garantie financière supérieure à celle des agences immobilières en cas de litige : celle de représentation des fonds qui lui sont confiés par ses clients, qui peut atteindre jusqu'à 35 millions d'euros, et celle de l'assurance responsabilité civile.* L'avocat n'intervient pas en tant qu'apporteur d'affaires mais dans le cadre de la relation qu'il entretient avec son client. C'est une extension des missions de l'avocat qui lui permet de rendre un service complet à ses clients [5].

C'est justement le caractère accessoire de l'activité qui justifie qu'elle ne devient pas incompatible avec l'activité d'avocat au sens de l'article 111 du décret du 27 novembre 1991 qui rappelle que la profession d'avocat avec les activités commerciales. C'est en restant l'accessoire d'une mission juridique de conseil ou de représentation que l'activité reste civile au sens de ce texte.

342.23 Opportunités de développement de l'activité de mandataire en transactions immobilières. Bien qu'elle représente, à première vue, de réelles opportunités pour les avocats, l'activité de mandataire en transactions immobilières reste marginale au sein de la profession. En effet, dès lors que le caractère accessoire est respecté, les situations dans lesquelles l'avocat peut se trouver investi d'un mandat sont assez rares. À titre d'exemples : l'avocat en droit de la famille chargé d'une liquidation de communauté dans laquelle se trouve un bien immobilier, l'avocat conseil en restructurations ou en procédures collectives qui accompagnerait son client dans la vente d'actifs. Même dans ces situations dans lesquelles l'avocat a une légitimité pour obtenir un mandat de son client, l'avocat n'est pas nécessairement équipé pour mener à bien sa mission comme le serait un professionnel de l'immobilier.

Pour autant, ceci ne doit pas décourager les avocats à identifier les circonstances dans lesquelles ils peuvent jouer ce rôle. L'utilisation d'Internet permet en outre d'éviter la difficulté liée à l'interdiction pour l'avocat d'afficher des biens à vendre ou à louer dans une vitrine [6]. Certains avocats ont créé des réseaux pour regrouper des biens pour lesquels ils sont mandatés. Si un site internet dédié est consacré à des offres immobilières, celui devra respecter toutes les obligations résultant de l'article 10 du RIN [7].

À la différence des difficultés que posent les activités de mandataire sportif, les activités de mandataire en transactions immobilières ne semblent pas faire l'objet d'incertitudes sur le plan déontologique ou d'ambiguïtés sur le plan de l'interprétation des textes.

L'acte d'avocat de la loi du 28 mars 2011 n'a pas eu pour effet de rendre les avocats plus compétitifs sur ce marché alors que cet outil a le mérite d'apporter une sécurité juridique supérieure à celles des promesses ou compromis rédigés par les agents immobiliers.

342.24 Association des avocats mandataires de transactions immobilières (AAMTI). Créée en 2011, l'Association des avocats mandataires de transactions immobilières (AAMTI) regroupe un nombre important des avocats ayant une activité de transactions immobilières. En dehors de son activité de promotion de l'activité et de formation, elle est également à l'initiative de la création du site www.avocats-immo.fr qui regroupe plusieurs centaines d'avocats membres et qui a pour objet de mettre en relation vendeurs et acheteurs ou locataires et bailleurs. L'association a organisé en 2014 son premier congrès annuel, signe

1. RIN, art. 6 ; CNB, AG 9 et 10 déc. 2016, DCN n° 2016-002 ; mod. par CNB, AG 18 déc. 2020, DCN n° 2020-004 portant modification du Règlement intérieur national de la profession d'avocat, *JO* 17 janv. ; mod. par CNB, AG 7 mai 2021, DCN n° 2020-005.
2. RIN, art. 6.3 ; mod. par CNB, AG 7 mai 2021, DCN n° 2020-005.
3. CNB, *L'activité de l'avocat mandataire en transactions*, oct. 2017.
4. Vitry, « L'avocat mandataire en transactions immobilières », *Gaz. Pal.* 2009. 2. Doctr. 2899.
5. « L'avocat mandataire en transactions immobilières : règles et usages », *D. avocats* 2013.108.
6. RIBP, annexe XV, art. 5.
7. Civ. 1re, 4 mai 2012, n° 11-11.180, NP.

que cette activité commence peut-être à prendre son envol. En 2022, l'association revendique 700 membres ce qui est le signe que les avocats continuent à s'intéresser aux opportunités liées à l'activité de mandataire de transactions immobilières.

342.25 Activité de mandataire de transactions immobilières et loi Macron. L'article 111 du décret du 27 novembre 1991 modifié par le décret du 29 juin 2016 a assoupli le régime des incompatibilités et permet désormais à l'avocat de diriger une société dans laquelle il commercialise à titre accessoire des biens et services connexes à la profession. Ce texte n'apporte rien sur le plan de l'activité elle-même déjà autorisée. En revanche, le texte clarifie les conditions dans lesquelles l'avocat peut organiser une telle activité. Peut-être qu'en organisant son activité de mandataire de transactions immobilières dans une entité autre que le cabinet lui-même, l'avocat parviendra à mieux développer celle-ci.

SECTION 3
AVOCAT MANDATAIRE D'ARTISTES ET D'AUTEURS

342.31 Mandataire d'artistes et d'auteurs : règles et principes. Au même titre que le mandataire sportif ou le mandataire en transactions immobilières, l'avocat peut exercer la fonction de mandataire d'artistes[1] et d'auteurs. L'activité est visée par l'article 6.3.5 du RIN. Cette activité d'intermédiation pour le compte d'auteurs et d'artistes n'est pas non plus incompatible avec l'exercice de la profession d'avocat dès lors que la part de cette activité correspondant à la mise en relation ou intermédiation entre l'artiste et un tiers, société de production par exemple, n'est pas exercée de manière principale mais accessoire par l'avocat. L'avocat souhaitant exercer l'une ou l'autre de ces activités doit impérativement en faire la déclaration auprès de la direction de l'exercice professionnel de son Ordre.

342.32 Rémunération de l'avocat mandataire d'artistes et d'auteurs. La perception par les agents artistiques des « 10 % » sur les cachets de l'artiste, apparaît comme une forme de commission qui pourrait se heurter à l'interdiction du pacte de quota litis. Pour l'Ordre de Paris, si les honoraires de 10 % sont effectivement perçus en cas de résultat, à savoir mener à bien les négociations jusqu'à l'obtention du placement de son client, ils ne sont pas basés sur une activité de litige. Il s'agit donc d'une rémunération qui n'est pas un honoraire de résultat issu d'un procès. C'est ainsi que la Commission de déontologie a estimé que la pratique d'une rémunération sous forme de commission, ou pourcentage fixé à 10 %, était parfaitement compatible avec une activité d'avocat-conseil. Il s'agit d'honoraires facturés sur du papier à en-tête d'avocat, et qui sont soumis à cotisations sociales comme l'ensemble de ses honoraires, ainsi qu'à TVA. De même, s'agissant de l'activité de placement de l'artiste, consistant à représenter l'artiste et à tenter de lui obtenir des contrats, la Commission de déontologie du barreau de Paris a estimé que l'activité de placement n'était pas incompatible pour autant que l'avocat respecte les principes essentiels[2].

342.33 Assurance professionnelle de l'avocat mandataire d'artistes et d'auteurs. L'avocat est couvert dans des activités de mandataire d'artistes ou d'auteurs par l'assurance collective responsabilité civile professionnelle, sauf cas exceptionnels de prise de risque qui justifient une couverture complémentaire[3].

SECTION 4
AVOCAT FIDUCIAIRE

342.41 Fiducie : définition et textes. Souvent qualifiée de *trust* à la française, la fiducie a vu le jour avec la loi du 19 février 2007[4] dont l'article 1er donne la définition suivante : « La fiducie est l'opération par laquelle un ou plusieurs constituants transfèrent des biens, des droits ou des sûretés ou un ensemble de biens, de droits ou de sûretés, présents ou futurs, à un ou plusieurs fiduciaires qui, les tenant séparés de leur patrimoine propre, agissent dans un but déterminé auprès d'un ou plusieurs bénéficiaires ». Cette définition a été intégrée au code civil à l'article 2011[5]. La fiducie se caractérise par trois opérations[6] :

– un transfert en pleine propriété (d'une durée maximum de 99 ans) ;

1. SUR l'avocat mandataire d'artistes : H. Ader, S. Bortoluzzi, A. Damien, D. Piau, Th. Wickers, *Règles de la profession d'avocat*, 15e éd., « Dalloz action », 2016, n° 433.163.

2. Compte-rendu de la réunion de la Commission Avocat mandataire d'artistes et d'auteurs du barreau de Paris du 5 juin 2013, *Lexbase Hebdo édition professions* n° 153, 11 juill. 2013
3. Barreau de Paris, Commission Avocat mandataire d'artistes et d'auteurs, 5 juin 2013, Lexbase hebdo n° 153, 11 juill. 2013.
4. L. n° 2007-211, 19 févr. 2007.
5. A. Albertini, R. Dammann, « L'avocat face à la fiducie. Guide pratique de bonne conduite », *JCP* 2011, suppl. n° 41, n° 4 – L. Dargent, « Activité fiduciaire des avocats : garanties financières », *D.* 2011. 2548 – J.-F. Adelle, « L'avocat fiduciaire : quel positionnement pour quels marchés ? », *Droit et expertise* 27 janv. 2010, p. 10 – Berger, « L'avocat fiduciaire », *RLDC* 2009, mai 2009, n° 3444 – L. Chambaz, « L'avocat et la fiducie », *RLDC* 2009, Act., n° 56 – C. Sand, « Dernières précisions concernant les conditions d'exercice de la qualité de fiduciaire par les avocats – À propos du décret du 23 déc. 2009 », *JCP* 2009, AR 76, p. 145 – J. Uettwiller, « Avocat et fiducie », *Dr. et patr.* mars 2009, p. 26 – B. de Belval, P.-Y. Joly, « Quelques observations sur l'avocat et la fiducie », p. 90 – Ch. Jamin, « L'avocat, le fiduciaire et le tiers », *D.* 2007. 1492 – L. Chambaz, *RLDC* 2007/38, n° 2526.
6. Jeantet et Associés, « Les caractéristiques générales de la fiducie », *Actualité de la fiducie* n° 10.

- une finalité particulière de sûreté, de gestion ou de transmission (mais qui ne peut procéder d'une intention libérale) au profit d'un ou plusieurs bénéficiaires ;

- la création d'un patrimoine d'affectation qui isole les actifs fiduciaires.

Un registre national des fiducies a été créé par le décret du 2 mars 2010[1], dont la consultation est réservée à des personnes spécifiques agissant pour le compte de l'administration dans le cadre de missions précises qui leur sont confiées. Il ne s'agit donc pas d'un registre de publicité des fiducies-sûretés, ce qui aurait pu avoir un intérêt et participer à l'essor de la fiducie.

342.42 **Fiducie : utilité.** La fiducie est avant tout un instrument d'ingénierie juridique permettant de répondre à un besoin précis dans une variété de situations[2] :

- dans un conflit lié au paiement du prix entre cédant et cessionnaire de droits sociaux, la fiducie peut être utilisée pour transférer les droits sociaux concernés à un tiers qui va les administrer pendant la durée du conflit. Cette solution peut éviter une déperdition de la valeur des titres ou une paralysie du fonctionnement de la société ;

- la fiducie peut être utilisée pour l'externalisation d'un patrimoine immobilier ;

- dans les procédures collectives, la fiducie peut servir à protéger certains actifs : c'est le mécanisme qui a été mis en place pour permettre à la raffinerie Petroplus de reprendre ses activités en protégeant les intérêts du nouveau cocontractant de la société[3].

Pour les familles, la fiducie est un outil de pérennisation du patrimoine familial contre les accidents de la vie et peut être utilisée dans les situations suivantes :

- majeurs vulnérables ;
- divorce ;
- préparation à la gestion d'un patrimoine par de jeunes adultes ;
- protection des biens contre les créanciers futurs.

Instrument encore peu connu mais aux applications multiples, elle a été presque exclusivement orchestrée par les établissements financiers qui ont assumé le rôle de fiduciaire.

342.43 **Avocat fiduciaire : textes et obligations.** La possibilité de devenir fiduciaires a été ouverte pour les avocats[4] par la loi du 4 août 2008 de modernisation de l'économie, dite loi LME, qui a modifié les dispositions de la loi du 31 décembre 1971. Les modalités de cette activité ont été précisées par le décret du 26 décembre 2009[5], d'après lequel, l'avocat doit se conformer à certaines obligations :

- l'avocat doit adresser une déclaration écrite préalable à l'Ordre dont il dépend à laquelle il doit joindre une attestation de souscription d'une assurance spéciale ;

- l'avocat doit souscrire des garanties spécifiques couvrant son activité de fiduciaire. Sa garantie de responsabilité civile personnelle est relevée de 305 000 euros à 1 500 000 euros et l'avocat qui exerce l'activité de fiduciaire doit aussi contracter une garantie financière spécifique couvrant la restitution des biens, droits ou sûretés qui lui sont confiés dans le cadre de la fiducie. Cette garantie ne peut inférieure à 5 % de la valeur des immeubles confiés et à 20 % des autres biens, droits et sûretés ;

- l'avocat doit tenir une comptabilité distincte de sa comptabilité générale avec un compte spécifique à chacune des fiducies dont il a la charge.

Les règles s'appliquant à l'avocat fiduciaire ont été intégrées dans le Règlement intérieur national à l'article 6.5[6] ;

- l'avocat doit justifier de la souscription d'une assurance spéciale par déclaration préalable à son bâtonnier (6.5.2) ;

- dans son activité de fiduciaire l'avocat reste soumis à tous les devoirs et principes de la profession d'avocat (6.5.1) ;

1. Décr. n° 2010-219, 2 mars 2010 relatif au traitement automatisé de données à caractère personnel dénommé « Registre national des fiducies », *JO* 4 mars, p. 4442.
2. M. Collet, M. Dubertret, « Du recours à la fiducie-sûreté dans le cadre des opérations de LBO, pour une plus grande sécurité juridique et fiscale », *RTD financier* juin 2012, n° 2, p. 74 – A. Hinfray, « La fiducie et le bail commercial en droit français », *AJDI* 2012. 85 – B. Bedaride, « Plaidoyer pour l'utilisation urgente de la fiducie-sûreté pour refinancer l'immobilier d'entreprise », *RD banc. fin.* janv. 2012, n° 1, p. 14 – Dossier, « Les utilisations pratiques de la fiducie-gestion », *Dr. et patr.* mars 2012, n° 212 – M. Blanck-Dap, M. Ravet, « La fiducie comme mode d'organisation des opérations immobilières », p. 44 – H. Letellier, « La fiducie, outil de protection des majeurs vulnérables », p. 52 – H. Fabre, « La fiducie comme alternative au mandat de protection future ou comme outil de transmission », p. 56 – S. Lerond, S. Nauleau, « Fiducie et société civile : des outils complémentaires », p. 62 – N. Picarrougne et E. Dhennequin, « La fiducie comme outil d'organisation de l'actionnariat », p. 66 – S. Schiller, « La fiducie : un excellent moyen de sécuriser les pactes d'actionnaires », p. 71.
3. Cabinet Jeantet, « Un schéma fiduciaire novateur », *Actualité de la fiducie* n° 15.
4. V. AUSSI : H. Ader, S. Bortoluzzi, A. Damien, D. Piau, Th. Wickers, *Règles de la profession d'avocat*, 15e éd., « Dalloz action », 2016, nos 433.132 et 644.11 s.
5. Décr. n° 2009-1627, 23 déc. 2009 relatif à l'exercice de la fiducie par les avocats, *JO* 26 déc., p. 22310.
6. RIN, art. 6.5 – L. n° 71-1130, 31 déc. 1971, art. 27, al. 4 ; Décr. n° 91-1197, 27 nov. 1991 organisant la profession d'avocat, *JO* 28 nov., p. 15502, art. 123, 205, al. 2 et 3, 209-1, 231, al. 2 – C. civ., art. 2011 s.

– l'avocat doit disposer d'un papier en-tête spécial mentionnant sa qualité de fiduciaire lorsqu'il est dans l'exercice de cette activité (6.5.3) ;

– tout en restant tenu à son secret professionnel, il doit permettre aux autorités de faire toutes les vérifications nécessaires prévues par la loi (archivage séparé, papier différent...) (6.5.4) ;

– l'article 6.5.5 prévoit d'autres obligations particulières : L'avocat vérifie l'identité des parties contractantes et des bénéficiaires effectifs de l'opération ; la rémunération de l'avocat fiduciaire doit être distincte de celle des autres intervenants ; l'avocat fiduciaire doit tenir une comptabilité spéciale ; l'avocat fiduciaire doit suivre une formation particulière.

342.44 Mise en œuvre de l'activité d'avocat fiduciaire. L'avocat fiduciaire devient propriétaire juridique des biens d'autrui. C'est un métier qui nécessite une surveillance renforcée notamment en termes d'expertise comptable. La fiducie peut s'avérer une activité très prenante nécessitant une organisation dédiée d'une partie du cabinet. Les cabinets de taille importante pourront créer une entité fiduciaire. C'est aussi une activité de niche qui peut notamment être développée par les avocats experts des procédures collectives.

À la différence des activités de mandataire sportif ou de mandataire en transactions immobilières qui doivent demeurer des activités accessoires, l'activité de fiduciaire ne connaît pas cette contrainte.

342.45 L'assurance de l'avocat fiduciaire. L'avocat fiduciaire est responsable sur son propre patrimoine des fautes qu'il commet. Il devient le propriétaire juridique des biens d'autrui. Compte tenu des enjeux, cette activité requiert tune assurance spéciale qui vient s'ajouter à l'assurance dont dispose l'avocat pour son activité de conseil[1]. À cette assurance complémentaire spéciale peuvent se substituer des garanties financières prévues par l'article 27 de la loi du 31 décembre 1971[2].

342.46 Opportunités de développement de l'avocat fiduciaire. L'Association des avocats fiduciaires (AFIDU) a été créée en 2010. Elle vise à promouvoir la fiducie en organisant des actions de formation auprès de différents publics. L'association organise des colloques et des séminaires pour faire connaître les potentialités de la fiducie auprès des acteurs et des usagers du droit.

L'association a également pour objectif de promouvoir le rôle de l'avocat dans la fiducie, qu'il soit fiduciaire, tiers protecteur, conseil ou rédacteur d'acte. L'association a rédigé un code de bonne conduite définissant les règles régissant l'activité d'avocat fiduciaire.

Il n'y aurait cependant qu'une vingtaine d'avocats fiduciaires en France en 2022[3].

SECTION 5
AVOCAT DÉLÉGUÉ À LA PROTECTION DES DONNÉES

342.51 Avocat correspondant informatique et libertés (CIL), précurseur de l'avocat délégué à la protection des données[4]. Introduite en août 2004[5] à l'occasion de la refonte de la loi Informatique et libertés, les entreprises ont eu la possibilité de désigner un « correspondant informatique et libertés » (Cil)[6]. Le décret du 20 octobre 2005[7] précise que le Cil peut être une personne physique ou morale et peut être « externe » à l'entreprise. Le principe étant celui de « l'indépendance » du correspondant, l'avocat était un intervenant naturel pour cette mission, le Cil devant jouir d'une réelle indépendance tant intellectuelle que statutaire. L'article 44 du décret pose néanmoins un critère quantitatif en instaurant un seuil au-delà duquel la possibilité d'externaliser la fonction de Cil n'est pas possible. En effet, seules les entreprises comprenant moins de cinquante salariés ayant en charge la mise en œuvre des traitements ou ayant directement accès à ces traitements peuvent désigner un tiers en tant que Cil.

L'activité de Cil a été ouverte aux avocats en 2009 par un nouvel article 6.2.2. Le Conseil national des barreaux (CNB) et la Commission nationale de l'Informatique et des libertés (Cnil) ont signé le 11 février 2010 une convention de partenariat destinée à mener des actions communes de sensibilisation et de formation à la loi Informatique et libertés auprès des avocats et des élèves-avocats. Les parte-

1. Sur l'obligation d'assurance de l'avocat fiduciaire : H. Ader, S. Bortoluzzi, A. Damien, D. Piau, Th. Wickers, *Règles de la profession d'avocat 2022/2023*, 17ᵉ éd., « Dalloz action », 2022, nᵒˢ 644.11 s.
2. L. 2010-1249, 22 oct. 2010.
3. Nombre d'avocats assurés par la Société de Courtage des Barreaux pour l'activité de fiduciaire depuis 2008.
4. A. Bensoussan, « La possibilité de devenir "avocat correspondant Cil" : Pourquoi et comment », *D. avocats* 2013. 346.
5. L. nᵒ 2004-801, 6 août 2004 relative à la protection des personnes physiques à l'égard des traitements de données à caractère personnel et modifiant la loi nᵒ 78-17 du 6 janvier 1978 relative à l'informatique, aux fichiers et aux libertés, *JO* 7 août, p. 14063.
6. SUR le correspondant informatique et libertés : H. Ader, S. Bortoluzzi, A. Damien, D. Piau, Th. Wickers, *Règles de la profession d'avocat*, 15ᵉ éd., « Dalloz action », 2016, nᵒˢ 433.133 et 642.11 s.
7. Décr. nᵒ 2005-1309, 20 oct. 2005 pris pour l'application de la loi nᵒ 78-17 du 6 janvier 1978 relative à l'informatique, aux fichiers et aux libertés, *JO* 22 oct., p. 16769, modifié.

naires se sont engagés à organiser conjointement vingt et une journées de formation auprès des avocats en exercice et des élèves-avocats. Cette convention prévoyait également le développement de la formation du Cil au sein de la profession d'avocat et de ses structures représentatives.

La loi du 7 octobre 2016[1] est venue modifier la loi du 6 août 2004.

C'est depuis 2016, l'article 6.3.3 qui traite du Cil devenu délégué à la protection des données (DPO).

Le texte du RIN ne traite que de la situation de conflit d'intérêts et les conditions dans lesquelles le DPO doit mettre un terme à sa mission.

L'article 6.3.3.précise en effet que l'avocat Délégué à la Protection des Données doit mettre un terme à sa mission s'il estime ne pas pouvoir l'exercer, après avoir préalablement informé et effectué les démarches nécessaires auprès de la personne responsable des traitements ; en aucun cas il ne peut dénoncer son client. L'avocat Délégué à la Protection des Données doit refuser de représenter toute personne ou organisme pour lesquels il exerce ou a exercé la mission de correspondant à la protection des données à caractère personnel (CIL) ou de Délégué à la Protection des Données dans le cadre de procédures administratives ou judiciaires mettant en cause le responsable des traitements.

342.52 Avocat correspondant informatique et libertés et secret professionnel. Étant tenu au secret professionnel le plus strict, l'avocat DPO ne peut naturellement dénoncer son client et signaler à la Cnil des insuffisances de l'entreprise ou du responsable du traitement. Son rôle se limite au « reporting » (bilan annuel d'activité tenu à la disposition de la Cnil). Si l'avocat DPO ne peut pas, contrairement au DPO « classique », exercer de droit d'alerte, il est néanmoins tenu de mettre fin à sa mission s'il estime ne pas pouvoir l'exercer correctement. L'avocat DPO est dans la position d'un auditeur ou d'un expert qui rend compte de sa mission à son client.

342.53 Missions de l'avocatdélégué à la protection des données (DPO). Le RGPD est venu renforcer le rôle du DPO. C'est le Règlement général sur la protection des données[2] qui a transformé le CIL en DPO. Sa désignation est rendue obligatoire pour les entreprises sans critère de taille. Le DPO est désigné par une entité ou un groupe d'entreprises pour une durée minimale de deux ans et doit avoir les connaissances spécialisées de la législation et de la pratique en matière de protection des données. Le règlement définit les missions du délégué à la protection des données qui a un réel rôle de contrôle et de vérification s'agissant de la bonne application du règlement. Il a notamment pour mission de vérifier que l'analyse d'impact obligatoire a été réalisée et que la protection des données est bien intégrée dès la conception des systèmes de traitement des données. Enfin, il devra également exercer la fonction de point de contact pour l'autorité de contrôle.

Dans le cadre de la procédure de vérification et de contrôle, le responsable de traitement a la possibilité de se faire assister d'un conseil de son choix, avocat ou expert privé. L'avocat DPO peut remplir cette fonction d'assistance du client en cas de contrôle de la Cnil. Cette assistance ne concerne pas seulement la phase de vérification et de contrôle mais aussi, le cas échéant, la procédure devant la formation restreinte de jugement. En outre, la Cnil peut également auditionner un DPO dans le cadre de son pouvoir de contrôle. Les personnes chargées du contrôle peuvent en effet convoquer et entendre toute personne susceptible de leur fournir tout renseignement ou toute justification utile pour l'accomplissement de leur mission[3].

1. L. n° 2016-1321, 7 oct. 2016 pour une république numérique, *JO* 8 oct.
2. Règl. (UE) n° 2016/679, Parlement et Conseil, 27 avr. 2016 relatif à la protection des personnes physiques à l'égard du traitement des données à caractère personnel et à la libre circulation de ces données, et abrogeant la directive 95/46/CE (règlement général sur la protection des données),
3. Décr. n° 2005-1309, 20 oct. 2005, art. 66.

CHAPITRE

343. Modes négociés de résolution de différends

SECTION 0
ORIENTEUR

343.00 Sommaire du chapitre.

SECTION 1
MARD, DÉFINITION ET CONTEXTE

343.11 Modes amiables de résolution des différends (Mard)[1] : typologie. Il y a différents Mard[2] :

- La conciliation, au sein de laquelle se distinguent :

• la conciliation par le juge, prévue aux articles 128 à 131 du Code de procédure civile ;

• la conciliation déléguée au conciliateur de justice prévue aux articles 129-2 à 129-6 du Code de procédure civile ;

• la conciliation conventionnelle. Définie par l'article 1530 du Code de procédure civile, il s'agit d'un « processus structuré par lequel deux ou plusieurs parties tentent de parvenir à un accord, en dehors de toute procédure judiciaire en vue du règlement amiable de leur différend, avec l'aide d'un tiers choisi par elles qui accomplit sa mission avec impartialité, compétence et diligence ».

- Les médiations[3].

- Le règlement des litiges de consommation dans le cadre de la directive sur le règlement extrajudiciaire des litiges de consommation et le règlement en ligne des litiges de consommation.

- Le droit collaboratif. C'est un processus amiable dont la mise en œuvre est préalable à toute saisine judiciaire et qui repose sur l'engagement contractuel des parties et de leurs avocats conseils de rechercher de manière négociée et de bonne foi, lors de réunions à quatre, une solution globale à leur différend.

- La procédure participative assistée par avocat. L'article 2062 à 2067 du Code civil et 1542 à 1564-7 Code de procédure civile. Toute personne, assistée de son avocat, peut conclure une convention de procédure participative sur les droits dont elle a la libre disposition. La convention doit être antérieure à la saisine du juge. La procédure participative est particulièrement adaptée aux différends dans lesquels les parties sont amenées à coexister après la résolution du litige, comme les problèmes familiaux ou de voisinage.

343.12 Modes amiables de résolution des différends (Mard) : contexte juridique, économique et social. L'intégration des modes amiables de résolution des différends dans le corpus juridique français est en grande partie le résultat de la mondialisation et de la migration des modèles : l'influence des pratiques étrangères, des ADR (alternative dispute résolution) développée aux États-Unis et au Canada est indéniable.

L'Ordonnance du 16 novembre 2011[4] a transposé la directive du 21 mai 2008 sur la médiation[5]

1. SUR les Mard : H. Ader, S. Bortoluzzi, A. Damien, D. Piau, Th. Wickers, *Règles de la profession d'avocat 2022/2023*, 17e éd., « Dalloz action », 2022, nos 621.11 s.
2. N. Fricero (dir), *Le guide des modes amiables de résolution des différends (Mard)*, 2e éd., « Guides Dalloz », 2015.
3. Sur les types de médiation, v. ss no 343.22.
4. Ord. no 2011-1540, 16 nov. 2011 portant transposition de la directive 2008/52/CE du Parlement européen et du Conseil du 21 mai 2008 sur certains aspects de la médiation en matière civile et commerciale, *JO* 17 nov., p. 19286.
5. Dir. 2008/52/CE, Parlement et Conseil, 21 mai 2008 sur certains aspects de la médiation en matière civile et commerciale, *JOUE* 24 mai, p. 3-8.

visant à favoriser le recours à un médiateur dans les litiges transfrontaliers civils et commerciaux. Ladite directive concerne aussi bien la médiation conventionnelle que la médiation judiciaire ou encore le recours à un conciliateur. Cette transposition a conduit à l'intégration dans le Code de procédure civile d'un ensemble de règles pour les Mard, officialisant ainsi un autre référentiel de résolution des conflits aux côtés du procès traditionnel.

Le décret d'application du 20 janvier 2012 [1] a introduit un nouveau livre V dans le Code de procédure civile consacrée à la médiation et la conciliation conventionnelles et la procédure participative assistée par avocat. Le texte instaure pour la conciliation, la médiation et la procédure participative une procédure d'homologation sur requête simplifiée. Cette procédure est non contradictoire mais le juge peut choisir d'entendre les parties s'il l'estime nécessaire.

Avec le nouveau millénaire, les modes alternatifs de règlement des litiges s'installent dans l'arsenal législatif et réglementaire. Les opportunités sont nombreuses pour les avocats aussi bien en tant que conseil des parties qu'en qualité de médiateur, conciliateur ou arbitre. La médiation ou la conciliation n'ont pas vocation à rester cantonnées à certains domaines. Ces options stratégiques dans la conduite de litiges peuvent trouver leur place aussi bien dans le droit des affaires que le droit de la famille.

Plusieurs raisons motivent le développement des Mard :

- des raisons économiques et de bonne gouvernance ;
- des raisons philosophiques et idéologiques ;
- les avantages liés à la contractualisation de la résolution du différend.

343.13 Obligation légale de recherche d'une résolution amiable. Le décret du 11 mars 2015 [2] qui vise à favoriser le recours aux modes alternatifs de règlement des litiges modifie les articles 56 et 58 du code de procédure civile en obligeant les parties à indiquer, dans l'acte de saisine de la juridiction, les démarches de résolution amiable précédemment effectuées. Le dernier alinéa de l'article 56 du code de procédure civile est remplacé par deux alinéas ainsi rédigés : « *Sauf justification d'un motif légitime tenant à l'urgence ou à la matière considérée, en particulier lorsqu'elle intéresse l'ordre public, l'assignation précise également les diligences entreprises en vue de parvenir à une résolution amiable du litige* ». « *Elle vaut conclusions.* » Quant à l'article 58 du code de procédure civile, le dernier alinéa est remplacé par deux alinéas ainsi rédigés : « *Sauf justification d'un motif légitime tenant à l'urgence ou à la matière considérée, en particulier lorsqu'elle intéresse l'ordre public, la requête ou la déclaration qui saisit la juridiction de première instance précise également les diligences entreprises en vue de parvenir à une résolution amiable du litige* ». « *Elle est datée et signée.* » Ces dispositions sont entrées en vigueur le 1er avril 2015.

Désormais, la tentative de recours aux Mard est donc un préalable obligatoire à toute action en justice. Il appartiendra à l'avocat d'éclairer son client sur les différents modes de résolution amiable des différents et de le conseiller sur celui qui est le plus adapté à sa situation entre la simple négociation, le processus collaboratif, la procédure participative, la médiation, la conciliation. Une fois ce choix effectué, il faudra proposer la tentative amiable par écrit à la partie adverse afin de garantir la preuve de celle-ci ; de même, le défendeur devra-t-il répondre officiellement afin de justifier qu'il ne s'est pas abstenu ou n'a pas refusé (puisque abstention ou refus autorisent la mise en œuvre de la procédure). Le recours à des courriers recommandés paraît dès lors nécessaire. Si une solution amiable est tentée, il faudra en cas d'échec demander à l'intervenant extérieur s'il y en a un (médiateur, conciliateur) de donner acte de l'échec de la tentative. Si ce sont les avocats qui sont intervenus, ils devront alors faire des courriers officiels en ce sens.

343.14 Réforme de la procédure civile de 2020. L'installation des Mard dans le paysage juridique et dans la culture des avocats s'est poursuivie avec le décret du 11 décembre 2019 [3] réformant la procédure civile et entré en vigueur le 1er janvier 2020.

Le juge est désormais investi d'un pouvoir d'injonction aux parties de rencontrer un médiateur.

Sous peine d'irrecevabilité, une tentative de conciliation, de médiation ou de procédure participative, au choix des parties, est obligatoire avant toute demande en justice pour les litiges ne dépassant pas 5 000 euros (et les demandes pour certains litiges de voisinage).

SECTION 2
MÉDIATION : RÈGLES ET APPLICATIONS

343.21 Médiation : définition et règles. L'ordonnance du 16 novembre 2011 [4] a transposé la directive du 21 mai 2008 et le décret d'application du 20 janvier 2012 [5] précités. La médiation est un mode

1. Décr. n° 2012-66, 20 janv. 2012.
2. Décr. n° 2015-282, 11 mars 2015 relatif à la simplification de la procédure civile à la communication électronique et à la résolution amiable des différends, *JO* 14 mars, p. 4851.
3. Décr. n° 2019-1333, 11 déc. 2019 réformant la procédure civile, *JO* 12 déc., n° 3.
4. Ord. n° 2011-1540, 16 nov. 2011.
5. Décr. n° 2012-66, 20 janv. 2012.

amiable de règlement des différends (Mard) qui permet aux parties ayant un différend de trouver avec l'intervention d'un tiers, le médiateur, une solution librement choisie, ce qui aboutit généralement à une exécution spontanée de l'accord. Alors qu'elles sont adversaires dans un procès, en médiation, les parties co-construisent leur solution[1]. La médiation est régie par les articles 131-1 à 131-5 du Code de procédure civile, modifiés par le décret du 25 février 2022[2].

Les règles régissant la médiation favorisent une résolution sécurisée du litige grâce aux caractéristiques suivantes :

- confidentialité des échanges : même si aucune solution n'est trouvée, les déclarations et documents utilisés dans ce cadre ne pourront être produits, sauf accord des parties, dans le cadre d'une procédure ultérieure ;
- liberté des parties de participer à la médiation et de la quitter à tout moment ;
- compétence et impartialité du médiateur ;
- suspension des délais de prescription pendant la durée du processus (dans le cas d'une médiation conventionnelle afin de préserver les droits des parties d'agir en justice ultérieurement) ;
- possibilité d'homologuer l'accord de médiation.

Le recours à la médiation est possible aussi bien pour les conflits d'ordre civil, pénal, commercial, social, familial, et même administratif. La médiation peut-être « conventionnelle », donc élaborée par les parties elles-mêmes, ou « judiciaire », c'est-à-dire mise en œuvre sur proposition du juge ou à la demande des parties, par un jugement ou une ordonnance désignant le médiateur.

343.22 Principaux types de médiation. Les principaux types de médiation sont[3] :

- la médiation pénale ;
- la médiation familiale ;
- la médiation « interne » ;
- la médiation des services publics ;
- la médiation civile et commerciale ;
- la médiation institutionnelle ;
- la médiation *ad hoc*.

343.23 Applications de la médiation. La médiation n'est pas un outil dédié au règlement d'une seule typologie de conflits. Dès lors que les parties sont de bonne foi et qu'elles sont prêtes à faire des concessions, celles-ci peuvent opter pour la médiation avant toute autre procédure, ou même en cours de procédure pour les médiations judiciaires.

Si elle ne se cantonne pas à un seul domaine d'activité, la médiation est plus particulièrement indiquée dans le cadre de[4] :

- litiges ne semblant pas appeler une solution strictement juridique ;
- litiges dans lesquels la prise en compte des relations humaines semble prioritaire ;
- litiges nécessitant la préservation d'une absolue confidentialité (des preuves sensibles risquent d'être dévoilées, un secret de fabrication doit être protégé) ;
- litiges qui se produisent alors qu'il est de l'intérêt des parties de continuer à travailler ensemble (pérennité des relations commerciales) ;
- litiges impliquant une entreprise étrangère : la médiation permet d'éviter les conflits de juridiction, les conflits de loi, les réticences à plaider devant un juge étranger suspecté de partialité.

Se prêtent ainsi opportunément à la médiation les contentieux dans les domaines suivants :

- secteur informatique (entre une entreprise et un prestataire) ;
- contrefaçon de marques et brevets ;
- conflits entre associés, cession de titres, de parts sociales ;
- contentieux post acquisition (clause d'*earn out*, garantie de passif) ;
- impayés dus à une mauvaise exécution d'une prestation de service, à une contestation consécutive à une vente, à un retard... ;
- litiges portant sur l'exécution de contrats de distribution et plus généralement de contrats à exécution successive ;
- litiges dans le secteur immobilier et la construction.

343.24 Statistiques du CMAP[5]. Les statistiques du CMAP[6] révèlent ainsi la grande variété de typologies de litiges : entre donneurs d'ordre et sous-traitants, entre clients et fournisseurs mais aussi entre deux sociétés concurrentes, entre actionnaires, entre investisseurs et entreprises, entre cédants et cessionnaires.

En 2021, il y a eu 1 350 médiations CMAP pour un montant cumulé des enjeux de 685 millions d'euros.

La durée moyenne des médiations était de 14 heures avec une moyenne de 31 heures pour les litiges dont les enjeux étaient supérieurs à 5 millions d'euros. Le coût moyen de la médiation était de 7 200 euros avec une moyenne de 23 000 euros

1. C. pr. civ., art. 1530 s. ; mod. par Décr. n° 2012-66, 20 janv. 2012.
2. Décr. n° 2022-245, 25 févr. 2022 favorisant le recours à la médiation, portant application de la loi pour la confiance dans l'institution judiciaire et modifiant diverses dispositions, *JO* 26 févr.
3. S. Henry, S. Marniquet, « La médiation et les avocats », *D. avocats* 2014. 13.
4. S. Henry, S. Marniquet, « La médiation et les avocats », *D. avocats* 2014. 13.
5. Centre de médiation et d'arbitrage de Paris, créé en 1995.
6. Base statistique du Centre de Médiation et d'Arbitrage (CMAP), 2021.

pour les litiges dont les enjeux étaient supérieurs à 5 millions d'euros. 60 % des médiations ont abouti à un accord.

SECTION 3
RÔLE DES AVOCATS DANS LA MÉDIATION

343.31 Rôle de l'avocat dans la médiation. Dans le cadre d'une procédure de médiation [1], l'avocat est à la fois prescripteur, conseil et coach de son client :

- prescripteur : il évalue les risques (coût, durée, aléas) d'une procédure contentieuse et peut décider de proposer un mode alternatif de résolution à son client ;
- conseil : il accompagne son client tout au long de la médiation dans un climat de confiance ;
- coach : il prépare son client au processus et détermine avec lui la stratégie.

L'avocat peut aussi être médiateur. Il devra, dans ce cas, disposer de la qualification requise par l'article 1533 du code de procédure civile : Posséder, par l'exercice présent ou passé d'une activité, la qualification requise eu égard à la nature du différend ou justifier, selon le cas, d'une formation ou d'une expérience adaptée à la pratique de la médiation.

343.32 Missions de l'avocat-conseil en médiation. La mission de l'avocat médiateur se déroule en trois phases :

- la préparation : celle-ci couvre la répartition des rôles entre l'avocat et le client, la définition des stratégies commerciales, financières, l'analyse de la meilleure solution de rechange... ;
- l'accompagnement du client au cours et en dehors des réunions de médiation : il doit savoir s'effacer pour laisser à son client l'opportunité de s'exprimer ;
- la rédaction du protocole d'accord, à faire homologuer si besoin par le juge. À l'issue des discussions, l'avocat reprendra le premier rôle puisqu'il rédigera l'accord et s'assurera ainsi que les intérêts de son client sont préservés. Il vérifiera l'équilibre des concessions, le respect des dispositions de l'ordre public et la validité du consentement de son client. L'avocat est alors seul garant de la légalité de l'accord.

Associé à toutes les étapes de la médiation, et en respectant l'autorité du médiateur, l'avocat est donc un partenaire efficace pour une médiation réussie. Cependant, il n'est pas toujours aisé de conseiller la médiation à son client. Cela peut être ressenti comme un « aveu de faiblesse ». Le client risque en effet de soupçonner son conseil de ne pas avoir foi en son dossier. Ces réticences sont bien souvent dues à un manque de connaissance du processus. Une fois que l'avocat aura expliqué ce qu'est la médiation et quels en sont les avantages (parfois aidé en cela par le soutien d'un centre de médiation), le client aura les éléments pour apprécier l'opportunité de recourir à la médiation dans le dossier qui lui est soumis.

343.33 Missions de l'avocat médiateur. Pour les parties, comme pour leurs conseils, il est un technicien du droit respectant un code de déontologie qui sera à la fois celle de l'avocat et du médiateur.

Le « médiateur-avocat » devra faire preuve de nombreuses qualités : c'est un professionnel de la négociation qui dispose d'une très bonne connaissance du contentieux judiciaire et a l'habitude de gérer les débats.

Sa relation de confraternité avec les avocats des parties joue un grand rôle dans la confiance qui s'établit lors de la médiation. Certains médiateurs ont pour habitude de commencer leur médiation par des apartés avec les avocats. Cela permet entre autres à ceux qui ne sont pas familiers du processus de poser toutes les questions qu'ils souhaitent, ce qu'ils ne feraient pas en présence de leurs clients.

343.34 Modèle économique de la médiation pour l'avocat. Si, selon le CMAP [2], 60 % des médiations aboutissent à un accord en moins de 20 heures, est-ce que l'avocat peut parvenir à facturer sa prestation à un niveau satisfaisant par rapport au service rendu ? Certains avocats pourraient être tentés d'hésiter à orienter leur client vers la médiation parce que, de façon intuitive, ils pensent qu'elle n'est pas rentable financièrement. Il faut rappeler que le rôle de l'avocat est d'orienter son client vers la solution la plus conforme aux intérêts de ce dernier. La médiation est une façon de fidéliser son client sur le moyen et long terme. La médiation doit faire partie de la stratégie de gestion du contentieux du cabinet d'avocats. Une offre diversifiée permet de développer une clientèle fidèle.

Les statistiques du CMAP font état d'un coût moyen de la médiation autour de 7 000 à 8 000 euros. Cette somme est à partager entre les deux parties. Elle varie en fonction de la durée de la médiation et de l'enjeu du litige. Cette somme rémunère le médiateur et l'organisme de médiation. Elle ne comprend pas les honoraires des avocats qui

1. SUR l'avocat médiateur : H. Ader, S. Bortoluzzi, A. Damien, D. Piau, Th. Wickers, *Règles de la profession d'avocat 2022/2023*, 17e éd., « Dalloz action », 2022, nos 621.11 s.

2. Le CMAP, créé en 1995 par la Chambre de commerce et d'industrie de Paris, sous la forme d'une association de la loi de 1901, est aujourd'hui le leader en France et l'un des principaux centres européens de gestion et de résolution des conflits commerciaux.

interviennent aux côtés des parties. Toujours selon les statistiques du CMAP, la durée moyenne d'une médiation est de 14 heures. Rapportés à un taux horaire compris entre 250 et 300 euros, ceci correspond à des honoraires d'avocats compris entre 3 500 et 4 200 euros. Il faut ajouter à cette estimation le temps de préparation du dossier, les rendez-vous en amont, etc. Ces montants laissent penser que pour les contentieux à assez faible enjeu qui, dans l'éventualité d'un contentieux judiciaire, ne permettent pas à l'avocat de facturer correctement tout son temps, la médiation offre des perspectives intéressantes en termes de rentabilité. Pour les contentieux à enjeux forts qui permettraient la facturation d'heures nombreuses à un taux plein, les avocats doivent chercher à valoriser leur prestation aux yeux de leurs clients dans la médiation.

Sur un plan théorique, il serait tout à fait possible d'envisager un honoraire de résultat pour une médiation. Sur un plan pratique, ce n'est pas encore très répandu. Il faut alors négocier une clause d'honoraires de résultat avant le début de la médiation. Le client doit être capable de comprendre en amont l'intérêt de la médiation et donc d'adhérer au principe des honoraires de résultat. Faire gagner du temps et de l'argent à son client a aussi un prix, et il n'est pas illogique de lui proposer un mode de rémunération basé sur l'honoraire de résultat.

343.35 Avenir de la médiation pour l'avocat. Si les avocats sont historiquement les premiers prescripteurs de la médiation, d'autres professions s'intéressent aujourd'hui, de manière très active, au développement de ce processus.

Les avocats ont donc un rôle essentiel à y jouer. Le contentieux ne doit pas échapper à l'avocat sous le prétexte qu'il n'est pas judiciaire. Cela doit en conséquence devenir un réflexe pour l'avocat de proposer la médiation ou d'autres Mard au même titre que le contentieux judiciaire et d'orienter son client vers le meilleur choix.

Le CNB a récemment modifié l'article 6.1 du RIN pour encourager le réflexe de la médiation chez les avocats[1] dans les termes suivants : lorsque la loi ne l'impose pas, il est recommandé à l'avocat d'examiner avec ses clients la possibilité de résoudre leurs différends par le recours aux modes amiables ou alternatifs de règlement des différends préalablement à toute introduction d'une action en justice ou au cours de celle-ci, ou lors de la rédaction d'un acte juridique en introduisant une clause à cet effet. Pour favoriser l'essor de la médiation et du rôle que doivent y jouer les avocats.

1. RIN, art. 6.1 ; CNB, AG 12 déc. 2020, DCN n° 2020-004, *JO* 17 janv.

343.36 Formation de l'avocat à la médiation. L'offre de formation en matière de médiation est très riche. Parmi les organismes qui forment à la médiation, il y a notamment :

- les organismes de formation spécialisés comme IFOMENE (Institut de formation à la médiation et à la négociation) qui propose des formations et des diplômes, l'EPFMN (École professionnelle de formation à la médiation et la négociation) ;
- le CMAP ;
- l'École de la médiation du barreau de Paris ;
- l'Université de Paris II qui propose un diplôme universitaire de médiateur ;
- les organismes généralistes de formation professionnelle qui proposent dans leur catalogue des formations à la médiation (ex. : CEGOS).

Une formation à la médiation va permettre à l'avocat d'acquérir les connaissances nécessaires pour devenir médiateur mais elle va aussi lui être essentielle pour accompagner ses clients dans la médiation. La possibilité pour un avocat de faire état d'un statut de médiateur certifié sera un gage de confiance pour les clients que l'avocat accompagnera dans l'exercice de la médiation.

À titre d'exemple, le CMAP propose une formation à la médiation inter-entreprises conçue aussi bien pour les professionnels qui souhaitent devenir médiateur que pour ceux qui souhaitent simplement acquérir les méthodes de médiation pour leurs activités quotidiennes.

C'est une formation de 56 heures répartie sur sept journées et facturée au prix de 3 800 euros HT. Cette formation ouvre le droit à l'inscription au module complémentaire de Certification à la Médiation inter-entreprises (65 % de taux d'obtention de la Certification).

Les objectifs de cette formation sont :

- connaître la terminologie et les principes fondamentaux de la médiation ;
- connaître le cadre juridique et judiciaire de la médiation ;
- identifier les enjeux, les avantages et les objectifs d'une médiation ;
- maîtriser les techniques et les outils de la médiation ;
- maîtriser le processus de la médiation.

Le programme de la formation proposée par le CMAP est le suivant. Le détail des intitulés et le découpage de la formation permettent de bien comprendre l'esprit d'une formation consacrée à la médiation.

Jour 1 : Présentation de la formation

- Tour de table des participants
- Comprendre la structure de la relation à deux et le passage à la relation à trois

L'entreprise et le conflit : une relation complexe

- Panorama des Modes Alternatifs de Règlement des Différends
- Proposer la médiation
- Mots-clés et outils

Jour 2 : étape 2 – Récit initial – le Quoi ?

- Écouter - Reformuler - Questionner
- Les outils et les techniques

Jour 3 : étape 3 – le Pourquoi ?

- Rechercher et comprendre les enjeux et les urgences
- Rechercher les caractéristiques des solutions de rechange
- Gérer les apartés

Jour 4 : étapes 4 & 5 – Comment et comment finalement ?

- Recherche de solutions
- Obstacles et freins pour un accord
- Leviers de la créativité

Jour 5 : Retour d'Expérience : Pourquoi la médiation inter-entreprises ?

- La médiation vue de l'entreprise

Assimiler la pratique de la médiation et consolider sa personnalité de médiateur - Entrainements

- Mises en situations des candidats, par groupe de 3 (parties et médiateur) dans 3 jeux de rôle répartis dans la journée
- Les entrainements sont encadrés par des médiateurs agréés du CMAP-Institut 131, qui proposent à chaque participant un débriefing personnalisé

Jour 6 – Intégrer le droit dans la médiation

- Comment intégrer l'avocat dans le processus de médiation
- Forme juridique de l'accord

Adopter une éthique de médiateur

- Mise en situation par des cas pratiques

Jour 7 – La bonne posture du médiateur

- Synthèse, enchaînement des 5 étapes
- Exercices pratiques

Clôture et conclusions

SECTION 4

DROIT COLLABORATIF ET PROCÉDURE PARTICIPATIVE

343.41 Procédure participative assistée par avocat. Instaurée par la loi du 22 décembre 2010[1], dite loi Béteille, la procédure participative est inspirée par le droit collaboratif anglo-saxon. La convention de procédure participative est un instrument facultatif qui peut être mis en place préalablement à la saisine d'un juge et a pour objectif de parvenir à la conclusion d'un accord qui sera alors homologué par le juge compétent.

La procédure participative est fondée sur une autre approche de la résolution du différend qui consiste, de bonne foi et loyalement, à déterminer les besoins de chacune des parties pour y répondre de manière équilibrée[2].

La procédure participative est régie par les articles 1542 à 1546 du code de procédure civile, créés par le décret du 20 janvier 2012[3]. Celui-ci précise que pour la procédure participative, les parties sont assistées de leurs avocats[4], ce qui exclut que les parties soient représentées par un même avocat. Les noms des avocats font partie des mentions obligatoires devant figurer dans la convention de procédure participative[5] et toutes les communications de pièces ou d'écritures au cours de la procédure doivent se faire par l'intermédiaire des avocats[6].

L'avocat est donc au centre de la procédure participative avec un monopole de représentation des parties prévu par les textes. Ici encore, les nouvelles opportunités ouvertes par ce texte méritent d'être suivies et explorées. L'usage montrera ce que peut apporter la procédure participative par rapport à une démarche classique visant à parvenir à une transaction ensuite soumise au juge, pratique courante pour de nombreux avocats.

1. L. n° 2010-1609, 22 déc. 2010 relative à l'exécution des décisions de justice, aux conditions d'exercice de certaines professions réglementées et aux experts judiciaires, *JO* 23 déc., p. 22552.
2. N. Fricero (dir.), *Le guide des modes amiables de résolution des différends (Mard)*, 2e éd., « Guides Dalloz », 2015.
3. Décr. n° 2012-66, 20 janv. 2012.
4. C. pr. civ., art. 1544 ; mod. par décr. n° 2012-66, 20 janv. 2012.
5. C. pr. civ., art. 1545 ; mod. par décr. n° 2012-66, 20 janv. 2012.
6. C. pr. civ., art. 1546 ; mod. par décr. n° 2012-66, 20 janv. 2012.

TITRE

35. Les réseaux et l'interprofessionnalité

SECTION 0
Orienteur

35.00 Sommaire du titre.

CHAPITRE

351. Réseaux entre avocats et réseaux pluridisciplinaires

SECTION 0 ORIENTEUR

351.00 **Sommaire du chapitre.**

SECTION 1 PRINCIPES ET RÈGLES APPLICABLES AUX RÉSEAUX

351.11 **Définition du réseau.** Les réseaux de cabinets constituent un moyen pour un cabinet d'établir des relations privilégiées avec d'autres cabinets du même barreau, d'autres barreaux ou même de pays différents[1].

Même si de nombreux réseaux sont mono-professionnels, l'article 16 du RIN[2] sous l'intitulé « Réseaux et autres conventions pluridisciplinaires » traite du réseau sous l'angle pluridisciplinaire. Ceci résulte de la rédaction de l'article 67 de la loi du 31 décembre 1971 qui dans son troisième alinéa prévoit que Les avocats, les associations d'avocats ou les sociétés d'avocats qui sont affiliés à un réseau pluridisciplinaire, national ou international, mentionnent leur appartenance à ce réseau.

Qu'il soit ou non pluridisciplinaire, ce sont les règles de l'article 16 qui s'appliquent.

Le réseau est donc défini comme toute organisation, structurée ou non, formelle ou informelle, constituée de manière durable entre un ou plusieurs avocats ou les structures au sein desquelles ils exercent et un ou plusieurs membres d'une autre profession libérale, réglementée ou non, ou une entreprise, en vue de favoriser la fourniture de prestations complémentaires à une clientèle développée en commun.

L'article 16.1 du RIN poursuit avec la définition de l'intérêt économique commun qui doit justifier l'existence du réseau. Cet intérêt économique commun est établi lorsque l'un au moins des critères suivants est constaté :

- usage commun d'une dénomination ou de tout autre signe distinctif tel que logo ou charte graphique ;
- édition et/ou usage de documents destinés au public présentant le groupe ou, chacun de ses membres et faisant mention de compétences pluridisciplinaires ;
- usage de moyens d'exploitation communs ou en commun dès lors que cet usage est susceptible d'avoir une influence significative sur l'exercice professionnel ;
- existence d'une clientèle commune significative liée à des prescriptions réciproques ;
- convention de coopération technique, financière ou de marketing.

Ces règles s'appliquent aussi bien pour un réseau constitué au niveau national que pour un réseau comprenant aussi des membres de différents pays. En effet, le texte précise que Le terme « avocat » englobe les avocats d'un barreau étranger ou ayant un titre reconnu comme équivalant dans leur pays d'origine[3].

1. Sur les réseaux internationaux, v. s^{s} n°s 372.11 s.
2. RIN, art. 16 ; CNB, AG 15 mai 2020, DCN n° 2019-002.
3. Sur les réseaux internationaux, v. s^{s} n°s 372.11 s.

351.12 Choix stratégique ouvert à tous les avocats. Les textes relatifs aux réseaux d'avocats ne posent aucune condition quant à la qualité des membres qui peuvent être aussi bien avocats, qu'autres professions libérales réglementées ou non ou encore des entreprises quelle que soit leur activité.

Compte tenu du champ très large proposé par l'article 16.1 et notamment les termes de « convention de coopération technique, financière ou de marketing » pour décrire la forme que peut prendre l'intérêt commun des membres, le réseau continue un outil très riche pouvant être utilisé par les cabinets dans de multiples configurations.

Sous réserve des règles rappelées ci-après, les réseaux, qu'ils soient entre avocats ou pluridisciplinaires, disposent aussi d'une grande liberté dans leur fonctionnement. Ainsi, certains réseaux attendent beaucoup de leurs membres et apportent à ces derniers de nombreux avantages en retour. D'autres réseaux n'ont qu'un impact limité sur la vie de leurs membres.

351.13 Avantages pouvant résulter de l'appartenance à un réseau. Avant même de répondre aux besoins des clients, le choix de créer ou de participer à un réseau pourra répondre à certaines attentes fortes du cabinet d'avocats :

- la mutualisation de certaines dépenses de communication, de documentation, de formation ou d'équipement informatique ;
- l'échange d'expérience et l'enrichissement mutuel auprès de confrères confrontés aux mêmes enjeux professionnels ;
- le besoin de correspondants fiables et connus ;
- le besoin d'avocats aux spécialités complémentaires qui puissent être recommandés sans risques.

Vis-à-vis des clients, l'appartenance d'un cabinet ou d'un avocat à un réseau peut être perçue comme un gage de qualité car :

- le cabinet a été coopté par d'autres avocats pour devenir membre du réseau ;
- le cabinet peut, en cas de besoin, compter sur les compétences d'autres avocats du réseau ;
- le cabinet connaît ses correspondants au sein du réseau quand il les recommande à ses clients.

Ces avantages peuvent aussi résulter d'un réseau amical et non structuré. Cependant, les réseaux structurés proposent un cadre dans lequel les relations privilégiées entre cabinets peuvent être organisées de manière efficace. Le réseau structuré permet aussi d'en élargir la portée au-delà du cercle relationnel d'un seul cabinet.

351.14 Principes applicables aux réseaux pluridisciplinaires. L'acte constitutif du réseau peut prendre la forme d'une convention multilatérale soit de statuts d'une association régie par la loi de 1901 ou encore d'un GIE. Les documents relatifs à la constitution ou au fonctionnement du réseau ainsi qu'à son éventuelle publicité ne doivent en aucun cas laisser penser que le réseau constitue une structure d'exercice. Le logo doit ainsi figurer de manière discrète, sans que cela ne puisse créer dans l'esprit des tiers une confusion avec la dénomination du cabinet qui l'utilise.

La convention qui constitue le réseau ou ses statuts (s'il s'agit d'une association ou d'un GIE) doivent être soumis au conseil de l'Ordre.

L'article 16.2 du RIN pose les principes de l'appartenance d'un avocat à un réseau ainsi que du fonctionnement de ce dernier.

L'avocat ou la structure au sein de laquelle il exerce, membre d'un réseau pluridisciplinaire doit s'assurer que le fonctionnement du réseau ne porte pas atteinte aux principes essentiels de la profession d'avocat et aux textes légaux et réglementaires qui lui sont applicables. À défaut, il doit se retirer du réseau.

En aucun cas, le fonctionnement du réseau ne peut notamment porter atteinte à l'indépendance de l'avocat et il appartient à celui-ci de veiller à l'application effective de ce principe.

Constitue notamment une atteinte à l'indépendance le fait, directement ou indirectement :

- hormis dans le cadre d'une société pluri-professionnelle d'exercice, d'accepter d'être partie à un mécanisme conduisant à une répartition ou à un partage des résultats ou à un rééquilibrage des rémunérations en France ou à l'étranger avec des professionnels non avocats ;
- d'accepter une relation de subordination de l'avocat ou un contrôle hiérarchique de l'exécution de ses missions par d'autres professionnels non avocats, notamment ceux ayant une activité de caractère commercial.

L'avocat ou la structure au sein de laquelle il exerce membre d'un réseau pluridisciplinaire doit veiller en toutes matières à ce que la facturation fasse apparaître spécifiquement la valeur de sa propre prestation.

Ces principes rappellent que le réseau ne fonctionne en aucun cas comme une structure d'exercice. *A fortiori* si le réseau compte des membres de professions différentes, toute offre de service ainsi que la facturation y afférent doit veiller à distinguer et séparer les prestations d'avocats de celles des autres professionnels.

351.15 Réseaux d'avocats ou pluridisciplinaires : secret professionnel et conflits d'intérêts. Le respect du secret professionnel et des règles en matière de conflits d'intérêts est prévu par les articles 16.3 et 16.4 du RIN.

L'avocat ou la structure au sein de laquelle il exerce, membre d'un réseau pluridisciplinaire, doit pouvoir justifier à toute demande du bâtonnier de l'Ordre auprès duquel il est inscrit que l'organisation de l'ensemble du réseau ne met pas en cause l'application des règles du secret professionnel[1].

L'avocat ou la structure au sein de laquelle il exerce, membre d'un réseau pluridisciplinaire, doit veiller à l'application des procédures adéquates d'identification et de gestion des conflits d'intérêts.

D'une façon générale, un avocat ou la structure au sein de laquelle il exerce, membre d'un réseau pluridisciplinaire est tenu d'observer l'ensemble des dispositions de l'article 4 du présent règlement relatives aux conflits d'intérêts.

Le respect des règles relatives aux conflits d'intérêts qui s'impose à l'avocat, en application des dispositions de l'article 4 du RIN doit être apprécié au niveau de toutes les structures au sein desquelles il exerce et de l'ensemble du réseau[2].

Ces règles impliquent que le réseau doit appliquer des procédures pour gérer les conflits d'intérêts à l'échelle de l'ensemble du réseau avec une procédure commune de vérification des conflits d'intérêts. Ceci implique à défaut d'une base commune de données clients, une procédure commune de vérifications au moment de chaque ouverture de dossiers. Ceci peut présenter des difficultés de mise en œuvre.

351.16 **Réseaux d'avocats ou pluridisciplinaires : obligations déclaratives.** L'article 16.6 dispose qu'un avocat ou la structure au sein de laquelle il exerce ne peut participer à un réseau pluridisciplinaire non exclusivement constitué de membres de professions libérales réglementées qu'à la condition d'en avoir fait préalablement la déclaration à l'Ordre auprès duquel il est inscrit, cette déclaration devant être assortie des informations et documents visés à l'article 16.8.

Ces obligations sont conséquentes. L'avocat ou la structure au sein de laquelle il exerce, membre d'un réseau pluridisciplinaire, doit déposer auprès de l'Ordre de son barreau d'inscription ou de celui de la structure l'ensemble des accords ou documents sociaux permettant à celui-ci de disposer, au cas par cas, d'une information nécessaire et adéquate sur l'ensemble de la structure juridique, économique et financière du réseau, quelle que soit la loi applicable à celui-ci et le ou les pays où il intervient :

– organigramme général du réseau faisant apparaître les différentes entités mais aussi les accords de partenariat entre les membres du réseau ;

– exposé sommaire permettant de comprendre le rôle joué par les différentes entités et accords visés ci-dessus ;

– description sommaire des professions et métiers auxquels appartiennent les membres du réseau ;

– liste des membres ;

– description des organes de décision du réseau :

• organigramme des organes de décision distinguant le cas échéant l'organisation par pays (comment les différentes professions participant au réseau sont organisées pour la France), l'organisation internationale par métier (comment les avocats des différents pays sont organisés) et l'organisation internationale ;

• pour les différents organes de décision : mode d'élection, mandat et pouvoirs réels ;

– description des modes de participation aux frais et aux résultats :

• comment les différentes composantes du réseau participent (directement ou indirectement) au financement du cabinet d'avocats français (ex. : fonds propres, prêts, redevances pour services, prise en charge d'une partie du financement de charges incombant au cabinet d'avocats) et, réciproquement, comment le cabinet d'avocats français participe au financement d'autres composantes du réseau ;

• comment les associés du cabinet d'avocats français sont intéressés directement ou indirectement aux résultats d'autres entités d'avocats du réseau (ex. : quote-part dans les résultats au travers de structures de services, valorisation de participations, systèmes de retraites, notamment sous forme de contrats de consultant) ;

– description des informations introduites dans les bases de données et procédures relatives à l'accès ;

– description des mesures mises en place afin d'assurer le contrôle interne du respect des règles déontologiques (ex. : conflits d'intérêts, risques d'atteinte à l'indépendance, moyens d'éviter de profiter passivement des actions de communication et de sollicitation personnalisée effectuées par d'autres membres) ;

– justification de l'existence pour tous les membres du réseau de garanties individuelles ou collectives d'assurance de responsabilité civile professionnelle excluant toute solidarité de principe entre membres de professions différentes.

L'Ordre devra faire part de ses observations éventuelles dans les deux mois de réception de la déclaration.

Dans la pratique, bon nombre de ces informations peuvent se trouver dans la convention de réseau elle-même et l'Ordre concerné pourra parfois se satisfaire de la communication de cette convention de réseau ou acte constitutif signé par l'avocat ou le cabinet concerné.

1. RIN, art. 16.3.
2. RIN, art. 16.4.

SECTION 2
RÉSEAUX NON STRUCTURÉS ET RÉSEAUX DE COMPÉTENCES

351.21 Conventions de correspondance organique. Les conventions de correspondance organiques nationales[1], servent à officialiser les relations entre deux cabinets de barreaux différents. Ces relations peuvent consister à référer des clients (de manière gratuite) et, d'une manière générale, à entretenir des relations professionnelles régulières qui peuvent justifier la mention du correspondant sur le papier en-tête du cabinet[2]. Issues d'un usage ancien, elles sont régies par les règlements intérieurs des barreaux (à Paris, par l'article P. 48.7).

Le RIN ne contient pas de dispositions équivalentes.

351.22 Réseaux de compétences. La notion de réseau de compétences n'est pas juridiquement définie. Sans même être formalisé, le réseau de compétences consiste à ce que des cabinets d'avocats se rapprochent pour partager leurs expériences et s'enrichir de leur savoir-faire mutuel.

Cette pratique est inspirée par les méthodes de travail qui existent notamment dans le domaine des nouvelles technologies. Dans la Silicon Valley, où les réseaux de compétences sont très développés, les experts techniques, ingénieurs ou informaticiens considèrent qu'il est plus profitable de partager ses connaissances et de profiter en retour de celles des concurrents potentiels, que de conserver son savoir pour soi[3]. Cette logique commence à être partagée par certains cabinets d'avocats, notamment entre ceux qui exercent une même spécialité.

La notion de réseau de compétences peut aussi s'étendre au-delà du partage des connaissances. Les cabinets membres d'un réseau de compétences peuvent décider d'organiser ensemble des conférences ou de coécrire des articles qui bénéficieront à l'image de tous les membres.

LE RÉSEAU de compétences peut aussi se structurer sous la forme associative.

Ainsi, AVOSIAL, constitué sous la forme d'une association de 1901 se présente comme ayant l'objectif de valoriser le savoir-faire de ses membres, élargir le cercle de leurs contacts, faire entendre leur voix sur l'évolution du marché et sur les grands chantiers du droit social, échanger des informations et contribuer à l'élaboration de la doctrine.

Des réseaux informels de compétences se créent aussi *via* les réseaux sociaux. Des groupes de discussion permettent ainsi à des avocats d'échanger sur des sujets, de partager des connaissances ou encore des documents.

SECTION 3
PRÉSENCE DES RÉSEAUX AU SEIN DE LA PROFESSION D'AVOCAT

351.31 Faible présence des réseaux dans la profession d'avocat. Les avocats ont une tradition d'indépendance mais aussi d'individualisme qui peut expliquer la faible présence des réseaux au sein des cabinets d'avocats. À la différence des experts-comptables chez lesquels les réseaux sont très implantés, les réseaux structurés de cabinets d'avocats sont peu nombreux. Nous ne traitons ici que des réseaux de cabinets d'avocats à l'exclusion des activités associatives liées à l'exercice de la profession ou au statut de l'avocat ou encore les syndicats professionnels.

PARMI CEUX-CI, les principaux réseaux sont notamment :

– Gesica[4] ;

– Eurojuris France[5] ;

– Alta Juris International[6] ;

– Jurisdéfi ; un réseau d'avocats lié au réseau d'experts-comptables France Défi, qui regroupe une cinquantaine de cabinets dont un office notarial.

La disparition de la profession d'avoué au 31 décembre 2011 a incité plusieurs études d'avoués devenues cabinets d'avocats à se grouper pour former Lexavoué. Ce réseau très intégré, présent dans 23 ressorts de cours d'appel regroupe essentiellement des anciens avoués tous associés dans une SPFPL. La holding détient des participations dans l'ensemble des SELARL constituées par les associés. L'initiative Lexavoué ouvre des perspectives intéressantes sur la manière de se rapprocher et de pallier aux insuffisances des réseaux traditionnels d'avocats. Les structures d'exercice associées dans la SPFPL peuvent en effet choisir de conserver une réelle indépendance tout en créant suffisamment d'*affectio societatis* pour que l'effet réseau fonctionne pleinement.

351.32 Réseaux d'avocats et interprofessionnalité[7]. Les réseaux de cabinets peuvent constituer un lieu d'expression et d'expérimentation de l'interprofessionnalité. Juris Défi, Eurojuris ou encore Gesica comptent parmi leurs membres des professionnels réglementés des autres professions juridiques et judiciaires.

1. Sur la convention de correspondance organique nationale : H. Ader, S. Bortoluzzi, A. Damien, D. Piau, Th. Wickers, *Règles de la profession d'avocat 2022/2023*, 17e éd., « Dalloz action », 2022, nos 811.252.
2. RIBP, art. P. 48.7.
3. E. Mackaay, S. Rousseau, *Analyse économique du droit*, « Méthodes du droit », Dalloz, 2008, p. 313.
4. V. ss no 351.41.
5. V. ss no 351.42.
6. V. ss no 351.43.
7. Sur l'interprofessionnalité, v. ss nos 353.11 s.

SECTION 4

EXEMPLES DE RÉSEAUX : GESICA, EUROJURIS FRANCE ET ALTA JURIS INTERNATIONAL

351.41 Réseau Gesica. Créé en 1978 par Michel Peisse, le réseau Gesica est né de la détermination d'une centaine de cabinets à travailler ensemble. Il avait déjà pour objectif, à l'origine, de bien répondre à toutes les problématiques des clients. Aujourd'hui, le réseau regroupe près de 200 cabinets et plus de 2 000 avocats (associés et collaborateurs) qui mutualisent leurs compétences à Paris, en région et à l'international, pour fournir une qualité de service adaptée aux besoins de tous les dossiers.

Le réseau Gesica se présente comme le « *1er Réseau international d'avocats francophones* »[1]. Créé il y a quarante ans, le réseau se prévaut de regrouper à ce jour 252 cabinets représentant 2 200 avocats et constitue le premier réseau de cabinets d'avocats en France. Gesica dispose également d'une section internationale qui compte 50 cabinets membres. Le déploiement à l'international est d'ailleurs l'un de ses axes de développement.

Outre la France, Gesica est présent dans une quinzaine de pays.

Le réseau met l'accent sur :

– la procédure de sélection des membres : L'entrée d'un cabinet dans le réseau se fait dans le cadre d'un parcours prédéfini qui permet de bien valider les compétences et le partage de valeurs : lorsqu'il présente sa candidature, une enquête est réalisée auprès de l'entourage professionnel de la région pour faciliter l'avis du Comité Directeur. C'est seulement à l'issue d'un séminaire d'intégration qu'une décision définitive est prise ;

– la mutualisation des compétences et l'enracinement local : Les avocats du réseau Gesica s'organisent, renforcent leur présence en région et à l'international, mutualisent leurs compétences et développent certaines spécialisations pour apporter des solutions concrètes et toujours plus sécurisées à leurs clients en matière de conseil et de contentieux. Certains avocats ont d'ailleurs développé des spécificités particulières (droit du ski, droit des drônes, droit du vin, etc.) et des spécialisations qui contribuent encore plus à la richesse du réseau.

Par sa couverture nationale, le réseau peut accompagner les clients de chaque cabinet membre sur tout le territoire. Lorsque les membres du réseau sont sollicités dans une spécialité autre que la leur, ils orientent le client sur le membre spécialiste du domaine concerné.

Gesica a aussi lancé des actions de formation et de réflexion sur des thèmes tels que la traçabilité, la responsabilité sociale de l'entreprise ou les successions. Gesica met aussi en ligne sur son site les annonces immobilières provenant de cabinets membres ayant une activité de mandataires de transactions immobilières[2] ainsi qu'une charte sur la transparence de l'honoraire. Tous les avocats membres disposent par intranet d'une bibliothèque numérique commune.

351.42 Eurojuris (France). Fondé en 1987, Eurojuris France est un réseau d'avocats et huissiers, organisé en association loi 1901. Le réseau regroupe plus de 110 cabinets d'avocats. Les cabinets d'avocats membres d'Eurojuris France sont répartis sur l'ensemble du territoire français, y compris les DOM TOM, ainsi que des correspondants commissaires de justice. Ceci représente un total d'environ 1000 membres dont 150 commissaires de justice.

Eurojuris (France) présente ses membres comme étant des généralistes capables d'intervenir dans tous les domaines du droit auprès des particuliers, des entreprises et des collectivités.

Eurojuris (France) est également organisme de formation.

Comme Gesica, Eurojuris (France) met en avant la connaissance du tissu régional, la démarche qualitative du réseau avec les procédures de certification et la transparence des honoraires.

Eurojuris (France) portait antérieurement le nom d'Interjuris. Depuis, le réseau a décidé de s'intégrer au réseau Eurojuris International dont il est la partie française. Eurojuris International est présent dans 650 villes et 50 pays.

351.43 Alta Juris International. Le réseau Alta Juris International réunit quatre-vingt-cinq cabinets d'avocats (soixante-quinze en France et dix à l'étranger), soit trois-cent-quatre-vingts avocats en France, en Europe et dans le monde. Créé en 2000, Alta Juris International a d'abord choisi de mettre l'accent sur la certification aussi bien du réseau lui-même que des cabinets membres.

Le réseau est aussi organisme de formation certifié et ses formations sont ouvertes à ses membres comme aux non-membres.

SECTION 5

L'AVENIR DES RÉSEAUX

351.51 Nécessité économique du travail en réseau. Dans un contexte concurrentiel, tous les cabinets doivent être en mesure de présenter une

1. CITATION de : D. Roucoux [ancien président de Gesica], sur www.gesica.org/

2. Sur l'activité de mandataire de transactions immobilières, v. s^s n°s 342.21 s.

offre de services attrayante pour leurs clients. Il en découle logiquement qu'un cabinet doit chercher à s'adosser à d'autres cabinets et s'associer d'autres compétences lorsqu'il est sollicité pour des prestations qu'il ne peut fournir de manière efficace et compétitive. L'avantage et l'esprit du réseau sont qu'il doit permettre à chaque membre de proposer une gamme de services élargie sans perdre sa relation privilégiée avec le client. Il doit même être en mesure de consolider cette relation car son client sait qu'il peut compter sur lui comme une source de recommandations fiables quand il s'agit de rechercher d'autres compétences. Malheureusement, l'individualisme qui caractérise souvent la profession a encore du mal à s'ouvrir à cette nécessité. Encore nombreux sont les avocats qui pensent qu'il est dangereux de recommander un confrère qui pourrait « prendre le client ». C'est en surmontant ces *a priori* que les réseaux se développeront pour le plus grand bien des cabinets.

351.52 **Réseau d'avocats et réseau social.** Parallèlement aux grands réseaux sociaux qui suscitent des réflexions chez les avocats, notamment sur le plan du marketing[1], des réseaux sociaux dédiés aux avocats ont vu le jour[2]. De tels réseaux étant réservés aux avocats, ils ne peuvent remplir les mêmes fonctions que les grands réseaux sociaux dont le principal objectif est de permettre à l'avocat de se rapprocher de clients potentiels, de prescripteurs et de maintenir un lien avec d'anciens clients. Ils peuvent néanmoins devenir des lieux d'échanges privilégiés. Ces échanges concerneront aussi bien le partage d'informations techniques que les liens de correspondance et d'échanges de dossiers. D'une certaine manière, il est possible de considérer que le RPVA, dans la limite de ses fonctions procédurales, est le premier grand réseau social des avocats. Il ne serait pas absurde de penser que des fonctionnalités supplémentaires puissent se greffer sur le RPVA ou autour de lui pour permettre des échanges entre avocats en dehors de leurs relations avec les greffes et les juridictions.

351.53 **Réseau d'avocats et réseau d'entraide.** Un avenir possible des réseaux d'avocats est celui constitué autour de la notion d'entraide. L'idée n'est pas nouvelle puisqu'un réseau comme Gesica est né il y a quarante ans de la postulation. La chaîne Casella[3] a mis en place depuis 60 ans un système de troc qui permet aux avocats d'échanger des audiences devant les tribunaux d'instance[4]. Internet a démultiplié et accéléré les possibilités de contacts entre avocats et ouvre de nouvelles perspectives.

Il est aisé d'imaginer que des réseaux dédiés à une entraide dans des domaines spécialisés puissent se constituer et s'enrichir des apports de leurs membres. Certains réseaux pourront appliquer une politique d'ouverture à un nombre large d'avocats alors que d'autres pourront opter pour une approche beaucoup plus fermée, payante ou par cooptation.

1. Sur les réseaux sociaux voir s[s] n°s 384.11 s.
2. PARMI LESQUELS : www.hub-avocats.fr
3. Sur : www.avocatparis.org/
4. Le système de la Chaîne Casella concerne les audiences au fond devant les tribunaux d'instance de Paris et de la petite couronne.

CHAPITRE

352. Cabinets secondaires

SECTION 0
ORIENTEUR

352.00 Sommaire du chapitre.

SECTION 1
RÈGLES APPLICABLES AUX CABINETS SECONDAIRES

352.11 Textes applicables aux bureaux secondaires. Le droit pour un avocat d'ouvrir un ou plusieurs bureaux secondaires[1] est régi par l'article 8-1 de la loi du 31 décembre 1971[2]. En vertu de ce texte, tout avocat peut créer un ou plusieurs bureaux secondaires, sous contrôle ordinal.

L'article 8-2 de la loi du 31 décembre 1971 prévoit une exception à ce principe : par dérogation aux dispositions de l'article 8-1, les avocats inscrits dans les barreaux de Paris, Bobigny, Créteil ou Nanterre ne peuvent ouvrir un bureau secondaire dans le ressort d'un de ces tribunaux de grande instance autre que celui du barreau auquel ils appartiennent.

Le RIN, dans son article 15.3[3] définit le bureau secondaire comme étant « une installation professionnelle permanente distincte du cabinet principal dont il est l'extension ». Il précise que l'établissement créé par une société inter-barreaux hors de son siège social et au lieu d'inscription de l'un de ses associés n'est pas un bureau secondaire au sens de l'article 8-1 de la loi du 31 décembre 1971.

352.12 Procédure de création d'un bureau secondaire. En vertu de l'article 8-1 de la loi du 31 décembre 1971, l'avocat doit effectuer une déclaration auprès du conseil de l'Ordre du barreau auquel il appartient et il doit également effectuer cette déclaration auprès du conseil de l'Ordre du bureau secondaire dès lors que celui-ci se trouve dans un ressort différent de celui dans lequel l'avocat a sa résidence professionnelle. Le conseil de l'Ordre doit statuer dans un délai qui a été réduit de trois à un mois par la loi du 6 août 2015. À défaut, l'autorisation est réputée accordée.

Dans son article 15.3.3, le RIN précise la forme que doit prendre la demande d'ouverture d'un bureau secondaire présentée au conseil de l'Ordre. Elle doit notamment comporter tous les éléments permettant de vérifier les conditions d'exercice de l'activité professionnelle dans le bureau secondaire : les noms des avocats, les contrats de travail des avocats salariés, les contrats de collaboration de tous les avocats qui exerceront dans le cabinet secondaire.

Une des conditions essentielles à remplir pour le bureau secondaire est celui de l'exercice effectif. Ceci implique un exercice continu dans des locaux remplissant les conditions de l'exercice professionnel.

L'ouverture du bureau secondaire ne peut être refusée que pour des motifs tirés des conditions d'exercice de la profession dans le bureau secon-

1. SUR les bureaux secondaires : H. Ader, S. Bortoluzzi, A. Damien, D. Piau, Th. Wickers, *Règles de la profession d'avocat 2022/2023,* 17ᵉ éd., « Dalloz action », 2022, nᵒˢ 223.11 s.
2. CRÉÉ PAR L. nº 89-906, 19 déc. 1989 relative à l'exercice de certaines professions judiciaires et juridiques, *JO* 20 déc., p. 15785, art. 1.
3. RIN, art. 15.3 – L. nº 71-1130, 31 déc. 1971 portant réforme de certaines professions judiciaires et juridiques, *JO* 5 janv., p. 131, art. 8-1 et 8-2 – Décr. nº 91-1197, 27 nov. 1991 organisant la profession d'avocat, *JO* 28 nov., p. 15502, art. 166 à 169 – CNB, AG 2 juill. 2016, DCN nº 2016-001, *JO* 1 oct.

daire. Le conseil de l'Ordre du barreau d'accueil ne peut rechercher si antérieurement à la création du bureau secondaire, des fautes auraient été commises dans son barreau d'origine, lequel est seul compétent[1].

Les recours contre les décisions des conseils de l'Ordre statuant sur l'ouverture d'un bureau secondaire sont soumis aux règles prévues par les articles 101 et suivants du décret du 27 novembre 1991.

Une cotisation peut être réclamée par le barreau d'accueil à l'avocat qui dispose d'un bureau secondaire[2]. Celle-ci doit être fixée pour tenir compte des avantages accordés à l'avocat titulaire du bureau secondaire mais aussi des charges supportées par son barreau d'origine, notamment en ce qui concerne sa cotisation d'assurance. En tout état de cause, la fixation du montant de cette cotisation doit respecter le principe de l'égalité de traitement entre les avocats cotisants[3]. L'article 228 du décret du 27 novembre 1991 prévoit que l'assurance et la garantie financière de l'avocat[4] souscrites dans le barreau où l'avocat a son cabinet d'origine doivent être étendues aux actes accomplis dans le bureau secondaire.

352.13 Exercice professionnel au sein du bureau secondaire. L'avocat disposant d'un bureau secondaire doit y exercer une activité professionnelle effective sous peine de fermeture sur décision du conseil de l'Ordre du barreau dans lequel il est situé[5].

La loi du 6 août 2015 a introduit de nouvelles obligations : l'avocat doit en effet satisfaire à ses obligations en matière d'aide à l'accès au droit, d'aide à l'intervention de l'avocat dans les procédures non juridictionnelles et de commission d'office non seulement au sein du barreau de sa résidence professionnelle, mais également au sein du barreau de son bureau secondaire.[6]

Les litiges relatifs aux honoraires relèvent de la compétence du bâtonnier du barreau auquel appartient l'avocat[7].

L'avocat reste soumis à la discipline de son Ordre pour son activité professionnelle au sein de son bureau secondaire.

Il doit se conformer, pour son activité dans le bureau secondaire, au règlement intérieur du barreau d'accueil, qui peut lui retirer l'autorisation d'ouverture, par une décision susceptible d'appel conformément aux dispositions de l'article 16 du décret n° 91-1197 du 27 novembre 1991[8].

L'avocat inscrit à un barreau français établi dans un autre État membre de l'Union européenne reste soumis à la discipline de son barreau d'accueil.

352.14 Bureaux secondaires et postulation. L'avocat individuel qui possède un bureau secondaire dans un barreau autre que celui dans lequel il est inscrit ne peut postuler que devant les tribunaux du ressort de la cour d'appel dans lequel se trouve son barreau d'inscription. La même règle s'applique aux sociétés d'avocats dont les avocats ne peuvent postuler devant les tribunaux qui se trouvent en dehors du ressort d'inscription de la société.

352.15 Structures d'exercice inter-barreaux. Ainsi qu'indiqué ci-dessus, les différents bureaux d'une structure d'exercice inter-barreaux ne sont pas considérés comme des bureaux secondaires au sens de l'article 15 du RIN. Les structures d'exercice inter-barreaux peuvent prendre la forme d'associations ou de sociétés constituées entre avocats appartenant à des barreaux différents[9].

À la différence du bureau secondaire, la structure inter-barreaux peut postuler auprès de chaque tribunal par le biais de l'avocat qui y est inscrit.

SECTION 2
RAISONS STRATÉGIQUES D'OUVRIR UN BUREAU SECONDAIRE

352.21 Cabinet secondaire et proximité des clients. Pour de nombreux cabinets, c'est la volonté de proximité avec les clients et aussi de proximité avec les juridictions est à l'origine de la création d'un ou plusieurs de leurs bureaux secondaires. La localisation géographique de l'avocat demeure un facteur essentiel dans sa relation avec ses clients.

352.22 Création d'un cabinet à vocation régionale ou de proximité. Certains cabinets peuvent avoir pour vocation de renforcer leur implantation régionale par la création d'un ou plusieurs cabinets secondaires dans une ou plusieurs ville(s) proche(s).

Cette vocation de proximité est illustrée par le nombre bureaux secondaires ouverts dans le ressort des barreaux par des avocats inscrits à ces mêmes barreaux. Ce nombre est 1 866. En 2020, plus de la moitié d'entre eux sont situés dans dix-sept barreaux, dont 11 % dans celui de Bordeaux et 5,6 % dans celui d'Aix-en-Provence. Paris ne compte que

1. Civ. 1re, 3 févr. 1993, n° 90-19.278, *Bull. civ.* I, n° 56 ; *D.* 1994. pan. 137 ; *D.* 1994. Somm. 137, note Brunois ; *Gaz. Pal.* 1993, pan. 115.
2. L. n° 71-1130, 31 déc. 1971, art. 17, 6°.
3. Civ. 1re, 3 févr. 1993, n° 91-15.132, *Bull. civ.* I, n° 55.
4. L. n° 71-1130, 31 déc. 1971, art. 27.
5. L. n° 71-1130, 31 déc. 1971, art. 8.1, al. 4.
6. L. n° 71-1130, 31 déc. 1971, art. 8.1, al. 5.
7. RIN, art. 15.3.6.
8. RIN, art. 15.3.7.
9. Sur les structures inter-barreaux, v. ss n° 221.35.

quatorze bureaux secondaires de ce type. Enfin, trente-quatre barreaux ne comptent aucun bureau secondaire[1].

La pratique du cabinet secondaire répond donc le plus souvent au besoin d'une couverture territoriale.

La proportion de cabinets parisiens disposant de bureaux secondaires en région est assez faible. Souvent la décision de disposer d'un cabinet secondaire relève davantage de convenances personnelles d'un associé que d'une stratégie du cabinet. Quant aux cabinets internationaux, il est rarissime qu'ils disposent de cabinets secondaires en région. Une exception notable est le cabinet Bird & Bird qui dispose d'un bureau secondaire à Lyon estimant que de nombreuses entreprises étrangères et notamment anglaises sont à Lyon en raison des atouts et du dynamisme de la région et aussi du prix attractif de son immobilier. Ce cabinet anglais, implanté à Paris, a décidé d'y ouvrir un bureau secondaire[2].

Notons toutefois que le nombre de bureaux secondaires ouverts dans le ressort des barreaux par des avocats non-inscrits à ces barreaux a augmenté de 37 % entre 2010 et 2020, passant de 972 à 1 330.

En 2020, plus de la moitié d'entre eux sont situés dans dix-sept barreaux, dont 17 % dans celui de Paris et 5,5 % dans celui de Bordeaux. Dix-neuf barreaux ne comptent aucun bureau secondaire[3].

352.23 **Cabinet secondaire et motivations sectorielles.** Des cabinets d'avocats ont suivi les industries de l'aéronautique à Toulouse, d'autres le secteur des nouvelles technologies à Sophia-Antipolis. Une expertise en droit maritime peut justifier une présence à Marseille ou au Havre.

Au-delà du secteur d'activité de l'entreprise elle-même, une grande entreprise peut susciter des besoins de droit justifiant la proximité de compétences juridiques spécifiques. Ainsi, la présence d'Airbus à Toulouse a entraîné l'ouverture de bureaux secondaires de cabinets d'avocats spécialisés en mobilité internationale.

352.24 **Politiques régionales incitatives.** Dans sa réflexion préalable à l'ouverture d'un bureau secondaire, un cabinet d'avocat aura tout intérêt à évaluer le dynamisme de la région, du département ou même de la commune dans lesquels l'installation est envisagée. Ce dynamisme peut notamment se mesurer par la nature et l'ampleur des efforts de la région pour attirer l'activité économique au moyen d'aides et d'incitations. Si ces aides n'ont pas vocation à s'appliquer aux avocats, elles peuvent néanmoins bénéficier aux entreprises qui sont susceptibles de devenir leurs clients.

À ce titre, des informations précises peuvent être obtenues sur les sites des collectivités locales concernées. Les données chiffrées sur le volume et l'évolution des aides économiques consenties par les collectivités locales se trouvent sur le site du ministère de l'Économie et des finances consacré à ce sujet[4].

352.25 **Pôles de compétitivité.** La politique des pôles de compétitivité a été initiée en 2004 pour mobiliser les facteurs clefs de la compétitivité, au premier rang desquels figure la capacité d'innovation, et pour développer la croissance et l'emploi sur les marchés porteurs.

Un pôle de compétitivité rassemble sur un territoire bien identifié et sur une thématique ciblée, des entreprises, petites et grandes, des laboratoires de recherche et des établissements de formation. Les pouvoirs publics nationaux et régionaux sont étroitement associés à cette dynamique. Les forces en présence au sein d'un pôle de compétitivité sont multiples. Toutes sont nécessaires à l'essor d'écosystèmes dynamiques et créateurs de richesse.

Un pôle de compétitivité a vocation à soutenir l'innovation. Il favorise le développement de projets collaboratifs de recherche et développement (R&D) particulièrement innovants. Il accompagne également le développement et la croissance de ses entreprises membres grâce notamment à la valorisation et à la mise sur le marché de nouveaux produits, services ou procédés issus des résultats des projets de recherche. En permettant aux entreprises impliquées de prendre une position de premier plan sur leurs marchés en France, en Europe et à l'international, les pôles de compétitivités sont des moteurs de croissance et d'emplois.

Un pôle de compétitivité repose sur un ancrage territorial fort tout en s'appuyant sur les structures existantes (tissu industriel, campus, infrastructures collectives, etc.)[5].

L'écosystème des pôles contribue à favoriser l'innovation et à générer la croissance. Les pôles interagissent avec les différents acteurs de cet écosystème (parmi lesquels figurent les agences régionales de l'innovation ou de développement, les incubateurs publics et privés, les réseaux consulaires, les clusters régionaux et étrangers), dans une logique de co-construction de conditions propices à l'innovation.

L'objectif pour les pôles consiste notamment à nouer avec ces acteurs des partenariats croisés

1. Ministère de la justice, DACS, Pôle d'évaluation de la justice civile, « Statistique sur la profession d'avocat – situation au 1er janvier 2020 ».
2. « Cabinets parisiens, faut-il s'installer en province ? », *Le Monde du droit*, n° 7.
3. Ministère de la justice, DACS, Pôle d'évaluation de la justice civile, « Statistique sur la profession d'avocat – situation au 1er janvier 2020 ».
4. www.collocbercy.gouv.fr/
5. Pôles de compétitivité sur : www.entreprises.gouv.fr

autour des projets de R&D collaboratifs et à enrichir leur offre à destination des entreprises.

En 2022, la France comptait 54 pôles de compétitivité membres regroupant 2 000 laboratoires et établissements d'enseignement supérieur, plus de 10 000 entreprises innovantes dont 2 000 projets d'innovation ont été accompagnés avec 7,5 milliards d'euros investis. dans des projets d'innovation.

La proximité d'un pôle de compétitivité peut donc être génératrice de développement de clientèle pour un cabinet d'avocats surtout si celui-ci s'intéresse aux entreprises innovantes.

En presque vingt ans, les pôles de compétitivité ont pris une place significative dans le tissu industriel et technologique français. Leur proximité peut donc être un critère de choix intéressant pour l'implantation d'un bureau secondaire.

SECTION 3
IMPLANTATION D'UN CABINET SECONDAIRE

352.31 Clientèle préexistante du cabinet secondaire. L'implantation d'un cabinet secondaire nécessite une étude préalable et une anticipation réaliste des coûts et des recettes associés à cette ouverture. Un bureau secondaire qui ne profite pas immédiatement de la clientèle d'un avocat déjà implanté ou qui n'a pas la garantie d'un chiffre d'affaires provenant de clients existants du cabinet doit mesurer son risque avec prudence.

Le risque financier ne se limite pas aux coûts de fonctionnement du bureau secondaire mais aussi au temps qui lui sera consacré par les membres du cabinet et aussi les temps de trajet entre le cabinet principal et le bureau secondaire.

352.32 Connaissance du tissu local. La connaissance du tissu local – confrères, magistrats, environnement économique – est un atout pour l'implantation d'un bureau secondaire. Pour cette raison, il est fréquent que la décision d'ouvrir un bureau secondaire soit motivée par l'envie d'un associé ou d'un collaborateur de renouer ou de conserver des liens avec sa région ou sa ville d'origine.

SI LE CABINET parisien Bignon Lebray avocats dispose d'une forte implantation à Lille, ce n'est pas sans rapport avec le fait qu'un des associés fondateurs du cabinet parisien, Xavier Lebray, soit originaire de Lille où il a fait les premières années de ses études de droit.

Lorsque la création du bureau secondaire résulte d'un rapprochement avec un ou plusieurs avocats déjà implantés localement, la connaissance du tissu local doit aussi s'accompagner d'une envie forte de créer une communauté d'intérêts avec le cabinet principal.

352.33 Communauté d'intérêts et procédures communes entre le cabinet secondaire et le cabinet principal. La plus fréquente source d'échecs en matière de bureaux secondaires est l'absence d'une communauté de culture et d'intérêts suffisante entre le bureau principal et le bureau secondaire. Ce risque est aggravé lorsque le bureau secondaire résulte d'un rapprochement avec un cabinet local. Le succès du bureau secondaire passe donc par son intégration dans un dispositif homogène. L'effort du cabinet doit alors porter sur une harmonisation des procédures et des méthodes de travail entre les différents bureaux du cabinet ainsi que sur l'intégration des hommes. Il est indispensable que les avocats du cabinet principal et du bureau secondaire se rencontrent très régulièrement et communiquent de manière systématique. Quels que soient les bureaux auxquels ils recourent, les clients doivent avoir l'impression de s'adresser à une seule et même structure qui parle d'une seule voix.

Des difficultés peuvent aussi être rencontrées lorsqu'il y a des différences entre le tissu économique dans lequel se trouve le bureau principal et celui du bureau secondaire. Les profils de clients, le taux horaire pouvant être facturé par le cabinet sont autant de considérations dont il faut prendre la mesure avant l'ouverture d'un bureau secondaire.

352.34 Intégration technologique entre le cabinet secondaire et le cabinet principal. Une des clés de la réussite de l'intégration d'un bureau secondaire est la mise en place d'un réseau informatique commun et un partage à distance de tous les moyens de production et d'administration du cabinet. Cette mise en commun permet de partager des documents, de centraliser tous les services administratifs et plus généralement de faire circuler toutes les ressources du cabinet.

352.35 Administration commune du cabinet secondaire et du cabinet principal. La saisie des temps et la facturation doivent faire l'objet de procédures communes à tous les bureaux. Il en va de même quant aux procédures comptables et administratives du cabinet.

De nombreux clients font appel à des cabinets qui disposent de plusieurs implantations car ils veulent un même service sur l'ensemble du territoire concerné. Tel est le cas du contentieux bancaire ou du contentieux des assurances pour lequel un même client souhaite que son cabinet intervienne dans des lieux et devant des juridictions différentes avec une même qualité de service et des procédures identiques.

CHAPITRE

353. Interprofessionnalité

SECTION 0
ORIENTEUR

353.00 Sommaire du chapitre.

353.03 Bibliographie indicative.

Ouvrages. J.-M. Braunschweig, J. Demaison, *Profession d'avocat : le guide*, 3e éd., Wolters Kluwer, 2014.

Dossiers. « La nouvelle interprofessionnalité », *D. avocats*, n° 6-7, juin-juill. 2015.

Articles. J.-P. Bertrel, « *Holding* et montages de rapprochement interprofessionnel pour les avocats et les notaires », *Dr. et patr.* 2009. 42 ; « Les SPFPL pluriprofessionnelles », *Dr. et patr.* mai 2014. 24 ; « La pluri-professionnalité suite à l'ordonnance n° 2016-394 du 31 mars 2016 », *Dr. et patr.* 2016. 20 – J. Demaison, « Le groupement momentané d'entreprises libérales (GMEL) : première structure d'exercice interprofessionnel ? », *RLDA* mars 2012. 62 – Dupuis, « Création de la société pluri-professionnelle d'exercice », *D. avocats* 2016. 168 – S. Nonorgue, « Le desserrement des entraves à la constitution de groupes au sein des professions juridiques (SEL-SPFPL) », *Dr. sociétés* 2012. Étude 10 ; « La constitution des SEL et SPFPL de professions juridiques et judiciaires – Du desserrement à la libération des entraves », *JCP E* n° 45, 5 nov. 2015, 1521 – G. Parleani, « Les SPFPL de 2011 : fausses holdings, et vraies têtes de réseaux pour les professions libérales », *Rev. sociétés* 2012. 407 ; « L'exercice en société des professions libérales – essentiellement juridiques – dans la loi Macron », *Rev. sociétés* 2015. 638 ; « À propos de l'ordonnance relative aux sociétés pluri-professionnelles d'exercice », *D.* 2016. 1248 – M. Roussille, « Le serpent de mer de l'interprofessionnalité libérale sort enfin la tête de l'eau », *Dr. sociétés* n° 6, juin 2014, comm. 102. – Ch. Thevenet, « La révolution de l'interprofessionnalité », *D. avocats* 2015. 220.

SECTION 1
NOTION ET CONTEXTE DE L'INTERPROFESSIONNALITÉ

353.11 Notion d'interprofessionnalité. La question de l'interprofessionnalité, récurrente chez les professionnels du droit, concerne à la fois la façon dont les membres des différentes professions juridiques peuvent travailler ensemble mais aussi les éventuelles modalités d'association ou de collaboration entre les métiers du droit et d'autres professions telles que les experts-comptables. L'interprofessionnalité s'envisage à des degrés différents, les professionnels pouvant désormais choisir, outre le réseau pluridisciplinaire[1] et la collaboration avec d'autres membres de professions libérales réglementées ou non ou même des acteurs économiques non libéraux, de mettre en place une interprofessionnalité dite capitalistique par la création d'une SPFPL pluriprofessionnelle[2]. Enfin, l'interprofessionnalité d'exercice possible depuis l'ordonnance du 31 mars 2016 prise en application de l'article 65 de la loi du 6 août 2015[3], permet aux avocats de créer des sociétés pluriprofessionnelles d'exercice (SPE) avec les autres professionnels du droit ainsi que les conseils en propriété industrielle (CPI), les experts-comptables et les géomètres experts[4].

Dans ce chapitre, après un rappel des règles applicables, l'interprofessionnalité sera abordée sous l'angle essentiellement stratégique. Pour les développements juridiques sur la SPFPL et la SPE, il conviendra de se reporter aux chapitres consacrés à ces structures.

1. V. ss n° 351.14.
2. Sur la SPFPL, v. ss nos 226.11 s.
3. L. n° 2015-990, 6 août 2015 pour la croissance, l'activité et l'égalité des chances économiques, *JO* 7 août, p. 13537.
4. Sur la SPE, v. ss nos 225.11 s.

353.12 Contexte législatif et réglementaire. Dès 1972, la loi avait ouvert aux SCP la possibilité d'un exercice en commun de plusieurs professions libérales réglementées[1]. La loi du 31 décembre 1990[2] prévoyait de même pour les sociétés d'exercice libéral. Ces textes n'ont toutefois jamais été mis en œuvre faute de décret d'application.

La loi du 31 décembre 1990 a permis toutefois la mise en place, progressive, d'une interprofessionnalité capitalistique grâce aux SEL et aux SPFPL. Dans un premier temps, elle a ouvert la minorité du capital des SEL des professions judiciaires et juridiques, aux membres de ces professions, permettant ainsi les prises de participations minoritaires et croisées entre avocats, notaires, huissiers et autres membres des professions judiciaires et juridiques. Néanmoins, cet outil restait très limité et peu avantageux quant à son régime fiscal. Ensuite, l'article 31-1 de la loi, introduit par la loi du 11 décembre 2001[3] a instauré la société de participations financières de profession libérale (SPFPL), désignée comme « holding » des professions libérales.

Les travaux de la Commission Darrois, menés en 2009[4], ont permis de faire avancer notablement l'interprofessionnalité capitalistique. La Commission s'est inspirée d'un rapport qui avait été remis au Premier ministre en 1999[5]. Ce rapport soulignait déjà l'importance des réseaux pluridisciplinaires et l'intérêt que les différentes professions du droit pouvaient trouver à travailler ensemble.

La commission Darrois a articulé ses propositions autour de grands axes :

- favoriser la coopération multiprofessionnelle par la possibilité d'associations ponctuelles qui tiennent compte de la déontologie propre à chaque profession concernée, du secret professionnel et de la responsabilité civile professionnelle ;

- favoriser la coopération multiprofessionnelle structurelle par la création de structures réunissant des professionnels de différents métiers capables ainsi « d'offrir un service plus large et un meilleur suivi des dossiers ».

La commission préconisait de favoriser cette coopération multiprofessionnelle par des prises de participations au travers de SPFPL, en ne se limitant pas aux seules professions juridiques, mais en incluant aussi les experts-comptables. Pour la commission, l'indépendance de chaque profession devait être garantie au sein de structures multidisciplinaires. Pour cette raison, le recours à l'interprofessionnalité capitalistique lui paraissait plus adapté qu'une interprofessionnalité d'exercice, chaque profession pouvant alors continuer à exercer en conservant sa propre déontologie et sa propre organisation.

Le Législateur a suivi ces recommandations. Ce processus a mené à la création des SPFPL pluriprofessionnelles, très attendue de la profession, par l'insertion d'un nouvel article 31-2 la loi du 28 mars 2011. Le décret d'application du 19 mars 2014[6] a rendu effectif cette forme d'interprofessionnalité.

Dès 2012, la Commission Statut professionnel de l'avocat du Conseil national des barreaux a engagé une réflexion approfondie sur l'interprofessionnalité d'exercice, dite « fonctionnelle », entre les professionnels visés par l'article 31-2 de la loi du 31 décembre 1990 (avocats, notaires, huissiers de justice, commissaires-priseurs judiciaires, experts-comptables, commissaires aux comptes et conseils en propriété industrielle). Elle a cherché un statut permettant à ces professionnels de se regrouper, afin de créer un « cadre dans lequel s'exprimerait l'envie d'exercer ensemble », tout en préservant leurs déontologies respectives et leur indépendance. Ses travaux ont abouti à une proposition originale, à savoir le recours à une structure *sui generis*, inspirée de l'AARPI et désignée « association interprofessionnelle à responsabilité professionnelle individuelle » (Airpi)[7]. Celle-ci n'a jamais vu le jour.

Suivant ces travaux, l'Assemblée générale du CNB des 11 et 12 avril 2014 s'est déclarée favorable à la poursuite des réflexions sur l'interprofessionnalité fonctionnelle par la création d'une structure sans personnalité morale, garante des déontologies respectives des professions réglementées concernées, et sous les conditions cumulatives suivantes : exercice exclusif par chaque professionnel au sein de cette structure et obligation statutaire pour chaque professionnel de n'exercer que son activité principale[8].

Toutefois, la réflexion engagée par le CNB avec les autres professions n'a pas pu aboutir compte tenu du projet de loi « Macron », présenté en Conseil des ministres le 10 décembre 2014. La loi du 6 août 2015, dite loi Macron, comporte un projet totalement différent pour l'interprofessionnalité. L'objectif affiché du législateur est de favoriser la constitu-

1. L. n° 72-1151, 23 déc. 1972 modification de la loi n° 66879 du 29 novembre 1966, *JO* 27 déc, p. 13481.
2. L. n° 90-1258, 31 déc. 1990 relative à l'exercice sous forme de sociétés des professions libérales soumises à un statut législatif ou réglementaire ou dont le titre est protégé et aux sociétés de participations financières de professions libérales, *JO* 5 janv. 1991, p. 216, art. 1.
3. L. n° 2001-1168, 11 déc. 2001.
4. J.-M. Darrois, *Vers une grande profession du droit*, La Documentation française, avr. 2009.
5. H. Nallet, *Les réseaux pluridisciplinaires et les professions du droit*, La Documentation française, 1999.
6. Décr. n° 2014-354, 19 mars 2014 pris pour l'application de l'article 31-2 de la loi n° 90-1258 du 31 décembre 1990, *JO* 21 mars, p. 5618 ; mod. par décr. n° 2016-879, 29 juin 2016.
7. *Rapport de la Commission Statut professionnel de l'avocat*, CNB, AG 15 et 16 févr. 2013 et 11 et 12 avr. 2014.
8. Résolution CNB, AG 11 et 12 avr. 2014.

tion de structures pluridisciplinaires entre professions du droit et du chiffre afin de couvrir l'ensemble des besoins des clients. Pour leur permettre de faire face à la concurrence internationale, le choix opéré est celui d'une société dotée d'un capital et donc de la personnalité morale.

La loi du 6 août 2015 a également retouché le régime de la SPFPL pluri-professionnelle :

– à l'instar des sociétés d'exercice hors SCP[1], son capital est désormais ouvert à toute personne physique ou morale qui exerce l'une quelconque des professions juridiques ou judiciaires, qu'elle soit établie en France ou dans un autre État membre de l'Union européenne ou partie à l'accord sur l'Espace économique européen ou dans la Confédération suisse ;

– le champ des prises de participation a été étendu aux sociétés d'exercice d'avocats au Conseil d'État et à la Cour de cassation, d'administrateurs judiciaires et de mandataires judiciaires, en sus des avocats, notaires, huissiers de justice, commissaires-priseurs judiciaires, experts-comptables, commissaires aux comptes et conseils en propriété industrielle.

C'est finalement l'Ordonnance du 31 mars 2016[2], prise en application de l'article 65 de la loi 2015-990 du 6 août 2015 qui donne le cadre de l'interprofessionnalité d'exercice en autorisant la constitution de sociétés pluriprofessionnelles d'exercice pour l'exercice en commun des professions d'avocat, d'avocat au Conseil d'État et à la Cour de cassation, de commissaire-priseur judiciaire, d'huissier de justice, de notaire, d'administrateur judiciaire, de conseil en propriété industrielle, d'expert-comptable et de géomètre expert.

La SPE est désormais régie par les articles 96 à 100 de l'ordonnance du 8 février 2023[3].

353.13 Autre approche de l'interprofessionnalité : l'interprofessionnalité ponctuelle. La question de l'interprofessionnalité a été abordée sous un angle différent dans le rapport Longuet[4]. Ce rapport préconisait le développement de l'interprofessionnalité ponctuelle consistant à trouver des mécanismes qui permettent aux professions d'un même secteur de se grouper de manière ponctuelle pour des missions déterminées. Cette approche correspond aux réalités du terrain puisque les professions concernées par ces réflexions travaillent régulièrement ensemble. Le rapport propose de formaliser ces collaborations ponctuelles dans le cadre d'un contrat type nommé groupement momentané d'entreprises libérales (Gmel)[5]. Le même rapport évoque aussi une réflexion qui irait au-delà des professions réglementées estimant que les professions juridiques doivent réfléchir en termes de management et d'ouverture à d'autres professions qui leur apporteront des services complémentaires et de nouveaux débouchés : des psychologues, des sophrologues, des consultants en restructuration d'entreprises ou en reclassement (*out placement*). Cette réflexion rappelle celle de Richard Susskind[6] qui voit dans l'avenir de la profession d'avocat un renforcement du rôle de directeur de projet (*project manager*) appelé à coordonner tout un ensemble de services professionnels autour des dossiers qui lui sont confiés.

353.14 Évolution du débat de l'interprofessionnalité entre les avocats, les notaires et les experts-comptables. Si l'interprofessionnalité a fait l'objet de nombreux débats entre les professions réglementées, les représentants des différentes professions (essentiellement les avocats, les notaires et les experts-comptables) n'ont jamais véritablement trouvé de terrain d'entente. Les avocats ont eu tendance à voir dans la notion d'interprofessionnalité l'idée du rassemblement des différentes professions juridiques au sein de celle d'avocat[7]. Les notaires ne voient pas l'intérêt qu'il y aurait à rapprocher des professions aux rôles clairement identifiés. Les experts-comptables ont un esprit plus entrepreneurial et ouvert mais manquent d'arguments pour séduire les professions juridiques sauf à être la partie dominante dans une relation dans laquelle l'avocat est le sous-traitant de la prestation juridique pour les clients de l'exeprt-comptable.

Par ailleurs, les professions d'avocat et d'expert-comptable s'opposent régulièrement concernant le périmètre des prestations juridiques, fiscales et sociales offertes par chacun.

Dans ce contexte, l'interprofessionnalité capitalistique a été essentiellement une source d'opportunités entrepreneuriales pour les professionnels qui ont voulu étendre leurs intérêts au travers de prises de participations.

Au-delà des intérêts corporatistes des différentes professions, la question fondamentale est celle de savoir si l'interprofessionnalité d'exercice apporte un bénéfice au client.

1. V. s[s] n° 223.11.
2. Ord. n° 2016-394, 31 mars 2016 relative aux sociétés constituées pour l'exercice en commun de plusieurs professions libérales soumises à un statut législatif ou réglementaire ou dont le titre est protégé, *JO* 1er avr., n° 51.
3. Sur la SPE, v. s[s] n° 225.11.
4. B. Longuet, *33 propositions pour une nouvelle dynamique de l'activité libérale,* Rapport remis à Hervé Novelli, 10 janv. 2010 – V. s[s] n° 011.43.
5. Exemple de contrat Gmel élaboré par J. Demaison, avocat, ancien membre du CNB et personnalité qualifiée de la Commission du Statut Professionnel de l'Avocat du CNB.
6. R. Susskind, *The end of lawyers,* Oxford UP, 2010.
7. La « Grande profession du droit » évoquée dans la lettre de mission du président de la République à J.-M. Darrois, 30 juin 2008.

353.15 Collaboration interprofessionnelle. En 2006, les professions d'avocat, de notaire et d'expert-comptable ont toutefois exprimé une volonté de rapprochement qui s'est concrétisée par la signature d'une Charte de collaboration interprofessionnelle par le Conseil supérieur de l'Ordre des experts-comptables (CSOEC), le Conseil supérieur du notariat (CSN) et le CNB. Cette Charte a établi un cadre devant servir de référence commune à l'exercice de l'interprofessionnalité contractuelle. Les principes de la collaboration interprofessionnelle[1] ont ensuite été repris à l'article 18 du RIN. Cet article encadre donc toute collaboration entre un avocat et un professionnel n'ayant pas cette qualité concernant la déontologie interprofessionnelle, l'indépendance, les incompatibilités, la confidentialité des correspondances, le secret professionnel, la responsabilité civile, l'assurance, la transparence des rémunérations, les garanties et le recouvrement.

Le principe général de la collaboration interprofessionnelle est posé par l'article 18.1 du RIN selon lequel l'avocat qui participe de manière ponctuelle à l'exécution d'une mission faisant appel à des compétences diversifiées en collaborant avec des professionnels n'ayant pas la qualité d'avocat peut à cet effet conclure avec ceux-ci et le client commun une convention tendant à organiser les modalités de cette collaboration. Le terme « autre professionnel » est utilisé pour désigner toute personne physique ou toute structure d'exercice exerçant une autre profession libérale, que celle-ci soit ou non réglementée par la loi.

Dans le cadre d'une collaboration interprofessionnelle, l'avocat est tenu de faire application, dans ses relations avec un autre professionnel, des règles de confraternité, de loyauté et de courtoisie en usage au sein de sa profession. Il s'interdit notamment de critiquer auprès du client commun ou de tiers le contenu ou la qualité des prestations fournies par l'autre professionnel sans avoir préalablement recueilli les observations de celui-ci. L'avocat qui collabore avec un ou plusieurs autres professionnels doit s'efforcer de ne pas, par ses actes ou son comportement, mettre en défaut ou rendre plus difficile le respect, par les professionnels avec lesquels il collabore, des règles déontologiques dont relèvent ceux-ci[2].

L'avocat ne peut intervenir dans un domaine pour lequel un autre professionnel détient une compétence exclusive en application des textes qui régissent sa profession. Il peut néanmoins assurer la coordination de la mission en veillant à répartir les interventions conformément à l'intérêt du client de telle manière que chaque question soit traitée par le professionnel le plus compétent pour y répondre[3].

Concernant l'indépendance et les incompatibilités[4], la collaboration entre membres de professions différentes ne pouvant s'effectuer que dans le strict respect des règles d'indépendance applicables à chacun des professionnels concernés, l'avocat ne peut accepter ni une relation de contrôle hiérarchique de ses prestations par un autre professionnel ni une quelconque immixtion dans l'organisation et le fonctionnement de son cabinet de la part des professionnels avec lesquels il collabore.

Avant d'accepter d'intervenir dans une mission à caractère pluridisciplinaire, l'avocat doit s'assurer que les conditions dans lesquelles son intervention est envisagée ne sont pas susceptibles de porter atteinte aux règles d'indépendance formulées par sa réglementation professionnelle, et ce tant vis-à-vis des autres intervenants que du client prescripteur de la mission commune.

Il doit veiller à ne participer directement ou indirectement à aucune démarche tendant à préconiser la fourniture au client de prestations, services ou produits à caractère commercial proposés par des tiers.

Il doit respecter tant les règles d'incompatibilités spécifiques à sa profession que celles qui sont applicables aux autres professionnels.

Les règles en matière de confidentialité des correspondances sont régies par l'article 18.4 du RIN. Avant de correspondre à titre confidentiel avec un autre professionnel, l'avocat doit veiller à obtenir de celui-ci un engagement garantissant le respect du caractère confidentiel des correspondances ayant cette qualité.

L'avocat doit en tout état de cause respecter le caractère confidentiel des correspondances reçues d'un autre professionnel dès lors qu'il y est fait expressément mention d'un tel caractère par l'apposition de la mention « confidentielle ».

Il ne peut en conséquence remettre à quiconque de copie d'une correspondance émanant de l'un des professionnels agissant dans le cadre d'une mission commune dès lors que cette correspondance a été qualifiée de confidentielle par son auteur. Il ne peut davantage faire mention d'une correspondance confidentielle dans un document n'ayant pas ce caractère.

Cette règle s'applique tant à la correspondance elle-même qu'aux documents qui peuvent y être joints, sauf mention contraire expresse. Elle n'a cependant pas en elle-même pour effet d'interdire

1. SUR la collaboration interprofessionnelle : H. Ader, S. Bortoluzzi, A. Damien, D. Piau, Th. Wickers, *Règles de la profession d'avocat*, 15e éd., « Dalloz action », 2016, n°s 831.11 s.
2. RIN, art. 18.2.
3. RIN, art. 18.2.
4. RIN, art. 18.3.

de faire état verbalement des informations ou indications non confidentielles contenues dans les correspondances et documents communiqués [1].

Le secret professionnel de l'avocat doit rester protégé. Ceci est couvert par l'article 18.5. Le fait pour un avocat de collaborer avec d'autres professionnels pour l'exécution d'une mission commune ne peut conduire à ce qu'il soit d'une quelconque manière porté atteinte au secret professionnel.

En particulier, le fait qu'une information ayant un caractère confidentiel soit connue de plusieurs personnes tenues au secret professionnel n'est pas de nature à libérer les professionnels concernés de leur obligation au secret à l'égard des tiers.

Dès lors, ne peuvent être échangées entre les professionnels participant à la mission commune, et seulement entre ceux-ci, que les informations communiquées ou recueillies dans le cadre de la mission commune et nécessaires à son exécution.

Si l'avocat estime que le fait pour le client de conférer un caractère confidentiel à certaines informations est de nature à entraver le bon déroulement de la mission commune, il lui appartient d'apprécier en conscience si son intervention peut dans ces conditions se poursuivre à charge pour lui d'en informer le client [2].

En matière de responsabilité civile professionnelle [3], l'avocat doit veiller à ce que les prestations effectuées par lui au titre de la mission commune soient effectivement couvertes par son contrat d'assurance de responsabilité civile professionnelle.

Il ne peut participer à un contrat de mission commune comportant une clause de responsabilité solidaire des intervenants, chaque professionnel participant à une mission commune devant être personnellement seul responsable de ses interventions et diligences.

Il doit préalablement à l'acceptation de la mission commune se faire communiquer par chacun des autres professionnels le montant de sa garantie d'assurance responsabilité professionnelle ainsi que les coordonnées de sa compagnie d'assurances.

Enfin, concernant sa rémunération [4], l'avocat ne peut recevoir que la juste rémunération des prestations qu'il fournit à l'exclusion de toute rétribution prélevée sur le travail d'un autre intervenant.

À l'effet d'assurer la transparence de la facturation des prestations accomplies par les divers intervenants, la rémunération de chacun d'eux doit être individualisée et portée à la connaissance du client.

1. RIN, art. 18.4.
2. RIN, art. 18.5.
3. RIN, art. 18.6.
4. RIN, art. 18.7.

L'avocat ne peut ni se porter garant du paiement à l'égard des autres intervenants ni procéder à un recouvrement pour compte.

SECTION 2
INTERPROFESSIONNALITÉ CAPITALISTIQUE

353.21 Régime juridique. Les SPFPL pluriprofessionnelles [5] sont constituées sous la forme de société à responsabilité limitée (SARL), société anonyme (SA), société en commandite par actions (SCA) ou encore société par actions simplifiée (SAS). Elles ont été régies par le Livre II du code de commerce, sous réserve des dispositions spécifiques de l'article 31-2 de la loi du 31 décembre 1990 et du décret du 19 mars 2014, complétés par l'article 31-1 de la loi du 31 décembre 1990 et les articles 48-1 à 48-14 du décret n° 93-492 du 25 mars 1993 [6]. Les SPFPL sont désormais traitées dans le Livre V de l'ordonnance du 8 février 2023 [7] aux articles 110 à 128. Ce sont les articles 125 à 128 qui traitent particulièrement des SPFPL pluri-professionnelles.

353.22 Objet. La SPFPL pluri-professionnelle a pour objet la détention de parts et d'actions de SEL ou de sociétés relevant du Livre II du code de commerce ayant pour objet l'exercice de deux ou plusieurs des professions d'avocat, d'avocat au Conseil ou à la Cour de cassation, de notaire, de commissaire de justice, d'expert-comptable, de commissaire aux comptes, d'administrateur judiciaire, de mandataire judiciaire ou de conseil en propriété industrielle, ou de géomètre-expert ainsi que la participation à tout groupement de droit étranger ayant pour objet l'exercice de l'une ou de plusieurs de ces professions [8]. La loi du 6 août 2015 a ajouté à cette liste les avocats au Conseil d'État et à la Cour de cassation, ainsi que les administrateurs judiciaires et mandataires judiciaires. Elles peuvent, comme toute SPFPL [9], elles ont pour objet la détention de parts ou d'actions de sociétés d'exercice et de groupements de droit étranger, ayant eux-mêmes pour objet l'exercice d'une ou plusieurs professions libérales réglementées. Elles peuvent détenir, gérer et administrer tous biens et droits immobiliers et fournir des prestations de services, sous réserve que ces activités soient destinées exclusivement au fonc-

5. SUR les structures d'interprofessionnalité capitalistique (SPFPL) : H. Ader, S. Bortoluzzi, A. Damien, D. Piau, Th. Wickers, *Règles de la profession d'avocat*, 15e éd., « Dalloz action », 2016, nos 833.11 s.
6. Décr. n° 93-492, 25 mars 1993.
7. Ord. n° 2023-77, 8 févr. 2023 relative à l'exercice en société des professions libérales réglementées, *JO* 9 févr., n° 3.
8. Ord. n° 2023-77, 8 févr. 2023, art. 125.
9. Ord. n° 2023-77, 8 févr. 2023, art. 110.

tionnement des sociétés ou groupements dans lesquels elles détiennent des participations. Sous cette réserve, elles peuvent notamment détenir des parts sociales ou actions de toute société à forme civile ou commerciale aux seules fins d'acquérir et d'administrer des immeubles.

353.23 Composition du capital. Les règles de détention du capital sont précisées par l'article 114 de l'ordonnance : Plus de la moitié du capital et des droits de vote est détenue par des personnes, y compris des personnes européennes, qui exercent l'une des professions exercées par la ou les sociétés faisant l'objet d'une prise de participation.

L'article 115 de l'ordonnance précise que le complément du capital et des droits de vote peut être détenu par :

1° Pendant un délai de dix ans, des personnes physiques qui ont exercé au sein de la ou d'une des sociétés faisant l'objet d'une prise de participation la profession constituant son objet social et ont cessé d'exercer cette profession, sauf s'ils ont fait l'objet d'une radiation ou d'une destitution pour motif disciplinaire ;

2° Pendant un délai de cinq ans à compter du décès des personnes physiques mentionnées à l'article 114 et au 1° du présent article, leurs ayants droit ;

3° Des personnes exerçant une profession libérale réglementée de la même famille que celle exercée par l'une des sociétés faisant l'objet d'une prise de participation.

Les décrets d'application de l'ordonnance (non parus à la date de rédaction de cet ouvrage) auront la possibilité de fixer des règles spécifiques quant à la détention de la partie complémentaire du capital.

353.24 Dénomination sociale. La dénomination sociale des SPFPL pluri-professionnelles doit, outre les mentions obligatoires liées à la forme de la société, être précédée ou suivie de la mention : « Société de participations financières de professions libérales », elle-même suivie de l'indication des professions exercées par les sociétés faisant l'objet d'une prise de participation.

353.25 Direction. Avant la loi du 6 août 2016, les dirigeants de la SPFPL devaient impérativement être choisis parmi les membres des professions exerçant au sein des sociétés détenues. La loi du 6 août a assoupli cette exigence en prévoyant que les gérants, le président et les dirigeants de la société par actions simplifiée, le président du conseil d'administration, les membres du directoire, le président du conseil de surveillance et les directeurs généraux, ainsi que les deux tiers des membres des conseils d'administration ou de surveillance peuvent être choisis parmi toutes personnes exerçant les mêmes professions que celles exercées par les sociétés détenues et, lorsqu'au moins une des sociétés faisant l'objet d'une prise de participation exerce une profession juridique ou judiciaire, par toute autre personne admise à détenir la majorité du capital social et des droits de vote de cette société[1].

Ce sont désormais les articles 119 à 122 de l'ordonnance[2] qui traitent le sujet et qui sont revenus à une approche plus restrictive :

Les gérants des sociétés à responsabilité limitée sont des professionnels exerçants réalisant leur activité au sein de la ou des sociétés dans lesquelles la société de participations financières de professions libérales détient des participations.

Pour les sociétés anonymes et suivant leurs modalités d'organisation :

1° Les membres du directoire, le président du conseil de surveillance ainsi que deux tiers au moins des membres du conseil de surveillance sont des professionnels exerçants réalisant leur activité au sein de la ou des sociétés dans lesquelles la société de participations financières de professions libérales détient des participations ;

2° Les directeurs généraux, le président du conseil d'administration ainsi que les deux tiers au moins des membres du conseil d'administration sont des professionnels exerçants réalisant leur activité au sein de la ou des sociétés dans lesquelles la société de participations financières de professions libérales détient des participations.

Le président et les dirigeants des sociétés par actions simplifiées sont des professionnels exerçants réalisant leur activité au sein de la société dans lesquelles la société de participations financières de professions libérales détient des participations.

Le gérant, le président du conseil de surveillance ainsi que deux tiers au moins des membres du conseil de surveillance des sociétés en commandite par actions sont des professionnels exerçants réalisant leur activité au sein de la ou des sociétés dans lesquelles la société de participations financières de professions libérales détient des participations.

353.26 Inscription au tableau. Les SPFPL pluri-professionnelles sont inscrites sur les listes spéciales des tableaux des ordres professionnels compétents et les listes dressées par les organismes compétents, pour chaque profession exercée par les sociétés détenues, selon les modalités définies par les dispositions propres aux SPFPL de chacune de ces professions[3]. En présence de sociétés titulaires d'office ministériel, le procureur général transmet une copie de la déclaration au garde des Sceaux, ministre de la

1. L. n° 90-1258, 31 déc. 1990, art. 31-2, IV, al. 2 ; mod. par L. n° 2015-990, 6 août 2015.
2. Ord. n° 2023-77, 8 févr. 2023, art. 119 à 122.
3. Décr. n° 2014-354, 19 mars 2014, art. 3 – Ord. n° 2023-77, 8 févr. 2023, art. 112.

justice, aux fins d'inscription de la SPFPL établie pour chaque profession exercée au titre de l'office.

À cette fin, la constitution de la SPFPL[1], ou bien l'adjonction[2] ou le retrait à son objet social[3] de la détention de sociétés exerçant une nouvelle profession, doit être déclarée aux autorités compétentes, avec la liste des associés et une copie des statuts[4], selon les modalités définies par les dispositions propres aux SPFPL de chacune de ces professions. Toute modification dans la liste des associés, de leurs professions ou de leurs qualités, ainsi que de leurs parts de capital dans la société doit, dans les mêmes délais, être portée à l'information des ordres et organismes compétents pour les professions concernées, avec les pièces justificatives. Concernant les SPFPL ayant pour objet la détention de participation au capital de société d'avocats, l'autorité compétente est le bâtonnier de l'ordre des avocats du siège social[5]. La déclaration comprend avec indication de leur profession ou de leur qualité suivie, pour chacun, de la mention de la part de capital qu'il détient dans la société. Une copie des statuts de la société doit être jointe à la déclaration.

L'article 113 de l'ordonnance du 8 février 2023 vient renforcer cette obligation d'information à l'autorité de tutelle.

Sans préjudice des dispositions spécifiques à chaque profession, une fois par an, la société de participations financières de professions libérales adresse à l'autorité compétente en matière d'agrément ou d'inscription à l'ordre professionnel dont elle relève un état de la composition de son capital social et des droits de vote afférents, ainsi qu'une version à jour de ses statuts.

Sont également adressées par les associés de la société, dans les conditions prévues au premier alinéa, les conventions contenant des clauses portant sur l'organisation et les pouvoirs des organes de direction, d'administration ou de surveillance ayant fait l'objet d'une modification au cours de l'exercice écoulé.

Pour chaque profession, les modalités d'application de cette procédure d'information peuvent être précisées par décret.

353.27 Immatriculation. Une copie de la déclaration de constitution de la SPFPL adressée aux autorités compétentes est ensuite communiquée au greffe du tribunal où a été déposée la demande d'immatriculation. La société est dispensée des formalités de publicité légale prévues aux articles R. 210-16 à R. 210-20 du code de commerce[6].

353.28 Contrôle. La SPFPL fait l'objet de contrôles par les autorités compétentes à l'égard des professionnels associés des sociétés dans lesquelles elle détient des participations[7]. Concernant les avocats, ce contrôle doit être exercé au moins tous les quatre ans par l'ordre dans les conditions définies par le règlement intérieur du barreau[8]. Chaque autorité de contrôle communique les rapports de contrôle qu'elle a établis aux autres autorités de contrôle. Ces rapports peuvent être communiqués, le cas échéant, aux autorités de poursuite et aux organismes ou juridictions compétents en matière disciplinaire à l'égard des professionnels associés des sociétés détenues[9].

353.29 Utilisation de l'interprofessionnalité capitalistique. Quels sont les professionnels libéraux qui peuvent avoir intérêt à prendre une participation minoritaire dans une société exerçant une autre profession libérale réglementée ? L'interprofessionnalité capitalistique est souvent mise en œuvre dans une logique de participations croisées : des experts-comptables prennent une participation minoritaire chez des avocats. Ces mêmes avocats prennent une participation minoritaire chez leurs associés experts-comptables. Nous sommes alors dans une logique de diversification capitalistique et entrepreneuriale. Ces configurations sous entendent généralement des liens de coopération opérationnelle forts entre les sociétés d'exercice concernées par ses prises de participation.

SECTION 3

INTERPROFESSIONNALITÉ D'EXERCICE

353.31 Cadre légal de l'interprofessionnalité d'exercice. C'est l'Ordonnance du 1er avril 2016, prise en application de l'article 65 de la loi 2015-990 du 6 août 2015 qui donne le cadre de l'interprofessionnalité d'exercice en autorisant la constitution de sociétés pluriprofessionnelles d'exercice pour l'exercice en commun des professions d'avocat, d'avocat au Conseil d'État et à la Cour de cassation, de commissaire-priseur judiciaire, d'huissier de justice, de notaire, d'administrateur judiciaire, de conseil en propriété industrielle, d'expert-comptable et de géomètre expert.

La SPE est désormais régie par les articles 96 à 10[illegible] de l'ordonnance du 8 février 2023[10].

1. Décr. nº 2014-354, 19 mars 2014, art. 2, al. 2.
2. Décr. nº 2014-354, 19 mars 2014, art. 5.
3. Décr. nº 2014-354, 19 mars 2014, art. 6.
4. Décr. nº 2014-354, 19 mars 2014, art. 2.
5. Décr. nº 1993-492, 25 mars 1993, art. 4 ; sur renvoi Décr. nº 2014-354, 19 mars 2014, art. 3.
6. Décr. nº 2014-354, 19 mars 2014, art. 4 ; mod. par déc nº 2016-879, 29 juin 2016.
7. Décr. nº 2014-354, 19 mars 2014, art. 9.
8. Décr. nº 93-492, 25 mars 1993, art. 48-9-2.
9. Décr. nº 2014-354, 19 mars 2014, art. 10.
10. Sur la SPE, v. ss nos 225.11 s.

353.32 Démarrage difficile de l'interprofessionnalité d'exercice. À fin 2020, le barreau de Paris recensait 15 sociétés pluriprofessionnelles d'exercice (SPE). La Compagnie nationale des conseils en propriété industrielle (CNCPI) en comptait seulement 8[1]. Sachant qu'une grande partie de celles enregistraient à la CNCPI sont les mêmes que celles enregistrées au barreau. Le Conseil Supérieur de l'Ordre des experts-comptables faisait état de 25 SPE entre experts-comptables et avocats.

Se pose la question de savoir où se situe le « marché » de l'interprofessionnalité d'exercice. Les liens entre les avocats et les CPI sont naturels dans la mesure où les CPI et les avocats qui s'occupent des marques font un métier très proche. Les deux métiers avaient d'ailleurs failli fusionner.

Il y a des projets de SPE entre avocats et notaires. Les notaires concernés sont le plus souvent des notaires dits « notaires Macron » qui résultent des quotas imposés par les pouvoirs publics à la profession des notaires pour augmenter leurs effectifs. Ces notaires semblent plus ouverts que leurs confrères à envisager l'interprofessionnalité d'exercice. Les dossiers mettent toutefois très longtemps à être traités car ils doivent être validés par la Chancellerie et les délais sont parfois supérieurs à un an.

Quant aux SPE regroupant experts-comptables et avocats, celles-ci sont souvent le fait de cabinets d'avocats et d'experts-comptables de petite taille et le plus souvent situés en région.

En 2022, il y aurait entre 70 et 80 SPE sur l'ensemble du territoire national, toutes professions concernées confondues.

353.33 Interprofessionnalité d'exercice : freins déontologiques[2]**.** L'Ordonnance du 1er avril 2016 laissait beaucoup de questions sans réponses quant à la mise en œuvre des obligations déontologiques des professionnels au sein d'une même structure d'exercice.

Si le principe général voulait que chacun respecte ses propres règles et qu'en cas de doute entre les règles de deux professions, ce soit la norme la plus rigoureuse qui s'applique, ceci ne suffisait pas à régler l'ensemble des questions qui pouvaient se poser. Comment réconcilier les règles du domicile professionnel de l'avocat et l'interdiction de cohabiter avec d'autres professionnels et le concept de la SPE ?

C'est une décision du Conseil d'État du 17 juin 2019[3] qui est venue clarifier de nombreux points. Cependant malgré les réponses apportées par le Conseil d'État, il n'y a pas eu d'augmentation sensible des demandes de constitution de SPE.

353.34 Opportunités de l'interprofessionnalité d'exercice. Même six ans après leur apparition, il est encore tôt pour conclure à l'échec de la SPE. Les professionnels libéraux ont un temps d'appropriation très long s'agissant des réformes liées à leur exercice professionnel.

Pour autant, la conception initiale de la SPE consistant à penser que le simple fait de regrouper différents professionnels du droit ou des professionnels du droit et du chiffre dans une même structure d'exercice allait procurer un bénéfice aux utilisateurs de ces services ne semble pas avoir été une analyse pertinente.

En revanche, c'est peut-être dans l'idée d'une prestation intégrée comportant l'intervention de membres de différentes professions réglementées que se trouveront les opportunités. Une SPE regroupant avocats et commissaires de justice pourraient proposer des services de recouvrement intégrant toutes étapes : mise en demeure, procédure judiciaire et obtention d'un titre exécutoire et exécution. Une SPE regroupant avocats et notaires pourrait proposer des prestations associant conseil fiscal et patrimonial, investissements immobiliers et défiscalisation.

1. D. Iweins, « Droit : le bilan mitigé des sociétés pluriprofessionnelles d'exercice », *Les Échos,* 17 sept. 2020.
2. Sur la déontologie et la SPE, v. s[s] n° 225.25.
3. CE 17 juin 2019, req. n° 400192, *Lebon*.

TITRE

36. Les activités commerciales accessoires et connexes et la pluralité d'exercice

SECTION 0
ORIENTEUR

36.00 Sommaire du titre.

CHAPITRE

361. Activités commerciales accessoires et connexes

SECTION 0

ORIENTEUR

361.00 Sommaire du chapitre.

SECTION 1

ACTIVITÉS INCOMPATIBLES

361.11 Interdiction des activités à caractère commercial. L'article 111 du décret du 27 novembre 1991[1], modifié par le décret du 29 juin 2016[2] rappelle l'incompatibilité de la profession d'avocat avec toutes les activités de caractère commercial, qu'elles soient exercées directement ou par personne interposée. Le même article rappelle l'incompatibilité de la profession d'avocat avec les fonctions d'associé dans une société en nom collectif, d'associé commandité dans les sociétés en commandite simple et par actions, de gérant dans une société à responsabilité limitée, de président du conseil d'administration, de membre du directoire ou de directeur général d'une société anonyme, de gérant d'une société civile à moins que celles-ci n'aient pour objet la gestion d'intérêts familiaux ou l'exercice de la profession d'avocat.

1. Décr. n° 91-1197, 27 nov. 1991 organisant la profession d'avocat, *JO* 28 nov., p. 15502, art. 111.
2. Décr. n° 2016-882, 29 juin 2016 relatif à l'exercice de la profession d'avocat sous forme d'entité dotée de la personnalité morale autre qu'une société civile professionnelle ou qu'une société d'exercice libéral ou de groupement d'exercice régi par le droit d'un autre État membre de l'Union européenne, *JO* 30 juin, n° 60.

361.12 Freins à l'entrepreneuriat des avocats. Le régime des incompatibilités antérieur à la loi Macron et au décret du 29 juin 2016 avait pour conséquences de priver l'avocat d'opportunités entrepreneuriales légitimes qui ne portaient atteinte ni à l'indépendance de l'avocat ni à l'ensemble de ses règles déontologiques et principes essentiels.

La meilleure illustration de cette situation était celle de la situation de l'avocat face à l'émergence des *LegalTechs*. Qui de plus légitime qu'un avocat pour avoir des idées de nouveaux services qui peuvent faciliter la vie des justiciables et clients ou qui peuvent améliorer la qualité et la performance des cabinets. Or, antérieurement à la réforme de l'article 111, un avocat porteur d'un projet legaltech, s'il souhaitait en être l'animateur, n'avait d'autre choix que de demander son omission du barreau. En effet, il ne pouvait être le gérant de la société destinée à porter le projet. Il ne pouvait réaliser le projet au sein de son cabinet s'il avait besoin de capitaux extérieurs ou de s'associer avec des ingénieurs ou informaticiens. Il n'avait donc d'autre choix que d'abandonner la profession ou d'abandonner son projet.

La réforme bienvenue a mis fin à cette situation à la fois frustrante et absurde, tout en apportant les limites nécessaires pour préserver la déontologie de l'avocat.

361.13 Réforme de l'article 111 par le décret du 29 juin 2016. Depuis le décret du 29 juin précité, une exception vient assouplir le régime des incompatibilités des avocats puisque désormais ces incompatibilités ne font pas obstacle à la commercialisation, à titre accessoire, de biens ou de services connexes à l'exercice de la profession d'avocat si ces biens ou services sont destinés à des clients ou à d'autres membres de la profession.

L'article 111 ainsi modifié, s'il peut sembler assez clair au premier abord, a été cependant sujet à de nombreuses difficultés d'interprétation. Par commodité, les praticiens et observateurs ont très vite utilisé l'expression « d'activités commerciales accessoires de l'avocat ». Ce raccourci constitue une première approximation donnant l'impression qu'une activité commerciale, dès lors qu'elle serait accessoire, pourrait être autorisée par le texte.

Or, le texte n'autorise pas les « activités commerciales accessoires », il autorise « la commercialisation, à titre accessoire, de biens ou de services connexes à l'exercice de la profession d'avocat si ces biens ou services sont destinés à des clients ou à d'autres membres de la profession »[1]. Ce n'est pas sur le caractère civil ou commercial de l'activité que porte l'analyse mais bien sur les trois critères énoncés par le texte :

- le caractère accessoire ;
- le critère de connexité à l'exercice de la profession ;
- la notion de client.

SECTION 2
ACTIVITÉS DÉROGATOIRES

361.21 **Caractère accessoire.** Les activités dérogatoires de l'article 111 doivent être réalisées « à titre accessoire » et ne peuvent pas constituer l'activité principale de l'avocat. Il est donc fondamental de dégager le ou les critères permettant de déterminer le caractère accessoire ou principal d'une activité.

Dans ses travaux pour analyser la portée de ce texte et en proposer une interprétation, la Commission Statut professionnel de l'avocat s'est penchée sur deux des critères qui viennent naturellement à l'esprit :

- le critère du chiffre d'affaires généré par l'activité dérogatoire, par comparaison avec le chiffre d'affaires de l'activité d'avocat ;
- le critère du temps consacré à l'activité dérogatoire, par comparaison avec le temps consacré au cabinet.

Le critère du chiffre d'affaires peut apparaître efficace, car facile à appliquer. Toutefois, ce critère, purement comptable, n'est pas pertinent. Il est en effet tout à fait imaginable qu'un avocat puisse retirer des revenus significatifs d'une activité dérogatoire, sans pour autant que cette activité soit exercée à titre principal.

Comme mentionné ci-dessus, la réforme de l'article 111 permet à l'avocat d'investir les *Legal-Techs*. Or, compte tenu du modèle économique des start-ups, retenir sans nuance le critère du chiffre d'affaires ne serait pas adapté. Si ce critère était retenu, il faudrait que l'avocat abandonne son projet entrepreneurial dès lors que celui-ci générerait plus d'argent que son cabinet d'avocat. Ce serait la condamnation du texte.

Les critères du chiffre d'affaires et du temps passé seraient davantage un indicateur pour vérifier la réalité de l'exercice professionnel. En réalité, caractériser une activité accessoire nécessite en premier lieu d'analyser l'activité d'avocat. Le critère qui apparaît alors le plus pertinent est celui de l'exercice effectif, qui repose sur une obligation déontologique pour l'avocat.

En d'autres termes, l'avocat qui exerce des activités dérogatoires ne peut pas se contenter d'être inscrit au tableau. Conformément à ses obligations déontologiques, il doit exercer de manière effective la profession en accomplissant des actes professionnels. Pour les commissions Règles et usages et Statut professionnel de l'avocat, l'exercice effectif de la profession est le critère pertinent pour apprécier si l'avocat l'exerce à titre principal et, par voie de conséquence, conduit ses activités dérogatoires de manière accessoire[2].

361.22 **Connexité.** Le critère de connexité doit s'analyser à la fois de manière juridique et économique.

Sur le plan juridique, la notion de connexité est présente dans le domaine des baux commerciaux. En effet, l'article L. 147-47 du Code de commerce vise expressément, sans pour autant les définir, les notions d'activités connexes ou complémentaires : « Le locataire peut adjoindre à l'activité prévue au bail des activités connexes ou complémentaires ».

La qualification d'activité connexe ou complémentaire se justifie s'il y a connexité entre les deux activités, c'est-à-dire que l'une est exercée dans le prolongement de l'autre.

La jurisprudence a participé à définir la notion de connexité : « Sont connexes à une activité celles qui ont un rapport étroit avec elle »[3].

La connexité peut être envisagée sous un angle économique. On parle alors de connexité directe s'agissant de toute activité qui entre dans une intégration verticale. L'intégration verticale consiste à répondre à un besoin de son client qui se situe en amont ou en aval du produit ou de la prestation qui lui a été vendu[4]. C'est le cas par exemple du fabricant d'imprimantes, qui va développer la vente de cartouches, de papier, ou encore la maintenance des

1. CNB, Rapport sur les activités commerciales dérogatoires, AG 5 et 6 oct. 2018.
2. CNB, Rapport sur les activités commerciales dérogatoires AG 5 et 6 oct. 2018.
3. Paris, 16e ch., sect. B, 21 avr. 1983.
4. ERAGE, *Travaux sur l'activité commercial accessoire de l'avocat*, 2018.

appareils vendus. Dès lors le critère est : L'activité en question répond-elle aux besoins du client sur l'ensemble de son projet ? Si la réponse est positive, l'activité est connexe.

La connexité peut aussi être indirecte. Ce serait ainsi qu'il faudrait analyser la situation dans laquelle un avocat pourrait tout à fait fournir une prestation ou un bien qui découlerait de son domaine de spécialisation. La prestation ou le bien n'a plus à être rattaché à un client qui fait appel à lui pour un service juridique. Il n'y a plus besoin de s'inscrire dans un projet global pour un client en particulier.

L'avocat serait sollicité pour une compétence, un savoir-faire, qui lui est propre. On peut penser par exemple à un avocat spécialisé en propriété intellectuelle qui pourrait produire des musiciens. Ainsi l'activité de production d'artiste serait-elle connexe à celle d'avocat en conseil en propriété intellectuelle. Le bien ou le service dérive-t-il d'une compétence particulière à l'avocat ? Une fois encore, si la réponse est positive on pourra considérer l'activité comme connexe.

Ces interprétations sont celles retenues par les travaux du CNB et constituent à ce titre une recommandation pour les Ordres qui restent compétents pour déterminer si une activité dérogatoire est conforme aux termes de l'article 111.

361.23 Notion de client. Si le critère de la destination des biens ou services aux membres de la profession est aisé, en revanche la notion de client pose des difficultés d'interprétation. Le terme « des clients » de l'article 111 du décret du 27 novembre 1991 doit-il être entendu par référence aux seuls clients de l'avocat ou par référence à l'ensemble des activités de l'avocat ?

La première interprétation conduirait à vider l'article 111 d'une grande partie de son intérêt. À titre d'exemple, l'avocat éditeur de formulaires en droit des sociétés (l'édition juridique est expressément envisagée par la notice du décret) ne pourrait les commercialiser qu'auprès des clients de son cabinet, ce qui serait une limitation difficile à admettre.

Dans une interprétation plus extensive, le terme « clients » est entendu comme désignant les clients de l'avocat au regard de l'ensemble de ses activités. La nature du service ou du bien commercialisé détermine alors le type de clients puisqu'il doit s'agir, outre des clients du cabinet, des clients des activités dérogatoires développées, qui sont nécessairement connexes à celle de l'avocat.

Toujours selon le CNB, il faut comprendre le terme de clients de manière générique. Le terme client désignerait tous les clients, y compris les chalands et prospects. L'utilisation, à l'article 111, de l'article indéfini « des clients », correspond bien à cette acception générique.

SECTION 3
MISE EN ŒUVRE DES ACTIVITÉS DÉROGATOIRES

361.31 Activités dérogatoires au sein du cabinet. Les activités dérogatoires peuvent être conduites par un avocat exerçant à titre individuel ou par un avocat associé. Dans le cas de l'avocat associé, il pourra soit développer ces activités à titre personnel soit au sein de la structure dont il est associé. Dans ce cas, c'est la structure qui bénéficie de la dérogation.

L'activité dérogatoire au sein de la structure d'exercice pose plusieurs difficultés :

- Ces activités ont-elles vocation à être couverte par l'assurance de responsabilité civile du cabinet ?
- Les éventuels maniements de fonds liés à l'activité dérogatoire n'entrent pas dans le champ de la CARPA.
- L'objet social du cabinet d'avocats est-il conforme à la conduite de l'activité dérogatoire ?
- Est-ce que les cotisations sociales sur les revenus de l'activité dérogatoire sont attachées aux mêmes régimes que les revenus des avocats ?

Ces questions et l'incertitude quant aux réponses donnent la mesure de la difficulté qu'il y a à envisager une activité dérogatoire au sein du cabinet d'avocats. Il sera donc vivement conseillé de conduire celle-ci à l'extérieur du cabinet.

361.32 Activités dérogatoires à l'extérieur du cabinet. Les activités dérogatoires conduites à l'extérieur du cabinet peuvent être placées soit dans une filiale du cabinet d'avocats auquel cas, les associés du cabinet d'avocats sont également associés dans l'activité dérogatoire.

Elles peuvent aussi être placées dans une société indépendante comprenant ou pas une partie des associés du ou des avocats à l'initiative du projet.

Au regard de l'indépendance de l'avocat mais aussi de l'exploitation du cabinet, il est sans doute préférable de séparer les entités surtout si la société portant l'activité dérogatoire compte des associés ou actionnaires non-avocats tels que des techniciens ou des fonds d'investissement.

Si l'activité dérogatoire se trouve dans une société extérieure, il faut comprendre que la dérogation du quatrième alinéa de l'article 111 s'applique également aux fonctions de gérant dans une société à responsabilité limitée, président du conseil d'administration, membre du directoire ou directeur général d'une société anonyme, gérant d'une société civile[1]. En pratique, elle ne trouvera à s'appliquer que pour les filiales commerciales constituées sous

1. Suivant l'avis de la commission Règles et usages n° 2006-077 du 22 décembre 2006, il convient de considérer que ces fonctions s'étendent à celle de président de SAS.

la forme de société anonyme ou de société par actions simplifiée avec conseil de surveillance.

Ainsi, l'avocat peut détenir et diriger une société commerciale ayant pour activité la commercialisation, à titre accessoire, de biens ou de services connexes à l'exercice de la profession d'avocat peu importe sa date d'inscription au barreau.

Il est rappelé à cet égard que la règle édictée par l'article 112 du décret nº 91-1197 qui conditionne l'élection d'un avocat aux fonctions de membre du conseil de surveillance d'une société commerciale ou d'administrateur de société, à un exercice professionnel de plus de sept années, ne s'applique par hypothèse qu'à ces postes exclusivement. En pratique, elle ne trouvera à s'appliquer que pour les filiales commerciales constituées sous la forme de société anonyme ou de société par actions simplifiée avec conseil de surveillance.

Dans le cadre de telles sociétés commerciales, qui n'ont pas pour objet l'exercice de la profession d'avocat, l'avocat peut parfaitement s'associer avec des non-avocats et plus généralement avec toute profession sans se limiter aux professions juridiques ou judiciaires.

SECTION 4
CONTRÔLE DES ACTIVITÉS DÉROGATOIRES

361.41 **Information de l'Ordre.** L'avocat ou la société d'avocat qui exerce une activité commerciale dérogatoire doit informer par écrit le conseil de l'Ordre du barreau dont il ou elle relève, dans un délai de 30 jours suivant le début de l'activité concernée.

La formalité à accomplir prend la forme d'une déclaration, par l'avocat, à l'Ordre du début de l'activité commerciale dérogatoire.

Le conseil de l'Ordre procède à un contrôle a posteriori. Dans l'exercice de ce contrôle, il peut demander à l'avocat ou à la société d'avocat tous renseignements ou documents utiles pour lui permettre d'apprécier si une telle activité est compatible avec les règles de déontologie de la profession.

La Commission Statut professionnel de l'avocat a rendu un avis technique du 5 février 2019[1] précisant que l'exercice d'une activité commerciale dérogatoire par l'avocat ne fait pas l'objet d'une autorisation préalable mais bien d'une déclaration au conseil de l'Ordre dans le délai 30 jours suivants le début de l'activité concernée.

Lorsque l'activité commerciale dérogatoire est conduite par l'avocat au sein de son cabinet, il sera nécessaire de procéder à une modification de ses statuts.

Aussi, deux formalités doivent être accomplies auprès de l'Ordre :

- la déclaration de l'activité commerciale dérogatoire[2] ;
- l'autorisation du conseil de l'Ordre s'agissant de modifications de statuts de société d'avocats[3].

À Paris, c'est le service de l'exercice professionnel qui traite ces déclarations. En cas de questions au porteur du projet, c'est la commission de déontologie qui se manifeste et pourra décider de convoquer l'avocat concerné afin que ce dernier puisse apporter les clarifications nécessaires permettant de déterminer la compatibilité de son projet avec les dispositions de l'article 111.

SECTION 5
PROJETS ENTREPRENEURIAUX COMPATIBLES

361.51 **Exemples d'activités dérogatoires : activités déclarées au barreau de Paris.** Le CNB a publié un guide pratique de l'activité commerciale dérogatoire en décembre 2020[4]. À l'annexe nº 1 de celui-ci figurent les activités commerciales qui avaient, à cette date, été déclarées au conseil de l'Ordre du barreau de Paris et validées entre 2017 et 2018 :

- communication, relations publiques, éditions et coaching en relation avec l'activité d'avocat ;
- mise à disposition de locaux professionnels pour les avocats ;
- formalités juridiques, fiscales, administratives ;
- coaching, la formation et le conseil en développement ;
- recherche, développement, fourniture de sites web, logiciels, plateformes informatiques ou internet, notamment pour la réception et le traitement d'alertes éthiques ;
- développement d'applications et sites internet destinée dans le domaine juridique ;
- commercialisation d'applications et de logiciels notamment de géolocalisation et de mise en relation entre avocats et justiciables ;
- fourniture de modèles en ligne, sur plateforme dématérialisée, dans différents domaines du droit ;
- archivage, exploitation de lieu de stockage, location d'espace libre, gestion des bibliothèques et des

1. CNB, avis technique nº 2019-001, 5 févr. 2019.

2. Décr. 27 nov. 1991, art. 111, al. 5.
3. SEL : Décr. nº 93-492,25 mars 1993, art. 8 ; – SCP : Décr. nº 92-680, 20 juill. 1992 pris pour l'application à la profession d'avocat de la loi nº 66-879 du 29 novembre 1966 relative aux sociétés civiles professionnelles, *JO* 22 juill. p. 9799, art. 9.
4. CNB, Guide pratique de l'activité commerciale dérogatoire, déc. 2020.

archives, activité de documentation et d'information des bibliothèques ;

- création, édition et distribution de systèmes d'ingénierie informatique, des modules, des logiciels, des sites internet, des algorithmes, des solutions ou des applications digitales destinés à des avocats et/ou des clients utilisateurs du droit (professionnels ou particuliers), en vue de faciliter tantôt l'accès au droit, tantôt l'exercice du droit ;

- édition et la diffusion de publications professionnelles et universitaires ;

- traduction, la distribution et la vente y compris en ligne d'ouvrages, manuels et tout texte de nature juridique, universitaire, scientifique, linguistique et littéraire rédigés en langue espagnole ;

- fourniture de prestations intellectuelles nécessaires pour constituer les parties scientifiques et techniques des dossiers juridiques et fiscaux qui leur sont confiés en matière de recherche et de développement et d'innovation, et, plus particulièrement, en fiscalité de l'innovation.

Il est à noter que des cabinets précisent à l'article « objet social » de leurs statuts que les associés entendent, outre l'exercice de la profession d'avocat, avoir « des activités commerciales, à titre accessoire, de biens ou de services connexes à la profession d'avocat si ces biens ou services sont destinés à des clients ou d'autres membres de la profession ». Ceci n'est pas suffisant pour se soustraire à l'obligation d'information à l'Ordre dès lors qu'une telle activité est lancée par le cabinet.

Pour les raisons décrites ci-dessus, il sera souvent préférable d'exploiter l'activité dérogatoire en dehors du cabinet.

361.52 Champ des activités dérogatoires envisageables. La liste compilée à l'Annexe 1 du Guide rédigé par le CNB montre une certaine timidité de la part des premiers avocats à profiter de cette nouvelle liberté. Les projets restent très proches du droit et des besoins de la profession tant pour l'organisation de leur travail que pour proposer de nouveaux outils aux clients.

Parmi les champs d'activité pouvant être explorés tout en restant dans les limites des textes se trouvent les activités de conseil qu'un avocat peut proposer à des clients d'un secteur dans lequel l'avocat a développé une expertise particulière : conseil en ressources humaines, conseil en recrutement et chasse de tête, conseil stratégique apporté à des acteurs d'un secteur. Dans ce cas, l'avocat devra veiller à ne pas se trouver en situation de conflit d'intérêts entre son activité d'avocats et son autre activité de conseil.

D'autres activités qui entrent dans le champ des activités de l'avocat comme le conseil sur les questions patrimoniales pourraient être développées et structurées en dehors du cabinet avec des modèles économiques différents.

Dès lors que les ordres restent dans une interprétation souple du texte comme celle retenue par le CNB dans son rapport de 2018[1], les opportunités pouvant se présenter aux avocats sont vastes et ne sont pas près de se tarir.

1. CNB, Rapport sur les activités commerciales dérogatoires, oct. 2018.

CHAPITRE

362. Pluralité d'exercice

SECTION 0
ORIENTEUR

362.00 **Sommaire du chapitre.**

SECTION 1
FIN DE L'UNICITÉ D'EXERCICE

362.11 **Origine de l'unicité d'exercice.** La règle selon laquelle un avocat ne pouvait être associé exerçant que d'une seule structure d'exercice était clairement posée par la loi du 29 novembre 1966 relative aux sociétés civiles et professionnelles[1] : « Sauf disposition contraire du décret particulier à chaque profession, tout associé ne peut être membre que d'une seule société civile professionnelle et ne peut exercer la même profession à titre individuel. »

Ce texte est complété par les articles 43 et 45 du décret d'application de la loi de 1966 (décret du 20 juillet 1992)[2] qui disposent respectivement que « Tout associé ne peut être membre que d'une seule société civile professionnelle d'avocats et ne peut exercer ses fonctions ni à titre individuel, ni en qualité de membre d'une société d'exercice libéral. » et que « Les associés doivent consacrer à la société toute leur activité professionnelle d'avocat et s'informer mutuellement de cette activité, sans que puisse leur être reproché une violation du secret professionnel. »

D'autre part, l'article 21 de la loi du 31 décembre 1990[3] prévoit que : « Des décrets en Conseil d'État, pris après avis des organismes chargés de représenter les professions concernées auprès des pouvoirs publics ainsi que des organisations les plus représentatives de ces professions, déterminent en tant que de besoin les conditions d'application du présent titre.[...] Ils peuvent également prévoir qu'un associé n'exerce sa profession qu'au sein d'une seule société d'exercice libéral et ne peut exercer la même profession à titre individuel ou au sein d'une société civile professionnelle. »

Comme pour les SCP, la loi est complétée par les articles 20 et 22 du décret du 25 mars 1993[4] qui disposent qu'un « Un avocat associé exerçant au sein d'une société d'exercice libéral ne peut exercer sa profession à titre individuel, en qualité de membre d'une autre société, quelle qu'en soit la forme, ou en qualité d'avocat salarié. » et que « Les associés exerçant au sein de la société doivent lui consacrer toute leur activité professionnelle, l'informer et s'informer mutuellement de cette activité. »

C'est donc dans le seul cadre réglementaire des sociétés civiles professionnelles et des sociétés d'exercice libéral que la règle d'unicité d'exercice est posée.

1. L. n° 66-879, 29 nov. 1966 relatives aux sociétés civiles professionnelles, *JO* 30 nov., p. 10451, art. 4.
2. Décr. n° 92-680, 20 juill. 1992 pris pour l'application à la profession d'avocat de la loi n° 66-879 du 29 novembre 1966 relative aux sociétés civiles professionnelles, *JO* 22 juill., p. 9799.
3. L. n° 90-1258, 31 déc. 1990 relative à l'exercice sous forme de sociétés des professions libérales soumises à un statut législatif ou réglementaire ou dont le titre est protégé et aux sociétés de participations financières de professions libérales, *JO* 5 janv. 1991, p. 216.
4. Décr. n° 93-492, 25 mars 1993 pris pour l'application à la profession d'avocat de la loi n° 90-1258 du 31 décembre 1990 relative à l'exercice sous forme de sociétés des professions libérales soumises à un statut législatif ou réglementaire ou dont le titre est protégé, *JO* 27 mars, p. 4930.

362.12 Fin de l'unicité d'exercice. La loi « Macron » du 6 août 2015[1] a introduit le principe de pluralité d'exercice. Plusieurs décrets ont consacré cette pluralité :

- pour les SEL, le décret n° 2016-878 du 29 juin 2016 a abrogé l'article 20 du décret n° 93-492 du 25 mars 1993, qui imposait un exercice exclusif au sein de la société, et modifié l'article 22 Décret n° 93-492 du 25 mars 1993 qui obligeait les associés à lui consacrer toute leur activité professionnelle ;
- pour les SCP, le décret n° 2017-795 du 5 mai 2017 pris pour l'application de l'article 27 de la loi n° 66-879 du 29 novembre 1966 a supprimé le principe de l'unicité d'exercice dans les SCP ;

Il faut noter que l'article 8 de l'ordonnance du 23 février 2023 prévoit que « Sauf disposition contraire du décret particulier à chaque profession, tout associé ne peut être membre que d'une seule société civile professionnelle et ne peut exercer la même profession que dans le cadre de cette société. » Il faudra donc attendre le décret d'application pour la profession d'avocat de l'ordonnance du 8 février 2023 pour que soit confirmée la pluralité d'exercice en matière de SCP sous l'empire de l'ordonnance qui sera applicable à compter de septembre 2024.

- pour les AARPI, le décret n° 2017-801 du 5 mai 2017 consacre le nouvel article 128-2 du décret n° 1991-1197 du 27 novembre 1991 qui dispose que : « Le contrat d'association peut prévoir la possibilité pour un associé d'exercer sa profession également selon une autre des modalités prévues à l'article 7 de la loi du 31 décembre 1971 susvisée, notamment au sein d'une société pluri-professionnelle d'exercice prévue au titre IV *bis* de la loi du 31 décembre 1990 susvisée. » ;
- concernant l'exercice en société de droit commun (supprimée par l'ordonnance du 8 février 2023), le décret n° 2016-882 du 29 juin 2016 pour les sociétés de droit commun met également fin au principe d'unicité d'exercice.

La légalité dous ces décrets a été confirmée par le Conseil d'État dans son arrêt du 5 juillet 2017[2].

Dans ce contexte, le Conseil national des barreaux (CNB) a entrepris de mettre en conformité le Règlement intérieur national (RIN) avec le nouveau cadre légal et réglementaire.

Ainsi, quelle que soit la forme sociale, il est possible de déroger au principe d'unicité d'exercice dans les statuts. Un avocat peut donc détenir des parts dans plusieurs sociétés d'avocats mais également exercer dans plusieurs sociétés d'avocats, avec l'accord de ses associés.

362.13 Adaptations du RIN induites par la pluralité d'exercice. Le RIN consacre désormais son article 15.4 à la pluralité d'exercice, laquelle est définie comme la faculté pour l'avocat d'exercer son activité professionnelle en cumulant des modes d'exercice listés à l'article 7 de la loi n° 71-1130 du 31 décembre 1971 et ce, dans le ressort d'un même barreau ou de barreaux différents.

Cette possibilité est ouverte aux avocats exerçant à titre individuel, si cet exercice individuel se cumule avec un exercice en structure.

La pluralité d'exercice ne déroge pas au principe énoncé à l'article 15.2 du RIN selon lequel l'avocat est inscrit au tableau de l'Ordre du seul barreau du lieu de son cabinet principal.

La pluralité d'exercice ne résulte pas de l'ouverture d'un bureau secondaire lequel est une extension d'un exercice existant ou de la création d'une structure inter-barreaux.

La pluralité d'exercice suppose non seulement un nouvel exercice professionnel qui se caractérise par le statut choisi et son lieu d'exercice, mais également que ce cumul soit compatible avec le cadre réglementaire. Ainsi, il est possible de cumuler le statut d'associé dans des structures d'exercice différentes, de cumuler un contrat de collaboration libérale avec un autre mode d'exercice mais pas de cumuler une collaboration salariée avec un statut libéral car ceci reviendrait à contourner l'interdiction de développer une clientèle personnelle qu'impose aux collaborateurs salariés[3].

S'il n'est pas possible de cumuler plusieurs exercices individuels, il est possible de cumuler un exercice individuel avec le statut d'associé.

Afin de mettre en œuvre la pluralité d'exercice définie par la loi, le Conseil national des barreaux a proposé la nouvelle notion d'établissement d'exercice consacrée par l'article 15.4.2 du RIN. L'article dispose que l'avocat peut disposer d'un ou plusieurs établissements d'exercice, distincts de son cabinet principal, lui permettant de cumuler des modes d'exercice listés à l'article 7 de la loi n° 71-1130 du 31 décembre 1971. L'établissement d'exercice doit répondre aux conditions générales du domicile professionnel et correspondre à un exercice effectif.

Cette notion d'établissement d'exercice permet de veiller au respect des principes et règles de la profession, notamment l'unicité d'inscription d'un avocat à un barreau et la postulation, mais également de permettre aux Ordres de suivre la structuration de l'activité professionnelle des avocats. L'établissement d'exercice, qui correspond à un nouvel exercice, ne peut se comprendre sans un point de

1. L. n° 2015-990, 6 août 2015 pour la croissance, l'activité et l'égalité des chances économiques, *JO* 7 août, p. 13537.
2. CE 5 juill. 2017, n° 403012.
3. Paris, 12 janv. 2023, n° 21/14533, comm. M. Le Guerroué, Pas de pluralité d'exercice pour les avocats salariés, Lexbase, 2 févr. 2023.

référence qu'est le cabinet principal défini à l'article 15.2 du RIN.

Le RIN définit le régime juridique de l'établissement d'exercice : ses conditions d'ouverture [1] et de fermeture [2], les règles applicables en matière de discipline [3], sans oublier les déclarations de missions et d'activité particulières [4].

La pluralité d'exercice a enfin nécessité d'apporter des précisions de rédaction aux articles 2 (secret professionnel), 4 (conflits d'intérêts), 16 (réseaux et autres conventions pluridisciplinaires) et 19 (prestations juridiques en ligne) du RIN.

SECTION 2
RÉGIME JURIDIQUE DE LA PLURALITÉ D'EXERCICE

362.21 Pluralité d'exercice appliquée aux SEL, AARPI et SCP. Pour les SEL, l'article 3 du décret du 29 juin 2016 [5] et l'article 20 du décret du 25 mars 1993 [6] prévoient la fin de l'unicité d'exercice pour les sociétés constituées après l'entrée en vigueur du décret du 29 juin 2016. En revanche, les sociétés constituées avant demeurent tenues aux dispositions d'exclusivité d'exercice. Les associés peuvent néanmoins convenir, à la majorité prévue pour la modification des statuts de la société, que les dispositions nouvelles de ces articles 20 et 22 du décret du 23 mars 1995 leur sont applicables.

Compte tenu de l'enjeu, les statuts prévoient généralement l'unanimité pour l'autorisation de la pluralité d'exercice.

Pour l'exercice en AARPI, l'article 2 du décret du 5 mai 2017 [7] modifie le décret du 27 novembre 1991 en le complétant par un article 128-2 ainsi rédigé : « le contrat d'association peut prévoir la possibilité pour un associé d'exercer sa profession également selon une autre des modalités prévues à l'article 7 de la loi du 31 décembre 1971 susvisée, notamment au sein d'une société pluri-professionnelle d'exercice prévue au titre IV *bis* de la loi du 31 décembre 1990 susvisée. ».

Par conséquent, à condition que le contrat d'association prévoie l'absence d'unicité d'exercice, l'associé, personne physique ou morale, pourra exercer non seulement au sein d'une association d'avocats, mais aussi à titre individuel ou dans une autre entité dotée ou non de la personnalité morale. Il faut noter qu'à la différence des entités dotées de la personnalité morale, dans le silence du contrat d'association, le principe reste l'unicité d'exercice.

Pour les SCP, c'est l'article 43 du décret du 20 juillet 1992 [8] qui dispose que « Tout associé ne peut être membre que d'une seule société civile professionnelle d'avocats et ne peut exercer ses fonctions ni à titre individuel, ni en qualité de membre d'une autre société. Toutefois, les statuts de la société peuvent prévoir la possibilité pour un associé d'exercer sa profession également selon une autre des modalités prévues à l'article 7 de la loi du 31 décembre 1971 susvisée, notamment au sein d'une société pluriprofessionnelle d'exercice prévue au titre IV *bis* de la loi du 31 décembre 1990 susvisée ».

362.22 Pluralité d'exercice et avocats non-exerçants. Le Conseil national des barreaux a eu l'occasion de clarifier la notion de pluralité d'exercice en précisant que celle-ci ne concerne que les avocats exerçants. La situation dans laquelle un ancien associé exerçant devient associé d'une nouvelle structure d'exercice tout en restant détenteur des droits sociaux de la précédente structure, n'est pas une situation de pluralité d'exercice au regard des textes.

Un avis technique a été rendu dans ce sens [9] selon lequel un associé qui cesse d'exercer au sein d'une SEL peut exercer au sein d'une autre SEL avant le rachat de ces titres. Cette possibilité lui est ouverte par les articles 5 et 6 de la loi du 31 décembre 1990 modifiés la loi n° 2015-990 du 6 août 2015 selon lesquels le capital et les droits de vote d'une SEL d'avocats peuvent être détenus par des avocats exerçant en dehors de cette SEL, que ce soit en détention minoritaire [10] ou majoritaire [11].

C'est question ne concerne donc pas la pluralité d'exercice mais la détention de capital d'un non exerçant. Ainsi, l'association au sein d'une autre SEL, après la cessation d'exercice au sein de la première mais avant le retrait capitalistique est possible et n'a pas besoin d'être prévue par les statuts, ni autorisé par les autres associés.

Dans un autre avis technique [12], le Conseil national des barreaux précise qu'au regard de l'ancien article 20 du décret du 25 mars 1993, rien n'empêche un associé de SEL, ayant cessé d'exercer la profession au sein de la société, d'obtenir son inscription au tableau sous un nouveau statut tout

1. RIN, art. 15.4.3.
2. RIN, art. 15.4.4.
3. RIN, art. 15.4.6.
4. RIN, art. 15.4.5.
5. Décr. n° 2016-882, 29 juin 2016 relatif à l'exercice de la profession d'avocat sous forme d'entité dotée de la personnalité morale autre qu'une société civile professionnelle ou qu'une société d'exercice libéral ou de groupement d'exercice régi par le droit d'un autre État membre de l'Union européenne, *JO* 30 juin, n° 60.
6. Décr. n° 93-492, 25 mars 1993.
7. Décr. n° 2017-801, 5 mai 2017.
8. Décr. n° 92-680, 20 juill. 1992.
9. Avis technique du CNB n° 2017-003.
10. L. n° 90-1258, 31 déc. 1990, art. 5, I, B, 1°.
11. L. n° 90-1258, 31 déc. 1990, art. 6, I, 1°.
12. Avis technique du CNB n° 2022-005.

en demeurant propriétaire de titres de la société qu'il a quittée.

En revanche, si l'associé souhaite démarrer une activité nouvelle alors qu'il poursuit encore son activité au sein de la structure qu'il est sur le point de la quitter, les règles de la pluralité d'exercice doivent s'appliquer et particulièrement l'accord des associés de la structure quittée dans les conditions prévues par les statuts. Cette configuration est toutefois limitée par le devoir de loyauté qui impose à l'associé retrayant d'exercer son activité dans des conditions normales jusqu'au jour du retrait effectif.

362.23 Pluralité d'exercice et bureau secondaire. Il faut aussi distinguer la pluralité d'exercice et l'exercice au sein d'un bureau secondaire. Un cabinet ou un bureau secondaire n'est pas une nouvelle structure d'exercice mais une installation professionnelle permanente distincte du cabinet principal dil est l'extension[1]. Il intéresse le domicile professionnel de l'avocat et plus précisément le principe d'unicité du domicile professionnel selon lequel un cabinet d'avocat est rattaché à un seul barreau. Ce principe d'unicité du domicile professionnel n'est pas remis en cause par le cumul d'exercice[2] Par conséquent, l'existence d'un bureau secondaire n'entre pas en considération dans l'appréciation du cumul des modes d'exercice.

SECTION 3

CONFIGURATIONS ET OPPORTUNITÉS DE LA PLURALITÉ D'EXERCICE

362.31 Adaptation à la situation personnelle de l'associé. La pluralité d'exercice doit aussi se comprendre comme la possibilité donnée à un avocat de développer des projets à l'extérieur de son cabinet sans nécessairement compromettre ses relations avec ses associés. Dès lors que sont respectés les principes essentiels et tout particulièrement celui de la loyauté, la pluralité d'exercice permet à un avocat de développer des projets non concurrents de son activité principale sans avoir à y entrainer ses autres associés.

La pluralité d'exercice peut ainsi permettre de résoudre des situations de désaccords stratégiques ou de divergences sur des possibilités de diversification. Un avocat associé peut mener à bien un projet personnel dès lors que celui-ci est autorisé par ses associés même si ces derniers ne souhaitent pas y prendre part.

362.32 Opportunités de croissance externe. La pluralité d'exercice donne de nouvelles perspectives à la stratégie de croissance externe d'un cabinet. En effet, sous l'empire de l'unicité d'exercice, la croissance externe devait s'envisager sous la forme d'acquisitions de clientèle qui n'entraînaient pas la création d'une nouvelle structure, l'acquisition de parts ou d'actions de cabinets qui devenaient des filiales dans lesquelles les acquéreurs n'exerçaient pas ou par l'acquisition de parts ou d'actions d'un cabinet ensuite absorbé par le cabinet principal.

La pluralité d'exercice permet d'envisager des prises de participations dans des cabinets dans lesquels l'avocat investisseur peut également être avocat exerçant. Ceci présente l'avantage de préserver l'indépendance des structures tout en ouvrant la porte à une implication directe de l'investisseur dans le cabinet faisant l'objet de l'investissement.

362.33 Détention de SEL par une autre SEL. Cette configuration est autorisée par les Ordres et a fait l'objet d'un Avis technique du CNB[3]. La commission rappelle que, sur le fondement des articles 5 et 6 de la loi du 31 décembre 1990, il est possible pour une SEL exerçant la profession d'être l'associé d'une autre SEL, même à 100 %[4].

Cet avis ne fait pas référence à la pluralité d'exercice mais a le mérite de valider la configuration selon laquelle une SEL peut détenir une autre SEL à 100 %. Cette configuration combinée à la pluralité d'exercice permet aux avocats de structurer leur activité en distinguant par exemple en différentes branches d'activité. Cela permet également d'envisager certains mécanismes au sein de la structure mère qui n'auraient pas vocation à s'appliquer au sein de la structure fille. À la différence de la SPFPL, ces deux structures conserveraient leur statut de structure d'exercice tout en étant liées capitalistiquement l'une à l'autre.

Cette configuration est toutefois à manier avec prudence, en effet lorsqu'une SEL détenue à 100 % par un associé facture à la société d'exercice principale, sous forme de prestations assujetties à la TVA, une somme correspondant à la rémunération de l'associé concerné, ce schéma est susceptible d'être remis en cause par l'administration fiscale.

362.34 Pluralité d'exercice et SPE. La configuration du double exercice pour les associés d'un cabinet d'avocats qui souhaitent également exercer dans le cadre d'une société pluriprofessionnelle d'exercice est expressément prévue par les textes.

Les SPE sont encore peu nombreuses mais elles coexistent le plus souvent avec le maintien des structures monoprofessionnelles de leurs associés.

1. RIN, art. 15. 3.
2. Avis technique du CNB n° 2019-010a.
3. Avis technique du CNB n° 2020-009b.
4. Avis techniques du CNB n°s 2017-010 et 2018-009.

Cette configuration permet aux avocats de conserver la sécurité de leur structure d'origine tout en s'engageant dans un projet pluriprofessionnel dont ils souhaitent limiter les risques.

362.35 SEL associée d'une AARPI. Les associés d'AARPI sont de plus en plus nombreux à choisir d'exercer au sein de l'AARPI *via* une SEL unipersonnelle[1].

La plupart du temps, lorsque cette configuration est adoptée et qu'une SEL est associée d'une AARPI, c'est dans le but de limiter la responsabilité de l'associé au regard des dettes en engagements financiers de l'AARPI et de bénéficier de l'impôt sur les sociétés au niveau de la SEL.

Bien que structure d'exercice, la SEL exerce alors au travers de l'AARPI. Cette configuration n'entre pas dans le cadre de la pluralité d'exercice.

1. V. s[s] n° 231.26.

TITRE

37. La réflexion internationale du cabinet

SECTION 0

ORIENTEUR

37.00 **Sommaire du titre.**

CHAPITRE

371. Exercice de la profession d'avocat au sein de l'Union européenne

SECTION 0
ORIENTEUR

371.00 Sommaire du chapitre.

SECTION 1
RÉGLEMENTATION EN VIGUEUR

371.11 Code de déontologie de l'avocat dans l'Union européenne. Adopté par le Conseil des barreaux européens[1], ce texte a été intégralement reproduit à l'article 21 du titre 6 du RIN. Il concerne tous les avocats de l'Union européenne[2]. Les dispositions de ce code doivent donc être appliquées par les avocats français dans le cadre de leurs activités réalisées dans l'Union européenne et dans leurs relations avec les autres avocats de l'Union européenne.

Le code de déontologie de l'avocat dans l'Union européenne pose des principes et présente des solutions très proches de celles de la déontologie française et du RIN. Les principes d'indépendance, d'intégrité, de secret professionnel, de diligence ou de conflits d'intérêts sont les mêmes que ceux qui s'appliquent aux avocats français. En ce qui concerne les incompatibilités professionnelles, le code européen renvoie aux règles nationales s'appliquant à chaque avocat.

La différence principale avec les règles françaises réside dans la confidentialité des correspondances entre avocats. Alors que les règles françaises posent le principe de la confidentialité des correspondances entre avocats à l'exception de celles portant la mention officielle, le code de déontologie européen pose le principe inverse : la correspondance entre avocats est présumée officielle sauf si elle porte la mention confidentielle. L'avocat qui souhaite donner à une correspondance le caractère confidentiel doit donc en informer préalablement le destinataire, lequel ne doit pas accepter la lettre s'il n'est pas en mesure d'en garantir la confidentialité[3].

371.12 Liberté d'établissement des avocats dans l'Union européenne. L'article 83 de la loi du 31 décembre 1971[4] autorise tout ressortissant de l'un des États membres de la Communauté européenne à exercer en France la profession d'avocat à titre permanent sous son titre professionnel d'origine, à l'exclusion de tout autre, si ce titre professionnel figure sur une liste fixée par décret[5]. La loi du 11 février 2004 a intégré au sein de la loi du 31 décembre 1971 les dispositions de la directive européenne du 16 février 1998 relative au droit

1. Texte adopté à Strasbourg le 28 oct. 1988, puis révisé à Lyon le 28 nov. 1998, Dublin le 6 déc. 2002 et Porto le 19 mai 2006 – www.ccbe.eu/
2. TELS que définis par les dir. 77/249/CEE, Conseil, 22 mars 1977 tendant à faciliter l'exercice effectif de la libre prestation de services par les avocats, *JOUE* 26 mars, p. 17 et dir. 98/5/CE, Parlement et Conseil, 12 déc. 2006 du 16 février 1998 visant à faciliter l'exercice permanent de la profession d'avocat dans un État membre autre que celui où la qualification a été acquise *JOUE*, 14 mars, p. 36.
3. Conseil des barreaux de l'Union européenne, Code de déontologie des avocats de l'Union européenne, art. 21.5.3.1 et 21.5.3.2.
4. L. n° 71-1130, 31 déc. 1971, art. 83, CRÉÉ PAR L. n° 2004-130, 11 févr. 2004.
5. Décr. n° 91-1197, 27 nov. 1991 organisant la profession d'avocat, *JO* 28 nov., p. 15502, art. 201 ; mod. par décr. n° 2004-1123, 14 oct. 2004, qui énumère les titres reconnus en France comme avocats en provenance de pays suivants : Belgique, République Tchèque, Danemark, Allemagne, Estonie, Grèce, Espagne, Irlande, Italie, Chypre, Lettonie, Lituanie, Luxembourg, Hongrie, Malte, Pays-Bas, Autriche, Pologne, Portugal, Slovénie, Slovaquie, Finlande, Suède, Royaume-Uni, Suisse.

d'établissement. L'application des mêmes dispositions dans l'ensemble des pays européens a pour conséquence de permettre l'établissement des avocats français dans tous les pays visés par le décret de 2004.

Tout en exerçant sous son titre d'origine, l'avocat est soumis à l'autorité disciplinaire du barreau du pays d'accueil. Dans l'éventualité de poursuites disciplinaires dans le pays d'accueil, l'autorité compétente doit informer l'autorité disciplinaire du pays d'origine, à savoir le bâtonnier pour les avocats français.

371.13 Association dans des structures d'exercice françaises d'avocats exerçant dans d'autres pays de l'Union européenne. L'ordonnance du 8 février 2023 propose désormais dans son article 4, une définition de la « personne européenne »[1] : on entend par personne européenne la personne physique ou morale établie dans un État membre de l'Union européenne autre que la France, dans un État partie à l'accord sur l'Espace économique européen ou dans la Confédération suisse et qui exerce, dans l'un de ces États, une activité présentant les caractéristiques d'une profession libérale réglementée.

Dans l'ensemble des textes, la « personne européenne » est assimilée à l'avocat français pour ce qui est de la création ou de la participation à une structure d'exercice d'avocats.

371.14 Ouverture de bureaux secondaires dans les États de l'Union européenne. Sous réserve des dispositions évoquées ci-dessus, les règles applicables sont celles prévues par l'article 15.3 du RIN relatives aux ouvertures de bureaux secondaires. En application de la directive 98/5/CE du 16 février 1998, le cabinet d'avocats français qui prend l'initiative d'ouvrir un bureau secondaire dans un pays de l'Union européenne est soumis à une simple obligation déclarative auprès du conseil de l'Ordre de son barreau d'origine.

Pour l'ouverture de bureaux secondaires en dehors de l'Union européenne[2], c'est une autorisation préalable qui est requise.

SECTION 2
MODES D'EXERCICE DE LA PROFESSION

371.21 Avocats de l'Union européenne établis en France. Au 1er janvier 2020, 2 579 avocats étrangers ont été recensés sur l'ensemble du territoire, dont plus des trois-quarts sont inscrits au barreau de Paris (1 950). Avec 3,4 %, le barreau des Hauts-de-Seine arrive en seconde position (88).

Parmi les 2 579 avocats étrangers recensés en 2020, 1 190 sont originaires d'un pays de l'Union européenne (46 %).

AVOCATS EUROPÉENS INSCRITS
À UN BARREAU FRANÇAIS[3]

	2020
TOTAL	1 190
– dont :	
Royaume-Uni	212
Allemagne	216
Belgique	128
Italie	159
Espagne	88
Grèce	51
Bulgarie	65
Portugal	44
Pays-Bas	30

371.22 Avocats français également inscrits dans un barreau étranger. Au 1er janvier 2020, 3 033 avocats sont inscrits à la fois à un barreau français et à un barreau étranger, soit 4,3 % des avocats. La quasi-totalité d'entre eux sont inscrits au barreau de Paris (96 %).

SUR CES AVOCATS FRANÇAIS,
1 774 D'ENTRE EUX SONT INSCRITS
DANS UN BARREAU DE L'UNION EUROPÉENNE.
AVOCATS FRANÇAIS INSCRITS
À UN BARREAU EUROPÉEN[4].

	2020
TOTAL	1 774
– dont :	
Royaume-Uni	654
Allemagne	177
Belgique	364
Italie	93
Espagne	134
Grèce	28
Roumanie	28

371.23 Avocats étrangers hors Union européenne, inscrits dans un barreau français. Le nombre des avocats étrangers hors Union européenne ins-

1. Ord. nº 2023-77, 8 févr. 2023 relative à l'exercice en société des professions libérales réglementées, *JO* 9 févr., nº 3, art. 4.
2. V. s[s] nº 373.12.
3. Ministère de la justice, DACS, Pôle d'évaluation de la justice civile, « Statistique sur la profession d'avocat – situation au 1er janvier 2020 ».
4. Ministère de la justice, DACS, Pôle d'évaluation de la justice civile, « Statistique sur la profession d'avocat – situation au 1er janvier 2020 ».

crits à un barreau français a presque doublé en dix ans passant de 810 à 1 389.

AVOCATS ÉTRANGERS HORS UNION EUROPÉENNE INSCRITS DANS UN BARREAU FRANÇAIS

	2020
Hors Union européenne	1 389
– dont :	
Afrique (hors Maghreb)	452
Maghreb	304
États-Unis d'Amérique	145
Proche et moyen orient	66
Chine	44
Europe hors UE	86
Amérique centrale et du Sud	86

Source : Ministère de la Justice, DACS, *Annuaire statistique 2020 – Les Chiffres-clés de la profession*

371.24 Exercice sous le titre professionnel d'origine. L'article 83 de la loi du 31 décembre 1971 susvisé dispose que tout avocat ressortissant d'un état de la communauté peut exercer dans un autre état sous son titre d'origine[1]. Ce titre d'origine est utilisé dans sa langue d'origine. Ainsi un avocat allemand inscrit en France utilisera le terme de *rechtsanwalt* et un espagnol celui d'*abogado*. De même, l'avocat français inscrit en Allemagne exercera sous le titre d'avocat et ne pourra s'appeler *rechtsanwalt* que s'il a rempli les conditions d'obtention de ces titres dans le pays où ils sont octroyés. L'avocat est alors inscrit sur une liste spéciale du barreau auquel il a choisi d'appartenir. L'avocat d'un autre pays de l'Union européenne inscrit en France participe aux élections du CNB ainsi qu'à celles du conseil de l'Ordre et du bâtonnier. L'avocat qui perdrait le droit d'exercer dans son pays d'origine perdrait aussi ce droit dans le pays d'accueil.

371.25 Structures d'exercice étrangères[2]. L'article 8 de la loi du 31 décembre 1971[3] assimile l'avocat européen et l'avocat français. Le texte précise que tout groupement, société ou association prévu à l'article 7 (qui vise les différentes formes de structures d'exercice) peut être constitué entre avocats, personnes physiques, groupements, sociétés ou associations d'avocats appartenant ou non à des barreaux différents, exerçant en France, dans un autre État membre de l'Union européenne ou partie à l'accord sur l'Espace économique européen ou dans la Confédération suisse.

Le second alinéa de l'article complète en précisant que lorsque la structure d'exercice est une société, le capital social et les droits de vote peuvent être détenus par toute personne exerçant une profession juridique ou judiciaire ou par toute personne légalement établie dans un État membre de l'Union européenne, dans un autre État partie à l'accord sur l'Espace économique européen ou dans la Confédération suisse qui exerce, dans l'un de ces États, une activité soumise à un statut législatif ou réglementaire ou subordonnée à la possession d'une qualification nationale ou internationale reconnue, et exerçant l'une quelconque desdites professions.

Il y a donc non seulement une assimilation entre l'avocat français et l'avocat européen mais il y a pour la détention du capital et des droits de vote d'une structure d'exercice une assimilation entre l'avocat français et les européens membres de l'ensemble des professions juridiques et judiciaires réglementées.

Il faut donc distinguer différentes situations :

– la structure d'exercice de droit français dont certains associés sont des avocats européens ou membres européens d'autres professions juridiques et judiciaires ou des personnes morales européennes ;

– le bureau secondaire ou succursale ouvert en France par un avocat ou une structure d'exercice européenne en vertu de la directive 98/5/CE.

Naturellement, il faut aussi distinguer au sein de ces structures les avocats qui sont autorisés à exercer en France sous leur titre d'origine et ceux qui ont la qualité d'avocats français quelle que soit leur nationalité.

L'avocat inscrit sous son titre professionnel d'origine peut, dans des conditions fixées par décret en Conseil d'État, exercer en France au sein ou au nom d'une société régie par le droit de l'État membre où le titre a été acquis et ayant pour objet l'exercice en commun de plusieurs professions libérales soumises à un statut législatif ou réglementaire ou dont le titre est protégé.

371.26 Accès à la profession dans le pays d'accueil. Les avocats de l'Union européenne peuvent exercer dans un autre pays sous leur titre d'origine ou ils peuvent exercer sous le titre du pays d'accueil lorsqu'ils en remplissent les conditions. La plupart des avocats ressortissants d'un pays de l'Union européenne exerçant en France exercent sous le titre d'avocats français[4]. Ceci signifie soit qu'ils ont choisi de passer l'examen prévu par

1. À CE SUJET : S. Guinchard, *Comment devenir avocat ?*, 9e éd., « Carrières judiciaires », Lextenso, Gazette du Palais, 2012.
2. Sur l'implantation en France de cabinets étrangers, v. ss nos 374.11 s.
3. L. no 71-1130, 31 déc. 1971 portant réforme de certaines professions judiciaires et juridiques, *JO* 5 janv., p. 131, art. 8 ; mod. par Ord. no 2019-964, 18 sept. 2019.
4. CNB, *Avocats : faits et chiffres*, Observatoire de la profession d'avocat, oct. 2020.

l'article 99 du décret du 27 novembre 1991, soit qu'ils ont bénéficié de l'assimilation prévue par l'article 89 de la loi du 31 décembre 1971[1]. Cet article prévoit que l'avocat exerçant sous son titre professionnel d'origine, qui justifie d'une activité effective et régulière sur le territoire national d'une durée au moins égale à trois ans en droit français, est, pour accéder à la profession d'avocat, dispensé des conditions résultant des dispositions prises pour l'application de la directive 2005/36/CE du 7 septembre 2005, à savoir les conditions d'examen pour accéder à la profession. L'avocat doit justifier de cette activité auprès du conseil de l'Ordre du barreau au sein duquel il entend exercer sous le titre d'avocat.

Lorsque l'avocat exerçant sous son titre professionnel d'origine justifie d'une activité effective et régulière sur le territoire national d'une durée au moins égale à trois ans, mais d'une durée moindre en droit français, le conseil de l'Ordre apprécie le caractère effectif et régulier de l'activité exercée ainsi que la capacité de l'intéressé à poursuivre celle-ci.

Les avocats français exerçant dans les pays de l'Union européenne peuvent bénéficier de dispositions comparables.

Les conditions de cette procédure d'assimilation peuvent interpeller car l'avocat exerçant en France sous son titre d'origine n'est pas autorisé à conseiller en droit français. Or, c'est cette capacité à conseiller des clients en France et notamment en droit français qui sera vérifiée par le conseil de l'Ordre.

371.27 Conséquences du Brexit. Le Brexit a profondément modifié les conditions d'exercice pour les avocats britanniques en France. La sortie de l'UE privait les avocats britanniques des textes européens qui permettaient jusqu'alors leur libre établissement en France.

L'accord de commerce et de coopération signé le 24 décembre 2020 et entré en vigueur de manière provisoire le 1er janvier 2021 et de manière définitive le 1er mai 2021 comportait des dispositions spécifiques concernant les avocats[2].

Il en résultait qu'à compter du 1er janvier 2021, les avocats (*solicitors* ou *barristers*) anglais sont passés à un statut d'avocats inscrits au barreau d'un état non membre de l'UE. À ce titre, ils ne peuvent plus bénéficier de la directive 2005/36 reconnaissant leur qualification professionnelle ni de la directive 98/5 relative à la liberté d'établissement des avocats[3].

Paris était la ville européenne la plus concernée par l'impact de ces changements sur la profession d'avocat. En effet, un nombre important de cabinets anglais sont implantés en France avec des effectifs très importants. Deux problèmes se posaient : le sort des avocats exerçant en France sous leur titre professionnel britannique et celui de la possibilité pour les personnes morales de droit anglais exerçant la profession d'avocat de continuer à exercer en France.

Alors que le sort des avocats britanniques individuels concernait à peine 200 personnes, le sort des personnes morales de droit anglais concernait à la fois les avocats britanniques mais aussi tous les avocats français exerçant dans ces structures, soit près de 2 500 avocats pour le seul barreau de Paris. Il faut savoir que les personnes morales concernées n'étaient pas que les cabinets anglais. En effet, de nombreux cabinets américains sont installés en France dans des succursales de *Limited Liability Partnerships* anglaises. En effet, le statut anglais de *Registered Foreign Lawyer* permettait à des associés américains de ces structures d'avoir un statut assimilé à celui de solicitor et donc d'avocat européen au sens des textes.

Anticipant les difficultés qui pouvaient résulter de ce changement brutal, une ordonnance fut prise le 16 décembre 2020[4] prévoyant des mesures précises pour préserver la situation des personnes physiques et morales britanniques exerçant une profession réglementée en France. L'enjeu était de taille pour le barreau français qui voulait rester attractif pour les cabinets internationaux dont la présence contribue à faire de Paris une importante place du droit dans le monde.

Il résulte donc de l'article 2 de l'ordonnance du 16 décembre 2020 que les succursales de groupements d'exercice régis par le droit du Royaume-Uni exerçant la profession d'avocat, inscrites sur la liste spéciale du tableau d'un barreau français au dernier jour de la période de transition, peuvent poursuivre leur exercice en France après cette date. En revanche, le même article prévoyait qu'aucune nouvelle succursale de personnes physiques ou morales régies par le droit du Royaume-Uni ne pouvait être créée en France après le dernier jour de la période de transition.

1. L. n° 71-1130, 31 déc. 1971, art. 89, mod. par ord. n° 2008-507, 30 mai 2008 portant transposition de la directive 2005/36/ CE du Parlement européen et du Conseil du 7 septembre 2005 relative à la reconnaissance des qualifications professionnelles, *JO* 31 mai, p. 9009, art. 19.
2. Accord de commerce et de coopération entre l'Union européenne et le Royaume-Uni, 30 déc. 2020.
3. Dir. 98/5/CE, Parlement et Conseil, 16 févr. 1998 visant à faciliter l'exercice permanent de la profession d'avocat dans un État membre autre que celui où la qualification a été acquise, *JOUE* 14 mars.
4. Ord. n° 2020-1596, 16 déc. 2020 portant diverses mesures relatives aux sociétés établies en France dont tout ou partie du capital social ou des droits de vote est détenu par des personnes établies au Royaume-Uni, *JORF* 17 déc.

Pour les personnes physiques les conséquences immédiates du Brexit ont été plus contraignantes. Les solicitors ou barristers inscrits sur la liste des avocats communautaires perdaient leur statut dès le 1er janvier 2021. C'est ainsi que le 8 décembre 2020, le bâtonnier de l'Ordre des avocats de Paris écrivait à tous les solicitors et barristers pour les informer qu'ils devaient :

- soit demander avant le 31 décembre 2020 à bénéficier de la procédure d'assimilation prévue par l'article 89 de la loi du 31 décembre 1971 transposant l'article 10 de la Directive 98/5/CE s'ils pouvaient justifier de trois ans d'exercice « effectif et régulier » en France, en droit français ou européen. Cette procédure leur donnant le droit d'être inscrits au Tableau du barreau de Paris sous le titre français d'Avocat à la Cour sans avoir à passer d'examen ;

- soit de se présenter à l'examen de contrôle de connaissances prévu par l'article 99 du décret du 27 novembre 1991, qui permet d'être inscrit au Tableau de l'Ordre sous le titre français d'Avocat à la Cour et non plus sur la liste des avocats européens sous son titre d'origine. L'autorisation à passer l'examen est régie par le CNB qui fixe la nature et le nombre d'épreuves que le candidat doit réussir.

Les personnes concernées avaient un délai d'une semaine entre la date de la lettre du bâtonnier et la date du 15 décembre 2020 pour s'inscrire sur la plateforme du CNB en vue de passer l'examen.

Le rappel de ces dates montre à quel point il a fallu réagir dans l'urgence à une situation critique pour de très nombreux avocats.

Pour les avocats britanniques qui n'ont pu profiter de ces mesures transitoires et qui souhaitent être établis en France, il leur faut envisager en exercice en France avec le statut de consultant juridique étranger, et les limites qui en découlent[1].

371.28 Effets limités de la liberté d'établissement. L'exercice effectif de la profession d'avocat dans un pays de l'Union européenne sous le titre professionnel d'un autre pays de l'Union européenne concerne toutefois peu d'avocats. La pratique du droit reste une activité très locale et les avocats européens installés en France ont très majoritairement fait le choix de la pratique professionnelle française. Cette réalité correspond aux besoins du marché. Les clients étrangers présents en France ont avant tout besoin d'un accompagnement en droit français. Les clients français qui ont des activités dans d'autres pays de l'Union européenne iront chercher des conseils dans ces pays le moment venu. C'est plus souvent la capacité à s'exprimer dans plusieurs langues qui est recherchée plutôt que la capacité à conseiller dans un droit autre que le droit local.

1. Sur le statut de consultant juridique étranger, v. ss nos 374.31 s.

371.29 Impact de la dérégulation sur la liberté d'établissement : le cas des alternative business structures[2]**.** Motivé par le souci d'accroître la flexibilité et la compétitivité des professions juridiques et d'offrir davantage de choix aux consommateurs, le législateur britannique a voté le *Legal Services Act* qui a vu le jour le 30 novembre 2007. Après un long cheminement législatif, le dernier volet du *Legal Services Act* est entré en vigueur le 6 octobre 2011 consacrant la possibilité de créer des « alternative business structures ». Celles-ci sont des structures pouvant fournir des prestations juridiques alors que leur capital n'est pas entièrement détenu par des professionnels du droit qualifiés[3]. Le 28 mars 2012, la Solicitors' Regulation Authority (SRA) a autorisé l'ouverture des premières alternative business structures.

En réaction à cette évolution qui contrastait avec les règles françaises en matière de détention d'un cabinet d'avocats, lors de son assemblée générale des 15 et 16 juin 2012, le CNB a adopté une motion selon laquelle il considérait que les alternative business structures mettaient en danger les principes essentiels de la profession d'avocat et les intérêts du public. Le CNB affirmait que les alternative business structures ne peuvent pas être considérées comme des cabinets d'avocats et par conséquent, ne peuvent pas bénéficier des libertés d'établissement et de circulation pour s'inscrire à un des barreaux du pays d'accueil[4] (la France).

La position prise par le CNB, qui reste la même depuis, ne manquera pas de soulever de nombreuses questions. Les solicitors qui sont membres d'une alternative business structure n'en sont pas moins des solicitors à part entière soumis à leur autorité de tutelle et à l'ensemble de leurs obligations déontologiques. Un rapport commandé par le Legal Services Board évoquait déjà de probables complications pour les cabinets internationaux présents dans des États qui n'autorisent pas les structures comparables aux alternative business structures[5].

Ceci pose aujourd'hui plusieurs questions. Les personnes morales de droit anglais qui ont été autorisées à poursuivre leur activité en France après le Brexit, *via* leurs succursales, peuvent adopter le statut d'alternative business structures pour autoriser des non-avocats en entrer dans leur capital ou, dans le cas d'une LLP, à en devenir associés. Est-ce

2. Sur les alternative business structures, v. aussi ss no 013.15.
3. O. Morel, « La dérégulation du marché du droit en Angleterre », *Dalloz avocats, exercer et entreprendre*, no 1, janv. 2013.
4. CNB, AG 15 et 16 juin 2012.
5. *Law Society Gazette*, 29 sept. 2011.

que l'adoption par ces cabinets de ce statut doit remettre en cause leur capacité à exercer en France ?

La difficulté se pose aussi pour des cabinets au sein de l'Union Européenne. L'Espagne autorise la présence de non-avocats au capital des cabinets d'avocats. Est-ce que ces règles doivent remettre en cause le droit de ces cabinets à ouvrir une succursale ou à établir une filiale en France ?

CHAPITRE

372. Correspondants et réseaux internationaux

SECTION 0
ORIENTEUR

372.00 **Sommaire du chapitre.**

SECTION 1
TYPES DE RÉSEAUX INTERNATIONAUX

372.11 **Correspondants étrangers : une nécessité pour tous les cabinets.** Tous les avocats sont amenés à traiter des dossiers comprenant une dimension internationale. Même les plus petits cabinets fournissant leurs services à une clientèle de proximité sont occasionnellement confrontés à des questions mettant en jeu une juridiction étrangère et nécessitant l'intervention d'un avocat d'un autre pays. D'autres avocats sont exposés quotidiennement à des dossiers ayant des implications internationales. À l'exception des cabinets disposant de leurs propres bureaux à travers le monde, tous les cabinets doivent s'interroger sur la meilleure manière de traiter leurs dossiers internationaux. Cherchant à limiter les déconvenues et les risques inutiles, l'avocat voudra une meilleure solution que celle de feuilleter un annuaire international[1] à la recherche d'un correspondant qu'il ne connaît pas. Les cabinets d'avocats français sont donc de plus en plus nombreux à rechercher et à rejoindre des réseaux internationaux de cabinets d'avocats[2] et parfois à l'initiative de la création de leur propre réseau.

372.12 **Règles applicables en matière de réseaux internationaux.** Le RIN n'aborde pas spécifiquement la question des réseaux internationaux. Le Règlement intérieur du barreau de Paris traite des réseaux internationaux dans son article P. 49.3.2[3] qui dispose que « Les avocats ou structures d'exercice inscrits au barreau de Paris peuvent constituer un réseau avec des avocats ou des structures d'exercice inscrits à des barreaux étrangers, appartenant ou non à l'union européenne, ou devenir membres d'un tel réseau. Ils peuvent constituer plusieurs réseaux. Le réseau international suit le régime des réseaux nationaux fixés à l'article P 16.0.1 »[4].

La définition du réseau international reste donc celle du réseau national à savoir toute organisation, structurée ou non, formelle ou informelle, constituée de manière durable entre un ou plusieurs avocats ou les structures au sein desquelles ils exercent et un ou plusieurs membres d'une autre profession libérale, réglementée ou non, ou une entreprise, en vue de favoriser la fourniture de prestations complémentaires à une clientèle développée en commun.

L'existence d'un tel réseau pluridisciplinaire au regard des règles françaises d'exercice de la profession d'avocat suppose un intérêt économique commun entre ses membres ou correspondants, lequel est réputé établi lorsque l'un au moins des critères suivants est constaté :

- usage commun d'une dénomination ou de tout autre signe distinctif tel que logo ou charte graphique ;
- édition et/ou usage de documents destinés au public présentant le groupe ou, chacun de ses

1. Le plus complet des annuaires internationaux est celui de Martindale-Hubbell, filiale de LexisNexis : www.martindale.com/

2. D. Jensen, « Réseaux internationaux : sont-ils crédibles face aux cabinets internationaux ? », *Lettre des juristes d'affaires* n° 1011, 28 févr. 2011.
3. RIBP, art. P 49.3.2.
4. Sur les réseaux d'avocats, v. s^{s} n°s 351.11 s.

membres et faisant mention de compétences pluridisciplinaires ;

- usage de moyens d'exploitation communs ou en commun dès lors que cet usage est susceptible d'avoir une influence significative sur l'exercice professionnel ;

- existence d'une clientèle commune significative liée à des prescriptions réciproques ;

- convention de coopération technique, financière ou de marketing.

Le terme « avocat » englobe les avocats d'un barreau étranger ou ayant un titre reconnu comme équivalant dans leur pays d'origine.

Les conditions dans lesquelles un cabinet doit informer l'ordre de son appartenance à un réseau international sont donc celles de l'article 16.8 du RIN.

L'avocat ou la structure au sein de laquelle il exerce, membre d'un réseau pluridisciplinaire, doit déposer auprès de l'Ordre de son barreau d'inscription ou de celui de la structure l'ensemble des accords ou documents sociaux permettant à celui-ci de disposer, au cas par cas, d'une information nécessaire et adéquate sur l'ensemble de la structure juridique, économique et financière du réseau, quelle que soit la loi applicable à celui-ci et le ou les pays où il intervient :

- organigramme général du réseau faisant apparaître les différentes entités mais aussi les accords de partenariat entre les membres du réseau ;

- exposé sommaire permettant de comprendre le rôle joué par les différentes entités et accords visés ci-dessus ;

- description sommaire des professions et métiers auxquels appartiennent les membres du réseau ;

- liste des membres ;

- description des organes de décision du réseau :

• organigramme des organes de décision distinguant le cas échéant l'organisation par pays (comment les différentes professions participant au réseau sont organisées pour la France), l'organisation internationale par métier (comment les avocats des différents pays sont organisés) et l'organisation internationale ;

• pour les différents organes de décision : mode d'élection, mandat et pouvoirs réels ;

- description des modes de participation aux frais et aux résultats :

• comment les différentes composantes du réseau participent (directement ou indirectement) au financement du cabinet d'avocats français (ex. : fonds propres, prêts, redevances pour services, prise en charge d'une partie du financement de charges incombant au cabinet d'avocats) et, réciproquement, comment le cabinet d'avocats français participe au financement d'autres composantes du réseau ;

• comment les associés du cabinet d'avocats français sont intéressés directement ou indirectement aux résultats d'autres entités d'avocats du réseau (ex. : quote-part dans les résultats au travers de structures de services, valorisation de participations, systèmes de retraites, notamment sous forme de contrats de consultant) ;

- description des informations introduites dans les bases de données et procédures relatives à l'accès ;

- description des mesures mises en place afin d'assurer le contrôle interne du respect des règles déontologiques (ex. : conflits d'intérêts, risques d'atteinte à l'indépendance, moyens d'éviter de profiter passivement des actions de communication et de sollicitation personnalisée effectuées par d'autres membres) ;

- justification de l'existence pour tous les membres du réseau de garanties individuelles ou collectives d'assurance de responsabilité civile professionnelle excluant toute solidarité de principe entre membres de professions différentes.

372.13 Réseaux internationaux pluridisciplinaires. Certains réseaux internationaux ne regroupent pas que des avocats. Dès lors que de tels réseaux admettent la participation d'autres professions libérales, ils tombent sous la définition du réseau pluridisciplinaire établie par le RIN[1]. Les cabinets d'avocats français peuvent y participer dès lors que le réseau n'inclut pas des membres exerçant une activité commerciale[2]. Un avocat ou la structure au sein de laquelle il exerce, membre d'un réseau ne peut contrevenir aux dispositions de l'article 111 du décret n° 91-1197 du 27 novembre 1991 relatif au principe d'incompatibilité de l'exercice de la profession d'avocat avec les activités de caractère commercial.

372.14 Réseaux français disposant de correspondants étrangers : Gesica, EuroJuris France et Alta Juris International. Ces trois réseaux[3] sont des exemples de réseaux français actifs sur le plan international.

En plus de son réseau très structuré de plus de 200 cabinets en France, Gesica dispose d'une « section internationale » qui compte 50 cabinets d'avocats à l'étranger. Ce réseau de membres étrangers s'est d'abord développé dans les pays francophones avant de s'élargir aux autres pays européens mais aussi au continent américain. Ces cabinets étrangers sont associés aux événements organisés par le réseau et le développement international est une des priorités déclarées du réseau[4]. Gesica n'a pas encore tissé de

1. RIN, art. 16.1.
2. RIN, art. 16.7.
3. V. s^s n°s 351.41, 351.42 et 351.43.
4. Propos de Roucoux [ancien président de Gesica], sur : www.gesica.org/

liens de correspondance avec l'Asie. La politique de Gesica consiste actuellement à choisir un seul correspondant par pays étranger.

L'approche internationale d'Eurojuris est différente. Eurojuris France, autrefois connu sous le nom d'Interjuris, a fait le choix de former une alliance avec d'autres réseaux d'avocats dans d'autres pays. Regroupés sous la bannière Eurojuris International, tous ces cabinets forment le premier réseau européen de cabinets d'avocats avec un total de 650 cabinets présents dans 17 pays. Ce réseau européen a aussi développé une politique de correspondants informels dans un certain nombre de pays non-européens.

Alta juris International dispose de membres correspondants dans les pays suivants : États-Unis, Brésil, Maroc, Algérie, Angleterre, Allemagne, Espagne, Italie, Luxembourg, Belgique, Grèce.

Un cabinet français qui souhaiterait faire partie du réseau international de Gesica, d'Eurojuris ou d'Alta juris International doit d'abord être accepté comme membre de ces réseaux en France.

372.15 Réseaux internationaux non exclusifs. Créés pour la plupart au début et au cours des années quatre-vingt, les réseaux internationaux de cabinets d'avocats sont une réponse aux cabinets internationaux disposant de bureaux dans le monde entier. Le réseau international non exclusif est le type de réseau le plus répandu car il laisse une grande liberté à ses membres. Ceux-ci y conservent leur indépendance et peuvent, s'ils le souhaitent, continuer à travailler avec des correspondants étrangers qui ne font pas partie du réseau. Ils peuvent même faire partie de plusieurs réseaux en même temps [1], bien que les réseaux n'encouragent pas cette possibilité.

Pour être efficaces et proposer à leurs membres une présence mondiale opérationnelle, les principaux réseaux internationaux non exclusifs comptent en général au moins une centaine de membres répartis dans les centres économiques les plus actifs de la planète.

Parmi les réseaux internationaux de type non exclusif les plus connus figurent notamment : International Lawyers Network ILN, Interlaw, Meritas Law Firms Worldwide, Terralex, LexMundi. La consultation de leurs sites Internet donne d'amples renseignements sur le fonctionnement et les principes de ces réseaux. Le site www.hg.org propose également un annuaire de réseaux internationaux et d'associations internationales d'avocats. Il faut noter que certains réseaux ne limitent pas leurs membres aux seuls avocats. C'est le cas de MSI Global Alliance qui regroupe des cabinets d'avocats et des cabinets d'expertise-comptable ou encore World Services Group dans lequel se trouvent aux côtés des avocats, des experts-comptables, des banquiers ou encore des chasseurs de têtes.

Certains réseaux internationaux sont des réseaux regroupant des spécialistes d'un domaine du droit, notamment le droit du travail : c'est le cas de Employment Law Alliance qui regroupe 3 000 avocats dans plus de 100 pays ou de Ius Laboris qui compte 1 500 avocats dans 56 pays.

372.16 Fonctionnement d'un réseau international non exclusif. La plupart de ces réseaux fonctionnent sur un schéma identique.

• Un secrétariat central situé dans le pays de création du réseau gère l'organisation administrative du réseau.

• Le réseau est dirigé par un président et un comité de direction composé de membres élus. Les élections sont organisées de manière que ces membres élus reflètent la réalité internationale du réseau.

• Pour les réseaux les plus importants, une organisation régionale (par continents) complète l'organisation centrale.

• Les réseaux constituent également des groupes de travail (*practice groups*) destinés à favoriser les échanges entre les avocats qui pratiquent les mêmes spécialités.

• Ces réseaux organisent chaque année une réunion destinée à tous leurs membres. De plus, des réunions peuvent être organisées au niveau régional et entre les membres des groupes de travail (*practice groups*).

• Les cabinets membres paient une cotisation annuelle. Son montant peut être fixe, varier en fonction de la taille du cabinet membre ou, plus rarement, être fixé en fonction du chiffre d'affaires généré par les dossiers que le membre aura obtenus grâce au réseau.

372.17 Procédure d'adhésion et critères d'admission à un réseau international non exclusif. La procédure se fait en général « sur invitation », un cabinet membre proposant l'adhésion d'un cabinet avec lequel il a déjà eu l'occasion de travailler. Il n'est cependant pas rare que des demandes d'adhésion spontanées puissent aboutir à des admissions, une fois passées toutes les étapes de la sélection. Les candidats à l'adhésion font l'objet de questions très précises sur l'organisation de leur cabinet et la composition de la clientèle mais aussi sur l'état d'esprit du cabinet, ses objectifs et sa stratégie de développement. Les réseaux sérieux organisent toujours un voyage d'un ou plusieurs membres du comité de direction pour venir rencontrer le candidat et vérifier que la réalité de son cabinet est

1. Possibilité prévue par les statuts du réseau International Lawyers Network ILN ou du réseau interprofessionnel World Services Group.

conforme à son discours. De telles visites constituent parfois de véritables audits au cours desquels une grande attention est portée aux procédures appliquées dans le cabinet pour la gestion, le suivi et la facturation dans les dossiers.

Les réseaux cherchent en priorité à intégrer des membres aptes à communiquer, dynamiques et qui font preuve d'enthousiasme à l'idée de rejoindre une nouvelle organisation. Il est difficile pour un réseau d'apprécier, en amont, la qualité du travail d'un cabinet candidat. Il sera donc particulièrement sensible à l'état d'esprit de ses interlocuteurs, à leurs ambitions internationales et leur cohésion au sein du cabinet.

Le comité de direction recherchera en priorité des nouveaux membres sur les territoires qui ne sont pas encore représentés dans son réseau. Ce dernier point ne doit pas pour autant décourager les cabinets français à la recherche d'un réseau international. Bien que des cabinets parisiens soient déjà présents dans la plupart des grands réseaux, les changements de membres sont fréquents. Aussi, les réseaux internationaux commencent à réfléchir davantage en fonction des villes que des pays et peu de réseaux internationaux disposent de membres présents à Lyon[1], Lille[2], Marseille ou d'autres grandes villes de province. Ces mêmes réseaux peuvent aussi être réceptifs aux candidatures de cabinets français dont les spécialités sont complémentaires avec celles du membre français existant.

À TITRE D'EXEMPLE, le réseau MSI Global définit de la manière suivante les caractéristiques recherchées pour ses futurs membres :

– Une pratique régulière dans les principaux domaines du droit des affaires.

– Des cabinets indépendants de taille moyenne par rapport à leur marché.

– La capacité de travailler en anglais.

– Une forte implantation locale et une expérience internationale.

– Une clientèle diversifiée et en croissance.

– Une couverture d'assurance professionnelle conforme aux usages en vigueur dans la juridiction.

– Absence de litiges en cours contre le cabinet et/ou ses associés.

– Une déontologie irréprochable, une éthique de transparence et de professionnalisme.

– Un travail d'excellente qualité à des prix compétitifs.

– Une forte réactivité et une recherche de la valeur ajoutée.

– Une implication systématique des associés dans les relations client.

1. Le cabinet Soulier présent à Lyon et à Paris est un des rares cabinets à proposer une présence lyonnaise dans un réseau international, en l'occurrence le World Law Group.
2. Le réseau Tag Law, a un membre à Paris le cabinet Racine, www.racine.eu/, et un à Lille, le cabinet Triplet & Associés.

372.18 Réseaux internationaux intégrés. Moins répandus que les réseaux non exclusifs, les réseaux « intégrés » souhaitent présenter une offre juridique internationale dans laquelle l'identité des cabinets membres s'efface davantage devant celle du réseau. Les cabinets membres, tout en restant juridiquement indépendants, se présentent de manière harmonisée (site internet, outils de présentation) et consacrent des ressources au marketing international du réseau et de ses membres dans des proportions plus importantes que dans un réseau souple. Aussi, ces réseaux demandent l'exclusivité à leurs membres.

À l'origine de ces réseaux intégrés se trouvent en souvent des cabinets anglais et américains qui n'ont pas cherché à ouvrir leurs propres bureaux à l'étranger mais ont choisi de s'allier avec des cabinets nationaux indépendants. Ces réflexions peuvent aussi émaner de cabinets d'autres nationalités.

Dans les réseaux intégrés, le cabinet local porte souvent le nom du réseau. En termes de communication, ceci peut poser des difficultés au regard de l'article 10 du RIN. Est en effet prohibée toute mention susceptible de créer dans l'esprit du public l'apparence d'une structure d'exercice inexistante[3]. De même, l'article 16.5 concernant la dénomination des réseaux précise que qu'afin d'assurer une parfaite information du public, la dénomination sera différente du nom du réseau pluridisciplinaire et l'avocat ou la structure au sein de laquelle il exerce devra distinctement faire mention de son appartenance à celui-ci.

Un cabinet français peut en effet disposer d'un accord de licence de nom qui est aussi un nom utilisé par d'autres cabinets dans d'autres pays et disposant des mêmes droits. L'utilisation de ce nom par plusieurs de cabinets qui mettent en commun non seulement une marque mais des procédures internes communes est un gage de qualité pour les clients. Il y a plusieurs cabinets français dans cette situation. Il faut sans doute en déduire que l'apparence d'une structure d'exercice doit s'apprécier au niveau national et non au niveau international.

372.19 Associations internationales de spécialistes. Il existe de nombreux réseaux internationaux et associations internationales de praticiens spécialisés[4]. Ces associations de spécialistes peuvent constituer une alternative aux réseaux pour les petits cabinets d'avocats qui ne présentent pas les caractéristiques requises pour être admis dans un réseau international. Ces associations sont également adaptées pour les cabinets dans lesquels les associés

3. RIN, art. 10.2.
4. Une liste de ces associations est fournie par l'annuaire www.hg.org/, précité.

ont privilégié une politique individuelle pour la constitution de leurs réseaux de correspondants.

PARMI ces associations internationales d'avocats spécialisés :

– la propriété intellectuelle : l'International association of IT Lawyers ;

– le droit des collectivités locales : l'International municipal lawyers association ;

– les droits de la défense : Association internationale des avocats de la défense ;

– le droit des industries du divertissement : International association of entertainment lawyers ;

– le droit de la famille et du divorce : International academy of matrimonial lawyers ;

– le droit des médias : International association of media lawyers.

372.20 Réseaux de *good friends* et de *best friends*. Le dernier type de réseau international est le réseau qu'un cabinet décide de créer lui-même. Les *good friends* ou *best friends* (bons amis ou meilleurs amis) désignent les correspondants étrangers avec lesquels les cabinets ont tissé des relations privilégiées au fil de collaborations successives sur des dossiers. Ces *best friends* ne sont pas incompatibles avec l'appartenance à un réseau. Il est en effet fréquent que les membres d'un réseau ne souhaitent pas se couper d'avocats de qualité avec lesquels ils ont noué des relations. La plupart des réseaux tolèrent cette pratique.

Pour constituer un réseau de *best friends*, le cabinet mettra en place une procédure interne consistant à organiser une concertation entre les associés préalablement à tout recours à des correspondants étrangers. Elle évitera qu'un associé fasse appel à un cabinet étranger qu'il connaît à peine alors qu'un de ses associés a établi des relations de qualité avec un autre cabinet dans le même pays. Les associés confronteront leurs expériences avec ce correspondant et procéderont à des évaluations de son travail. Si la prestation du correspondant étranger donne pleine satisfaction, il devient *best friend* du cabinet. Les dossiers concernant son pays lui sont alors systématiquement envoyés.

SECTION 2
CRITÈRES DE CHOIX D'UN RÉSEAU INTERNATIONAL

372.31 Critères du choix d'un réseau international. Un cabinet d'avocats à la recherche d'un réseau international a deux objectifs principaux :

– que le réseau lui apporte des clients ;

– que le réseau le mette en relation avec les bons avocats aux bons endroits capables de fournir un service de qualité.

Ces objectifs seront satisfaits à trois conditions :

– s'il y a une communauté de culture entre les membres ;

– si le réseau contrôle la qualité du travail de ses membres ;

– si le réseau a une politique dynamique de développement.

372.32 Recherche d'une culture et d'un état d'esprit communs. Un cabinet qui souhaite rejoindre un réseau commencera par vérifier qui en sont les cabinets membres. Pour les réseaux qui acceptent plusieurs membres dans le même pays ou la même ville, il faudra apprécier à la fois la complémentarité mais aussi les points communs avec ces membres. Les cabinets de chaque pays doivent être appréciés en fonction de leur positionnement dans leur propre marché.

Un cabinet français de cinq associés peut parfaitement être à sa place dans un réseau international dans lequel les cabinets de Miami ou de Chicago en comptent cinquante tant les considérations de marché sont différentes entre la France et les États-Unis.

De nombreux réseaux d'excellente réputation ne sont pas forcément à la recherche de cabinets connus internationalement ou en situation dominante dans leurs marchés, mais sollicitent ceux qui ont une communauté de culture avec leurs membres.

LE CABINET parisien Schmidt Brunet Litzler est devenu membre de MSI Global Alliance, un réseau de 250 cabinets établis dans cent pays. C'est en travaillant avec un des membres de ce réseau que le cabinet a été amené à poser sa candidature. Les critères de MSI pour le choix de ses membres correspondaient clairement au profil de ce cabinet : une structure à taille humaine avec un domaine d'intervention assez large, une culture entrepreneuriale, un contact systématique des associés avec tous les clients et une bonne connaissance du tissu local. Au fil des années, les correspondants de MSI ont remplacé tous les correspondants étrangers que le cabinet avait auparavant.

Un cabinet peut aussi choisir de créer son propre réseau international afin que celui-ci corresponde parfaitement à son état d'esprit et ses attentes. Cette solution sera plus adaptée pour les cabinets spécialisés. C'est le choix fait par le cabinet Flichy Grangé Avocats qui a participé à la création du réseau L & E Global, une alliance internationale qui regroupe des cabinets spécialisés en droit social de 30 pays.

372.33 Contrôle de la qualité du travail des membres du réseau. Les meilleurs réseaux sont ceux qui demandent à leurs membres de rendre compte du travail fourni. La méthode de contrôle fonctionne en général selon le mode suivant :

– à chaque fois qu'un dossier est terminé, le membre référant doit envoyer un compte rendu précis de la qualité de la prestation fournie par son homologue étranger ;

– les comptes rendus sont examinés par les permanents et les élus du réseau ;

– en cas de difficultés, les organes dirigeants du réseau interviennent pour obtenir des informations complémentaires ;

– en cas de difficultés répétées avec un membre du réseau, celui-ci est invité à se retirer.

De telles procédures, obligatoires et systématiques pour tous les membres, imposent une exigence de qualité qui conforte autant les avocats que leurs clients. Ces informations sont rendues publiques au sein du réseau. Si ces procédures paraissent contraignantes, elles sont un gage de qualité qui permet aux membres de ces réseaux de proposer à leurs clients une alternative crédible aux grands cabinets sur les dossiers internationaux.

Certains réseaux poussent plus loin leur système de contrôle par la mise en place d'un système de notation des membres.

LE RÉSEAU Meritas publie un index de satisfaction de ses membres, accessible sur le site Internet du réseau. Les avocats, comme leurs clients, peuvent consulter les notes obtenues par les membres tant sur la qualité que sur le coût de leurs prestations. Les membres sont jugés sur tous les aspects du déroulement du dossier : gain, perte, connaissances techniques, disponibilité ou encore rapport qualité-prix de la prestation.

372.34 Animation et organisation administrative du réseau. Ces critères sont essentiels dans le choix d'un réseau même s'ils ont un prix pour les membres. Un réseau dynamique et bien organisé doit payer des permanents, assurer un recrutement de qualité, organiser des événements ou publier des documents. Il a donc besoin d'un budget qui est répercuté sur les cotisations des membres. Dans un réseau animé et bien géré l'apport de contacts et de clients amortit largement le coût de la cotisation.

En moyenne, le montant d'une cotisation annuelle dans un réseau international est compris entre 2 000 et 5 000 euros.

L'animation d'un réseau repose sur ses structures et groupes de travail. Un cabinet français envisageant de rejoindre un réseau international s'informera sur :

– l'assiduité des membres aux assemblées et réunions ;

– l'assiduité des membres aux travaux des *practice groups* ;

– l'existence de formations pour les membres des *practice groups* ;

– l'existence d'une activité de publication d'informations à l'échelle du réseau.

Il sera difficile pour le cabinet candidat de s'assurer de tous ces points mais il ne devra pas hésiter à poser de nombreuses questions dans ce sens au cours de la procédure d'adhésion. De plus, l'intérêt que portera le cabinet candidat à tous les détails du fonctionnement du réseau rejaillira positivement sur sa candidature.

372.35 Marketing, formation et développement du réseau. Parmi les initiatives de marketing prises par les réseaux, les plus fréquentes sont la participation à des salons professionnels[1] ou aux grands événements internationaux de la profession d'avocat[2]. De telles participations sont très utiles surtout lorsqu'il s'agit d'événements spécialisés concernant des *practice groups* développés et actifs au sein du réseau. Les organes dirigeants peuvent aussi engager des actions de communication interne au réseau pour mieux faire connaître les compétences de l'ensemble des membres. Ainsi, certains réseaux organisent une information systématique concernant les publications des avocats membres et prévoient aussi la publication de ces informations dans des lettres destinées aux clients des différents membres du réseau. D'autres réseaux mettent en place des ressources de formation pour leurs membres.

Le réseau Lex Mundi a créé en 2004 le Lex Mundi Institute qui propose chaque année plusieurs programmes de formation destinés concernant à la fois des domaines techniques abordées par groupe de pratique ou par région du monde mais aussi le développement des qualités ou de la prise de parole en public.

L'ensemble des actions qui participent à construire la cohésion et le dynamisme du réseau constituent autant d'arguments de marketing pour ses membres vis-à-vis de leurs propres clients.

SECTION 3
PARTICIPATION À LA VIE D'UN RÉSEAU INTERNATIONAL

372.41 Préalable indispensable : pratique de l'anglais. L'anglais est le dénominateur linguistique commun dans tous les réseaux internationaux d'avocats. Une pratique correcte de l'anglais est un préalable indispensable à la participation à la vie d'un réseau. De plus, le niveau d'anglais des avocats du cabinet candidat fera l'objet d'une vérification lors de la procédure d'admission. Pour envisager de participer à un réseau, une partie de l'effectif du cabinet devra donc être capable de travailler en anglais.

1. Meritas participe au Mipim, www.mipim.com/, salon international de l'immobilier à Cannes.
2. La plupart des grands réseaux participent à la réunion annuelle de l'International Bar Association (IBA) : www.ibanet.org/

372.42 Utilisation d'outils technologiques dans les réseaux internationaux. La mise en commun de ressources, l'organisation de réunions à distance, travail à distance sur des documents partagés, etc., sont autant d'exemples de l'utilisation des technologies qui renforcent la capacité d'un réseau à fournir une prestation globale à ses clients. Les réseaux attendent donc de leurs membres des habitudes de travail et un niveau d'équipement technologique satisfaisant. Ces habitudes de travail et le niveau d'équipement fait maintenant partie des critères d'admission dans tous les réseaux.

372.43 Participation aux réunions et aux groupes de travail (*practice groups*). La participation aux événements organisés par le réseau sera la première étape de l'intégration d'un nouveau membre. La première réunion annuelle lui permettra de faire la connaissance de confrères situés dans d'autres pays et surtout lui donnera l'occasion de se familiariser avec les membres des *practice groups* qui sont concernés par les activités de son cabinet.

En envoyant plusieurs de ses avocats à l'assemblée annuelle de son réseau, un cabinet membre multiplie les opportunités de contacts et de nouveaux dossiers.

La périodicité des événements et des réunions varie en fonction des réseaux. Le fonctionnement le plus fréquent est celui d'une assemblée générale par an et d'une réunion annuelle pour chacun des secteurs géographiques. Pour les *practice groups*, il est fréquent qu'une réunion annuelle (qui a souvent lieu lors de l'assemblée générale du réseau) soit complétée de conférences téléphoniques à intervalles réguliers entre les membres.

372.44 Participation aux organes de direction d'un réseau international. Lorsqu'un membre commencera à mieux connaître son réseau, il pourra s'interroger sur l'opportunité d'y exercer un mandat dans les organes ou comités de direction. Ceci confortera définitivement la place du cabinet dans le réseau. Les mandats importants dans les grands réseaux nécessitent un engagement important pour la personne élue : un mandat de président peut exiger la moitié du temps de celui-ci[1]. Entre les voyages, l'organisation d'événements, la préparation et la participation à de très nombreux comités et groupes de travail, cela représente un engagement qu'un avocat ne peut envisager sans le soutien de son propre cabinet et de ses associés.

Les bénéfices qu'apportent à leurs membres les réseaux bien organisés sont nombreux. Le réseau contribue à renforcer à la fois la qualité et la palette des services fournis par le cabinet. Les dossiers provenant du réseau peuvent devenir une part significative du chiffre d'affaires des cabinets membres.

1. J.-P. Bignon, [ancien président (chairman) du réseau Meritas, www.meritas.org/] estimait à la moitié de son temps disponible le temps qu'il consacre à son réseau.

CHAPITRE

373. Implantations de bureaux à l'étranger

SECTION 0 ORIENTEUR

373.00 Sommaire du chapitre.

SECTION 1 RÈGLES APPLICABLES

373.11 Bureaux étrangers dans l'union européenne. L'avocat qui établit un bureau secondaire dans un autre État membre de l'Union européenne doit le déclarer au conseil de l'Ordre de son barreau d'origine, aux termes de l'article 15.3.3 du RIN, tel qu'il résulte de la directive 98/5/CE du 16 février 1998[1].

Les règles appliquées dans les États de l'Union européenne sont des règles équivalentes à celles de l'article 87 de la loi du 31 décembre 1971[2]. Il en résulte que l'avocat français exerçant sous son titre d'origine peut créer une société d'exercice dans un autre État de l'Union européenne tout en respectant la législation de cet état sur l'exercice de la profession d'avocat et sur la détention du capital d'une société d'exercice.

1. Dir. 98/5/CE, Parlement et Conseil, 12 déc. 2006, 16 févr. 1998 visant à faciliter l'exercice permanent de la profession d'avocat dans un État membre autre que celui où la qualification a été acquise, *JOCE* 14 mars, p. 36.
2. L. n° 71-1130, 31 déc. 1971, mod. par L. n° 2005-882, 2 août 2005.

373.12 Bureaux secondaires à l'étranger en dehors de l'Union européenne. Le même article 15.3.3 du RIN prévoit que l'avocat qui veut établir un bureau secondaire dans un État en dehors de l'Union européenne doit solliciter l'autorisation préalable du conseil de l'Ordre de son barreau d'origine, qui doit statuer dans les trois mois de la réception de la demande. À défaut, l'autorisation est réputée accordée. L'avocat fournit à son conseil de l'Ordre toutes pièces justifiant de sa demande dans l'État d'accueil et de l'autorisation de l'autorité compétente de cet État, ainsi que de l'existence d'une assurance de responsabilité civile couvrant ses activités à l'étranger.

373.13 Règles disciplinaires applicables à l'exercice à l'étranger. L'article 15.3.7 du RIN rappelle que l'avocat reste soumis à la discipline de son Ordre pour son activité professionnelle au sein de son bureau secondaire. Il doit se conformer, pour son activité dans le bureau secondaire, au règlement intérieur du barreau d'accueil, qui peut lui retirer l'autorisation d'ouverture, par une décision susceptible d'appel conformément aux dispositions de l'article 16 du décret du 27 novembre 1991[3].

L'avocat inscrit à un barreau français établi dans un autre État membre de l'Union européenne reste soumis à la discipline de son barreau d'accueil.

Il y a donc ici une double norme à respecter pour l'avocat : celle de son barreau d'inscription et celle de son barreau d'accueil.

373.14 Marchés réglementés ou « fermés ». De nombreux pays limitent l'accès de leur territoire aux avocats étrangers. En Chine, l'ouverture de bureaux par des cabinets d'avocats étrangers est soumise à un système d'octroi de licences d'exercice délivrées par

3. Décr. n° 91-1197, 27 nov. 1991 organisant la profession d'avocat, *JO* 28 nov., p. 15502.

le ministère de la Justice chinois permettant d'exercer la profession d'avocat sur le territoire chinois.

LE CABINET parisien DS avocats a été le premier cabinet étranger à disposer de trois licences lui permettant d'exercer à partir de trois bureaux en Chine. Après Pékin en 1986, le cabinet s'est installé à Shanghai en 1997 et à Canton fin 2006.

Certains pays interdisent tout simplement l'ouverture de bureaux d'avocats étrangers sur leur territoire ou entretiennent un flou juridique qui rend difficile une implantation étrangère C'est le cas, par exemple, de l'Inde dont le Limited Liability Partnership Act de 2008 autorise les cabinets étrangers à s'immatriculer en Inde et à proposer des prestations de conseil à des clients. Le même texte réserve toutefois la représentation devant les tribunaux aux seuls avocats indiens. Malgré l'existence de ce texte, la cour de Mumbai a jugé en 2009 que l'accès aux tribunaux étant réservé aux seuls avocats indiens, il fallait en déduire que l'activité de conseil sur le territoire indien devait également leur être réservé[1].

SECTION 2
STRATÉGIE D'UNE IMPLANTATION INTERNATIONALE

373.21 Implantations à l'international des principaux cabinets français.

Cabinets	Villes d'implantation
Fidal	Bruxelles, Casablanca, Ho Chi Minh
Gide	Alger, Casablanca, Tunis, Bruxelles, Shanghai, Beijing, New York, Varsovie, Londres, Istanbul
Bredin Prat	Bruxelles
DS Avocats	Stuttgart, Buenos Aires, Bruxelles, Calgary, Montréal, Ottawa, Québec, Toronto, Vancouver, Santiago, Beijing, Shanghai, Barcelone, Madrid, Milan, Casablanca, Lima, Dakar, Singapour, Ho Chi Minh
LPA-CGR	Hambourg, Francfort, Munich, Casablanca, Alger, Douala, Yaoundé, Dubaï, Singapour, Hong Kong, Shanghai, Tokyo
De Gaulle Fleurance	Bruxelles, Abu Dhabi
Jeantet	Genève, Kiev, Budapest, Casablanca
UGGC Avocats	Bruxelles, Casablanca, Abidjan, Douala, Belo Horizonte, Sao Paulo, Hong Kong, Shanghai,
Bignon Lebray	Shanghai, New Delhi
FTPA	Londres, Istanbul
Adaltys	Beijing, Shanghai
Joffe & Associés	Londres, Los Angeles,
Aramis	Bruxelles
GMPV	Hong Kong
Vogel & Vogel	Bruxelles

La présence internationale des cabinets français est très modeste. Ceci s'explique par un ensemble de facteurs. Lors de la réforme de 1990 qui a permis la fusion des avocats et des conseils juridiques, les cabinets internationaux qui avaient la qualité de conseils juridiques sont devenus avocats et ont rapidement capté les besoins internationaux des grandes entreprises françaises. Cette situation s'explique aussi par le retard des cabinets français face à leurs homologues anglais ou américains dont les cabinets ont eu beaucoup plus tôt la taille et les moyens pour se développer internationalement.

Une rapide observation des lieux d'implantation des cabinets français à l'étranger permet de constater que le droit civil et la langue française sont les deux influences majeures sur la stratégie d'implantation des cabinets. Ainsi sont représentés l'Afrique du nord d'avocats dont la langue et la culture juridique rendent légitime la présence d'avocats français. La pratique du droit communautaire et particulièrement de la concurrence peut justifier une présence à Bruxelles. Le Vietnam est aussi présent dans la stratégie d'implantation de quelques cabinets.

La présence des avocats français à Londres reste anecdotique. Notons que des cabinets ont eu des ambitions internationales qui ont été, par la suite, revue à la baisse. Le cabinet Gide a revu à la baisse le nombre de ses bureaux à l'étranger. Le cabinet Jeantet, un temps présent à New York, a renoncé à une présence américaine.

À l'exception de DS Avocats et de *LPA* on peut s'étonner de l'absence des cabinets français en Afrique subsaharienne francophone.

373.22 Accompagnement international des clients du cabinet. Il n'y a parmi les cabinets d'avocats français aucun cabinet « global » alors que la France compte parmi ses grandes entreprises françaises plusieurs fleurons de l'économie globalisée. Les cabinets dits « globaux » ont une clientèle essentiellement composée d'entreprises multinationales et d'établissements financiers qui interviennent dans le monde entier. Ces clients doivent être accompagnés dans tous les grands centres économiques et financiers de la planète ainsi que dans les évolutions géopolitiques. Ce fut le cas avec la fin du bloc soviétique, l'élargissement de l'Europe ou encore l'ouverture de la Chine.

1. Bombay High Court, 16 déc. 2009, judgment on Foreign Law Firms (W.P. 1526/1995).

Pour les cabinets d'avocats qui n'ont pas cette dimension globale, l'expansion internationale peut aussi résulter d'attentes des clients. Il est cependant rare que le chiffre d'affaires des seuls clients existants du cabinet soit suffisant pour rentabiliser un nouveau bureau dans un pays étranger.

373.23 Ouverture de nouveaux marchés : une croissance à risques. Une étude publiée par le *International Journal of Business and Economics*[1] comparait les stratégies de croissance internationale des grands cabinets. L'étude distingue trois profils stratégiques parmi ces cabinets :

- la stratégie de l'analyse : c'est celle adoptée par les cabinets qui recherchent une expansion internationale correspondant à des opportunités de marché précises que le cabinet peut gérer avec les moyens dont il dispose ;
- la stratégie défensive : le cabinet cherche à consolider ses marchés sans rechercher de diversification ;
- la stratégie prospective : le cabinet recherche activement des opportunités de diversification et de croissance internationale. Il cherche à anticiper la demande pour se positionner de manière compétitive sur de nouveaux marchés.

La comparaison des résultats de 89 cabinets internationaux ayant opté pour ces différentes stratégies donne les résultats suivants.

IMPACT DE LA STRATÉGIE INTERNATIONALE SUR LES PERFORMANCES DU CABINET

Profil stratégique du cabinet	Croissance du chiffre d'affaires sur trois exercices	Croissance des profits par associé sur trois exercices
Stratégie défensive	11,46 %	7,15 %
Stratégie de l'analyse	16,77 %	15,98 %
Stratégie prospective	24,62 %	3,68 %

Source : Brock Yaffe et Dembovshy, précité.

Les principes dégagés par cette étude peuvent être étendus aux cabinets de plus petite taille. L'étude conclut aussi que la taille des cabinets étudiés (même s'il s'agissait ici de cabinets tous importants) a très peu d'impact sur les résultats dégagés.

Cette étude reste pertinente. Elle confirme qu'une stratégie réfléchie d'expansion internationale est à la génératrice de chiffre d'affaires et de profits. L'étude confirme également la difficulté à s'implanter sur de nouveaux marchés tout en étant rapidement rentable. L'expansion internationale doit s'envisager sur le long terme.

1. D. Brock, M. Dembovsky, T. Yaffe, « The global law firm : an initial study of strategy and performance », *International Journal of Business and Economics*, 2006, Vol. 5, n° 2, p. 161-172.

373.24 Questions préalables à l'ouverture d'un bureau à l'étranger. Pour envisager l'ouverture d'un bureau secondaire à l'étranger, certaines conditions préalables doivent être réunies. Le cabinet doit, pour ceci, répondre aux questions suivantes :

- De quelle manière le bureau étranger va-t-il améliorer le service rendu aux clients du cabinet ?
- Le bureau étranger servira-t-il de simple bureau de liaison ou devra-t-il disposer des compétences nécessaires en droit local ?
- Le cabinet dispose-t-il des ressources humaines nécessaires pour affecter au bureau étranger des avocats ayant les qualités et les compétences requises ?
- Tous les avocats du cabinet sont-ils mobilisés et désireux de faire réussir le bureau étranger ?
- Quel est le revenu déjà assuré pour le bureau étranger ?
- Quel est le risque financier que le cabinet est prêt à prendre pour l'ouverture et l'exploitation du bureau étranger ?
- Quels sont les avantages compétitifs dont dispose le cabinet pour le bureau étranger (connaissance du pays, pratique de la langue, contacts privilégiés, appuis...) ?

C'est en apportant des réponses satisfaisantes à ces questions que le cabinet pourra prendre une décision éclairée sur l'opportunité qu'il y aura à ouvrir un bureau secondaire à l'étranger.

373.25 Choix du *desk* étranger. La pratique du *desk* étranger peut être vue comme une alternative à l'ouverture d'un cabinet à l'étranger. Elle consiste à mettre en place, le plus souvent au siège du cabinet, une personne ou une équipe en charge d'organiser et de traiter tous les dossiers et relations avec un pays étranger. Cette équipe constitue alors le *desk* dédié à tel ou tel pays. Le travail du *desk* se fait le plus souvent en association avec un cabinet local du pays concerné. Ainsi, plutôt que de prendre le risque d'une implantation coûteuse, la pratique du *desk* permet au cabinet de développer une offre de services consacrée à un pays avec un investissement moindre. Cette pratique s'avère aussi particulièrement adaptée quand les règles d'un pays ne sont pas propices à l'accueil d'avocats étrangers sur son territoire, comme l'Inde. Pour des raisons historiques évidentes, la pratique du *Indian desk* existe depuis longtemps pour de nombreux cabinets anglais. Elle est maintenant pratiquée par des cabinets français qui s'intéressent à ce marché.

Le *desk* peut aussi être le relais, au siège du cabinet, d'un bureau implanté à l'étranger ou d'une adresse à l'étranger. C'est souvent le cas pour les cabinets français disposant de bureaux en Chine, ils ont également un relais au niveau du cabinet principal avec la présence d'un ou plusieurs avocats chinois. Pour les cabinets qui ne disposent pas d'un ancrage fort en Chine, la pratique du *desk* chinois correspond sans doute mieux aux besoins du marché actuel et au sens des échanges franco-chinois. Les frustrations vécues par certains avocats occidentaux en Chine justifient une approche prudente du marché chinois et parfois une révision à la baisse des ambitions de ce qu'il est possible d'espérer avec une implantation chinoise[1].

SECTION 3
MISE EN ŒUVRE DU PROJET D'OUVERTURE D'UN BUREAU SECONDAIRE À L'ÉTRANGER

373.31 Implication physique et économique des associés dans le cabinet secondaire étranger. Dans les années quatre-vingt et au début des années quatre-vingt-dix, de nombreux territoires étaient encore inconnus des cabinets d'avocats européens et américains. Dans ce contexte, des cabinets ont réussi à prendre position sur de nouveaux marchés avec des moyens très limités. Ainsi, des cabinets ont pu s'implanter et développer une clientèle en ne démarrant l'activité qu'avec un seul collaborateur dans un petit bureau. Le coût d'exploitation du bureau secondaire étant très faible, celui-ci pouvait se développer à son rythme sans subir de pressions.

De telles situations sont devenues presque impossibles. La compétition à laquelle se livrent les grands cabinets et la multiplication de leurs bureaux à travers le monde ont augmenté la difficulté pour un cabinet d'avocats de pénétrer un nouveau marché. Face à cette concurrence, les cabinets souhaitant ouvrir un bureau secondaire doivent y consacrer des moyens matériels et humains plus importants. La présence d'un associé du cabinet dans le nouveau bureau est devenue indispensable pour crédibiliser la démarche.

L'associé choisi pour ouvrir un bureau secondaire à l'étranger ne contribue plus de la même manière au cabinet principal qui va connaître une baisse de revenus. L'associé qui dirige le bureau secondaire ne voudra pas accepter une baisse de sa rémunération. Il y aura donc une baisse des profits par associé pour le cabinet entier si le bureau secondaire n'est pas immédiatement performant. Ces considérations doivent être intégrées à la réflexion préalable.

373.32 Compte d'exploitation prévisionnel du cabinet secondaire à l'étranger. Lors de l'ouverture d'un bureau secondaire à l'étranger, le cabinet doit établir un business plan qui validera les différentes hypothèses d'exploitation et de rentabilité. Le cabinet ne doit pas prendre le risque d'être fragilisé par les coûts de ses bureaux secondaires. Il est donc impératif que les associés s'accordent sur les limites de l'engagement financier et sur des objectifs précis en termes de rentabilité. Bien qu'il n'y ait aucune règle en la matière, il faut parfois laisser plus de trois ans à un bureau étranger pour devenir rentable.

373.33 Situation concurrentielle du cabinet secondaire à l'étranger. La réussite d'un bureau secondaire va dépendre en grande partie de la qualité et de la nature du service proposé par rapport à l'offre des avocats concurrents. Certains bureaux secondaires se contentent de mettre leurs clients en relation avec les compétences locales. D'autres aspirent à fournir un service complet dans le pays où ils s'implantent en intégrant des avocats compétents et qualifiés en droit local. Le cabinet qui s'implante devra chercher à définir où se trouvent ses avantages concurrentiels et quels sont les domaines où il ne parviendra pas à rivaliser avec l'offre locale ou celle des avocats étrangers déjà implantés sur le territoire. Les cabinets qui s'implantent dans un nouveau pays doivent en tout état de cause tisser des liens étroits avec des confrères sur place qui pourront assister et compléter le cabinet dans tous les domaines où il n'est pas compétent.

373.34 Aides et conseils institutionnels pour l'implantation étrangère des cabinets d'avocats. Le Conseil national des barreaux joue un rôle institutionnel sur le plan international. À ce titre il travaille sur la présence du barreau français dans toutes les instances internationales[2]. Parallèlement, dans le cadre de l'Organisation mondiale du commerce (OMC), le CNB travaille à lever les obstacles à l'exercice de la profession d'avocat dans tous les pays où se situent des difficultés sur ce point[3]. À côté de ces travaux indispensables, les institutions représentatives des avocats français n'ont pas encore mis en œuvre des moyens destinés à guider ou à aider les cabinets français qui cherchent à ouvrir des bureaux à l'étranger.

En dehors du cadre de la profession d'avocat, les cabinets qui souhaitent approfondir leurs connaissances à propos de nouveaux marchés peuvent consulter les services de Business France (résultat de la fusion d'Ubifrance (l'Agence française pour le développement international des entreprises), un établissement public industriel et commercial placé sous la tutelle du ministre de l'Économie, de l'Industrie et de l'Emploi, du secrétaire d'État chargé

1. *SC 100, stratégies et communication des cabinets d'avocats,* 1er semestre 2012, p. 40.

2. *Politique internationale du barreau français : une présence indispensable dans toutes les institutions internationales*, CNB, Commission des affaires européennes et internationales, 23 févr. 2010.
3. M. Bénichou [ancien président du CNB, président de la délégation française au CCBE], *La mondialisation des services juridiques : constats, perspectives et défis*, CNB, AG 21 et 22 nov. 2008.

du Commerce extérieur, et de la Direction générale du Trésor et de la Politique économique et de l'AFII). Les missions économiques de Business France couvrant 110 pays, facilitent la découverte des marchés étrangers et détectent les possibilités d'implantation offertes aux entreprises. Le réseau mondial de Business France compte près de 1 500 collaborateurs en France et à l'étranger.

Ces services sont cependant conçus pour les entreprises commerciales et industrielles et ne seront pas adaptées à toutes les attentes d'un cabinet d'avocats.

Le cabinet d'avocats qui se lance dans l'aventure de l'ouverture d'un bureau secondaire à l'étranger doit donc avant tout compter sur ses propres ressources et connaissances.

SECTION 4
CHOIX DU LIEU DE L'IMPLANTATION ÉTRANGÈRE

373.41 Critères du cabinet pour son implantation internationale. Le choix du ou des pays dans lesquels ouvrir un bureau secondaire répond à des critères spécifiques à chaque cabinet. Ces critères peuvent être personnels (liés à la nationalité d'un associé du cabinet), liés aux spécialités pratiquées par le cabinet (droit de la concurrence à Bruxelles) ou résulter d'une analyse objective d'un ensemble de facteurs dont les données géopolitiques et économiques.

DÈS LA CHUTE du Mur de Berlin en novembre 1989, le cabinet Salans a mis en place une stratégie d'implantation dans les anciennes républiques soviétiques et en Europe de l'Est. Ce choix résultait d'une bonne connaissance de la Russie mais aussi d'une opportunité historique. Ainsi, le cabinet Salans a ouvert à Moscou et à Varsovie en 1991, Kiev en 1992, Saint-Pétersbourg en 1993, Almaty en 1994, Bakou en 1999, Prague, Bucarest et Bratislava en 2003. Ses implantations ont été reprises par Dentons quand Salans a été intégré dans Dentons.

373.42 Études de marché. Lors de l'étude préalable à l'ouverture d'un bureau à l'étranger, le cabinet pourra étudier les données suivantes :

– Les données extérieurs du commerce extérieur de la France :

• exportations françaises vers les pays de l'Union européenne ;

• importations françaises en provenance de l'Union européenne ;

• exportations françaises vers les pays hors de l'Union européenne.

– Études spécifiques des échanges économiques par pays [1].

373.43 Opportunités : nouveaux vecteurs d'échanges économiques, recherche de contextes moins concurrentiels. Pendant longtemps, les Européens ont eu une vision de l'économie mondiale basée sur de grands axes Nord-Sud et Est-Ouest. Or, les évolutions de l'économie mondiale ont changé cette géométrie. L'exemple le plus caractéristique est le poids économique de la Chine en Afrique. Or, les avocats français ont des affinités tant culturelles que juridiques avec les pays d'Afrique du Nord et de l'Afrique de l'Ouest.

La stratégie internationale de DS Avocats mérite, à ce titre, une attention particulière. Le choix de ses implantations semble accompagner certains des flux économiques qui façonnent l'économie mondiale. La présence du cabinet en Chine et en Afrique lui permet de se positionner pour accompagner certains aspects de la présence des Chinois sur le continent africain. De même, la présence au Maroc rapproche le cabinet des banques marocaines omniprésentes dans les opérations de financement en Afrique de l'Ouest. La présence du cabinet au Canada et en Afrique fait écho à l'activité minière, elle-même au cœur des préoccupations chinoises.

Les grands centres de la finance et du commerce international constituent non seulement un environnement très concurrentiel mais sont aussi des villes où l'installation d'un cabinet d'avocats est très coûteuse. Les prix élevés de l'immobilier ne sont plus réservés à Londres ou à New York. Des bureaux bien situés à Shanghai ou à Dubaï peuvent représenter un investissement considérable. Les cabinets d'avocats à la recherche d'opportunités d'expansion internationale seront amenés à rechercher des localisations et des domaines d'intervention en dehors des grands centres.

La Chine compte plus de 20 agglomérations rassemblant plus de 6 000 000 d'habitants. Les entreprises occidentales découvrent progressivement la puissance économique de ces nombreuses villes. Elles constituent un terrain de développement pour tous les cabinets d'avocats.

Les cabinets d'avocats français disposent de peu d'implantations dans les pays de l'Europe élargie à l'exception notable du cabinet Gide Loyrette Nouel qui est présent à Varsovie. Il y a là des opportunités sans doute inexploitées pour les cabinets français.

La Pologne représente 2,5 % des exportations de la France et 2,4 % des importations. Ces chiffres font de ce pays le 7e partenaire européen de la France. Cette importance n'est pas reflétée par la présence des avocats français en Pologne.

1. *Rapport du commerce extérieur de la France*, DG Trésor, 11 févr. 2022, www.tresor.economie.gouv.fr

CHAPITRE

374. Implantation en France d'avocats et de cabinets étrangers

SECTION 0
ORIENTEUR

374.00 Sommaire du chapitre.

SECTION 1
RÈGLES APPLICABLES AUX AVOCATS

374.11 Statuts ouverts aux avocats étrangers. Il faut distinguer les situations suivantes :

– l'avocat étranger communautaire qui exerce en France sous son titre d'origine[1] ;

– l'avocat étranger non communautaire qui ne peut exercer en France, sauf s'il obtient le statut de consultant juridique étranger[2].

Ces avocats, quels qu'ils soient, pourront toujours faire le choix de devenir avocats français par la procédure d'assimilation prévue par l'article 10 directive 98/5/CE ou par l'examen de l'article 99 pour les avocats communautaires et en passant l'examen prévu à l'article 100 pour les avocats non-communautaires.

374.12 Stagiaire soumis à l'article 84. L'article 84 du décret du 27 novembre 1991[3] prévoit un statut de stagiaire ouvert aux avocats étrangers :

Les avocats inscrits à un barreau étranger peuvent effectuer un stage d'une durée d'un an, renouvelable deux fois, auprès d'un avocat inscrit au tableau. Ces stagiaires conservent leur qualité d'avocat étranger.

Ils participent, dans les conditions prévues à l'article 60, à l'activité professionnelle de l'avocat maître de stage, sans pouvoir se substituer à celui-ci dans aucun acte de sa fonction. L'exercice d'autres activités professionnelles entraîne le retrait de l'agrément.

Le maître de stage informe le bâtonnier de l'accueil du stagiaire et de la période prévue pour l'accomplissement du stage au moins un mois avant le début de celui-ci.

Le bâtonnier saisit le conseil de l'Ordre qui, dans ce délai, accorde ou refuse son agrément. Cette décision est notifiée par lettre recommandée avec demande d'avis de réception dans les quinze jours de sa date à l'intéressé et au procureur général qui peuvent la déférer à la cour d'appel dans les conditions prévues à l'article 16. À défaut de notification d'une décision dans le mois qui suit l'expiration du délai imparti au conseil de l'Ordre pour statuer, la demande est considérée comme rejetée et l'intéressé peut apporter sa réclamation devant la cour d'appel dans les conditions fixées à la phrase précédente.

Dans tous les cas, l'intéressé avise sans délai de sa réclamation, par lettre recommandée avec demande d'avis de réception, le procureur général et le bâtonnier.

Ce statut peut être utilisé par les cabinets pour accueillir un avocat débutant mais aussi pour accueillir un avocat expérimenté. Le stage est reconductible pour une durée totale de trois ans ce qui peut donner le temps à l'avocat concerné de préparer (et de réussir) l'examen d'admission au barreau. Ce statut de stagiaire soumis à l'article 84 permet aussi à l'avocat qui le sollicite d'obtenir un titre de séjour en France.

1. V. ss n° 371.24.
2. V. ss nos 374.31 s.
3. Décr. n° 91-1197, 27 nov. 1991 organisant la profession d'avocat, *JO* 28 nov., p. 15502, art. 84 ; mod. par Décr. n° 2004-1386, 21 déc. 2004.

374.13 Examen de l'article 99. Un examen prévu par l'article 99 du décret du 27 novembre 1991[1] permet aux avocats communautaires d'obtenir le titre d'avocat inscrit au tableau sans remplir les conditions de diplômes, de formation et d'examens professionnels des avocats français.

L'examen est ouvert aux personnes qui justifient :

1. De diplômes, certificats, autres titres ou formations assimilées permettant l'exercice de la profession dans un État membre de l'Union européenne ou dans un autre État partie à l'accord sur l'Espace économique européen ;

2. Ou de l'exercice à plein temps de la profession pendant une année au moins ou, en cas d'exercice à temps partiel, pendant une durée totale équivalente au cours des dix années précédentes dans un État membre ou partie qui ne réglemente pas l'accès ou l'exercice de cette profession, à condition que cet exercice soit attesté par l'autorité compétente de cet État.

Les candidats qui en font la demande sont alors autorisés par le CNB à passer l'examen d'aptitude. Lorsqu'elle prescrit au requérant de subir l'examen d'aptitude, la décision du Conseil. National des barreaux précise la ou les matières sur lesquelles il doit être interrogé, dans la limite de quatre matières. Cette ou ces matières seront déterminées parmi celles figurant au programme de l'examen du certificat d'aptitude à la profession d'avocat, qui ne sont pas couvertes ou insuffisamment couvertes par la formation du candidat.

Aucun candidat ne peut se présenter plus de trois fois à l'examen.

374.14 Examen de l'article 100. L'examen de l'article 100[2] obéit aux mêmes principes que celui de l'article 99.

Il existe cependant des différences dans le contenu de l'épreuve qui obéit à un cadre plus rigide[3].

L'examen se compose d'un écrit et d'un oral. Le jury arrête les sujets des épreuves écrites auxquelles doit être soumis le candidat.

L'écrit comporte deux épreuves :

1° – la rédaction de conclusions en matière civile ;

2° – la rédaction d'une consultation juridique dans l'une des matières suivantes, au choix du candidat exprimé lors du dépôt de son dossier de candidature :

- droit administratif ;
- droit commercial ;
- droit du travail ;
- droit pénal.

Chacune de ces épreuves se déroule en trois heures.

L'oral comporte deux épreuves :

1° – un exposé de vingt minutes environ, après une préparation d'une heure sur un sujet tiré au sort par le candidat, portant sur la procédure civile, pénale ou administrative, ou l'organisation judiciaire française ;

2° – un entretien de quinze minutes environ avec le jury, portant notamment sur la réglementation et la déontologie de la profession.

SECTION 2
RÈGLES APPLICABLES AUX STRUCTURES D'EXERCICE

374.21 Implantation d'un cabinet en France par des avocats de l'UE. Les cabinets d'avocats de l'Union européenne peuvent ouvrir des succursales en France conformément aux termes de la directive 98/5.

Une limite à ce principe de libre établissement par l'ouverture d'une succursale est posée par l'article 11, 1° qui précise Toutefois, lorsque les règles fondamentales qui régissent ce groupe dans l'État membre d'origine sont incompatibles avec les règles fondamentales découlant des dispositions législatives, réglementaires et administratives de l'État membre d'accueil, ces dernières dispositions s'appliquent dans la mesure où leur respect est justifié par l'intérêt général consistant en la protection du client et des tiers.

Dans le cas de la France qui limite la présence de capitaux extérieurs à la profession d'avocats aux seuls professionnels réglementés des professions juridiques et judiciaires et les experts comptables, l'article 11 autoriserait la France à refuser l'inscription de succursales de cabinets d'avocats européens dont la législation nationale autorise la présence d'autres capitaux. C'est la position prise par le CNB dès 2012 à propos des alternative business structures autorisées au Royaume-Uni.

Les avocats de l'Union européenne sont des personnes habilitées par l'article 7 de la loi du 31 décembre 1971 à détenir des parts ou actions de capital de sociétés d'exercice françaises. Elle peuvent créer ou participer à la création de structures d'exercice françaises dès lors que sont respectés les termes de la loi du 31 décembre 1971 et de l'ordonnance du 8 février 2023 relatifs à la création des structures d'exercice.

374.22 Implantation d'un cabinet en France par des avocats de pays extérieurs à l'UE. Les avocats extérieurs à l'Union européenne et leurs cabinets ne peuvent ouvrir de succursales en France. Deux

1. Décr. n° 91-1197, 27 nov. 1991 organisant la profession d'avocat, *JO* 28 nov., p. 15502, art. 99.
2. Décr. n° 91-1197, 27 nov. 1991, art. 100.
3. Arr. 7 janv. 1993 fixant le programme et les modalités de l'examen de contrôle des connaissances prévu à l'article 100 du décret n° 91-1197 du 27 novembre 1991 organisant la profession d'avocat, NOR : JUSC9320007A.

exceptions concernent les succursales de personnes morales de droit anglais ont été autorisées à poursuivre leur exercice en France par l'Ordonnance du 16 décembre 2020 ainsi que les succursales de cabinets qui ont bénéficié desdites dispositions de « grandfathering » (ou clause du grand-père) qu'ont autorisé les succursales de conseils juridiques à poursuivre sous cette forme à partir du 1er janvier 1991.

Les cabinets d'avocats extérieurs à l'Union Européenne qui souhaitent avoir une activité sous leur nom en France ne peuvent le faire que par la création de cabinets français autonomes et indépendants qui leur sont liés par des accords contractuels autorisés tels qu'une convention de réseau soumise à l'article 16 du RIN, un accord de licence portant sur l'utilisation du nom, une convention de groupement transnational[1].

374.23 Convention de groupement transnationale. Longtemps absents du RIN et présents dans le seul Règlement intérieur du barreau de Paris, les groupements transnationaux entre avocats français et étrangers sont, depuis 2019, prévus par l'article 16-1 du RIN[2].

Selon ce texte, tout avocat ou toute structure d'exercice de la profession d'avocat, régulièrement inscrit auprès d'un barreau français, peut conclure avec des avocats, personnes physiques ou morales, régulièrement inscrits auprès d'un barreau étranger, des conventions de groupements transnationaux. Une convention de groupement transnational a pour objet d'organiser des liens de partenariat ou de correspondance privilégiée entre différents cabinets français et étrangers.

L'avocat qui entend conclure une convention de groupement transnational doit en faire préalablement la déclaration à l'Ordre auprès duquel il est inscrit, par lettre ou courriel adressée au bâtonnier.

Les avocats signataires d'une convention de groupement transnational qui ne sont pas établis en France doivent, pour toutes leurs prestations de service utilisées en France, respecter les dispositions du RIN et les règles professionnelles applicables à la profession d'avocat en France.

Les avocats français signataires de conventions transnationales peuvent faire mention de l'existence de telles conventions sur les documents destinés à leur communication.

Les avocats qui déclarent une convention de groupement transnational prennent de ce fait l'engagement de fournir spontanément au conseil de l'Ordre du barreau auprès duquel ils sont inscrits toute information sur les modifications qui pourraient être apportées à la convention de groupement transnational.

Sauf dispositions légales ou réglementaires contraires, la participation de capitaux extérieurs à la profession est prohibée, de même que tout contrôle direct ou indirect de l'exercice professionnel par des personnes physiques ou morales exerçant en France ou à l'étranger et n'appartenant pas à la profession d'avocat.

Une telle convention ne peut comporter des dispositions qui permettraient de l'assimiler à une structure d'exercice, à une structure de moyens ou à la mise en place d'un bureau secondaire.

Le barreau de Paris a toutefois souhaité conserver une spécificité qui existait dans son règlement, c'est la possibilité prévue à l'article P. 49.4 du RIBP[3] pour les signataires de conventions de groupements transnationaux de mettre en commun leurs résultats.

Cette disposition fait de l'article P. 49.4 un texte essentiel pour un cabinet international qui souhaite établir un lien économique fort avec une structure d'exercice française. En effet, la mise en commun de résultats permet *de facto* une association entre un cabinet étranger qui ne serait pas autorisé à ouvrir une succursale et un cabinet français.

Dans la pratique, cet outil est utilisé entre des structures fiscalement transparentes, par exemple un LLP et une AARPI.

SECTION 3
CONSULTANT JURIDIQUE ÉTRANGER

374.31 Définition et textes. Le statut de consultant juridique étranger (CJE) a été créé par l'Ordonnance du 27 avril 2018[4]. Cette ordonnance intervient en application du 5° du I de l'article 109 de la loi du 18 novembre 2016[5] qui habilitait le gouvernement à prendre par ordonnance, dans un délai de dix-huit mois à compter de la promulgation de la loi, les mesures relevant du domaine de la loi définissant, d'une part, les conditions dans lesquelles les avocats inscrits aux barreaux d'États non membres de l'Union européenne, liés à celle-ci par un traité international le prévoyant, pourront être

1. Sur la convention de groupement transnationale, v. ss n° 374.23.
2. RIN, art. 16-1 ; CNB, AG 5 et 6 juill. 2019, DCN n° 2019-003 portant création de l'article 16-1 dans le Règlement intérieur national (RIN) de la profession d'avocat, *JO* 12 sept.
3. RIBP, art. P. 49.4.
4. Ord. n° 2018-310, 27 avr. 2018 relative à l'exercice par les avocats inscrits aux barreaux d'États non membres de l'Union européenne de l'activité de consultation juridique et de rédaction d'actes sous seing privé pour autrui, art. 3 JOFR 28 avr., NOR : JUSC1806201R.
5. L. n° 2016-1547, 18 nov. 2016 de modernisation de la justice du XXIe siècle, *JO* 19 nov., n° 1.

autorisés à donner des consultations juridiques et à rédiger des actes sous seing privé pour autrui en droit international et en droit étranger et, d'autre part, les modalités d'exercice de ces activités. Ces dispositions ont pris place à l'article 101 de la loi du 31 décembre 1971.

Jusqu'à cette ordonnance, les avocats non européens ne pouvaient exercer la profession d'avocat en France que de manière permanente, sous le titre français d'avocat, après avoir réussi un examen de contrôle des connaissances en droit français prévu par les dispositions du denier alinéa de la loi n° 71-1130 du 31 décembre 1971 modifiée et de l'article 100 du décret n° 91-1197 du 27 novembre 1991 modifié. Selon le rapport accompagnant l'ordonnance remis au président de la République, ce nouveau dispositif « permettra, d'une part, d'étoffer la gamme des services proposés au sein des cabinets français à destination de leur clientèle et d'accroître, ainsi, leur compétitivité sur la scène internationale. L'ouverture effective des services juridiques à des avocats non ressortissants de l'Union européenne dans le cadre des traités facilitera, d'autre part, la conduite d'une stratégie plus offensive lors de futures négociations commerciales ». Il ne faut donc pas envisager ces nouvelles modalités d'exercice des avocats non européens de manière purement défensive dans le cadre de l'ordonnance du 27 avril 2018. Il convient aussi de se projeter sur les ouvertures offertes aux avocats français d'exercer à l'étranger dans le cadre des accords conclus par l'Union européenne.

Le texte prévoit donc que « Tout avocat inscrit au barreau d'un État non membre de l'Union européenne est autorisé à exercer en France, dans les conditions prévues par le texte et dans le cadre des traités internationaux conclus par l'Union européenne, que ce soit à titre temporaire et occasionnel ou à titre permanent, l'activité de consultation juridique et de rédaction d'actes sous seing privé pour autrui, en droit international et en droit de l'État dans lequel il est inscrit et des États dans lesquels il est habilité à exercer l'activité d'avocat, à l'exception du droit de l'Union européenne et du droit des États membres de l'Union européenne, s'il remplit les conditions suivantes :

1° N'avoir pas été l'auteur de faits ayant donné lieu à condamnation pénale pour agissements contraires à l'honneur, à la probité ou aux bonnes mœurs ;

2° N'avoir pas été l'auteur de faits de même nature ayant donné lieu à une sanction disciplinaire ou administrative de destitution, radiation, révocation, de retrait d'agrément ou d'autorisation ;

3° N'avoir pas été frappé de faillite personnelle ou d'une interdiction de la nature de celle prévue à l'article L. 653-8 du code de commerce ;

4° Être assuré pour les risques et selon les règles prévus à l'article 27. L'intéressé est réputé satisfaire à l'obligation prévue au premier alinéa de l'article 27 s'il justifie avoir souscrit, selon les règles de l'État où il est inscrit en tant qu'avocat, des assurances et garanties équivalentes. À défaut d'équivalence dûment constatée par le Conseil national des barreaux, l'intéressé est tenu de souscrire une assurance ou une garantie complémentaire.

L'autorisation pour exercer à titre temporaire et occasionnel ou pour exercer à titre permanent est accordée par le Conseil national des barreaux. »

Le consultant juridique étranger ne peut donc ni pratiquer le droit français ou européen. Il est autorisé à pratiquer le droit de l'État dans lequel il est inscrit ou habilité à exercer la profession d'avocat ainsi que le droit international dont le texte n'apporte pas de définition. Il ne peut représenter en justice.

Aussi, le pays d'inscription du consultant juridique doit avoir signé avec la France un traité prévoyant le statut de consultant juridique étranger.

L'inscription du consultant juridique étranger est une procédure en deux temps : une première phase de validation par le CNB et une seconde étape consistant le CJE dans un barreau français.

374.32 Obligations déclaratives et procédure d'admission : la procédure CNB. Le candidat doit justifier être régulièrement inscrit en tant qu'avocat dans un État non-membre de l'Union européenne, qui est lié à cette dernière par un accord prévoyant l'activité de consultation juridique et de rédaction d'actes sous seing privé pour autrui.

La requête est déposée en langue française. Les pièces en langue étrangère doivent être assorties d'une traduction en langue française. À l'exception de celles justifiant l'identité et la nationalité de l'auteur de la demande, cette traduction est faite par un traducteur assermenté.

Certaines pièces ne peuvent dater de plus de trois mois lors de leur production.

Les pièces à fournir pour le dossier sont les suivantes :

1. Une requête de l'intéressé sollicitant l'exercice de l'activité de consultation juridique et de rédaction d'actes sous seing privé pour autrui.

Celle-ci précise s'il s'agit :

– d'une demande d'exercice à titre temporaire ou permanent ;

– le droit de l'État ou des États dans le(s)quel(s) il est inscrit et il est habilité à exercer l'activité d'avocat ;

– les domaines d'activité dans lesquels il souhaite être habilité en France à délivrer des consultations juridiques et rédiger des actes sous seing privé pour autrui.

2. Une copie du traité international conclu par l'Union européenne prévoyant la possibilité pour l'intéressé d'exercer l'activité de consultation juridique et de rédaction d'actes sous seing privé pour autrui en droit international et en droit étranger en France.

3. Une attestation d'inscription à un barreau non membre de l'Union européenne.

4. Une copie de tous documents officiels en cours de validité justifiant l'identité et la nationalité de l'auteur de la demande.

5. Une attestation délivrée par l'autorité compétente ou, à défaut, une attestation sur l'honneur du déclarant, certifiant :

- qu'il n'a pas été l'auteur de faits ayant donné lieu à condamnation pénale pour agissements contraires à l'honneur, à la probité ou aux bonnes mœurs ;
- qu'il n'a pas été l'auteur de faits de même nature ayant donné lieu à une sanction disciplinaire ou administrative de destitution, radiation, révocation, de retrait d'agrément ou d'autorisation ;
- qu'il n'a pas été frappé de faillite personnelle ou d'une interdiction de la nature de celle prévue à l'article L. 653-8 du code de commerce.

6. La justification d'une assurance et d'une garantie financière répondant aux conditions fixées par l'article 101 de la loi du 31 décembre 1971 susmentionnée, à savoir être assuré pour les risques et selon les règles prévues à l'article 27 de la même loi.

L'examen de la demande par le CNB est gratuit.

Depuis le 14 février 2020, une plateforme dématérialisée permet aux avocats étrangers d'effectuer leurs demandes d'admission[1]. Elle leur permet de constituer et de déposer leur dossier sur une plateforme en ligne, puis de suivre en temps réel son instruction, jusqu'à la décision du CNB. La décision du Conseil national des barreaux intervient au plus tard dans les deux mois suivant la réception du dossier complet. Le candidat a la possibilité de contester cette décision, dans un délai d'un mois suivant sa notification, auprès du procureur général de la cour d'appel de Paris.

374.33 Obligations déclaratives et procédure d'admission : le barreau d'inscription. Une fois autorisé par le Conseil national des barreaux à exercer en cette qualité, l'avocat doit prendre attache avec le barreau français de son choix en vue de demander son inscription sur la liste des consultants juridiques étrangers.

En dehors de Paris, les principaux barreaux gèrent cette procédure *via* la plateforme Barotech. À Paris, les demandes sont adressées directement au service de l'exercice professionnel.

1. CJE, art. 99, 100.

Les pièces requises sont :

- formulaire d'inscription avec lequel le candidat devra notamment préciser ses diplômes, l'année d'obtention, ses coordonnées personnelles et attester sur l'honneur son absence de condamnation) ;
- l'attestation du CNB ;
- un titre de séjour (ou au moins un rendez-vous à la préfecture en vue de l'obtention d'un titre de séjour) ;
- attestation de « good standing » : Il s'agit d'un document remis par le barreau d'origine qui atteste que le candidat n'a fait l'objet d'aucune procédure disciplinaire, n'a jamais été radié, suspendu et que son activité d'avocat est exercée dans le respect de la loi du pays d'origine ;
- un exemplaire du papier en-tête actuellement utilisé par le candidat ;
- une copie du projet de papier à lettres à utiliser en France, qui doit comporter le titre original suivi de la mention « inscrit au barreau de Paris sur la liste des consultants juridiques étrangers + la mention des domaines du droit dans lesquels le candidat est autorisé à travailler en France » ;
- un extrait de casier judiciaire datant de moins de 3 mois de chaque pays dont le candidat a la nationalité ;
- deux attestations de moralité établies sur papier à en-tête par des personnalités du monde juridique (de préférence) ayant une longue pratique professionnelle ; il peut s'agir de personnes exerçant une profession juridique réglementée (avocats, juges, notaires, huissiers) mais aussi de juristes d'entreprise et de professeurs de droit ;
- deux photos d'identité.

Le coût d'inscription varie selon les barreaux. À Paris, il est de 800 euros.

Le dossier sera examiné et un mail sera ensuite adressé au candidat pour lui indiquer le nom d'un rapporteur auprès duquel il devra prendre un rendez-vous.

L'entretien avec le rapporteur n'obéit à aucun formalisme particulier. Un rapporteur peut accepter que l'entretien se déroule en anglais si le candidat a des difficultés à s'exprimer en français.

Après accord du rapporteur, une date de prestation de serment sera proposée au candidat. C'est à la date de prestation de serment que prendra effet l'inscription sur la liste des consultants juridiques étrangers.

374.34 CJE à titre temporaire ou permanent. L'article 101 de la loi du 31 décembre 1971 prévoit que le consultant juridique étranger peut exercer à titre temporaire et occasionnel ou à titre permanent.

Bien que la création du statut de CJE remonte à 2018, ce n'est qu'en 2020 que le CNB a mis en place les procédures internes pour traiter les demandes. Or, dès la mise en service de la plateforme recevan les demandes, le statut de CJE a connu un engouement. 32 pays sont concernés par le statut de CJE. En novembre 2022, le CNB recensait plus de 79 avocats ayant bénéficié d'une autorisation d'exercer les activités de consultation juridique et rédaction d'actes sous seing privé pour autrui, dont 58 à titre permanent et 11 à titre temporaire.

Le CNB et les Ordres ont rapidement vu que l'exercice à titre temporaire soulevait des difficultés. En effet, seuls les CJE à titre permanent avaient vocation à solliciter une inscription au barreau, ce qui laissait les CJE, avocats étrangers exerçant sur le territoire français, sans aucun contrôle dès lors que le CNB avait validé leur dossier. Le CNB et le barreau de Paris ont engagé une réflexion sur le sujet qui a abouti à la résolution du 18 novembre 2022[1] au terme de laquelle le CNB demande la suppression de la possibilité de demander une autorisation à titre temporaire d'exercer l'activité de consultation juridique et de rédaction d'actes sous seing privé pour autrui, rendant ainsi l'inscription préalable à un ordre français obligatoire en toutes circonstances. La même résolution demande aussi à ce que ce soit l'Ordre d'inscription qui contrôle l'équivalence de l'assurance responsabilité professionnelle du candidat.

Le statut permanent permet un contrôle ordinal justifié et n'a pas d'impact significatif sur la situation du CJE concerné. En effet, le statut de CJE à titre permanent n'implique pas une présence continue en France et n'a pas d'impact sur la résidence fiscale.

374.35 **CJE et Brexit.** C'est incontestablement grâce à ou à cause du Brexit que le statut de CJE a acquis autant de notoriété en peu de temps. Entre l'ordonnance du 27 avril 2018 créant le statut de consultant juridique étranger et le traité du 24 décembre 2020 relatif aux accords entre l'Union européenne et le Royaume-Uni dans le cadre du Brexit, le CJE était resté dans l'ombre.

C'est ce traité qui a fait prendre conscience aux avocats britanniques que le seul statut leur permettant d'exercer en France sans avoir à devenir avocats français était, avec ses limites, celui de CJE. La prise de conscience a vite dépassé le champ des seuls solicitors pour intéresser de nombreux avocats ressortissants de pays ayant signé avec la France ou l'UE un traité prévoyant le CJE.

Il est intéressant de noter que le traité du 24 décembre 2020 entre l'Union européenne et le Royaume-Uni n'envisageait pas l'exercice permanent de l'activité de consultant juridique étranger. Dans les faits, ceci n'a pas empêché de nombreux solicitors de demander et d'obtenir le statut de CJE en France à titre permanent.

374.36 **Structures d'exercice autorisées au CJE.** Le nouvel article 106 de la loi de 1971 tire les conséquences de l'inscription au tableau d'un barreau de l'avocat non européen exerçant de manière permanente sous son titre d'origine.

L'avocat non européen peut ainsi exercer selon les modalités prévues aux articles 7 (exercice individuel ou en groupe, en tant que collaborateur libéral ou salarié) et 8 (groupements d'exercice) de la loi de 1971[2]. Il peut ainsi s'associer avec des avocats français ou d'autres avocats étrangers, y compris européens, inscrits à un barreau français.

Comme les avocats européens établis en France de manière permanente sous leur titre d'origine[3], l'avocat non européen peut, après en avoir informé le conseil de l'Ordre qui a procédé à son inscription, exercer au sein ou au nom d'un groupement d'exercice régi par le droit de l'État d'origine dont les conditions relatives à la détention du capital et à l'usage de la dénomination du groupement sont définies par l'article 106, alinéa 2, de la loi de 1971.

Il peut également exercer en France au sein ou au nom d'une société régie par le droit de l'État d'origine et ayant pour objet l'exercice en commun de plusieurs des professions judiciaires ou juridiques[4].

Il résulte de ces dispositions que les CJE pourraient créer des cabinets de consultants juridiques étrangers. Ils devraient logiquement pouvoir y associer des avocats français dans des structures d'exercice communes.

1. Résolution, CNB, AG 18 nov. 2022 concernant le statut de consultant juridique étranger.
2. L. n° 71-1130, 31 déc. 1971, art. 106, al. 2.
3. L. n° 71-1130, 31 déc. 1971, art. 83 s.
4. L. n° 71-1130, 31 déc. 1971, art. 106, al. 7.

TITRE

38. La communication et la stratégie digitale du cabinet

SECTION 0
ORIENTEUR

38.00 **Sommaire du titre.**

CHAPITRE

381. Règles applicables et réflexion préalable à une stratégie de communication

SECTION 0
ORIENTEUR

381.00 **Sommaire du chapitre.**

SECTION 1
RÈGLES APPLICABLES À LA COMMUNICATION DE L'AVOCAT

381.11 **Textes applicables à la communication des avocats.** Toutes les initiatives de communication et de publicité pouvant être prises par un cabinet d'avocats doivent respecter les règles déontologiques en la matière[1]. La publicité est permise à l'avocat si elle procure une information au public et si sa mise en œuvre respecte les principes essentiels de la profession[2]. Ces règles résultent de la loi du 31 décembre 1971[3], du décret du 25 août 1972[4], du décret du 27 novembre 1991[5] et du décret du 12 juillet 2005[6]. À ces textes s'ajoutent la loi du 17 mars 2017[7] et le décret du 28 octobre 2014[8].

381.12 **Adaptation progressive des règles à la pratique.** Depuis 1999, année de la première publicité d'un cabinet d'avocats autorisée par le conseil de l'Ordre du barreau de Paris[9], la déontologie et les instances professionnelles ont accompagné l'évolution du marketing et de la communication des cabinets d'avocats pour permettre la modernisation de la profession et éviter que sa compétitivité ne soit bridée.

Dans son ancienne rédaction, l'article 10.2 du RIN interdisait le démarchage au sens de l'article 1er du décret du 25 août 1972[10]. Selon ce texte, constituait un acte de démarchage le fait d'offrir ses services, en vue de donner des consultations ou de rédiger des actes en matière juridique ou de provoquer à la souscription d'un contrat aux mêmes fins, notamment en se rendant personnellement ou en envoyant un mandataire soit au domicile ou à la résidence d'une personne, soit sur les lieux de travail, de repos, de traitement ou dans un lieu public. Le démarchage au sens du décret de 1972 reste interdit pour ce qui concerne le démarchage « physique » ou « téléphonique ». Avec la nouvelle rédaction de l'article 10, c'est désormais le démarchage écrit qui est autorisé et qui prend le nom de sollicitation personnalisée[11].

1. SUR les règles déontologiques de la communication de l'avocat : H. Ader, S. Bortoluzzi, A. Damien, D. Piau, Th. Wickers, *Règles de la profession d'avocat 2022/2023*, 17e éd., « Dalloz action », 2022, nos 461.11 s.
2. RIN, art. 10.3 ; CNB, AG 8 mai 2010, DCN no 2010-002 ; mod. par CNB, AG 10 oct. 2014, DCN no 2014-001.
3. L. no 71-1130, 31 déc. 1971 portant réforme de certaines professions judiciaires et juridiques, *JO* 5 janv., p. 131, art. 66-4 ; MOD. PAR L. no 90-1259, 31 déc. 1990.
4. Décr. no 72-785, 25 août 1972 relatif au démarchage et à la publicité en matière de consultation et de rédaction d'actes juridiques, *JO* 29 août, p. 9283.
5. Décr. no 91-1197, 27 nov. 1991 organisant la profession d'avocat, *JO* 28 nov., p. 15502, art. 162.
6. Décr. no 2005-790, 12 juill. 2005, art. 15.
7. L. no 2014-344, 17 mars 2014 relative à la consommation, *JO* 18 mars, p. 5400, art. 15.
8. Décr. no 2014-1251, 28 oct. 2014 relatif aux modes de communication des avocats, *JO* 29 oct., no 27.
9. Cons. Ordre avocats Paris, délib. 5 janv. 1999, Sté Thieffry et Associés, *JCP* 1999. II. 10080, no 3, note Martin.
10. Décr. no 72-785, 25 août 1972.
11. Sur la sollicitation personnalisée, v. ss nos 381.31 s.

Dès 2010, le RIN avait commencé à s'adapter à certaines utilisations d'Internet par les avocats[1]. L'utilisation d'internet avait déjà modifié les comportements et la profession se demandait notamment si l'envoi d'informations par Internet à des personnes qui n'étaient pas (ou pas encore) des clients du cabinet constituait un acte de démarchage prohibé. Sans doute mis devant le fait accompli d'une pratique déjà généralisée, le CNB a modifié l'article 10 du RIN pour y définir les formes de publicité autorisées[2] et y inclure « l'envoi par voie postale ou électronique de lettres d'informations générales sur le cabinet, les activités de celui-ci, le droit et la jurisprudence ». L'autorisation de la sollicitation personnalisée en 2014 est dans le prolongement de cette adaptation.

Une ambiguïté subsistait cependant lors de la publication du décret du 28 octobre 2014 sur la sollicitation personnalisée. Ce texte renvoyait à l'article 2 du décret du 25 août 1972 en ce qui concernait les formes de publicité interdites à savoir par voie de tracts, affiches, films cinématographiques, émissions radiophoniques ou télévisées[3], alors que l'article 10 du RIN dans sa nouvelle version avait supprimé ces interdictions. L'ambiguïté fut levée par le Conseil d'État dans son arrêt du 9 novembre 2015[4]. Saisi d'une demande en annulation pour excès de pouvoir du décret n° 2014-1251 du 28 octobre 2014 relatif aux modes de communication des avocats ou, à titre subsidiaire, de son article 2 modifiant l'article 15 du décret déontologie du 12 juillet 2005, le Conseil d'État a en effet décidé que l'interdiction de la publicité comparative ou dénigrante et de la sollicitation personnalisée par message textuel envoyé sur un terminal téléphonique est compatible avec la directive 2006/123/CE du 12 décembre 2006 relative aux services dans le marché intérieur. En revanche, il a considéré que l'interdiction de la publicité par voie de tracts, affiches, films, radio ou télévision était contraire à l'article 4 de la même directive. Sous la condition de respecter les principes essentiels, la publicité des avocats est donc autorisée sur tous les supports.

381.13 Travaux de la profession en matière de communication. Afin de compléter les textes du RIN et pour répondre aux très nombreuses questions des avocats sur ces sujets, des travaux ont été entrepris à la fois par le barreau de Paris et par le CNB. Le barreau de Paris a ainsi publié un Vade-mecum de la déontologie du numérique dont la première édition de décembre 2013 a été actualisée en 2015 et à nouveau en 2020 sous le nom de « Vade-mecum déontologie – la communication numérique de l'avocat »[5]. Le CNB, de son côté, a rédigé le Vade-mecum de la communication des avocats présenté à la profession en mars 2016 et également actualisé en 2020[6].

381.14 Article 10 du RIN. L'article 10 du RIN qui regroupe les règles en matière de communication des avocats a été refondu à plusieurs reprises pour y intégrer les évolutions susvisées[7].

L'article 10.1[8] apporte des définitions utiles car les versions antérieures du texte faisaient une distinction entre information professionnelle et publicité dont les contours précis étaient devenus difficiles à saisir. Le texte définit maintenant :

La publicité fonctionnelle est destinée à faire connaître la profession d'avocat et son organisation. Elle relève de la compétence des institutions représentatives de la profession.

La communication de l'avocat s'entend de sa publicité personnelle et de son information professionnelle.

La publicité personnelle s'entend de toute forme de communication destinée à promouvoir les services de l'avocat.

La sollicitation personnalisée, qui est un mode de publicité personnelle, s'entend de toute forme de communication directe ou indirecte, dépassant la simple information, destinée à promouvoir les services d'un avocat à l'attention d'une personne physique ou morale déterminée.

L'article 10.1 que dans les articles 10.2 et suivants, le terme publicité s'entend de la publicité personnelle.

Les dispositions communes à toute communication se trouvent dans l'article 10.2[9] :

L'avocat doit, dans toute communication, veiller au respect des principes essentiels de la profession, faire état de sa qualité et permettre, quel que soit le support utilisé, de l'identifier, de le localiser, de le joindre, de connaître le barreau auquel il est inscrit, la structure d'exercice à laquelle il appartient et, le cas échéant, le réseau dont il est membre.

1. CNB, AG 8 mai 2010, DCN n° 2010-002.
2. RIN, art. 10.3 ; CNB, AG 8 mai 2010, DCN n° 2010-002 ; mod. CNB, AG 10 oct. 2014, DCN n° 2014-001.
3. MOD. PAR Décr. n° 2005-790, 12 juill. 2005, art. 23.
4. CE 9 nov. 2015, req. n° 386296, NP ; *AJDA* 2016. 467 ; *D. avocats* 2015. 378, obs. L. Dargent.
5. Barreau de Paris, *Vade-mecum de la communication numérique de l'avoc*at, déc. 2020.
6. CNB, Commission des Règles et usages, *Vade-mecum de la communication des avocats*, 2e éd., déc. 2020.
7. RIN, art. 10 CNB, AG 8 mai 2010, DCN n° 2010-002 ; mod. CNB, AG 10 oct. 2014, DCN n° 2014-001 ; mod. par CNB, AG 20 et 21 nov. 2015, DCN n° 2015-002 ; Mod. par CNB, AG 3 avr. 2020, DCN n° 2019-005.
8. RIN, art. 10.1 ; CNB, AG 20 et 21 nov. 2015, DCN n° 2015-002 ; Mod. par CNB, AG 3 avr. 2020, DCN n° 2019-005.
9. RIN, art. 10.2 ; CNB, AG 3 avr. 2020, DCN n° 2019-005.

Il peut notamment faire mention :

– de sa ou ses spécialisations, ainsi que de sa ou ses qualifications spécifiques, régulièrement obtenues et non invalidées ;

– de ses domaines d'activités dominantes ;

– des missions visées à l'article 6 du présent règlement qui peuvent lui être confiées. Lorsqu'il agit dans le strict cadre d'une telle mission, il doit l'indiquer expressément.

Lorsque l'avocat communique sur la nature des prestations de services proposées, il doit procurer une information sincère.

Sont prohibées :

– toute publicité mensongère ou trompeuse ;

– toute mention comparative ou dénigrante ;

– toute mention susceptible de créer dans l'esprit du public l'apparence d'une structure d'exercice inexistante et/ou d'une qualification professionnelle non reconnue ;

– toute référence à des fonctions ou activités sans lien avec l'exercice de la profession d'avocat ainsi que toute référence à des fonctions juridictionnelles.

Seul l'avocat titulaire d'un ou de plusieurs certificats de spécialisation, ainsi que de sa ou ses qualifications spécifiques, régulièrement obtenus et non invalidés peut utiliser pour sa communication, quel qu'en soit le support, les mots « spécialiste », « spécialisé », « spécialité » ou « spécialisation » et le signe distinctif instauré par le Conseil national des barreaux pour symboliser la qualité d'avocat spécialiste.

L'information relative aux domaines d'activités dominantes, dont le nombre revendiqué ne peut être supérieur à trois, doit résulter d'une pratique professionnelle effective et habituelle de l'avocat dans le ou les domaines correspondants.

L'information relative aux spécialisations, aux qualifications spécifiques, aux domaines d'activités dominantes et/ou aux missions visées à l'article 6 du présent règlement, quel que soit le support, doit correspondre à l'avocat personne physique membre de la structure.

L'avocat qui communique sur ses spécialisations, ses qualifications spécifiques, et/ou ses domaines d'activités dominantes et/ou les missions visées à l'article 6 du présent règlement, ou modifie substantiellement cette communication, quel que soit le support, doit transmettre les termes de cette communication sans délai au conseil de l'Ordre. L'avocat doit, dans toute communication, veiller au respect des principes essentiels de la profession.

L'article 10.3 traite spécifiquement de la sollicitation personnalisée :

La publicité et la sollicitation personnalisée sont permises à l'avocat si elles procurent une information sincère sur la nature des prestations de services proposées et si leur mise en œuvre respecte les principes essentiels de la profession.

La sollicitation personnalisée prend la forme d'un message exclusif de toute démarche physique ou téléphonique. Sont exclus les messages textuels envoyés sur un terminal téléphonique mobile.

Il est interdit à l'avocat d'utiliser les services d'un tiers dans le but de contourner ces interdictions.

La sollicitation personnalisée précise les modalités de détermination du coût de la prestation laquelle fera l'objet d'une convention d'honoraires.

Toute publicité doit être communiquée sans délai au conseil de l'Ordre.

L'article 10.4[1] apporte des précisions complémentaires relatives à la présence dans les annuaires :

Dans le respect des dispositions communes à toute communication, l'avocat ou le cabinet d'avocat peut figurer dans tout annuaire, sous réserve que les mentions qui le concernent et le contenu de l'annuaire ne soient pas contraires aux principes essentiels de la profession.

L'avocat peut faire état de sa ou ses spécialisations et de sa ou ses qualifications spécifiques régulièrement obtenues et non invalidées, ainsi que de ses domaines d'activités dominantes résultant d'une pratique professionnelle effective et habituelle dans le ou les domaines revendiqués.

Les articles 10.5 et 10.6 sont abordés ci-après[2].

SECTION 2
DÉONTOLOGIE DE LA PRÉSENCE EN LIGNE

381.21 **Règles applicables au site internet.** C'est l'article 10.5 du RIN qui apporte quelques précisions concernant le site internet de l'avocat (modifications, nom de domaine, liens).

L'avocat qui ouvre ou modifie substantiellement un site Internet doit en informer le conseil de l'Ordre sans délai et lui communiquer les noms de domaine qui permettent d'y accéder.

Le nom de domaine doit comporter le nom de l'avocat ou la dénomination du cabinet en totalité ou en abrégé, qui peut être suivi ou précédé du mot « avocat ».

L'utilisation de noms de domaine évoquant de façon générique le titre d'avocat ou un titre pouvant prêter à confusion, un domaine du droit ou une activité relevant de celles de l'avocat, est interdite.

Le site de l'avocat ne peut comporter aucun encart ou bannière publicitaire, autres que ceux de la profession, pour quelque produit ou service que ce soit.

Il ne peut comporter de lien hypertexte permettant d'accéder directement ou indirectement à des

1. RIN, art. 10.4 ; CNB, AG 3 avr. 2020, DCN n° 2019-005.
2. V. s[s] n°s 381.21 et 381.24.

sites ou à des pages de sites dont le contenu serait contraire aux principes essentiels de la profession d'avocat. Il appartient à l'avocat de s'en assurer en visitant régulièrement les sites et les pages auxquelles permettent d'accéder les liens hypertextes que comporte son site, et de prendre sans délai toutes dispositions pour les supprimer si ce site devait se révéler contraire aux principes essentiels de la profession.

L'avocat participant à un blog ou à un réseau social en ligne doit respecter les principes essentiels de la profession.

L'article 19 du RIN[1] précise les règles applicables aux prestations juridiques en ligne et particulièrement à la présence des avocats sur les plateformes[2].

381.22 **Avis des clients.** En application de l'article 10.2 du RIN qui rappelle aux principes essentiels et prévoit que l'information donnée par l'avocat dans le cadre de sa communication doit être « loyale », il apparaît que des mentions dont on ne peut garantir ni la provenance, ni la véracité, ni l'objectivité sont contraires aux principes essentiels de la profession, notamment de probité et de modération[3].

De plus, la diffusion de ces informations, dont le nom du client ou des éléments permettant de l'identifier, ne peut être effectuée sans atteindre le secret professionnel dont l'avocat reste tenu, nonobstant l'accord de son client qui aurait accepté une telle diffusion d'informations.

Dans ces conditions, il n'est pas recommandé à l'avocat d'intégrer ou de se prévaloir de ce type d'informations au sein de sa communication, notamment son site internet[4].

381.23 **Mention des clients et des affaires traitées.** Le secret professionnel couvrant également l'identité de ses clients, l'avocat ne peut en aucun cas permettre d'identifier directement ou indirectement le nom de ses clients, et ce même avec leur accord. Une seule exception est admise en matière d'appels d'offres, sous réserve de l'accord des clients concernés.

Si un avocat souhaite communiquer sur des affaires ou dossiers traités, il est possible d'insérer à titre d'exemple un onglet ou un paragraphe « presse » permettant un renvoi à un article de presse ou une interview, le cas échéant.

S'agissant des documents publics ou d'accès public, telles que des décisions de justice, que ceux-ci pourraient être consultables sur le site internet de l'avocat, aux conditions cumulatives suivantes :

– obtenir préalablement l'accord de son client dont les intérêts personnels peuvent être impactés négativement par sa publication. En toute hypothèse, il est conseillé d'anonymiser le nom de son client, celui de la partie adverse et le nom de son conseil ;

– assortir les publications d'un commentaire indiquant que la décision est définitive ou, si elle ne l'est pas, qu'elle est frappée d'appel. Si elle a été réformée en appel, il n'est pas possible de la publier en application du principe essentiel de loyauté[5].

Ces recommandations émises par le barreau de Paris posent la question de la pratique de très nombreux cabinets de droit des affaires de procéder à une communication systématique des affaires dans lesquelles ils interviennent. Dès lors qu'une information est diffusée dans la presse et que le site internet du cabinet se fait l'écho de celle-ci, l'avocat n'enfreint pas le secret professionnel. Qu'en est-il si c'est le cabinet d'avocats qui est à l'origine de la communication initiale à l'organe de presse ? En tout état de cause, l'avocat ne doit envisager aucune communication sur une opération à laquelle il a participé sans l'accord de son client.

C'est donc une double précaution qui doit être prise : ne relayer que des informations déjà rendues publiques par des tiers et s'assurer de l'accord du client sur cette communication.

381.24 **Règles applicables aux réseaux sociaux.** Comme évoqué au dernier alinéa de l'article 10.5 du RIN, L'avocat participant à un blog ou à un réseau social en ligne doit respecter les principes essentiels de la profession.

La présence d'un avocat sur un réseau social s'apparente à une forme de publicité personnelle, dès lors qu'il est fait état de sa qualité d'avocat. Elle est donc soumise aux règles en la matière et notamment à l'article 10 du RIN.

Aux termes des articles 10.1 et 10.2 du RIN, la publicité est permise à l'avocat si elle procure une information au public et si sa mise en œuvre respecte les principes essentiels de la profession, sous réserve que leur présentation, leur emplacement ou leur contenu ne soit pas de nature à induire le public en erreur ou à constituer un acte de concurrence déloyale.

1. Décr. n° 2005-790, 12 juill. 2005, art. 20.
2. Sur l'offre de services en ligne, v. s[s] n°s 334.11 s.
3. La diffusion de commentaires faisant l'éloge de l'avocat ou de son cabinet, constitue un manquement aux principes de délicatesse, de modération, de dignité et de loyauté, étant observé que l'avocat est automatiquement responsable des commentaires publiés. (CNB Comm. RU, avis n° 2015-019 du 18 mai 2015 ; Paris, 18 déc. 2015).
4. Barreau de Paris, Vade-mecum de la communication numérique de l'avocat, déc. 2020.
5. Barreau de Paris, Vade-mecum de la communication numérique de l'avocat, déc. 2020.

Par ailleurs, la présence de l'avocat sur les réseaux sociaux n'exclut pas l'application des autres règles déontologiques, notamment en matière d'incompatibilités avec une activité commerciale.

L'avocat ne peut, en effet, sur son réseau social professionnel renvoyer à des comptes ou des sites n'ayant pas de lien avec la profession ou faire la promotion de sociétés commerciales n'ayant pas de lien avec son activité.

Contrairement à un site internet ou une sollicitation personnalisée, les publications professionnelles sur les réseaux sociaux ne sont pas soumises à une procédure préalable de validation par l'Ordre. Cependant, l'avocat doit, en toutes circonstances, respecter ses règles déontologiques, notamment la dignité, la probité, la délicatesse, la confraternité et la modération et la courtoisie.

Ainsi, ses publications et présentations devront refléter la réalité du cabinet, et veiller à la nature strictement professionnelle des publications.

Il n'est donc pas possible de faire figurer le nom de ses clients comme tel sur un réseau social. De même, s'il n'est pas interdit de mentionner comme contact le nom d'un professionnel - expert agréé, notaire, magistrat, etc. - cela doit être fait de façon neutre, sans mise en avant par l'avocat des fonctions ou profession de ses contacts [1].

SECTION 3
SOLLICITATION PERSONNALISÉE

381.31 **Définition et portée.** Avant la promulgation de la loi du 17 mars 2014 dite « Hamon » [2], le démarchage était interdit à l'avocat (Art. 1er du décret du 25 août 1972 [3] relatif au démarchage et à la publicité en matière de consultation et de rédaction d'actes juridiques). Depuis, la sollicitation personnalisée est permise à l'avocat. L'article 13 de cette loi a modifié l'article 3 *bis* de la loi du 31 décembre 1971 autorisant le recours à la sollicitation personnalisée : « Dans les conditions fixées par décret en Conseil d'État, l'avocat est autorisé à recourir à la publicité ainsi qu'à la sollicitation personnalisée. Toute prestation réalisée à la suite d'une sollicitation personnalisée fait l'objet d'une convention d'honoraires ».

C'est l'Article 10.1 du RIN qui définit la sollicitation personnalisée comme un mode de publicité personnelle et qui s'entend de toute forme de communication directe ou indirecte, dépassant la simple information, destinée à promouvoir les services d'un avocat à l'attention d'une personne physique ou morale déterminée.

L'article 10.3 en précise les modalités : Destinée à faire la promotion de l'activité du cabinet auprès de clients potentiels, la sollicitation personnalisée doit impérativement remplir les conditions prévues par l'article 10.3 du RIN notamment :

- procurer une information sincère sur la nature des prestations de services proposées ;
- être une sollicitation adressée à une personne, physique ou morale, nommément désignée ;
- prendre la forme d'un message exclusif de toute démarche physique ou téléphonique ;
- préciser les modalités de détermination du coût de la prestation et que ce dernier fera l'objet d'une convention d'honoraires ;
- elle doit préciser que le coût proposé fera l'objet d'une convention d'honoraires.

En tant que mode de publicité personnelle, elle est obligatoirement soumise à l'Ordre pour validation de son contenu.

La sollicitation personnalisée est une évolution notable dans la communication et la publicité des avocats car elle autorise des pratiques qui jusqu'alors relevaient du démarchage prohibé. Elle a aussi permis d'apporter un cadre à certaines pratiques déjà utilisées par les cabinets d'avocats consistant à envoyer des informations à des tiers qui n'étaient pas des clients du cabinet.

À titre d'exemples, constitueraient des sollicitations personnelles autorisées :

- une communication écrite adressée par un cabinet spécialisé en droit du travail à une entreprise de gardiennage et de sécurité expliquant que le cabinet a une expérience des questions de droit du travail liées à ce secteur d'activité ;
- une communication écrite adressée par un avocat praticien des recours administratifs à des habitants d'un village concerné par l'installation d'un parc éolien. (En revanche si ce même avocat contactait ces personnes par téléphone, ceci serait interdit par l'article 10.3).

Conformément aux termes du décret du 10 juillet 2005, les sollicitations personnalisées doivent préciser les modalités de détermination du coût de la prestation laquelle fera l'objet d'une convention d'honoraires. Pour le CNB, cette exigence de précision du mode de détermination des honoraires est satisfaite avec les mentions suivantes [4] :

- les prestations seront facturées selon un prix horaire ;
- les prestations seront facturées sur la base d'un forfait ;

1. Barreau de Paris, Vade-mecum de la communication numérique de l'avocat, déc. 2020.
2. L. n° 2014-344, 17 mars 2014 relative à la consommation, *JO* 18 mars, p. 5400, art. 15.
3. Décr. n° 72-785, 25 août 1972.
4. CNB, Commission des Règles et usages, *Vade-mecum de la communication des avocats*, 2e éd., déc. 2020.

– la prestation sera facturée à l'heure, ou sur une base forfaitaire, ou un abonnement, voire, des honoraires de résultats ;

– les prestations seront facturées au taux horaire suivant… ou sur la base du forfait suivant.

381.32 Utilisation limitée de la sollicitation personnalisée par les avocats. Malgré le vaste champ de possibilités ouvert par la sollicitation personnalisée, la profession a peu utilisé les facultés offertes par ce nouveau mode de communication. Les causes sont difficiles à établir. Elles résultent sans doute en partie des règles en matière de contrôle ordinal. La sollicitation personnalisée étant un mode de publicité personnelle de l'avocat, celle-ci doit être communiquée à l'ordre « sans délai ». Cette obligation doit se comprendre comme une communication « dès que possible »[1]. Si ce régime n'est pas un régime d'autorisation mais de contrôle du bâtonnier a posteriori, cette contrainte pèse sans doute sur la prise d'initiatives de sollicitation personnalisée.

Dans les barreaux où les avocats sont peu nombreux, il y a aussi une pudeur, voire une méfiance, à ne pas vouloir dévoiler ses stratégies ou ses ambitions en termes de développement.

Enfin, et plus généralement, il est possible que la sollicitation personnalisée soit encore considérée par beaucoup comme étant une pratique en décalage avec certains des principes essentiels de la profession.

SECTION 4
RÉFLEXION PRÉALABLE À UNE STRATÉGIE DE COMMUNICATION

381.41 Identité du cabinet : point de départ de la stratégie de communication et de marketing. La réflexion identitaire du cabinet d'avocats est le point de départ de la démarche en matière de marketing et de communication[2]. L'identité d'un cabinet d'avocats est composée de l'ensemble de ses caractéristiques passées et présentes. On peut parler d'ADN du cabinet d'avocats[3]. L'identité de chaque cabinet est unique. Travailler sur l'identité du cabinet consiste à rechercher les éléments de différenciation qui permettront au cabinet de concevoir une stratégie de communication efficace[4]. Elle sera véhiculée par tous les supports de communication du cabinet et notamment par son site Internet[5].

Cette réflexion est à mener en parallèle avec celle sur le positionnement du cabinet[6].

La recherche de l'identité du cabinet d'avocats n'est pas un travail d'imagination destiné à aboutir à une définition séduisante. Il s'agit d'un processus structuré d'observation et d'introspection. La réflexion doit se faire de manière collégiale avec ou sans l'aide d'un professionnel.

Il est fréquent que les cabinets d'avocats entament une démarche de communication en demandant à un cabinet de conseil comment présenter le cabinet. Ils s'attendent à ce que le professionnel leur apporte des réponses toutes faites. Ils omettent l'étape la plus importante : expliquer qui ils sont. Ce n'est que sur cette base que leur consultant ou cabinet de conseil ou les avocats eux-mêmes pourront mettre en place une communication efficace.

La première étape consiste en une réflexion collective entre associés. L'exercice suivant peut être réalisé : Chaque associé devra apporter dix réponses à la question « Qu'est-ce qui caractérise notre cabinet ? ». Le processus consistera alors à éliminer toutes les réponses qui auraient pu être données par un autre cabinet. Si, après ce travail d'élimination, il reste des réponses, il faut en faire la synthèse. C'est le début de la construction de l'identité du cabinet d'avocats.

Afin de structurer la réflexion, le cabinet réfléchira de manière chronologique.

– Les caractéristiques identifiantes du cabinet dans son passé : l'héritage du cabinet, tant en ce qui concerne le savoir-faire que les valeurs. Cet héritage permet d'asseoir les qualités présentes du cabinet sur la légitimité du passé.

– Les caractéristiques identifiantes du cabinet dans son présent : les compétences actuelles, les hommes qui composent le cabinet aujourd'hui et toutes les caractéristiques notables pouvant servir dans la présentation du cabinet.

– Les caractéristiques identifiantes du cabinet dans son avenir : ce que le cabinet souhaite devenir. Ce sont les directions choisies pour l'avenir du cabinet, fondées sur les compétences présentes, sur les perfectionnements ou améliorations en cours et sur le potentiel des jeunes avocats qui exercent déjà dans les rangs du cabinet.

381.42 Danger des lieux communs dans la définition de l'identité du cabinet. Interrogés sur les caractéristiques de leurs cabinets, les avocats mettent en avant des qualités telles que la réactivité, la disponibilité, la compétence, l'aptitude au travail en

1. F. Poirier, J.-L. Schermann, « Réforme de l'article 10 du RIN », CNB, AG 10 et 11 oct. 2014, p. 6.
2. À CE SUJET : « Advanced marketing strategies for law firms », *Findlaw white paper,* 2009, www.lawyermarketing.com
3. C. Chapman, S. Tulien, *Brand DNA : uncover your organization's genetic code for competitive advantage*, i-universe, 30 avr. 2010.
4. S. Burke, « How To Define Your Law Firm's Brand Identity », *Forbes*, juill. 2021.
5. V. s[s] n°s 383.11 s.
6. V. s[s] n°s 122.11 s.

équipe ou encore le respect de la déontologie. Or, ces caractéristiques sont attendues de la part de tous les cabinets d'avocats. Une stratégie de communication qui serait entièrement bâtie sur ces lieux communs ne fournit aucun élément distinctif. Le cabinet ne construit pas une image. Le public et les clients potentiels ne peuvent le distinguer d'un autre cabinet.

LES DESCRIPTIONS SUIVANTES figurent dans la présentation de trois cabinets d'avocats.

- CABINET 1

« La spécificité de notre cabinet réside dans le service personnalisé rendu à sa clientèle, dans les relations durables et de confiance qu'il entretient avec elle, et dans la double pratique du conseil et du contentieux, indispensable pour la compréhension de dossiers complexes, l'appréciation de risques éventuels et la maîtrise des objectifs de ses clients ».

- CABINET 2

« Notre cabinet est aux côtés de ses clients à tous les stades de l'action juridique pour sécuriser leurs défis et assurer la défense de leurs droits ».

- CABINET 3

« Nous accompagnons nos clients dans une approche partenariale facilitée par une véritable connaissance de l'entreprise. Dans notre cabinet, chaque avocat est le partenaire privilégié de l'entreprise qu'il conseille dans toutes les étapes d'opérations traditionnelles, complexes et/ou innovantes ».

La lecture de ces descriptions ne fournit aucun élément permettant d'identifier ces cabinets. Il est même possible que les cabinets auxquels correspondent ces descriptions ne puissent pas eux-mêmes se reconnaître.

Les cabinets sont trop nombreux à commettre l'erreur de construire leur présentation sur des lieux communs.

Ce phénomène est souvent dû à la recherche de dénominateurs communs entre l'ensemble des associés au lieu de mettre en avant la richesse qui résulte des différences de chacun et des spécificités du cabinet. Le résultat est une dilution des messages et un appauvrissement de la communication du cabinet.

381.43 **Valeurs et vision du cabinet**[1]**.** Les valeurs sont l'inspiration profonde du cabinet[2]. Ce sont les valeurs du cabinet qui poussent les avocats à donner le meilleur d'eux-mêmes. Les avocats du cabinet doivent s'interroger sur ce qui les pousse, ce qui les motive, ce qui guide leurs choix et leurs préférences. Ils trouveront là les vraies valeurs du cabinet.

La vision d'un cabinet est le projet partagé qui guide les avocats du cabinet. La vision d'un cabinet peut être constituée par un projet économique précis (développer un cabinet avec tel effectif ou présent dans tel endroit...) ou par un projet technique et intellectuel (développer un cabinet qui soit un spécialiste de référence dans tel domaine ou capable de fournir un service complet à tel type de client...).

381.44 **Histoire du cabinet.** Elle est un élément majeur dans la réflexion identitaire du cabinet car c'est l'histoire de chaque cabinet qui rend celui-ci unique. Les expériences vécues et les choix effectués au fil des années par un cabinet imprègnent son identité actuelle et permettent aux clients de ce cabinet de lui attacher une image et des qualités précises.

LE CABINET Cleary, Gottlieb, Steen & Hamilton[3] est un cabinet américain dont le principal bureau est situé à New York. Il dispose de douze bureaux dans le monde dont un bureau à Paris d'une centaine d'avocats. Qu'est-ce qui distingue ce cabinet des autres cabinets internationaux à Paris ? L'excellence de ses avocats, sa capacité à traiter des dossiers aux enjeux considérables ou son savoir-faire en matière boursière ? D'autres cabinets pourraient revendiquer de telles qualités. Un des fondateurs du cabinet Cleary, Gottlieb, Steen & Hamilton était George Ball qui a conseillé Jean Monnet sur la mise en œuvre du Plan Marshall après la Seconde Guerre mondiale. Le travail de George Ball a contribué à jeter les bases de la CECA et du traité de Paris de 1951, un des textes fondateurs de l'Union européenne. Le cabinet a ouvert un bureau à Paris en 1950 pour accompagner cette activité. Par son histoire, ce cabinet peut donc revendiquer une légitimité sur le marché français, une connaissance et une culture de la France et de l'Europe que d'autres cabinets américains n'ont pas. L'histoire du cabinet lui permet de se démarquer et de construire un message identitaire fort.

Un cabinet n'a pas besoin d'être ancien pour avoir une histoire, qui peut se bâtir à partir du parcours et des spécificités de ses jeunes associés.

En 2009, Emmanuel Daoud, Christine Carpentier et Julie Ferrari créent le cabinet Vigo. Ces trois associés étaient précédemment associés du cabinet du bâtonnier Mario Stasi. Les avocats du cabinet Vigo ont une activité essentiellement consacrée au droit pénal. Le passé des fondateurs, associés d'un ancien bâtonnier qui jouissait d'une très grande estime dans la profession, leur permet de revendiquer une pratique du droit pénal fondée sur une grande éthique avec la capacité de traiter des dossiers à la fois sensibles et complexes de la nature de ceux qui sont confiés à un « cabinet de bâtonnier ». Emmanuel Daoud est également engagé dans de nombreuses causes, il enseigne et écrit régulièrement, ce qui lui permet de s'exprimer sur de nombreux sujets. L'ensemble de ces facteurs permet

1. Dahut, « Law Firm Marketing, Sculpting your firm's identity », 2017, www.hgexperts.com
2. V. ss nos 121.31 s.
3. www.clearygottlieb.com

au cabinet d'avoir une identité claire et lisible pour le marché.

381.45 Identité du cabinet et messages communs[1]. Le cabinet doit être décrit de la même manière par tous les avocats qui y travaillent. La mise au point des messages du cabinet ne peut donc se faire qu'avec le concours et l'adhésion de tous les avocats du cabinet. Le discours commun renforce l'identité du cabinet à l'extérieur alors qu'une présentation mal coordonnée qui varie en fonction de la personne qui parle ne fait qu'affaiblir son image.

Cette règle est un des fondements de la publicité moderne. Des diffusions répétées d'un même message simple ont une portée surmultipliée par rapport à autant de diffusions de messages différents. Dans le premier cas, le produit ou service se forge une image forte dans l'esprit du public. Dans le second cas, la portée du message est anéantie par son caractère variable et compliqué.

Les différences de point de vue entre associés ont l'effet négatif de diluer le message du cabinet. Il arrive que des avocats associés parlent chacun de leur cabinet de manière si différente qu'un client potentiel ne pourrait deviner que ces avocats travaillent ensemble. Le message du cabinet est alors perdu.

381.46 Discours commun conforme à la réalité du cabinet. Les cabinets qui se développent avec succès sont ceux qui ont pris conscience du rôle central du projet entrepreneurial qui fédère les associés et leurs équipes. Ces cabinets comprennent ce qu'ils sont et où ils vont. En conséquence, ils vont pouvoir construire leur communication sur ces éléments. Cela signifie que les cabinets doivent baser leur message vis-à-vis de l'extérieur sur ce qu'ils sont et pas sur une projection de ce qu'ils voudraient être. La sincérité est la première composante d'un message lisible et efficace. Le message du cabinet d'avocats est un message informatif qui respecte les règles déontologiques.

381.47 Obstacles à la mobilisation des associés autour de l'identité du cabinet. Les avocats se montrent d'abord ouverts à la réflexion en matière de marketing et de communication, parce qu'ils y voient une possibilité d'augmenter leur chiffre d'affaires et de développer leurs cabinets. Cependant, la mise en œuvre d'une véritable stratégie de communication et de marketing peut rencontrer des résistances qui s'expliquent principalement par :

– la fragilité du lien entre certains avocats et leur cabinet : à Paris, particulièrement, l'instabilité des avocats et de leurs équipes est une difficulté pour de nombreux cabinets. Certains avocats vont donc se montrer très réticents à fonder une partie de leur communication sur des personnes ou des activités qui risquent de ne plus être là quelques mois plus tard ;

– les rivalités personnelles ;

– le manque chronique de participation de certains associés à la vie du cabinet ;

– la perception erronée que la communication sur des activités d'un associé font de l'ombre aux autres.

Les associés doivent se mobiliser pour le bien du cabinet au-delà de leurs intérêts propres et immédiats. Le succès individuel et les récompenses qui en découlent passent par la réussite collective du cabinet.

381.48 Résistances au changement lors de réflexion identitaire du cabinet. Quand un cabinet se lance dans une réflexion sur son identité avec le projet d'élaborer une stratégie de communication et de marketing, il prend une décision importante et engageante. La réflexion sur l'identité du cabinet peut aboutir à des découvertes et à un regard nouveau des avocats sur le cabinet au sein duquel ils sont réunis. Or, la démarche du cabinet ne sera couronnée de succès que si les associés acceptent les conséquences que ce regard nouveau peut avoir sur le fonctionnement du cabinet.

UN CABINET se perçoit comme un spécialiste des contrats de licence et de distribution. Or, le cabinet connaît une baisse constante de son chiffre d'affaires dans cette activité depuis cinq ans. Parallèlement, le même cabinet connaît une croissance de son activité de concessions de service public animée par deux jeunes associés très performants. Dans sa réflexion préalable à la mise en œuvre d'une stratégie de marketing et de communication, le cabinet se rend compte qu'il doit fonder une partie de sa stratégie sur cette nouvelle activité. Certains associés y voient une perte de leur pouvoir et de leur autorité dans le cabinet.

Les changements peuvent être ressentis de manière très différente par les associés d'un même cabinet[2]. Or, l'intérêt des individus et l'intérêt du cabinet se confondent à moyen et à long terme, même si les associés dont l'activité est en perte de vitesse n'auront pas cette impression sur le court terme. Accepter la réalité, même quand elle est douloureuse, permet au cabinet d'avancer et de s'adapter aux réalités nouvelles. Le cabinet qui accepte la remise en question saura se repositionner pour mieux avancer.

381.49 Priorités et budgets des actions de marketing et de communication. La mise en œuvre d'une stratégie de marketing et de communication n'est

1. Sur le discours du cabinet, v. s[s] n°s 122.31 s.

2. SUR la résistance au changement dans les cabinets d'avocats : « Overcoming lawyers'resistance to change », Thomson Reuteurs Insights, 2022.

pas réservée aux grands cabinets et aux budgets importants. Le cabinet, quels que soient les moyens dont il dispose, va déterminer une stratégie dans laquelle il tiendra compte de ses objectifs et de son budget pour décider des moyens d'action adaptés à mettre en œuvre.

Sur le plan budgétaire, il conviendra de regrouper les dépenses de communication et de développement pour que le cabinet ait une idée globale de l'ensemble de ses efforts consacrés non seulement à sa visibilité mais aussi au développement de sa clientèle ou de son chiffre d'affaires chez les clients existants.

Selon, un enquête réalisée aux États-Unis par la revue American Lawyer, les cabinets dépensent en moyenne entre 2,5 % et 5 % de leur chiffre d'affaires en dépenses de communication et de développement[1].

Au-delà de la somme, c'est surtout l'affectation de ce budget qui est important[2].

SECTION 5
NOM DU CABINET ET IDENTITÉ VISUELLE

381.51 **Évolution des règles applicables à la dénomination du cabinet**[3]. Alors que les sociétés d'exercice libéral, dont les règles de fonctionnement sont calquées sur celles des sociétés commerciales de la loi du 24 juillet [codifiée] 1966, pouvaient recourir aux noms de fantaisie, le RIN ne reconnaissait pas cette possibilité aux SCP qui ne pouvaient que recourir à une abréviation des patronymes des associés quand elles ne souhaitaient pas porter les noms des associés. La position était la même pour les associations pour lesquelles le CNB estimait que celles-ci ne pourraient avoir une dénomination de fantaisie sans prendre le risque de tromper le client puisque l'association n'est pas une véritable structure sociétale[4]. Le Rapport Darrois[5] a proposé de mettre fin à ces restrictions et différences qui ne se justifiaient plus de l'avis de l'ensemble de la profession.

L'article 30 de la loi du 28 mars 2011 lève toute restriction quant au choix du nom pour les SCP et l'article 31 en fait de même pour les sociétés en participation (dont le régime juridique peut être assimilé à celle de l'association d'avocats).

La dénomination sociale peut donc être librement choisie par les associés quelle que soit la forme juridique de la structure d'exercice. La liberté de dénomination concerne également les avocats exerçant à titre individuel.

L'article 10.6 du RIN[6] précise que « les dénominations s'entendent du nom commercial, de l'enseigne, de la marque, de la dénomination ou raison sociale ou de tout autre terme par lequel un avocat ou une structure d'exercice sont identifiés ou reconnus ».

Le même article précise que la dénomination, quelle qu'en soit la forme, est un mode de communication. Cette précision permet de faire entrer la question de la dénomination sociale dans le champ du contrôle ordinal de la publicité personnelle de l'avocat.

Enfin le texte précise que l'utilisation de dénominations évoquant de façon générique le titre d'avocat ou un titre pouvant prêter à confusion, un domaine du droit, une spécialisation ou une activité relevant de celle de l'avocat, est interdite.

L'ordonnance du 8 février 2023[7] se contente de préciser dans ses articles 12 (pour les SC) et 41 (pour les SEL) que le nom d'un ou plusieurs associés exerçant leur profession au sein de la société peut être inclus dans sa dénomination sociale.

381.52 **Généralisation du recours aux noms de fantaisie.** Les cabinets d'avocats sont de plus en plus nombreux à adopter des noms de fantaisie ou des marques pour la dénomination de leurs structures d'exercice. Cette pratique, marginale dans un premier temps, s'est répandue à tous les cabinets et l'imagination des avocats s'est révélée sans limites, si ce n'est celle du principe essentiel de la dignité.

Le monde anglo-saxon souvent précurseur de nombreuses tendances, n'a jamais adopté cette possibilité. La tradition des noms des associés fondateurs domine. Aucun des grands cabinets n'a renoncé aux noms de ceux qui sont à leur origine. Ceci peut s'expliquer par la grande ancienneté des principaux cabinets anglo-saxons qui auraient peu de raisons de changer de nom après avoir porté le même pendant plus d'un siècle.

381.53 **Divergences quant à l'intérêt d'un nom de fantaisie.** Le nom de fantaisie présente différents avantages mais il a ses détracteurs : Ceux qui considèrent que la marque fait du cabinet d'avocats un prestataire de services comme un autre en dénatu-

1. J. David, « How to Determine a Law Firm Marketing Budget », *Huffington Post*, 2015.
2. Sur les moyens de communication et de publicité, v. s^s^ n°s 382.11 s.
3. V. aussi H. Ader, S. Bortoluzzi, A. Damien, D. Piau, Th. Wickers, *Règles de la profession d'avocat*, 15e éd., « Dalloz action », 2016, n°s 462.41 s.
4. CNB, AG 9 et 10 sept. 2005, révision du règlement intérieur unifié.
5. *Rapport sur les professions du droit*, Commission Darrois, mars 2009.
6. RIN, art. 10.6 ; CNB, AG 3 avr. 2020, DCN n° 2019-005.
7. Ord. n° 2023-77, 8 févr. 2023 relative à l'exercice en société des professions libérales réglementées, *JO* 9 févr., n° 3.

rant la relation personnelle et non commerciale qui unit l'avocat à son client.

En revanche les partisans du nom de fantaisie mettront en avant :

– l'absence de hiérarchie entre les avocats dans la dénomination ;

– la recherche d'une culture d'entreprise autour d'un *affectio societatis* symbolisé par le nom ;

– la pérennité du nom au-delà de la présence de tel ou tel associé ;

– une mémorisation plus facile du nom par le public.

381.54 Nom du cabinet lié à une figure du barreau. Lorsqu'un cabinet est fondé par une figure importante du barreau, les associés peuvent souhaiter continuer à se rassembler autour du nom de cet avocat, même après son décès. L'héritage reste une notion importante chez les avocats et des cabinets sont fiers de continuer à porter les noms de leurs fondateurs.

QUAND IL S'AGIT, par exemple, d'anciens bâtonniers comme Lussan société d'avocats ou de juristes de grand renom comme c'est le cas pour le cabinet Jeantet Associés.

381.55 Critères de choix d'un nom de fantaisie. Les préfixes latins sont fréquemment choisis avec *lex* ou *juris* suivis de nombreuses variantes. Certains cabinets optent pour des noms de personnages célèbres ou des noms de rues ou d'avenues. D'autres font des choix originaux dont il est difficile de savoir s'ils apportent un avantage à leurs utilisateurs ou si, au contraire, ils peuvent poser des difficultés en termes d'image.

Les cabinets peuvent recourir aux services d'une société spécialisée dans le *naming*. Le nom doit être euphonique (agréable à l'oreille), avoir un sens ou évoquer quelque chose de positif. Si le cabinet envisage un développement à l'international, il veillera à ce que ce sens et cette euphonie soient exportables (*gift*, par exemple, signifie « cadeau » en anglais et « poison » en allemand). À cet égard, le terme « cabinet », polysémique et assez difficile à traduire, n'est pas forcément un bon choix. Il faut aussi être linguiste ! [1]

Face à ces choix, le cabinet veillera à ce que le nom soit simple à retenir tout en étant sérieux et respectueux de la dignité de la profession.

381.56 La relation entre le nom et la marque. Ce n'est pas le simple choix d'un nom de fantaisie qui en fera pour autant une marque. En marketing, la marque se définit comme un signe distinctif qui permet au consommateur de distinguer le produit ou service d'une entreprise de ceux proposés par les entreprises concurrentes. La marque constitue un repère pour le consommateur et éventuellement une « garantie ».

C'est en associant le nom du cabinet à un ensemble de caractéristiques, à une personnalité, une ambiance que celui-ci deviendra véritablement une marque.

381.57 Marque associée à l'identité visuelle du cabinet[2]. À l'occasion de leur création, les cabinets d'avocats ont de plus en plus recours à des professionnels qui leur fournissent des conseils dans la création d'une identité visuelle. Cette prestation peut englober à la fois le choix d'une dénomination, un logo, la réalisation de documents de présentation du cabinet et la conception d'un site Internet.

Un logos s'affranchit des difficultés d'orthographe ou de prononciation. On peut faire tenir un logo dans le coin d'une carte de visite alors qu'il est beaucoup plus difficile d'y placer cinq noms d'associés qui exigent tous de figurer dans le nom du cabinet.

La marque associée à un logo sera utilisée dans tous les documents du cabinet, en signature des emails, sur les plaquettes, newsletters et documents de présentation ou encore sur les crayons, stylos ou bloc-notes utilisés dans le cabinet et offerts aux clients.

Si la marque et le logo vont participer au message identitaire du cabinet et le renforcer, il faut toutefois en relativiser la portée. Un cabinet d'avocats ne vend pas des produits ou services de grande consommation pour lesquels l'impact visuel du produit est décisif dans l'impulsion d'achat par le consommateur.

381.58 Site internet du cabinet et identité visuelle. Le site internet du cabinet renforce l'importance de l'identité visuelle[3]. Avant l'avènement d'Internet, l'identité graphique et visuelle restait cantonnée au papier et aux plaquettes. Avec les sites Internet, l'importance de la présentation visuelle a pris une autre dimension. Le réflexe de tout client potentiel est d'aller visiter le site Internet du cabinet d'avocats qu'il s'apprête à rencontrer. Si un client a reçu plusieurs recommandations d'avocats de la part de relations professionnelles ou d'amis, il est possible qu'il fasse son choix en fonction de la qualité de la présentation d'un cabinet sur Internet. Le logo et la marque doivent donc s'analyser à la

1. L. Marino, « Nom d'un cabinet d'avocats ! », *D. avocats*, n°s 6-7, 2014.

2. POUR de nombreux exemples de communication autour de l'identité visuelle de cabinets d'avocats : www.thefirmidentity.com

3. SUR la communication sur internet, V. aussi, H. Ader, S. Bortoluzzi, A. Damien, D. Piau, Th. Wickers, *Règles de la profession d'avocat 2022/2023*, 17e éd., « Dalloz action », 2022, n°s 464.11 s.

lumière d'une stratégie globale de présentation du cabinet qui inclut le site Internet[1].

381.59 Nouvelles déclinaisons de l'identité du cabinet : décoration et son. Certains cabinets ont choisi d'associer leur communication graphique avec le décor de leurs bureaux.

Enfin, après les yeux, les cabinets soignent aussi les oreilles de leurs clients. Le choix de la musique d'attente du téléphone ou même de l'animation musicale du site Internet participent à créer l'identité du cabinet.

1. V. s[s] n°s 383.11 s.

CHAPITRE

382. Moyens de publicité et de communication

SECTION 0 ORIENTEUR

382.00 **Sommaire du chapitre.**

SECTION 1 SERVICES DES AGENCES DE COMMUNICATION, CABINETS DE CONSEIL ET RELATIONS PRESSE

382.11 **Aide apportée par les prestataires en matière de communication et de marketing.** La communication et le marketing sont devenus partie intégrante de la réflexion des cabinets d'avocats. Jadis réservée à une élite, la réflexion sur ces thèmes s'est démocratisée au point que des centaines de cabinets sans distinction de taille et de ressources font appel à des conseils en matière de communication, des attachées de presse, des agences de graphisme. Les cabinets qui en ont les moyens ont intégré la fonction de responsable marketing ou de directeur de la communication. Dans les autres cabinets, ce sont les associés qui se répartissent les activités de communication et de relations publiques.

La simple intervention d'un attaché de presse ou d'un spécialiste du marketing n'est pas, en elle-même, suffisante pour bouleverser la vie du cabinet. Cependant, la collaboration sur la durée entre ces professionnels et les avocats s'avère souvent bénéfique. L'intervenant extérieur a plusieurs atouts :

- il porte un regard extérieur sur le cabinet ;
- il a une liberté d'analyse et de parole ;
- il connaît le marché ;
- il a du temps, ce dont l'avocat dispose rarement.

Le succès d'une mission d'un prestataire extérieur reste cependant largement conditionné par la coopération dont fait preuve le cabinet et le temps que les avocats sont prêts à consacrer à l'accompagnement de la mission.

Pour choisir l'intervenant le mieux adapté, le cabinet cherchera à définir son besoin. Si les relations presse ou le conseil stratégique sont des prestations très différentes qui font appel à des compétences qui ne sont pas les mêmes, elles sont néanmoins complémentaires pour un cabinet d'avocats. Alors que le cabinet peut exprimer son besoin de manière simple – par exemple, le souhait de se développer – les moyens à mettre en œuvre sont souvent une combinaison de mesures qui relèvent à la fois de la communication, du marketing, de l'organisation interne du cabinet ou encore des choix stratégiques des associés. Les agences de communication connaissent ces difficultés et n'hésitent pas à faire intervenir des spécialistes quand se posent des questions qui ne relèvent pas directement de leurs compétences.

Les agences de communication et de relations presse sont en général les plus sollicitées par les cabinets. Celles-ci ont tendance à élargir leur offre de services.

Ainsi, l'agence Eliott & Markus, la plus importante des agences de communication spécialisées sur les cabinets d'avocats, propose les services suivants : conseil en stratégie, communication externe, relations presse et nouveaux médias, identité visuelle et Web, stratégie digitale, événements et networking.

382.12 Prestations des agences de communication. Ces prestations portent sur la conception des outils de présentation et site Internet du cabinet, l'organisation et le suivi des relations avec la presse et, d'une manière générale, sur l'ensemble des actions qui vont contribuer à la visibilité et à l'image du cabinet.

Les outils de communication permettent d'associer au cabinet des messages et des images, lui octroyant une personnalité propre dans l'esprit du public. Les agences de communication qui ont l'expérience des professions juridiques savent aider les cabinets à optimiser leur présentation. Ces prestataires travaillent avec des graphistes, des imprimeurs et des concepteurs de sites dont ils peuvent orienter le travail conformément aux intérêts et à l'identité du cabinet.

Les relations-presse[1] sont intéressantes pour les cabinets ayant régulièrement une actualité qui justifie des communiqués (recrutements, nouveaux associés, alliances, intervention dans des dossiers d'une certaine importance ou pour des clients connus) susceptibles d'être repris dans la presse. Les relations-presse vont également servir à relayer les articles écrits par les avocats ainsi qu'à obtenir des entretiens avec des journalistes.

382.13 Prestations des cabinets de conseil en stratégie en matière de développement. Les conseils en stratégie aident les cabinets à structurer leur réflexion en matière de développement et imaginer, organiser et coordonner les initiatives pouvant avoir un impact positif sur la croissance du chiffre d'affaires.

Le travail de développement peut avoir un impact profond sur l'organisation du cabinet. Les cabinets qui souhaitent progresser sur ce plan vont en effet chercher à instaurer de nouvelles procédures ou prendre de nouvelles habitudes qui vont participer au développement du chiffre d'affaires[2]. Dans les structures plus importantes, la fonction de responsable développement ou responsable marketing est de plus en plus souvent assurée par un cadre salarié du cabinet.

382.14 Relations presse : définition. Les relations presse consistent à transmettre aux différents supports de presse des informations relatives au cabinet ou à son activité qui sont susceptibles d'être reprises par les journalistes.

1. V. s[s] n°s 382.14 s.
2. Sur les actions visant à développer le chiffre d'affaires, v. s[s] n°s 323.12 s.

Les relations presse portent sur trois axes :

- la diffusion de communiqués destinés à être repris ;
- la recherche d'opportunités d'entretiens pour les avocats du cabinet ;
- la publication dans la presse d'articles rédigés par les avocats du cabinet.

Rien n'empêche l'avocat de rédiger et de diffuser ses propres communiqués ou de prendre contact avec des journalistes en leur proposant des entretiens ou des sujets. Cependant, la plupart des cabinets qui veulent entretenir des relations régulières avec la presse ont généralement recours aux services d'un attaché de presse ou d'une agence qui fournit cette prestation.

Beaucoup moins coûteuses que les insertions publicitaires dans les grands supports médiatiques, les relations presse permettent une communication fondée sur des informations pertinentes pour un lectorat ciblé.

382.15 Communiqués de presse. Traditionnellement, les cabinets d'avocats communiquent sur les événements suivants :

- arrivée ou nomination de nouveaux associés ;
- ouverture de nouveaux bureaux ;
- intervention dans des dossiers importants ;
- publications des avocats du cabinet ;
- participation à des événements ou des colloques ;
- organisation d'événements par le cabinet ;
- activités syndicales, politiques ou associatives des avocats du cabinet (quand le cabinet et les avocats concernés choisissent que ces actions sont de nature à promouvoir le cabinet et ne relèvent pas des seules initiatives individuelles de l'avocat) ;
- prix décernés aux cabinets ou présence dans des classements.

Ces événements font l'objet de communiqués diffusés aux journalistes ou aux supports de presse qui sont en général rédigés sur le modèle suivant :

- titre ;
- description de l'événement ;
- noms et rôles des intervenants ;
- description du cabinet.

EXEMPLES DE COMMUNIQUÉS

TITRE DU COMMUNIQUÉ

Hogan Lovell a conseillé SANEF pour l'acquisition de l'activité transport de CS

TEXTE

Paris, le…

Hogan Lovells a conseillé le groupe Sanef, un opérateur de service global et spécialiste des infrastructures de mobilité, dans le cadre de l'acquisition de l'activité Transport du groupe CS, un acteur majeur de la conception, de l'intégration et de l'exploitation de systèmes critiques.

Stéphane Huten et Xavier Doumen, associés, assistés d'Arnaud Deparday, au sein de l'équipe corporate d'Hogan Lovells, ainsi qu'Anne-Valérie Attias-Assouline chez Landwell pour les aspects fiscaux, conseillaient Sanef.

Christophe Perchet et Thomas Bourdeaut de l'équipe corporate de Davis Polk, ainsi que Christophe Moreau chez Nomos pour les aspects fiscaux, conseillaient le vendeur.

Le cabinet Hogan Lovells est un cabinet d'avocats qui... (présentation du cabinet).

TITRE DU COMMUNIQUÉ

JULIEN ANFRUNS REJOINT DS AVOCATS

TEXTE

Julien Anfruns rejoint DS Avocats en qualité d'associé dans l'équipe Droit Public des Affaires du Cabinet, animée par Jean-Marc Poisson et Nathalie Sultan, et vient compléter les offres d'accompagnement juridique de nos clients au service de leurs affaires en France et à l'international.

Le parcours public-privé de Julien Anfruns l'a conduit à exercer les fonctions de directeur juridique et financier d'un grand établissement public, de haut fonctionnaire puis de dirigeant de groupes industriels internationaux.

Il est expert en affaires réglementaires et sa pratique recouvre également le droit de l'environnement et le droit de la culture...

Ancien élève de l'ENA et Sciences-Po Paris, il a participé à la structuration de groupes industriels internationaux sur les questions de RSE et d'économie circulaire...

En tant que Directeur juridique et financier du musée du Louvre, il a pris part aux grands projets emblématiques de propriété intellectuelle tels que la négociation du Louvre-Abu Dhabi, le tournage du Da Vinci Code et les réformes du mécénat.

Julien Anfruns déclare : « *DS Avocats est l'un des rares cabinets capables de mettre un collectif de 400 avocats pluridisciplinaires internationaux à la disposition de ses clients. C'est la dimension bienveillante et flexible de l'offre que propose ce cabinet qui a motivé ma volonté de rejoindre ses équipes* ».

« *La personnalité et le parcours de Julien ainsi que son expérience des dossiers complexes constitueront une aide précieuse au service de nos clients notamment dans leurs transformations économiques à venir* », a ajouté Olivier Fages, président de DS Avocats.

Ce type de communiqué annonçant une arrivée ou une promotion a une double fonction. Le cabinet communique au marché sur le fait qu'il est dans une dynamique de croissance. Il communique aussi sur son développement dans un secteur. En rappelant le parcours de l'avocat, il informe les lecteurs sur les références et le sérieux de la personne concernée. Le communiqué est donc susceptible d'avoir un impact sur tous les clients ou clients potentiels envisageant de confier des dossiers de propriété intellectuelle au cabinet.

382.16 Recherche d'opportunités d'entretiens avec les journalistes. L'avocat ou la personne chargée des relations presse du cabinet va aussi rechercher des opportunités d'entretiens avec des journalistes. Alors qu'en matière pénale et dans les affaires très médiatisées, ce sont les journalistes qui sollicitent les avocats, dans les autres domaines, c'est souvent l'avocat qui doit prendre l'initiative. Les contacts peuvent être pris par approche directe mais également au moyen de communiqués.

CE COMMUNIQUÉ envoyé à des journalistes susceptibles de s'intéresser au domaine de la franchise a pour but de susciter des entretiens et donc des articles :

« À l'occasion du Forum de la franchise, qui se tient à Lyon au Palais du Commerce, François-Luc Simon, Avocat expert de la franchise, conseil aux franchiseurs et membre du Collège des Experts de la Fédération française de la franchise (FFF), se propose de vous rencontrer sur le stand de la FFF pour répondre à vos questions :

– La franchise est-elle un modèle pour résister face à la crise ?

– Quelle est la situation par secteur d'activité ? Immobilier, textile, restauration, lunetterie...

– Quel impact de la crise sur les négociations de contrats entre franchiseurs et franchisés ?

– Quelles évolutions dans les relations franchiseurs/franchisés ?

– Comment développer son réseau en Europe ? à l'international ?

– À quoi faut-il penser lorsque l'on signe un contrat ? »

382.17 Supports susceptibles de recevoir des communiqués de presse de cabinets d'avocats, de rechercher des entretiens avec des avocats ou des articles d'avocats[1]**.** Les supports susceptibles de recevoir et de publier les communiqués des cabinets d'avocats sont :

– les revues et publications spécialisées qui suivent le milieu du droit des affaires : *La Lettre des Juristes d'affaires, Juristes Associés, le Monde du droit, Agefi actifs, Décideurs, Capital finance, CF News* et, à vocation généraliste, *le Village de la Justice*. Ces titres spécialisés peuvent aussi s'intéresser à des articles rédigés par des avocats ;

– les quotidiens économiques et nationaux : les informations en provenance des cabinets d'avocats peuvent également trouver leur place dans les pages ou les rubriques spécialisées des grands quotidiens économiques (*Les Échos, La Tribune*) et les quotidiens nationaux (pages économiques du Figaro, ou pages société pour les questions touchant au droit des personnes...). Ces titres ne s'intéressent pas aux articles rédigés par les avocats, sauf exceptions. Aux

1. Sur les exemples de supports qui accueillent les publications d'avocats ou les entretiens avec les avocats, v. aussi s[s] n° 384.11.

publications « classiques », il faut rajouter le *Huffington Post*, ainsi que des supports 100 % Internet comme le *Cercle des Échos* (dont les critères de publication sont plus souples que pour le journal Les Échos) qui accueillent des textes rédigés par les avocats dès lors que les formats de l'éditeur sont respectés ;

- les publications spécialisées dans les secteurs d'activité qui intéressent les cabinets. Les publications professionnelles sectorielles sont très importantes pour les avocats. Il en est ainsi des revues lues par les professionnels du bâtiment, de l'hôtellerie de l'informatique ou d'autres secteurs. Les avocats qui s'expriment dans ces publications s'adressent à un lectorat qualifié qui correspond à leur domaine d'expertise. Ces publications s'intéressent aux articles rédigés par les avocats dès lors que ceux-ci sont compréhensibles pour le lectorat du titre ;

- les revues juridiques : elles accueillent les écrits des avocats, si ceux-ci ont un intérêt sur le plan du droit, après validation par leur comité scientifique.

Les journalistes développent aussi leurs propres réseaux d'avocats avec lesquels ils ont leurs habitudes dans les domaines susceptibles de les intéresser. Ceci est vrai pour la presse écrite comme pour la radio ou la télévision.

Tous ces supports doivent s'entendre sous leur forme papier et Internet. Au cours de ces dernières années, les relations presse des avocats ont beaucoup évolué. L'objectif de publier ou d'apparaître dans des garnds journaux est de plus en plus remplacé par un objectif d'une présence plus globale sur Internet[1].

382.18 Rapports entre les avocats et les journalistes. Dans leurs rapports avec la presse et les journalistes, il appartient aux avocats de s'adapter à leurs lecteurs, auditeurs ou spectateurs. Les propos doivent être courts et accessibles. Par déformation professionnelle, les avocats ont trop tendance à alourdir leurs déclarations et leurs explications dans un souci de précision. Le danger pour l'avocat est alors de voir ses propos coupés, tronqués et parfois déformés. L'avocat doit faire preuve d'une grande vigilance sur ce point et, dans la mesure du possible, toujours demander à relire les articles dans lesquels il est cité. Il faut savoir que cette demande n'est pas acceptée par tous les journalistes.

Quel que soit le média dans lequel il s'exprime, l'avocat doit connaître le format de son intervention. S'il ne le sait pas à l'avance, il doit interroger le journaliste à ce sujet avant l'entretien. En effet, si un avocat pense disposer de cinq minutes pour exprimer son point de vue alors qu'il dispose de 30 secondes, il court le risque de ne pas dire ce qu'il avait à dire avant d'être interrompu. Son propos sera tronqué et peut-être même faussé car la réponse pourra ne pas correspondre à la question posée. La question du format est essentielle pour la télévision et la radio mais elle est également importante pour la presse écrite. Si un journaliste n'envisage de retenir que deux ou trois citations prises dans un entretien d'une demi-heure, l'avocat doit le savoir pour pouvoir guider son interlocuteur vers l'essentiel et s'assurer que ce seront ces éléments qui seront extraits de l'entretien pour l'article définitif.

Lorsqu'un avocat soumet un article écrit à un support de presse ou média, il devra s'assurer du format attendu (nombre de signes) et s'y conformer.

L'avocat ne doit pas chercher à faire publier des articles qui soient trop élogieux de lui-même. Un avocat a été jugé coupable d'avoir toléré la publication d'un article trop louangeur sur ses relations avec les magistrats, ce qui était incompatible avec ses devoirs de dignité, de délicatesse et de discrétion[2].

SECTION 2
CONFÉRENCES, FORMATIONS ET SALONS PROFESSIONNELS

382.21 Fonction marketing des conférences, séminaires et salons professionnels. Toutes les occasions pour un avocat de rencontrer d'autres professionnels, des spécialistes ou même le public sont pour lui autant d'opportunités d'enrichir ses propres connaissances, son carnet d'adresses et de trouver de nouveaux clients.

Traditionnellement, le client venait à l'avocat. Dans le monde actuel, l'avocat doit aller vers le client. Il doit sortir du sanctuaire de son cabinet, se faire connaître et, le cas échéant, convaincre de ses qualités professionnelles. Le simple fait d'assister à une conférence ou un séminaire sans même en être un intervenant ou un organisateur peut s'avérer une source de nouveaux contacts. La difficulté principale de l'avocat sera toujours le temps. Il est difficile de prendre une journée (ou même une demi-journée) pour assister à une conférence alors que les dossiers et les clients attendent. En conséquence, l'avocat doit choisir avec soin les événements auxquels il assiste.

382.22 Avocats assistant à des conférences ou séminaires. Les avocats qui assistent à des conférences ou séminaires doivent veiller à :

- choisir des conférences fréquentées par des personnes qui pourraient devenir des clients : juristes

1. Sur la stratégie de contenu, v. s[s] n°s 385.21 s.

2. Toulouse, 27 févr. 1997, RG n° 5460/96.

d'entreprise, dirigeants de société, responsables de ressources humaines... ;

- choisir des conférences ou événements où se trouvent des prescripteurs potentiels ;

- préférer les conférences organisées par des associations ou syndicats professionnels, car elles attirent une population plus ciblée ;

- préférer les conférences qui se déroulent une fois par an et se répètent. L'avocat peut y prendre des habitudes et tisser des liens plus étroits avec les personnes qu'il y rencontre ;

- profiter des temps de pause pour parler avec les autres personnes présentes. Assister au déjeuner si celui-ci est proposé ;

- préférer les manifestations où tous les participants sont identifiés par des badges ;

- ne pas hésiter à établir un contact avec les organisateurs en vue d'une participation ultérieure en tant qu'intervenant ;

- ne pas repartir sans une liste des participants.

382.23 Avocats intervenant lors de colloques ou de séminaires. Les avocats qui interviennent lors de conférences ou séminaires doivent veiller à :

- n'intervenir que dans un domaine bien connu dans lequel l'avocat peut se montrer à son avantage ;

- préparer une présentation PowerPoint de l'intervention : chaque diapositive (*slide*) doit être lisible de loin et ne doit pas contenir tout le texte de l'intervention ;

- envoyer le texte de l'intervention par email aux organisateurs avant l'événement ;

- mettre la présentation de l'intervention sur une clé USB ;

- par précaution, prendre avec soi un ordinateur même si les organisateurs en ont prévu un sur place ;

- se renseigner au préalable sur la durée prévue de l'intervention et chronométrer préalablement sa propre intervention ;

- repérer les parties de sa présentation sur lesquelles il sera possible de passer rapidement sans donner l'impression de bâcler l'intervention (ceci est très utile quand les organisateurs ont pris du retard et pressent l'intervenant de finir) ;

- si possible, demander que le support de l'intervention soit distribué à toutes les personnes présentes et y indiquer son nom et toutes ses coordonnées ;

- obtenir une liste de tous les participants ou inscrits avant l'événement pour que l'intervention soit parfaitement adaptée à l'auditoire ;

- rester pour la pause s'il y en a une après son intervention ;

- rester pour la journée ou pour toute la durée de l'événement si c'est possible ;

- prévenir l'attaché de presse ou le responsable marketing du cabinet (s'il y en a un) de sa participation à l'événement ;

- engager le débat avec le public ou les autres intervenants au moment des questions, s'il y en a, pour créer des liens avec les intervenants et avec la salle ;

- parler au plus nombre de personnes.

382.24 Participation aux salons professionnels. Un cabinet peut disposer d'un stand sur un salon professionnel. Ainsi, certains cabinets d'avocats choisissent d'être présents dans des salons tels que Salon des entrepreneurs, au MIPIM (Salon international de l'immobilier), au Salon de la franchise.

Ces manifestations sont coûteuses. Pour un cabinet, il est intéressant d'associer la location d'un stand à la participation à des tables rondes ou débats dans le cadre de la manifestation pour garantir une visibilité à la hauteur de l'investissement.

382.25 Organisation de conférences ou de formations par le cabinet. Une conférence, un séminaire ou une séance de formation n'est pas forcément un grand événement dans les salons d'un grand hôtel. Des événements se déroulant au cabinet, bien calibrés pour leur auditoire peuvent avoir autant de portée pour l'intervenant ou l'organisateur[1].

L'organisation de formations ou de conférences en interne au cabinet auxquelles sont invités des clients est un moyen efficace d'augmenter le chiffre d'affaires du cabinet auprès de ses clients existants. Or, les clients existants constituent la première source d'augmentation du chiffre d'affaires à court terme pour les cabinets. Les clients, quant à eux, sont toujours heureux d'être invités à une conférence où ils sont susceptibles de compléter leurs connaissances, où leur avocat est mis en valeur et où ils ne sont pas facturés. Outre les clients, le cabinet peut inviter d'autres contacts, des clients potentiels, des prescripteurs ou des journalistes.

Avant de lancer les invitations, le cabinet s'assurera que la présence simultanée de certains de ses clients dans un même endroit n'est pas susceptible de créer des problèmes.

Les petits-déjeuners thématiques sont la variante la plus répandue des conférences ou formations organisées par les cabinets d'avocats car elles permettent de réunir un auditoire sans exiger de celui-ci le sacrifice de sa journée de travail.

382.26 Conférences et formation continue. Les conférences ou formations organisées par un cabinet peuvent, à certaines conditions, être homo-

1. Sur la formation des clients par les avocats aussi, v. s^{s} n°s 432.11 s.

loguées dans le cadre de la formation continue obligatoire des avocats[1]. Les cabinets organisateurs de conférences peuvent aussi les ouvrir à d'autres confrères.

382.27 Conseils aux cabinets d'avocats organisateurs de conférences ou de formations. Les cabinets d'avocats qui organisent des conférences ou des formations profiteront plus pleinement des retombées potentielles en termes de marketing de ces événements en suivant les recommandations suivantes :

- choisir un horaire pratique pour le plus grand nombre. Les matins sont plus faciles à intégrer dans un emploi du temps que les soirs ;
- choisir des thèmes précis qui reflètent le savoir-faire du cabinet et les domaines sur lesquels le cabinet veut se faire connaître ;
- choisir des thèmes qui ont une répercussion claire et concrète pour les clients ;
- prévoir une configuration dans laquelle les personnes présentes sont confortablement installées et peuvent entendre et voir l'intervenant tout en prenant des notes ;
- distribuer la version papier des interventions ;
- parler du cabinet, de manière très brève. L'auditoire n'est pas venu pour une opération publicitaire ;
- distribuer une feuille d'évaluation permettant de recueillir les appréciations et les commentaires des invités ;
- respecter l'horaire.

Chaque opération ne sera pas nécessairement un succès. Un échec ne doit pas décourager le cabinet de prendre d'autres initiatives.

SECTION 3
ÉVÉNEMENTIEL

382.31 Impact de l'événementiel. L'événement marque la mémoire. Il ne s'agit pas ici d'événements « techniques » tels que les conférences ou formations mais des manifestations festives qui peuvent être organisées par un cabinet d'avocats. Les textes et le RIN sont muets sur cette forme de communication qui peut avoir un impact fort en termes d'image.

La privatisation d'un lieu culturel est un choix prisé par les cabinets qui en ont les moyens.

La stratégie de l'événementiel a un avantage sur d'autres modes de communication : elle sert autant aux relations publiques qu'à renforcer la cohésion du cabinet. Au-delà des clients ou prospects, l'évènement peut être élargi aux amis du cabinet, aux compagnes, épouses, maris ou compagnons des associés et collaborateurs. Toutes ces personnes se mélangent dans un contexte différent. C'est l'occasion de créer des liens nouveaux qui vont venir renforcer ceux de la relation strictement professionnelle. Les évènements suscitent aussi une fierté et un fort sentiment d'appartenance au cabinet.

L'événementiel reste cependant très coûteux. Si les événements participent à l'image, leur caractère éphémère fait qu'ils restent réservés aux cabinets qui peuvent les organiser sans se mettre en risque sur le plan financier.

382.32 Facteurs de réussite de l'événementiel. Un événement réussi laisse une impression forte. Un événement qui ne l'est pas laisse également une empreinte durable. Compte tenu des budgets souvent élevés consacrés à l'organisation d'événements, le cabinet doit apporter le plus grand soin au choix de l'événement et à son organisation.

382.33 Conseils pour un cabinet qui organise un événement. Pour la réussite de son événement, le cabinet pourra tenir compte des recommandations suivantes :

- les clients aiment être associés à des moments importants de la vie d'un cabinet d'avocats : anniversaire, ouverture de bureau, candidature d'un associé au bâtonnat ou au conseil de l'Ordre... La participation des clients à ces festivités renforce leur sentiment de proximité avec le cabinet ;
- les discours, s'il y en a, doivent créer une émotion et doivent être l'occasion de remercier les personnes présentes ;
- la privatisation d'un lieu normalement ouvert au public crée une impression d'exclusivité et de traitement de faveur qui valorise les invités ;
- l'invitation à un spectacle ou un concert suivi d'un cocktail ou d'un dîner est une formule très adaptée à un petit groupe d'invités de marque ;
- un petit cadeau avec lequel les invités peuvent repartir laisse une empreinte supplémentaire de l'événement. Un presse-papiers, un objet marqué au nom du cabinet qui reste sur un bureau... seront des rappels durables de l'événement et du cabinet ;
- dans le cas d'événements plus insolites avec des activités physiques (courses de karting, parties de football...), ceux-ci ne doivent pas exclure une partie des personnes présentes ;
- quand les invités sont nombreux, les membres du cabinet doivent porter des badges pour être identifiables ;
- les collaborateurs du cabinet doivent se mélanger aux invités et engager la conversation. Ce sont aussi des ambassadeurs du cabinet ;
- les jeudis et mardis sont à préférer aux lundis ou vendredis ;

... et il faut recevoir avec générosité.

1. V. s^s n° 431.11.

SECTION 4
PUBLICITÉ

382.41 **Publicité et principes essentiels**[1]. La publicité personnelle[2] était interdite à tous les avocats jusqu'en 1991. Depuis cette date[3], la publicité personnelle est autorisée à condition qu'elle soit mise en œuvre de manière conforme aux principes essentiels de la profession[4]. Les dispositions relatives à la publicité et à la communication de l'avocat sont contenues dans l'article 10 du RIN.

L'article 10.2 rappelle les mentions interdites dans toute communication ou publicité :

- toute publicité mensongère ou trompeuse ;
- toute mention comparative ou dénigrante ;
- toute mention susceptible de créer dans l'esprit du public l'apparence d'une structure d'exercice inexistante et/ou d'une qualification professionnelle non reconnue ;
- toute référence à des fonctions ou activités sans lien avec l'exercice de la profession d'avocat ainsi que toute référence à des fonctions juridictionnelles.

Le conseil de l'Ordre de Paris avait, le 29 juin 1993, sanctionné un avocat dont la plaquette de son cabinet le présentait comme « l'homme qui monte » ou disait encore qu'« il n'est pas un homme comme les autres ». Jusqu'à sa version la plus récente, l'article 10 interdisait les mentions laudatives. Dans sa rédaction actuelle, le RIN interdit les mentions comparatives et dénigrantes mais il n'est plus fait référence au caractère laudatif.

382.42 **Publicité par voie de presse.** Les insertions publicitaires dans la presse ou les encarts dans des annuaires sont autorisés et la jurisprudence en a défini quelques contours. L'insertion dans la presse d'un encart publicitaire pour un cabinet d'avocat a été admise par un arrêté du conseil de l'Ordre de Paris du 5 janvier 1999[5] et concernait le Cabinet Thieffry et Associés. Il s'agissait en l'espèce d'une publicité très sobre diffusée dans un quotidien national. La forme et les mentions de ce message publicitaire ont été considérées par le conseil de l'Ordre comme conformes à la dignité de la profession. Il n'en avait pas été considéré de même à propos de la diffusion répétée toutes les semaines d'encarts publicitaires dans des journaux d'annonces gratuits[6].

À la différence de la publicité institutionnelle organisée par la profession, la publicité par la voie des grands médias n'est pas très efficace pour les cabinets d'avocats. Malgré la décision du conseil de l'Ordre de Paris de 1999 qui ouvrait la voie à la publicité par voie de presse, les avocats ont peu recours à la publicité classique sur les grands supports tels que la presse généraliste. La publicité sur les grands médias, adaptée pour la communication institutionnelle de la profession, reste très chère par rapport aux moyens dont dispose un cabinet d'avocats, même important. Les avocats ont compris qu'il valait mieux viser un public spécialisé et restreint en privilégiant des moyens de communication et de marketing plus adaptés.

Toutefois, depuis l'autorisation de la publicité sur tous les supports[7], le premier cabinet à diffuser une publicité à la télévision a été le Cabinet Coll[8], un cabinet généraliste disposant de moyens limités. Le cabinet LBMB a diffusé dans le métro des affiches publicitaires proposant ses services en matière de recours contre les TEG appliqués par les banques. Ces exemples restent marginaux, voire uniques.

Il doit être précisé que toute publicité télévisée doit faire l'objet d'un contrôle et d'un avis positif de l'Autorité de régulation professionnelle de la publicité (ARPP) avant diffusion.

382.43 **Parutions dans les annuaires.** L'article 10.4 du RIN[9] autorise les avocats à figurer dans les annuaires dans le respect des dispositions communes à toute communication et sous réserve que les mentions qui le concernent et le contenu de l'annuaire ne soient pas contraires aux principes essentiels de la profession. Les annuaires sont considérés comme un support de publicité au sens de l'article 10.

L'avocat peut faire état de sa ou ses spécialisations et de sa ou ses qualifications spécifiques régulièrement obtenues et non invalidées, ainsi que de ses domaines d'activités dominantes résultant d'une pratique professionnelle effective et habituelle dans le ou les domaines revendiqués.

Les annonces publicitaires à des fins de recrutement sont également admises dans les annuaires professionnels. La Cour de cassation admet également que le recours au dispositif d'affichage prioritaire proposé par les Pages Jaunes ne porte pas atteinte aux obligations de discrétion et de dignité qui pèsent sur l'avocat[10].

382.44 **E-mailing.** La collecte de données à caractère personnel, ainsi que l'envoi de messages

1. V. s[s] n° 381.11.
2. SUR la publicité personnelle, H. Ader, S. Bortoluzzi, A. Damien, D. Piau, Th. Wickers, *Règles de la profession d'avocat 2022/2023,* 17e éd., « Dalloz action », 2022, n°s 463.11 s.
3. Décr. n° 91-1197, 27 nov. 1991 organisant la profession d'avocat, *JO* 28 nov., p. 15502.
4. RIN, art. 10.3.
5. Conseil de l'Ordre de Paris, 5 janv. 1999, *D.* 2000. Somm. 149, obs. Blanchard.
6. Paris, 31 mai 1995, *BICC* 15 sept. 1995, n° 907.
7. CE 9 nov. 2015, req. n° 386296, *inédit au Lebon ; AJDA* 2016. 467 ; *D. avocats* 2015. 378, obs. L. Dargent.
8. Diffusion sur BFM TV et France 3 en avril 2016.
9. RIN, art. 10.4 ; CNB, AG 3 avr. 2020, DCN n° 2019-005.
10. Civ. 1re, 6 déc. 2007, n° 06-16.072, NP ; *JCP* 2008. I. 123, obs. Martin.

par courrier électronique doivent être conformes à la réglementation en vigueur.

Les données à caractère personnel doivent être collectées et utilisées de manière loyale et licite. Préalablement à la collecte de données à caractère personnel, les personnes concernées doivent notamment être informées de la ou des finalités du traitement des destinataires des données, de l'existence et des modalités d'exercice des droits d'interrogation, d'accès, d'opposition, de rectification ainsi que de tout transfert hors de l'Union européenne.

L'avocat prescripteur doit s'assurer, sauf exception dans des conditions strictement déterminées, que le principe du consentement préalable des personnes concernées à la réception de communications par courrier électronique est respecté, faute de quoi sa responsabilité peut être engagée. C'est le système dit de « l'opt-in » : « Est interdite la prospection directe au moyen de système automatisé de communications électroniques au sens du 6° de l'article L. 32, d'un télécopieur ou de courriers électroniques utilisant les coordonnées d'une personne physique, abonné ou utilisateur, qui n'a pas exprimé préalablement son consentement à recevoir des prospections directes par ce moyen. »[1]. Ainsi, la prospection par courrier électronique à partir d'adresses de courriers électroniques collectées dans les espaces publics de l'internet (sites web, annuaires, forum de discussion...) est interdite. Seules peuvent être utilisées les adresses de courriers électroniques collectées de manière loyale et licite auprès de la personne concernée qui a, par ailleurs, exprimé son consentement préalable à l'envoi de prospections par l'avocat. En toute hypothèse, la personne concernée doit se voir offrir un moyen de s'opposer à recevoir des messages de prospection directe lors de chaque envoi.

L'avocat, responsable du traitement, doit informer tout tiers destinataire (bureaux secondaires, cabinets partenaires, etc.) ayant eu accès aux coordonnées de la personne pour qu'il prenne en compte l'exercice de ce droit d'opposition sauf si la personne concernée en décide expressément autrement[2].

SECTION 5
LETTRES D'INFORMATION (*NEWSLETTER*), ENQUÊTES ET LIVRES BLANCS

382.51 Règles applicables aux lettres d'information. Lorsqu'il diffuse des informations par voie électronique à une base de clients, clients potentiels ou contacts, le cabinet devra se conformer aux obligations de la réglementation informatique et libertés et des données personnelles[3]. Le principe est qu'il n'y a pas d'envoi sans accord préalable du destinataire. Il est cependant fait exception à cette règle si le destinataire est déjà client du cabinet. Dans ce dernier cas, l'accord préalable n'est pas exigé mais le destinataire doit toujours avoir la possibilité de s'opposer à l'utilisation de ses coordonnées.

382.52 Contenu des lettres d'information. La plupart des cabinets qui mettent en place ces lettres d'information cherchent prioritairement à fournir à leurs clients un instrument de veille juridique. Cette veille englobe l'actualité législative et réglementaire et celle de la jurisprudence. En fonction du profil des clients du cabinet, il est recommandé d'adapter les informations au public visé. Aussi, le cabinet communiquera essentiellement sur des informations qui correspondent à ses domaines d'intervention.

La lettre d'informations envoyée par un cabinet ne doit pas se contenter de diffuser une information brute disponible par ailleurs. La valeur ajoutée d'une lettre d'information de cabinet d'avocats résulte de la pertinence pour le destinataire de l'information sélectionnée et du commentaire que le cabinet associera à l'information. Le commentaire fait par le cabinet va qualifier l'information aux yeux du client et va la rendre pertinente. Il ne s'agit pas de rédiger un commentaire développé mais d'expliquer en quelques mots les raisons pour lesquelles telle information est pertinente pour le client.

Les cabinets qui ont une actualité propre dont ils souhaitent faire part à leurs clients pourront la diffuser dans ces lettres d'information en respectant le secret professionnel ainsi que les principes essentiels de la profession.

382.53 Fonction marketing des lettres d'information. Les lettres d'information ont trois objectifs concomitants :

– l'information du client. Elles lui procurent une information utile et pertinente par rapport à ses besoins ou préoccupations. Le format de l'information doit être adapté par le cabinet aux capacités de compréhension et d'assimilation du client. Ainsi, le cabinet cherchera à extraire d'un texte ses aspects les plus intéressants plutôt que de diffuser le texte dans sa version complète. Le cabinet apportera le commentaire et l'analyse nécessaires à une interprétation claire par le client. La portée d'un nouvel arrêt sera expliquée ;

– la fidélisation du client. Les lettres d'information ont pour but de rappeler au client que le cabinet veille à ses intérêts même lorsqu'il n'y a pas de

1. Code des postes et des communications électroniques, art. L. 34-5.
2. CNB, Commission des Règles et usages, *Vade-mecum de la communication des avocats*, 2e éd., déc. 2020 – les obligations de la réglementation informatique et libertés.
3. V. ss n° 383.13.

dossiers en cours. Le cabinet souhaite que le client puisse compter sur lui comme une source d'information régulière et fiable pour tout ce qui concerne son environnement juridique ;

– la création de nouveaux besoins. L'information diffusée au client (ou au client potentiel) est destinée à susciter un intérêt mais aussi des interrogations. Le destinataire, informé d'une actualité juridique qui le concerne, va poser de nouvelles questions à son avocat. Dans quelle mesure est-il concerné ? Doit-il prendre des dispositions pour s'adapter aux changements de son environnement législatif et réglementaire ? Doit-il modifier ses contrats ou les documents avec lesquels il a l'habitude de travailler ? Ces questions, suscitées par la diffusion de la lettre d'informations du cabinet, vont alimenter l'activité du cabinet.

382.54 Méthode de réalisation des lettres d'information. La lettre d'information du cabinet est un instrument de sa mise en valeur. Le cabinet apportera donc un soin particulier dans sa réalisation. La lettre d'information portera le nom du cabinet, son éventuel logo et ses couleurs. Son format sera le même d'une diffusion sur l'autre afin que les destinataires puissent rapidement y trouver leurs points de repère et s'approprier l'outil. La diffusion sera régulière pour susciter une attente du client.

Un cabinet qui dispose de peu de moyens matériels et humains peut parfaitement avoir sa propre lettre d'information. Il doit simplement veiller à s'engager sur un format et une périodicité qui corresponde à ses capacités de travail. Une lettre d'information de deux pages avec une diffusion trimestrielle reste un instrument utile pour le client et valorisant pour le cabinet si elle est réalisée avec soin.

Sur le plan technique, pour que le document soit propre dans sa présentation, la lettre d'information doit être diffusée sous la forme d'un document attaché à un courrier électronique. Il ne faut pas chercher à envoyer des informations dans le corps même du courrier électronique car les différences entre les messageries peuvent modifier la présentation du contenu.

L'identité des destinataires de la lettre d'information sera cachée. Pour ceci, le cabinet mettra les adresses email de tous les destinataires de la lettre en copie cachée et mettra l'adresse du cabinet émetteur en destinataire principal.

382.55 Lettre d'information mutualisée. Afin que les cabinets d'avocats puissent diffuser des lettres d'information à leurs clients sans avoir à les préparer eux-mêmes, certains prestataires ou éditeurs proposent ce service. Le cabinet se contente alors de personnaliser et de diffuser une lettre préformatée. Si le cabinet n'a pas apporté sa propre valeur ajoutée au contenu diffusé, ceci risque d'être perçu par le destinataire.

382.56 Envois ponctuels d'informations. Les cabinets qui souhaitent éviter les contraintes liées à une diffusion périodique régulière préféreront la diffusion d'informations ponctuelles au gré de l'actualité juridique ou de l'actualité du cabinet. Il est cependant vivement recommandé de respecter une certaine régularité.

L'envoi ponctuel d'informations présente de nombreux avantages. Il permet de réagir plus vite à l'actualité en évitant d'attendre la date de diffusion de la lettre d'information. Il permet de mieux cibler les informations à l'aide de fichiers organisés en fonction des domaines d'intérêt des destinataires.

382.57 Enquêtes, rapports et livres blancs. Les cabinets d'avocats cherchant une visibilité médiatique peuvent être tentés par la réalisation d'une enquête ou la rédaction de rapports ou d'un livre blanc. De telles initiatives sont consommatrices de temps et de ressources et sont donc prioritairement entreprises par les grands cabinets.

À l'origine, un livre blanc est un recueil d'informations factuelles destiné à un public déterminé pour l'amener à prendre une décision sur un sujet particulier. Dans le contexte politique, il permet notamment à des institutions privées ou publiques de publier un message officiel sous forme d'état des lieux sur un domaine d'intérêt public. Son caractère institutionnel s'est modifié avec le temps. Les livres blancs trouvent aujourd'hui un nouvel emploi dans un contexte non officiel, tel celui qui a trait aux activités économiques. La communication d'entreprise, par l'intermédiaire du marketing, des relations publiques et d'internet, tire parti de l'efficacité de ce nouvel outil de développement commercial interactif.

Les cabinets anglo-saxons ont été les premiers à généraliser cette pratique sous le nom de *White Paper*. Ces cabinets publient régulièrement de très nombreux rapports sur les évolutions de la conjoncture ou sur des sujets juridiques et économiques qui intéressent leurs clients.

382.58 Intérêt médiatique des enquêtes, rapports et livres blanc. L'intérêt de ce type de travail sur le plan médiatique est qu'il est facilement repris par des journalistes qui peuvent s'en servir comme socle pour un reportage ou un article. Dans la mesure où le travail effectué par le cabinet consiste essentiellement à rassembler des données factuelles et objectives, les journalistes et le public peuvent y voir un intérêt plus important que la simple expression de l'opinion d'un individu dans un article.

Une fois mis en ligne, ces documents constitueront des sources fiables pour des recherches. Cette visibilité et légitimité qu'en tire un cabinet font partie de la stratégie de gestion du contenu du cabinet[1].

SECTION 6
RECRUTEMENT COMME OUTIL DE MARKETING ET DE COMMUNICATION

382.61 Impact du recrutement sur l'image du cabinet. Les cabinets d'avocats comprennent de mieux en mieux l'importance du recrutement pour construire leur réputation et leur image. Le recrutement est non seulement un élément fondamental de la stratégie et de l'organisation d'un cabinet d'avocats[2], c'est aussi l'occasion de faire passer des messages forts. En effet, un cabinet d'avocats est valorisé par :

- la qualité de ses recrues ;
- sa politique de rémunération ;
- son pouvoir d'attraction pour les jeunes avocats.

Dans la communauté des avocats les informations circulent vite. Ainsi, si de jeunes recrues choisissent un cabinet plus petit et moins connu, plutôt que d'accepter une proposition d'un des grands cabinets d'affaires, l'information est sûre de circuler. Le cabinet qui aura réussi à capter des candidats recherchés au détriment de grands cabinets en tirera une visibilité sur le marché.

382.62 Forum de recrutement (*job fair*)[3]. Les forums de recrutement ou *jobs fairs* sont des journées de recrutement organisées par certaines écoles d'avocats, les grandes écoles et certaines facultés. Ces journées permettent à un grand nombre d'étudiants et d'employeurs de se rencontrer en un même lieu au cours de la même journée. En général, les candidats envoient préalablement leurs CV aux cabinets ou entreprises qui seront présentes au forum de leur université ou école. Le cabinet ou l'entreprise effectue une sélection et tous les candidats sélectionnés seront rencontrés lors du forum.

Outre l'intérêt évident qu'il y a pour un cabinet à pouvoir rencontrer de nombreux candidats de qualité le même jour (tout en faisant l'économie des honoraires d'un cabinet de recrutement), les *jobs. fairs* donnent la possibilité à un cabinet d'être présent aux côtés des cabinets les plus prestigieux. Les grands cabinets internationaux sont traditionnellement les principaux recruteurs lors des forums pour l'emploi mais tous les cabinets peuvent s'y inscrire. Le cabinet présent sera aussitôt visible, à la fois pour les candidats mais également pour les autres avocats présents.

382.63 Communication autour des recrutements. Les informations concernant les mouvements d'un cabinet à un autre ainsi que les informations sur le recrutement sont des indicateurs de la santé d'un cabinet.

Un cabinet a tout intérêt à communiquer sur les arrivées et les recrutements ainsi que sur les promotions d'associés. Ces informations traduisent à la fois la croissance du cabinet mais aussi son renforcement dans tel ou tel domaine du droit[4].

SECTION 7
CHAIRES, FONDATIONS ET PARTENARIATS AVEC LES GRANDES ÉCOLES ET LES UNIVERSITÉS

382.71 Association de l'image du cabinet avec les grandes écoles et les universités. Les entreprises et les établissements d'enseignement supérieur sont de plus en plus nombreux à créer des chaires et des partenariats. Les cabinets d'avocats participent à ce mouvement, notamment dans le cadre de partenariats avec les grandes écoles de commerce.

Pour un cabinet d'avocats, les avantages sont :

- un contact privilégié avec les étudiants ;
- la participation aux enseignements ;
- l'association du nom du cabinet à des projets de recherche ;
- l'occasion de communiquer en interne et en externe (vis-à-vis des clients et clients potentiels) sur l'implication du cabinet dans l'enseignement et la recherche de haut niveau ;
- une voie privilégiée de recrutement.

Pour l'établissement d'enseignement, les avantages sont :

- une source de financement ;
- des moyens supplémentaires et des relations privilégiées pour recruter les meilleurs enseignants ;
- une visibilité accrue dans les classements internationaux.

382.72 Cadre juridique et avantages fiscaux. Le cadre juridique et les avantages fiscaux sont ceux du mécénat prévu par l'article 238 *bis* code général des impôts[5] dont les modalités sont précisées par *BOI*-BIC-RICI-20-30-20[6]. Suivant le mouvement des chaires lancées par les grandes écoles, les universités peuvent désormais créer leurs propres fondations dans le cadre de la loi sur les libertés et responsabilités des universités de 2007[7]. Ces fondations

1. V. s[s] n° 385.21.
2. Sur le recrutement des collaborateurs, v. s[s] n°s 422.11 s.
3. V. aussi s[s] n° 422.28.
4. Sur les communiqués de presse, v. s[s] n° 382.15.
5. V. s[s] n° 382.82.
6. *BOI*-BIC-RICI-20-30-20.
7. L. n° 2007-1199, 10 août 2007 relative aux libertés et responsabilités des universités, *JO* 11 août, p. 13468.

reçoivent les fonds des donateurs dans le cadre du régime fiscal du mécénat et les affectent à des chaires financées par ces fondations.

382.73 Conditions économiques des chaires, fondations et partenariats avec les grandes écoles et les universités. Les établissements d'enseignement supérieur proposent des formules adaptées aux moyens dont disposent les donateurs. Les cabinets d'avocats, même les plus grands, ont des moyens très différents de ceux d'une entreprise multinationale cotée en bourse. Les chaires représentent un engagement financier sur quatre ou cinq ans avec un budget annuel compris entre 150 000 et 300 000 euros[1]. D'autres formes de partenariats sont proposées à des prix inférieurs.

À HEC, il existe différentes catégories de chaires adaptées aux volontés et capacités de contribution des donateurs. Parmi les cabinets d'avocats partenaires d'HEC, il y a les cabinets Darrois Villey Maillot Brochier et Allen & Overy. Les cabinets Latham & Watkins et Weil Gotshal & Manges participent à l'observatoire du *private equity buyout center* créé par HEC.

382.74 Fonctionnement de la chaire, de la fondation ou du partenariat. Certains établissements d'enseignement acceptent des chaires très ciblées sur des segments de marché précis lancées avec un seul partenaire (Chaire Essec - BNP Paribas Immobilier, Chaire HEC - Deloitte énergie et finance, Chaire Entrepreneuriat ESCP Europe - Ernst & Young...). D'autres veulent conserver davantage d'indépendance. Sciences Po Paris ne laisse pas au partenaire l'initiative de la chaire. La création de celle-ci est décidée en interne avant que ne se mette en place la recherche de partenaires. L'établissement n'accepte pas le financement exclusif d'une chaire par un seul partenaire. L'objectif partagé reste celui d'un partenariat gagnant - gagnant dans lequel tous les détails de la collaboration sont minutieusement prévus : l'organisation d'événements autour du partenariat, conditions de publication des travaux de recherche réalisés dans le cadre de la chaire ou du partenariat...

DANS LE CADRE de son partenariat avec la Fondation HEC, Allen & Overy organise chaque année la Prix Juridique & Fiscal avec le quotidien La Tribune. Ce prix a été créé en 2004, à la suite de l'adhésion d'Allen & Overy à la Fondation HEC. Il récompense plusieurs jeunes juristes étudiants à HEC (1er prix : 5 000 euros). La cérémonie de remise des prix est l'occasion de rassembler de nombreux invités et personnalités et fait l'objet de communiqués largement diffusés.

1. « Chaires d'entreprise : qui contrôle qui ? », *La Lettre de l'Étudiant*, 26 oct. 2009.

SECTION 8
MÉCÉNAT ET PARRAINAGE

382.81 Définition et cadre juridique du mécénat et du parrainage[2]**.** L'association du cabinet avec un événement culturel ou avec une cause caritative ou un événement sportif constitue une initiative particulièrement valorisante pour le cabinet. De telles opérations peuvent être réalisées de manière très différente avec des moyens importants ou modestes.

Dans ce type d'opération, il faut distinguer le mécénat du parrainage, ce dernier terme étant assimilable à l'anglais « sponsoring ». Les dépenses engagées dans le cadre d'opérations de parrainage sont destinées à promouvoir l'image de marque du cabinet d'avocats. Le parrainage répond donc à une démarche commerciale explicitement calculée et raisonnée, sa retombée doit être quantifiable et proportionnée à l'investissement initial. Les dépenses en matière de parrainage sont traitées comme toute dépense déductible. Les dépenses engagées dans le cadre du mécénat sont celles effectuées au bénéfice d'un organisme éligible au mécénat. Les conditions sont les suivantes[3] :

- le bénéficiaire doit être un organisme d'intérêt général à but non lucratif ;

- l'œuvre doit être d'intérêt général. Cette condition est remplie si l'œuvre revêt un caractère philanthropique, éducatif, scientifique, social, humanitaire, sportif, familial, culturel ou concourant à la mise en valeur du patrimoine artistique, à la défense de l'environnement naturel ou à la diffusion de la culture, de la langue ou des connaissances scientifiques françaises.

382.82 Régime fiscal des dons et versements effectués au titre du mécénat. Les dons effectués par les entreprises donnent droit à une réduction d'impôt sur le revenu ou d'impôt sur les sociétés. Le montant de cette réduction est plafonné en fonction du chiffre d'affaires. L'entreprise ou cabinet d'avocat peut aussi bénéficier de certaines contreparties en communication et relations publiques.

Pour les entreprises, la réduction d'impôt est égale à 60 % du montant du don effectué en numéraire, en compétence ou en nature, jusqu'à 2 000 000 euros et 440 % au-delà, et retenu dans la limite de 0,5 % du chiffre d'affaires HT, avec la possibilité, en cas de dépassement de ce plafond, de reporter l'excédent au titre des cinq exercices sui-

2. Aussi : H. Ader, S. Bortoluzzi, A. Damien, D. Piau, Th. Wickers, *Règles de la profession d'avocats*, 15e éd., « Dalloz action », 2016, nos 463.31 s.
3. Instr. 18 déc. 2006, *BOI* 4 H-5-06, no 208.

vants[1]. Les mécènes sont soumis à des obligations déclaratives spécifiques[2].

Les contreparties constituent un avantage offert par le bénéficiaire au donateur en plus de la réduction d'impôt. La valeur de ces contreparties doit demeurer dans une « disproportion marquée » avec le montant du don. Le rapport entre les contreparties et le don ne doit pas dépasser un rapport de 1 à 4, c'est-à-dire que la valeur des contreparties accordées à l'entreprise mécène ne doit pas dépasser 25 % du montant du don.

Un cabinet d'avocats qui fait un don de 10 000 euros pourra bénéficier de contreparties à hauteur de 2 500 euros ; s'il donne 100 000 euros, les contreparties seront de 25 000 euros. Il pourra s'agir de la présence du logo ou du nom du cabinet dans la communication de l'opération soutenue, d'entrées gratuites, de remise de catalogues, de mise à disposition d'espaces, etc.

SECTION 9
PRIX, TROPHÉES ET CLASSEMENTS

382.91 **Prix et trophées.** Le RIN ne cite pas la communication autour des prix et des trophées décernés aux cabinets comme des exemples de publicité autorisée. Cependant, cette pratique s'est généralisée et fait partie des moyens communément utilisés par les cabinets d'avocats dans leur stratégie de communication et de marketing.

Les prix et trophées ont l'avantage de pouvoir servir de supports à une communication simple et efficace auprès des clients en faisant valoir une supériorité par rapport aux cabinets concurrents sans pour autant tomber dans l'interdiction de la publicité comparative[3].

LA SOCIÉTÉ Lawficom, éditrice du magazine *Décideurs*, qui fait partie du groupe Ficade, organise chaque année la cérémonie des Trophées du Droit. Cette cérémonie est l'occasion de distinguer près de 50 cabinets par la remise de trophées d'or et d'argent dans 25 catégories. Les cabinets se pressent en masse chaque année à cette manifestation même si certains estiment que la portée de ces prix est limitée par le nombre de cabinets distingués et les critères d'attribution. Près de 1 000 avocats assistent chaque année à la soirée de remise des trophées.

Les clients des cabinets distingués sont sensibles à ces marques de reconnaissance qui les confortent dans le choix de leur cabinet. Les distinctions obtenues font l'objet d'une communication par les cabinets auprès de leurs clients.

382.92 **Classements de cabinets.** Hérités d'une pratique anglo-saxonne, des classements d'avocats et de leurs cabinets fleurissent en France. Des cabinets recourent même à des agences de communication pour préparer leurs dossiers de candidature.

Les classements dépendent de critères quantitatifs (chiffre d'affaires, volume de transactions, revenus par associé, ratio de collaborateurs par associé...) et pour certains, de critères qualitatifs basés sur des entretiens entre les personnes chargées des classements et les clients des avocats concernés.

Les classements des avocats et des cabinets connaissent un grand succès car ils ont une utilité incontestable pour donner aux clients une lisibilité, certes limitée, d'un marché difficile à appréhender. Ils apportent aussi des points de repère et des éléments d'information auxquels le public n'aurait pas accès autrement. Aussi, même s'ils ne choisissent pas leurs avocats en fonction des classements, les directeurs juridiques reconnaissent toutefois que les classements sont un moyen d'information. Ils permettent de suivre les évolutions des cabinets, de les conforter dans leurs choix. Ils sont aussi utilisés pour identifier des spécialistes dans des domaines particuliers[4].

Parmi les classements les plus connus figurent les classements de *Décideurs, Option Droit et Affaires* (ODA), ainsi que des classements des cabinets français inclus dans les guides des éditeurs *Chambers & Partners* (Chambers Europe) et *Legalease* (Legal 500 Paris et Legal 500 Europe/Moyen-Orient/Afrique). Il faut aussi mentionner Best Lawyers, Who's Who legal et le classement du Point.

Ces classements ne doivent pas être confondus avec les sites de notation des cabinets d'avocats fonctionnant comme des comparateurs, sur le modèle de ce qui existe dans le domaine du tourisme. La cour d'appel de Paris, par un arrêt rendu le 18 décembre 2015, a interdit la pratique d'un tel comparateur pour les avocats[5] en considérant que la pratique de cette notation des avocats, par les

1. CGI, art. 238 *bis* – *BOI* 4C-5-04, n° 112, 13 juill. 2004 ; mod. par L. n° 2014-1545, 20 déc. 2014 relative à la simplification de la vie des entreprises et portant diverses dispositions de simplification et de clarification du droit et des procédures administratives, *JO* 21 déc., p. 21647, art. 53 (V).
2. Décr. n° 2004-185, 24 févr. 2004 pris en application des articles 200 *bis*, 220 E et 238 *bis* du code général des impôts et relatif aux obligations déclaratives et aux modalités d'imputation de la réduction d'impôt prévue en faveur des entreprises qui effectuent des versements au profit d'œuvres ou d'organismes d'intérêt général, *JO* 27 févr., p. 4013, et formulaires 2069 M-SD et 2069 MS1-SD.
3. RIN, art. 10.3 ; CNB, AG 7 et 8 mai 2010, DCN n° 2010-002 ; mod. par CNB, AG 10 oct. 2014, DCN n° 2014-001.
4. C. Fleuriot, « Enquête sur le business des classements des cabinets d'avocats », *D. avocats* 2014. 75.
5. Paris, Pôle 5, ch. 2, 18 déc. 2015, RG n° 15/03732 ; *D. avocats* 2016. 27, art. T. Wickers.

internautes, selon ses desiderata qui correspondent à ses propres critères, serait contraire à la déontologie et porterait atteinte à l'intérêt collectif de la profession. Le CNB contestait le bien-fondé de cette notation sur le fondement de l'article 10-3 du RIN régissant la publicité et la sollicitation personnalisée et du nouvel article L. 111-5-1 du C. consommation obligeant les intermédiaires en ligne à délivrer une information loyale, claire et transparente sur le classement des offres mises en ligne [1]. Cet arrêt a été confirmé par la Cour de cassation le 11 mai 2017 [2].

1. L. nº 2015-660, 6 août 2015, art. 134.
2. Civ. 1re, 11 mai 2017, nº 16-13.669.

CHAPITRE

383. Site internet du cabinet

SECTION 0

ORIENTEUR

383.00 **Sommaire du chapitre.**

SECTION 1

CONCEPTION DU SITE INTERNET

383.11 **Textes applicables au site internet du cabinet d'avocats**[1]**.** Les règles spécifiques à Internet sont rassemblées dans l'article 10.5 du RIN. Les dispositions suivantes s'appliquent aux sites internet des avocats :

– l'avocat qui ouvre ou modifie un site internet doit en informer le conseil de l'Ordre sans délai et lui communiquer les noms de domaine qui permettent d'y accéder ;

– le nom de domaine doit comporter le nom de l'avocat ou la dénomination exacte du cabinet, qui peut être suivi ou précédé du mot « avocat » ;

– l'utilisation de noms de domaine évoquant de façon générique le titre d'avocat ou un titre pouvant prêter à confusion, un domaine du droit ou une activité relevant de celles de l'avocat, est interdite ;

– le site de l'avocat ne peut comporter aucun encart ou bannière publicitaire, autres que ceux de la profession, pour quelque produit ou service que ce soit ;

– il ne peut comporter de lien hypertexte permettant d'accéder directement ou indirectement à des sites ou à des pages de sites dont le contenu serait contraire aux principes essentiels de la profession d'avocat. Il appartient à l'avocat de s'en assurer en visitant régulièrement les sites et les pages auxquelles permettent d'accéder les liens hypertexte que comporte son site, et de prendre sans délai toutes dispositions pour les supprimer si ce site devait se révéler contraire aux principes essentiels de la profession ;

– l'avocat participant à un blog ou à un réseau social en ligne doit respecter les principes essentiels de la profession ainsi que l'ensemble des dispositions du présent article.

Ces dispositions sont complétées par le Vademecum communication numérique de l'avocat réalisé par l'Ordre des Avocats du barreau de Paris mis à jour en décembre 2020[2] et le vade-mecum de la communication des avocats de la Commission règles et usages du CNB, 2e édition, 2020[3].

383.12 **Précisions sur les règles applicables aux noms de domaine.** Ce n'est qu'à la suite de décision normative précitée du 8 mai 2010 que le RIN a été modifié pour fixer des règles sur les noms de domaine pouvant être choisis pour les sites d'avocats. Antérieurement à l'interdiction d'utiliser des noms de domaine évoquant de façon générique le titre d'avocat, de nombreux avocats ont profité du silence des textes pour créer des sites internet avec des noms de domaine interdits sous le nouveau texte. Dès le mois de septembre 2010, le conseil de l'Ordre de Paris soulevait les questions posées par le passage d'une absence de règles à une situation

1. V. aussi H. Ader, S. Bortoluzzi, A. Damien, D. Piau, Th. Wickers, *Règles de la profession d'avocat 2022/2023,* 17e éd., « Dalloz action », 2022, nos 464.11 s.

2. CNB, Commission des Règles et usages, *Vade-mecum de la communication des avocats*, 2e éd., déc. 2020.

3. CNB, Commission des Règles et usages, *Vade-mecum de la communication des avocats*, 2e éd., déc. 2020.

clarifiée[1]. La Cour de cassation a tranché cette question dans un arrêt du 4 mai 2012[2]. L'affaire concernait une avocate qui avait créé en 2005 un site internet accessible par les adresses avocat-paris.org et avocat-divorce.com. Bien que l'avocate ait cessé l'exploitation de ces noms de domaine après la modification du RIN, la Cour de cassation a considéré qu'en l'absence de désignation de l'avocat concerné, les termes généraux aboutissaient à une appropriation d'une activité et d'un domaine d'activité qui entretenait la confusion dans l'esprit du public mis en relation avec le site de l'avocate.

Les questions posées par l'utilisation de noms de domaines contenant des termes génériques liés au titre d'avocat ou à des domaines d'activité sont relancées par la multiplication des sites d'intermédiation qui utilisent ces termes dans leurs noms de domaines. Ces sites, étant exploités par des entreprises commerciales, ne sont pas soumis aux restrictions déontologiques des avocats[3]. L'avocat qui serait à l'origine de la création d'une telle entreprise commerciale afin de pouvoir utiliser un nom de domaine générique serait naturellement en infraction par rapport aux dispositions de l'article 10 du RIN.

383.13 Règles RGPD applicables aux sites internet des cabinets d'avocats. Le guide édité par le CNB sur la protection des données[4] rappelle les règles applicables aux sites internet des avocats.

Les avocats peuvent créer des sites Internet dans le cadre de leur activité professionnelle afin de promouvoir leur cabinet, présenter les membres du cabinet, exposer leurs compétences ou publier des articles mais le site Internet peut aussi permettre de collecter des données à caractère personnel par divers moyens :

- un questionnaire en ligne ;
- une consultation en ligne ;
- un formulaire de contact ;
- la création d'un compte en ligne ;
- des cookies, etc.

L'avocat, s'il collecte des données personnelles *via* son site internet, doit veiller au respect des règles suivantes. Depuis le 25 mai 2018, les obligations déclaratives auprès de la CNIL ont été remplacées par certaines obligations qui incombent à l'avocat. Celui-ci doit tenir un registre des activités de traitement. Ce registre répertorie les informations relatives aux caractéristiques des traitements mis en œuvre par le responsable de traitement. Cette obligation ne s'impose que dans certains cas. *A priori*, le cabinet d'avocats doit tenir un registre des activités de traitements dans la mesure où il traite de manière non occasionnelle des données à caractère personnel et en particulier des données sensibles (ex. : données de santé, données sur l'origine raciale, etc.) ou des données se rapportant à des condamnations et des infractions pénales.

Il convient donc d'insérer dans le registre des activités de traitement, une fiche dédiée aux traitements de données sur le site Internet qui doit comporter les éléments suivants :

- identité et coordonnées du responsable de traitement ;
- finalités ;
- catégories de personnes ;
- catégories de données à caractère personnel ;
- catégories de destinataires ;
- transferts vers un pays tiers ou une organisation internationale ;
- délais prévus pour l'effacement ;
- description générale des mesures de sécurité techniques et organisationnelles.

383.14 Mentions obligatoires sur le site internet du cabinet d'avocats. Plusieurs informations doivent figurer sur le site Internet de l'avocat[5] :

- les mentions légales en vertu de la loi n° 2004-575 du 21 juin 2004 pour la confiance dans l'économie numérique : Dénomination et raison sociale du cabinet, Adresse du cabinet principal, Numéro d'inscription au registre du commerce et des sociétés (quand cette inscription est requise), coordonnées postales, téléphoniques et électroniques du cabinet, nom et coordonnées du directeur de publication du site, nom, raison sociale, adresse et numéro de téléphone de l'hébergeur du site ;
- les mentions obligatoires en vertu des articles 10.2 et 10.3 du RIN : identification, précision de la qualité d'avocat, adresse et coordonnées professionnelles, barreau d'inscription, structure d'exercice, réseau éventuel ;
- les mentions d'informations issues des articles 13 et 14 du RGPD : L'identité et les coordonnées du responsable du fichier, les coordonnées du délégué à la protection des données, la finalité et la base juridique du traitement, les intérêts légitimes poursuivis s'il s'agit de la base légale du traitement, les destinataires ou les catégories de destinataires, la durée de conservation des données, les éventuels transferts de données vers des pays hors UE, les droits des personnes concernées (droit d'accès, de rectification, d'effacement, d'opposition, de limitation, etc.), le droit de retirer son consentement à

1. P. Touzet, « Rapport sur les modifications nécessaires du RIBP », *actuel-avocat.fr/*, 12 oct. 2010 21 sept. 2010.
2. Civ. 1re, 4 mai 2012, n° 11-11.180, NP.
3. Sur l'offre de services en ligne, v. ss nos 334.11 s. et sur les sites d'intermédiation, v. ss nos 334.21 s.
4. CNB, Les avocats et le RGPD, Guide pratique, 1re édition, mars 2018.
5. CNB, Les avocats et le RGPD, Guide pratique, 1re édition, mars 2018.

tout moment s'il s'agit de la base légale du traitement, le droit d'introduire une réclamation auprès d'une autorité de contrôle, les informations sur le caractère réglementaire ou contractuel du traitement s'il s'agit de la base légale du traitement ;

- les mentions d'informations relatives aux cookies[1] : Les finalités des cookies, le recueil du consentement des utilisateurs *via* « les bandeaux de consentement », les possibilités de refus des cookies.

383.15 Site internet du cabinet : un outil de communication essentiel. Tout client ou client potentiel s'attend à pouvoir trouver sur Internet des renseignements sur un cabinet d'avocats. Ce dernier doit donc se présenter de manière informative *via* son site Internet, y donner la meilleure image de son cabinet et créer une interactivité avec le visiteur. La conception du site et l'utilisation qu'en fera le cabinet devront répondre à ces objectifs. Internet n'est pas une alternative au papier, c'est un dialogue entre le propriétaire du site et le monde extérieur. Clients, prospects, anonymes ou internautes égarés... le monde entier peut faire la connaissance de n'importe quel avocat, où qu'il se trouve et la réciproque est vraie.

Le site Internet du cabinet ne doit donc pas se concevoir comme un simple outil de présentation. C'est un outil de communication, d'information, d'explication et d'échange. Le site Internet est un outil de promotion et de marketing auquel s'appliquent des stratégies pour qu'il serve le mieux possible les intérêts du cabinet[2]. La réflexion autour d'Internet ne se limite pas aux seuls sites. Les blogs et les réseaux sociaux peuvent aussi être intégrés dans la politique internet du cabinet.

1. Dir. 2009/136/CE, Parlement et Conseil, 25 nov. 2009 modifiant la directive 2002/22/CE concernant le service universel et les droits des utilisateurs au regard des réseaux et services de communications électroniques, la directive 2002/58/CE concernant le traitement des données à caractère personnel et la protection de la vie privée dans le secteur des communications électroniques et le règlement (CE) n° 2006/2004 relatif à la coopération entre les autorités nationales chargées de veiller à l'application de la législation en matière de protection des consommateurs, *JOUE* 18 déc. – Dir. 2009/140/CE, Parlement et Conseil, 25 nov. 2009 relative à un cadre réglementaire commun pour les réseaux et services de communications électroniques, 2002/19/CE relative à l'accès aux réseaux de communications électroniques et aux ressources associées, ainsi qu'à leur interconnexion, et 2002/20/CE relative à l'autorisation des réseaux et services de communications électroniques, *JOUE* 18 déc. – Ord. n° 2011-1012 du 24 août 2011 relative aux communications électroniques, *JORF* 26 août, NOR : INDX1116689R – L. n° 78-17, 6 janv. 1978 relative à l'informatique, aux fichiers et aux libertés, art. 32.
2. S. Tantin, « Cabinets d'avocats : comment réussir son site internet ? », *La lettre des juristes d'affaires, fiches pratiques* [En ligne : www.lja.fr/fiches-pratiques/communication/communication-digitale/comment-reussir-son-site-internet]

383.16 Collaboration du cabinet avec son prestataire Internet. La réflexion sur la conception du site Internet est un prolongement de la réflexion sur l'identité du cabinet. Le site doit intégrer son message identitaire.

Avant de consacrer des heures à regarder les sites des autres cabinets en sélectionnant ceux qui vont lui servir de source d'inspiration, le cabinet doit se demander comment il va traduire en ligne ce qui constitue son identité profonde.

Le cabinet doit alors expliquer au réalisateur de son futur site qui il est et ce qu'il veut. Trop souvent, les avocats ne s'impliquent pas suffisamment estimant qu'ils ne sont pas compétents sur les questions techniques et que la conception d'un site Web relève de seules considérations techniques. Ils doivent au contraire s'investir dans le projet en donnant le plus d'informations utiles au prestataire et en exprimant leurs avis sur les projets qui leur sont présentés.

Pour choisir son prestataire, il faut d'abord comprendre que les coûts de réalisation des sites Internet varient considérablement en fonction du contenu et des fonctionnalités souhaitées. Outre le critère du prix des prestations, c'est aussi en fonction de ses compétences techniques qu'il faudra choisir le prestataire. Les compétences requises ne sont pas les mêmes selon que le site du cabinet soit une simple vitrine ou un site qui gère une quantité importante d'informations et de fonctionnalités.

383.17 Contenu du site Internet Sur les mentions légales et obligatoires[3]. Le site internet de l'avocat est soumis aux dispositions communes à toute communication ou publicité. Sont donc prohibées :

- toute publicité mensongère ou trompeuse ;
- toute mention comparative ou dénigrante ;
- toute mention susceptible de créer dans l'esprit du public l'apparence d'une structure d'exercice inexistante et/ou d'une qualification professionnelle non reconnue ;
- toute référence à des fonctions ou activités sans lien avec l'exercice de la profession d'avocat ainsi que toute référence à des fonctions juridictionnelles.

383.18 Présentation sur le site des activités du cabinet. Les dispositions de l'article 10.2 du RIN s'applique au contenu relatif aux compétences des avocats du cabinet. Les règles suivantes doivent donc être respectées :

- Seul l'avocat titulaire d'un ou de plusieurs certificats de spécialisation, ainsi que de sa ou ses qualifications spécifiques, régulièrement obtenus et non invalidés peut utiliser pour sa communication, quel qu'en soit le support, les mots « spécialiste », « spécialisé »,

3. SUR le contenu du site internet de l'avocat : H. Ader, S. Bortoluzzi, A. Damien, D. Piau, Th. Wickers, *Règles de la profession d'avocat*, 15e éd., « Dalloz action », 2016, nos 464.31 s.

« spécialité » ou « spécialisation » et le signe distinctif instauré par le Conseil national des barreaux pour symboliser la qualité d'avocat spécialiste.

– L'information relative aux domaines d'activités dominantes, dont le nombre revendiqué ne peut être supérieur à trois, doit résulter d'une pratique professionnelle effective et habituelle de l'avocat dans le ou les domaines correspondants.

– L'information relative aux spécialisations, aux qualifications spécifiques, aux domaines d'activités dominantes et/ou aux missions visées à l'article 6 du présent règlement, quel que soit le support, doit correspondre à l'avocat personne physique membre de la structure.

– L'avocat qui communique sur ses spécialisations, ses qualifications spécifiques, et/ou ses domaines d'activités dominantes et/ou les missions visées à l'article 6 du présent règlement, ou modifie substantiellement cette communication, quel que soit le support, doit transmettre les termes de cette communication sans délai au conseil de l'Ordre.

383.19 Mise en ligne du site Internet et contrôle ordinal. L'article 10.5 du RIN rappelle que l'avocat qui ouvre ou modifie un site internet doit en informer le conseil de l'Ordre sans délai et lui communiquer les noms de domaine qui permettent d'y accéder.

L'information doit être effectuée par courriel ou tout autre moyen à l'attention du bâtonnier ou de son délégué en charge de ce contrôle, avec mention de l'adresse du site où il peut être consulté, le mot de passe, l'identifiant et tout élément nécessaire, notamment quand le site est hébergé par un prestataire sur une plateforme. Il convient d'informer le bâtonnier ou son délégué que le site est finalisé, avant sa mise en ligne, pour éviter des coûts supplémentaires si des modifications doivent être effectuées.

Seules les « modifications substantielles » doivent être portées à la connaissance du bâtonnier ou de son délégué (modifications portant sur la présentation des prestations du cabinet par exemple). Les documents qui ont vocation à apporter une information sur l'état du droit n'ont pas à être transmis au bâtonnier ou à son délégué. Le contrôle se fait à partir du dossier administratif de l'avocat et/ou de sa structure. Toutes les données figurant sur le site sont examinées. Si des informations ne sont pas concordantes, un courrier est adressé à l'avocat pour recueillir ses observations. Si le site présente des mentions non conformes à la législation et à la réglementation en vigueur, un courrier est adressé à l'avocat l'informant des modifications à effectuer.

Le contrôle ordinal s'exerce en théorie sur les aspects suivants du site internet[1] :

– contrôle du nom de domaine ;

– contrôle des mentions obligatoires devant être mises en ligne sur le site ;

– contrôle des encarts ou bannières sur le site (RIN, art. 10.5, al. 4) ;

– contrôle des liens hypertextes sur le site (RIN, art. 10.5, al. 5).

L'expérience montre que l'examen par les Ordres entraîne des commentaires sur les textes de présentation qui vont au-delà des points susvisés, notamment la manière dont les activités dominantes sont présentées et la légitimité de l'utilisation de termes tels que « expert » quand l'avocat ne justifie pas d'un certificat de spécialisation. L'ordre veille aussi à la manière dont sont présentés d'éventuels « partenaires », avocats ou non, etc.

Dans la pratique, en cas de remarques faites par le rapporteur chargé du dossier, il faut chercher à résoudre ou clarifier les points soulevés par le dialogue. Les difficultés sont le plus souvent des questions d'interprétation des règles tant pour le propriétaire du site que pour le confrère chargé de le vérifier.

SECTION 2
FONCTIONNALITÉS ET CARACTÉRISTIQUES DU SITE INTERNET

383.21 Fonctionnalités du site internet du cabinet. Si la priorité est l'apparence et l'animation du site, le bon prestataire sera avant tout un graphiste ou un « webdesigner ». Cette personne saura créer des effets visuels, du mouvement, des menus et des commandes ludiques pour une image créative et moderne du cabinet. Si la priorité est le contenu du site et ses fonctionnalités, il faudra rechercher un prestataire qui soit un développeur informatique. Si un cabinet souhaite fournir aux visiteurs de son site des informations, de l'actualité juridique, des extraits de publications qui sont ensuite indexées et stockées dans une base de données dans laquelle des recherches peuvent être effectuées. Ces besoins demandent des compétences spécifiques de gestion de contenu.

Lorsque les sociétés ou agences de création sont interrogées par leurs futurs clients, elles ont tendance à se présenter comme plus polyvalentes qu'elles ne le sont vraiment. La seule façon de vérifier est de demander à voir des exemples de sites réalisés pour d'autres clients. Il faut prendre le temps d'étudier ces références dans le détail, ne pas hésiter à demander toutes les explications sur le fonctionnement et les caractéristiques de ces sites pour s'assurer qu'ils correspondent à ce que le cabinet est susceptible de souhaiter.

1. CNB, Commission des Règles et usages, *Vade-mecum de la communication des avocats*, 2e éd., déc. 2020.

383.22 Site internet adapté aux besoins et au fonctionnement du cabinet. Un cabinet généraliste avec un effectif limité et peu d'éléments à mettre en avant se contentera dans un premier temps d'un outil simple dont la fonction principale sera de présenter le cabinet et ses avocats avec quelques textes explicatifs. Cependant, si ce même cabinet réalise une synthèse hebdomadaire de l'actualité juridique dans certains domaines, il pourra souhaiter mettre ces informations en ligne. Il pourra même envisager de les présenter sous forme d'une lettre hebdomadaire publiée sur le site et envoyée automatiquement à une liste de clients.

Un cabinet très spécialisé dont un associé s'exprime régulièrement dans les médias pourra souhaiter mettre en ligne des vidéos de ces interventions.

Un cabinet ayant des activités internationales importantes pourra vouloir un site multilingue en français, anglais et chinois...

Ces profils correspondent à des besoins différents et des sites différents et donc des budgets différents.

383.23 Choix des textes et des images du site internet. Le premier niveau du message d'un site Internet est l'accroche. Qu'il s'agisse de texte ou d'une accroche purement visuelle, celle-ci doit capter l'attention du visiteur. Le cabinet ne doit pas hésiter à s'inspirer de sites autres que ceux de cabinets d'avocats qui pourront compléter sa réflexion.

Alors que peu de cabinets utilisent un slogan, celui-ci est souvent un élément clé de la communication des entreprises commerciales. Les cabinets d'avocats peuvent s'inspirer de cette pratique qui peut donner une personnalité au site et au cabinet.

Les textes du site devront correspondre aux messages et au discours du cabinet tel que celui-ci aura été élaboré[1].

Les textes doivent rester courts et simples.

383.24 Impact visuel du site internet. L'image ou les effets visuels ne doivent pas anéantir le message du cabinet. Les images et photographies doivent être choisies avec soin. Le cabinet doit éviter le recours systématique aux photographies issues de banques d'images qui ne permettent pas d'identifier le cabinet. Ces photos ressemblent à ce qui a déjà été vu sur des centaines d'autres sites : le plan rapproché de la poignée de mains, de jeunes cadres dynamiques penchés sur un écran d'un ordinateur portable... Il faut préférer les photographies prises dans le cabinet ou illustrant des membres du cabinet dans leur environnement de travail qui plongeront le visiteur dans la vie du cabinet et lui communiqueront un message authentique.

Beaucoup de concepteurs de sites ont pris la mauvaise habitude de réaliser des sites avec des introductions animées trop longues. Il faut éviter les effets visuels qui ne permettent pas au visiteur d'aller tout de suite au cœur du message du cabinet.

383.25 Site internet : reflet des principes, de l'état d'esprit et du travail du cabinet. Le site Internet doit véhiculer l'esprit et l'ambiance du cabinet. Ainsi, la présence des collaborateurs dans les photos et la présentation du cabinet, au même titre que les associés, véhicule une image positive de respect des individus et de stabilité de l'effectif. Un cabinet qui met en scène des images de villes étrangères ou d'avions fait comprendre qu'il travaille dans le monde entier. L'utilisation d'images d'horloges peut faire passer le message que le cabinet sait tenir les délais imposés par ses clients.

Les cabinets sont encore rares à oser une présentation originale en rupture des codes classiques mais ceux qui font cette démarche réussissent à faire passer un message fort.

Exemples : le site www.ayachelaw.com du cabinet Ayache Salama, le site www.wearebold.com du cabinet BOLD.

383.26 Navigabilité du site internet. Un site dans lequel il est difficile de se repérer et de naviguer est un site que le visiteur quitte sans lui laisser sa chance. L'utilisateur doit pouvoir à tout moment revenir à l'accueil et, où qu'il se trouve dans le site, avoir accès à un menu clair et compréhensible.

Trois conseils clés pour une bonne navigation :

– sur chaque page du site, le logo du cabinet doit être un lien pour revenir à la page d'accueil ;

– si des documents sont proposés sur le site, il faut que le visiteur, lorsqu'il referme ces documents, reste sur le site ;

– éviter les menus ouvrants qui cachent d'autres informations utiles.

383.27 Choix techniques. Il est important d'interroger le prestataire qui soumettra un devis au cabinet sur ses choix techniques. Un principe prévaut : plus les outils utilisés sont répandus, moins le cabinet sera dépendant du prestataire.

Un autre critère de choix essentiel sera l'accessibilité et la facilité d'utilisation du « back office » permettant au cabinet d'effectuer lui-même les mises à jour courantes qui vont faire vivre le site.

Depuis quelques années, la plupart des sites internet sont développés à partir d'un CMS (*Content Management System*) ou système de gestion de contenu dont le plus connu est WordPress.

WordPress est devenu le CMS le plus populaire de la planète en raison de sa facilité d'utilisation et de ses fonctionnalités pour la gestion du contenu des sites internet. WordPress est un logiciel dit « libre », c'est-à-dire qu'il est gratuit. Le logiciel est gratuit

1. Sur le discours du cabinet, v. s[s] n°s 122.31 s.

mais le travail de développement et de personnalisation ainsi que l'hébergement sont à la charge du développeur et de l'utilisateur. *WordPress* déclare être l'outil utilisé pour la création de 42 % des sites Web dans le monde.

WordPress est donc un système de publication Web essentiellement basé sur des publications classées par date (la publication la plus récente apparaît avant les autres) avec des entrées pouvant correspondre à des catégories multiples. Ceci est associé à un gestionnaire de pages statiques qui sera utilisé pour la page d'accueil et les pages qui n'obéissent pas à une chronologie. La structure et le design visuel du site reposent sur un système de templates (pages formatées) indépendant du contenu, qui présentent de très nombreuses options de personnalisation. Des blocs aux fonctions spécifiques aux fonctions spécifiques peuvent être ajoutés *via* des plugins.

Ceci signifie qu'un même outil peut satisfaire les attentes les plus variées et donner des sites qui peuvent être graphiquement très distincts les uns des autres. Ainsi, choisir un CMS comme WordPress ne signifie pas que le cabinet va s'emprisonner dans un format imposé.

L'interface des sites développés avec WordPress est simple et intuitive permettant à quiconque, avec un minimum de formation, d'actualiser le site en mettant en ligne des informations ou articles, le CV et la photo d'un nouvel avocat sans avoir à faire appel à une aide extérieure.

Un autre CMS couramment utilisé pour la création de sites internet est *Wix*. Ce CMS est moins riche que WordPress mais présente aussi l'avantage d'une grande simplicité et convivialité.

Comme une grande partie des consultations de sites internet se fait à partir d'outils mobiles, le site du cabinet devra également être développé dans une version adaptée à la consultation par téléphone, dite version *Reponsive Web Design*. Le *Responsive Web Design* (RWD), ou conception Web adaptative, regroupe une série de techniques de conception graphique et de développement permettant de créer un site qui pourra s'auto-adapter en fonction de la taille d'un écran. Ordinateur de bureau, tablette, smartphone, télévision connectée... Son objectif consiste à prévoir tous les formats de moniteur, et proposer des modes de lecture et de navigation pour chacun d'eux.

383.28 Lettres d'information, bulletins d'actualité ou de commentaires. Le cabinet est en veille sur un certain nombre de thèmes qui sont importants pour lui et ses clients. Les clients du cabinet peuvent profiter de cette veille si le cabinet la met en ligne sous la forme d'un bulletin d'actualités ou de commentaires. Le cabinet doit respecter les droits d'auteur attachés à ses sources et ne peut rediffuser du contenu de revues juridiques dont les droits sont protégés[1].

383.29 Extranet du cabinet et outils de travail collaboratifs. Il s'agit d'un accès à un site internet sécurisé sur lequel se trouvent des informations que le cabinet ne souhaite pas diffuser au public mais seulement à ses clients ou partenaires. Ceux-ci accèdent à l'extranet par un mot de passe. Les personnes autorisées accèdent en général à l'Extranet à partir du site Internet du cabinet. L'Extranet est un véritable espace de travail et d'échanges proposé par le cabinet. Sa mise en place entraîne des développements informatiques plus lourds que pour un site Internet classique.

Les cabinets de conseil en propriété industrielle (CPI) proposent fréquemment un espace sécurisé permettant à leurs clients de surveiller et de gérer leur portefeuille de marques ou de brevets[2]. Les cabinets qui font des opérations de fusions et acquisitions proposent à leurs clients de travailler dans des espaces nommés *data rooms* qui permettent le stockage de documents numérisés notamment pour les audits préalables aux opérations d'acquisition. Les espaces de travail collaboratifs permettant à l'avocat ou au client de travailler sans avoir à communiquer directement peuvent être un gain de temps et d'efficacité. Ces outils peuvent être proposés à partir du site Internet du cabinet ou de manière autonome.

383.30 Base de données et moteur de recherche. Si le site Internet diffuse des informations qui vont progressivement être remplacées par d'autres plus actuelles, les premières informations n'ont pas vocation à disparaître. L'actualité juridique, les bulletins d'actualité du cabinet et les publications du cabinet peuvent être conservés et être consultables à l'aide d'un moteur de recherche. Ainsi, le site Internet s'enrichit avec le temps et devient une véritable source d'informations à part entière.

SECTION 3
BUDGET DU SITE INTERNET

383.41 Budget de conception et de réalisation du site internet du cabinet. Si les prix de réalisation des sites internet ont globalement baissé avec la généralisation des CMS et de WordPress en particulier, il subsiste une très grande amplitude dans les budgets de réalisation en fonction de la complexité du site et du nombre de pages développées.

1. Sur la diffusion de newsletters, v. s^s n°s 382.51 s.
2. PAR EX. : espace client sur le site www.lavoix.eu.

Pour un cabinet d'avocats voulant se contenter d'un site simple qui propose une présentation du cabinet en quelques écrans (accueil, la présentation du cabinet, les compétences, l'équipe), ceci peut être réalisé à partir d'environ 2 500 euros. La conception des textes ou la réalisation d'un logo ne seraient pas comprises dans ce prix.

Pour les sites plus compliqués qui intègrent des spécificités nombreuses impliquant le développement de nombreuses pages et un fort degré de perosonnalisation, les prix peuvent s'échelonner de 10 000 à 30 000 euros pour les sites les plus ambitieux.

Les postes du devis seront généralement les suivants :

- création de la ligne éditoriale et du parcours (navigation, gabarits) ;
- développement de la page d'accueil, des pages principales et secondaires ;
- adaptation Web Responsive ;
- création du front et du back-office ;
- création d'une version anglaise (ou d'autres langues) ;
- création d'une fonction recherche sur le site, création de filtres, formulaires de contact...

383.42 **Budget d'hébergement, de maintenance et de mise à jour du site internet.** À la différence des sites qui s'adressent à un public large, les sites de cabinets d'avocats gèrent peu de visites et de contenu. Leur hébergement ne demande que de petites capacités de serveur (sauf pour les sites proposant un important contenu en video). Le coût de la prestation de l'hébergeur pourra varier en fonction de la maintenance proposée par celui-ci. Les prix pourront alors varier de quelques dizaines d'euros à 200 ou 300 euros mensuels.

Les sociétés qui réalisent les sites Internet ont souvent leurs propres habitudes avec des hébergeurs. Dans ce cas, il arrive qu'ils incluent le prix de l'hébergement dans leur propre prestation de maintenance.

Les prestations de mise à jour du site vont dépendre entièrement des caractéristiques du site et de la fréquence des demandes du cabinet. Tous les changements qui ne portent que sur des textes doivent pouvoir être faits par le cabinet à partir d'une interface directement accessible par celui-ci (*back office*).

Pour les sites qui ne requièrent que des changements occasionnels, les interventions seront facturées au temps passé par le prestataire ou feront partie de sa prestation de maintenance. Pour les sites dont le contenu doit régulièrement être mis à jour (actualités du cabinet, newsletters, actualités juridiques), le cabinet devra demander au concepteur du site de prévoir un système qui permette au cabinet de mettre lui-même en ligne les contenus qui sont de nature à changer régulièrement.

Des forfaits « d'animation éditoriale » peuvent être proposés par les agences de communication. Ces forfaits consistent à aider le cabinet à préparer du contenu susceptible d'être diffusé, à réaliser la charte graphique d'une newsletter et à en organiser la diffusion sur une base régulière. Ce type de forfait est de l'ordre de 1 000 euros par mois mais les prix peuvent varier considérablement en fonction de la prestation fournie.

SECTION 4
RÉFÉRENCEMENT DU SITE INTERNET

383.51 **Référencement du site.** Le référencement d'un site Internet consiste à rendre un site Internet repérable par les moteurs de recherche les plus utilisés et particulièrement par Google. Un bon référencement permet à un site Internet d'apparaître dès la première page des réponses données par le moteur avec lequel la requête a été formulée. Le site se fait connaître plus facilement par des personnes qui ne sont pas ou pas encore des clients du cabinet.

Pour un cabinet d'avocats, le référencement a un double objectif :

- trouver immédiatement le site du cabinet lorsqu'un internaute tape le nom du cabinet ou de l'un de ses avocats ;
- orienter les clients potentiels qui ne connaissent pas encore le cabinet, en s'assurant que le cabinet apparaîtra en tête des réponses à des requêtes susceptibles d'être formulées par le plus grand nombre.

SI L'INTERNAUTE tape la requête « Avocat, Divorce, Toulouse », le résultat de la recherche fait apparaître en tête des réponses le site de Me Bertard-Corbière qui est en effet à Toulouse et qui pratique le droit de la famille.

Sur la liste des réponses affichées par Google, le résultat apparaît avec la mention « sponsorisé », ce qui signifie que le cabinet a fait la démarche d'un référencement payant par opposition à un référencement naturel. Pour ce cabinet, ce choix a été manifestement pertinent puisque le cabinet apparaît en tête des réponses sur une requête qui correspond à la fois à son activité et sa localisation géographique.

383.52 **Fonctionnement du référencement naturel d'un site internet.** Le fonctionnement du référencement naturel est simple : lorsqu'un utilisateur Google tape une requête en utilisant des mots-clés sur le moteur de recherche, plusieurs sites vont se positionner sur la page de résultat. Le référencement étant relatif et non absolu, la position dépend entièrement de la qualité du référencement face à celui de ses concurrents.

Le but de Google est de proposer du contenu cohérent et de qualité en réponse aux requêtes des utilisateurs. Pour ce qui est de la qualité du contenu, plusieurs critères rentrent en compte dont la vitesse de chargement de la page en question, la présence de contenu fréquemment renouvelé, d'images, de vidéos.

Les moteurs de recherche effectuent une indexation des pages de chaque site Internet à partir de métadonnées qui se trouvent sur ces pages. Ces métadonnées sont des balises qui comportent des indications permettant aux moteurs de recherche d'effectuer un travail pertinent. Dans tous les documents Internet, ces balises sont hiérarchisées. Ceci permet au moteur de recherche de faire la différence entre un terme qui se trouve dans un titre et un mot noyé dans des chapitres de textes[1].

LE SITE de Me Albert Treves, avocat pratiquant le droit maritime à Marseille, sera donc repéré par Google si les termes « avocat », « droit maritime » et « Marseille » apparaissent souvent et aux bons endroits sur son site. Ces bons endroits sont essentiellement les titres des pages ou des textes se trouvant sur le site.

Sur leurs sites Internet, beaucoup d'avocats oublient d'indiquer où ils se trouvent. L'adresse de leur cabinet est cachée derrière un onglet « contact » dans le menu. Or, beaucoup d'internautes intègrent la localisation.

Le référencement d'un site Internet s'opère naturellement dès que le site est mis en ligne. Les méthodes de référencement des sites Internet par les moteurs de recherche évoluent. Les développeurs de site connaissent ces changements, dans leurs grandes lignes. Il en résulte que le référencement naturel des sites de conception récente sera souvent plus performant que pour les sites plus anciens.

Le principe général du référencement reste la quantité du contenu. Plus le contenu d'un site est riche, plus facilement il sera repéré par les moteurs de recherche. Tous les messages importants (les raisons pour lesquelles le cabinet doit être identifié) devront se trouver dans les titres qui sont lus par les moteurs avant le texte noyé.

L'algorithme Google se base sur les mots-clés. Les recommandations suivantes permettront à Google de trouver de trouver plus facilement ces mots-clés qui se traduiront par un meilleur affichage dans les résultats de recherche :

– utiliser les balises pour mettre en avant vos mots-clés : ceci consiste à placer des mots-clés dans les pages du site sous la forme de balises qui ne sont pas visibles pour l'internaute ;

– publier régulièrement du nouveau contenu ;

– créer des pages FAQ/Blog dont la pertinence du contenu va favoriser le référencement ;

– optimiser le maillage interne de votre site : c'est-à-dire créer des liens entre les différentes pages et parties du site.

La plupart des prestataires qui réalisent des sites internet proposent des prestations de SEO (Search Engine Optimization) ou optimisation des résultats de recherche. Ceci est un travail sur la durée consistant à chercher à améliorer le référencement d'un site internet au fil de son évolution mais aussi au fil des évolutions de l'algorithme de Google.

383.53 Référencement payant d'un site internet. Le référencement des sites par les moteurs de recherche continue de fonctionner grâce aux métadonnées mais les règles du jeu ont été bouleversées par l'arrivée du système Google AdWords dont le nom a changé en 2018 pour devenir Google Ads.

Cette régie publicitaire de Google propose de nombreux services dont celui permettant au propriétaire d'un site d'acheter des mots-clés correspondant aux services qu'il propose ou aux produits qu'il vend. Le prix payé par le site dépend du trafic généré par les mots-clés achetés. Certains avocats utilisent ce système, ce qui permet à leurs cabinets d'apparaître systématiquement dans les réponses proposées par Google à certaines requêtes[2].

Les sociétés qui réalisent les sites Internet connaissent bien les questions de référencement, d'utilisation de métadonnées et d'achat éventuel de mots-clés. Ils savent donc conseiller leurs clients en fonction de leurs besoins.

Le référencement payant sera très utile pour les cabinets voulant capter une clientèle importante en nombre et volatile. Ainsi les cabinets qui proposent des prestations comme le divorce à bas prix, le permis de conduire ou le dommage corporel pourront avoir intérêt à investir sur des mots-clés payants[3].

Les cabinets qui s'adressent à une clientèle professionnelle qui utilise internet pour valider la qualité ou la légitimité d'un avocat potentiel vont privilégier le référencement naturel par un contenu de qualité (textes, articles, actualité juridique) plutôt que le référencement payant.

383.54 Statistiques de la fréquentation du site internet. Une bonne utilisation par le cabinet de son site Internet passe par le suivi de la fréquentation de

1. « Le référencement naturel, comment ça marche ? », *Les Échos Solutions*, 27 sept. 2019.

2. RAPPR. : Civ. 1re, 6 déc. 2007, n° 06-16.072 selon lequel la Cour de cassation a estimé que l'utilisation par un avocat du système payant des pages jaunes afin d'obtenir une visibilité accrue dans l'annuaire ne portait pas atteinte aux principes essentiels de la profession.
3. Sur l'offre de services en ligne, v. s^s^ n°s 334.11 s.

celui-ci. Tous les sites peuvent être équipés d'outils statistiques qui permettent d'en mesurer la fréquentation. Ces systèmes sont souvent gratuits. À l'instar de ce qui se passe aux États-Unis, il est vraisemblable que les cabinets d'avocats français arriveront progressivement à une exploitation plus « commerciale » de leurs sites. Les cabinets d'avocats apprendront à mieux exploiter les informations résultant des visites de leurs sites. Ces informations sont particulièrement intéressantes quand elles concernent des connexions de personnes qui ne sont pas encore clientes. Des connexions régulières d'utilisateurs d'un certain profil ou des connexions en provenance de certaines directions juridiques d'entreprises sont des informations exploitables dans la stratégie marketing du cabinet. Google propose l'outil gratuit *Google Analytics* qui permet de suivre la fréquentation du site internet et le comportement des visiteurs.

383.55 Mise à jour et évolution du site internet du cabinet. Un site Internet d'un cabinet d'avocats peut s'envisager avec trois niveaux d'utilisation :

- une vitrine ;
- un outil d'échanges ;
- un outil de travail.

Un site Internet doit toujours s'envisager comme un outil vivant. Même si un cabinet décide de cantonner son site à un rôle de vitrine, celle-ci doit vivre avec le cabinet. Certains contenus deviennent obsolètes au fil du temps. Le site Internet doit donc être régulièrement visité par les avocats du cabinet pour vérifier que son contenu est à jour.

Le cabinet doit avoir la maîtrise du contenu « vivant » de son site internet. Toutes les informations ou actualités du cabinet, certains des textes de présentation ont vocation à être modifiés très fréquemment. À la fois pour des questions d'efficacité mais aussi de coût, le cabinet devra demander à son prestataire ou concepteur de lui proposer un site dont le contenu peut facilement être administré par le personnel du cabinet. Si l'architecture du site, certaines images ou encore les menus ne pourront être modifiés que par des techniciens, tout ce qui est considéré comme du texte modifiable doit pouvoir être géré par des personnes qui ne sont pas techniquement qualifiées, à savoir des avocats du cabinet ou des membres du personnel administratif.

383.56 Lieu dynamique d'échanges et de communication. Lorsque le site Internet s'envisage comme un outil d'échanges et de communication avec les clients et le monde extérieur en général, la vie du site prend une nouvelle dimension. Actualités, commentaires, information sur des conférences auxquelles participe le cabinet, coupures de presse... tous ces éléments ont vocation à trouver une place sur le site Internet du cabinet. Un site vivant qui change souvent est un des meilleurs moyens pour un cabinet de communiquer son dynamisme. Ceci est encore plus vrai lorsque le site Internet devient un véritable outil de travail proposant des documents à télécharger ou encore un espace réservé aux clients.

Faire vivre un site Internet est une décision valorisante mais engageante. Dès lors que le cabinet actualise son site, il doit le faire de manière systématique.

Un cabinet dont le site présente des informations manifestement désuètes (exemple : le commentaire d'une loi de finances datant de l'année précédente alors qu'une nouvelle loi de finances a été votée depuis) se présente sous un jour défavorable[1].

1. Sur la stratégie de visibilité et la politique de contenu, v. s[s] n°s 385.21 s.

CHAPITRE

384. Réseaux sociaux, blogs

SECTION 0
ORIENTEUR

384.00 **Sommaire du chapitre.**

SECTION 1
RÉSEAUX SOCIAUX : UTILISATION PAR LES AVOCATS

384.11 **Définition et cadre juridique des réseaux sociaux sur internet.** Sur Internet, les réseaux sociaux[1] sont des systèmes qui permettent la création et l'échange du contenu généré par les internautes[2]. Le réseau peut se construire à partir d'affinités ou d'intérêts communs. L'utilisateur d'un réseau social se fait connaître des autres membres du réseau en partageant ses informations avec un groupe qui se construit par cooptation mutuelle de ses membres.

Le succès des réseaux sociaux permet une diffusion à la fois large et rapide des informations. D'abord utilisés par une population essentiellement composée d'étudiants, les réseaux sociaux sont utilisés par tous.

Au même titre que les blogs, les réseaux sociaux sont visés par l'article 10.5 du RIN. Le texte dispose que l'avocat participant à un blog ou à un réseau social en ligne doit respecter les principes essentiels de la profession.

La mention faite des réseaux sociaux dans l'article 10.5 du RIN laisse entendre que la communication *via* un réseau social relève de la publicité personnelle de l'avocat. Le CNB précise que lorsqu'un avocat utilise un page Facebook ou une page Twitter pour faire la promotion de ses activités, cette page doit répondre aux exigences de l'article 10 et que l'avocat doit, comme pour toute publicité, informer l'ordre sans tarder[3].

En revanche, contrairement à un site internet ou une sollicitation personnalisée, les publications professionnelles sur les réseaux sociaux ne sont pas soumises à une procédure préalable de validation par l'Ordre. Cependant, l'avocat doit, en toutes circonstances, respecter ses règles déontologiques, notamment la dignité, la probité, la délicatesse, la confraternité et la modération et la courtoisie. Ainsi, ses publications et présentations devront refléter la réalité du cabinet, et veiller à la nature strictement professionnelle des publications[4].

1. SUR les réseaux sociaux et blogs, v. aussi, H. Ader, S. Bortoluzzi, A. Damien, D. Piau, Th. Wickers, *Règles de la profession d'avocat 2022/2023*, 17e éd., « Dalloz action », 2022, nos 464.271 s.
2. M. Haenlein, A.-M. Kaplan, « Users of the world, unite ! The challenges and opportunities of social media », *Business Horizons*, vol. 53, issue 1, 2010.
3. CNB, Comm. RU, avis 2011-054, 19 déc. 2011 : « Dès lors qu'un avocat utilise le réseau Facebook en faisant la promotion de ses services, il s'agit nécessairement d'une page Facebook destinée à la publicité. La page doit alors répondre aux exigences de l'article 10 du RIN et notamment aux dispositions de l'article 10.6 (ancien) relatif à la publicité par Internet ; la réglementation applicable à la page Facebook doit ainsi être assimilée à la réglementation applicable aux sites Internet » ; CNB, Comm. RU, avis no 2016/014, 12 févr. 2016 : « Dès lors qu'un avocat utilise un compte Twitter à des fins de promotion de son activité professionnelle, il s'agit d'une publicité au sens de l'article 10 du RIN. […] En conséquence, l'avocat concerné doit respecter les principes essentiels de la profession comme cela est expressément rappelé à l'article 10.5 *in fine* du RIN. »
4. CNB, Commission des Règles et usages, *Vade-mecum de la communication des avocats*, 2e éd., déc. 2020.

384.12 Utilité des réseaux sociaux par les avocats. La question ne se pose plus. Les réseaux sociaux font partie de la stratégie globale de visibilité du cabinet ou de l'avocat sur Internet[1].

Dans leur utilisation la plus courante, les réseaux sociaux feront l'objet d'une utilisation individuelle de l'avocat alors que le site Internet sera l'outil du cabinet. Cette séparation un peu artificielle entre ce qui relève du collectif et de l'individuel a tendance à s'estomper. En effet, un cabinet doit tendre vers une politique concertée où tous les avocats du cabinet profiteront de ce qui est fait à l'échelle du cabinet pour promouvoir leur visibilité personnelle et ils partageront avec le cabinet toutes leurs initiatives personnelles.

S'il est difficile de quantifier les retombées exactes de l'utilisation des réseaux sociaux par les avocats, il est indéniable que les avocats qui arrivent à assurer une présence en ligne active *via* les réseaux sociaux en bénéficient sur le plan du développement de la clientèle.

384.13 Choix du réseau social. Lors des débuts d'Internet, les moteurs de recherche étaient nombreux, puis le marché s'est concentré et, progressivement, Google a assis sa domination absolue. Pour les réseaux sociaux, le phénomène est le même, il y a une concentration autour des trois grands réseaux que sont LinkedIn, Twitter et Facebook et pour ce qui relève de la sphère professionnelle, LinkedIn et Twitter se distinguent.

Le principe du réseau social étant de se trouver là où sont les personnes que l'on est susceptible de vouloir rencontrer, le choix de l'avocat se portera naturellement sur le réseau social professionnel le plus fréquenté : LinkedIn. Le second réseau social pouvant présenter un intérêt pour les avocats est Twitter sous réserve de la manière dont celui-ci est utilisé.

Des avocats peuvent s'interroger sur la pertinence d'un compte Facebook à des fins professionnelles. L'univers de Facebook est celui de la convivialité et de l'amitié (virtuelle). Ce registre n'est pas celui de l'activité professionnelle. En conséquence, il sera préférable de limiter Facebook à une utilisation personnelle en évitant d'y faire apparaître du contenu ou des images qui soient susceptibles de rejaillir négativement sur la vie professionnelle. Les seules exceptions concernent l'utilisation de Facebook (i) à des fins de recrutement par la promotion de l'ambiance et la qualité de vie du cabinet (images du dîner de Noël, du séminaire du cabinet à la campagne...) ou (ii) à des fins de promotion d'une activité visant un public non professionnel davantage susceptible de se trouver sur Facebook que sur LinkedIn.

384.14 Réseau social, outil de sollicitation personnalisée. Dans le contexte de la sollicitation personnalisée autorisée, les réseaux sociaux vont jouer un nouveau rôle. La clé de l'efficacité de la sollicitation personnelle sera dans la qualité du ciblage effectué par l'avocat. Les réseaux sociaux vont permettre à l'avocat de constituer une base de contacts hautement qualifiée dont une partie pourra faire l'objet de sollicitations très spécifiques. LinkedIn peut permettre des approches directes dans un contexte bien plus personnel que l'envoi d'un mail ordinaire. Enfin, l'avocat souhaitant une introduction auprès d'un contact d'un de ses propres contacts pourra aussi demander une mise en relation pour éviter une approche directe « à froid ».

384.15 Réseaux sociaux spécialisés. Il faut rappeler qu'il existe des réseaux sociaux communautaires comme Hub Avocat. Si de tels réseaux permettent aux avocats de partager des informations ou des services entre eux, ces réseaux ne peuvent pas, par nature, avoir le même intérêt qu'un réseau social ouvert pour développer son activité.

SECTION 2
LINKEDIN

384.21 LinkedIn. À mi-chemin entre un annuaire interactif et un réseau social, LinkedIn n'est utilisé que dans le contexte professionnel. Il n'y a pas de partage d'informations qui relèvent de la sphère privée. LinkedIn est le réseau social professionnel le plus utilisé dans le monde. Il est utilisé à la fois de manière individuelle et par les entreprises. Ses fonctionnalités permettent à des personnes dont les parcours se sont croisés de se retrouver. Le site permet aussi de tenir une liste de contacts à jour de son évolution professionnelle. Le site permet aussi de se grouper entre personnes ayant des intérêts communs ou exerçant dans le même domaine d'activité. Il permet d'être mis en relation avec des personnes à qui on peut se présenter, proposer ses services ou présenter son *curriculum vitae*. LinkedIn est le plus performant des outils de « networking » professionnel.

La procédure pour créer un compte, pour mettre en ligne ses informations personnelles, sa photo ou son logo est très simple. Dès que le compte est créé, il devient alors possible de contacter d'autres inscrits par mail et le site proposera spontanément des listes de contacts présentant des caractéristiques communes pour que la personne ou la société inscrite puisse développer son réseau.

1. T. Heems, « Avocats, que faire sur les réseaux sociaux et que faut-il en attendre ? », *D. avocats* 2013. 135.

Outre la page personnelle créée par l'avocat, LinkedIn permet de créer une page « entreprise » au nom du cabinet. Celle-ci peut être tout à fait complémentaire des pages individuelles des membres du cabinet.

Il faut préciser que les pages LinkedIn sont très bien référencées sur Google. Une recherche sur le nom d'une personne qui dispose d'un profil LinkedIn fait systématiquement apparaître cette page en haut des résultats de recherche. Pour les avocats qui ne disposent pas encore d'un site, LinkedIn leur permet une présence Internet efficace et gratuite.

Outre sa version gratuite qui permet de bénéficier de très nombreuses fonctionnalités, LinkedIn propose aussi des offres et des formules payantes. Celles-ci permettent notamment de savoir qui sont les visiteurs de son profil LinkedIn ou encore d'acquérir des fichiers de contacts qualifiés pour la diffusion d'informations.

384.22 LinkedIn, conseils d'utilisation. LinkedIn est la première étape de la présence de l'avocat sur les réseaux sociaux. Ce réseau présente de très nombreux intérêts pour les avocats à condition de l'utiliser de manière cohérente et efficace. Les recommandations suivantes pourront s'avérer utiles[1] :

– Qui faut-il accepter parmi ses contacts ?

L'intérêt d'un réseau social professionnel est de pouvoir l'utiliser à des fins professionnelles. Vos amis proches, vos cousins ou parents s'intéressent peu au fait que vous rajoutiez la compétence « droit de l'urbanisme » à votre CV ou que vous ayez récemment assisté à une conférence sur les recours contre les permis de construire. La conséquence de cette évidence est qu'il faut restreindre vos contacts LinkedIn à votre environnement professionnel.

– Si les clients sont dans ses contacts, est-ce qu'il trahit le secret professionnel ? Est-ce qu'il s'expose vis-à-vis de ses concurrents ?

Par défaut, le compte LinkedIn ne fait apparaître que les contacts partagés. Ces contacts ne sont pas qualifiés. Il est donc impossible pour un tiers de connaître la nature exacte de la relation qui lie l'avocat à eux. Il n'y a donc pas de risques sur le terrain du secret professionnel. Sur le plan concurrentiel, la richesse d'un réseau personnel est surtout une vitrine promotionnelle.

– Comment l'avocat doit-il renseigner son profil ?

Le profil LinkedIn est d'abord un simple CV commençant par la fonction actuelle et présentant le parcours professionnel de manière ante chronologique. Là où LinkedIn prend toute sa dimension, c'est lorsque le titulaire du compte fait vivre son profil... et pas seulement lorsqu'il (ou elle) change de cabinet. Il s'agit d'utiliser son compte LinkedIn pour transmettre et relayer toutes les informations qui sont susceptibles de vous mettre en valeur et d'asseoir votre légitimité dans vos domaines de compétence : articles publiés, interventions dans des conférences, participation à des formations.

– Quels sont les autres contenus qu'il est pertinent de diffuser *via* LinkedIn ?

Plus l'avocat nourrit son profil, plus celui-ci va susciter de l'intérêt de la part d'autres contacts. Ainsi, la rubrique publication pourra être renseignée et actualisée avec toutes les publications dont l'avocat est l'auteur. Il pourra aussi indiquer les associations dont il est membre. De très nombreuses rubriques permettent de faire vivre le profil avec l'actualité de l'avocat concerné.

384.23 LinkedIn, groupes de discussion. LinkedIn propose également aux personnes inscrites de rejoindre des groupes de discussion ou des listes de diffusion correspondant à leurs centres d'intérêt. Le moteur de recherche du site permet aussi d'identifier ces groupes et de les rejoindre. Certains sont d'accès libre et d'autres font l'objet d'une modération au moment de la demande d'inscription. Cette procédure permet de s'assurer que le profil de l'inscrit correspond bien au groupe qu'il souhaite rejoindre.

SECTION 3
TWITTER

384.31 Twitter. Twitter est une messagerie instantanée par laquelle des millions de personnes à travers le monde diffusent des messages qui ne pouvaient pas dépasser 140 caractères. Cette limite a été relevée à 280 caractères en 2017[2]. À première vue, ce mode de communication est plus adapté aux personnes publiques ou aux stars souhaitant relayer leurs opinions ou leurs expériences vécues avec des centaines de milliers de « suiveurs ». Or, Twitter peut présenter un intérêt pour les avocats. Un avocat qui souhaiterait se faire connaître pour ses compétences dans un domaine peut maintenir un fil d'informations sur un sujet précis. Il touchera ainsi le public qui suit ces matières en question qui suivront ce compte Twitter comme outil de veille ou d'information.

La procédure d'inscription est d'une grande simplicité. Outre les 280 caractères du message transmis, la principale contrainte est d'avoir un nom d'utilisateur qui ne dépasse pas 20 caractères.

1. D. Jensen, « De la bonne utilisation des réseaux sociaux (et du blog) », *Maître*, n° 231, 1er trimestre 2015.

2. « Twitter assouplit la règle des 140 caractères », *Le Monde*, 24 mai 2016.

384.32 Twitter, conseils d'utilisation. Les avocats pourront surtout utiliser Twitter dans sa fonction de « curation ». La curation est une pratique qui consiste à sélectionner et partager des contenus pertinents sur un sujet donné. C'est une manière efficace et peu coûteuse de construire une visibilité en ligne sans produire soi-même de contenu.

En pratique, un avocat choisira une thématique sur laquelle il veut s'illustrer. Twitter lui permettra d'effectuer un travail de veille et de transmission à ses « suiveurs » des liens vers les articles qu'il aura sélectionnés. Si ladite sélection est pertinente pour les personnes désireuses de rester informées dans le domaine en question, son auditoire augmentera ainsi que sa réputation.

Dans ce contexte, Twitter n'exige pas une multitude de contributions quotidiennes. Le fil d'informations doit néanmoins être alimenté de manière très régulière pour être crédible.

Le dernier atout de Twitter réside dans la qualité de son public. Les journalistes sont très présents sur ce réseau et l'utilisent comme une de leurs sources privilégiées. Dès lors, quand un avocat s'identifie sur une compétence ou une thématique grâce à Twitter, il augmente fortement ses chances d'être sollicité par les médias.

SECTION 4
GROUPES DE DISCUSSION – WHATSAPP

384.41 Réseau social et groupe de discussion. Le groupe de discussion est une conception proche du réseau social. Plusieurs personnes partageant les mêmes intérêts ou faisant partie d'un groupe quelle qu'en soit la raison partagent un même espace dans lequel les membres de ce groupe peuvent communiquer entre eux. Chaque message est envoyé à tous les membres du groupe.

Cette fonction de groupe est présente sur Facebook mais son utilisation s'est généralisée et simplifiée avec l'utilisation de WhatsApp. WhatsApp a d'ailleurs été acquis par Facebook en 2014.

Initialement, WhatsApp n'est pas un réseau social mais un service de messagerie. Très facile d'utilisation, le système permet de créer des groupes de personnes qui vont participer à une discussion commune. L'utilisation de l'outil s'est généralisée dans le contexte familial pour le partage d'informations et de photos ou lors de la participation ou de l'organisation d'un évènement comme un mariage ou un voyage. Cette utilisation s'est progressivement élargie à la sphère professionnelle.

À titre d'exemple, Jean Gasnault, spécialiset reconnu de la documentation juridique est à l'origine d'un groupe WhatsApp nommé « Contacts Loi des Ours » qui diffuse une veille juridique quotidienne à tous les membres du groupe.

SECTION 5
BLOGS

384.51 Définition et contexte de développement du blog. Le blog est une des pièces fondamentales de ce qui est appelé le Web 2.0., à savoir l'Internet de deuxième génération qui se fonde sur l'enrichissement de la toile par les internautes eux-mêmes. Dans un premier temps, Internet proposait des sites. Ceux-ci nécessitaient des investissements qui n'étaient pas à la portée de tous. L'internaute en était réduit à exprimer ses avis dans les forums ou dans les espaces réservés aux commentaires. Les outils de développement ont évolué vers un monde de partage dans lequel chaque Internaute peut créer gratuitement un mini-site en le décorant et l'organisant comme il le souhaite : son blog[1]. Les règles prévues pour les sites Internet de l'article 10.5 du RIN sont expressément étendues aux blogs. Version simple du site Internet, le blog se présente sous la forme d'une colonne centrale où se succèdent, par ordre ante chronologique, les contributions de l'auteur, dits *posts*. De part et d'autre de la colonne centrale se trouvent en général un sommaire, une fenêtre permettant de rechercher sur le blog ainsi que des photos ou des illustrations choisies par l'auteur pour personnaliser sa tribune.

384.52 Utilité du blog pour les avocats. Si le blog n'est pas exactement un réseau social, il fait partie des outils du Web participatif qui génèrent des contacts et participent à la promotion virale. L'auteur du blog publie directement son contenu et acquiert progressivement un lectorat susceptible, à son tour, de rediffuser ce contenu vers d'autres lecteurs. D'après une enquête de l'American Bar Association en 2021, 81% des avocats interrogés disent avoir une présence sur les réseaux sociaux. Parmi ceux-ci, 95% sont sur LinkedIn et 17% sur Twitter. 37% des avocats interrogés ont déclaré que leur cabinet tenait un blog[2]. Bien que concernant le marché américain, ces chiffres étaient révélateurs d'un regain d'intérêt du blog pour les avocats. Un temps décrié en raison de l'exigence d'assiduité qu'il fait peser sur son auteur, le blog pouvait se révéler un instrument de promotion très efficace.

1. De nombreux sites proposent gratuitement la création de blogs, parmi lesquels : www.blogger.com, www.over-blog.com, ou www.canalblog.com
2. American Bar Association, Profile of the legal profession 2022, chapitre "Legal technology" [En ligne : www.abalegalprofile.com/technology.php]

Quelques années plus tard, les résultats de cette étude sont à nuancer, en effet la généralisation des CMS pour la réalisation des sites internet[1] a rendu beaucoup plus simple l'actualisation du contenu sur les sites internet. Ceci permet d'intégrer ce qui était la fonctionnalité du blog dans le site internet du cabinet.

384.53 Promotion par le contenu non promotionnel. Le blog est perçu comme une source désintéressée d'information plutôt qu'un outil de promotion. Le cabinet devra chercher à concentrer sur le blog le contenu « non promotionnel » généré par le cabinet. Le blog du cabinet ou de l'avocat aura ainsi vocation à devenir un blog expert consulté par les confrères ou clients potentiels en recherche d'informations fiables. Le blog est aussi une vitrine dans laquelle le cabinet peut présenter des travaux et articles, autant de supports dont le blog peut proposer une amorce en lecture libre avec la possibilité pour le visiteur de télécharger le document intégral. Le téléchargement se fait alors en contrepartie de l'identification du lecteur à qui le blog pourra demander son adresse email, son nom, son secteur d'activité. Les informations ainsi recueillies viendront enrichir la base de données des contacts du cabinet et pourront être directement ciblées par de nouvelles communications[2].

384.54 Blogs dans le domaine juridique. Dans le monde juridique, outre les blogs dont le contenu est strictement technique, certains blogs sont tenus comme des journaux dans lesquels leur auteur réagit à l'actualité et partage ses réflexions personnelles.

LE BLOG de Philippe Bilger[3], avocat général près la cour d'appel de Paris devenu avocat, est lu par des milliers d'internautes. Le blog de Maître Éolas[4], un avocat qui ne dévoile pas sa vraie identité, compte de très nombreux lecteurs. Les auteurs, les documentalistes sont plusieurs à tenir des blogs qui donnent un regard souvent éclairant sur certains aspects du monde juridique.

Le blog d'Antoine Gossement, qui est aussi le site internet de son cabinet, est consacré au droit de l'environnement. Son auteur consacre un temps et des efforts importants pour que son blog soit une source d'information exhaustive et fiable en matière de droit de l'environnement. Référence dans un domaine précis, le blog spécialisé va permettre de multiplier les contacts qui pourront devenir des nouveaux clients. La richesse du contenu gratuit du blog permet à l'auteur d'asseoir sa légitimité dans son domaine. Loin de se déposséder de son savoir, il en fait une vitrine de ses compétences. Tenir un blog est également un moyen d'être repéré sur une thématique puis à être invité à s'exprimer sur celle-ci en répondant à des journalistes ou en participant à des conférences. Enfin, cela lui permet de recevoir des informations qu'il relaye largement, en les commentant. Le blog est donc un outil de diffusion et un point d'entrée d'informations dans le cabinet[5].

384.55 Conseils pour les avocats qui envisagent de créer un blog. Les avocats qui envisageraient de créer un blog doivent tenir compte des points suivants :

– un blog n'a pas les mêmes fonctions qu'un site classique : le blog a vocation à recueillir et à transmettre des informations sélectionnées et commentées par son auteur ;

– un blog est une astreinte. S'il n'est pas actualisé de manière très régulière, il aura du mal à construire son lectorat. Seuls les blogs qui sont tenus de manière quasi quotidienne parviennent à rencontrer un public large ;

– le format du blog ne se prête pas aux textes longs ;

– l'auteur doit publier des informations propres à captiver son lectorat.

384.56 Blog comme complément du site Internet. Si le blog a des fonctions différentes du site classique, il n'est pas incompatible avec ce dernier. Il est envisageable pour un cabinet de disposer d'un site Internet qui présente ses activités, ses membres, ses spécialités et qui intègre un blog qui servirait à communiquer sur l'actualité relevant des domaines de compétence du cabinet. Le CMS WordPress permet d'intégrer très facilement la fonction de blog dans le site internet du cabinet.

Pour le cas où un des avocats du cabinet a la charge de faire vivre le blog, il faut veiller à ce qu'il ne puisse y avoir d'ambiguïtés entre la position exprimée par l'auteur à titre personnel et la position du cabinet.

1. V. s[s] n°s 383.27 s.
2. D. Jensen, « De la bonne utilisation des réseaux sociaux (et du blog) », *Maître*, n° 231, 1er trimestre 2015.
3. Justice au singulier : www.philippebilger.com/
4. www.maitre-eolas.fr/
5. Entretien avec Arnaud Gossement : « le blog pièce centrale d'une stratégie internet », *D. avocats*, n° 3, mars 2013.

CHAPITRE

385. Présence digitale et stratégie de contenu

SECTION 0 ORIENTEUR

385.00 **Sommaire du chapitre.**

SECTION 1 PRÉSENCE DIGITALE

385.11 **Notion de présence digitale.** La présence digitale, parfois appelée l'empreinte digitale, correspond à la quantité d'informations présentes sur Internet sur un sujet ou une personne à un instant donné.

Si les noms de domaine génériques ne sont pas autorisés par l'avocat, son nom peut cependant apparaître lors de recherches associées à une thématique. Ainsi, un avocat auteur de nombreux articles, de commentaires et d'une veille juridique sur les accidents du travail sera immédiatement identifié comme un expert de cette matière si son nom apparaît lorsqu'une recherche est effectuée avec les mots « accident du travail ».

À la différence d'une démarche commerciale associée à l'achat de mots-clés ou à l'utilisation d'un site d'intermédiation avec un nom de domaine générique, la présence digitale de l'avocat est fondée sur l'ensemble du contenu pertinent associé à son nom et disponible en ligne.

385.12 **Enjeux de la présence digitale.** Le travail sur la présence digitale va permettre d'associer une expertise à un nom d'un avocat ou d'un cabinet. Si un client qui recherche un avocat expert va vouloir se fonder sur des recommandations, il utilisera toujours Internet comme un instrument de validation. Un client potentiel qui exerce une activité dans un domaine précis va chercher à identifier qui sont les meilleurs professionnels de cette matière. Un travail sur la présence digitale dans la durée va permettre à un avocat d'occuper le « territoire Internet » dans son domaine de compétence.

Aux yeux d'un public, même averti, la capacité à apparaître en tête des réponses données par Google sur un sujet donné est devenue un facteur essentiel de réputation. Il en résulte que tous les cabinets se préoccupent de savoir s'ils sont visibles en ligne et s'ils sont visibles pour les bonnes raisons.

L'avocat voulant augmenter sa présence digitale veillera donc à ce que toute son activité se traduise par une information visible en ligne sur les supports suivants :

- le site de son cabinet ;
- les comptes/profils dont il dispose sur les réseaux sociaux ;
- son blog, s'il en a un ;
- les blogs ou sites spécialisés sur lesquels il peut poster des informations pertinentes ou susceptibles de reprendre et diffuser des informations dans son secteur d'activité ;
- les sites Internet des supports de presse qui ont accueilli ses publications.

385.13 **E-réputation.** L'objectif du travail sur la présence digitale est d'être visible pour les bonnes raisons. Ceci implique que l'avocat se serve avant tout d'Internet pour un usage professionnel. Il veillera également à ce que les articles, vidéos, entretiens où il apparaît ou qu'il signe portent sur des sujets qui soient pertinents par rapport à l'activité qu'il souhaite promouvoir.

Certaines recommandations peuvent être utiles :

- un avocat spécialisé en droit des contrats à qui un journaliste demanderait de commenter un fait divers aura tout intérêt à refuser cette proposition. Il risque en effet, si le fait divers est médiatique, de voir pendant des années son nom associé à une affaire qui est sans relation avec son activité principale, et ce pendant des années ;

– il faut éviter de partager ses photos de vacances sur Internet. En effet, Google propose toujours d'afficher les images qui correspondent à une recherche. Il est préférable d'apparaître dans un contexte professionnel que sur une plage.

Enfin, dans les situations où un avocat est associé à une affaire ou des situations qui peuvent rejaillir très négativement sur son image, il dispose de plusieurs possibilités[1] :

– La loi du 21 juin 2004 pour la confiance dans l'économie numérique (ci-après LCEN)[2] prévoit certains garde-fous[3]. La mise en œuvre de la procédure de notification prévue par la LCEN consiste simplement à demander le retrait de cette publication à l'éditeur du site Internet ; ou, si ce dernier n'est pas identifiable ou refuse de retirer le contenu litigieux, à l'hébergeur du site visé.

– En cas d'échec de cette demande, il est possible de recourir à :

• la procédure spécifique du « référé internet »[4] qui consiste à solliciter de l'autorité judiciaire qu'elle prescrive en référé ou sur requête à l'hébergeur d'un site « toutes mesures propres à prévenir ou à faire cesser un dommage occasionné par le contenu d'un service de communication au public en ligne » ;

• une action au fond. Les fondements utiles peuvent notamment être le délit d'atteinte à la vie privée[5] ou l'injure et la diffamation publique[6] en cas d'atteinte visant l'avocat en personne ou son cabinet. Le dénigrement[7] peut également être invoqué, lorsque des commentaires visant les prestations de l'avocat sont publiés par un concurrent ou un salarié.

La procédure mise en place la plus récemment consiste en l'envoi d'un formulaire de désindexation mis en place par les moteurs de recherche afin de demander le déréférencement d'informations concernant la personne visée et susceptibles de lui porter préjudice. La Cour de Justice de l'Union européenne[8] a estimé que tout individu a le droit de demander le retrait de résultats de recherche associés à son nom s'ils sont « inadéquats, pas ou plus pertinents ou excessifs ». La Cour précise que la désindexation des contenus doit tenir compte de l'intérêt public, critère dont l'application peut être large et subjective, tout en spécifiant que les moteurs de recherche ne peuvent pas revendiquer la valeur journalistique d'un contenu pour refuser une demande de suppression. Néanmoins, cette procédure a ses limites : les contenus ne seront pas supprimés du site où ils se trouvent car la demande est soumise à l'approbation du moteur de recherche – ce qui peut de surcroît prendre un certain délai – et la désindexation des résultats visés ne sera effectuée que sur les moteurs de recherche européens.

Il conviendra aussi de veiller aux délais de prescription de ces actions[9].

En dernier recours, il sera toujours possible de faire appel à une des sociétés qui se spécialise dans la protection de l'e-réputation.

BPI France a mis en ligne une liste de conseils pour soigner son e-réputation[10] :

– commencer par faire un diagnostic de son e-réputation : Savoir d'où on part aide à savoir où on veut aller ;

– séparer la vie personnelle et la vie professionnelle ;

– choisir les médias et réseaux sociaux qui semblent pertinents ;

– déterminer les valeurs du cabinet[11] ;

– évaluer le rôle de chaque réseau social dans la construction de son e-réputation ;

– établir quel type de contenu correspond à quel canal ;

– répondre aux informations fausses ou négatives ;

– faire une veille de son e-réputation.

SECTION 2
STRATÉGIE DE CONTENU

385.21 Notion de stratégie de contenu. Quand un avocat pense à l'écriture d'articles, son réflexe est de penser aux revues juridiques et leur contenu très technique agrémenté de nombreuses notes de bas de page. Non seulement l'activité d'écriture de l'avocat doit-elle s'envisager de manière beaucoup plus large (publications professionnelles, blogs...) mais c'est tout le contenu émanant du cabinet qui doit faire l'objet d'une réflexion globale.

La notion de stratégie de contenu est étroitement liée à celle de présence digitale. En effet, la durée de

1. A. Duchesne, C. Weber, « Gérer l'e-réputation de son cabinet face aux avis négatifs sur Internet », *D. avocats* 2014. 283.
2. L. n° 2004-575, 21 juin 2004 pour la confiance dans l'économie numérique, *JO* 22 juin, p. 11168.
3. Not. la réaffirmation d'un droit de réponse et la possibilité de notifier et de demander la suppression de contenus préjudiciables.
4. L. n° 2004-575, 21 juin 2004, art. 6-I. 8.
5. C. pén., art. 226-1 – C. civ., art. 9.
6. L. 29 juill. 1881 sur la liberté de la presse, *JO* 30 juill., p. 4201.
7. C. civ., art. 1382.
8. CJUE 13 mai 2014, *Google Espagne c/AEPD*, aff. C-131/12, *JOUE* 7 juill., p. 4.
9. À TITRE D'EXEMPLE, les actions civiles et pénales sur le fondement de la diffamation ou de l'injure sont prescrites en trois mois après la première publication ou le prononcé des propos incriminés.
10. BPI France, « E-réputation : 9 conseils pour soigner votre image », 2023.
11. Sur les valeurs du cabinet, v. s[s] n°s 121.11 s.

vie de la production écrite de l'avocat a changé. Paradoxalement, dans un monde où tout bouge de plus en plus vite, internet a prolongé de manière considérable la durée de vie de l'information publiée. Avant, une information était visible pendant la durée de parution de son support (quotidien, hebdomadaire, mensuel...) et mourrait en étant remplacée par l'information du numéro suivant. Pour la retrouver, il fallait l'exhumer dans des archives au mieux difficiles d'accès, au pire inexistantes. Maintenant, les moteurs de recherche retrouvent instantanément l'information vieille de plusieurs années. L'écrit de l'avocat non seulement ne se perd plus mais elle entretient la réputation de l'avocat.

L'autre caractéristique majeure de ces transformations est la quasi disparition de la hiérarchie qualitative des informations. Qu'une information soit publiée dans une revue prestigieuse ou qu'elle soit auto-éditée, Google la retrouvera de la même manière. Ceci ne veut pas dire que la qualité ne compte plus mais cela signifie que la quantité prend une importance capitale.

Il faut donc produire du contenu : actualité juridique commentée, nouvelles du cabinet, prises de positions sur des domaines d'activité qui concernent le cabinet... Ces contenus doivent être présents sur le site internet du cabinet, rattachés aux profils LinkedIn de leurs auteurs, diffusés en lien sur Twitter ou encore transmis à des fichiers de contacts. Le contenu est la clé de la présence digitale du cabinet et de la consolidation de la réputation du cabinet.

385.22 Stratégie de contenu : schéma. Le schéma ci-dessous montre l'interaction entre tous les moyens dont dispose le cabinet. L'ensemble du contenu produit par le cabinet quelle qu'en soit la forme (articles, actualités du cabinet, liens vers des contenus externes (curation), veille juridique.), va d'abord être relayé par le site Internet qui va servir de « plaque tournante ». Ces contenus vont apparaître sur le site, pour certains d'entre eux, d'autres seront immédiatement postés sur le blog ou les réseaux sociaux. Sur le site, des liens seront proposés vers le blog et les comptes des réseaux sociaux des avocats du cabinet et sur le compte du cabinet s'il existe.

Si certains des contenus produits par le cabinet font l'objet d'un travail de relations presse, tous les supports du cabinet vont relayer le fait que le cabinet est présent dans tel ou tel support.

Toutes ces informations sont donc mises en valeur dans les différentes vitrines dont dispose le cabinet. Tout ceci favorise la visibilité et la réputation du cabinet et, par voie de conséquence, le développement de la clientèle.

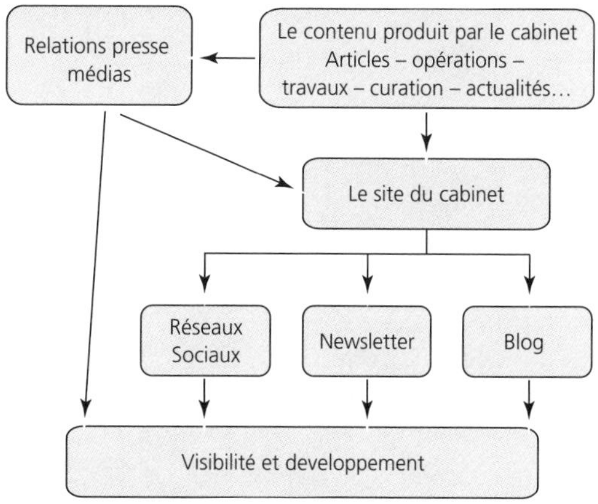

385.23 Outils de la stratégie de contenu. Il existe des logiciels et des outils qui permettent une exploitation simultanée d'une même information sur les différents réseaux sociaux[1]. Ces outils vont permettre, selon le cas, de capter une information et d'en organiser aussitôt la rediffusion. Le nombre de manipulations est réduit et les envois peuvent même être programmés et synchronisés.

385.24 Diffusion du contenu du cabinet par les collaborateurs. L'objectif de la stratégie de contenu est d'en réussir la diffusion la plus large. Toute information nouvelle sera mise en ligne sur le site du cabinet et sera diffusée sur les profils LinkedIn des associés et sur le profil du cabinet. Les collaborateurs du cabinet peuvent être invités à rediffuser ces informations sur leurs propres profils mais le cabinet ne peut en faire une obligation. De même, le cabinet ne peut pas demander aux collaborateurs de lui fournir leurs codes d'accès LinkedIn pour organiser une diffusion automatique du contenu du cabinet sur leurs profils.

C'est en travaillant sur la cohésion, le partage des valeurs et le sentiment d'appartenance des collaborateurs que le cabinet obtiendra d'eux qu'ils deviennent spontanément des relais de la communication du cabinet. Le collaborateur libéral est indépendant et rien ne peut lui être imposé à ce titre.

1. Ex. : www.buffer.com.

LIVRE

4. L'ORGANISATION ET LA GESTION DU CABINET D'AVOCATS

SECTION 0

ORIENTEUR

4.00 Sommaire du livre.

TITRE

41. Les associés

SECTION 0

Orienteur

41.00 **Sommaire du titre.**

CHAPITRE

411. Attentes des associés et dynamique de gestion du cabinet

SECTION 0 ORIENTEUR

411.00 Sommaire du chapitre.

SECTION 1 PARTAGE DU PROJET

411.11 Valeurs et vision du cabinet et dynamique interne[1]. Les valeurs des associés du cabinet, leurs projets et leur vision ainsi que la répartition des rôles entre les associés forment la dynamique interne et la dynamique de gestion du cabinet. Avec la performance économique des associés et les facteurs externes de marché, la dynamique interne est un des facteurs essentiels de la réussite du cabinet d'avocats.

Ce sont les valeurs portées par les associés qui feront que le cabinet ne se désagrégera pas s'il traverse quelques années difficiles. Si les liens entre les associés ne sont qu'économiques, le cabinet ne sera jamais solide. Au-delà des critères de performance ou d'ancienneté, c'est le critère de l'attachement aux valeurs du cabinet qui doit caractériser un associé.

Les associés doivent aussi partager une vision stratégique commune. Pour qu'une vision stratégique soit partagée par les associés, elle doit d'abord être réaliste. Il faut ensuite qu'elle soit en ligne avec les attentes que les associés ont de la pratique de leur métier. Cette double condition est nécessaire pour créer la vision stratégique commune. À défaut, le cabinet s'expose à des départs d'associés qui iront chercher ailleurs la vision qui leur correspond.

La vision stratégique n'est pas une projection abstraite. Elle doit créer les conditions nécessaires au développement de l'activité de tous les associés du cabinet en ligne avec leurs aspirations personnelles.

Pour partager une vision, des projets doivent y être associés. Un cabinet qui ne fait pas de projets n'inspire pas ses avocats et ne crée pas les conditions propices à leur épanouissement. Insuffler des projets dans la dynamique interne du cabinet doit être l'un des rôles dévolus aux dirigeants et/ou aux organes de gestion du cabinet[2].

411.12 Obstacles au partage du projet. Les obstacles sont malheureusement nombreux et tiennent à la dimension individualiste du métier d'avocat.

Travailler sur le partage du projet commun va donc consister prioritairement à lever les obstacles qui freinent ou qui empêchent les associés d'avancer ensemble dans un objectif commun.

Le premier de ces obstacles est le système de rémunération du cabinet[3]. En effet, un système de rémunération qui n'incite pas le travail en commun et le cross-selling, c'est-à-dire la promotion et la vente des compétences des autres associés par les associés d'un même cabinet, sera un obstacle rédhibitoire au partage d'un projet commun.

Agir efficacement sur les autres obstacles va consister à agir sur procédures et habitudes internes qui sont mises en place au sein du cabinet. En effet, pour que les associés d'un cabinet puissent avancer

1. Sur les valeurs du cabinet, v. s^s^ n°s 121.11 s. – Sur la vision du cabinet, v. s^s^ n°s 121.32 s.

2. Sur les organes de gestion du cabinet, v. s^s^ n°s 412.11 s.

3. Sur les systèmes de rémunération cabinet, v. s^s^ n°s 413.11 s.

ensemble, ils doivent se voir et se parler. L'avocat aura tendance à penser que les urgences des clients sont prioritaires sur les réunions internes entre associés. S'il est vrai que certaines urgences auront un caractère prioritaire, les associés du cabinet doivent apprendre à privilégier le temps qu'ils passent ensemble par rapport au reste de leur activité.

L'obstacle sur lequel il sera toujours difficile d'agir est celui de la personnalité de certains associés. Même ceux qui ont du mal à saisir l'intérêt du jeu collectif peuvent évoluer lorsqu'ils voient que la volonté et le travail des autres associés au service d'un projet commun obtiennent des résultats tangibles.

SECTION 2
EXPRESSION DES ATTENTES DES ASSOCIÉS

411.21 Définir les attentes des associés. La définition des attentes des associés ne porte pas que sur les attentes des associés en place vis-à-vis de nouveaux associés. Il s'agit des attentes que tous les associés ont les uns vis-à-vis des autres à tous les niveaux de leurs interactions et dans le cadre de la conduite des affaires du cabinet.

Ces attentes peuvent porter sur des points essentiels tels que le respect scrupuleux de la déontologie jusqu'à des points de détail comme ne pas systématiquement travailler la porte fermée. Les attentes peuvent être évidemment financières mais aussi qualitatives et humaines.

Les attentes que les associés ont les uns vis-à-vis des autres sont en lien étroit avec les valeurs et la vision du cabinet.

Il n'est pas suffisant de penser que ces valeurs se définissent d'elles-mêmes ou qu'elles découlent du bon sens. Elles doivent être d'abord définies et ensuite exprimées.

411.22 Exprimer clairement les attentes des associés. L'expression des attentes des associés doit se faire à la fois verbalement et par écrit. Ces attentes peuvent être verbalement rappelées à tout associé qui se trouve en défaut. Elles doivent être consignées par écrit pour que les membres puissent s'y référer. Ces attentes peuvent donner lieu à un préambule dans les statuts ou à une disposition dans un document extra-statutaire comme un règlement intérieur[1].

Exemple de préambule rappelant les attentes du cabinet vis-à-vis de ses associés :

Les qualités d'un associé du cabinet [nom du cabinet] doivent être les suivantes :

- un avocat dont les qualités professionnelles et humaines le rendent apte à représenter le Cabinet et ses valeurs en toutes circonstances ;

- un avocat capable de former, d'encadrer, d'animer et d'inspirer les équipes de collaborateurs ainsi que les salariés du Cabinet ;

- un avocat soucieux de travailler dans un esprit de solidarité, en privilégiant le Cabinet par rapport à ses intérêts propres ;

- un avocat qui contribue à l'efficacité économique du modèle.

Au sein du Cabinet, l'implication de l'Associé doit se traduire de la manière suivante :

Concernant la production :

- il continue à consacrer une partie importante de son temps au travail des dossiers ;

- c'est un superviseur impliqué, techniquement compétent dans les dossiers dont il a la responsabilité ;

- il doit entretenir cette compétence technique et doit faire en sorte que cette compétence soit reconnue à l'intérieur et à l'extérieur du Cabinet.

Concernant le développement :

- il doit prendre des initiatives pour développer la clientèle existante, pour conquérir de nouveaux clients et orienter l'activité du Cabinet ;

- il doit être capable d'identifier des domaines ou des secteurs d'activité présentant un potentiel de développement et d'engager des initiatives nécessaires pour transformer ce potentiel ;

- ses idées et initiatives doivent être mises en œuvre dans le sens de l'intérêt collectif et du projet commun.

Concernant l'organisation du Cabinet :

- il participe à l'organisation, à la gestion et à l'animation du Cabinet ;

- il consacre du temps à entretenir la qualité des rapports professionnels et humains au sein du Cabinet ;

- il est soucieux de la rentabilité de son activité et de celle des collaborateurs et des salariés du Cabinet.

Concernant l'encadrement et la formation des collaborateurs :

- il doit être responsable du suivi des parcours, de la progression et de l'épanouissement professionnel des collaborateurs ;

- il doit consacrer du temps à la formation des collaborateurs et des salariés et doit suivre leurs progrès ;

- il doit les encadrer dans leur travail, et doit déléguer avec discernement et pédagogie.

411.23 Lien entre les attentes et la cooptation d'un associé. Les attentes telles qu'elles sont définies et exprimées par le cabinet doivent être cohérentes avec les critères de cooptation de nouveaux associés.

Ainsi, le cabinet veillera à ce que son processus d'évaluation annuelle des collaborateurs participe à

1. Sur le règlement intérieur, v. ss nos 411.61 s.

accompagner le collaborateur et futur associé dans un parcours qui amènera le nouvel associé à correspondre à ces attentes.

S'agissant de l'intégration de nouveaux associés externes, le risque sera plus important. Le cabinet qui intègre un associé externe veillera à porter ses attentes à la connaissance du nouvel associé. Il insistera sur l'importance de l'engagement que constitue la signature du règlement intérieur ou des statuts dans lesquels ces attentes sont exprimées.

Ces attentes devront être longuement abordées dans le processus de recrutement et d'intégration du nouvel associé afin que le cabinet limite au maximum le risque de découvrir que l'état d'esprit et les habitudes de travail du nouvel associé ne correspondent pas à ceux du cabinet.

411.24 Lien entre Exemplarité et attentes et la cooptation d'un associé. Les attentes n'ont de sens que si les associés s'y conforment. Dans l'exercice consistant à définir les attentes des associés, il ne s'agit pas de décrire un associé idéal qui n'existera jamais. Les attentes devront correspondre à ce que les associés en place font déjà ou, au moins, à ce que font déjà certains d'entre eux.

L'expression des attentes perd toute crédibilité si elle n'est pas accompagnée d'exemplarité.

SECTION 3
PARTAGE DES RESPONSABILITÉS

411.31 Rôle moteur des dirigeants. Un cabinet dont les associés se désintéressent ne sera qu'une juxtaposition de compétences sans direction ni objectifs communs. Sur ce point la dynamique interne relève à la fois de la responsabilité individuelle de chaque associé mais aussi de l'impulsion ou des instructions données par l'associé dirigeant et les organes de gestion du cabinet[1].

411.32 Participation des associés à la vie du cabinet. Les associés doivent tous accepter d'assumer des responsabilités dans les domaines qui touchent à la vie et l'organisation du cabinet en plus de leur activité d'avocat. Les domaines dans lesquels ces responsabilités doivent être assumées sont tous les domaines qui correspondent aux heures non facturables[2], à savoir les relations avec les clients ou partenaires, le marketing, la communication, les activités de gestion administrative et comptable du cabinet, le recrutement, la formation des collaborateurs, l'organisation de la documentation, l'organisation d'événements internes au cabinet...

Les avocats qui ont une tendance naturelle à assumer ces tâches doivent se contraindre à les partager avec ceux qui y sont moins enclins. Ces derniers doivent s'efforcer de prendre ces responsabilités même si ce n'est pas dans leur nature. C'est à ce prix que le cabinet développera une dynamique interne à laquelle tous les avocats seront associés.

411.33 Répartition des rôles et des tâches : missions des associés. L'organisation et le fonctionnement du cabinet sont une responsabilité collective. Le dirigeant ou le comité de direction est investi d'un mandat global ce qui ne doit pas l'empêcher de répartir des tâches spécifiques entre les associés. Selon la taille du cabinet, ces tâches seront déléguées à des missions comportant plusieurs associés ou à des associés individuellement.

Ces missions ou tâches peuvent notamment concerner :

- recrutement et gestion des RH du Cabinet (sélection de candidatures, premiers entretiens, gestion administrative des RH, relations avec l'administration) ;
- vie juridique du Cabinet (préparation et mise à jour des documents et actes relatifs à la vie juridique du Cabinet : PV d'assemblées, statuts...) ;
- relations avec l'Ordre (questions déontologiques, inscriptions au tableau, demandes d'autorisations) ;
- contrôle de la qualité/gestion de la connaissance : gestion des problématiques liées à la qualité (qualités de la relation avec les clients, contacts, juridictions, qualité de la méthodologie de travail, qualité des documents sortants, qualité des outils bureautiques...) ;
- communication/Représentation/marketing : initiatives en matière de communication et de marketing vis-à-vis des tiers (plaquettes, carte de vœux, site web, conférences, articles), mise à jour du site ; coordination des événements clients ou internes organisés par le cabinet, communication interne ;
- partenariats et relations extérieures : politique de partenariats à mener avec les partenaires et prescripteurs.

Ces missions pourront être attribuées en fonction des centres d'intérêt ou appétence de chacun. L'associé missionné rend compte de son travail à l'associé dirigent ou au comité de direction ainsi qu'à la collectivité des associés.

SECTION 4
PYRAMIDE DES ÂGES

411.41 Richesse et dangers des différences d'âge des avocats du cabinet. Dans un schéma idéal, l'expérience des « anciens » est graduellement transmise

1. V. s^{s} n°s 412.11 s.
2. V. s^{s} n° 413.55.

aux plus jeunes qui prennent progressivement la place de leurs aînés. Dans un cabinet d'avocats, la transmission de la connaissance et de l'expérience est un pilier du développement. Les avocats aspirent non seulement à bénéficier des connaissances de leurs aînés, ils veulent aussi partager avec eux les revenus du cabinet et le pouvoir de décision. Les difficultés de transition entre générations sont une cause fréquente de tensions au sein des cabinets. La construction d'une pyramide des âges équilibrée favorise la croissance harmonieuse du cabinet et constitue un élément clé de la dynamique interne du cabinet. Cette pyramide s'organise à trois niveaux de la politique du cabinet : le recrutement, l'association et le départ à la retraite.

411.42 Impact du recrutement sur la pyramide des âges. Le cabinet doit décider de sa politique de recrutement et ne pas laisser les événements extérieurs en prendre le contrôle. Un cabinet se construira de manière plus solide et durable en absorbant de nouveaux avocats de manière progressive et régulière. De même, plus les avocats sont recrutés jeunes, plus ils sont attachés à leur cabinet[1]. Des recrutements réguliers d'avocats débutants, dans la limite des besoins et des capacités d'intégration du cabinet, favorise la dynamique interne du cabinet.

411.43 Impact de l'association des collaborateurs sur la pyramide des âges. Le modèle des grands cabinets anglais et américains qui associent les collaborateurs par classe d'âge[2] a fait preuve de son efficacité. Ce modèle a été repris par les grands cabinets d'affaires français. Plus les exceptions à ce schéma sont nombreuses, plus la pyramide des âges du cabinet est fragilisée. Les cabinets de petite taille peuvent s'inspirer de ce modèle et en appliquer les principes. Ainsi, quand un collaborateur arrive au degré d'expérience requis (8, 9 ou 10 ans, en général), le cabinet associe le collaborateur s'il considère que ce dernier a les qualités et le potentiel nécessaire. Si le collaborateur n'est pas un bon candidat à l'association, le cabinet doit l'inciter à choisir une autre voie pour le développement de sa carrière. Si une telle politique est appliquée par un cabinet dès ses débuts, les écarts d'âge entre les associés seront limités et il n'y aura pas de fossé générationnel préjudiciable à l'évolution du cabinet.

411.44 Pyramide des âges et départ à la retraite. Professionnels libéraux et indépendants, les avocats peuvent choisir de travailler au-delà de l'âge légal de la retraite, que ce soit par simple envie ou pour des raisons matérielles. Les règles régissant le fonctionnement des cabinets ne prévoient pas toujours les fins de carrière des associés, surtout si ceux-ci sont les fondateurs. Une difficulté classique réside dans le fait que les associés les plus âgés continuent de percevoir des rémunérations qui ne sont plus le reflet de leurs performances économiques. Pour éviter ou réduire les conséquences de ces difficultés sur la dynamique interne du cabinet, elles doivent être évoquées avant qu'elles ne surviennent. Les mécanismes qui consistent à transférer progressivement des parts de capital aux associés plus jeunes répondent à cette nécessité[3].

SECTION 5
ORGANISATION EN DÉPARTEMENTS

411.51 Définition et rôle des départements dans un cabinet d'avocats. Les demandes des clients pour une activité de plus spécialisée ainsi que la nécessité de rassembler les compétences autour de domaines du droit ou de secteurs d'activité font que de plus en plus de cabinets s'organisent en départements. L'organisation en départements ne nécessite pas un effectif considérable. Un cabinet d'une dizaine d'avocats peut envisager cette approche qui est celle d'une organisation du cabinet centrée sur la matière traitée ou les domaines d'activité des clients plutôt que sur l'associé.

La notion de département est traditionnellement liée à la pratique dans un domaine ou une matière juridique telle que le droit fiscal, social ou le *corporate*. Lorsque le département se concentre sur un secteur d'activité comme les télécommunications, il implique une pratique transversale dans plusieurs domaines. Il devient alors un groupe de pratique ou *practice group* souvent rencontré dans les cabinets anglo-saxons. L'intérêt premier du département ou du practice group est qu'il existe pour répondre à un besoin précis. Lorsque le cabinet s'interroge sur l'éventuelle mise en place d'une telle organisation, il doit se demander si une des activités du cabinet[4] :

– justifie de rassembler plusieurs avocats disposant de compétences précises ;

– correspond à un groupe de clients dont les besoins sont différents des autres clients du cabinet ;

– correspond à un marché sur lequel le cabinet souhaite être présent ou se développer ;

– représente un potentiel de profits pour le cabinet ;

– représente une opportunité de croissance.

1. Sur le recrutement des collaborateurs, v. s^s n°s 422.11 s.
2. Sur l'association des collaborateurs, v. s^s n°s 424.11 s.
3. Sur la transmission du cabinet, v. s^s n°s 241.11 s.
4. S. Lambreth, « Practice Group Dynamics : Legal practice management », *Thomson Reuters*, janv. 2020.

Si les réponses à ces questions sont positives et que l'effectif du cabinet le permet, la création d'un département ou *practice group* est souhaitable.

411.52 Fonctionnement des départements dans un cabinet d'avocats. Les départements peuvent être considérés comme des unités de production d'une entreprise. Ils doivent disposer d'une certaine autonomie dans le but premier de satisfaire les besoins du marché auquel ils s'adressent. Les départements ou groupes auront leurs propres objectifs.

Une veille dédiée pourra être mise en place pour le département et la formation des avocats qui le composent sera adaptée aux besoins et aux objectifs de celui-ci.

L'autonomie du département se caractérisera par :

- sa propre stratégie de marketing ;
- des modes de facturation adaptés à sa clientèle ;
- la mise en place de stratégies dédiées à long terme ;
- la recherche d'une valeur ajoutée spécifique pour ses clients ;
- des choix propres en matière de recrutement.

411.53 Direction des départements dans un cabinet d'avocats. Dans un cabinet structuré en départements, les personnes désignées pour diriger ces départements ont un rôle stratégique essentiel pour le cabinet. En effet, elles seront non seulement responsables de la stratégie du département mais également de l'organisation et de la qualité du service fourni aux clients. Les responsabilités du dirigeant d'un département comprennent :

- la mise au point d'un plan stratégique annuel pour le département qui sera présenté aux autres associés ;
- la fixation d'objectifs pour les membres du département avec le suivi de leur réalisation ;
- le suivi de la rentabilité des activités du département ;
- la coopération avec les autres avocats ou départements du cabinet ;
- le suivi de la qualité du travail accompli par le département ;
- le développement des activités du département par les contacts clients, la communication ou le marketing.

Le responsable d'un département devra se consacrer à son département de la même manière qu'il se consacre à ses clients. Il veillera à développer le département dans le consensus et la collaboration entre les avocats.

411.54 Risques liés à l'organisation en départements. Lorsque l'organisation en départements échoue, c'est qu'elle n'est pas soutenue par la direction du cabinet ou par les associés les plus influents. Pour augmenter les chances de réussite de l'organisation en départements, le cabinet veillera à ce qu'il y ait :

- un dialogue constant entre le département et le reste du cabinet. Le département doit contribuer à la performance globale du cabinet et ne pas être un facteur d'isolement d'une activité ;
- un partage des informations et un accord sur tous les projets faits au niveau du département ou du groupe ;
- des ressources et la volonté pour assurer la formation nécessaire à tous les membres du département ;
- une recherche permanente des interactions et des synergies avec les autres groupes ou activités du cabinet.

C'est la réalité du fonctionnement opérationnel du département qui en fera la réussite. Les départements qui ne correspondent pas à une réalité opérationnelle n'apporteront rien au cabinet.

SECTION 6
RÈGLEMENT INTÉRIEUR

411.61 Le règlement intérieur : accord extra-statutaire des associés. Les statuts d'une SEL ou d'une SCP contiennent essentiellement des dispositions prévues par la loi. L'association d'avocats ou AARPI qui est une structure d'exercice contractuelle laisse une grande liberté de rédaction aux associés. Quelle que soit la forme d'exercice, les associés peuvent compléter leur document constitutif par des dispositions complémentaires à celles requises par la loi ou la réglementation de la profession d'avocat.

Nombreux sont les cabinets dont les statuts ne couvrent que le minimum prévu par les textes et qui n'ont aucun autre document sur lequel s'appuyer lorsque surviennent des questions liées à la rémunération des associés, les détails de la gouvernance ou le traitement des départs.

Il est donc vivement recommandé de procéder à la rédaction d'un document qui peut être appelé « Règlement intérieur » et dont la finalité est de traiter les questions qui n'ont pas vocation à être traitées dans les statuts. En effet, le règlement intérieur ne faisant pas partie des documents constitutifs au sens de la loi ne fait l'objet d'aucun dépôt au greffe au même titre que les statuts.

Le terme de règlement intérieur est souvent utilisé plutôt que celui de pacte d'associés. Le pacte d'associés, selon la terminologie usuelle en droit des affaires, est un accord qui traite du sort des parts sociales ou actions dans certaines circonstances. Le règlement intérieur a ici une vocation plus large. Il ne faut pas non plus confondre le règlement intérieur tel qu'il est entendu ici avec le règlement intérieur à destination des salariés d'une entreprise, tel qu'il existe en droit du travail.

Le règlement intérieur est signé par tous les associés.

411.62 Contenu du règlement intérieur. Outre les attentes du cabinet vis-à-vis des associés[1], le règlement intérieur pourra contenir des dispositions complémentaires de ces contenues dans les statuts sur les sujets suivants :

– Gouvernance :

• organisation de la gouvernance ;

• portée du mandat donné à l'associé dirigeant ou au comité de direction ;

• limite des dépenses pouvant être engagées sans concertation préalable des associés ;

• modalités de préparation des budgets du cabinet.

– Relations des associés entre eux :

• missions spéciales des associés ;

• réunions d'associés (fréquence et modalités).

– Organisation des charges :

• liste des charges mutualisées entre les associés ;

• liste des charges pouvant faire l'objet d'une affectation en fonction de leur utilisation par un associé (ex. : collaborateurs) ;

• liste des charges supportées individuellement par les associés.

– Règles particulières concernant les frais de mission et de réception des associés.

– Règles de rémunération et de partage du résultat.

– Règles et modalités de l'exclusion d'un associé.

– Règles et modalités du retrait volontaire d'un associé :

• préavis ;

• droit au résultat ;

• information des clients ;

• non sollicitation ;

• archives ;

• dispositions relatives au mail et au téléphone.

Chaque cabinet est différent et le règlement intérieur laisse aux parties une grande liberté tout en restant dans les limites de la déontologie, des principes essentiels et de la loi. Un soin particulier devra être apporté à chaque détail de ce document et tout particulièrement aux règles de rémunération.

Le règlement intérieur est un document interne au cabinet. L'article 44 de l'ordonnance du 8 février 2023[2] vient toutefois jeter un doute sur ce qui devrait être communiqué à l'ordre. Selon cet article, « ... Sont également adressées par les associés de la société, dans les conditions prévues au premier alinéa, les conventions contenant des clauses portant sur l'organisation et les pouvoirs des organes de direction, d'administration ou de surveillance ayant fait l'objet d'une modification au cours de l'exercice écoulé. Pour chaque profession, les modalités d'application de cette procédure d'information peuvent être précisées par décret. ». Si le règlement intérieur contient des dispositions relatives à la gouvernance, est-ce que l'intégralité du document devrait désormais être communiqué à l'ordre alors que ce document contient les règles de rémunération qui ne regardent que les associés du cabinet ?

Il faut attendre les décrets spécifiques à la profession d'avocat (non parus à la date de rédaction de cet ouvrage) pour savoir comment cet article 44 sera interprété et mis en application. S'il devait entraîner une obligation de communication plus large, le cabinet pourrait envisager de scinder son règlement intérieur en deux parties, l'une portant sur les questions de gouvernance qui serait soumise à l'ordre et l'autre portant sur les règles de fonctionnement internes qui ont vocation à rester confidentielles.

1. V. s[s] n°s 411.22 s.

2. Ord. n° 2023-77, 8 févr. 2023 relative à l'exercice en société des professions libérales réglementées, *JO* 9 févr., n° 3, art. 44.

CHAPITRE

412. Organes de gestion du cabinet

SECTION 0 ORIENTEUR

412.00 **Sommaire du chapitre.**

SECTION 1 ASSOCIÉ DIRIGEANT (*MANAGING PARTNER*)

412.11 **Évolution de la conception de la direction dans les cabinets d'avocats.** La conception de la direction et du rôle du ou des dirigeant(s) dans les cabinets d'avocats a été influencée par trois grandes réformes :

– la fusion des avocats et des conseils juridiques [1] ;

– l'apparition des sociétés d'exercice libéral dont le fonctionnement et les organes sont calqués sur les sociétés commerciales [2] ;

– l'introduction de l'Association d'avocats à responsabilité professionnelle individuelle (AARPI) [3].

Progressivement, la conception traditionnelle de l'association d'avocats dans des structures transparentes pratiquant la responsabilité illimitée et solidaire a laissé place à des formes proches des sociétés commerciales ou des structures d'exercice dans lesquelles les avocats peuvent se protéger des risques professionnels de leurs confrères. Parallèlement, la taille croissante des structures d'exercice a rencontré les limites de la collégialité et les cabinets ont organisé en leur sein des organes de gestion.

En France, dès la fin des années quatre-vingt, les grands cabinets d'avocats ont créé des postes de directeurs administratifs ou de secrétaires généraux (*Office managers*) non-avocats pour décharger les associés de tâches administratives souvent dévolues à leurs secrétaires. Au cours des années quatre-vingt-dix, l'intégration dans la profession des conseils juridiques et l'arrivée en masse des cabinets internationaux ont entraîné une croissance de la taille des cabinets et de nouvelles méthodes de fonctionnement. À l'image des grands cabinets anglais et américains, les cabinets d'avocats d'affaires ont désigné un dirigeant-associé (*Managing partner*) et des comités de direction. Ces organes composés d'associés élus doivent être en mesure de veiller à la bonne marche de leurs cabinets tout en respectant l'indépendance et la liberté inhérente au statut de leurs associés.

Le plus souvent, la fonction managériale coïncidera avec le mandat social qui correspond à la forme de la structure d'exercice : gérant pour les SELARL ou président pour les SELAS. Toutefois, lorsque tous les associés d'une SELARL sont co-gérants, l'ensemble des co-gérants peut désigner l'un d'entre eux qui assumera les fonctions de « Managing Partner ». De même, dans une SELAS, un directeur général pourrait tout à fait assumer ces fonctions de managing partner ou d'associé dirigeant sans être le président de la structure.

Dans les associations d'avocats ou AARPI, il n'y a pas de mandats sociaux prévus par la loi, les associés sont donc libres d'organiser la gouvernance dans le cotrat d'association et dans un éventuel règlement

1. L. n° 90-1259, 31 déc. 1990 portant réforme de certaines professions judiciaires et juridiques, *JO* 5 janv., p. 219.
2. L. n° 90-1258, 31 déc. 1990 relative à l'exercice sous forme de sociétés des professions libérales soumises à un statut législatif ou réglementaire ou dont le titre est protégé et aux sociétés de participations financières de professions libérales, *JO* 5 janv. 1991, p. 216 ; mod. par L. n° 2001-420, 15 mai 2001.
3. Décr. n° 2007-932, 15 mai 2007 portant diverses dispositions relatives à la profession d'avocat, *JO* 16 mai, p. 9230.

intérieur. Si les associés décident de désigner un associé dirigeant, celui pourra porter un titre librement choisi par les associés : gérant, directeur général, président...

412.12 Grands axes de la direction d'un cabinet d'avocats. La direction d'un cabinet d'avocats s'articule autour de trois grands axes :

- la stratégie du cabinet ;
- l'activité professionnelle des avocats du cabinet ;
- l'organisation et la gestion administrative du cabinet.

Les deux premiers axes relèvent de la compétence des avocats. Les associés du cabinet peuvent choisir d'en déléguer certains aspects à un associé dirigeant et/ou un comité de direction composé d'avocats du cabinet. Le troisième axe relève de responsabilités qui sont de plus en plus souvent confiées à des professionnels non-avocats[1].

412.13 Dirigeant ou collégialité. Les cabinets qui comptent peu d'associés peuvent mettre en place une gouvernance collégiale et démocratique qui inclut tous les associés. Chacun se trouve alors dans un rôle de direction partagé qui peut donner pleine satisfaction. La question de savoir si le cabinet doit placer un associé dans un rôle de direction dépend avant tout du besoin du cabinet en matière de direction. Ce besoin peut être interne. C'est le cas lorsque les associés ne donnent pas une priorité suffisante aux fonctions de gestion et n'y consacrent pas le temps nécessaire. Le besoin peut être externe. C'est le cas lorsqu'il s'agit d'imprimer une stratégie ou une dynamique au cabinet devant lui permettre d'atteindre de nouveaux objectifs. Dans l'un et l'autre cas, il sera utile pour le cabinet, pour son organisation interne et pour son développement, qu'un des associés soit désigné pour créer l'impulsion et assurer la coordination nécessaire.

Pour que l'associé dirigeant soit accepté et puisse travailler efficacement, il faut que son principe et son utilité soient reconnus par tous.

Les associés devront trouver un équilibre entre leurs droits de propriétaires de la structure et leur responsabilité de « citoyens » du cabinet. Ils renonceront à certaines prérogatives personnelles pour atteindre des objectifs qu'ils ne pourraient atteindre seuls.

412.14 Rôle de l'associé dirigeant (*Managing partner*) d'un cabinet d'avocats. Ce rôle varie considérablement d'un cabinet à un autre. Les variations tiennent tant à la taille du cabinet, qu'à sa culture et à l'importance des prérogatives que les associés sont disposés à déléguer. Les attributions de l'associé dirigeant peuvent comprendre les responsabilités suivantes :

- superviser et coordonner le personnel administratif ;
- représenter le cabinet dans ses rapports avec l'Ordre ;
- veiller à la cohésion des associés ;
- affecter et organiser les responsabilités de gestion et d'organisation des autres associés du cabinet ;
- organiser la mise en œuvre de la stratégie du cabinet ;
- veiller à l'accomplissement des objectifs fixés pour les avocats et/ou départements du cabinet ;
- diriger l'activité marketing du cabinet.

L'ampleur du rôle de l'associé dirigeant peut aussi se définir en fonction de la personnalité et de l'énergie de la personne qui occupe la position. Ainsi, certains associés dirigeants se chargeront simplement d'appliquer la politique ou les décisions des associés ou du comité de direction. D'autres agiront comme une force de proposition et imprimeront leur marque personnelle sur l'évolution et la conduite des affaires du cabinet.

Quel que soit le niveau d'implication de l'associé dirigeant, il n'a pas vocation à prendre des décisions qui relèvent de la collectivité des associés.

Dans les limites de la loi qui prévoit, pour chaque forme sociale, les prérogatives minimales et obligatoires des assemblées statuant à titre ordinaire ou extraordinaire, les associés sont libres de déterminer ce qui relève du mandat confié à l'associé dirigent ou au comité de direction d'une part, et ce qui doit être soumis à la collectivité des associés, d'autre part. Ainsi, dans les formes sociales régies par la loi, relèvent obligatoirement de l'assemblée des associés, notamment :

- toute modification des statuts (augmentation ou réduction de capital, changement de siège social, modification de l'exercice social, de l'objet social...) ;
- la nomination d'un nouvel associé ;
- l'exclusion d'un associé ;
- les agréments des cessions de parts ou d'actions ;
- la nomination ou la révocation des mandataires sociaux.

Resteront généralement soumises à la collectivité des associés toutes les décisions portant sur des engagements importants tant dans leur montant que dans la durée : contrats de leasing importants, prêts bancaires, octroi de garanties.

Ceci laisse un champ très vaste aux décisions qui peuvent être prises par les organes de gestion, dont les prérogatives les plus courantes sont :

- la gestion opérationnelle et administrative courante ;
- le contrôle de la performance économique et des résultats financiers ;

1. Sur le secrétaire général, v. ss nos 452.21 s. – Sur les autres fonctions administratives et techniques du cabinet, v. ss nos 452.41 s.

– les recrutements de salariés et de collaborateurs (dont le principe doit être préalablement validé par l'ensemble des associés) ;

– la gestion des équipements informatiques et bureautiques ;

– la préparation et l'approbation des budgets ;

– la gestion des comptes bancaires ;

– la validation des dépenses et frais engagés par les associés dans les conditions prévues par le règlement intérieur (s'il y en a un) ;

– les actions de représentation du cabinet lors d'évènements clients, ordinaux ou autres ;

– la conduite des missions de communication du cabinet ;

– la conduite de tout contentieux ou litige intéressant le Cabinet ;

– l'engagement de toutes les dépenses liées à la gestion courante ;

– la validation des frais de mission et de représentation des associés dont le montant est supérieur à un seuil fixé par la collectivité des associés ;

– ...

Cette liste est purement indicative car les prérogatives de l'associé dirigeant ou du comité de direction peuvent varier considérablement d'un cabinet à un autre.

412.15 Fonction d'associé dirigeant d'un cabinet de petite taille. La fonction d'associé dirigeant n'existe de manière officielle que dans les cabinets d'une certaine taille. Or, rien n'empêche d'instaurer la nomination d'un associé dirigeant dans un cabinet qui ne compterait que trois, quatre ou cinq associés. Les responsabilités dévolues à l'associé dirigeant seraient déterminées de manière collégiale et la fonction d'associé dirigeant pourrait aussi être assumée à tour de rôle par les associés du cabinet. Un tel système favorise à la fois la cohésion du cabinet et une juste répartition des tâches. L'associé dirigeant décharge ses associés de certaines responsabilités pendant la durée de son mandat. Il est lui-même déchargé de ces mêmes responsabilités à l'issue de celui-ci.

412.16 Mandat et qualification juridique de l'associé dirigeant. Comme indiqué ci-dessus, dans la plupart des cabinets où il existe, le rôle d'associé dirigeant est dissocié de toute qualification juridique sur le plan du droit des sociétés. Dès lors, toutes les règles concernant sa nomination, son élection, la durée de son mandat et ses attributions sont librement déterminées par les associés du cabinet.

Le plus fréquemment, l'associé dirigeant est élu par ses pairs associés au sein du cabinet. Si le capital de la société d'avocats n'est pas entièrement détenu par des avocats en exercice au sein de la structure, ces associés ou actionnaires prennent part au vote en fonction des règles établies. La durée du mandat doit être suffisante pour que l'associé élu puisse asseoir son autorité et agir dans les domaines qui lui ont été dévolus. Dans un grand cabinet d'affaires, une durée de trois ans semble être appropriée[1], avec la possibilité d'un ou deux renouvellements. Dans un cabinet qui compte peu d'associés, le mandat de l'associé dirigeant pourrait être renouvelé tous les ans.

412.17 Conciliation du rôle d'associé dirigeant avec l'activité d'avocat. Selon la taille du cabinet, les responsabilités de l'associé dirigeant peuvent devenir très prenantes. Dans ce cas, l'associé dirigeant ne doit pas se trouver pénalisé sur le plan de sa rémunération parce qu'il aura dû consacrer un temps considérable à des tâches non facturables. Dans les grands cabinets, lorsque l'associé dirigeant termine son mandat et reprend son activité régulière d'avocat, il dispose d'une période transitoire. Celle-ci est aménagée pour lui donner le temps de retrouver le même rendement que ses associés sans être désavantagé sur lc plan de ses revenus.

Dans la plupart des cabinets qui souhaitent qu'un des associés prenne des responsabilités plus grandes sur le plan de la gestion, la collectivité des associés va accepter d'allouer une part des bénéfices distribuables ou un complément de rémunération, à l'associé qui va ainsi décharger les autres.

Il est essentiel de reconnaître et de valoriser ce temps consacré à la gestion[2].

412.18 Difficultés inhérentes au rôle d'associé dirigeant. Qu'un associé dirigeant soit formellement désigné ou qu'un associé assume des fonctions de dirigeant parce qu'il en prend l'initiative ou que ses associés en expriment le besoin, il existe des difficultés inhérentes à la fonction de dirigeant dans un cabinet d'avocats :

– un cabinet d'avocats, quelle que soit sa forme juridique, est une association d'individus disposant des mêmes prérogatives ;

– la structure d'un cabinet d'avocats est de ce fait plus « horizontale » que pyramidale ;

– l'indépendance est un principe fondamental de l'avocat ;

– les associés d'un même cabinet peuvent avoir des activités très différentes sue le plan économique, sur le plan de leur organisation et de l'utilisation des ressources du cabinet.

Le défi de l'associé dirigeant est de parvenir à imprimer une direction et maintenir une discipline d'organisation commune dans un tel environnement. Un ouvrage américain intitulé *Herding Cats*[3]

1. S. Mayson, *Law Firm Strategy,* Oxford UP, 2007, p. 325.
2. Sur les systèmes de rémunération, v. s[s] n°s 413.11 s.
3. P. McKenna, G. Riskin, *Herding Cats : a Handbook for Managing Partners and Practice Group Leaders*, Institute for Best Management Practices, 1995.

est considéré comme une référence pour les *managing partners* de cabinets d'avocats outre-Atlantique. Le titre de ce livre est une expression anglaise qui pourrait se traduire par « conduire un troupeau de chats », en d'autres termes, la tâche qui consiste à essayer (souvent en vain) d'organiser un groupe d'individus à la fois individualistes et incontrôlables.

412.19 Qualités requises de l'associé dirigeant. Les avocats ne sont pas connus pour leurs qualités de dirigeants, ni ne sont-ils recrutés par les cabinets pour celles-ci. Ils n'ont souvent aucune formation dans ce domaine. L'associé dirigeant doit donc avant tout avoir la confiance de ses associés et être une source d'inspiration pour ceux-ci.

L'associé dirigeant devra donc :

- incarner les valeurs du cabinet ;
- faire preuve de professionnalisme tant dans ses fonctions de direction que dans son métier d'avocat ;
- motiver ses confrères ;
- être à l'écoute des associés et collaborateurs ;
- veiller à ce que les principes et règles de la rémunération des associés soient appliqués de manière juste ;
- assumer son mandat tout en respectant le statut et les prérogatives de ses associés ;
- être capable de trancher en cas de conflit.

412.20 Styles de gestion de l'associé dirigeant. Dans le cadre des pouvoirs qui lui sont délégués par ses associés, l'associé dirigeant d'un cabinet d'avocats peut concevoir son rôle de différentes manières[1].

- Visionnaire. Il imprime sa vision de l'avenir du cabinet. Il cherche à susciter l'adhésion et l'enthousiasme de ses associés.
- Mentor. Il attache une grande importance au développement des aptitudes personnelles et professionnelles des avocats. Ses priorités sont la formation et la spécialisation des avocats du cabinet et l'organisation du travail. Il cherche à ce que tous les individus donnent le meilleur d'eux-mêmes.
- Démocrate. Sa priorité est d'obtenir un consensus autour de toutes les décisions et orientations du cabinet.
- Fédérateur. Il porte ses efforts sur la cohésion, la convivialité et les conditions de travail du cabinet. Son objectif est que tous les avocats et les personnes travaillant dans le cabinet soient heureux.
- Entraîneur. Il s'intéresse avant tout à la performance du cabinet. Il donne l'exemple, imprime les rythmes. Il travaille pour améliorer la qualité et augmenter la quantité des prestations fournies par le cabinet.
- Capitaine. Il croit aux vertus de l'autorité et d'un contrôle centralisé du cabinet.

Le plus souvent, un associé dirigeant combinera ou alternera ces différentes approches en fonction des circonstances. Dans le contexte particulier d'un cabinet d'avocats, ce sont les styles Visionnaire et Mentor qui sont les plus efficaces pour faire avancer le cabinet. Le Démocrate risque de se trouver rapidement confronté à l'immobilisme. Le Fédérateur aura peu d'impact sur les résultats du cabinet. L'Entraîneur risque de se montrer trop intrusif et rencontrera des oppositions. Quant au Capitaine, son style est généralement voué à l'échec compte tenu de la personnalité indépendante des avocats.

À ces typologies d'associés dirigeants peuvent s'ajouter des profils qui vont poser des difficultés particulières tel que celui du fondateur : Le fait d'avoir fondé le cabinet donne souvent au fondateur une attitude dominante. Il est peu enclin au partage du pouvoir et à la concertation. Les critiques sont souvent vécues de manière très personnelles. Le fondateur ayant, par définition, choisi ses associés, ces derniers ressentent parfois une dépendance ou une infériorité qui engendre des frustrations. La personnalité des fondateurs change rarement. Ils doivent donc porter un effort particulier au passage du témoin à la génération suivante.

SECTION 2
COMITÉ DE DIRECTION OU COMITÉ EXÉCUTIF

412.31 Définition du comité de direction dans un cabinet d'avocats. Le comité de direction peut être l'organe de direction du cabinet et fonctionner avec ou sans un associé dirigeant ou président.

Si le comité de direction fonctionne avec un associé gérant, ce dernier peut avoir une voix prépondérante en son sein en cas de vote et selon la composition du comité de direction.

Le comité de direction d'un cabinet d'avocats peut aussi être son conseil d'administration ou son directoire. Il peut aussi être un organe différent composé d'avocats désignés ou élus. En fonction de son statut légal et du règlement intérieur du cabinet, ses pouvoirs peuvent varier. Il peut fonctionner seul ou en parallèle avec un associé dirigeant dont il sera le plus souvent l'autorité de tutelle.

Selon les cabinets, les décisions stratégiques pourront être du ressort du comité de direction (ou de surveillance), du dirigeant associé ou de tous les associés réunis en assemblée générale. Le lieu des décisions stratégiques est une caractéristique marquante de la personnalité des cabinets.

1. J. Bosman, « There are 4 types of managing partners : where is yours ? », *AE Legal*, 2019 – R. Sirkin, « Six Styles : how will you handle your firm's reins ? », *Law Practice magazine* déc. 2008, p. 32.

Dans de nombreux cabinets, il arrive qu'un comité de direction de fait soit formé par les associés les plus influents. Lors de réunions informelles, ce sont ces associés qui prennent les décisions importantes du cabinet. Une telle situation n'est pas souhaitable car elle finit toujours par engendrer des frustrations chez les associés exclus. Même les cabinets de petite taille ont intérêt à formaliser le processus permettant de prendre des décisions.

Le processus usuel consiste à ce que l'assemblée désigne les membres d'un comité de direction. Le comité de direction ainsi désigné élira en son seing un associé dirigeant ou président.

412.32 Choix des membres du comité de direction. Les membres du comité de direction sont généralement élus par l'assemblée. Ce mode de nomination est préférable à un système dans lequel l'associé dirigeant est choisi par l'assemblée et c'est l'associé dirigeant qui forme autour de lui un groupe constituant un comité exécutif sous son autorité. La structure horizontale d'un cabinet d'avocat s'accommode mal de processus qui ne sont pas démocratiques.

Il est recommandé d'organiser un comité de direction qui soit le reflet de la démographie et de la personnalité du cabinet. Comme l'associé dirigeant, les membres du comité de direction devront incarner et portée les valeurs du cabinet. Il est également important que tous les associés du cabinet se sentent représentés par le comité de direction. Ainsi, lorsqu'un cabinet présente plusieurs générations d'associés (ce qui est souvent le cas), il est souhaitable que ces générations soient représentées au niveau du comité de direction.

412.33 Attributions du comité de direction. Outre ses éventuelles attributions légales ou statutaires, le comité de direction aura généralement les mêmes attributions que l'associé dirigeant unique rappelées plus haut :

- la gestion opérationnelle et administrative courante ;
- le contrôle de la performance économique et des résultats financiers ;
- les recrutements de salariés et de collaborateurs (dont le principe doit être préalablement validé par l'ensemble des associés) ;
- la gestion des équipements informatiques et bureautiques ;
- la préparation et l'approbation des budgets ;
- la gestion des comptes bancaires ;
- la validation des dépenses et frais engagés par les associés dans les conditions prévues par le règlement intérieur (s'il y en a un) ;
- les actions de représentation du cabinet lors d'évènements clients, ordinaux ou autres ;
- la conduite des missions de communication du cabinet ;
- la conduite de tout contentieux ou litige intéressant le Cabinet ;
- l'engagement de toutes les dépenses liées à la gestion courante ;
- la validation des frais de mission et de représentation des associés dont le montant est supérieur à un seuil fixé par la collectivité des associés.

En plus de celles-ci, dans les cabinets ayant un effectif important, le comité de direction peut aussi exercer un rôle qui ressemble à celui d'un conseil de surveillance, à savoir :

- contrôler la performance économique du cabinet et ses résultats financiers ;
- veiller à la mise en œuvre la stratégie du cabinet tant sur le plan économique que sur celui de la pratique professionnelle (spécialisation, renforcement ou diminution de certaines activités...) ;
- contrôler le bon fonctionnement des systèmes et des procédures du cabinet.

412.34 Réunions du comité de direction. La fréquence des réunions du comité de direction va dépendre de la taille du cabinet et de l'ampleur des sujets à traiter.

Dans les cabinets disposant de fonctions salariées telles que secrétaire général, office manager, directeur du développement... ces salariés pourront être invités aux réunions du comité de direction à titre occasionnel ou même permanent.

Si le comité de direction assure la gestion courante du cabinet, une réunion hebdomadaire est recommandée. Si la gestion courante est essentiellement assurée par un associé dirigeant et que le comité de direction joue un rôle plus consultatif ou de surveillance, une réunion mensuelle suffit.

SECTION 3
AUTRES ORGANES DÉCISIONNAIRES

412.41 Associés responsables de départements[1]**.** Les cabinets qui sont organisés en départements pour leurs différentes pratiques professionnelles désignent le plus souvent un responsable pour chacun de ces départements. Le responsable du département doit alors veiller à ce que l'organisation, les résultats, la stratégie de communication et la politique de développement de son département soient en ligne avec la stratégie du cabinet. Il recherchera les opportunités de vente croisée auprès des clients de son département pour les autres départements du cabinet.

1. Sur les responsabilités des dirigeants des départements, v. aussi s[s] n°s 411.53 s.

412.42 **Associés responsables de bureaux secondaires.** Dans les cabinets dont l'organisation est dominée par une structure « départementalisée », les éventuels responsables de bureaux secondaires ont peu de prérogatives à ce titre. Chaque avocat dépend en effet de son département avant de dépendre du bureau secondaire. Dans les cabinets où les bureaux secondaires sont considérés comme des entités de production séparées, l'associé responsable du bureau secondaire aura un rôle comparable à celui de responsable de département.

412.43 **Autres comités ou groupes de travail.** Dans les grands cabinets, il arrive que le comité exécutif ou comité de direction désigne des groupes de travail ou comités qui auront la charge de coordonner ou de superviser un aspect du fonctionnement du cabinet. Il pourra s'agir de domaines comme le recrutement, la documentation, la gestion de la connaissance, les relations avec les correspondants étrangers...

Il est recommandé de ne pas réserver la participation à certains de ces comités aux seuls associés. Le fait d'y inclure des collaborateurs expérimentés peut contribuer à valoriser ces derniers et être un facteur de cohésion du cabinet. Ces collaborateurs auront vocation à participer aux comités moins sensibles ou stratégiques tels que la documentation, l'informatique ou la formation [1].

1. V. aussi les missions des associés s[s] n° 411.33.

CHAPITRE

413. Partage des résultats et rémunération des associés

SECTION 0
ORIENTEUR

413.00 Sommaire du chapitre.

413.05 Exemple.
* Pour un exemple de simulation de partage des bénéfices entre associés, v. s[s] n° 512.1.

SECTION 1
QUESTIONS INHÉRENTES À LA RÉMUNÉRATION ET AU PARTAGE DE BÉNÉFICES

413.11 Notion de bénéfices dans le cabinet d'avocats. Les associés ou actionnaires se partagent les bénéfices dégagés par l'activité d'une entreprise. Les bénéfices sont les sommes distribuables après déduction de l'ensemble des charges d'exploitation et des impôts. Or, dans un cabinet d'avocats, la notion même de bénéfices pose un certain nombre de questions. En effet, fréquemment, les associés en capital d'un cabinet d'avocats se partagent les bénéfices sans faire la distinction de ce qui leur revient au titre des fruits de leur activité d'avocat au sein de la structure et ce qui leur revient en leur qualité d'associés au capital. Le bénéfice devient alors une notion floue qui mélange la propriété du capital, le pouvoir dans l'organisation et le travail accompli. Une telle approche soulève d'inévitables contestations de la part de ceux qui considèrent que leur contribution aux résultats du cabinet n'est pas justement rémunérée.

En matière de valorisation de cabinets[1], il est habituel de raisonner en termes de résultat retraité de la rémunération des associés. La rémunération des avocats est alors ajoutée au bénéfice comptable afin de refléter une vision juste de la profitabilité et de la rentabilité du cabinet.

La présence éventuelle d'associés non exerçants[2] au capital peut venir ajouter un niveau supplémentaire de complexité. Si des propriétaires en capital n'exercent pas au sein de la structure, ceux-ci pourront chercher à limiter la rémunération du travail de l'avocat pour favoriser la part de bénéfice distribuable et donc la valorisation financière du cabinet.

Choisir un mode de partage des bénéfices au sein d'un cabinet d'avocat va donc consister à trouver un équilibre entre la rémunération du risque entrepreneurial (souvent reflété par la répartition du capital social), la production et la productivité de chacun[3].

413.12 Différence entre rémunération des associés et droit au résultat. La distinction entre droit au résultat et rémunération de l'avocat est importante car elle change radicalement en fonction de la structure d'exercice :

– dans les structures transparentes soumises à l'impôt sur le revenu, à savoir la SCP et l'association

1. Sur la valorisation, v. s[s] n°s 242.11 s.
2. Ord. n° 2023-77, 8 févr. 2023 relative à l'exercice en société des professions libérales réglementées, *JO* 9 févr., n° 3, art. 46 et 47.
3. À CE SUJET : R. Gilson, R. Moonkin, « Sharing among the human capitalists – An economic inquiry into the corporate law firm and how partners split profits », *Stanford Law Review*, vol. 37, 313, 1985.

ou AARPI quand celles-ci n'ont pas opté pour l'impôt sur les sociétés ou encore l'avocat individuel[1] qui n'a pas exercé cette option[2], la notion de bénéfice correspond à la différence entre les encaissements et les dépenses. Cette somme constitue la seule rémunération de l'avocat. Elle est imposée dans la catégorie des BNC ;

– dans les structures soumises à l'impôt sur les sociétés (SELARL, SELAS et SELARLU ayant opté pour l'IS), la notion de bénéfice correspond à la différence entre le chiffre d'affaires facturé et les charges constatées parmi lesquelles se trouve la rémunération versée aux associés. Dans ces formes d'exercice, les revenus de l'avocat seront donc composés de rémunérations traitées comme une charge déductible du cabinet et d'une quote-part de bénéfices (dividendes) qui lui sera versée en fonction de sa détention du capital.

Dans le raisonnement que tient le cabinet par rapport à la rémunération ou au partage des bénéfices entre associés, il faut tenir compte de l'enveloppe globale constituée par la rémunération versée au titre de l'activité d'avocat et les dividendes perçus. Ceci permet d'approcher de la même manière la rémunération des avocats quelle que soit la forme de structure dans laquelle ils exercent.

Pour les besoins du présent chapitre, et à moins qu'il ne soit précisé autrement, le terme de rémunération englobera les sommes versées à titre de rémunération ainsi que la part de bénéfices revenant à l'associé.

413.13 Critères de la rémunération des associés. Chaque cabinet possède ses propres règles et formules de calcul pour déterminer ce qui revient à chaque associé. Parfois simples et très souvent compliqués, ces systèmes de rémunération vont être influencés par six facteurs principaux.

– la production. Le temps passé et facturé ou encaissé consacré aux clients du cabinet ;

– l'apport de clients et de dossiers. La capacité à attirer de nouveaux clients ;

– la détention du capital ;

– l'ancienneté et la qualité de fondateur ;

– le temps consacré à la gestion du cabinet ;

– le temps consacré au développement, au marketing et au rayonnement du cabinet.

413.14 Rémunération des associés et fonctionnement du cabinet. Le système de rémunération des associés et les critères de rémunération auront un impact fondamental sur le fonctionnement du cabinet. Ainsi, un cabinet obtiendra en priorité ce qu'il décide de récompenser[3]. Un cabinet qui n'intégrerait pas l'apport de clientèle dans ses facteurs de rémunération aura toutes les chances de rencontrer des difficultés de développement à un moment donné. Un système de rémunération qui engendrerait des écarts considérables entre les associés ou des différences brutales d'une année sur l'autre sera un facteur de tension dans le cabinet. Le défi pour les associés sera d'établir des règles de rémunération qui sont en phase avec les valeurs fondamentales et la philosophie du cabinet. Un équilibre sera recherché entre solidarité et performance tout en préservant une trésorerie confortable pour le cabinet.

Un bon système de rémunération est celui qui motive les associés en les poussant à la fois à générer des bénéfices pour le cabinet mais aussi à travailler dans la poursuite des objectifs globaux du cabinet. Il doit aussi récompenser les associés qui contribuent le plus au succès du cabinet tout en préservant la collégialité entre l'ensemble des associés. Toutes les différences de rémunération entre associés doivent être justifiées par des facteurs explicables et objectifs. En effet, plus que la somme effectivement versée à l'associé, ce sont plus souvent les différences entre associés qui engendrent les difficultés.

413.15 Principes liés à la rémunération des associés. Il n'existe aucun système parfait qui pourra à la fois satisfaire tous les associés et être en phase avec tous les objectifs stratégiques du cabinet tout en n'ayant jamais besoin d'être modifié ou adapté. Les quatre principes suivants s'appliquent à la rémunération des associés dans les cabinets d'avocats[4] :

– les règles de rémunération des associés doivent être évolutives et nécessitent des ajustements de temps en temps pour se conformer aux besoins des associés et aux objectifs du cabinet ;

– le système de rémunération retenu doit être cohérent avec les objectifs stratégiques du cabinet. Si un cabinet mise sur la croissance interne, il doit avoir une politique d'association de ses collaborateurs avec des règles de rémunération réalistes pour ces derniers. Si un cabinet attache une grande importance à la fidélisation des clients, il ne doit pas favoriser la rémunération de l'apport de nouveaux clients au détriment du travail fait dans les dossiers ;

– le système de rémunération ne sera considéré comme juste et acceptable par les associés que s'il a fait l'objet d'une discussion ouverte entre tous les intéressés ;

1. L. n° 2022-172, 14 févr. 2022 en faveur de l'activité professionnelle indépendante, *JO* 15 févr., n° 2.
2. Décr. n° 2022-933, 27 juin 2022 relatif aux modalités d'option de l'entrepreneur individuel pour l'assimilation au régime de l'entreprise unipersonnelle à responsabilité limitée, *JORF* 28 juin, NOR : ECOE2212808D.
3. J. Rose, « Components of compensation systems in successful firms », 14 janv. 2012.
4. M. Anderson, *Partner compensation systems in professional service firms,* Edge International, mars 2011.

– les règles retenues doivent être suffisamment simples pour ne pas soulever débats et contestations lors de leur mise en œuvre.

413.16 Difficultés et « effets pervers » liées à la rémunération des associés. Les questions de rémunération sont la source principale des difficultés entre associés. Il n'est pas rare qu'elles conduisent à des départs et parfois à l'éclatement de cabinets entiers.

Les problèmes les plus fréquemment rencontrés sont :

– les désaccords sur le poids donné à la performance présente par rapport à celle donnée à la contribution historique au succès du cabinet ;

– les désaccords sur le poids donné à la production (facturation et encaissements) par rapport à l'apport de clients ;

– les problèmes liés à la rémunération des performances exceptionnelles d'un ou plusieurs associés ;

– les revendications des jeunes associés souvent axées sur le critère de la production sans intégrer la notion du risque entrepreneurial assumé par les associés plus anciens.

En plus de ces désaccords potentiels, il y a le problème des effets induits et parfois pervers[1] du système de rémunération pratiqué par le cabinet :

– encouragement à la performance individuelle au détriment du bien-être dans le cabinet ;

– choix faits au détriment de l'intérêt du client quand un associé préfère garder un dossier que de le faire traiter par un associé plus compétent dans le domaine concerné ;

– concurrence exacerbée entre les associés d'un même cabinet ;

– absence de récompense de la performance collective pour les collaborateurs et les salariés ;

– insuffisance de valorisation apportée à la construction des relations à long terme avec les clients.

Le système de rémunération retenu par le cabinet devra chercher, dans la mesure du possible, à gommer ou réduire ces effets néfastes pour le cabinet.

413.17 Différences de profitabilité de certaines activités. Certaines spécialités ou certains profils de clients génèrent des honoraires et une profitabilité plus importants que d'autres.

L'activité de fusions et acquisitions dont la facturation par les cabinets d'avocats peut être en partie liée aux montants des transactions est plus profitable que le droit social dont la rémunération au temps passé ou à l'honoraire de résultat ne peut pas atteindre des montants comparables.

Si le but du cabinet est de générer un bénéfice, l'avocat qui a choisi d'exercer dans un domaine de compétence plus profitable contribue de manière plus importante à la prospérité du cabinet. Il serait dès lors logique que sa rémunération intègre cette réalité[2]. Or, les cabinets ne partagent pas tous cette vision purement économique de leur activité et sont disposés à reconnaître que la cohérence et l'efficacité d'un cabinet reposent sur une association de compétences aux profitabilités inégales.

413.18 Rémunération et partage des risques. L'activité d'un cabinet d'avocats est soumise à différentes catégories de risques :

– les risques liés à la conjoncture économique ;

– les risques liés aux choix stratégiques du cabinet ;

– les risques liés à des facteurs personnels des avocats du cabinet ;

– les risques liés à des facteurs personnels des clients du cabinet.

Les avocats du cabinet vont donc être amenés à réfléchir à des systèmes qui leur permettent de ne pas assumer seuls certains de ces risques. Si un avocat traverse une période difficile dans sa vie privée qui l'éloigne du cabinet, ou s'il perd le principal client dont il a la charge, la collectivité du cabinet endossera une partie des conséquences. Ceci peut se traiter de différentes manières :

– tout ou partie des profits du cabinet pourra être placé dans un « panier commun » et partagé selon des critères autres que la performance individuelle de l'avocat ;

– dans les cabinets qui fonctionnent par paliers ou par tranches (en fonction de ses performances, l'avocat est placé dans telle ou telle tranche de revenus), le passage d'un palier à un palier inférieur peut se faire de manière étalée dans le temps[3].

Ces approches évitent qu'un avocat soit sanctionné de manière immédiate et trop brutale en cas de contre-performance.

413.19 Rémunération et risque entrepreneurial. Si un cabinet rémunère ses associés exclusivement sur des critères de performance, il ne tient pas compte du risque initial pris par le ou les fondateur(s) qui permet à d'autres associés, des années plus tard, de rejoindre un cabinet pleinement opérationnel dans lequel ils vont pouvoir facturer leurs clients sans se soucier de la dimension entrepreneuriale.

Dans les SEL ou les SCP, la rémunération du risque entrepreneurial est souvent réglée par le fait que le fondateur détient une partie importante des droits sociaux. Son risque entrepreneurial est alors rémunéré par les dividendes qu'il perçoit. Si la

1. « A new approach to partner compensation », *lawyerist.com*, 2022.

2. « Responsibility, expertise, productivity – The true measure of value of a lawyer's services », *American Bar Association publications*, 1989.

3. Sur deux exercices au lieu d'un seul.

question de la rémunération du risque entrepreneurial est alors résolue, il se posera le problème de la transmission du capital détenu par le fondateur[1].

Dans les structures sans droits sociaux, comme l'AARPI, l'absence de droits sociaux ne permet pas de rémunérer le risque entrepreneurial. Un statut particulier peut alors être accordé aux fondateurs leur donnant une rémunération complémentaire à ce titre.

Il peut arriver que les associés fondateurs ou les plus anciens d'une AARPI créent une société qui détient les droits de propriété intellectuelle sur la marque de l'AARPI. Une convention est alors conclue entre l'AARPI et cette société pour rémunérer l'utilisation de la marque. Les associés de la société détentrice de la marque verront leur risque entrepreneurial rémunéré de cette façon.

413.20 Systèmes de rémunération et de partage des bénéfices entre associés. Il est fréquent de dire qu'il y a autant de systèmes de rémunération chez les avocats qu'il y a de cabinets d'avocats. L'éventail est en effet immense entre un système qui serait purement égalitaire et celui qui est entièrement basé sur la performance individuelle. Chaque système présente ses avantages et ses risques. Ainsi, un système égalitaire peut bénéficier aux avocats qui font moins d'efforts que leurs associés. Un système basé sur la seule performance nuit à la solidarité de l'organisation et porte préjudice à la croissance et la diversification du cabinet.

Plus les règles sont simples, moins elles soulèvent de contestations. Si cette affirmation paraît évidente, elle est n'est pas toujours appliquée par les cabinets d'avocats. Si les règles de répartition suscitent des débats à l'intérieur du cabinet, le pouvoir de négociation de chaque associé va devenir un élément décisif dans l'équilibre et l'organisation du cabinet. Ici aussi, les avocats sont confrontés à un paradoxe. Plus un individu est investi dans sa structure, plus il devient dépendant de celle-ci pour exercer son métier. Il en résulte une situation dans laquelle le pouvoir de négociation de cet avocat est diminué car la menace de son départ n'est pas un argument crédible aux yeux de ses associés. Ainsi, un cabinet dont l'identité s'effacerait au profit de certains de ses associés est potentiellement fragile car chacun de ces associés bénéficie d'un fort pouvoir de négociation pour ses intérêts propres.

Face à ces forces contradictoires et conflictuelles, le cabinet doit néanmoins trouver sa voie. La culture du cabinet et son histoire jouent un rôle décisif. L'avocat associé sera plus volontiers disposé à s'investir dans un cabinet qui dispose d'une culture et d'une identité fortes qu'il partage. Même si ses relations avec ses clients lui sont propres, un avocat peut considérer qu'il doit sa progression professionnelle au cabinet qui a cru en lui. Il reconnaîtra qu'il a bénéficié de la réputation et des moyens du cabinet pour construire sa carrière. L'individu peut faire un choix collectif, à condition que les règles lui conviennent.

SECTION 2
SYSTÈMES ÉGALITAIRES OU FIXES

413.31 Définition et principes du système égalitaire de rémunération. Il s'agit de systèmes dans laquelle tous les associés sont réputés égaux et dans lesquels les bénéfices sont partagés à égalité. Un tel système peut être adapté aux cabinets de petite taille et de création récente. Il peut convenir aux cabinets dans lesquels il n'existe pas de grandes différences d'âge ou de niveau d'expérience entre les associés. Il repose aussi sur un respect mutuel des associés qui doivent se considérer comme complémentaires, chacun contribuant selon ses spécificités de manière égale à la réussite du cabinet. Une structure qui opterait pour ce système serait donc un petit cabinet dans lequel les associés sont très proches et ont un contact quotidien.

Un système égalitaire a plusieurs qualités :

– La solidarité : plus le cabinet est performant, plus les associés auront des bénéfices à se partager. L'intérêt collectif est donc prédominant. Le système permet aussi à un associé d'avoir des années moins bonnes sans générer un impact brutal sur sa rémunération. Les associés ne se considèrent pas concurrents entre eux mais en concurrence avec les autres cabinets d'avocats.

– La simplicité : ce système évite les discussions et les conflits au moment où le cabinet doit répartir son résultat entre les associés.

– La sécurité : le système diminue les angoisses qu'un associé peut avoir par rapport à ses performances. Il permet aussi une plus grande prévisibilité de la rémunération d'une année sur l'autre.

Il faut cependant noter que les cabinets qui mettent en place un tel système sont souvent mus par une vision idéalisée des relations entre associés qui survit difficilement à l'épreuve du temps.

413.32 Définition et principes du système fixe de rémunération. Dans le système fixe de rémunération, les associés conviennent d'une clé de répartition fixe qui est appliquée indépendamment des performances de chacun. Traditionnellement, ce système est très présent dans les SCP. Dans ces structures d'exercice, les associés perçoivent un résultat qui est le fruit de la détention de leurs parts La structure étant transparente, cette quote-part de

1. Sur la transmission du cabinet, v. s[s] n°s 241.11 s.

bénéfices correspond à l'intégralité de leur rémunération.

Dans un tel système, l'associé majoritaire est souvent réticent à toute évolution. Comme ses voix sont nécessaires pour changer la répartition du capital, les blocages sont fréquents.

Quand les SCP souhaitent évoluer vers plus de souplesse, elles procèdent le plus souvent par la création de parts d'industrie qui vont permettre d'affecter une partie du résultat en fonction de la contribution effective de chacun aux résultats de la structure.

413.33 **Risques liés aux systèmes égalitaires ou fixes.** Les systèmes de rémunération égalitaires ou fixes tiennent compte de la photographie d'une situation à un instant donné, le plus souvent à la création du cabinet. Il s'avère très souvent que des décalages surviennent entre les droits à rémunération et la contribution effective.

Outre les risques de frustrations et de tensions entre les associés qui travaillent davantage et ceux qui se laissent porter par la structure, ces systèmes peuvent être la cause d'un manque de motivation. Les associés plus performants pourront être tentés de quitter le cabinet pour rejoindre une structure dans laquelle ils sentiront que leurs efforts sont récompensés.

SECTION 3
SYSTÈME DE RÉPARTITION DE BÉNÉFICES ÉGALITAIRE PAR PALIERS (*LOCK-STEP*)

413.41 **Définition et principes du système de partage égalitaire par paliers (*Lock-step*).** Le modèle de partage égalitaire entre associés d'égale ancienneté (*Lock-step*) a été pendant longtemps le modèle prévalant pour les cabinets anglais et américains. Depuis les années quatre-vingt-dix, ce mode de fonctionnement trouve de plus en plus de difficultés à s'appliquer et il est souvent remplacé par des systèmes qui intègrent de manière variable la performance individuelle. Cette évolution est logique en raison de la compétitivité croissante entre les cabinets sur le marché des services juridiques. Elle est également paradoxale dans la mesure où, dans un contexte plus dur, les cabinets ont plus que jamais besoin de cohésion et de solidarité[1].

Le système de répartition de bénéfices égalitaire par paliers, dit *Lock-step*, consiste à répartir les bénéfices du cabinet de manière égalitaire entre associés de même ancienneté. Ce système a été privilégié par les cabinets anglais et américains les plus prestigieux. Il repose sur la présomption d'une grande collégialité et une forte émulation entre les associés ainsi que d'une excellence professionnelle partagée par tous.

Dans un tel système, les jeunes associés en capital (*Equity partners*) sont admis au premier niveau d'une grille de répartition des bénéfices. Chaque niveau prévu par la grille correspond à une attribution de points ou de points de pourcentage. Le nombre de points augmente au fur et à mesure de l'ancienneté de l'associé jusqu'à ce qu'il arrive au dernier palier. Le nombre de paliers varie en fonction des cabinets. Il est en général compris entre 5 et 10. Dans sa stricte application, le *Lock-step* signifie que les avocats qui ont été associés au même moment ont une progression identique. « Leurs pas sont verrouillés », ce qui est la traduction littérale de *Lock-step*.

413.42 **Mise en œuvre du système de partage égalitaire par paliers.** Lors de la mise en place d'une association sur le mode du *Lock-step*, les décisions à prendre concernent :

– le nombre de paliers pour atteindre le dernier niveau ;

– le temps entre chaque palier : l'associé progresse tous les ans ou tous les deux ans... ;

– la valeur de chaque palier qui va tenir compte de l'écart souhaité l'écart moyen entre un associé débutant et un associé qui a atteint le dernier niveau.

Les cabinets qui mettent en œuvre un système de *Lock-step* demandent en général aux jeunes associés d'investir une partie de leur rémunération d'associé pour acheter leurs droits dans le capital du cabinet ou des droits dans l'association ou le *partnership* quand celui-ci n'est pas doté de la personnalité morale. Ces contributions prédéterminées au capital par les jeunes associés sont un moyen d'assurer un besoin en fonds de roulement et d'organiser la succession au sein du cabinet en rémunérant les associés en fin de carrière ou à la retraite[2].

413.43 **Avantages du système de partage égalitaire par paliers.** Une fois ses règles déterminées, le *Lock-step* présente l'avantage de sa simplicité. Il évite les longues discussions relatives à la profitabilité ou aux mérites respectifs des associés. La position de l'associé sur la grille du *Lock-step* fixe son niveau de rémunération. Même si le montant de la rémunération n'est pas déterminé à l'avance, il existe une certitude quant à son mode de détermination.

Le *Lock-step* participe à une identité collective forte du cabinet et favorise le développement à long terme de celui-ci. Il limite les querelles d'ego.

1. « Lockstep falls out of step with modern law firms », *Financial Times*, 16 déc. 2021.

2. Sur le soft landing, v. s^{s} n° 224.44.

Le système privilégie la fidélité au cabinet en récompensant la longévité. Il renforce la stabilité à tous les niveaux de l'organisation. Une fois qu'un associé est entré dans un système de Lock-step, il est peu fréquent qu'il ait envie d'en sortir. Il favorise aussi la complémentarité des associés et une circulation fluide des dossiers au sein du cabinet en fonction des compétences de chacun.

413.44 **Fragilité du système de partage égalitaire par paliers.** Le succès du *Lock-step* dépend de la perception que les associés ont de leurs contributions respectives. Dans les petits cabinets, les associés ont une connaissance immédiate du travail et des résultats de leurs associés. Dans les cabinets plus importants, le système repose sur la confiance et le respect mutuel entre les associés.

Les facteurs pouvant fragiliser un système de *Lock-step* sont les suivants :

- le manque de communication entre les associés, leur éloignement géographique, la croissance par rapprochement ou fusions de cabinets ;

- l'absence de méthodes ou de moyens de traitement des difficultés lorsqu'un associé ne contribue pas à hauteur de ce qui est attendu de lui ;

- le niveau de rémunération des associés pratiqué par les cabinets concurrents.

Dans le contexte concurrentiel et économique actuel, le *Lock-step* reste adapté aux cabinets qui parviennent à combiner une excellente profitabilité, une grande collégialité et une forte réputation de qualité. Lorsqu'un cabinet possède ces valeurs, les individualités s'effacent au profit du prestige de son nom. Il peut aussi être adapté aux structures plus petites mais ayant une culture et une identité fortes.

A contrario, le *Lock-step* résiste difficilement lorsque les considérations et les rivalités personnelles prennent le dessus sur la solidarité et le sentiment d'appartenance au cabinet.

Comme pour le système égalitaire, le Lock-step peut être démotivant pour les associés qui estiment contribuer davantage que d'autres à la performance du cabinet. Il présente le défaut supplémentaire d'être propice aux conflits de générations si les jeunes générations sont beaucoup plus performantes que les anciennes. Pour remédier à ces difficultés, les aménagements ci-après peuvent être introduits.

413.45 **Aménagements du système de partage égalitaire par paliers.** Lorsque les circonstances du cabinet ne se prêtent pas ou plus au système de partage égalitaire par paliers, certaines variantes peuvent y être introduites. Ces aménagements apportent des solutions aux différences de contributions entre associés tout en préservant l'esprit du *Lock-step :*

- les critères du passage d'un palier au palier suivant peuvent être aménagés pour inclure des critères de performance personnelle de l'associé. Ceci permet la possibilité de freiner ou d'accélérer la progression d'un associé dans les étapes du *Lock-step*. Une telle disposition est particulièrement utile pour limiter les conséquences négatives d'une mauvaise décision d'association ;

- la création d'un dernier palier avec une baisse de rémunération pour les associés en fin de carrière. Certains cabinets ont adopté des systèmes dans lesquels la rémunération des associés augmente jusqu'à 55 ans pour ensuite baisser progressivement de 55 à 65 ans. Ceci repose sur l'idée qu'un associé est au maximum de son potentiel, tant sur le plan de l'expérience que de sa capacité de travail, entre l'âge de 45 et de 55 ans. D'autres cabinets ont choisi d'imposer une « sortie obligatoire » de l'association à un âge qui permette de réaffecter une part suffisante des profits aux plus jeunes associés ;

- la création d'un « super-palier » pour les associés qui contribuent de manière exceptionnelle aux résultats du cabinet. Ce super-palier n'est en principe accessible qu'aux associés qui ont déjà atteint le palier de rémunération le plus élevé.

SECTION 4
RÉMUNÉRATION DES ASSOCIÉS BASÉE SUR LA PERFORMANCE

413.51 **Principes et questions posés par la rémunération des associés basée sur la performance.** Lorsque la rémunération des associés est basée sur leur performance, la contribution respective de chaque associé aux profits du cabinet doit faire l'objet d'une évaluation selon des règles précises.

L'évaluation appelle de nombreuses questions :

- Quels sont les critères de la contribution aux résultats du cabinet ?

- Quels sont les éléments ou les chiffres sur lesquels cette évaluation sera basée ?

- Comment ces éléments et chiffres sont-ils collectés ?

- Qui sont les personnes en charge de l'évaluation et comment ont-elles été choisies ?

- Comment mesurer avec précision les différents ingrédients de la performance ?

413.52 **Éléments pris en compte pour la rémunération des associés basée sur la performance.** L'évaluation basée sur la performance se fait par la prise en compte de deux types de données :

- Les données objectives et mesurables liées à la performance individuelle : heures travaillées, honoraires facturés, honoraires encaissés, nouveaux dossiers ouverts, nouveaux clients apportés...

- Les données objectives et mesurables liées au travail collectif : nombre de dossiers partagés, nombre de dossiers ou clients apportés au cabinet et confiés à d'autres associés (*cross selling*).

– Les données non facturables : contribution à l'organisation du cabinet, participation à la formation des collaborateurs, participation à des actions de marketing et de communication pour le cabinet, contribution à l'ambiance et à la cohésion du cabinet...

Les évaluations uniquement basées sur les données financières sont inadaptées pour apprécier ce qu'un associé apporte véritablement à son cabinet.

413.53 Risques liés à la rémunération des associés basée sur la performance. Alors qu'il est naturel pour un avocat de vouloir voir reconnaître le résultat de son activité au sein de son cabinet, la rémunération basée sur la seule performance financière peut fragiliser le cabinet. En effet, le modèle entièrement basé sur la performance financière favorise :

– les avocats expérimentés et spécialisés qui ont une forte réputation individuelle ;

– les avocats qui pourraient sans difficultés majeures transférer leur activité professionnelle dans un autre cabinet ;

– l'appropriation de la relation avec le client par l'associé plutôt que par le cabinet ;

– les rivalités entre associés ;

– la démotivation des associés qui exercent leur métier dans des domaines moins rentables.

413.54 Pertinence des critères de performance. Un cabinet ne peut cependant faire abstraction de la performance de ses avocats. Même dans les systèmes de *Lock-step*[1] qui ne sont pas basés sur ces critères, la performance de chacun reste la clé de la cohésion du cabinet. En effet, c'est alors l'émulation de la comparaison des performances entre associés qui sert de moteur. Lorsque des critères de performance sont retenus, ceux-ci devront être définis avec soin et précision.

Au critère de chiffre d'affaires (honoraires facturés et recouvrés), le cabinet devra ajouter le critère de la rentabilité. Il n'est pas rare qu'un cabinet d'avocats génère un chiffre d'affaires important sur une activité non rentable. Or, la rentabilité peut s'avérer difficile à mesurer compte tenu de la multitude de méthodes possibles pour affecter et répartir les charges de fonctionnement du cabinet. Quoi qu'il en soit, le cabinet doit avoir une lecture de la rentabilité des associés.

Dans un cabinet où les collaborateurs sont affectés à des équipes ou des associés, il est plus facile de calculer la rentabilité des activités de chacun. Lorsque les collaborateurs sont affectés à un département ou un associé mais peuvent travailler pour d'autres associés du cabinet, le temps de ceux-ci peut être facturé par leur associé de rattachement à un taux interne déterminé par le cabinet. Lorsque les collaborateurs ne sont pas affectés, leur temps doit être détaillé et intégré dans les coûts d'exploitation de chaque associé.

413.55 Prise en compte des heures non facturables dans les critères de performance. La performance de l'associé est aussi liée au temps consacré au cabinet pour des tâches que ne relèvent pas des dossiers. Pour qu'un cabinet fonctionne de manière efficace, ses avocats doivent consacrer une partie de leur temps à des fonctions de gestion, de recrutement, de formation, de communication... indispensables au développement et à la cohésion du cabinet. Le temps consacré à ces tâches doit être saisi avec des codes spécifiques pour chaque type d'activité. Le cabinet peut décider de lier un pourcentage de la rémunération des associés à leur implication dans l'organisation du cabinet. Le degré d'implication est alors partiellement ou intégralement apprécié en fonction du nombre d'heures non facturables de l'associé.

Les heures non facturables du cabinet peuvent être classées dans les catégories suivantes[2] :

– activités d'administration et de gestion du cabinet (comptabilité, facturation, relations fournisseurs, réunions d'associés...) ;

– entretien et consolidation des relations avec les clients du cabinet ;

– développement et actions de prospection (relations avec les référents et prescripteurs, rencontres, conférences, entretien et consolidation des relations avec les clients du cabinet...) ;

– recrutement ;

– formation des collaborateurs ;

– animation du cabinet.

Les heures non facturables ne doivent pas comprendre des activités qui ne bénéficient pas directement au cabinet. Ainsi, le temps passé par un associé à écrire un ouvrage juridique n'a pas vocation à être assimilé à du temps cabinet non facturable, même si la réputation du cabinet pourra en bénéficier. À l'inverse, le temps passé par un avocat à rédiger un article dans la lettre mensuelle du cabinet diffusée aux clients doit être considéré comme du temps cabinet non facturable.

413.56 Partage basé sur la facturation ou l'encaissement (*Eat what you kill*). Ce système de rémunération dont la traduction en français pourrait être « Mangez ce que vous chassez » repose entièrement sur la production personnelle de l'associé sans

1. V. s[s] n° 413.41.

2. ÉNUMÉRATION proposée par : Mayson dans « Law Firm Strategy : Competitive advantage and valuation », Oxford UP, 2007.

aucune considération pour d'autres formes de contribution au fonctionnement ou au développement du cabinet. C'est la forme la plus poussée des systèmes de rémunération reposant sur des critères de performance individuelle.

La mise en place d'un tel système a plusieurs implications :

– chaque associé doit être financièrement responsable de ses assistants et collaborateurs (et éventuellement de ses autres frais de fonctionnement au sein du cabinet) ;

– lorsqu'un associé confie un dossier à un autre associé du cabinet, il cherchera à préserver une rémunération sous la forme d'un accord intra-cabinet avec l'associé qui traitera le dossier. Dans ce cas, l'associé apporteur demandera à l'associé traitant de lui rétrocéder 10 % ou 20 % de la facturation générée par le dossier.

Si un tel système favorise la responsabilité individuelle et le travail, il peut laisser le cabinet sans aucune direction. Il n'y a aucune recherche de collégialité ou de complémentarité. Le cabinet ne peut offrir aux collaborateurs de perspectives de carrière au-delà de leur relation avec l'associé dont ils dépendent.

413.57 Théorie du « Finder, Minder, Grinder ». Cette théorie américaine du partage de la rémunération entre associés basée sur la performance repose sur l'idée que l'associé d'un cabinet d'avocats a trois fonctions principales[1] :

– le *Finder* (to *find* : trouver) : celui qui trouve des clients et qui est responsable de leur arrivée au cabinet ;

– le *Minder* (to *mind* : veiller à quelque chose, veiller sur quelqu'un) : celui qui gère la relation avec le client ;

– le *Grinder* (to *grind* : moudre) : celui qui fait le travail.

Chacune de ces fonctions mérite d'être rémunérée selon le poids que le cabinet souhaite lui attribuer. Ceci pourrait se traduire comme suit :

– 10 % des bénéfices du cabinet affectés aux apporteurs d'affaires ;

– 20 % des bénéfices du cabinet à ceux qui sont responsables des relations avec les clients. Dans ce cas, chaque client a un « associé responsable » dont la rémunération au titre de ce poste est calculée en fonction du chiffre d'affaires réalisé avec les clients dont cet associé a la responsabilité ;

– 60 % des bénéfices attribués en fonction de la production (facturation) effective de l'associé ;

– 10 % des bénéfices restant réservés à une enveloppe destinée à récompenser l'éventuelle performance exceptionnelle d'un ou plusieurs associés au cours de l'exercice écoulé.

SECTION 5
SYSTÈMES MIXTES

413.61 Définition et exemples de systèmes mixtes de rémunération. Les systèmes mixtes sont ceux qui associent les critères de détention du capital ou d'ancienneté et des critères liés à la performance pour déterminer le partage des bénéfices entre associés[2].

CAS N° 1

Le cabinet L & Associés est une SCP qui compte cinq associés. Chacun d'eux travaille avec ses propres collaborateurs. Les associés ont mis en place un système de rémunération qui est le suivant :

40 % du bénéfice est affecté aux associés à proportion de leurs parts de capital dans la SCP ;

50 % du bénéfice est réparti en fonction des contributions de chaque associé au bénéfice, ceci est matérialisé par des parts d'industrie dont le nombre change chaque année ;

10 % du bénéfice est réparti en fonction de facteurs non financiers liés à la participation à la vie et à l'organisation du cabinet.

Le bénéfice est défini comme :

Recettes nettes de l'associé – (Charges affectables – quote-part de charges générales).

Le cabinet L & Associés estime que ce système correspond à son esprit libéral. Les associés travaillent peu les uns avec les autres mais ils estiment qu'ils sont aidés par la structure qui contribue à leur efficacité et leur développement. Ils constatent aussi que leur système a permis que se développe au fil des années une dynamique de cabinet conduisant à davantage de collaboration et de partage entre associés.

CAS N° 2

Le cabinet M. & Associés est une SELARL de quatre associés. Les associés sont tous des cogérants de la structure d'exercice. Les collaborateurs du cabinet ne sont pas attachés à tel ou tel associé. 10 % du résultat net est affecté à une réserve. La répartition entre associés des sommes affectées à la rémunération est organisée de la manière suivante :

– 15 % à égalité entre les deux associés fondateurs du cabinet ;

– 20 % en fonction de la détention en capital de chacun des associés ;

– 40 % en fonction de la part respective de chiffre d'affaires de chaque associé ;

– 15 % en fonction de l'apport de clients ;

Le cabinet M. & Associés est un cabinet jeune dans lequel les écarts d'âge, de performance et de détention du capital

1. Cette théorie aurait été initialement mise en œuvre dans les années 1940 par le cabinet d'avocats Hale and Dorr à Boston.

2. Pour une simulation de partage des bénéfices entre associés : v. s^{s} n° 512.1.

sont peu importants. Les associés ont toutefois considéré qu'il était légitime que les deux fondateurs bénéficient d'un supplément de rémunération à ce titre. Le cabinet connaît une croissance régulière depuis sa création et les associés ont souhaité rémunérer l'apport de clientèle qui participe au développement du cabinet. La rémunération de l'apport de clients à 15 % associée à une rémunération à 40 % du critère de chiffre d'affaires avec une non-affectation des collaborateurs contribue à ce que les associés cherchent à faire venir des clients sans nécessairement être en charge de leurs dossiers.

Les associés conviennent d'une rémunération fixe mensuelle. En fin d'exercice, la formule de calcul est appliquée et le montant définitif de ce qui revient à chaque associé est établi. La différence entre ce qui a été déjà perçu au titre des rémunérations mensuelles et la rémunération définitive est versé sous la forme de dividendes.

413.62 Mise en œuvre d'un système mixte de rémunération. Pour arriver au système de partage des bénéfices qui lui convienne le mieux, le cabinet devra d'abord passer par une phase de discussions et de négociations au cours de laquelle les associés rechercheront le compromis qui leur correspond le mieux. L'exercice consiste à rechercher l'équilibre souhaité entre intérêt collectif et intérêts individuels ainsi qu'entre cohésion et performance.

FACTEURS DE COMPROMIS DÉTERMINANT
LA RÉMUNÉRATION DES ASSOCIÉS

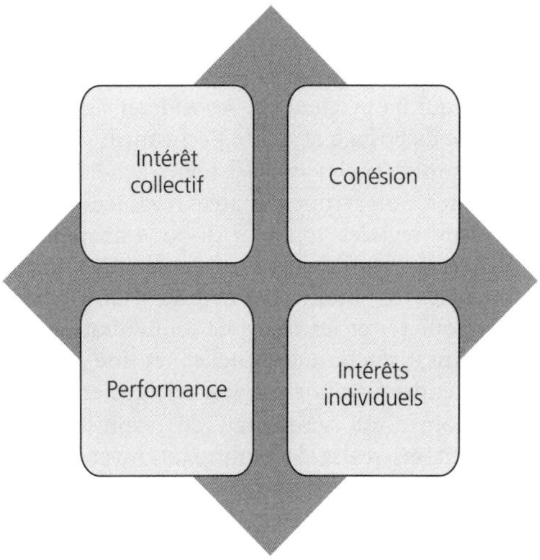

Les associés décideront ensuite des facteurs qu'ils souhaitent voir pris en compte pour le calcul de la rémunération. Parmi ceux-ci, ils pourront retenir :

- la participation au capital de la structure d'exercice ;
- l'ancienneté ;
- la facturation ;
- l'apport de clients ;
- le temps non facturable ou le temps consacré à la gestion du cabinet ;
- une éventuelle contribution exceptionnelle aux résultats.

Dans un troisième temps, des points ou des pourcentages pourront être attribués à ces différents facteurs en fonction desquels sera répartie la somme distribuable aux associés. Les associés établiront alors un tableau permettant de faire varier ces points ou pourcentages ainsi que les sommes concernées pour que chacun puisse faire les projections de son choix. Les pondérations seront ajustées jusqu'à ce qu'un compromis satisfaisant soit trouvé[1].

413.63 Recherche d'un système de rémunération en accord avec la culture du cabinet. Chaque cabinet choisit la nature des critères et des contributions qu'il souhaite valoriser. Les difficultés surviennent quand le système de répartition ne reflète plus la réalité économique et la culture du cabinet. Alors que les systèmes de type *Lock-step* ou qui mettent l'accent sur la répartition du capital ou l'ancienneté sont fondamentalement liés à la culture et à l'histoire du cabinet, les systèmes liés à la performance seront très dépendants de la réalité économique des activités de chaque associé. Il appartiendra à chaque cabinet de déterminer les règles qui lui conviennent le mieux par une appréciation lucide des facteurs qui sous-tendent les relations entre les avocats du cabinet.

413.64 Utilisation d'une « soupape ». Conscients des limites d'un système reposant entièrement sur des critères prédéterminés, certains cabinets adoptent un système dit de « soupape ». Ceci consiste à affecter un pourcentage préétabli, par exemple 10 %, des sommes distribuables aux associés en fonction de critères subjectifs et/ou d'autres critères que ceux prévu par le système de rémunération du cabinet. Cette soupape sert alors à traiter les situations exceptionnelles, les frustrations et les revendications particulières. S'il n'y a aucune situation particulière à traiter, le montant de la soupape est replacé dans l'assiette des sommes auxquelles le cabinet applique ses critères habituels de rémunération.

SECTION 6
SYSTÈMES OPAQUES ET SYSTÈMES SUBJECTIFS/OBJECTIFS

413.71 Système de rémunération opaque. Des cabinets peuvent choisir de ne disposer d'aucune règle écrite pour la détermination de la rémunération des associés. La responsabilité de fixer les

1. Pour un exemple de tableau de simulation du partage des bénéfices entre associés, v. *s*s n° 512.1.

rémunérations est alors confiée à un comité de rémunération qui décide librement de la rémunération de chacun. Dans les cabinets ayant cette culture, l'usage est souvent d'éviter toute communication entre les associés sur leur niveau de rémunération. L'opacité est entretenue à la fois sur le mode de détermination des sommes mais aussi sur les sommes attribuées à chacun.

Les cabinets appliquant un tel système sont généralement les cabinets avec des effectifs importants disposant d'une culture et de procédures internes qui permettent à la collectivité des associés d'avoir une grande confiance dans le comité des rémunérations.

Des systèmes comparables existent dans les cabinets plus petits ayant un fonctionnement très paternaliste ou patriarcal dans lequel un associé décidera unilatéralement de la rémunération de chacun selon sa volonté personnelle.

413.72 Système de rémunération subjectif/objectif. Ce système tente de pallier les inconvénients des systèmes qui seraient trop subjectifs ou opaques en combinant des critères objectifs qui conditionnent une partie de la rémunération.

Cette approche peut aussi être utilisée dans la configuration inverse. Une dimension subjective vient assouplir une application trop rigide de critères objectifs. Le système trop objectif est celui qui est figé par l'application de critères objectifs et donc incapable de prendre en compte des spécificités personnelles ou des circonstances particulières. Le système trop subjectif est celui qui ne dispose d'aucune règle claire et qui laisse un pouvoir discrétionnaire trancher.

Le système objectif/subjectif peut s'appliquer de façon équilibrée et collégiale en considérant que 50 % de la rémunération sera attribuée en fonction de critères objectifs (facturation, apports de clients...) alors que les autres 50 % de la rémunération seront attribués en fonction de l'appréciation par la collégialité des associés de facteurs moins quantifiables telles que l'excellence professionnelle ou la qualité des relations clients. Un tel mode de fonctionnement implique que les associés soient suffisamment proches pour avoir une opinion éclairée et juste les uns des autres.

SECTION 7

RÉVISION DES RÈGLES DE RÉMUNÉRATION DES ASSOCIÉS

413.81 Révision des règles de rémunération des associés utilisée comme palliatif. Alors que toute organisation a vocation à revoir ou à ajuster les règles qui régissent son fonctionnement, la révision des règles ne doit pas servir à couvrir des difficultés que le cabinet doit résoudre autrement.

Avant de remettre en cause un système qui fonctionne pour une majorité des avocats du cabinet, ces derniers doivent résoudre les difficultés auxquelles ils sont confrontés. Les solutions peuvent notamment être :

- la mise en place de procédures pour traiter les difficultés liées aux associés non performants ;
- l'amélioration des procédures et des critères de cooptation des associés ;
- l'amélioration des procédures pour éviter les décalages de rendement entre associés.

Quand un associé s'estime insuffisamment rémunéré par rapport à sa contribution aux résultats du cabinet, les associés devront s'interroger sur le meilleur moyen de répondre à la demande. Avant d'envisager la révision de l'ensemble du système, ils pourront décider d'allouer une part du résultat du cabinet à la performance exceptionnelle de tel ou tel associé. Cette décision pourra satisfaire les revendications présentées sans pour autant déstabiliser l'association.

413.82 Modalités de révision des règles de répartition des bénéfices. La révision du système de répartition des bénéfices doit s'inscrire dans un processus de gestion organisé. Si le cabinet prévoit de revoir ses règles de rémunération des associés tous les trois ou quatre ans, il évite (ou diminue) le risque de négociations et de revendications à chaque fois que sont arrêtés les comptes de l'année. Sachant que le principe de révision du système est acquis, les associés qui pourraient se considérer lésés sont davantage disposés à attendre l'échéance.

Un accord entre les associés selon lequel les règles de rémunération seront discutées, évaluées et éventuellement révisées tous les 3 ou 4 ans est une fréquence qui correspond bien au fonctionnement des associés de cabinets d'avocats : une à deux années pour tester les règles de rémunération, une année d'insatisfaction éventuelle... et une année de plus à attendre avant de pouvoir renégocier.

Un cabinet qui accepterait de revoir trop fréquemment ses règles de rémunération créerait un climat d'instabilité qui porterait atteinte à sa bonne marche.

SECTION 8

ASSURANCES, PRÉVOYANCE ET PROTECTION SOCIALE DES ASSOCIÉS

413.91 Lien entre rémunération et prévoyance. Les associés pourront inclure dans leurs statuts ou dans un règlement intérieur des règles concernant le maintien total ou partiel de la rémunération d'un associé en cas d'incapacité. Cette solidarité, potentiellement coûteuse pour le cabinet, est un élément fort de l'*affectio societatis* entre les associés. La couverture de prévoyance prévue dans le cadre des cotisations CNBF ne sera pas suffisante pour couvrir le risque et il sera nécessaire de souscrire une autre prévoyance.

La mise en place de cette solidarité implique que les associés du cabinet soient protégés des accidents de la vie par toutes les assurances nécessaires. Parallèlement à leur couverture personnelle, les associés du cabinet pourront étendre la protection au cabinet lui-même. Il existe différentes assurances dont le cabinet ou ses associés sont les bénéficiaires en cas de décès ou d'incapacité d'un associé[1].

Il conviendra donc que le cabinet mette en place une politique quant à la prévoyance dont disposent les associés du cabinet. Ceci pourra consister à affecter une part de la rémunération de chaque associé à la souscription d'un contrat de prévoyance qui sera le même pour tous les associés. Ainsi, en cas d'incapacité d'un associé, le cabinet s'engagera à couvrir pendant la durée qu'il choisira, la différence entre la rémunération de l'associé et la somme des montants versés par la sécurité sociale et ceux versés au titre du contrat de prévoyance.

413.92 Politique du cabinet en matière de retraite. Les associés peuvent convenir d'un âge au-delà duquel un associé doit se retirer du cabinet. Les dispositions de ce type sont rares en dehors de certains cabinets internationaux.

Lorsque les cabinets paient les charges sociales des associés, le cabinet peut décider d'adopter une politique commune pour tous les associés consistant à cotiser dans la même classe de retraite complémentaire CNBF pour tous les associés.

La réforme du régime de retraite complémentaire mise en œuvre en 2015 prévoit que jusqu'en 2029 les taux de cotisation au régime de retraite complémentaire – qui diffèrent en fonction des différentes tranches du revenu net professionnel dans la limite d'un plafond – sont variables selon plusieurs classes[2]. La CNBF propose quatre classes de retraite complémentaires (C1, C2, C3 et C3+). Le choix d'une classe est libre et peut être modifié chaque année au plus tard le 31 janvier de l'année, pour l'année même, sans rétroactivité (la date limite est au 31 décembre pour les avocats salariés et leurs employeurs, le changement prenant effet au 1er janvier suivant)[3]. Selon le montant du revenu annuel net professionnel d'avocat, plusieurs taux de cotisations seront appliqués, déterminant le montant de la cotisation annuelle. Si l'on choisit une classe 2 ou 3, les taux par tranche sont plus élevés, et les cotisations aussi bien évidemment, lesquelles permettront l'acquisition de points en plus grand nombre.

413.93 Caractéristiques de la protection sociale des avocats[4]**.** La protection sociale des avocats exerçant leur activité à titre libéral porte sur trois risques :

– la santé : assurance-maladie/maternité, remboursement des frais de santé ;

– la prévoyance : indemnités journalières en cas d'arrêt de travail, capital décès, rente orphelin, rente invalidité, forfait maternité, complémentaire santé, couverture des risques professionnels (frais généraux professionnels permanents, rachat de parts) ;

– la retraite : assurance vieillesse.

Pour chacun de ces risques, les avocats relèvent de deux organismes distincts :

– pour la santé : le Régime social des indépendants de l'Urssaf ;

– pour la prévoyance : la Caisse nationale des barreaux français (CNBF) et la Prévoyance des avocats (*LPA*)[5] ; Il est à noter que la protection sociale des avocats connaît des avancées, notamment avec la mise en place depuis le 1er juillet 2010 de la garantie « mi-temps thérapeutique ». Mise en place par La Prévoyance des avocats (*LPA*), cette garantie n'existait pour aucune autre profession libérale. Sans supplément de cotisations, elle permet à l'avocat obligé de subir un traitement sur une longue durée de pouvoir alterner de périodes de travail et des périodes d'inactivité jusqu'à 15 jours par mois. Même si ces garanties sont souscrites au nom de l'avocat, elles ont un impact sur la vie du cabinet ;

– pour la retraite : la Caisse nationale des barreaux français (CNBF).

Une particularité de la protection sociale de l'avocat réside dans le fait que pour chaque risque, il peut exister jusqu'à trois niveaux de protection qui se complètent et se cumulent :

– un niveau « national » qui est obligatoire et qui assure des prestations égales pour chacun des avocats de France ;

– un niveau « barreau » qui relève de la responsabilité de chaque barreau et qui permet d'assurer des prestations complémentaires aux avocats du barreau concerné ;

1. V. s[s] n° 413.94.
2. Arr. 20 juin 2014 portant approbation des modifications apportées au règlement du régime complémentaire des avocats établis par la Caisse nationale des barreaux français, *JO*. 2 juill. 2014, p. 10920, NOR : AFSS1414912A.
3. CNBF, régime complémentaire, 2023.
4. *LPA Le guide pratique de la prévoyance des avocats*, www.laprevoyance.org/
5. SUR la Prévoyance des avocats : H. Ader, S. Bortoluzzi, A. Damien, D. Piau, Th. Wickers, *Règles de la profession d'avocat*, 15e éd., « Dalloz action », 2016, nos 244.11 s.

- un niveau « avocat » qui relève de la seule responsabilité individuelle de chaque avocat pour ajouter d'autres prestations complémentaires.

413.94 Couverture des risques du cabinet : assurance homme-clé. C'est l'avocat qui est le bénéficiaire des principales garanties souscrites pour sa santé, sa prévoyance et sa retraite. D'autres assurances peuvent être souscrites dont le cabinet sera le bénéficiaire. Ce sont les assurances dites « homme-clé ».

Une assurance homme clé permet de compenser les conséquences financières de la disparition d'une personne essentielle à l'activité d'une entreprise. Cela peut concerner son décès ou encore son invalidité.

La garantie homme clé permet de prendre en charge les conséquences financières de la disparition ou de l'indisponibilité de l'homme clé, à savoir :

- la perte d'exploitation ;
- le remboursement des prêts bancaires ;
- les dépenses de réorganisation.

Certaines assurances homme-clé peuvent également couvrir des frais annexes tels que la recherche d'un remplaçant à l'homme clé, le maintien de l'image de marque du cabinet...

Le montant du capital garanti est calculé sur la base de la contribution de l'homme clé à la richesse de l'entreprise. Par exemple, en prenant en compte sa contribution au chiffre d'affaires ou aux bénéfices du cabinet.

CHAPITRE

414. Conflits d'associés

SECTION 0
ORIENTEUR

414.00 **Sommaire du chapitre.**

SECTION 1
CAUSE DES CONFLITS

414.11 **Carences du pacte fondateur.** Le pacte fondateur du cabinet, qu'il s'agisse des statuts, du règlement intérieur ou de toutes autres dispositions contractuelles pouvant exister entre les associés pose les principes de fonctionnement du cabinet. Ce pacte fondateur doit être le plus complet possible afin d'anticiper les difficultés : attentes des associés les uns vis-à-vis des autres, répartition des rôles dans l'organisation et la gouvernance, rémunération, règles sur l'engagement des dépenses et toutes les dispositions nécessaires en cas de sortie d'un associé. Cette liste n'est pas exhaustive. Un pacte élaboré soigneusement ne préviendra pas toutes les difficultés mais il contribuera grandement à en faciliter la résolution[1].

414.12 **Germes de la crise.** Les conflits d'associés ne peuvent se comprendre sans l'analyse de la dimension affective de l'association. Cette dimension est sans doute exacerbée dans la culture française par rapport à l'approche plus fonctionnelle des Anglo-Saxons. C'est souvent pour préserver cette dimension affective que les problèmes ne sont pas traités ou même abordés entre associés avant qu'il ne soit trop tard. La crise peut alors survenir de manière imprévisiblement brutale et violente car la capacité de résilience de chacun est déjà largement entamée. La construction d'une frustration peut déboucher sur des situations dans lesquelles l'associé en souffrance a des comportements extrêmes.

Lorsque la cause du conflit n'est pas traitée, elle peut prendre les formes les plus diverses selon les associés concernés : crise de solitude, crise de leadership, crise de bureaucratie, crise de contrôle... Toutes ces formes de crise vont avoir le même effet sur le ou les associés concernés : une baisse de l'envie de travailler ensemble.

En cas de constatation d'une situation de crise, le premier objectif doit naturellement être d'essayer de sortir de celle-ci « par le haut ». Une telle solution passe généralement par la modification de certains aspects du pacte fondateur mais surtout par une acceptation collective du changement et une capacité à remettre en question les facteurs qui sont à l'origine de la crise.

Ce qui rend les crises d'associés particulièrement difficiles à traiter, c'est leur caractère hybride. Elles sont en effet caractérisées par des considérations matérielles ou financières tangibles mais aussi par le ressenti lié à ces considérations. La répartition statutaire des résultats écrite quatre ou cinq ans plus tôt peut ne plus correspondre à la réalité et nécessiter une révision. Mais le problème n'est pas seulement la règle à modifier, c'est le sentiment d'injustice vécu dans la durée par ceux qui considèrent que leurs efforts n'ont pas été pris en compte.

Il en résulte de très nombreuses situations dans lesquelles la sortie « par le haut » n'est plus possible et l'associé ou les associes décide(nt) de se retirer.

414.13 **Sortie de l'associé.** Dans la quasi-totalité des situations, le conflit entre associés se matérialise lors de la décision de retrait. Les situations d'exclusion sont beaucoup plus rares. Il est dès lors essentiel

1. D. Jensen, Ch. Thévenet, « Les conflits entre associés : les comprendre et les résoudre », *Dalloz Avocats*, janv. 2018.

que les dispositions nécessaires relatives à la sortie d'un associé figurent dans le pacte fondateur.

La clause de sortie devra notamment préciser :

- la durée du préavis ;
- la méthode de valorisation des parts ou actions du retrayant ;
- les droits financiers de l'associé retrayant et les modalités d'établissement des comptes définitifs entre les parties ;
- les règles en matière d'attribution des dossiers (tout en gardant à l'esprit que le principe de libre de choix par le client de son conseil prévaut) et le sort des honoraires de résultat dans les dossiers en cours ;
- si les charges sociales des associés sont payées par le cabinet, les conditions dans lesquelles cette obligation prend fin vis-à-vis d'un associé retrayant ;
- la communication du cabinet sur le départ de l'associé ;
- la récupération des dossiers, des données informatiques et des archives.

En cas de désaccord sur l'application des dispositions statutaires et contractuelles, les parties se tourneront vers l'ordre et la procédure de conciliation et d'arbitrage du bâtonnier.

SECTION 2
TRAITEMENT DES CONFLITS

414.21 Obligations au cours du préavis. Les avocats fixent librement dans leurs statuts ou leurs accords la durée de préavis en cas de retrait d'un associé.

Le barreau de Paris a fait de l'usage qui considérait qu'un préavis de six mois était la norme pour le retrait d'un associé, une règle dans l'article P. 46.3 de son règlement intérieur. Celui-ci prévoit que sans préjudice de l'application des règles légales ou réglementaires éventuellement applicables à la structure, tout retrait d'une structure à l'initiative d'un membre ne peut intervenir qu'avec un préavis donné au moins six mois à l'avance, sauf accord écrit des membres de la structure ou de la collectivité des membres statuant à la majorité prévue dans les statuts ou de l'application d'une clause de la convention sur un délai plus bref. Pendant la durée du préavis et sauf accord écrit unanime différent des membres de la structure, le retrayant reste tenu de toutes ses obligations - notamment financières - à l'égard de la structure, ces obligations étant limitées aux engagements courants[1].

Le RIN ne contient aucune règle quant à la durée du préavis. Lors des conciliations ordinales, le délai de six mois est considéré comme suffisant pour laisser aux parties le temps de gérer la transition.

Les obligations les plus importantes du retrayant en cours de préavis restent ses obligations de loyauté et de confraternité en vertu des principes essentiels. Jusqu'au jour de sa sortie de la structure d'exercice, le retrayant est tenu de travailler et de facturer dans des conditions normales. Un associé retrayant pourrait être tenté de retarder une partie de sa facturation afin de pouvoir facturer pour le compte de sa nouvelle structure d'exercice certaines diligences accomplies avant son retrait. Même s'il s'agit de diligences accomplies pour le compte de clients qui entendent suivre le retrayant dans son nouveau cabinet, un tel comportement serait manifestement déloyal et pourrait se résoudre par la condamnation à des dommages et intérêts dans le cadre d'une procédure d'arbitrage.

Lors de litiges portant sur la loyauté du retrayant pendant sa période de préavis, le cabinet quitté produira les documents attestant du chiffre d'affaires de l'associé retrayant sur la même période de l'année au cours des exercices précédents. Une baisse importante et non justifiée de la facturation de l'associé retrayant sera potentiellement considérée comme la preuve d'un comportement déloyal.

414.22 Clauses limitatives imposées à l'associé retrayant. Il est fréquent que les statuts ou les conventions signées entre les associés contiennent des clauses qui ont pour objet, directement ou indirectement, de dissuader ou de limiter la concurrence[2]. À titre d'exemple, certaines clauses prévoient que le départ d'un associé impactera ses droits financiers. Cette limitation peut porter sur ses droits financiers sur l'exercice au cours duquel intervient son départ, à titre d'exemple une clause qui prévoit que l'associé retrayant renonce à ses dividendes sur l'exercice en cours. D'autres clauses peuvent impacter la valeur de ses parts en cas de départ, ce sont les clauses dites de « bad leaver » (bon partant) ou de « good leaver » (mauvais partant) qui consistent généralement à ne pas tenir compte de la valeur de clientèle attachée aux droits sociaux pour les parts ou actions d'un associé qui se retirerait pour poursuivre son exercice professionnel ailleurs. D'autres clauses limitatives peuvent porter la non-sollicitation des clients du cabinet ou la non-concurrence, le non-débauchage des collaborateurs ou salariés. Des clauses peuvent aussi être des clauses pénales prévoyant le versement d'une indemnité ou des clauses prévoyant que le retrayant

1. RIBP, art. P. 46.3.

2. J. Schweblin, « La sortie d'un avocat associé de sa structure d'exercice, Petit guide pratique », *Dalloz Avocats*, nov. 2019.

doit couvrir une portion des frais généraux du cabinet pendant une certaine durée après son départ.

Le principe de la liberté contractuelle entre les associés prévaut, à la condition toutefois que ces clauses ne portent pas atteinte à la liberté de l'avocat de se retirer de la structure pour exercer et s'établir ailleurs et aussi la liberté de choix du client qui ne peut pas être privé du libre choix de son conseil[1]. Ni la loi, ni le contrat ne peuvent déroger à ce principe[2].

Dans ce domaine, la jurisprudence doit s'analyser au cas par cas. L'attention devra être portée sur les décisions qui concernent spécifiquement les avocats. En effet, le caractère libéral et indépendant de la profession peut venir limiter la légalité de clauses restrictives qui seraient admises dans le monde des affaires ou du commerce.

La question de la validité de certaines clauses restrictives se pose fréquemment dans le contexte des cabinets internationaux et en particulier des cabinets britanniques. Les accords de partnership (Members'Agreements) de ces structures d'exercice prévoient souvent des clauses dites de *garden leave* (qui pourraient se traduire par une « mise au vert » de l'avocat). Ces clauses interdisent à l'avocat de travailler pour des clients pour lesquels il a travaillé au sein du cabinet quitté pendant une période de plusieurs mois et parfois jusqu'à un an. Il n'y a pas de jurisprudence sur ce point précis car les parties parviennent à négocier des compromis avant que ces affaires ne soient portées devant l'arbitrage du bâtonnier. Nous pouvons toutefois douter de la validité de telles clauses aux yeux des juridictions françaises. En effet, le principe de la liberté de choix du conseil par son client est érigé en un principe d'ordre public et le principe de l'article 1162 du Code civil s'applique : Le contrat ne peut déroger à l'ordre public ni par ses stipulations, ni par son but, que ce dernier ait été connu ou non par toutes les parties.

414.23 **Concurrence déloyale entre avocats.** Si les avocats dérogent à leur obligation réciproque de loyauté et commettent des actes de concurrence déloyale, ils engagent leur responsabilité. L'arrêt de la cour d'appel de Paris du 31 janvier 2015 fait référence en matière d'appréciation de la concurrence déloyale entre avocats qui se séparent[3].

La cour d'appel de Paris rappelle « que la profession d'avocat est indépendante, que chaque avocat a le libre choix de sa structure d'exercice et qu'il a la liberté d'en changer sans avoir à rendre compte des motifs qui le déterminent » ; Elle nuance ensuite son propos en ajoutant que « toutefois cette liberté a des limites liées au respect du principe de loyauté et qu'il ne faut pas que le débauchage soit accompagné de manœuvres aboutissant à la désorganisation du cabinet privé d'un certain nombre de ses associés et collaborateurs ». Cet arrêt rappelle ainsi un élément constitutif du droit commun de la concurrence déloyale qu'est le débauchage accompagné de manœuvres entraînant la désorganisation.

Il résulte de cet arrêt qu'un cabinet quitté devra prouver l'existence d'actes positifs, à savoir de manœuvres pour prouver la concurrence déloyale. Traditionnellement, les parties à ces conflits d'associés sont le cabinet quitté d'une part et le ou les retrayant(s) d'autre part. Depuis quelques années, certains de ces conflits se sont élargis au cabinet d'accueil qui voit sa responsabilité recherchée pour avoir recruté des associés et leurs équipes. Cette évolution risque d'entraîner une inflation des sommes allouées aux demandeurs en cas de succès. En effet, le défendeur principal devient alors un cabinet disposant de moyens et d'une solvabilité beaucoup plus importants que quelques individus.

La mise en cause du cabinet d'accueil pose de nombreuses questions et difficultés. Dans un marché qui connaît depuis quelques années plus de 300 mouvements d'associés par an[4], la volatilité des associés est indéniable. Ces associés sont des personnes libres et responsables de leurs choix. C'est également un marché où opèrent de nombreuses sociétés de recrutement qui ont des mandats de recherche de la part de cabinets qui cherchent à se renforcer dans tel ou tel domaine. Il ne faudrait pas que le simple recours à recruteur puisse être qualifié de manœuvres constitutives d'actes de concurrence déloyale de la part du cabinet d'accueil.

414.24 **Rachat des parts ou actions du retrayant[5].** En dehors des règles spécifiques aux différentes formes d'exercice et de la jurisprudence relative aux conséquences des retraits d'associés sur le sort de leurs parts ou actions traités dans les paragraphes faisant l'objet des renvois ci-dessus, le principe est que le prix de rachat des actions ou parts de l'associé retrayant est fixé selon les règles de valorisation prévues statutairement[6]. Si les statuts ne prévoient

1. C. const., 17 févr. 2012, n° 2012-223 QPC – CEDH 20 oct. 2015, req n° 25 703/11.
2. Versailles, 23 févr. 2017, n° 15/08001 – Civ. 1re, 21 mars 2018, n° 17-16.762 – Cons. l Const., 17 févr. 2012, n° 2012-223 QPC.
3. Paris, 21 janv. 2015, n° 12/19304 ; *D.* 2016. 101, obs. Th. Wickers.
4. « Baromètre des mouvements d'associés dans les cabinets d'avocats d'affaires en France en 2022 », *PwC Avocats*, 2022.
5. Sur le retrait des associés de SCP, v. ss nos 223.31 s., sur le retrait des associés de SEL, v. ss nos 224.41 s – sur la dépatrimonialisation, v. ss nos 221.21 et 223.11.
6. Sur la valorisation, v. ss nos 242.11 s.

pas de méthode de valorisation, à défaut d'accord amiable, les parties devront recourir à l'expertise prévue par l'article 1834-4 du Code civil. Cette expertise sera également nécessaire en cas de désaccord sur l'application de la méthode prévue dans les statuts mais l'expert désigné sera alors tenu d'appliquer cette méthode[1]. Ceci vaut pour les statuts postérieurs à l'ordonnance du 31 juillet 2014.

L'associé retrayant dont les parts n'ont pas été cédées ou rachetées par la société continue de bénéficier des droits patrimoniaux attachés à ses parts, à savoir le droit aux bénéfices[2]. Dans les SAS, les statuts peuvent imposer des obligations aux associés sortants. Ainsi l'article L. 227-6 du code de commerce prévoit que Dans les conditions qu'ils déterminent, les statuts peuvent prévoir qu'un associé peut être tenu de céder ses actions. Ils peuvent également prévoir la suspension des droits non pécuniaires de cet associé tant que celui-ci n'a pas procédé à cette cession.

Le fait qu'un associé reste actionnaire ou associé de la structure qu'il vient de quitter ne l'empêche pas d'exercer ailleurs dès lors que le retrait a été acté par toutes les parties. Cela étant, c'est une source de complications importantes lorsqu'un ancien associé reste au capital de son ancien cabinet et devient de ce fait un associé non exerçant non désiré.

Pour éviter ces écueils, les cabinets ont la possibilité d'opter pour une approche dépatrimonialisée de leur capital social. Ceci est possible pour les SCP depuis la loi du 11 mars 2011[3] et depuis 2012 pour les SEL avec la loi du 22 mars 2012[4]. Ceci consiste à décider qu'aucune valeur de clientèle ne sera attachée aux droits sociaux. Quand cet aspect de la valorisation est écarté, le calcul du prix des parts devient beaucoup plus simple puisqu'il sera fondé sur les capitaux propres de la société tels qu'ils apparaissent dans le dernier bilan ou sur un arrêté des comptes établi à la date de sortie du retrayant.

Pour les cabinets qui n'ont pas choisi la dépatrimonialisation, un accord est souvent trouvé avec le retrayant consistant à compenser tout ou partie des droits sociaux avec la valeur d'emport de la clientèle de l'associé retrayant. Les parties considèrent alors que si les clients de l'associé retrayant suivent ce dernier dans son nouveau cabinet, il n'y a pas lieu de retenir une valeur de clientèle pour ses droits sociaux. En effet, en attachant une valeur de clientèle aux parts ou actions du retrayant reviendrait à faire payer la société ou un nouveau cessionnaire pour une valeur de clientèle correspondant à des clients qui ne seront plus des clients du cabinet. Ce type d'accord est à mettre en place avec prudence car il peut soulever des questions fiscales notamment au regard des droits d'enregistrement.

Enfin, il faut rappeler que l'AARPI ne dispose pas de la personnalité morale et n'a donc ni capital ni droits sociaux. L'associé de l'AARPI ou de l'association a apporté sa clientèle en jouissance le temps de l'association. Lors de son départ, la jouissance de cette clientèle est reprise par le retrayant sans incidence financière.

414.25 Communication autour du départ d'un associé. Un règlement intérieur peut prévoir à l'avance le texte du message de réponse aux e-mails arrivant sur la boîte mail de l'associé qui vient de quitter le cabinet ou encore de la lettre qui sera adressée aux clients suivis par l'associé pour les informer du départ et de la nouvelle adresse du retrayant. Pour les appels téléphoniques, les personnes susceptibles de recevoir des appels pour l'associé retrayant devront répondre dans les mêmes termes que ceux convenus pour les messages écrits. À défaut d'accord préalable sur leur rédaction, ces textes doivent être négociés par les parties et faire l'objet d'un accord.

L'usage consiste à retenir un message le plus neutre possible laissant au client ou aux auteurs des appels ou emails entrants la plus grande liberté de choix.

Le message sera donc formulé de la manière suivante :

Me Durand n'est plus associé du cabinet Alpha Avocats depuis le 1er janvier 2023. Vous pouvez désormais le joindre [nouvelles coordonnées du retrayant].

Pour toute question concernant Alpha Avocats, veuillez contacter [coordonnées du contact].

La lettre adressée aux clients suivis par l'avocat du retrayant sera rédigée dans les mêmes termes et avec la même neutralité :

Me Durand ne sera plus/n'est plus associé du cabinet Alpha Avocats à compter du/depuis le 1er janvier 2023.

Nous vous remercions de bien vouloir nous indiquer si vous souhaitez que votre dossier soit suivi par Me Durand dans son nouveau cabinet ou si vous souhaitez qu'il reste suivi par Alpha Avocats.

Concernant la communication éventuelle dans la presse spécialisée de l'arrivée du retrayant dans son nouveau cabinet, le retrayant veillera à éviter toute communication prématurée. Il est préférable d'éviter toute communication de ce type avant que le retrait ne soit annoncé au cabinet et que les clients aient été prévenus dans les conditions évoquées ci-dessus.

1. Ord. n° 2014-863, 31 juill. 2014.
2. Civ. 1e, 16 avr. 2015, n°s 13-24.931 et 13-27.788 *D.* 2015. 520.
3. L. n° 2011-331, 28 mars 2011 de modernisation des professions judiciaires et juridiques réglementées, *JO* 29 mars, p. 5447.
4. L. n° 2012-387, 22 mars 2012 relative à la simplification du droit et à l'allégement des démarches administratives, *JO* 23 mars, p. 5226, art. 29 II.

Une communication publique prématurée pourra être considérée comme un manquement déontologique contraire aux principes essentiels.

Dans la mesure du possible, les termes du communiqué de presse pourront être portés à la connaissance du cabinet quitté avant publication afin de s'assurer que les termes employés ne sont pas de nature à contrarier l'ancien cabinet de l'associé.

414.26 **Données informatiques et archives.** Les conditions de récupération ou de transmission des dossiers et données de l'associé retrayant peuvent être prévues dans un règlement intérieur.

Les principes et usages sont que le cabinet quitté ne peut empêcher l'associé retrayant de travailler dans des conditions normales pour le compte des clients du cabinet qui auront décidé de la suivre. En conséquence, le retrayant est fondé à récupérer toutes les données et documents concernant les dossiers en cours. Concernant les dossiers terminés et/ou archivés, ceux-ci resteront entre les mains du cabinet quitté. En effet, dans une structure dotée de la personnalité morale, la responsabilité professionnelle de l'associé est mise en cause en même temps que celle de la structure d'exercice qui est solidairement tenu avec lui. Dans l'AARPI qui prévoit une responsabilité professionnelle individuelle de l'associé, celui-ci est fondé à récupérer toutes ses archives.

Même si la boîte mail professionnelle est juridiquement la propriété de la structure d'exercice, l'associé retrayant sera fondé à disposer d'une copie de l'intégralité de sa boîte mail professionnelle afin de ne pas perdre l'historique de son travail.

À la différence d'un collaborateur qui a droit à la remise de tout document ou acte professionnel à l'élaboration duquel celui-ci a concouru, dans la limite du respect du secret professionnel[1], l'associé ne dispose d'aucun droit sur de tels documents.

SECTION 3
CONCILIATION ET ARBITRAGE DU BÂTONNIER

414.31 **Textes applicables.** Ce sont les articles 7 et 21 de la loi du 31 décembre 1971[2] qui traitent de la question des litiges survenant à l'occasion de l'exercice professionnel.

Le 6e alinéa de l'article 7 prévoit que les litiges nés à l'occasion d'un contrat de travail ou de la convention de rupture, de l'homologation ou du refus d'homologation de cette convention ainsi que ceux nés à l'occasion d'un contrat de collaboration libérale sont, en l'absence de conciliation, soumis à l'arbitrage du bâtonnier, à charge d'appel devant la cour d'appel. En ces matières, le bâtonnier peut, dans des conditions fixées par décret en Conseil d'État, déléguer ses pouvoirs aux anciens bâtonniers ainsi qu'à tout membre ou ancien membre du conseil de l'Ordre.

L'article 21 dispose que Le bâtonnier prévient ou concilie les différends d'ordre professionnel entre les membres du barreau.

Tout différend entre avocats à l'occasion de leur exercice professionnel est, en l'absence de conciliation, soumis à l'arbitrage du bâtonnier qui, le cas échéant, procède à la désignation d'un expert pour l'évaluation des parts sociales ou actions de sociétés d'avocats. En cette matière, le bâtonnier peut déléguer ses pouvoirs aux anciens bâtonniers ainsi qu'à tout membre ou ancien membre du conseil de l'Ordre.

La décision du bâtonnier peut être déférée à la cour d'appel par l'une des parties.

Les conditions dans lesquelles le bâtonnier peut déléguer ses pouvoirs et les modalités de la procédure d'arbitrage sont déterminées par décret en Conseil d'État pris après avis du Conseil national des barreaux.

Le bâtonnier dispose donc d'une compétence exclusive pour juger les litiges entre avocats. Cette compétence fait de la juridiction du bâtonnier un premier degré de juridiction.

La compétence exclusive du bâtonnier s'entend de manière très large dès lors que le litige concerne des avocats : difficultés nées de la collaboration, conflits résultant de l'exercice en groupe, problèmes liés à l'occupation de locaux professionnels... La compétence du bâtonnier s'étend également aux associés de structures de droit étranger dès lors que le différend implique un avocat inscrit au barreau.

414.32 **Procédure de conciliation.** L'article 21 susvisé fait référence à la conciliation dans les termes suivants : Le bâtonnier prévient et concilie les différends... Tout différend entre avocats à l'occasion de leur exercice professionnel est, en l'absence de conciliation, soumis à l'arbitrage du bâtonnier.

Ces dispositions font de la conciliation un préalable obligatoire à la saisine de la juridiction du bâtonnier. Elle s'inscrit dans un cadre légal et il n'est donc pas possible d'y déroger[3].

Au sein du barreau de Paris, une commission aux fins de règlement des difficultés de l'exercice en groupe (CEG) a été mise en place. Elle est saisie par courrier électronique. La saisine prend la forme

1. RIN, art. 14.4.4.
2. L. n° 71-1130, 31 déc. 1971 portant réforme de certaines professions judiciaires et juridiques, *JO* 5 janv., p. 131, art. 7 et art. 21.
3. J. Schweblin, « La sortie d'un avocat associé de sa structure d'exercice, Petit guide pratique », *Dalloz Avocats*, nov. 2019.

d'une lettre dans laquelle le demandeur explique les raisons pour lesquelles il saisit la commission. Sa demande est accompagnée des pièces justificatives.

La procédure de conciliation est confidentielle ce qui permet de favoriser les discussions entre les parties sous l'égide de l'Ordre. Toutefois, ce principe de confidentialité doit se conjuguer avec la nécessité de devoir prouver ultérieurement, en cas d'échec de la conciliation, que les demandes soumises à la juridiction du bâtonnier ont bien fait l'objet d'une tentative de conciliation préalable. À défaut, la décision rendue par la juridiction du bâtonnier encourt la nullité, celle-ci n'ayant pu valablement être saisie[1].

Tant le demandeur à la tentative de conciliation que le défendeur devront veiller à ce que celles-ci soient actées dans le procès-verbal établi par la commission.

Plusieurs cas de figure sont possibles à l'issue de la tentative de conciliation : la conciliation intervient. Elle est alors actée dans le procès-verbal établi à l'issue de l'audience. Selon le degré de précision du procès-verbal, les parties n'auront pas besoin de procéder à la rédaction d'un protocole transactionnel. Les parties se contenteront de respecter les engagements pris devant l'Ordre dans les conditions convenues. Si la conciliation est partielle, les engagements pris devront être respectés de la même manière et les aspects sur lesquels aucun accord n'aura été trouvé seront soumis à la juridiction du bâtonnier.

Les parties s'obligent à respecter les engagements pris devant l'Ordre dans le cadre de la conciliation. Le non respect des engagements pris pourra donner lieu à l'ouverture d'une enquête déontologique et des poursuites disciplinaires.

En l'absence de conciliation, les parties pourront porter leur différend devant l'arbitrage du bâtonnier.

414.33 **Recommandations pour la procédure de conciliation.** L'audience de conciliation est l'occasion de mettre un terme définitif au litige entre les parties. C'est donc un moment d'une très grande importance et une occasion à ne pas manquer pour tourner la page d'un épisode difficile tant pour le cabinet que pour le retrayant. Les parties comprennent généralement cet enjeu, ce qui explique que le taux de conciliation à Paris est proche de 80 %.

Il est souhaitable de se faire représenter par un confrère qui a une expérience de cette procédure. La présence d'un conseil à ses côtés aide.

Il faut donc préparer l'audience de conciliation avec sérieux. Les recommandations suivantes seront utiles tant pour le demandeur à la conciliation que pour le défendeur :

– Pour le demandeur à la conciliation : rédiger une lettre de saisine dans laquelle les demandes sont formulées avec précision.

– Pour le défendeur : préparer des écritures de réponse à la lettre de saisine et les communiquer avant l'audience. Les demandes, s'il y en a, doivent aussi être formulées avec précision.

– Pendant l'audience de conciliation : s'adresser aux membres de la commission (ou au bâtonnier) et pas à la partie adverse.

– Ne pas s'offusquer des propos de la partie adverse. L'audience de conciliation est un des rares moments ou une partie peut « vider son sac » en présence de l'autre.

– La commission ne juge pas, elle aide les parties à trouver un accord. Il n'est pas utile d'essayer de convaincre la commission.

– Se rappeler qu'un compromis n'est jamais idéal mais qu'il permet d'éviter le temps, le coût et la charge émotionnelle d'un contentieux qui se prolonge.

414.34 **Procédure d'arbitrage.** Comme expliqué ci-dessus, le terme usuel « d'arbitrage » du bâtonnier correspond en réalité à la juridiction du bâtonnier.

Si la conciliation a échoué, la juridiction du bâtonnier sera saisie par la partie la plus diligente. Cette saisine se fait par lettre recommandée ou par courrier électronique, selon les habitudes des Ordres. La saisine exposant les demandes ainsi que les pièces sont communiquées en même temps. Un calendrier de mise en état sera fixé. La décision doit être rendue dans un délai de quatre mois à compter de la saisine. Ce délai est prorogeable une fois.

En cas d'urgence, la juridiction du bâtonnier peut être saisie à bref délai. Cette procédure est prévue par l'article 148 du décret du 27 novembre 1991[2] et la décision devra alors être rendue dans le mois de la saisine. Pourront alors être ordonnées les mesures qui ne se heurtent à aucune contestation sérieuse. Dans le cadre de ces mesures d'urgence, le bâtonnier peut ordonner des mesures conservatoires ou de remise en état pour prévenir un dommage imminent ou faire cesser un trouble manifestement illicite.

Le bâtonnier est également compétent pour désigner un expert sur le fondement de l'article 1834-4 du Code civil mais n'est pas compétent pour désigner un administrateur provisoire ou un liquidateur ni pour ordonner une mesure d'instruction *in futurum* de manière non contradictoire. Dans ces

1. Paris, pôle 2, Ch. 1 19 déc. 2018, n° 16/10900.

2. Décr. n° 91-1197, 27 nov. 1991 organisant la profession d'avocat, *JO* 28 nov., p. 15502, art. 148.

deux hypothèses, seul le président du Tribunal Judiciaire est compétent.

Les décisions de la juridiction du bâtonnier ne bénéficient pas de l'exécution provisoire à l'exception des décisions ordonnant une condamnation au paiement d'une rétrocession d'honoraires dans la limite de neuf mois de rémunération[1]. La jurisprudence a eu maintes occasions de rappeler que le bâtonnier ne pouvait rendre ses décisions exécutoires. Celles-ci doivent être rendues exécutoires par le président du tribunal judiciaire lorsqu'elles ne sont pas déférées à la cour d'appel[2].

Le délai d'appel est d'un mois à compter de la notification de la décision du bâtonnier par l'Ordre des avocats. L'appel est formé par lettre recommandée AR au secrétariat greffe de la cour d'appel ou remise contre récépissé au greffier en chef. L'appel est instruit et jugé selon les règles en matière contentieuse sans représentation obligatoire[3].

À Paris, les délais d'appel sont généralement supérieurs à deux ans... de quoi convaincre de l'intérêt de concilier pour éviter de voir son exercice professionnel pollué par des années de procédure[4].

1. Civ. 1re, 9 mai 2019, no 18-12.073 P. *D.* 2019. 1044.
2. Décr. no 91-1197, 27 nov. 1991 organisant la profession d'avocat, *JO* 28 nov., p. 15502, art. 153.
3. Décr. no 91-1197, 27 nov. 1991, art. 152.
4. J. Schweblin, « La sortie d'un avocat associé de sa structure d'exercice, Petit guide pratique », *Dalloz Avocats*, nov. 2019.

TITRE

42. Les collaborateurs

SECTION 0

ORIENTEUR

42.00 **Sommaire du titre.**

CHAPITRE

421. Statut du collaborateur

SECTION 0
ORIENTEUR

421.00 **Sommaire du chapitre.**

421.05 **Exemples.**
* Pour un exemple de contrat-type de collaboration (Contrat de collaboration libérale - Collaborateur inscrit au barreau de Paris), v. s[s] n° 513.1.

SECTION 1
TEXTES, RÈGLES ET PRINCIPES

421.11 **Statut du collaborateur : textes.** Le statut du collaborateur est régi par l'article 7 de la loi du 31 décembre 1971[1] et par les articles 129 à 153 du décret du 27 novembre 1991[2].

Les dispositions relatives au collaborateur libéral et au collaborateur salarié sont rassemblées à l'article 14 du RIN[3].

421.12 **Principes communs aux collaborateurs libéraux et salariés.** Qu'il soit libéral ou salarié, l'avocat collaborateur conserve l'indépendance propre à l'exercice de la profession d'avocat. Ainsi, la collaboration est exclusive de tout lien de subordination et pour le collaborateur salarié, le lien de subordination ne peut exister que pour la détermination des conditions de travail (RIN, art. 14.1).

L'avocat libéral ou salarié doit pouvoir exercer dans des conditions garantissant (RIN, art. 14.2) :

- le droit à la formation au titre de la formation continue et de l'acquisition d'une spécialisation notamment ;
- le secret professionnel et l'indépendance qu'implique le serment d'avocat ;
- la faculté de demander à être déchargé d'une mission contraire à sa conscience ;
- la possibilité pour l'avocat collaborateur libéral de constituer et développer une clientèle personnelle, sans contrepartie financière ;
- le respect du principe de délicatesse dans l'usage des outils numériques.

Le contrat de collaboration doit également prévoir :

- la durée et les modalités d'exercice : durée de la période d'essai, qui ne peut excéder trois mois renouvellement compris pour l'avocat collaborateur libéral, délai de prévenance en cas de rupture fixé ci-après à l'article 14.4 pour l'avocat collaborateur libéral, durée des congés définis par la convention collective pour l'avocat collaborateur salarié et durée des périodes de repos rémunérées pour le collaborateur libéral (cinq semaines, sauf meilleur accord) ;
- les modalités de rémunération et de remboursement des frais professionnels engagés pour le cabinet ;
- les modalités de prise en charge des périodes de suspension de l'exécution du contrat de collaboration libérale ou salariée pour cause de maladie ou de parentalité, telles que définies aux articles 14.3 et 14.5 pour l'avocat collaborateur libéral ou par la convention collective pour l'avocat collaborateur salarié.

1. L. n° 71-1130, 31 déc. 1971 portant réforme de certaines professions judiciaires et juridiques, *JO* 5 janv., p. 131, art. 7 ; mod. par L. n° 2011-331, 28 mars 2011.
2. Décr. n° 91-1197, 27 nov. 1991 organisant la profession d'avocat, *JO* 28 nov., p. 15502.
3. L. n° 2005-882, 2 août 2005, art. 18 – L. n° 71-1130, 31 déc. 1971 portant réforme de certaines professions judiciaires et juridiques, *JO* 5 janv., p. 131, art. 7 – Décr. n° 91-1197, 27 nov. 1991, art. 129 à 153.

Le contrat ne peut comporter de clauses :

- de renonciation par avance aux clauses obligatoires ;
- de limitation de liberté d'établissement ultérieure ;
- de limitation des obligations professionnelles en matière d'aide juridique ;
- de participation de l'avocat collaborateur libéral aux frais entraînés par le développement de sa clientèle personnelle pendant les cinq premières années d'exercice professionnel ;
- susceptibles de porter atteinte à l'indépendance que comporte le serment d'avocat.

L'article 14.2 précise aussi que :

- le bâtonnier pourra autoriser le cumul de contrats de collaboration libérale après avoir recueilli toutes garanties sur les conditions d'exercice, d'indépendance et de confidentialité ;
- le collaborateur salarié à temps partiel peut exercer également à titre individuel ou pour un autre cabinet, sous réserve d'en avoir informé au préalable son employeur ;
- le contrat de collaboration libérale doit obligatoirement comporter une clause de recours au bâtonnier, comme conciliateur ;
- quelle que soit la durée du contrat de collaboration libérale, les parties se rencontreront, à la demande de l'une d'entre elles, au moins une fois par an pour examiner l'éventuelle évolution de leur relation.

Les dispositions du contrat de collaboration sont détaillées par l'article 14.3 du RIN reprenant les dispositions obligatoirement communes aux contrats des avocats libéraux et salariés rappelés par l'article 14.2.

Toute stipulation limitant la liberté d'établissement ultérieure est prohibée.

La décision à caractère normatif 2010-003 du 24 septembre 2010 a modifié l'article 14 du RIN pour préciser la durée de la période d'essai qui ne peut désormais excéder trois mois, renouvellement compris. La durée des congés payés a également été portée à cinq semaines au lieu de quatre précédemment.

421.13 **Contenu du contrat de collaboration**[1]. L'article 14.3 détaille le contenu du contrat de collaboration en ce qui concerne l'indépendance, le retrait au titre de la conscience, la clientèle personnelle, la formation, la spécialisation, la rémunération et la liberté d'établissement[2].

Sur l'indépendance :

Le cabinet et le collaborateur libéral déterminent les conditions de l'organisation matérielle du travail du collaborateur. Ces conditions doivent tenir compte du temps et des moyens effectifs nécessaires au traitement de la clientèle personnelle du collaborateur libéral.

Ils fixent dans les mêmes conditions l'approche juridique des dossiers confiés au collaborateur.

L'avocat collaborateur libéral ou salarié reste maître de l'argumentation qu'il développe et des conseils qu'il donne.

Si l'argumentation est contraire à celle que développerait l'avocat avec lequel il collabore, il est tenu, avant d'agir, de l'en informer.

En cas de persistance du désaccord, par respect des principes de confiance, loyauté et délicatesse, l'avocat collaborateur libéral ou salarié devra restituer le dossier.

Il peut être convenu que la double signature ou le visa soient apposés sur tous actes, correspondances, études ou consultations.

Sur le retrait au titre de la conscience :

L'avocat collaborateur libéral ou salarié peut demander à celui avec lequel il collabore ou à son employeur d'être déchargé d'une mission qu'il estime contraire à sa conscience ou susceptible de porter atteinte à son indépendance.

La demande de retrait doit être exprimée suffisamment tôt pour ne pas perturber l'avancement du dossier.

L'abus de droit caractérisé par un refus systématique non lié à un changement significatif dans l'orientation du cabinet doit être soumis à l'appréciation du bâtonnier.

Sur la clientèle personnelle :

- Collaboration libérale :

• le collaborateur libéral peut constituer et développer une clientèle personnelle ;

• il ne peut assister ou représenter une partie ayant des intérêts contraires à ceux d'un client du cabinet avec lequel il collabore ;

• l'avocat avec lequel il collabore doit mettre à sa disposition, dans des conditions normales d'utilisation, les moyens matériels nécessaires aux besoins de sa collaboration et au développement de sa clientèle personnelle ;

• pendant les cinq premières années d'exercice professionnel, l'avocat collaborateur libéral ne peut se voir demander de contribution financière en raison du coût généré par le traitement de sa clientèle personnelle.

1. TÉLÉCHARGEABLE sur www.avocatparis.org/

2. RIN, art. 14.3 ; CNB, AG 24 sept. 2010, DCN n° 2010-003 portant réforme des dispositions des articles 14 et 20 du Règlement intérieur national (RIN) de la profession d'avocat, *JO* 7 janv. ; mod. par CNB, AG 12 févr. 2011, DCN n° 2011-001, *JO* 26 mars ; Mod. par CNB, AG 11 AVR. 2014, DCN n° 2013-002 ; Mod. par CNB, AG 9 oct. 2020, DCN n° 2020-002, *JO* 28 nov.

– Collaboration salariée :

• l'avocat collaborateur salarié ne peut constituer ni développer de clientèle personnelle pendant l'exécution de son contrat de travail ; dans le cadre de cette exécution, il doit se consacrer exclusivement au traitement des dossiers qui lui sont confiés, ainsi qu'aux missions d'aide juridictionnelle et de commissions d'office pour lesquelles il a été désigné.

Sur la formation :

La formation déontologique et professionnelle est un droit et une obligation de l'avocat collaborateur libéral ou salarié, auxquels le cabinet doit se conformer.

Au titre de l'obligation de formation continue de l'avocat collaborateur, celui-ci doit disposer du temps nécessaire pour suivre les formations de son choix parmi celles prévues à l'article 85 du décret du 27 novembre 1991 modifié.

Le collaborateur libéral ou salarié peut recevoir, notamment pendant ses premières années d'exercice à compter de la prestation de serment, de la part du cabinet une formation adaptée aux dossiers qui lui sont confiés par ledit cabinet.

Cette formation, si elle s'accomplit selon les modalités fixées par les décisions du Conseil national des barreaux prises en application de l'article 85 du décret du 27 novembre 1991 précité, est susceptible d'être validée au titre de l'obligation de formation continue obligatoire.

L'avocat collaborateur libéral doit prévenir le cabinet dans lequel il exerce, des sessions de formation externe qu'il souhaite suivre, au plus tard quinze jours avant leur début.

Sur la spécialisation :

L'avocat collaborateur libéral ou salarié doit pouvoir bénéficier du temps suffisant pour suivre toute session de formation nécessaire à l'acquisition d'une spécialisation.

Le cabinet doit s'efforcer de lui confier, dans des conditions contractuellement définies, des travaux relevant de la ou des spécialisations recherchées, si l'avocat collaborateur libéral ou salarié souhaite les acquérir dans le cadre des dispositions de l'article 88 du décret du 27 novembre 1991.

Sur le dédit-formation :

L'avocat collaborateur libéral ou salarié qui décide de mettre fin à son contrat après avoir bénéficié d'une formation dispensée à l'extérieur du cabinet et financée par le cabinet ne peut, en principe, se voir demander d'indemnité à ce titre.

Toutefois, une telle indemnité pourrait être contractuellement prévue si la formation reçue revêtait un caractère exceptionnel révélé par sa durée et son coût. Dans ce cas, l'avocat collaborateur libéral ou salarié pourrait demander une réduction de cette indemnité si elle était excessive ou sa suppression totale si elle était de nature à mettre obstacle à sa liberté d'établissement ultérieure.

L'indemnité pourra être demandée pendant un délai maximum de deux ans après que la formation aura été reçue.

Sur la rémunération[1] :

– Pour le collaborateur libéral :

• Rétrocession :

La rétrocession d'honoraires versée par le cabinet au collaborateur libéral peut être fixe ou pour partie fixe et pour partie variable.

Pendant ses deux premières années d'exercice professionnel, l'avocat collaborateur libéral doit recevoir une rétrocession d'honoraires qui ne peut être inférieure au minimum fixé par le conseil de l'Ordre du barreau dont il dépend.

À partir de sa troisième année d'exercice professionnel, l'avocat collaborateur libéral doit recevoir une rétrocession d'honoraires qui ne peut être inférieure au minimum fixé pour la deuxième année d'exercice professionnel, par le conseil de l'Ordre du barreau dont il dépend, sauf accord exprès et motivé des parties et après contrôle de l'ordre.

• Rémunération aide juridique :

L'avocat collaborateur libéral conserve les indemnités qui lui sont versées pour l'ensemble des missions d'aide juridique accomplies pour sa clientèle personnelle ou dans le cadre de désignations par le bâtonnier.

• Maladie :

En cas d'indisponibilité pour raison de santé médicalement constatée au cours d'une même année civile, l'avocat collaborateur libéral reçoit pendant deux mois maximum sa rétrocession d'honoraires habituelle, sous déduction des indemnités journalières éventuellement perçues au titre des régimes de prévoyance collective du barreau ou individuelle obligatoire.

Une telle indisponibilité pendant la période d'essai suspend celle-ci. La période d'essai reprend de plein droit, pour la durée restant à courir, au retour du collaborateur.

– Pour le collaborateur salarié :

La convention collective fixe les minima de salaire et les conditions de prise en charge des absences pour maladie ou parentalité.

Le contrat de travail peut prévoir que les indemnités d'aide juridique dues au collaborateur salarié, au titre des missions pour lesquelles il a été désigné par le bâtonnier, lui seront versées en supplément de sa rémunération.

Il peut être également convenu que les indemnités d'aide à l'intervention de l'avocat correspondant

1. Mod. par CNB, AG 11 avr. 2014, DCN n° 2013-002 – Mod. par CNB, AG 9 oct. 2020, DCN n° 2020-002, *JO* 28 nov.

à des missions effectuées en dehors du temps de travail seront conservées par le collaborateur salarié à titre de défraiement.

À défaut de stipulation dans le contrat de travail, l'avocat collaborateur salarié cumule la rémunération convenue entre les parties et les indemnisations perçues directement au titre des missions d'intérêt public.

Sur la liberté d'établissement ultérieure :

Toute stipulation limitant la liberté d'établissement ultérieure est prohibée.

Dans les deux ans suivant la rupture du contrat, l'avocat collaborateur libéral ou salarié devra aviser le cabinet dans lequel il exerçait, avant de prêter son concours à un client de celui-ci. Le client s'entend comme celui avec lequel l'ancien collaborateur libéral ou salarié aura été mis en relation pendant l'exécution du contrat.

L'ancien collaborateur libéral ou salarié doit s'interdire toute pratique de concurrence déloyale.

421.14 Charte des bonnes pratiques de la collaboration[1]. Fin 2012, le conseil de l'Ordre du barreau de Paris a adopté une charte des bonnes pratiques de la collaboration[2]. Cette charte a pour but de clarifier les droits et obligations des avocats collaborateurs et des cabinets d'avocats. Applicable à la collaboration libérale ou salariée, la Charte a pour vocation de rappeler les principes fondamentaux de la collaboration. Elle est censée constituer un référentiel et un guide des bonnes pratiques du contrat de collaboration de l'avocat. Elle propose un ensemble de démarches à mener conjointement, durant tout le déroulement de la collaboration par le collaborateur et son cabinet, de sa conclusion à sa rupture, afin de concilier vie professionnelle et vie privée. Elle vise également à prévenir les difficultés, voire les contentieux qui pourraient survenir entre les collaborateurs ou collaboratrices et leur cabinet et servir de relais entre les plus anciens comme les plus jeunes pour une évolution significative de leur carrière professionnelle.

En abordant des thèmes tels que l'égalité et la diversité ou encore la promotion du bien-être au travail, la charte innove par un langage plus proche de celui des entreprises qui cherchent à promouvoir une image que celui traditionnellement employé par la profession. Une autre innovation de la charte consiste à faire une distinction entre le collaborateur débutant et le collaborateur expérimenté et à aborder la notion de plan de carrière du collaborateur au sein du cabinet.

Cette charte a été régulièrement adaptée et modernisée depuis sa création notamment pour y faire référence aux nouveaux modes d'organisation comme le télétravail.

421.15 Parentalité du collaborateur libéral. Cet aspect du statut du collaborateur libéral a été réformé en 2014[3]. La réforme avait pour objectif de renforcer la protection du collaborateur dans les situations d'indisponibilité pour raisons de parentalité ou de santé liées à la parentalité. Les nouvelles dispositions sont intégrées dans le RIN à l'article 14.5[4].

L'article 14.5 du RIN réunit les dispositions applicables aux situations de grossesse, de maternité, de paternité et d'adoption. À l'instar du projet de loi pour l'égalité entre les femmes et les hommes, les dispositifs de protection sont renforcés et étendus à la paternité et à l'adoption.

L'article 14.5.1[5] détermine les périodes de suspension de l'exécution du contrat de collaboration libérale, en ce qui concerne le congé maternité, le congé parentalité, le congé parentalité en cas d'hospitalisation de l'enfant et le congé en cas d'adoption. Les délais introduits correspondent aux périodes prises en charge par l'assurance maladie :

– le congé maternité est de 16 semaines, porté à 26 semaines à partir du 3e enfant et 34 semaines en cas de naissances multiples ;

– le congé parentalité est de 4 semaines (5 en cas de naissances multiples). Il bénéficie au père ou conjoint collaborateur libéral ou collaborateur libéral pacsé. Il est fractionnable en périodes d'une semaine : la première semaine après la naissance de l'enfant, les trois autres semaines étant fractionnables par périodes d'une semaine sur les six mois suivants ;

– en cas d'hospitalisation de l'enfant à la naissance, la première semaine du congé parentalité est prolongée pendant la durée de l'hospitalisation dans la limite de 30 jours ;

– en cas d'adoption, le congé est de 12 semaines et jusqu'à 19 semaines et trois jours si le nombre d'enfants au foyer est de trois ou plus, prolongé

1. TÉLÉCHARGEABLE sur www.avocatparis.org/
2. Conseil de l'Ordre du barreau de Paris, *Charte des bonnes pratiques de la collaboration*, 28 nov. 2012 ; Mise à jour 27 janv. 2022.
3. CNB, AG 11 AVR. 2014, DCN n° 2013-002.
4. RIN, art. 14.5 ; CNB, AG. 11 et 12 avr. 2014, DCN n° 2013-002 – Mod. par CNB, AG 9 oct. 2020, DCN n° 2020-003, *JO* 28 nov. (Dispositions de l'article 14.5 applicables aux contrats de collaboration libérale en cours, à l'exception des contrats de collaboration libérale dont l'exécution a été suspendue pour raison de maternité, parentalité ou adoption avant la date de publication de la présente décision).
5. RIN, art. 14.5.1 ; CNB, AG. 11 et 12 avr. 2014, DCN n° 2013-002 – Mod. par CNB, AG 9 oct. 2020, DCN n° 2020-003, *JO* 28 nov. – Mod. par CNB, AG 15 oct. 2021, DCN n° 2021-001 portant modification du Règlement intérieur national de la profession d'avocat, *JO* 10 févr. – Mod. par CNB, AG 11 mars 2022, DCN n° 2021-002 portant modification de l'article 14.5.1 du Règlement intérieur national (RIN) de la profession d'avocat, *JO* 3 juill.

jusqu'à 25 semaines et trois jours en cas d'adoption multiple. En cas de partage du congé d'adoption entre les deux parents, les durées légales sont augmentées de 25 jours.

L'article 14.5.2[1] traite de l'indemnisation, de la rémunération et du droit à congés rémunérés du collaborateur indisponible pour cause de parentalité :

– Congé maternité lié à l'accouchement de la collaboratrice libérale : la collaboratrice perçoit sa rétrocession normale sous déduction des indemnités perçues dans le cadre du régime d'assurance maladie des professions libérales ou dans le cadre des régimes de prévoyance collective du barreau ou individuelle obligatoire. La période de suspension ouvre droit à repos rémunérés.

– Congé parentalité : Même régime que pour la bénéficiaire du congé maternité.

– Congé en cas d'adoption : *idem*.

L'article 14.5.3[2] réglemente la rupture du contrat de collaboration libérale en cas de parentalité.

– Maternité liée à l'accouchement de la collaboratrice libérale : compter de la déclaration par la collaboratrice libérale de son état de grossesse, qui peut être faite par tout moyen, et jusqu'à l'expiration de la période de suspension de l'exécution du contrat à l'occasion de la maternité, le contrat de collaboration libérale ne peut être rompu par le cabinet, sauf manquement grave aux règles professionnelles non lié à l'état de grossesse ou à la maternité.

Sauf manquement grave aux règles professionnelles non lié à l'état de grossesse ou à la maternité, la rupture du contrat de collaboration est nulle de plein droit lorsque le cabinet est informé de la grossesse de la collaboratrice dans un délai de quinze jours à compter de la notification de la rupture. La collaboratrice informe le cabinet en transmettant, par lettre recommandée avec avis de réception ou remise en main propre et contresignée, un certificat médical justifiant de son état de grossesse.

Au retour de la collaboratrice de son congé maternité, le contrat de collaboration libérale ne peut être rompu pendant un délai de huit semaines, sauf manquement grave aux règles professionnelles non lié à la maternité. Dans ce cas, la rupture est notifiée par lettre dûment motivée.

– Parentalité : À compter de l'annonce par le père collaborateur libéral ainsi que, le cas échéant, par le conjoint collaborateur libéral de la mère ou la personne collaboratrice libérale liée à elle par un pacte civil de solidarité ou vivant maritalement avec elle de son intention de suspendre son contrat de collaboration après la naissance de l'enfant, qui peut être faite par tout moyen, et jusqu'à l'expiration de cette période de suspension, le contrat de collaboration libérale ne peut être rompu par le cabinet, sauf manquement grave aux règles professionnelles non lié à la parentalité.

Sauf manquement grave aux règles professionnelles non lié à la parentalité, la rupture du contrat de collaboration est nulle de plein droit lorsque le cabinet est informé de la parentalité dans un délai de quinze jours à compter de la notification de la rupture. Le collaborateur ou la collaboratrice informe le cabinet en transmettant, par lettre recommandée avec avis de réception ou remise en mains propres et contresignée, une attestation justifiant de la parentalité.

Au retour du collaborateur ou de la collaboratrice de son congé parentalité, le contrat de collaboration libérale ne peut être rompu pendant un délai de huit semaines, sauf manquement grave aux règles professionnelles non lié à la parentalité. Dans ce cas, la rupture est notifiée par lettre dûment motivée.

– Adoption : même régime que la parentalité.

Ce régime très protecteur du père ou conjoint n'est pas toujours bien connu des cabinets et peut surprendre quand sont additionnées toutes les périodes de protection. De fait, le collaborateur père ou conjoint est protégé à compter de l'annonce de l'état de grossesse de son épouse ou compagne, soit généralement six mois avant la naissance de l'enfant. À cette première période protégée, il faut ajouter la durée du congé parentalité lui-même et les huit semaines qui suivent le retour après le congé. Ceci correspond donc à une période de protection de près de neuf mois pour le père ou conjoint collaborateur libéral.

421.16 Droit à la déconnexion du collaborateur libéral. L'article 14.2 du RIN affirme l'existence d'un droit à la déconnexion du collaborateur libéral au nom du principe essentiel de délicatesse.

Un projet de charte a été établi par la CNB dans ce sens[3]. Cette charte prévoit notamment :

– le droit de ne pas être connecté en dehors du temps nécessaire pour le traitement des dossiers ;

– l'obligation du cabinet à ne pas imposer au collaborateur d'emporter ou d'utiliser ses outils numériques pendant ses périodes de repos ;

– l'obligation du cabinet à éviter, dans la mesure du possible, de faire travailler le collaborateur le soir, le week-end ou pendant ses vacances ;

– les emails envoyés pendant les périodes de repos ne doivent être considérés comme étant lus et traités qu'au retour du collaborateur.

1. Mod. par : CNB, AG. 11 et 12 avr. 2014, DCN n° 2013-002 – Mod. par CNB, AG 9 oct. 2020, DCN n° 2020-003, *JO* 28 nov.
2. Mod. par : CNB, AG. 11 et 12 avr. 2014, DCN n° 2013-002 – Mod. par CNB, AG 9 oct. 2020, DCN n° 2020-003, *JO* 28 nov.
3. CNB, *Projet de Charte du droit à la déconnexion* ; Projet de DCN 2020-02, CNB, AG 9 oct. 2020.

421.17 Rupture du contrat de collaboration libérale. Sous réserve des dispositions relatives à la parentalité, la rupture du contrat de collaboration libérale[1] est régie par l'article 14.4 du RIN[2]. Sauf meilleur accord des parties, chaque partie peut mettre fin au contrat de collaboration en avisant l'autre au moins trois mois à l'avance. Ce délai est augmenté d'un mois par année au-delà de trois ans de présence révolus, sans qu'il puisse excéder six mois. Ces délais n'ont pas à être observés en cas de manquement grave flagrant aux règles professionnelles. Le délai de prévenance est de huit jours en cas de rupture pendant la période d'essai.

Les périodes de repos rémunérées, qui n'auront pu être prises avant la notification de la rupture, pourront être prises pendant le délai de prévenance.

Pour le collaborateur salarié, les règles sont celles du droit du travail.

L'article 14.4.2[3] prévoit les conditions de rupture du contrat de collaboration libérale en cas de maladie. La notification de la rupture du contrat ne peut intervenir pendant une période d'indisponibilité du collaborateur pour raison de santé médicalement constatée, sauf manquement grave aux règles professionnelles non lié à l'état de santé. Cette période de protection prend fin à l'expiration d'un délai de six mois à compter de l'annonce de l'indisponibilité du collaborateur pour raison de santé médicalement constatée.

L'article 14.4.3[4] traite de la domiciliation après la rupture du contrat. Quelle que soit la cause de la cessation de la relation contractuelle, l'avocat collaborateur libéral ou salarié peut demeurer domicilié au cabinet qu'il a quitté jusqu'à ce qu'il ait fait connaître à l'ordre ses nouvelles conditions d'exercice et ce, pendant un délai maximum de trois mois.

Même après ce délai, toute correspondance lui est acheminée dans les meilleurs délais. Par dérogation, s'agissant des courriers électroniques, ceux-ci font l'objet d'une réponse automatique auprès de l'expéditeur indiquant la nouvelle adresse électronique de l'ancien collaborateur et une adresse générale du cabinet. Les nouvelles coordonnées postales, téléphoniques et électroniques de l'ancien collaborateur sont transmises à ceux qui en font la demande dès lors qu'elles sont connues du cabinet. Après un délai d'un an, l'adresse électronique nominative de l'ancien collaborateur au sein du cabinet peut être fermée.

421.18 Assurance perte de collaboration. Depuis le 1er janvier 2012, le barreau de Paris a introduit une assurance perte de collaboration. Selon les termes du contrat, un collaborateur qui a exercé pendant une durée d'au moins un an dans un même cabinet peut souscrire cette assurance. Un tarif de base est proposé au prix de 375 euros qui donne droit à une indemnité mensuelle de 1 875 euros versée pendant une période de trois mois. Le collaborateur peut souscrire une couverture supplémentaire optionnelle. Le prix de cette couverture supplémentaire va de 335 à 1 545 euros par an et permet une indemnisation, toujours versée sur trois mois, qui va de 2 250 à 4 500 euros[5]. D'autres options permettent d'être indemnisé pour une période allant jusqu'à 5 mois. L'indemnisation commence à l'expiration du préavis auquel s'ajoute une franchise de 30 jours. Bien que cette assurance soit destinée à être souscrite par les collaborateurs, les cabinets peuvent également y souscrire et déduire les montants versés de leurs charges professionnelles.

Bien que souvent discutée, l'assurance perte de collaboration ne s'est pas étendue aux autres barreaux. Sa pertinence a été remise à l'ordre du jour par le rapport Perben de juillet 2020[6] qui en propose la généralisation.

SECTION 2
RELATION ENTRE LE COLLABORATEUR LIBÉRAL ET LE CABINET

421.21 Conciliation de l'indépendance du collaborateur et des besoins du cabinet. L'article 14.3 du RIN dispose que le cabinet et le collaborateur libéral[7] déterminent librement les conditions de l'organisation matérielle du travail du collaborateur. Le même article prévoit que ces conditions tiennent compte du temps et des moyens effectifs nécessaires au traitement de la clientèle personnelle du collaborateur libéral[8]. Le cabinet doit mettre à la disposition du collaborateur, dans des conditions normales

1. SUR la rupture du contrat de collaboration libérale : H. Ader, S. Bortoluzzi, A. Damien, D. Piau, Th. Wickers, *Règles de la profession d'avocat 2022/2023,* 17e éd., « Dalloz action », 2022, nos 811.121 s.
2. MOD. PAR : CNB, AG 9 et 10 avr. 2010, DCN no 2010-001 portant réforme des dispositions de l'article 14.4 du Règlement intérieur national (RIN) de la profession d'avocat, *JO* 11 juin.
3. Mod. par : CNB, AG. 11 et 12 avr. 2014, DCN no 2013-002.
4. Mod. par : CNB, AG. 11 et 12 avr. 2014, DCN no 2013-002.
5. MMA et AON, tarifs 2017, en vigueur en 2022.
6. D. Perben, *Mission relative à l'avenir de la profession d'avocat,* Rapport au ministre de la Justice, juill. 2020.
7. SUR le collaborateur libéral : H. Ader, S. Bortoluzzi, A. Damien, D. Piau, Th. Wickers, *Règles de la profession d'avocat 2022/2023,* 17e éd., « Dalloz action », 2022, nos 811.11 s. – POUR un exemple de contrat de collaboration : H. Ader, S. Bortoluzzi, A. Damien, D. Piau, Th. Wickers, *Règles de la profession d'avocat 2022/2023,* 17e éd., « Dalloz action », 2022, nos 811. 146 – Pour un exemple de contrats de collaboration : v. ss no 513.1.
8. Sur la clientèle des collaborateurs, v. ss no 423.71.

d'utilisation, les moyens matériels nécessaires aux besoins de sa collaboration et au développement de sa clientèle personnelle. Pendant les cinq premières années d'exercice professionnel, l'avocat collaborateur libéral ne peut se voir demander de contribution financière en raison du coût généré par le traitement de sa clientèle personnelle.

La question de l'indépendance de l'avocat et celle de la clientèle personnelle sont profondément liées. Il en résulte que le principal risque de requalification de la collaboration libérale aux yeux des juridictions[1] réside dans la possibilité pour le collaborateur de développer et maintenir une clientèle personnelle.

Au-delà des dispositions légales et réglementaires, la collaboration libérale permet au collaborateur libéral de développer sa propre entreprise au sein de celle qui est en réalité son principal client, à savoir le cabinet auquel il est lié par un contrat de collaboration et qui lui verse une rétrocession mensuelle. Cette situation, complexe par nature, porte en elle les germes d'une divergence progressive et croissante des intérêts du collaborateur libéral et de ceux du cabinet. En effet, plus le collaborateur va acquérir en expérience et en maturité, plus il développera de clients et moins il aura de temps pour le cabinet dont il est le collaborateur.

Or, cette divergence n'est pas une fatalité. La collaboration de l'avocat et la constitution de sa clientèle personnelle ne doivent pas évoluer dans l'opposition. Ceci repose sur une double prise de conscience :

– pour le cabinet, comprendre que le collaborateur libéral est une ressource précieuse aux conditions économiques et juridiques avantageuses (par rapport à un salarié). Ceci justifie de laisser au collaborateur libéral les espaces nécessaires pour qu'il puisse se développer et s'épanouir. Parallèlement, le cabinet doit s'efforcer d'organiser le parcours et la progression du collaborateur pour que celui-ci trouve dans le cabinet des opportunités de carrière qui assureront sa fidélité ;

– pour le collaborateur, comprendre que faire le choix du long terme dans un cabinet peut ouvrir sur une association lui permettant de s'inscrire dans le sillage d'un cabinet et d'une clientèle préexistantes. Il gagnera ainsi des années précieuses par rapport à une installation personnelle. Le collaborateur doit aussi comprendre que les conditions dans lesquelles il développe sa clientèle personnelle sont faussées par une rentabilité artificielle. Le collaborateur ne supporte aucun des frais de fonctionnement du cabinet. Une installation à son compte peut entraîner une baisse brutale et durable de ses revenus.

421.22 **Recherche d'une relation équilibrée entre le collaborateur libéral et le cabinet.** Le succès de la relation entre le cabinet d'avocats et le collaborateur libéral repose sur la recherche d'un équilibre entre ce que les parties veulent se donner.

Le collaborateur qui prend la décision de rejoindre un grand cabinet d'affaires percevra une rémunération élevée en contrepartie d'un fort investissement personnel dans les dossiers et la vie du cabinet. Il sait que ce choix lui laissera peu de temps pour sa clientèle personnelle.

L'avocat individuel qui recrute un collaborateur en contrepartie d'une rétrocession modeste en sachant que celui-ci entend développer une clientèle personnelle doit adapter la charge de travail au collaborateur en conséquence.

La rémunération est un facteur essentiel de cet équilibre[2] mais loin d'être le seul. Le parcours que le cabinet sera en mesure de proposer au collaborateur et une visibilité sur les perspectives d'association seront un facteur clé de la relation.

SECTION 3
COLLABORATEUR SALARIÉ

421.31 **Avocats salariés en diminution constante.** L'introduction du salariat chez les avocats résulte de la loi du 31 décembre 1990[3] et de la fusion des conseils juridiques avec la profession d'avocat. Les collaborateurs salariés[4] des conseils juridiques accédaient au statut d'avocat tout en maintenant les privilèges associés au statut de salarié.

Les charges sociales liées au salariat, l'indépendance inhérente à l'exercice de la profession d'avocat et la volonté des avocats de développer une clientèle personnelle ont eu pour effet de limiter le recours aux contrats de collaboration salariée par les cabinets. Entre 2010 et 2020, la proportion des avocats salariés par rapport à la population globale des avocats est passée de 6,3 % à 3,7 %[5]. Ceci représente environ 2 500 personnes sur plus de 70 000.

421.32 **Spécificités de la collaboration salariée.** La principale différence entre le collaborateur salarié et le collaborateur libéral est l'interdiction faite à celui-ci de développer une clientèle personnelle. En contrepartie de cette limitation, l'avocat salarié est protégé par le droit du travail et en particulier par le droit du licenciement.

1. V. s[s] n°s 421.41 s.
2. Sur la rémunération des collaborateurs, v. s[s] n°s 423.61 s.
3. L. n° 90-1259, 31 déc. 1990 portant réforme de certaines professions judiciaires et juridiques, *JO* 5 janv., p. 219.
4. SUR l'avocat salarié : H. Ader, S. Bortoluzzi, A. Damien, D. Piau, Th. Wickers, *Règles de la profession d'avocat*, 15e éd., « Dalloz action », 2016, n°s 812.11 s.
5. DACS, *Statistiques sur la profession d'avocat*, 1er janv. 2020.

Les conditions de travail du collaborateur salarié sont régies par la convention collective des cabinets d'avocats [1] qui régit les relations contractuelles entre les avocats employeurs et les avocats salariés.

421.33 Rupture du contrat de collaboration salariée. Le droit du licenciement s'applique à l'avocat collaborateur salarié dans la forme et sur le fond. La convention collective réglemente les conditions de rupture du contrat de travail et le délai de préavis.

SECTION 4
RISQUES DE REQUALIFICATION DU CONTRAT DE COLLABORATION LIBÉRALE

421.41 Origine du risque de requalification. Le débat du risque de requalification d'un contrat de collaboration libérale [2] n'est pas nouveau. L'indépendance qui doit caractériser la collaboration libérale [3] peut se trouver malmenée dans les situations dans lesquelles existe un véritable lien de subordination entre le collaborateur et le cabinet. Si le risque de ce lien de subordination a toujours existé, le problème s'est posé avec davantage d'acuité depuis la réforme du 31 décembre 1990 et la fusion des conseils juridiques avec la profession d'avocat [4]. Cette fusion des professions a introduit la collaboration salariée chez les avocats puisque de nombreux cabinets de conseils juridiques avaient des collaborateurs salariés qui entretenaient avec leurs employeurs des relations d'exclusivité s'inscrivant dans la subordination qui caractérise les relations employeur - employé.

Si depuis les années 2000, il y a eu une augmentation du nombre de litiges, c'est principalement du côté des grandes structures anglo-saxonnes. Dans leurs pays d'origine, il n'y a pas de distinction entre le collaborateur libéral et le collaborateur salarié. L'avocat collaborateur est employé par un cabinet à qui il consacre la totalité de son temps. Or, en France, ces cabinets ont, dans leur vaste majorité, opté pour le régime social plus avantageux de la collaboration libérale.

1. Convention collective nationale des cabinets d'avocats (avocats salariés), 17 févr. 1995 ; Arr. 10 juin 1996 portant extension de la convention collective de l'avocat salarié et d'accords la complétant, *JO* 28 juin, n° 3078.
2. SUR la requalification du contrat de collaboration libérale en contrat de travail : H. Ader, S. Bortoluzzi, A. Damien, D. Piau, Th. Wickers, *Règles de la profession d'avocat*, 15e éd., « Dalloz action », 2016, nos 812.31 s.
3. RIN, art. 14.3 ; CNB, AG 24 et 25 sept. 2010, DCN n° 2010-003 ; mod. par CNB, AG, 12 févr. 2011, DCN n° 2011-001, *JO* 26 mars ; Mod. par CNB, AG. 11 et 12 avr. 2014, DCN n° 2013-002.
4. L. n° 90-1259, 31 déc. 1990.

Si la question de la requalification existe, ce n'est pas simplement en raison d'arbitrages financiers sur le régime social. Les ambiguïtés des relations entre ces cabinets et leurs collaborateurs sont nombreuse :

– La clientèle personnelle : Même si elle ne correspond pas à leur culture, la clientèle personnelle des collaborateurs n'est pas interdite par ces cabinets. Cependant, la charge de travail qui pèse sur les collaborateurs de ces structures est telle qu'il est rare que ceux-ci aient le temps de développer leurs propres clients.

– La rémunération : les cabinets internationaux rémunèrent très bien leurs collaborateurs. Il n'est pas rare qu'un collaborateur avec quelques années d'expérience gagne davantage qu'un avocat libéral au sommet de sa carrière. En contrepartie de telles rémunérations, le cabinet se considère légitimement en droit d'attendre une implication totale de sas collaborateurs.

– Les aspirations des collaborateurs : une majorité des collaborateurs des structures internationales souhaitent pouvoir en devenir des associés. Ils concentrent leurs efforts sur des domaines du droit et des opérations traitées par ce type de cabinet sans rapport avec ce qu'ils pourraient connaître dans le cadre d'une clientèle personnelle. Le mode opératoire des grands cabinets internationaux a toujours consisté à associer les meilleurs éléments d'une classe d'âge. Ce système implique que les collaborateurs qui ne sont pas associés devront chercher une association ailleurs ou s'installeront à leur compte. Ce mode de fonctionnement porte le nom « *up or out* » (monter ou partir). Les collaborateurs qui rejoignent ces cabinets sont parfaitement informés de cette réalité et des règles du jeu qui l'accompagnent. Cependant lorsqu'un collaborateur n'est pas associé après des années d'efforts, les aigreurs et les frustrations peuvent apparaître et engendrer des conflits de requalification.

421.42 Portée du risque de requalification. Les explications qui précèdent concernant l'origine des contentieux actuels signifient-elles que le risque est limité aux anciens cabinets de conseil juridique et aux structures internationales ? Même si ces dernières concentrent la plupart des dossiers litigieux, le risque existe pour tous les cabinets.

Les implications du risque de requalification dépassent le simple redressement en matière de charges sociales. En effet, dès lors que le cabinet d'avocats est considéré comme l'employeur d'un avocat salarié et que cette activité n'a pas été déclarée comme telle, le cabinet tombe sous le coup de la réglementation en matière de travail dissimulé [5]. La Cour de cassation obtempère sur ce point

5. C. trav., art. L. 8221-1 et L. 8221-2 [anct L. 324-9] et L. 8221-3 et L. 8221-5 [anct L. 324-10].

estimant que la dissimulation d'emploi salarié n'est caractérisée que si l'employeur se soustrait intentionnellement à l'accomplissement des formalités prévues aux articles L. 1221-10 et L. 3243-2 (bulletins de paie et déclaration préalable à l'embauche) du code du travail et qu'aucun travail dissimulé ne peut être reproché à l'avocat employeur lorsque le contrat requalifié prévoyait que l'avocat employeur s'acquitte pour son confrère de la majeure partie de ses cotisations[1]. En revanche, l'incertitude demeurerait en cas de requalification d'un contrat qui aurait laissé l'ensemble de ses charges sociales au collaborateur, comme c'est le cas dans l'immense majorité des contrats de collaboration libérale. L'infraction de travail dissimulé est passible d'une peine de trois ans d'emprisonnement et de 45 000 euros d'amende.

La responsabilité civile des personnes morales peut aussi être engagée. Sur le plan des sanctions civiles, celles-ci portent sur le rétablissement de tous les droits du salarié (bulletins de paie, heures supplémentaires, RTT...) et une indemnité forfaitaire égale à six mois de salaire.

En dehors de ce risque, il faut ajouter à l'ensemble de ces risques celui de redressements effectués par l'Urssaf, d'autant que celle-ci peut opérer directement des redressements afin d'assujettir une personne au régime général et ce, même si cette dernière ne demande rien.

421.43 Jurisprudence de la requalification du contrat de collaboration libérale. Dans ce contexte compliqué où existe un risque de remise en cause d'un des aspects fondamentaux de l'exercice de la profession, les juridictions sont prudentes. Chaque cas d'espèce est examiné dans le détail et il est difficile de tirer des conclusions générales des décisions rendues à ce jour. Dans l'ensemble, les décisions de la Cour de cassation sont centrées sur la notion de clientèle personnelle, l'existence ou l'absence de celle-ci étant utilisée pour juger de la présence éventuelle du lien de subordination qui priverait l'avocat de son indépendance. Cette question suscita une controverse[2] et des contributions diverses[3] depuis un arrêt dit Mandesi-Bell de la cour d'appel de Paris du 7 novembre 1977[4] approuvé par la 1re chambre de la Cour de cassation[5], bien avant l'article 7 sur le statut de l'avocat salarié de la loi du 31 décembre 1990. Dans son arrêt du 12 février 1999, la Cour de cassation, chambre mixte, rappelle que « selon l'article 7 de la loi du 31 décembre 1971 modifié par la loi du 31 décembre 1990, l'avocat peut exercer sa profession, soit en qualité de salarié, soit en qualité de collaborateur non salarié ; [que] l'avocat salarié est celui qui est lié par un contrat de travail à un autre avocat et dont le lien de subordination est caractérisé notamment pour lui par l'impossibilité d'avoir et de développer une clientèle dans les conditions prévues pour l'avocat collaborateur par l'article 129 du décret du 27 novembre 1991 ». Dès lors, l'avocat qui a été mis dans l'impossibilité d'avoir une clientèle personnelle peut prétendre à la requalification de son contrat en contrat de travail[6]. *A contrario*, le collaborateur qui développe une clientèle personnelle au sein du cabinet et perçoit des honoraires ne peut prétendre à la qualité de salarié[7]. Ainsi, la différence de statut tiendrait-elle à la notion de clientèle. Si l'avocat peut développer une clientèle personnelle, il est collaborateur libéral ; s'il ne peut développer de clientèle personnelle, il peut se targuer d'être un salarié. Mais

1. Soc. 18 nov. 2009, n° 08-41.560, NP.

2. Le bâtonnier Grumbach estimait qu'en vertu des usages de délicatesse et de confraternité, il est acquis que le collaborateur disposerait dans le temps plein du temps nécessaire à sa clientèle personnelle (« Requalification du contrat de collaboration en contrat de travail : les enjeux » – *Rapport à l'Assemblée générale de la Conférence des bâtonniers*, Paris, 24 janv. 1997). Pierre Gode était plus dubitatif dans sa note commentant l'arrêt Mandesi-Bell, « Vieux débat philosophique sur la relation des mots et des choses », *D.* 1982. 531, § 14. R. Martin considérait que « La collaboration ne peut être à temps complet contrairement à ce qu'admettent la plupart des contrats types » (*J.-Cl., Procédure civile,* Avocat, fasc. 83-3) ou encore que : « L'obligation faite au patron de laisser suffisamment de temps disponible pour le développement d'une telle clientèle » contredit la possibilité d'une collaboration à plein temps, (R. Martin, *Déontologie de l'avocat,* 10e éd., LexisNexis). Thèse partagée par Hamelin et Damien : « La collaboration à plein temps n'est pas souhaitable de manière permanente et durable car elle est en contradiction avec l'esprit même de l'article 7 de la loi [...] qui a expressément prévu, pour ce type spécifique de relation entre deux avocats, le contrat de salariat » (H. Ader, S. Bortoluzzi, A. Damien, D. Piau, Th. Wickers, *Règles de la profession d'avocat,* 14e éd., « Dalloz action », 2013-2014, n° 50.17 ; 15e éd., 2016). Le bâtonnier Damien s'étonnait même de constater « que ce que les pouvoirs publics n'osent pas tenter, ce que les corporatismes interdisent d'oser, la compétition internationale finit par l'imposer de gré ou de force », *Gaz. Pal.* 12 févr. 1991, p. 47 (d'après les conclusions de Joinet ss Cass., ch. Mixte 12 févr. 1999, n° 96-77.468).
3. J. Barthélémy, « Contrat de travail et activité libérale », *JCP* 1990. 3450 – Résolution CNB, 1995 sur l'orientation générale sur un statut de l'avocat collaborateur – Renaux-Personnic, *L'avocat salarié : entre indépendance et subordination,* PUAM, « Centre de droit social », thèse, 1998.
4. Paris, ch. 22 A, 7 nov. 1977.
5. Civ. 1re, 26 janv. 1982, n° 78-11.212, 78-40.211, *Bull. civ.* I, n° 40 ; *Gaz. Pal.* 1982. I. 154.
6. Cass. ch mixte. 12 févr. 1999, n° 96-17.468, *Bull. ch. mixte*, n° 1 ; *D.* 2000. 146, obs. B. Blanchard ; *Dr. soc.* 1999. 404, obs. C. Radé – DANS LE MÊME SENS : Soc. 25 mars 2009, n° 07-42.683, NP.
7. Civ. 1re, 16 janv. 2007, n° 04-20.615, *Bull. civ.* I, n° 17 – Soc 24 avr. 2013, n° 12-21.443 – Civ. 1re, 24 avr. 2013, n° 12-21.443, *Bull. civ.* I, n° 82 ; *D.* 2013. 1146 ; *D.* 2014. 1115, obs. P. Lokiec et J. Porta ; *D. avocats* 2013. 286, note G. Royer ; *RTD eur.* 2014. 435, obs. B. Le Baut-Ferrarese ; *RTD eur.* 2014. 440, obs. S. Adalid.

derrière cette distinction simple en apparence, il existe de nombreuses nuances[1].

Dans un arrêt du 5 mai 2011[2], la Chambre sociale estime que la demande de requalification doit être rejetée dès lors que le temps de travail imposé n'était pas incompatible avec le développement d'une clientèle personnelle. La Chambre sociale relève que la collaboratrice concernée ne démontre pas qu'elle a subi sans le vouloir les conditions de son embauche. Cet arrêt semble réduire le champ possible des requalifications alors que précédemment, dans un arrêt du 14 mai 2009[3], la Cour de cassation avait adopté une approche beaucoup moins restrictive en estimant que le traitement d'un nombre dérisoire de dossiers personnels ne faisait pas obstacle à la requalification. Les juges du fond avaient relevé que la collaboratrice n'avait traité que cinq dossiers personnels en cinq ans, que l'attitude du cabinet dissuadait les collaborateurs de traiter des dossiers personnels et que le collaborateur était privé de l'indépendance technique propre au collaborateur libéral. Le contraste entre ces deux décisions a interpellé certains observateurs[4] qui se demandaient si le durcissement apparent, et rassurant pour les cabinets, de la Chambre sociale face à cette demande de requalification ne tenait pas à des particularités de l'espèce.

Dans un arrêt du 11 juillet 2012[5], la Chambre sociale de la Cour de cassation semble être revenue à la position soutenue par la 1re Chambre en 2009. La Cour confirme une décision de cour d'appel qui avait estimé que le contrat de collaboration devait être requalifié dès lors que les conditions de travail du cabinet étaient hostiles au développement de la clientèle personnelle. Le fait que la collaboratrice ait traité une quantité dérisoire de dossiers personnels, ici 23 dossiers en 12 ans, ne faisait pas obstacle à cette requalification. Dans cette affaire, la demanderesse ne fait pas état de travail dissimulé, le débat portant sur une indemnité de rupture. Il est également à noter que le cabinet en cause n'est pas un grand cabinet international mais une SCP strasbourgeoise.

Plus récemment, en 2016 et 2017, la chambre civile et la Chambre sociale de la Cour de cassation ont eu l'occasion de rejeter des demandes de requalification sur le fondement que le collaborateur n'était pas dans l'impossibilité de développer une clientèle personnelle. Ainsi, le 15 avril 2016, La Chambre sociale de la Cour de cassation a considéré que le collaborateur bénéficiait des moyens matériels et humains nécessaires au développement d'une clientèle personnelle et la charge de travail de l'intéressé ne l'empêchait pas de développer sa propre clientèle[6]. Dans un arrêt du 28 septembre 2016, c'est la Chambre civile qui a jugé que les périodes d'intense activité n'ont été que ponctuelles et ne représentaient pas une pratique systématique et régulière, ce dont il résulte que, sauf circonstances exceptionnelles, l'obligation de disponibilité à laquelle le collaborateur était soumis n'était pas incompatible avec la constitution et le développement d'une clientèle personnelle[7].

Enfin, dans un arrêt du 9 juin 2017, il a été jugé que si, nonobstant certaines contraintes, telles une organisation stricte du cabinet et des exigences de présence des collaborateurs, qui peuvent être justifiées pour assurer le bon fonctionnement d'une structure professionnelle, le collaborateur comme d'autres collaborateurs, a géré quelques dossiers de sa clientèle privée et qu'il n'est pas établi que le cabinet l'aurait dissuadé de développer sa propre clientèle en ne mettant pas à sa disposition les moyens techniques nécessaires et en lui imposant une charge de travail incompatible avec une activité personnelle[8].

421.44 **La position des Ordres.** La profession est embarrassée par ces litiges. Pendant longtemps, les bâtonniers ont pu trancher ces différents en évitant qu'ils soient portés devant les tribunaux. En effet, le débat fragilise l'économie de la profession. La plupart des cabinets ne pourraient supporter le coût social d'une vague de requalifications ou d'une mise en cause régulière des contrats de collaboration quand surviennent des difficultés. Par ailleurs, il est de l'essence même de la profession que l'avocat soit libre de ces mouvements. L'installation fait encore partie de la carrière de la plupart des avocats. Les Ordres ne prennent pas pour autant systématiquement position pour les cabinets contre les demandeurs de la requalification. Le 1er juillet 2009, le bâtonnier de Bordeaux a requalifié en contrat de travail un contrat de collaboration d'un avocat collaborateur dans le bureau secondaire de Bordeaux du cabinet Taj. En l'espèce, le contrat de ce collaborateur prévoyait qu'en cas de clientèle personnelle, le collaborateur devait rétrocéder 85 % des honoraires de ses dossiers au cabinet. Par ailleurs, ce

1. F. Taquet, « Point sur la requalification du contrat de collaboration en contrat de travail », *D. avocats* 2014. 112.
2. Soc. 5 mai 2011, n° 10-10.818, NP.
3. Civ. 1re, 14 mai 2009, n° 08-12.966, *Bull. civ.* I, n° 90 ; *D.* 2009. 1488, obs. Avena-Robardet ; *RDT* 2009. 505, obs. Lévy-Amsallem ; *JCP* 2009. 6 Chron. Puigelier ; *Gaz. Pal.* 2009, nos 186 à 188, note Baugard ; *JCP* 2009. 295, n° 2, obs. Gisèle-Macrez.
4. « Requalification des contrats de collaboration : la chambre sociale durcit le ton », *actuel-avocat.fr/*, 12 mai 2011.
5. Soc. 11 juill. 2012, n° 11-13.809, NP.
6. Soc. 15 avr. 2016, n° 15-21.122, NP.
7. Civ. 1e, 28 sept. 2016, n° 15-21.780, NP.
8. Civ. 1e, 9 juin 2017, n° 16-14.347 NP ; *JCP* 2017. 1104, n° 8.

collaborateur avait un statut exceptionnel puisque le cabinet Taj emploie presque exclusivement des avocats salariés. Cette décision demeure cependant isolée.

Face à ce malaise, le CNB a modifié l'article 14 du RIN par la décision normative 2010-003 du 24 septembre 2010[1]. L'article 14 prévoit que pour tous les litiges nés à l'occasion de l'exécution ou de la rupture d'un contrat de collaboration libérale ou salariée, le bâtonnier du lieu d'inscription de l'avocat collaborateur, ou son délégataire, entend les parties éventuellement assistées de leur conseil dans les plus brefs délais. À défaut de conciliation, le litige est soumis à l'arbitrage du bâtonnier conformément aux dispositions des articles 142 et suivants du décret du 27 novembre 1991.

De son côté, le barreau de Paris, a mis en place une Commission de règlement des difficultés d'exercice en collaboration libérale (DEC). L'article P. 71.2[2] vise expressément les demandes de requalification des contrats de collaboration libérale. L'article P. 71.4[3] précise que le rôle de la commission n'est pas de trancher le litige mais « d'aider ces confrères en proie à des difficultés d'exercice en collaboration libérale ou salariée, à trouver une solution qui permette à chacun d'eux de retrouver les conditions nécessaires à un exercice serein de son activité professionnelle ».

C'est dans le contexte de cette procédure qu'un arbitrage a été rendu le 2 juin 2012 refusant à une collaboratrice d'un cabinet anglo-saxon la requalification de son contrat ainsi que la somme d'1 million d'euros qu'elle demandait à son ancien cabinet. Ainsi que l'a soutenu l'avocat du cabinet défendeur, si cette collaboratrice n'avait pas développé de clientèle personnelle, c'est peut-être parce qu'elle était rémunérée à hauteur de 170 000 euros par an[4].

La volonté de la profession, depuis plus de 10 ans, d'améliorer et de mieux encadrer le régime de la collaboration libérale et les réformes successives du RIN dans ce sens semblent participer à contenir ce contentieux de la requalification.

1. Mod. par : CNB, AG 24 et 25 sept. 2010, DCN n° 2010-003 ; Mod. par CNB, AG. 11 et 12 avr. 2014, DCN n° 2013-002.
2. RIBP, art. P. 71.2.
3. RIBP, art. P71.4.
4. « Une collaboratrice demande 1 million d'euros à son ancien cabinet », *actuel-avocat.fr/*, 11 mai 2012 – « La collaboratrice demandait 1 million d'euros à son ancien cabinet : elle est déboutée », *actuel-avocat.fr/*, 12 juin 2012.

CHAPITRE

422. Recrutement des collaborateurs

SECTION 0

ORIENTEUR

422.00 **Sommaire du chapitre.**

SECTION 1

DIPLÔMES

422.11 **Qualité de la formation juridique.** Plus que les matières et les intitulés des diplômes, le futur collaborateur doit avant tout avoir réussi ses études. Les cabinets portent une attention particulière aux mentions et à la sélectivité des programmes suivis qui sont des indicateurs de la capacité de travail du candidat.

Les sujets de mémoire, les initiatives personnelles du candidat telles que des participations à des prix ou concours liés à ses études de droit, seront des indications de son intérêt pour le droit et la pratique juridique. Le cabinet cherchera identifier la capacité du candidat à être un bon juriste.

Les universités ont contribué, ces dernières années, à une montée en technicité progressive des formations (exemple : le master droit des affaires – parcours ingénierie des sociétés de la faculté de droit et de science politique d'Aix-Marseille). Cette approche des études de droit contribue à rendre les diplômés plus opérationnels.

422.12 **Double-formations.** Alors que les double-formations étaient encore exceptionnelles il y a vingt ans, elles se sont généralisées. Les rémunérations proposées par les grands cabinets ont attiré une population de diplômés qui était auparavant focalisée sur les grandes entreprises, les banques ou les autres métiers de conseil. Les passerelles et les équivalences sont de plus en plus utilisées par les étudiants qui étoffent ainsi leurs *curriculum vitae* (CV) et acquièrent un regard différent sur le droit.

Les double-formations donnent souvent au futur avocat une meilleure connaissance du monde économique et de l'entreprise. Elles sont aussi la preuve tangible de la capacité d'effort du candidat qui a choisi une voie plus difficile que ceux qui se sont contentés des seules études de droit.

Les double-formations ne comprennent pas seulement celles qui combinent les études de droit avec une grande école ou une école de commerce. D'autres formations peuvent avoir un grand intérêt pour le cabinet si elles correspondent à des secteurs d'activité dans lesquels le cabinet a une clientèle.

Sans être tout à fait des double formations, certains diplômes ont fait la preuve de leur pertinence pour les futurs avocats d'affaires. C'est le cas du DJCE (Diplôme juriste conseil d'entreprise) qui, depuis plus de 50 ans, met en phase la formation universitaire avec la réalité de l'activité professionnelle. Il propose un enseignement solide de droit appliqué dans les secteurs privilégiés de la vie économique, impliquant fortement les professionnels. Son rythme soutenu prépare à la réalité professionnelle. Le DJCE est proposé dans 11 universités françaises et ce programme est soutenu par de nombreux cabinets d'avocats.

422.13 **Diplômes étrangers.** Il faut distinguer les avocats ayant suivi une formation dans deux systèmes juridiques et qui leur donne la possibilité de pratiquer leur métier dans deux pays, de ceux qui ont choisi de compléter leurs études françaises avec un diplôme étranger sans être habilités à exercer la profession d'avocat dans le pays concerné. Dans le premier cas, cette formation étrangère sera utile pour les cabinets disposant de bureaux dans les deux pays. Dans le second cas, le diplôme étranger de l'avocat sera surtout un élément rassurant ou un point de repère pour les clients dont la culture juridique est proche de celle du diplôme étranger en question.

422.14 ***Masters of Law* ou LLM.** La plupart des universités américaines et anglaises qui disposent d'écoles de droit proposent aux étudiants étrangers déjà formés dans leur pays un diplôme d'un an, le LLM (Masters of law). Ce programme permet aux étudiants de sélectionner un certain nombre de matières dans le cursus universitaire suivi par les étudiants anglais ou américains. Le LLM offre donc non seulement une ouverture sur la culture de Common Law mais aussi un regard sur l'expérience universitaire anglo-saxonne telle qu'elle est vécue par les futurs avocats anglais ou américains. Dans la plupart des états américains, l'obtention du LLM permet de passer l'examen du barreau. Les collaborateurs ayant des LLM peuvent être un vrai atout pour les cabinets français qui traitent beaucoup dc dossiers pour des clients américains ou anglais.

422.15 **Diplômes binationaux.** L'Université de Paris I Panthéon-Sorbonne propose des « double diplômes binationaux » d'une durée de quatre ans[1]. Ces programmes permettent aux bacheliers français d'effectuer deux premières années de droit à l'étranger (en Angleterre, en Espagne, en Italie, en Allemagne ou aux États-Unis) suivies d'au moins une année à Paris I avec l'obtention du L3 puis du diplôme de Master I. Ces programmes sont organisés avec les meilleures universités du pays d'accueil et proposent une nouvelle approche originale des études de droit. Paris I propose aussi un LLM binational en partenariat avec la Queen Mary University. Les étudiants passent un semestre dans chaque établissement pour l'obtention de leur LLM. Pour les États-Unis, les universités qui participent à ce programme sont les prestigieuses universités de Cornell et de Columbia.

422.16 **École de droit de Sciences-Po.** Cette école a ouvert ses portes en 2009 et constitue un vrai bouleversement de la conception classique des études de droit en France. L'école propose plusieurs Master (Droit économique, carrières juridiques et judiciaires, droit et finance...) qui sont des cursus de trois organisés en une année d'enseignements fondamentaux, une année de stages en France ou à l'étranger et une année de spécialisation.

Ces formations sont proposées aux étudiants qui ont déjà complété le cursus de Sciences-Po ou qui sont titulaires d'un autre diplôme sanctionnant trois ou quatre ans d'études supérieures. La création de l'école de droit de Sciences-Po institutionnalise l'idée que la double formation constitue un atout pour les juristes et avocats de demain. Elle permet aussi une sélection à l'entrée qui n'existe pas dans les études de droit classiques.

Dirigée par le professeur Christophe Jamin de 2009 à 2020, l'École de droit de Sciences-Po semble trouver sa place sur le plan national et international, sur un fondement intellectuel mettant « en cause [*le*] modèle doctrinal tel qu'il s'est imposé en France depuis plus d'un siècle »[2]. Elle réussit son maillage avec le secteur public en proposant des classes préparatoires au concours d'entrée de l'École nationale de la magistrature (ENM) ainsi qu'au concours des commissaires de police. De nombreux intervenants extérieurs venus des cabinets d'affaires lui assurent un lien fort avec ces derniers. Sur le plan international, l'École s'est illustrée par des partenariats avec les universités les plus réputées dont la Harvard Law School.

422.17 **École des hautes études appliquées du droit (Head).** Illustrant une évolution des mentalités face aux carrières juridiques et au rôle traditionnel de l'université, l'école des Hautes Études Appliquées au Droit (Head) est, depuis sa création en 2012, un acteur original dans le paysage de la formation juridique. Fruit d'une initiative d'avocats issus de cabinets internationaux sous l'impulsion de Jean-Philippe Lambert, associé du cabinet Mayer Brown, l'école Head propose un ensemble de formations (Bachelor, Mastère 1 et 2, LLM...) destiné à adapter les étudiants aux attentes des grands cabinets et aux services juridiques des grandes entreprises. Initialement, le projet prévoyait un partenariat avec l'université de Paris I. Cette alliance a soulevé des protestations de la part de la Conférence des doyens ainsi que de la part du Conseil national du droit (CND).

SECTION 2
MÉTHODES DE RECRUTEMENT

422.21 **Offre et demande de collaborateurs.** Le marché du recrutement est tendu. Tous les cabinets font état de leurs difficultés à recruter. Cette tension sur le marché des jeunes avocats a plusieurs explications. Le besoin de droit et le besoin d'avocats restent soutenus. La France compte deux à trois fois moins d'avocats rapporté à la taille de sa population que tous les grands pays européens et le Royaume-Uni. L'autre explication tient au fait que le nombre de juristes d'entreprise croît de manière soutenue et

1. Doubles diplômes binationaux proposés dans le cadre de l'UFR07 Études internationales et européennes.

2. C. Jamin, *La cuisine du droit – L'école de droit de Sciences Po : une expérimentation française*, Lextenso, « Forum », 2012, p. 168.

que les entreprises ont pris l'habitude de recruter parmi les rangs des jeunes avocats. En effet, même si ces avocats fraîchement diplômés devront se faire omettre pour travailler en entreprise, ces dernières considèrent que la formation d'avocat est un gage de qualité pour leurs futures recrues.

Une autre des difficultés que présente ce marché du recrutement, c'est son absence de transparence et « d'efficience ». Si les cabinets savent qu'ils peuvent trouver des avocats débutants à la sortie de l'EFB et des Écoles des Avocats (EDA), le recrutement des collaborateurs plus expérimentés s'avère très difficile. Les annonces, quand elles existent, sont rares. En dehors de Paris, les collaborateurs ont tendance à s'installer très tôt, souvent avec à peine deux ou trois ans d'expérience. Il faut alors compter sur son réseau personnel et le bouche à oreille. Ajoutons que culturellement et financièrement, le marché des collaborateurs avocats n'intéresse que très peu les professionnels du recrutement à l'exception de ceux qui opèrent sur le marché des grands cabinets internationaux.

Il en résulte un marché dans lequel le recrutement n'est pas ou plus une démarche unilatérale du cabinet qui choisit ses collaborateurs mais un processus dans lequel le cabinet doit aussi être choisi.

Aussi, les candidats à une collaboration connaissent de mieux en mieux l'environnement qu'ils s'apprêtent à rejoindre. En effet, Internet et les moyens de communication actuels des étudiants font qu'ils échangent de plus en plus leurs informations, commentaires ou impressions sur les cabinets, notamment au cours des stages.

422.22 Évolution des comportements des collaborateurs. Alors que les candidats des années quatre-vingt-dix étaient prêts à de grands sacrifices pour leur carrière et leur cabinet, les cabinets constatent tous que les jeunes avocats du XXIe siècle recherchent davantage d'équilibre entre leur vie personnelle et leur vie professionnelle. En 2015, une enquête réalisée par le barreau de Paris révélait que seuls 9 % des avocats arrivaient à concilier vie professionnelle et vie personnelle sans difficulté[1]. Les jeunes avocats ne veulent pas la même vie que leurs aînés.

Ces évolutions résident en partie dans le fait que le monde de l'entreprise et celui des avocats se sont rapprochés et que les avocats comparent plus facilement leur sort à celui des salariés des grandes entreprises, notamment sur le plan des horaires et des avantages en nature. L'effet des trente-cinq heures sur la vie des cadres n'a pas été sans incidence.

Le développement des grands cabinets d'affaires a également contribué à faire évoluer le marché du recrutement. En effet, la recherche par ces cabinets de candidats titulaires de double formations, ayant une expérience internationale ou une pratique courante de l'anglais a considérablement fait augmenter les rémunérations.

Le marché du recrutement des avocats est donc pris en tenaille entre les aspirations à une meilleure qualité de vie et une pression sur les cabinets sur le plan de la rémunération.

Dans ce contexte, les bons candidats sont très sollicités et se sentent souvent en position de force. En conséquence, un cabinet doit savoir se rendre intéressant et attractif[2].

422.23 Risques liés aux recrutements. Un mauvais recrutement peut avoir des effets très dommageables sur tous les aspects de la vie du cabinet. Il faut donc apporter le plus grand soin à tous les recrutements. Il convient d'abord de réfléchir aux besoins précis du cabinet et s'assurer de l'adéquation du futur collaborateur avec ces besoins. S'il n'y a pas de solution miracle pour réussir un recrutement, il existe de nombreux moyens de diminuer le risque d'erreurs. Pour réussir ses recrutements, le cabinet doit s'astreindre à une discipline et des procédures précises[3]. Ces dernières doivent être suivies avec la même rigueur pour un débutant que pour une recrue expérimentée.

422.24 Méthodes différentes pour les débutants ou les collaborateurs expérimentés. Le recrutement auprès des EDA ou des 3e cycles dans les universités, les recrutements par stages ou encore dans le cadre des forums de recrutement permettent aux cabinets d'avocats de rencontrer les étudiants qui se destinent à la profession d'avocat. Pour les collaborateurs ayant quelques années d'expérience, il faudra compter sur le bouche à oreille, les cabinets de recrutement, les annonces sur les sites Internet spécialisés ou dans les publications lues par les avocats.

422.25 Annonces de recrutement. Le support le plus fréquenté est le site du *Village de la Justice* qui propose en moyenne entre 700 et 1 000 annonces concernant le personnel juriste et non juriste des cabinets d'avocats mais aussi des études de notaire ou des services juridiques d'entreprise. Ce site contient aussi bien des annonces postées directement par les cabinets d'avocats et les candidats qu

1. Le rapport sur l'enquête relative à la qualité de vie au travail des avocats parisiens menée en juin 2015 auprès de 1 700 avocats a été présenté lors de la séance du conseil de l'Ordre des avocats de Paris du 22 septembre 2015.

2. Sur les techniques d'entretien, v. s^s n°s 422.31 s.

3. À CE SUJET : Guide to Law Firm Associate Hiring, Training and Promotion, BCG 2022.

celles publiées par les sociétés de recrutement. Parmi les sites d'annonces d'emploi les plus utilisés par les avocats figure aussi *www.carrieres-juridiques.com*.

Concernant leur rédaction, les annonces doivent être à la fois simples et précises. Les candidats ont tendance à répondre aux annonces même lorsqu'ils ne correspondent pas exactement au profil demandé. En conséquence, plus l'annonce est précise sur les besoins du cabinet, moins elle générera de candidatures hors sujet.

Dans son annonce, le cabinet ne doit pas hésiter à capter l'attention du candidat en présentant certaines de ses qualités. Faire état d'une « ambiance jeune et dynamique » ou d'« opportunités intéressantes de carrière ou de développement personnel », servira à attirer l'œil des candidats... à condition que ces affirmations soient vraies, évidemment.

« LE CABINET XXX & Associés recrute un nouveau collaborateur pour étoffer son département "Fusions-acquisitions".

Le (a) candidat (e) aura pour mission de gérer de manière autonome des opérations de restructuration (fusions, scissions, apports partiels, etc.) et interviendra sur des opérations de croissance externe.

Le(a) candidat(e) devra avoir accumulé au minimum cinq années d'expérience sur des opérations de restructuration et de Private equity.

Une excellente maîtrise de l'anglais est requise pour ce poste.

Type de contrat : collaboration libérale.

Années d'expérience : 5 à 10 ans.

Niveau d'anglais : courant. »

Cette annonce bien que relativement précise en ce qui concerne les attentes du cabinet aurait eu avantage d'une part à présenter certains détails concernant le cabinet et d'autre part à faire passer un peu plus de convivialité.

« Pour étoffer son département Fusions-Acquisitions » aurait pu être remplacé par « pour rejoindre son département de Fusions-Acquisitions en pleine expansion ».

« Le candidat aura pour mission de gérer de façon autonome » peut donner une impression de solitude face à une charge de travail très importante alors qu'un collaborateur de plus de cinq ans d'expérience peut s'attendre à être épaulé par des collaborateurs plus jeunes. Il aurait fallu écrire : « Le candidat aura pour mission de gérer de façon autonome au sein d'une équipe solidaire et dynamique... »

Ces deux modifications mineures qui, de surcroît, correspondent à la réalité du cabinet donnent tout de suite une impression de dynamisme et un esprit de corps qui manquait totalement dans la rédaction initiale de l'annonce.

422.26 Recrutement par les stages. Les stages sont le meilleur moyen de recruter les collaborateurs débutants. La possibilité pour un cabinet d'observer et d'évaluer les capacités et le comportement d'un candidat pendant plusieurs semaines ou plusieurs mois n'a pas d'équivalent.

Malgré cette évidence, beaucoup de cabinets n'apportent pas le soin nécessaire au recrutement de leurs stagiaires estimant que cette main-d'œuvre bon marché et inexpérimentée ne mérite pas d'attention particulière. D'autres, même s'ils apportent plus de soin à leur recrutement ne prennent pas le temps de suivre de leurs stagiaires quand ils sont au cabinet.

En apportant au recrutement du stagiaire le même soin que s'il s'agissait du recrutement d'un collaborateur expérimenté, un cabinet peut recueillir de précieuses informations sur le candidat. De même, en ayant un véritable programme de travail et d'accompagnement des stagiaires, un cabinet peut étudier ses jeunes recrues et choisir de manière parfaitement éclairée ses futurs collaborateurs.

Certains cabinets proposent à leurs stagiaires un véritable parcours au sein du cabinet accumulant les expériences avec différents associés et collaborateurs.

Le recrutement par le stage est une méthode très bénéfique pour les deux parties. Si le cabinet apporte beaucoup de soin au recrutement du stagiaire et au suivi de son travail, ce dernier s'en sentira valorisé. Il donnera le meilleur de lui-même et sera davantage enclin à accepter une proposition de collaboration si le cabinet décide de lui en faire une.

Le cabinet veillera à ce que le stage soit exécuté en conformité avec les dispositions de la loi du 10 juillet 2014 tendant au développement, à l'encadrement des stages et à l'amélioration du statut des stagiaires [1].

422.27 Conseils pour le recrutement de stagiaires en vue d'une collaboration. Quand un cabinet recrute des stagiaires dans la perspective que ceux-ci puissent devenir des collaborateurs, il veillera à appliquer les principes suivants aux stages proposés par le cabinet :

- apporter aux entretiens avec les stagiaires le même soin que pour des recrutements de collaborateurs [2] ;

- présenter le stagiaire à tout le cabinet (ou département) lors de son arrivée ;

- pratiquer une durée de stage homogène (minimum trois mois) ;

- répartir les stagiaires sur l'année et essayer de ne pas les concentrer en été ;

- organiser un programme qui soit un « parcours du stagiaire » au sein du cabinet ;

- s'assurer que le stagiaire travaille à la fois avec des collaborateurs et des associés ;

1. L. n° 2014-788, 10 juill. 2014 tendant au développement, à l'encadrement des stages et à l'amélioration du statut des stagiaires, *JO* 11 juill., p. 11491.
2. Sur la procédure d'entretien, v. ss nos 422.31 s.

– à mi-stage, tenir une réunion d'évaluation avec le stagiaire et recueillir les impressions de tous les avocats ayant travaillé avec le stagiaire en question ;

– donner envie au stagiaire de commencer sa carrière au cabinet ;

– faire une proposition de collaboration dès la fin du stage si le cabinet souhaite recruter le candidat.

422.28 **Forums de recrutement (*job fair*).** Les forums de recrutement sont des rassemblements organisés par les écoles ou les universités qui permettent à un même cabinet de faire la connaissance de nombreux candidats en peu de temps et en un même lieu. À l'instar des universités américaines puis des grandes écoles françaises et internationales, certaines facultés de droit et centres de formation des avocats se sont mis à organiser de tels événements.

En France, le terme de forum de recrutement est souvent utilisé pour désigner ces manifestations. Paris II, Paris I ou encore l'EFB organisent de tels événements. Les forums de recrutement sont peu coûteux pour le cabinet qui recrute puisqu'il n'y a aucun intermédiaire à rémunérer. Ils sont efficaces car le cabinet peut opérer une présélection des étudiants qu'il souhaite rencontrer, évitant de perdre du temps avec des candidats qui ne correspondent pas à ses critères. Les étudiants en font autant de leur côté, ce qui permet aux deux parties d'aller à l'essentiel lors d'entretiens qui dépassent rarement une dizaine de minutes. À l'issue du forum, le cabinet convoque les candidats qui ont retenu son attention.

Des forums de recrutement ou *job fairs* sont organisés par des universités dans le monde entier. Ils permettent donc à un cabinet qui a des projets ou des ambitions internationales de cibler des profils précis et d'aller à leur rencontre. La dépense engendrée par un tel déplacement sera inférieure aux honoraires d'un cabinet de recrutement et demeurera donc rentable. Ces événements peuvent faire l'objet d'une communication pour le cabinet qui y participe[1].

422.29 **Cabinets de recrutement[2].** Moins adaptés pour le recrutement de débutants, les cabinets de recrutement ont une vraie utilité lorsqu'un cabinet souhaite recruter un avocat ayant plusieurs années d'expérience. Il faut cependant noter que le marché sur lequel interviennent ces cabinets est davantage celui des grands cabinets d'affaires. Ces derniers ont davantage de moyens et surtout ils recrutent des candidats dont le niveau de rémunération est élevé, ce qui intéresse davantage les cabinets de recrutement puisque ceux-ci sont rémunérés sur la base d'un pourcentage de la rémunération annuelle du candidat placé.

L'intervention d'un cabinet de recrutement peut aussi s'avérer utile s'agissant du recrutement de candidats qui sont déjà en place et préfèrent agir en toute discrétion s'ils souhaitent envisager un changement. Les cabinets de recrutement travaillent dans la confidentialité. Ils recueillent les demandes des cabinets tout en étant au contact régulier de candidats qui souhaiteraient collaborer ailleurs.

Les honoraires d'un cabinet de recrutement varient mais se situent en général dans une fourchette comprise entre un quart et un tiers de la rémunération annuelle du poste à pourvoir. De tels honoraires peuvent paraître élevés mais s'ils permettent de recruter rapidement une personne correspondant à un besoin précis et qui soit immédiatement opérationnelle, la dépense sera justifiée. Pendant longtemps, les cabinets de recrutement ne s'intéressaient qu'aux candidats de très haut niveau et aux transferts d'associés. Avec l'augmentation des rémunérations des collaborateurs sous l'impulsion des grands cabinets internationaux, il est devenu rentable pour de nombreux cabinets de recrutement d'être présents sur le marché des collaborateurs dès lors que ceux-ci ont trois à quatre années d'expérience.

Internet a modifié en profondeur les méthodes classiques des sociétés de recrutement. Avant, celles-ci refacturaient à leurs mandants de coûteuses annonces dans la presse quotidienne pour ensuite faire le tri des candidats qui répondaient à ces annonces. Internet a favorisé l'éclosion de nouveaux services de recrutement fondés sur de nouveaux modèles économiques dans lesquels le cabinet d'avocat paie une prestation Internet et un service personnalisé à mi-chemin entre la simple annonce et le service d'un cabinet de recrutement.

SECTION 3
ENTRETIEN DE RECRUTEMENT

422.31 **Déroulement de l'entretien de recrutement.** Pour qu'un entretien avec un candidat soit utile, il faut une méthodologie à la fois systématique et structurée[3]. À défaut, l'entretien n'est plus canalisé et contrôlé par le recruteur et risque de ne pas

1. Sur le recrutement comme outil de marketing, v. s[s] n° 382.61.
2. NOT. les cabinets généralistes : Robert Walters et Michael Page ont une bonne connaissance des cabinets d'avocats. Parmi les cabinets spécialisés qui se consacrent aux avocats : Fed Legal, Talents Légal, Chevillard Executive, Adamson…
3. Robert Half, « Interview techniques for conducting a job interview », *Talent Solutions*, 2022.

porter ses fruits. L'entretien peut se dérouler selon le schéma suivant :

422.32 **1re phase de l'entretien de recrutement : mise en condition du candidat.** L'entretien débutera par une discussion informelle de quelques minutes qui permettra au candidat de se détendre.

422.33 **2e phase de l'entretien de recrutement : questions posées au candidat.** Le but des questions au cours de l'entretien de recrutement est de faire ressortir ce qui n'est pas écrit dans le *curriculum vitae* (CV). Il est fortement recommandé d'établir une liste type de questions qui seront posées lors de tous les entretiens du cabinet.

LES QUESTIONS doivent être ouvertes (auxquelles le candidat ne peut pas répondre par oui ou par non). Les questions ci-après sont des exemples de questions ouvertes qui peuvent être révélatrices des qualités ou de la personnalité du candidat.

– Quels sont les aspects du métier qui vous attirent ?

– Dans vos expériences jusqu'à présent, quel est l'accomplissement dont vous êtes le plus fier ?

– Racontez une situation dans laquelle vous avez été en désaccord avec votre employeur (maître de stage…) et comment vous avez géré la situation.

– Vous est-il arrivé de faire des choses avec lesquelles vous n'étiez pas d'accord ?

– Racontez une situation dans laquelle vous avez été confronté à un client ou un collègue très mécontent.

– Parmi vos expériences jusqu'à maintenant, laquelle vous a le plus plu et pourquoi ?

– Parmi les personnes pour lesquelles vous avez eu l'occasion de travailler, laquelle avez-vous préféré, et pourquoi ?

– Qu'aimez-vous le moins dans le métier d'avocat ?

– Si vous deviez reprendre les études ou vous former davantage, dans quel domaine souhaiteriez-vous le faire ?

Ce type de questions est particulièrement utile pour dépasser le cadre du CV et déceler les potentialités du candidat. Un entretien est court et il ne faut pas le gaspiller en posant des questions dont on connaît déjà les réponses.

Il ne faut pas hésiter à faire dire au candidat quelques phrases dans les langues annoncées sur le CV.

Il est aussi possible de réaliser un ou deux « tests » dans le cadre de la conversation pour sonder les qualités de juriste ou les réflexes du candidat. L'avocat décrit une situation et demande au candidat d'y réagir avec ses connaissances juridiques. Certains candidats pourraient être surpris par une telle démarche mais ce ne serait pas une raison pour ne pas l'adopter. Le fait pour un cabinet d'avoir une procédure sélective et rigoureuse est de nature à plaire à la plupart des candidats qui comprendront que ceci les valorise.

422.34 **3e phase de l'entretien de recrutement : présentation du cabinet et description du rôle du collaborateur.** Il est essentiel de présenter le cabinet[1] et de décrire ce que sera le rôle du collaborateur. Cette phase doit être la dernière de l'entretien. En effet, si l'entretien débute par une présentation détaillée du cabinet, le candidat conditionnera ses réponses aux questions posées pour que celles-ci collent à l'information qu'il aura reçue au début de l'entretien.

La présentation du cabinet est un acte de « vente ». Les bons candidats auront toujours plusieurs propositions et le cabinet doit déployer les efforts nécessaires pour les attirer. Le cabinet devra mettre en avant toutes ses qualités quant au cadre de vie, l'ambiance de travail, les avantages particuliers[2].

422.35 **Visite du cabinet et échanges avec les autres collaborateurs.** À l'issue de l'entretien, l'avocat qui a conduit celui-ci peut proposer au candidat de visiter le cabinet. Ce sera l'occasion de présenter le candidat à quelques-uns des associés et collaborateurs présents.

À cette occasion, il peut être opportun de laisser le candidat discuter de manière informelle avec un ou plusieurs collaborateurs du cabinet. Ceci présente plusieurs intérêts : le candidat va pouvoir valider entre personnes de son âge ce qui lui a été dit sur le cabinet lors de l'entretien, c'est un gage de la qualité de l'ambiance et de la confiance qui règne au cabinet que de susciter une discussion spontanée entre un collaborateur du cabinet et un candidat.

422.36 **Conduite d'un deuxième ou troisième entretien.** Le recrutement est un moment d'une grande importance pour les deux parties. C'est aussi une décision collective du cabinet même si le collaborateur recruté a vocation à travailler prioritairement avec un associé. Il est donc important que le candidat puisse échanger avec plusieurs associés. Si toutes ces rencontres ne peuvent se faire lors de la première visite du candidat, il sera opportun de le faire revenir. Il faudra alors veiller à ce que le deuxième entretien soit rapidement fixé à une date rapprochée.

422.37 **Vérification des références du candidat.** Les références qui figurent sur les CV des candidats doivent être vérifiées. S'il est normal de présumer que les candidats sont bien titulaires de leurs diplômes ou des mentions annoncées, cela n'exclut pas qu'une des expériences professionnelles citées par le candidat se soit mal passée. Il ne faut donc pas hésiter à demander au candidat les noms et numé-

1. Sur l'identité du cabinet, v. ss nos 381.41 s.
2. Sur l'environnement de travail, v. ss nos 451.11 s.

ros de téléphone auxquels peuvent être jointes les personnes avec lesquelles le candidat a travaillé.

SECTION 4
PROCÉDURES INTERNES DU CABINET EN MATIÈRE DE RECRUTEMENT

422.41 Caractère collectif de la décision de recrutement. Même lorsqu'un collaborateur est recruté pour travailler dans un domaine précis ou avec un seul associé, il faut que le processus de recrutement soit une démarche collective du cabinet. En effet, les recrutements sont un élément essentiel de la cohésion du cabinet.

La démarche doit ainsi être collective à tous les niveaux, à savoir :

- la décision initiale d'engager une démarche de recrutement ;
- la sélection des candidats ;
- la conduite des entretiens ;
- le choix du candidat retenu ;
- les conditions de la collaboration proposée.

Il n'est évidemment pas réaliste d'impliquer tous les avocats dans tous les recrutements. Il faut, en fonction de la taille du cabinet, décider quelles seront les procédures appliquées.

L'implication de collaborateurs du cabinet à certaines étapes peut être utile et enrichissante. En effet, il est essentiel que les nouvelles recrues s'intègrent harmonieusement dans l'équipe existante. En faisant participer les collaborateurs aux recrutements, ceux-ci se sentent plus responsables de la bonne intégration des nouvelles recrues. Il faut cependant veiller à ce que les collaborateurs impliqués ne pensent pas avoir un droit de veto sur une décision de recrutement.

422.42 Détermination d'une procédure de recrutement. Le cabinet doit déterminer une procédure de recrutement qui soit adaptée à sa taille et son fonctionnement. Cette procédure s'appliquera à tous les recrutements du cabinet et peut comprendre :

- la détermination d'un certain nombre de critères indispensables pour qu'une candidature soit examinée ;
- le contenu des entretiens ;
- le nombre des entretiens ;
- le schéma de déroulement des entretiens ;
- la répartition des rôles des avocats du cabinet dans les procédures de recrutement ;
- la procédure de décision définitive ;
- le contenu des offres faites aux candidats retenus.

LE CABINET AB & associés compte six associés et quinze collaborateurs. Il a décidé d'appliquer la procédure suivante pour ses entretiens de recrutement :

Les décisions de procéder à d'éventuels recrutements sont prises lors des réunions d'associés.

L'associé qui est le plus directement concerné par le recrutement effectue une présélection de candidats. Il procède d'abord par élimination de tous les CV reçus qui ne correspondent pas à ses attentes. Il sélectionne ensuite un certain nombre de candidats qu'il convoque pour un premier entretien. Ce premier entretien lui permet de retenir trois candidats.

Les trois candidats sont convoqués à nouveau. Ils sont brièvement revus par l'associé qui les avait reçus la première fois. Ils passent alors deux entretiens : le premier avec un autre associé du cabinet et un deuxième entretien, plus bref, avec un collaborateur expérimenté.

Les trois avocats du cabinet échangent leurs impressions sur le déroulement des entretiens. Les deux associés se voient pour prendre une décision définitive. Si des doutes subsistent, le candidat est convoqué à nouveau pour un entretien qui a lieu avec les deux associés en même temps.

La décision définitive est présentée en réunion d'associés et les termes de la proposition qui sera faite au nouveau collaborateur sont arrêtés.

422.43 Recommandations concernant les décisions de recrutement. Il existe, en matière de recrutement, certaines règles qui ne souffrent aucune exception :

- c'est au candidat de se conformer aux procédures du cabinet et non au cabinet de se plier à l'agenda du postulant. Un candidat qui ne se prêterait pas de bonne grâce à une procédure comportant plusieurs entretiens témoignerait d'un manque de motivation vis-à-vis du cabinet ;
- un défaut d'un candidat constaté lors de la procédure de recrutement se corrige rarement par la suite. Si un candidat présente de nombreuses qualités mais également une caractéristique qui pose une difficulté, il ne faut pas le recruter en espérant que le problème se corrigera ;
- en cas de mauvais recrutement, il ne faut pas laisser une situation se détériorer. Malgré toutes les précautions, le risque d'un mauvais recrutement existe toujours. Il est donc essentiel d'être très présent pour accompagner la nouvelle recrue dans ses premiers pas au cabinet. Cette phase initiale d'observation doit être l'occasion pour les deux parties de valider leur choix. Si des doutes surviennent tôt dans l'esprit du cabinet, il faut en tirer des conclusions rapides et ne pas laisser la situation se détériorer. La période d'essai du nouveau collaborateur devra être utilisée à bon escient. Il sera souhaitable de prendre acte d'un mauvais recrutement en interrompant la période d'essai plutôt que d'attendre que la collaboration soit entamée.

CHAPITRE

423. Organisation, motivation et rémunération des collaborateurs

SECTION 0

ORIENTEUR

423.00 Sommaire du chapitre.

423.05 Exemple.
* Pour un exemple de formulaire d'évaluation annuelle d'un collaborateur, v. s[s] n° 513.2.

SECTION 1

FORMATION DES COLLABORATEURS EN INTERNE

423.11 Principes de base de la formation des collaborateurs. Le collaborateur d'un cabinet généraliste de deux associés avec une forte activité judiciaire sera peut-être amené à assurer plusieurs audiences par jour alors qu'il vient à peine de prêter serment. Le collaborateur d'un grand cabinet international peut travailler pendant une année entière avant de participer à une réunion à laquelle assiste un client. Malgré ces différences, de nombreux aspects de la formation et de l'organisation du travail des collaborateurs sont communs à tous les cabinets quelles qu'en soient l'activité et la taille. La formation est un élément fondamental de la relation entre l'« avocat-patron » et ses collaborateurs. Elle est même inhérente à la notion de collaboration.

Si depuis la réforme du 11 février 2004[1], l'« avocat-patron » n'est plus maître de stage, il reste contractuellement et moralement engagé vis-à-vis de son collaborateur à lui transmettre les connaissances nécessaires pour progresser.

Il est aussi dans l'intérêt vital de tout cabinet d'avocats de former efficacement ses collaborateurs.

L'article 14.2 du RIN rappelle que le contrat de collaboration garantit à l'avocat le droit à la formation au titre de la formation continue et de l'acquisition d'une spécialisation notamment.

Cette section aborde la notion de formation dans sa conception globale et générale.

423.12 Profil du collaborateur : prudent ou autonome. Chaque collaborateur est différent et demande une dose différente de responsabilisation et de surveillance. Les profils psychologiques des collaborateurs peuvent être analysés au travers du spectre suivant :

SPECTRE DES PROFILS PSYCHOLOGIQUES

Profil très prudent — Profil très autonome

CARACTÉRISTIQUES DOMINANTES DE CHAQUE PROFIL

Profil très prudent	Profil très autonome
Plus technicien	Plus commercial
Ne cherche pas à se mettre en avant	Contact facile, apprécié des clients
À un besoin constant de validation	Exprime peu de demandes
Est en demande d'aide et de conseils pour progresser	Accepte difficilement la critique

1. L. n° 2004-130, 11 févr. 2004 réformant le statut de certaines professions judiciaires ou juridiques, des experts judiciaires, des conseils en propriété industrielle et des experts en ventes aux enchères publiques, *JO* 12 févr., p. 2847.

423.13 Rôle du cabinet adapté au profil du collaborateur. Selon le profil du collaborateur, le rôle du cabinet sera différent.

RÔLE DU CABINET EN FONCTION DU PROFIL DU COLLABORATEUR

Profil très prudent	Profil très autonome
Devra être encouragé et poussé par le cabinet	Devra être davantage contrôlé par le cabinet pour éviter des erreurs dues à l'empressement
Tendance à être recruté par des cabinets d'une certaine taille qui recherchent des techniciens et n'ont pas besoin de jeunes au contact des clients	Tendance à être recruté par des petits cabinets qui ont besoin de déléguer beaucoup et vite
Apprécie les grands cabinets qui sont très équipés en ressources documentaires, qui font faire beaucoup de recherches à leurs collaborateurs	Apprécie d'être plongé dans l'action, d'avoir à se débrouiller dans des situations difficiles, même avec une part d'improvisation
Aime un environnement structuré et protégé	N'aime pas les procédures et la hiérarchie

423.14 Risques à long terme liés au profil du collaborateur. Au fil de la carrière du collaborateur, son profil est susceptible de devenir un handicap si le cabinet ne l'aide pas à corriger ses défauts.

NATURE DES RISQUES EN FONCTION DU PROFIL DU COLLABORATEUR

Profil très prudent	Profil très autonome
Tarde à comprendre que sa carrière sera aussi conditionnée par sa capacité à trouver des clients et se vendre	Sous-estime l'importance du droit et de la technique
A tendance à rester trop loin de la réalité humaine et économique de ses clients	Plafonne par manque de rigueur dans sa capacité d'analyse juridique

423.15 Équilibre entre responsabilisation et supervision. L'objectif prioritaire du cabinet consiste à apprendre au collaborateur le plus rapidement possible à :

– comprendre où se situe son seuil de compétence et à en tenir compte. Le collaborateur doit être à l'aise avec les tâches qui lui sont confiées tout en acceptant la difficulté et le défi. Il ne doit pas être dans une situation d'angoisse et de stress qui peut être la cause d'erreurs ou d'incidents ;

– savoir identifier les situations à risque où les responsabilités sont en jeu. Dès qu'il rencontre une telle situation, le collaborateur doit savoir alerter les avocats du cabinet et faire intervenir les personnes compétentes.

Pour ceci, le cabinet va s'efforcer :

– de donner au collaborateur une charge de travail qui doit coïncider avec ses capacités. Le collaborateur doit ressentir que le cabinet et les clients comptent sur lui et lui font confiance. Le cabinet doit s'efforcer d'organiser le travail de ses collaborateurs en les exposant à une variété de dossiers et de situations qui leur permette de comprendre la globalité des enjeux du métier ;

– de faire en sorte que le collaborateur progresse et soit en mesure de constater lui-même ses progrès. Pour que ceci soit le cas, il faut qu'il y ait un dialogue régulier des associés avec les collaborateurs et les compliments comme les critiques doivent être exprimés. C'est aussi le rôle essentiel des procédures d'évaluation[1].

423.16 Formation générale et/ou spécialisation des collaborateurs. Dès qu'un cabinet compte plusieurs associés exerçant leurs activités dans différentes spécialités[2], il se pose la question du degré de spécialisation de la formation des collaborateurs au sein du cabinet. En plus des besoins du cabinet, se pose aussi la question des souhaits exprimés par les collaborateurs en fonction du degré de spécialisation de leurs études ou de leurs goûts personnels. Le cabinet aidera ses jeunes collaborateurs lorsque ceux-ci expriment des envies et les orientera pour que leurs envies coïncident avec les besoins du cabinet. Ceci est d'ailleurs une obligation du cabinet en application de l'article 14.3 du RIN : Le cabinet doit s'efforcer de confier au collaborateur, dans des conditions contractuellement définies, des travaux relevant de la ou des spécialisations recherchées, si l'avocat collaborateur libéral ou salarié souhaite les acquérir dans le cadre des dispositions de l'article 88 du décret du 27 novembre 1991.

Il arrive que l'intérêt exprimé par un collaborateur débutant pour une matière ne corresponde ni aux besoins du cabinet, ni à ces capacités ni à un marché. Le cabinet pourra alors guider les collaborateurs vers des centres d'intérêt et des domaines du droit qui correspondent aux attentes du cabinet et du marché.

L'approche sans doute la plus vertueuse va consister à apporter au collaborateur une formation générale suffisamment complète avant de l'aider à se spécialiser. Ceci va consister à faire travailler le collaborateur avec les différents associés du cabinet ou dans différents départements en laissant à celui-ci la possibilité de se forger une opinion à la fois personnelle et éclairée sur les matières qui l'intéressent. Le collaborateur développera très vite certains penchants sur lesquels il pourra ensuite se concentrer davantage et construire sa carrière.

1. V. s[s] n°s 423.31 s.
2. SUR la spécialisation de l'avocat : H. Ader, S. Bortoluzzi, A. Damien, D. Piau, Th. Wickers, *Règles de la profession d'avocat 2022/2023,* 17e éd., « Dalloz action », 2022, n°s 214.11 s.

Dans les cabinets structurés en départements ou dans les cabinets dont les associés ne partagent pas (ou peu) leurs collaborateurs, le collaborateur est recruté par un département ou un associé précis pour travailler avec celui-ci. Le collaborateur sera alors formé pour comprendre tous les aspects de sa matière.

423.17 Formation des avocats par la formation des clients. Les cabinets sont de plus en plus nombreux à consacrer du temps et des ressources à la formation de leurs clients[1]. Les cabinets au sein desquels existe cette pratique constatent avec satisfaction son impact très bénéfique sur la formation des collaborateurs. Lorsqu'un collaborateur a la charge d'une présentation qui doit être faite à des clients du cabinet, il doit non seulement profiter de l'occasion pour mettre en valeur la connaissance du cabinet mais aussi ses propres connaissances sur le sujet traité. Ces formations peuvent aussi, à certaines conditions, être validées dans le cadre de la formation continue obligatoire[2]. Le collaborateur déploiera donc des efforts importants pour maîtriser tous les aspects de son exposé. Le cabinet apporte ainsi un service et une valeur ajoutée à ses clients tout en formant ses collaborateurs.

La participation des collaborateurs à l'écriture de newsletters ou bulletins d'information adressés aux clients ou mis en ligne sur le site Internet du cabinet joue aussi un rôle essentiel dans la formation[3].

423.18 Formation non juridique des collaborateurs. La formation non juridique est une dimension importante de la formation du collaborateur. Cet aspect de la formation prend une grande importance lorsque les collaborateurs sont activement impliqués dans les relations avec les clients et commencent à plaider des dossiers importants.

La formation extra-juridique des collaborateurs porte notamment sur :

- les qualités de présentation ;
- l'expression orale ;
- les techniques de la plaidoirie ;
- les techniques de négociation.

Les qualités de présentation, la capacité de convaincre, le fait d'inspirer confiance, ne sont pas que des talents innés. Il existe des méthodes, une discipline, des techniques qui peuvent et qui doivent s'acquérir. Alors que les cabinets internationaux accordent une grande importance à cet aspect de la formation, les petits cabinets y pensent rarement.

DES AGENCES spécialisées proposent des formations à la prise de parole en public. Ces formations peuvent s'avérer tout à fait adaptées à des collaborateurs avocats[4].

Pour tous les cabinets qui n'envisagent pas de recourir à des prestataires extérieurs pour former leurs collaborateurs sur ces points, il suffit parfois d'un simple dialogue entre l'associé et le collaborateur pour permettre à ce dernier de faire des progrès considérables.

LORS D'UNE RÉUNION en présence de trois personnes d'une société cliente, il faut distribuer les regards de manière à communiquer avec chaque personne présente. C'est une erreur tactique de ne s'adresser qu'à la personne hiérarchiquement la plus importante.

La règle est la même lorsque l'avocat s'adresse à trois magistrats assis côte à côte dans une salle d'audience.

Il vaut mieux commencer une réunion avec un client avec quelques minutes de retard parce qu'on a pris le temps de relire les éléments importants du dossier que de se précipiter dans une réunion avec une connaissance imparfaite de la situation.

Lorsque l'on souhaite mettre en avant les qualités du cabinet, il faut d'abord écouter le client ou client potentiel.

En présence d'un client, il faut éteindre son téléphone portable.

La formation non juridique peut aussi porter sur des connaissances utiles pour l'avocat dans sa participation à l'organisation et la gestion du cabinet :

- la comptabilité ;
- l'utilisation de tableurs ;
- l'utilisation de bases de données, de logiciels documentaires ou de logiciels de gestion et facturation.

Au même titre que pour les formations juridiques, le cabinet doit être à l'écoute des collaborateurs. Il doit également être force de proposition.

SECTION 2
ORGANISATION DE L'ACTIVITÉ DES COLLABORATEURS

423.21 Organisation de l'activité des collaborateurs : une clé de la croissance et de la rentabilité. L'effet de levier résultant de la délégation du travail à ses collaborateurs est un élément clé de la rentabilité du cabinet[5]. Il appartient donc au cabinet d'organiser l'activité des collaborateurs pour optimiser sa croissance et sa rentabilité.

À propos des ratios de rentabilité des collaborateurs, il n'existe pas de règle absolue en ce qui concerne le rapport entre la rétrocession d'honoraires versée au collaborateur et la facturation générée par celui-ci. Les objectifs du cabinet vont dépendre de sa propre

1. Sur la formation des clients par les avocats, v. s[s] n°s 432.11 s.
2. Sur la formation continue obligatoire, v. s[s] n°s 431.11 s.
3. Sur les lettres d'information du cabinet, v. s[s] n°s 382.51 s.
4. Ex. : www.whistcom.com
5. AUSSI : RJH Consulting, « Leveraging a law firmes associates and paralegals », 2022 – Sur la rentabilité du cabinet, v. s[s] n°s 321.11 s.

structure de coûts. Il est cependant admis que ce rapport doit être autour de 2,5 (facturation du collaborateur = 2,5 × rétrocession) et, si possible, au-delà.

L'EXEMPLE ci-après donne une indication des objectifs à atteindre pour le cabinet :

REVENUS générés par le collaborateur :

Heures travaillées par semaine	45 heures
Heures facturées	30 heures
Taux horaire moyen réel	130 € HT
Revenu hebdomadaire	3 900 € HT
Semaines travaillées dans l'année	45
Facturation annuelle	**175 500 € HT**

Honoraires payés au collaborateur :

Rétrocession mensuelle	5 000 € HT
Rétrocession annuelle (12 mois et une prime de 8 000 €)	68 000 € HT

Ratio = Revenu généré par le collaborateur/Coût (honoraires) versés au collaborateur = 2,58

Les hypothèses ci-dessus sont celles d'un collaborateur de 5e année d'un cabinet de taille moyenne pratiquant le droit des affaires. Il y a un décalage entre ses heures travaillées et ses heures facturées, une grande partie de ce temps étant relatif à des travaux non facturables accomplis pour le cabinet. Enfin, alors que le taux horaire théorique de ce collaborateur est de 150 euros, des heures ont dû subir une décote pour des raisons tenant essentiellement aux particularités de certains dossiers (forfaits mal négociés au départ ou difficultés financières de certains clients).

Dans ces circonstances, le ratio de 2,58 est satisfaisant.

423.22 Seuil de compétence et rentabilité des collaborateurs. Pour que les collaborateurs du cabinet livrent leur plein potentiel, ils doivent le plus souvent possible travailler à la limite de leur seuil de compétence. Ceci signifie que les tâches et les dossiers qui leur sont confiés tiennent compte de leur progression.

Un collaborateur sera mieux facturé si les missions qui lui sont affectées sont en ligne avec ses capacités.

LE CABINET M. & Associés a plusieurs collaborateurs à des niveaux d'expérience différents. En raison d'un manque de concertation et de mauvaises habitudes des associés, les situations suivantes se produisent :

Un collaborateur débutant se voit confier une consultation complexe sur la mise en œuvre d'une garantie de passif alors qu'il n'a qu'une expérience très limitée sur les acquisitions. Il passe un temps important pour un résultat inexploitable. Ses heures passeront en perte.

Un collaborateur très expérimenté assure deux audiences de conciliation au conseil des prud'hommes dans la même semaine. À chaque fois, son temps d'attente est considérable et il ne peut facturer son taux horaire plein. La même tâche aurait pu être confiée au débutant qui aurait pu facturer à son taux pendant que le collaborateur expérimenté aurait travaillé sur la garantie de passif en facturant tout son temps.

CALCUL DU CHIFFRE D'AFFAIRES PERDU :

Collaborateur débutant (tx 100 € HT)	Collaborateur senior (tx 200 € HT)
• 15 heures travaillées • 0 heure facturée • Facturation 0 euro • Facturation perdue 1 500 € Facturation totale perdue sur les deux collaborateurs par rapport à leurs heures travaillées au taux plein = 1 800 €	• 6 heures travaillées • 3 heures facturées • Facturation 600 € • Facturation perdue 300 €

Situation corrigée :

Dans une hypothèse où le travail aurait été affecté en tenant compte du seuil de compétences de chacun en envoyant le collaborateur débutant au Conseil des prud'hommes et en faisant travailler le collaborateur senior sur la garantie de passif :

Collaborateur débutant (tx 100 € HT)	Collaborateur senior (tx 200 € HT)
• 6 heures travaillées • 6 heures facturées • Facturation 600 € • Facturation perdue 0 euro Solde d'heures restant à facturer / hypothèse 1 = 9 heures	• 6 heures travaillées • 6 heures facturées • Facturation 1 200 € • Facturation perdue 0,00 euro

Conclusion :

Une bonne affectation du travail permet au cabinet de facturer 1 800 euros pour un total de 12 heures travaillées par les collaborateurs. Dans l'hypothèse ci-dessus, il reste 9 heures à facturer pour le collaborateur débutant, soit 900 euros, ce qui aboutirait à une facturation totale de 2 700 euros pour 21 heures travaillées.

Une mauvaise affectation du travail permet au cabinet de facturer 600 euros pour un total de 21 heures travaillées par les collaborateurs, soit une déperdition de 2 100 euros de chiffre d'affaires.

423.23 Conséquences d'une bonne affectation du travail des collaborateurs sur le fonctionnement du cabinet. Les bénéfices pour le cabinet sont multiples :

– les collaborateurs progressent de façon harmonieuse. Une bonne affectation du travail en fonction des compétences de chacun permet une approche plus pédagogique avec une courbe d'apprentissage contrôlée ;

– les collaborateurs sont plus sereins ;

– les performances du cabinet sont meilleures ;

– les résultats du cabinet permettent l'embauche de nouveaux collaborateurs ;

– une pyramide des âges se construit, qui consolide et pérennise le cabinet.

C'est vers ce mode de fonctionnement que le cabinet doit tendre, qu'il soit petit, moyen ou grand. En conséquence, à chaque fois qu'un associé attribue une mission à un de ses collaborateurs, il doit se poser les questions suivantes :

- Est-ce que le collaborateur à qui ce travail est délégué dispose des capacités et de l'expérience nécessaires ?
- Est-ce que les capacités techniques du collaborateur à qui je délègue ce dossier vont être pleinement utilisées ?
- Est-ce que le potentiel de facturation sur ce dossier est en ligne avec le coût de ce collaborateur ?

423.24 Qualité de la délégation du travail aux collaborateurs. L'associé délégant un travail à un collaborateur doit impérativement respecter certaines règles. Il devra :

- S'interroger sur la difficulté de la question posée par rapport au niveau du collaborateur : l'associé mettra en perspective ce qu'il demande au collaborateur avec ce qu'il savait faire lui-même quand il avait l'âge et l'expérience du collaborateur en question.
- S'assurer que le collaborateur a compris ce qui lui est demandé : une simple question pour vérifier le niveau de compréhension du collaborateur par rapport à ce qui vient de lui être demandé peut économiser des heures de travail perdues.
- Suivre la globalité du travail du collaborateur pour comprendre sa progression : dans un cabinet où les collaborateurs sont partagés entre les associés, ces derniers doivent prendre le temps d'évoquer ensemble la progression du collaborateur[1].
- Fixer des paliers précis pour la progression des collaborateurs (en fonction des besoins du cabinet) :
  • exemple : un collaborateur de 2e année doit savoir mener une procédure de recouvrement avec mise en jeu d'une caution ;
  • exemple : un collaborateur de 3e année doit savoir rédiger une clause de non concurrence…
- Suivre la formation continue des collaborateurs, notamment en faisant des propositions de formations qui encouragent le collaborateur à se spécialiser dans des domaines utiles pour le cabinet.
- Créer une hiérarchie entre les collaborateurs en faisant travailler les débutants sous la responsabilité (surveillée) de collaborateurs expérimentés.
- Toujours privilégier le temps des associés.

SECTION 3
ÉVALUATION DES COLLABORATEURS

423.31 Évaluation et progression des collaborateurs. Les procédures d'évaluation des collaborateurs[2] se généralisent car elles sont essentielles pour le cabinet et pour le collaborateur.

Certains pourraient penser que la tradition libérale du métier se prête mal à de tels exercices plus communément pratiqués dans les entreprises. Or, l'expérience montre que non seulement les procédures d'évaluation contribuent à la progression des collaborateurs, mais que ces derniers sont très demandeurs de ce type de démarche. Le formalisme d'une procédure d'évaluation permet à la fois de diminuer l'arbitraire et de sécuriser le parcours du collaborateur.

L'article 14 du RIN prévoit que quelle que soit la durée du contrat de collaboration libérale, les parties se rencontreront, à la demande de l'une d'entre elles, au moins une fois par an pour examiner l'éventuelle évolution de leur relation. Même si le texte ne fait pas référence à une procédure d'évaluation, c'est un pas vers la formalisation d'une réunion au cours de laquelle la progression du collaborateur peut être évoquée[3].

La Charte des bonnes pratiques de la collaboration[4] adoptée par le barreau de Paris prévoit expressément dans son article 5.1 un entretien annuel d'évaluation, dans les termes suivants :

Le cabinet et le collaborateur/la collaboratrice se réunissent au moins une fois par an afin d'évoquer les conditions et les modalités de la collaboration, notamment :

- les dossiers traités par le collaborateur/la collaboratrice au cours de la période écoulée les difficultés éventuellement rencontrées dans le traitement de ces dossiers et la méthode de gestion de ces difficultés ;
- la possibilité pour le collaborateur/la collaboratrice de développer sa carrière, un savoir-faire, et pour le collaborateur/la collaboratrice libéral(e) de développer une clientèle, avec les moyens mis à sa disposition par le cabinet ;
- les perspectives de développement du collaborateur/de la collaboratrice au sein du cabinet, en fonction de la structure de celui-ci. Le cabinet s'efforce à cet égard de donner au collaborateur/à la collaboratrice une vision claire de l'appréciation du

1. Sur l'évaluation des collaborateurs, v. ss nos 423.31 s.
2. Pour un exemple de formulaire d'évaluation annuelle des collaborateurs du cabinet : v. ss no 513.2.
3. RIN, art. 14.2 ; CNB, AG 24 et 25 sept. 2010, DCN no 2010-003 – mod. par CNB, AG. 11 et 12 avr. 2014, DCN no 2013-002 – Mod. par CNB, AG 31 mars et 1e avr. 2017, DCN no 2016-003 portant modification de l'article 14 du Règlement intérieur national (RIN) de la profession d'avocat, *JO* 1er août – Mod. par CNB, AG 15 mai 2020, DCN no 2019-002 – Mod. par CNB, AG 9 oct. 2020, DCN no 2020-002, *JO* 28 nov.
4. V. ss no 421.14.

cabinet quant à sa capacité a évoluer au sein de celui-ci.

Ces entretiens annuels doivent être adaptés à l'ancienneté et à l'expérience du collaborateur/de la collaboratrice. En présence de collaborateurs/collaboratrices expérimenté(e)s et en fonction de la structure du cabinet, la question de son éventuelle association devra être abordée.

L'ordre met à disposition des cabinets et des collaborateurs/collaboratrices un modèle du document d'entretien annuel (annexe 12 du RIBP, « Guide de l'entretien annuel »).

Jusqu'alors ni les ordres ni le CNB ne s'étaient prononcés sur la mise en œuvre de cette procédure au sein des cabinets.

423.32 Méthodes et critères d'évaluation des collaborateurs. Pour qu'une procédure d'évaluation soit efficace, il faut que le cabinet arrête des règles précises qui seront les mêmes pour tous. Il est essentiel que la même grille d'analyse soit appliquée à tous les avocats du cabinet tout en tenant compte du niveau d'expérience de chacun et des attentes qui peuvent résulter de ce niveau d'expérience.

Une procédure d'évaluation efficace s'articule autour de quatre axes :

- l'évaluation écrite par le collaborateur de sa propre progression ;
- l'évaluation écrite du collaborateur par le cabinet ;
- la fixation d'objectifs devant être atteints avant la prochaine évaluation ;
- un entretien d'échanges sur l'ensemble de ces points.

Les critères et éléments d'évaluation doivent aussi être organisés et structurés :

- la performance objective et quantifiable : les heures travaillées et facturées ;
- les relations avec les clients et le marketing : clients développés, clients apportés au cabinet ;
- le développement personnel : aptitudes relationnelles, capacité à travailler en groupe, niveau de langues étrangères... ;
- la contribution à la vie et à l'organisation du cabinet : prise en charge de tâches administratives ou organisationnelles, prise d'initiatives pour le cabinet...

Cette approche structurée permet aux associés une bonne lecture des forces et faiblesses du collaborateur. Un formulaire d'évaluation ne doit pas être un outil figé et le cabinet ne doit pas hésiter à le modifier et l'améliorer pour coller au mieux à ses besoins[1]. Il est recommandé de procéder à une évaluation par an. En cours d'année, un entretien intermédiaire peut avoir lieu pour évoquer la progression par rapport aux objectifs fixés.

423.33 Performance objective et quantifiable des collaborateurs. Il s'agit d'une analyse des performances objectives du collaborateur. Tous les éléments chiffrés relatifs à la production du collaborateur doivent lui être communiqués dans le cadre de la procédure d'évaluation pour qu'il apprécie sa propre situation.

Si le cabinet dispose d'un logiciel de gestion et de facturation, les éléments suivants pourront aisément en être extraits pour chaque collaborateur :

- heures travaillées ;
- heures facturables ;
- heures non facturables ;
- heures facturées ;
- heures payées ;
- taux horaire théorique ;
- taux horaire moyen effectif ;
- délai moyen de recouvrement des heures facturées.

Il peut être utile pour le cabinet de fixer un objectif théorique d'heures facturables pour ses collaborateurs, ce qui permet de voir s'ils sont en avance ou en retard par rapport à ce nombre théorique d'heures au moment de l'évaluation.

Si l'ensemble de ces éléments permettent d'apprécier les performances des collaborateurs, il faut toujours que ces critères objectifs soient appréciés au regard des particularités de chacun.

Un collaborateur qui a des responsabilités importantes en ce qui concerne l'organisation de la documentation du cabinet aura à ce titre de nombreuses heures non facturables. Ceci ne signifie pas que les performances de ce collaborateur sont moins bonnes qu'un autre qui contribue moins à l'organisation du cabinet.

423.34 Évaluation des qualités relationnelles du collaborateur. L'évaluation du collaborateur portera sur :

- le développement du volume d'affaires auprès des clients existants ;
- la capacité à établir des contacts avec de nouveaux clients potentiels ;
- le chiffre d'affaires apporté au cabinet ;
- la qualité de présentation lors des réunions avec les clients ;
- l'aisance dans les relations client ;
- les aptitudes relationnelles à l'extérieur du cabinet.

L'évaluation tiendra compte des manifestations de satisfaction des clients par rapport au collaborateur. Ces aspects plus difficilement quantifiables devront être associés à des objectifs précis et mesu-

1. J. Wilber, « Is it time to update your associate performance evaluation form ? », *Report to Legal Management*, juin 1998 [En ligne : www.altmanweil.com].

rables[1] afin de pouvoir apprécier les performances et les progrès des collaborateurs.

423.35 Évaluation du développement personnel du collaborateur. L'évaluation du développement personnel du collaborateur portera sur tout ce que fait le collaborateur pour améliorer ses qualités techniques et professionnelles, notamment :

- son activité de recherche et de publication ;
- sa participation à des conférences ;
- ses efforts de formation et de perfectionnement dans son domaine de compétence ;
- l'amélioration de son niveau en langues étrangères.

423.36 Contribution à la vie et à l'organisation du cabinet. L'évaluation du collaborateur portera notamment sur :

- la qualité des rapports et les efforts relationnels avec les autres membres du cabinet ;
- la prise en charge de tâches et de responsabilités administratives ;
- la prise de responsabilités en ce qui concerne la circulation de l'information dans le cabinet (documentation et *knowledge management*) ;
- l'organisation d'événements destinés aux clients ou aux membres du cabinet ;
- la prise de toutes initiatives susceptibles d'améliorer l'organisation et la vie du cabinet ;
- la capacité du collaborateur à aider les autres.

423.37 Rôle clé des objectifs dans l'évaluation des collaborateurs. Lorsque des objectifs sont fixés au collaborateur, ils doivent pouvoir être ramenés à des objectifs qui obéissent à la règle QVL :

- quantifiable ;
- vérifiable ;
- limité[2].

Ces objectifs doivent être fixés d'un commun accord entre le collaborateur et le ou les avocats chargés de la procédure d'évaluation.

EXEMPLES de souhaits ou de projets du collaborateur transformés en objectifs QVL :

Projet : Je dois améliorer mon niveau d'anglais.

Objectif QVL = Je vais passer une heure par semaine à m'entraîner à la conversation avec notre secrétaire bilingue et je regarderai tous les jours le site anglais « The Lawyer » dont je ferai un compte rendu hebdomadaire à la réunion de documentation du lundi.

Projet : Je veux être plus entreprenant sur le plan commercial.

Objectif QVL : Je vais assister à six conférences dans l'année et je reviendrai de chacune d'elles avec au moins deux contacts intéressants pour le cabinet.

Projet : Je veux participer davantage à la vie du cabinet.

Objectif QVL : J'organiserai le prochain dîner de fin d'année avec tous les avocats et le personnel du cabinet.

Projet : Je veux participer davantage à la formation des stagiaires.

Objectif QVL : Je travaillerai en binôme avec un stagiaire que j'impliquerai à toutes les étapes dans trois de mes dossiers importants.

423.38 Préparation des réunions d'évaluation des collaborateurs. Ces réunions sont des moments très importants pour les collaborateurs. Les deux parties se doivent de les préparer avec soin.

Au cours de la réunion d'évaluation, le collaborateur sera invité à s'exprimer sur sa propre analyse de son évolution et de sa progression au sein du cabinet. Il sera donc demandé au collaborateur de préparer l'entretien sur ce point. Pour ceci, le formulaire d'évaluation pourra contenir une première partie composée de questions ouvertes adressées au collaborateur : Quels sont les domaines dans lesquels le collaborateur a l'impression d'avoir le plus progressé au cours de l'année écoulée ? Quels sont les domaines ou les situations dans lesquelles le collaborateur éprouve des difficultés ? Les réponses à ces questions seront communiquées à l'avance à l'associé en charge de l'entretien. Elles donneront à l'entretien son caractère d'échange bilatéral portant à la fois sur la période évaluée mais aussi sur le déroulement de la période à venir.

L'associé préparera la réunion pour pouvoir exprimer de manière précise sa satisfaction ou son mécontentement en l'associant à des exemples concrets de situations survenues au cours de la période évaluée. L'évaluation ne sera crédible que si elle porte sur des éléments tangibles plutôt que des perceptions diffuses.

423.39 Déroulement des réunions d'évaluation des collaborateurs. À chaque réunion d'évaluation, tous les éléments sont rassemblés pour étudier la situation du collaborateur et vérifier que tous ses objectifs ont bien été atteints. La réunion servira aussi à comprendre pourquoi certains objectifs n'ont pas été honorés afin de corriger la situation.

Aux objectifs ponctuels doivent être ajoutés les objectifs récurrents comme celui de renseigner son temps tous les jours si ce n'est pas fait. Certains objectifs du collaborateur peuvent nécessiter l'aide ou l'intervention d'autres membres du cabinet. Tous ces points sont à préciser au cours de la réunion d'évaluation.

1. V. s[s] n°s 423.37 s.
2. Variante des objectifs Smart évoqués dans « Les leviers de développement du cabinet ».

La fixation de nouveaux objectifs au cours de la réunion d'évaluation est un moment décisif non seulement pour le collaborateur concerné mais également pour la vie du cabinet. En effet, ces objectifs établis en commun accord constituent un véritable contrat entre l'avocat et le cabinet. C'est aussi pour cela qu'ils doivent être réalistes et limités dans leur nombre. Ce sont des étapes essentielles dans la progression de carrière de l'avocat.

Pour les cabinets qui comptent plusieurs associés, il est recommandé de prévoir deux entretiens pour chaque collaborateur. Le premier entretien se déroulera avec l'associé avec lequel le collaborateur travaille le plus. Le second entretien aura lieu avec un autre associé. Ce second entretien, moins précis que le premier sera l'occasion d'une parole plus libre mais importante tant pour le collaborateur que pour le cabinet.

Enfin, même si l'entretien d'évaluation va aboutir à l'octroi ou non d'une prime ou d'une augmentation, il est important de dissocier l'évaluation technique et humaine du collaborateur des questions d'argent. L'entretien d'évaluation n'est pas une négociation. Il est donc préférable d'aborder ces questions au cours d'une autre discussion.

SECTION 4
MOTIVATION (HORS RÉMUNÉRATION) DES COLLABORATEURS

423.41 Principes de la motivation des avocats. Les avocats ont besoin d'un environnement de travail à la fois exigeant et qui leur laisse en même temps une grande liberté d'expression et d'action. Dans ce contexte, les associés du cabinet essayeront de :

- faire converger les intérêts des collaborateurs avec ceux du cabinet ;
- corriger, critiquer et témoigner de la reconnaissance aux collaborateurs ;
- donner de la visibilité aux collaborateurs ;
- laisser s'exprimer l'individualité des collaborateurs ;
- proposer un parcours professionnel aux collaborateurs ;
- stimuler leur sentiment d'appartenance au cabinet ;
- encourager la solidarité au sein du cabinet ;
- donner une bonne image du cabinet ;
- appliquer une politique de rémunération claire et juste.

423.42 Convergence des intérêts des collaborateurs avec ceux du cabinet. En France, cette problématique est complexe du fait du statut de l'avocat collaborateur libéral[1]. L'acception traditionnelle du statut de collaborateur intègre l'idée qu'au fur et à mesure de sa progression personnelle, les intérêts du collaborateur vont être amenés à diverger avec ceux du cabinet. Il travaille pour payer sa formation et à sa rétrocession s'ajoutent progressivement les revenus de sa clientèle propre. Il quitte alors son statut de collaborateur pour s'établir à son compte.

Aujourd'hui, cette vision ne correspond plus aux besoins du marché. Les cabinets doivent se structurer pour survivre dans un milieu de plus en plus compétitif. Le renouvellement des générations au sein des cabinets est devenu un enjeu majeur car la valeur patrimoniale des cabinets d'avocats ne survit pas aux avocats qui les animent. À l'image des grands cabinets, tous s'interrogent maintenant sur les opportunités de carrière qu'ils peuvent offrir à leurs jeunes collaborateurs.

La convergence des intérêts des collaborateurs et du cabinet se situe à trois niveaux :

- Technique. Si le cabinet déploie des efforts pour que le collaborateur s'améliore et se perfectionne, ce dernier va lier sa progression technique à sa carrière dans le cabinet.
- Affective. Le sentiment d'appartenance et l'attachement au cabinet sont essentiels. Si le cabinet sait créer une ambiance solidaire et bienveillante, chaque avocat travaillera avec la volonté que ses efforts propres servent aussi le cabinet tout entier.
- Financière. Par une politique de rémunération juste, le cabinet limitera le besoin pour le collaborateur de compléter la rétrocession versée par le cabinet avec les honoraires de ses dossiers personnels. Il pourra éventuellement compléter ceci par un système d'intéressement aux dossiers apportés par les collaborateurs.

Ces points ne sont pas dissociés. En effet, un collaborateur qui s'épanouit dans une spécialité encouragée par le cabinet sera moins enclin à passer du temps sur des dossiers « alimentaires » qui ne font pas pleinement appel à ses compétences.

423.43 Critiques et témoignages de reconnaissance. Le collaborateur a besoin d'être valorisé. Cette valorisation peut aussi s'exprimer dans le cadre de la correction ou de la critique. Si l'associé prend le temps de corriger et de critiquer de manière constructive, c'est une première forme de valorisation des efforts du collaborateur. Il est également primordial que les commentaires ne se limitent pas aux critiques négatives. Le collaborateur veut savoir si son travail est apprécié tant par les clients que par les avocats du cabinet. Cette reconnaissance peut être témoignée de manière simple et informelle en face à face avec le collaborateur. Parfois, il est également possible de saisir l'occasion de réunions

1. Sur la clientèle personnelle, v. s[s] n°s 423.71 s.

internes ou de réunions avec des clients pour exprimer des compliments qui, ainsi, sont entendus par d'autres que le seul collaborateur concerné.

423.44 Visibilité du collaborateur. Un bon collaborateur ne fait pas d'ombre à son patron, il le valorise. Le cabinet a donc tout intérêt à donner de la visibilité à ses collaborateurs. Stimulé par la confiance qui lui est faite, le collaborateur n'en sera que plus performant. La visibilité consiste à mettre le collaborateur au contact du client.

Un des griefs les plus fréquents faits par les jeunes avocats aux grands cabinets très structurés est celui d'être coupé de la relation client pendant les premières années. Le jeune avocat veut faire la jonction entre le monde théorique de ses études et le monde réel. Il accueillera avec enthousiasme les occasions de faire cette jonction.

La signature de lettres ou de documents, même si cette signature s'ajoute à celle d'un associé ou d'un avocat plus expérimenté, est un des éléments très importants de la visibilité du collaborateur. C'est aussi un facteur majeur de la responsabilisation du collaborateur. Le RIN prévoit expressément la possibilité que la double signature ou le visa soient apposés sur tous actes, correspondances, études ou consultations[1].

La visibilité du collaborateur réside aussi dans la publication d'articles et dans la place faite au collaborateur pour représenter le cabinet lors d'événements, de conférences, d'interventions ou de formations.

423.45 Expression de l'individualité du collaborateur. Les avocats diffèrent considérablement les uns des autres et la profession d'avocat est riche de sa diversité. Le cabinet doit laisser s'exprimer l'individualité de l'avocat. Pour faire face aux pressions considérables de son métier, l'avocat sera plus motivé et heureux s'il sent que le cabinet respecte ses particularismes plutôt que d'essayer de le contraindre à se fondre dans un moule. Respecter l'individualité ne signifie pas qu'il faut laisser le collaborateur s'affranchir des règles qui gouvernent l'organisation et la vie du cabinet.

CERTAINS AVOCATS travaillent mieux le matin, d'autres préfèrent rester tard le soir au cabinet. Certains portent la cravate, d'autres pas. Certains tutoient tout le monde alors que d'autres vouvoient systématiquement. Certains avocats ont une vie de famille, d'autres n'en ont pas. Certains passent un temps considérable avec le client au téléphone, d'autres ne veulent communiquer que par e-mail. Il ne s'agit pas de faire ici une énumération exhaustive mais ces exemples montrent à quel point les styles et les approches peuvent être différentes sans que cela ne préjuge en quoi que ce soit de la qualité du travail. La personnalité de l'avocat étant fondamentalement individualiste, celui-ci travaille mieux quand il peut le faire selon ses rythmes et avec ses habitudes personnelles.

423.46 Parcours professionnel du collaborateur. Tout cabinet doit offrir au collaborateur un environnement serein dans lequel il se sent sécurisé. Le collaborateur doit se sentir engagé dans un parcours au sein du cabinet, qui englobe simultanément :

- sa progression personnelle sur le plan technique ;
- sa progression sur le plan de l'autorité et de l'influence au sein du cabinet ;
- sa progression vers une éventuelle association[2].

Ces progressions ont un poids différent selon l'âge et l'expérience du collaborateur. Celui-ci doit progresser techniquement avant de gagner en autorité et en influence. Cependant, ces trois axes de progression doivent exister dès le début de la carrière du collaborateur. En effet, un cabinet ne peut s'attendre à ce que le collaborateur fasse de grands progrès sur le plan technique si, dans les domaines où il progresse, une plus grande autorité ne lui est pas accordée. Aussi, le collaborateur sera heureux et efficace dans son cabinet s'il sent que celui-ci est susceptible de l'associer un jour, même si cette perspective est lointaine.

La structure d'un cabinet d'avocats n'offre pas l'opportunité de multiples promotions. Il n'existe souvent au sein des cabinets que deux statuts, celui de collaborateur et celui d'associé. Il est dès lors nécessaire de créer de petites distinctions intermédiaires qui confortent le collaborateur dans la réalité de sa progression au sein du cabinet : un changement de bureau, des invitations plus fréquentes à déjeuner de la part des associés... et parfois des choses aussi mineures que l'achat d'un nouvel ordinateur avec un écran plus grand que le précédent.

Le parcours professionnel doit être cohérent avec l'évolution des attentes du cabinet, notamment exprimées lors de l'entretien annuel d'évaluation.

Dans les cabinets plus structurés, le passage de collaborateur à collaborateur senior peut être une étape clé du parcours.

Dans sa réflexion sur le parcours professionnel des collaborateurs, le cabinet doit être lucide sur ce qu'il est en mesure d'offrir et ce qu'il souhaite proposer. Tous les collaborateurs n'ont pas vocation à devenir des associés. Il est recommandé de fixer une durée, comprise entre trois et cinq ans, qui doit permettre au cabinet de décider si le collaborateur a un avenir à plus long terme au sein du cabinet. Le

1. RIN, Art. 14.3 ; CNB, AG 24 et 25 sept. 2010, DCN n° 2010-003 ; Mod. par CNB, AG. 11 et 12 avr. 2014, DCN n° 2013-002 ; Mod. par CNB, AG 9 oct. 2020, DCN n° 2020-002, *JO* 28 nov.

2. Sur l'association des collaborateurs, v. ss nos 424.11 s.

refus de confronter cette question de manière claire risque non seulement de susciter des attentes déçues mais va contribuer à fragiliser le cabinet.

Certains cabinets choisissent de formaliser le parcours professionnel des collaborateurs dans un document interne porté à la connaissance de tous. Cette approche a le mérite de donner une visibilité au collaborateur sur ces perspectives d'évolution, dès son entrée au cabinet.

423.47 Implication du collaborateur dans la politique de formation du cabinet. L'implication des collaborateurs dans les actions de formation interne ou externe organisées par le cabinet est un grand facteur de motivation. Elle permet en outre d'enrichir la formation continue du collaborateur, ce qui bénéfice à la fois au collaborateur et au cabinet[1].

423.48 Implication du cabinet dans la formation continue du collaborateur. Si des cabinets peuvent parfois se préoccuper de l'accomplissement par leurs collaborateurs de leurs heures de formation continue obligatoire, il est rare qu'ils s'intéressent aux choix que peuvent faire les collaborateurs quant au contenu des formations suivies. Or, loin d'être ressenties comme une ingérence, les recommandations ou suggestions que peut faire le cabinet sont les bienvenues. Elles témoignent de l'attention portée par le cabinet à l'évolution du collaborateur et sont, en conséquence, un facteur de motivation.

Le cabinet doit s'efforcer de ne pas percevoir la formation continue obligatoire comme une incursion malvenue dans l'emploi du temps du collaborateur. Cette formation continue étant obligatoire, le cabinet a tout intérêt à en faire un sujet d'échange et de discussion avec le collaborateur. Ce sera un moyen utile pour faire progresser le collaborateur en convergence avec les activités du cabinet.

Il est recommandé aux associés, lorsqu'ils ont connaissance d'une formation susceptible d'intéresser leurs collaborateurs, de faire circuler l'information.

423.49 Sentiment d'appartenance du collaborateur au cabinet. Plus le collaborateur sera fier d'appartenir au cabinet, plus il lui consacrera de temps et d'efforts. Ce sentiment d'appartenance passe par :

– la capacité du cabinet à créer en son sein une atmosphère de convivialité ;

– la capacité des avocats du cabinet à être solidaires les uns des autres ;

– l'image du cabinet à l'extérieur.

Un élément essentiel du sentiment d'appartenance au cabinet tient à la transparence du fonctionnement du cabinet. En effet, dès lors qu'un collaborateur a le sentiment de ne pas comprendre ce qui se passe au sein du cabinet, il s'en sent exclu. Le cabinet doit donc communiquer en interne sur ces projets, sur d'éventuels changements ou événements affectant la vie du cabinet. Il ne s'agit pas pour les associés de partager toutes les informations concernant le cabinet avec leurs collaborateurs. Il s'agit de distiller de manière régulière une information suffisante pour que les collaborateurs se sentent pris en compte dans les choix et orientations du cabinet.

La pratique dite de « goodies » participe à cette appartenance. C'est le terme donné aux objets promotionnels siglés au nom du cabinet. Ces objets ne sont pas seulement destinés à être des cadeaux pour les clients ou à se limiter aux stylos dans la salle de réunion. L'utilisation par les collaborateurs de mugs, de gourdes ou bouteilles siglées sur leurs bureaux ou le port de teeshirts ou de sweatshirts en dehors du cabinet sont autant de signes de ralliement qui participent à ce sentiment d'appartenance.

423.50 Convivialité au sein du cabinet : la convivialité tient aux principes élémentaires de savoir-vivre et de politesse qui doivent normalement régir un groupe d'individus. La convivialité se crée aussi par les contacts et les échanges entre les avocats du cabinet en dehors du contexte de travail habituel.

Les interactions sociales entre collègues de bureau ne sont pas ancrées dans la culture française. Pour des raisons culturelles et historiques, les entreprises anglo-saxonnes attachent une grande importance à la vie sociale qui peut se constituer entre les personnes qu'elles emploient. L'entreprise est alors un lieu où se tissent des amitiés qui renforcent l'esprit de corps et la solidarité. Une des causes principales de ce phénomène tient au fait que les Anglais ou Américains se déracinent à plusieurs reprises pendant leurs jeunes années. Ils quittent la ville où ils ont grandi pour effectuer leurs études et ils quittent à nouveau le lieu de leurs études pour intégrer la vie professionnelle. En France et dans les pays latins, il n'y a pas la même tradition de mobilité et, pour beaucoup de gens, l'école, les études supérieures et la vie professionnelle s'enchaînent dans la même ville ou la même région. En France, la vie sociale reste ainsi fréquemment centrée sur les amis de longue date et la famille alors que les Anglo-saxons doivent reconstruire leur vie sociale à chaque étape de leur parcours. Dans ce dernier cas, l'entreprise joue un rôle central dans la vie sociale et amicale. Compte tenu de la centralisation de la profession d'avocat à Paris, de nombreux jeunes avocats du barreau de Paris viennent de la France entière. Pour eux, le cabinet va pouvoir jouer ce rôle de socle et de lien social.

Influencés par les pratiques des cabinets d'avocats anglais et américains, les cabinets français commen-

1. Sur la formation des clients par le cabinet, v. s[s] n°s 432.11 s.

cent à mesurer l'importance des relations entre les avocats du cabinet en dehors des murs de celui-ci. Des initiatives simples peuvent être prises par le cabinet dans ce sens :

- un dîner ou un déjeuner de fin d'année pour les fêtes ;
- un arbre de Noël pour les enfants des avocats et employés du cabinet ;
- la célébration chaque année de la date anniversaire de la création du cabinet ou d'une date importante dans l'histoire du cabinet ;
- un barbecue à la campagne chez l'un des associés du cabinet au début de l'été ;
- des « pots » occasionnels pour fêter tel ou tel évènement (anniversaires, résultats obtenus dans un dossier...) ;
- des déjeuners à fréquence régulière au cours desquels le cabinet prend l'initiative de commander des plateaux pour tous ceux qui souhaitent être présents.

423.51 Solidarité au sein du cabinet : la solidarité est essentielle pour attirer et conserver de jeunes avocats dans de bonnes conditions. Un collaborateur se demandera très vite pourquoi il se donne du mal si les autres avocats du cabinet ne sont pas disposés à l'aider quand il en a besoin.

Les associés doivent encourager cette entraide entre collaborateurs. Pour éviter qu'un collaborateur ait l'impression de perdre son temps quand il en aide un autre, le collaborateur sollicité doit pouvoir renseigner son temps dans le dossier pour lequel il est sollicité. Ce temps d'entraide entre ainsi dans ses objectifs d'heures facturables s'il en a.

423.52 Image du cabinet à l'extérieur. Le sentiment d'appartenance et la motivation qui en découle sont également renforcés par la capacité du cabinet à se mettre en valeur aux yeux du public. Cette mise en valeur résulte d'une part des outils dont dispose le cabinet pour se présenter : documents, vidéos, newsletters, site internet... dont les collaborateurs sont fiers parce que ces éléments sont aussi leur carte de visite. D'autre part, pour les cabinets qui en ont les moyens, le sponsoring et l'événementiel ont un impact très fort sur l'état d'esprit des collaborateurs. Un cocktail organisé dans un lieu emblématique, l'association du nom du cabinet à un événement culturel, un évènement sportif... sont autant d'occasions pour le collaborateur d'être fier de son cabinet. La profession d'avocat offre de multiples occasions d'attacher le nom du cabinet à des activités sportives : Jurisrun, Juriscup, Skilex, Rugby Club du Palais...

423.53 Facteurs de démotivation des collaborateurs. Les deux plus grands facteurs de démotivation des collaborateurs sont le manque de retour sur leur travail et le sentiment de ne pas être tenus informés de ce qui se passe dans le cabinet. Ces constatations résultent d'une enquête réalisée auprès de 5 000 collaborateurs aux États-Unis par la publication *American Lawyer*[1]. Même si cette enquête ne concerne pas la France et qu'elle remonte à quelques années, il est vraisemblable que les principaux griefs des collaborateurs soient les mêmes.

SECTION 5
RÉMUNÉRATION DES COLLABORATEURS

423.61 Rémunération des collaborateurs : principes. La rémunération des collaborateurs varie considérablement en fonction du type de cabinet et de la possibilité et/ou du temps laissé au collaborateur pour le développement de sa clientèle personnelle. Le cabinet fixe librement la rémunération des collaborateurs étant précisé que pendant ses deux premières années d'exercice professionnel, l'avocat collaborateur libéral doit recevoir une rétrocession d'honoraires qui ne peut être inférieure au minimum fixé par le conseil de l'Ordre du barreau dont il dépend[2].

Depuis de très nombreuses années, l'Union des jeunes avocats (UJA) de Paris fixe un tarif pour la rétrocession des collaborateurs de 1re et de 2e année[3]. Ce tarif sert de référence, essentiellement à Paris, même s'il n'a aucun caractère obligatoire pour les cabinets. Dans la tradition libérale du collaborateur avocat, il est considéré que le développement de la clientèle personnelle viendra augmenter la rémunération du collaborateur au fil de l'expérience acquise par celui-ci. En conséquence, l'UJA comme le RIN ne fixent aucun tarif ou référence tarifaire au-delà de la 2e année.

423.62 Politique de rémunération des collaborateurs. Lorsqu'un cabinet d'avocats s'interroge sur sa politique de rémunération, il doit se poser les trois questions suivantes :

- Quelle est la politique de rémunération des cabinets de taille et de profils comparables dans son barreau ou dans des barreaux équivalents ?
- Le cabinet a-t-il une politique d'association de ses collaborateurs à terme ?
- Le cabinet veut-il investir sur ses collaborateurs ?

1. Associate survey 2010, *American Lawyer*, sept. 2010.
2. RIN, art. 14.3 ; CNB, AG. 11 et 12 avr. 2014, DCN n° 2013-002 ; Mod. par CNB, AG 9 oct. 2020, DCN n° 2020-002, *JO* 28 nov.
3. Pour l'année 2023, le tarif UJA est de 4 100 euros pour les collaborateurs de 1re année et de 4 500 euros pour les collaborateurs de 2e année. Commission permanente le 23 janvier 2023, l'Union des jeunes avocats de Paris (UJA de Paris).

Si la volonté du cabinet est de bâtir une entité économique pérenne avec une certaine stabilité sur le plan de son effectif, il devra se doter d'une politique de rémunération structurée.

423.63 Mise en œuvre d'une politique de rémunération des collaborateurs. Les implications d'une politique de rémunération des collaborateurs sont les suivantes :

- le cabinet doit établir une grille de rémunérations qui s'applique à l'ensemble des collaborateurs du cabinet ;
- les augmentations doivent être conditionnées par l'ancienneté (en années d'exercice et en années d'ancienneté au cabinet) et par des critères objectifs qui puissent s'appliquer à l'ensemble de l'effectif ;
- les rétrocessions pratiquées par le cabinet doivent être en adéquation avec le marché ;
- si le cabinet veut obtenir la plus grande disponibilité de ses collaborateurs, les rétrocessions pratiquées par le cabinet doivent être suffisantes pour ne pas devoir être impérativement complétées par des honoraires d'une clientèle personnelle.

423.64 Rémunération des collaborateurs : primes. L'article 14.3 du RIN prévoit expressément que la rétrocession versée au collaborateur peut être fixe ou pour partie fixe et pour partie variable. Il est à la fois intéressant pour le cabinet et motivant pour le collaborateur d'intégrer une dimension de récompense liée à des efforts particuliers dans la rémunération des collaborateurs[1]. Celle-ci peut prendre la forme de primes qui s'ajoutent à la rémunération de base. L'attribution de ces primes respectera les principes suivants :

- les critères d'attribution de primes doivent être objectifs et susceptibles d'être atteints par tous les collaborateurs ;
- les critères doivent être suffisamment clairs pour ne pas engendrer des débats ou des déceptions ;
- le cabinet doit appliquer ces critères de manière juste pour éviter que les collaborateurs aient l'impression d'être traités de façon arbitraire.

Le cabinet devra éviter que les primes soient vécues comme une discrimination entre les collaborateurs et devra aussi veiller à ce que le versement des primes ne se généralise au point qu'elles deviennent perçues comme un élément de rémunération fixe.

423.65 Prime liée à la performance individuelle du collaborateur. Les critères appliqués par le cabinet pour ces primes doivent être les mêmes que les critères contenus dans les évaluations annuelles des collaborateurs[2]. Il sera ainsi possible de relier le processus d'évaluation avec les décisions du cabinet en matière de rémunération.

Pour ne pas grever les finances du cabinet et pour qu'elle ne devienne pas l'objet de tensions entre le collaborateur et le cabinet, il est recommandé que la prime ne dépasse pas 15 % de la rémunération annuelle du collaborateur. Pour les cabinets qui ont une politique de rémunération des collaborateurs qui comprend une importante part variable, il est essentiel que les règles de calcul de cette variable soient d'une grande clarté et connues de tous.

Le critère le plus répandu au sein des cabinets d'affaires est l'atteinte d'un nombre d'heures facturables. Il est important que le critère retenu ne crée pas des situations dans lesquelles la prime du collaborateur devient dépendante de facteurs qui échappent au collaborateur. Tel est le cas des primes établies sur des heures facturées plutôt que des heures facturables. Si l'associé décide pour des raisons qui lui sont propres de ne pas facturer ou de sous-facturer un client, les heures du collaborateur ne seraient plus prises en compte, ce qui ne serait manifestement pas équitable. Il appartient à l'associé de former ses collaborateurs et d'organiser leur travail pour qu'il n'y ait pas de déperdition entre les heures travaillées et les heures facturées. Le collaborateur ne peut se voir attribuer la responsabilité de cette différence.

423.66 Prime liée à la performance globale du cabinet. Une partie de la rémunération variable du collaborateur peut consister en une prime qui soit fonction de la performance du cabinet. De telles primes présentent l'intérêt de créer une solidarité à l'échelle du cabinet. Les collaborateurs recueillent le fruit de leurs efforts et les associés font le geste fort de partager les bons résultats avec l'ensemble des forces du cabinet. Elle présente toutefois le risque d'être perçue comme une part de rémunération fixe si elle est systématique. L'application d'un tel système implique une certaine transparence de la part du cabinet sur ces résultats. Une information officielle en cours d'année sur les résultats du cabinet avec une indication de l'objectif à atteindre peut permettre de motiver les collaborateurs. Une information sincère en cas de conjoncture difficile peut aussi éviter des attentes déçues en fin d'année.

Pour que le cabinet reste maître de ses mouvements et libre de ses choix, il est recommandé de ne pas créer une règle précise pour la distribution d'une telle prime. Le cabinet peut déclarer à ses collaborateurs que dans l'éventualité d'une bonne année, une prime sera distribuée mais les associés ne doivent pas en officialiser les critères.

1. J. Rose, « How does associate compensation fit in with today's law firm economics ? », www.joelarose.com/

2. Sur la performance des collaborateurs, v. s[s] n°s 423.32 s.

423.67 Rémunération liée à l'apport de dossiers par le collaborateur. Il s'agit davantage ici d'un mode de rémunération que d'une prime. L'objectif de cette rémunération est de valoriser l'apport d'un dossier au cabinet par un collaborateur alors que ce dernier aurait pu traiter le dossier dans le cadre de sa clientèle personnelle.

La rémunération des collaborateurs pour l'apport de dossiers est difficile à mettre en œuvre compte tenu des caractéristiques de la collaboration libérale. Il est néanmoins essentiel pour le cabinet de ne pas décourager les initiatives de développement de la part des collaborateurs.

Le cabinet évitera donc de laisser le collaborateur traiter seul le dossier qu'il apporte au cabinet. En effet, si le collaborateur apporte le dossier au cabinet, c'est le plus souvent parce qu'il ressent que le dossier dépasse le champ de ses compétences ou, à tout le moins, qu'il l'éloigne trop de sa zone de confort. Il est donc très important que sur ces dossiers, l'associé face preuve d'implication.

Le pourcentage d'honoraires proposé au collaborateur pour les apports de dossiers ne doit pas grever la rentabilité du cabinet. Il faut se rappeler que le collaborateur apporteur continue de percevoir sa rétrocession qu'il soit ou non apporteur. Il est dès lors recommandé de ne pas dépasser 30 % des honoraires encaissés. Dépasser 30 %, reviendrait à affecter au collaborateur une part trop importante de la marge du cabinet.

Le cabinet doit aussi indiquer aux collaborateurs ses critères pour l'acceptation des dossiers. Les collaborateurs, n'ayant pas à supporter les charges liées à leur activité, peuvent se permettre de pratiquer des tarifs très bas qui ne sont pas compatibles avec les coûts de structure de la plupart des cabinets. Le client apporté par un collaborateur au cabinet doit être en mesure d'en supporter la facturation.

SECTION 6
CLIENTÈLE DES COLLABORATEURS

423.71 Textes applicables à la clientèle des collaborateurs. Les articles 14.1 et 14.2 du RIN disposent que collaborateur libéral exerce son activité professionnelle en toute indépendance et sans lien de subordination. L'article 14.3 du RIN dispose que le cabinet et le collaborateur libéral déterminent les conditions de l'organisation matérielle de l'activité du collaborateur et que ces conditions doivent tenir compte du temps et des moyens effectifs nécessaires au traitement de la clientèle personnelle du collaborateur libéral.

L'article 14.3 précise que le cabinet avec lequel l'avocat collabore doit mettre à la disposition de ce collaborateur, dans des conditions normales d'utilisation, les moyens matériels nécessaires aux besoins de sa collaboration et au développement de sa clientèle personnelle. En outre, pendant les cinq premières années d'exercice professionnel, l'avocat collaborateur libéral ne peut se voir demander de contribution financière en raison du coût généré par le traitement de sa clientèle personnelle.

423.72 Difficultés inhérentes à la clientèle personnelle des collaborateurs[1]. La clientèle personnelle est consubstantielle au statut de collaborateur libéral. Cependant, tous les avocats, qu'ils soient collaborateurs ou associés, savent qu'elle engendre des situations délicates et potentiellement conflictuelles avec les intérêts du cabinet. Même si les textes précités prévoient que le contrat de collaboration doit préciser les conditions d'exercice de l'activité et, notamment les conditions dans lesquelles le collaborateur libéral peu satisfaire les besoins de sa clientèle personnelle[2], le contrat ne peut ni régler ni gommer les difficultés éventuelles.

Une secrétaire du cabinet est-elle au service du collaborateur pour le traitement de sa clientèle personnelle ? Un collaborateur peut-il bloquer la salle de réunion du cabinet une après-midi entière parce qu'il y reçoit ses clients alors que d'autres avocats du cabinet auraient souhaité utiliser la salle pour des clients du cabinet ? Ces questions peuvent être réglées en bonne intelligence quand elles surviennent mais quand la clientèle personnelle du collaborateur commence à prendre un peu d'importance, les tensions deviennent plus difficiles à éviter.

Les attitudes des cabinets quant à la clientèle personnelle de leurs collaborateurs varient beaucoup. Certains cabinets sont dans l'encouragement et le soutien car ils considèrent qu'elle est essentielle pour faire mûrir le collaborateur et lui apprendre le métier d'avocat. D'autres choisissent tout simplement de l'ignorer dès lors que les collaborateurs font le nécessaire pour les dossiers du cabinet. D'autres cabinets, souvent ceux qui pratiquent des rémunérations élevées, ont des attentes très fortes vis-à-vis de leurs collaborateurs qui rendent difficile le développement d'une clientèle personnelle.

Les cabinets sont toutefois tous tenus des mêmes obligations vis-à-vis des collaborateurs, à savoir leur donner les moyens du développement et du traitement de leur clientèle. Plus la clientèle personnelle des collaborateurs est traitée de manière ouverte,

1. Sur les risques de requalification du contrat de collaboration, v. s[s] n°s 421.41 s.
2. Décr. n° 91-1197, 27 nov. 1991 organisant la profession d'avocat, *JO* 28 nov., p. 15502, art. 129 et 130 – RIN, art. 14.3 ; CNB, AG 24 et 25 sept. 2010, DCN n° 2010-003 ; mod. par CNB, AG, 12 févr. 2011, DCN n° 2011-001, *JO* 26 mars ; Mod. par CNB, AG. 11 et 12 avr. 2014, DCN n° 2013-002.

moins elle sera un facteur de complication de la relation entre le collaborateur et le cabinet. Il convient de rappeler que les conflits d'intérêts doivent être gérés entre la clientèle du cabinet et la clientèle du collaborateur. L'article 4.1[1] du RIN rappelle que les principes du conflit d'intérêts s'appliquent entre l'avocat collaborateur, pour ses dossiers personnels, et l'avocat ou la structure d'exercice avec lequel ou laquelle il collabore. Il en résulte qu'il faudrait, avant l'ouverture de tout dossier personnel par le collaborateur qu'il soit procédé à une vérification sur la base de données des clients du cabinet. Dès lors que le cabinet et le collaborateur décident d'agir en transparence, il serait même souhaitable que les dossiers personnels des collaborateurs soient ouverts dans le système de gestion du cabinet. La transparence permet aussi au collaborateur de s'ouvrir aux associés de situations difficiles ou problématiques rencontrés dans des dossiers personnels et, notamment en cas d'hésitation sur une question déontologique, recueillir les conseils nécessaires pour éviter de voir leur responsabilité engagée.

423.73 Impact de la culture et des activités du cabinet sur la clientèle des collaborateurs. En recherchant un cabinet dont la culture et les activités sont compatibles avec ses aspirations en matière de clientèle personnelle, le collaborateur évitera de nombreuses tensions.

UN COLLABORATEUR qui souhaite se spécialiser dans la titrisation voudra privilégier sa formation au sein d'un grand cabinet international spécialisé dans les opérations sur les valeurs mobilières et les marchés financiers. Il n'a pas vocation à développer une clientèle personnelle.

Un collaborateur qui souhaite pratiquer le droit pénal sans spécialisation particulière voudra à la fois apprendre au contact des clients du cabinet et développer une clientèle personnelle avec laquelle il est en prise directe.

La politique du cabinet quant à la clientèle personnelle est aussi une question de culture. Chez les *solicitors* anglais ou les *lawyers* américains, la clientèle personnelle des collaborateurs n'existe pas. En France, les cabinets anglo-saxons se conforment naturellement au RIN mais leur organisation et leur culture ne se prêtent pas au développement de clientèles personnelles développées par les collaborateurs. En contrepartie, ces cabinets investissent beaucoup sur leurs collaborateurs et les rémunérations qui leur sont proposées sont très élevées.

Il doit donc y avoir sur ce point un accord tacite entre le cabinet et ses collaborateurs. Le temps et l'énergie que le collaborateur libéral ne consacre pas à sa clientèle personnelle doivent être compensés par un investissement du cabinet sur le collaborateur tant sur le plan du développement de sa carrière que de la rémunération.

423.74 Dossiers apportés par le collaborateur au cabinet[2]. Les cabinets ne peuvent plus se contenter de voir leurs collaborateurs développer leur propre clientèle et partir. Le coût de formation d'un collaborateur est réel. Il devient considérable si le cabinet consacre une partie de ses ressources à financer la constitution et le traitement de la clientèle personnelle de ses collaborateurs. Le cabinet a tout intérêt à ce que son collaborateur ait envie d'apporter tout ou partie de sa clientèle au cabinet, dès lors que cette clientèle correspond aux critères du cabinet et réciproquement.

Les parties en présence doivent donc trouver les moyens de se rapprocher sur cette question. Le cabinet et le collaborateur doivent donc se retrouver sur les points suivants :

– il n'est pas dans l'intérêt du collaborateur de privilégier (pour des raisons souvent purement matérielles) des dossiers qui ne le font pas progresser ;

– il est dans l'intérêt du collaborateur de se constituer une clientèle dans un domaine spécialisé ;

– il est dans l'intérêt du collaborateur de mettre les moyens matériels mais aussi le savoir-faire technique et intellectuel du cabinet au service de ses clients personnels dans son domaine de spécialisation ;

– il est dans l'intérêt du cabinet d'avoir des collaborateurs qui peuvent être une source d'apport d'affaires.

Lorsqu'un collaborateur apporte des dossiers au cabinet, il se pose alors la question d'une rémunération complémentaire du collaborateur. Si le cabinet souhaite que le collaborateur apporte des dossiers personnels au cabinet, une rémunération peut alors être convenue entre le collaborateur et le cabinet Il est recommandé de retenir une règle qui soit assez proche de celle qui gouverne la répartition des revenus entre les associés. Si le cabinet met en place une telle politique, il se doit de traiter les dossiers apportés par le collaborateur aussi bien que ses propres dossiers.

1. RIN, art. 4.1 ; CNB, AG 15 mai 2020, DCN n° 2019-002.

2. Sur la rémunération de l'apport de dossiers par les collaborateurs, v. s[s] n° 423.67.

CHAPITRE

424. Association des collaborateurs

SECTION 0
ORIENTEUR

424.00 **Sommaire du chapitre.**

SECTION 1
ENJEUX ET CONTEXTE DE L'ASSOCIATION DES COLLABORATEURS

424.11 **Enjeux de l'association des collaborateurs pour la profession d'avocat.** Pour relever les défis de la concurrence, les avocats prennent conscience de la nécessité de se grouper, de faire croître les cabinets et de se spécialiser pour gagner en efficacité. Cette prise de conscience reste néanmoins à être suivie d'effets tangibles car la moyenne du nombre d'associés par structure d'exercice reste inférieure à trois avocats. Cependant, les cabinets sont nombreux à se plaindre de ne pas parvenir à garder leurs collaborateurs alors que ces derniers installent trop souvent leurs cabinets dans la précarité avec un chiffre d'affaires insuffisant et une activité dispersée. À ces constatations, il faut ajouter le fait que les avocats ont de plus en plus de difficultés à transmettre leurs cabinets dans des conditions qui leur permettent de compléter les ressources dont ils ont besoin pour leur retraite[1].

L'association des collaborateurs est donc un enjeu majeur de la profession. C'est la seule manière de pérenniser les cabinets en stabilisant les carrières des jeunes avocats et en assurant une sortie honorable aux plus anciens. Les cabinets doivent chercher à briser le cycle qui consiste à perdre et à remplacer systématiquement leurs collaborateurs dès que ceux-ci ont acquis quelques années d'expérience. Si les collaborateurs sont insuffisamment préparés et informés des difficultés de leurs futures carrières, les associés des cabinets ne sont pas exempts de responsabilité dans cette situation. Ils sont encore trop nombreux à considérer la rémunération des collaborateurs exclusivement comme une charge plutôt qu'un investissement pouvant conduire à une éventuelle association.

Les difficultés de transmission sont avant tout la manifestation de l'incapacité des cabinets à fidéliser et faire évoluer leurs collaborateurs pour en faire des associés et des successeurs. Cette situation alarmante dans tous les barreaux engendre une situation paradoxale : les avocats les plus anciens connaissent des fins de carrière difficiles avec une érosion de leur activité sans perspectives de transmission et, pendant ce temps, des jeunes s'installent avec peu de clientèle et d'expérience. Le lien entre les générations fonctionne mal et c'est incontestablement avec l'association des collaborateurs que se trouve la solution[2].

424.12 **Préparation à l'association.** L'association d'un collaborateur est un évènement majeur dans la vie du collaborateur et dans la vie du cabinet. Cet évènement doit être préparé. Cette préparation est double : celle de la structure et celle du futur associé.

1. Sur la transmission et la cession du cabinet, v. s[s] n°s 241.11 s.
2. D. Jensen, « L'association des collaborateurs », *D. avocats* 2014. 58 – P. Touzet, « Associer un (ou des) collaborateur-e-s, même sans clientèle, une opportunité pour le cabinet », *Parabellum*, 7 mai 2020, parabellum.pro

La préparation du cabinet va consister à prévoir à l'avance les conditions de l'association :

– apport de clientèle ou pas par le collaborateur et valorisation de cette clientèle ;

– transmission du capital par un ou plusieurs associés ou augmentation de capital ou association en industrie, sans entrée au capital ;

– transmission de clientèle (ou pas) par un ou plusieurs associés au nouvel associé ;

– domaines qui devront être développés par le nouvel associé en cohérence avec la stratégie globale du cabinet ;

– rémunération du nouvel associé...

Le cabinet va devoir répondre à toutes ces questions pour bâtir une proposition d'association qui emportera l'adhésion du candidat. Loin de considérer que l'association est un Graal que le cabinet peut proposer sans en évoquer les contours, les avocats qui refusent les associations qui leur sont proposées sont de moins en moins rares. Le cabinet devra donc veiller à présenter l'association non pas comme un aboutissement mais comme le début d'un nouveau chapitre avec un projet construit.

La préparation du futur associé est également essentielle. Les qualités qui font un bon collaborateur ne sont pas les mêmes que celles qui font un bon associé. L'associé est un avocat accompli mais il doit aussi être développeur de clients, animateur d'équipe et gestionnaire. Il devra donc avec l'aide du cabinet se préparer à ces tâches et responsabilités. Il sera également utile pour le futur associé de travailler sur la dimension entrepreneuriale de son projet et de sa viabilité financière : quelles perspectives de revenu et dans quels délais, pour quelles charges à mettre en face ?

424.13 Associations externes et internes. En 2021, 173 cabinets d'avocats d'affaires ont accueilli au moins un associé externe pour un total de 305 mouvements d'associés. Sur ces 305 mouvements, 118 correspondaient à des collaborateurs qui devenaient associés en changeant de cabinet[1]. Généralement, sur ce segment de marché que constituent les cabinets d'affaires, un peu moins de la moitié des associés sont des associations externes (d'avocats venant d'autres cabinets) et un peu plus de la moitié sont des cooptations internes. Ce rapport entre ces deux modes d'association est relativement stable depuis 10 ans. Il est à noter que dans les cabinets de plus de 100 avocats, plus de 80 % des associés sont des cooptations internes.

Certes, les grands cabinets disposent d'un vivier plus important dans lequel puiser leurs associés mais ce sont justement les cabinets plus petits qui ont besoin de cohésion et de stabilité. Or, les associations externes sont fréquemment des facteurs de perturbation. Les nouveaux venus ne partagent pas nécessairement la culture du cabinet et ne souhaitent pas toujours changer leurs habitudes pour s'adapter à un nouvel environnement. Les mêmes principes s'appliquent à tous les cabinets. Les associations externes sont un important facteur de croissance mais elles comportent des risques importants. Les associations internes génèrent peu de croissance à très court terme mais elles sont un facteur de pérennité et de croissance à plus long terme.

Ces statistiques révèlent aussi que de nombreux avocats, sûrement en attente d'association dans leurs cabinets, sont obligés de changer de structure pour changer de statut.

SECTION 2
CRITÈRES D'ASSOCIATION LIÉS AUX PERFORMANCES ET À LA PERSONNE DU COLLABORATEUR

424.21 Critères d'association objectifs et réalistes. Afin que le processus d'association soit lisible pour les collaborateurs (et donc motivant) et pour qu'il soit gérable pour les cabinets, il doit répondre à un certain nombre de critères[2] objectifs. Il doit également être gouverné par des procédures structurées et organisées.

Les procédures devant conduire à l'association d'un collaborateur doivent obéir aux principes suivants :

– les procédures doivent être réalistes, c'est-à-dire que les avocats du cabinet qui sont déjà associés doivent satisfaire à une majorité de ces critères ;

– les critères d'admission à l'association doivent être revus régulièrement pour qu'ils demeurent réalistes au fil du temps ;

– les associés doivent être parfaitement informés des procédures et des critères en vigueur ;

– les procédures d'évaluation des collaborateurs doivent être établies pour correspondre aux critères d'admission à l'association (même si l'admission à l'association reposera sur une évaluation plus complète).

424.22 Performance brute du collaborateur : heures facturables, facturées et recouvrées[3]. La différence entre les heures facturables et les heures

1. PWC Avocats Day One, *Baromètre des mouvements d'associés dans les cabinets d'avocats d'affaires en France*, 2021.

2. Robert Walters UK, *Five tips to become a partner by 35*, 2022.

3. Sur les ratios de gestion, v. s[s] n°s 312.25 s. – Sur l'évaluation des collaborateurs, v. s[s] n°s 423.31 s.

effectivement facturées (taux de « déchet ») est un des signes les plus révélateurs de la performance d'un avocat. Une déperdition de plus de 20 % entre les heures facturables et les heures facturées est très vraisemblablement le signe d'un manque d'efficacité et de réalisme du collaborateur dans son travail. Il est fréquent que les avocats ayant un trop fort taux de « déchet » aient aussi des soucis dans le recouvrement des factures émises. Plus un collaborateur est expérimenté, plus ce taux de déchet (aussi appelé write-off) doit être faible.

Les collaborateurs doivent être sensibilisés très tôt au rapport entre les heures travaillées et les heures facturées. Le collaborateur expérimenté qui est candidat à l'association doit aussi être responsabilisé en ce qui concerne le recouvrement de ses factures.

424.23 **Heures non facturables**[1]. Ces heures sont la mesure de l'importance que le collaborateur attache au développement et à la réussite du cabinet. Elles sont donc fondamentales s'agissant d'un futur associé. Il appartiendra cependant au cabinet de définir ce qu'il estime être un quota « normal » d'heures non facturables. En effet, un collaborateur qui présenterait une quantité excessive d'heures non facturables a peut-être des difficultés pour établir ses priorités dans son travail. Selon les cabinets, un taux satisfaisant d'heures non facturables doit se situer autour de 15 % du temps du collaborateur. Ce taux monte à plus de 20 % pour les associés.

424.24 **Capacités techniques et juridiques du collaborateur.** Ces capacités sont essentielles et irremplaçables. Plus difficiles à quantifier que les heures, les qualités techniques et juridiques d'un collaborateur s'apprécient avant tout par sa capacité à conduire un dossier sans être dépendant de la présence d'un associé. Ceci signifie que le collaborateur a atteint une maturité sur le plan juridique qui lui permet, sans risque professionnel, de conseiller ou de défendre le client au mieux des intérêts de ce dernier. L'associé peut vérifier ceci en constatant notamment que le client ne le réclame plus et qu'il est donc pleinement satisfait des prestations du collaborateur.

Les qualités juridiques et techniques du collaborateur s'apprécient également par la capacité du collaborateur à faire preuve de créativité dans la recherche de solutions, de rigueur dans ses analyses et de clarté dans leur mise en œuvre.

Pour faire un bon associé, le collaborateur n'a pas besoin d'être une encyclopédie du droit mais il doit comprendre que le droit et l'analyse juridique sont au cœur de son métier. Le collaborateur dont les qualités de présentation et de personnalité masqueraient des carences ou une recherche de la facilité sur le plan juridique, ne serait pas le meilleur des associés. De même, le collaborateur dont les analyses juridiques perdraient les clients par leur complexité aurait aussi du mal à faire un excellent associé.

424.25 **Expérience et ancienneté du collaborateur.** Sept à huit ans d'expérience sont en moyenne nécessaires pour qu'un avocat atteigne une certaine plénitude sur le plan professionnel. À ce niveau d'expérience, le collaborateur aura rencontré une grande diversité de situations. Il aura une analyse claire sur le plan du droit et sera lucide par rapport à ses points forts et ses points faibles. Il aura aussi une bonne compréhension des règles et principes qui gouvernent la profession d'avocat et saura identifier les situations présentant un enjeu déontologique ou un risque de voir sa responsabilité engagée.

Quand, pour des raisons qui lui sont propres, un cabinet ne peut pas associer un collaborateur mais souhaite néanmoins le garder, un « statut intermédiaire » peut lui être proposé. Ce statut, qui distingue le collaborateur des autres, peut éviter qu'un collaborateur arrivé à maturité ne perde confiance dans le cabinet dans l'attente d'une décision d'association[2].

Parallèlement au critère des années d'expérience, est pris en compte celui de l'ancienneté au sein du cabinet. À expérience égale, un cabinet doit privilégier le candidat à l'association qui a le plus d'ancienneté dans le cabinet. Les collaborateurs d'un cabinet ne doivent pas être amenés à penser qu'il est plus facile de devenir associé pour les avocats qui arrivent de l'extérieur (les Anglais et les Américains utilisent le terme de *lateral partner*).

424.26 **Apport de clients et capacité de développement.** Ce critère est capital et c'est souvent le plus difficile à analyser chez un associé pressenti. Tout associé doit savoir développer une clientèle. Certes, certains associés de grands cabinets travaillent au service de grands comptes qui les ont précédés et qui leur survivront mais il n'en reste pas moins qu'un avocat complet est un avocat capable de s'attacher des clients. Un collaborateur est apprécié pour sa capacité et sa qualité de travail mais il n'est pas attendu de lui qu'il développe pour le cabinet. Le passage au statut d'associé va donc faire peser sur un collaborateur la lourde tâche de devoir développer des clients propres. Cette transition est d'autant plus brutale lorsque les associés du cabinet ne veulent pas transférer des clients qu'ils considèrent comme les leurs au nouvel associé.

La capacité du collaborateur à se constituer une clientèle personnelle, même si cette clientèle peut s'avérer peu intéressante pour le cabinet, est une

1. V. s[s] n° 312.27.

2. Sur les statuts alternatifs à l'association, v. s[s] n°s 424.51 s.

indication des futurs talents de développeur du candidat à l'association.

Le critère de l'apport sera analysé de manière différente selon les cabinets. Pour les cabinets de taille plus réduite, il s'agira d'apprécier l'apport de clientèle du collaborateur au moment de son association et son potentiel d'apport de clientèle à court terme. Pour les cabinets plus importants, c'est une estimation des qualités d'apporteur à plus long terme qui sera davantage prise en compte. Pour certains très grands cabinets, ce critère n'est tout simplement pas considéré. C'est notamment le cas pour les avocats exerçant dans des domaines du droit qui viennent en soutien de l'activité principale.

Il arrive même que certains cabinets internationaux qui conseillent des multinationales ne souhaitent pas que leurs associés spécialisés développent une clientèle locale dans leur spécialité en raison des risques de conflits d'intérêts.

Sauf dans le cas d'une association dite « latérale » (lorsqu'un cabinet intègre un avocat directement au niveau associé) qui est une opération de croissance et d'agrégation de chiffre d'affaires, le critère de la capacité de développement doit être privilégié par rapport à l'apport immédiat de clientèle. En effet, c'est l'accession au statut d'associé qui va donner une nouvelle dimension au collaborateur et lui permettre de générer du chiffre d'affaires. Aussi, les critères sur lesquels le collaborateur a développé sa clientèle personnelle sont souvent très différents de ceux du cabinet. C'est la qualité des relations que le collaborateur entretient avec les clients du cabinet dont il a la charge qui sera une indication intéressante de sa capacité à attirer de nouveaux clients, ou à développer le chiffre d'affaires chez les clients existants.

424.27 **Relation client.** Le cabinet doit encourager les relations directes entre ses clients et les collaborateurs dès lors que ces derniers ont le niveau requis. La capacité d'un collaborateur à interagir confortablement avec les clients est un élément fondamental dans la décision d'en faire un associé.

424.28 **Qualités d'organisation et de management du collaborateur.** Au fil de son évolution, le collaborateur est amené à déléguer à des stagiaires et à d'autres collaborateurs et à superviser le travail de ces derniers. Le cabinet étudiera avec soin les rapports du futur associé avec ses confrères plus jeunes pour juger de ses capacités de gestion humaine. Les cabinets qui envisagent d'associer un collaborateur doivent chercher à impliquer celui-ci dans les tâches managériales et d'organisation administrative avant son association.

Selon la taille du cabinet, des responsabilités peuvent être déléguées dans les domaines suivants :

– organisation et gestion budgétaire de la documentation ;

– organisation et gestion budgétaire de certaines dépenses informatiques ;

– organisation et gestion budgétaire de conférences ou d'événements dont le cabinet est à l'initiative ;

– organisation de formations pour les clients.

La capacité du collaborateur à assumer de telles tâches est une indication précieuse de son comportement du futur associé.

424.29 **Esprit de coopération et de solidarité du collaborateur.** Le collaborateur qui aspire à devenir associé doit faire la preuve de son esprit de coopération et de solidarité. S'il n'a pas démontré ces qualités en tant que collaborateur, il ne bouleversera pas son comportement lorsqu'il sera associé. Il doit être prêt à travailler avec la même énergie dans tous les dossiers et savoir se rendre disponible pour les autres.

L'esprit de solidarité et de coopération du collaborateur peut s'apprécier à la lumière des réponses aux questions suivantes :

– Le collaborateur participe-t-il à toutes les réunions internes auxquelles il est invité ?

– Le collaborateur fait-il spontanément appel à ses confrères dans les domaines de leur compétence ?

– Le collaborateur se montre-t-il disponible pour aider ses confrères du cabinet dans les domaines qui sont de sa compétence ?

– Le collaborateur propose-t-il d'effectuer les démarches de ses confrères du cabinet lorsqu'il se rend au Palais ?

– Le collaborateur propose-t-il de prendre des initiatives qui peuvent bénéficier à l'ensemble du cabinet ?

424.30 **Valeurs et comportement humain du collaborateur.** Sans chercher à uniformiser leurs comportements, les associés d'un cabinet doivent être animés par les mêmes valeurs[1]. Celles-ci se traduisent notamment dans le comportement humain. Le comportement humain doit ici se mesurer tant dans la rigueur du travail que dans les rapports avec les clients, les avocats et le personnel du cabinet. Dans la cooptation d'un nouvel associé, il faut éviter les incompatibilités de caractère ou d'approche du métier qui peuvent mettre en péril la cohésion du cabinet.

UN CABINET dans lequel les associés n'ont pas l'habitude d'exprimer ouvertement leurs humeurs ou leur mécontente-

1. Sur les valeurs communes des associés, v. s^{s} n°s 411.11 s. et sur l'identité du cabinet, v. s^{s} n°s 381.41 s.

ment tolérera mal un associé dont les débordements sont virulents.

Un cabinet dans lequel tous les avocats travaillent avec leurs portes ouvertes et échangent fréquemment leurs impressions vivra mal la présence d'un avocat qui n'adresse la parole à personne et qui se barricade dans son bureau.

Les années de présence du collaborateur au sein du cabinet permettent en général de vérifier l'adéquation entre le comportement de l'individu et les normes du cabinet.

SECTION 3
CRITÈRES D'ASSOCIATION DU COLLABORATEUR LIÉS À LA SITUATION DU CABINET

424.41 Poids économique de la spécialité du futur associé dans le cabinet. L'association d'un collaborateur est en théorie l'aboutissement d'un long parcours au cours duquel le développement personnel du collaborateur est allé de pair avec l'évolution des besoins du cabinet. Il arrive cependant que des décalages se produisent. Lorsqu'un collaborateur a développé une spécialité qui n'est pas stratégique pour le cabinet, il sera difficile pour ce dernier de justifier l'association d'une personne dont les activités ne représentent pas un enjeu suffisant. Si le collaborateur a choisi de développer un savoir-faire sans concertation véritable avec le cabinet, il assumera ses choix et, le moment venu, cherchera à exercer ses talents ailleurs. Si le cabinet a laissé, avec bienveillance, le collaborateur développer une activité non stratégique sans chercher à le guider dans ses choix, la situation engendrera des déceptions et des incompréhensions.

Le cabinet ne peut protéger le collaborateur face aux revers de conjoncture. Un collaborateur spécialiste du droit immobilier peut voir son association compromise lorsque la conjoncture immobilière se dégrade et que le volume d'activité s'effondre.

424.42 Rentabilité du futur associé. Même si l'association d'un collaborateur est un pari sur l'avenir, elle ne doit pas affecter négativement la situation des associés en place. L'impact économique de l'association du collaborateur doit s'analyser à la lumière des éléments suivants :

- le chiffre d'affaires que génère déjà le collaborateur ;
- le système de répartition des revenus entre associés ;
- l'incidence du futur taux horaire d'associé sur le chiffre d'affaires du collaborateur ;
- l'apport de la clientèle personnelle du collaborateur au moment de son association ;
- la nouvelle rémunération de l'associé.

La rentabilité individuelle de l'associé prend une importance particulière en temps de crise. Aux États-Unis, le critère de bénéfices par associé (*Profits per partner/PPP*) est un des critères de classement des cabinets d'avocats. Le maintien du PPP dans une conjoncture difficile ou plus compétitive a conduit plusieurs cabinets à exclure de leurs rangs les associés les moins rentables.

Il sera souhaitable d'établir un prévisionnel réaliste intégrant les projections de recettes et de charges liées à la nouvelle association pour veiller à ce que celle-ci ne vienne rogner sur l'assiette des sommes que se partageaient les associés déjà en place. Un effort peut être consenti par ces associés sur une courte période de transition, mais il ne doit pas s'agir d'un sacrifice durable. Si c'était le cas, le calendrier et le principe de la nouvelle association devraient être reconsidérés.

424.43 Concurrence au sein du cabinet. Il existe au sein de la plupart des cabinets une situation de concurrence entre les collaborateurs d'expérience comparable. L'association sera proposée à ceux qui seront à la fois les plus méritants et les plus à même de servir les intérêts économiques du cabinet.

LES ÉTATS-UNIS ont servi de référence en la matière avec l'instauration il y a un siècle par le cabinet Cravath, Swaine & Moore du système *Up or Out* qui pourrait être traduit par *Monter ou partir*. Pour chaque classe d'âge de collaborateurs dans le cabinet, les plus assidus et les plus performants se voient récompensés par une association et les autres sont priés de partir.

Le cabinet tiendra compte de la capacité d'un même département ou d'une même activité à absorber un ou plusieurs associés. Ainsi, un cabinet dont l'activité de propriété intellectuelle occupe un associé, un collaborateur expérimenté et un collaborateur débutant, ne pourra vraisemblablement associer le collaborateur expérimenté à moins d'une croissance très importante de l'activité. À défaut, cette activité ne pourra justifier la présence de deux associés et le partage des bénéfices qui en résulte.

SECTION 4
STATUTS ALTERNATIFS À L'ASSOCIATION

424.51 Généralisation et utilité des statuts alternatifs à l'association. Les cabinets d'avocats d'affaires ont été confrontés à plusieurs phénomènes qui tiennent à la fois à des considérations de marché et à des changements de mentalité dans les rangs des jeunes avocats :

- dans un univers de plus en plus compétitif, de nombreux cabinets ne souhaitent plus ou ne peuvent plus procéder à l'ouverture systématique de l'association pour y accueillir un flux régulier de collaborateurs ;

– l'attachement des collaborateurs à leurs cabinets s'amenuise ;

– de nombreux cabinets voient partir des collaborateurs expérimentés au moment où ils sont les plus rentables ;

– les jeunes avocats sont plus nombreux à ne pas vouloir sacrifier leur vie personnelle dans la lutte pour une hypothétique association.

Ces tendances du marché ont poussé les cabinets à faire preuve de créativité et sortir de leur structure classique à deux étages : collaborateurs et associés. Des statuts alternatifs à l'association ont été créés qui répondent à la fois aux nécessités des cabinets aujourd'hui ainsi qu'aux souhaits de certains collaborateurs.

D'abord, utilisés par les grands cabinets, le recours à ces nouveaux statuts et titres trouve de plus en plus souvent des applications dans des cabinets de plus petite taille.

Les cabinets sont aussi plus nombreux à allonger la durée de l'accession à l'association qui peut être portée à 10 ou même 12 ans. Ceux qui choisissent cette voie l'accompagnent en général de la création d'un statut de « collaborateur senior » suivi d'un statut intermédiaire qui peut ou non servir d'antichambre à l'association. Le statut de « counsel » est fréquemment utilisé dans ce sens. Cette distinction permet de regrouper les collaborateurs qui ont, *a priori*, vocation à devenir associés. Ces collaborateurs vont alors pouvoir bénéficier de formations particulières, de responsabilités accrues et d'une implication plus grande dans le fonctionnement du cabinet en vue de leur future association. Dans ce dernier cas, il ne s'agit pas d'un statut alternatif à l'association mais d'un aménagement et d'un prolongement de la collaboration.

Counsel, European counsel, non equity partner, fixed share partner, local partner... les termes utilisés pour ces statuts alternatifs à l'association varient en fonction des cabinets. Quand ils ont recours à de tels statuts, les cabinets français conservent en général les termes anglais. Sous un même terme peuvent aussi se cacher des réalités très différentes selon le fonctionnement du cabinet. Ce sont parfois des statuts de transition ou d'attente avant la promotion au rang d'associé, ils peuvent aussi correspondre à des statuts qui n'ont aucune vocation à évoluer[1].

Il faut distinguer ici les statuts qui sur le plan des règles françaises relèvent de la collaboration tel que le statut de counsel et les statuts qui confèrent le statut d'associé au sens de la réglementation française sans toutefois donner lieu à une ouverture du capital.

La pratique française de l'association en industrie illustre ce besoin d'accorder à un collaborateur le titre et la reconnaissance de l'associé sans pour autant lui ouvrir les portes de l'association en capital[2].

424.52 Avantages et inconvénients des statuts alternatifs à l'association. Bien que ces statuts se soient généralisés, certains commentateurs et analystes estiment que les statuts alternatifs peuvent avoir un impact négatif sur les performances et la cohésion du cabinet et qu'ils sont une source de démotivation pour les collaborateurs[3],[4] et[5]. Le *Counsel* ou associé *non equity* coûte cher au cabinet sans être animé par le risque entrepreneurial et ses potentielles retombées positives. Une étude du cabinet HBR Consulting[6] a estimé que les avocats titulaires de ces statuts sont à la fois moins rentables que les collaborateurs et moins rentables que les associés. Selon cette même étude, les *Counsel* ou les *non equity* auraient une rentabilité de 25 % inférieure à celle des collaborateurs.

Il semblerait pourtant que les cabinets estiment que le recours à ces statuts présente plus d'avantages que d'inconvénients. Il permet en effet d'offrir des perspectives de carrière à des avocats qui ne peuvent pas trouver leur place dans le système classique et binaire du « collaborateur ou associé »[7].

La multiplication des niveaux intermédiaires entre collaborateur et associé peut fonctionner si les règles sont claires et qu'elles sont appliquées avec honnêteté. Un statut est-il une étape dans la progression de l'avocat au sein du cabinet ou constitue-t-il une fin en soi ? Lorsqu'un cabinet déclare que le statut de *counsel* conduit à l'association, que le cabinet compte 20 counsel pour 15 associés et qu'il coopte en moyenne un nouvel associé par an, il y a un manque de clarté dans le discours du cabinet qui risque d'engendrer des déceptions. Quelle que soit l'organisation du cabinet, l'avocat doit être en mesure de comprendre les paramètres de sa progression.

1. D. Jensen, « À quoi servent les statuts alternatifs à l'association ? », *La lettre des juristes d'affaires*, n° 1004, 10 janv. 2011.
2. Sur l'association en industrie, v. s[s] n°s 424.61 s.
3. I. Silverband, « Modified partnership structures and their effect on associate motivation », *Georgetown Journal of Legal Ethics,* 165, 2016.
4. J. Altonji, « Who broke the two tier model ? », *Hildebrandt consulting,* sept. 2009.
5. À PROPOS de la généralisation de ces nouveaux statuts : « Making Partner », ABA (American Bar Association) *Law Practice Magazine*, juin 2017.
6. J. Altonji, « Hildebrandt white paper : Who broke the two-tier model ? », *HBR,* sept. 2019, [En ligne : www.hildebrandt.com/]
7. « What are the types of partnership in a law firm ? », *allaboutlaw.com*, janv. 2023.

424.53 Statut d'avocat *of counsel*. Les appellations *counsel* ou *special counsel* ou encore *european counsel* sont également utilisées. Ce titre, qui signifie « Conseil » et n'a pas de traduction plus précise en français, était utilisé par de nombreux cabinets anglo-saxons pour leurs associés les plus anciens avec le vocable « *of Counsel* ». Quand, pour une raison de limite d'âge statutaire, des associés devaient quitter l'association alors qu'ils étaient encore professionnellement actifs, le cabinet leur octroyait le titre de *counsel*. Ils continuaient à travailler normalement s'ils le souhaitaient mais ils ne partageaient plus les bénéfices de l'association.

Ce titre est maintenant aussi utilisé pour des avocats qui ne deviennent pas associés mais qui poursuivent leur carrière au sein du cabinet qui souhaite les conserver dans ses rangs. Certains cabinets utilisent aussi ce titre comme un statut d'attente pour les collaborateurs susceptibles de devenir associés mais qui n'en remplissent pas encore tous les critères.

Ce statut peut donc convenir à tous ceux qui veulent rester dans un cabinet (et que le cabinet souhaite garder) mais qui sont sortis de la course à l'association ou dont les choix professionnels ou privés ne répondent pas aux critères de l'association.

Il peut s'agir d'un statut adapté dans les cas suivants :

- les avocats qui souhaitent préserver un peu de temps, leurs engagements ordinaux, politiques ou syndicaux ou pour une activité d'enseignement ou d'écriture ;
- les avocats dont les talents se prêtent moins aux relations publiques et qui ne souhaitent pas qu'une partie de leurs revenus dépende de leur capacité d'apport de clientèle ;
- les avocats qui ne souhaitent pas prendre le risque patrimonial de l'association (le rachat ou la souscription de droits sociaux, le risque des années peu fructueuses).

Le terme de *counsel* peut ainsi revêtir une dimension technique. Il peut correspondre à des avocats dont le niveau technique est celui d'un associé mais dont les aptitudes commerciales ne sont pas ou ne sont pas encore au niveau de ce qui est requis pour un associé.

CETTE DISTINCTION est très clairement assumée chez Baker & McKenzie. Les collaborateurs qui sont de bons techniciens mais qui ont moins de talent relationnel sont encouragés à suivre la voie de *counsel*. Une fois devenus *counsel*, ils auront la possibilité de progresser jusqu'au niveau de Senior *counsel*. Les avocats plus aptes au développement commercial suivront la voie vers l'association avec deux étapes, la première qui est celle du *Local partner* (voir ci-après) pour ensuite espérer devenir *Partner*, associé à part entière.

424.54 Statut de l'associé *non equity, fixed share partner, salaried partner* ou *local partner*. L'associé *non equity* est un associé qui ne dispose pas de droits sociaux (parts ou actions) dans l'association ou la société d'avocats. Dans les structures fiscalement transparentes comme les LLP, le statut de non-equity correspond généralement à des associés dont les conditions de rémunération ne sont pas liées aux profits globaux de la firme. Derrière cette contradiction entre la notion même de *partner* ou d'associé et la précision que celui-ci n'a pas de droits sociaux, se trouve un compromis de plus en plus fréquent entre l'avocat et le cabinet. Alors que l'avocat a les qualités et l'expérience pour devenir associé, le cabinet ne peut ou ne veut pas lui ouvrir les portes de l'association et du partage de bénéfices. Selon les cabinets, cette position d'associé *non equity* peut être un statut d'attente avant une association pleine et entière ou bien un statut définitif[1].

Ces associés *non equity* ne participent pas aux bénéfices n'entrent donc n'affectent pas directement le *profits per partner (PPP)* du cabinet. Ceci permet à un cabinet de réserver le statut d'associé à part entière à ses avocats les plus performants[2]. L'intérêt principal de ce statut est qu'il permet à celui qui le détient d'utiliser le titre d'associé ou de *partner*. Le plus souvent, les *non-equity* n'interviennent pas dans les organes de gestion du cabinet. Le titre les distingue des collaborateurs, ce qui a une grande importance dans les relations avec les clients.

En ce qui concerne sa rémunération, le *non equity* peut soit percevoir une rémunération fixe soit une rémunération fixe assortie d'une prime généralement calculée sur les performances personnelles.

Dans certains cabinets, l'associé *non equity* est désigné sous le nom de *fixed share partner*, c'est-à-dire d'« associé » qui bénéficie d'une rémunération fixe sans être associé au résultat du cabinet[3]. Dans d'autres cabinets, le *fixed share partner* a une partie de sa rémunération qui est liée aux résultats du cabinet. Enfin, il y a des cabinets dans lesquels, c'est le terme de *local partner* qui est utilisé pour désigner les avocats qui peuvent utiliser le titre d'associé sur leur marché local sans pour autant être associés au résultat global de la firme[4].

424.55 Statut d'avocat *support lawyer*. Ce rôle existe essentiellement dans les grands cabinets. Le statut de *support lawyer (ou professional support lawyer)*[5], est proposé aux avocats qui ne veulent pas travailler en prise directe avec les clients. Comme le

1. Sur l'association en industrie, v. s[s] n°s 424.61 s.
2. 80 % des 200 premiers cabinets américains utilisent le statut de *non-equity partner* et plus de la moitié des cabinets qui comptent entre 20 et 100 avocats l'utilisent également, *Source :* American Bar Association.
3. NOT. : Eversheds.
4. NOT. : Baker & McKenzie.
5. AUSSI : la description du rôle du *professional support lawyer* proposée par www.britishlaw.org.uk/

nom l'indique, ces avocats ont pour mission de travailler en support des autres avocats du cabinet. Ils interviennent sur :

- la gestion de la connaissance (*knowledge management*) du cabinet[1], la circulation de l'information au sein du cabinet et la mise à jour des modèles ;
- la formation continue des avocats du cabinet ;
- des formations proposées aux clients du cabinet ;
- la préparation de consultations fournies par d'autres avocats du cabinet aux clients.

Les *support lawyers* ont vocation à être les garants de la doctrine du cabinet. Dans les domaines dont ils ont la responsabilité, ils s'assurent de la cohérence des réponses et valident les consultations fournies par les avocats du cabinet.

En France, CMS Francis Lefebvre et Fidal comptent dans leur effectif des avocats dont le rôle est entièrement consacré à la technique juridique et sa diffusion au sein du cabinet. Ces personnes dédiées à des fonctions techniques ou scientifiques permettent à leurs cabinets de construire une véritable « doctrine du cabinet ».

SECTION 5
ASSOCIATION EN INDUSTRIE

424.61 Utilité de l'association en industrie. Pour toutes les raisons développées dans les sections précédentes de ce chapitre, un cabinet peut vouloir donner à un collaborateur le titre d'associé en industrie sans lui ouvrir le capital ou lui octroyer un droit aux bénéfices.

Afin de répondre à ce besoin, la pratique des cabinets d'avocats en France a été de recourir à l'association en industrie prévue par l'article 1832 du code civil. Face au peu de textes traitant du statut et des droits de l'associé en industrie, les cabinets d'avocats lui ont donné des réalités assez différentes dont toutes ne sont pas conformes à une lecture rigoureuse des textes.

Pour les Ordres, aucune distinction n'est faite entre l'associé en capital, l'associé partageant les bénéfices d'une AARPI et l'associé en industrie. Cette différence n'est pas non plus portée à la connaissance des clients.

424.62 Régime juridique des apports en industrie. L'apport en industrie est prévu expressément par l'article 1832 du code civil comme l'un des éléments du contrat de société. Traditionnellement réservée aux sociétés de personnes (SCP), l'émission de parts d'industrie a été élargie aux SARL (et donc aux SELARL) par la loi du 15 mai 2001[2], puis aux SAS (et donc aux SELAS) par la loi du 4 août 2008[3]. Ils ne sont en revanche pas autorisés aux SA, ni par conséquence aux SELAFA.

424.63 Caractéristiques de l'apport en industrie des avocats. L'apport en industrie est constitué par la mise à disposition de la société de l'ensemble de son activité professionnelle de l'avocat : expertise technique, compétences professionnelles, savoir-faire, travail, etc. Il porte sur des prestations à caractère successif, exécutées donc tout au long de la vie sociale. Il suppose une indépendance d'exercice pour l'apporteur, un pouvoir de direction à tout le moins sur ses propres prestations et une situation égalitaire avec les autres associés.

L'absence de tout lien de subordination distingue la situation de l'associé en industrie avec celle de salarié[4], étant précisé que la qualification de la relation en contrat de travail ne dépend ni de la volonté exprimée par les parties, ni de la dénomination qu'elles ont donnée à leurs conventions, mais des conditions de fait dans lesquelles est exercée l'activité des travailleurs[5].

L'apport donne lieu à l'émission de parts d'industrie, désignées comme parts d'industrie ou d'intérêts dans les SCP et actions en industrie dans les SELAS. L'apport en industrie étant caractérisé par un fort *intuitu personae*, les parts ou actions d'intérêt reçues en contrepartie de son apport demeurent attachées à sa personne et sont donc incessibles.

Les parts en industrie confèrent à leur titulaire la qualité d'associé à part entière. Avant l'ordonnance du 8 février 2023 permettant la SCP unipersonnelle, la Cour de cassation avait refusé de voir prononcer la dissolution d'une SCP ne comptant plus qu'un seul associé en capital dès lors qu'existait un second associé en industrie[6]. L'apporteur en industrie pourra être nommé gérant d'une SCP, mais également gérant de la SELARL, président de la SELAS puisqu'il répond aux conditions posées par les articles 15 et 58 de l'ordonnance du 8 février 2023 selon lesquels tout associé en exercice peut avoir ces fonctions[7].

1. V. s[s] n°s 433.11 s.
2. L. n° 2001-420, 15 mai 2001 relative aux nouvelles régulations économiques, *JO* 16 mai, p. 7776.
3. L. n° 2008-776, 4 août 2008 de modernisation de l'économie, *JO* 5 août, p. 12471.
4. V. la jurisprudence abondante sur les apports en industrie dans les sociétés en participation, qui est transposable aux sociétés dotées de la personnalité morale : NOT. : Soc. 25 oct. 2005, n° 01-45.141, NP.
5. Soc. 17 avr. 1991, n° 88-40.121, *Bull. civ.* V, n° 200 ; *D.* 1991. 139 ; *RTD com.* 1992. 196, obs. C. Champaud et D. Danet.
6. Civ. 1re, 30 mars 2004, n° 01-15.575, *Bull. civ.* I, n° 102 ; *D.* 2004. 1088, et les obs. ; *Rev. sociétés* 2004. 855, note D. Poracchia ; *RTD com.* 2004. 512, obs. C. Champaud et D. Danet ; *RTD com.* 2004. 550, obs. M.-H. Monsèrié ; *Bull. Joly* S. 2004, n° 1001, note R. Baillod ; *Gaz. Pal.* 2004 Somm. 2705.
7. Ord. n° 2023-77, 8 févr. 2023.

Il est indispensable de mentionner les apports en industrie dans les statuts de la société ; à défaut les apporteurs ne peuvent s'en prévaloir [1].

424.64 Droits pécuniaires de l'associé en industrie. En vertu de l'article 1843-2 du code civil, les apports en industrie ne concourent pas à la formation du capital. Ils donnent lieu à l'attribution de parts ouvrant droit au partage des bénéfices et de l'actif net, à charge de contribuer aux pertes. Ainsi, l'associé en industrie a tout intérêt à contribuer à la croissance de la société et l'augmentation de sa valeur. Il se différencie en cela d'un collaborateur. Il a donc vocation aux bénéfices et réserves, ainsi qu'au *boni* de liquidation. Toutefois, dans les SELAS, l'article L. 237-29 [2] réserve le partage des capitaux propres aux associés en capital, sauf si les statuts attribuent expressément des droits à l'associé en industrie.

Sauf clause contraire, la part de l'associé en industrie est égale à celle de l'associé qui a le moins apporté au capital [3]. Ainsi, à défaut de précisions statutaires, l'apporteur en industrie ne peut prétendre à plus de droits financiers que celui qui a le moins apporté en numéraire ou en nature à la société. Il est donc indispensable de déterminer par les clauses statutaires la rémunération des apports en industrie. La répartition peut être effectuée à proportion des parts ou être inégalitaire, par exemple entre l'ensemble des parts d'industrie d'une part et l'ensemble des parts de capital d'autre part, étant ici rappelé que les dispositions statutaires ne sauraient priver l'une des catégories de titres ou d'associés de tout droit financier, conformément à l'interdiction des clauses léonines [4].

En pratique, les cabinets d'avocats constitués en SEL décident le plus souvent de créer une seule part d'industrie qui sera attribuée à l'associé en industrie. Cette part ou action d'industrie donne les mêmes droits pécuniaires qu'une part de capital. Ainsi, sur un capital social composé de centaines ou de milliers de parts, les droits de l'associé en industrie au titre de la part détenue seront symboliques.

Dans le contexte des SCP, en l'absence d'accord entre associés, l'étendue des droits de l'associé en industrie sur l'actif net peut être source de contentieux, notamment en cas de départ. Dans un arrêt rendu le 6 décembre 2007, la Cour de cassation a pu préciser que le droit de l'associé en industrie au partage de l'actif net lui confère le droit à l'attribution d'une quote-part de la plus-value dégagée par la vente de la cession de la clientèle de la société même si cette cession est intervenue postérieurement à son retrait, dès lors qu'il n'y a pas renoncé [5]. En revanche, un arrêt de la cour d'appel de Paris du 17 juin 2008 [6] refuse, après son départ, à l'associé en industrie d'une SCP relevant du régime fiscal des sociétés de personnes sa part dans l'actif net. La cour a notamment considéré qu'il n'existe pas dans une telle société de capitaux propres compte tenu de la comptabilité d'encaissement et qu'en conséquence il n'y a pas de réserves, ni de bénéfices non distribués, la totalité des résultats étant distribués aux associés à titre de dividende. Elle a en outre relevé que, du fait que l'associé a poursuivi son activité dans un autre cabinet, il n'a pas permis à la SCP de conserver la plus-value d'actif liée à son industrie. Cette décision a été sévèrement critiquée [7]. Il est, en toute hypothèse, recommandé de fixer dans les statuts de la SCP les droits de l'associé en industrie sur l'actif net, en cours de vie sociale, comme en cas de sortie, éventuellement par la voie d'une indemnisation en cas de retrait [8].

424.65 Droits extra-pécuniaires de l'associé en industrie. L'associé en industrie dispose de l'ensemble des prérogatives reconnues par les textes et les statuts à tout associé. En particulier, il a le droit de participer aux décisions collectives [9], les statuts ne pouvant déroger à cette règle d'ordre public [10]. S'agissant des SCP, elle est confirmée par les dispositions de l'article 19 du décret du 20 juillet 1992, qui assimilent expressément les parts d'intérêt aux parts de capital en ce qui concerne les droits de vote en assemblées et prévoit que chaque associé possède autant de voix que de parts sociales ou de parts représentatives d'apports en industrie, sans que, s'il est majoritaire en nombre de parts, il puisse être majoritaire en nombre de voix. Dans la SELARL, le droit de vote est également proportionnel au nombre de parts détenues. Dans la SELAS, les associés restent libres d'organiser les modalités du droit de vote puisque les SAS ne sont pas obligatoirement soumises au principe de proportionnalité.

Ceci implique que l'associé en industrie au même titre que tous les associés du cabinet est convoqué aux assemblées et prend part aux délibérations.

1. Com. 14 déc. 2004, n° 01-11.353, NP.
2. C. Com. L. 237-29.
3. C. civ., art. 1844-1, al. 1.
4. C. civ., art. 1844-1, al. 2.
5. Civ. 1re, 6 déc. 2007, n° 05-17.090, NP ; *Dr. sociétés* 2008. comm. 51, note Mortier.
6. Paris, 1re ch., sect. A, 17 juin 2008, *JurisData* 2008-369515.
7. R. Mortier, « L'apporteur en industrie spolié de sa part d'actif net », *Dr. sociétés* 2008. comm. 248.
8. P. Engel, « L'apporteur en industrie dans une SCP a-t-il droit à une indemnité en cas de retrait ? », *JCP E* 1999. 1376.
9. C. civ., art. 1844, al. 1.
10. Com. 9 févr. 1999, n° 96-17.661, *Bull. civ.* IV, n° 44 ; *D.* 2000. 231, obs. J.-C. Hallouin ; *Rev. sociétés* 1999. 81, note P. Le Cannu ; *RTD com.* 1999. 902, obs. Y. Reinhard – Com. 23 oct. 2007, n° 06-16.537, *Bull. civ.* IV, n° 225 ; *D.* 2008. 47, note Y. Paclot ; *D.* 2007. 2726, obs. A. Lienhard ; *D.* 2008. 1563, chron. J. Paillusseau ; *D.* 2009. 323, obs. J.-C. Hallouin et E. Lamazerolles ; *Rev. sociétés* 2007. 814, note P. Le Cannu ; *RTD com.* 2007. 791, obs. P. Le Cannu et B. Dondero ; *RTD com.* 2008. 566, obs. C. Champaud et D. Danet.

424.66 Obligations de l'associé en industrie. En contrepartie des droits financiers et politiques qui lui sont accordés, l'associé en industrie a quelques obligations résultant des articles 1843-3, alinéas 1er et 3, selon lesquels, d'une part, l'associé est débiteur envers la société de tout ce qu'il a promis de lui apporter et, d'autre part, lui doit compte de tous les gains qu'il a réalisé par l'activité faisant l'objet de son apport. Il se déduit de ces dispositions que l'associé en exercice est tenu d'une obligation de non-concurrence ou d'exclusivité au bénéfice de la société, qu'il n'est pas inutile de rappeler dans les statuts ou le contrat d'apport[1] en précisant bien l'étendue de l'industrie de l'associé, notamment s'il exerce des activités autres, par exemple en tant qu'arbitre, fiduciaire, formateur, conférencier, enseignant, auteur, etc.

La contrepartie des droits financiers attachés aux titres d'industrie est l'obligation de contribuer aux pertes éventuelles de la société[2]. Dans le silence des statuts, l'associé qui n'a apporté que son industrie est tenu comme celui dont la participation dans le capital est la plus faible[3]. Le régime de responsabilité des associés sera bien différent entre les associés en industrie des SCP et ceux des SEL. Dans les premières, la responsabilité des associés est indéfinie et conjointe. Dans les secondes, l'associé en industrie est traité à la même enseigne que les associés en capital et ne risque que la perte de ses apports, c'est-à-dire concrètement l'annulation de ses parts et de la perte de sa rémunération.

Au même titre que tous les associés au regard des règles déontologiques, l'associé en industrie n'a pas de clientèle personnelle. Sa seule clientèle est celle du cabinet, en dehors des situations qui relèvent de la pluralité d'exercice.

424.67 Création de parts en d'industrie. Si l'émission de parts d'industrie a été prévue par les statuts, les créations ou les annulations de parts d'industrie pourront alors être décidées par les associés. Les statuts ou le contrat d'apport doivent mentionner la nature de la prestation apportée, sa durée éventuelle, le nombre de parts attribuées en rémunération de l'apport, les droits attachés aux parts dans le partage des bénéfices et de l'actif net. Il est également recommandé de préciser le sort des titres d'industrie en cas d'incapacité d'exercice de l'associé concerné, l'étendue de l'obligation de non-concurrence à la charge de l'apporteur et, plus généralement, l'ensemble des droits et obligations de l'apporteur. Le nombre de parts d'industrie attribuées à chaque associé devra être mentionné dans les statuts des SCP et SELARL. Les statuts de SELAS se limiteront à préciser le nombre total d'actions d'industrie créées, la répartition de celles-ci entre les associés devant figurer au registre des mouvements de titres et des comptes d'actionnaires. Afin de déterminer le nombre de parts à attribuer à l'apporteur, l'apport peut faire l'objet d'une évaluation entre les parties, même si elle n'est pas exigée par les textes applicables aux différentes sociétés.

Les parts d'industrie sont incessibles et elles sont annulées lors du retrait de l'associé en industrie. La nature des apports en industrie, qui est un apport réalisé dans le temps, justifie de vérifier périodiquement si cet apport représente toujours la valeur qui lui a été attribuée lors de la création des titres d'industrie le rémunérant. Ceci s'avère nécessaire dans les SCP où les parts d'industrie sont utilisées pour corréler une partie de la rémunération des associés à leur contribution aux résultats plutôt qu'à leur détention du capital. Dans ce cas, il faudra préciser dans les statuts la périodicité de ce contrôle et les conséquences devant en être tirées si la valeur des apports en industrie est jugée inférieure ou supérieure à celle retenue lors de la dernière évaluation. Le maintien de relations équilibrées entre les associés pourra en effet commander d'annuler ou de créer de nouvelles parts d'industrie. La pratique montre qu'une réévaluation tous les quatre ou cinq exercices est à cet égard suffisante dans un cabinet d'avocat, afin d'éviter des situations de frustration entre les associés, tout en s'assurant de la réalité et de la consistance de ces apports directement liées au travail fourni par les associés en industrie.

424.68 Régime fiscal des apports en industrie. Conformément à l'article 810 du CGI, les apports en industrie sont enregistrés gratuitement[4].

Concernant les associés en industrie, le traitement fiscal des revenus versés en rémunération des titres d'industrie ne diffère pas de celui des associés en capital[5].

1. B. Delafaye, P. Etain, J.-P. Gaudel, A.-S. Kerfant, S. Schiller, B. Zagdoun, « L'apport en industrie », *Actes pratiques et ingénierie sociétaire n° 110*, mars 2010, § 24.
2. C. civ., art. 1843-2, al. 2.
3. C. civ., art. 1844-1, al. 2.
4. CGI, art. 810.
5. Sur le régime fiscal des associés de SEL et SCP, v. ss nos 221.41 s.

TITRE

43. La formation et l'information dans le cabinet

SECTION 0
ORIENTEUR

43.00 Sommaire du titre.

CHAPITRE

431. Formation continue

SECTION 0
ORIENTEUR

431.00 **Sommaire du chapitre.**

SECTION 1
FORMATION CONTINUE OBLIGATOIRE : RÈGLES ET OFFRE

431.11 **Formation continue et développement du cabinet.** La formation continue[1] fait partie du plan de carrière de l'avocat[2]. Elle est aussi un des moteurs du développement des cabinets et s'intègre dans la stratégie de ceux-ci. La formation continue doit être le résultat de concertations et d'échanges permettant de mener en parallèle le développement personnel de l'avocat et celui du cabinet.

431.12 **Textes et principes applicables à la formation continue obligatoire.** La formation continue des avocats est régie par les articles 14-2 de la loi du 31 décembre 1971[3] ajouté par l'article 21 de la loi du 11 février 2004[4] et les articles 85 et 85-1 du décret du 27 novembre[5].

– La durée de la formation continue est de vingt heures au cours d'une année civile ou de quarante heures au cours de deux années consécutives.

– L'obligation de formation continue est satisfaite :

• par la participation à des actions de formation à caractère juridique ou professionnel, dispensées par les CRFP ou les établissements universitaires ;

• par la participation à des formations dispensées par des avocats ou d'autres établissements d'enseignement ;

• par l'assistance à des colloques ;

• par la dispense d'enseignements à caractère juridique ;

• par la publication de travaux à caractère juridique.

Le texte précise que les collaborateurs de 1re et 2e années doivent consacrer 10 heures de leur formation continue à la déontologie (et la totalité pour ceux qui ont été dispensés de la formation du Capa[6], soit vingt heures par an). De même, les titulaires d'une ou plusieurs mentions de spécialisation[7] doivent, à l'issue d'une période de cinq ans, avoir consacré le quart de la durée de leur formation continue à ce ou ces domaines de spécialisation.

Les règles et modalités de la formation continue des avocats sont regroupées dans une décision à caractère normatif CNB n° 2018-001 du 20 juillet 2018 déterminant les modalités d'application de la formation continue des avocats.

1. SUR la formation continue de l'avocat : H. Ader, S. Bortoluzzi, A. Damien, D. Piau, Th. Wickers, *Règles de la profession d'avocat 2022/2023*, 17e éd., « Dalloz action », 2022, nos 213.11 s.
2. Sur la formation des collaborateurs, v. ss nos 423.11 s.
3. L. n° 71-1130, 31 déc. 1971 portant réforme de certaines professions judiciaires et juridiques, *JO* 5 janv., p. 131, art. 14-2 ; mod. par C CNB, AG 24 et 25 sept. 2010, DCN n° 2010-003 ; mod. par CNB, AG. 11 et 12 avr. 2014, DCN n° 2013-002.
4. L. n° 2004-130, 11 févr. 2004.
5. Décr. n° 91-1197, 27 nov. 1991 organisant la profession d'avocat, *JO* 28 nov., p. 15502, art. 85 ; mod. par décr. n° 2013-319, 15 avr. 2013.
6. Décr. n° 91-1197, 27 nov. 1991, art. 98 ; mod. par décr. n° 2013-319, 15 avr. 2013.
7. Décr. n° 91-1197, 27 nov. 1991, art. 86 ; mod. par décr. n° 2011-1985, 28 déc. 2011.

431.13 Formation continue dispensée par les Centres de formation des avocats (CRFPA)/écoles des avocats (EDA). Les Centres de formation des avocats (CRFPA) devenus écoles des avocats (EDA) sont les principaux organismes de formation continue pour les avocats :

« Le centre régional de formation professionnelle est chargé dans le respect des missions et prérogatives du Conseil national des barreaux... d'assurer la formation continue des avocats ; »[1].

Les EDA proposent un large choix de formations qui portent aussi bien sur des formations générales pour des avocats non spécialisés, que des formations de perfectionnement qui permettent d'aller dans le détail d'une question précise ou encore des formations sur la déontologie ou des thématiques qui relèvent de la vie professionnelle et des aspects non juridiques de l'activité d'avocat.

Au fil des ans, et particulièrement depuis les réformes de 2004 puis de 2011, les centres de formation ont déployé d'importants efforts pour enrichir leur offre de formations. Les avocats confrontés à ce large choix ne doivent pas se disperser. Le butinage intellectuel est tentant mais les choix de l'avocat en matière de formation continue doivent être prioritairement guidés par un plan de carrière et, si possible, en cohérence avec les besoins du cabinet.

Les listes des formations proposées sont en ligne et l'inscription se fait en ligne également.

En ce qui concerne le coût des formations dispensées, les centres de formation cherchent tous à rendre leurs formations les plus accessibles pour qu'elles ne soient pas une charge pour ceux qui les suivent. Ainsi, selon le centre et la nature de la formation, celles-ci peuvent être gratuites ou facturées. Dans ce dernier cas, les prix sont très inférieurs aux prix pratiqués par les sociétés ou organismes de formation privés.

En plus des formations dispensées par les centres de formation, les Ordres prennent aussi des initiatives de formation.

Afin de promouvoir et d'améliorer la visibilité de l'offre de formation continue des écoles et des partenaires institutionnels de la profession, le CNB a mis en place un portail entièrement dédié à la formation continue. Le site permet de rechercher par thème ou par localisation sur l'ensemble des formations et programmes proposés par les 15 centres de formation et par les partenaires de la profession.

431.14 Compte formation professionnelle. Le Compte personnel de formation (CPF) permet à toute personne active, d'acquérir des droits à la formation mobilisables tout au long de sa vie professionnelle. L'ambition du Compte personnel de formation (CPF) est de contribuer, à l'initiative de la personne elle-même, à la sécurisation de son parcours professionnel.

Les avocats sont éligibles au CPF. Depuis 2019, le compte n'est plus alimenté en heures de formation mais en euros. Pour les travailleurs indépendants, le compte personnel de formation (CPF) est alimenté à hauteur de 500 euros par année de travail, dans la limite d'un plafond de 5 000 euros. Lorsque le travailleur indépendant n'a pas exercé son activité au titre d'une année entière, ses droits CPF sont calculés au prorata du temps d'exercice de l'activité au cours de l'année. Pour bénéficier d'une alimentation de son compte, le travailleur indépendant doit être à jour du paiement de la contribution à la formation professionnelle (CFP).

Une notice explicative est en ligne sur le site du CNB. Ce dispositif remplace celui qui était connu sous le nom de droit individuel à la formation (DIF).

Le bénéficiaire ouvre un compte personnel. Le CPF recense toutes les formations dont peut bénéficier la personne concernée.

Le système fonctionne à la seule initiative de la personne concernée. Celle-ci reste libre du choix de ses formations.

431.15 Formation continue obligatoire organisée par les cabinets d'avocats. Un avocat à titre individuel ou un cabinet d'avocats peut dispenser des formations validées dans le cadre de la formation continue obligatoire.

Pour pouvoir réaliser des opérations de formation continue dans le cadre de la formation obligatoire prévue par les textes, le cabinet doit soumettre aux dispositions de la décision à caractère normatif du 20 juillet 2018[2]. La formation continue dispensée par un cabinet d'avocats est mise en œuvre dans les conditions suivantes :

La société d'avocats désigne auprès du bâtonnier un avocat associé dit ci-après « correspondant formation ».

L'avocat ou la société d'avocats dispensant la formation soumet au CRFPA territorialement compétent au regard du siège du cabinet formateur, pour accord préalable annuellement, chaque semestre ou chaque bimestre, le dossier détaillé des actions de formation dispensées respectivement pendant la période considérée. À titre exceptionnel, il peut soumettre à tout moment au CRFPA territorialement compétent au regard du siège du cabinet

1. L. n° 71-1130, 31 déc. 1971, art. 13 ; mod. par Ord. n° 2016-1809, 22 déc. 2016.

2. Décis. CNB, 20 juill. 2018 déterminant les modalités d'application de la formation continue des avocats (art. 14-2 de la loi du 31 décembre 1971 modifiée), *JO* n° 0263, 14 nov.

formateur pour accord préalable une action de formation. Le dossier détaillé mentionne notamment, outre les éléments prévus à l'article 1er, les éléments suivants :

- modalités selon lesquelles des formations identiques, sans contrepartie financière, peuvent être proposées aux avocats ne faisant pas partie du cabinet formateur, ou dupliquées auprès d'un CRFPA ;
- désignation de l'avocat « correspondant formation » de la société d'avocats dispensant la formation.

En cas de difficulté sur la délivrance de l'accord préalable, le CRFPA pourra demander l'avis du Conseil national des barreaux.

Chaque session donne lieu à la signature d'une feuille de présence mentionnant l'identité du cabinet d'avocats, son adresse, le thème traité, la désignation de l'avocat formateur ; la feuille de présence est émargée par les participants à la formation et cosignée par le formateur ainsi que par l'avocat associé « correspondant formation ».

L'attestation de fin de formation prévue à l'article 1er est signée par l'avocat associé « correspondant formation ».

L'avocat « correspondant formation » conserve l'intégralité des feuilles de présence, des supports écrits et des fiches d'évaluation et les adresse au bâtonnier de l'ordre sur la demande de celui-ci ou de son délégataire.

Les avocats peuvent se renseigner directement auprès des cabinets ou auprès de leur CRFPA pour savoir quels sont les cabinets qui dispensent des formations éligibles au titre de la formation continue.

Il peut être très intéressant de suivre les formations dispensées ainsi car les cabinets qui font cette démarche possèdent généralement une grande technicité dans le domaine de la formation dispensée.

Les avantages pour le cabinet qui dispense de telles formations sont nombreux :

- le cabinet établit et fait connaître son savoir-faire dans ses domaines de prédilection ;
- les avocats du cabinet se forment pendant qu'ils forment leurs confrères ;
- ces mêmes formations peuvent aussi être dispensées aux clients du cabinet.

431.16 Formation continue proposée par d'autres organismes de formation ou établissements d'enseignement, colloques et conférences. Ces organismes sont soumis aux mêmes conditions que les cabinets d'avocats qui dispensent des formations et ils doivent en plus disposer d'un numéro de déclaration d'organisme dispensateur de formation professionnelle [1].

Ces organismes ou établissements doivent ensuite obtenir l'homologation délivrée par le CNB [2] qui permet non seulement d'identifier ces formations mais constitue aussi un gage de leur qualité. L'homologation est délivrée par le CNB sur proposition de la Commission de la formation professionnelle pour une durée déterminée, après avis du Conseil scientifique. Cette homologation par le CNB ne dispense pas de l'obligation de disposer du numéro de déclaration d'organisme dispensateur de formation professionnelle mentionné ci-dessus.

La demande se fait sur l'e-plateforme de formation continue des avocats, formations.avocat.fr, dans un délai minimal d'un mois avant le début de la formation. Le demandeur crée un compte sur la plateforme, en fournissant, notamment, le logo de son organisme et ses bilans et comptes de résultats des deux derniers exercices.

Pour chaque demande d'homologation, il faut joindre au formulaire complété :

- le programme détaillé de la formation ;
- le document publicitaire diffusé ;
- le questionnaire d'évaluation soumis aux participants.

Au premier rang de ces établissements de formation se trouvent les éditeurs juridiques. Leur connaissance de la matière juridique et leurs relations privilégiées avec des enseignants et des praticiens de renom en font des formateurs de qualité.

Peuvent être validées au titre de la formation continue obligatoire, les heures de présence à des colloques ou conférences à caractère juridique ayant un lien avec l'activité professionnelle des avocats au sens du 3° de l'article 85 du décret n° 91-1197 du 27 novembre 1991. Il s'agit ici des conférences à caractère juridique pouvant intéresser les avocats organisés par des organismes disposant d'un numéro de formateur ou qui en sont dispensés par décision normative du CNB.

431.17 Formation continue à distance. L'article 6 de la décision du 20 juillet 2018 reprend les dispositions de la décision normative 2011-004 prévoit les modalités de la formation continue à distance. Le texte prévoit que les avocats ne peuvent valider plus de la moitié de la durée de leur formation continue prévue par l'article 85, alinéa 2, du décret du 27 novembre 1991 par des formations dispensées à distance.

Les formations continues à distance doivent remplir les conditions suivantes :

- l'organisateur des modules de formation à distance doit se conformer à toutes les obligations de l'article 5 pour que la formation puisse être homologuée ;

1. C. trav., art. L. 6351-1, L. 6351-2 [anct L. 920-4].

2. CNB, AG 11 févr. 2005, DCN n° 2005-001 portant délibération sur les modalités d'application de la formation continue des avocats modifiée, art. 5.

– le suivi du module de formation à distance donne lieu à la remise à chaque participant d'une documentation écrite ;

– à l'issue de chaque module, il est remis à chaque participant par l'organisateur une attestation de suivi indiquant que le module s'est déroulé conformément aux modalités de mise en œuvre arrêtées par le Conseil national des barreaux ; l'attestation est signée par le représentant légal de l'organisateur ou son délégataire ;

– depuis la pandémie du Covid-19, la limitation prévue à l'article 6 n'a pas été appliquée.

431.18 Validation des activités d'enseignement et de publication. Les articles 4 et 5 de la décision du 20 juillet prévoient la validation au titre de la formation continue obligatoire des activités d'enseignement et des activités de publication.

Les enseignements dispensés au sens de l'article 85 du décret du 27 novembre 1991 sont validés dans les conditions suivantes :

– une heure dispensée équivaut à quatre heures de formation reçue ;

– si l'enseignement est dupliqué dans d'autres lieux de formation ou devant des auditoires différents durant l'année considérée, chaque cours, ou séance de formation, n'est comptabilisé que pour un montant maximal équivalent à douze heures de formation reçue ;

– les formations dispensées font l'objet d'une attestation délivrée à l'avocat formateur, selon les cas, par le CRFPA, l'université, l'avocat « correspondant formation » de la société d'avocats, le représentant légal de l'établissement d'enseignement ou son délégataire dans les conditions fixées par l'article 1er.

S'agissant des publications sur support papier ou sur support électronique édité sur un site internet, celles-ci sont prises en compte l'année de leur dépôt légal. Pour les essais, les ouvrages et publications d'articles, deux critères cumulatifs sont retenus :

– contenu : les travaux publiés devront traiter de sujets relatifs à des matières juridiques, à la déontologie ou à la réglementation professionnelle ;

– forme : l'ensemble des publications considérées doit contenir au minimum 10 000 signes (espaces non comprises), hors titres, chapeaux, abstracts et intertitres. Il appartient à l'avocat de justifier de ce nombre.

L'équivalence est fixée à trois heures de formation pour 10 000 signes ainsi définis. Une mise à jour correspond au tiers de cette équivalence. Lorsque les travaux sont co-écrits par plusieurs auteurs, le nombre d'heures de formation comptabilisé doit être divisé par le nombre d'auteurs. L'avocat conserve au moins un exemplaire original de l'ouvrage ou de la revue ayant accueilli sa publication ou du support écrit du site internet et le produit, en cas de demande, au bâtonnier ou à son délégataire.

SECTION 2
POLITIQUE DU CABINET EN MATIÈRE DE FORMATION CONTINUE

431.21 Importance d'une politique de formation continue pour le cabinet. Les avocats doivent se former pour progresser et mieux bâtir leurs carrières. La formation continue doit être perçue comme une chance et non une obligation. Les cabinets qui l'ont compris savent que la formation continue de leurs avocats améliore les performances du cabinet et contribue à structurer les carrières et les spécialisations. Elle est aussi un instrument de valorisation et de communication. La formation continue doit être traitée à la fois sous l'angle des besoins du collaborateur, des besoins du cabinet et sur le plan de l'organisation et des contraintes budgétaires du cabinet.

Se contenter de vérifier si les collaborateurs du cabinet ont fait leur quota d'heures de formation continue ne constitue pas une politique de formation continue.

431.22 Besoins du collaborateur et ceux du cabinet[1]**.** La question de la formation continue peut être abordée avec les collaborateurs au cours de leur évaluation annuelle ou au cours d'une ou plusieurs réunions consacrées à ce sujet. En encourageant les collaborateurs à se former dans des domaines qui leur sont utiles, le cabinet prend l'engagement moral de faire travailler le collaborateur dans le domaine en question. Ceci permet d'établir un lien direct entre la formation continue et les activités de l'avocat au sein du cabinet.

431.23 Organisation et contraintes budgétaires du cabinet en matière de formation continue. Le cabinet peut se reposer sur des prestations extérieures telles que celles proposées par les Centres de formation, d'autres cabinets d'avocats ou par d'autres organismes de formation ou peut chercher à organiser lui-même une partie de sa formation continue. Dans une seconde étape, le cabinet décidera si la formation qui serait éventuellement organisée par les avocats du cabinet a vocation à devenir éligible au titre de la formation continue obligatoire.

Pour le cabinet, la formation continue doit être abordée comme un investissement et non un poste de charges. L'organisation par un cabinet de formations éligibles au titre de la formation continue demande du temps mais peut être réalisée à très faible coût.

431.24 Formation interne dans les grands cabinets. La formation continue vient en complément de l'expérience acquise au quotidien par les avocats.

1. Sur la formation des collaborateurs, v. ss nos 423.11 s.

Elle doit participer à orienter et construire la carrière des avocats du cabinet. De ce fait, le cabinet doit déterminer quels sont les domaines dans lesquels des compétences externes sont requises pour former les avocats et compléter les connaissances que l'avocat acquiert en interne.

Certains cabinets qui en ont les ressources humaines et matérielles développent ainsi leur propre formation continue.

LE CABINET Clifford Chance a créé son « Academy » de formation installée dans quatre centres stratégiques : Londres, Amsterdam, New York et Hong-Kong. Son rôle est de fournir à tous les avocats du cabinet à travers le monde une formation continue tant dans les domaines techniques dans lesquels exercent les avocats que pour tous les aspects non juridiques (ex. : développement, marketing, prise de parole en public). L'Academy s'occupe de coordonner les formations internationales et locales, et gère même tous les aspects pratiques des déplacements que doivent faire les avocats pour se former (réservation, transport, hébergement...). Elle joue aussi un rôle dans la cohésion du cabinet car elle permet aux avocats d'horizons et de pays divers de se retrouver et d'échanger leur savoir-faire.

LES AVOCATS de PwC société d'avocats consomment 15 000 heures de formation par an dont la moitié est initiée par les avocats en interne et réparties sur 150 formations. Dans ce cabinet, les responsables de la formation continue dialoguent à la fois avec les ressources humaines, le marketing et la gestion de connaissance. Les avocats sont vivement encouragés à s'impliquer dans les fonctions de formation et un avocat sur quatre intervient dans les formations dispensées aux autres avocats. La participation aux actions de formation entre dans le processus d'évaluation des avocats du cabinet.

431.25 Mise en place d'un plan de formation continue. Si les exemples ci-dessus ne sont pas transposables à des petites structures, ils montrent à quel point la formation continue est intégrée dans la stratégie et le fonctionnement de ces cabinets. Les petits cabinets, même s'ils n'ont pas vocation à créer leur propre *Academy* ou à élaborer des dizaines de programmes de formation en interne, peuvent à leur échelle, intégrer la formation continue dans leur réflexion stratégique en constituant un « plan de formation » pour les avocats du cabinet.

La mise en œuvre de ce plan se déroule en cinq étapes :

– Étape 1

• Recueillir les souhaits des avocats du cabinet en matière de formation.

• Déterminer les besoins du cabinet en matière de savoir-faire.

• Rapprocher les souhaits des avocats et les objectifs stratégiques du cabinet.

– Étape 2

• Déterminer ce que le cabinet et les compétences des avocats en interne peuvent apporter aux avocats devant être formés.

– Étape 3

• Déterminer les domaines où le cabinet doit faire appel à des compétences extérieures.

– Étape 4

• Élaborer des parcours de formation en interne, sélectionner des formations externes (CRFPA, formations d'autres cabinets d'avocats, autres formations), choisir des conférences auxquelles les avocats du cabinet peuvent assister, suggérer des sujets d'articles ayant vocation à être publiés.

– Étape 5

• Organiser le suivi personnalisé de la formation des avocats du cabinet et vérifier de la conformité de la formation avec les objectifs initiaux.

431.26 Formation continue juridique et formation continue non juridique. La formation continue n'est pas qu'un prolongement d'un parcours universitaire et ne doit pas se résumer aux seules formations juridiques. Les cabinets doivent rechercher un juste équilibre entre les formations techniques et juridiques de leurs avocats et les formations qui favorisent le développement des qualités personnelles (aptitude à travailler en équipe, à diriger, à gérer la relation client, à développer le chiffre d'affaires) ou encore qui donnent des connaissances non juridiques mais indispensables telles que la comptabilité ou les langues.

431.27 Chronologie et progression des formations non juridiques. Pour les collaborateurs, le développement de ces aptitudes doit suivre une progression logique. Dans un premier temps, un collaborateur peut perfectionner ses qualités de plaidoirie et de communication et son niveau d'anglais. Dans un second temps, il peut travailler sur une meilleure connaissance d'autres cultures juridiques et développer ses notions de comptabilité et de finance pour sa pratique du droit des affaires. Dans un troisième temps, il peut se former sur les techniques de négociation et les notions de management. Ainsi, la formation non juridique va suivre la progression des situations auxquelles l'avocat se trouve exposé dans sa vie professionnelle.

À l'exception des avocats des grands cabinets qui disposent d'une grande variété de formations non juridiques proposées en interne, les avocats souffrent d'un déficit de ces formations. Malheureusement, les formations de ce type ne sont pas celles que les grands cabinets ouvrent aux avocats de l'extérieur. Il faut donc profiter de ces formations quand elles sont proposées par les Centres de formation ou les Ordres.

431.28 Lien entre la formation continue et le marketing. Il existe une véritable courroie de transmission entre la formation et le marketing. Les cabinets ont tout intérêt à exploiter le savoir-faire développé en interne à des fins de communication et de marketing. Ainsi qu'évoqué ci-dessus, tant les formations développées en interne que la connaissance des avocats du cabinet peuvent être exploitées sous la forme de formations destinées aux clients[1]. Les actions de formation sont des occasions précieuses pour les avocats de développer leur réputation et de contribuer à celle du cabinet.

1. Sur la formation des clients par les avocats, v. s[s] n°s 432.11 s.

CHAPITRE

432. Formation des clients par les avocats

SECTION 0
ORIENTEUR

432.00 **Sommaire du chapitre.**

SECTION 1
VALORISATION DES COMPÉTENCES DU CABINET PAR LA FORMATION

432.11 **Convergence de la formation continue et de la formation des clients.** Les objectifs de la formation des clients par les avocats et de la formation continue des avocats[1] se rejoignent dans la mesure où un avocat qui se prépare à former ses clients se forme lui-même dans le processus. L'avocat peut aussi ouvrir à ses clients des formations qui sont également à destination interne ou ouvertes à d'autres avocats.

Alors que les avocats peinent parfois à dégager du temps pour leur propre formation, ils savent se mobiliser pour leurs clients. Or, l'avocat qui prépare une formation pour ses clients se forme de la manière la plus efficace qui soit puisqu'il se soumet au jugement du client et qu'il est responsable vis-à-vis de ses confrères de l'image qu'il donne du cabinet.

1. La formation continue obligatoire des avocats régie par : L. n° 71-1130, 31 déc. 1971 portant réforme de certaines professions judiciaires et juridiques, *JO* 5 janv., p. 131, art. 14-2 – Décr. n° 91-1197, 27 nov. 1991 organisant la profession d'avocat, *JO* 28 nov., p. 15502, art. 85 ; mod. par décr. n° 2013-319, 15 avr. 2013.

432.12 **Extension logique de l'activité de conseil.** Quand un cabinet conseille son client, il le fait généralement dans le cadre d'un dossier pour répondre à un besoin précis. Or, les clients (principalement les entreprises) sont de plus en plus demandeurs de connaissances qui leur permettent de mieux anticiper et gérer les difficultés afin de pouvoir travailler avec leurs avocats dans les meilleures conditions. C'est dans ce contexte que les cabinets d'avocats peuvent utilement contribuer à la formation de leurs clients.

Tout particulièrement quand l'entreprise possède elle-même son propre juriste ou service juridique, c'est une véritable complémentarité qui doit se mettre en place entre l'avocat et le juriste d'entreprise. La connaissance de l'avocat doit compléter celle du juriste d'entreprise. Une formation préparée et dispensée par l'avocat permet d'élever à la fois le niveau de connaissance du client et celui de l'avocat.

Les cabinets d'avocats sont donc de plus en plus nombreux à proposer à leurs clients des séances de formation qui sont autant d'occasions d'enrichir la relation avec les clients en dehors et au-delà de la collaboration sur les dossiers. Tous les cabinets, quelle que soit leur taille ou leur type de clients, peuvent envisager de proposer des formations à ces derniers.

432.13 **Homologation du cabinet comme organisme de formation.** Le cabinet d'avocats peut choisir de devenir organisme de formation homologué ce qui permettra la prise en charge de formations payantes que le cabinet pourrait proposer à ses clients. Le cabinet peut aussi décider de créer une société dédiée à l'activité de formation. Celle-ci serait compatible avec les activités du cabinet puisque se trouvant dans le champ des activités dérogatoires prévues par l'article 11 du décret du 27 novembre 1991[2].

2. Sur les activités commerciales accessoires, v. s[s] n°s 361.11 s

Pour devenir organisme de formation, le cabinet (ou la société créée *ad hoc*) doit déposer une demande auprès de la Direccte (Direction régionale des entreprises, de la concurrence, de la consommation, du travail et de l'emploi) pour obtenir un numéro de formateur.

La déclaration doit être accompagnée des pièces suivantes :

- le formulaire Cerfa de la déclaration d'activité n° 10782*05 complété et signé ;
- la copie du justificatif du numéro SIREN du demandeur ;
- le bulletin n° 3 du casier judiciaire du représentant légal du demandeur ;
- la copie de la première convention de formation ou contrat de formation signé ;
- le programme de formation ;
- l'identité et les CV des formateurs qui interviennent dans la réalisation de l'action de formation et le lien contractuel qui lie les formateurs à la société demanderesse.

Dès le dépôt, de la demande il est possible d'exercer l'activité de formation. La Dirrecte dispose d'un délai de 30 jours pour délivrer un récépissé indiquant le numéro d'enregistrement qui doit obligatoirement figurer sur tous les documents : convention de formation, contrat de formation, bons de commande, devis, factures, etc.

Le cabinet ou la société qui effectue ces démarches peut ensuite demander l'exonération de TVA pour ses actions de formation. Pour ce faire, il faut transmettre le formulaire Cerfa n° 10219*16/3511-SD à la Direccte dont relève la société. L'administration dispose ensuite d'un délai de 3 mois pour répondre. L'exonération de TVA peut être appliquée à partir du jour de la demande, elle n'est pas rétroactive.

La loi n° 2018-771 du 5 septembre 2018 pour la liberté de choisir son avenir professionnel prévoit dans son article 6 une obligation de certification, par un organisme tiers, des organismes réalisant des actions concourant au développement des compétences sur la base d'un référentiel national unique, s'ils veulent bénéficier de fonds publics ou mutualisés (financement par un opérateur de compétences, par la commission mentionnée à l'article L. 6323-17-6, par l'État, par les régions, par la Caisse des dépôts et consignations, par Pôle emploi ou par l'Agefiph). Il en résulte que depuis le 1er janvier 2022, tout organisme de formation voulant bénéficier des fonds paritaires ou publics doit faire l'objet d'une certification Qualiopi. La liste des organismes certificateurs se trouve sur le site du Ministère du travail.

Si le cabinet fait cette démarche de devenir organisme de formation certifié, il pourra dans un second temps faire valider ses formations auprès du CNB et des Centres de formation si ces formations ont aussi vocation à être suivies par des avocats. Celles-ci pourront alors être validées comme des heures de formation continue obligatoire pour les avocats qui les suivront[1].

432.14 Contenu des formations proposées aux clients. Les formations plus fréquemment proposées aux clients par les cabinets d'avocats sont :

- une mise à jour des connaissances en fonction de l'actualité juridique ;
- une analyse de l'environnement législatif et réglementaire dans lequel se trouve le client ;
- une analyse de l'impact (risques, adaptation, opportunités) pour le client de changements de son environnement législatif ou économique (nouvelles lois, textes européens, crise économique...) ;
- une sensibilisation à des difficultés précises régulièrement rencontrées par le client ;
- une meilleure anticipation des difficultés afin d'améliorer la qualité du travail entre le client et le cabinet.

Le choix est donc vaste et peut aussi bien s'adresser :

- à des groupes composés de clients différents ;
- à un client unique, interlocuteur habituel du cabinet ;
- à des groupes de personnes chez un même client.

Si une même formation s'adresse à un groupe de clients, tous les points abordés doivent respecter l'obligation de confidentialité. Ainsi, dans le choix des exemples ou dans les commentaires de l'avocat chargé de la formation ou dans les documents fournis en support de la formation, le cabinet doit se garder d'exposer la moindre information à caractère confidentiel.

432.15 Valorisation des compétences du cabinet. Les séances de formation à destination des clients sont une occasion idéale pour l'avocat de montrer sa maîtrise des sujets et la complémentarité de ses connaissances avec celles du client. La formation des clients par le cabinet est aussi l'occasion pour le cabinet de montrer d'autres facettes que celles que le client a l'habitude de voir. D'autres associés ou collaborateurs peuvent exposer des compétences auxquelles le client ne fait pas appel mais qui pourraient néanmoins lui être utiles. C'est une première étape de la vente croisée (*Cross-selling*)[2].

La formation des clients par le cabinet met en valeur les individus qui la dispensent. Ceci est particulièrement utile en ce qui concerne les colla-

1. Sur la procédure, sur l'homologation de la formation continue obligatoire organisée par les cabinets d'avocats, v. ss n° 431.15.
2. Sur la structuration des procédures commerciales, v. ss nos 322.31 s.

borateurs du cabinet. En effet, la formation contribue à :

– la mise en valeur du collaborateur aux yeux des clients ;

– la mise en valeur du collaborateur aux yeux du cabinet ;

– l'affirmation d'un savoir-faire spécialisé du collaborateur ;

– témoigner de la confiance accordée par le cabinet au collaborateur ;

– la motivation du collaborateur.

Le mécanisme de valorisation ne bénéficie pas qu'au collaborateur chargé de la formation, c'est le cabinet tout entier qui montre son investissement dans les carrières de ses jeunes avocats. Les clients prennent ainsi conscience des compétences des collaborateurs et travaillent avec eux en confiance sans devoir être rassurés par la présence d'un associé.

SECTION 2
EFFETS BÉNÉFIQUES DE LA FORMATION DES CLIENTS SUR LE CABINET ET SUR LA FACTURATION

432.21 Formation des clients et stratégie de marketing. Les actions de formation des clients par le cabinet contribuent à leur fidélité. En lui proposant de le former, le cabinet témoigne au client son attachement et l'importance qu'il lui accorde. Il montre qu'il n'est pas seulement présent pour facturer des honoraires quand il assiste le client sur un point précis ou quand il l'aide à surmonter une difficulté ou une crise, il est aussi à ses côtés pour l'aider à progresser, même en dehors des dossiers.

Les clients se montrent aussi très réceptifs car, en proposant des formations, l'avocat montre qu'il est disposé à partager son savoir plutôt que de le garder jalousement. De telles formations sont donc aussi des opérations de marketing, car elles contribuent à la qualité de la relation avec le client et encouragent la fidélité.

432.22 Source indirecte de revenus pour le cabinet. La formation exposera le client à de nouvelles informations qui susciteront de nouvelles réflexions et peut-être des questions, qui peuvent aboutir à l'ouverture de nouveaux dossiers et donc générer du chiffre d'affaires pour le cabinet.

Les formations dispensées par l'avocat à ses clients doivent-elles être payantes ? S'il s'agit d'une formation spécialement préparée par le cabinet à la demande d'un client précis, celle-ci est logiquement payante. S'il s'agit d'une formation proposée par le cabinet à un client ou ensemble de clients ou de prospects concernés par les mêmes thématiques, cette formation relèvera davantage d'une opération de communication et de marketing qui n'a pas vocation à être payante.

Depuis la publication du décret d'application de la loi Macron n° 2016-882 du 29 juin 2016 qui assouplit les incompatibilités traditionnelles de la profession d'avocat avec les activités commerciales en rendant possible « la commercialisation, à titre accessoire, de biens ou de services connexes à l'exercice de la profession d'avocat si ces biens ou services sont destinés à des clients ou à d'autres membres de la profession »[1], les cabinets peuvent aussi envisager de professionnaliser leur activité de formation, notamment en la filialisant. La notice accompagnant le décret mentionne explicitement (sans que cette liste soit exhaustive) la formation professionnelle. Des cabinets avaient déjà des activités de formation avant la loi Macron mais le décret du 29 juin 2016 introduit la possibilité de filialiser l'activité permettant de la faire évoluer dans un cadre autonome et commercial. Un cabinet qui ferait ce choix ne s'interdirait pas pour autant de dispenser de la formation gratuite à ses clients s'il le souhaite.

432.23 Opportunité par temps de crise. Quand la conjoncture économique se détériore, il arrive que les avocats disposent d'un peu plus de temps. C'est le moment de prendre des initiatives qui vont permettre de maintenir les liens avec les clients. Le cabinet ne doit pas prendre le risque qu'une baisse d'activité puisse venir distendre la relation avec ses clients importants.

Les cabinets peuvent profiter des moments de crise économique et du ralentissement de leur activité pour inviter leurs clients à des formations sur les dangers à éviter ou les opportunités à saisir lors des revers de conjoncture. Non seulement ces exposés sont utiles aux clients, mais ils peuvent aussi donner lieu à des initiatives de leur part et donc susciter des besoins de conseils[2].

432.24 Formation des clients et préparation des dossiers. La clarté de la facturation est un des griefs le plus souvent évoqués par les clients des cabinets d'avocats[3]. Des difficultés peuvent survenir notamment en ce qui concerne la facturation du temps consacré par l'avocat à la préparation de dossiers contentieux. Celles-ci peuvent être évitées ou minimisées par des formations dispensées par le cabinet

1. Décr. n° 2016-882, 29 juin 2016 relatif à l'exercice de la profession d'avocat sous forme d'entité dotée de la personnalité morale autre qu'une société civile professionnelle ou qu'une société d'exercice libéral ou de groupement d'exercice régi par le droit d'un autre État membre de l'Union européenne, *JO* 30 juin, n° 60, art. 111, al. 4.
2. « Comment s'adapter aux changements de conjoncture », *Le Monde du droit,* n° 16, 15 oct. 2008.
3. Sur les attentes des clients, v. s^{s} n°s 441.21 s.

au profit de ses clients relatives à la constitution et la conservation d'éléments de preuve. En comprenant mieux, grâce à son avocat, les mécanismes contentieux et les exigences de la procédure, le client peut apprendre à gérer les phases précontentieuses. Lorsque le procès devient inévitable, il est alors en mesure de transmettre tous les éléments nécessaires à son avocat dans les meilleures conditions.

Le droit social est particulièrement propice à ces situations. Une erreur ou un oubli du client peut avoir un impact irréversible sur la régularité d'une procédure de licenciement.

Toutes les formations qui amèneront le client à davantage maîtriser son environnement législatif et réglementaire lui permettront de mieux gérer les risques et de travailler plus efficacement avec son avocat. L'avocat apprend par la même occasion à comprendre son client. Il s'ensuit une relation dans laquelle l'avocat facture des heures nécessaires et il n'y a plus de déperdition de son travail.

CHAPITRE

433. Gestion de la connaissance (*knowledge management*)

SECTION 0

Orienteur

433.00 Sommaire du chapitre.

SECTION 1

Organisation, conservation et transmission du savoir

433.11 Définition de la gestion de la connaissance (*knowledge management*). Selon une enquête réalisée par Juriconnexion [1], la principale association de documentalistes juridiques, une des définitions les plus communément proposées pour la gestion de la connaissance du cabinet, c'est « la valorisation du capital intellectuel de la firme ». Une définition plus dynamique de cette notion pourrait venir compléter la précédente : la gestion de la connaissance du cabinet c'est « donner aux avocats un accès facile aux meilleures ressources quand ils en ont besoin » [2].

La gestion de la connaissance est devenue une préoccupation majeure pour tous les cabinets d'avocats [3]. Même si certains cabinets plus modestes cernent encore mal la notion, ils sont concernés au même titre que les grands.

La notion de knowledge management a transformé l'approche de la documentation juridique [4]. Elle est aussi au cœur de nombreux projets de *LegalTechs* dont l'objectif est de fluidifier et d'accélérer le partage de l'information au sein des cabinets d'avocats.

L'association Open Law est particulièrement active dans le domaine du partage des connaissances juridiques. Les travaux de cette association sont suivis de près par de nombreux juristes et professionnels de la documentation juridique.

433.12 Enjeu de la gestion de la connaissance pour le cabinet. Pour saisir l'enjeu de la gestion de la connaissance, il suffit de penser au nombre de situations dans lesquelles un avocat souhaite utiliser un acte rédigé antérieurement comme base de travail pour un nouvel acte. Cette notion de « modèle » fait partie du quotidien de tous les avocats.

L'avocat doit alors se rappeler du dossier dans lequel se trouve le modèle qu'il souhaite utiliser, vérifier qu'il est à jour puis l'adapter.

L'enjeu de la gestion de la connaissance du cabinet est le nombre de fois où un avocat rédige un document ou fait une recherche sans profiter de l'expérience acquise par un de ses confrères du cabinet. Les conséquences sont :

- une déperdition des connaissances ;
- une moins bonne rentabilité ;
- un moins bon service pour le client.

La gestion de la connaissance est donc au cœur du fonctionnement du cabinet d'avocats, que celui-ci soit composé de trois avocats ou de cent. L'individualisme des avocats, la confidentialité des dossiers,

1. « Knowledge management & droit en France », *Juriconnexion*, 2006.
2. Définition proposée par Claire Andrews, *Le Monde du droit*, n° 22, 1er févr. 2009.
3. À CE SUJET NOT. un ouvrage de référence entièrement consacré à ce thème : M. Parsons, *Effective Knowledge Management for law firms,* Oxford UP, 2004.
4. « La documentation juridique, la mutation du knowledge management », *Décideurs Magazine*, 14 juin 2018.

l'évolution permanente de la matière, sont autant de freins ou de complications à la mise en œuvre d'une gestion efficace de la connaissance. Cependant, les cabinets d'avocats n'ont pas le choix. Ceux qui ne travailleront pas à la bonne gestion et à l'exploitation de leurs connaissances verront croître leurs difficultés à surnager dans un environnement de plus en plus concurrentiel.

433.13 Modèles d'actes et de documents du cabinet. Lorsqu'un avocat s'apprête à rédiger un contrat, il peut :

- travailler sur le formulaire type proposé par un éditeur ;
- se reporter à un dossier précédent dans lequel il avait rédigé un document semblable ;
- travailler sur le modèle sans cesse mis à jour qui se trouve dans la base de données de son cabinet.

La troisième option est évidemment la meilleure. Elle le sera d'autant plus si le document tenu à jour reflète toute la connaissance du cabinet dans le domaine concerné. C'est cette notion de savoir-faire accumulé qui est la clé de la gestion de la connaissance du cabinet.

433.14 Gestion de la connaissance et méthodologie du cabinet. Qu'il s'agisse des activités de conseil ou de contentieux, les avocats du cabinet ont développé des habitudes et des méthodes de travail[1]. Au fil des années, ils ont fait la différence entre des manières de travailler efficaces et d'autres qui l'étaient moins. Ils ont, pour certains types de transactions ou d'opérations, mis au point des méthodologies (ou ce que les Anglais et les Américains appellent des « *process* ») qui sont le résultat de leur expérience. La gestion de la connaissance doit permettre de partager ce savoir entre tous les avocats du cabinet.

L'attention du cabinet doit donc porter à la fois sur les documents et la méthodologie. Ce sont deux axes complémentaires et d'égale importance.

UN FONDS d'investissement demande à son avocat de préparer un pacte d'actionnaires. L'avocat sait où trouver le ou les modèles qui servent de référence dans le cabinet au jour de la demande, c'est le travail sur le document. L'avocat sait quelles questions poser au client pour que le document produit corresponde exactement aux attentes, c'est la méthodologie.

L'effort sur la méthodologie va améliorer la fiabilité et la réactivité du service livré aux clients. La méthodologie va aussi renforcer la cohérence des contenus transmis aux clients par les avocats d'un même cabinet ou d'une même équipe. Le cabinet travaille alors avec le soutien de sa « doctrine interne ».

433.15 Gestion de la connaissance et veille du cabinet. Le troisième volet de la gestion de la connaissance du cabinet est la qualité de la veille du cabinet dans ses domaines de prédilection. Il ne s'agit pas ici que du simple suivi des ressources documentaires dont dispose le cabinet mais de la capacité du cabinet à se « cultiver » dans les domaines importants pour son activité. Cet aspect de la gestion de la connaissance sera aussi mis à profit dans le cadre du marketing du cabinet.

433.16 Rôle des documentalistes dans la gestion de la connaissance. Beaucoup d'avocats ou de professionnels de l'information qui travaillent dans leurs cabinets abordent la gestion de la connaissance par son seul angle technologique. Il est en effet tentant de penser qu'il suffit de constituer une base de données et que la présence de l'outil technique suffira à faire vivre la gestion de la connaissance. Cette approche n'est que très partielle et sera insuffisante pour assurer une gestion efficace de la connaissance du cabinet.

À la croisée du contenu et des contenants, les documentalistes jouent un rôle central dans la gestion de la connaissance d'un cabinet d'avocats. Les outils techniques vont améliorer les performances d'un documentaliste mais ils n'en remplaceront ni le flair ni la méthode. Le documentaliste cherche en permanence à valoriser le fonds de son cabinet, qu'il s'agisse d'informations de provenance externe ou d'informations ou de données générées en interne par le cabinet. D'abord récupérateur d'informations, le documentaliste va pouvoir, avec les avocats, trier, hiérarchiser et organiser avant de choisir les meilleurs moyens de redistribuer ou de rendre accessible cette information[2].

Dans les cabinets qui disposent d'un documentaliste, celui-ci cumule souvent les rôles de documentaliste au sens plus classique et de directeur de la gestion de connaissance (*Knowledge manager*).

Ceci ne signifie pas qu'un cabinet qui ne compte pas de documentaliste dans son effectif ne puisse envisager de structurer sa démarche de gestion de la connaissance. Il appartiendra au cabinet de travailler dans la mesure de ses possibilités en se rappelant que tout effort dans ce sens, même modeste, vaut mieux que l'inaction.

Les documentalistes juridiques peuvent aussi intervenir dans un cabinet d'avocats à temps partiel ou dans le cadre de missions ponctuelles.

1. Y. Dumetier, « La gestion des connaissances, ou la capitalisation des savoirs de l'entreprise », *Lexbase Hebdo* éd. Professions, n° 149, 16 mai 2013.

2. J. Gasnault, « Les Ntic et les avocats », *Archives de philosophie du droit*, Dalloz, t. 54, 2011.

433.17 Outils informatiques de la gestion de la connaissance[1]**.** Une partie du succès de la gestion de la connaissance dans un cabinet dépend de la facilité pour les avocats d'alimenter, de rechercher ou d'extraire des informations de la base de données mise à leur disposition.

Les logiciels de gestion du cabinet et d'organisation des dossiers[2] intègrent certaines fonctions qui peuvent être utilisées pour la gestion de la connaissance du cabinet. Les logiciels de documentation ainsi que les logiciels de gestion électronique de documents (GED) présentent également des caractéristiques séduisantes. Souvent, les cabinets demandent à leur informaticien de réaliser des développements spécifiques. Quelle que soit l'option retenue, ce n'est pas l'outil lui-même qui fera la différence mais l'usage qu'en fera le cabinet.

433.18 Moyens humains de la gestion de la connaissance du cabinet. La gestion de la connaissance du cabinet est l'affaire de tous ses membres. La connaissance du cabinet doit s'entendre comme la connaissance accumulée par tous les avocats du cabinet. C'est à la lumière de critères humains subjectifs que la connaissance est appréciée, chaque spécialiste devant jouer un rôle prépondérant dans sa propre matière.

Ce n'est qu'à l'issue d'un processus rigoureux de validation que le document ou modèle est intégré dans la base ou l'outil technique du cabinet pour y vivre sa vie jusqu'à la prochaine mise à jour ou au prochain remplacement. C'est donc la dimension humaine de la gestion de la connaissance du cabinet qui va être décisive, la technique n'étant que l'outil de compilation et de diffusion.

433.19 Technique du compte-rendu critique après une réunion (*Debriefing*). Le compte-rendu critique après une réunion (*Debriefing*) est une des clés d'une gestion efficace de la connaissance. Il consiste à tenir, de manière systématique, une réunion de clôture à la fin de chaque affaire ou de chaque dossier. La réunion permet aux avocats de :

- faire le point sur le déroulement du dossier ;
- faire l'inventaire des documents et méthodologies utilisés ;
- décider si les documents utilisés doivent être intégrés dans la base du cabinet pour servir de référence future ;
- décider si les méthodologies employées constituent un progrès et doivent désormais faire référence.

Cette manière de recueillir l'information utile à l'issue de chaque dossier enrichit de manière systématique et régulière le savoir du cabinet.

Certains cabinets ont décidé d'appliquer les techniques les plus sophistiquées pour tirer le maximum de leurs procédures de compte-rendu critique après une réunion (*Debriefing*). Dès le début des années 2000, le cabinet Cleary Gottlieb Steen & Hamilton a sollicité les services d'une société de consultants, Tacit Connexions, spécialisée dans les technologies militaires et l'intelligence artificielle[3]. L'objectif de Cleary Gottlieb était de mettre en place les techniques les plus efficaces pouvant permettre de recueillir la connaissance des avocats expérimentés pour en faire bénéficier les autres. Le cabinet a donc décidé de recueillir le savoir de ses avocats avec des méthodes inspirées de celles appliquées aux débriefings des pilotes de chasse qui servent ensuite à programmer les simulateurs de vol.

SECTION 2
Mise en place d'une méthode de gestion de la connaissance

433.21 La gestion de la connaissance est à la portée de tous les cabinets d'avocats. Quelle que soit la taille du cabinet, la gestion de la connaissance commence avec la simple conscience qu'il faut éviter la déperdition de l'information dans le cabinet. Tout cabinet peut réussir, avec ses moyens limités, à mettre en place des procédures efficaces et simples[4]. La gestion de la connaissance pourra s'articuler autour de plusieurs axes :

- la création de quelques modèles pour les actes les plus fréquents du cabinet ;
- des réunions de veille entre les avocats du cabinet ;
- des débriefings à la fin des dossiers.

Une réunion hebdomadaire servant à discuter de l'actualité juridique constitue déjà les prémices de la gestion de la connaissance du cabinet si l'information qui découle de cette réunion est conservée et exploitée.

433.22 Mise en place de l'équipe de travail « gestion de la connaissance » du cabinet. Organiser la gestion de la connaissance dans le cabinet suppose une implication régulière d'avocats dont les activités sont représentatives du cœur de métier du cabinet.

Ces avocats une fois désignés auront la charge de :

- identifier les informations que les membres du cabinet doivent chercher à partager en priorité (actes les plus fréquents, questions les plus souvent posées par les clients...) ;
- identifier les sources des informations ou documents dont le cabinet souhaite organiser la collecte

1. Sur l'informatique du cabinet, v. s^s^ n°s 455.11 s.
2. V. s^s^ n°s 455.31 s.

3. « Knowledge Management », *Le Monde du droit* n° 22, 1er févr. 2009.
4. BCG consulting, *What is Legal Knowledge Management and What Does It Mean for Law Firms ?*, Resource library, 2022.

(dossiers clients, sources externes, documentation juridique...) ;

- choisir l'outil et de l'environnement informatique dans lequel les informations et documents seront partagés et mis à jour ;

- répartir entre les membres du cabinet les tâches de rédaction et de mise à jour.

Ce travail est important et s'inscrit dans la durée. Il sera donc essentiel de choisir des avocats motivés et fiables.

433.23 Approche progressive de la gestion de la connaissance du cabinet. Qu'il s'agisse de contraintes budgétaires ou de réticences de la part d'avocats qui s'inquiètent du temps qu'ils risquent de devoir lui consacrer, la mise en place d'une gestion efficace de la connaissance peut rencontrer des obstacles. Le cabinet doit choisir une approche progressive qui ne bouleverse pas ses habitudes par un amoncellement brutal de contraintes.

Le cabinet peut commencer par mettre en place des procédures de gestion de la connaissance pour une seule de ses activités. L'expérience montre que les bénéfices apportés à l'activité pilote font que les procédures de gestion de la connaissance se généralisent dans le cabinet parce qu'elles sont plébiscitées par ceux qui doutaient de leur utilité.

Un cabinet ne doit pas chercher à tenir trop de modèles à jour. Le danger sera alors de manquer des actualisations et de mettre en danger la sécurité juridique. Un modèle obsolète est très dangereux car les avocats lui accordent plus de confiance qu'à un autre document du cabinet. Il faut donc calibrer ses efforts et le système mis en place avant de chercher à la généraliser.

433.24 Identification, classement et circulation de l'information. Afin que l'information utile puisse circuler dans le cabinet et arriver jusqu'aux avocats qui en ont besoin, elle doit être organisée et identifiée. Les documents qui circulent doivent être clairement datés et nommés.

Il faut nommer les documents d'une manière compréhensible pour tous les avocats du cabinet. Ceci se fera grâce à une nomenclature qui fera office de liste d'autorité. Chaque document susceptible d'être utile aux autres avocats du cabinet sera enregistré par son auteur et copié dans un dossier « modèles ». Les modèles seront datés de manière à ce que ce soit toujours le plus récent qui soit utilisé par les avocats.

En plus de nommer les documents, il faudra les placer dans une arborescence intuitive et compréhensible pour tous les avocats du cabinet. Pour ceci, il faudra tenir compte des méthodes de travail. Plutôt que de chercher à organiser une arborescence thématique, il peut être pertinent d'organiser une arborescence qui tient compte de l'ordre dans lequel procède l'avocat quand il travaille sur un dossier.

Pour les cabinets qui ne disposent pas d'un logiciel de gestion mais se contentent d'un réseau simple sur lequel sont classés les dossiers du cabinet, il faut commencer par installer un système dit de « macros » afin de dater tous les documents qui sont mis en réseau. Ceci est un moyen très simple de savoir quelle est la date de rédaction d'un document. En effet, si les documents ne sont pas datés de cette manière, c'est la date de la dernière ouverture ou du dernier enregistrement du document qui apparaît, ce qui ne permet pas de le dater avec certitude.

Dans la recherche d'un système de gestion de la connaissance adapté au cabinet, les avocats restent les décisionnaires. Le cabinet ne doit pas laisser la main à son informaticien qui risque de proposer des procédures compliquées et inadaptées. L'informatique n'est qu'un des outils de la gestion de la connaissance du cabinet.

433.25 Réunions de mise à jour. Les avocats chargés de la gestion de la connaissance se réuniront à intervalles réguliers pour faire le point de ce qui se trouve dans le dossier « modèles » et s'assureront que les informations sont à jour. Ces réunions serviront aussi à demander à chacun des participants s'il dispose d'éléments susceptibles de venir enrichir ou mettre à jour la connaissance du cabinet.

433.26 Acquisition des réflexes de la gestion de la connaissance. Pour créer le réflexe de la gestion de la connaissance au sein du cabinet, il faut s'appuyer sur les personnes les plus réceptives. Souvent, ce sont les jeunes avocats qui sont les plus ouverts à une approche collective du travail et une bonne utilisation des outils informatiques. Si les collaborateurs prennent l'habitude de se référer aux « modèles » proposés par le cabinet, les associés devront veiller à ce que ces modèles reflètent parfaitement le savoir-faire et l'excellence du cabinet. Ils n'auront d'autre choix que d'acquérir à leur tour le réflexe.

433.27 Réseau d'entreprise (ou de cabinet). Les réseaux d'entreprises sont les réseaux de communications fermés (intranet ou listes de discussion) dont peuvent disposer les entreprises et cabinets. Ceux-ci se multiplient et pourraient être un moyen de privilégier le dialogue entre les divers acteurs d'une structure. Il serait possible d'y discuter de l'élaboration d'un modèle, d'un point de droit que les textes ou la jurisprudence ont fait évoluer ou bien échanger des références de sites et de documents instructifs. Pourraient également s'y trouver des annonces de formation. Tout cela n'est autre que du *knowledge management* changeant juste de support et pouvant se combiner avec ceux précédemment mis en place : sites d'e-learning, wikis, base protégée ou non, commentée ou non de précédents et modèles[1]. Le réseau d'entreprise peut venir simplifier l'approche du *knowledge management*[2]. Les outils destinés à promouvoir le « collaboratif social » cherchent en effet à promouvoir leurs capacités de gestion de la connaissance. Mais alors que le réseau d'entreprise cherche à communiquer, échanger et organiser, l'outil de *knowledge management* doit structurer, classer et hiérarchiser. Ces vocations et fonctionnalités différentes peuvent-elles trouver une voie pour combiner leurs forces ? Ce serait la solution pour les cabinets d'avocats : briser la résistance au partage grâce à la convivialité du réseau social d'entreprise, optimiser l'exploitation de la connaissance au moyen d'outils performants de classement et de recherche.

SECTION 3
APPORTS DE LA GESTION DE LA CONNAISSANCE[3]

433.31 Apports économiques de la gestion de la connaissance. La gestion de la connaissance économise du temps au cabinet et de l'argent aux clients. Ceux-ci attachent beaucoup d'importance à l'efficacité avec laquelle leurs dossiers sont traités :

- le client n'accepte de payer la « formation » de ses avocats que s'il ne finance pas plusieurs fois la même chose ;
- le client s'attend à ce que le cabinet acquière rapidement une bonne connaissance de son domaine d'activité et puisse rapidement maîtriser les difficultés les plus récurrentes.

Une bonne gestion de la connaissance évite au cabinet de « réinventer la roue » à chaque dossier. Il sera plus réactif, plus rapide et, en conséquence, économisera de l'argent à son client. Le cabinet évitera de son côté de passer en perte des heures facturables qui ne peuvent être facturées car elles correspondent à un savoir que le cabinet est censé avoir.

433.32 Gestion de la connaissance et travail en équipe. La gestion de la connaissance favorise le travail en équipe. La nécessité pour les avocats de partager leurs connaissances, leurs modèles de documents et leur savoir-faire, crée dans le cabinet un esprit d'équipe et une cohésion. Chaque avocat prend conscience de travailler non seulement pour ses clients mais pour la collectivité des avocats du cabinet. Chaque dossier constitue une pierre apportée à l'édifice de la connaissance et de l'expertise du cabinet.

La gestion de la connaissance n'est pas que l'affaire des avocats, c'est l'utilisation au profit de tout le cabinet des connaissances des associés, des collaborateurs, des documentalistes, des assistants, des secrétaires, des consultants et du personnel administratif.

433.33 Gestion de la connaissance et formation des collaborateurs. La gestion de la connaissance accélère la formation des jeunes avocats. L'économie du cabinet d'avocats bénéficie considérablement de la capacité des jeunes avocats à entretenir une relation directe avec certains clients. Bien entendu, ceci n'est possible que si le client a une totale confiance dans le jeune avocat et si ce dernier a atteint le niveau nécessaire. Le partage d'informations entre les avocats expérimentés et les jeunes avocats dans le cadre de la gestion de la connaissance apportera un confort et une sécurité aux jeunes avocats du cabinet dont le client va bénéficier directement.

433.34 Renforcement de la sécurité juridique par la gestion de la connaissance. La gestion de la connaissance met la collectivité des intelligences du cabinet au service des prestations fournies par chaque avocat. La contribution collective des avocats aux documents et à la méthodologie du cabinet renforce la qualité des prestations du cabinet et en améliore la mise à jour.

433.35 Gestion de la connaissance au service du marketing. Parmi les principaux critères des clients pour définir un bon cabinet se trouvent[4] :

- la capacité à évaluer rapidement les enjeux d'un dossier, le volume de travail requis et les honoraires qui seront facturés au client ;
- la rapidité et l'efficacité de la transmission des informations entre le cabinet et le client ainsi qu'entre les avocats travaillant pour le même client ;
- la capacité à quérir l'information et à la réutiliser.

Ces trois points trouvent tout ou partie de leurs solutions dans la gestion de la connaissance du cabinet.

1. J. Gasnault, « Réflexion sur la gestion de la connaissance au sein du cabinet d'avocats », *D. avocats* 2013. 102.
2. D. Filiponne, « Réseaux sociaux d'entreprises : les solutions KM ont-elles encore un avenir ? », *Journal du Net*, 5 déc. 2012.
3. À CE SUJET : « Maximising return on your Knowledge Management investment », *Managing Partner Magazine* oct. 2002.
4. Ces critères font partie du « modèle DuPont », un système d'évaluation de la performance inventé par un directeur financier de la société DuPont en 1919. Depuis, ce modèle est utilisé par de nombreuses entreprises et certains critères peuvent être utilisés dans l'évaluation de la performance d'un cabinet d'avocats. La société DuPont qui a donné le nom au modèle l'a réutilisé en 1990 quand elle a réduit de 300 à 35 le nombre de cabinets d'avocats auxquels elle faisait appel.

La gestion de la connaissance, c'est aussi la mise en commun d'informations concernant les clients du cabinet. Ainsi, la connaissance du cabinet sera également rassemblée et tenue à jour concernant :

- la stratégie business des principaux clients du cabinet ;
- les marques d'appréciation ou les critiques formulées par ces clients à propos des services fournis par le cabinet ;
- l'organisation du client, son organigramme, ses personnes-clé.

L'intégration de ces informations dans la base de données du cabinet permettra à tous les avocats impliqués dans les dossiers d'un client d'être informés de tout ce qu'ils doivent savoir sur ce client et de contribuer à sa fidélisation.

CHAPITRE

434. Documentation

SECTION 0
ORIENTEUR

434.00 **Sommaire du chapitre.**

SECTION 1
ENJEUX D'UNE DOCUMENTATION

434.11 **Documentation : une migration achevée vers les ressources en ligne.** Une documentation organisée et performante est un gage de la qualité des prestations du cabinet. Depuis le début des années 2000, la documentation juridique et l'industrie de l'édition juridique ont été bouleversées. La vitesse de circulation de l'information a été radicalement transformée, faisant peser sur les avocats une exigence d'immédiateté et d'exhaustivité qui n'existait pas auparavant.

L'édition juridique a aussi connu une très forte concentration regroupant de nombreuses maisons d'éditions, collections et titres entre les mains de trois grands groupes internationaux. Ces grandes sociétés ont eu tendance à augmenter l'offre en multipliant leurs produits. Pendant un temps, la coexistence des produits en ligne et du papier rend parfois l'offre des éditeurs difficile à décrypter. Le papier a progressivement laissé sa place aux ressources en ligne mais le papier reste utilisé pour les ouvrages de référence dont le maniement physique est parfois plus facile.

Si les collections et encyclopédies tapissent encore les murs des cabinets, les recherches et la consultation des textes se font *via* l'écran.

434.12 **Fiabilité et qualité des sources.** La plupart des recherches commencent avec Google. L'affichage des réponses répond à des critères qui ne sont ni la fiabilité ou la qualité de la source. Il appartient à l'avocat de savoir faire le tri entre des informations sur lesquelles il peut compter et celles auxquelles il ne doit pas se fier.

Face à l'abondance et au foisonnement de l'information, plus que jamais l'avocat doit veiller à hiérarchiser l'information gratuite en fonction de sa source. Ceci ne pose pas de difficultés pour l'information primaire que constituent les textes de loi et les décisions des juridictions. En revanche, s'agissant des articles et commentaires, la doctrine de qualité reste majoritairement chez les éditeurs juridiques à l'exception de quelques blogs ou sites spécialisés de qualité.

434.13 **Fonds documentaires, encyclopédies et périodiques.** Le fonds documentaire est devenu l'outil central de la documentation juridique. Sur le marché français, LexisNexis l'a sans doute compris et mis en application plus vite que ces concurrents. Le groupe Lefebvre Dalloz Dalloz qui regroupe Dalloz, les Éditions Législatives et les Éditions Francis Lefevre propose aussi une offre très complète. Lexbase est un plus petit acteur mais sa persévérance aux côtés des poids lourds du marché en a fait un acteur légitime. Lextenso rassemble l'offre *Lextenso, Gazette du Palais, Joly, Defrénois*. De nouveaux acteurs sont apparus tels que *Doctrine* et *Prédictice*.

Dans l'offre des éditeurs, le fonds documentaire commercialisé sous différentes options rassemble les textes, la jurisprudence, les revues, les ouvrages de référence et la matière qui se trouvait auparavant dans les encyclopédies.

Sauf pour les cabinets disposant de budgets importants, cette centralisation des ressources dans des bases de données très riches a tendance à pousser les cabinets à se fournir entièrement chez un seul éditeur.

434.14 Veille juridique. L'actualité proposée par les éditeurs juridiques constitue un outil de veille. Des systèmes d'alerte sont proposés qui permettent à l'utilisateur d'organiser une veille ciblée et personnalisée.

Dans un cabinet qui ne dispose pas d'un documentaliste chargé de la veille, il pourra être efficace de partager la responsabilité de la veille entre les avocats du cabinet. Chacun veille sur ses sources habituelles et lorsqu'une information susceptible d'intéresser toute ou partie de la collectivité des avocats est identifiée, celle-ci est partagée par email ou sur une liste de discussion du cabinet. Souvent, les systèmes d'alerte e-mail permettent aussi à l'utilisateur de partager l'information avec un minimum de manipulations.

434.15 Sources gratuites ou payantes. Plus les avocats utilisent Internet et plus ils mûrissent dans leur connaissance du fonctionnement des ressources électroniques. Quand une information en ligne est gratuite, elle l'est par la volonté d'un service public, d'un individu ou d'une entreprise pour qui cette information n'a pas une vocation marchande ou pour qui cette information est un produit d'appel. Quand une information est payante, elle correspond à un produit à valeur ajoutée d'un auteur ou éditeur. Alors que personne ne conteste la légitimité des droits d'auteur, certains utilisateurs de services en ligne ont parfois du mal à accepter le caractère payant de certaines bases contenant des données publiques. Il faut savoir que la base de données bénéficie de la protection du droit d'auteur dès lors qu'il y a un apport intellectuel de traitement, d'organisation ou de classement de l'organisation [1]. C'est le cas de la plupart des bases de données proposées par les éditeurs.

Alors que le site www.europa.eu donne accès gratuitement à l'ensemble des informations publiées par les institutions, agences et organes de l'Union européenne, de nombreux produits d'éditeurs proposent tout ou partie de ces mêmes données de manière payante. Dans sa décision d'acheter ou non un abonnement à des ressources électroniques, l'avocat devra évaluer le temps qu'il peut gagner grâce aux outils ou produits proposés par les éditeurs par rapport au temps que lui prennent ces recherches sur les sources officielles gratuites.

Les dépenses en matière de ressources documentaires électroniques vont donc dépendre de plusieurs considérations :

– Le produit ou service Internet fait-il gagner du temps ?

– Contient-il des informations qui ne peuvent être trouvées ailleurs ?

– Apporte-t-il une plus grande sécurité à l'avocat ?

1. CPI, art. L. 112-3.

Sur Internet, l'avocat doit savoir faire la différence entre les sources d'informations fiables et celles qui le sont moins. Les sites officiels et les sites d'éditeurs proposent évidemment des informations fiables et généralement un traitement de qualité. Il faut faire preuve de discernement quand des informations juridiques sont consultées sur des sites associatifs ou des blogs dont on ne connaît pas les auteurs. La même prudence est recommandée vis-à-vis des modèles de lettres ou d'actes qui sont proposés par de nombreux sites. En ce qui concerne les articles de doctrine ou les commentaires de jurisprudence, il ne faut pas se fier à un document sans en connaître l'auteur et ses qualifications.

434.16 Recherche juridique et intelligence artificielle. La recherche juridique est depuis longtemps un terrain de jeu de l'intelligence artificielle [2]. L'intelligence artificielle permet au moteur de recherche d'affiner le degré de pertinence de ses réponses en fonction des documents qui vont être ouverts per l'utilisateur en réponse à une requête. Plus récemment, certains algorithmes de moteurs de recherche ont vu leurs performances augmentées par des fonctions de recherche sémantique qui n'existaient pas auparavant. Le moteur ne se contente pas de retrouver des mots-clés à partir d'une requête, il cherche à comprendre la signification du mot-clé pour augmenter encore la pertinence des réponses. C'est le cas sur l'outil Westlaw Edge de Thomson Reuters.

L'intelligence artificielle est également utilisée dans les outils de prédiction. Ces outils analysent la jurisprudence relative à des situations comparables pour fournir une information statistique sur l'issue probable d'un contentieux.

À ce jour, l'accès à ces technologies est essentiellement limité aux offres et aux payants.

434.17 Gestion électronique de documents (GED). Les défis et les enjeux de demain sont nombreux pour les documentalistes [3] et les cabinets d'avocats. Les questions de gestion électronique de documents (GED) et la circulation des documents sur les intranets prennent une place de plus en plus importante. Même les cabinets aux dimensions les plus réduites ne pourront faire l'économie de systèmes qui permettent d'organiser, de faire circuler et de conserver les documents du cabinet, qu'il s'agisse de ceux de source externe ou ceux générés en interne [4].

2. M. Stepka, « How AI Is Reshaping the Legal Profession », Business Law Today 21 févr. 2022.
3. Travaux des documentalistes juridiques de l'association Juriconnexion.
4. Sur les logiciels de gestion de la connaissance et de gestion électronique de documents [GED] v. aussi s[s] n°s 455.37 s.

434.18 Documentation, pouvoirs publics et mondialisation. Le déploiement d'Internet a coïncidé avec le programme ambitieux mené par le secrétariat général du gouvernement et la direction des Journaux officiels, devenue la Direction d'information légale et administrative (Dila) de diffusion des textes et de la jurisprudence. Cette action engagée parallèlement à celle de l'Union européenne depuis quinze ans fait que chaque avocat a un accès direct et gratuit à tous les codes mis à jour, 50 ans de Journaux officiels et la totalité des lois et décrets[1]. La jurisprudence de la Cour de cassation longtemps réservée aux lecteurs du *Bulletin* ou aux abonnés du Fonds de concours est maintenant accessible à tous. Les arrêts des cours d'appel qui ne pouvaient être obtenus qu'auprès des greffes ou par *JurisData* suivent le même chemin. L'univers des textes officiels va continuer à s'enrichir et à se complexifier du fait de l'Europe. Les textes français seront progressivement reliés par des liens, à partir de Legifrance, vers les textes communautaires correspondants et puis vers les textes équivalents dans le droit des États membres[2]. La mondialisation soumet le droit français à de multiples influences notamment par l'action d'autorités transnationales comme l'OMC, l'Ompi, la Banque mondiale et l'OCDE. Les conséquences documentaires sont multiples. Textes européens et internationaux provoquent la naissance de textes nationaux pendant que la jurisprudence nationale doit s'analyser à la lumière de décisions et de doctrine transnationales.

Ces gigantesques développements exigeront de la part des documentalistes une compréhension des éléments descripteurs[3] d'un document ainsi que la capacité à savoir générer des sommaires automatiques ou encore des tris intelligents. Quant aux avocats, ils devront se familiariser avec les outils qui seront à leur disposition et qui leur permettront de rechercher toujours plus loin dans la masse des textes mis en ligne.

434.19 Le droit ouvert : Open Law. Lancé en octobre 2014, Open Law a construit depuis sa création « un espace de travail collaboratif unique par son exigence de neutralité et d'inclusivité. Les acteurs les plus divers s'y côtoient et se penchent collectivement sur les sujets prospectifs ou les enjeux émergents à même de transformer le droit et l'accès au droit ».

Open Law a quatre missions :

- promouvoir des actions prises de positions favorisant l'ouverture et l'interopérabilité des données juridiques et l'innovation collaborative autour de ces données ainsi que tous travaux de recherche scientifique portant sur des technologies favorisant l'usage ou l'accès au droit ;
- réunir et animer une communauté d'innovateurs du droit, qui participe à la construction d'un écosystème pérenne favorisant le décloisonnement des métiers et la co-création dans les milieux juridiques et judiciaires ;
- développer des ressources juridiques numériques ouvertes en appui des mouvements Open Data, Open Access, Open Content et Open Source ;
- réfléchir à l'exercice et à la place du droit dans nos sociétés numérisées, et à l'impact des technologies sur les pratiques et les métiers juridiques et judiciaires.

Les travaux d'Open Law sont suivis par de nombreux juristes, cabinets d'avocats et professionnels de la documentation juridique.

SECTION 2
RESSOURCES DOCUMENTAIRES

434.21 Coût de la documentation. Il est difficile de définir un montant précis ou un pourcentage des charges générales du cabinet devant être alloué à la documentation. En effet, pour s'équiper correctement, il y a un certain nombre de dépenses incompressibles même pour le plus petit des cabinets.

En 1999, Alain Bensoussan estimait à 3 % du chiffre d'affaires du cabinet[4] le budget d'un cabinet devant être consacré à la documentation. Cette estimation comprend tous les frais matériels et humains liés à la documentation.

Jean Gasnault, ancien président de *Juriconnexion*, l'association qui regroupe un grand nombre des documentalistes des cabinets d'avocats, estimait dix ans plus tard à 800 euros par avocat[5] la somme devant être consacrée aux abonnements et achats d'ouvrages dans l'année. Cette estimation s'entend hors coût humain ou informatique.

Les spécialistes s'accordent à dire que 15 000 euros est le chiffre plancher pour une « documentation de base » d'un cabinet d'avocats en ordre de marche. Dans les cabinets plus spécialisés, ce budget aura tendance à grimper par l'adjonction notamment d'abonnements aux sources d'information économique ou sectorielle qui sont souvent coûteuses. Le raisonnement est le même

1. J. Gasnault, « Les Ntic et les avocats », *Archives de philosophie du droit*, Dalloz, t. 54, 2011, précité.
2. PRÉCONISATIONS du rapport Warsmann sur la qualité et la simplification du droit remis au Premier ministre le 29 janv. 2009, p. 104.
3. Le langage XML décompose un document en plusieurs champs identifiés par des balises.
4. A. Bensoussan, *Le Cabinet d'avocats*, Hermès, 1999.
5. « La gestion des ressources documentaires », *Le Monde du droit* n° 24, 1er mars 2009.

pour les cabinets qui ont une forte activité internationale pour laquelle une documentation étrangère est nécessaire (par exemple en fiscalité ou en finance internationales). Les produits anglo-saxons sont en moyenne 20 % plus chers que les sources équivalentes en droit français.

434.22 **Critères d'achat des ressources documentaires.** En ce qui concerne la répartition de l'enveloppe affectée à la documentation, c'est la règle traditionnelle des trois tiers pour les cabinets de dix avocats et plus. Un tiers du budget sera consacré à l'achat d'usuels tels que les codes ou les mémentos, sachant qu'il faut au moins un code et un mémento pour deux avocats. Ceci est parfois compliqué à gérer car les avocats réclament souvent d'avoir leurs propres codes ou mémentos. Il faut alors procéder au cas par cas en observant qu'un même avocat se sert rarement de plus de cinq codes différents ou encore qu'un mémento Sociétés Civiles est bien moins fréquemment utilisé que celui consacré aux Sociétés Commerciales. Le second tiers sera consacré aux données encyclopédiques de fond, que celles-ci soient papier ou en ligne. Enfin, le dernier tiers sera pour les revues, la presse et la veille. Pour les cabinets plus petits, la part des « usuels » (codes et mémentos) sera plus faible dans le budget.

Compte tenu de l'évolution des éditeurs vers des fonds documentaires qui comportent l'ensemble de leur offre, la règle ci-dessus peut être adaptée à une règle « un tiers/deux tiers » : un tiers pour les produits hors fonds documentaires notamment les « usuels » ou les ouvrages que les avocats souhaitent avoir entre les mains ainsi que les revues très spécialisées qui ne sont pas incluses dans les grands fonds documentaires. Les deux autres tiers du budget sont alors consacrés aux abonnements à des fonds documentaires qui vont satisfaire la globalité du besoin de documentation du cabinet.

434.23 **Coût humain de la documentation.** Il faut ensuite intégrer le coût humain associé à la documentation. Même pour un cabinet dont les moyens sont limités, il peut être intéressant de faire intervenir un professionnel, même de manière ponctuelle. Les conseils dans le choix des abonnements, des conseils méthodologiques pour organiser une veille sont autant de conseils utiles qui font gagner en temps et en qualité.

Pour les cabinets plus importants, il est difficile pour un cabinet qui dépasse la trentaine d'avocats de fonctionner correctement sans un ou une documentaliste à plein-temps. Cette personne assurera non seulement l'organisation de la documentation (suivi des abonnements, mises à jour...) mais apportera son aide dans les recherches, organisera la diffusion de l'information dans le cabinet, animera la gestion de la connaissance du cabinet et aura probablement aussi des responsabilités informatiques. Cinquante avocats correspondent au seuil au-delà duquel une personne seule commence à rencontrer des difficultés pour assurer ses tâches, et soixante-dix avocats est l'effectif à partir duquel le recours à une deuxième personne doit être envisagé.

Pour les cabinets de plus petite taille qui ne peuvent envisager d'employer une personne à temps plein, il existe des documentalistes juridiques qui partagent leur temps entre plusieurs cabinets. Certains prestataires proposent également des services de documentaliste mutualisés. La présence, même pour quelques heures par semaine, d'un(e) professionnel(le) de la documentation facilite considérablement la vie d'un cabinet et peut servir à former les avocats à une utilisation correcte des nombreuses ressources documentaires.

SECTION 3
GESTION DE LA DOCUMENTATION AVEC OU SANS DOCUMENTALISTE

434.31 **Rôle des documentalistes.** L'avocat, consommateur final de l'information, a maintenant entre les mains un accès direct et immédiat à des informations qui dans le passé nécessitaient à la fois une démarche de recherche et souvent une assistance spécialisée pour les trouver. Le rôle des documentalistes en a été profondément modifié.

Plus des deux tiers de ce qui était demandé aux documentalistes peut maintenant être fait par les avocats eux-mêmes. Le documentaliste ne se contente donc plus d'effectuer les recherches pour le cabinet, il se consacre maintenant à la fabrication des outils qui permettent aux avocats du cabinet de chercher. Les documentalistes de la nouvelle génération savent composer des pages Web, fabriquer des sommaires et organiser électroniquement les documents du cabinet. Ils travaillent spontanément sur les outils libres maintenant disponibles, connaissent la recherche sémantique ou encore les métamoteurs. De même, les tâches souvent fastidieuses liées à la veille (revues de presse, découpages, photocopies) ont été allégées par des outils et services Internet qui permettent de faire une veille sur de nombreuses sources à un coût matériel et humain considérablement réduit.

La ou le bibliothécaire, jadis peu considéré(e), est remplacé(e) par des professionnels de l'information qui participent à la réflexion stratégique du cabinet. La gestion de la connaissance du cabinet, l'administration des Intranets et sites Internet du cabinet sont fréquemment du ressort de ces nouveaux documentalistes.

Les documentalistes juridiques sont aussi devenus une véritable force de proposition en ce qui concerne la réflexion sur l'organisation de l'information et l'évolution de celle-ci au sein du cabinet. Les journées annuelles organisées par l'association Juriconnexion réunissent documentalistes, éditeurs, professeurs et praticiens et sont riches en enseignements. Le blog www.precisement.org[1] peut aussi être consulté sur tous les enjeux et l'actualité de la documentation juridique.

434.32 Culture de la documentation. Pour qu'un cabinet relève les défis posés par la documentation, il doit développer une « culture de la documentation ».

Qu'il y ait ou non un documentaliste dans un cabinet d'avocats, il faut un avocat associé qui soit le référent de la documentation. Cet avocat doit remplir plusieurs conditions :

– il doit être suffisamment influent et respecté dans le cabinet pour qu'il y ait une adhésion à ses choix ;

– il doit avoir un intérêt personnel réel pour les questions liées à la documentation pour que son dialogue avec les autres avocats et/ou son documentaliste soit toujours constructif ;

– il doit aider les autres à définir leurs besoins pour ensuite choisir la solution la plus adaptée au cabinet.

Le second aspect de la culture de la documentation qui doit régner dans le cabinet tient à la capacité des avocats à faire la différence entre leur documentation personnelle et la documentation commune.

1. Blog tenu par le documentaliste Emmanuel Barthe.

TITRE

44. Les clients

SECTION 0

ORIENTEUR

44.00 Sommaire du titre.

CHAPITRE

441. Gestion de la relation client

SECTION 0 ORIENTEUR

441.00 **Sommaire du chapitre.**

SECTION 1 CLÉS DE LA RELATION AVOCAT – CABINET – CLIENT

441.11 **Relation avocat - cabinet - client.** Le client entretient-il une relation avec le cabinet ou avec l'avocat ? Cette question simple cristallise les enjeux de cette relation ainsi que les difficultés qui peuvent en découler. La collectivité des associés souhaite que la relation avec le client soit dépersonnalisée au profit du cabinet alors que l'avocat qui gère le client revendique l'importance et la qualité de la relation personnelle. Quant au client, il veut à la fois la confiance et la proximité de la relation personnelle tout en profitant de la solidité et des ressources du cabinet.

Les associés du cabinet devront chercher à surmonter les calculs personnels pour placer l'intérêt du client en tête de leurs priorités. Ils devront aussi réfléchir à l'essence même de leur projet entrepreneurial. Le cabinet existe-t-il pour fournir un service plus large, plus riche et qui transcende les individualités ou n'est-il qu'un partage de moyens ? Les réponses à ces questions serviront à façonner le mode de relation client qui va caractériser le cabinet. Plus le projet d'entreprise est affirmé, plus les associés chercheront à faire exister la relation entre le client et le cabinet.

Le système de partage des bénéfices en vigueur dans le cabinet a une influence déterminante sur la nature des relations entre les avocats, le cabinet et les clients[1]. Le mode de répartition des résultats doit encourager les associés à travailler ensemble et unir leurs compétences au service des clients. Les systèmes de rémunération qui mettent un accent fort sur la production individuelle de chiffre d'affaires et qui corrélativement ne cherche pas à valoriser les apports au profit des autres associés participeront à encourager une individualisation de la relation client.

441.12 **Construction de la relation cabinet - client**[2]. La construction d'une relation entre le client et le cabinet ne se fera pas en opposition avec la relation personnelle qui lie le client et l'avocat qui est à l'origine de son arrivée au cabinet. La relation entre le cabinet et les clients repose sur quatre axes :

– Le client doit être informé de l'ensemble des activités du cabinet : l'avocat qui traite les dossiers d'un client doit lui parler des activités du cabinet. L'avocat doit aussi s'extraire d'une relation qui porte exclusivement sur les dossiers confiés pour s'intéresser à la globalité des besoins du client. En prenant conscience de l'ensemble des activités et compétences du cabinet, le client sera susceptible d'élargir le champ de ses demandes.

– Le client doit être informé de l'actualité du cabinet : ceci est également un moyen de renforcer la relation entre le client et le cabinet tout entier. Un

1. Sur le partage des bénéfices entre associés, v. s[s] n°s 413.11 s.
2. Sur ce point et sur le développement du chiffre d'affaires, v. s[s] n°s 323.11 s.

cabinet d'avocats est une entité vivante qui développe des compétences, qui recrute, qui réalise des opérations, qui obtient des résultats devant les juridictions. Quand ces événements sont de nature à pouvoir être communiqués, dans le respect des règles de la profession et du secret professionnel, les clients doivent en être informés.

– Le client doit rencontrer les autres avocats du cabinet : l'avocat qui traite les dossiers d'un client doit lui présenter ses associés et collaborateurs. Ceci n'a pas besoin d'être fait dans un cadre formel ni d'être prévu à l'avance. L'avocat peut simplement profiter des visites du client au cabinet pour faire quelques présentations rapides. Ceci permet au client d'associer à la fois des visages et des compétences. Ces contacts, mêmes brefs, sont fondamentaux pour créer ce lien nécessaire entre le client et le cabinet.

– L'avocat doit chercher à proposer les compétences de ses confrères dès que l'occasion se présente, c'est la vente croisée (*cross-selling*). En pensant à promouvoir les compétences de ses associés et collaborateurs, l'avocat montre qu'il agit dans l'intérêt du client et non pour son seul compte.

441.13 Opposition entre la relation cabinet-client et la relation avocat-client. La relation entre le cabinet et le client s'oppose à la relation entre l'avocat et le client lorsqu'un avocat quitte un cabinet pour en rejoindre un autre. L'avocat partant voudra être suivi par les clients dont il a traité les dossiers. Le cabinet, de son côté, fera valoir ses arguments pour encourager ces mêmes clients à lui rester fidèles.

Le client est libre du choix de son avocat. Ce principe est notamment affirmé par l'article 9.2 du RIN qui rappelle que l'avocat dessaisi ne dispose d'aucun pouvoir de rétention. Si les principes déontologiques sont clairs, ceux-ci doivent néanmoins s'accommoder avec les règles juridiques des structures d'exercice. En SEL ou en SCP, c'est la structure d'exercice qui représente, conseille et facture le client. Dans le cadre d'une association ou AARPI, l'avocat apporte sa clientèle en jouissance à l'association et repart donc avec toute ou partie de celle-ci lorsqu'il n'est plus lié par le contrat[1]. S'il appartient au client de trancher en décidant s'il se situe davantage du côté du cabinet ou davantage du côté de l'avocat, le cabinet peut chercher à anticiper ces difficultés et tenter d'en réduire les risques.

441.14 Favoriser le maintien du client au cabinet en cas de départ d'un associé. Le cabinet peut décider d'instaurer un certain nombre d'habitudes ou de pratiques qui limiteront son risque de perdre des clients qu'il aurait pu espérer garder. Un cabinet, quelle que soit sa taille, peut ainsi poser le principe du « jeu collectif » pour ses principaux clients. Dès lors que l'enjeu économique le justifie, un cabinet peut décider qu'il y aura deux ou même trois associés en charge de la relation client. Ces associés n'auront pas forcément les mêmes interlocuteurs chez le client. Une telle politique est facilitée lorsque l'activité du client s'exerce dans plusieurs domaines du droit. L'objectif du cabinet sera d'éviter qu'un associé garde une mainmise sur un client alors que les besoins du client ne relèvent pas tous de sa compétence. De manière progressive, le cabinet doit chercher à atténuer la personnalisation excessive de la relation. Généralement, la prestation fournie par le cabinet n'en sera que meilleure. Le simple fait de décider que toutes les réunions avec de nouveaux clients se feront en présence d'au moins deux avocats du cabinet constitue le début de la mise en œuvre d'une telle politique. Les contacts directs entre les clients et les collaborateurs ou le personnel du cabinet doivent être encouragés. Tous les points de contact entre le client et le cabinet enrichissent et fortifient la relation.

Le partage de la relation client améliore aussi le confort des avocats au quotidien. Lorsqu'un même client peut disposer de plusieurs interlocuteurs au cabinet, l'avocat à l'origine de la relation ne subit pas la même pression de la part de ce client.

Même lorsque son départ se passe de la manière la plus confraternelle, l'associé partant est en situation de rupture avec son cabinet. Son intérêt personnel est au cœur de ses préoccupations. Il va naturellement vouloir entraîner le maximum de clients dans son sillage. Une distinction va s'opérer entre les clients avec lesquels l'associé partant a un lien très fort (familial, amical, historique...) et les clients du cabinet dont l'associé est l'interlocuteur privilégié mais qui n'ont pas pour autant une vocation naturelle à le suivre vers sa nouvelle destination. Le cabinet a peu de chances de garder les premiers mais peut légitimement prétendre à conserver les seconds. L'objectif du cabinet sera d'anticiper les situations de transition avec une politique de la relation client appliquée à tous les clients du cabinet. Les associés qui ne voudraient pas adhérer à une telle politique pourront être amenés à comprendre que si cette approche peut leur paraître personnellement désavantageuse au premier abord, elle les protège en protégeant l'intérêt collectif.

SECTION 2
ATTENTES DES CLIENTS

441.21 Satisfaction des clients : mesure du succès d'un cabinet d'avocats. La satisfaction des clients ne se mesure pas seulement aux résultats obtenus dans

1. Sur l'ensemble des règles applicables aux structures d'exercice, v. s[s] n°s 221.11 s.

les dossiers. En effet, de nombreux facteurs tels que les aléas du contentieux sont en dehors du contrôle de l'avocat. En revanche, l'avocat doit assurer à son client la meilleure qualité de service afin de lui donner pleine et entière satisfaction sur tous les éléments dont il a la maîtrise.

Il existe un certain nombre de procédures ou habitudes simples qui permettent aux cabinets d'avocats de veiller à la satisfaction de leurs clients. De telles procédures enclenchent souvent une dynamique vertueuse faisant d'elles des instruments de communication, de marketing et de développement du cabinet.

Alors que les avocats déclarent souvent que leur priorité est de trouver de nouveaux clients, le plus sûr moteur de croissance reste le développement du potentiel de leurs clients existants. Or, pris par le temps et les contraintes du quotidien, les avocats s'interrogent insuffisamment sur la manière dont sont reçues les prestations qu'ils fournissent à leurs clients.

À l'heure où les directeurs juridiques mettent en place des procédures d'évaluation de leurs avocats, il est plus que jamais indispensable pour les avocats d'appliquer un suivi rigoureux de la qualité du service fourni par leurs cabinets. Les procédures de suivi de la satisfaction des clients sont adaptables à toutes les tailles de cabinets et tous les types de clients.

441.22 **Attentes des clients et expression du mécontentement**[1]**.** Approcher la question de la satisfaction des clients passe par la compréhension des attentes de ces derniers. Il existe plusieurs études menées auprès des directions juridiques interrogées sur leurs attentes[2] et des enquêtes effectuées auprès de PME sur la relation client-avocat[3]. Il ressort de ces travaux que les principales attentes des clients concernent la transparence de la facturation, la disponibilité de l'avocat, la qualité de son écoute et la transposabilité de ses conseils. Ces attentes sont globalement les mêmes pour toutes les entreprises quel que soit le profil ou l'activité du client[4]. Si les PME sont globalement satisfaites de leurs avocats, les enquêtes révèlent que l'avocat a encore une grande marge de progression en ce qui concerne sa connaissance de l'entreprise, sa disponibilité, la perception de son rapport qualité/prix et sa facturation.

Or, tous les clients ne s'expriment pas spontanément sur les difficultés rencontrées dans leurs relations avec leurs avocats. Il existe en effet plusieurs types de clients mécontents :

- les clients qui partent sans en exposer les raisons ;
- les clients mécontents qui restent mais en se plaignant à l'extérieur et non à leur avocat ;
- les clients mécontents qui se plaignent et ne sont pas entendus.

Quel que soit le mode d'expression de ce mécontentement, il est préjudiciable pour le cabinet et peut en ternir l'image.

Il n'est pas suffisant de penser qu'un client qui ne se plaint pas est un client content.

441.23 **Transparence de la facturation.** Les clients se plaignent moins du coût de leur avocat que de l'absence de clarté qui entoure les honoraires et leur facturation. La question de la prévisibilité des honoraires revient fréquemment car tous les clients souhaitent avoir une visibilité sur ce point, qu'il s'agisse d'un particulier ou d'un directeur juridique qui doit allouer un budget à un dossier pour répondre aux demandes de sa direction financière[5]. Les clients veulent que leur avocat réponde à leurs attentes sur ce point, même s'ils comprennent qu'il est difficile de prédire le déroulement ou l'issue de certains dossiers.

La verticalisation des directions au sein des grandes entreprises multiplie les difficultés. Lorsque des accords avec un cabinet d'avocats sont pris au niveau de la direction des achats, que la prestation est fournie à la direction juridique et que les budgets sont élaborés par la direction financière, les sources d'incompréhension se multiplient.

La demande de transparence concerne aussi les documents qui accompagnent les factures. Il faut rechercher le bon compromis entre des pages et des pages de relevés de diligences parfois difficiles à comprendre pour le client et des factures insuffisamment expliquées,

441.24 **Disponibilité des avocats.** La question de la disponibilité doit toujours s'analyser auprès de l'ensemble des intervenants concernés par la relation tant dans le cabinet d'avocats que chez le client. Si l'associé est toujours disponible pour le directeur juridique, l'est-il pour le collaborateur ou l'assistant de ce même directeur ? Est-ce que le client a le réflexe d'appeler le collaborateur de l'associé quand l'associé est indisponible ? Est-ce que le cabinet répond aussi vite aux demandes de la direction des ressources humaines qu'à celles de la direction

1. Sur l'évolution de la relation client, v. s[s] n°s 441.61 s.
2. Étude du cabinet Signe Distinctif en association avec le Village de la Justice intitulée « Panorama 2008 des attentes des directions juridiques », juin-sept. 2008, Éditions Legiteam, www.village-justice.com/
3. « Les cabinets Seenago et Jurimanagement », *Le Monde du droit* n° 28.
4. Étude menée auprès de 60 dirigeants de PME par l'institut Think avec l'Observatoire du CNB, déc. 2015. http://cnb.avocat.fr/92-des-dirigeants-de-PME-sont-satisfaits-de-leur-avocat-Pour-autant-cette-relation-doit-encore-se-developper_a2491.html
5. Sur la facturation, v. s[s] n°s 442.13 s.

financière ? Tous les intervenants chez le client et chez l'avocat doivent être interrogés de manière à dégager une information fiable.

Une attribution claire et précise des responsabilités au niveau du cabinet d'avocats permet souvent de rassurer le client sur ce point. Il ne cherchera plus systématiquement à joindre l'associé si le collaborateur peut répondre à sa demande.

441.25 **Qualité de l'écoute de l'avocat.** Le client écoute ce que lui dit son avocat mais l'avocat doit aussi savoir écouter le client, s'imprégner de son contexte et de son environnement économique et comprendre son activité. C'est à l'avocat de s'adapter au client et non au client de s'adapter à l'avocat. Ceci se fera par une écoute attentive du client mais aussi en lui posant des questions qui sortent du strict périmètre du dossier et des considérations juridiques.

441.26 **Transposabilité des conseils de l'avocat.** Ce point concerne le décalage de l'avocat par rapport au besoin concret de solution attendu ou exprimé par le client. L'avocat se limite souvent à une analyse purement juridique de la question qui lui est soumise et ne guide pas suffisamment le client dans le choix de la décision à prendre. Les avocats doivent se rappeler qu'ils ne sont pas seulement jugés par leurs clients sur leurs connaissances théoriques et techniques mais aussi sur leur capacité à dégager des orientations concrètes pour le client avec une mesure des facteurs de risque ou des chances de réussite.

SECTION 3
MISE EN PLACE D'UN « SUIVI SATISFACTION »

441.31 **Méthode pour suivre la satisfaction du client.** Les procédures dites de « suivi satisfaction » consistent à interroger les clients de manière régulière sur leur degré de satisfaction. Les questionnaires de toute nature sont devenus une pratique courante dans les échanges entre clients et fournisseurs ou prestataires dans la vie économique. Ces pratiques se sont généralisées à un point tel que toute interaction lors d'une vente de biens ou une prestation de services est suivie d'un questionnaire de satisfaction. Il en résulte une saturation pour l'acheteur ou le client qui est de moins en moins motivé pour répondre à ces sollicitations.

Il ne s'agit donc pas d'approcher de la même manière les clients d'un cabinet d'avocats.

La démarche devra être adaptée pour refléter la relation très personnelle qui existe entre un avocat et son client. L'enjeu pour le cabinet est double : améliorer la qualité du service rendu et montrer au client l'importance qu'il a pour le cabinet. Qu'il s'agisse d'enquêtes de satisfaction structurées ou de conversations individuelles, la procédure doit d'abord être valorisante pour le client.

L'avocat pourrait penser qu'une telle démarche et non seulement inhabituelle mais aussi en décalage avec la culture de la profession. Il faut écarter ces appréhensions et comprendre que le client percevra la démarche comme une marque d'intérêt de la part de l'avocat et qu'il y sera sensible.

L'avocat cherchera donc à trouver le bon moment pour interroger le client sur sa satisfaction. Il le fera de manière précise et organisée pour pouvoir exploiter les réponses qui lui seront données.

Pour avoir un échange constructif avec le client sur sa satisfaction, il est préférable d'attendre un moment qui ne soit pas un moment de grande effervescence ou de tension dans un dossier. De même il faut éviter d'avoir cet échange concomitamment à l'envoi d'une facture. Enfin, il n'est pas nécessaire d'attendre qu'un dossier ou une affaire en cours soit terminée. Ceci permet notamment d'apporter des correctifs à des situations en cours de dossier avant qu'il ne soit trop tard.

441.32 **Préparation des questions.** Le client doit être interrogé sur la globalité du service, de l'accueil téléphonique à la clôture de son dossier. Pour les clients récurrents, le cabinet devra aussi poser des questions sur la manière dont le cabinet entretient la relation entre les dossiers. Les questions abordées doivent concerner autant les aspects techniques que matériels ou financiers. Toutes les questions sur les aspects administratifs doivent être élaborées avec le personnel concerné.

Il peut être intéressant d'interroger les clients sur l'image et la réputation du cabinet qui pourront être des indicateurs utiles pour la politique de communication du cabinet ou son discours[1].

S'il est souhaitable de couvrir tous ces points, il n'est pas nécessaire de les couvrir tous au cours d'un même entretien.

Les questions posées aux clients doivent couvrir les points suivants :

- Questions sur la compétence.
- Questions sur la qualité du service (avocats) :
  - disponibilité ;
  - réactivité ;
  - écoute ;
  - capacité à fournir une solution adaptée ;
  - résultat obtenu.
- Questions sur la qualité du service (personnel du cabinet) :
  - accueil téléphonique ;
  - accueil au cabinet ;
  - transmission des messages et des informations.

1. V. s[s] n°s 441.34 et sur le discours du cabinet, v. s[s] n°s 122.31 s.

– Questions sur le suivi du client entre les dossiers (pour les clients récurrents).

– Questions sur la clarté et la périodicité des factures.

– Questions sur les informations transmises par le cabinet (si le cabinet diffuse une newsletter ou des informations juridiques) et sur les événements/formations organisés par le cabinet (si applicable).

– Questions sur la connaissance du client des autres activités du cabinet.

441.33 Répartition des rôles dans la procédure de suivi satisfaction. Les cabinets d'avocats qui s'engagent dans cette démarche le font souvent avec l'aide d'un prestataire extérieur. C'est le cas quand un cabinet travaille sur son positionnement avec un consultant externe. Il peut alors être utile de prévoir des entretiens entre le consultant et des clients représentatifs du cabinet. C'est l'occasion d'introduire dans ces entretiens des questions relatives à la satisfaction des clients.

Lorsque ces questions sont posées aux clients dans le cours normal de la relation avocat-client, il appartiendra à l'avocat de choisir l'approche qu'il considère la plus adaptée : questions informelles aux cours d'un déjeuner, questions posées à l'occasion d'un point dossier avec le client... Toutes les approches sont possibles dès lors que des informations utiles et exploitables sont recueillies.

441.34 Auto-analyse du cabinet parallèle au suivi satisfaction. Le cabinet peut profiter de ce travail sur la satisfaction des clients pour se poser des questions sur lui-même et d'essayer d'y répondre :

– Comment le cabinet se perçoit-il ?

– Que pense le cabinet de la qualité de ses propres prestations ?

– Comment le cabinet pense-t-il que ses clients le voient ?

– Quelle image les clients ont-ils du cabinet ?

Les réponses que les clients aux questions qui leur sont posées seront alors confrontées aux réponses des avocats en interne. Les décalages éventuels faciliteront la prise de conscience du cabinet sur les améliorations à apporter.

441.35 Clients interrogés sur leur satisfaction. Le cabinet interrogera en priorité les clients représentatifs, c'est-à-dire ceux pour lesquels le cabinet délivre des prestations qui correspondent au cœur de métier du cabinet.

Il pourra aussi appliquer les critères suivants pour interroger en priorité :

– les clients les plus importants en termes de chiffre d'affaires ;

– les clients dont l'historique ou le profil en font des clients qui sont ou peuvent être stratégiques pour le cabinet ;

– des clients récents.

SECTION 4
TRAITEMENT ET EXPLOITATION DES REMARQUES DES CLIENTS

441.41 Mobilisation du cabinet pour le traitement des remarques des clients. Le cabinet tout entier (associés, collaborateurs et salariés) doit être mobilisé pour appliquer les enseignements du suivi de satisfaction. Chacun doit comprendre que ce sont les clients qui font vivre le cabinet et donc que tout ce qui ne contribue pas à la satisfaction du client nuit au cabinet. Une démarche de « suivi satisfaction » a de réelles implications pour le cabinet, car elle devra impérativement être suivie d'effets à tous les niveaux de l'organisation.

441.42 Méthode de traitement des réponses des clients. Dès lors que des clients ont pris la peine de répondre aux questions qui leur ont été posées, le cabinet devra traiter ces réponses avec soin et dans le détail. L'enjeu est de taille puisqu'en interrogeant ses clients, le cabinet s'oblige à traiter toutes les réponses aux questions posées. Quelles que soient la nature et l'importance de la difficulté exprimée, le client doit savoir qu'il a été entendu.

441.43 Mise en œuvre des solutions apportées aux remarques des clients. Elle devra s'effectuer en trois temps :

– transmission du message en interne à toutes les personnes concernées : cette transmission doit se faire sous la forme d'une note formelle adressée à tous les intéressés ;

– définition des solutions à mettre en place et méthodologie : selon la complexité des solutions, la réponse ou solution apportée fera l'objet d'une note interne rédigée par l'associé responsable ou d'une réunion spécialement consacrée à ce client ;

– explications aux clients concernés des changements consécutifs à leurs réponses. Le client peut être informé par l'associé responsable ou lors d'une réunion à laquelle assistent plusieurs des avocats du cabinet. Le client doit comprendre qu'il y a une prise de conscience collective face à ses difficultés et que les paroles du cabinet seront suivies d'effet.

441.44 Groupe de travail « qualité ». Le cabinet pourra mettre en place un groupe de travail « Qualité » qui contrôlera de manière régulière la traduction dans les faits des remarques et des demandes recueillies auprès des clients. Ce groupe doit dialoguer avec les personnes en charge des fonctions administratives du cabinet. Le groupe « Qualité » s'assurera non seulement que les améliorations souhaitées sont effectivement apportées, il assurera également l'information des clients sur ces points.

441.45 Interprétation des doléances des clients. Souvent, une plainte exprimée par un client traduit une difficulté qui trouve son explication ailleurs.

Des remarques d'un client sur la transparence de la facturation ont pu avoir pour origine le mode de préparation des dossiers chez le client avant leur transmission à l'avocat.

LE CLIENT s'est plaint de recevoir une facture faisant apparaître un important temps de préparation et de prise de connaissance du dossier. Or, l'avocat a dû passer un temps considérable à rassembler des pièces dont le client n'avait pas anticipé l'importance. La solution au problème exprimé par le client se trouve alors dans une meilleure préparation des dossiers avant leur transmission à l'avocat.

Certains cabinets d'avocats, notamment spécialisés dans le contentieux, forment leurs clients à la préparation des dossiers. Cette formation consiste à aider le client à mettre en place des procédures favorisant la conservation de tous les documents pouvant constituer des sources de preuve. Il en résulte un gain de temps considérable pour le client et le cabinet d'avocats.

La répartition entre associés et collaborateurs du temps passé sur un dossier peut aussi avoir un impact sur la facturation (en général, en raison d'un nombre excessif d'heures des collaborateurs). Ces questions font rarement l'objet de discussions préalables entre l'avocat et son client, alors que des explications de l'avocat en amont sur la répartition des tâches au sein du cabinet contribueraient à éclairer le client sur ce point.

441.46 Retombées économiques du suivi-satisfaction. Le suivi-satisfaction est un outil stratégique pour le cabinet car il va lui permettre non seulement de corriger ses défauts mais surtout de proposer plus de services là où le client les réclame.

UN CABINET qui pratique le droit de l'environnement n'avait pas l'habitude de participer aux « audits environnement » que faisaient pratiquer ses clients par des consultants spécialisés. Or deux de ses clients, à l'occasion de l'enquête de satisfaction, ont écrit qu'ils auraient souhaité une plus grande implication de leur avocat dans ces audits. Depuis, le cabinet a décidé de proposer ses services pour accompagner ses clients lorsque ceux-ci font faire de tels audits.

Les domaines dans lesquels les clients expriment leur satisfaction seront des éléments à exploiter dans le cadre d'une politique de communication et de marketing ciblée du cabinet.

LORSQUE les clients d'un cabinet ont exprimé leur satisfaction sur « l'approche pédagogique des avocats du cabinet », « vous savez nous aider à mettre en pratique les solutions proposées », un autre : « vous savez vous mettre à la place du client », le cabinet a décidé d'insister sur ces qualités dans ses outils de présentation.

SECTION 5
MISE EN PLACE D'UN PROGRAMME CLIENTS-CLÉ

441.51 Définition des « clients-clé ». Pour la plupart des cabinets, quelle que soit leur taille, leur développement passe par une relation solide et durable avec quelques clients plus importants que d'autres. Même si chaque client doit être traité avec le même soin et le même professionnalisme, certains clients sont plus rentables ou représentent un plus grand potentiel. Ces clients sont les « clients-clé »[1] du cabinet. Le cabinet pourra décider de leur consacrer un programme dédié.

441.52 Identification des clients-clé. Le simple volume de chiffre d'affaires n'est pas un critère suffisant. Un client dont la facturation est encore modeste peut représenter un potentiel considérable. De même, un client, en apparence modeste, dont le réseau de contacts est exceptionnel peut s'avérer une source importante de recommandations.

Trois critères seront donc à retenir pour définir un « client-clé » :

- les revenus actuels ;
- les revenus potentiels ;
- les sources de recommandations.

441.53 Recherche dédiée aux clients-clé. La deuxième étape sera conduite essentiellement en interne et sera consacrée à la recherche. Un avocat pense bien connaître son client mais que sait-il de son environnement économique, de ses concurrents, de certaines des réglementations particulières qui lui sont applicables ? Dans le cadre d'un programme clients-clé, le cabinet d'avocats va décider de se constituer une culture de l'activité de ces principaux clients. Il ne se contentera pas de le faire dans le périmètre des dossiers qui lui sont confiés mais poussera l'exercice afin de mieux connaître l'ensemble de l'activité du client jusqu'à savoir qui sont ses autres avocats, son ou ses experts-comptables ou encore ses sous-traitants. Le cabinet constituera un dossier avec les articles de presse qui touchent aux domaines du client. Ces recherches d'informations se feront également à l'intérieur du cabinet. Lorsque plusieurs avocats travaillent sur le même client, il faudra rassembler toute la connaissance qui existe en interne sur ses habitudes, ses préférences ou ses priorités.

441.54 Plan d'action du programme clients-clé. La troisième étape sera celle de l'exploitation concrète de toute l'information rassemblée dans la

1. Cette notion répandue aux États-Unis fait l'objet d'études et de travaux de cabinets spécialisés dans le conseil des professions juridiques, tel Altman Weil, Inc. *Keys to building key clients,* 7 janv. 2015.

phase précédente. Le cabinet rédigera un plan d'action spécifique pour chacun de ses clients-clé, comportant notamment :

- toutes les données de l'historique du client avec le cabinet (afin que tous les avocats concernés aient le même niveau d'information) ;
- la liste de tous les dossiers en cours et une liste prospective de tout ce qui pourrait être proposé au client ;
- un programme de visites et de réunions ;
- propositions de formations ou de veille adaptées aux préoccupations du client ;
- une affectation précise des rôles pour chaque avocat concerné.

441.55 Avocat spécialement affecté au programme clients-clé. Le dialogue entre le cabinet et ses clients-clé sera entretenu de manière systématique et régulière. Dans le cas où plusieurs avocats interviennent pour le même client-clé, le cabinet désignera un « responsable de la relation client ». Cet avocat ne sera pas forcément celui qui travaille le plus pour ce client. Ainsi, le responsable aura un peu plus de recul pour écouter l'ensemble de ses interlocuteurs chez le client et pour relayer en interne l'information recueillie.

441.56 Traitement personnalisé des clients-clé. Le cabinet cherchera à identifier quels sont les ressorts humains auxquels le client-clé est sensible. Veut-il un contact respectueux mais distant, se limitant aux stricts besoins de la relation professionnelle ? Veut-il plutôt des gages permanents d'une disponibilité à toute épreuve ? La confiance dans la relation passe-t-elle par une implication plus personnelle ? Ce sont là les dernières questions auxquelles il faudra répondre pour la parfaite maîtrise de son programme clients-clé.

SECTION 6
ÉVOLUTION DE LA RELATION CLIENT

441.61 Tendances de l'évolution de la relation avocat – client. Dans son ouvrage au titre provocateur, *The End of Lawyers* (La fin des avocats)[1], Richard Susskind analyse l'évolution du travail de l'avocat. Il constate qu'un certain nombre de facteurs viennent transformer la manière dont les avocats délivrent leurs prestations à leurs clients. Il considère que les deux influences les plus fortes sur les transformations observées sont la « commoditisation » (*commoditization*) des services des avocats et le rôle de la technologie. Par *commoditization*, Richard Susskind cherche à démontrer que la prestation juridique est devenue un bien de consommation. Cette perception est accueillie de manière très négative par les professionnels qui revendiquent la spécificité de chaque dossier. La plupart estiment que cette notion de « commoditisation » s'accompagne d'une dépersonnalisation du service rendu et d'un risque en termes de qualité. La technologie, quant à elle, permet un partage de l'information qui fait que l'avocat n'a plus l'exclusivité de l'information, même s'il conserve sa valeur ajoutée dans le traitement de celle-ci. La conjonction de ces deux facteurs a pour effet que le client estime qu'il peut avoir droit à davantage et pour moins cher (*More for less*) de la part de son avocat.

La relation avocat-client passe d'une époque dans laquelle les avocats ont vendu leurs prestations comme ils l'entendaient à une époque dans laquelle le consommateur de prestations juridiques achète celles-ci de la manière dont il en a envie. Le client va donc chercher à appréhender différemment la prestation de l'avocat pour en faire baisser le prix ou tout simplement pour en avoir un accès facilité. C'est cette approche nouvelle qui remet en cause l'équilibre traditionnel du partage du travail entre l'avocat et son client[2].

Une décennie après ces analyses, il est incontestable que le rapport de force évolue en faveur du client. L'avocat est de moins en moins en mesure de dicter au client la manière dont ce dernier doit consommer la prestation juridique. En revanche, si la valeur ajoutée de l'avocat se déplace, elle subsiste. La technologie fait évoluer le rôle de l'avocat mais le client a encore besoin de ce que ni les machines ni l'intelligence artificielle ne peuvent lui fournir.

441.62 Standardisation des prestations. La standardisation de la prestation juridique[3] est redoutée par les avocats et plébiscitée par les clients. Aux yeux du client, l'avocat peut difficilement vendre au prix du sur-mesure un contrat qu'il rédige pour la centième fois. Sous la pression du client, l'avocat n'a d'autre choix que de faire profiter son client de ses économies d'échelle. Ceci signifie que l'avocat va rechercher des gains de productivité qu'il va ensuite répercuter sur ses prix pour consolider la relation avec ses clients en améliorant le rapport qualité-prix de son travail.

La standardisation va couvrir une partie des prestations traditionnelles de l'avocat mail il subsiste une partie non standardisable que l'avocat doit veiller à valoriser au mieux de ses intérêts.

1. R. Susskind, *The End of Lawyers*, Oxford UP, 2010.

2. D. Jensen, « Un nouveau partage du travail entre l'avocat et son client », *D. avocats*, nº 12, déc. 2013.

3. SUR la standardisation, v ; aussi Th. Wickers, *La grande transformation des avocats*, « Dalloz essai », 2014, p. 199 s.

441.63 **Prestations *discount*.** Sur le marché des prestations juridiques courantes s'adressant à un large public, les avocats commencent à se livrer une guerre des prix qui a pour résultat la multiplication des offres à bas coût.

LA RECHERCHE « Divorce pas cher » sur Google fait apparaître de nombreuses réponses proposant des prestations à des prix de 205 euros[1], de 179 euros[2] et même 155 euros[3]. Qu'offrent ces plateformes de mise en relation et ces cabinets pour pouvoir afficher des prix aussi bas ? En poursuivant l'exploration de ces sites, le visiteur est soumis à des questionnaires très précis qui permettent de recueillir les informations utiles le concernant et de circonscrire son besoin. Dès lors qu'il est déterminé que son divorce ne pose pas de problèmes particuliers, le site lui explique ce qu'il doit faire pour finaliser les conditions exactes de sa séparation avec son futur ex-époux. C'est le client lui-même qui sera amené à préparer la rédaction de sa convention de divorce, convention qui sera vérifiée par l'avocat avant d'être soumise à l'approbation du juge. Le service étant restreint, le prix de la prestation est donc peu élevé.

Ces offres ne sont pas critiquables parce qu'elles proposent une prestation à faible coût. L'avocat ne cherche pas à induire le client en erreur quant au service qui est vendu. Ce droit « discount » s'adresse aux situations les plus simples pour lesquelles l'avocat peut fixer des conditions (telles que l'absence de rendez-vous) qui lui permettent de fournir un service à des conditions de rentabilité suffisantes. Cette approche constitue un compromis permettant à la fois un accès aux services des avocats et la possibilité pour ces derniers de continuer à traiter les besoins d'une clientèle désargentée sans pour autant mettre en péril l'économie de leurs cabinets.

L'existence de telles prestations sur le marché oblige les avocats à répondre aux questions de leurs clients à ce sujet. Il est légitime pour un client de s'interroger sur la différence entre les 200 euros proposés en ligne et les 2 000 euros que lui demande son avocat pour une prestation, en apparence, similaire. L'avocat doit prendre le temps de regarder et de comprendre ces offres en ligne pour pouvoir expliquer cette différence : rendez-vous, échanges téléphoniques, conseils personnalisés, soutien dans l'épreuve... sont autant de choses essentielles pour le client qu'il n'aura pas dans le cadre d'une prestation *discount*.

441.64 **Partage du travail avec le client.** Le partage du travail entre l'avocat et son client concerne autant les particuliers, les PME que les entreprises multinationales. Lorsqu'une prestation quitte le domaine du sur-mesure pour devenir standardisée, l'enjeu pour le cabinet d'avocats est de savoir anticiper cette mutation et d'accompagner le client dans le changement plutôt que de chercher à y résister.

DANS LE SECTEUR de l'audit, l'exemple des choix stratégiques opérés par Arthur Andersen à la fin des années 1980 et au début des années 1990, mérite d'être cité. Les opérations d'audit qui exigeaient la mobilisation d'équipes très importantes chez le client commencèrent à se transformer avec l'arrivée des tableurs. Arthur Andersen développa un logiciel dédié aux audits fiscaux connu sous le nom d'Abacus. D'abord réservé à l'usage interne, Arthur Andersen comprit que cet outil pouvait aussi être utilisé par le client pour préparer en amont le travail de l'audit, permettant des gains de temps considérables. La société prit donc le risque de bouleverser le modèle économique existant en consentant des licences d'utilisation du logiciel Abacus à ses clients. Ce choix se traduisit peut-être par une baisse à court terme des honoraires dans certains dossiers mais elle permit à Arthur Andersen de renforcer la relation de confiance avec ses clients tout en rendant sa clientèle captive du système mis en place[4].

Des années plus tard, c'est au tour des avocats d'être confrontés à des mutations comparables. En Angleterre, le cabinet Eversheds a mis au point un système permettant à ses clients d'élaborer leurs propres contrats de travail à partir d'un questionnaire élaboré par le cabinet et mis à la disposition des clients par un service en ligne dédié. Dès 2003, Linklaters fut le premier cabinet à envisager de mettre à la disposition de ses clients un outil leur permettant de générer certains de leurs propres documents. Si les clients cherchent à internaliser davantage de prestations pour réduire leurs dépenses d'ordre juridique, les avocats doivent accompagner cette volonté plutôt que de chercher à y résister. Les clients seront fidèles aux avocats qui chercheront à les aider tout en leur permettant d'optimiser leurs coûts. Ce qui peut apparaître comme une perte d'emprise, dans un premier temps, est en réalité un choix stratégique permettant de préserver et de consolider les liens avec les clients.

1. www.wedivorce.fr.
2. www.alexia.fr.
3. www.divorce-mg.fr

4. Ex. pris par R. Susskind, *The End of Lawyers*, Oxford UP, 2010.

CHAPITRE

442. Facturation

SECTION 0
ORIENTEUR

442.00 **Sommaire du chapitre.**

442.05 **Exemples.**
* Pour des exemples de conventions d'honoraires proposées par le barreau de Paris, v. s^s n°s 514.2 et 514.3.
* Pour un exemple de présentation de facture, v. s^s n° 514.1.

SECTION 1
HONORAIRES ET CONVENTION D'HONORAIRES : RÈGLES ET PRINCIPES

442.11 **Textes applicables et convention d'honoraires obligatoire.** Les principaux textes qui régissent les honoraires, émoluments et débours de l'avocat[1] sont l'article 10 de la loi du 31 décembre 1971[2], les articles 174 à 179 du décret du 27 novembre 1991[3] et les articles 10 à 12 et 19 du décret du 12 juillet 2005[4]. Ces textes ont été regroupés au sein de l'article 11 du RIN[5]. Depuis l'entrée en vigueur de la loi du 6 août 2015[6] qui modifie l'article 10 de la loi du 31 décembre 1971[7], l'avocat est tenu d'établir avec son client une convention d'honoraires écrite[8].

Cette obligation de conclure une convention d'honoraires écrite avec le client concerne toute matière et tout type d'intervention (consultation, assistance, conseil, rédaction d'actes sous seing privé, plaidoiries). Elle vaut tant à l'égard du client consommateur que du client professionnel : « Sauf en cas d'urgence ou de force majeure ou lorsqu'il intervient au titre de l'aide juridictionnelle totale ou de la troisième partie de la loi du 10 juillet 1991[9], l'avocat conclut par écrit avec son client une convention d'honoraires, qui précise, notamment, le montant ou le mode de détermination des honoraires couvrant les diligences prévisibles, ainsi que les divers frais et débours envisagés. »

« Les honoraires tiennent compte, selon les usages, de la situation de fortune du client, de la difficulté de l'affaire, des frais exposés par l'avocat, de sa notoriété et des diligences de celui-ci. »

« Toute fixation d'honoraires qui ne le serait qu'en fonction du résultat judiciaire est interdite. Est licite la convention qui, outre la rémunération

1. SUR la rémunération de l'avocat : H. Ader, S. Bortoluzzi, A. Damien, D. Piau, Th. Wickers, *Règles de la profession d'avocat 2022/2023*, 17e éd., « Dalloz action », 2022, n°s 711.11 s.
2. L. n° 71-1130, 31 déc. 1971 portant réforme de certaines professions judiciaires et juridiques, *JO* 5 janv., p. 131 ; Mod. par L. n° 2015-990, 6 août 2015.
3. Décr. n° 91-1197, 27 nov. 1991 organisant la profession d'avocat, *JO* 28 nov., p. 15502.
4. Décr. n° 2005-790, 12 juill. 2005.
5. SUR les règles relatives à la succession des avocats dans un dossier : H. Ader, S. Bortoluzzi, A. Damien, D. Piau, Th. Wickers, *Règles de la profession d'avocat*, 15e éd., « Dalloz action », 2016, n°s 481.11 s. et 482.11 s.
6. L. n° 2015-990, 6 août 2015 pour la croissance, l'activité et l'égalité des chances économiques, *JO* 7 août, p. 13537.
7. L. n° 71-1130, 31 déc. 1971, art. 51.
8. SUR la convention d'honoraires : H. Ader, S. Bortoluzzi, A. Damien, D. Piau, Th. Wickers, *Règles de la profession d'avocat*, 15e éd., « Dalloz action », 2016, n°s 713.11 s.
9. L. n° 91-647, 10 juill. 1991 relative à l'aide juridique, *JO* 13 juill., p. 9170.

des prestations effectuées, prévoit la fixation d'un honoraire complémentaire en fonction du résultat obtenu ou du service rendu. »

Afin de faciliter le respect de cette nouvelle obligation, le Conseil national des barreaux met à disposition des avocats deux guides rédactionnels ainsi qu'une fiche technique destinée à les éclairer sur leur utilisation[1].

442.12 Contrôle de la DGCCRF. Le nouvel article 10-1 de la loi du 31 décembre 1971 relatif au contrôle des conventions d'honoraires prévoit que ce contrôle est dévolu à l'autorité administrative chargée de la concurrence et de la consommation. Ceci signifie que ce sont les agents de la DGCCRF[2] (Direction générale de la concurrence, de la consommation et de la répression des fraudes) qui sont autorisés à rechercher les manquements à l'obligation pour l'avocat de conclure par écrit une convention d'honoraires. Le contrôle a pour seul objet de contrôler le manquement à l'obligation de conclure la convention et se limite donc à contrôler l'existence matérielle de ladite convention. En cas de contrôle, la convention sera présentée à la DGCCRF après anonymisation de tout ce qui a trait au secret professionnel[3]. Lorsque la DGCCRF entendra faire usage de ses pouvoirs d'investigation, elle devra en informer le bâtonnier du barreau concerné par écrit, au moins trois jours avant.

Dans la pratique, il peut être recommandé de rédiger des conventions d'honoraires en deux parties : une partie générale qui satisfait les exigences de la loi et du contrôle de la DGCCRF et une partie qui n'aurait pas vocation à être communiquée et qui traite des spécificités de l'opération ou de la mission confiée couvertes par le secret professionnel.

442.13 Principes applicables aux honoraires et libre-détermination. L'article 11.1 du RIN[4] pose le principe de selon lequel l'avocat informe son client, dès sa saisine, des modalités de détermination des honoraires et l'informe régulièrement de l'évolution de leur montant. L'avocat informe également son client de l'ensemble des frais, débours et émoluments qu'il pourrait exposer.

L'article 11.2 du RIN rappelle le caractère obligatoire de la convention d'honoraires et le principe de la liberté de détermination des honoraires qui sont fixés selon les usages, en fonction de la situation de fortune du client, de la difficulté de l'affaire, des frais exposés par l'avocat, de sa notoriété et des diligences de celui-ci. L'avocat chargé d'un dossier peut demander des honoraires à son client même si ce dossier lui est retiré avant sa conclusion, dans la mesure du travail accompli.

Pour déterminer ses honoraires, l'avocat tient compte, selon les usages, des facteurs suivants :

- du temps consacré à l'affaire ;
- du travail de recherche ;
- de la nature et la difficulté de l'affaire ;
- de l'importance des intérêts en cause ;
- de l'incidence des frais et charges du cabinet auquel il appartient ;
- de sa notoriété, ses titres, son ancienneté, son expérience et la spécialisation dont il est titulaire ;
- des avantages et du résultat obtenus au profit du client par son travail, ainsi que le service rendu à celui-ci ;
- de la situation de fortune du client.

Le principe de libre fixation des honoraires[5] est tempéré par le droit des tribunaux de réduire les honoraires, même quand ceux-ci étaient convenus entre l'avocat et le client, dès lors que ceux-ci sont excessifs[6]. Le juge, « sur fondement d'équité, se réserve le pouvoir de le réviser, en égard notamment à la qualité du service rendu, à l'importance de la mission, à l'envergure du prestataire et à la situation de fortune du client »[7]. Toutefois, les tribunaux ne peuvent réduire le montant de l'honoraire dû dès lors que le principe et le montant de l'honoraire ont été acceptés par le client après le service rendu[8] ce

1. À télécharger sur www.cnb.avocat.fr.
2. SUR le régime du contrôle de l'avocat par la DGCCRF : H. Ader, S. Bortoluzzi, A. Damien, D. Piau, Th. Wickers, *Règles de la profession d'avocat 2022/2023*, 17ᵉ éd., « Dalloz action », 2022, nᵒˢ 413.50 s.
3. Décis. nᵒ 2015-715 DC, 5 août 2015, *JO* nᵒ 0181, 7 août.
4. RIN, art. 11 ; CNB, AG 10 et 11 oct. 2014, DCN nᵒ 2014-002 portant modification des dispositions de l'article 11-5 du Règlement intérieur national (RIN) de la profession d'avocat, *JO* 5 déc. ; mod. par CNB, AG 12 déc. 2015, DCN nᵒ 2015-003 portant réforme de l'article 11 du Règlement intérieur national (RIN) de la profession d'avocat, *JO* 16 févr.
5. SUR la fixation des honoraires d'avocat : V. Lasbordes, *Libres propos sur la fixation des honoraires de l'avocat : de l'utilité de la convention préalable d'honoraires*, D. 2001, p. 1893. – ET, SUR les contestations en matière d'honoraires d'avocat : A. Steff, *Les contestations en matière d'honoraires d'avocat, R.*, p. 235.
6. Civ. 1ᵉ, 3 mars 1998, nᵒ 95-15.799, *Bull. civ.* I, nᵒ 85 ; *R.*, p. 294 ; *D. Affaires* 1998. 576, obs. V. A.-R., 1ʳᵉ esp. ; *JCP* 1998. II. 10115, note Sainte-Rose ; *Defrénois* 1998. 734, obs. Aubert – Civ. 1ᵉ, 7 juill. 1998, nᵒ 96-10.387, *Bull. civ.* I, nᵒ 237 ; *D. Affaires* 1998. 1587, obs. V. A.-R. ; *CCC* 1998, nᵒ 159, note Leveneur : convention d'honoraires complétant une aide juridique partielle – Civ. 2ᵉ, 18 déc. 2003, nᵒ 02-10.008, *Bull. civ.* II, nᵒ 391 ; *D.* 2004. IR 394 ; *LPA* 25 oct. 2004, note Kessler : honoraire de résultat – Martin, *JCP* 1999. I. 110 – Boccara, *Gaz. Pal.* 1998. 2. Doctr. 1142.
7. L. Aynès, P.-Y. Gautier, P. Malaurie, *Les contrats spéciaux*, « Droit civil », Defrénois, nᵒˢ 766-767.
8. Civ. 2ᵉ, 5 juin 2003, nᵒ 01-15.411, *Bull. civ.* II, nᵒ 169 ; *D.* 2003. IR 2049 ; *JCP* 2004. I. 117, nᵒ 21, obs. Martin : cassation de l'ordonnance du premier président qui a supprimé l'honoraire de résultat rappelé sur la facture établie après service rendu et sur laquelle le client avait écrit « bon pour accord » – Civ. 2ᵉ, 18 sept. 2003, nᵒ 01-16.013, *Bull. civ.* II, nᵒ 279 ; *D.* 2003. IR 2409 ; *D.* 2004. 2830, obs. Blanchard ; *RTD civ.* 2004. 114, obs. Gautier.

dernier ne pouvant se rétracter unilatéralement du consentement qu'il a donné « en connaissance du travail effectué et après service fait »[1].

442.14 Information du client en matière d'honoraires. En application de l'article 11.1 du RIN, l'avocat informe son client, dès sa saisine, puis de manière régulière, des modalités de détermination des honoraires et de l'évolution prévisible de leur montant. Ces informations figurent dans la convention d'honoraires. En application de l'article 11.7, l'avocat détient à tout moment, par dossier, une comptabilité précise et distincte des honoraires et de toute somme qu'il a pu recevoir et de l'affectation qui leur a été donnée, sauf en cas de forfait global. Avant tout règlement définitif, l'avocat remet à son client un compte détaillé. Ce compte fait ressortir distinctement les frais et débours, les émoluments tarifés et les honoraires. Il porte mention des sommes précédemment reçues à titre de provision ou à tout autre titre. Un compte établi selon les modalités prévues à l'alinéa précédent est également délivré par l'avocat à la demande de son client ou du bâtonnier, ou lorsqu'il en est requis par le président du tribunal de grande instance ou le premier président de la cour d'appel, saisis d'une contestation en matière d'honoraires ou débours ou en matière de taxe.

442.15 Tarifs et barèmes en matière d'honoraires. La question de la transparence des honoraires est un des fondements de la relation entre l'avocat et son client[2]. Les instances de la profession se penchent depuis longtemps sur ce sujet, à l'instar du CNB et de son Rapport 2000 sur la transparence des honoraires et des coûts de juillet 2000[3]. S'il y a un consensus pour reconnaître les bienfaits d'une transparence « verticale », c'est-à-dire dans le cadre de la relation bilatérale entre l'avocat et son client, la transparence « horizontale », c'est-à-dire une politique de prix pratiquée par un groupe d'opérateurs économiques, pose bien plus de difficultés[4]. Or, est-il possible de chercher à organiser la transparence verticale sans être confronté aux dangers de la transparence horizontale ? Voulant répondre aux critiques quant à l'opacité mais aussi quant aux différences de facturation qui peuvent exister pour une même prestation, le CNB et les Ordres se sont souvent interrogés sur l'opportunité de proposer des barèmes ou des recommandations tarifaires. Or, ce souci d'améliorer la situation du consommateur de droit peut aussi s'analyser comme une atteinte aux principes de la libre concurrence. La théorie économique insiste sur l'idée que l'incertitude sur le comportement des concurrents constitue l'un des ressorts de la concurrence.

Inspirés par l'exemple de l'Ordre des avocats de Versailles qui a ouvert la voie en proposant un tarif dont le principe semblait avoir été accepté, d'autres barreaux ont voulu se lancer dans cette direction. L'ancien Conseil de la concurrence (devenu Autorité de la concurrence) a réagi en condamnant systématiquement les Ordres des avocats ayant publié des barèmes à titre indicatif. Paradoxalement, les poursuites devant le Conseil de la concurrence ont le plus souvent été engagées par des associations de consommateurs, laissant entendre que ces derniers ne sont pas été, comme auraient pu le croire les avocats, demandeurs de ce type d'initiative. C'est ainsi qu'entre 1996 et 2001, les décisions du Conseil de la concurrence se sont succédé pour condamner les barèmes proposés par les ordres[5].

La CJUE dans la lignée de la position de la Commission européenne semble avoir une approche plus nuancée en jugeant que les textes européens ne s'opposent pas à l'adoption par un État membre d'une décision normative qui fixerait, sur la base d'un projet établi par un ordre des avocats, un tarif fixant une limite minimale pour les honoraires des membres de la profession d'avocat, tarif auquel il ne peut en principe être dérogé[6].

La condamnation de ces initiatives visant à fixer ou à recommander des honoraires appliqués de

1. NOT. : A. Bénabent, *Droit civil – Les contrats spéciaux civils et commerciaux,* 5e éd., Montchrestien, « Domat – Droit privé », 2001, n° 568 ; et DÉJÀ : l'*obiter dictum* d'un des arrêts de principe sur la révision de l'honoraire excessif : Civ. 1re, 3 juin 1986, n° 85-10.486, *Bull. civ.* I, n° 150 ; *JCP* 1987. II. 20791, note Viandier – OU ENCORE : Civ. 2e, 5 juin 2003, n° 01-15.411, *Bull. civ.* II, n° 169, préc.
2. Sur la transparence des honoraires, v. ss nos 442.71 s.
3. CNB, Rapport, AG 8 juill. 2000.
4. SUR CETTE DISTINCTION : Dictionnaire permanent, *Honoraires de l'avocat,* Éditions législatives et Ordre des avocats du barreau de Paris, 2010.
5. Cons. conc. 3 déc. 1996, n° 96-D-78, *BOCCRF* 11 févr. 1997, relative à des pratiques en matière d'honoraires mises en œuvre par le barreau de Tarascon-sur-Rhône ; et SUR RECOURS : Paris, 2 déc. 1997, *BOCCRF* 31 déc. – Cons. conc., 15 janv. 2001, n° 00-D-52, *BOCCRF* 23 févr., relative à des pratiques en matières d'honoraires mises en œuvre par l'Ordre des avocats au barreau de Nice ; et SUR RECOURS : Paris, 1re ch. civ., sect. H, 11 sept. 2001 : rejet – Cons. conc. 31 mai 2000, n° 00-D-23, relative à des pratiques en matière d'honoraires mises en œuvre par le barreau de Bonneville – Cons. conc. 6 juill. 2001, n° 01-D-35, relative à des pratiques en matière d'honoraires mises en œuvre par le barreau de Bordeaux – Cons. conc. 7 janv. 1998, n° 98-D-01, relative à des pratiques en matière d'honoraires mises en œuvre par le barreau des Alpes de Haute-Provence – Cons. conc. 24 janv. 1998, n° 98-D-07, *BOCCRF* 13 mars, relative à des pratiques en matière d'honoraires mises en œuvre par le barreau de Marseille ; et SUR RECOURS : Paris, 1re ch. civ., sect. H, 10 nov. 1998 : rejet – Com. 13 févr. 2001, n° 98-22.698, NP : rejet ; www.autoritedelaconcurrence.fr/activites/avis/
6. CJUE, 19 févr. 2002, *Arduino c. Italie,* aff. C-35/99 *JOCE* 4 mai, p. 1.

manière collective par tous les membres d'un barreau n'empêche nullement un cabinet d'afficher son propre tarif, s'il le souhaite même si cette pratique présente de nombreux risques dans toutes les situations où le travail dans un dossier ne correspondra pas aux anticipations qui ont été faites lors de la détermination du tarif.

442.16 Partage d'honoraires. L'article 11.4 du RIN fixe les règles en matière de partage d'honoraires entre avocats[1].

En matière de rédaction d'actes et lorsqu'un acte est établi conjointement par plusieurs avocats, la prestation de conseil et d'assistance de chaque intervenant ne peut être rétribuée que par le client ou par un tiers agissant d'ordre ou pour le compte de celui-ci. Dans le cas où il est d'usage que les honoraires de rédaction soient à la charge exclusive de l'une des parties et à la condition que l'acte le stipule expressément, les honoraires doivent être, à défaut de convention contraire, partagés par parts égales entre les avocats ayant participé conjointement à la rédaction.

Il est interdit à l'avocat de partager un honoraire quelle qu'en soit la forme avec des personnes physiques ou morales qui ne sont pas avocats.

Sur l'obligation de ducroire, l'avocat qui, ne se bornant pas à mettre en relation un client avec un autre avocat, confie un dossier à un confrère ou le consulte, est personnellement tenu au paiement des honoraires, frais et débours dus à ce confrère correspondant, au titre des prestations accomplies à sa demande par celui-ci. Les avocats concernés peuvent néanmoins, dès l'origine et par écrit, convenir du contraire. En outre, le premier avocat peut, à tout instant, limiter, par écrit, son engagement au montant des sommes dues, au jour où il exclut sa responsabilité pour l'avenir[2].

442.17 Contenu de la convention d'honoraires. Bien qu'ayant rendu obligatoire la convention d'honoraires[3], les textes ne précisent pas quel doit être le contenu de cette convention[4]. Les Ordres recommandent à l'avocat d'établir une convention d'honoraires prévoyant les modalités de calcul de l'honoraire, à savoir : honoraire forfaitaire, honoraire au temps passé et facultativement, honoraire de résultat. Ils recommandent que la convention fixe aussi les modalités de l'honoraire et la périodicité de la facturation.

S'il est fait référence à un honoraire de résultat, il est recommandé de prévoir une définition précise de ce résultat, le pourcentage à appliquer ou la somme forfaitaire qui sera due et le moment où le résultat sera considéré atteint. Pour un honoraire au temps passé, il est recommandé d'indiquer les taux de facturation.

Le CNB propose des fiches pratiques pour la rédaction pour les conventions d'honoraires :

– Guide pour la rédaction d'une convention d'honoraires : Honoraire fixe avec éventuellement un honoraire de résultat[5].

– Guide pour la rédaction d'une convention d'honoraires : Tarif horaire avec éventuellement un honoraire de résultat[6].

– Convention d'honoraires en matière de divorce.

La convention d'honoraires sera utile en cas de difficultés avec le client si elle est suffisamment précise. Ainsi, la simple annonce d'un taux horaire sans autres précisions ne pourra être d'un grand secours. Le document dans lequel le cabinet explique ses conditions d'intervention peut aussi être un véritable support contractuel à la relation entre le cabinet et le client. Il peut alors être souhaitable de présenter au client une proposition détaillée d'intervention qui aborde non seulement les questions de facturation mais qui reprenne aussi une description des prestations qui seront fournies par le cabinet. Dans ce document, le cabinet reprendra les termes de ce qui lui a été indiqué par le client et fera ses préconisations sur le travail à accomplir. Cette approche permet à l'avocat d'exprimer par écrit sa compréhension de la situation et de l'état du dossier et de faire état des documents ou informations dont il dispose. En rédigeant sa proposition d'intervention, l'avocat pourra en effet décrire avec précision les éléments dont il a encore besoin pour être opérationnel.

442.18 Budgets et forfaits dans la convention d'honoraires. Particulier ou entreprise, le client veut avoir une visibilité sur le coût de l'intervention de l'avocat.

Il faut alors faire la distinction entre un forfait constituant un montant fixe d'honoraires que l'avocat s'engage à ne pas dépasser et une estimation ou un budget qui ne constitue pas un engagement ferme.

1. SUR le partage d'honoraires : H. Ader, S. Bortoluzzi, A. Damien, D. Piau, Th. Wickers, *Règles de la profession d'avocat*, 15e éd., « Dalloz action », 2016, nos 743.11 s. – SUR la convention portant partage d'honoraires : H. Ader, S. Bortoluzzi, A. Damien, D. Piau, Th. Wickers, *Règles de la profession d'avocat*, 15e éd., « Dalloz action », 2016, no 713.171.
2. RIN, art. 11.8 ; CNB, AG 11 et 12 déc. 2015, DCN no 2015-003.
3. Pour un exemple de conventions proposées par le barreau de Paris : v. ss no 514.2 et 514.3.
4. SUR le contenu de la convention d'honoraires : H. Ader, S. Bortoluzzi, A. Damien, D. Piau, Th. Wickers, *Règles de la profession d'avocat*, 15e éd., « Dalloz action », 2016, nos 713.21 s.
5. Téléchargeable sur www.cnb.avocat.fr.
6. Téléchargeable sur www.cnb.avocat.fr.

Souvent, lorsque le client pose la question du coût, l'estimation ou le budget répondent à sa demande et l'avocat n'a pas à s'engager sur un forfait.

L'avocat fera une estimation de prix sur la base de son expérience dans des dossiers comparables, de son coût de revient et du budget du client. Tout dossier, en conseil comme en contentieux, contient des aléas pouvant engendrer une charge de travail supplémentaire. La convention d'honoraires servira à évoquer ces aléas avec le plus de précision possible pour que le client comprenne les dépassements éventuels du budget initialement annoncé.

Ce n'est pas parce qu'un client demande un forfait que l'avocat doit prendre l'intégralité du risque lié à la fixation du prix. La convention d'honoraires peut prévoir le principe d'exceptions au forfait convenu dès lors que des circonstances justifient celles-ci. Ces exceptions sont bien acceptées par les clients dès lors qu'elles sont clairement expliquées. Outre la mention dans la convention des facteurs pouvant avoir un impact sur l'honoraire convenu, l'avocat veillera à tenir son client informé au cours du déroulement du dossier de la survenance de tels facteurs.

442.19 Convention d'honoraires et répartition du travail entre l'avocat et le client. La convention d'honoraires peut être utilisée pour fixer un mode opératoire entre l'avocat et son client au cours du déroulement du dossier. Ceci sera particulièrement utile s'agissant de la collecte des pièces. En effet, en apportant son dossier à l'avocat, le client pense lui avoir fourni l'ensemble des éléments nécessaires alors que c'est parfois loin d'être le cas. Dans ces circonstances, l'avocat peut être amené à consacrer un temps facturable important au simple fait de se mettre en état de travailler sur le dossier. Pour éviter tout malentendu ou incompréhension de la part du client, la convention d'honoraires peut être utilisée pour établir la liste des pièces ou informations nécessaires à l'avocat que le client aura la charge de rassembler.

Cette question de la répartition du travail entre l'avocat et le client peut porter sur d'autres aspects de la relation. La convention précisera ces points pour que le travail dans le dossier se déroule d'une manière conforme aux attentes de chacun et sans surprise en matière de facturation.

442.20 Article 700. Le juge, à l'occasion de la fixation des sommes mises à la charge de la partie succombante au titre de l'article 700 du Code de Procédure Civile, de l'article 475-1 du Code de Procédure Pénale, de l'article L. 761-1 du Code de Justice Administrative ou de l'article 37 de la loi n° 91-647 du 10 juillet 1991 modifiée relative à l'aide juridique, est conduit à évaluer le coût de la prestation de l'avocat. Afin d'aider les avocats à formuler et justifier leurs demandes à ce titre, le CNB a publié un guide consacré à « l'évaluation de la prestation de l'avocat pour la fixation des sommes mises à la charge de la partie succombante » [1].

L'article 700 dispose que dans toutes les instances, le juge condamne la partie tenue aux dépens ou, à défaut, la partie perdante, à payer à l'autre partie la somme qu'il détermine, au titre des frais exposés et non compris dans les dépens [2]. Le juge tient compte de l'équité ou de la situation économique de la partie condamnée. Il peut, même d'office, pour des raisons tirées des mêmes considérations, dire qu'il n'y a pas lieu à cette condamnation.

L'article 700 est une somme accordée par le juge à une des parties. Même si cette somme est censée couvrir certaines des dépenses dont les honoraires de l'avocat, ce dernier ne peut prétendre en être le bénéficiaire direct. Ainsi, il a été jugé que l'avocat ne pouvait facturer des honoraires supplémentaires à son client au seul motif que le juge ait alloué au client, au titre de l'article 700, une somme supérieure à celle que ce dernier avait payée pour sa défense. En l'espèce [3], le premier président a estimé que si l'indemnité article 700 sert, en principe, à compenser les honoraires irrépétibles de l'avocat, elle sert également à dédommager la partie gagnante des autres frais générés par un procès, et notamment du temps passé à suivre les errements de la procédure.

SECTION 2
MODES DE FACTURATION

442.31 Modes de facturation prohibés. L'article 11.3 du RIN interdit à l'avocat de fixer ses honoraires par un pacte de *quota litis* (*Contingency fee*). Le pacte de *quota litis* est une convention passée entre l'avocat et son client avant décision judiciaire définitive, qui fixe l'intégralité de ses honoraires exclusivement en fonction du résultat judiciaire de l'affaire, que ces honoraires consistent en une somme d'argent ou en tout autre bien ou valeur.

L'honoraire qui dépend intégralement de l'issue favorable d'un contentieux est une pratique courante aux États-Unis où elle porte le nom de *Contingency fee*. Ce système est davantage adapté aux

1. CNB, *Guide pratique sur l'évaluation de la prestation de l'avocat pour la fixation des sommes mises à la charge de la partie succombante*, 2e éd., oct. 2017.
2. SUR les frais non compris dans les dépens : H. Ader, S. Bortoluzzi, A. Damien, D. Piau, Th. Wickers, *Règles de la profession d'avocat 2022/2023*, 17e éd., « Dalloz action », 2022, nos 723.71 s.
3. Reims, 5 nov. 2009, RG n° 09/1850.

États-Unis où le coût de la représentation en justice est beaucoup plus élevé qu'en France. Ce système permet donc à des citoyens de faire valoir leurs droits dans des procédures qu'ils n'auraient pas les moyens d'introduire autrement. L'honoraire de résultat souvent de l'ordre de 30 % à 40 % des sommes devient alors un moyen pour l'avocat de financer des procès longs et coûteux.

En France, la culture est différente et l'honoraire de résultat doit être compris comme un honoraire complémentaire de résultat venant s'ajouter à l'honoraire de base. En interdisant le pacte de *quota litis*, le RIN ne donne aucune indication sur ce que constituerait un honoraire de résultat acceptable ou excessif. La jurisprudence semble avoir fixé une limite en décidant que l'honoraire de résultat ne pourrait dépasser l'honoraire principal[1]. Il ne donne pas non plus d'indication sur une proportion acceptable de l'honoraire de résultat par rapport à l'honoraire de base.

L'avocat ne peut percevoir d'honoraires que de son client ou d'un mandataire de celui-ci.

La rémunération d'apports d'affaires est interdite. Cette interdiction rejoint celle de l'interdiction du partage d'honoraires avec des non-avocats prévue à l'article 11.4 du RIN. L'avocat ne peut reverser une partie de l'honoraire perçu d'un client à un tiers qui lui aurait apporté l'affaire. L'apport d'affaires ou de dossiers à l'intérieur du cabinet n'est pas concerné par cette interdiction. L'apport de dossiers entre avocats de la même structure est très fréquemment un facteur de rémunération de l'avocat.

442.32 **Provision sur honoraires.** En application de l'article 11.6 du RIN[2], l'avocat qui accepte la charge d'un dossier peut demander à son client le versement préalable d'une provision à valoir sur ses frais et honoraires Cette provision ne peut aller au-delà d'une estimation raisonnable des honoraires et des débours probables entraînés par le dossier. À défaut de paiement de la provision demandée, l'avocat peut renoncer à s'occuper de l'affaire ou s'en retirer dans les conditions prévues à l'article 13 du décret du 12 juillet 2005. Il fournit à son client toute information nécessaire à cet effet.

La provision était systématiquement demandée par les avocats. L'ancien Règlement intérieur unifié (RIU), disposait que l'avocat devait demander une provision sur frais et honoraires lorsqu'un client lui confiait la charge d'un dossier. Ce devoir a été remplacé par une simple faculté dans la rédaction de l'article 11.6 du RIN.

1. Civ. 1re, 10 juill. 1995, no 93-20.290, *Bull. civ.* I, no 311, *JCP* 1995. II. 22557, note Martin ; *D.* 1996. 313, note Frémy.
2. RIN, Art. 11.6 ; CNB, AG 11 et 12 déc. 2015, DCN no 2015-003.

Il est recommandé de demander une provision en début de dossier. Dans ce cas, la convention d'honoraires peut prévoir le versement de la provision à la signature de la convention. Le paiement de cette provision est un gage de la volonté du client de s'engager dans le dossier ou projet confié à l'avocat. Ce dernier est donc couvert de ses premières diligences.

Des provisions successives peuvent être demandées au client au fur et à mesure que celles-ci sont consommées par le temps de l'avocat. Une pratique courante consiste à demander une provision au démarrage du dossier et, une fois cette provision consommée, le client est facturé tous les mois en fonction des diligences accomplies.

Toutes ces dispositions doivent être prévues dans la convention d'honoraires.

442.33 **Taux horaire.** La facturation des honoraires au temps passé est le mode de facturation le plus courant pour les prestations de conseil et il est très largement utilisé dans l'activité judiciaire. La facturation au temps passé présente l'avantage de reposer sur une donnée simple et objective qui est le temps travaillé dans un dossier. Ce mode de facturation peut être géré par des logiciels couramment utilisés par les cabinets[3] sur la base du temps noté ou saisi par les avocats.

La facturation au temps passé présente le désavantage de ne pas tenir compte, dans son principe, des enjeux du dossier. Si la facturation du temps passé dépasse les enjeux du dossier, le cabinet pourra être amené à corriger ses factures à la baisse par rapport au temps passé. Si les enjeux du dossier dépassent le temps passé, il est possible que l'expérience et la technicité de l'avocat méritent des honoraires plus importants qu'un simple calcul du temps passé multiplié par son taux horaire.

Aussi, le calcul des honoraires au temps passé ne reflète pas l'appréciation qualitative de la prestation rendue.

Pour le client, l'indication de la qualité ou de l'efficacité du temps passé est alors liée au taux horaire de l'avocat qui a effectué le travail. Ceci impliquerait que plus un avocat est cher, plus il est expérimenté et rapide, ce qui n'est pas forcément le cas.

La facturation au taux horaire est fréquemment remise en cause par les clients qui considèrent qu'elle ne leur offre pas la prévisibilité dont ils ont besoin[4].

442.34 **Détermination du taux horaire du cabinet.** La facturation des honoraires dépend à la fois des facteurs externes tenant aux dossiers et aux

3. Sur les logiciels de gestion du cabinet, v. ss nos 455.31 s.
4. Sur les nouvelles tendances de la facturation ss nos 442.51 s.

clients énumérés par l'article 11.2 du RIN et de facteurs internes qui tiennent aux charges du cabinet. Le cabinet pourra ainsi calculer un taux horaire[1] théorique qui correspond à ce dont il a besoin pour couvrir ses charges et la rémunération des associés.

Le calcul sera effectué de la manière suivante :

(Charges annuelles du cabinet + Rémunération souhaitée et charges sociales des associés) / Nombre d'heures théoriques facturables = taux horaire

Le taux ainsi calculé ne doit pas être utilisé comme un taux de facturation mais plutôt comme un point de repère pour la rentabilité du cabinet[2]. Les taux horaires appliqués par le cabinet vont essentiellement dépendre du marché dans lequel se trouve le cabinet, du pouvoir d'achat de ses clients et de considérations concurrentielles comme les taux appliqués par des cabinets comparables. Les conditions pratiquées par les avocats étant libres, cette analyse devra être faite de manière empirique par le cabinet même si certains ouvrages ont été consacrés à cette question[3].

442.35 Diversité des taux horaires. Les taux horaires des avocats en France varient de 1 à 10[4]. Les écarts entre les taux horaires annoncés sont en effet considérables si l'on compare les taux facturés par un cabinet de petite taille pour un collaborateur débutant et ceux d'un associé spécialiste au sein d'un grand cabinet international. Ces écarts entre les taux horaires reflètent l'expérience, la réputation de l'avocat et souvent son degré de spécialisation mais aussi des considérations de marché.

Un avocat spécialisé dont le taux horaire est de 600 euros pourra parfois faire en trois heures ce qu'un avocat moins spécialisé mettrait 10 heures à accomplir. Un écart de taux horaire de 1 à 3 entre les deux avocats est dès lors largement justifié d'autant que les réponses du spécialiste seront plus complètes et précises.

Après sept ou huit ans de relative stabilité, Dans les cabinets internationaux, les taux horaires ont connu une forte augmentation de puis 2015. Même si le marché parisien n'atteint pas de tels extrêmes, les taux pratiqués à Londres par les cabinets anglais du *Magic Circle* ainsi que les cabinets américains implantés à Londres ont, pour la prmeière fois en 2022, atteint la barre des 1 500 livres/heure[5].

442.36 Taux horaires différenciés[6]. Si l'application du taux horaire souffre de trop d'exceptions ou si les factures doivent être systématiquement révisées pour tenir compte des possibilités de paiement des clients, le taux horaire du cabinet restera une notion théorique. Afin d'avoir une meilleure lecture de son activité et de fournir ses services à des conditions adaptées, le cabinet doit chercher à appliquer des taux horaires qui correspondent à ce qu'il peut facturer pour le travail effectué. Il peut définir des taux horaires autres qu'un simple taux de référence pour chacun de ses avocats.

Le cabinet est libre de fixer des taux horaires différents en fonction des variables de son choix :

- profil des clients (particulier, TPE, PE, PME, grande entreprise) ;
- technicité des dossiers ;
- enjeux des dossiers ;
- concurrence...

Pour une bonne organisation, le cabinet qui choisit des taux horaires différenciés devra en limiter le nombre. Trois taux par niveau d'avocat en fonction de facteurs choisis par le cabinet est suffisant.

Dans un cabinet qui compte trois associés, deux collaborateurs confirmés et trois collaborateurs débutants, un tel système revient à appliquer neuf taux horaires : pour chaque type d'activité (activité type 1, type 2 et type 3), il y a trois taux horaires en fonction de l'intervenant (associé, collaborateur confirmé, collaborateur débutant).

442.37 Taux horaire uniformisé. Cette pratique, connue sous le terme *blended rates* aux États-Unis, est parfois demandée par les grandes entreprises. Le client demande au cabinet de calculer un taux horaire moyen qui sera appliqué quel que soit l'avocat qui effectue le travail ou quelle que soit la nature du dossier. Cette méthode permet notamment aux entreprises multinationales de comparer plus facilement les prestations qu'elles obtiennent de leurs avocats dans les différents pays où elles sont présentes.

Dans les équipes qui comptent de nombreux collaborateurs débutants, cette pratique peut s'avérer très rentable tout en proposant un taux unifié compétitif.

442.38 Honoraire de résultat : règles. Le cadre de l'honoraire de résultat est fixé par l'article 10 de la loi du 31 décembre 1971[7]. L'honoraire qui ne serait

1. SUR la rémunération au temps passé : H. Ader, S. Bortoluzzi, A. Damien, D. Piau, Th. Wickers, *Règles de la profession d'avocat 2022/2023,* 17e éd., « Dalloz action », 2022, n° 713.35.
2. Sur le calcul du point mort du cabinet d'avocats, v. s^s^ n°s 321.51 s.
3. G.-A. Sillard, *Tarifs et honoraires des avocats et des professions judiciaires,* 12e éd., Éditions Pottier, 2011.
4. Neuer, « Honoraires des avocats : mode d'emploi », *Le Point,* 8 avr. 2008.
5. « Hourly rates for partners at City's biggest firms hit £1,500 », *ACL* Association of Costs Lawyers, août 2022.
6. Sur la rentabilité et l'action sur les prix et la facturation, v. s^s^ n°s 321.41 s.
7. L. n° 71-1130, 31 déc. 1971, art. 10.

fixé qu'en fonction du résultat judiciaire est interdit[1]. L'honoraire de résultat vient donc compléter un honoraire établi sur une autre base. Le même texte reconnaît l'honoraire de résultat en disposant qu'« est licite la convention qui, outre la rémunération des prestations effectuées, prévoit la fixation d'un honoraire complémentaire en fonction du résultat obtenu ou du service rendu ».

L'article 10 ne vise pas l'activité de conseil ce qui laisse penser qu'un honoraire qui dépendrait entièrement de la concrétisation d'un achat ou d'une vente serait licite.

Dans ces limites, l'honoraire de résultat est une pratique admise et courante. L'honoraire de résultat peut excéder l'honoraire principal[2]. Le juge ne peut requalifier un honoraire de résultat qui a fait l'objet d'une convention entre les parties, sous la réserve, toutefois, qu'un honoraire principal symbolique puisse faire de la convention un pacte de *quota litis*[3].

Le plus souvent, l'honoraire de résultat est utilisé comme un honoraire de succès qui est complémentaire de l'honoraire principal et qui en est un accessoire. Ainsi, l'honoraire de résultat se situerait le plus souvent autour de 10 % HT des sommes obtenues par l'avocat pour son client[4]. Le cabinet est libre de convenir d'un taux plus élevé avec son client, comme il peut convenir d'un honoraire de résultat dégressif ou progressif en fonction des résultats obtenus.

442.39 Risques de l'honoraire de résultat. Lorsque l'honoraire de résultat dépasse par son montant la notion de prime de succès accordée par le client à l'avocat, il représente un risque partagé entre le client et l'avocat.

Si la référence de l'avocat est son taux horaire, il peut choisir de réduire son taux ou de limiter ses heures facturables en contrepartie d'un honoraire de résultat. Le client accepte, en cas de succès, que les honoraires payés à l'avocat représentent plus que le prix de son temps passé. L'avocat prend le risque de ne pas être totalement payé de son temps en cas d'échec. Ce risque est équilibré.

En négociant ou en proposant un honoraire de résultat, le cabinet doit déterminer quel est son risque acceptable. L'analyse doit se faire à deux niveaux :

- le risque d'échec dans le dossier ;
- le risque de travailler à perte.

Le risque acceptable se définit selon des seuils qui sont propres à chaque dossier et se définit aussi par rapport à un pourcentage du chiffre d'affaires du cabinet. Ce pourcentage correspond au chiffre d'affaires que le cabinet peut se permettre de risquer sans mettre en péril la trésorerie et la situation financière du cabinet. Dans, l'évaluation de son risque, le cabinet tiendra compte du fait que chaque heure non payée qui dépend d'un résultat hypothétique affecte négativement la trésorerie du cabinet.

442.40 Forfait. L'honoraire forfaitaire[5] consiste à estimer le montant définitif des honoraires dans un dossier. Le degré d'engagement de l'avocat sur cet honoraire forfaitaire dépend des clauses de la convention d'honoraires. En effet, l'honoraire au forfait peut être assorti d'exceptions ou de circonstances qui justifieront son dépassement.

Alors que les forfaits étaient plus fréquents pour les petites prestations ou les prestations annexes d'un dossier important, les clients recherchent maintenant de plus en plus à forfaitiser les prestations des avocats[6]. Les juristes d'entreprise doivent préparer des budgets pour leur direction générale ou direction financière et veulent prévoir leurs dépenses en honoraires d'avocats. Des forfaits sont ainsi appliqués à de très importantes opérations d'acquisition. Dans ce cas, c'est souvent l'enjeu du dossier qui servira de référence principale pour la détermination du forfait. Ce mode de facturation peut alors s'avérer très rentable pour le cabinet.

Lorsque les forfaits portent sur des quantités de travail importantes, ils sont généralement assortis de mécanismes d'ajustement qui évitent de pénaliser le cabinet ou le client si des changements majeurs interviennent en cours de forfait.

Les forfaits sont adaptés aux prestations récurrentes de l'avocat qui s'inscrivent dans le fonctionnement normal et prévisible du cabinet. Dans les autres situations, ils sont à utiliser avec une grande prudence.

Les forfaits sont à éviter pour les contentieux techniques et pour les dossiers « exceptionnels » qui n'entrent pas dans les habitudes du cabinet.

442.41 Abonnement. L'abonnement est une variation du forfait. À la différence d'un accord sur une prestation forfaitisée, il s'agit d'un accord sur le versement d'honoraires à une périodicité régulière pour un ensemble de prestations. Il existe deux approches possibles de ce système. La première où les honoraires versés au cabinet sont acquis pour ce dernier quel que soit le travail fourni ; les parties

1. Sur les modes prohibés, v. s[s] n° 442.31.
2. Civ. 1e, 10 juill. 1995, n° 93-20.290, *Bull. civ.* I, n° 311, *JCP* 1995. II. 22557, note Martin ; *D.* 1996. 313, note Frémy.
3. Conseil de l'Ordre des avocats à Paris, arrêté disciplinaire, 24 avr. 2001, n° 20.2741.
4. L. Neuer, « Honoraires des avocats : mode d'emploi », *Le Point*, 8 avr. 2008, précité.
5. SUR la rémunération forfaitaire de l'avocat : H. Ader, S. Bortoluzzi, A. Damien, D. Piau, Th. Wickers, *Règles de la profession d'avocat*, 15e éd., « Dalloz action », 2016, n° 713.33.
6. Sur l'évolution de la facturation, v. s[s] n°s 442.51 s.

considèrent alors que les périodes moins actives sont compensées par les périodes de grande activité. Si un cabinet constate qu'un abonnement devient très avantageux car le client sollicite peu le cabinet, il est vivement recommandé de prendre l'initiative d'une renégociation du forfait. En effet, si le cabinet profite trop longtemps d'une situation déséquilibrée, il court le risque de compromettre la globalité de sa relation avec le client.

La seconde approche de l'abonnement consiste à ce que le travail du cabinet soit décompté des sommes versées à date fixe par le client avec d'éventuels systèmes de régularisation qui peuvent être convenus par les parties. C'est alors un système qui correspond à des versements successifs de provisions sur frais et honoraires par le client. Il est avantageux pour la trésorerie du cabinet et il limite les difficultés de recouvrement.

442.42 Fixation du forfait. La grande difficulté du forfait réside dans sa fixation. Lorsque le client, qu'il soit un particulier ou une entreprise, demande à son avocat de lui fixer un prix pour une prestation ou une intervention dans un dossier, il est dans une logique de gestion budgétaire. De quelle somme d'argent dispose-t-il pour la prestation de l'avocat ? Face à une demande de forfait, l'avocat doit impérativement raisonner dans la même logique : quelle est la quantité de ressources que le cabinet doit consacrer à la demande du client ?

Dans son anticipation, le cabinet doit donc chiffrer la quantité et le coût de son temps et celui du ou des collaborateur(s) qui seront amenés à intervenir. Naturellement, la difficulté de l'exercice réside dans le fait que l'avocat ne peut pas maîtriser toutes les variables d'un dossier. Ceci est particulièrement vrai dans le contentieux mais l'est aussi dans le conseil. Outre les recommandations faites ci-après, il n'y a que l'expérience et l'approche empirique pour guider le cabinet dans sa capacité à fixer des forfaits avec justesse.

Afin de progresser dans cet exercice, le cabinet pourra commencer par effectuer des estimations de facturation à chaque ouverture de dossier même quand le client ne le lui demande pas. Cette estimation, d'abord à usage interne, permettra à l'avocat de tester la qualité de ses anticipations. Lorsque l'estimation s'avérera mauvaise, il appartiendra à l'avocat de se pencher sur les raisons pour lesquelles il s'est trompé. S'agit-il d'une mauvaise délégation du travail aux collaborateurs, de comportements imprévisibles de la part du client ou encore de facteurs extérieurs que l'avocat aurait pu anticiper ou gérer différemment ? Cette démarche lui permettra aussi de faire la différence entre les prestations pour lesquelles le cabinet parvient à faire des anticipations justes et les dossiers ou prestations dans lesquelles il n'y arrive pas. Toutes ces indications seront précieuses pour une bonne gestion des forfaits proposés par le cabinet.

SECTION 3
ÉVOLUTIONS DE LA FACTURATION

442.51 Pression exercée par les clients sur les honoraires des avocats. Dans un contexte économique de plus en plus concurrentiel, les clients exercent une pression grandissante sur les honoraires des avocats. Cette pression repose essentiellement sur quatre facteurs [1] :

– le client considère qu'il y a un décalage entre sa perception de la valeur du service reçu et le montant des honoraires demandés ;

– le client considère que la facturation horaire n'encourage pas l'efficacité : plus le dossier prend du temps, plus le client paiera cher ;

– le manque de prévisibilité des honoraires d'avocats. Les entreprises effectuent leurs autres achats à un prix négocié et déterminé. La plupart des autres services aux entreprises (ex. : les consultants) facturent à la mission et non au temps passé. Or, une bonne gestion des finances de l'entreprise passe par la prévision des dépenses ;

– le coût global des services des avocats. Au cours des vingt dernières années, les clients ont vu augmenter de façon constante les honoraires des avocats ainsi que les rémunérations de ces derniers dans les grands cabinets.

Les clients sont de plus en plus nombreux à demander à leurs cabinets de leur proposer des formules de facturation qu'ils espèrent plus adaptées à leurs besoins, leurs attentes et leurs possibilités. Face à ces demandes, il appartient à l'avocat de se montrer à l'écoute et créatif.

442.52 Demandes des entreprises en matière de facturation. De l'entreprise moyenne aux grands groupes, les décideurs veulent mieux contrôler leurs dépenses. Ils n'hésitent pas à mettre les cabinets en concurrence. De nombreuses entreprises utilisent plusieurs cabinets de sorte que la mise en concurrence soit permanente [2].

Les procédures des grandes entreprises obligent parfois les directions juridiques à passer par leurs services des achats qui demandent des budgets précis et qui impliquent des alternatives à la facturation au temps passé. Les clients ne réfléchissent plus en termes de dossiers mais veulent que leurs avocats les

1. « Alternative pricing – A lasting change in how clients buy legal services », *HBR, law vision,* 2019 – « Alternative Fee Arrangements for Law Firms : 9 Examples », *clio.com*, oct. 2022.
2. H. Flichy, « Il est de plus en plus difficile de faire entrer les honoraires », *actuel-avocat.fr*/ 29 avr. 2010.

aident à anticiper et gérer l'ensemble des risques de l'entreprise. Or, une bonne gestion des risques de l'entreprise signifie aussi une réduction des difficultés et des contentieux qui exigent des interventions d'avocats. Ce sont tous ces changements en profondeur qui conduisent les entreprises et les cabinets d'avocats à réfléchir à de nouveaux systèmes de collaboration et de facturation [1].

Les entreprises expriment aussi une attente forte concernant la capacité des avocats à s'adapter à leurs besoins précis non seulement en termes de prix mais aussi en ce qui concerne la régularité des factures ou leur présentation [2].

Le Cercle Montesquieu réalise régulièrement une « Cartographie des directions juridiques » dont la dernière est de 2021 [3]. Selon cette enquête, il y a une tendance soutenue à l'internalisation de la prestation juridique. Entre 2017 et 2020, la part des dépenses externes (c'est-à-dire principalement les honoraires d'avocat) est passée de 38 % à 33 % du budget.

Selon une édition précédente du même rapport, 75 % des directions juridiques déclarent travailler majoritairement au forfait ou au projet. 60 % des personnes interrogées déclarent aussi travailler au taux horaire sans remise annuelle sur le chiffre d'affaires alors que 47 % déclarent travailler au taux horaire avec remise annuelle sur le chiffre d'affaires. L'enquête note que la très forte progression des forfaits traduit la réponse des cabinets d'avocats à la nécessité exprimée par les entreprises de gérer leurs budgets juridiques.

442.53 Demandes des particuliers en matière de facturation. La demande des particuliers en matière de prévisibilité de l'honoraire est au moins aussi importante que celle des entreprises. La plus forte crainte de nombreuses personnes face à l'avocat est celle du coût, ce qui pose le problème du recours à l'avocat pour de nombreuses personnes qui en auraient le besoin.

Qu'il s'agisse de divorces, de petits contentieux privés, de contentieux prud'homaux, les avocats sont amenés à forfaitiser leurs prestations dans une majorité de ces situations.

442.54 Réponse des avocats à la crise du taux horaire. Souvent remise en question [4], la prévalence de la facturation au temps passé est bousculée. Face à cette situation, les cabinets doivent être une force de proposition. Ils doivent rechercher avec leurs clients des systèmes de facturation adaptés et justes pour les deux parties.

Dans cette recherche, le cabinet procédera à une réflexion en trois étapes :

– une analyse de son propre fonctionnement sur le plan de la facturation et une étude de toutes les situations où la facturation du temps passé pose ou pourrait poser des difficultés ;

– une réflexion en interne entre les associés du cabinet sur les modes de facturation alternatifs qui pourraient être proposés à certains clients ;

– une évaluation des améliorations à apporter aux procédures internes pour les adapter à de nouveaux modes de facturation. Le cabinet s'assurera que son logiciel de facturation ou de gestion lui permet de gérer les modes de facturation proposés à ses clients.

Ainsi, le cabinet pourra réagir aux demandes des clients ou, mieux encore, anticiper les difficultés en proposant des solutions nouvelles. Le passage à une facturation dans laquelle les forfaits sont plus présents peut nécessiter des changements dans l'organisation interne. En effet, les forfaits impliquent un suivi rigoureux de la rentabilité et notamment un renforcement de la qualité de la délégation des tâches aux collaborateurs.

EXEMPLE de formule novatrice proposée par une entreprise : *Les formules novatrices d'achat de services qui émergent sont celles qui prennent en compte l'efficacité du service, le respect des budgets et des délais. L'intéressement au résultat de l'opération peut être avantageux pour les deux parties. L'avocat et l'entreprise conviennent d'un honoraire plafond de 100. Si les règles énoncées dans la convention sont respectées, et que l'on arrive en fin de dossier à un encours de 70, une formule peut être de négocier par avance que la différence entre le plafond (100) et l'encours réel (70) sera divisé par deux, la moitié étant allouée au conseil pour le récompenser de ses diligences.*

Lorsqu'un client demande qu'un nouveau mode de facturation soit mis en place, il ne faut pas hésiter à tester ce mode de facturation avec le client. Ceci permettra d'y introduire la flexibilité nécessaire pour préserver l'équilibre de la relation entre le cabinet et son client [5].

442.55 Budgets et facturation horaire. La facturation horaire n'est pas incompatible avec la notion de budget. Le cabinet peut fournir au client une estimation de son temps qui peut ou non être assortie d'aménagements. Dans ce cas, le cabinet doit fournir au client un budget découpé par phases : une estimation des heures par mois, par trimestre ou par phase de procédure pour les dos-

1. « Mutually beneficial alternative fee arrangements », *Hildebrandt Baker Robbins White Papers*.
2. P. Cohen, « Facturation, les attentes des juristes d'entreprise », *D. avocats* n° 2 févr. 2013.
3. Cercle Montesquieu, *Cartographie des directions juridiques 2021*, sept. 2021.
4. S. Turow, « The billable hour must die », *American Bar Association Magazine* 1er août 2007.
5. « Alternative Fee Arrangements for Law Firms : 9 Examples », *clio.com*, oct. 2022.

siers contentieux. Ce découpage dans le temps permettra au cabinet de suivre l'évolution de son temps travaillé par rapport à l'estimation donnée au client. Il pourra faire les ajustements nécessaires et en informer le client sans attendre la fin du dossier.

442.56 **Essor de la facturation forfaitaire au projet (*Project pricing*).** Les directions juridiques des grandes entreprises sont soumises à des contraintes de budget et les dirigeants d'entreprises petites ou moyennes doivent aussi établir des comptes prévisionnels pour leurs actionnaires ou banquiers. Pour répondre à la demande pressante de prévisibilité des honoraires, les cabinets sont de plus en plus nombreux à forfaitiser leurs prestations.

La forfaitisation d'un projet ou d'une mission va consister à déterminer une enveloppe globale pour les honoraires. Ce budget est assorti d'un certain nombre d'hypothèses sur le déroulement de l'opération. Si le déroulement est différent de celui qui était initialement prévu, ceci peut avoir un impact sur la facturation à la hausse comme à la baisse. Ce système peut être associé à la facturation horaire. Ainsi, le cabinet peut maintenir sa facturation au temps passé si celle-ci est inférieure au montant prévu dans le forfait.

Il peut aussi s'agir ici de déterminer un budget pour un ensemble de dossiers qui constituent un « portefeuille ». Le cabinet et le client négocient un montant d'honoraires pour traiter un ensemble déterminé de dossiers sur une période donnée. Le cabinet peut ainsi répartir son risque sur certains types de dossiers dans lesquels il sait qu'il peut dégager une marge et d'autres dont l'issue est plus incertaine.

442.57 **Recommandations pour la négociation d'un forfait.** Le forfait sera le résultat d'une négociation entre le cabinet et le client. Les clés d'un accord qui respecte à la fois les demandes du client et les besoins du cabinet sont les suivantes :

- le cabinet doit être efficace dans tous les domaines qui entrent dans l'accord négocié : les forfaits sont adaptés aux domaines d'activité et aux prestations que maîtrise le cabinet ;
- le cabinet a besoin de connaître le fonctionnement et les habitudes du client : certains clients attendent d'être informés, d'autres appellent le cabinet tous les jours. Le temps consacré à ces différents profils de clients sera très différent. Pour un client dont le cabinet ne connaît pas les habitudes, il sera parfois possible de prévoir une période initiale pendant laquelle le cabinet facturera au taux horaire. À l'issue de cette « période d'essai », il sera mieux informé sur les attentes du client et fixera un forfait adapté ;
- le cabinet doit envisager le développement à long terme de sa relation avec le client dans le cadre de tels accords : ceci signifie que le cabinet doit résister à toute tentation d'un prix d'appel dans le but de capter le client. Une fois qu'une relation de travail est engagée sur certaines bases, il est très difficile de changer celles-ci ;
- le cabinet doit savoir expliquer au client les bénéfices mutuels qui résultent de l'accord : l'accord doit être vécu comme un accord satisfaisant pour les deux parties. L'avocat connaissant mieux le fonctionnement de son propre métier, c'est lui qui devra expliquer les détails de l'accord au client pour que ce dernier comprenne que les conditions lui sont bien adaptées.

SECTION 4
ORGANISATION DE LA FACTURATION

442.61 **Concertation avec le client en amont de la facturation.** Le cabinet d'avocats et son client doivent s'entretenir de la facturation au démarrage du dossier et pas après que la facture soit émise. C'est une discussion dont l'objectif principal est d'estimer les honoraires nécessaires pour mener à bien le dossier.

Pour ce faire, il est nécessaire d'évaluer les besoins du client. Quel est le besoin du client ? Vient-il pour une prestation de support ? Vient-il pour être accompagné à 100 % ? Cet échange est décisif pour le bon déroulement de la facturation dans le dossier. Il appartient à l'avocat de recueillir le maximum d'informations sur les capacités du client en interne (si le client dispose de ressources ou de compétences juridiques). C'est ainsi qu'il pourra évaluer avec précision la nature de la prestation devant être fournie par le cabinet.

Cette discussion doit, si possible, avoir lieu avant l'envoi par le cabinet de sa convention d'honoraires ou proposition d'intervention.

442.62 **Détermination du mode de facturation.** Après la concertation avec le client et l'évaluation de ses besoins, le cabinet va déterminer parmi toutes les méthodes de facturation possibles celle qui est adaptée au client ou au dossier. Le cabinet rédigera les termes d'un accord avec le client sur le mode et les conditions de facturation. Il pourra s'agir d'une proposition du cabinet ou du résultat d'une négociation avec le client.

442.63 **Gestion de la productivité.** La conversion des heures travaillées en heures facturées est l'enjeu premier de la facturation. Pour ceci, le cabinet doit maîtriser sa productivité. Il veillera à la bonne distribution des tâches au sein du cabinet[1]. L'excès

1. Sur l'organisation du travail des collaborateurs, v. s^s^ n° 423.21.

de délégation ou son insuffisance affecte négativement la facturation.

Lorsqu'une tâche trop difficile est confiée à un collaborateur qui n'a pas l'expérience nécessaire, ceci se traduira par un nombre excessif d'heures travaillées qui ne pourront pas toutes être facturées. Si un associé travaille sur des dossiers qu'il aurait pu déléguer à un collaborateur dont le prix de revient est moins élevé, il prend le risque de ne pas pouvoir facturer toutes ses heures ou de faire payer trop cher un service qu'il aurait pu vendre à de meilleures conditions pour le client.

442.64 **Fréquence de la facturation.** Quand le cabinet d'avocats ne facture pas assez vite, il y a inévitablement une déperdition de son temps facturable. Cette déperdition ne repose pas sur des données concrètes. Elle est psychologique. Le client a une mémoire courte par rapport au travail fourni et au service rendu. L'avocat de son côté hésite à émettre une facture trop importante. Les factures portant sur des montants accumulés importants et sur des périodes de facturation trop longues entraînent de fréquentes difficultés de recouvrement[1]. Une facturation mensuelle des honoraires dans tous les dossiers actifs du cabinet est une fréquence qui évite la déperdition et qui permet un bon étalement des dépenses pour les clients.

Certains cabinets mettent en place des procédures de facturation automatique. Tous les mois, l'addition est faite de l'ensemble des heures travaillées enregistrées dans chaque dossier et une facture est préparée. Si la facture n'est pas revue par l'associé responsable dans un temps imparti, elle est automatiquement envoyée au client. Un tel système oblige les avocats à suivre un rythme de facturation mensuel.

L'émission régulière de factures au fil du travail accompli limite aussi les risques en cas de différend avec le client[2].

442.65 **Refacturation des frais**[3]**.** Les factures émises doivent aussi porter sur les frais encourus par le cabinet sur la période de facturation et dont le cabinet entend demander le remboursement au client.

SECTION 5
TRANSPARENCE DE LA FACTURATION

442.71 **Présentation des factures et documents explicatifs et détail accompagnant les factures.** Les factures émises par le cabinet d'avocats doivent comporter les mentions prévues par l'article L. 441-9 du Code de commerce, à savoir :

- identité de l'émetteur et du destinataire ;
- date de la facture et date de la prestation ;
- quantité et dénomination précise de la prestation, détail des diligences ;
- prix, taux de TVA et total TTC ;
- date de règlement ;
- intérêts et indemnité forfaitaire pour frais de recouvrement.

L'article 11.7 du RIN[4] oblige l'avocat à détenir à tout moment, par dossier, une comptabilité précise et distincte des honoraires[5] et de toute somme qu'il a pu recevoir et de l'affectation qui leur a été donnée, sauf en cas de forfait global. Avant tout règlement définitif, l'avocat remet à son client un compte détaillé. Ce compte fait ressortir distinctement les frais et débours, les émoluments tarifés et les honoraires. Il porte mention des sommes précédemment reçues à titre de provision ou à tout autre titre.

Un compte établi selon les modalités prévues à l'alinéa précédent est également délivré par l'avocat à la demande de son client ou du bâtonnier, ou lorsqu'il en est requis par le président du tribunal de grande instance ou le premier président de la cour d'appel, saisis d'une contestation en matière d'honoraires ou débours ou en matière de taxe.

Les logiciels de gestion des cabinets permettent d'établir des états de toutes les diligences accomplies dans un dossier. La question du degré de détail des documents accompagnant la facture se pose. Le détail utile à l'avocat pour une bonne gestion de son cabinet est-il également utile pour le client ? La réponse de principe est affirmative. Le client a vocation à être informé dans le détail des diligences de son avocat. Cependant, pour faciliter la lecture des factures par le client, il peut être opportun de grouper certaines prestations. Ainsi, les très nombreux emails ou appels téléphoniques peuvent être regroupés sous un intitulé « échanges par e-mail et par téléphone avec le client sur la période : xx heures ». Ceci permettra d'éviter un excès de détail pouvant être perçu comme fastidieux.

Concernant la saisie du détail des diligences, il est recommandé d'harmoniser les habitudes des collaborateurs. La plupart des logiciels de gestion proposent une description de la nature de la diligence dans un menu fixe et une description libre du détail

1. S. Mayson, « Law Firm Strategy : Competitive advantage and valuation », Oxford UP, 2007.
2. Sur le recouvrement des honoraires, v. s[s] n° 442.91 s.
3. Sur la refacturation des frais, v. s[s] n°s 442.81 s.
4. RIN, art. 11.7 ; CNB, AG 11 et 12 déc. 2015, DCN n° 2015-003.
5. SUR la comptabilité précise et distincte des honoraires : H. Ader, S. Bortoluzzi, A. Damien, D. Piau, Th. Wickers, *Règles de la profession d'avocat*, 15e éd., « Dalloz action », 2016, n° 731.81.

de la diligence accomplie. Des instructions précises données aux collaborateurs en amont seront utiles pour faciliter la compréhension des factures par le client : comment décrire un point dossier avec l'associé, comment décrire le temps d'attente avant une audience, description des diligences en anglais quand le client n'est pas francophone...

442.72 Dialogue avec le client concernant la facturation. La transparence de la facturation dépend avant tout de la qualité du dialogue entre l'avocat et le client.

Pour des raisons qui tiennent à la fois à la tradition « désintéressée » de l'avocat mais aussi au manque de formation des avocats sur la gestion financière de leurs cabinets, la question des honoraires est souvent occultée dans la relation entre l'avocat et son client. L'avocat travaille sans aborder le sujet et le client reçoit des factures qui ne sont pas toujours comprises.

L'avocat doit prendre l'initiative de la discussion avec son client. Il doit inviter celui-ci à poser toutes les questions sur les honoraires et leur mode de facturation. Le cabinet doit s'assurer que ses clients reçoivent des factures qui correspondent à leurs attentes, à leur perception de la prestation fournie et ce dans les conditions de facturation convenues.

442.73 Proposition d'intervention du cabinet d'avocats. Convention d'honoraires dans une version plus étoffée, la proposition d'intervention ou lettre de mission rappelle le contexte de la demande ou du besoin du client ainsi que les objectifs du client. Le document explique ensuite l'approche proposée par le cabinet et les étapes de la mission (analyse, mise en œuvre, déroulement, suivi). La proposition d'intervention donne aussi le détail des aspects financiers de l'intervention pour enfin préciser quels sont les avocats qui seront chargés du travail.

L'utilisation par le cabinet d'un document détaillé contribue à la transparence de la facturation mais aussi à la qualité de la relation avec le client tout au long de la prestation convenue. Ce type de document est également utile lorsque le client ou client potentiel est susceptible de mettre en concurrence plusieurs cabinets d'avocats pour une même prestation.

SECTION 6
REFACTURATION DES FRAIS

442.81 Principes de la refacturation des frais. Le cabinet d'avocats refacture au client les frais encourus dans le cadre de sa mission pour celui-ci. L'avocat est libre de choisir quels sont les frais qu'il entend refacturer en plus de ses honoraires. Ces frais sont de plusieurs catégories :

- les frais de procédure : signification d'actes, timbres... ;
- les frais de formalités : publicité légale, greffe... ;
- les honoraires de professionnels qui interviennent à la demande de l'avocat et qui peuvent être facturés à l'avocat : huissiers, avoués, traducteurs... ;
- les frais de déplacement : billets d'avion ou de train, taxis, hôtels en cas de déplacement pour le compte d'un client ;
- les dépenses de copies, de téléphone, de courrier et autres frais liés au fonctionnement courant du cabinet attribuables à un dossier du client ;
- les frais de recherche liés à l'utilisation de certaines sources payantes.

442.82 Critères de refacturation des frais. Alors que les trois premiers postes de frais dans l'énumération ci-dessus correspondent à des frais qui doivent être refacturés au client dans le cadre d'une gestion saine et normale du cabinet, d'autres frais de fonctionnement posent davantage de questions.

Si le cabinet considère que les honoraires facturés couvrent le fonctionnement courant du cabinet, il traitera les frais de téléphone ou de courrier de la même manière que la rétrocession d'un collaborateur ou le salaire d'une secrétaire. Ces frais ne seront pas refacturés et son considérés comme compris dans le taux horaire ou le forfait appliqué.

Les cabinets d'affaires et particulièrement les cabinets internationaux adoptent parfois une attitude plus restrictive. Ces cabinets mettent alors en place des outils qui permettent d'affecter aux dossiers et aux clients différents frais courants ou consommables du cabinet.

Des cabinets attribuent à certaines dépenses un caractère exceptionnel qui justifie leur refacturation. Un cabinet choisit de ne pas refacturer à son client l'affranchissement du courrier mais refacture les envois de documents par Fedex ou Chronopost. Ces dépenses sont de même nature sur le plan comptable. Les critères de détermination du cabinet sont alors personnels et subjectifs.

442.83 Limites de la refacturation des frais. Si le cabinet choisit de refacturer au client certains de ses frais de fonctionnement, il doit le faire de manière précise et mesurée. Aussi, il n'y a pas de raison que le cabinet refacture ces frais à un niveau plus élevé que leur prix de revient. Cette appréciation reste personnelle à chaque cabinet.

442.84 Organisation de la refacturation des frais. Toutes les pièces comptables ou factures se rapportant aux frais encourus par le cabinet pour le compte d'un client doivent être classées dans le dossier concerné et les montants doivent être saisis dans le système de facturation du cabinet. Toute refacturation de frais, même incluse dans une facture d'honoraires, devra être accompagnée des pièces ou relevés justificatifs.

Il est recommandé de regrouper ces frais par période pour les refacturer en même temps que sont émises les factures d'honoraires du cabinet. Ceci évite une dispersion des informations et la multiplication des factures pour le cabinet.

Le cabinet veillera à ce que les factures de tiers qui ont vocation à être payées par le cabinet et refacturées au client soient bien libellées au nom du cabinet. Les factures de tiers qui sont transmises par le cabinet au client pour paiement direct doivent bien être libellées au nom du client.

Sauf convention contraire, l'avocat qui fait intervenir un confrère dans un de ses dossiers est personnellement tenu au paiement des honoraires, frais et débours dus à celui-ci au titre des prestations accomplies, aux termes de l'article 11.8 du RIN [1]. Sauf stipulation contraire, ces dispositions s'appliquent dans les rapports entre un avocat et tout autre correspondant qui est consulté ou auquel est confiée une mission.

SECTION 7
RECOUVREMENT DES HONORAIRES

442.91 Bonnes pratiques pour le recouvrement des factures. Le recouvrement est facilité par :

- l'émission régulière de factures à intervalles rapprochés ;
- un détail soigné des diligences attaché à la facture ;
- une information systématique du client en cas d'évènement ou de développement dans un dossier susceptible d'affecter le montant des honoraires ;
- un envoi des factures par l'associé responsable.

Certaines habitudes favorisent un recouvrement efficace :

- ne pas laisser s'accumuler les factures non payées sur un même client (3 factures mensuelles constituent un maximum) ;
- mettre en place des procédures systématiques de relances écrites et téléphoniques au 30e jour de l'émission de la facture ;
- à la 2e relance téléphonique, l'associé responsable doit s'impliquer dans le recouvrement de ses factures et ne pas en laisser l'entière initiative à sa secrétaire.

L'efficacité du recouvrement est indispensable au maintien d'une trésorerie saine. Le recouvrement est aussi une indication de la qualité du travail et de la facturation des avocats.

Le recouvrement influe aussi sur le partage des bénéfices entre associés. Si le partage des bénéfices est basé sur un bénéfice comptable tel qu'il apparaît au bilan d'une SEL, le résultat correspond aux sommes facturées et non aux sommes encaissées. En cas de recouvrement défaillant, le bénéfice comptable peut ne pas correspondre aux ressources réelles dont dispose le cabinet.

Lorsque le cabinet fonctionne avec une comptabilité d'encaissements, la qualité du recouvrement conditionne directement la rémunération des associés.

442.92 Suivi des indicateurs de recouvrement. L'indicateur le plus courant pour mesurer la qualité du recouvrement est le DSO (Days Sales Outstanding). Ceci peut se traduire par le nombre de jours de chiffre d'affaires à recouvrer.

La formule de calcul du DSO est la suivante :

DSO = (créances clients TTC d'une période / chiffre d'affaires TTC de la même période) × nombre de jours de la période

Le calcul du DSO est très pertinent pour un cabinet d'avocats puisque la facturation s'étale de manière asez régulière sur l'année, ce qui n'est pas le cas pour une activité saisonnière.

L'amélioration du DSO doit être un objectif constant.

Il est généralement considéré qu'un DSO acceptable est de moins de 90 jours. Un DSO au-dessus de 120 jours est indicatif d'une piètre qualité de facturation et de procédures de recouvrement inadaptées.

442.93 Relances. Pour être efficaces, les relances doivent être à la fois systématiques et variées. Une procédure automatisée sera adaptée aux deux premières relances.

Il sera ensuite utile de varier avec des appels téléphoniques au client et une implication de l'associé responsable dans le recouvrement de ses factures. Trop d'avocats ont la mauvaise habitude de laisser les questions de facturation et de recouvrement à « la comptabilité », alors qu'ils continuent de travailler dans des dossiers dans lesquels le client ne paye pas.

Le client doit comprendre qu'il y a un lien direct entre la prestation qu'il reçoit et son obligation de payer les honoraires qui lui sont facturés.

Le client doit se sentir personnellement redevable vis-à-vis de l'avocat et ce dernier doit le lui faire ressentir.

442.94 Procédure de taxation. La procédure de taxation est régie par les articles 174 à 179 du décret du 27 novembre 1991.

1. RIN, art. 11.8 ; CNB, AG 11 et 12 déc. 2015, DCN n° 2015-003.

La procédure prévoit :

- la saisine de la juridiction du bâtonnier par lettre RAR ;
- une convocation par lettre RAR du débiteur (avec l'obligation de faire citer l'adversaire si la lettre est retournée) ;
- un délai de 4 mois prorogeable une fois, pour que la juridiction du bâtonnier se prononce ;
- la notification de la décision par lettre RAR.

Depuis le décret n° 2021-1322 du 11 octobre 2021, relatif notamment aux décisions en matière de contestation des honoraires, les décisions du bâtonnier peuvent de plein droit être rendues exécutoires nonobstant l'existence d'un recours. Cette exécution provisoire est toutefois assortie de limites dont la principale est qu'elle porte sur les sommes inférieures à 1 500 euros (ou dans la limite du montant non contesté). À la demande d'une des parties, il est possible de prévoir dans la décision l'exécution provisoire pour un montant supérieur « si le bâtonnier l'estime nécessaire et compatible avec la nature de l'affaire ». Il sera alors possible de prévoir des garanties.

La décision sur l'exécution provisoire peut faire l'objet d'un recours devant le Premier président de la cour d'appel en application des articles 517-1 à 517-4 du Code de procédure civile. L'exécution provisoire n'est pas applicable à l'honoraire de résultat.

Les décisions de taxation sont susceptibles d'appel par lettre recommandée AR devant le premier président de la cour d'appel[1]. Il faut rappeler que la procédure d'appel relativement aux contestations d'honoraires est spécifiquement prévue par le décret et ne se confond pas avec la procédure d'appel sans représentation obligatoire du Code de procédure civile et ne se confond pas non plus avec la procédure d'appel contre les décisions du bâtonnier. La convocation est également effectuée par lettre recommandée AR avec l'obligation de faire citer l'adversaire si la lettre est retournée au greffe, et ce, à défaut de radiation[2]. La décision de la Cour est notifiée aux parties par lettre recommandée AR.

1. Décr. n° 91-1197, 27 nov. 1991 organisant la profession d'avocat, *JO* 28 nov., p. 15502, art. 176.
2. C. pr. civ., art. 670-1.

CHAPITRE

443. Conflit d'intérêts

SECTION 0
ORIENTEUR

443.00 **Sommaire du chapitre.**

SECTION 1
CONFLIT D'INTÉRÊTS : DÉFINITION ET RÈGLES

443.11 **Conflit d'intérêts : principes.** Le principe et les règles du conflit d'intérêts sont posés par l'article 4.1 du RIN[1] :

- l'avocat ne peut être ni le conseil ni le représentant ou le défenseur de plus d'un client dans une même affaire s'il y a conflit entre les intérêts de ses clients ou, sauf accord des parties, s'il existe un risque sérieux d'un tel conflit ;

- sauf accord écrit des parties, il s'abstient de s'occuper des affaires de tous les clients concernés lorsque surgit un conflit d'intérêts, lorsque le secret professionnel risque d'être violé ou lorsque son indépendance risque de ne plus être entière ;

- il ne peut accepter l'affaire d'un nouveau client si le secret des informations données par un ancien client risque d'être violé ou lorsque la connaissance par l'avocat des affaires de l'ancien client favoriserait le nouveau client ;

- lorsque des avocats sont membres d'une ou plusieurs structures d'exercice ou de moyens, les dispositions des alinéas qui précèdent sont applicables à cette(ces) structure(s) dans son(leur) ensemble et à tous ses(leurs) membres ;

- les mêmes règles s'appliquent entre l'avocat collaborateur, pour ses dossiers personnels, et l'avocat ou la structure d'exercice avec lequel ou laquelle il collabore.

443.12 **Conflit d'intérêts : définition.** L'article 4.2 du RIN apporte à la fois une définition du conflit d'intérêts et du risque de conflits d'intérêts. Il y a conflit d'intérêts[2] dans trois cas :

- dans la fonction de conseil, lorsque, au jour de sa saisine, l'avocat qui a l'obligation de donner une information complète, loyale et sans réserve à ses clients ne peut mener sa mission sans compromettre, soit par l'analyse de la situation présentée, soit par l'utilisation des moyens juridiques préconisés, soit par la concrétisation du résultat recherché, les intérêts d'une ou plusieurs parties ;

- dans la fonction de représentation et de défense, lorsque, au jour de sa saisine, l'assistance de plusieurs parties conduirait l'avocat à présenter une défense différente, notamment dans son développement, son argumentation et sa finalité, de celle qu'il aurait choisie si lui avaient été confiés les intérêts d'une seule partie ;

- lorsqu'une modification ou une évolution de la situation qui lui a été initialement soumise révèle à l'avocat une des difficultés visées ci-dessus.

Il existe un risque sérieux de conflits d'intérêts, lorsqu'une modification ou une évolution prévisible de la situation qui lui a été initialement soumise fait craindre à l'avocat une des difficultés visées ci-dessus.

L'interprétation du texte doit donc se faire au regard des principes déontologiques intangibles

1. RIN. art. 4.1 ; CNB, AG 15 mai 2020, DCN n° 2019-002.

2. SUR les conflits d'intérêts : H. Ader, S. Bortoluzzi, A. Damien, D. Piau, Th. Wickers, *Règles de la profession d'avocat 2022/2023,* 17e éd., « Dalloz action », 2022, nos 441.12 s.

régissant la profession d'avocat, et tout particulièrement du respect du secret professionnel.

À la différence de l'article 4.1, l'article 3.2 du code de déontologie des avocats de l'Union européenne[1] ne fait pas référence à l'accord écrit éventuel des parties qui acceptent la possibilité que l'avocat puisse représenter deux parties malgré le risque de conflit d'intérêts pour le cabinet.

Aux États-Unis, certains cabinets demandent à leurs clients de leur donner leur consentement préalable écrit autorisant le cabinet à représenter des parties avec lesquelles ledit client pourrait se retrouver en conflit. Cette méthode consistant à se prémunir de façon globale de tous les conflits d'intérêts est fréquemment remise en cause par les tribunaux. Elle est toutefois admise lorsque le cabinet représente un client dans un dossier qui est sans aucun rapport avec le dossier dans lequel elle représente l'autre client.

443.13 Conséquences et sanctions du conflit d'intérêts. Lorsque l'avocat estime qu'il y a un conflit d'intérêts entre ses clients et lui-même, il doit se déporter ou si le client a le même sentiment, celui-ci peut récuser son avocat. L'existence du conflit d'intérêts ne signifie pas qu'il y a une faute de l'avocat. Si le client n'a pas révélé à l'avocat un conflit d'intérêts, ce dernier ne peut agir qu'après avoir découvert l'existence du conflit. C'est la découverte du conflit d'intérêts qui entraîne l'obligation pour l'avocat de se déporter et de solliciter la désignation d'un nouvel avocat[2].

L'avocat qui traite un dossier malgré l'existence d'un conflit d'intérêts s'expose à des sanctions disciplinaires en application de l'article 183 du décret du 27 novembre 1991[3]. Si l'avis disciplinaire du bâtonnier n'a pas été suivi d'effet, le juge compétent est le juge des référés en application de l'article 809 du code de procédure civile.

SECTION 2
PRÉVENTION DES CONFLITS D'INTÉRÊTS

443.21 Risque déontologique et disciplinaire du conflit d'intérêts pour le cabinet d'avocats. Le 4e alinéa de l'article 4.1 du RIN rappelle que les règles de conflit d'intérêts[4] s'appliquent à tous les avocats exerçant au sein d'une même structure d'exercice et même au sein de la même structure de moyens dès lors qu'il existerait un risque de violation du secret professionnel.

Le cabinet doit donc prévenir le risque de conflit d'intérêts pour chaque nouveau client ou nouveau dossier du cabinet.

443.22 Impact des conflits d'intérêts sur le cabinet d'avocats. L'article 4.1 du RIN et l'article 7 du décret du 12 juillet 2005 montrent que les règles relatives aux conflits d'intérêts ne s'appliquent pas seulement dans l'instant mais dans la durée.

En dehors des cas où l'avocat se trouverait à représenter deux parties aux intérêts opposés dans un même contentieux ou dans une même opération juridique et qu'aucune des deux parties n'était un client du cabinet auparavant, les conflits d'intérêts vont essentiellement opposer d'anciens clients du cabinet à de nouveaux clients. Dans ce cas, l'avocat ne peut choisir d'abandonner son client au bénéfice d'un nouveau, ceci tant en vertu des dispositions de l'article 14.1 que des principes essentiels de la profession.

Les règles de conflits d'intérêts ont donc une très grande importance dans la vie d'un cabinet d'avocats puisque l'arrivée de tout nouveau client entraîne pour l'avocat des conflits d'intérêts potentiels avec toutes les personnes ou entreprises dont les intérêts divergeraient de ceux de ce nouveau client.

UNE ENTREPRISE avec une activité contentieuse importante peut avoir des centaines ou des milliers de dossiers ouverts qui sont autant de conflits d'intérêts potentiels pour un avocat.

Une société d'investissement peut détenir des participations dans des centaines d'entreprises. Les intérêts de la société d'investissement et ceux des entreprises peuvent être communs pendant des années et puis diverger. Le devoir de prudence impose à l'avocat de la société d'investissement de ne représenter aucune de ces entreprises.

Aux États-Unis, la crise financière de 2008 a engendré un grand nombre de contentieux contre les banques. Des contentieux très importants ont été traités par de petits cabinets car la plupart des grands cabinets américains représentaient chacun des dizaines d'établissements financiers[5].

Le cabinet d'avocats doit donc gérer les conflits à deux niveaux :

– il doit mettre en place des procédures internes de contrôle pour prévenir les conflits d'intérêts lors de l'arrivée de nouveaux clients et lors de l'ouverture de nouveaux dossiers ;

– il doit définir une stratégie qui évitera au cabinet d'accepter des dossiers qui pourraient, dans

1. REPRIS PAR RIN, art. 21 ; CNB, AG 27 et 28 avr. 2007, DCN nº 2007-001 portant adoption du Règlement intérieur national (RIN) de la profession d'avocat.
2. Versailles 20 sept. 1995, *Gaz. Pal.* 18 nov. 1995, 22.
3. Décr. nº 91-1197, 27 nov. 1991 organisant la profession d'avocat, *JO* 28 nov., p. 15502, art. 1 2°.
4. SUR les conséquences du conflit d'intérêts : H. Ader, S. Bortoluzzi, A. Damien, D. Piau, Th. Wickers, *Règles de la profession d'avocat,* 15e éd., « Dalloz action », 2016, nos 442.11 s.
5. N. Koppel, « Conflicts force big law firms to lose clients », *Wall Street Journal,* 4 avr. 2010.

l'avenir, engendrer des conflits d'intérêts qui soient préjudiciables à son développement.

443.23 Procédures de prévention et de contrôle des conflits d'intérêts. Quelle que soit sa taille, le cabinet d'avocats doit mettre en place une procédure interne de vérification qui lui permet de prévenir les conflits d'intérêts [1]. Des procédures de contrôle et de prévention des conflits d'intérêts seront donc mises en place dans le cabinet [2]. Ces procédures dites de « conflict check » doivent, *a minima*, consister en une vérification de la base de données des clients du cabinet doublée d'un email à tous les associés pour vérifier si le nouveau client ne crée pas un conflit d'intérêts pour le cabinet. Cette double vérification est indispensable car les dossiers ne sont pas toujours ouverts aux noms de personnes ou d'entités juridiques immédiatement identifiables, d'où la nécessité d'une circulation de l'information entre les associés.

La prévention des conflits d'intérêts devient complexe lorsqu'un même client est conseillé par plusieurs cabinets d'avocats. Ainsi, un cabinet peut être le conseil de deux sociétés qui pourraient être opposées l'une à l'autre dans un contentieux dont le cabinet n'est pas chargé et n'aurait pas même connaissance. Cette situation n'est pas nécessairement constitutive d'un conflit d'intérêts au sens des articles 14.1 et 14.2 mais peut mettre le cabinet dans une situation difficile par rapport à ses deux clients.

Le cabinet d'avocats pourra aussi chercher à renseigner sa base de données avec les noms de parties qui ne sont pas des clients du cabinet mais dont il détiendrait des informations susceptibles de créer des conflits d'intérêts [3].

UN CABINET a négocié un contrat pour le compte d'un de ses clients, la société A, avec une autre société, B. Lors de la négociation, le cabinet a été exposé à de nombreuses informations confidentielles concernant la société B. L'année suivante, une société C demande au cabinet de la représenter contre B. Bien que B n'ait jamais été un client du cabinet, la connaissance d'informations confidentielles concernant B fait que l'avocat ne peut loyalement exercer sa mission sans compromettre les intérêts d'une des parties [4].

443.24 Mise en œuvre du contrôle des conflits d'intérêts. Le cabinet fera de la vérification des conflits d'intérêts une étape obligatoire de l'ouverture d'un dossier. Cependant, pour être efficace, le contrôle doit intervenir à trois niveaux de la relation avec le client [5] :

– lorsqu'un client potentiel prend contact avec le cabinet pour la première fois : une première vérification sommaire déterminera si l'avocat du cabinet doit ou non rencontrer le client ;

– à l'issue de la première consultation avant l'ouverture du premier dossier : la réunion initiale permettra de recueillir des éléments suffisants (notamment sur les autres parties concernées par le dossier) pour faire une vérification approfondie du risque de conflit ;

– lorsque le dossier est en cours et qu'une nouvelle partie se joint à l'affaire : des vérifications ultérieures s'imposeront au fur et à mesure de l'évolution et de la complexification du dossier.

Des vérifications seront également effectuées lors des décisions d'embauche ou d'association d'avocats pour s'assurer que les clients du nouvel avocat ne créent pas de nouveaux conflits. Les clients du nouvel avocat seront ajoutés à la base de données du cabinet dès son arrivée pour être pris en compte par la procédure de vérification.

Par précaution, ces procédures pourront être doublées par la circularisation mensuelle d'une liste des nouveaux clients et nouveaux dossiers du mois écoulé.

443.25 Décision de non-représentation en cas de conflit d'intérêts. Pour éviter tout risque de complication lors de la survenance d'un conflit ou d'un risque de conflit, le cabinet doit informer le client potentiel de sa décision de manière claire et rapide. En effet, le client potentiel pourrait ultérieurement prétendre avoir donné au cabinet des informations confidentielles ou avoir subi un préjudice pour avoir compté sur les conseils du cabinet avant que celui ne se dessaisisse.

Le cabinet doit donc écrire à la partie qu'il n'entend pas représenter en expliquant que cette décision est fondée sur les règles professionnelles auxquelles sont tenus les avocats et en lui demandant de choisir un autre avocat pour le représenter. La lettre précisera (si c'est le cas) que le cabinet n'a reçu aucune information confidentielle.

Dans la pratique, cette information est souvent délicate à transmettre. En effet, est-ce qu'en révélant l'existence d'un conflit d'intérêts on risque indirectement de révéler l'identité d'un client alors que cette information relève du secret professionnel ? En informant un client potentiel de l'existence d'un conflit, l'avocat évitera de donner des détails ou des explications.

1. SUR la prévention des conflits d'intérêts : H. Ader, S. Bortoluzzi, A. Damien, D. Piau, Th. Wickers, *Règles de la profession d'avocat,* 15e éd., « Dalloz action », 2016, n° 441.42.
2. Mucalov LLB, « Developing a conflict checking system for your law firm », juill. 2007, Canadian Bar Association, www.cba.org.
3. Sur la notion élargie du conflit d'intérêts, v. ss nos 443.31 s.
4. RIN, art. 14.2 ; CNB, AG 24 et 25 sept. 2010, DCN n° 2010-003 ; mod. par CNB, AG 11 avr. 2014, DCN n° 2013-002.
5. Scott, « Conflict-Checking Systems : Three Great (and Cheap) Ways to Effectively Manage Conflict Checking de General Practice and Small firms division », n° 2, vol. 2, *American Bar Association,* févr. 2006, www.abanet.org/

SECTION 3
NOTION ÉLARGIE DU CONFLIT D'INTÉRÊTS

443.31 Notion élargie du conflit d'intérêts. Les textes qui les régissent abordent les conflits d'intérêts[1] sous l'angle du dossier et de l'affaire. Les textes permettraient donc à un cabinet d'avocat de représenter des clients dont les intérêts seraient par ailleurs opposés dans des dossiers ou des situations qui sont étrangères à l'activité du cabinet.

Dans les faits, cette approche du conflit d'intérêts peut créer des incompréhensions entre le cabinet et ses clients.

LE CABINET Durand Dupont représente la société d'ingénierie M. dans un contentieux à fort enjeu concernant la livraison par M. d'un ouvrage de forage pétrolier à la société pétrolière T. Durand Dupont est par ailleurs le conseil habituel de la société T pour les questions de propriété intellectuelle. Cette situation ne constitue pas un conflit d'intérêts au sens de la loi et du RIN, cependant ni M, ni T ne veulent accepter une situation dans laquelle leur cabinet d'avocats est aussi celui de leur adversaire, même si les domaines d'intervention sont sans rapport direct. Le cabinet risque de perdre ses deux clients.

443.32 Gestion des conflits d'intérêts par un système d'« écrans » au sein du cabinet. Un cabinet qui représente deux clients dans des dossiers différents sans rapport avec une situation de conflit ou de conflit potentiel qui existerait par ailleurs peut mettre en place un système d'écrans (*Chinese wall*) destinés à éviter tout conflit potentiel et rassurer les clients concernés.

CETTE PROCÉDURE, dite des écrans, consiste à appliquer les règles suivantes :

– aucun des avocats qui traitent les dossiers du client A ne traitent les dossiers du client B ;

– les avocats de A et de B s'engagent à ne pas parler entre eux de leurs dossiers respectifs ;

– les dossiers de A et de B ne doivent être évoqués que par les avocats qui travaillent sur ces dossiers ;

– les dossiers de A ne doivent être accessibles qu'aux avocats qui travaillent pour A et les dossiers de B aux avocats qui travaillent pour B ;

– les règles relatives à ces procédures « d'écran » doivent être communiquées à tout le personnel du cabinet et appliquées par lui.

De telles procédures sont lourdes et ne fonctionnent que dans les cabinets dont l'organisation informatique permet un tel cloisonnement et qui sont habitués à gérer ce type de situation. Elles n'ont vocation à s'appliquer que s'il n'y a pas de conflit d'intérêts ou de risque de conflit au sens de la loi et du RIN. Elles ne permettent pas de résoudre un conflit d'intérêts avéré.

443.33 Gestion « commerciale » du risque de conflits d'intérêts. Le cabinet peut adopter une conception élargie du conflit d'intérêts pour prendre en considération les clients qui sont à la fois sensibles au risque de conflit d'intérêts et qui sont économiquement ou stratégiquement importants. Le cabinet mettra alors en place une gestion « commerciale » de son risque de conflits d'intérêts. Il anticipera les risques avant que ceux-ci ne se présentent et choisira de se couper d'une partie de sa clientèle potentielle pour conforter ses clients existants.

Lorsqu'un client évolue dans un marché dans lequel il a un petit nombre de concurrents clairement identifiés, il peut considérer que la représentation par son cabinet d'avocats d'un de ces concurrents crée un risque de conflit d'intérêts. Le cabinet peut être contraint de refuser de représenter une ou plusieurs sociétés concurrentes s'il veut conserver son client.

Le cabinet s'interrogera aussi sur le risque des conflits d'intérêts lié à sa stratégie de développement.

SI UN ASSOCIÉ du cabinet souhaite développer son activité de conseil auprès de laboratoires pharmaceutiques, il demandera à son associé de droit social de ne pas prendre de dossiers pour le compte de salariés dans des entreprises du secteur.

Le cabinet construira alors sa stratégie de développement, guidé par une conception élargie du conflit d'intérêts. Dans le contexte d'une économie locale dominée par quelques entreprises, les cabinets d'avocats peuvent être confrontés à un véritable dilemme : ils devront choisir s'ils se placent du côté de ces entreprises ou de leurs adversaires.

443.34 Conflits d'intérêts comme source de clientèle. La gestion des conflits d'intérêts est devenue une question complexe pour les grands cabinets qui font travailler des centaines d'avocats à travers le monde. Ces cabinets ne peuvent prendre le risque qu'un dossier avec un enjeu modique leur fasse courir le risque d'une difficulté avec un client important. Afin de limiter les risques, ces cabinets adoptent une politique très restrictive consistant à refuser les nouveaux clients qui ne représentent pas un chiffre d'affaires significatif, à leur échelle. Ceci est particulièrement le cas dans le domaine contentieux.

Des cabinets plus petits, spécialisés dans des domaines dans lesquels de grands cabinets rencontrent des risques fréquents de conflits, peuvent traiter ces dossiers. Cette source de clientèle issue des conflits d'intérêts d'autres cabinets peut s'avérer essentielle dans le modèle économique de certains cabinets[2].

1. Décr. n° 2005-790, 12 juill. 2005, art. 7 – RIN, art. 4 et art. 21.3.2 ; CNB, AG, 28 avr. 2007, DCN n° 2007-001.

2. Sur les conflits d'intérêts comme source de clientèle lors de la création du cabinet, v. s[s] n° 112.56.

TITRE

45. L'organisation humaine, administrative et technique du cabinet

SECTION 0
ORIENTEUR

45.00 **Sommaire du titre.**

CHAPITRE

451. Environnement de travail

SECTION 0
ORIENTEUR

451.00 **Sommaire du chapitre.**

SECTION 1
QUALITÉ DE VIE AU TRAVAIL

451.11 **Définition de la qualité de vie au travail.** L'Agence nationale pour l'amélioration des conditions de travail (ANACT) définit la qualité de vie au travail comme un processus social concerté permettant d'agir sur le travail (organisation, condition, contexte) à des fins de développement des personnes et des entreprises. Elle décrit sa mission dans les termes suivants : « Concilier développement des personnes et efficacité de l'organisation ».

L'Organisation mondiale de la santé (OMS) la définit comme le bien-être au travail recouvrant une dimension physique mais aussi mentale et sociale ; ce qui rend l'exercice difficile à objectiver car il s'agit d'une valeur subjective et variant d'un individu à un autre[1].

La qualité de vie au travail s'articule principalement autour des thèmes suivants :

- qualité de l'engagement à tous les niveaux de l'entreprise ;
- qualité de l'information partagée au sein de l'entreprise ;
- qualité des relations sociales et de travail ;
- qualité du contenu du travail ;
- qualité de l'environnement physique ;
- qualité de l'organisation du travail ;
- possibilité de réalisation et de développement personnel ;
- possibilité de concilier vie professionnelle et vie personnelle.

En fonction de la sensibilité des individus et des spécificités du cabinet, les éléments déterminants seront variables :

- environnement (matériel, outils...) ;
- opportunités de développement personnel et professionnel ;
- contenu du travail, autonomie, auto-organisation ;
- soutien managérial et soutien collectif ;
- qualité du dialogue social ;
- sécurité de l'emploi.

Avec la pandémie et la généralisation du travail à distance, la qualité de vie au travail est maintenant également liée à la liberté d'organisation de son temps et la possibilité de répartir son temps de travail entre son bureau et son domicile.

Enfin, la qualité de vie au travail ne se conçoit pas sans la notion de quête de sens devenue essentielle. Avec la crise sanitaire de la Covid-19, la question du sens au travail a pris une nouvelle importance. Au-delà de la mise en place du télétravail ou des évolutions organisationnelles, c'est l'utilité sociale et la valeur travail dans son ensemble qui est interrogée. Une question profondément liée à celle de l'engagement, et qui représente un enjeu décisif pour les cabinets d'avocats, compte tenu des exigences du métier.

451.12 **Enjeux de la qualité de vie au travail pour les cabinets d'avocats.** Si la recherche de la rentabilité est un élément central pour un cabinet d'avocats, l'investissement d'un salarié ou d'un collaborateur dans son travail dépasse le simple temps passé ou chiffre d'affaires rapporté. Les méthodes de management ne doivent pas oublier la dimension humaine

1. K. Mignon-Louvet, « La qualité de vie au travail : un critère de rentabilité pour les cabinets d'avocats », *D. avocats*, nº 8-9, 2013.

au risque de voir se détériorer les relations sociales au sein du cabinet.

Au fur et à mesure des législations et des mutations technologiques, la notion de la protection de la santé au travail est passée d'une protection de la santé physique à une protection de la santé morale, d'une logique de réparation à une logique de prévention des risques psycho-sociaux pour finalement arriver à la nécessité de promouvoir la qualité de vie au travail [1].

Le niveau de travail, la pression et la tension nerveuse inhérente au métier d'avocat font que ces questions représentent un enjeu important pour le bon fonctionnement des cabinets. La qualité de vie au travail n'est plus un luxe mais une condition essentielle pour fonctionner efficacement et faire en sorte que le cabinet conserve ses talents. Or, les cabinets ont de plus en plus de difficulté à conserver leurs jeunes talents formés et compétents, et la rémunération n'est pas un facteur suffisant. La volonté de mieux concilier vie professionnelle/vie personnelle devient un critère de sélection des cabinets pour les nouvelles générations.

Comme évoqué ci-dessus, qualité de vie au travail va de pair avec le sens donné à ce travail qui recouvre trois dimensions :

- Une dimension émotionnelle : le fait de ressentir au travail davantage d'affects positifs que négatifs.
- Une dimension cognitive ensuite : la satisfaction procurée par le contenu des missions, le développement des compétences et l'impact des actions.
- Une dimension aspirationnelle enfin : le sentiment de contribuer et d'adhérer à un projet global.

Si ces trois conditions ne peuvent pas être toujours entièrement satisfaites, l'absence totale de l'une d'entre elles accroît le risque de voir partir un collaborateur vers d'autres horizons plus en adéquation avec ses attentes [2].

451.13 Agir sur la qualité de vie au travail. L'OCDE a affirmé que l'enjeu de la croissance est d'améliorer le bien-être des individus. Le bonheur, au sens de l'épanouissement, permet à la personne qui travaille d'être plus motivée, d'être créative et même bienveillante envers les autres membres du cabinet ou de l'équipe. C'est un indicateur clé des entreprises et de leur performance. Les mesures de bien-être proposées par l'OCDE [3] afin de mesurer la performance économique et le progrès social recouvrent des mesures objectivement quantifiables comme la qualité de l'air, le temps de travail… et des mesures plus subjectives.

Il s'agit d'une remise en cause des méthodes employées pour conserver la richesse. Le bonheur devient un critère de rentabilité.

Agir sur les conditions de vie au cabinet permet de se prémunir contre les situations d'épuisement et de problèmes de santé, ce qui a un impact direct sur le cabinet et ses aspects financiers. Le collaborateur heureux est plus performant, plus créatif, plus loyal, moins malade, moins absent. Un climat de travail meilleur augmente aussi le sentiment d'appartenance et d'adhésion au cabinet.

L'amélioration des conditions de vie dans les cabinets passe par la mise en place d'une réflexion de fond sur les valeurs et la mise en avant des relations sociales et du travail par le prisme de l'épanouissement. Cette réflexion doit ensuite permettre au cabinet d'agir sur :

- la gestion et la reconnaissance des talents ;
- la formation ;
- une meilleure prise en compte de la concurrence vie professionnelle/vie personnelle ;
- l'amélioration de la communication ;
- la promotion des bilans de compétence ;
- le coaching du développement professionnel et personnel…

Les leviers suivants seront également utiles pour agir sur la qualité de vie des collaborateurs :

- informer sur la stratégie et la vision du cabinet ;
- faire des retours réguliers sur le travail du collaborateur, valoriser la contribution de celui-ci par rapport au fonctionnement global du cabinet ;
- laisser de l'autonomie et de la flexibilité au collaborateur dans l'organisation de son travail. L'autonomie est perçue comme un facteur de valorisation (dès lors que cette autonomie ne devient pas un abandon).

451.14 Document unique d'évaluation des risques professionnels (DUER) dans les cabinets d'avocats. Les cabinets d'avocats doivent élaborer un document unique d'évaluation des risques auxquels sont exposés leurs salariés. Dans un contexte de montée des risques psycho-sociaux, leur responsabilité civile ou pénale peut être engagée [4].

Le document unique d'évaluation des risques professionnels (DUERP ou DUER) semble négligé par nombre de cabinets d'avocats. Pourtant, le DUERP est un outil obligatoire dans toutes les entreprises dès l'embauche du 1er salarié depuis 2001 [5]. C'est la

1. K. Mignon-Louvet, « La qualité de vie au travail : un critère de rentabilité pour les cabinets d'avocats », *D. avocats*, n° 8-9, 2013.
2. Analyse proposée par Association pour l'emploi des cadres (Apec).
3. Observatoire de l'OCDE, *Les critères du bonheur*.
4. C. Caseau-Roche, « L'élaboration du document unique dans un cabinet d'avocat(s) », *D. avocats*, n° 6, 2013.
5. Décr n° 2001-1016, 5 nov. 2001 portant création d'un document relatif à l'évaluation des risques pour la santé et la sécurité des travailleurs, prévue par l'article L. 230-2 du code du travail et modifiant le code du travail,

transposition, par écrit, de l'évaluation des risques, imposée à tout employeur par les articles R. 4121-1 et suivants du Code du travail. Il répertorie les risques potentiellement existants auxquels peuvent être confrontés les employés au sein de leur travail. Il s'agit, selon la circulaire du 18 avril 2002, d'établir « un diagnostic en amont, systématique et exhaustif des facteurs auxquels les travailleurs peuvent être exposés »[1]. Le document unique transcrit les résultats de cette évaluation et liste les solutions à mettre en œuvre. L'absence de DUERP expose le cabinet à une contravention de 5e classe. Les obligations de mise à jour du document ont été assouplies pour les entreprises de moins de onze salariés par le décret du18 mars 2022[2].

L'établissement du DUERP peut aussi être approché sous l'angle d'une démarche de prévention qui peut s'avérer bénéfique. Le DUERP peut être un excellent moyen de se poser des questions sur la sécurité et la santé des personnes présentes dans les locaux du cabinet avec la montée des risques psycho-sociaux (RPS).

La responsabilité de la rédaction du document unique incombe au chef d'entreprise[3]. Le cabinet peut faire appel à une aide extérieure. D'ailleurs, cet appel aux compétences est prévu depuis 2011 par l'article L. 4644-1 du Code du travail. Cet intervenant en prévention des risques professionnels pourra ainsi accompagner le cabinet dans la démarche. Il existe un certain nombre de guides méthodologiques, parmi lesquels il faut citer le document de référence de l'INRS[4]. Économiquement, l'élaboration du DUERP a nécessairement un coût. Toutefois, la dimension souvent modeste du cabinet d'avocat(s), comparée aux grandes entreprises, rend son élaboration beaucoup plus simple qu'il n'y paraît. Pour la conception initiale, il faut compter, pour un cabinet d'avocat(s) de petite ou moyenne taille, un à deux jours de travail en collaboration avec un spécialiste, facturant entre 1 000 et 2 000 euros hors taxe la journée.

1. Circ. DRT, n° 2002-06, 18 avr. 2002 prise pour l'application du décret n° 2001-1016 portant création d'un document relatif à l'évaluation des risques pour la santé et la sécurité des travailleurs, prévue par l'article L. 230-2 du code du travail et modifiant le code du travail.
2. Décr. n° 2022-395, 18 mars 2022 relatif au document unique d'évaluation des risques professionnels et aux modalités de prise en charge des formations en matière de santé, de sécurité et de conditions de travail par les opérateurs de compétences, *JORF* 20 mars.
3. POUR une analyse complète des étapes et des principes de la démarche : M. Delsol, *L'entreprise face aux risques professionnels, Des aspects juridiques aux implications financières*, Liaisons, p. 81 s.
4. L'INRS est un organisme scientifique et technique qui élabore et diffuse des documents relatifs à l'hygiène et la sécurité au travail ; un fascicule de 20 pages sur le DUER est accessible sur leur site www.inrs.fr.

SECTION 2
TÉLÉTRAVAIL

451.21 Origines et notion du télétravail. Le télétravail est un fait social qui s'est développé à partir des années 1980. Il connaît un véritable intérêt depuis les années 1990, marquées par l'apparition de nouveaux outils d'information et de communication qui le rendent matériellement possible.

Le télétravail permet un recentrage du contrôle exercé par l'employeur sur le résultat de l'activité du salarié. La conséquence est de laisser au salarié une plus grande liberté dans l'exécution.

Le recours au télétravail est présenté comme offrant de nombreux avantages : gains de productivité, réduction des coûts de l'immobilier et des transports, lutte contre l'absentéisme, outil de responsabilité sociale sont autant d'arguments régulièrement avancés par les entreprises. Pour les salariés, il engendrerait un sentiment de contrôle sur leur emploi du temps, favoriserait un meilleur équilibre entre vie privée et vie professionnelle et participerait ainsi au sentiment de bénéficier d'une meilleure qualité de vie.

Le télétravail apparaît ainsi comme un outil d'avenir assurant une meilleure flexibilité de l'emploi pour les entreprises et un gain en indépendance pour les salariés[5].

La pratique a fait émerger plusieurs typologies de télétravail :

– Le télétravail permanent : généralement effectué au domicile du salarié qui constitue son unique lieu de travail.

– Le télétravail alterné : le salarié exécute son travail alternativement dans l'entreprise et un autre lieu (généralement son domicile) selon des modalités et un rythme prédéterminés.

– Le télétravail nomade : le salarié exécute son travail en dehors de l'entreprise, mais dans aucun lieu fixe déterminé à l'avance, et conserve un bureau dans l'entreprise.

451.22 Cadre juridique du télétravail. Les textes encadrant le télétravail sont :

– Accord-cadre européen sur le télétravail du 16 juillet 2002 : Accord non contraignant constituant la base des négociations appelées à s'ouvrir dans chaque État membre au sujet du télétravail.

– Accord national interprofessionnel du 19 juillet 2005 : Cet accord définit le télétravail et en organise les modalités d'exécution autour de plusieurs grands principes que sont le caractère volontaire, la réversibilité, l'égalité entre les salariés, la protection des données et le respect de la vie privé.

5. Jurisclasseur Fasc. 3-24 : travail à domicile et télétravail, avr. 2021.

– Loi n° 2012-387 du 22 mars 2012 (*JO* 23 mars 2012) : Entrée du télétravail dans le Code du travail.

Selon la définition proposée par le Code du travail[1], « le télétravail désigne toute forme d'organisation du travail dans laquelle un travail qui aurait également pu être exécuté dans les locaux de l'employeur est effectué par un salarié hors de ces locaux de façon volontaire en utilisant les technologies de l'information et de la communication ».

451.23 Télétravail et Covid-19. D'abord, sous la contrainte des confinements puis ensuite par choix, la pratique du télétravail a connu une explosion statistique. Dans un contexte post-pandémique, la pratique s'est généralisée et installée. Selon une enquête réalisée par l'Insee en 2021, ce sont en moyenne chaque semaine, 55 % des cadres, 22 % des professions intermédiaires, 17 % des employés qualifiés qui ont recours au télétravail. La pratique concerne 17 % des moins de 30 ans et 20 % des femmes[2].

Le secteur le plus concerné par le télétravail concerne celui des services aux entreprises dans lequel il concerne 45,8 % des effectifs. Ces statistiques de 2021 restent pertinentes et malgré l'éloignement de la pandémie, le télétravail est maintenant ancré dans les habitudes.

451.24 Limites du télétravail. S'il est réclamé et même revendiqué, le télétravail a également des limites[3]. L'impression de liberté associée au travail chez soi peut s'avérer un piège. L'absence de barrières entre la vie personnelle au foyer et la vie professionnelle au bureau peut s'avérer source de troubles et les conséquences sur le fonctionnement et la cohésion des entreprises sont tangibles. Les risques identifiés associés au télétravail, sont notamment les suivants :

– isolement des travailleurs ;

– dilution de la communauté de travail ;

– occultation du rapport hiérarchique ;

– risques techno sociaux ;

– rupture du dialogue social ;

– l'hyper-connectivité peut en outre engendrer stress et fatigue ;

– inégalité d'accès au matériel nécessaire (ordinateur adapté, accès internet de qualité, respect de la confidentialité...).

451.25 Télétravail appliqué aux cabinets d'avocats. Outre les enjeux qui sont partagés avec toutes les entreprises face au télétravail tels que l'occupation des bureaux, la distanciation des relations, le télétravail présente des enjeux spécifiques s'agissant de la profession d'avocat. Parmi ces enjeux :

– Mise en ligne de toutes les données nécessaires à l'exercice de la profession d'avocat et équipement matériel :

Pour que le télétravail soit efficace, il faut d'abord que le cabinet se soit organisé en fonction. Ceci passe d'abord par la mise en réseau et en ligne de toutes les informations dont l'avocat a besoin pour travailler. Il faut donc s'assurer qu'aucun document utile ne se trouve sur les disques durs locaux des avocats. Tous les dossiers du cabinet, le logiciel de gestion, les ressources documentaires doivent être partageables et partagées. Le Cloud offre cette fluidité mais il faut que tous les documents et ressources du cabinet s'y trouvent.

Se pose aussi la question du matériel. Traditionnellement, les cabinets équipent leurs avocats de postes fixes. Cette organisation doit être revue pour que chaque avocat soit équipé d'un ordinateur portable de qualité et de puissance suffisantes pour pouvoir effectuer toutes tâches qui peuvent être requises. L'avocat doit disposer chez lui d'une connexion internet performante car il ne serait pas acceptable que les journées de télétravail soient ralenties par un équipement insuffisant.

– Secret professionnel et confidentialité :

Cette question rejoint aussi celle de l'équipement. Pour que la confidentialité et le secret professionnel soient respectés, l'avocat en télétravail ne doit pas dépendre de l'ordinateur portable familial partagé avec tous les membres de la famille. Le respect du secret professionnel passe d'abord par une sécurisation des données du cabinet et une gestion rigoureuse des accès à ces données. Alors qu'au sein du cabinet, toutes les personnes présentes, avocats ou salariés du cabinet, sont tenus au secret professionnel, il n'en est pas de même pour les membres de la famille ou l'entourage de l'avocat. Pour que le secret professionnel soit protégé en dehors du cabinet, il faut que l'avocat travaille sur un poste dédié et puisse organiser son lieu de travail pour que le secret soit respecté. Cet enjeu concerne non seulement les données accessibles en ligne mais aussi la présence de dossiers au domicile de l'avocat.

– Adaptation des tâches au distanciel :

L'avocat peut-il travailler aussi bien à distance qu'au cabinet ? Certaines tâches de l'avocat peuvent très bien s'adapter au télétravail. Le travail intense sur de longues écritures ou sur des actes complexes requiert une concentration que l'avocat peut trouver dans la quiétude de son domicile où les sollicitations et les interruptions sont moins nombreuses qu'au cabinet. En revanche, lorsque le travail de l'avocat – et c'est souvent le cas – consiste à échanger des dizaines de fois par jour entre associé et collabora-

1. C. trav., art. L. 1222-9, al. 1er.
2. Enquête Emploi Insee, 2021.
3. B. Gauriau, « Le suivi du télétravail », *JCP S* 2020. 3017.

teur(s) sur autant de dossiers actifs, la distance est sans doute un frein à la fluidité et à l'efficacité.

Concernant les réunions avec les clients, la visioconférence a démontré son efficacité et la plupart des réunions en distanciel sont aussi efficaces qui si elles étaient tenues physiquement. En revanche, les premiers rendez-vous en Teams ou Zoom n'ont sans doute pas la même qualité pour créer un lien fort avec le client de nature à convaincre le client de travailler avec le cabinet. Le constat est le même pour les réunions de négociation pour lesquelles la visioconférence ne remplace pas le contact physique. Enfin, pour la médiation, la présence physique semble indispensable.

– Application à la collaboration libérale :

Le collaborateur libéral dispose d'une totale liberté d'organisation de son travail, tant pour la gestion des dossiers personnels que pour celle des dossiers du cabinet. Ce principe de liberté et d'indépendance de l'avocat collaborateur libéral rend très difficile l'approche du télétravail dans les cabinets d'avocats. Lorsque la corrélation entre travail et présence physique au cabinet n'existe plus, toute volonté du cabinet d'imposer un cadre autour du télétravail peut être vécue comme un manque de confiance de la part du cabinet vis-à-vis du collaborateur.

Le télétravail dans les cabinets d'avocats n'est pas nouveau et nombreux sont les associés qui travaillent souvent de chez eux. Des arrangements permettant à un collaborateur d'accommoder une situation personnelle ont toujours existé. En revanche, ce n'est que depuis la pandémie du Covid-19 qu'existe une revendication du télétravail à l'échelle de la profession entière.

À son congrès de 2022, La FNUJA a rédigé une motion[1] *qui rappelle la liberté d'organisation du collaborateur libéral affirme que le recours au télétravail peut constituer un avantage à la fois pour le collaborateur et le collaborant ; précise que le manque d'outils informatiques ne saurait justifier une interdiction du recours au télétravail ; recommande la mise à disposition par le collaborant de moyens informatiques et matériels adaptés au télétravail permettant d'assurer le respect du secret professionnel et la conformité avec les règles élémentaires de cybersécurité et* ***encourage*** *le maintien de liens entre le collaborateur et le cabinet afin d'assurer une cohésion au sein de la structure.* Cette motion illustre la complexité du sujet entre problèmes d'équipement, principe de liberté et maintien du lien avec le cabinet.

Au cours de la campagne du Bâtonnat du barreau de Paris pour 2024, des candidats ont fait des propositions sur le télétravail des collaborateurs en fixant un nombre minimum de jours par an[2]. On peut se demander si une telle approche est compatible avec l'essence même de la collaboration libérale qui doit laisser tant aux collaborateurs qu'aux cabinets la liberté de s'organiser.

À la date de rédaction de la présente édition, le télétravail n'a pas encore fait son entrée dans le RIN.

451.26 Mise en place d'une politique de télétravail. Dans un marché tendu et concurrentiel, la politique du cabinet en matière de télétravail est devenue un argument de recrutement ainsi qu'un outil de fidélisation des collaborateurs.

Dans ce contexte, et particulièrement dans les cabinets internationaux, il y a eu une course en avant qui semble avoir définitivement installé le télétravail dans les habitudes de ces cabinets. Il faut préciser que ces cabinets ont un avantage par rapport aux cabinets plus traditionnels sur cette question. Les collaborateurs y travaillent généralement sur un nombre peu important de dossiers avec des interactions moins fréquentes avec les associés dont ils dépendent. Ce mode opératoire se prête lieux au travail à distance.

Ainsi, plusieurs grands cabinets internationaux, dont Clifford Chance et Shearman & Sterling, autorisent jusqu'à deux jours par semaine de télétravail. Chez Allen & Overy, près de 40 % des collaborateurs travaillent de chez eux un jour par semaine. Dans ces structures, la politique du cabinet est définie et affirmée au travers d'un document, diffusé en interne, qui précise les principes et modalités du télétravail[3].

Les recruteurs constatent qu'une pratique organisée du télétravail renvoie une image innovante et attractive du cabinet qui renforce le lien de confiance entre les collaborateurs, responsabilisés, et leurs associés.

La généralisation du télétravail permet aussi aux cabinets de s'adapter aux changements de vie de leurs collaborateurs. Ainsi un départ en province n'est plus synonyme de départ d'un cabinet parisien et les carrières peuvent se poursuivre dans des configurations jusque là inédites.

Si un cabinet souhaite mettre en place des règles concernant le télétravail, il dispose d'une grande liberté. Il faudra rechercher un équilibre entre les besoins du cabinet et les attentes des collaborateurs. Il faut privilégier des règles simples appliquées de manière égalitaire au sein du cabinet. Il peut être utile de rappeler qu'une journée de télétravail est une journée de travail à part entière. Une confusion peut en effet s'installer entre les jours de vacances ou de maladie au cours desquelles le collaborateur se

1. Le télétravail de l'avocat collaborateur libéral, motion FNUJA du 28 mai 2022.

2. Frédéric Chhum et Christine Maran, Bâtonnat 2024.
3. A. Granel, « Home office : the new way of working des avocats ? », *La Lettre des Juristes d'Affaires*, 2022.

déclare en télétravail. Si un document interne existe, il pourra rappeler ces principes. Pour éviter ces ambiguités, certains cabinets instaurent une règle d'une journée de télétravail par semaine qui ne doit être ni le lundi ni le vendredi. Le problème de la formalisation d'une telle règle est qu'elle instaure un climat de soupçon sur l'utilisation des journées de télétravail par les collaborateurs.

Il est sans doute préférable pour le cabinet de se limiter à une règle simple telle qu'une journée de télétravail par semaine avec l'obligation de prévenir un certain nombre de jours à l'avance tout en restant ouvert sur la capacité du cabinet à s'adapter aux situations particulières qui pourraient survenir.

CHAPITRE

452. Personnel administratif et technique

SECTION 0 ORIENTEUR

452.00 **Sommaire du chapitre.**

SECTION 1 PERSONNEL SALARIÉ DU CABINET

452.11 **Textes applicables au personnel salarié des cabinets d'avocats.** Le personnel salarié des cabinets d'avocats[1] est soumis aux dispositions de la Convention collective nationale des avocats et de leur personnel salarié du 20 février 1972, étendue par arrêté du 13 novembre 1979 JONC 9 janvier 1980[2].

Les principales dispositions de la convention collective sont les suivantes :

- la période d'essai est de 1 à 3 mois en fonction du coefficient[3]. Son renouvellement est possible, une fois, d'une durée maximale identique à la période initiale, et après accord écrit du salarié ;

- le personnel du cabinet est tenu au secret professionnel[4] ;

- une prime d'ancienneté est prévue qui va de 3 % à 15 % du salaire. Elle est payable à partir de 3 ans d'ancienneté et le maximum de 15 % est atteint après 15 ans d'ancienneté[5] ;

- une prime de fin de carrière est prévue pouvant aller jusqu'à 8 mois de salaire pour une ancienneté de plus de 35 ans[6] ;

- le préavis en cas de licenciement est de 1 à 3 mois en fonction du coefficient et de l'ancienneté (plus ou moins de 2 ans). Une indemnité de licenciement est due à tous les salariés ayant plus de deux ans d'ancienneté qui va de 1 mois de salaire à 4 mois pour les salariés qui ont plus de 15 ans d'ancienneté[7] ;

- les congés payés sont ceux prévus par la loi, à savoir 25 jours ouvrés par an[8]. Entre 5 et 10 ans d'ancienneté, l'employé bénéficiera de 1 jour de congé supplémentaire et au-dessus de 10 ans d'ancienneté de 2 jours supplémentaires.

452.12 **Personnel salarié des cabinets d'avocats : statistiques.** Au dernier recensement[9], les cabinets d'avocats (employeurs individuels compris) employaient 39 233 salariés non avocats (Source CREPA). Pour se référer aux seuils applicables en matière de formation professionnelle, les cabinets employeurs étaient répartis dans les tranches d'effectifs qui suivent[10] :

- 11 387 cabinets de 1 à 9 salariés ;
- 331 cabinets de 10 à 49 salariés ;
- 33 cabinets de 50 à 299 salariés ;
- 5 cabinets de plus de 300 salariés.

La masse salariale brute des cinq plus gros cabinets en effectif représente 85 % de la masse salariale brute des 11 387 cabinets qui comptent 1 à 9 salariés[11].

Le nombre de salariés ne suit pas la progression du nombre d'avocats.

1. SUR le personnel salarié : H. Ader, S. Bortoluzzi, A. Damien, D. Piau, Th. Wickers, *Règles de la profession d'avocat 2022/2023,* 17e éd., « Dalloz action », 2022, nos 811.11.s.
2. Convention collective nationale, IDCC 1000.
3. Convention collective nationale, art. 10.
4. Convention collective nationale, art. 11.
5. Convention collective nationale, art. 13.
6. Convention collective nationale, art. 14.
7. Convention collective nationale, art. 20.
8. Convention collective nationale, art. 21.
9. OMPL, *Cabinets d'avocats Portrait statistique*, 2016.
10. Source Actalians MSB 2012.
11. Source Actalians MSB.

452.13 Rôle du personnel administratif et technique. Sans le soutien d'un personnel compétent et organisé, les avocats d'un cabinet ne peuvent pas travailler dans des conditions satisfaisantes. Le personnel non-avocat est donc un élément essentiel de l'efficacité et de la productivité d'un cabinet. Les membres du personnel non-avocat, à tous les niveaux hiérarchiques, sont les principaux acteurs des procédures internes du cabinet. Ils sont aussi le visage du cabinet pour de nombreux interlocuteurs et notamment quand l'avocat est indisponible.

Traditionnellement, les avocats n'étaient entourés que de personnes dévolues à des fonctions de secrétariat dont les responsabilités pouvaient être étendues à des travaux d'intendance ou de comptabilité. Inspirés par l'efficacité des cabinets internationaux, les cabinets français se renforcent avec un personnel non-avocat de plus en plus qualifié à qui ils délèguent des fonctions d'encadrement et même de direction administrative ou technique. Si les salariés très qualifiés ont tendance à être plus présents dans les cabinets d'avocats au-dessus d'une certaine taille, ce n'est pas le cas des salariés moins qualifiés dont les cabinets décident de plus en plus de se passer.

L'autonomie des avocats en termes de production d'actes et de documents fait que le personnel salarié dévolu aux fonctions de secrétariat classique et devenu limité.

452.14 Intégration du personnel salarié dans une culture d'équipe. Le personnel non-avocat souffre parfois d'un manque de reconnaissance au sein des cabinets d'avocats. Les membres du personnel se sentent pourtant concernés au même titre que les avocats par la vie du cabinet[1]. Les cabinets doivent faire des efforts pour éviter le système de caste qui sépare parfois les avocats des non-avocats[2].

452.15 Attentes du personnel non-avocat. Les principales attentes du personnel non-avocat sont :

- le respect pour leur fonction et leur rôle au sein du cabinet ;
- un traitement digne ;
- des explications claires des attentes des avocats du cabinet ;
- des marques d'appréciation : en tête-à-tête, en présence d'autres membres du cabinet et en présence des clients.

Face à ces attentes légitimes, en plus du respect et de la politesse attendus de la part de tout employeur, le cabinet d'avocats peut apporter les réponses ci-après :

- ouvrir davantage de réunions ou d'événements du cabinet aux membres du personnel non-avocat ;
- communiquer de manière plus collective sur la vie et le développement du cabinet ;
- proposer des formations externes au personnel non-avocat (langues étrangères, utilisation de certains logiciels...) ;
- encourager la participation à des associations professionnelles pour certaines catégories de salariés (secrétaire général, documentaliste, responsable de communication, gestionnaire de connaissances...).

C'est ainsi que le personnel non-avocat se sentira mobilisé pour travailler aux côtés des avocats à la poursuite d'objectifs communs.

452.16 Formation du personnel salarié des cabinets d'avocats. Pour le personnel non avocat, l'environnement des cabinets d'avocats est réputé exigeant. Dans un contexte de pression des délais, d'exigences fortes tant sur le fond que sur la forme, ce personnel acquiert des réflexes et des connaissances précieuses pour le fonctionnement du cabinet.

Le caractère spécifique du travail en cabinet peut justifier une formation dédiée, c'est le cas de la formation dispensée par l'École nationale de droit et de procédure (Enadep). Cette école forme depuis cinquante ans le personnel des cabinets d'avocats en proposant des formations de secrétaire et d'assistant(e) juridique avec des programmes d'initiation au droit des sociétés ainsi qu'au contentieux civil. L'Enadep délivre ainsi des certificats de qualifications professionnelles et des titres à finalité professionnelle à savoir le titre homologué de secrétaire juridique, le titre d'assistant(e) juridique et le certificat de juriste en cabinet d'avocats.

De nombreux organismes de formation ou d'écoles plus généralistes proposent aussi des formations d'assistant(e) ou de secrétaire juridique.

SECTION 2
FONCTIONS MANAGÉRIALES SALARIÉES

452.21 Définition et responsabilités de l'Office manager ou secrétaire général. Secrétaire général, *office manager* ou directeur général sont les titres qui peuvent être donnés au salarié cadre en charge de l'administration du cabinet d'avocats. Celui-ci a pour vocation de prendre en charge et de superviser l'ensemble des fonctions dites de support pour que les avocats puissent se consacrer pleinement à leur travail.

La fonction du secrétaire général ou de l'*office manager* est différente de celle du dirigeant associé (*managing partner*)[3]. Le premier est un salarié non-avocat qui a une formation ou une expérience de gestion. Le second est un avocat désigné par ses

1. G. Vassalo, « Support staff is vital for a thriving law firm », *Michigan Lawyers Weekly* 19 mars 2016.
2. « 5 Easy Staff Appreciation Ideas For Law Firms », *Clio UK*, 2022.

3. Sur le dirigeant associé, v. s[s] n°s 412.11 s.

associés pour superviser l'ensemble de l'organisation du cabinet, que des parties de celle-ci soient ou non confiées à des salariés. Le secrétaire général (*office manager*) répond au dirigeant associé ainsi qu'à la collectivité des associés.

Le Cercle des *office managers* et secrétaires généraux (COM'SG) regroupe les *office managers* et secrétaires généraux de 150 cabinets d'avocats représentant plus de 8 000 avocats. Les membres de COM'SG se réunissent une fois par mois pour traiter des problématiques quotidiennes relevant de la gouvernance des cabinets, le business development, la digitalisation, les logiciels métiers, la sécurité informatique et le Knowledge Management. Les travaux des membres participent à identifier et envisager des solutions pour les défis et évolutions auxquels sot confrontés les cabinets.

452.22 Fonctions différentes du secrétaire général selon les cabinets. Selon le cabinet, cette fonction présente des réalités très différentes. Les variations de la fonction dépendent de la taille du cabinet et surtout du degré de volonté des associés de déléguer.

Une description des fonctions de l'*office manager* en fonction du niveau de délégation souhaité par le cabinet est proposée par le tableau (ci-dessous).

FONCTIONS DE L'OFFICE MANAGER SELON LE NIVEAU DE DÉLÉGATION SOUHAITÉ PAR LES ASSOCIÉS

Niveau de délégation des associés du cabinet	Fonctions de l'*office manager* ou du secrétaire général
• Faible	• Responsable du personnel de secrétariat et du personnel administratif peu qualifié • Présélectionne les candidatures pour le recrutement de personnel administratif • Gère les rapports avec les fournisseurs • Responsable de l'intendance
• Moyen	• En plus de ce qui précède : – responsable de l'ensemble de l'équipement du cabinet (bureautique, informatique, systèmes de communication) – responsable des locaux et de leur aménagement – responsable du secrétariat juridique du cabinet – il supervise le personnel chargé de la comptabilité – il est l'interlocuteur direct des prestataires de marketing et de communication
• Fort	• En plus de ce qui précède : – responsable de l'ensemble de la gestion administrative du cabinet – responsable des conditions de travail dans le cabinet – il intervient dans tous les domaines autres que les rapports entre associés et la stratégie du cabinet – il est le supérieur hiérarchique des autres cadres administratifs : DRH, directeur du marketing

452.23 Évolution et généralisation des secrétaires généraux de cabinets d'avocats. Auparavant associée à une fonction de « super-secrétaire », la fonction d'*office manager* est maintenant dévolue à des personnes formées dans des écoles de commerce qui ont souvent exercé des responsabilités dans de grandes entreprises[1]. Il existe même une formation de Mastère Office Manager/Secrétaire Général créé par COM'SG avec l'école HEAD (Hautes Études Appliquées du Droit), afin d'aider les Office Managers actuels et futurs à maîtriser les connaissances et aptitudes fondamentales à ce métier.

Lorsque l'*office manager* ou secrétaire général est pluridisciplinaire, il exerce parfois sa fonction sous le titre de directeur général.

Les fonctions de direction administrative exercées par des non-avocats sont très fréquentes dans les cabinets internationaux. Les cabinets français sont de plus en plus nombreux à suivre ce modèle car ils reconnaissent qu'en confiant ces responsabilités à des spécialistes qui vont y consacrer tout leur temps, ils favorisent le développement du cabinet.

La fonction *d'office manager* ou de secrétaire général n'est cependant pas réservée aux grands cabinets. Parmi les membres de l'association COMSG, des cabinets d'une quinzaine d'avocats (associés et collaborateurs) côtoient des structures internationales. Ces cabinets, malgré leurs grandes différences sont confrontés à des problématiques communes. Il est fréquent que les cabinets plus petits fassent appel à un secrétaire général (*office manager*) à temps partiel.

452.24 Difficultés rencontrées par le secrétaire général. Les difficultés rencontrées par les *office managers* sont inhérentes à la nature des cabinets d'avocats :

– la structure horizontale de la plupart des cabinets n'est pas propice à une délégation organisée ;

– les avocats sont réticents à partager avec un tiers les informations précises sur les finances du cabinet et le partage des revenus entre associés ;

– l'indépendance des avocats ne se prête pas toujours à la culture d'entreprise des *office managers*.

Le secrétaire général peut donc se trouver dans une situation où :

– il manque de visibilité sur le plan financier pour pouvoir travailler ;

1. A. Portmann, « De nouvelles fonctions investissent les cabinets d'avocats », *actuel-avocat.fr,* 30 avr. 2010 – Diplômée de l'Essec, C. Fagnoni a exercé des fonctions de responsable marketing et de responsable communication au sein d'entreprises dans les secteurs de la banque et des télécommunications, avant de rejoindre le cabinet d'avocat Lérins au poste de « secrétaire général ».

– il n'a pas d'interlocuteur désigné et doit donc solliciter chaque associé individuellement pour faire valider une décision ;

– il se trouve isolé au sein du cabinet ;

– il est en théorie garant du respect de procédures internes qu'il a du mal à faire appliquer par les associés.

452.25 Intégration du secrétaire général dans le fonctionnement du cabinet. Dès lors qu'un cabinet d'avocats décide d'améliorer son organisation et ses procédures en embauchant un secrétaire général (*office manager*), il doit lui donner les moyens d'exercer ses responsabilités. Pour ceci, les avocats ne doivent pas attendre que le secrétaire général (*office manager*) tente de définir lui-même ses fonctions au sein du cabinet : ils doivent au préalable décider des fonctions qu'ils souhaitent déléguer.

Au-delà des responsabilités énumérées dans son contrat de travail, le secrétaire général doit agir dans le cadre d'un mandat précis. Les avocats décideront quelles sont celles de leurs réunions auxquelles participe le secrétaire général comme ils décideront de la nature des informations financières qui lui seront données.

Il a été constaté que des cabinets ont reproché à leur secrétaire général de ne pas suffisamment comprendre les particularités des avocats et de leurs cabinets. Or, c'était justement pour tendre vers un fonctionnement et une culture plus proche de celle de l'entreprise que le même secrétaire général avait été embauché.

Pour intégrer le secrétaire général dans le fonctionnement du cabinet, les cabinets qui fonctionnement avec un comité de direction peuvent décider que le secrétaire général assiste systématiquement à une partie des réunions du comité de direction.

452.26 Directeur du *business development*. La fonction de directeur du *business development* était réservée aux cabinets internationaux ce n'est plus le cas. La personne dans ce rôle est chargée d'aider les avocats à identifier les opportunités de développement et à les aider à générer du chiffre d'affaires.

La fonction va consister à :

– suivre toute l'actualité économique pouvant intéresser les activités et les clients du cabinet afin d'identifier des opportunités de développement ;

– aider les avocats dans la préparation de réponses aux appels d'offres et toutes les situations de mise en concurrence ;

– organiser et fluidifier le dialogue entre les avocats pour identifier des opportunités de cross-selling ;

– identifier les évènements (et parfois y participer) qui sont susceptibles de générer des contacts intéressants pour le cabinet.

SECTION 3
RÉCEPTION ET SECRÉTARIAT

452.31 Réception : premier contact du cabinet avec l'extérieur. La réception téléphonique est le premier contact du client avec le cabinet. Pour assurer une réception de qualité, les règles suivantes peuvent être appliquées :

– le téléphone ne doit pas sonner plus de trois ou quatre fois avant d'être décroché (les systèmes de décrochage automatique qui font ensuite attendre le client ne sont pas conseillés) ;

– la personne qui reçoit l'appel doit toujours prendre un message et ne doit jamais demander à son interlocuteur de rappeler plus tard ;

– la personne qui reçoit l'appel ne doit pas demander à un client régulier et connu d'épeler son nom lorsqu'elle prend le message.

CERTAINES PHRASES sont à proscrire comme « Je vais voir s'il peut vous prendre » qui laisse entendre que l'avocat est disponible pour certains appels mais pas pour d'autres. Les formules et phrases que le cabinet décide d'employer pour l'accueil téléphonique doivent être définies et portées à la connaissance de toutes les personnes susceptibles de prendre des appels.

Les secrétaires et réceptionnistes doivent aussi être formées à l'accueil des clients quand ceux-ci viennent au cabinet. Il faut toujours inviter le client à se débarrasser de son manteau et également lui proposer un café ou un verre d'eau. Lorsque cela est possible, il est préférable d'accompagner le client, dès son arrivée, dans la salle où doit avoir lieu sa réunion plutôt que de le faire attendre dans un espace d'attente commun.

Plutôt que d'employer son propre personnel d'accueil, les cabinets peuvent recourir aux services des agences d'hôtesses qui proposent des services d'accueil en entreprise. Ces personnes, généralement bien formées, se fondent dans le personnel du cabinet. Les avantages de recourir à de tels services sont la souplesse sans les contraintes du droit du travail et le remplacement immédiat en cas d'absence de la personne habituelle.

452.32 Exigences de la fonction de secrétaire dans un cabinet d'avocats. Les avocats n'ont pas toujours les points de comparaison nécessaires pour apprécier la difficulté du métier de secrétaire d'avocat.

L'expérience au sein d'un cabinet d'avocats est une des meilleures expériences qu'une secrétaire puisse faire valoir sur son *curriculum vitae* (CV). Les secrétaires d'avocats sont un profil particulièrement recherché par les entreprises ou les sociétés d'intérim.

Le stress, les délais, la longueur des documents, l'orthographe... les exigences d'un cabinet d'avocat sont grandes. Lorsqu'un avocat a la chance d'avoir une bonne secrétaire, il doit faire en sorte de la garder.

Habitués à travailler sans compter leurs heures avec un niveau très élevé d'exigence professionnelle, les avocats ne mesurent pas toujours l'ampleur des efforts faits par leurs secrétaires alors que ceux-ci ou celles-ci dépassent souvent le cadre de leur devoir contractuel[1].

452.33 **Recrutement d'une secrétaire d'avocat.** Il est indispensable de commencer par définir le besoin précis du cabinet. Le poste à pourvoir est-il un poste qui requiert une expérience des cabinets d'avocats : utilisation de la clé RPVA, préparation des dossiers de plaidoiries, respect de délais... ou s'agit-il de fonctions de secrétariat plus classiques comme l'accueil, la frappe de documents ou le besoin est-il surtout administratif (paiement des fournisseurs, suivi des encaissements...) ?

Beaucoup de cabinets recherchent des personnes avec une grande polyvalence pour répondre à l'ensemble de ces besoins. Ce n'est pas toujours très réaliste. Il faut donc analyser de près quelles sont les tâches qui ont impérativement besoin d'être déléguées et quelles sont celles qui peuvent être assumées par les avocats du cabinet.

Avec l'allégement de son travail de dactylographie, la secrétaire d'un cabinet d'avocats a vocation à concentrer davantage de temps à des tâches à plus grande valeur ajoutée. Son expérience du maniement des actes de procédure doit servir à former les collaborateurs aux détails pratiques du métier. Elle doit aussi jouer un rôle dans le suivi des procédures administratives du cabinet en s'assurant que celles-ci sont respectées par tous les avocats : suivi des feuilles de temps, refacturation des frais, bonne tenue des dossiers.

SECTION 4
AUTRES FONCTIONS ADMINISTRATIVES ET TECHNIQUES

452.41 **Internalisation ou externalisation des fonctions administratives et techniques.** Chaque cabinet est amené à s'interroger au cours de son développement sur les fonctions qui pourraient être internalisées pour une plus grande efficacité ou qui doivent être confiées à des prestataires extérieurs. Les principales fonctions concernées par ces décisions sont la comptabilité, l'informatique, le marketing et la communication, les ressources humaines.

Les critères du cabinet pour l'internalisation des tâches administratives seront d'abord objectifs quantifiables :

- l'effectif du cabinet ;
- les ressources disponibles.

Les critères seront aussi humains et organisationnels :

- Quelles sont les compétences disponibles en interne pour effecteur certaines tâches administratives et techniques ?
- Quelles sont les personnes qui disposent de temps pouvant être consacré à des tâches administratives ou techniques ?
- Quels sont les aspects de l'organisation du cabinet qui souffrent d'un manque de ressources humaines ?

452.42 **Fonctions administratives et techniques intégrées en fonction de l'effectif.** Le tableau suivant donne une indication des besoins du cabinet impliquant du personnel non-avocat en fonction de son effectif (associés et collaborateurs). Selon la taille du cabinet, ces fonctions peuvent être confiées à des prestataires extérieurs ou seront exercées par des salariés du cabinet employés à cette fin.

ORGANISATION DES FONCTIONS ADMINISTRATIVES ET TECHNIQUES EN FONCTION DE L'EFFECTIF DU CABINET

Besoins du cabinet en fonction de son effectif (associés et collaborateurs)	Fonctions externalisées	Fonctions internalisées à temps partiel	Fonctions internalisées à temps plein
1 à 5 avocats	• Comptabilité • Informatique		
6 à 15 avocats	• Documentation • Informatique • Communication et marketing	Comptabilité	
16 à 30 avocats	• Informatique • Communication et marketing	Documentation	Comptabilité
31 à 50 avocats		• Communication et marketing • Informatique	• Comptabilité • Documentation
+ de 50			• Comptabilité • Documentation • Communication et marketing • RH

1. G. Vassalo, « Support staff is vital for a thriving law firm », *Michigan Lawyers Weekly* 19 mars 2006.

Le tableau ci-dessus ainsi que ceux qui suivent contiennent des informations données à titre indicatif. Ces informations reposent sur des moyennes tirées d'une observation des pratiques de nombreux cabinets de tailles et de profils différents. En fonction de leurs priorités et de leurs caractéristiques particulières, des cabinets peuvent être amenés à faire d'autres choix d'organisation.

452.43 **Comptabilité.** Il est vivement recommandé de recourir aux services d'un expert-comptable même pour les petites comptabilités BNC.

Selon la taille du cabinet et de son effectif salarié, la mission de l'expert-comptable peut varier. Si le cabinet dispose de peu de ressources internes, l'avocat ne doit pas passer des heures à des tâches qui seront mieux et plus vite exécutées par l'expert-comptable ou le personnel de ce dernier. Il faut prévoir un mode opératoire qui demande le moins d'effort et de temps à l'avocat. Le temps de l'avocat sera mieux employé à conseiller et à facturer les clients qu'à saisir des dépenses dans un fichier.

452.44 **Documentation**[1]. Les choix d'organisation du cabinet concernant la documentation seront essentiellement fonction de l'effectif du cabinet mais aussi de l'importance accordée par les associés à ces questions.

ORGANISATION DE LA FONCTION DOCUMENTATION SELON L'EFFECTIF DU CABINET

Effectif du cabinet (associés et collaborateurs)	Prestations et ressources nécessaires pour la documentation
1 à 5 avocats	Gestion des abonnements et des achats Veille Géré en interne
6 à 15 avocats	Gestion des abonnements et des achats Veille Organisation de modèles Intervention d'un Documentaliste pour des missions ponctuelles (quelques jours par an)
16 à 30 avocats	Gestion des abonnements et des achats Veille personnalisée, mise en place de flux Organisation de modèles et d'une base KM Documentaliste à temps partiel
30 à 60 avocats	Gestion des abonnements et des achats Veille personnalisée, mise en place de flux Organisation de modèles et d'une base KM Recherches personnalisées Mise en place d'une GED Documentaliste à plein-temps
+ de 60 avocats	Prestations : *idem* Deux documentalistes (une personne confirmée et un assistant) à plein-temps

1. V. s[s] n°s 434.11 s.

452.45 **Informatique**[2]. L'organisation du cabinet en matière de prestations informatiques sera dépendante du nombre d'avocats mais aussi du nombre de postes de travail.

ORGANISATION DE LA FONCTION INFORMATIQUE SELON L'EFFECTIF DU CABINET

Effectif du cabinet (associés et collaborateurs)	Prestations et ressources nécessaires pour l'informatique
1 à 30 avocats	Installation de nouveaux postes, mises à jour Maintenance du réseau du cabinet Assistance et dépannage Prestataire externe avec contrat de maintenance, intervention à distance et intervention sur site
30 à 50 avocats	Aides au choix de matériel, commandes Installation de nouveaux postes, mises à jour Maintenance du réseau du cabinet Assistance et dépannage Dialogue avec prestataires extérieurs (téléphonie, logiciels utilisés par le cabinet) Développement de bases de données, de systèmes de classement et de partage d'informations Gestion des accès et de la sécurité Un responsable informatique avec des connaissances en matière d'utilisation de logiciels et de développement possibilité de temps partiel
+ de 50 avocats	Prestations : *idem* Directeur des services informatiques (DSI) à plein-temps

452.46 **Communication et marketing**[3]. Les fonctions communication et marketing peuvent être assurées par le directeur du business development[4].

Si cette fonction n'existe pas au cabinet, les fonctions de marketing et de communication sont externalisées auprès d'agences spécialisées. Dans un cabinet d'avocats, les tâches de communication consistent à :

- assurer une diffusion large de toute l'actualité du cabinet : arrivée de nouveaux avocats, opérations notables sur lesquelles intervient le cabinet ;
- diffuser sur les supports du cabinet une actualité juridique et des commentaires de nature à faire connaître les expertises du cabinet et de ses avocats ;
- placer les articles écrits par les avocats du cabinet dans des supports de presse juridique, économique ou spécialisée ;
- obtenir des entretiens des avocats du cabinet dans différents supports ;
- organisation d'évènements/participation à des évènements de nature à promouvoir le cabinet.

2. V. s[s] n°s 455.21 s.
3. Sur les prestataires en matière de communication et de marketing, v. s[s] n°s 382.11 s.
4. V. s[s] n° 452.26.

En plus de ces tâches, le cabinet portera une attention particulière à la manière dont toutes ces informations sont relayées. En effet, dans la mesure du possible, chaque information devra être reprise par chacun des membres du cabinet afin d'en assurer la diffusion la plus large.

La personne en charge de la communication veillera aussi à la mise à jour du site Internet du cabinet, premier relais de l'information diffusée.

ORGANISATION DE LA FONCTION MARKETING ET COMMUNICATION SELON L'EFFECTIF DU CABINET

Effectif du cabinet (avocats et collaborateurs)	Prestations et ressources nécessaires pour la communication et le marketing
Jusqu'à 30 avocats	Internalisation des tâches courantes assurées par les salariés ou avocats du cabinet (pas de fonction marketing dédiée) ou externalisation de ces tâches pour un forfait mensuel (mise à jour du site, diffusion sur profils LinkedIn des associés) Recours ponctuels à du conseil en marketing et en communication dans le cadre de missions spécifiques Forfait possible avec une agence de relations presse en fonction de l'activité du cabinet
Au-delà de 30 avocats	Un responsable marketing et communication en interne (temps partiel possible). Certaines des responsabilités peuvent être partagées avec le responsable/directeur du *business development* si cette fonction existe dans le cabinet. Recours ponctuels à des prestataires externes

452.47 Ressources humaines[1]. Les cabinets disposant d'un effectif important en avocats et en personnel salarié pourront intégrer dans leur effectif un salarié en charge des ressources humaines du cabinet. Cette fonction est rare dans les cabinets de moins de 70 personnes.

1. Sur la fonction de secrétaire général, v. s^{s} n°s 452.21 s.

CHAPITRE

453. Gestion comptable et financière

SECTION 0
ORIENTEUR

453.00 **Sommaire du chapitre.**

SECTION 1
SPÉCIFICITÉ DE LA GESTION COMPTABLE ET FINANCIÈRE DU CABINET D'AVOCAT

453.11 **Coexistence de plusieurs régimes sociaux et fiscaux.** La première particularité de la gestion comptable et financière des cabinets d'avocats est la coexistence de plusieurs régimes liés aux choix que l'avocat peut faire concernant son mode d'exercice [1].

Selon le mode d'exercice de l'avocat, il pourra être soumis à :

– Trois régimes fiscaux :

• bénéfices non commerciaux (BNC) pour l'individuel ou avocat associé de sociétés de personnes soumis à l'impôt sur le revenu (IR) et déclaration dans la catégorie des BNC pour les associés de SEL depuis l'instruction fiscale du 15 décembre 2022 à partir des revenus 2023 [2] ;

• traitements et salaires pour les gérants minoritaires et les associés soumis à un lien de subordination ;

• rémunération de gérant majoritaire de SELARL et co-gérants majoritaires soumis à l'article 62 du code général des impôts lorsque les revenus au titre de la gérance et au titre de l'activité ne peuvent être distingués.

– Deux régimes sociaux :

• régime TNS pour tous les associés sauf existence d'un lien de subordination ;

• régime Génaral pour les gérants minoritaires de SELARL, les associés ayant un lien de subordination et les mandataires sociaux de SELAS rémunérés au titre de leur mandat social.

– Deux régimes comptables :

• comptabilité d'encaissements pour les individuels BNC, les sociétés de personnes soumises à l'IR, les AARPI et les SELARLU n'ayant pas opté pour l'IS ;

• comptabilité d'engagements ou comptabilité commerciale pour les sociétés d'exercice libéral soumises à l'IS ou pour les sociétés de personnes ou AARPI ayant opté pour l'impôt sur les sociétés (IS).

453.12 **Enjeux des choix fiscaux et sociaux.** Jusqu'à l'introduction des sociétés d'exercice libérales instituées par la loi du 31 décembre 1990, la profession n'avait pas à se préoccuper des différences entre les différents régimes sociaux et fiscaux.

C'est avec les sociétés d'exercice libéral que les avocats ont commencé collectivement à prendre conscience de l'importance et des enjeux de la comptabilité, de la gestion financière de leurs structures et de l'intérêt qu'il y avait à rechercher les arbitrages les plus avantageux.

1. Sur les régimes fiscaux, sociaux et comptables des différentes structures d'exercice, v. s[s] n°s 221.41 s.

2. RSA – GER ; BNC – DECLA ; RSA – BNC – Régime d'imposition des rémunérations perçues par les associés des sociétés d'exercice libéral au titre de l'exercice d'une activité libérale au sein de ces sociétés – Jurisprudences (CE, décis. 16 oct. 2013, n° 339822 et CE, décis. 8 déc. 2017, n° 409429), 15 déc. 2022.

La généralisation des SEL, l'utilisation de plus en plus répandue des sociétés holdings (SPFPL), l'accès à l'ensemble de l'ingénierie en matière de droit des sociétés sont autant d'outils et de facteurs qui poussent les avocats à rechercher les solutions qui leur sont les plus avantageuses en fonction de leur taux d'imposition, de leur situation patrimoniale personnelle ou de toute autre spécificité inhérente à leur situation.

L'exemple le plus courant de ces réflexions est l'arbitrage entre rémunération d'activité et dividendes pour les associés de SEL.

453.13 Absence de fonds propres. Les règles traditionnelles de comptabilité se caractérisent par la nécessaire maîtrise des fonds propres de l'entreprise. Ceux-ci sont à la fois un élément de la valorisation d'une entreprise mais également une mesure de sa santé et de sa solvabilité, d'où les règles de dissolution, de réduction du capital et de reconstitution des fonds propres prévues par l'article 223-42 du code de commerce.

Or, l'entreprise libérale et le cabinet d'avocats en particulier disposent généralement de peu de fonds propres, les associés ayant tendance à vouloir appréhender le résultat. La capitalisation de ces sociétés est souvent symbolique et la distribution systématique de l'excédent d'exploitation aux associés laisse la société sans fonds propres ni réserves.

Le principal objectif de la gestion comptable et financière du cabinet d'avocats sera en conséquence d'introduire une dimension prévisionnelle et prudentielle dans la gestion du cabinet pour que ce dernier puisse à la fois maîtriser sa croissance et se protéger d'éventuels aléas.

SECTION 2
BUDGETS ET TABLEAUX DE BORD

453.21 Statistiques de l'ANAFAGC. L'association nationale d'assistance administrative et fiscale des avocats (Anaafa) devenue ANAFAGC est une association de gestion et de comptabilité (AGC inscrite à l'Ordre des experts-comptables). Elle a été pendant des décennies l'association de gestion agréée la plus utilisée par les avocats. Elle compte plus de 18 000 clients.

L'ANAFAGC publie chaque année des statistiques de gestion qui sont des indicateurs précieux pour la gestion et le pilotage du cabinet. En effet, à partir des éléments recueillis dans les déclarations de tous ses adhérents, l'ANAFAGC crée des graphiques et des tableaux de bord qui peuvent servir de références, notamment en ce qui concerne le niveau des charges du cabinet.

Ainsi, pour l'ensemble des structures d'exercice en 2020, la répartition des charges de la structure hors postes de charges personnelles des associés étaient[1] :

STRUCTURES D'EXERCICE RÉPARTITION DES CHARGES PAR RAPPORT AU TOTAL CHARGES + HONORAIRES RÉTROCÉDÉS – 2020

Frais de personnel	25,8 %
Loyers et charges locatives	17,1 %
Honoraires rétrocédés	13,3 %
Autres frais de gestion	12,4 %
Travaux, fournitures et services extérieurs	9,8 %
Charges sociales personnelles	7,7 %
Frais de transport	4,70 %
Impôts et taxes	3,4 %
Location de matériel et de mobilier	2,5 %
Frais de réception	1,7 %
Frais financiers	0,8 %
Autres achats	0,7 %

Source : Statistiques ANAFAGC – Maître Hors Série – édition 2021.

Toujours selon les statistiques de l'ANAFAGC, le niveau de charges sur recettes brutes est de 59 % pour l'ensemble des cabinets dont la comptabilité est traitée par elle.

Sur ces 59 % de charges, le loyer et charges locatives compte en moyenne pour 7,7 %, les honoraires rétrocédés (collaborateurs) pour 11,4 % (à Paris 17 %), les frais de personnel (charges sociales comprises) représentent 17,7 % (contre 10 % à Paris).

453.22 Compte de résultat prévisionnel. Ce document[2] constitue le premier outil de gestion budgétaire et prévisionnelle du cabinet[3]. Il pourra être tenu de manière glissante, par exemple sur quatre trimestres glissants, ou d'une année sur l'autre en prenant le temps de le réaliser au moins trois à quatre mois à l'avance.

Les budgets qui seront établis pour les postes de dépenses permettront d'adapter les rémunérations distribuées aux associés après la finalisation des comptes de l'exercice écoulé. Le compte de résultat prévisionnel pourra aussi être adapté en fonction des écarts entre les prévisions et la réalité opérationnelle, notamment en ce qui concerne les recettes.

1. ANAAFAGC, « Statistiques de la profession », *Maître Hors-série*, oct. 2021.
2. Qui fait aussi partie des éléments du *business plan* lors de la création du cabinet, v. s[s] n° 111.42.
3. Pour un exemple de compte de résultat prévisionnel pour une société soumise à l'IS : v. s[s] n° 512.2.

Cet instrument doit être utilisé à la fois comme un instrument de pilotage, d'anticipation et aussi d'analyse. Tous les écarts qui surviendront entre les prévisions et la réalité devront être expliqués et compris. Cette recherche d'explications doit alors permettre de mettre en place les ajustements ou les mesures correctives nécessaires.

453.23 **Plan de trésorerie.** Le plan ou tableau de trésorerie[1] donne au budget prévisionnel sa dimension chronologique. Il va donner au cabinet une visibilité sur les dates des encaissements et des dépenses. Le cabinet se servira de ce tableau pour savoir quand intensifier ses efforts de recouvrement des créances non encaissées et éventuellement à étaler le paiement de certaines de ses dépenses. Sur le plan de la trésorerie, le cabinet se caractérise par le fait que ses charges (dont les principales sont les rétrocessions, les salaires, les charges sociales et le loyer) sont dues à des échéances fixes et régulières. Parallèlement, la facturation et les encaissements ne connaissent pas la même régularité. Dans la plupart des cabinets, le dernier trimestre de l'année est très actif alors que les périodes de vacances scolaires, en particulier l'été, engendrent des ralentissements aussi bien pour la facturation que pour les encaissements.

Pour réaliser son plan de trésorerie, le cabinet se fondera sur l'observation des exercices antérieurs avec une attention particulière sur les schémas de comportement de ses différents clients ou types de clients en ce qui concerne les délais de paiement.

453.24 **Calcul de point mort.** Ce calcul est le corollaire du compte d'exploitation prévisionnel. Il consiste à additionner toutes les charges fixes, les charges variables et la rémunération minimale souhaitée par les associés. Cette somme correspondra au seuil minimal de facturation, point mort, devant être atteint par le cabinet[2].

Ce point mort peut aussi servir à calculer un taux horaire théorique plancher pour le cabinet[3].

453.25 **Autres indicateurs de gestion.** Les tableaux et outils de la gestion comptable et financière doivent être utilisés parallèlement à un certain nombre d'indicateurs du fonctionnement courant du cabinet. Ces indicateurs seront fournis par le logiciel de gestion du cabinet ou par le logiciel de comptabilité :

– Indicateurs comptables :
- compte client ;
- état des dettes.

– Indicateurs de production :
- facturation ;
- facturation par client/dossier ;
- facturation par avocat.

SECTION 3
GESTION ET RENTABILITÉ

453.31 **Suivi de la production.** Alors que ces charges sont prévisibles et souvent connues d'avance, la variable du fonctionnement du cabinet est sa production. Un pilotage efficace de la production sera mis en place et aura des effets bénéfiques immédiats sur la rentabilité du cabinet[4].

L'objectif du suivi de la production est de corriger les décalages entre le temps travaillé facturable et le temps effectivement facturé. Toutes les déperditions d'heures facturables travaillées non facturées devront être identifiées et corrigées.

Les ratios de production les plus pertinents sont :

– temps de travail théorique du cabinet/Temps facturé par le cabinet ;

– temps travaillé du cabinet/Temps facturé par le cabinet ;

– factures émises par le cabinet (et dues)/Factures recouvrées ;

– temps de travail théorique de l'avocat/Temps facturé par l'avocat ;

– temps travaillé par avocat/Temps facturé par avocat ;

– temps consacré travaillé pour un client ou dossier/Temps facturé sur le client ou dossier ;

– temps travaillé du cabinet/Heures non facturables travaillées ;

– temps travaillé de l'avocat/Heures non facturables travaillées par l'avocat.

Le suivi du temps travaillé facturable non facturé est sans doute la dimension la plus importante du suivi de la production. L'illustration typique de ce problème est la correction par l'associé des projets de factures avant leur envoi au client. L'associé demande que lui soit remis un projet de facture avec le décompte du temps passé dans le dossier concerné. Si le total des heures travaillées, facturées aux différents taux des avocats qui sont intervenus, excède ce que l'associé estime devoir ou pouvoir facturer à son client, il procédera à la correction de la facture en indiquant un montant inférieur. La personne en charge de préparer la facture ne doit pas modifier le nombre d'heures comptabilisées dans le logiciel de gestion pour que celles-ci coïncident avec le montant total de la facture souhaité par l'associé. Sinon, il y a alors de risque de fausser la production du cabinet en

1. Pour un exemple de plan de trésorerie, v. s^s^ n° 512.3.
2. Sur le calcul du point mort, v. s^s^ n°s 321.52 s.
3. Sur le calcul du taux horaire du cabinet, v. s^s^ n° 442.34.
4. Sur les actions sur la rentabilité, v. aussi s^s^ n°s 321.11 s.

remplaçant les données réelles par des données modifiées. Si les premières données ne sont pas conservées, le cabinet perd toute trace de sa production réelle et il fausse la lecture de sa rentabilité.

Les logiciels employés par les cabinets peuvent en général être paramétrés ou utilisés de manière à conserver la trace de cette production « supprimée ».

453.32 **Actions correctives sur la rentabilité**[1]. Les actions correctives sur la rentabilité et la productivité concernent :

- la saisie des temps[2] ;
- les critères de choix des clients et des dossiers[3] ;
- la distribution du travail au sein du cabinet et la délégation[4] ;
- les procédures internes du cabinet[5].

SECTION 4
GESTION FINANCIÈRE ET FISCALE

453.41 **Inscription à l'actif professionnel.** L'inscription ou non d'un bien au registre des immobilisations, va emporter des conséquences au regard de l'amortissement et de la déduction des charges. En effet, l'intégralité des charges se rapportant aux éléments d'actifs est déductible. Dans le cas contraire, seuls les frais correspondant, notamment pour les biens immobiliers, aux charges locatives, entretiens et réparations courantes, sont déductibles à l'exclusion des frais d'acquisition et des amortissements[6].

453.42 **Déduire ou amortir.** Le bénéfice imposable de l'avocat est déterminé en tenant compte des dépenses nécessitées par l'exercice de la profession, plus généralement elles doivent avoir le caractère de charges nécessaires à l'acquisition du revenu.

Les dépenses ne doivent pas avoir de caractère personnel ni résulter d'opérations étrangères à l'exercice normal de la profession. Elles doivent avoir été effectivement payées au cours de l'année d'imposition[7].

Les dépenses doivent présenter le caractère de charge déductible. Ce qui n'est pas le cas des amendes pénales (PV de stationnement, par ex.), des pénalités de recouvrement et d'assiette des impôts et taxes, des dépenses ayant le caractère de placement, des dépôts de garantie ou de cautionnement, des dépenses d'acquisition d'immobilisations. Bien évidemment, ces dépenses prises en compte pour leur montant réel (une évaluation forfaitaire est toutefois admise pour les frais de voiture et de moto), doivent être appuyées de pièces justificatives (autrement dit, de factures ou de notes dûment identifiées). Les simples tickets de caisse, de même que les tickets de cartes bancaires ne constituent pas, à eux seuls, des pièces justificatives.

En cas de contestation du caractère déductible des dépenses par l'administration fiscale, la charge sera immédiatement réintégrée au bénéfice de l'avocat, venant ainsi augmenter son impôt sur le revenu, sans oublier les pénalités et intérêts de retard, le tout étant non déductible. En cas d'exercice dans une structure à l'impôt sur les sociétés, le rehaussement sera supporté par cette dernière et seul le résultat distribuable sera éventuellement impacté[8].

453.43 **Dépenses déductibles du cabinet.** Les principaux postes de dépenses du cabinet d'avocat sont :

- les frais de personnel (salaires, charges et avantages en nature) ;
- les rétrocessions d'honoraires aux collaborateurs ;
- les loyers et les charges locatives (voir *infra*) ;
- la location ou crédit-bail sur le matériel bureautique, informatique, téléphonie... ;
- le chauffage, l'eau, l'électricité ;
- les primes d'assurance (assurance des locaux professionnels, assurance responsabilité civile professionnelle) ;
- les frais de véhicule professionnel (voir *infra*) ;
- les frais de déplacement, les frais de voyage et d'hébergements (taxi, avion, hôtel, restaurant, etc.) ;
- les frais de représentation engagés pour des motifs d'ordre strictement professionnels (frais de formation, les frais de restaurant correspondant au repas d'affaires ou pris dans le cadre de voyages professionnels, l'achat de la robe d'avocat à l'exclusion de tous les frais liés à la garde-robe) ;
- les charges sociales personnelles ;
- les autres frais de cotisations ;
- les impôts, les taxes (contribution économique territoriale, taxe foncière si le local est inscrit au registre des immobilisations, taxe d'habitation pour la part afférente à l'utilisation professionnelle, taxe sur les véhicules de société) ;
- la documentation ;
- les fournitures de bureau, petit matériel, affranchissement ;

1. Sur ce thème aussi, v. s[s] n°s 321.11 s. et sur la facturation, v. s[s] n°s 442.11 s.
2. V. s[s] n°s 311.41 s.
3. V. s[s] n°s 321.12 s.
4. V. s[s] n°s 321.31 s.
5. V. s[s] n°s 322.11 s.
6. E. Badin, « Les petites optimisations fiscales de la gestion du cabinet », *D. avocats*, n° 11, 2014.
7. Conformément à CGI, art. 93,1) ; mod. par L. n° 2014-1655, 29 déc. 2014 de finances rectificative pour 2014, *JO* 30 déc., p. 22898.
8. E. Badin, « Les petites optimisations fiscales de la gestion du cabinet », *D. avocats*, n° 11, 2014.

– les dépenses d'entretien et de réparation du matériel, du mobilier professionnel, que les biens soient inscrits ou non au registre des immobilisations. Les nouveaux agencements, l'aménagement (au-delà de la simple remise en état) ou la transformation d'installations existantes ne sont pas des charges déductibles mais sont à immobiliser.

Les dépenses qui donnent naissance à une immobilisation corporelle ou incorporelle, ne sont pas des charges déductibles, elles le seront sous forme d'amortissements, et seulement si l'immobilisation se déprécie avec le temps. L'amortissement n'est possible que si le bien est inscrit à l'actif professionnel (registre des immobilisations). L'amortissement est en principe linéaire, caractérisé par la détermination d'annuités constantes qui viennent en déduction du résultat imposable de chaque exercice. La méthode de l'amortissement par composant, qui vise à scinder la valeur de la structure et des composants, concerne principalement les immeubles inscrits au registre des immobilisations.

Certains éléments, tels que le matériel informatique, les photocopieurs, peuvent faire l'objet d'un amortissement dégressif. Cette méthode permet aux cabinets de reconstituer et donc de renouveler plus rapidement leurs équipements car elle se traduit par une prise en compte plus importante par rapport au linéaire de la dépréciation des actifs au cours de premières années d'utilisation. Toutefois, en ce cas, les biens doivent avoir été acquis à l'état neuf et la durée normale d'utilisation doit être inférieure à trois ans[1].

Les dépenses d'acquisition de logiciels et de site internet peuvent quant à elles faire l'objet d'un amortissement exceptionnel sur douze mois.

453.44 Investissements du cabinet. En matière d'investissements, le cabinet d'avocats est confronté à une double difficulté : l'absence de culture d'investissement dans les cabinets d'avocats et l'absence de liquidités. Plus le cabinet est petit, plus ceci est vrai.

Sur le premier point, les avocats ont déjà des difficultés à investir du temps dans le développement du cabinet, ils en ont au moins autant s'agissant d'investir leur argent. En effet, quel que soit le mode d'exercice, la personnalité de l'avocat et celle de son cabinet sont si étroitement liées que l'argent de la structure et celle des associés se confondent. Ayant l'habitude d'envisager sa rémunération comme étant le résultat d'exploitation constitué par les recettes après déduction de toutes les charges fixes du cabinet, toute somme susceptible d'être investie est assimilée à un effort personnel de l'avocat et non de la structure. Cette perception est la conséquence logique de la fiscalité des BNC qui impose entre les mains de l'avocat sa quote-part de la différence recettes-charges que celle-ci ait été effectivement distribuée ou non. Ceci explique pourquoi il sera plus aisé pour l'avocat de commencer à envisager la notion d'investissement s'il exerce dans une structure soumise à l'IS avec une comptabilité commerciale.

Lorsque l'avocat exerce en SEL ou dans une société de personnes soumises à l'IS, il n'est imposé que sur le revenu qui lui est affecté au titre de ses activités d'avocat ou de ses fonctions de gérant (SELARL) dans la structure ou qui lui est distribué sous la forme de dividendes. Ce régime fiscal permet non seulement de mieux faire la différence entre les fonds de la structure et les fonds de l'avocat, elle permet aussi aux sommes non distribuées de bénéficier d'une fiscalité favorable et de ne pas tomber dans l'assiette des sommes assujetties à l'impôt sur le revenu et aux charges sociales des associés.

453.45 Véhicule professionnel. L'optimisation du véhicule professionnel de l'avocat passe par un certain nombre de choix allant de la catégorie de véhicule, au mode de détention et mode de financement.

Le véhicule de tourisme immatriculé « VP » sur la carte grise a souvent les préférences de l'avocat. Toutefois, il faut savoir que la TVA ne peut en aucun cas être récupérée ni sur le prix d'acquisition, ni sur les dépenses de réparation ou d'entretien. Depuis 2022, la TVA est déductible à 80 % sur l'essence et le gazole pour les véhicules de tourisme.

Le mode de financement du véhicule a un impact fiscal. En dehors de l'autofinancement supposant des liquidités propres, l'emprunt, le crédit-bail ou la location longue durée sont des voies alternatives. Lorsque le professionnel souscrit un emprunt et, à condition que le véhicule soit inscrit au registre des immobilisations, les intérêts d'emprunt sont déductibles sans limite ou en cas d'usage mixte à hauteur de la seule part professionnelle. Le crédit-bail permet un financement à 100 % et les loyers sont déductibles. Il n'y a pas d'amortissement des véhicules en LLD ou en crédit bail puisque c'est l'établissement financier qui en est propriétaire.

L'avocat doit alors décider de l'affectation de son véhicule, soit le conserver dans son patrimoine privé, quand bien même il serait utilisé à titre professionnel, soit l'affecter à son actif professionnel.

En tout état de cause, il est impératif de conserver tous les justificatifs des frais payés, de comptabiliser les dépenses et de déterminer le coefficient d'utilisation professionnel du véhicule utilisé. Si le véhicule est maintenu dans le patrimoine privé, seules les charges d'utilisation courante sont déductibles (carburant, entretien courant et petites réparations). En

1. CGI, annexe II, art. 22 – *BOI*-BIC-AMT-20-20-20-10-20120912.

cas d'inscription au patrimoine professionnel, toutes les charges qui s'y rapportent sont déductibles (amortissement du véhicule, intérêts d'emprunt, taxe sur les véhicules de société, etc.) dans la limite de l'usage professionnel.

L'amortissement se calcule d'une manière générale sur une durée de cinq ans sur le prix d'acquisition TTC pour les véhicules de tourisme et HT pour les utilitaires. L'amortissement est fonction de la pollution et de la date de mise en circulation. La fraction de l'amortissement déductible fiscalement va de 30 000 euros pour les véhicules émettant moins de 20 g de CO_2/km à 9 900 euros pour les plus polluants, qui émettent plus de 130 g de CO_2/km. Les véhicules électriques peuvent être amortis sur 12 mois et profitent du plafond d'amortissement le plus élevé, à savoir 30 000 euros. Pour les véhicules mis en circulation avant 2017, le plafond d'amortissement est limité à 18 300 euros même pour les véhicules les moins polluants.

En principe, les frais de voiture automobile sont déductibles d'après leur montant réel et justifié. Toutefois, l'avocat propriétaire du véhicule (que les véhicules soient inscrits ou non au registre des immobilisations) peut opter pour le barème forfaitaire publié chaque année par l'administration à l'intention des salariés[1]. Ce barème s'applique aussi aux véhicules pris en location ou en crédit-bail à condition que les loyers ne soient pas portés en charges[2].

L'option est annuelle et globale et concerne tous les véhicules utilisés à titre professionnel. En cas d'exercice en société, le même mode de comptabilisation doit être retenu pour l'ensemble des associés et du parc automobile. L'évaluation forfaitaire des frais de voiture est plafonnée à 7 CV et ce, même si l'avocat utilise un véhicule plus puissant[3].

Le barème forfaitaire couvre notamment la dépréciation du véhicule, les frais d'entretien et de réparation, les dépenses de pneumatiques, le carburant et les primes d'assurance. Les frais de garage, de stationnement et de péages d'autoroutes sont déduits pour leur montant réel dans la limite de leur utilisation professionnelle, ainsi que les intérêts d'emprunt lorsque le véhicule est inscrit au registre des immobilisations.

L'année 2022 a vu une modification du régime de la taxe sur les véhicules de société (TVS), remplacée à compter du 1er janvier par deux nouvelles taxes : la taxe annuelle sur les émissions de CO_2 et la taxe annuelle sur les émissions de polluants atmosphériques[4]. Celles-ci sont dues par les sociétés ayant leur siège social ou un établissement en France, lorsqu'elles possèdent, utilisent ou louent des voitures particulières ou à usages multiples (notamment celles portant la mention VP sur le certificat d'immatriculation). Les voitures électriques ne sont pas soumises à ces taxes.

Les voitures hybrides et électriques profitent de l'exonération de la taxe sur les taux d'émissions de CO_2.

453.46 Crédits d'impôts. Certaines des dépenses engagées par l'avocat peuvent participer à la rentabilité du cabinet, non pas en réduisant l'assiette fiscale ou sociale mais en réduisant l'impôt à payer. En effet, les crédits d'impôt s'imputent sur le montant de l'impôt dû, l'excédent étant restitué ou constituant une créance sur le Trésor remboursable à l'issue d'un certain délai. Les avocats peuvent ainsi bénéficier du crédit d'impôt formation pour les formations rémunérées suivies dans le cadre de l'activité professionnelle de l'avocat. Il est égal au produit du nombre d'heures de formation (limité à 40 par cabinet) par le taux horaire du SMIC au 31 décembre de l'année.

L'optimisation fiscale ne tient pas à la construction occasionnelle d'une opération fiscale. Elle doit être le fruit d'une attention régulière. Pour ce, l'avocat averti doit d'abord s'efforcer de maîtriser les principales notions de sa comptabilité, puis de se tenir à jour des évolutions fiscales et sociales dans un environnement en perpétuelle mutation.

1. *BOI*-BAREME-000001.
2. Les utilisateurs de véhicules loués ou pris en crédit-bail peuvent apprécier les dépenses de carburant afférentes à ces véhicules, au moyen du barème forfaitaire applicable aux exploitants relevant du régime simplifié d'imposition des bénéfices industriels et commerciaux (BIC).
3. BOFIP *BOI*-BNC-BASE-40-60-40-20-20120912 au II.
4. CGI, art. 1010 à 1010 *nonies* – *BOI*-TFP-TVS-10-30-20180606.

CHAPITRE

454. Locaux du cabinet

SECTION 0 ORIENTEUR

454.00 **Sommaire du chapitre.**

SECTION 1 RÈGLES APPLICABLES AU DOMICILE PROFESSIONNEL DE L'AVOCAT

454.11 **Domicile professionnel et bureaux secondaires.** Hormis une référence au domicile professionnel de l'avocat[1] au paragraphe 2 de l'article 5 de la loi du 31 décembre 1971[2] et l'article 165 du décret du 27 novembre 1991[3] qui prévoit simplement que l'avocat est tenu d'établir son domicile professionnel dans le ressort du tribunal judiciaire dans lequel il est établi, les règles relatives au domicile professionnel de l'avocat reposent essentiellement sur les traditions de l'Ordre et les principes essentiels de la profession.

L'article 15.1 du RIN dispose que l'avocat doit exercer son activité professionnelle dans des conditions matérielles conformes aux usages et dans le respect des principes essentiels de la profession. Il doit aussi veiller au strict respect du secret professionnel et justifier d'une adresse électronique.

L'article 15.2[4] traite du cabinet principal et reprend les termes de l'article 165 du décret. L'avocat est inscrit au tableau du barreau dans le ressort duquel il a déclaré établir son cabinet principal. Le cabinet principal doit répondre aux conditions générales du domicile professionnel et correspondre à un exercice effectif.

Le conseil de l'Ordre peut autoriser à titre temporaire, et pour la durée qu'il fixe, l'avocat à se domicilier soit au sein de locaux affectés par l'Ordre, soit dans les locaux du cabinet d'un autre avocat dans le ressort du même barreau. La convention écrite relative à une telle domiciliation fixe les modalités de la mise à disposition de locaux et les conditions de transmission des courriers et communications destinés à l'avocat. Elle doit être préalablement approuvée par le conseil de l'Ordre.

L'avocat domicilié doit communiquer au conseil de l'Ordre l'adresse de son domicile privé.

Les changements de domicile professionnel doivent faire l'objet d'une déclaration préalable au bâtonnier.

Qu'il soit locataire ou propriétaire de son domicile privé, l'avocat peut, si son titre (locatif ou de propriété) l'y autorise, et sous réserve des règlements municipaux, affecter une partie de ces locaux à son exercice professionnel[5].

1. SUR le domicile professionnel : H. Ader, S. Bortoluzzi, A. Damien, D. Piau, Th. Wickers, *Règles de la profession d'avocat 2022/2023,* 17e éd., « Dalloz action », 2022, nos 222.11 s.
2. L. no 71-1130, 31 déc. 1971 portant réforme de certaines professions judiciaires et juridiques, *JO* 5 janv., p. 131, art. 5, al. 2.
3. Décr. no 91-1197, 27 nov. 1991 organisant la profession d'avocat, *JO* 28 nov., p. 15502, art. 165 ; mod. par décr. no 2019-966, 18 sept. 2019, art. 8.
4. RIN, art. 15.2 – Décr. no 91-1197, 27 nov. 1991, art. 165.
5. À Paris : Règlement municipal, 15 déc. 2021 fixant les conditions de délivrance des autorisations de changement d'usage de locaux d'habitation et déterminant les compensations en application de la section 2 du chapitre 1er du titre III du livre VI du Code de la construction et de l'habitation, *BO* 6 janv. 2022, art. 5 et 6.

L'usage professionnel d'une partie du domicile de l'avocat locataire[1] lui permet de déduire de ses revenus la quote-part de ses dépenses locatives qui correspond à la partie réellement affectée à cet usage.

L'article 15.3 du RIN[2] définit le bureau secondaire qui est une installation professionnelle permanente distincte du cabinet principal dont il est l'extension. L'établissement créé par une société inter-barreaux hors de son siège social et au lieu d'inscription au tableau de l'un de ses associés n'est pas un bureau secondaire au sens de l'article 8-1 de la loi n° 71-1130 du 31 décembre 1971.

L'ouverture d'un ou plusieurs bureaux secondaires est licite en France et à l'étranger, sous réserve des dispositions de l'article 8-2 de la loi n° 71-1130 du 31 décembre 1971. Le bureau secondaire doit répondre aux conditions générales du domicile professionnel et correspondre à un exercice effectif.

Les règles applicables pour l'ouverture d'un bureau secondaire sont à l'article 15.3.3 du RIN. L'avocat désirant ouvrir un bureau secondaire doit en informer son conseil de l'Ordre. Il doit également l'informer de la fermeture du bureau secondaire.

Pour l'ouverture d'un bureau secondaire en France, lorsque le bureau secondaire est situé dans le ressort d'un barreau différent de celui où est établie sa résidence professionnelle, l'avocat doit solliciter l'autorisation du conseil de l'Ordre du barreau dans le ressort duquel il envisage de s'établir.

La demande d'autorisation doit comporter tous les éléments de nature à permettre au conseil de l'Ordre du barreau d'accueil de vérifier les conditions d'exercice de l'activité professionnelle et notamment le nom des avocats exerçant dans le bureau secondaire.

La demande d'autorisation doit comprendre la copie des contrats de travail des avocats salariés et des contrats de collaboration des avocats collaborateurs qui exerceront dans le bureau secondaire. Elle est remise avec récépissé ou expédiée par lettre recommandée avec demande d'avis de réception au conseil de l'Ordre du barreau d'accueil et à son propre conseil de l'Ordre.

Le conseil de l'Ordre du barreau d'accueil statue dans le mois de la réception de la demande. À défaut, l'autorisation est réputée accordée. Dans ce cas, l'avocat est tenu d'informer le conseil de l'Ordre du barreau d'accueil et celui de son propre barreau de l'ouverture effective de son bureau secondaire.

De même, il est tenu d'informer le conseil de l'Ordre de son barreau de toute modification de son exercice professionnel dans son bureau secondaire, y compris de sa fermeture et de toute difficulté survenant avec le barreau d'accueil[3].

454.12 Conditions d'exercice effectif de la profession. Les locaux professionnels de l'avocat doivent lui permettre d'exercer sa profession de manière régulière, correcte, directe et indépendante. Il doit être un occupant régulier des lieux. Dès lors que les conditions d'indépendance et de secret professionnel sont réunies, la jurisprudence admet que l'avocat puisse exercer dans des locaux partagés avec des membres d'une autre profession[4].

L'installation professionnelle doit, au minimum, comporter une pièce de réception et un bureau de travail, à défaut de quoi les exigences du secret professionnelles ne pourraient être satisfaites.

454.13 Exercice en groupe de la profession. Dans le cadre de l'exercice en groupe de la profession d'avocat, le domicile professionnel est le siège de la structure d'exercice. Le local professionnel d'un cabinet groupé ou d'une structure d'exercice doit garantir le secret professionnel de tous les avocats concernés. L'avocat ou la structure d'exercice peut être propriétaire ou locataire de son domicile professionnel. La sous-location par un avocat à un autre est autorisée dans le respect du droit civil et des principes de délicatesse[5].

454.14 Sous-location et domiciliation entre avocats. Le principe de l'interdiction de la sous-location, à moins que celle-ci n'ait été autorisée par le bailleur, est posé par l'article 1717 du code civil. La même règle est appliquée aux baux commerciaux par l'article L. 145-31 du code de commerce. L'article 8 de la loi du 6 juillet 1989[6] dispose que le prix au mètre carré de la sous-location ne peut être supérieur au prix qui figure dans le bail principal. Toutefois, la convention de cabinets groupés ne peut être assimilée à une sous-location déguisée lorsque celle-ci est prohibée par le bail[7].

Malgré une hausse des prix du marché, un avocat locataire principal d'un appartement disposant de nombreux bureaux ne pourrait sous-louer ces bureaux si la somme des sous-locations excède le prix de son loyer principal rapporté aux surfaces sous-louées.

1. Selon une réponse ministérielle, la déduction d'un « loyer fictif » n'est pas autorisée si l'avocat est propriétaire de son logement : rép. min. n° 28373, *JOAN Q.* 25 mai 2001, p. 3803.
2. RIN, art. 15.3 ; CNB, AG 2 juill. 2016, DCN n° 2016-001, *JO* 1 janv. 2016.
3. Sur l'ouverture d'un bureau secondaire à l'étranger, v. s[s] n°s 373.31 s.
4. Civ. 1e, 27 févr. 1996, n° 94-10.821, NP ; *JCP* 1997. I. 3993, n° 7, Chron. Martin.
5. RIBP, art. P. 48.1.
6. L. n° 89-462, 6 juill. 1989.
7. Paris, 13 févr. 1987, *Gaz. Pal.* 1987. II. somm. 415, note Brault et Kerdaniel.

La domiciliation d'un avocat ne peut s'entendre sans les conditions d'un exercice effectif. Le CNB a eu l'occasion de se pencher sur ce point et a décidé[1] qu'il ne paraît pas conforme aux principes essentiels et aux règles sur le domicile professionnel qu'un avocat ne dispose que d'une simple domiciliation et n'ait aucun lieu d'exercice professionnel effectif permanent, à moins qu'il ait conclu avec un confrère une convention de mise à disposition de locaux.

Il en résulte qu'une convention conclue entre avocats en vue d'une domiciliation doit comporter une mise à disposition effective de locaux. Il est d'usage que cette mise à disposition soit précisée dans le contrat ainsi que les services éventuels accompagnant l'utilisation des locaux (accueil, ménage, accès à la salle de réunion...).

Le RIBP[2] propose à l'annexe XIV un modèle de convention de sous-location avec partage de moyens d'exercice. La question de l'exercice effectif y est traitée par l'obligation faite aux parties de prévoir une disponibilité des bureaux mis à disposition d'au moins 20 heures par semaine. Ceci correspond aux règles posées par l'article P. 48.3. du RIBP[3]. Ce texte prévoit que l'avocat locataire qui donne en sous-location tout ou partie de son installation doit s'assurer et pouvoir justifier de l'autorisation de son bailleur. L'autorisation du bailleur doit être communiquée au service de l'exercice professionnel de l'ordre en même temps que la convention de sous-location. Aucun avocat ne peut prendre une sous-location à temps partiel de moins de 20 heures par semaine. Aucun avocat ne peut sous-louer à temps partiel un même bureau ou une même salle de réunion à plusieurs avocats pour une durée cumulée de plus de 50 heures par semaine. L'avocat qui donne en sous-location à temps partiel à un autre avocat doit signaler au service de l'exercice professionnel de l'Ordre la situation de l'avocat sous-locataire qui se révèle injoignable.

Les règles posées par le RIBP en matière de sous-location peuvent se comprendre comme étant aussi applicables aux conventions de domiciliation avec mise à disposition et prestations de services.

SECTION 2

ASPECTS ÉCONOMIQUES, FISCAUX ET JURIDIQUES DES LOCAUX

454.21 **Location ou achat des locaux professionnels.** Dès lors que les locaux sont destinés à l'exercice en groupe de la profession dans le cadre d'une structure d'exercice, la location semble plus adaptée. En effet, à moins que le cabinet ne projette une croissance faible sur une longue durée, l'acquisition des locaux sera un frein ou une complication pour le développement du cabinet. Outre les considérations liées à l'insuffisance éventuelle de la surface disponible en cas de croissance, la propriété des locaux pourra poser des difficultés pour l'accès des jeunes associés à l'association. En plus de la valeur de leurs droits sociaux correspondant à l'activité du cabinet, ils devront contribuer à l'acquisition des locaux[4].

Cependant, l'acquisition de locaux professionnels est une des rares possibilités pour l'avocat de patrimonialiser dans le cadre son activité. Le fonds libéral composé essentiellement de la clientèle constitue un actif souvent difficile à céder[5]. L'acquisition de locaux professionnels reste le moyen le plus simple d'utiliser des ressources professionnelles pour un bien qui a vocation à rester dans le patrimoine privé de l'avocat. L'opération se fait généralement avec la constitution d'une SCI qui se porte acquéreur des biens. Le cabinet verse des loyers à la SCI qui rembourse ainsi le financement ayant permis l'acquisition du bien[6]. Lorsque les taux d'emprunt sont bas, un financement à crédit de la propriété des locaux professionnels par les revenus du cabinet présente un intérêt patrimonial évident. Outre son effet de levier, il constitue un outil de stratégie patrimoniale à long terme, soit dans la perspective d'une revente des murs ou d'une transmission successorale, soit pour compléter la retraite.

454.22 **Bail mixte, professionnel ou commercial.** Les trois possibilités sont ouvertes aux cabinets d'avocats :

- Le bail mixte est un contrat portant sur des locaux à usage professionnel et d'habitation. Il est régi par la loi du 6 juillet 1989[7], dite loi Mermaz. Sa durée varie en fonction du fait que le locataire soit une personne physique (trois ans) ou une personne morale (six ans). Le loyer est indexé dans les mêmes conditions que les baux d'habitation. Le bail mixte doit être autorisé par le règlement de copropriété de l'immeuble et l'avocat titulaire du bail doit vivre dans les locaux.

- Le bail professionnel, très utilisé par les professionnels libéraux, est réglementé par l'article 57 A de la loi du 23 décembre 1986 est conclu pour une durée au moins égale à six ans[8] et il est renouvelé tacitement pour des périodes équivalentes. Chaque partie peut notifier à l'autre son intention de ne pas

1. CNB, Comm. RU, avis n° 2010-007, 29 mars 2010.
2. RIBP, Annexe XVI.
3. RIBP art. P48.3.
4. A. Bensoussan, *Le cabinet d'avocats*, Hermès, 1999.
5. Sur la cession du cabinet, v. s^s n°s 241.11 s.
6. Sur l'acquisition de locaux professionnels, v. s^s n°s 454.41 s.
7. L. n° 89-462, 6 juill. 1989.
8. L. n° 86-1290, 23 déc. 1986, art. 57 A ; mod. par la L. n° 2007-776, 4 août 2008.

renouveler le contrat à l'expiration de celui-ci en respectant un délai de préavis de six mois. Le locataire peut, à tout moment, notifier au bailleur son intention de quitter les locaux en respectant un délai de préavis de six mois. Les notifications sont effectuées par lettre recommandée avec demande d'avis de réception ou par acte d'huissier. Le bail professionnel offre plus de souplesse aux parties qu'un bail commercial mais il est moins protecteur pour le locataire.

– Le bail commercial est ouvert au cabinet d'avocats bien qu'exerçant une profession libérale. En effet, le cabinet d'avocats peut être locataire de locaux commerciaux réglementés par l'article 145-1 suivants du code de commerce. Il est alors titulaire d'un bail dit « 3, 6, 9 » et peut alors bénéficier de l'ensemble des conditions prévues aux articles L. 145-1 et suivants du code de commerce. Le bail est conclu pour une durée de neuf ans et il est résiliable par le preneur à la fin de chaque période triennale sous réserve de respecter un préavis de six mois. L'article 43 de la loi du 4 août 2008 [1] permet en effet au professionnel libéral de déroger au statut des baux professionnels et de se soumettre au statut des baux commerciaux. Cette soumission fera l'objet d'une mention dans le contrat de location. Ces dispositions devraient progressivement rendre obsolète le statut des baux professionnels. Le bail commercial du cabinet d'avocats relève des dispositions applicables aux locaux à usage exclusif de bureaux, ce qui écarte le principe de plafonnement des loyers de l'article L. 145-11.

454.23 Immeuble en copropriété. Avant d'acquérir ou de louer un lot de copropriété, le professionnel prendra soin de vérifier que l'exercice de son activité est compatible, tant avec la destination de l'immeuble qu'avec l'affectation du lot considéré[2]. En effet, aux termes de l'article 9 de la loi du 10 juillet 1965[3], si « chaque copropriétaire [...] use et jouit librement des parties privatives et des parties communes », ce n'est qu'à la condition « de ne [pas] porter atteinte [...] à la destination de l'immeuble ». En pratique, le règlement de copropriété de l'immeuble va pouvoir autoriser l'habitation ou l'exercice de toute activité libérale, commerciale, voire industrielle.

Toutefois, dans certains immeubles, le règlement de copropriété comporte ce qu'il est convenu d'appeler une « clause d'habitation bourgeoise ». « Stricte » ou « absolue », elle interdit toute affectation commerciale ou libérale[4]. À l'inverse, « simple ou ordinaire », la clause permet l'exercice d'une profession libérale dans les lieux. Si certains règlements de copropriété prennent soin d'énumérer les professions autorisées, la jurisprudence considère que, à défaut de stipulation contraire, toute énumération ne saurait être considérée comme étant limitative[5].

L'autorisation de l'exercice d'une profession libérale par un règlement de copropriété ne constitue pas une affectation des locaux au sens des règles d'urbanisme.

454.24 Emplacement et taille des locaux professionnels. Le choix de l'emplacement des locaux dans lesquels les avocats décident d'installer leurs cabinets est souvent guidé par des considérations d'image et de prestige[6]. Les clients sont cependant davantage attachés à la qualité des prestations de leurs avocats qu'à l'apparence des bureaux de ces derniers. Les critères de choix seront prioritairement :

– les conditions de travail (lumière, espace, distribution...) ;

– le prix ;

– les équipements (climatisation, câblage informatique...) ;

– les perspectives d'évolution du cabinet ;

– la proximité des juridictions ;

– la proximité des domiciles des avocats ;

– les conditions d'accès pour les clients (stationnement, proximité des principaux clients...).

454.25 Loyers des locaux professionnels à Paris. Au 1er janvier 2023, les loyers dans les quartiers prisés par les avocats étaient les suivants :

1. L. n° 2008-776, 4 août 2008 de modernisation de l'économie, *JO* 5 août, p. 12471.
2. Y. Rouquet, « De la difficulté d'exercer dans un immeuble en copropriété », *D. avocats* 2014. 361.
3. L. n° 65-557, 10 juill. 1965 fixant le statut de la copropriété des immeubles bâtis, *JO* 11 juill., p. 5950 ; mod. par L. n° 2014-366, 24 mars 2014 pour l'accès au logement et un urbanisme rénové, *JO* 26 mars, p. 5809.
4. Civ. 3e, 23 oct. 1973, *D.* 1974. 15.
5. Civ. 3e, 8 mars 1995, n° 93-10.883, *Bull. civ.* III, n° 74 ; *D.* 1998. 263, obs. P. Capoulade ; *AJDI* 1996. 313 ; *AJDI* 1996. 314, obs. P. Guitard.
6. Sur l'identité du cabinet voir ss nos 381.41 s.

Secteurs	État d'usage		Rénové		Neuf/Restructuré	
	Min	Max	Min	Max	Min	Max
1er (hors Vendôme)	480 €	640 €	520 €	720 €	600 €	790 €
2e (hors Opéra / Madeleine)	450 €	710 €	490 €	780 €	620 €	850 €
3e – 4e	400 €	630 €	450 €	640 €	630 €	820 €
5e – 6e	380 €	550 €	420 €	610 €	N.S	N.S
7e	435 €	650 €	510 €	820 €	700 €	900 €
8e Ouest	450 €	800 €	550 €	900 €	650 €	1 000 €
8e Est-Europe	400 €	510 €	450 €	650 €	600 €	800 €
Madeleine / Opéra / Vendôme	500 €	800 €	550 €	850 €	700 €	850 €

Source : CBRE janv. 2023.

454.26 Proportion des locaux dans les charges du cabinet. Il n'existe pas de règles absolues mais des fourchettes pour déterminer la proportion que peuvent représenter les locaux dans les charges globales du cabinet. Certains cabinets pourront préserver une bonne rentabilité malgré un loyer élevé si leurs autres charges de production sont limitées. Il est généralement considéré que le loyer annuel du cabinet charges comprises ne devrait pas se situer à plus de 10 % des recettes totales HT du cabinet en dehors de Paris et 15 % à Paris.

SECTION 3
ACCÈS ET DISTRIBUTION DES LOCAUX

454.31 Accès aux locaux pour les personnes handicapées. Cette question est régie par les articles R. 4214-26 à R. 4214-28 du Code du travail.

Les cabinets d'avocats sont souvent implantés dans des locaux anciens ou la mise aux normes est difficile voire impossible en cas de décision contraire du syndic de copropriété. Dans le cas où l'adaptabilité des locaux s'avère, après diagnostic, impossible, les avocats doivent solliciter une dérogation en proposant des mesures de substitution qui peuvent être de prévoir la réception des clients :

– dans les maisons d'avocats ou les ordres d'avocats, lesquels, lorsqu'ils ne se trouvent pas dans les palais de justice, devront adapter leurs locaux aux normes annoncées par la loi du 11 février 2005 ;

– dans les lieux et palais de justice qui doivent eux aussi être également mis en conformité avec la nouvelle réglementation, ce qui permettra aux professionnels de la justice et donc aux avocats eux-mêmes en situation de handicap d'exercer leur profession dans des conditions adaptées ;

– le cas échéant, dans des locaux mis à disposition par les mairies, collectivités locales ou associations qui reçoivent déjà des avocats dans le cadre de services de consultations déjà existants.

Il n'est pas non plus inutile de rappeler que l'avocat, conformément aux dispositions de l'article 3 *bis* de la loi n° 71-1130 du 31 décembre 1971, a la possibilité de se déplacer pour exercer ses fonctions et éventuellement de se rendre auprès des personnes à mobilité réduite ne pouvant pas se déplacer dans des conditions à déterminer[1].

454.32 Liberté consentie par le bailleur pour modifier la distribution. Les baux mixtes ou professionnels sont en général plus restrictifs que les baux commerciaux sur les possibilités de travaux et de transformation des locaux. Si le cabinet envisage des transformations telles que le déplacement, l'addition ou la suppression de cloisons, il sera souhaitable d'obtenir dans le texte du bail l'accord du bailleur sur les modifications envisagées.

454.33 Bureaux personnels des avocats. À l'instar des pratiques des cabinets d'avocats d'affaires et des cabinets internationaux, les bureaux personnels des avocats sont de moins en moins utilisés pour recevoir les clients. Cette évolution favorise le respect du secret professionnel évitant aux clients d'être exposés aux noms qui figurent sur les tranches des dossiers ou à d'autres informations susceptibles de se trouver dans les bureaux des avocats. Le cabinet moderne voit donc un glissement de l'affectation des surfaces des bureaux individuels vers les espaces de réunion.

Des cabinets se sont interrogés sur la possibilité de faire travailler leurs collaborateurs dans des espaces communs de type *open space*[2]. Ce mode de

1. L.-L. Viel, « L'accessibilité des ordres et des cabinets d'avocats aux personnes en situation de handicap », *D. avocats*, n° 8-9, 2014.
2. Un associé du cabinet Jeantet avait tenté cette expérience avec son équipe de collaborateurs à la fin des années 80.

fonctionnement utilisé dans de nombreuses entreprises s'avère inadapté aux besoins des avocats tant du point de vue de la confidentialité que de la concentration.

454.34 **Pièces de réunion.** La conception de la salle de réunion évolue dans le cabinet moderne. Des pièces de réunion plus nombreuses et plus petites sont préférées aux grandes salles dont les avocats se disputent l'utilisation. De même, l'utilisation de la bibliothèque (quand il y en a une) comme salle de réunion (ou l'inverse) doit être évitée car préjudiciable aux recherches des collaborateurs et stagiaires du cabinet.

454.35 **Espaces communs et espaces perdus.** Pour un usage optimal des mètres carrés loués, le cabinet cherchera à éviter les locaux qui ont une entrée surdimensionnée. La même réflexion vaut pour les couloirs. Il faudra rechercher un bon compromis entre l'apparence de l'accueil, la qualité de la circulation dans le cabinet et l'utilisation de la surface.

SECTION 4
ACQUISITION DE LOCAUX PROFESSIONNELS

454.41 **Structuration de l'acquisition.** Si le choix de l'acquisition est retenu, celle-ci peut se faire par une SCI détenue par les avocats de la structure d'exercice ou par la structure d'exercice elle-même.

Notamment pour les raisons évoquées en matière de gestion comptable et financière, l'exercice en SEL peut faciliter certains aspects du financement des locaux. En effet la mise en réserve d'une partie des bénéfices après taxation à l'IS permet la constitution de réserves financières qui peuvent contribuer à la capacité d'autofinancement de la société.

La constitution d'une SCI reste toutefois l'option la plus fréquemment retenue dans ce type de schéma.

454.42 **Acquisition *via* une SCI soumise à l'impôt sur le revenu ou à l'impôt sur les sociétés.** Si le choix de l'acquisition est retenu, celle-ci peut se faire par une SCI détenue par un ou plusieurs associés du cabinet.

La question qui se pose alors est celle du régime fiscal de la SCI. La SCI à l'impôt sur le revenu est le choix le plus fréquemment retenu par l'associé unique propriétaire des locaux qui souhaite disposer librement de ses locaux lorsque le financement sera remboursé. Il fait alors le choix d'un régime fiscal moins avantageux pendant l'exploitation du bien pour privilégier un régime plus avantageux au moment de la vente du bien.

La SCI à l'impôt sur les sociétés est plus intéressant s'agissant d'une exploitation à long terme du bien au détriment de la fiscalité de la cession. Cette solution sera plus adaptée à une opération réalisée par une collectivité d'associés d'âges différents et aux situations patrimoniales différentes.

Les différences entre ces deux régimes sont détaillées ci-dessous.

454.43 **Traitement fiscal de la SCI soumise à l'impôt sur le revenu.** (Tous les taux et montants au présent paragraphe sont les taux applicables en 2023. Il conviendra de vérifier s'ils sont encore valables pour les années ultérieures). Le résultat de la SCI est égal à la différence entre les produits imposables (loyers) et les charges déductibles. Les charges déductibles sont strictement énumérées par la loi. Ces charges sont celles exposées en vue de l'acquisition et de la conservation du revenu immobilier.

Le tableau ci-dessous récapitule les différentes charges déductibles et non déductibles au sein d'une SCI à l'IR :

Charges déductibles	Charges non déductibles
Dépenses d'entretien et de réparation	Amortissement de l'immeuble et remboursement du principal
Dépenses d'amélioration (*limitée par la loi*)	Frais de l'acte notarié d'acquisition de l'immeuble
Dépenses d'administration et de gestion	Droits d'enregistrement
Primes d'assurance	Frais d'agence
Provisions pour charges de copropriété	Rémunération du gérant
Indemnité de relogement et d'éviction	
Taxe foncière et taxes assimilées	
Intérêts d'emprunt	

Sur la déductibilité des dépenses de travaux, il est important de noter que d'une manière générale, les dépenses d'amélioration qui entrainent une augmentation de la valeur de l'immeuble ne sont pas déductibles. Ainsi, toutes les dépenses d'amélioration non dissociables de travaux de construction, de reconstruction, et d'agrandissement ne sont pas admises en déduction. Les dépenses déductibles engagées dans le cadre de la réalisation de travaux sont limitées aux cas suivants :

– dépenses de réparation et d'entretien, hormis celles qui sont légalement imputables aux locataires, quand bien même ces dépenses auraient été payées par le propriétaire ;

– dépenses d'amélioration destinées à faciliter l'accueil des personnes handicapées.

Le principal de l'emprunt remboursé à la banque par la SCI n'est pas une charge déductible du résultat. Le financement n'est déductible que pour la partie relative aux intérêts d'emprunt (c'est le cas à l'IR et à l'IS). Le principal du prêt n'est pas déductible. Ainsi, compte tenu du paiement des intérêts lors des premières échéances, la déductibilité est plus importante au début de la période de remboursement.

– Sur l'imposition des bénéfices réalisés par la SCI à l'IR :

• Pour les associés personnes physiques :

Les bénéfices réalisés par une SCI à l'IR sont directement imposés entre les mains des associés. Les bénéfices correspondent aux loyers versés à la SCI après déduction des charges déductibles (cf. tableau des charges déductibles).

Chacun des associés est donc personnellement imposable, pour la part des bénéfices sociaux correspondant à ses droits dans la société. Ces droits sont définis dans les statuts.

Ces bénéfices sont imposés dans la catégorie des revenus fonciers, lesquels sont pris en compte pour déterminer le revenu global de l'associé.

Le bénéfice de la SCI est ajouté à l'ensemble de vos revenus soumis à l'impôt sur le revenu (et le cas échéant à la contribution exceptionnelle pour les hauts revenus). Le taux d'imposition dépend donc du taux d'imposition applicable au foyer fiscal de l'associé.

S'ajoutent à l'impôt des prélèvements sociaux au taux de 17,2 % dont une partie est déductible du revenu imposable. Cette partie déductible correspond à 6,8 % sur les 17,2 % de prélèvements sociaux. Pour bénéficier de cette déduction, il faut avoir opté pour une imposition au barème progressif sur l'ensemble des revenus du patrimoine. Ceci s'apprécie pour chaque année. Ainsi, l'associé qui exerce en SELARL ou en SELAS et perçoit des dividendes au cours de l'exercice pour lesquels il choisit d'être imposé à la flat tax, ne pourra bénéficier de la déductibilité des 6,8 %.

• Pour les associés personnes morales :

La partie du résultat ayant vocation à être versé aux associés personnes morales est déterminée en application des règles propres de l'associé qui le perçoit. Si l'associé est une personne morale soumise à l'impôt sur les sociétés, les résultats seront déterminés selon les règles de l'impôt sur les sociétés.

Cela implique de tenir une double comptabilité, une comptabilité dite de caisse (comptabilité dépenses/ recettes) pour déterminer le résultat versé aux associés personnes physiques et une comptabilité d'engagement (émission factures) pour déterminer le résultat versé aux associés personnes morales.

Ce résultat est ensuite imposé au taux normal de l'associé personne morale à l'impôt sur les sociétés, soit 25 % (15 % dans la limite de 38 120 euros). Ce résultat versé à la personne morale pourra ensuite être distribué aux associés de la personne morale. Ceux-ci supporteront la flat tax à 30 % (sauf option pour le barème progressif).

– Sur l'imputation des déficits fonciers de la SCI à l'IR :

• Pour les associés personnes physiques :

Lorsque le résultat de la SCI est déficitaire, ce déficit est déduit du revenu global imposable de l'associé dans la limite annuelle de 10 700 euros. La fraction du déficit supérieure à cette limite, ainsi que celle correspondant aux intérêts d'emprunt, ne sont imputables que sur les revenus fonciers des 10 années suivantes.

Ainsi, au-delà de 10 700 euros annuels, le déficit foncier peut être déduit sur les revenus fonciers des 10 années suivantes.

Comme indiqué ci-avant, les dépenses d'amélioration non dissociables de travaux de construction, de reconstruction, et d'agrandissement ne sont pas admises en déduction. Les dépenses déductibles engagées dans le cadre de la réalisation de travaux sont limitées aux cas suivants :

* Dépenses de réparation et d'entretien, hormis celles qui sont légalement imputables aux locataires, quand bien même ces dépenses auraient été payées par le propriétaire ;

* Dépenses d'amélioration destinées à faciliter l'accueil des personnes handicapées.

Cet avantage paraît donc très relatif si peu de travaux d'entretien sont à réaliser.

• Pour les associés personnes morales :

Lorsque l'associé est une personne morale passible à l'impôt sur les sociétés, le déficit attribué à l'associé personne morale s'impute sur son résultat et vient donc baisser son impôt sur les sociétés comme toutes autres charges déductibles.

– Sur l'imposition en cas de vente de l'immeuble détenu par la SCI ou vente des parts de SCI à l'IR :

• Pour les associés personnes physiques :

La plus-value réalisée à l'occasion de la cession de l'immeuble ou des parts de SCI est imposable au nom de chacun des associés. Le montant de l'impôt est calculé après déduction des abattements. Le taux normal d'imposition est celui du PFU (36,2 %[1] – 19 % d'impôt et 17,2 % de prélèvements sociaux).

* Après 6 ans de détention : abattement de 6 % par an pour l'impôt sur le revenu et de 1,65 % par an pour les prélèvements sociaux ;

* Après 22 ans de détention : exonération d'impôt sur le revenu pour les plus-values ;

* Après 30 ans de détention : exonération des prélèvements sociaux.

Il existe également une taxe supplémentaire lorsque la plus-value (après l'application des abatte-

1. Taux de l'impôt forfaitaire sur les revenus de biens immobiliers ou de sociétés à prépondérance immobilière.

ments visés ci-dessus) est supérieure à 50 000 euros. Le taux d'imposition est progressif.

Montant de la plus-value imposable	Montant de la taxe
De 50 001 à 60 000 €	2 % PV – (60 000 – PV) × 1/20
De 60 001 à 100 000 €	2 % PV
De 100 001 à 110 000 €	3 % PV – (110 000 – PV) × 1/10
De 110 001 à 150 000 €	3 % PV
De 150 001 à 160 000 €	4 % PV – (160 000 – PV) × 15/100
De 160 001 à 200 000 €	4 % PV
De 200 001 à 210 000 €	5 % PV – (210 000 – PV) × 20/100
De 210 001 à 250 000 €	5 % PV
De 250 001 à 260 000 €	6 % PV – (260 000 – PV) × 25/100
Supérieur à 260 000 €	6 % PV

La possibilité de bénéficier d'une exonération totale de la plus-value en cas de cession après 30 ans de détention est l'avantage principal de la SCI à l'IR, néanmoins la non-déductibilité de l'emprunt, l'impossibilité d'amortir le bien immobilier et de déduire la rémunération versée au gérant peuvent engendrer un résultat important qui impacte directement l'IR des associés.

• Pour les associés personnes morales :

La partie du résultat ayant vocation à être versé aux associés personnes morales à l'occasion de la réalisation d'une plus-value sur la vente de l'immeuble ou des parts de la SCI est imposable au taux normal de l'impôt sur les sociétés, soit 25 % (15 % dans la limite de 38 120 euros).

454.44 Traitement fiscal de la SCI soumise à l'impôt sur les sociétés. (Tous les taux et montants au présent paragraphe sont les taux applicables en 2023. Il conviendra de vérifier s'ils sont encore valables pour les années ultérieures). La SCI peut opter pour l'impôt sur les sociétés. Cette option peut intervenir au cours de la vie de la SCI mais sera toujours irrévocable. Le régime de taxation d'une SCI à l'IS suit le régime de droit commun applicable à toutes les sociétés passibles de cet impôt. Les bénéfices distribués par la SCI à l'IS suivent également le régime de droit commun.

– Sur la détermination du résultat de la SCI à l'IS :

De même que pour les SCI à l'IR, le résultat de la SCI à l'IS est égal à la différence entre les produits imposables (loyers) et les charges déductibles.

Les charges déductibles d'une SCI à l'IS sont bien plus nombreuses que pour une SCI à l'IR Aux charges déductibles pour une SCI à l'IR, s'ajoutent les charges déductibles suivantes :

• les charges récupérables non remboursées qui correspondent aux frais payés par le propriétaire à la place du locataire et dont il n'a pas pu obtenir le remboursement ;

• la rémunération du gérant de SCI ;

• les frais d'amortissement du bien immobilier (acquisition et gros travaux sauf terrain) ;

• les frais de notaire.

Durée des amortissements :

Nature des dépenses	Taux	Durée
Locaux professionnels	2 % à 5 %	20 à 50 ans
Travaux de toiture	5 %	20 ans
Aménagements intérieurs	6.66 %	15 ans
Peinture, papiers peints	20 %	5 ans
Revêtements de sols	20 %	5 ans
Mobilier	10 %	10 ans

– Sur l'imposition des bénéfices réalisés par la SCI à l'IS :

Le résultat de la SCI à l'IS est imposé au taux normal de 25 % (taux réduit de 15 % jusqu'à 38 120 euros de bénéfices).

• Pour les associés personnes physiques :

Après paiement de l'IS par la SCI, le régime de la flat tax s'applique pour les dividendes versés aux associés (sauf option pour le barème progressif de l'impôt sur le revenu).

• Pour les associés personnes morales (SPFPL) :

Après paiement de l'IS par la SCI, la SPFPL bénéficie du régime mère-fille (réintégration dans le résultat de la SPFPL de 5 % du montant des dividendes versés). En cas de perception de dividendes versés aux associés depuis la SPFPL, la flat tax s'applique (sauf option pour le barème progressif de l'impôt sur le revenu).

Le cas échéant une contribution exceptionnelle pour les hauts revenus est due. [1]

Par ailleurs, il faut noter qu'en cas d'option pour le barème progressif de l'impôt sur les revenus, une partie de la CSG est déductible (voir explications précédentes).

Il faut nuancer le caractère pénalisant de cette imposition à deux niveaux car les charges déductibles sont nombreuses et il peut être judicieux pour l'associé de se rémunérer en sa qualité de gérant de la SCI (laquelle rémunération est également déductible de l'IS).

La rémunération du gérant d'une SCI à l'IS, est fiscalement assimilée à des traitements et salaires et

1. La contribution exceptionnelle sur les hauts revenus est égale, pour les personnes mariées ou pacsées à 3 % des revenus compris entre 500 001 euros et 1 000 000 euros et à 4 % des revenus au-delà de 1 000 000 euros.

socialement aux revenus des travailleurs non-salariés.

– Sur l'imputation des déficits fonciers de la SCI à l'IS :

Une SCI soumise à l'IS qui subit un déficit au cours d'un exercice a deux possibilités. Elle peut reporter le déficit pour le déduire des bénéfices de son prochain exercice, c'est le report en avant. Elle peut aussi reporter le déficit sur l'exercice précédent pour obtenir une créance d'impôt (somme due par l'administration fiscale), c'est le report en arrière.

Le déficit subi pendant un exercice est considéré comme une charge déductible du bénéfice des exercices suivants sans limitation dans le temps.

Le report en arrière est autorisé uniquement sur un seul bénéfice, celui de l'exercice précédent, et dans la limite du plus petit montant entre le bénéfice précédent et 1 000 000 euros. L'option pour le report en arrière porte sur tout ou partie du déficit, dans la limite du bénéfice de l'exercice précédent et du plafond.

– Sur l'imposition en cas de vente de l'immeuble ou vente des parts de SCI à l'IS :

Dans l'hypothèse d'une cession de l'immeuble détenu par la SCI à l'IS, le régime des plus-values professionnelles à l'IS ne permet pas à la SCI de bénéficier des exonérations ou des abattements évoqués précédemment.

Le montant de la plus-value est imposé au taux normal de l'IS. Ce taux s'élève à 25 % (taux réduit de 15 % jusqu'à 38 120 euros de bénéfices).

Dans l'hypothèse d'une cession des parts sociales de la SCI à l'IS :

– si le cédant est un particulier, le régime est celui des plus-values des particuliers. La plus-value est ainsi imposée de plein droit à la flat tax (12,8 % d'impôt et 17,2 % de prélèvements sociaux), sauf option pour le barème progressif de l'impôt sur le revenu. En cas d'option pour le barème progressif, il est possible de bénéficier d'un abattement pour durée de détention sur la partie correspondant à l'impôt sur le revenu (l'abattement ne s'applique pas sur les prélèvements sociaux) ;

– si le cédant est la SPFPL, le régime est celui des plus-values des professionnelles. Pour les cessions de titres de société à prépondérance immobilière, la plus-value est imposée au taux normal de l'impôt sur les sociétés (25 % au-delà de 38 120 euros).

Une fois la plus-value payée par la société, si les associés souhaitent appréhender le produit de la vente, celui-ci doit être distribué sous la forme de dividendes et imposés entre les mains des associés à ce titre.

CHAPITRE

455. Informatique du cabinet et dématérialisation

SECTION 0
ORIENTEUR

455.00 **Sommaire du chapitre.**

SECTION 1
UNIVERS INFORMATIQUE ET TECHNOLOGIQUE

455.11 **Représentation de l'univers informatique du cabinet.** Le schéma ci-dessous représente les différents « niveaux » de l'univers informatique du cabinet :

NIVEAUX DE CIRCULATION ET DE PARTAGE DE L'INFORMATION

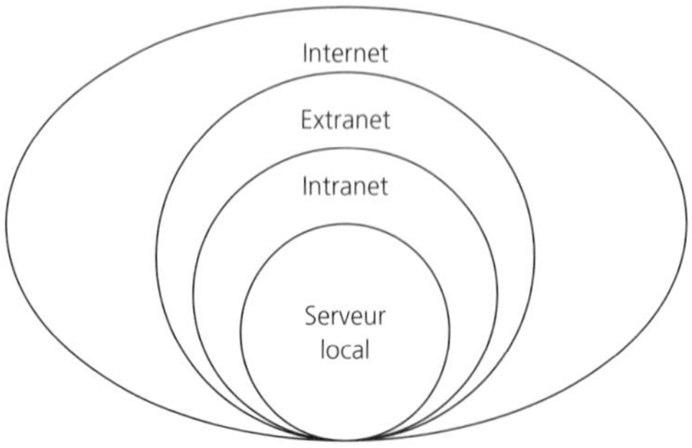

Le serveur local : les ordinateurs du cabinet sont en réseau et reliés à un serveur. Les informations sont conservées au niveau du cabinet qui doit veiller à leur protection et à leur sauvegarde.

L'intranet : un réseau interne à une organisation qui utilise la technologie du net. Les réseaux intranet sont présents dans les grandes entreprises ou les grands cabinets. Leur accès est réservé aux membres de l'organisation.

L'extranet : un réseau sécurisé utilisant la technologie d'internet. Un cabinet ou une organisation peut mettre en place un extranet dans lequel il peut inviter ses clients, confrères ou autres membres identifiés à partager des informations. Le RPVA est un exemple d'extranet.

Internet : sans limites, universel, c'est le réseau mondial accessible à tous.

455.12 **Enjeu concurrentiel de la technologie.** L'avocat et son cabinet sont soumis à une pression technologique constante qui affecte tous les aspects de son activité.

Cette pression est exercée par :

– les clients qui veulent que l'avocat dispose des moyens et d'une maîtrise technologique au moins équivalents à la leur ;

– les autres avocats et l'ensemble du marché du droit car l'avocat ne peut se permettre de ne pas connaître l'ensemble des moyens technologiques à sa disposition.

455.13 **Technologie et systématisation.** La technologie sert notamment à sécuriser et systématiser des tâches dont le caractère répétitif ne justifiera plus une intervention humaine coûteuse. Dans ce contexte, le recours aux modèles d'actes évolue grâce à des outils permettant de travailler avec des modèles « intelligents ». Le notariat travaille déjà avec des logiciels de construction d'actes qui sont bien plus performants que des modèles statiques. Ces outils se sont généralisés aux États-Unis et en Angleterre et pénètrent le marché français. Ils permettent de générer automatiquement des documents adaptés de ses propres modèles. Certaines tâches, si elles sont suffisamment systématisées, pourront être accomplies par des non-avocats ou par les clients eux-mêmes.

La présence d'une intelligence artificielle de plus en plus élaborée dans ces outils permet d'améliorer la fluidité et la pertinence de toutes les questions qui se posent au cours de la rédaction de l'acte et les réponses qui en découlent.

Ces technologies n'en constituent pas pour autant une menace pour l'avocat, elles l'obligent à s'adapter, à s'approprier les outils qui existent et à toujours rechercher la valeur ajoutée sur laquelle il ne pourra pas être concurrencé par les machines.

455.14 Réponse aux défis technologiques. Les réponses aux défis technologiques sont à la portée de tous les avocats.

Le milieu des avocats demeure un environnement assez conservateur aux capacités d'adaptation assez lentes. La liste de recommandations ci-dessous établie par Richard Susskind en 2010 demeure pertinente aujourd'hui[1] :

- se tenir informé des nouveaux outils, les essayer et décider d'en adopter certains ;
- utiliser au maximum les outils dont dispose déjà le cabinet. La plupart des utilisateurs des logiciels de gestion du marché reconnaissent ne pas se servir de la plupart de leurs fonctionnalités ;
- rester au contact de ses clients et disposer des mêmes outils qu'eux en matière de connectivité ;
- être visible en ligne ;
- proposer des outils en ligne aux clients.

455.15 Cloud et stockage dématérialisé. Compte tenu de ses obligations liées au secret professionnel et, plus généralement, de la confidentialité et de la sensibilité des informations dont il est le dépositaire, l'avocat s'est beaucoup interrogé sur la sécurisation des données informatiques. Dans un premier temps, cette interrogation portant sur l'internalisation ou l'externalisation des serveurs de données. Les données du client sont - elles mieux protégées dans le local informatique du cabinet ou dans un centre spécialisé d'hébergement hautement sécurisé ? La question s'est posée avec encore plus d'acuité avec la dématérialisation du stockage des données par le Cloud[2].

SECTION 2
MATÉRIEL INFORMATIQUE ET RÉSEAU INFORMATIQUE

455.21 Principe du partage par la mise en réseau. La mise en réseau des documents du cabinet permet à toutes les personnes du cabinet d'accéder aux documents dont elles ont besoin. Tous les documents qui concernent les dossiers et les clients du cabinet ont vocation à être placés sur le réseau. Les avocats ne doivent donc pas créer ou conserver de tels documents sur le disque dur de leur ordinateur ou les placer sur le réseau dans des dossiers ouverts à leur nom en marge du système de classement commun, même à titre temporaire.

Ceci ne signifie pas que tous les documents ont vocation à être partagés. Les informations relatives à la comptabilité ou des documents de compte rendu de réunions d'associés seront placés dans des dossiers pour lesquels des droits d'accès limités seront prévus.

455.22 Organisation des documents sur le réseau du cabinet. Le réseau permet de créer un espace commun accessible à partir de tous les postes du cabinet et sur lequel se trouveront l'ensemble des dossiers du cabinet et les ressources et outils dont les avocats et le personnel du cabinet ont besoin pour travailler.

Le cabinet fixera ses règles pour le classement des documents sur le réseau. Le principe consiste à déterminer une hiérarchie de dossiers et sous-dossiers dans lesquels seront classés les documents. Le plus souvent, le cabinet reproduira sur informatique son système de classement pour les dossiers papier.

Dans un même dossier, tous les documents portant le même nom devront être datés. Ils pourront être assortis d'un code avec les initiales de l'avocat pour que l'auteur du document soit facilement identifiable.

Le cabinet pourra mettre en place un système de « macros » pour identifier chacun des documents créés par le cabinet[3].

455.23 Matériel du réseau informatique du cabinet. En plus des postes de travail de chaque avocat, le réseau va se matérialiser par quatre éléments :

- un serveur qui ressemble à l'unité de travail/disque dur d'un ordinateur de bureau sauf qu'il est un peu plus grand et qu'il est équipé d'un ou plusieurs disques de sécurité pour qu'il y ait toujours plusieurs copies de l'ensemble des documents du réseau ;
- un onduleur qui protège le réseau des conséquences d'une éventuelle coupure de courant ;
- un boîtier Wifi ou un routeur qui assure l'accès Internet à tous les postes ;
- une baie ou armoire de brassage où est connecté l'ensemble des prises et câbles qui relient chaque poste au réseau.

Pour un réseau d'une vingtaine de postes, ce matériel n'est pas encombrant mais il doit de préfé-

1. Liste établie à partir des chapitres consacrés à ce sujet dans l'ouvrage de R. Susskind, *The End of Lawyers*, Oxford UP, 2010.
2. Sur les contraintes déontologiques liées au Cloud, v. s[s] n° 455.43.
3. Sur la gestion des connaissances du cabinet, v. s[s] n°s 433.11 s.

rence être situé dans un local aéré pour éviter de surchauffer.

455.24 **Postes de travail.** Chaque avocat et membre du personnel du cabinet disposera d'un poste de travail. La majorité des documents et données du cabinet se trouvant sur le réseau, les postes individuels n'ont pas besoin d'être dotés de grandes capacités. Ces postes peuvent être identiques pour tous les avocats et les membres du personnel.

Alors que les interventions sur des volumes importants de documents graphiques, de photos ou de films demandent des machines plus performantes, les avocats travaillent presque exclusivement sur du texte. Des ordinateurs d'entrée ou de milieu de gamme proposés par toutes les grandes marques sont parfaitement adaptés à ce travail.

455.25 **Postes fixes ou ordinateurs portables ?** Si l'avocat travaille sur deux machines différentes, il devra pouvoir accéder au réseau du cabinet à partir de son ordinateur portable. Cette possibilité demande une configuration très simple qui sera effectuée par le prestataire réseau du cabinet. Le besoin de plusieurs ordinateurs dépend des habitudes et des rythmes de chacun. Les avocats qui se déplacent beaucoup travailleront souvent en dehors du cabinet. Même si leur téléphone leur permet de prendre connaissance de leur courrier électronique et d'ouvrir des pièces jointes, ils auront besoin d'un ordinateur pour travailler à distance dans des conditions correctes.

Avec la généralisation du télétravail, il est important que chacun travaille dans des conditions de sécurité adéquates et des précautions sont à prendre quand un avocat travaille à distance avec son ordinateur personnel. Il est dès lors souhaitable que chaque avocat du cabinet (collaborateurs compris) dispose d'un ordinateur professionnel portable qui, associé à un clavier séparé et un écran plus grand, sera aussi le poste de travail de l'avocat au cabinet. Le cabinet s'assure ainsi de la sécurité du matériel utilisé lors du travail à distance et de l'étanchéité entre la vie personnelle et les affaires professionnelles de l'avocat.

455.26 **PC ou Mac ?** Alors que ce débat faisait rage dans les années quatre-vingt-dix, les différences entre les deux systèmes ont été largement réduites. La suite bureautique Office, fonctionne sur les systèmes d'exploitation des PC et sur Mac OS. Les documents passent d'un PC à un Mac sans avoir besoin d'être convertis, ce qui n'était pas le cas par le passé. Cependant, la majorité des cabinets d'avocats qui fonctionnent en réseau ont fait le choix du PC. Les raisons de ce choix tiennent principalement au fait que, généralement, les PC sont souvent moins chers et plus robustes et qu'il y a plus d'applications et de logiciels bureautiques conçus pour PC que pour Mac.

455.27 **Informatique, bureautique et télécommunications.** L'équipement et l'installation informatique du cabinet ne se conçoivent pas indépendamment du matériel bureautique et du système de télécommunications du cabinet. Les fax peuvent être envoyés à partir des ordinateurs, les copieurs sont aussi des imprimantes et des scanners. Il y a donc une interconnexion des outils du cabinet qui doivent tous être configurés pour tenir compte les uns des autres. De même tous les appareils mobiles (téléphones et tablettes), seront synchronisés avec l'ensemble des outils du cabinet afin d'assurer une gestion centralisée indispensable, notamment en ce qui concerne les agendas.

Les appareils qui regroupent les fonctions d'imprimante/copieur/scanner et qui effectuent des travaux en noir comme en couleur sont devenus aussi performants dans chaque fonction qu'une imprimante ou un copieur séparés. Tous les ordinateurs du cabinet seront réglés pour l'impression en noir et blanc par défaut pour éviter d'accidentelles impressions en couleur, toujours plus coûteuses. Il est préférable de louer ou de contracter un contrat de location avec option d'achat (LOA) pour ce type de matériel. En effet, dans le cadre de ces contrats le fournisseur peut remplacer le matériel par un matériel plus moderne ou plus performant en fonction de l'évolution des besoins du cabinet. Les contrats de maintenance de ces appareils sont souvent calculés en fonction de l'utilisation du cabinet. Ces prix sont négociables auprès des fournisseurs.

Lors des changements de matériel, le cabinet sera vigilant à ne pas laisser repartir l'installateur d'un nouveau matériel sans s'être assuré que toutes les manipulations et configurations aient bien été effectuées. Quand des équipements provenant de fournisseurs différents doivent fonctionner ensemble, il n'est pas toujours simple de faire coopérer les fournisseurs.

455.28 **Utilisation des outils personnels à des fins professionnelles.** Les cabinets d'avocats peuvent être confrontés à des problématiques rendues spécifiques par les règles de profession et liées à l'utilisation croissante par les associés et collaborateurs de leurs outils personnels dans le cadre professionnel et notamment :

– La confidentialité des correspondances de l'avocat[1] est confrontée à l'introduction, dans la sphère privée, d'outils personnels contenant des données professionnelles (mails...) et dont l'accès est rarement protégé en cohérence avec le niveau de confidentialité requis.

1. RIN, art. 18.4.

– La double utilisation d'équipements dans la vie privée et professionnelle de l'avocat peut poser question quant au secret professionnel auquel il est tenu[1] et notamment le risque de divulgation, dans le cadre de la vie privée, d'informations couvertes par le secret.

Ces problèmes sont connus sous le nom de BYOD (*Bring your own device*) faisant référence au fait que les collaborateurs viennent au cabinet et travaillent avec leurs propres téléphones ou ordinateurs portables. Tout autant que pour les entreprises, il est recommandé aux cabinets d'avocats de mettre en place des processus techniques et juridiques pour encadrer le BYOD et de fixer des règles d'utilisation d'outils privés dans le cadre professionnel[2].

La CNIL a fait des recommandations précises sur cette question afin d'en réduire les risques[3] :

– Identifier les risques, en tenant compte des spécificités du contexte (quels équipements, quelles applications, quelles données ?), et les estimer en termes de gravité et de vraisemblance.

– Déterminer les mesures à mettre en œuvre et les formaliser dans une politique de sécurité. Par exemple :

• cloisonner les parties de l'outil personnel ayant vocation à être utilisées dans un cadre professionnel (création d'une « bulle de sécurité ») ;

• contrôler l'accès distant par un dispositif d'authentification robuste de l'utilisateur (si possible à l'aide d'un certificat électronique, d'une carte à puce, etc.) ;

• mettre en place des mesures de chiffrement des flux d'informations (VPN, HTTPS, etc.) ;

• prévoir une procédure en cas de panne/perte du terminal personnel (information de l'administrateur réseau, mise à disposition d'un équipement alternatif professionnel, effacement à distance des données professionnelles stockées sur le terminal personnel) ;

• exiger le respect de mesures de sécurité élémentaires telles que le verrouillage du terminal avec un mot de passe conforme aux bonnes pratiques et l'utilisation d'un antivirus à jour ;

• sensibiliser les utilisateurs aux risques, formaliser les responsabilités de chacun et préciser les précautions à prendre dans une charte ayant valeur contraignante ;

• subordonner l'utilisation des équipements personnels à une autorisation préalable de l'administrateur réseau et/ou de l'employeur.

455.29 **Prestataire informatique**[4]. Le prestataire informatique va installer le réseau et assurer sa maintenance. Sa prestation couvre donc tout ce qui touche au fonctionnement de l'ensemble du réseau mais ne couvre pas les pannes du matériel informatique (couverts par la garantie du constructeur ou du revendeur) ou les dysfonctionnements ou les erreurs de manipulation des logiciels du cabinet (qui sont maintenus ou couverts par leurs contrats ou garanties propres).

Le prestataire informatique du cabinet peut souvent se charger des commandes du matériel auquel cas il peut lui être demandé de s'occuper du suivi des garanties constructeur ou revendeur.

Ses principales tâches pour le cabinet seront :

– l'installation et la configuration du matériel initial et du nouveau matériel ;

– l'installation de logiciels sur le matériel du cabinet (si cette installation n'est pas fournie par le vendeur du logiciel) ;

– l'intervention en cas de difficultés ou de pannes ;

– l'installation, configuration, désinstallation des comptes de messagerie ;

– la surveillance à distance du réseau.

Le prestataire doit s'engager sur ses délais d'intervention et proposer un service d'intervention à distance sur le réseau qui lui permette de régler la plupart des difficultés sans facturer une intervention sur place.

Il est recommandé de négocier un forfait pour l'installation et la configuration de nouveau matériel et de nouveaux comptes de matériel. Ceci peut se faire à distance. Si ces interventions sont facturées au coût normal d'une intervention du prestataire sur place, l'installation du matériel peut coûter presqu'aussi cher que son achat.

Le prestataire informatique du réseau exerce un métier différent de celui du développeur de sites Internet. Les deux seront gérés de manière séparée par le cabinet[5].

SECTION 3
LOGICIELS

455.31 **Logiciels usuels.** Les logiciels usuels du cabinet sont ceux qui servent pour les fonctions de base de l'activité de bureau : traitement de texte, tableaux et feuilles de calcul, présentations, messagerie. Ces logiciels sont ceux contenus dans la « suite » Microsoft office : Word®, Excel®, PowerPoint® et Outlook®. Des logiciels libres, dits open

1. RIN, art. 18.5.
2. A. Duchesne, C. Weber, « Le BYOD dans les cabinets d'avocats », *D. avocats*, n° 5, mai 2014.
3. CNIL, « BYOD : quelles sont les bonnes pratiques ? », 24 mars 2019.
4. Sur le choix du prestataire informatique lors de la création du cabinet, v. ss n° 111.46 et sur l'externalisation et l'internalisation des prestations informatiques, v. ss n° 452.45.
5. Sur le site Internet du cabinet, v. ss nos 383.11 s.

source[1], gratuits offrent des fonctionnalités équivalentes à ces logiciels d'utilisation courante tel OpenOffice. Cependant, malgré leur gratuité, ceux-ci sont peu recommandés aux cabinets d'avocats. La compatibilité avec les documents et outils Microsoft lors d'échanges de documents ou d'ouverture des emails les rendent plus difficiles à utiliser par des personnes non initiées.

Les règles applicables en matière de propriété intellectuelle des logiciels obligent l'utilisateur à respecter les conditions du fabriquant et à disposer du bon nombre de licences pour son effectif d'utilisateurs. La responsabilité du dirigeant social peut être engagée en cas de copies non autorisées.

455.32 **Besoins du cabinet en matière de logiciels de production et de gestion.** Le schéma explique l'articulation entre les différents logiciels dont peut disposer le cabinet. La tendance des principaux éditeurs de logiciels dédiés aux cabinets d'avocats est d'en multiplier les fonctionnalités de manière à ce que le cabinet utilise le même outil à toutes les étapes de la chaîne de production.

BESOINS DU CABINET EN MATIÈRE DE LOGICIELS

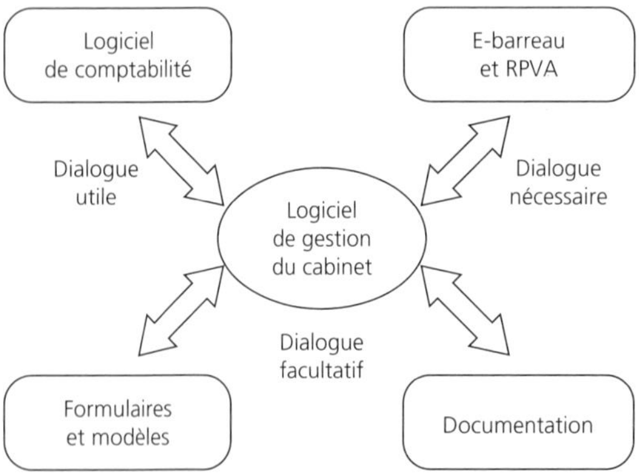

455.33 **Logiciels de production et de gestion.** Les aspects de la production du cabinet d'avocats dans lesquels les logiciels peuvent jouer un rôle sont :

- la production de documents ;
- l'agenda du cabinet ;
- le suivi des dossiers ;
- la saisie et la gestion du temps ;
- la facturation et les relances.

IL EXISTE sur le marché plusieurs produits qui présentent des qualités et des fonctionnalités différentes[2]. Les principaux produits du marché sont commercialisés par les grands groupes d'édition juridique Wolters Kluwer (Lamy) et LexisNexis (Juris-Classeur). À ceux-ci, s'ajoute le logiciel proposé par Secib (groupe Genapi, leader sur le marché des solutions logicielles pour études de notaires), Jarvis (partenaire de Dalloz). D'autres opérateurs interviennent aussi sur ce marché, tels que Z-lawyer, Logitoge... et bien d'autres.

Les produits commercialisés par les éditeurs proposent des liens vers les ressources documentaires ainsi que des bibles de formulaires pour la rédaction d'actes.

Outre les fonctionnalités qu'ils proposent, ces différents produits sont des outils structurants pour le cabinet d'avocats. L'utilisation d'un même outil pour l'ouverture des dossiers, la saisie du temps, la facturation, les relances ou l'agenda impose une discipline à tout le cabinet, associés, collaborateurs et personnel salarié. Le cabinet qui fait l'acquisition d'une telle solution devra cependant faire l'effort d'en utiliser toutes les fonctionnalités.

455.34 **Critères de choix d'un logiciel de gestion et de production.** Les fonctionnalités de base des principaux produits du marché sont les mêmes et leurs prix se situent autour de 600 à 900 euros par an et par utilisateur (licence, maintenance et formation). Il faut ajouter à cette somme le prix de licence serveur (entre 1 500 euros et 3 000 euros pour les principaux opérateurs) ainsi que des frais d'installation et de paramétrage (sur devis autour de 700 euros/la journée) Le choix du cabinet pourra se faire selon les critères suivants :

– La taille du cabinet. La plupart des opérateurs ont adapté leurs offres et leurs produits pour pouvoir s'adapter aux petits comme aux grands comptes. Ce facteur est devenu moins discriminant.

– Les fonctionnalités. Les fonctionnalités principales sont les mêmes pour l'ensemble des produits du marché (production ; saisie des temps ; facturation ; agenda ; relances...). Il peut y avoir des différences concernant les fonctionnalités annexes, notamment en ce qui concerne l'importation et l'exportation de données vers les autres outils du cabinet, notamment le logiciel de comptabilité. Les autres fonctionnalités annexes sont de deux types : les fonctions gestion de la relation client (GRC) (Client relationship management/CRM) qui aident le cabinet à suivre sa relation avec le client (relances, courriers clients...), et le suivi des indicateurs de la production du cabinet (production par collaborateur, par type de dossier, par client, détail des heures non facturables...).

– L'existence d'une application mobile.

– La solution d'hébergement et de stockage : Cloud sécurisé, sur serveurs privatifs ou non, pays de stackage...

– La facilité d'utilisation de l'outil. Cette appréciation repose sur des critères personnels. Sur ce plan, les produits du marché ont beaucoup de

1. Un logiciel libre selon le *Larousse*, est un logiciel dont l'auteur a renoncé à ses droits de propriété et que chacun peut utiliser librement. Il est dit publiciel au Canada.
2. « Avocats, comment choisir le logiciel de gestion de votre cabinet ? », *Réseaux du droit*, n° 47.

progrès à faire. Ces produits ont, pour beaucoup d'entre eux, été développés il y a plus de dix ans et les mises à jour ont peu fait évoluer les ergonomies. Les avocats qui utilisent Internet tous les jours ont l'habitude d'écrans conviviaux et intuitifs. Les logiciels de gestion des cabinets d'avocats ont un retard à combler sur ce plan.

- Les liens avec un fonds documentaire. LexisNexis et Wolters Kluwer proposent des liens entre l'outil de gestion, les formulaires qu'il contient et les ressources documentaires dont disposent ces éditeurs. Ce maillage séduisant entre l'outil qui gère les dossiers et la production de certains documents avec le fonds documentaire doit encore démontrer sa réelle efficacité.

Un cabinet peut s'interroger sur les risques de dépendance lorsqu'il place ses données entre les mains d'un éditeur de logiciels. Il peut aussi s'interroger sur les risques de confier ses données *via* internet à un fournisseur de services plutôt que de les conserver en interne. À ces questions, la seule réponse est que le risque existe toujours en matière de protection de données. Toutefois, il est peut-être plus rassurant de savoir que les données du cabinet sont protégées dans des locaux spécialement équipés sur les serveurs d'une entreprise solide dont c'est le métier plutôt qu'à la merci d'un court-circuit dans un placard qui sert de local informatique au cabinet.

Enfin, des cabinets pourront aussi se demander s'il faut préférer un « petit » éditeur de logiciels de gestion aux grandes multinationales de l'édition juridique. Le cabinet doit avant tout choisir l'outil avec lequel il se sent le plus à l'aise. Il devra cependant veiller à ce que le fournisseur comprenne les besoins spécifiques des avocats. Il sera toujours préférable de travailler avec un prestataire qui a une bonne connaissance de la profession.

Le nombre de cabinets clients d'un fournisseur est également un gage de la pérennité de ce dernier sur le marché.

455.35 Utilisation du logiciel du cabinet à des fins statistiques. Le système de gestion du cabinet doit non seulement remplir son rôle quotidien, mais aussi donner aux avocats une vision précise de leur activité. Une des qualités premières d'un bon outil sera de permettre la mobilisation rapide de données fiables et utiles :

- nombre de clients actifs ;
- nombre de dossiers actifs et de dossiers par client ;
- heures travaillées par avocat ;
- heures travaillées par avocat et par dossier ou par client ;
- heures travaillées par rapport aux heures facturées (par avocat, par client, par dossier) ;
- suivi des heures non facturables par avocat ;
- distinction des activités des avocats par code activité par client et par dossier... ;
- encours du cabinet (heures travaillées à facturer et factures non payées)...

L'exploitation de ces données par le cabinet est un des facteurs essentiels de son développement[1].

455.36 Logiciels de documentation. L'utilisation de logiciels de gestion des documents ou d'organisation des ressources documentaires du cabinet relève des compétences des professionnels de la documentation. Selon les choix d'organisation retenus par le cabinet pour sa documentation[2], le cabinet se contentera de partager en réseau une partie de ses ressources documentaires, gérera ses abonnements avec un logiciel adapté et/ou mettra en place une véritable gestion documentaire informatisée.

455.37 Logiciels de gestion de connaissance (*knowledge management*) et de gestion électronique de documents (GED). L'utilisation de l'outil informatique pour faciliter la gestion de la connaissance par le cabinet s'impose dès lors que le cabinet cherche à structurer son approche. Il peut commencer par placer certains documents sur le réseau commun mais il sera rapidement confronté à des soucis d'organisation, de classement et d'indexation. C'est dans ce but qu'existent des logiciels qui vont d'abord permettre de capter les documents pour ensuite aider à les organiser.

FONCTION DES OUTILS DE GESTION DE LA CONNAISSANCE

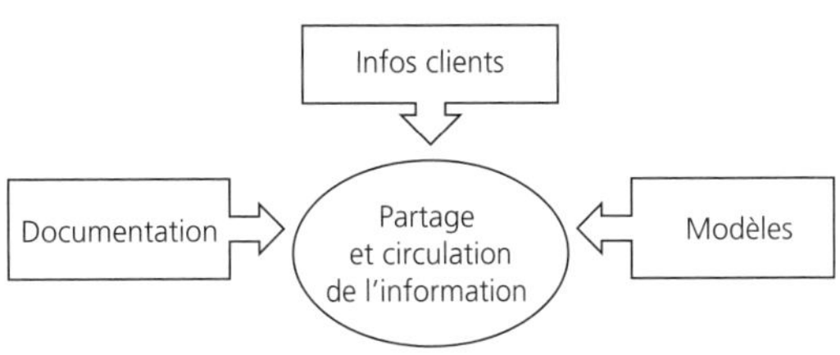

Les outils de gestion électronique de documents (GED) sont associés à des applications de reconnaissance optique de caractères (ROC), (Optical character recognition/OCR), qui permettent de scanner ou d'enregistrer tous les formats de documents et de les convertir sous un format de traitement de texte. Les documents peuvent ensuite être modifiés ou reformatés selon les souhaits du cabinet. Ces mêmes outils, également connus sous le nom de systèmes de gestion de contenu (SGC) (Content management systems/CMS) et utilisés pour la gestion de connaissance (*knowledge management*) et la documentation, permettent ensuite de

1. Sur les leviers du développement du cabinet, v. ss nos 311.31 s.
2. Sur la documentation, v. ss nos 434.11 s.

classer, d'indexer, d'organiser toutes les informations du cabinet et de les rendre accessibles par des interfaces avec des moteurs de recherche.

455.38 Logiciels de gestion de la relation client (CRM). Une solution CRM (*Customer Relationship Management*) ou « gestion de la relation client » est un outil technologique permettant de renforcer la communication entre l'avocat et ses clients et d'automatiser les différentes composantes de la relation client.

Ces outils CRM ont pour objet de :

- centraliser les différents contacts de l'ensemble des avocats du cabinet dans une base actualisée et partagée ;

- suivre la relation (historique des rendez-vous, échanges) ;

- piloter la communication ;

- cibler les prospects pour des actions commerciales, e-mailing, etc.

Ces fonctions peuvent être adaptées aux spécificités du cabinet. Il existe des fonctions CRM intégrées à certains des logiciels métier comme Secib. Il est aussi possible d'installer un outil dédié au CRM comme Salesforce.

SECTION 4
LES CONTRAINTES DÉONTOLOGIQUES

455.41 Risques déontologiques et externalisation. Sur le plan de son informatique et de la sécurisation de ses données, les risques encourus par le cabinet d'avocats seront essentiellement liés à l'externalisation de prestations pouvant porter sur des données confidentielles et couvertes par le secret professionnel[1] (consultants, traducteurs, experts...). Des risques sont également liés à la simple présence de prestataires de toute nature au sein du cabinet (accueil, entretien, comptabilité...). Sauf disposition contractuelle particulière, l'avocat est tenu à l'égard de son client à raison de la faute des prestataires auxquels il a recours.

Depuis l'affaire des Panama Papers dont les fuites initiales provenaient d'un cabinet d'avocats, il y a eu une prise de conscience que l'avocat pouvait être le maillon faible de la sécurité informatique. En effet, à la différence des grandes entreprises et notamment les banques dont les systèmes informatiques sont très sécurisés, la majorité des cabinets d'avocats dispose d'un niveau de sécurité très faible.

455.42 Confidentialité et secret professionnel. L'article 2.3 du RIN[2] impose à l'avocat de faire respecter le secret par les membres du personnel de son cabinet et par toute personne qui coopère avec lui dans son activité professionnelle. Il répond des violations du secret qui seraient ainsi commises.

Il appartient aussi à l'avocat de s'assurer auprès de tous les prestataires auxquels il s'adresse dans le cadre de l'exercice de sa mission que ceux-ci ne sont pas dans une situation de conflit d'intérêts à l'égard du ou des client(s) pouvant être concernés par l'intervention du prestataire.

Si le prestataire n'est pas lui-même soumis à un secret professionnel strict, l'avocat veillera à lui faire signer un engagement de confidentialité. Aussi, s'il existe un risque que le prestataire puisse être tenu à une obligation de divulgation au regard de la réglementation qui lui est applicable, il faudra en informer le client et, si possible, obtenir son accord.

455.43 Cloud computing et risque déontologique. Le Cloud computing (ou informatique « en nuage ») est une externalisation des serveurs informatiques hébergeant les données recueillies ou créées par l'avocat. Ces serveurs sont gérés par un ou plusieurs prestataires externes (hébergeurs) qui peuvent eux-mêmes louer des espaces de stockage auprès d'un ou plusieurs fournisseurs. Si le Cloud computing offre de nombreux avantages (réduction des coûts, simplification des systèmes informatiques et accès aux postes de travail au moyen d'une simple connexion internet), il n'est cependant pas sans risque, le plus immédiat étant l'indisponibilité temporaire des serveurs et l'un des plus graves étant le risque de divulgation d'informations confidentielles, leur perte ou leur vol.

Le consommateur de cloud computing n'a, *a priori*, que peu de contrôle sur la localisation ou la circulation des données stockées. International par nature, le cloud computing soulève des problématiques relevant du droit des technologies de l'information qui sont encore loin d'être toutes résolues. En France par exemple, les données personnelles peuvent être hébergées dans l'Espace Économique Européen ou dans certains pays considérés par l'Union Européenne comme offrant un niveau de protection équivalent à celui de l'Espace Économique Européen (« safe harbour ») : c'est le cas des États-Unis si certaines conditions sont satisfaites pour l'hébergeur. Pour héberger des données dans d'autres pays, une autorisation de la CNIL est nécessaire. Les risques liés au cloud computing sont multiples : risque d'ingérence d'autorités étrangères (Patriot Act aux États-Unis, par exemple), risque de

1. SUR le secret professionnel de l'avocat : H. Ader, S. Bortoluzzi, A. Damien, D. Piau, Th. Wickers, *Règles de la profession d'avocat 2022/2023,* 17e éd., « Dalloz action », 2022, nos 411.11 s.

2. RIN, art. 2.3 ; CNB, AG 15 mai 2020, DCN no 2019-002.

divulgation d'informations confidentielles, risque de saisie, risque de perte ou de vol[1].

Cela dit, le Cloud s'est généralisé à la fois parce que c'est la solution la plus pratique mais aussi parce qu'elle offre des conditions de sécurité équivalentes ou supérieures aux autres solutions de staockage et d'hébergement.

455.44 Cloud computing et recommandations du CCBE et de la CNIL. Observant que le secret professionnel est un trait commun à tous les avocats de l'Union Européenne, le CCBE a émis des recommandations visant à faciliter l'informatique en nuage tout en garantissant pour les avocats un niveau de protection maximale.

Ces recommandations sont les suivantes :

- les avocats doivent en premier lieu s'interroger sur la question de savoir s'ils sont autorisés à conserver des données en dehors de leur cabinet ;
- ils doivent ensuite procéder à un examen préliminaire de leurs besoins : recours à des « logiciels en tant que service » (SaaS) ou à « l'infrastructure en tant que service » (IaaS) ;
- ils doivent ensuite procéder à une pré-évaluation du caractère sensible des données devant être mises en nuage ;
- les avocats devront ensuite procéder à l'évaluation des normes de sécurité (ISO 27001 et 9001) du fournisseur ;
- lors de l'évaluation des services informatiques en nuage, il est prudent pour les avocats concernés de faire une comparaison entre l'infrastructure informatique du cabinet et celle du prestataire. Il convient également de procéder à l'évaluation de la « récupérabilité » des données en cas de défaillance du prestataire ou en cas de litige ;
- enfin, il est important de prendre un certain nombre de précautions contractuelles concernant notamment : la portée du service, la disponibilité du système, les délais de correction des erreurs, les pénalités d'inexécution ou de retard, l'évolution des besoins en matière de services, l'obligation d'adaptation à l'évolution de la réglementation, l'exclusion de l'engagement de sous-traitance sans consentement préalable, les licences, la propriété des données conservées et le droit d'accès exclusif, les accords de protection des données, les mesures de sécurité et la responsabilité, les obligations de non-divulgation, le suivi et l'élaboration de rapports, la documentation technique, le droit de contrôle et d'audit, la sauvegarde et les méthodes de récupération des données, le dépôt des logiciels à des tiers en cas d'insolvabilité ou d'incapacité commerciale de la part du fournisseur, la localisation des serveurs, les assurances, les conditions de résiliation du contrat ;
- l'avocat doit en outre examiner s'il est nécessaire d'avoir une solution de rechange ou un moyen de se connecter à internet en cas de défaillance de la connexion principale ;
- enfin, afin d'assurer la transparence des services juridiques, un avocat pourrait envisager d'informer ses futurs clients que son cabinet a recours à des services d'information en nuage (mention dans la lettre de mission ou conditions générales de prestation de services).

Il semble peu probable qu'un cabinet d'avocat puisse suivre l'intégralité de ces recommandations. Elles fournissent néanmoins des indications utiles.

La CNIL a également émis ses propres recommandations[2] :

- identifier clairement les données et les traitements qui passeront dans le Cloud ;
- définir ses propres exigences de sécurité technique et juridique ;
- conduire une analyse de risques afin d'identifier les mesures de sécurité essentielles pour l'entreprise ;
- identifier le type de Cloud pertinent pour le traitement envisagé.
- choisir un prestataire présentant des garanties suffisantes.

La CNIL propose avec ces recommandations un document reprenant les éléments essentiels devant figurer dans un contrat de prestation de services de Cloud computing.

1. Barreau de Paris, Vade-mecum de la communication numérique de l'avocat, 2015 ; Ces recommandations n'ont pas été reprises dans la dernière version du Vademecum actualisée en 2020.
2. CNIL, « Cloud computing : les conseils de la CNIL pour les entreprises qui utilisent ces nouveaux services », www.cnil.fr, 25 juin 2012 – CNIL, « Recommandations pour les entreprises qui envisagent de souscrire a des services de Cloud ».

LIVRE

5. MODÈLES D'ACTES ET DE DOCUMENTS DE RÉFÉRENCE

SECTION 1
STATUTS DE STRUCTURES D'EXERCICE

511.1 Convention d'association à responsabilité professionnelle individuelle (AARPI).

[.........]

Association d'Avocats à Responsabilité Professionnelle Individuelle

Siège social : [.........]

*

* *

CONVENTION D'AARPI

ADOPTÉE LE [.........]

ATTENTION : Ce modèle est à jour au 1er juillet 2023

[*Les observations et recommandations présentées entre crochets sont destinées à attirer l'attention sur des points de vigilance ou des choix qui peuvent être faits par les futurs associés. Ces choix découlent notamment de la vision que les futurs associés ont de leur projet commun.*]

ENTRE LES SOUSSIGNÉS :

1/ Monsieur/Madame [.........], avocat au Barreau de Paris,

Né(e) le [.........] à [.........] ([.........])

De nationalité française,

Demeurant à [.........]

2/ Monsieur/Madame [.........], avocat au Barreau de Paris,

Né(e) le [.........] à [.........] ([.........])

De nationalité française,

Demeurant à [.........]

Ont adopté ainsi qu'il suit la convention d'une Association d'Avocats à Responsabilité Professionnelle Individuelle, sous la condition suspensive de son inscription au tableau de l'Ordre des avocats au Barreau de Paris.

TITRE I
FORME – OBJET – DÉNOMINATION – SIÈGE – DURÉE

ARTICLE 1
Forme

1.1. Il est formé entre les soussignés une Association d'Avocats à Responsabilité Professionnelle Individuelle qui sera régie par les articles 7 et 8 de la loi n° 71-1130 du 31 décembre 1971, les articles 124 à 128-1 du décret n° 91-1197 du 27 novembre 1991, les articles 1 à 11 du décret n° 2007-932 du 15 mai 2007, les articles 1832 à 1844-17 et 1871 à 1873 du code civil, et les dispositions applicables du règlement intérieur national et des règlements des barreaux de [.........], ainsi que par les termes de la présente convention et, le cas échéant, le règlement intérieur s'il en a été instauré un.

1.2. Cette Association d'Avocats à Responsabilité Professionnelle Individuelle n'est pas dotée de la personnalité morale.

ARTICLE 2
Exercice antérieur

2.1. Les associés soussignés feront leur affaire personnelle de l'apurement de leurs comptes et, d'une façon générale, de toute question, litige ou passif éventuel, entre eux ou vis-à-vis d'un tiers à la Convention, afférent à leur exercice professionnel d'avocat, antérieurement à la date de prise d'effet de leur adhésion à la Convention.

2.2. Il sera tenu un compte des factures émises et encaissées par l'Association, postérieurement à la date de prise d'effet de la présente Convention, mais correspondant à des diligences effectuées par les associés antérieurement à cette date.

Les associés sont convenus que les règlements correspondant à ces factures émises et encaissées par l'association postérieurement à la date de prise d'effet de la présente convention mais correspondant à des diligences effectuées par les associés antérieurement à cette date seront imputés à leur industrie respective dans la présente association de la façon suivante :

[*Préciser les règles de répartition des honoraires correspondants à des diligences / honoraires de résultat facturés par l'Association mais dont l'origine est antérieure à la constitution de l'association.*]

2.3. Il sera dressé un état des contrats en cours conclus par chaque associé antérieurement à la date de prise d'effet de son adhésion à la présente Convention et dont l'exécution sera poursuivie par l'AARPI (contrat de travail, abonnement, crédit-bail, location, etc.).

La décision de reprise desdits contrats fera l'objet d'une délibération formelle de l'Assemblée Générale de l'Association.

ARTICLE 3
Objet

L'AARPI a pour objet l'exercice en commun par ses membres de la profession d'avocat sous la dénomination indiquée à l'article 4.

ARTICLE 4
Nom de l'AARPI

L'AARPI a pour nom « [.........] ».

[*La dénomination sociale est encadrée par les dispositions de l'article 10 du RIN.*]

Dans tous les documents destinés aux tiers, la dénomination de l'AARPI sera suivie ou précédée de la mention « Association d'Avocats à Responsabilité Professionnelle Individuelle » ou des initiales « AARPI ».

ARTICLE 5
Siège de l'AARPI

Le siège de l'AARPI est fixé [.........].

Le siège de l'AARPI, ou l'un de ses établissements, peut être transféré en tout autre lieu en France par décision de l'Assemblée prise dans les conditions stipulées sous l'article 13.7 ci-après pour la modification de la présente Convention.

ARTICLE 6
Durée

La présente Convention est conclue pour une durée de quatre-vingt-dix-neuf (99) ans à compter de son inscription au Tableau du Barreau de Paris et sera notifiée au Conseil de l'Ordre.

Elle se renouvellera par tacite reconduction, pour une durée égale, sauf accord unanime contraire des associés.

Il pourra être mis fin par anticipation à la présente Convention, aux conditions stipulées sous le Titre IX de la présente Convention.

TITRE II
DROITS ET OBLIGATIONS DES ASSOCIES

ARTICLE 7
Moyens et revenus de l'AARPI

Les associés mettent en commun, au service de la clientèle attachée à l'AARPI et qu'ils développent et exploitent en commun, leur activité, leur connaissance, leur expérience et leur notoriété.

Les associés exploitent en commun tous les moyens nécessaires à l'exercice de la profession, étant précisé que chaque associé reste propriétaire du fonds libéral, du mobilier, du matériel et des agencements qu'il possède à la date de signature de la présente Convention, et dont il ne confère à l'AARPI qu'un droit d'usage précaire.

Les associés précisent, pour l'enregistrement, qu'ils n'entendent pas valoriser ce droit d'usage précaire.

ARTICLE 8
Modalités d'exercice et obligations des associés

8.1. L'exercice de la profession d'avocat au sein de l'AARPI est régi (i) par les dispositions de la présente Convention de AARPI, les dispositions du Règlement Intérieur, s'il en a été institué un, et (ii) par les dispositions de la loi n° 71-1130 du 31 décembre 1971, du décret n° 91-1197 du 27 novembre 1991, du Règlement Intérieur National (RIN) et du Règlement Intérieur du Barreau de Paris (RIBP).

Chaque associé doit exercer son activité en se conformant strictement aux textes ci-dessus et aux principes essentiels de la profession d'avocat.

8.2. Sauf accord préalable de l'Assemblée Générale statuant à l'unanimité, chaque associé exerce la profession d'Avocat au sein de l'AARPI à titre exclusif.

[*La loi n° 2015-990 du 6 août 2015 pour la croissance, l'activité et l'égalité des chances économiques, dite loi Macron, a mis fin à l'unicité d'exercice. C'est un choix qui relève de l'arbitrage des associés et de la philosophie du projet commun.*]

8.3. Chaque associé doit exercer son activité au sein de l'AARPI à titre individuel.

[*Il est possible que l'AARPI soit constituée par des personnes morales. Il convient dans ce cas d'envisager toutes les conséquences qu'entraînerait la présence d'associé personne morale. La présente convention d'AARPI n'est pas adaptée à la présence de personne morale.*]

ARTICLE 9
Responsabilité des associés au passif de l'AARPI

Chaque associé est tenu indéfiniment et conjointement avec ses coassociés des dettes de l'AARPI. La responsabilité conjointe s'entend à l'égard des tiers dans la proportion des droits indivis de chaque associé dans l'AARPI.

[*Les règles de détermination de la répartition des pertes doivent être déterminées dans la convention d'AARPI, en adoptant par exemple la rédaction suivante : Les droits indivis de chaque associé dans l'AARPI, exprimés en pourcentage, correspondent à sa quote-part de résultat au titre du dernier exercice social.*]

Hors les dettes contractées au nom de l'AARPI par les co-Gérants, chaque associé de l'AARPI répond seul des dettes et engagements pris par lui sans l'accord du Gérant.

ARTICLE 10
Responsabilité civile professionnelle

10.1. Chaque associé répond seul des actes de la profession d'avocat accomplis, le cas échéant, par lui antérieurement à son entrée dans l'AARPI.

10.2. La mise en cause de la responsabilité professionnelle de l'un de ses membres n'engage pas celle des autres membres de l'AARPI.

Cette limitation de responsabilité est opposable aux tiers, dans les conditions prévues par la réglementation applicable.

10.3. L'AARPI et ses associés devront justifier des assurances et garanties prévues par l'article 27 de la loi n° 71-1130 du 31 décembre 1971.

La responsabilité professionnelle de chaque membre de l'AARPI est couverte par les polices d'assurances souscrites par l'AARPI dans les conditions et limites prévues par ces polices.

[*NB : cet article 10.3 est propre aux AARPI. Les avocats exerçant sous la forme d'une association de type classique sont tenus indéfiniment et conjointement avec leurs coassociés des conséquences des actes conduisant à la mise en cause de la responsabilité civile professionnelle d'un des associés.*]

10.4. Aux termes des articles 124 et suivants du décret n° 91-1197 du 27 novembre 1991, chaque associé de l'AARPI répond sur l'ensemble de son patrimoine des actes professionnels qu'il accomplit à l'égard de ses clients, le cas échéant, sous réserve des déclarations d'insaisissabilité des droits sur l'immeuble où est fixée sa résidence principale, ainsi que sur tout bien foncier bâti ou non bâti qu'il n'a pas affecté à son usage professionnel que les associés auront effectuées en vertu des dispositions des articles L. 526-1 et suivants du Code de Commerce.

ARTICLE 11
Responsabilité pénale et disciplinaire

Chaque associé répond seul des condamnations disciplinaires et pénales prononcées contre lui.

TITRE III
ADMINISTRATION ET DIRECTION DE L'AARPI

ARTICLE 12
Direction et administration

12.1. L'Assemblée Générale des associés est en toute matière souveraine pour arrêter toute décision concernant l'AARPI.

12.2. Gérance de l'AARPI

L'AARPI est administrée et dirigée par un ou plusieurs gérants choisis parmi les associés pour une durée illimitée. Chaque gérant est nommé et révoqué par l'Assemblée Générale statuant en la forme extraordinaire.

Les fonctions des co-Gérants prennent fin notamment en cas de décès, interdiction, faillite personnelle, sanctions en application des dispositions relatives au redressement ou à la liquidation judiciaires, déconfiture ou démission, au terme du mandat ou encore par décision des associés statuant en la forme extraordinaire.

En cas de décès, d'incapacité légale ou de démission des co-Gérants, les associés seront convoqués dans les plus brefs délais par le doyen en âge des autres associés qui assumera les fonctions de Gérant jusqu'à la désignation d'un nouveau Gérant en Assemblée Générale Extraordinaire.

En cas de décès, d'incapacité légale ou de démission d'un des co-gérants, l'autre Gérant exerce les fonctions de Gérant seul.

12.3. Pouvoir du Gérant

Les co-Gérants sont en charge de représenter l'AARPI vis-à-vis des tiers et sont investis des pouvoirs les plus étendus pour assurer la gestion de l'AARPI, prendre les décisions nécessaires pour son fonctionnement et administrer les biens et les affaires de l'AARPI, en conformité avec son objet professionnel.

Toutefois, les actes de disposition d'immeubles, de droits immobiliers, de parts ou d'actions de sociétés immobilières, faisant partie du patrimoine indivis de l'AARPI, de même que toutes les opérations d'emprunt (hors les avances de trésorerie), d'aval, de cautionnement ou de garantie concernant celle-ci doivent être préalablement autorisées par une décision collective des associés selon les modalités définies aux articles 14 et suivants de la présente Convention.

Les co-Gérants tiennent une comptabilité régulière des comptes de l'AARPI en la forme d'une comptabilité de caisse, selon les normes comptables et fiscales propres aux entreprises assujetties aux bénéfices non commerciaux (BNC).

Les co-Gérants effectuent dans les délais légaux toutes déclarations fiscales et sociales et établissent les comptes annuels de l'AARPI.

L'opposition formée par un Gérant aux actes d'un autre Gérant est sans effet à l'égard des tiers, s'il n'est pas établi que ceux-ci ont eu connaissance de cette opposition.

Les décisions qui excèdent les pouvoirs des co-Gérants sont prises par les associés, réunis en Assemblée Générale.

TITRE IV
DÉCISIONS COLLECTIVES

ARTICLE 13
Assemblée générale

13.1. Pouvoirs de l'Assemblée Générale

L'Assemblée Générale des associés est l'organe souverain de l'AARPI ; elle détermine la politique générale de l'AARPI que les co-Gérants mettent en œuvre, approuve les comptes de l'AARPI, nomme ou révoque les co-Gérants, décide de l'association des nouveaux membres et statue, le cas échéant, sur l'exclusion ou la réduction des droits d'un associé.

13.2. Réunion de l'Assemblée Générale de l'AARPI

L'Assemblée Générale est réunie au moins une fois par an, dans les six (6) mois qui suivent la clôture de l'exercice.

Chaque associé peut se faire représenter par un autre associé porteur d'un mandat écrit.

Chaque associé ne peut être mandataire de plus d'un associé.

13.3. Droit de vote des associés

Dans l'Assemblée Générale, chaque associé de l'AARPI dispose d'une voix.

13.4. Convocation de l'Assemblée Générale

L'Assemblée Générale est convoquée par les co-Gérants.

L'Assemblée Générale est convoquée au moins quinze (15) jours à l'avance par lettre recommandée avec demande d'avis de réception adressée à chaque associé ou remises en mains propres ou adressée à son domicile ou par courriel. La convocation contient l'ordre du jour de la réunion.

Toutefois, si tous les associés sont présents ou représentés et signent le procès-verbal de séance par eux-mêmes ou par leur mandataire, l'Assemblée Générale est tenue valablement, même sans convocation préalablement faite dans les formes et délais ci-dessus.

13.5. Tenue de l'Assemblée

Les associés se réunissent au siège de l'AARPI, ou en tout autre lieu précisé dans la convocation.

Elle est présidée par les co-Gérants ou, à défaut, par l'un des associés, nommé à cette fonction par l'Assemblée.

13.6. *Quorum* de l'Assemblée Générale

L'Assemblée Générale ne peut délibérer que si tous les associés sont présents ou représentés.

Si ce *quorum* n'est pas atteint, les associés sont convoqués à nouveau sur le même ordre du jour, dans un délai de 30 jours, et l'Assemblée Générale délibère valablement quel que soit le nombre d'associés présents ou représentés.

13.7. Majorités requises en Assemblée Générale

L'Assemblée Générale statue à titre ordinaire ou extraordinaire.

Les décisions ordinaires sont prises à la majorité en nombre de voix dont disposent les associés présents ou représentés.

Les décisions extraordinaires sont prises à la majorité des trois-quarts (3/4) des voix dont disposent les associés présents ou représentés.

Les décisions sont qualifiées d'extraordinaires lorsqu'elles sont relatives à :

– la modification de la durée de l'AARPI, sa prorogation ou sa dissolution anticipée ;

– le transfert de siège social ;

– la prise en compte du retrait d'un associé ;

– la nomination du Gérant et sa révocation ;

– la fusion, le rapprochement organique ou fonctionnel de l'AARPI avec toute autre société ou association constituée ou à constituer ;

– la création de nouveaux bureaux en France ou à l'étranger ;

– la modification de la Convention et du Règlement Intérieur dans l'hypothèse où il en existe un ;

– l'agrément d'un nouvel associé ;

– l'exclusion d'un associé (la voix de l'associé concerné n'étant pas prise en compte) ;

– [.........]

[*Les règles de majorité sont déterminées selon la volonté des Parties. Elles doivent toutefois faire l'objet d'une discussion particulière lors de la rédaction de la convention d'AARPI. Les décisions relevant de la majorité extraordinaire ci-dessus sont des exemples. Les associés peuvent décider de soumettre certaines de ces décisions à un vote unanime.*]

13.8. Procès-verbaux

Toute délibération fait l'objet d'un procès-verbal signé par les associés présents et contenant notamment : la date et le lieu de la réunion, son ordre du jour détaillé, l'identité des associés présents ou représentés, un résumé des débats, le texte des résolutions mises aux voix et le résultat des votes.

Le procès-verbal signé par tous les associés, présents ou représentés, fait foi de la tenue de l'Assemblée Générale.

ARTICLE 14
Règlement intérieur

Il pourra être établi un Règlement Intérieur de l'AARPI qui déterminera d'une façon générale tout ce qui ne serait pas traité par la présente Convention.

TITRE V
RÉSULTATS SOCIAUX

ARTICLE 15
Exercice social

Chaque exercice social a une durée d'une année qui commence le 1er janvier et finit le 31 décembre de chaque année.

ARTICLE 16
Établissement des comptes

16.1. Dans les trois (3) mois suivant la clôture de chaque exercice, les co-Gérants de l'AARPI établissent les comptes de l'AARPI tenus selon une comptabilité de caisse

L'AARPI étant soumise au régime fiscal des bénéfices non commerciaux (BNC), il sera établi chaque année une déclaration fiscale dans les formes et selon les règles de la comptabilité de caisse, s'agissant notamment de la détermination du résultat distribuable aux associés.

[*L'AARPI peut opter pour l'impôt sur les sociétés (IS) et tenir une comptabilité d'engagement, les dispositions de l'article 16.1 devant alors être adaptées en conséquence.*]

16.2. Chaque année, dans les six (6) mois de la clôture de l'exercice, l'Assemblée Générale est réunie par les co-gérants pour statuer sur les comptes dudit exercice et l'affectation des résultats.

Les co-Gérants de l'AARPI devront déposer auprès de l'Administration Fiscale les comptes de l'AARPI pour chaque exercice écoulé.

ARTICLE 17
Affectation du résultat distribuable

[*Les règles de détermination de la répartition du résultat et de la répartition des pertes doivent être déterminées dans la convention d'AARPI ou dans un règlement intérieur.*]

17.1. Sur proposition de la Gérance, l'Assemblée Générale fixe chaque année lors de l'Assemblée Générale statuant sur les comptes de l'exercice écoulé, la quote-part du résultat revenant à chaque associé au titre dudit exercice.

17.2. Les droits de chaque associé sur le résultat de chaque exercice sont fixés selon les règles de répartition suivantes [*ou* : en conformité avec le Règlement Intérieur].

[*Les associés déterminent librement les modalités de répartition du résultat entre eux. Il pourra être tenu compte par exemple des recettes encaissées, des apports de clients réalisés durant l'exercice écoulé, du temps consacré à la gestion et au développement du cabinet, des charges affectées à l'associé, des moyens humains (collaborateurs, salariés) mis à sa disposition, etc.*]

17.3. Le résultat distribuable est constitué par le résultat de l'exercice, diminué des sommes à porter en réserve par décision de l'Assemblée Générale. Le montant de la quote-part de résultat d'un associé placée en réserve est porté au crédit de son compte-courant d'associé.

17.4. Le montant de l'avance mensuelle sur le résultat versé à chaque associé est déterminé chaque année par l'Assemblée Générale sur proposition de la gérance [OU, à titre d'exemple : .... sera égale à 1/12 de [.........] % de la quote-part du résultat distribuable attribuée à chaque associé au titre de l'exercice précédent].

17.5. Les pertes seront partagées suivant les mêmes principes.

TITRE VI
ADMISSION, EXCLUSION, RETRAIT VOLONTAIRE, RETRAITE

ARTICLE 18
Admission de nouveaux associés

L'Assemblée Générale, statuant à l'unanimité, pourra, sur proposition des co-Gérants, procéder à l'admission de nouveaux associés.

L'adhésion de chaque nouvel associé à la Convention se fait par avenant à la présente Convention.

ARTICLE 19
Causes d'exclusion d'un associé

[*Les statuts doivent contenir une clause d'exclusion pour qu'un associé soit exclu. L'exclusion d'un associé répond à des règles légales, réglementaires et jurisprudentielles qu'il convient de respecter sous peine de nullité de la décision d'exclusion.*]

Un associé peut être exclu de l'AARPI dans les cas suivants :

– en cas de condamnation définitive à une peine d'interdiction temporaire d'exercice égale ou supérieure à trois mois, de suspension provisoire pour une durée de plus de deux mois ou de radiation, prononcée à son encontre ;

[*Outre les causes d'exclusion visées ci-avant, les statuts peuvent prévoir d'autres causes d'exclusion, la liste ci-dessous étant simplement indicative.*]

– en cas de manquement grave ou renouvelé à des obligations résultant de la Convention ou du Règlement Intérieur, s'il en existe un ;

– en cas d'agissements graves susceptibles de porter atteinte à la réputation ou au crédit de l'AARPI, ;

– en cas d'ouverture d'une procédure de redressement ou de liquidation judiciaire à son encontre ;

– [.........]

ARTICLE 20
Modalités d'exclusion d'un associé

20.1. La procédure d'exclusion d'un associé est mise en œuvre par l'Assemblée Générale à la demande des co-Gérants.

La convocation de l'Assemblée Générale précise les raisons pour lesquelles l'exclusion est demandée par la Gérance.

Après lecture du rapport de la Gérance précisant les raisons pour lesquelles l'exclusion est demandée, l'associé (ou son représentant mandataire social s'il s'agit d'un associé personne morale) faisant l'objet de la procédure devra être entendu, éventuellement assisté de son conseil, par l'Assemblée Générale pour s'expliquer sur les faits motivant son exclusion éventuelle.

À l'issue de l'audition contradictoire de l'associé faisant l'objet d'une procédure d'exclusion, l'Assemblée Générale statue à l'unanimité sur l'exclusion de l'associé, la voix de l'associé concerné n'étant pas pris en compte.

L'exclusion de l'associé est effective à la date fixée par la décision de l'Assemblée Générale qui la prononce.

Pour le calcul du *quorum* et des règles de majorité, il ne sera pas tenu compte de la voix de l'associé contre lequel une mesure d'exclusion est demandée, celui-ci participant cependant à l'assemblée.

20.2. Les droits financiers de l'associé exclus sont fixés en conformité avec les dispositions de l'article 22, sauf décision contraire de l'Assemblée Générale.

ARTICLE 21
Retrait volontaire d'un associé

21.1. Chaque associé pourra librement se retirer de l'AARPI, à charge pour lui de respecter un préavis de six (6) mois suivant notification qui en sera faite par lettre recommandée avec demande d'avis de réception adressée au siège de l'AARPI à l'attention des co-Gérants qui en informeront l'ensemble des associés.

La durée du préavis pourra être aménagée d'un commun accord entre l'associé retrayant et la Gérance.

21.2. Pendant l'entière durée du préavis, l'associé retrayant continue d'exercer loyalement et normalement ses activités au sein de l'AARPI, et en particulier continue, jusqu'à son départ effectif, d'exercer son activité professionnelle exclusivement pour l'AARPI, de facturer les dossiers et de faire encaisser les factures émises.

ARTICLE 22
Droits financiers de l'associé retrayant ou exclu

22.1. L'associé retrayant ou exclu aura droit à sa quote-part dans les résultats, positifs ou négatifs, de l'exercice en cours de l'AARPI arrêtés à la date de son départ effectif, déterminée selon les règles habituelles en vigueur, à l'exclusion de toute autre somme à quelque titre que ce soit.

L'arrêté provisoire des comptes sera fait sous un délai de quatre-vingt-dix (90) jours au plus tard à compter de la date d'effet du retrait ou de l'exclusion et sera notifié par lettre recommandée avec demande d'avis de réception à l'associé retrayant ou exclu. Les coûts engendrés par l'arrêté provisoire des comptes seront à la charge de l'AARPI.

La part de résultat revenant à l'associé retrayant ou exclu et non encore versée au jour de son départ est portée au crédit de son compte courant.

22.2. Le montant du compte-courant créditeur de l'associé retrayant ou exclu lui est remboursé par l'AARPI, sauf meilleur accord des associés restants, en six (6) échéances mensuelles et successives à compter de la date de fin de son préavis de retrait.

L'associé retrayant ou exclu devra rembourser à l'AARPI sa quote-part des dettes de l'AARPI échues à la date de son départ de l'AARPI, le cas échéant, par imputation sur le solde créditeur de son compte-courant.

[*Ces conditions sont librement fixées par les associés. D'autres conditions sont donc possibles.*]

22.3. Sous réserve des sommes qui lui seront versées en application de l'article 22.1, l'associé retrayant ou exclu perd tout droit sur les actifs et réserves de l'Association existant au jour de son départ, à quelque titre que ce soit.

22.4. Jusqu'à la date de son départ effectif de l'AARPI, l'associé retrayant ou exclu a droit au versement d'une avance mensuelle versée à titre d'acompte provisionnel sur le résultat de l'exercice en cours, dont le montant est calculé selon les mêmes règles que précédemment.

[*Les modalités pratiques et financières du retrait d'un associé doivent être envisagées avec prudence.*]

ARTICLE 23
Reprise des apports en jouissance

L'associé retrayant, exclu ou radié, pourra reprendre en nature les biens apportés en jouissance à l'AARPI ainsi que tous autres biens aux conditions dont la Gérance et l'associé intéressé pourront convenir. À défaut d'accord, les biens sont réputés appartenir à l'indivision.

TITRE VIII
EMPÊCHEMENT – INCAPACITÉ – DÉCÈS

ARTICLE 24
Empêchement et incapacité

24.1. En cas de maladie, de mise en tutelle ou curatelle ou autre circonstance indépendante de sa volonté, empêchant un associé d'exercer normalement sa profession, les autres associés assureront son remplacement, sans indemnité et sans que les droits de l'associé concerné à percevoir une quote-part de résultat ou une avance mensuelle sur celui-ci ne soient modifiés aussi longtemps que la ou les périodes d'empêchement n'excéderont pas un total de [***conseillé : deux à quatre***] mois par période quelconque de douze (12) mois.

24.2. Dans le cas où la ou les périodes pendant lesquelles un associé est empêché d'exercer normalement, à plein temps, sa profession excède un total de [***conseillé : deux à quatre***] mois par période quelconque de douze (12) mois, ledit associé sera réputé en état d'incapacité.

La période d'incapacité sera réputée avoir commencé à la date à laquelle la période de [.........] mois est dépassée (ci-après « la Date du début d'incapacité »), et prendra fin à la date à laquelle l'associé reprendra l'exercice normal, à plein temps, de sa profession, à moins que l'associé et les autres associés ne se mettent d'accord sur d'autres dates.

À compter de la date du début d'incapacité, le montant de l'avance mensuelle sur le résultat de l'exercice en cours versée à l'associé sera maintenu pendant une période de deux mois. Le montant de l'avance mensuelle sur le résultat de l'exercice en cours versée à l'associé, sera ensuite réduit d'un tiers (1/3) les deux (2) mois suivants (mois 3 et 4) d'incapacité et des deux tiers (2/3) les deux (2) mois suivants (mois 5 et 6) d'incapacité.

24.3. Dans le cas où la ou les périodes pendant lesquelles un associé aura été en état d'incapacité ou d'empêchement excèdent un total de [...] mois sur une période de douze (12) mois, l'associé ne percevra plus d'avance mensuelle sur le résultat de l'exercice en cours, sans préjudice de son droit à percevoir une quote-part du résultat au titre du même exercice.

24.4. Dans le cas où la ou les périodes pendant lesquelles un associé aura été en état d'incapacité excéderont un total de huit mois sur une période de douze mois, l'associé sera alors réputé avoir demandé son retrait total de l'AARPI.

L'Assemblée Générale des associés pourra alors constater à tout moment la date de retrait total de l'associé concerné, celui-ci perdant alors son droit à percevoir une quote-part du résultat de l'AARPI postérieurement à cette date.

L'associé en état d'incapacité sera alors considéré comme s'étant retiré de l'AARPI à la date fixée par l'Assemblée Générale et il sera procédé comme en cas de retrait volontaire.

24.5. Dans le cas où un associé retiré partiellement ou totalement peut à nouveau exercer sa profession à plein temps ou à temps partiel, l'associé et la Gérance pourront décider que l'associé reprendra son activité professionnelle au sein de l'AARPI sur des bases déterminées d'un commun accord.

ARTICLE 25
Décès ou liquidation judiciaire d'un associé

25.1. En cas de décès ou de liquidation judiciaire d'un associé, l'AARPI ne sera pas dissoute mais continuera avec les associés restants.

25.2. Les ayants droit de l'associé décédé ou les créanciers de l'associé liquidé auront droit à la part de résultat non encore versée sur l'exercice en cours, arrêté au jour du décès du *de cujus*.

La succession de l'associé décédé ou le mandataire judiciaire à la liquidation de l'associé liquidé pourra reprendre en nature les biens apportés en jouissance à l'AARPI par l'associé, à l'exclusion de tous autres biens dépendant des actifs de l'AARPI.

TITRE IX
PROROGATION – DISSOLUTION – LIQUIDATION

ARTICLE 26
Terme de l'AARPI – Dissolution

26.1. Il peut être mis un terme à l'AARPI à tout moment par décision de l'Assemblée Générale statuant à titre extraordinaire.

26.2. En cas de dissolution ou d'arrivée à terme de l'AARPI, les associés devront désigner à la majorité des voix un ou plusieurs liquidateurs, pris ou non parmi eux, qui disposent des pouvoirs les plus étendus pour procéder à la réalisation de l'actif commun, au paiement des dettes et au partage du solde disponible entre les associés.

À défaut d'accord entre les associés pour la désignation du liquidateur, celui-ci sera désigné par le Bâtonnier de l'Ordre des avocats du Barreau de Paris statuant sur la requête de l'associé le plus diligent.

Le liquidateur aura notamment pour mission de répartir les dossiers et les clients entre les associés et de régler toute question relative aux honoraires perçus ou à percevoir.

26.3. Pendant la durée de la liquidation, une Assemblée Générale des associés ou de leurs ayants droit est réunie dans les trois (3) mois de la clôture de chaque exercice social, sur convocation du ou des liquidateurs, qui lui rendent compte de leur gestion. L'Assemblée Générale est présidée par l'un des liquidateurs.

Le ou les liquidateurs, s'ils sont associés, participent au vote.

26.4. En fin de liquidation, le ou les liquidateurs convoquent une Assemblée Générale pour statuer sur les comptes définitifs, sur le quitus à donner aux liquidateurs et la décharge de leur mandat, et pour constater la clôture de la liquidation. À défaut, tout associé peut demander au Bâtonnier de l'Ordre des avocats du Barreau de Paris la désignation d'un mandataire chargé de procéder à la convocation.

Les comptes ne sont définitifs que s'ils ont été approuvés par une Assemblée Générale statuant dans les conditions de *quorum* et de majorité prévues pour l'approbation des comptes annuels de l'AARPI.

Le *boni* ou *mali* de liquidation sera réparti entre les associés dans les conditions et proportions fixées aux articles 9 et 17 de la présente Convention.

Si l'Assemblée Générale des associés ne peut délibérer ou refuse d'approuver les comptes du liquidateur, le Bâtonnier de l'Ordre des Avocats du Barreau de Paris saisi en tant qu'arbitre, statue, à la requête du liquidateur ou de tout intéressé.

TITRE X
FORMALITÉS – ARBITRAGE

ARTICLE 27
Formalités

La présente Convention d'AARPI fera l'objet des formalités auprès du Bâtonnier de l'ordre des Avocats du Barreau de Paris prévues aux articles 124-1 à 126 du décret n° 91-1197 du 27 novembre 1991 modifiés par les dispositions du décret n° 2007-932 du 15 mai 2007.

ARTICLE 28
Arbitrage

Toutes contestations qui pourraient surgir concernant l'interprétation ou l'exécution de la convention ou relativement aux affaires sociales, entre les associés, pendant la durée de l'AARPI ou de sa liquidation, sont soumises de plein droit, après une tentative préalable de conciliation, à l'arbitrage du Bâtonnier de l'Ordre des Avocats au Barreau de Paris ou de son délégué qui pourra statuer sans qu'il soit nécessaire de signer au préalable un compromis, l'étendue de sa mission étant déterminée par les demandes de chacune des parties.

Fait en [.........] exemplaires,

Dont un pour chacun des associés et un pour le Conseil de l'Ordre

À Paris, le [.........]

Monsieur/Madame [.........]	
Monsieur/Madame [.........]	

511.2 Statuts de société d'exercice libéral à responsabilité limitée (SELARL).

« [.........] »

SOCIÉTÉ D'EXERCICE LIBÉRAL
A RESPONSABILITÉ LIMITÉE

Au capital de [.........] €

Siège social : [.........]

RCS [.........]

*

* *

STATUTS CONSTITUTIFS
DU [.........] / STATUTS MIS A JOUR LE [.........]

ATTENTION : Ce modèle est à jour
au 1er juillet 2023

[*Les observations et recommandations présentées entre crochets sont destinées à attirer l'attention sur des points de vigilance ou des choix qui peuvent être faits par les futurs associés. Ces choix découlent notamment de la vision que les futurs associés ont de leur projet commun.*]

LES SOUSSIGNÉ(E)S :

1) Madame/Monsieur [.........], avocat au barreau de Paris,
Né(e) le [.........] à [.........] ([.........])
De nationalité française
Demeurant [.........]
[régime matrimonial]

2) Madame/Monsieur [.........], avocat au barreau de Paris,
Né(e) le [.........] à [.........] ([.........])
De nationalité française
Demeurant [.........]
[régime matrimonial]

3) La société [.........], société de participations financières de profession libérale au capital de [.........], inscrite au barreau de [ville], immatriculée au RCS de [Ville] sous le numéro [.........], dont le siège social est situé [.........], représentée par [.........], président/gérant dûment habilité,

Ont établi ainsi qu'il suit les statuts de la société d'exercice libéral à responsabilité limitée d'avocats dénommée « [.........] », ci-après « la Société ».

TITRE I
FORME – DÉNOMINATION – OBJET – SIÈGE – DURÉE

ARTICLE 1
Forme

La Société est une société d'exercice libéral à responsabilité limitée, régie par la loi n° 90-1258 du 31 décembre 1990, les textes pris pour son application, par le livre II du code de commerce et les textes pris pour son application, par le décret n° 93-492 du 25 mars 1993 relatif à l'exercice en commun de la profession d'avocat sous forme de société d'exercice libéral (« SEL ») et par les présents statuts et par le règlement intérieur de la Société s'il en a été instauré un.

[*Optionnel : La Société fonctionne indifféremment sous la même forme de société avec un ou plusieurs associé(s).*

Lorsque la Société ne comporte qu'un seul associé, celui-ci est dénommé "associé unique". L'associé unique exerce les pouvoirs dévolus aux associés, le terme collectivité des associés désignant indifféremment l'associé unique ou les associés.]

ARTICLE 2
Objet

La Société a pour objet l'exercice de la profession d'avocat.

Elle ne peut accomplir les actes de cette profession que par l'intermédiaire de l'un de ses membres ayant qualité pour l'exercer.

De façon générale, elle peut accomplir toutes opérations connexes et accessoires, financières, civiles, immobilières ou mobilières, pouvant se rattacher directement ou indirectement, à l'objet ci-dessus, de nature à favoriser son extension ou son développement, dès lors qu'elles sont compatibles avec l'exercice de la profession d'avocat et qu'elles ne donnent pas de caractère commercial à l'activité de la Société.

ARTICLE 3
Dénomination

[*La dénomination sociale est encadrée par les dispositions de l'article 10 du RIN.*]

La dénomination sociale est : « [.........] ».

Tous les actes et documents émanant de la Société et destinés aux tiers doivent indiquer la dénomination sociale précédée ou suivie immédiatement de la mention « *Société d'exercice libéral à responsabilité limitée d'avocats* » ou des initiales « *SELARL d'avocats* » ainsi que de l'énonciation de son capital social.

La Société peut faire suivre ou précéder sa dénomination sociale du nom et/ou du sigle de l'association, du groupement ou réseau professionnel, national ou international, dont elle est membre.

ARTICLE 4
Siège Social

Le siège social de la Société est fixé à : [.........].

Il peut être transféré par la gérance dans tout autre endroit sur le territoire français, sous réserve de ratification par décision collective ordinaire des associés.

ARTICLE 5
Durée

La Société a été constituée pour une durée de quatre-vingt-dix-neuf (99) années à compter de son immatriculation au registre du commerce et des sociétés de [.........], sauf dissolution anticipée ou prorogation.

TITRE II
APPORTS – CAPITAL SOCIAL – PARTS – ASSOCIÉS

ARTICLE 6
Apports – Formation du capital

[*Il est possible de faire des apports en numéraires ou en nature. Le choix de cet apport peut être différent selon le projet et la situation de l'avocat. L'apport en nature nécessitera l'intervention d'un commissaire aux apports.*]

6.1. Apports en numéraire

– Madame/Monsieur [.........] fait apport à la Société d'une somme en numéraire de [.........] EUROS ([.........] €) correspondant à [.........] ([.........]) parts sociales de [.........] EUROS ([.........] €) chacune, numérotées de 1 à [.........], qui ont été souscrites et libérées en totalité.

– Madame/Monsieur [.........] fait apport à la Société d'une somme en numéraire de [.........] EUROS ([.........] €) correspondant à [.........] ([.........]) parts sociales de [.........] EUROS ([.........] €) chacune, numérotées de [.........] à [.........], qui ont été souscrites et libérées en totalité.

La somme totale versée, soit [.........] EUROS ([.........] €), a été déposée conformément aux dispositions légales et règlementaires au crédit d'un compte ouvert au nom de la Société en formation, à la banque [.........], agence [.........], sise [.........], ainsi qu'il résulte d'un certificat délivré par ladite banque.

6.2. Apports en nature

– Madame/Monsieur [.........] fait apport à la Société de son fonds libéral d'avocat pour une valeur de [.........] EUROS ([.........] €) correspondant à [.........] ([.........]) parts sociales de [.........] EUROS ([.........] €) chacune.

– Madame/Monsieur [.........] fait apport à la Société de son fonds libéral d'avocat pour une valeur de [.........] EUROS ([.........] €) correspondant à [.........] ([.........]) parts sociales de [.........] EUROS ([.........] €) chacune.

Ces parts sociales représentant des apports en nature ont été libérées à la constitution de la Société de l'intégralité de leur valeur nominale.

6.3. Récapitulatif des apports

Les apports en nature s'élevant à [.........] euros ([.........] €) et les apports en numéraire à [.........] euros ([.........] €), le montant total des apports s'élève à [.........] euros ([.........] €) total égal au capital social énoncé ci-après.

ARTICLE 7
Capital social

7.1. Le capital social est fixé à la somme de [.........] EUROS ([.........] €).

7.2. Il est divisé en [.........] ([.........]) parts sociales de [.........] EUROS ([.........] €) chacune, entièrement souscrite et libérée.

7.3. Le capital social peut être augmenté ou réduit dans les conditions prévues par les dispositions légales et règlementaires. Dans tous les cas, si l'opération fait apparaître des rompus, les associés feront leur affaire personnelle de toute acquisition ou cession de droits nécessaires.

7.4. Répartition du capital social

Les [.........] ([.........]) parts sociales composant le capital social de la Société sont réparties entre les associés de la manière suivante :

– Madame/Monsieur [.........] [.........] parts sociales,
– Madame/Monsieur [.........] [.........] parts sociales,
– La société [.........] [.........] parts sociales.

Total égal au nombre de parts sociales composant le capital social, soit [.........] parts sociales.

ARTICLE 8
Qualité des associés

8.1. Le terme « associé(s) » regroupe indifféremment les associés personnes physiques ou morales qui exercent ou n'exercent pas dans la Société.

8.2. Conformément aux dispositions légales et règlementaires, plus de la moitié (1/2) du capital social et des droits de vote doit être détenue directement ou indirectement, par l'intermédiaire des sociétés visées au 8.3 (iv) par des professionnels en exercice au sein de la Société (ci-après « le ou les associé(s) Exerçant(s) »).

La majorité du capital social et des droits de vote peut aussi être détenue :

(i) par des personnes physiques ou morales, établies en France ou légalement établies dans un État membre de l'Union Européenne ou parties à l'accord sur l'Espace Économique Européen ou dans la Confédération suisse, qui exercent la profession d'avocat en dehors de la Société ou par des sociétés de participations financières de professions libérales (« SPFPL ») dont la majorité du capital social et des droits de vote doit être détenue par des personnes exerçant la profession d'avocat,

(ii) par des personnes physiques ou morales, établies en France ou légalement établies dans un autre État membre de l'Union Européenne ou parties à l'accord sur l'Espace Économique Européen ou dans la Confédération suisse, exerçant l'une des professions juridiques ou judiciaires, la Société devant comprendre, parmi ses associés, une personne exerçant la profession d'avocat, ou par une SPFPL dont la majorité du capital social et des droits de vote doit être détenue par toute personne exerçant une profession juridique ou judiciaire ou par toute personne mentionnée au 8.3 (vi) exerçant l'une quelconque desdites professions.

8.3. Le complément peut être détenu par :

(i) des personnes physiques ou morales exerçant la profession d'avocat ;

(ii) pendant un délai de dix (10) ans, des personnes physiques qui, ayant cessé toute activité professionnelle, ont exercé la profession d'avocat au sein de la Société ;

(iii) les ayants droit des personnes physiques mentionnées ci-dessus pendant un délai de cinq (5) ans suivant la date de leur décès ;

(iv) une société constituée dans les conditions prévues à l'article 220 *quater* A du code général des impôts, si les membres de cette société exercent leur profession au sein de la SEL ou une SPFPL, régie par le titre IV des dispositions légales et règlementaires n° 90-1258 du 31 décembre 1990 ;

(v) des personnes exerçant l'une quelconque des professions libérales juridiques ou judiciaires en France ;

(vi) toute personne physique ou morale légalement établie dans un autre État membre de l'Union Européenne ou partie à l'accord sur l'Espace Économique Européen ou dans la Confédération suisse qui exerce, dans l'un de ces états, une activité soumise à un statut législatif ou réglementaire ou subordonnée à la possession d'une qualification nationale ou internationale reconnue et dont l'exercice constitue l'objet social de la société, et s'il s'agit d'une personne morale, qui répond, directement ou indirectement par l'intermédiaire d'une autre personne morale, aux exigences de détention du capital et des droits de vote prévus par la loi n° 90-1258 du 31 décembre 1990.

8.4. La Société doit au moins comprendre, parmi ses associés, une personne exerçant la profession d'avocat.

8.5. Toute cession ou création de parts sociales doit respecter les conditions visées aux articles 8.2, 8.3. et 8.4. ci-dessus relatives à la qualité des associés.

Dans l'hypothèse où l'une des conditions visées ci-dessus viendrait à ne plus être remplie, la Société dispose d'un délai d'un (1) an pour se mettre en conformité avec les dispositions légales.

À défaut, tout intéressé peut demander en justice la dissolution de la Société.

Le tribunal peut accorder à la Société un délai maximal de six (6) mois pour régulariser la situation. La dissolution ne peut être prononcée si, au jour où il est statué sur le fond, cette régularisation a eu lieu.

Lorsqu'à l'expiration du délai de dix (10) ans prévu à l'article 8.3 (ii) ci-dessus ou à l'expiration du délai de cinq (5) ans prévu à l'article 8.3 (iii) ci-dessus, les associés ayant cessé leur exercice au sein de la Société ou les ayants droit des associés ou anciens associés n'ont pas cédé les parts sociales qu'ils détiennent, la Société peut, après décisions prises en ce sens en Assemblée Générale demander le rachat des parts de l'associé décédé dans les conditions de l'article 12 des statuts.

8.6. Les dispositions de l'article 8.3, autorisant la détention d'une part du capital par des personnes n'exerçant pas au sein de la Société ne peuvent bénéficier aux personnes faisant l'objet d'une interdiction d'exercice de la profession d'avocat ou de l'une des professions visées aux alinéas (v) et (vi) de l'article 8.3 ci-dessus.

8.7. La détention directe ou indirecte d'une part sociale emporte de plein droit adhésion aux présents statuts, aux dispositions du règlement intérieur de la Société, s'il en a été instauré un, aux décisions régulièrement prises par la collectivité des associés et, sous réserve des dispositions de l'article 14.1.1 ci-après, l'interdiction d'exercer dans une autre structure d'avocats ou d'exercer la profession à titre individuel.

8.8. L'associé personne morale qui procéderait à l'intégration d'un nouvel associé, sans s'être assuré de l'accord préalable de l'Assemblée Générale, dans les conditions de l'article 22.2.3 sera réputé avoir commis un manquement grave aux statuts au sens de l'article 15.1 ci-après et il pourra être engagé immédiatement une procédure d'exclusion à son encontre.

ARTICLE 9
Parts d'industrie

[*Si les statuts le prévoient, l'assemblée générale peut créer des parts d'industrie. Ces dispositions sont optionnelles. Attention : même si l'associé en industrie ne concourt pas au capital, il dispose de certains droits politiques et sociaux.*]

ARTICLE 10
Responsabilité des associés

10.1. Responsabilité des dettes de la Société : Chaque associé n'est responsable des dettes de la Société qu'à concurrence de ses apports.

10.2. Responsabilité civile professionnelle. Conformément aux dispositions de l'article 16 de la loi 90-1258 du 31 décembre 1990, à l'égard des tiers, chaque associé en exercice au sein de la Société répond sur l'ensemble de son patrimoine des actes professionnels qu'il accomplit ou que ses collaborateurs ou salariés, placés sous son autorité, accomplissent.

La Société est responsable solidairement avec lui.

Un avocat associé exerçant au sein de la Société exerce son activité au nom de la Société et doit indiquer dans tous ses actes professionnels la dénomination sociale de la Société.

10.3. Chaque associé répond seul des condamnations disciplinaires et pénales prononcées contre lui.

ARTICLE 11
Cession et transmission des parts

11.1. Formalisme et opposabilité de la cession. Toute cession de parts sociales, à l'exception des parts sociales d'industrie incessibles, doit être constatée par acte notarié ou sous seing privé.

Pour être opposable à la Société, elle doit, conformément à l'article 1690 du code civil, lui être signifiée par exploit d'huissier ou être acceptée par elle dans un acte notarié. La signification peut être remplacée par le dépôt d'un original de l'acte de cession au siège social contre remise par la gérance d'une attestation de ce dépôt.

Pour être opposable aux tiers, elle doit en outre avoir été déposée au greffe, en annexe au registre du commerce et des sociétés.

11.2. Agrément des cessions. Les parts sociales ne sont jamais librement cessibles. Elles ne peuvent être cédées à titre gratuit ou onéreux, qu'avec le consentement des associés statuant dans les conditions de l'article 22.2.3 ou, le cas échéant en exécution de la promesse de cession consentie par chaque associé en application de l'article 17 des présents statuts.

11.3. Procédure de cession de parts. Sous réserve de l'exercice de l'option d'achat, valant levée de la promesse de cession par les associés restants en application de l'article 17 des présents statuts conférant aux associés un droit de préemption des parts sociales d'un associé désirant cédé sa participation et pour assurer le respect des dispositions des articles 11.1 et 11.2 ci-dessus, toute cession à titre gratuit ou onéreux, alors même que la cession aurait lieu par voie d'apport en société, apport-scission, apport-fusion, vente, échange, donation, transmission par succession, partage, ou par voie d'adjudication publique, sans exception ni réserve, à titre gratuit ou à titre onéreux et alors même que la cession ne porterait que sur la nue-propriété ou l'usufruit, est soumise aux règles suivantes :

(i) Notification de la cession. L'associé qui veut céder tout ou partie de ses parts doit notifier son projet à la Société et à chacun des associés par acte extrajudiciaire ou par lettre recommandée avec demande d'avis de réception, en indiquant les nom, prénom(s), profession et domicile du ou des cessionnaire(s) proposé(s), le fait qu'ils exerceront ou non la profession d'avocat au sein de la Société et s'il s'agit d'une personne morale, sa forme, sa dénomination et l'adresse du siège social ; le nombre des parts qu'il désire céder ainsi que le prix convenu, s'il s'agit d'une cession à titre onéreux.

Si cette cession est faite au profit d'un avocat en vue de l'exercice de la profession au sein de la Société ou d'une SPFPL, régie par le titre IV de la loi n° 90-1258 du 31 décembre 1990 détenue par ce dernier, elle doit être passée sous condition suspensive de l'inscription du bénéficiaire de la cession au tableau de l'ordre des avocats, et, le cas échéant, de la déclaration de sa SPFPL à ce même ordre.

(ii) Convocation de l'Assemblée Générale. Dans un délai de huit (8) jours à compter de la notification visée ci-dessus, la gérance doit, convoquer l'Assemblée Générale Extraordinaire pour qu'elle délibère sur le projet de cession.

La décision prise par les associés n'a pas à être motivée. Elle est notifiée au cédant par lettre recommandée avec demande d'avis de réception par la gérance.

La décision doit intervenir dans un délai de trois (3) mois à compter de la dernière des notifications.

(iii) Consultation par écrit des associés. La gérance peut également consulter par écrit, dans le même délai de huit (8) jours, chacun des associés sur l'agrément du ou des cessionnaire(s) proposé(s).

Dans ce dernier cas, chaque associé doit, dans le mois qui suit la réception de cette consultation, faire connaître au cédant et à la gérance, également par lettre recommandée avec demande d'avis de réception, s'il accepte ou n'autorise pas la cession projetée et, le cas échéant le nombre de parts dont il se porte acquéreur.

(iv) Absence de notification ou absence de réponse. À défaut de notification conformément au point (ii) § 3 ou en l'absence de réponse conformément au point (iii) § 2, le consentement de la cession est réputé acquis si le cessionnaire réunit les conditions pour pouvoir exercer sa profession au sein de la Société ; dans le cas contraire, le défaut de réponse de la Société équivaut à un refus d'agrément.

(v) Refus d'agrément. En cas de refus d'agrément ou à défaut de réponse équivalant à un refus, les associés sont tenus, dans le délai de trois (3) mois à compter du refus d'agrément (sauf prolongation de ce délai par décision de justice et sans que cette prorogation puisse excéder six (6) mois) d'acquérir ou de faire acquérir les parts, moyennant un prix fixé d'un commun d'accord entre les parties ou, à défaut d'accord, dans les conditions prévues à l'article 18 des présents statuts.

(vi) Réduction de capital. La Société peut également, avec le consentement du cédant, décider, dans le même délai, de réduire son capital du montant de la valeur nominale desdites parts et de racheter ces parts au prix déterminé dans les conditions prévues à l'article 18 des présents statuts.

(vii) Renonciation du cédant. À défaut d'accord sur le prix ou à défaut d'agrément, le cédant peut, dans les huit (8) jours

de la notification de la proposition de prix ou la notification du refus d'agrément, renoncer à son projet de cession.

(viii) Détention des parts depuis moins de deux (2) ans. Si l'associé cédant détient ses parts depuis moins de deux (2) ans, les dispositions des alinéas (iv) et (v) ci-dessus ne sont pas applicables, à moins qu'il n'ait reçu ses parts par voie de succession, de liquidation de communauté entre époux ou de donation du conjoint d'un ascendant ou d'un descendant.

(ix) La cession de parts sociales prévue au présent article est soumise aux formalités prévues aux articles L. 221-14 du code de commerce et 10 de la loi du 31 décembre 1990.

(x) Sauf accord du ou des cédant(s), l'achat doit porter sur la totalité des parts dont la cession était projetée.

11.4. Toute cession de parts sociales réalisée en violation du présent article 11 est inopposable à la Société et aux associés.

ARTICLE 12
Décès d'un associé

12.1. Agrément de l'héritier, ayants droit et conjoint survivant La Société n'est pas dissoute par le décès d'un associé. En cas de décès d'un associé, la Société continue entre les associés survivants et les héritiers ou représentants de l'associé décédé et, éventuellement, son conjoint survivant, sous réserve de l'agrément de ces derniers dans les conditions de l'article 22.2.3.

12.2. Procédure d'agrément. – Sous réserve de l'exercice de l'option d'achat, valant levée de la promesse de vente par les associés restants en application de l'article 17 des présents statuts conférant aux associés un droit de préemption des parts sociales d'un associé décédé, l'agrément des héritiers, ayants droit et conjoint survivant est soumis aux règles suivantes :

(i) Notification de la demande d'agrément. Lors du décès d'un associé, il appartient aux héritiers, ayants droit et conjoint survivant qui souhaitent être agréés en qualité d'associé, de notifier leur demande d'agrément par lettre recommandée avec demande d'avis de réception dans les trois (3) mois du décès en justifiant de leur qualité par la production de l'expédition d'un acte de notoriété ou de l'extrait d'un intitulé d'inventaire, sans préjudice du droit pour la gérance de requérir de tout notaire la délivrance d'extraits ou d'expéditions de tous actes établissant ladite qualité.

(ii) Convocation de l'Assemblée Générale. Dans les huit (8) jours qui suivent la réception de la notification précitée, la gérance convoque à l'Assemblée Générale Extraordinaire chacun des associés survivants ainsi que les héritiers, ayants droit ou conjoint, par lettre recommandée avec demande d'avis de réception, en leur faisant part du décès, en mentionnant les qualités des héritiers et ayants droit et conjoint survivant aux fins de demander à l'Assemblée Générale de se prononcer sur l'agrément en qualité d'associé desdits héritiers, ayants droit et conjoint survivant.

(iii) Consultation par écrit des associés. La gérance peut également consulter, par écrit, dans le même délai de huit (8) jours les associés survivants en leur demandant de se prononcer sur l'agrément en qualité d'associé desdits héritiers, ayants droit et conjoint survivant.

Dans ce dernier cas, chaque associé survivant doit, dans le mois qui suit la réception de cette lettre, faire connaître à la gérance, également par lettre recommandée avec demande d'avis de réception, s'il agrée en qualité d'associé lesdits héritiers, ayants droit et conjoint survivant et accepte ou n'autorise pas la transmission en leur faveur des parts dépendantes de la succession de l'associé décédé ou, le cas échéant, le nombre de parts qu'il est disposé à racheter.

(iv) Seuls les associés survivants disposent du droit de vote ou peuvent se prononcer sur l'agrément.

(v) Décision des associés. La décision prise par les associés n'a pas à être motivée. Elle est notifiée aux héritiers, ayants droit et conjoint survivant dans le délai de trois (3) mois à compter de la notification de la demande d'agrément comportant les pièces héréditaires. À défaut de notification dans ledit délai, le consentement à la transmission des parts est réputé acquis.

12.3. Refus d'agrément. Si les héritiers, ayants droit et conjoint survivant ne sont pas agréés, les associés survivants sont tenus de racheter ou de faire racheter leurs parts dans les conditions prévues par les présents statuts. Il est procédé à leur égard comme il est procédé, en cas de cession à l'égard de l'associé cédant, par application des articles 11 et 17 des présents statuts.

À défaut de rachat des parts dans le délai de trois (3) mois à compter du refus de l'Assemblée Générale Extraordinaire, les héritiers, ayants droit et conjoint survivant deviennent de plein droit associé pour une durée d'au plus cinq (5) années à compter du décès de l'associé.

12.4. Les héritiers, ayants droit, conjoint ou pacsé attributaire, bénéficient des dispositions des articles 11 et 18 des présents statuts.

12.5. Lorsque les héritiers, ayants droit et conjoints survivants sont devenus associés dans les conditions de l'article 12.3, alinéa 2, à tout moment à compter du décès et au plus tard à l'expiration d'un délai de cinq (5) ans à compter du décès, les associés ou la Société peuvent demander le rachat des parts de l'associé décédé par lettre recommandée avec demande d'avis de réception adressée aux héritiers, ayants droit, conjoint ou pacsé attributaire de l'associé décédé, nonobstant leur opposition.

ARTICLE 13
Droits du conjoint commun en biens d'un associé

13.1. Revendication du conjoint commun en biens. Conformément aux dispositions de l'article 1832-2 du code civil, sauf s'il y a préalablement renoncé lors de la souscription ou de l'acquisition des parts par son conjoint, le conjoint de tout associé, s'il remplit lui-même les conditions posées par les articles 8.1 ou 8.2 et 8.3 des statuts pour détenir des parts sociales de la Société, peut revendiquer, au moment de l'apport ou de l'acquisition, par lettre recommandée avec demande d'avis de réception adressée au siège de la Société ou remise en mains propres contre décharge à la gérance, la qualité d'associé. Dans ce cas, l'agrément donné à son conjoint apporteur ou acquéreur vaut automatiquement pour lui.

Le conjoint commun en biens de tout associé, sauf s'il y a préalablement renoncé lors de la souscription ou de l'acquisition des parts par son conjoint, s'il remplit lui-même les conditions prévues à l'article 8, peut également revendiquer par lettre recommandée avec demande d'avis de réception adressée au siège de la Société, la qualité d'associé postérieurement à l'apport ou à l'acquisition et sera alors soumis à l'agrément des associés délibérant aux conditions prévues sous l'article 11.

Dans ce dernier cas, en cas de refus d'agrément ou si le conjoint ne remplit pas les conditions pour détenir des parts sociales au sein de la Société, l'associé conserve sa qualité pour la totalité des parts dont il est titulaire.

13.2. En cas de liquidation par suite de divorce, séparation de corps, séparation judiciaire de biens ou changement de régime matrimonial, de la communauté légale ou conventionnelle de biens ayant existé entre un associé et son conjoint, l'attribution de parts communes à l'époux ou ex-époux qui ne possédait pas la qualité d'associé n'est possible que si lui-même remplit les conditions de détention de parts sociales précisées sous les articles 8.1, 8.2 et 8.3 des statuts et sera alors soumis à l'agrément des associés délibérant aux conditions prévues sous l'article 11.

(i) Notification de la liquidation de la communauté. La liquidation de la communauté est notifiée, par l'époux ou ex-époux le plus diligent, par acte extrajudiciaire ou par lettre recommandée avec demande d'avis de réception, à la Société et à chacun des associés, sans préjudice du droit, pour la gérance, de requérir du rédacteur de l'acte de liquidation de la communauté un extrait dudit acte.

(ii) Convocation de l'Assemblée Générale. Dans les huit (8) jours qui suivent la réception de la notification de la liquidation de la communauté, la gérance convoque à l'Assemblée Générale Extraordinaire les associés par lettre recommandée avec demande d'avis de réception en leur faisant part de la qualité du conjoint commun en bien de l'associé dont la communauté est liquidée, le fait qu'il ait ou non qualité pour devenir associé selon les conditions prévues aux articles 8.1, 8.2 et 8.3 des statuts ainsi que le nombre de parts à recueillir par le conjoint.

(iii) Consultation par écrit des associés. La gérance peut également consulter par écrit, dans le même délai de huit (8) jours, les associés en leur demandant de se prononcer sur l'agrément du conjoint commun en bien dont la communauté est liquidée. Dans ce dernier cas, chaque associé doit, dans le mois (1) qui suit la réception de cette lettre, faire connaître à la gérance, également par lettre recommandée avec demande d'avis de réception, s'il accepte ou n'autorise pas l'attribution projetée.

(iv) Absence de réponse. Si la Société n'a pas fait connaître sa décision dans le délai de trois (3) mois à compter de cette notification, le consentement à l'attribution est réputé acquis mais seulement si le conjoint remplit lui-même les conditions posées par les articles 8.1, 8.2 et 8.3 des statuts pour détenir des parts sociales de la Société.

(v) Consentement à l'attribution. Si la Société a consenti à l'attribution, la gérance en avise aussitôt l'époux ou l'ex-époux associé.

(vi) Absence de consentement à l'attribution. Si la Société ne consent pas à l'attribution ou si l'époux ou l'ex-époux ne remplit pas lui-même les conditions posées par les articles 8.1, 8.2 et 8.3 des statuts pour détenir des parts sociales de la Société, la gérance en avise aussitôt l'époux ou l'ex-époux non agréé. La décision n'a pas à être motivée. La gérance avise, d'autre part, les associés par lettre recommandée avec demande d'avis de réception, de l'obligation qui leur est faite par les dispositions légales et règlementaires d'acquérir ou de faire acquérir ou encore de faire racheter par la Société, les parts dont l'attribution était projetée en faveur de l'époux ou ex-époux considéré.

(vii) En ce qui concerne la procédure à suivre pour l'achat ou le rachat, comme pour la fixation et le règlement du prix, il est procédé à l'égard de l'époux ou ex-époux non agréé comme il est procédé, en cas de cession, sous les articles 11 et 18 à l'égard de l'associé cédant.

(viii) Si, à l'expiration du délai de trois (3) mois ou du délai supplémentaire éventuellement accordé par justice pour réaliser l'achat ou le rachat des parts considérées, aucune des deux solutions d'achat ou de rachat n'est intervenue, l'attribution desdites parts peut être réalisée conformément au partage qui avait été notifié à la Société et ce, même si l'époux ou ex-époux qui avait la qualité d'associé possédait les parts en cause depuis moins de deux (2) ans.

Le délai de trois (3) mois, éventuellement prolongé par justice, imparti pour la réalisation de l'achat, court au jour de la décision collective portant refus d'agrément.

ARTICLE 14

Exercice de l'activité – Suspension ou incapacité d'exercice

14.1. Exercice de l'activité

14.1.1. Les dispositions législatives et règlementaires relatives à l'exercice de la profession d'avocat sont applicables aux membres de la Société et à la Société elle-même.

Sauf accord préalable et unanime de l'Assemblée Générale Extraordinaire, un associé ne peut exercer la profession d'avocat qu'au sein d'une seule société d'exercice libéral.

[*La loi nº 2015-990 du 6 août 2015 pour la croissance, l'activité et l'égalité des chances économiques, dite loi Macron, a mis fin à l'exclusivité d'exercice. La mise en œuvre de cette fin d'exclusivité d'exercice entraîne des conséquences importantes pour le cabinet, notamment concernant la responsabilité des associés et du cabinet. Si les associés envisagent de libérer l'un d'eux de son obligation d'exclusivité d'exercice vis-à-vis de la société, il pourra être ajouté la clause suivante :*]

S'il exerce au sein de la présente Société, il ne peut exercer concomitamment à titre individuel ou au sein d'une autre société, association, groupement ou d'un réseau, quelle qu'en soit la forme, sans avoir sollicité et obtenu au préalable l'accord unanime des associés, réunis en Assemblée Générale Extraordinaire, convoquée à la diligence de la gérance dans les quinze (15) jours de la notification reçue d'un associé, par courriel ou lettre recommandée avec demande d'avis de réception, de son intention d'exercer concomitamment dans une autre structure d'exercice ou de participer à un réseau, que ces structures soient mono ou pluri-professionnelles.

L'agrément résulte, soit d'une décision collective des associés prise dans les conditions visées à l'article 22.2.3, soit du défaut de réponse dans le délai de trois (3) mois à compter de la date de la demande.

14.1.2. Afin de prévenir toute situation de conflit ou de contrariété d'intérêts, tout associé désirant développer, directement ou indirectement, une activité de commercialisation de biens et services connexes à l'exercice de la profession d'avocat au sens de l'article 111 du décret n° 91-1197 du 27 novembre 1991, devra solliciter et obtenir au préalable l'accord unanime des associés de la Société réunis en Assemblée Générale Extraordinaire. Le cas échéant, il est procédé comme indiqué sous l'article 14.1.1 ci-avant.

14.2. Rémunération. L'activité professionnelle des associés Exerçants fait l'objet d'une rémunération dont le montant et les modalités sont fixés et modifiés par délibération ordinaire des associés réunis en Assemblée Générale.

Ces rémunérations font partie des frais généraux de la Société et leurs versements ne sont pas constitutifs d'une répartition des bénéfices.

[*Les conditions de rémunération des associés pourront faire l'objet d'un règlement intérieur.*]

14.3. Radiation, suspension ou incapacité d'exercice.

14.3.1. *Radiation.* L'associé Exerçant qui est radié, cesse l'exercice de son activité professionnelle à compter du jour où la décision prononçant la radiation est passée en force de chose jugée. Il perd, à compter de la même date, le droit de prendre part aux décisions collectives des associés et de participer aux réunions des associés.

L'associé radié dispose d'un délai de six (6) mois à compter du jour où sa radiation est devenue définitive pour céder ses parts sociales à un tiers en vue de l'exercice de la profession de la Société, à la Société ou à d'autres associés en application de l'article 11.2.

À défaut, ses parts sont achetées par la Société qui procède alors à leur annulation en réduisant son capital à due concurrence de la valeur nominale desdites parts sociales. Le prix de cession des parts de l'associé radié est fixé conformément aux dispositions de l'article 18 des statuts.

Sa suppléance au sein de la Société est assurée par les autres associés Exerçants appartenant au même barreau.

14.3.2. *Suspension et interdiction temporaire d'exercice.* L'associé exerçant au sein de la Société, et qui fait l'objet (i) d'une mesure de suspension provisoire en application de l'article 24 de la loi n° 71-1130 du 31 décembre 1971 ou (ii) d'une sanction disciplinaire d'interdiction temporaire d'exercice ferme et définitive en application de l'article 186 du décret n° 91-1197 du 7 novembre 1991, conserve, pendant la durée de sa suspension, sa qualité d'associé avec tous les droits et obligations qui en découlent.

En cas de suspension provisoire, les revenus liés à l'exercice professionnel de l'associé concerné sont réduits de moitié les six (6) premiers mois de suspension, l'autre moitié étant attribuée par parts égales aux administrateurs provisoires associés ou non ou, s'il n'est pas commis d'administrateur provisoire, à ceux des associés Exerçants qui n'ont pas fait l'objet d'une suspension provisoire de leurs fonctions.

Au-delà d'un délai de six (6) mois de suspension, l'associé suspendu ne perçoit plus de rémunération, sauf décision contraire de l'Assemblée Générale.

L'associé frappé d'une sanction d'interdiction temporaire d'exercice ferme et définitive perd tout droit à rémunération pendant la durée de celle-ci et jusqu'à sa reprise effective d'activité, sauf décision contraire de l'Assemblée Générale qui fixe alors la durée de suspension de la rémunération de l'associé concerné.

14.3.3. *Incapacité temporaire d'exercice.* Si l'un des associés est temporairement empêché, par cas de force majeure (par exemple, maladie), ou pour toute autre raison, y compris les cas visés sous l'article 14.3.2 ci-dessus, d'exercer ses fonctions, sa suppléance est assurée par les autres associés exerçant au sein de la Société et appartenant au même barreau, sous réserve des dispositions légales et règlementaires en la matière.

Si tous les associés ou, en cas de Société constituée entre avocats appartenant à des barreaux différents, tous les associés appartenant au même barreau, sont simultanément empêchés d'exercer leurs fonctions, la gestion est assurée par un ou plusieurs suppléant(s) nommé(s) conformément aux dispositions des articles 170 à 172 du décret du 27 novembre 1991 relatif à la profession d'avocat, sans préjudice de la possibilité de voir désigner un administrateur provisoire de la Société.

[*Les associés peuvent prévoir les conditions d'un éventuel maintien de la rémunération pendant la période d'incapacité.*]

14.3.4. La Société n'est pas dissoute lorsqu'un jugement de liquidation judiciaire, de faillite personnelle, d'interdiction de gérer ou d'une mesure d'incapacité est prononcé à l'égard de l'un des associés ou de l'associé unique. Néanmoins, la Société est dissoute de plein droit en cas de radiation de l'associé unique ou de l'ensemble des associés de la Société.

ARTICLE 15
Exclusion

15.1. Motifs d'exclusion. Un associé Exerçant peut être exclu de la Société, par décision de l'Assemblée Spéciale statuant dans les conditions de l'article 22.2.4 pour l'un des motifs suivants :

(i) Condamnation disciplinaire passée en force de chose jugée à une peine de radiation ou une peine égale ou supérieure à trois (3) mois d'interdiction d'exercice de sa profession,

(ii) Condamnation pénale définitive à une peine d'emprisonnement égale ou supérieure à trois (3) mois.

15.2. Un associé exerçant ou non exerçant au sein de la Société, peut être exclu de celle-ci par décision de l'Assemblée Générale Extraordinaire statuant dans les conditions de l'article 22.2.3 en cas :

[*Les associés peuvent prévoir d'autres cas d'exclusion que ceux prévus par la loi. La rédaction d'une telle clause doit tenir compte des intentions spécifiques des parties.*]

15.3. Procédure d'exclusion. Quel que soit le motif d'exclusion, aucune décision d'exclusion ne peut être prise si l'associé concerné n'a pas été régulièrement convoqué en Assemblée Générale, quinze (15) jours au moins avant la date prévue et par lettre recommandée avec demande d'avis de réception et s'il n'a pas été mis à même de présenter sa défense lui-même ou par un mandataire, sur les faits qui lui sont reprochés.

15.4. Conséquences de l'exclusion sur l'exercice de l'activité au sein de la Société. Sous réserve du respect des règles déontologiques et des principes essentiels régissant la profession d'avocat, l'exercice professionnel de l'associé exclu prend effet à la date fixée par l'Assemblée Générale statuant sur son exclusion.

15.5. Autres conséquences de l'exclusion. L'exclusion d'un associé entraîne automatiquement l'exclusion de la SPFPL dont il est associé unique ou dont il contrôle la majorité des droits de vote, l'exclusion devant alors être constatée par l'Assemblée Générale statuant dans les conditions des articles 15.1 ou 15.2 selon les cas.

15.6. Cessions des parts de l'associé exclu. Tout associé exclu peut céder ses parts sociales dans les conditions prévues par les articles 11 et 18 des présents statuts ou, le cas échéant, devra céder ses parts à la suite de l'exercice de l'option d'achat résultant de la promesse de cession prévue par l'article 17 des présents statuts par les associés restants et/ou la Société. La cession à un tiers ne pouvant intervenir qu'à défaut de l'exercice de l'option d'achat par les associés restants et/ou la Société.

ARTICLE 16
Cessation d'activité – Retrait

16.1. Tout associé peut cesser son activité d'avocat au sein de la Société à la condition d'en informer la Société, par lettre recommandée avec demande d'avis de réception, six (6) mois au moins à l'avance. Il avise l'ordre auprès duquel il est inscrit de sa décision et adresse copie de sa lettre de retrait à tous les associés de la Société.

La cessation d'exercice au sein de la Société n'emporte pas de plein droit la perte de la qualité d'associé en capital.

16.2. Cession des parts sociales de l'associé retrayant. Tout associé retrayant peut céder ses parts sociales dans les conditions prévues par articles 11 et 18 des présents statuts ou, le cas échéant, devra céder ses parts à la suite de l'exercice de l'option d'achat résultant de la promesse de cession prévue par l'article 17 des présents statuts par les associés restants et/ou la Société. La cession à un tiers ne pouvant intervenir qu'à défaut de l'exercice de l'option d'achat par les associés restants et/ ou la Société en exécution des dispositions de l'article 17 des présents statuts.

ARTICLE 18
Valorisation des parts sociales

[*Afin d'éviter les risques et les aléas d'une évaluation par expert désigné au visa de l'article 1843-4 du code civil, il est conseillé de prévoir dans les statuts une clause de valorisation des parts sociales, renvoyant par exemple au montant de l'actif net ou des capitaux propres. Attention : L'approche de la valeur des parts n'est pas la même selon que les associés décident de dépatrimonialiser la société, en écartant la valeur du fonds libéral de la valeur des parts, où qu'ils souhaitent, au contraire, que la valeur des parts reflète la valeur du fonds libéral de la société. La clause devra également à peine de validité prévoir la désignation d'un expert au visa de l'article 1843-4 du code civil.*]

18.1. À défaut d'accord sur le calcul de la valeur des parts sociales d'un associé cédant, la détermination de la valeur des parts sociales de la Société sera faite conformément aux dispositions de l'article 1843-4 du code civil, l'expert étant alors tenu d'appliquer les règles et modalités de détermination de la valeur des parts sociales, stipulées sous l'article 18.2 ci-avant.

18.2. Hors les cas où l'un des associés aura sollicité la désignation d'un expert au visa de l'article 1843-4 du code civil en application de l'article 18.3, toute difficulté de calcul de la valeur des parts sociales de la Société sera définitivement tranchée par un expert indépendant, désigné d'un commun accord entre les parties, ou à défaut de cet accord par ordonnance du président du tribunal judiciaire statuant sur requête conjointe du cédant et du ou des cessionnaire(s).

Les parties confieront à l'expert indépendant la mission prévue à l'article 1592 du code civil et sa décision fera leur loi, sans contestation possible.

18.3. L'expert indépendant ne pourra s'écarter du mode de valorisation prévu à l'article 18.2.ci-dessus, devra respecter la règle du contradictoire dans l'exercice de sa mission et ses honoraires seront partagés par moitié (1/2) entre le cédant et l'acquéreur des parts sociales cédées.

ARTICLE 19
Comptes courants

Conformément aux dispositions de l'article 1er du décret nº 92-704 du 23 juillet 1992, chaque associé exerçant au sein de la Société peut laisser ou mettre à disposition de la Société, sous forme de compte courant d'associé, toute somme dont celle-ci peut avoir besoin, dans la limite de trois (3) fois sa participation au capital.

Le montant du compte courant des associés n'exerçant pas au sein de la structure est limité au montant de leur participation dans le capital de la Société.

[*Les associés peuvent convenir de conditions spécifiques de remboursement de leurs comptes-courants.*]

ARTICLE 20
Conventions

Lorsqu'elles sont permises par les dispositions légales et règlementaires, les conventions entre la Société et les associés ou entre la Société et l'un de ses gérants, autres que celles portant sur les opérations courantes et conclues à des conditions normales, sont soumises à l'approbation des associés réunis en Assemblée Générale Ordinaire ou, en Assemblée Spéciale si les conventions portent sur les conditions dans lesquelles le ou les gérants ou les associés exercent leur profession au sein de la Société, dans les conditions prévues à l'article L. 223-19 du code de commerce, et à l'article 12 de la loi du 31 décembre 1990.

TITRE III
GÉRANCE – DÉCISION COLLECTIVE – DROIT DE CONTRÔLE

ARTICLE 21
Gérance

21.1. La Société est gérée et administrée par un ou plusieurs gérant(s), personnes physiques, nécessairement avocats associés, exerçant leur profession au sein de la Société.

Les gérants sont nommés et révoqués par décision des associés en Assemblée Générale Ordinaire représentant plus de la moitié (1/2) des parts sociales. Cette décision fixe la durée de leur mandat.

21.2. Dans les rapports avec les tiers, le ou les gérant(s) ont, ensemble ou séparément s'ils sont plusieurs, les pouvoirs les plus étendus pour agir au nom de la Société et pour faire et autoriser tous les actes et opérations dans les limites de l'objet social. Ils sont, en toutes circonstances, responsables vis-à-vis de la Société des actes qu'ils accomplissent dans l'exercice de leur mandat social.

À cet effet, ils disposent de la signature sociale dont ils ne peuvent faire usage que pour les affaires de la Société et dans les limites des pouvoirs qui leur ont été conférés lors de leur désignation ou qui se trouvent définis par les statuts ou le règlement intérieur de la Société s'il en a été instauré un.

21.3. Dans les rapports entre associés, le ou les gérant(s) peuvent faire tout acte de gestion dans l'intérêt de la Société, dans la limite des pouvoirs qui leur ont été conférés lors de leur désignation ou qui se trouvent définis par les statuts ou le règlement intérieur de la Société s'il en a été instauré un.

L'Assemblée Générale Extraordinaire peut modifier les pouvoirs d'engagement ou de gestion du ou des gérants en procédant à une modification des statuts.

21.4. La gérance est chargée d'organiser des réunions périodiques entre l'ensemble des avocats en exercice au sein de la Société afin que ceux-ci puissent s'informer et être informés de l'ensemble de l'activité de la Société.

En cas de conflit entre le ou les gérants sur un engagement quelconque de la Société, la question litigieuse est soumise immédiatement à l'Assemblée Générale Ordinaire qui tranche souverainement.

21.5. Le ou les gérants peuvent bénéficier d'une rémunération spécifique de leurs fonctions, en plus de celles qu'ils reçoivent au titre de l'exercice de leur activité professionnelle. Cette rémunération est fixe ou proportionnelle, ou à la fois fixe et proportionnelle. Le taux et les modalités de cette rémunération sont fixés par décision ordinaire des associés et maintenus jusqu'à décision contraire.

21.6. Le ou les gérants ont droit sur justificatifs au remboursement des frais qu'ils exposent dans l'accomplissement de leur mandat social.

21.7. Le ou les gérants peuvent démissionner de leurs fonctions, à charge de prévenir les associés trois (3) mois au moins à l'avance et par lettre recommandée avec demande d'avis de réception.

21.8. Le ou les gérants sont toujours révocables par décision des associés représentant plus de la moitié (1/2) des parts sociales. S'il existe un seul gérant, en cas de refus de ce dernier de convoquer une Assemblée Générale ayant pour ordre du jour sa révocation, tout associé peut demander en justice, statuant en référé, la désignation d'un mandataire chargé de convoquer l'assemblée et de fixer son ordre du jour.

21.9. En cas de décès, d'infirmité ou de maladie d'un gérant dûment constatée l'empêchant d'exercer ses fonctions pendant six (6) mois consécutifs, les associés doivent être consultés à la diligence du ou des gérant(s) restés en fonction ou, à défaut, par un mandataire désigné en justice à la diligence de l'un des associés, à l'effet de pourvoir éventuellement à sa révocation et à son remplacement.

21.10. Le mandat d'un gérant cesse immédiatement, automatiquement et de plein droit s'il cesse d'être en activité au sein de la Société.

ARTICLE 22
Décisions collectives

22.1. Forme des décisions. Les décisions collectives sont prises, au choix de la gérance, soit en assemblée, soit par consultation écrite ou pourront encore résulter du consentement de tous les associés exprimés dans un acte, sauf dans les cas où la loi impose la tenue d'une assemblée ou s'il s'agit de statuer sur l'exclusion d'un associé.

22.2. Les assemblées

22.2.1. *Nature des assemblées.* Les décisions des associés sont prises en Assemblée Générale.

Les Assemblées Générales Ordinaires sont celles qui sont appelées à prendre toutes décisions qui ne modifient pas les statuts.

Les Assemblées Générales Extraordinaires sont celles appelées à décider des modifications des statuts.

Les Assemblées Spéciales réunissent l'ensemble des associés exerçant la profession d'avocat au sein de la Société.

Les délibérations des Assemblées Générales obligent tous les associés, même absents, dissidents ou incapables.

22.2.2. *Assemblée Générale Ordinaire.* L'Assemblée Générale Ordinaire prend toutes décisions excédant les pouvoirs du ou des gérant(s) et qui n'ont pas pour objet de modifier, directement ou indirectement, les statuts.

Elle a, entre autres pouvoirs, les suivants :

(i) approuver, modifier ou rejeter les comptes qui lui sont soumis ;

(ii) statuer sur la répartition et l'affectation des bénéfices en se conformant aux dispositions statutaires ;

(iii) nommer et révoquer le ou les gérant(s) ainsi que la nature de leur mission et fixer leur rémunération ;

(iv) nommer et révoquer le commissaire aux comptes ;

(v) approuver les conventions visées à l'article L. 223-19 du code de commerce ; seuls les associés Exerçants prennent part aux délibérations prévues par ce texte lorsque les conventions en cause portent sur les conditions dans lesquelles ils y exercent leur profession ;

(vi) autoriser le ou les gérant(s) à contracter tout emprunt, à procéder à tous les achats, échanges et ventes d'immeubles, à consentir toutes hypothèques et tous nantissements, à

réaliser ou participer à la fondation de Sociétés et/ou tous apports à des sociétés constituées ou à constituer ainsi que toutes prises d'intérêts dans ces sociétés.

L'Assemblée Générale Ordinaire est réunie au moins une (1) fois l'an, dans les six (6) mois de la clôture de l'exercice social, pour statuer sur les comptes de cet exercice, sous réserve de prolongation de ce délai par décision de justice.

Majorité. – Les décisions sont adoptées par un ou plusieurs associés, présents, représentés, ou votant par correspondance, à plus de la moitié (1/2) des parts sociales au sens de l'article L. 223-29 du code de commerce (parts de capital et parts d'industrie).

Si cette majorité n'est pas obtenue, les associés sont consultés une seconde fois à la majorité des voix émises, quel que soit le nombre d'associés ayant participé au vote.

La gérance peut également effectuer certaines modifications des statuts, sous réserve de leur ratification ultérieure par les associés dans les conditions requises pour les décisions ordinaires. Elle peut ainsi :

– mettre les statuts en conformité avec les dispositions impératives de la loi et des règlements,

– déplacer le siège social sur le territoire français.

22.2.3. *Assemblée Générale Extraordinaire.* L'Assemblée Générale Extraordinaire peut notamment :

(i) modifier les statuts dans toutes leurs dispositions,

(ii) décider la transformation de la Société en une société d'une autre forme,

(iii) décider de l'adoption ou de la modification du règlement intérieur de la Société s'il en a été instauré un,

(iv) agréer la cession de parts sociales,

(v) autoriser un associé à exercer son activité d'avocat en dehors de la Société selon l'article 14 des présents statuts,

(vi) décider de la création ou de l'annulation des parts d'industrie,

(vii) statuer sur la demande d'autorisation d'exercice par un associé d'une activité de commercialisation de biens et services connexes à l'exercice de la profession d'avocat.

Quorum. – L'Assemblée Générale Extraordinaire ne peut délibérer valablement que si les associés présents, représentés ou votants par correspondance possèdent au moins, sur première convocation, le quart (1/4) des parts sociales (incluant les parts d'industrie) et, sur deuxième convocation, le cinquième (1/5) de celles-ci.

À défaut de *quorum*, la deuxième assemblée statuant sur le même ordre du jour peut être prorogée à une date postérieure de deux (2) mois au plus à celle à laquelle la première avait été convoquée.

Majorité. – Les décisions sont adoptées par les associés présents, représentés ou votant par correspondance à la majorité des deux tiers (2/3) des parts sociales incluant les parts d'industrie, émise par la Société.

Dans les Assemblées Générales Extraordinaires appelées à délibérer sur l'approbation d'un apport en nature ou l'octroi d'un avantage particulier, l'apporteur ou le bénéficiaire n'a voix délibérative ni pour lui-même, ni comme mandataire.

Cas particuliers. – Conformément aux dispositions légales et règlementaires, certaines décisions doivent être prises à l'unanimité des associés lorsqu'elles concernent :

– l'inaliénabilité des parts sociales ;

– l'augmentation des engagements des associés ;

– le changement de nationalité de la Société ;

– la désignation d'un commissaire aux apports sans passer par le juge en cas d'augmentation du capital par apports en nature ;

– la transformation de la Société en société par actions simplifiée ;

– l'absorption de la Société par une société par actions simplifiée.

Dans le cas de l'exclusion prévue à l'article 15.2 l'Assemblée Générale Extraordinaire statue à la majorité des trois-quarts (3/4) des parts sociales incluant les parts d'industrie, émise par la Société.

22.2.4. Assemblée Spéciale

[*En cas de coexistence d'associés non-exerçants aux côtés d'associés exerçants, il pourra être nécessaire de prévoir des assemblées spéciales qui ne réunissent que les associés exerçants.*]

22.3. Procédure des Assemblées

22.3.1. *Convocation.* L'assemblée est convoquée par la gérance qui signe en cette qualité la convocation.

Pendant la période de liquidation, l'assemblée est convoquée par le ou les liquidateur(s).

L'assemblée est réunie au siège social ou en tout autre lieu indiqué dans l'avis de convocation.

La convocation est faite quinze (15) jours avant la date de l'assemblée par lettre recommandée avec demande d'avis de réception adressée à chaque associé.

Il en est de même pour la convocation adressée au commissaire aux comptes, s'il en existe un.

22.3.2. *Ordre du jour.* L'ordre du jour de l'assemblée est arrêté par l'auteur de la convocation.

L'assemblée ne peut délibérer sur une question qui n'est pas inscrite à l'ordre du jour.

Elle peut toutefois, en toutes circonstances, révoquer le ou les gérant(s) et procéder à leur remplacement.

22.3.3. *Admission aux Assemblées – Pouvoirs.* Tout associé a le droit de participer aux Assemblées Générales et aux délibérations, soit personnellement soit représenté par un mandataire, quel que soit le nombre de ses parts, sur simple justification de son identité, dès lors que ses titres sont inscrits en compte à son nom.

Toutefois l'accès aux Assemblées Spéciales est réservé aux seuls associés exerçant dans la Société.

Un associé peut se faire représenter par un autre associé ou par toute personne justifiant d'un mandat à cet effet, à l'exception des Assemblées Spéciales où seuls les associés Exerçants ou les personnes morales associées de la Société et dont le capital social est détenu en intégralité par un ou plusieurs associé(s) exerçant dans la Société peuvent détenir un mandat de représentation d'un autre associé.

Tout associé peut valablement participer à une assemblée par conférence téléphonique ou par visio-conférence, ce mode de réunion de l'Assemblée Générale pouvant également être choisi par la gérance si les circonstances l'exigent, notamment en cas d'urgence ou de crise sanitaire.

22.3.4. *Tenue de l'Assemblée – Bureau – Procès-verbaux.* Une feuille de présence est émargée par les associés présents et les mandataires et à laquelle sont annexés les pouvoirs donnés à chaque mandataire.

Elle est certifiée exacte par la gérance.

L'Assemblée est présidée par le ou les gérant(s) ou en son absence, par un associé Exerçant spécialement délégué à cet effet par l'Assemblée, ou par l'auteur de la convocation.

À défaut, l'Assemblée élit elle-même son président.

L'Assemblée désigne un secrétaire qui peut être pris en dehors de ses membres.

Les délibérations des Assemblées sont constatées par des procès-verbaux signés par un ou plusieurs gérant(s) dont le président de séance et contenant les mentions prévues par l'article R. 223-24 du code de commerce.

Les procès-verbaux sont établis soit sur un registre spécial préalablement côté et paraphé par le bâtonnier du barreau auprès duquel la Société est inscrite ou par son délégué, soit sur des feuilles mobiles numérotées sans discontinuité, paraphées dans des conditions identiques. Dès qu'une feuille a été remplie, même partiellement, elle doit être jointe à celles précédemment utilisées. Toute addition, suppression, substitution ou inversion de feuilles est interdite.

Les copies et extraits de ces procès-verbaux sont valablement certifiés par la gérance.

22.3.5. *Quorum – Vote.* Le *quorum* est calculé sur l'ensemble des parts composant le capital social et des parts d'industrie, sauf dans les Assemblées Spéciales où il est calculé sur l'ensemble des parts de la catégorie des associés exerçant dans la Société, le tout déduction faite des parts privées du droit de vote en vertu des dispositions des dispositions légales et règlementaires ou des présents Statuts.

Chaque part sociale, qu'elle soit de capital ou d'industrie, donne droit à une (1) voix.

Le vote s'exprime à main levée, par appel nominal ou au scrutin secret, selon ce qu'en décide le bureau de l'Assemblée ou les associés.

En cas de mesure personnelle, notamment d'exclusion, requérant l'unanimité des associés ou les ¾ des associés selon qu'il s'agisse des cas visés à l'article 15.1 ou 15.2 des statuts, l'associé concerné par la mesure peut participer à l'assemblée générale et au vote mais ses droits de vote et les droits de vote de la SPFPL associée de la Société dont l'associé concerné par la mesure est associé unique ou dont il contrôle la majorité des droits de vote ne seront pas décomptés. Il ne peut voter en qualité de mandataire d'un autre associé.

22.4. Consultation écrite. À l'exception de l'approbation des comptes annuels et de la répartition du résultat de l'exercice écoulé, toutes les autres décisions susceptibles d'être prises en assemblée générale, ordinaire, extraordinaire, ou spéciale des associés peuvent faire l'objet d'une consultation écrite.

En cas de consultation écrite, la gérance adresse à chaque associé, à son dernier domicile connu, par lettre recommandée avec demande d'avis de réception ou par courriel avec demande d'avis de réception, le texte des résolutions, proposées ainsi que les documents nécessaires à l'information des associés.

Les associés disposent d'un délai de quinze (15) jours à compter de la date de réception du projet de résolutions pour émettre un vote par écrit, le vote étant, pour chaque résolution, formulé par les mots « *oui* », « *non* » ou « *abstention* ».

La réponse est adressée à l'auteur de la consultation, par lettre recommandée avec demande d'avis de réception ou par courriel avec demande d'avis de réception. Tout associé n'ayant pas répondu dans le délai ci-dessus est considéré comme s'étant abstenu.

Lorsque la décision relève de la compétence de l'Assemblée Générale Spéciale, seuls les associés exerçant au sein de la Société sont consultés.

22.5. Droit de communication des associés. Sous réserve du secret professionnel inhérent à la profession d'avocat, tout associé a le droit d'obtenir des documents nécessaires pour lui permettre de se prononcer en connaissance de cause et de porter un jugement sur la gestion et le contrôle de la Société.

Ce droit de communication s'exerce :

– soit à l'occasion de la réunion d'une assemblée.

Lors de l'Assemblée Générale d'approbation des comptes annuels, la gérance doit communiquer aux associés les comptes annuels, le rapport de gestion le texte des résolutions proposées au moins quinze (15) jours avant l'Assemblée par lettre recommandée avec demande d'avis de réception ou par courriel avec demande d'avis de réception à l'adresse indiquée par l'associé.

La gérance doit également tenir au siège social l'inventaire, dont les associés ne sont pas autorisés à prendre copie, et le rapport du commissaire aux comptes s'il en existe un.

Le droit de communication préalable à l'assemblée annuelle ne porte que sur le dernier exercice clos et non sur les exercices antérieurs.

En cas de convocation d'une assemblée autre que l'Assemblée Générale Ordinaire annuelle, le texte des résolutions, le rapport de la gérance et le cas échéant, le rapport du commissaire aux comptes doivent être adressés aux associés par voie postale ou par courriel quinze (15) jours au moins avant la date de la réunion.

– soit en dehors de toute réunion.

Chaque associé a le droit, à tout moment, de prendre connaissance au siège social des comptes annuels, des inventaires, des rapports soumis aux assemblées et des procès-verbaux de ces assemblées concernant les trois (3) derniers exercices. Les associés peuvent en prendre copie, sauf en ce qui concerne l'inventaire.

TITRE IV
RÈGLEMENT INTÉRIEUR

ARTICLE 23
Règlement intérieur

Sur décision de l'Assemblée Générale Extraordinaire, il peut être adopté ou modifié un règlement intérieur de la Société, venant compléter ou préciser les dispositions des présents statuts.

Chaque associé est tenu en toutes circonstances du respect des dispositions du règlement intérieur.

En cas de contradiction entre les dispositions du règlement intérieur et les présents statuts ou une disposition légale ou règlementaire applicables, ces dernières prévaudront sur les dispositions du règlement intérieur, sauf disposition contraire des statuts prévoyant la prévalence des dispositions du règlement intérieur sur les dispositions des statuts.

[*Une attention toute particulière sera portée à la rédaction du règlement intérieur qui pourra notamment détailler les conditions de rémunération des associés, les spécificités de la gouvernance de la société, la politique de frais, des règles détaillées en cas de retrait d'un associé.*]

TITRE V
COMPTES SOCIAUX – AFFECTATION ET RÉPARTITION DES RÉSULTATS – CONTRÔLE DES COMPTES – FISCALITÉ – LIQUIDATION

ARTICLE 24
Comptes sociaux

L'exercice social commence le premier janvier et se termine le trente et un décembre de la même année.

Par exception, le premier exercice social débutera [.........] et se terminera le [.........].

Une Assemblée Générale appelée à statuer sur les comptes de l'exercice écoulé devra être réunie chaque année dans les six (6) mois de la clôture de l'exercice ou en cas de prolongation dans le délai fixé par décision de justice.

ARTICLE 25
Affectation des résultats

25.1. Sur le bénéfice de l'exercice diminué, le cas échéant, des pertes antérieures, il est prélevé cinq pour cent (5 %) au moins pour constituer le fonds de réserve légale.

Ce prélèvement cesse d'être obligatoire lorsque la réserve atteint le dixième (1/10) du capital social, il reprend son cours lorsque, pour une raison quelconque, la réserve légale est descendue au-dessous de ce dixième.

25.2. Le bénéfice distribuable est constitué par le bénéfice de l'exercice diminué des pertes antérieures et des sommes que les associés décideront de porter en réserve en application des dispositions légales et règlementaires ou des statuts, et augmenté du report bénéficiaire.

Sur ce bénéfice, la collectivité des associés détermine la part attribuée aux associés sous forme de dividendes et prélève les sommes qu'elle juge à propos d'affecter à la dotation de tous fonds de réserves facultatives, ordinaires ou extraordinaires, ou de reporter à nouveau.

Cependant, hors le cas de réduction de capital, aucune distribution ne peut être faite aux associés lorsque les capitaux propres sont, ou deviendraient à la suite de celle-ci, inférieurs au montant du capital.

25.3. La collectivité des associés peut décider la mise en distribution de sommes prélevées sur les réserves, soit pour fournir ou compléter des dividendes, soit à titre de distribution exceptionnelle ; en ce cas, la décision indique expressément les postes de réserve sur lesquels les prélèvements sont effectués.

Toutefois, les dividendes sont distribués par priorité sur le bénéfice distribuable de l'exercice.

25.4. Chacune des parts sociales de capital et d'industrie donne droit aux mêmes dividendes.

25.5. Les pertes, s'il en existe, sont, après l'approbation des comptes par la collectivité des associés, inscrites sur un compte spécial pour être imputées sur les bénéfices des exercices ultérieurs jusqu'à extinction.

ARTICLE 26
Option fiscale

[*Attention, en cas d'associé unique, l'assujettissement à l'impôt sur les sociétés est sur option.*]

ARTICLE 27
Contrôle des comptes

Un ou plusieurs commissaire(s) aux comptes titulaires et suppléants seront désignés lorsque, compte tenu du total du bilan, du montant hors taxes du chiffre d'affaires et de l'effectif moyen de salariés, cette nomination deviendra obligatoire pour la Société.

ARTICLE 28
Liquidation

28.1. La Société est en liquidation dès l'instant de sa dissolution pour quelque cause que ce soit, hormis les cas prévus aux articles 1844-4 et 1844-5, 3e alinéa du code civil.

28.2. L'Assemblée Générale choisit un ou plusieurs liquidateurs parmi les associés de la Société, exerçant ou non leur profession au sein de celle-ci. À défaut le liquidateur est désigné par le Bâtonnier de l'ordre des avocats de [Ville] saisi par la partie la plus diligente.

Cette nomination met fin aux fonctions du ou des gérant(s) et du ou des commissaire(s) aux comptes s'il en existe.

28.3. La liquidation s'effectue conformément aux dispositions prévues par les dispositions légales et règlementaires.

[*Il peut être utile de détailler ces conditions.*]

28.4. Si toutes les parts sociales sont réunies en une seule main, l'expiration de la Société ou sa dissolution pour quelque cause que ce soit, entraîne la transmission universelle du patrimoine social à l'associé unique, sans qu'il y ait lieu à liquidation, sous réserve du droit d'opposition des créanciers, conformément aux dispositions de l'article 1844-5 du code civil, sauf si l'associé unique est une personne physique.

TITRE VII
CONTESTATIONS – CONDITION SUSPENSIVE – JOUISSANCE DE LA PERSONNALITÉ MORALE – FORMALITÉS

ARTICLE 29
Contestations

Toutes contestations susceptibles de surgir pendant la durée de la Société ou après sa dissolution pendant le cours des opérations de liquidation seront du ressort du Bâtonnier de l'Ordre des avocats du barreau de [Ville] statuant en conformité avec les dispositions de l'article 21 de la loi n° 71-1130 du 31 décembre 1971.

[*NB : les trois derniers articles concernent uniquement la constitution de la société et non en cas de mise à jour.*]

ARTICLE 30
Condition suspensive

La présente Société est constituée sous la condition suspensive de son inscription au tableau de l'ordre des avocats de [Ville].

ARTICLE 31
Jouissance de la personnalité morale

La Société jouira de la personnalité morale à compter de son immatriculation au registre du commerce et des sociétés.

L'état des actes accomplis au nom de la société en formation, avec l'indication pour chacun d'eux de l'engagement qui en résulte pour la Société, est annexé aux présents statuts dont la signature emportera reprise desdits engagements par la Société lorsqu'elle aura été immatriculée au registre du commerce et des sociétés. Cet état a été en outre tenu à la disposition des associés dans les délais légaux à l'adresse du siège social.

Tout gérant de la Société est par ailleurs expressément habilité, dès sa nomination, à passer et souscrire pour le compte de la Société les actes et engagements entrant dans ses pouvoirs statutaires et légaux. Ces actes et engagement seront réputés avoir été faits et souscrits dès l'origine par la Société, après vérification par la collectivité des associés, postérieurement à l'immatriculation de la Société au registre du commerce et des sociétés, de leur conformité avec le mandat ci-dessus défini et au plus tard par l'approbation des comptes du premier exercice fiscal.

ARTICLE 32
Formalités – Pouvoirs

Les formalités d'immatriculation de la Société prescrites par les dispositions légales et règlementaires sont effectuées à la diligence du ou des gérant(s) et tout pouvoir est donné au porteur des présentes pour y procéder.

Fait/mis à jour à [Ville], le [date]

Madame/Monsieur [.........]	
Madame/Monsieur [.........]	
Pour la société [.........] Madame/Monsieur [.........]	

511.3 Statuts de SELAS.

« [.........] »

Société d'Exercice Libéral Par Actions Simplifiée

Au capital de [.........] Euros

Siège social : [.........]

RCS [.........]

*

* *

STATUTS CONSTITUTIFS DU [.........]

LES SOUSSIGNÉS :

1) Madame/Monsieur [.........]
Né(e) le [.........] à [.........]
De nationalité française,
Demeurant [.........]
Régime matrimonial

2) Société [.........]
[.........]
Dont le siège est [.........]
Immatriculée au RCS de [.........] sous le numéro [.........]
Représentée par Madame/Monsieur [.........], en qualité de Gérant/Président,

Ont établi ainsi qu'il suit les statuts de la société d'exercice libéral par Actions Simplifiée d'avocat dénommée « [.........] ».

ATTENTION : Ce modèle est à jour au 1er juillet 2023

[*Les observations et recommandations présentées entre crochets sont destinées à attirer l'attention sur des points de vigilance ou des choix qui peuvent être faits par les futurs associés. Ces choix découlent notamment de la vision que les futurs associés ont de leur projet commun.*]

TITRE I
FORME – DÉNOMINATION – OBJET – SIÈGE – DURÉE

ARTICLE 1
Forme

Il est formé, entre les propriétaires des actions créées ci-après et de toutes celles qui le seraient ultérieurement, une société d'exercice libéral par actions simplifiée (SELAS) régie par les lois et règlements en vigueur, notamment les dispositions du Livre II du Code de commerce relatives aux sociétés commerciales, la loi n° 90-1258 du 31 décembre 1990, modifiée par les lois n° 2001-1168 du 11 décembre 2001, n° 2004-130 du 11 février 2004 et n° 2015-990 du 6 août 2015, dite Loi Macron, par le décret n° 2004-852 du 23 août 2004 pris pour l'application à la profession d'avocat, par la loi n° 2008-776 du 4 août 2008 de modernisation de l'économie, par la loi n° 2011-331 du 28 mars 2011 de modernisation des professions juridiques ou judiciaires et certaines professions réglementées, ainsi que par les présents statuts.

La société fonctionne indifféremment sous la même forme de société avec un ou plusieurs associés.

Lorsque la société ne comporte qu'un seul associé, celui-ci est dénommé « associé unique ». L'associé unique exerce les pouvoirs dévolus aux associés, le terme collectivité des associés désignant indifféremment l'associé unique ou les associés.

ARTICLE 2
Objet

La Société a pour objet l'exercice en commun de la profession d'avocat.

Elle ne peut accomplir les actes de cette profession que par l'intermédiaire de ses membres qui ont respectivement la qualité pour exercer cette profession.

De façon générale, elle peut accomplir toutes opérations connexes et accessoires, financières, civiles, immobilières ou mobilières, pouvant se rattacher directement ou indirectement, à l'objet ci-dessus, de nature à favoriser son extension ou son développement, dès lors qu'elles sont compatibles avec l'exercice de la profession d'avocat et qu'elles ne donnent pas de caractère commercial à l'activité de la société.

ARTICLE 3
Dénomination sociale

La dénomination sociale est :

« [.........] »

[*La dénomination sociale est encadrée par les dispositions de l'article 10 du RIN.*]

Dans tous les actes et documents émanant de la Société et destinés aux tiers, la dénomination sociale doit être précédée ou suivie immédiatement de la mention « *Société d'exercice libéral par actions simplifiée* » ou des initiales « *SELAS* » ainsi que l'indication de la profession exercée, du montant de son capital social, de son siège social, de son numéro d'immatriculation au Registre du Commerce et des Sociétés et de la mention de son inscription au tableau de l'Ordre.

La Société peut faire suivre ou précéder sa dénomination sociale du nom et/ou du sigle de l'association, du groupement ou du réseau professionnel, national ou international dont elle est membre.

ARTICLE 4
Siège social

Le siège de la Société est fixé à [.........].

Il peut être transféré par le Président dans tout autre endroit du même département, sous réserve de ratification par décision collective extraordinaire des associés et dans tout autre endroit par décision collective extraordinaire des associés.

ARTICLE 5
Durée – Exercice social

5.1. La durée de la Société est de [.........] ([.........]) années à compter de son immatriculation au Registre du Commerce et des Sociétés, sauf les cas de prorogation ou de dissolution anticipée.

Les décisions de prorogation de la durée de la Société ou de dissolution anticipée sont prises par décision collective des associés, statuant dans les conditions définies ci-après.

Un an au moins avant la date d'expiration de la Société, le Président doit provoquer une délibération de la collectivité des associés à l'effet de décider si la Société doit être prorogée. À défaut, tout associé peut demander au Président du Tribunal de commerce du lieu du siège social statuant sur requête, la désignation d'un mandataire de justice chargé de provoquer la délibération et la décision ci-dessus prévues.

5.2. L'exercice social commence le [.........] et finit le [.........] de la même année.

Par dérogation, le premier exercice social débutera le [.........] et se terminera le [.........].

Une Assemblée Générale appelée à statuer sur les comptes de l'exercice écoulé devra être réunie chaque année dans les six (6) mois de la clôture de l'exercice ou en cas de prolongation dans le délai fixé par décision de justice.

TITRE II
APPORTS – CAPITAL SOCIAL – ACTIONS

ARTICLE 6
Apports – Libération des actions souscrites

[*Il est possible de faire des apports en numéraires ou en nature. Le choix de cet apport peut être différent selon le projet et la situation de l'avocat. L'apport en nature nécessitera l'intervention d'un commissaire aux apports.*]

En cas d'apport en numéraire :

Il a été effectué les apports en numéraire suivants :

– La Société [.........], ...la somme de [.........] euros,

– Madame/Monsieur [.........], ...la somme de [.........] euros.

La somme totale versée, soit [.........] EUROS ([.........] €), a été déposée conformément à la loi au crédit d'un compte ouvert au nom de la Société en formation, à la Banque [.........] en son agence [.........] sise à [.........] ainsi qu'il résulte d'un certificat délivré par ladite banque.

En cas d'apport en nature :

– Maître [.........]

[.........] pour une valeur de .... [.........] €

Total des apports en nature .... [.........] €

Toutes les actions formant le capital et représentant des apports en nature, ont été libérées à la constitution de la Société de l'intégralité de leur valeur nominale, soit au total la somme de [.........] euros ([.........] €).

ARTICLE 7
Capital social

Le capital social est fixé à la somme de [.........] EUROS ([.........] €), divisée en [.........] ([.........]) actions de [.........] € entièrement souscrites, toutes de même valeur et de même catégorie.

ARTICLE 8
Qualité des associés

8.1. Conformément à la Loi, plus de la moitié du capital social et des droits de vote doit être détenue directement ou indirectement, par l'intermédiaire des Sociétés visées au iv) ci-après, par des professionnels en exercice au sein de la Société.

8.2. Le complément peut être détenu par :

i) des personnes physiques ou morales exerçant la ou les professions constituant l'objet social de la Société ;

ii) pendant un délai de dix (10) ans, des personnes physiques qui, ayant cessé toute activité professionnelle, ont exercé cette ou ces professions au sein de la Société ;

iii) les ayants droit des personnes physiques mentionnées ci-dessus pendant un délai de cinq (5) ans suivant leur décès ;

iv) une société constituée dans les conditions prévues à l'article 220 *quater* A du Code Général des Impôts, si les membres de cette société exercent leur profession au sein de la société d'exercice libéral ou une société de participations financières de professions libérales, régie par le titre IV de la loi n° 90-1258 du 31 décembre 1990 ;

v) des personnes exerçant l'une quelconque des professions libérales juridiques ou judiciaires, soit l'une quelconque des professions libérales soumise à un statut législatif et réglementaire ou dont le titre est protégé, selon que l'une de ces professions constitue l'objet social ;

vi) toute personne physique ou morale légalement établie dans un autre État membre de l'Union Européenne ou partie à l'accord sur l'Espace Économique Européen ou dans la Confédération Suisse qui exerce, dans l'un de ces États, une activité soumise à un statut législatif ou réglementaire ou subordonnée à la possession d'une qualification nationale ou internationale reconnue et dont l'exercice constitue l'objet social de la société, et s'il s'agit d'une personne morale, qui répond, directement ou indirectement par l'intermédiaire d'une autre personne morale, aux exigences de détention du capital et des droits de vote prévus par la loi n° 90-1258 du 31 décembre 1990. Cette société doit au moins comprendre, parmi ses associés, une personne exerçant la profession constituant l'objet social de la société.

8.3. Toutes modifications du nombre d'actions doivent respecter les conditions visées ci-dessus relatives à la qualité des associés.

Dans l'hypothèse où l'une des conditions visées ci-dessus viendrait à ne plus être remplie, la Société dispose d'un délai d'un an pour se mettre en conformité avec les dispositions légales.

À défaut, tout intéressé peut demander en justice la dissolution de la Société. Le Tribunal peut accorder à la Société un délai maximal de six (6) mois pour régulariser la situation. La dissolution ne peut être prononcée si, au jour où il est statué sur le fond, cette régularisation a eu lieu.

8.4. Lorsqu'à l'expiration du délai de cinq (5) ans prévu au iii) ci-dessus, les ayants droit des associés ou anciens associé n'ont pas cédé les actions qu'ils détiennent, la Société peut, nonobstant leur opposition, décider de réduire son capital du montant de la valeur nominal de leurs actions, et de les racheter à un prix fixé dans les conditions prévues à l'article 23 des statuts.

8.5. Les dispositions qui précèdent, autorisant la détention d'une part du capital par des personnes n'exerçant pas au sein de la Société ne peuvent bénéficier aux personnes faisant l'objet d'une interdiction d'exercice de la profession ou de l'une des professions dont l'exercice constitue l'objet social de la Société.

ARTICLE 9
Actions d'industrie

[*Si les statuts le prévoient, l'assemblée générale peut créer des actions d'industrie. Ces dispositions sont optionnelles. Attention : même si l'associé en industrie ne concourt pas au capital, il dispose de certains droits politiques et sociaux.*]

ARTICLE 10
Augmentation du capital social

10.1. Sous réserve de respecter les dispositions de l'article 8 ci-dessus, le capital social peut être augmenté par tous moyens et selon toutes modalités, sur rapport du Président de la Société, par décision collective des associés prise dans les conditions définies à l'article 30.3 des présents statuts et selon les règles applicables aux sociétés anonymes.

Toutefois, aucune augmentation de capital en numéraire ne peut être réalisée tant que le capital social n'est pas entièrement libéré.

10.2. Les associés ont, proportionnellement au nombre d'actions qu'ils détiennent, un droit de préférence à la souscription des actions de numéraire émises pour réaliser l'augmentation de capital projetée.

Les associés peuvent renoncer à titre individuel à leur droit préférentiel. La collectivité des associés peut également décider la suppression de ce droit.

10.3. Le droit à l'attribution d'actions nouvelles aux associés, à la suite de l'incorporation au capital de réserves, bénéfices ou primes d'émission, appartient au nu-propriétaire, sous réserve des droits de l'usufruitier.

10.4. Si l'augmentation de capital est réalisée par incorporation de réserves, bénéfices ou primes d'émission, de fusion ou d'apport, la collectivité des associés statue aux conditions de *quorum* et de majorité prévues à l'article 30.3 des présents statuts.

La collectivité des associés peut déléguer au Président de la Société les pouvoirs nécessaires à la réalisation de l'augmentation de capital.

ARTICLE 11
Libération des actions

11.1. Les actions souscrites lors d'une augmentation de capital en numéraire doivent être obligatoirement libérées d'un quart (1/4) au moins de leur valeur nominale lors de leur souscription et, le cas échéant, de la totalité de la prime d'émission.

La libération du surplus doit intervenir en une ou plusieurs fois sur décision du Président dans le délai de cinq (5) ans, à compter du jour où l'augmentation de capital est devenue définitive.

11.2. Les appels de fonds sont portés à la connaissance des souscripteurs par lettre recommandée avec demande d'accusé de réception expédiée quinze (15) jours au moins avant la date fixée pour chaque versement. Les versements sont effectués, soit au siège social, soit en tout autre endroit indiqué à cet effet.

Tout retard dans le versement des sommes dues sur le montant non libéré des actions entraîne, de plein droit et sans qu'il soit besoin de procéder à une formalité quelconque, le paiement d'un intérêt au taux légal, à partir de la date d'exigibilité, sans préjudice de l'action personnelle que la Société peut exercer contre l'associé défaillant et des mesures d'exécution forcée prévues par la Loi.

ARTICLE 12
Réduction du capital social

La réduction du capital doit être autorisée ou décidée par la collectivité des associés, statuant aux conditions de majorité prévues à l'article 30.3 ci-après, qui peut déléguer au Président tous pouvoirs pour la réaliser. En aucun cas, elle ne peut porter atteinte à l'égalité des associés.

ARTICLE 13
Forme des actions

Les actions sont obligatoirement nominatives. Elles donnent lieu à une inscription en compte individuel dans les conditions et selon les modalités prévues par les dispositions législatives et réglementaires en vigueur.

ARTICLE 14
Indivisibilité des actions

Les actions sont indivisibles à l'égard de la société. Les copropriétaires indivis d'actions sont représentés par l'un d'eux ou par un mandataire commun de leur choix. À défaut d'accord entre eux sur le choix d'un mandataire, celui-ci est désigné par ordonnance du Président du Tribunal de Commerce statuant en référé à la demande du copropriétaire le plus diligent.

Le droit de vote attaché à l'action appartient au nu-propriétaire, sauf pour les décisions collectives relatives à l'affectation des bénéfices de la Société où il appartient à l'usufruitier.

ARTICLE 15
Droits et obligations attachés aux actions

15.1. La possession d'une action emporte de plein droit adhésion aux décisions des associés et aux présents statuts.

15.2. Chaque action, y compris les actions d'industrie, donne droit, dans les bénéfices et l'actif social, à une part proportionnelle à la quotité d'actions en capital et la quotité d'action en industrie sur le nombre total d'action en capital et d'action en industrie existantes qu'elle représente et donne droit au vote et à la représentation lors des décisions collectives, dans les conditions fixées par la Loi et par les statuts.

Tout associé a le droit d'être informé sur la marche de la société et d'obtenir communication de certains documents sociaux aux époques et dans les conditions prévues par la Loi et les statuts.

Le droit de l'associé d'obtenir communication de documents sociaux ou de les consulter peut également être exercé par chacun des copropriétaires d'actions indivises, par l'usufruitier et le nu-propriétaire d'actions.

Dans tous les cas, le nu-propriétaire peut participer aux décisions collectives, même à celles pour lesquelles il ne jouit pas du droit de vote.

15.3. Aucun droit de vote double ne peut être attribué aux actions de la Société détenues par des associés autres que les associés exerçant au sein de la Société.

S'il est créé des actions à droit de vote double, celles-ci seront attribuées à tous les associés exerçant au sein de la Société. Il peut être prévu que cette attribution est suspendue à la condition d'une ancienneté dans l'actionnariat qui ne pourra dépasser deux (2) années.

15.4. Les actions ne peuvent faire l'objet d'un contrat de bail prévu aux articles L. 239-1 à L. 239-5 du Code de commerce, sauf au profit de professionnels salariés ou collaborateurs libéraux exerçant au sein de la Société.

15.5. Les associés ne supportent les pertes qu'à concurrence de leurs apports.

Sous réserve des dispositions légales et statutaires, aucune majorité ne peut imposer aux associés une augmentation de leurs engagements. Les droits et obligations attachés à l'action suivent le titre dans quelque main qu'il se trouve, sauf disposition contraire des statuts.

La cession d'action emporte au profit du cessionnaire le droit à tous les dividendes échus et non payés et à échoir, ainsi éventuellement qu'un droit proportionnel dans les fonds de réserve, sauf dispositions contraires notifiées à la Société au moment de la cession.

ARTICLE 16
Cession et transmission des actions

16.1. La propriété des actions de capital et d'industrie résulte de leur inscription en compte individuel au nom du ou des titulaires sur les registres tenus à cet effet au siège social.

Les actions de capital ne sont négociables qu'après l'immatriculation de la Société au Registre du Commerce et des Sociétés. En cas d'augmentation de capital, elles sont négociables à compter de la réalisation définitive de celle-ci.

La cession des actions de capital s'opère, à l'égard des tiers et de la Société, par un ordre de mouvement de compte à compte signé du cédant ou de son mandataire. Le mouvement est mentionné sur ces registres.

16.2. La cession d'actions, à l'exception des actions d'industrie incessibles, à un tiers ou au profit d'un associé, est soumise à l'agrément préalable des associés exerçant dans la société, dans les conditions prévues à l'article 30.4 des statuts.

À cet effet, le cédant doit notifier au Président de la société une demande d'agrément indiquant l'identification du cessionnaire (nom, domicile ou dénomination, siège social, capital, RCS, composition des organes de direction et d'administration, identité des associés et le cas échéant, les modalités d'exercice d'une activité réglementée au sens de l'article 8 des présents statuts), le nombre d'actions dont la cession est envisagée et le prix offert.

L'agrément résulte, soit d'une décision collective des associés prise dans les conditions visées à l'article 30.4, soit du défaut de réponse dans le délai de trois (3) mois à compter de la demande.

En cas de refus d'agrément du cessionnaire proposé et à moins que le cédant ne décide de renoncer à la cession envisagée, les autres associés exerçant leur profession au sein de la Société sont tenus, dans le délai de trois (3) mois à compter de la notification du refus (sauf prolongation de ce délai par décision de justice, et sans que ce délai puisse dépasser six (6) mois), soit d'acquérir les actions dont la cession est envisagée, soit de les faire racheter par la Société en vue de réduire le capital, mais en ce cas, avec le consentement du cédant.

Le prix de cession des actions est fixé conformément à l'article 23 « Valorisation des actions ».

Si, à l'expiration du délai de trois (3) mois ci-dessus prévu, l'achat n'est pas réalisé, l'agrément est considéré comme donné.

Les dispositions qui précèdent sont applicables à toutes les cessions, même aux adjudications publiques en vertu d'une ordonnance de justice ou autrement.

La cession des droits de souscription en cas d'augmentation de capital par émission d'actions de numéraire, ainsi que la cession du droit à attribution d'actions gratuites en cas d'incorporation au capital de bénéfices, réserves, provisions ou primes d'émission ou de fusion, sont assimilées à des cessions d'actions et doivent donner lieu à la procédure d'agrément visée à l'article 30.4 des statuts.

Toute cession réalisée en violation de la présente clause ci-dessus est nulle.

ARTICLE 17
Transmission des actions par décès

[*Le cas particulier du décès d'un associé peut faire l'objet de dispositions spécifiques, les clauses ci-dessous étant proposées à titre d'exemple.*]

En cas de décès d'un associé, ses actions ne sont pas transmises librement à ses héritiers et ayants droit, lesquels sont soumis à la procédure d'agrément dans les conditions de l'article 16 ci-dessus.

À aucun moment l'héritier ou l'ayant droit n'a la qualité d'associé. Il est seulement créancier de la valeur des actions.

ARTICLE 18
Exercice de la profession

18.1. Les dispositions législatives et réglementaires relatives à l'exercice de la profession d'Avocat, et notamment les dispositions du règlement intérieur du Barreau de [.........] sont applicables aux membres de la Société et à la Société elle-même.

18.2. Sauf accord préalable et unanime de l'Assemblée spéciale des associés, un associé ne peut exercer la profession d'Avocat qu'au sein d'une seule société d'exercice libéral.

[*La loi n° 2015-990 du 6 août 2015 pour la croissance, l'activité et l'égalité des chances économiques, dite loi Macron, a mis fin à l'exclusivité d'exercice. La mise en œuvre de cette fin d'exclusivité d'exercice entraîne des conséquences importantes pour le cabinet, notamment concernant la responsabilité des associés et du cabinet. Si les associés envisagent de libérer l'un d'eux de son obligation d'exclusivité d'exercice vis-à-vis de la société, il pourra être ajouté la clause suivante :*]

S'il exerce au sein de la présente Société, il ne peut exercer concomitamment à titre individuel ou au sein d'une autre société ou d'un réseau, quelle qu'en soit la forme, sans avoir sollicité et obtenu au préalable l'accord unanime des associés exerçant au sein de la Société, réunis en assemblée spéciale, convoquée à la diligence du Président dans les quinze (15) jours de la notification reçue d'un associé, par mail ou lettre recommandée avec avis de réception, de son intention d'exercer concomitamment dans une autre structure d'exercice ou de participer à un réseau, que ces structures soient mono ou pluriprofessionnelles.

ARTICLE 19
Associés en état d 'incapacité d'exercice

[*Le cas de l'incapacité d'exercice d'un associé peut faire l'objet de dispositions spécifiques. Les clauses ci-dessous sont proposées à titre indicatif.*]

19.1. Si l'un des associés est temporairement empêché, par cas de force majeure (par exemple, maladie) ou pour toute autre raison, d'exercer ces fonctions, sa suppléance est assurée par les autres associés exerçant au sein de la société et appartenant au même Barreau.

Si tous les associés ou, en cas de société constituée entre avocats appartenant à des barreaux différents, tous les associés appartenant au même barreau, sont simultanément empêchés d'exercer leurs fonctions, la gestion est assurée par un ou plusieurs suppléants nommés conformément aux dispositions des articles 170 à 172 du décret du 27 novembre 1991 relatif à la profession d'avocat, sans préjudice de la possibilité de voir désigner un administrateur provisoire de la Société.

19.2. En cas d'incapacité d'exercice, temporaire ou permanente d'un associé, pour toutes autres raisons que celles visées à l'article 18.6 ci-dessus, sa rémunération lui sera maintenue en totalité les six (6) premiers mois de son incapacité d'exercice, continue ou intervenant sur une période de douze (12) mois, et pour moitié au cours des six (6) mois d'incapacité suivant intervenant sur une période maximum de dix-huit (18) mois consécutifs, sous déduction du montant des indemnités journalières servies à l'associé concerné et dont il s'engage à justifier.

Cette disposition est applicable aux associés n'étant pas éligibles à la retraite.

Au-delà d'une durée d'incapacité de douze (12) mois intervenant sur une période de dix-huit (18) mois consécutifs, l'associé concerné ne pourra plus prétendre à percevoir une rémunération, à l'exception des éventuels dividendes rémunérant sa participation au capital social.

En cas de décès d'un associé exerçant au sein de la Société, la Société versera à ses ayants droit en six (6) échéances mensuelles d'égal montant une somme équivalente à la rémunération totale servie à l'associé décédé (à l'exclusion d'éventuels dividendes) dans les six (6) mois précédant son décès.

Cette somme sera diminuée de moitié si le décès survient après une période d'incapacité, continue ou non, de six (6) mois sur une période de douze (12) mois précédant la date du décès.

ARTICLE 20
Responsabilité des associés

20.1. Responsabilité civile professionnelle : Conformément aux dispositions de l'article 16 de la loi 90-1258 du 31 décembre 1990, à l'égard des tiers, chaque associé en exercice au sein de la Société répond sur l'ensemble de son patrimoine des actes professionnels qu'il accomplit ou que ses collaborateurs ou salariés, placés sous son autorité, accomplissent.

La Société est responsable indéfiniment et solidairement avec lui.

20.2. Chaque associé répond des dettes de la société vis-à-vis des tiers dans la limite de ses apports.

20.3. Chaque associé répond seul des condamnations disciplinaires et pénales prononcées à son encontre.

ARTICLE 21
Exclusion – Suspension

[*Les statuts doivent contenir une clause d'exclusion pour qu'un associé soit exclu. L'exclusion d'un associé répond à des règles légales, réglementaires et jurisprudentielles qu'il convient de respecter sous peine de nullité de la décision d'exclusion.*]

21.1. Un associé peut être exclu de la société, par décision de l'Assemblée Générale spéciale des associés, en cas :

– de condamnation disciplinaire passée en force de chose jugée à une peine égale ou supérieure à trois mois d'interdiction d'exercice de sa profession,

– de condamnation pénale définitive à une peine d'emprisonnement égale ou supérieure à trois mois,

[*Outre les causes d'exclusion prévues à l'article 21.1, les statuts peuvent prévoir d'autres causes d'exclusion liés à des manquements à l'égard de la société.*]

L'exclusion est décidée par les autres associés exerçant au sein de la Société dans les conditions définies à l'article 30.4 des statuts.

Aucune décision d'exclusion ne peut être prise si l'associé concerné n'a pas été régulièrement convoqué en Assemblée Générale, quinze (15) jours au moins avant la date prévue pour la tenue de l'Assemblée, et par lettre recommandée avec demande d'avis de réception, et s'il n'a pas été mis à même de présenter sa défense, par lui-même ou par mandataire, sur les faits qui lui sont reprochés.

21.2. Aucune décision d'exclusion ne peut être prise si l'associé concerné n'a pas été régulièrement convoqué en Assemblée Générale, quinze (15) jours au moins avant la date prévue pour la tenue de l'Assemblée, et par lettre recommandée avec demande d'avis de réception, et s'il n'a pas été mis à même de présenter sa défense, par lui-même ou par mandataire, sur les faits qui lui sont reprochés.

21.3. L'associé exclu dispose d'un délai de six (6) mois, à compter de la notification qui lui est faite par la Société de la décision d'exclusion, pour céder ses actions. Cette notification lui est faite par lettre recommandée avec demande d'avis de réception. Il conserve son droit aux dividendes, à l'exception de ceux attachés aux actions d'industrie dont il est procédé à l'annulation au jour de l'Assemblée statuant sur son exclusion.

21.2. Les actions de l'associé exclu sont achetées soit par un acquéreur agréé dans les conditions de l'article 16 ci-dessus, soit par la Société qui doit alors réduire son capital.

Le prix de cession des actions est fixé conformément à l'article 23 « Valorisation des actions ».

L'associé exclu conserve sa qualité d'associé jusqu'à la cession de ses actions.

ARTICLE 22
Retrait – Cessation d'activité

22.1. Tout associé exerçant au sein de la Société peut cesser son activité au sein de celle-ci à la condition d'en informer la Société, par lettre recommandée avec demande d'avis de réception six (6) mois au moins à l'avance. Il avise l'Ordre auprès duquel il est inscrit de sa décision.

La cessation d'activité au sein de la Société n'emporte pas de plein droit perte de la qualité d'associé, que l'associé retrayant poursuive son activité d'Avocat après son retrait ou cesse celle-ci.

22.2. Néanmoins, les actions de l'associé cessant son exercice au sein de celle-ci peuvent être rachetées, si bon semble à la majorité des associés exerçant leur profession au sein de la société et statuant dans les conditions de l'article 30.4 des statuts.

Le cas échéant, les associés devront notifier par lettre recommandée avec demande d'avis de réception adressée à l'associé retrayant dans les six (6) mois de la date à laquelle il aura cessé d'exercer dans la Société, leur intention de se prévaloir des dispositions du présent article qui valent promesse de vente de la part de tout associé retrayant.

La notification précisera le nom des acquéreurs et la répartition entre eux des actions à céder par l'associé retrayant. Les acquéreurs pourront être les associés de la Société, un tiers à la Société ou la Société elle-même, dans les proportions précisées dans la notification.

L'option d'achat, si elle est exercée, devra porter sur la totalité des actions de l'associé retrayant.

Sauf meilleur accord, le prix de cession des actions est fixé conformément à l'article 23 « Valorisation des actions ».

ARTICLE 23
Valorisation des actions

La valeur des actions est fixée d'un commun accord entre les Parties ou à défaut, à dire d'expert en application de l'article 1843-4 du code civil.

Si les Parties sont convenues de méthode de valorisation dans le Règlement Intérieur ou autre acte statutaire, l'expert devra faire application de cette clause.

[*Afin d'éviter les risques et les aléas d'une évaluation par expert désigné au visa de l'article 1843-4 du code civil, il est conseillé de prévoir dans les statuts une clause de valorisation des actions, renvoyant par exemple au montant de l'actif net ou des capitaux propres. Attention : L'approche de la valeur des actions n'est pas la même selon que les associés décident de dépatrimonialiser la société, en écartant la valeur du fonds libéral de la valeur des actions, où qu'ils souhaitent, au contraire, que la valeur des parts reflète la valeur du fonds libéral de la société. La clause devra également à peine de validité prévoir la désignation d'un expert au visa de l'article 1843-4 du code civil.*]

ARTICLE 24
Comptes courants d'associés

24.1. Chaque associé exerçant au sein de la Société peut laisser ou mettre à disposition de la Société, sous forme de compte courant d'associé, toutes sommes dont celle-ci peut avoir besoin, dans la limite de trois (3) fois sa participation au capital.

24.2. Le montant du compte courant des associés n'exerçant pas au sein de la Société est limité au montant de sa participation au capital.

24.3. Ces sommes ne peuvent être retirées, en tout ou en partie, qu'après notification à la Société par lettre recommandée avec demande d'avis de réception six (6) mois au moins à l'avance par les associés exerçant dans la Société, et douze (12) mois au moins à l'avance pour les associés non exerçant.

En cas de cession de ses actions par un associé disposant d'un compte courant, celui-ci sera, soit repris par le cessionnaire, soit remboursé par la Société dans les délais précisés à l'alinéa ci-dessus, sauf meilleur accord des parties.

TITRE III
DIRECTION ET CONTRÔLE DE LA SOCIÉTÉ

ARTICLE 25
Président

25.1. Nomination et révocation du Président. La Société est administrée et dirigée par un Président, personne physique, choisi parmi les Avocats exerçant au sein de la Société.

Le Président est nommé dans ses fonctions pour une durée indéterminée par la collectivité des associés statuant dans les conditions de l'article 30.2 des présents statuts.

Il pourra être révoqué à tout moment par la collectivité des associés, dans les mêmes conditions.

Le cas échéant, la rémunération du Président correspondant à l'exercice de ses fonctions est fixée de façon distincte de sa rémunération en qualité d'associé exerçant.

[*En cas de volonté des associés de nommer un Président et plusieurs Directeurs Généraux, il peut être mis en place un Comité d'Exécutif ou un Comité de Direction ne réunissant que les seuls associés mandataires sociaux.*]

25.2. Pouvoirs du Président

1 – Le Président assume, sous sa responsabilité, la direction de la Société. Il la représente dans ses rapports avec les tiers, avec les pouvoirs les plus étendus, dans la limite de l'objet social.

Les décisions des associés limitant ses pouvoirs sont inopposables aux tiers.

Dans les rapports entre associés, et à titre de mesure d'ordre interne non opposable aux tiers, le Président peut faire tous actes de gestion dans l'intérêt de la Société. Il ne peut toutefois, sans y être autorisé par l'Assemblée Générale, procéder à des investissements supérieurs à [.........] euros ([.........] €), ni contracter tous emprunts ou découverts.

Dans ses rapports avec les tiers, le Président engage la Société même par les actes qui ne relèvent pas de l'objet social, à moins qu'elle ne prouve que le tiers savait que l'acte dépassait cet objet ou qu'il ne pouvait l'ignorer, compte tenu des circonstances, étant exclu que la seule publication des statuts suffise à constituer cette preuve.

2 – Le Président peut consentir à tout mandataire de son choix toutes délégations de pouvoirs qu'il juge nécessaires, dans la limite de ceux qui lui sont conférés par la Loi et les présents statuts.

ARTICLE 26
Directeur général – Directeur général délégué

Les associés peuvent désigner, pour une durée indéterminée, dans les conditions fixées par l'article 30.2 des statuts, un directeur général et un directeur général délégué, qui disposera, à l'égard des tiers, des mêmes pouvoirs que le Président.

Le directeur général et le directeur général délégué sont révocables par la collectivité des associés statuant dans les mêmes conditions.

La collectivité des associés pourra définir les missions attribuées au directeur général et au directeur général délégué.

Le directeur général et le directeur général délégué doivent être choisis parmi les associés exerçant la ou les professions constituant l'objet social de la Société.

ARTICLE 27
Rémunération des dirigeants

[*NB : si la rémunération du mandat social est décidée par les associés, les sommes ainsi versées sont assujetties au plan social au régime général de la sécurité social et devront être soigneusement distinguées des sommes rémunérant le travail technique de l'avocat concerné qui peuvent, elles, être soumises au régime général ou au régime des indépendants (TNS).*]

Le Président, le Directeur Général et le Directeur Général Délégué peuvent bénéficier d'une rémunération spécifique de leurs fonctions, en plus de celles qu'ils reçoivent au titre de l'exercice de leur activité professionnelle.

Cette rémunération est déterminée par la collectivité des associés dans les conditions fixées dans le règlement intérieur annexé. Elle peut être fixe ou proportionnelle, ou à la fois fixe et proportionnelle.

ARTICLE 28
Conventions réglementées

Les conventions définies à l'article L. 227-10 du Code de commerce sont soumises aux formalités de contrôle prescrites par ledit article.

Les conventions non approuvées produisent néanmoins leurs effets, à charge pour la personne intéressée et éventuellement pour le Président et les autres dirigeants d'en supporter les conséquences dommageables pour la Société.

Les conventions portant sur les opérations courantes et conclues à des conditions normales sont communiquées, le cas échéant, au commissaire aux comptes. Tout associé a le droit d'en obtenir communication.

Les interdictions prévues à l'article L. 225-43 du Code de commerce s'appliquent, dans les conditions déterminées par cet article, au Président et aux autres dirigeants de la Société.

ARTICLE 29
Commissaires aux comptes

Il peut être désigné un ou plusieurs commissaires aux comptes exerçant leur mission conformément à la loi au sein de la Société.

Conformément à l'article L. 227-9-1 du Code de commerce, cette désignation est obligatoire si, à la clôture d'un exercice social, deux des trois seuils suivants, fixés par décret, sont atteints :

- total du bilan : 4 000 000 €,
- montant hors taxes du chiffre d'affaires : 8 000 000 €,
- nombre moyen de salariés permanents employés au cours de l'exercice : 50.

La Société cesse d'être tenue de désigner un Commissaire aux Comptes dès lors qu'elle n'a pas dépassé deux des trois seuils cités ci-avant pendant les deux exercices précédant l'expiration du mandat du Commissaire aux Comptes.

Les Commissaires aux Comptes sont nommés et leurs mandats se terminent conformément à la loi.

Les premiers Commissaires aux Comptes sont nommés, en cas de nomination facultative ou obligatoire aux termes de l'Assemblée constitutive, par les associés fondateurs.

Au cours de la vie sociale, les Commissaires aux Comptes sont renouvelés, remplacés et nommés par décision collective des associés, ou le cas échéant par décision de l'associé unique, délibérant dans les conditions prévues à l'article 30-2 des statuts. La reconduction tacite dans leurs fonctions étant inopérante.

Dans l'hypothèse où il deviendrait nécessaire de procéder à la nomination d'un ou plusieurs Commissaires aux Comptes, dans le cas où la collectivité des associés négligerait de le faire, la nomination d'un Commissaire aux Comptes peut être demandée en justice, le Président de la Société dûment appelé. Cette demande de nomination doit être réalisée auprès du Président du Tribunal de Commerce par un ou plusieurs associés représentant au moins le dixième du capital.

Afin de préserver l'indépendance des Commissaires aux Comptes à l'égard de la Société et de ses dirigeants, toute nomination de Commissaire aux Comptes est soumise aux règles d'incompatibilité édictées par les dispositions de l'article L 225-224 du Code de commerce.

Les Commissaires aux Comptes sont investis des fonctions et des pouvoirs que leur confèrent les articles L. 225-218 à L. 225-241 du Code de commerce. Ils ne doivent en aucun cas s'immiscer dans la gestion de la Société.

Les Commissaires aux Comptes sont appelés à l'occasion de toute consultation de la collectivité des associés dans les mêmes formes que celles prévues pour la convocation des associés, telles que visées à l'article 33.1 des statuts.

Les Commissaires aux Comptes peuvent démissionner de leurs fonctions, même pour simple convenance personnelle, à condition de ne pas exercer ce droit d'une manière préjudiciable à la Société.

En cas de faute ou d'empêchement, les Commissaires aux Comptes peuvent être relevés de leurs fonctions avant l'expiration normale de celles-ci mais seulement par décision de justice.

La révocation du Commissaire aux Comptes peut être demandée :

- par le Président de la Société ;
- par un ou plusieurs associés représentant au moins le dixième du capital social ;
- par la collectivité des associés ;
- par le Comité d'entreprise ;
- par le Ministère Public.

La demande de révocation du Commissaire aux Comptes doit être présentée devant le Président du Tribunal de Commerce qui statue en la forme des référés.

TITRE IV
DÉCISIONS COLLECTIVES

ARTICLE 30
Assemblées d'associés

30.1. Nature des Assemblées

[*Les décisions prises en Assemblée Générale répondent à des règles de quorum et de majorité légales. Les règles de majorité relatives à l'autorisation donnée à un associé d'exercer son activité d'avocat en dehors de la société ou relatives à l'exclusion d'un associé doivent faire l'objet d'une réflexion spécifique de la part des associés.*]

Les décisions des associés sont prises en Assemblée Générale.

Les Assemblées Générales Ordinaires sont celles qui sont appelées à prendre toutes décisions excédant les pouvoirs du Président et qui ne modifient pas les statuts.

Les Assemblées Générales Extraordinaires sont celles appelées à décider des modifications des statuts.

Les Assemblées Spéciales réunissent l'ensemble des associés exerçant la profession d'avocat au sein de la société.

Les délibérations des Assemblées Générales obligent tous les associés, même absents, dissidents ou incapables.

30.2. Assemblée Générale Ordinaire. L'Assemblée Générale Ordinaire a, entre autres pouvoirs, les suivants :

- approuver, modifier ou rejeter les comptes qui lui sont soumis ;
- statuer sur la répartition et l'affectation des bénéfices en se conformant aux dispositions statutaires ;
- nommer et révoquer les dirigeants ainsi que la nature de leur mission et fixer la rémunération de leur mandat social ;
- nommer et révoquer les Commissaires aux Comptes ;
- tatuer sur le rapport spécial des Commissaires aux Comptes ;
- autoriser les émissions d'obligations non convertibles ni échangeables contre des actions, ainsi que la constitution des sûretés réelles qui pourraient leur être conférées ;
- prendre les décisions importantes concernant la rémunération des avocats et les taux de facturation ;
- autoriser le Comité Exécutif ou le Président à procéder à des investissements supérieurs à [.........] euros ([.........] €), ou à contracter tous emprunts ou découverts.

L'Assemblée Générale Ordinaire est réunie au moins une fois l'an, dans les six (6) mois de la clôture de l'exercice social, pour statuer sur les comptes de cet exercice, sous réserve de prolongation de ce délai par décision de justice.

Elle ne délibère valablement, sur première convocation, que si les actionnaires présents, représentés ou votant par correspondance, possèdent au moins le cinquième (1/5) des actions ayant le droit de vote.

Aucun *quorum* n'est requis sur deuxième convocation.

Elle statue à la majorité des voix dont disposent les actionnaires présents ou représentés ou votant par correspondance.

30.3. Assemblée Générale Extraordinaire

[*Les règles de majorité pour les décisions extraordinaires peuvent être librement déterminées par les statuts.*]

L'Assemblée Générale Extraordinaire peut modifier les statuts dans toutes leurs dispositions et décider notamment la transformation de la société en société d'une autre forme.

L'Assemblée Générale Extraordinaire ne peut délibérer valablement que si les associés présents, représentés ou votant par correspondance, possèdent au moins, sur première convocation, le quart (1/4) et, sur deuxième convocation, le cinquième (1/5) des actions ayant le droit de vote.

À défaut de ce dernier *quorum*, la deuxième Assemblée peut être prorogée à une date postérieure de deux (2) mois au plus à celle à laquelle elle avait été convoquée.

L'Assemblée Générale Extraordinaire statue à la majorité des deux tiers (2/3) des voix dont disposent les associés présents, représentés ou votant par correspondance, sauf dérogation légale.

Dans les Assemblées Générales Extraordinaires appelées à délibérer sur l'approbation d'un apport en nature ou l'octroi d'un avantage particulier, l'apporteur ou le bénéficiaire n'a voix délibérative ni pour lui-même, ni comme mandataire.

Certaines décisions doivent être, conformément à la Loi, prises à l'unanimité des associés, concernant :

– l'inaliénabilité des Actions,

– l'augmentation des engagements des associés,

– la modification des statuts concernant l'ajout ou la modification de la clause d'inaliénabilité des actions, d'exclusion d'un associé ou de modification du contrôle d'une société associée.

30.4. Assemblées Spéciales. Les Assemblées Spéciales ne réunissent que les avocats associés exerçant dans la société.

Les Assemblée Spéciales sont convoquées et délibèrent selon les modalités prévues par les Assemblées Générales Extraordinaires.

Les Assemblées Spéciales sont compétentes pour délibérer, à la majorité des deux tiers (2/3) des associés exerçant au sein de la Société, sur :

– l'agrément de tout nouvel associé,

– l'agrément préalable à toute cession d'actions intervenant au sein de la Société,

– la création ou l'annulation des actions d'industrie,

– la suspension des droits de vote d'un associé.

ARTICLE 31
Forme des décisions

Les décisions collectives des associés sont, au choix du Président, prises en Assemblée Générale ou résultent du consentement unanime des associés exprimé dans un acte sous seing privé.

Elles peuvent également faire l'objet d'une consultation écrite.

ARTICLE 32
Consultation écrite

En cas de consultation écrite, le Président adresse à chaque associé, à son dernier domicile connu, par lettre recommandée, le texte des résolutions, proposées ainsi que les documents nécessaires à l'information des associés.

Les associés disposent d'un délai de huit (8) jours à compter de la date de première présentation de la lettre recommandée avec avis de réception leur communiquant le projet des résolutions pour émettre un vote par écrit, le vote étant, pour chaque résolution, formulé par les mots « *oui* », « *non* » ou « *abstention* ».

La réponse est adressée à l'auteur de la consultation par lettre recommandée. Tout associé n'ayant pas répondu dans le délai ci-dessus est considéré comme s'étant abstenu.

ARTICLE 33
Procédure de l'assemblée générale

33.1. Convocation. L'Assemblée Générale est convoquée par le Président au cours de la vie de la Société, ou par le liquidateur durant la période de liquidation.

L'Assemblée Générale est réunie au siège social ou en tout autre lieu indiqué dans l'avis de convocation.

La convocation est faite huit (8) jours avant la date de l'Assemblée :

– soit par lettre simple ou recommandée avec demande d'avis de réception adressée à chaque associé,

– soit par télécopie,

– soit par e-mail,

– ou par tous moyens permettant d'établir la preuve de la convocation.

Il en est de même pour la convocation adressée au Commissaire aux Comptes, s'il en existe un.

33.2. Ordre du jour. L'ordre du jour de l'Assemblée est arrêté par l'auteur de la convocation.

L'Assemblée ne peut délibérer sur une question qui n'est pas inscrite à l'ordre du jour. Elle peut toutefois, en toutes circonstances, révoquer le Président, le directeur général ou le directeur général délégué et procéder à leur remplacement.

33.3. Admission aux Assemblées – Pouvoirs. Tout associé a le droit de participer aux Assemblées Générales et aux délibérations personnellement ou par mandataire, quel que soit le nombre de ses actions, sur simple justification de son identité, dès lors que ses titres sont inscrits en compte à son nom.

Un associé peut se faire représenter par un autre associé ou toute autre personne justifiant d'un mandat.

33.4. Tenue de l'Assemblée – Bureau – Procès-verbaux. Une feuille de présence est émargée par les associés présents et les mandataires et y sont annexés les pouvoirs donnés à chaque mandataire. Elle est certifiée exacte par le Président et le secrétaire de l'Assemblée.

L'Assemblée est présidée par le Président ou, en son absence, par un associé exerçant désigné par l'Assemblée, ou par l'auteur de la convocation.

L'Assemblée désigne un secrétaire qui peut être pris en dehors de ses membres.

Les délibérations des Assemblées sont constatées par des procès-verbaux signés par le Président et le secrétaire et établis sur un registre spécial. Les copies et extraits de ces procès-verbaux sont valablement certifiés par l'un des deux.

33.5. *Quorum* – Vote. Le *quorum* est calculé sur l'ensemble des actions composant le capital social, sauf dans les Assemblées spéciales où il est calculé sur l'ensemble des actions détenues par les associés exerçant au sein de la Société, le tout déduction faite des actions privées du droit de vote en vertu des dispositions de la Loi ou des présents statuts.

En cas de vote par correspondance, il ne sera tenu compte, pour le calcul du *quorum*, que des formulaires dûment complétés et reçus par la Société trois (3) jours au moins avant la date de l'Assemblée.

Chaque action, qu'elle soit de capital ou d'industrie, donne droit à une voix.

Le vote s'exprime à main levée, par appel nominal ou au scrutin secret, selon ce qu'en décide le bureau de l'Assemblée ou les associés.

ARTICLE 34

Droit de communication des associés

Sous réserve du secret professionnel inhérent à la profession d'avocat, tout associé a le droit d'obtenir, avant toute consultation, les documents nécessaires pour lui permettre de se prononcer en connaissance de cause et de porter un jugement sur la gestion et le contrôle de la société.

TITRE V

COMPTES SOCIAUX – AFFECTATION ET RÉPARTITION DES BÉNÉFICES

ARTICLE 35

Inventaire – Comptes annuels

Il est tenu une comptabilité régulière des opérations sociales conformément aux lois.

À la clôture de chaque exercice, le Président dresse l'inventaire des divers éléments de l'actif et du passif. Il dresse également les comptes annuels conformément aux articles L. 123-12 et suivants du Code de commerce.

Il annexe au bilan un état des cautionnements, avals et garanties donnés par la Société et un état des sûretés consenties par elle.

Il établit un rapport de gestion contenant les indications fixées par la Loi.

Le cas échéant, le Président établit les documents comptables prévisionnels dans les conditions prévues par la Loi.

Tous ces documents sont mis à la disposition des associés, et des Commissaires aux Comptes, s'il en existe, dans les conditions légales et réglementaires.

ARTICLE 36

Affectation et répartition des bénéfices

Sur le bénéfice de l'exercice diminué, le cas échéant, des pertes antérieures, il est prélevé cinq pour cent (5 %) au moins pour constituer le fonds de réserve légale. Ce prélèvement cesse d'être obligatoire lorsque la réserve atteint le dixième du capital social, il reprend son cours lorsque, pour une raison quelconque, la réserve légale est descendue au-dessous de ce dixième.

Le bénéfice distribuable est constitué par le bénéfice de l'exercice diminué des pertes antérieures et des sommes que les associés décideront de porter en réserve en application de la Loi ou des statuts, et augmenté du report bénéficiaire.

Sur ce bénéfice, la collectivité des associés détermine la part attribuée aux associés sous forme de dividende et prélève les sommes qu'elle juge à propos d'affecter à la dotation de tous fonds de réserves facultatives, ordinaires ou extraordinaires, ou de reporter à nouveau.

Cependant, hors le cas de réduction de capital, aucune distribution ne peut être faite aux associés lorsque les capitaux propres sont, ou deviendraient à la suite de celle-ci, inférieurs au montant du capital.

La collectivité des associés peut décider la mise en distribution de sommes prélevées sur les réserves, soit pour fournir ou compléter un dividende, soit à titre de distribution exceptionnelle ; en ce cas, la décision indique expressément les postes de réserve sur lesquels les prélèvements sont effectués. Toutefois, les dividendes sont distribués par priorité sur le bénéfice distribuable de l'exercice.

Chacune des actions de capital et d'industrie donne droit au même dividende.

Les pertes, s'il en existe, sont, après l'approbation des comptes par la collectivité des associés, inscrites sur un compte spécial pour être imputées sur les bénéfices des exercices ultérieurs jusqu'à extinction.

TITRE VI

CAPITAUX PROPRES INFÉRIEURS A LA MOITIÉ DU CAPITAL – TRANSFORMATION – DISSOLUTION – LIQUIDATION

ARTICLE 37

Capitaux propres inférieurs à la moitié du capital social

Si, du fait de pertes constatées dans les documents comptables, les capitaux propres de la Société deviennent inférieurs à la moitié du capital social, le Président est tenu, dans les quatre (4) mois qui suivent l'approbation des comptes ayant fait apparaître ces pertes, de consulter les associés à l'effet de décider s'il y a lieu à dissolution anticipée de la société.

Si la dissolution n'est pas prononcée, le capital doit être, dans le délai fixé par la Loi, réduit d'un montant égal à celui des pertes qui n'ont pu être imputées sur les réserves, si dans ce délai les capitaux propres n'ont pas été reconstitués à concurrence d'une valeur au moins égale à la moitié du capital social.

Toutefois, le Tribunal ne peut prononcer la dissolution, si au jour où il statue sur le fond, la régularisation a eu lieu.

ARTICLE 38

Transformation

La Société peut se transformer en société d'une autre forme.

La décision de transformation est prise collectivement par les associés, aux conditions de *quorum* et de majorité ci-avant fixées à l'article 30.3 sur le rapport des Commissaires aux Comptes de la société, lequel doit attester que les capitaux propres sont au moins égaux au capital social.

La transformation en société d'exercice libéral en commandite par actions est décidée dans les conditions prévues pour la modification des statuts et avec l'accord unanime de tous les associés devenant associés commandités.

La transformation en société d'exercice libéral à responsabilité limitée est décidée dans les conditions prévues pour la modification des statuts des sociétés de cette forme.

La transformation qui entraînerait, soit l'augmentation des engagements des associés, soit la modification des clauses des présents statuts exigeant l'unanimité des associés, devra faire l'objet d'une décision unanime de ceux-ci.

ARTICLE 39
Dissolution – Liquidation

La Société est dissoute :

– par l'arrivée de son terme – sauf prorogation – décidée par l'Assemblée Générale statuant dans les conditions de l'article 30.3 des présents statuts,

– par l'envoi par tous les associés exerçant au sein de la société, sur une période de 6 mois consécutifs, d'une notification de la cessation de leur activité au sein de celle-ci tel que prévu par l'article 22.1 des présents statuts,

– par l'effet d'un jugement ordonnant la liquidation judiciaire ou la cession totale des actifs,

– par décision judiciaire définitive pour justes motifs,

– par la radiation prononcée par le Conseil de l'Ordre.

La dissolution anticipée peut aussi résulter d'une décision collective extraordinaire des associés.

En cas de dissolution, la Société entre en liquidation.

Lorsqu'elle ne résulte pas de la radiation prononcée par le Conseil de l'Ordre, la dissolution est portée à la connaissance du Bâtonnier à la diligence du liquidateur.

Toutefois, cette dissolution ne produit ses effets à l'égard des tiers qu'à compter du jour où elle a été publiée au Registre du Commerce et des Sociétés.

La personnalité de la Société subsiste pour les besoins de la liquidation et jusqu'à la clôture de celle-ci.

La mention « *société en liquidation* » ainsi que le nom du ou des liquidateurs doivent figurer sur tous les actes et documents émanant de la Société.

La liquidation est faite par un ou plusieurs liquidateurs nommés à la majorité des actions, choisis parmi les associés. En aucun cas, les fonctions de liquidateur ne peuvent être confiées à un associé ayant fait l'objet d'une peine disciplinaire.

Le liquidateur peut être remplacé, pour cause d'empêchement ou tout autre motif grave, par le Président du Tribunal de Grande Instance du lieu du siège social de la société, statuant à la requête du liquidateur lui-même, des associés ou de leurs ayants droit ou du Bâtonnier.

Le produit net de la liquidation est employé d'abord à rembourser le montant des actions qui n'aurait pas encore été remboursé. Le surplus est réparti entre les associés au prorata du nombre d'actions appartenant à chacun d'eux.

Le liquidateur informe le Bâtonnier, ainsi que le Greffier chargé de la tenue du Registre du Commerce et des Sociétés, de la clôture des opérations de liquidation.

TITRE VI
RÈGLEMENT INTÉRIEUR

ARTICLE 40
Règlement intérieur

L'Assemblée Générale statuant dans les conditions de l'article 30.3 des présents statuts peut décider d'en compléter ou préciser les dispositions par l'adoption d'un règlement intérieur qui s'impose à tous les associés.

Le règlement intérieur peut également prévoir toute mesure d'ordre interne concernant notamment la gouvernance de la société, la gestion des affaires sociales, la rémunération des associés et toute autre question qui ne serait pas contraires aux dispositions législatives ni réglementaires applicables à l'activité de la société ni aux dispositions des présents statuts.

Le règlement intérieur peut être modifié à tout moment dans les conditions de l'article 30.3 des statuts.

En cas de contradiction entre les statuts et le Règlement Intérieur, les statuts prévaudront.

TITRE VII
CONTESTATIONS – CONDITION SUSPENSIVE – JOUISSANCE DE LA PERSONNALITÉ MORALE – FORMALITÉS

ARTICLE 41
Contestations

Toutes contestations susceptibles de surgir pendant la durée de la Société ou après sa dissolution pendant le cours des opérations de liquidation, soit entre les associés, le Président et la Société, soit entre les associés eux-mêmes, relativement aux affaires sociales ou à l'exécution des dispositions statutaires, seront soumises, à défaut de conciliation préalable obligatoire, à l'arbitrage du Bâtonnier de l'Ordre des avocats de [.........].

ARTICLE 42
Formalités – Pouvoirs

Les formalités d'immatriculation de la Société prescrites par la Loi et les règlements sont effectuées à la diligence du Président, et tout pouvoir est donné au porteur des présentes pour y procéder.

Fait en [.........] exemplaires,
À [.........],
Le

Madame/Monsieur [.........]	
Société [.........] Représentée par Monsieur/ Madame [.........]	

SECTION 2

DOCUMENTS FINANCIERS

512.1 Simulation de partage de bénéfices entre associés.

CABINET ABCDE
SIMULATION REVENUS DES ASSOCIÉS

Chiffre d'affaires ABCDE	2 400 000
Hypothèse : montant brut (avant paiement des CS et avant réserves) affectable à la rémunération des associés (hors dividendes)	960 000
Poids de la part fixe dans la rémunération	30 %
Poids de la production dans la rémunération	35 %
Poids de l'apport de nouveaux Clients dans la rémunération	20 %
Poids de la contribution aux fonctions de direction	5 %
Contribution exceptionnelle	10 %

	Répartition de la rémunération fixe entre les associés	Rémunération fixe	Production par associé en €	Production par associé en %	Rémunération production	Apport de nouveaux clients par associé en %	Rémunération apport de nouveaux clients	Participation au management	Rémunération liée au management	Contribution exceptionnelle	Rémunération liée à la contribution exceptionnelle	Rémunération totale brute	Estimation des rémunérations nettes par associé
A	37 %	106 560	800 000	33 %	112 000	45 %	86400	10 %	4 800	20 %	19 200	328 960	213 824
B	23 %	80 640	350 000	15 %	49 000	20 %	38 400	40 %	19200	20 %	19 200	206 440	134 186
C	14 %	40 320	400 000	17 %	56 000	10 %	19 200	20 %	9 600	20 %	19 200	144 320	93 808
D	14 %	40 320	350 000	15 %	49 000	10 %	19 200	20 %	9 600	20 %	19 200	137 320	89 258
E	7 %	20 160	500 000	21 %	70 000	15 %	28 800	10 %	4 800	20 %	19 200	142 960	92 924
Total	100 %	288 000	2 400 000	100 %	336 000	100 %	192 000	100 %	48 000	100 %	96 000	960 000	624 000
Dividendes		120 000											
Montant distribuable après IS													

A	55 %	66 000
B	20 %	24 000
C	10 %	12 000
D	10 %	12 000
E	5 %	6 000

512.2 Compte de résultat prévisionnel pour une société soumise à l'impôt sur les sociétés.

> Sur les développements, v. s^{s} n°s 453.22 s.

COMPTE DE RÉSULTAT PRÉVISIONNEL POUR UNE SOCIÉTÉ SOUMISE À L'IMPÔT SUR LES SOCIÉTÉS
COMPTE DE RÉSULTAT PRÉVISIONNEL (SOCIÉTÉ SOUMISE À L'IS)

Recettes	Année 1 en %	Année 2 en %	Année 3 en %
.... Recettes encaissées			
.... Produits financiers			
.... Gains divers			
Total			

Dépenses	Année 1 en %	Année 2 en %	Année 3 en %
.... Rémunération TNS des associés au titre de leur activité d'avocat			
.... Rétrocession d'honoraires (collaborateurs)			
.... Frais de personnel (salaires nets et avantage en nature)			
.... Frais de personnel (charges sociales sur salaires parts patronale et salariée)			
.... Impôts et taxes (Contribution économique territoriale)			
.... Impôts et taxes (autres impôts)			
.... Loyers et charges locatives			
.... Location de matériel et de mobilier			
.... Entretiens et réparations			
.... Personnel intérimaire			
.... Petit outillage			
.... Chauffage, eau, gaz électricité			
.... Honoraires ne constituant pas des rétrocessions			
.... Primes d'assurances			
.... Travaux fournis par des services extérieurs			
.... Frais de véhicules			
.... Autres frais de déplacement			
.... Charges sociales des associés			
.... Frais de réception, de représentation et de congrès			
.... Fournitures de bureaux			
.... Frais d'acte et de contentieux			
.... Cotisations syndicales et professionnelles			
.... Autres frais divers de gestion			
.... Frais financiers			
.... Pertes diverses			
Total			
.... Bénéfices imposables			

512.3 Plan de trésorerie.

> Sur les développements, v. s^{s} n°s 453.23 s.

		Janvier	Février	Mars	Avril	Mai
Solde en début de mois						
Recettes						
• Chiffres d'affaires (TTC) • TVA récupérée • Autre • Apport en capital • Emprunts • Prime et subvention						
Dépenses						
Rémunération TNS des associés au titre de leur activité		Selon périodicité convenue				
Frais de personnel (secrétaires, collaborateurs, etc.)	• Rétrocessions • Salaires	Salaires à verser entre le 25 et le 5				
	Charges sociales (Assedic, Urssaf, Complémentaires vieillesse, etc.)	Charges sociales à verser avant le 15	Participation à la formation professionnelle à verser avant le 1er mars		Charges sociales à verser avant le 15	
Impôts	TVA (paiements trimestriels ou mensuels)				Acompte trimestriel	
	Taxe professionnelle				Acompte trimestriel	
	Taxe foncière					
	Impôts sur sociétés, revenus ou IFA		Acompte mensuel ou trimestriel à verser spontanément par le contribuable			Acompte mensuel ou trimestriel à verser spontanément par le contribuable
	Autres (taxe sur les salaires, taxe d'apprentissage, etc.)	Taxe sur les salaires (acompte trimestriel)			Taxe sur les salaires (acompte trimestriel)	
Loyer et charges		Loyer et charges				
Remboursement d'emprunts et d'intérêts						
Cotisations diverses	Ordre	Adhésion annuelle				
	Protection sociale personnelle		Cotisations exigibles le 15			Cotisations exigibles le 15
	AGA	Adhésion annuelle				
	Syndicats	Adhésion annuelle				
	Autres					
Factures	EDF	Facture bimensuelle		Facture bimensuelle		Facture bimensuelle
	Téléphone	Facture bimensuelle		Facture bimensuelle		Facture bimensuelle
	Connexion internet	Facture bimensuelle		Facture bimensuelle		Facture bimensuelle
Honoraires et crédit fournisseurs	Expert-comptable	En fonction des négociations avec les fournisseurs				
	Fournitures de bureaux					
	Café					
	Autres					
	TOTAUX	10 versements	5 versements	5 versements	6 versements	7 versements
Seuil de trésorerie de sécurité (total des dettes des 6 derniers mois)		Juill. à déc.	Août à janv.	Sept. à févr.	Oct. à mars	Nov. à avr.
Excédent ou insuffisance de trésorerie						

Plan de trésorerie (suite)

Juin	Juillet	Août	Septembre	Octobre	Novembre	Décembre
	Selon périodicité convenue					
	Salaires à verser entre le 25 et le 5					
	Charges sociales à verser avant le 15			Charges sociales à verser avant le 15		
	Acompte trimestriel			Acompte trimestriel		Acompte trimestriel
				Acompte semestriel		
		Acompte mensuel ou trimestriel à verser spontanément par le contribuable			Acompte mensuel ou trimestriel à verser spontanément par le contribuable	
	Taxe sur les salaires (acompte trimestriel)			Taxe sur les salaires (acompte trimestriel)		
	Loyer et charges					
		Cotisations exigibles le 15			Cotisations exigibles le 15	
	Facture bimensuelle		Facture bimensuelle		Facture bimensuelle	
	Facture bimensuelle		Facture bimensuelle		Facture bimensuelle	
	Facture bimensuelle		Facture bimensuelle		Facture bimensuelle	
2 versements	8 versements	4 versements	5 versements	6 versements	7 versements	3 versements
Déc. à mai	Janv. à juin	Févr. à Juill.	Mars à août	Avr. à sept.	Mai à oct.	Juin à nov.

CALCUL DE POINT MORT

Bénéfice net imposable	Frais variables à prévoir de façon à générer le chiffre d'affaires nécessaire pour assurer toutes les dépenses.
	Impôts
	Bénéfice net vital Rémunération minimale souhaitée par les associés
	Remboursements des emprunts
	Frais de structure (frais fixes et frais annexes) Amortissement du matériel (consulter son prévisionnel sur 3, 5 ans)

512.4 Postes du compte de résultat (régime BNC).

> Sur les développements, v. s^s n°s 321.51 s.

Libellé	En %
Recettes	
Charges, dont	
I – Frais de personnel	
Salaires nets et avantages en nature	
Charges sociales sur les salaires	
Honoraires rétrocédés aux collaborateurs et autres rétrocessions	
Total frais de personnel	
II – Frais généraux	
Loyer et charges locatives	
Matériel et mobilier (location et dotation aux amortissements)	
Travaux fournitures et services extérieurs	
Transports et déplacements	
Frais de réception, représentation et congrès	
Fournitures de bureau, document, PTT	
Autres frais divers de gestion	
Frais financiers	
Total frais généraux	
Total des charges du cabinet I + II	
Bénéfice du cabinet individuel	
III – Charges individuelles déductibles de l'avocat	
Contribution économique territoriale	
Charges sociales personnelles	
Cotisations professionnelles	
Total charges personnelles déductibles	
Total des charges I + II + III	
Bénéfice imposable de l'avocat	

SECTION 3
COLLABORATION ET COLLABORATEUR

513.1 Contrat de collaboration libérale (Collaborateur inscrit au Barreau de Paris).

Contrat type de collaboration, adopté par le Conseil de l'Ordre dans sa séance du 25 janvier 2011 (Bull. Barreau de Paris, 1er févr. 2011, n° 4, p. 38) et modifié en séance du conseil du 4 octobre 2022 (Site du Barreau du 10 octobre 2022).

Contrat-type de collaboration élaboré en harmonie avec le Règlement Intérieur National de la profession d'avocat

Entre les soussignés :

Cabinet qui recrute (ci-après CAB)

Mme. M. Prénom Nom ou Raison Sociale

Adresse professionnelle

(Éventuellement barreau d'inscription ou du siège social)

Et :

Collaborateur (ci-après COL)

Mme. M. Prénom Nom

Avocat au barreau de Paris

Adresse professionnelle

Préambule. Ce modèle de contrat tel que visé en annexe du règlement intérieur du barreau de Paris (RIBP) est un exemple de contrat qui a vocation à régir les relations contractuelles entre un collaborateur ou une collaboratrice et le cabinet ou l'avocat qui le recrute en cette qualité.

Il mentionne ainsi les principes généraux régissant la collaboration libérale et détaille les principales obligations des parties en présence. Les droits et obligations résultant du règlement intérieur national, RIN y figurent, auxquels s'ajoutent ceux adoptés par le conseil de l'ordre du barreau de Paris. Il s'agit notamment du congé parentalité, dont la durée a été modifiée par l'ordre des avocats dès 2014, qui l'a prolongée à 4 semaines mais aussi de modifications relatives au congé adoption. Il s'agit également de l'obligation de notifier les motifs de la rupture du contrat ainsi que de préciser la partie qui en est à l'initiative, obligation introduite en décembre 2020 dans le règlement parisien, RIBP.

Ce modèle est adaptable sans qu'il soit possible de déroger ni à l'article 7 de la loi n° 71-1130 du 31 décembre 1971, ni aux articles 129 à 132 du décret n° 91-1197 du décret du 27 novembre 1991, ni aux droits du collaborateur libéral tels qu'il les tient des dispositions du RIN et du RIBP ».

Par ailleurs, il est rappelé que toute difficulté d'interprétation ou d'exécution du contrat est soumise à la juridiction du bâtonnier, dont la saisine est précédée d'une tentative de conciliation obligatoire devant la commission règlement des difficultés d'exercice en collaboration libérale, dite « DEC ». Elle peut être saisie à l'adresse suivante : dec@avocatparis.org

La Commission Harcèlement et Discrimination, dite « COMHADIS », est également compétente pour connaître des problématiques de harcèlement et de discrimination dont s'estiment victimes les avocats collaborateurs. Elle peut être saisie à l'adresse comhadis@avocatparis.org.

En cas de question relative à la collaboration, l'ordre a mis en place une permanence par courriel, à l'adresse suivante : collab@avocatparis.org.

Le présent contrat-type est mis à jour à la suite de chaque modification du RIBP. En cas de contradiction entre les stipulations du contrat et le RIBP au moment de sa signature, c'est ce dernier texte qui s'applique.

Toutes modifications du RIN postérieures s'appliquent aux contrats en cours.

ARTICLE 1

Principes généraux

[CAB] et *[COL]* conviennent, pour l'exercice de la profession d'avocat, de conclure entre eux le présent contrat de collaboration libérale, établi conformément aux dispositions issues de la loi du 31 décembre 1971, du décret du 27 novembre 1991, de la loi du 2 août 2005, du Règlement intérieur national de la profession d'avocat et du Règlement intérieur du barreau de Paris.

Le contrat a pour objet de définir les modalités d'une collaboration confraternelle et loyale, exclusive de tout lien de subordination.

Il prendra effet le [.........[1]] et devra, ainsi que tout avenant modificatif, être transmis, dans les quinze jours de sa signature, au Service de l'exercice professionnel (SEP) de l'ordre des avocats (Maison des Avocats, Service de l'exercice professionnel (SEP), Cours des Avocats, dont l'adresse postale est CS 64111, 75833 Paris cedex 17 et dont l'adresse électronique est : sep@avocatparis.org)

[COL] déclare être immatriculé, en qualité de travailleur indépendant, auprès de l'Urssaf et être affilié au régime général de l'Assurance Maladie.

Il devra adhérer à la Caisse nationale des barreaux français (CNBF) et s'engage à maintenir ces immatriculations et adhésions pendant toute la durée du présent contrat.

[COL] pourra recevoir ses clients personnels au cabinet et disposera du temps nécessaire à la gestion et au développement de sa clientèle personnelle dans les conditions définies ci-dessous.

[CAB] laissera à *[COL]* le temps nécessaire pour traiter ses dossiers personnels, dans des conditions qui seront définies et arrêtées entre eux.

[COL] consacrera le temps nécessaire au traitement des dossiers qui lui sont confiés par *[CAB]* en veillant à toujours y apporter le même soin et la même conscience que pour ses dossiers personnels.

[COL] veillera au bon respect de ses propres obligations de formation continue et déontologique.

[CAB] préservera la nature strictement confidentielle de la correspondance postale et/ou électronique privée et celle afférente aux dossiers personnels de *[COL]* et prendra toutes les mesures techniques et juridiques (notamment vis-à-vis de ses salariés) nécessaires pour assurer le respect de ce principe fondamental.

ARTICLE 2

Durée

Option 1 : Contrat à durée indéterminée. Le présent contrat est établi pour une durée indéterminée.

La période d'exécution du présent contrat du [.........] au [.........] constituera une période d'essai.

Cette période d'essai pourra être renouvelée une seule fois, sans qu'elle puisse excéder trois mois, renouvellement inclus.

Option 2 : Contrat à durée déterminée. Le présent contrat est établi pour une durée déterminée, à savoir [congé maternité de Mme. [.........]/Stage à l'étranger de M. [.........] soit du [.........] au [.........].

La période d'exécution du présent contrat du [.........] au [.........] constituera une période d'essai.

Ce contrat ne pourra être rompu avant le terme prévu que d'un commun accord ou en cas de manquement grave aux règles professionnelles. Dans ce cas, un délai de prévenance raisonnable sera respecté.

ARTICLE 3

Repos rémunérés

[COL] aura droit à cinq semaines de repos rémunérées comme période d'activité au cours de l'année civile. Dans le cas où la collaboration n'aurait pas commencé le premier jour de l'année civile, *[COL]* bénéficiera de repos rémunérés comme période d'activité au prorata de sa présence au cours de l'année civile.

[CAB] et *[COL]* fixeront d'un commun accord et au moins deux mois à l'avance les périodes de repos.

Sauf accord avec *[CAB]*, *[COL]* ne pourra pas prendre plus de trois semaines de repos d'affilée pendant les mois de juillet et août, ni plus de deux semaines d'affilée pendant les autres mois de l'année.

ARTICLE 4

Frais

[COL] recevra sans délai et sur justification le remboursement de tous frais professionnels, notamment de déplacement, exposés dans le cadre des missions confiées par *[CAB]* ou dans l'intérêt du cabinet.

ARTICLE 5

Obligations en matière d'aide juridique

[CAB] facilitera l'accomplissement par *[COL]* de ses obligations en matière d'aide juridique.

ARTICLE 6

Indépendance

Pour les dossiers qu'il traitera, y compris les dossiers confiés par *[CAB]*, *[COL]* demeurera maître de son argumentation et des conseils qu'il donnera.

Si son argumentation s'avère contraire à celle qu'aurait développée *[CAB]*, *[COL]* devra, avant d'agir, en informer *[CAB]*.

En cas de persistance du désaccord, par respect des principes de confiance, loyauté et délicatesse, *[COL]* devra restituer le dossier à *[CAB]*.

ARTICLE 7

Clause de conscience

[CAB] ne pourra pas demander à *[COL]* l'accomplissement d'une mission que ce dernier jugerait contraire à sa conscience et à ses opinions ou susceptible de porter atteinte à son indépendance. Dans cette hypothèse, *[COL]* formulera sa demande de retrait dans un délai raisonnable afin de ne pas perturber l'avancement du dossier.

1. En cas de 1re collaboration, la date de prise d'effet ne peut être antérieure à la date de prestation de serment.

ARTICLE 8

Moyens mis à la disposition de *[COL]*

[CAB] mettra à la disposition de *[COL]* une installation garantissant le secret professionnel et lui permettant de constituer et développer sa clientèle personnelle, sans contrepartie financière.

[CAB] mettra ainsi à la disposition de *[COL]*, tant pour les besoins de la collaboration que pour le développement et le traitement de sa clientèle personnelle, l'ensemble des moyens du cabinet (salle d'attente, salles de réunions, secrétariat, téléphone, télécopie, messagerie électronique, accès Internet, petites fournitures sauf papier à en-tête, etc.) sans aucune restriction ni contribution financière et dans des conditions normales d'utilisation.

ARTICLE 9

Obligations réciproques en matière de conflits d'intérêts

[CAB] et *[COL]* ne pourront, dans un même litige, assister ou représenter une partie ayant des intérêts contraires à ceux du client qui a saisi en premier l'un ou l'autre.

ARTICLE 10

Formation

[CAB] s'engage à apporter à *[COL]* information, aide et conseil, tant pour les dossiers du cabinet que pour les dossiers personnels de *[COL]*, afin de lui permettre d'acquérir une compétence professionnelle et déontologique de qualité.

[CAB] s'engage à laisser *[COL]* disposer du temps nécessaire pour qu'il puisse remplir ses obligations de formation continue, sans réduction de la rémunération convenue ni contrepartie financière personnelle ou autre, étant rappelé que *[COL]* doit prévenir *[CAB]* des sessions de formation qu'il doit ou souhaite suivre au plus tard quinze jours avant leur début.

ARTICLE 11

Spécialisation

[COL] bénéficiera du temps suffisant pour suivre toute session de formation nécessaire à l'acquisition d'une spécialisation.

[CAB] s'efforcera de lui confier des travaux relevant de la spécialisation recherchée.

ARTICLE 12

Prohibition du dédit formation

En cas de rupture du contrat de collaboration, et ce même si *[COL]* a bénéficié d'une formation dispensée à l'extérieur du cabinet et/ou financée par *[CAB]*, celui-ci ne pourra pas exiger d'indemnité de *[COL]* à ce titre, sauf si la formation reçue revêtait un caractère exceptionnel révélé par sa durée et son coût.

Dans ce cas, le montant de cette indemnité ne pourra pas être de nature à mettre obstacle à la liberté d'établissement ultérieure de *[COL]*.

L'indemnité pourra être demandée pendant un délai maximal de deux ans après que la formation aura été reçue.

ARTICLE 13

Rémunérations

[Numérotation et intitulé de l'article modifiés en séance du conseil du 16 octobre 2012 (Bulletin du Barreau du 23 octobre 2012, n° 32/2012)]

13.1. Rétrocession d'honoraires. *[CAB]* versera à *[COL]* une rétrocession d'honoraires, fixée de la manière suivante * : (3)

Option 1 : Versement mensuel le [.........] de chaque mois, d'une rétrocession d'honoraires fixe hors taxes d'un montant fixé à [.........], ou

Option 2 : Versement d'une rétrocession d'honoraires égale à [.........] % hors taxes des honoraires bruts hors taxes annuels perçus par *[CAB]* dans les dossiers traités par *[COL]*, avec un minimum garanti mensuel de [] hors taxes, le [] de chaque mois, étant précisé que dans les autres stipulations du présent contrat, le terme « rémunération habituelle » signifie la rémunération fixe et proportionnelle qui aurait été versée à *[COL]* s'il avait travaillé pendant la période concernée estimée forfaitairement *prorata temporis* sur la moyenne des douze mois précédant l'interruption.

Le minimum garanti mensuel ne peut être inférieur au montant minimum de la rétrocession tel qu'adopté par le conseil de l'ordre du barreau de Paris.

Le montant de la rétrocession d'honoraires sera réexaminé au moins une fois par an.

13.2. Rémunération perçue au titre de l'Aide juridique. *[COL]* conservera les indemnités qui lui sont versées pour l'ensemble des missions d'aide juridique accomplies pour sa clientèle personnelle ou dans le cadre de désignation par le bâtonnier.

ARTICLE 14

Développement de carrière

[Article créé en séance du conseil du 16 octobre 2012 (Bulletin du Barreau du 23 octobre 2012, n° 32/2012)]

[CAB] et *[COL]* se rencontreront annuellement pour faire le point sur leur collaboration.

Au moins une fois tous les deux ans, l'entretien annuel aura pour objet le développement de la carrière professionnelle de *[COL]* et son évolution dans *[CAB]*.

Chacun de ces entretiens fera l'objet d'un compte rendu écrit dont une copie sera remise à *[COL]*.

ARTICLE 15

Maladie

En cas d'indisponibilité pour raison de santé au cours d'une même année civile, *[COL]* percevra pendant deux mois sa « rémunération habituelle », sous déduction des indemnités journalières perçues au titre des régimes de prévoyance collective du barreau ou individuelle obligatoire.

ARTICLE 16

Maternité et Parentalité

[Article modifié en séance du conseil du 3 nov. 2015 (Bulletin du Barreau du 17 nov 2015)]

16.1. Maternité. La collaboratrice libérale est en droit de suspendre sa collaboration pendant au moins seize semaines, à l'occasion de son accouchement, réparties selon son choix avant et après l'accouchement avec un minimum de trois semaines avant l'accouchement et un minimum de dix semaines après l'accouchement et sans confusion possible avec le congé pathologique. À compter du troisième enfant, cette durée peut être portée à vingt-six semaines.

En cas de naissances multiples, le congé maternité peut être porté à trente-quatre semaines et à quarante-six semaines pour les grossesses multiples de plus de deux enfants.

Au cours de la période de suspension de la collaboration, la collaboratrice percevra la totalité de sa « rémunération habituelle », sous déduction des seules indemnités journalières versées par le « SSI » et l'assurance prévoyance complémentaire souscrite par le barreau de Paris.

16.2. Parentalité. Le collaborateur libéral ou le conjoint collaborateur libéral de la mère ou la personne collaboratrice libérale liée à elle par un pacte civil de solidarité ou vivant maritalement avec elle aura la possibilité de suspendre sa collaboration pendant quatre semaines réparties sur une période de six mois suivant la naissance de l'enfant.

Il ou elle en avise celui avec lequel il collabore un mois avant le début de la suspension.

Le collaborateur libéral ou le conjoint collaborateur libéral de la mère ou la personne collaboratrice libérale liée à elle par un pacte civil de solidarité ou vivant maritalement avec elle reçoit pendant la période de suspension sa rétrocession d'honoraires habituelle, sous la seule déduction et jusqu'à due concurrence des indemnités journalières perçues dans le cadre du régime d'assurance maladie des professions libérales et l'assurance prévoyance complémentaire souscrite par le barreau de Paris.

16.3. Congé parentalité en cas d'hospitalisation de l'enfant à sa naissance

[Article ajouté en séance du conseil du 4 octobre 2022 (Site du barreau du 10/10/2022)]

Par dérogation aux dispositions relatives au congé parentalité visées à l'article 16-3, lorsque l'état de santé de l'enfant nécessite son hospitalisation immédiate après sa naissance dans une unité de soins spécialisée, la période initiale d'une semaine obligatoire du congé parentalité est prolongée de plein droit pendant toute la durée de l'hospitalisation dans la limite d'une durée de trente jours consécutifs.

En cas d'hospitalisation du nouveau-né, le collaborateur libéral ou la collaboratrice libérale en avise dans les meilleurs délais le cabinet avec lequel il ou elle collabore.

La période de six mois pendant laquelle le collaborateur libéral ou la collaboratrice libérale peut prendre la seconde partie du congé parentalité, est prolongée de la même durée que l'hospitalisation de l'enfant, dans la limite de trente jours.

16.4. Adoption. Le collaborateur libéral ou la collaboratrice libérale qui adopte un enfant est en droit de suspendre l'exécution de sa collaboration jusqu'à dix semaines, à l'occasion de l'arrivée de l'enfant. En cas d'adoption multiple, le congé d'adoption peut être porté à seize semaines. Cette période de suspension débute dans les quatre mois suivant l'arrivée au foyer de l'enfant.

Le collaborateur libéral ou la collaboratrice libérale qui adopte un ou plusieurs enfants en avise celui avec lequel il collabore un mois avant le début de la suspension.

ARTICLE 17
Liberté d'établissement

En cas de rupture du contrat de collaboration, *[COL]* disposera d'une totale liberté pour installer son cabinet à l'adresse de son choix.

Toutefois, dans les deux ans qui suivront la rupture de son contrat de collaboration, *[COL]* devra aviser *[CAB]* avant de prêter son concours à un client de celui-ci, cette obligation ne préjudicie pas au respect des règles en matière de succession d'avocats dans un dossier.

ARTICLE 18
Concurrence déloyale

[COL] comme *[CAB]* s'interdiront toute pratique de concurrence déloyale durant l'exécution du présent contrat et après la rupture de celui-ci.

ARTICLE 19
Correspondances électroniques et fichiers informatiques de *[COL]*

Pour le cas où *[CAB]* conserverait dans la mémoire de ses ordinateurs, la trace et/ou le contenu des correspondances électroniques reçues et/ou expédiées par *[COL]*, tant dans le cadre de son activité professionnelle pour les dossiers du Cabinet que pour sa clientèle personnelle ou à titre privé, il s'interdira formellement d'utiliser ou d'invoquer le contenu de l'une quelconque des correspondances privées ou afférentes à l'un des dossiers personnels de *[COL]*, et ce à quelque titre que ce soit.

En cas de rupture du contrat de collaboration, *[CAB]* remettra à *[COL]* les fichiers de correspondances et dossiers personnels en format électronique et détruira toute copie de ces fichiers sur ses ordinateurs.

ARTICLE 20
Rupture du contrat de collaboration

[Article modifié en séance du Conseil du 3 nov. 2015 (Bulletin du Barreau du 17 nov. 2015)]

La rupture du contrat de collaboration ne peut intervenir que dans le strict respect des principes de délicatesse et de loyauté.

Sauf accord plus favorable à *[COL]* au moment de la rupture, chaque partie pourra mettre fin au présent contrat en respectant un délai de prévenance, fixé au minimum à trois mois.

Ce délai sera augmenté d'un mois par année au-delà de trois ans de présence révolus, sans qu'il puisse excéder six mois.

Ce délai sera de huit jours en cas de rupture pendant la période d'essai.

Ces délais n'auront pas à être observés en cas de manquement grave flagrant aux règles professionnelles.

La « rémunération habituelle » de *[COL]* restera due pendant ce délai, même en cas de non-exercice effectif de la collaboration du fait de *[CAB]*.

Les jours de repos rémunérés qui n'auraient pu être pris avant la notification de la rupture pourront être pris pendant le délai de prévenance. À défaut, ils ne donneront lieu à aucune compensation financière.

La rupture de collaboration libérale entre avocats doit faire l'objet, auprès du service l'exercice professionnel (SEP), d'une déclaration de *[CAB]* et de *[COL]*, dans les quinze jours de la notification de la rupture, mentionnant la nature de la rupture parmi les cinq propositions suivantes :

– rupture à l'initiative du collaborateur ;

– rupture à l'initiative de cabinet ;

– rupture à l'initiative du collaborateur pour manquement grave ;

– rupture à l'initiative du cabinet pour manquement grave ;

– rupture d'un commun accord.

Maternité

À compter de la déclaration par la collaboratrice libérale de son état de grossesse, qui peut être faite par tout moyen, et jusqu'à l'expiration de la période de suspension de l'exécution du contrat à l'occasion de la maternité, le contrat de collaboration libérale ne peut être rompu par le cabinet, sauf manquement grave aux règles professionnelles non lié à l'état de grossesse ou à la maternité.

Sauf manquement grave aux règles professionnelles non lié à l'état de grossesse ou à la maternité, la rupture du contrat de collaboration est nulle de plein droit lorsque le cabinet est informé de la grossesse de la collaboratrice dans un délai de quinze jours à compter de la notification de la rupture. La collaboratrice informe le cabinet en transmettant, par lettre recommandée avec avis de réception ou remise en main propre et contresignée, un certificat médical justifiant de son état de grossesse.

Au retour de la collaboratrice de son congé maternité, le contrat de collaboration libérale ne peut être rompu pendant un délai de huit semaines, sauf manquement grave aux règles professionnelles non lié à la maternité. Dans ce cas, la rupture est notifiée par lettre dûment motivée.

Parentalité

À compter de l'annonce par le père collaborateur libéral ou le conjoint collaborateur libéral ou la personne collaboratrice libérale liée à la mère par un pacte civil de solidarité ou vivant maritalement avec elle de son intention de suspendre son contrat de collaboration après la naissance de l'enfant, qui peut être faite par tout moyen, et jusqu'à l'expiration de cette période de suspension, le contrat de collaboration libérale ne peut être rompu par le cabinet, sauf manquement grave aux règles professionnelles non liées à la paternité.

Cette rupture du contrat de collaboration est nulle de plein droit lorsque le cabinet est informé de la paternité dans un délai de quinze jours à compter de la notification de la rupture. Le collaborateur informe le cabinet en transmettant, par lettre recommandée avec avis de réception ou remise en mains propres et contresignée, une attestation justifiant de la paternité.

Au retour du collaborateur de son congé paternité, le contrat de collaboration libérale ne peut être rompu pendant un délai de huit semaines, sauf manquement grave aux règles professionnelles, non lié à la paternité.

Adoption

À compter de l'annonce par la collaboratrice ou le collaborateur libéral de son intention de suspendre sa collaboration à l'occasion de l'arrivée de l'enfant, qui peut être faite par tout moyen, et jusqu'à l'expiration de cette période de suspension, le contrat de collaboration libérale ne peut être rompu par le cabinet, sauf manquement grave aux règles professionnelles non liées à l'adoption.

Cette rupture du contrat de collaboration est nulle de plein droit lorsque le cabinet est informé de l'adoption dans un délai de quinze jours à compter de la notification de la rupture. La collaboratrice ou le collaborateur informe le cabinet en transmettant, par lettre recommandée avec avis de réception ou remise en main propre et contresignée, une attestation de l'organisme compétent justifiant de l'arrivée de l'enfant.

Au retour de la collaboratrice ou du collaborateur de son congé d'adoption, le contrat de collaboration libérale ne peut être rompu pendant un délai de huit semaines, sauf manquement grave aux règles professionnelles non lié à l'adoption.

ARTICLE 21
Domiciliation après la rupture du contrat

Quelle que soit la cause de la cessation de la collaboration, *[COL]* pourra demeurer domicilié au cabinet de *[CAB]* jusqu'à ce qu'il ait fait connaître ses nouvelles conditions d'exercice et ce, pendant une durée qui ne saurait excéder trois mois.

Même après ce délai, son courrier postal et électronique lui sera normalement acheminé et ses nouvelles coordonnées postales, électroniques et téléphoniques seront transmises aux personnes qui en feront la demande. *[COL]* fera connaître sa nouvelle adresse professionnelle dans le délai d'un mois.

ARTICLE 22
Règlement des difficultés d'exercice en collaboration

Tout différend né à l'occasion du présent contrat est soumis à la commission règlement des difficultés d'exercice en collaboration selon les modalités définies à l'article P 71.2 du Règlement intérieur du barreau de Paris. À défaut de conciliation il appartiendra à la partie la plus diligente de saisir la juridiction du bâtonnier conformément à l'article P. 71.5 du Règlement intérieur du barreau de Paris.

ARTICLE 23
Données personnelles

Conformément aux exigences de l'article 13 du RGPD, *[COL]* est informé du fait que *[CAB]* est amené à réaliser des traitements de données personnelles sur la base des informations personnelles fournies par vous.

[CAB] prend les mesures propres à assurer la protection et la confidentialité des informations nominatives qu'il détient ou qu'il traite dans le respect des dispositions de la Loi Informatique et Libertés et du RGPD.

Le responsable de traitement est *[CAB]*.

Coordonnées du délégué à la protection des données :

[...]

Collecte et origine des données :

Toutes les données concernant *[COL]* sont collectées directement auprès de lui.

[CAB] s'engage à recueillir le consentement de *[COL]* et/ou à lui permettre de s'opposer à l'utilisation de leurs données pour certaines finalités, dès que cela est nécessaire.

Finalité des données collectées :

1. Nécessité de la collecte. La collecte des données personnelles de *[COL]* est nécessaire au moment de l'embauche, afin de réaliser le processus de recrutement, concrétiser l'embauche. Si *[COL]* ne souhaite pas communiquer les informations qui lui sont demandées, celui-ci ne pourra pas être recruté par *[CAB]*.

2. Finalités. Le recueil des données personnelles de *[COL]* a pour base légale :

– le respect des obligations règlementaires et légales auxquelles *[CAB]* doit satisfaire dans le cadre du recrutement de *[COL]* et de la gestion administrative du personnel ;

– *[à compléter le cas échéant]*.

Le caractère obligatoire ou facultatif des données personnelles demandées et les éventuelles conséquences d'un défaut de réponse à l'égard de *[COL]* sont précisés lors de leur(s) collecte(s).

Non communication des données personnelles :

Les données Personnelles de *[COL]* ne seront pas transmises à des acteurs commerciaux ou publicitaires.

[CAB] recourt aux prestations fournies par plusieurs sociétés spécialisées (gestion de paie...) dont la liste peut être communiquée à *[COL]* sur demande adressée à *[CAB]* à l'adresse suivante : [à compléter].

Si ces sociétés utilisent des serveurs en dehors de l'Union Européenne, *[CAB]* a conclu avec elles des contrats spécifiques et des clauses contractuelles types établies par la Commission Européenne pour encadrer et sécuriser le transfert des données de *[COL]* à ces prestataires.

Durée de conservation des données :

[CAB] conserve les données de *[COL]* uniquement le temps nécessaire pour les finalités poursuivies, conformément aux prescriptions légales.

Les droits de *[COL]* :

Chaque fois que *[CAB]* traite des données personnelles, il prend toutes les mesures raisonnables pour s'assurer de l'exactitude et de la pertinence des données personnelles au regard des finalités pour lesquelles il les traite.

Conformément à la réglementation européenne en vigueur, *[COL]* dispose des droits suivants :

– droit d'accès (article 15 RGPD) et de rectification (article 16 RGPD), de mise à jour, de complétude des données ;

– droit de verrouillage ou d'effacement des données à caractère personnel (article 17 du RGPD), lorsqu'elles sont inexactes, incomplètes, équivoques, périmées, ou dont la collecte, l'utilisation, la communication ou la conservation est interdite ;

– droit de retirer à tout moment un consentement (article 13-2c RGPD) ;

– droit à la limitation du traitement des données (article 18 RGPD) ;

– droit d'opposition au traitement des données (article 21 RGPD) ;

– droit à la portabilité des données fournies, lorsque ces données font l'objet de traitements automatisés fondés sur le consentement ou sur un contrat (article 20 RGPD) ;

– droit de définir le sort des données après sa mort et de choisir à qui le cabinet devra communiquer (ou non) ses données à un tiers qu'il aura préalablement désigné.

Conformément à la loi et le cas échéant, dès que *[CAB]* a connaissance du décès de *[COL]* et à défaut d'instructions de sa part, il s'engage à détruire ses données, sauf si leur conservation s'avère nécessaire à des fins probatoires ou pour répondre à une obligation légale.

Si *[COL]* souhaite savoir comment le cabinet utilise ses données personnelles, il convient de demander à les rectifier ou s'opposer à leur traitement en contactant *[CAB]* à cette adresse : [à compléter].

Dans ce cas, *[COL]* doit indiquer les données personnelles qu'il souhaiterait que *[CAB]* corrige, mette à jour ou supprime, en s'identifiant de manière précise avec une copie d'une pièce d'identité (carte d'identité ou passeport). Les demandes de suppression de données personnelles seront soumises aux obligations qui sont imposées à *[CAB]* par la loi, notamment en matière de conservation ou d'archivage des documents. Enfin, *[COL]* peut déposer une réclamation auprès des autorités de contrôle, et notamment de la CNIL (https://www.cnil.fr/fr/plaintes).

Sécurité :

[CAB] met en œuvre toutes les mesures techniques et organisationnelles afin d'assurer la sécurité des traitements de données à caractère personnel et la confidentialité des données personnelles.

À ce titre, *[CAB]* prend toutes les précautions utiles, au regard de la nature des données et des risques présentés par le traitement, afin de préserver la sécurité des données et, notamment, d'empêcher qu'elles soient déformées, endommagées, ou que des tiers non autorisés y aient accès (protection physique des locaux, procédés d'authentification avec accès personnel et sécurisé via des identifiants et mots de passe confidentiels, journalisation des connexions, chiffrement de certaines données...).

(1) En cas de 1re collaboration, la date de prise d'effet ne peut être antérieure à la date de prestation de serment.

(2) La période d'essai ne peut excéder trois mois, renouvellement compris.

(3) La rétrocession d'honoraires minimale est de 90 % du plafond mensuel de la Sécurité sociale en 1re année, 100 % en deuxième année.

Fait à Paris, le [...]

En 3 exemplaires originaux, dont 1 exemplaire pour *[CAB]*, [COL] et pour l'Ordre

(Signatures)

[nom du cabinet qui recrute] [nom de l'avocat collaborateur]

513.2 Formulaire d'évaluation annuelle des collaborateurs du cabinet.

Ce formulaire a pour objectif de permettre l'évaluation annuelle des performances et du développement des collaborateurs du cabinet.

Il est composé de trois parties :

– les objectifs annuels ;

– l'auto-évaluation (à compléter par le collaborateur) ;

– l'évaluation à compléter par l'associé responsable.

Nom	
Fonction et années d'expérience	
Associé responsable de l'évaluation	
Date de l'évaluation	

Informations statistiques du collaborateur	Période
Heures travaillées	
Heures facturables	
Heures non facturables consacrées au cabinet	
Heures facturées	
Heures facturables non facturées (*write off*) en %	
Honoraires facturés	
Taux horaire moyen	
Différence / taux horaire théorique en %	
Durée moyenne de recouvrement	
Factures non recouvrées à plus de 90 jours	

[*La capacité du cabinet à renseigner les éléments ci-dessus dépend des outils de gestion dont il dispose. La plupart des logiciels de gestion conçus pour les cabinets d'avocats permettent l'extraction de ces éléments.*]

1re PARTIE
Objectifs

S'il s'agit de la première évaluation, il conviendra de fixer les objectifs principaux du collaborateur pour l'année à venir.

Les objectifs concernent tous les aspects de l'activité du collaborateur :

– Le développement personnel et le perfectionnement juridique ;

– Le développement des relations avec les clients ;

– Les relations avec les avocats du cabinet ;

– La participation à la vie et à l'organisation du cabinet ;

– La performance chiffrée (objectifs chiffrés d'heures et/ou de facturation).

Tous ces objectifs doivent être formulés par écrit. Ils doivent être quantifiables et réalistes.

S'il ne s'agit pas de la première évaluation du collaborateur, cette première partie de l'évaluation sera d'abord consacrée à vérifier si les objectifs fixés l'année précédente ont été atteints. Après cette vérification, accompagnée de commentaires éventuels, l'associé responsable et le collaborateur fixeront ensemble les objectifs à atteindre pour l'année à venir.

A. Réalisation des objectifs *n* – 1

Rappel des objectifs fixes	Atteinte de l'objectif : oui/non	Commentaires
objectif 1 • Développement personnel et perfectionnement juridique • Description de l'objectif		
objectif 2 • Développement des relations client • Description de l'objectif		
objectif 3 • Relations avec les avocats du cabinet • Description de l'objectif		
objectif 4 • Participation à la vie et l'organisation du cabinet • Description de l'objectif		
objectif 5 • Performances chiffrées (heures, facturation…)		

B. Détermination de nouveaux objectifs

Définition des objectifs	Actions envisagées pour atteindre les objectifs	Date visée pour la réalisation de l'objectif
objectif 1 • Développement personnel et perfectionnement juridique • Description de l'objectif		
objectif 2 • Développement des relations client • Description de l'objectif		
objectif 3 • Relations avec les avocats du cabinet • Description de l'objectif		
objectif 4 • Participation à la vie et l'organisation du cabinet • Description de l'objectif		
objectif 5 • Performances chiffrées (heures, facturation…)		

2e PARTIE
L'auto-évaluation du collaborateur

Description par le collaborateur de ses aspirations professionnelles à court, moyen et long terme :
Description par le collaborateur des aspects de son travail dans lesquels il considère avoir le plus progressé au cours de l'année écoulée :
Description par le collaborateur des aspects de son travail dans lesquels il estime avoir le plus de progrès à faire :

3e PARTIE

L'évaluation du collaborateur par l'associé responsable

BARÈME DE NOTATION DE 1 À 5

5	Niveau de performance exceptionnel
4	Bon niveau et progression encourageante
3	Niveau moyen mais en cours d'amélioration
2	Progrès nécessaires sur la durée
1	Insuffisances nécessitant une amélioration urgente

A. Qualité du travail

Questions	Note de 1 à 5
QUALITÉ DE RÉDACTION • Actes, correspondance, conclusions… les documents écrits du collaborateur sont-ils conformes aux attentes du cabinet et des clients ? • Les documents sont-ils soignés et précis dans leur formulation ?	
RIGUEUR • Le collaborateur apporte-t-il toute la rigueur nécessaire pour traiter les questions et problèmes qui lui sont soumis ? • Ses réunions avec les clients et ses audiences sont-elles bien préparées ?	
CAPACITÉS D'ANALYSE • Le collaborateur sait-il analyser les situations qui lui sont soumises pour ensuite adopter la meilleure stratégie juridique ? • Quelle est la qualité de son raisonnement juridique ?	
NÉGOCIATION • Le collaborateur est-il un bon négociateur ? • Obtient-il de bons résultats dans les négociations auxquelles il participe ? • Sait-il guider le client dans la négociation ?	
PLAIDOIRIES • Le collaborateur défend-il bien ses dossiers devant les juridictions ? • Obtient-il des résultats meilleurs que ceux qui sont attendus ? • Quelle est la qualité de son éloquence, la fluidité de son argumentation… ?	
EFFICACITÉ/ RAPIDITÉ • Le collaborateur tient-il ses délais ? • Travaille-t-il de manière efficace sans s'égarer ? • A-t-il conscience de l'importance de sa productivité ?	

B. Qualités personnelles du collaborateur

Questions	Note de 1 à 5
INDÉPENDANCE • Tenant compte de l'âge et de l'expérience du collaborateur, celui-ci parvient-il à travailler de manière autonome sur des questions complexes ? • A-t-il fait la démonstration de sa capacité à traiter de questions difficiles sans le soutien permanent d'avocats plus expérimentés ? • Les avocats du cabinet ont-ils confiance quand ils délèguent au collaborateur ?	
DÉVELOPPEMENT PERSONNEL • Le collaborateur progresse-t-il de manière conforme aux attentes ? • Développe-t-il sa propre expertise dans des domaines utiles pour le cabinet ? • Fait-il un effort pour se tenir à jour, participer à des conférences, écrire des articles dans les domaines qui l'intéressent ?	
MATURITÉ ET DISCERNEMENT • Le collaborateur est-il capable du discernement nécessaire face à des situations complexes tant sur le plan de la responsabilité professionnelle que sur le plan déontologique ? • A-t-il la maturité pour identifier les risques sur le plan déontologique et se protéger lui-même ainsi que le cabinet ?	
INITIATIVE • Le collaborateur prend-il spontanément des initiatives ? • Fait-il plus que le minimum attendu de lui ? • Fait-il l'effort supplémentaire pour se distinguer des autres ? • Exprime-t-il l'envie de progresser et d'apprendre ?	

C. Relations avec les clients

Questions	Note de 1 à 5
QUALITÉ RELATIONNELLE • Le collaborateur entretient-il de bonnes relations avec les clients ? • Les clients font-ils des commentaires positifs sur le collaborateur ? • Est-ce que le collaborateur est demandé par les clients ?	
RÉACTIVITÉ • Le collaborateur est-il réactif face aux demandes des clients ? • Fait-il preuve d'efforts particuliers pour se montrer réactif et disponible ?	
ENGAGEMENT VIS-À-VIS DES CLIENTS • Le collaborateur se montre-t-il engagé auprès des clients ? • Est-il fortement concerné par les affaires du client ? • A-t-il compris les enjeux de la satisfaction des clients ?	
DÉVELOPPEMENT COMMERCIAL • Le collaborateur participe-t-il à entretenir et à développer les affaires et les dossiers entre le cabinet et les clients qu'il assiste ? • Participe-t-il à développer le chiffre d'affaires avec les clients dont il est l'interlocuteur ?	

D. Comportement au sein et vis-à-vis du cabinet

Questions	Note de 1 à 5
ENGAGEMENT VIS-À-VIS DU CABINET • Le collaborateur se sent-il engagé et concerné vis-à-vis du cabinet ? • Est-il un bon ambassadeur du cabinet à l'extérieur ? • Est-il fier de son appartenance au cabinet ?	
PARTICIPATION À LA VIE DU CABINET • .... Le collaborateur participe-t-il à l'organisation et aux affaires du cabinet en dehors de ses dossiers ? • .... Aide-t-il à l'organisation de la documentation, de la formation continue… ?	

Questions	Note de 1 à 5
TRAVAIL EN ÉQUIPE • .... Le collaborateur travaille-t-il facilement en équipe ? • .... Quelle est la qualité de ses relations avec les autres avocats lorsqu'il travaille à plusieurs ? • .... Joue-t-il un rôle moteur lors du travail en équipe ?	
ATTITUDE VIS-À-VIS DES ASSOCIÉS • .... L'attitude du collaborateur vis-à-vis des associés du cabinet est-elle positive ? • .... Travaille-t-il de manière transparente et fiable ?	
ATTITUDE VIS-À-VIS DES AUTRES COLLABORATEURS OU STAGIAIRES • Le collaborateur est-il apprécié des autres collaborateurs et stagiaires du cabinet ? Donne-t-il facilement de son temps pour aider et former lesàautres ? ATTITUDE VIS-À-VIS DU PERSONNEL SALARIÉ DU CABINET • Le collaborateur se montre-t-il respectueux et poli ? Est-il apprécié du personnel salarié du cabinet ? COMMENTAIRES ET APPRÉCIATIONS GÉNÉRALES SUR LE COMPORTEMENT DU COLLABORATEUR	

E. Perspectives d'association (si applicable)

COMMENTAIRES ET APPRÉCIATIONS SUR LES PERSPECTIVES D'ASSOCIATION DU COLLABORATEUR	

SECTION 4
CLIENTÈLE

514.1 Facture de frais et honoraires.

EN-TÊTE CABINET

(avec coordonnées)

NOM CLIENT

Adresse client

[DATE]

N.REF : Références du dossier (cabinet)

AFF. : [NOM AFFAIRE]

NOTE D'HONORAIRES

N° DE FACTURE

Libellé de la facture.

Exemple : Diligences de [.........] à [.........]

Honoraires HT	€
(– Provision appelée si applicable)	€
Total HT	€
TVA 20 %	€
TOTAL TTC	€

Soit la somme totale de [.........] TTC

En votre aimable règlement à réception de la présente facture

Par chèque libellé à l'ordre de [Nom du cabinet] ou par virement

Code banque	Code Agence	Numéro de compte	Clé RIB
XXXXX	XXXXX	XXXXXXXX	XX
IBAN XXXXXX XXXX XXXX XXXX		BIC : XXXXXXXXX	

SOCIÉTÉ D'EXERCICE [FORME SOCIALE]

Au capital de .... euros – RCS PARIS XXX XXX XXX

N° TVA INTRACOMMUNAUTAIRE : [.........]

– Siret : [.........]

Les sommes dues à l'avocat, qui ne seraient pas réglées à bonne date, entraînent de plein droit l'application de pénalités de retard d'un montant égal à 3 fois le taux d'intérêt et d'une indemnité forfaitaire pour frais de recouvrement d'un montant de 40 € (art. D. 441-5 du Code de commerce). Lorsque les frais de recouvrement exposés sont supérieurs au montant de cette indemnité forfaitaire, l'avocat peut demander une indemnisation complémentaire, sur justification (art. L. 441-10, II du Code de commerce).

[NOM DU DOSSIER]

Pour la période du [.........] à [.........]

Détail des honoraires	Dates	Diligences	Intervenant	Durées	Montants
	Date	Description (détaillée) de la diligence[a]	Nom de l'avocat		
Total					

a Précision : Il n'est pas obligatoire de mentionner le détail des prestations mais il est vivement recommandé de le faire. Il sera en effet indispensable de pouvoir justifier des prestations accomplies en cas de contestation par le client.

514.2 Convention d'honoraires forfait.

CONVENTION D'HONORAIRES ENTRE UN AVOCAT ET UN CLIENT PROFESSIONNEL – PRESTATION AU FORFAIT

ENTRE LES SOUSSIGNÉS :

Monsieur ou Madame ...., né(e) le .... à ...., de nationalité ...., profession : ...., demeurant ....

ou la société ...., forme juridique, RCS ...., adresse, agissant par son représentant légal, Monsieur ou Madame......

Ci-après dénommé le « Client »

ET

Maître X, avocat au Barreau de ...., demeurant .... (coordonnées complètes) ou

Société (coordonnées complètes), représentée par Maître ....,

Ci-après dénommé « l'avocat »

CONVENTION D'HONORAIRES

Préambule

La présente convention s'inscrit dans le cadre des relations entre l'avocat et le client dans l'exercice ou l'action de son activité professionnelle.

Dispositions relatives aux données personnelles

Les dispositions en italiques peuvent être supprimées si elles ne s'appliquent pas aux traitements effectués par l'avocat.

Nécessité de la collecte et finalités

Les données collectées dans le cadre des missions définies aux présentes font l'objet d'un traitement informatique destiné à répondre aux demandes des Clients et, plus généralement, à des fins de traitement et suivi des dossiers, la facturation et recouvrement ou encore taxation des honoraires.

[*En cas de cabinet ayant une activité de prospection.*]

Les données collectées peuvent être également utilisées pour des finalités de prospection et marketing si le Client a donné son consentement à ce titre, ou à défaut, uniquement pour des services analogues aux missions déjà confiées à l'avocat.

Les données personnelles sont traitées dans le logiciel de gestion de relations clients du cabinet, lequel est mentionné au registre des traitements.

Responsable du traitement et destinataires des données collectées

Le responsable de traitement de données à caractère personnel est le cabinet .... OU M^e^ .... domicilié à l'adresse susmentionnée.

Par respect du secret professionnel, toute information est à destination unique de l'avocat et de son personnel habilité, collaborateurs et stagiaires inclus.

Les données collectées du Client ne seront pas transmises à des acteurs commerciaux ou publicitaires.

Durée de conservation des données

Les données sont conservées uniquement le temps nécessaire pour les finalités poursuivies, conformément aux prescriptions légales ou ordinales applicables à l'avocat.

Transfert des données

[Si hébergement hors cabinet] *Le cabinet utilise la solution du Prestataire .... Les données sont hébergées notamment en ...., État membre de l'Union européenne, et aux États-Unis d'Amérique. Ces données sont transférées aux services habilités des entités du Prestataire à des fins principalement d'externalisation, de maintenance, d'assistance, d'administration, d'hébergement et pour répondre aux demandes des autorités légalement habilitées à en connaître.*

Une convention de flux transfrontières conforme aux clauses contractuelles types de la Commission européenne a été conclue avec le Prestataire, afin d'encadrer le transfert des données et d'assurer un niveau de protection suffisant au regard des exigences des réglementations françaises et européennes.

Droit des personnes

Pour des motifs légitimes, le Client peut s'opposer au traitement des données le concernant. L'attention du Client est toutefois attirée sur le fait que ne pas fournir toute information utile peut empêcher l'avocat de traiter sa demande ou en retarder le traitement.

Conformément au Règlement général européen sur la protection des données personnelles (RGPD) et la loi Informatique et libertés du 6 janvier 1978 modifiée en 2018, le Client dispose d'un droit d'accès, de limitation, de rectification, de suppression ou effacement sur les données à caractère personnel le concernant. Si applicable, le Client dispose aussi du droit à la portabilité de ses données. Le Client peut aussi donner ses instructions au cabinet pour la communication ou non de ses données personnelles après son décès.

Les droits susvisés peuvent être exercés auprès du délégué à la protection des données / [*le service en charge des questions relatives aux données à caractère personnel*], par courrier électronique [*insérer l'adresse mail*] ou par courrier postal [*insérer adresse*] accompagné d'une copie d'un titre d'identité.

En cas de litige, il est possible de saisir la Commission Nationale de l'Informatique et des Libertés, autorité de contrôle compétente.

1. Mission de l'avocat

L'avocat est chargé de conseiller et/ou d'assurer la défense des intérêts du client dans le cadre de .... [exposer ici précisément la mission].

L'avocat s'engage à effectuer cette mission dans le cadre d'une obligation de moyens.

2. Facturation

Les prestations effectuées par l'avocat seront facturées au forfait négocié entre les parties augmentées, le cas échéant, d'un honoraire de résultat

a. Forfait :

- Honoraire principal
  - La mission ci-dessus sera facturée forfaitairement, moyennant la somme de ....euros HT, soit .... TTC.
  - Honoraires complémentaires, le cas échéant

Les prestations non comprises dans la mission seront facturées en sus.

[*Indiquer ici ce qui n'est pas prévu expressément dans le forfait. Exemple : conclusions en réplique, mesure d'instruction, rendez-vous complémentaire... et, le cas échéant, la modification du forfait ou le taux horaire proposé.*]

b. Honoraire de résultat [le cas échéant]

En sus des honoraires ci-dessus, un honoraire de résultat sera perçu par l'avocat en fonction des gains effectivement obtenus et recouvrés ou de l'économie réalisée définitivement acquise.

L'honoraire de résultat sera fixé comme suit :

– soit pourcentage de la somme perçue ou économisée [éventuellement dégressif] (définir l'économie) ;

– soit par une somme forfaitaire égale à ....euros.

3. Frais, débours et déplacement

Tous les frais avancés pour le compte du client, les débours et les déplacements seront facturés sur justificatif au client.

4. Envoi des factures

Les diligences effectuées font l'objet de factures périodiques et peuvent faire l'objet d'une demande de provision préalable.

5. Délai de règlement des factures

Conformément aux lois des 4 août 2008, 22 mars 2012 et du décret du 2 octobre 2012, les factures de l'avocat sont payables dans un délai maximum de 30 jours à compter de leur émission.

Passé ce délai, un intérêt de retard de 3 fois le taux d'intérêt légal sera appliqué, exigible de plein droit par jour de retard jusqu'au parfait paiement, ainsi qu'une indemnité forfaitaire pour frais de recouvrement de 40 euros due de plein droit à l'avocat.

6. Dessaisissement

Le client qui dessaisirait l'avocat devra régler toutes les prestations dues avant le dessaisissement.

Si le travail est déjà accompli et qu'il a permis l'obtention du résultat recherché, la clause relative aux honoraires de résultat demeurera applicable dans les termes ci-dessus.

En cas de défaut de paiement, l'avocat pourra cesser toute diligence. Il en informera le client par lettre recommandée avec avis de réception.

7. Contestation

En cas de contestation relative à l'interprétation ou l'exécution de la présente convention, le bâtonnier de l'Ordre des Avocats de Paris pourra être saisi à la requête de la partie la plus diligente, sans préjudice de toute mesure conservatoire pouvant être ordonnée par le juge de l'exécution.

Fait à Paris, le

Le client

L'avocat

514.3 Convention taux horaire.

ENTRE LES SOUSSIGNÉS :

Monsieur ou Madame ...., né(e) le .... à ...., de nationalité ...., profession : ...., demeurant ....

ou la société ...., forme juridique, RCS ...., adresse, agissant par son représentant légal, Monsieur ou Madame......

Ci-après dénommé le « Client »

ET

Maître X, avocat au Barreau de ...., demeurant .... (coordonnées complètes) ou

Société (coordonnées complètes), représentée par Maître ....,

Ci-après dénommé « l'avocat »

CONVENTION D'HONORAIRES

Préambule

La présente convention s'inscrit dans le cadre des relations entre l'avocat et le client dans l'exercice ou l'action de son activité professionnelle.

Dispositions relatives aux données personnelles

Les dispositions en italiques peuvent être supprimées si elles ne s'appliquent pas aux traitements effectués par l'avocat.

Nécessité de la collecte et finalités

Les données collectées dans le cadre des missions définies aux présentes font l'objet d'un traitement informatique destiné à répondre aux demandes des Clients et, plus généralement, à des fins de traitement et suivi des dossiers, la facturation et recouvrement ou encore taxation des honoraires.

[*En cas de cabinet ayant une activité de prospection.*]

Les données collectées peuvent être également utilisées pour des finalités de prospection et marketing si le Client a donné son consentement à ce titre, ou à défaut, uniquement pour des services analogues aux missions déjà confiées à l'avocat.

Les données personnelles sont traitées dans le logiciel de gestion de relations clients du cabinet, lequel est mentionné au registre des traitements.

Responsable du traitement et destinataires des données collectées

Le responsable de traitement de données à caractère personnel est le cabinet .... OU M^e^ .... domicilié à l'adresse susmentionnée.

Par respect du secret professionnel, toute information est à destination unique de l'avocat et de son personnel habilité, collaborateurs et stagiaires inclus.

Les données collectées du Client ne seront pas transmises à des acteurs commerciaux ou publicitaires.

Durée de conservation des données

Les données sont conservées uniquement le temps nécessaire pour les finalités poursuivies, conformément aux prescriptions légales ou ordinales applicables à l'avocat.

Transfert des données

[Si hébergement hors cabinet] *Le cabinet utilise la solution du Prestataire .... Les données sont hébergées notamment en ...., État membre de l'Union européenne, et aux États-Unis d'Amérique. Ces données sont transférées aux services habilités des entités du Prestataire à des fins principalement d'externalisation, de maintenance, d'assistance, d'administration, d'hébergement et pour répondre aux demandes des autorités légalement habilitées à en connaître.*

Une convention de flux transfrontières conforme aux clauses contractuelles types de la Commission européenne a été conclue avec le Prestataire, afin d'encadrer le transfert des données et d'assurer un niveau de protection suffisant au regard des exigences des réglementations françaises et européennes.

Droit des personnes

Pour des motifs légitimes, le Client peut s'opposer au traitement des données le concernant. L'attention du Client est toutefois attirée sur le fait que ne pas fournir toute information utile peut empêcher l'avocat de traiter sa demande ou en retarder le traitement.

Conformément au Règlement général européen sur la protection des données personnelles (RGPD) et la loi Informatique et libertés du 6 janvier 1978 modifiée en 2018, le Client dispose d'un droit d'accès, de limitation, de rectification, de suppression ou effacement sur les données à caractère personnel le concernant. Si applicable, le Client dispose aussi du droit à la portabilité de ses données. Le Client peut aussi donner ses instructions au cabinet pour la communication ou non de ses données personnelles après son décès.

Les droits susvisés peuvent être exercés auprès du délégué à la protection des données / [*le service en charge des questions relatives aux données à caractère personnel*], par courrier électronique [*insérer l'adresse mail*] ou par courrier postal [*insérer adresse*] accompagné d'une copie d'un titre d'identité.

En cas de litige, il est possible de saisir la Commission Nationale de l'Informatique et des Libertés, autorité de contrôle compétente.

1) Mission de l'avocat

L'avocat est chargé de conseiller et/ou d'assurer la défense des intérêts du client dans le cadre de .... (exposer ici précisément la mission).

L'avocat s'engage à effectuer cette mission dans le cadre d'une obligation de moyens.

2) Facturation

Les prestations effectuées par l'avocat seront facturées suivant le système du taux horaire. cet honoraire au temps passé, s'ajoutera un honoraire de résultat.

a) Honoraire principal :

Les diligences effectuées sont facturées au temps passé suivant un barème, fonction du degré d'expérience des avocats intervenant dans le cadre de la mission :

- 350 euros de l'heure pour un avocat associé (exemple)
- 250 euros de l'heure pour un collaborateur (exemple)

b) Honoraire de résultat

En sus des honoraires ci-dessus, un honoraire de résultat sera perçu par l'avocat en fonction des gains effectivement obtenus et recouvrés ou de l'économie réalisée définitivement acquise.

L'honoraire de résultat sera fixé comme suit :

- soit pourcentage de la somme perçue ou économisée [éventuellement dégressif] (définir l'économie)
- soit par une somme forfaitaire égale à ....euros.

3) Frais, débours et déplacement

Tous les frais avancés pour le compte du client, les débours et les déplacements seront facturés sur justificatif au client.

4) Envoi des factures

Les diligences effectuées font l'objet de factures périodiques et peuvent faire l'objet d'une demande de provision préalable.

5) Délai de règlement des factures

Conformément aux lois des 4 août 2008, 22 mars 2012 et du décret du 2 octobre 2012, les factures de l'avocat sont payables dans un délai maximum de 30 jours à compter de leur émission.

Passé ce délai, un intérêt de retard de 3 fois le taux d'intérêt légal sera appliqué, exigible de plein droit par jour de retard jusqu'au parfait paiement, ainsi qu'une indemnité forfaitaire pour frais de recouvrement de 40 euros due de plein droit à l'avocat.

6) Dessaisissement

Le client qui dessaisirait l'avocat devra régler toutes les prestations dues avant le dessaisissement.

Si le travail est déjà accompli et qu'il a permis l'obtention du résultat recherché, la clause relative aux honoraires de résultat demeurera applicable dans les termes ci-dessus.

En cas de défaut de paiement, l'avocat pourra cesser toute diligence. Il en informera le client par lettre recommandée avec avis de réception.

7) Contestation

En cas de contestation relative à l'interprétation ou l'exécution de la présente convention, le bâtonnier de l'Ordre des Avocats de Paris pourra être saisi à la requête de la partie la plus diligente, sans préjudice de toute mesure conservatoire pouvant être ordonnée par le juge de l'exécution.

Fait à Paris, le

Le client

L'avocat

514.4 Modèle de clause RGPD à insérer dans la convention d'honoraires (particuliers).

Dispositions relatives aux données personnelles

Les dispositions en italiques peuvent être supprimées si elles ne s'appliquent pas aux traitements effectués par l'avocat.

Nécessité de la collecte et finalités

Les données collectées dans le cadre des missions définies aux présentes font l'objet d'un traitement informatique destiné à répondre aux demandes des Clients et, plus généralement, à des fins de traitement et suivi des dossiers, la facturation et recouvrement ou encore taxation des honoraires.

[*En cas de cabinet ayant une activité de prospection*]

Les données collectées peuvent être également utilisées pour des finalités de prospection et marketing si le Client a donné son consentement à ce titre, ou à défaut, uniquement pour des services analogues aux missions déjà confiées à l'avocat.

Les données personnelles sont traitées dans le logiciel de gestion de relations clients du cabinet, lequel est mentionné au registre des traitements.

Responsable du traitement et destinataires des données collectées

Le responsable de traitement de données à caractère personnel est le cabinet .... OU M^e^ .... domicilié à l'adresse susmentionnée.

Par respect du secret professionnel, toute information est à destination unique de l'avocat et de son personnel habilité, collaborateurs et stagiaires inclus.

Les données collectées du Client ne seront pas transmises à des acteurs commerciaux ou publicitaires.

Durée de conservation des données

Les données sont conservées uniquement le temps nécessaire pour les finalités poursuivies, conformément aux prescriptions légales ou ordinales applicables à l'avocat.

Transfert des données

[Si hébergement hors cabinet] *Le cabinet utilise la solution du Prestataire .... Les données sont hébergées notamment en ...., État membre de l'Union européenne, et aux États-*

Unis d'Amérique. Ces données sont transférées aux services habilités des entités du Prestataire à des fins principalement d'externalisation, de maintenance, d'assistance, d'administration, d'hébergement et pour répondre aux demandes des autorités légalement habilitées à en connaître.

Une convention de flux transfrontières conforme aux clauses contractuelles types de la Commission européenne a été conclue avec le Prestataire, afin d'encadrer le transfert des données et d'assurer un niveau de protection suffisant au regard des exigences des réglementations françaises et européennes.

Droit des personnes

Pour des motifs légitimes, le Client peut s'opposer au traitement des données le concernant. L'attention du Client est toutefois attirée sur le fait que ne pas fournir toute information utile peut empêcher l'avocat de traiter sa demande ou en retarder le traitement.

Conformément au Règlement général européen sur la protection des données personnelles (RGPD) et la loi Informatique et libertés du 6 janvier 1978 modifiée en 2018, le Client dispose d'un droit d'accès, de limitation, de rectification, de suppression ou effacement sur les données à caractère personnel le concernant. Si applicable, le Client dispose aussi du droit à la portabilité de ses données. Le Client peut aussi donner ses instructions au cabinet pour la communication ou non de ses données personnelles après son décès.

Les droits susvisés peuvent être exercés auprès du délégué à la protection des données / [*le service en charge des questions relatives aux données à caractère personnel*], par courrier électronique [.........] ou par courrier postal [.........] accompagné d'une copie d'un titre d'identité.

En cas de litige, il est possible de saisir la Commission Nationale de l'Informatique et des Libertés, autorité de contrôle compétente.

Lexique

Lexique des termes anglo-saxons

BARRISTER Avocat anglais habilité à plaider devant les juridictions,
* V. s^{s} n° 251.15

BEST FRIEND (OU GOOD FRIEND) Correspondants à l'étranger avec lesquels un cabinet entretient des relations privilégiées,
* V. s^{s} n° 372.20

BIG FOUR Les quatre plus grands groupes d'audit dans le monde : Deloitte, Ernst & Young, KPMG, PriceWaterhouseCoopers,
* V. s^{s} n° 121.46

BRAINSTORMING Séance collective de réflexion destinée à faire naître le plus grand nombre d'idées,
* V. s^{s} n° 381.13

BUSINESS ANGEL Personne physique qui investit une partie de son patrimoine dans une entreprise innovante tout en apportant son expérience et ses relations,
* V. s^{s} n° 312.23

BUSINESS PLAN Compte d'exploitation prévisionnel assorti d'hypothèses de croissance,
* V. s^{s} n°s 111.13, 111.16, 111.42, 111.43, 112.32, 113.22, 373.32, 453.22

CIVIL LAW Système juridique codifié qui trouve son origine dans le droit romain et germanique, ex. le système juridique français ou allemand,
* V. s^{s} n° 013.22

COMMON LAW Système juridique principalement basé sur les décisions des juges et sur la coutume, ex. le système juridique anglais ou américain,
* V. s^{s} n° 013.22

CONTINGENCY FEE Honoraire de l'avocat entièrement basé sur le résultat obtenu,
* V. s^{s} n° 442.20

CORPORATE GOVERNANCE Ensemble des règles et usages qui s'appliquent à la direction des entreprises,
* V. s^{s} n° 332.12

CROSS SELLING Technique de vente consistant à proposer à un client intéressé par un service d'autres services complémentaires,
* V. s^{s} n°s 322.32 , 323.16 , 432.24 , 441.12

EAT WHAT YOU KILL Système de rémunération consistant à prendre en compte les résultats individuels et non ceux du cabinet,
* V. s^{s} n° 413.56

E-LEARNING Formation à distance par voie électronique,
* V. s^{s} n°s 013.16, 433.27

FAMILY OFFICE Organisation dédiée à la gestion d'une fortune familiale,
* V. s^{s} n° 125.63

GENERAL COUNSEL Directeur juridique,
* V. s^{s} n° 012.51

HERDING CATS Expression signifiant gérer l'ingérable,
* V. s^{s} n° 412.18

HOLDING Société ayant pour vocation de détenir des participations dans d'autres sociétés,
* V. s^{s} n°s 211.42, 221.21, 226.21, 231.21, 241.63, 241.64, 353.12

JOB FAIR Forum de recrutement (opération généralement organisée par des écoles ou universités permettant aux étudiants de rencontrer de futurs employeurs),
* V. s^{s} n°s 382.82 , 422.28

KNOWLEDGE MANAGEMENT Gestion de la connaissance,
* V. s^{s} n°s 433.11 s.

LATERAL PARTNER Avocat qui intègre un cabinet en qualité d'associé sans y avoir été collaborateur,
* V. s^{s} n° 424.25

LAWYER Avocat,
* V. s^{s} n° 423.73

LEGAL PRIVILEGE Confidentialité des communications entre un avocat et son client,
* V. s^{s} n° 011.45

LLM MASTERS OF LAW Diplôme de droit équivalent à un troisième cycle délivré par une université américaine ou anglaise,
* V. s^{s} n° 422.14

LOBBYING Action consistant à influencer directement ou indirectement les décisions ou interventions des pouvoirs publics,
* V. s^{s} n°s 373.11 s.

LOCKSTEP Système de rémunération ou de progression dans lequel des catégories d'individus progressent selon les mêmes règles en même temps,
* V. s^{s} n° 413.41

MANAGING PARTNER Associé dirigeant,
* V. s^{s} n° 412.11

NON EQUITY PARTNER Associé dont la rémunération n'est pas liée à la détention de capital ou d'un droit sur les bénéfices,
* V. s^{s} n° 424.51

OF COUNSEL Statut d'avocat qui n'est ni collaborateur ni associé (peut s'appliquer à un associé retraité qui exerce encore une activité dans le cabinet, un collaborateur en attente d'une association…),
* V. s^{s} n° 424.53

OFFICE MANAGER Secrétaire général salarié d'un cabinet d'avocats,
* V. s^{s} n° 123.11

OPEN SOURCE Logiciel dont l'utilisation, la redistribution et l'accès au code source sont libres,
* V. s^{s} n° 454.31

PARTNERSHIP Association de personnes physiques ou morales avec ou sans limitation de responsabilité,
* V. s^{s} n°s 011.11 , 111.11 , 111.12

PRACTICE GROUP Groupe de travail regroupant les avocats d'une même spécialité ou travaillant sur un même type de clients ou de dossiers,
* V. s^{s} n°s 372.16 , 372.34

PRIVATE EQUITY Activité d'investissement et de revente d'actions ou de sociétés non cotées,
* V. s^{s} n° 422.25

PROFITS PER PARTNER PPP Bénéfices par associés,
* V. s^{s} n° 211.21

PROJECT PRICING Système de facturation forfaitaire pour un dossier ou projet,
* V. s^{s} n° 442.56

SLIDE Diapositive (utilisée dans une présentation Power Point),
* V. s^{s} n° 382.23

SMART Objectif de résultats fixé par une entreprise (ou cabinet) qui soit précis, quantifiable, adapté, réaliste et inscrit dans le temps,
* V. s^{s} n°s 311.33 , 322.33

SOLICITOR Avocat anglais qui n'est pas habilité à plaider devant les juridictions,
* V. s^{s} n° 013.15, 371.27, 371.29, 423.73

START UP Société (souvent innovante) qui est en phase de démarrage et qui ne s'est pas encore pleinement lancée sur le marché commercial,
* V. s^{s} n° 312.23

SUPPORT LAWYER Avocat qui met ses compétences techniques au service des autres avocats du cabinet et qui ne traite pas directement avec les clients,
* V. s^{s} n° 424.55

SWOT Système d'analyse d'une entreprise (ou d'un cabinet) consistant à analyser ses forces, faiblesses, opportunités de développement et risques,
* V. s^{s} n° 122.13

Principales abréviations utilisées

	signifie
AARPI	association d'avocats à responsabilité professionnelle individuelle
Arr.	arrêté
aff.	affaire
AJDA	*Actualité juridique de droit administratif*
al.	Alinéa
Anaafa	Association nationale d'assistance administrative et fiscale
art.	article(s)
ass.	assemblée
ass. plén.	assemblée plénière
BICC	*Bulletin d'information de la Cour de cassation*
BNC	bénéfices non commerciaux
Bull.	bulletin
Bull. bâtonnier Paris	*Bulletin du bâtonnier de Paris*
Bull. ass. plén.	*Bulletin des arrêts de la Cour de cassation* (assemblée plénière)
Bull. civ. I	*Bulletin des arrêts de la Cour de cassation* (1re chambre civile)
Bull. civ. II	*Bulletin des arrêts de la Cour de cassation* (2e chambre civile)
Bull. civ. III	*Bulletin des arrêts de la Cour de cassation* (3e chambre civile)
Bull. civ. IV	*Bulletin des arrêts de la Cour de cassation*
C.assur.	Code des assurances
C. civ.	Code civil
C. com.	Code de commerce
C. marchés	Code des marchés
C. trav.	Code du travail
c/	contre (Dupont c/Durand)
CCC	*Contrats concurrence consommation*
Cil	correspondant informatique et libertés
Civ. 1re	Cour de cassation, première chambre civile
Civ. 2e	Cour de cassation, deuxième chambre civile
Civ. 3e	Cour de cassation, troisième chambre civile
Civ.	Cour de cassation, chambre civile (jusqu'en 1952)
Com.	Cour de cassation, chambre commerciale
CPI	Code de la propriété intellectuelle
CE	Conseil d'État
CEDH	Cour européenne des droits de l'Homme
CEE	Communauté économique européenne
ch.	chambre
CGI	Code général des impôts
chap.	chapitre
chron.	chronique, aussi partie « Chronique » (dans divers recueils et revues)
Circ.	Circulaire
CIADT	Commité interministériel pour l'aménagement et le développement du territoire
CJCE	Cour de justice des Communautés européennes
CNB	Conseil national des barreaux
CNBF	Caisse nationale des barreaux français
CNCPI	Compagnie nationale des conseils en propriété industrielle
comm.	commission

concl.	conclusions
Cons. ordre (ville)	Conseil de l'ordre
contra	voir en sens contraire
CPI	Conseil en propriété industrielle
CRFPA	centre régional de formation professionnelle d'avocats
CRFPN	centre régional de formation professionnelle notariale
crit.	critique
Décr.	décret
D.	*Dalloz* (recueil)
D. Affaires	*Dalloz Affaires*
DCE	*Dossier de consultation des entreprises*
Dir.	Directive communautaire
dir.	sous la direction de…
doctr.	partie « Doctrine » (dans divers recueils et revues)
éd.	Édition
EDA	École d'avocat
EFB	École de formation des barreaux
EIRL	entrepreneur individuel à responsabilité limitée
esp.	espèce
GAJC	*Les Grands arrêts de la jurisprudence civile*
Gaz. Pal.	*Gazette du Palais*
GIE	groupement d'intérêt économique
instr.	instruction
IR	partie « Informations rapides », dans le recueil Dalloz
JCP	*Juris-Classeur périodique*, édition générale
JCP E	*Juris-Classeur périodique*, édition entreprises
JCP N	*Juris-Classeur périodique*, édition notariale
JO	*Journal officiel*
JOCE	*Journal officiel des Communautés européennes*
L.	loi
Lebon	*Recueil des décisions du Conseil d'État*
LLP	Limited Liability Partnership
LPA	*Petites affiches (Les)*
mod.	modifié par ou modifiant
n$^{o(s)}$	numéro(s)
not.	notamment
nouv.	nouveau
NP	Non publié au *Bulletin des arrêts de la Cour de cassation* ou au *Lebon*
obs.	*observations*
Ord.	ordonnance
P	Publié au Bulletin des arrêts de la Cour de cassation (depuis le 1er janvier 2008)
p.	page(s)
préc.	précité
R.	*Rapport annuel de la Cour de cassation*
Rapp.	rapport
rappr.	à rapprocher de…
RCA	*Responsabilité civile et assurances*
RDSS	*Revue de droit sanitaire et social*
Règl.	Règlement européen
Rev.	*revue*
Rev. Sociétés	*Revue des sociétés*
RG	numéro d'inscription au registre du greffe
RGAT	*Revue générale des assurances terrestres* (*RGDA* depuis 1996)
RIBP	Règlement intérieur du barreau de Paris
RIN	Règlement intérieur national
RJS	*Revue de jurisprudence sociale*
RTD civ.	*Revue trimestrielle de droit civil*
RTD com.	*Revue trimestrielle de droit commercial*

s. et suivants
S. *Recueil Sirey*
SCM Société civile de moyens
SCP société civile professionnelle
sect. section(s)
SEL Société d'exercice libéral
SELAFA Société d'exercice libéral à forme anonyme
SELARL Société d'exercice libéral à responsabilité limitée
SELARLU Société d'exercice libéral à responsabilité limitée unipersonnelle
SELAS Société d'exercice libéral par actions simplifiée
SELASU Société d'exercice libéral par actions simplifiée unipersonnelle
SELCA Société d'exercice libéral en commandite par actions
SEP Société en participation
somm. Sommaire et partie « Sommaire », dans divers recueils et revues – aussi, panorama de la jurisprudence de la Cour de cassation et recueil des sommaires des cours et tribunaux, dans la *Gazette du Palais*
SPE Société pluriprofessionnelle d'exercice
SPFPL Société de participations financières de professions libérales
Sté société
synd. syndicat

t. tome
TGI tribunal de grande instance
TI tribunal d'instance
TJ tribunal judiciaire

UE Union européenne

v. voir
V^{is} *Verbis* (mots)
V° *Verbo* (mot)
Vol. *Volume*

Index thématique alphabétique

G

T

PHOTOCOMPOSITION
SCM • Toulouse

PEFC 10-31-1895

718753 - (I) - OSB - A 80 g - Alfonso (LC)
Achevé d'imprimer en octobre 2023 sur les presses de l'imprimerie CHIRAT
42540 Saint-Just-la-Pendue
Dépôt légal : octobre 2023 - N° 202309.0400

Imprimé en France